FACHWÖRTERBUCH
Telekommunikation
Englisch–Deutsch–Französisch

DICTIONARY
Telecommunications
English–German–French

DICTIONARY

Telecommunications

English
German
French

With about 17,000 entries

By Dr.-Ing. Jens Peter Rehahn

VERLAG ALEXANDRE HATIER   BERLIN – PARIS

FACHWÖRTERBUCH

Telekommunikation

Englisch
Deutsch
Französisch

Mit etwa 17 000 Wortstellen

Von Dr.-Ing. Jens Peter Rehahn

VERLAG ALEXANDRE HATIER   BERLIN – PARIS

Eingetragene (registrierte) Warenzeichen sowie Gebrauchsmuster und Patente sind in diesem Werk nicht ausdrücklich gekennzeichnet. Daraus kann nicht geschlossen werden, daß die betreffenden Bezeichnungen frei sind oder frei verwendet werden können.

Die Deutsche Bibliothek − CIP-Einheitsaufnahme

Rehahn, Jens Peter:
Fachwörterbuch Telekommunikation : Englisch, Deutsch, Französisch ; mit etwa 17 000 Wortstellen / von Jens Peter Rehahn. − 1. Aufl. − Berlin ; Paris : Hatier, 1992
  ISBN 3-86117-042-6
NE: HST

ISBN 3-86117-042-6

1. Auflage
© Verlag Alexandre Hatier GmbH Berlin − Paris 1992
Printed in Germany
Gesamtherstellung: Dresdner Druck- und Verlagshaus GmbH & Co. KG
Lektor: Dipl. phil. *Gitta Koven*
Einband: *Marc Henry*

Vorwort

In der Frühzeit der Menschheitsgeschichte beschränkte sich die Telekommunikation auf einen einzigen Dienst, auf die optische oder akustische Übertragung codierter Mitteilungen durch Licht, Feuer, Rauch oder Trommeln. Dieser Dienst stand nur wenigen Menschen auf höchster Ebene zur Verfügung. Man kann annehmen, daß er nicht sehr zuverlässig war.
Heute verfügen hunderte Millionen Menschen in der ganzen Welt für ihren privaten oder beruflichen Gebrauch über eine Vielzahl von Kommunikationsdiensten, die Sprache, Bilder, Daten und Mitteilungen mit hoher Qualität übertragen.
Einen großen Anteil am hohen technischen Stand der modernen Telekommunikationssysteme hat die Einführung der Digitaltechnik und Informationsverarbeitung auf der Grundlage fortgeschrittener Halbleitertechnologien sowie der Lichtwellenleiter und Satellitenübertragung.
Ebenso schnell wie die Entwicklung moderner Systeme mit neuer Technik und neuen Komponenten vollzieht sich die Entstehung einer neuen Terminologie zu deren Beschreibung. Der weltumspannende Charakter der Telekommunikation erfordert deshalb zur Überwindung der Sprachgrenzen wirksame Hilfsmittel für Ingenieure, Techniker, Übersetzer, Studenten, Anwender und Betreiber.
Das vorliegende Wörterbuch will ein Werkzeug dazu sein. Neben der Erfassung des neuesten Wortgutes der Telekommunikationstechnik wurden auch die klassischen Termini berücksichtigt. Einerseits bleiben viele von ihnen weiterhin im Gebrauch, und andererseits ist der technische Stand in den Nachrichtennetzen der Welt ein Spiegelbild der unterschiedlichen wirtschaftlichen Entwicklung der Länder, und viele ältere Systeme versehen noch heute ihren Dienst.
Außer der Telekommunikation, – von der Theorie, der Technik, den Netzen und den Komponenten bis zum Betrieb –, wurden auch angrenzende Gebiete, wie die Funknavigation und -ortung, mit erfaßt. Die optische Kommunikationstechnik ist in einem gesonderten Wörterbuch des gleichen Autors (Mitarbeit Natalja Schäfer) enthalten, das im gleichen Verlag erschienen ist.
Die Sprachgebiete der drei Sprachen, die das Wörterbuch umfaßt, erstrecken sich jeweils über mehrere Länder mit teilweise abweichender Terminologie. Entsprechende Synonyme wurden soweit wie möglich mit aufgenommen.
Das Wörterbuch entstand während der Tätigkeit des Autors in der Forschung und Entwicklung auf verschiedenen Gebieten der Telekommunikation, wobei Publikationen aller Art als Quellen dienten. Es war ein überwiegend stochastischer Vorgang. Der Autor möchte sich deshalb auf das Wort von Littré berufen – „Les travaux lexicographiques n'ont point de fin – lexikographische Arbeiten kennen kein Ende"– und den Nutzer bei Lücken und Fehlern um Nachsicht bitten. Für Hinweise, die zur Verbesserung weiterer Auflagen dienen können, bin ich dankbar und bitte sie an den Verlag Alexandre Hatier, Detmolder Str. 4, 1000 Berlin 31, zu richten.

J. P. Rehahn

Preface

At the dawn of civilization telecommunication was confined to transmitting coded messages visually or audibly using one of a small number of available methods, for example waving torches, emitting smoke signals or beating drums. However, these limited facilities were only available to a few important personages in the tribal societies of those times and must have been rather unreliable.

Today many millions of people throughout the world have access to a wide range of highly reliable services which provide high-quality speech, picture, data and text transmission for personal or professional purposes.

An invaluable contribution was made to the state of the art in modern telecommunication systems by digitizing and computerizing telecommunication systems and using a combination of advanced solid-state technology and optical waveguide and satellite transmission. The development of modern systems employing new technologies and components has inevitably been accompanied by a corresponding growth in the terminology needed to describe them. The global nature of telecommunications has therefore made it necessary to provide effective aids to assist engineers, translators, users, operators and students in bridging the language barriers.

This dictionary is intended to provide such an aid. However, attention has not been restricted to the latest terms in telecommunications, important as these may be. Classical words and expressions have also been included since, on the one hand, many are still in use and, on the other hand, they are needed to describe the older systems which are still in service in many countries because of the disparities in economic development.

In compiling the dictionary, an attempt has been made to cover every aspect of telecommunications, from theory through technology, components and systems to operation. Except for optical communications terms, which are the subject of another dictionary by the same author (in collaboration with Mrs Natalja Schäfer) and distributed by the same publisher, attention has also been paid to related fields such as radio and television broadcasting, radio navigation and position finding.

English, German and French are each in use in a number of countries, with some local variations in standard terminology (for example, between US and GB English). As far as possible, the appropriate synonyms have been included.

The dictionary was compiled while the author was engaged on research and development work in several fields of telecommunication engineering and a wide variety of technical publications have been used as source material. Consequently, the inclusion of terms has not been entirely systematic. However, availing himself of Littré's dictum that "Les travaux lexicographiques n'ont point de fin" ("The lexicographer's work is never done"), the author craves the user's indulgence for any errors or omissions and would be grateful if users would submit through the publishers (Verlag Alexandre Hatier, Detmolder Str. 4, 1000 Berlin 31) any comments or suggestions which would help to improve further editions.

J. P. Rehahn

Benutzungshinweise · Directions for Use

1. Beispiele für die alphabetische Ordnung · Examples of Alphabetization

address
addressable
address bus
addressee
address field

loss factor
loss-frequency curve
losslessness
loss of frame alignment
loss resistance

elektronisch abstimmbarer Oszillator
elektronische Abstimmung
elektronischer Briefkasten
elektronisches Bauelement
elektronisch gesteuerte Vermittlung

Kabel
Kabeladernpaar
Kabel mit festem Dielektrikum
Kabel mit Sternverseilung
Kabelplan

appel à carte de crédit
appelant
appeler
appeleur automatique
appel général

code
code/en
codec à une seule voie
coder
code spécial

2. Zeichen und Abkürzungen · Signs and Abbreviations

( )   call distributing (distribution) = call distributing *oder* call distribution
[ ]   changeover contact [unit] = changeover contact *oder* changeover contact unit
/   etch/to = to etch
( ) Diese Klammern enthalten Erklärungen
      These brackets contain explanations
s.   = siehe
s. a. = siehe auch
(US) = American English

Englisch-Deutsch-Französisch

A

		A-A	s. A 466	
		AAC	s. A 833	
A 1		abandoned call	erfolglose Anwahl f	renoncé f d'appel, appel m échoué
A 2		abandoned call attempt	aufgegebener Anrufversuch m	tentative f d'appel abandonnée
A 3		abbreviated address	Kurzadresse f	adresse f raccourcie
		abbreviated [address] calling	s. A 4	
A 4		abbreviated (address) dialling, abbreviated [address] calling	Kurzwahl f	numérotation f abrégée, sélection f abrégée
A 5		abbreviated dialling services	Kurzwahldienst m	service m de numérotation abrégée
A 6		abbreviated number	Kurzrufnummer f, Kurznummer f, Kurzwahlnummer f, Kurzwahlrufnummer f	numéro m abrégé
		ABC	s. A 837	
A 7		aberration	Aberration f, Abweichung f	aberration f
		ability to be modulated	s. M 589	
		ABM	s. A 720	
		abort	s. B 355	
A 8		above threshold	oberhalb der Schwelle	au-dessus du seuil
A 9		above-threshold operation	Betrieb m oberhalb der Schwelle	fonctionnement m au-dessus du seuil
A 10		abrasion	Abrieb m, Verschleiß m, Abnutzung f	abrasion f, usure f par frottement, usure f
		abrupt change	s. S 1356	
		ABS	s. A 385	
A 11		absent subscriber	Teilnehmer abwesend	abonné absent
		absent-subscriber service	s. T 160	
A 12		absolute address	absolute Adresse f	adresse f absolue
A 13		absolute calibration	Absoluteichung f	étalonnage m absolu
A 14		absolute level	absoluter Pegel m	niveau m absolu
A 15		absolute power level	absoluter Leistungspegel m	niveau m absolu de puissance, niveau absolu de puissance réelle (apparente)
A 16		absolute sensitivity	Absolutempfindlichkeit f	sensibilité f absolue
A 17		absolute value	Absolutwert m	valeur f absolue
A 18		absolute voltage level	absoluter Spannungspegel m	niveau m absolu de tension
A 19		absorber	Absorber m	absorbeur m
A 20		absorber circuit	Absorptionskreis m	circuit m de compensation de charge
A 21		absorbing filter	Absorptionsfilter n	filtre m absorbant
A 22		absorption	Absorption f	absorption f
		absorption area	s. E 86	
A 23		absorption coefficient	Absorptionskoeffizient m	coefficient m d'absorption
A 24		absorption cross-section, effective area	Absorptionsfläche f	surface f effective, surface de captation
		absorption cross section	s. a. E 86	
A 25		absorption fading	Absorptionsschwund m	évanouissement m dû à l'absorption
A 26		absorption limiting frequency, ALF	Absorptionsfrequenz f, ALF	fréquence f limite d'absorption
A 27		absorption line	Absorptionslinie f	raie f d'absorption
A 28		absorption loss	Absorptionsdämpfung f	affaiblissement m d'absorption
A 29		absorption modulation, absorptive modulation	Absorptionsmodulation f	modulation f par absorption
A 30		absorptive attenuator	Absorptionsabschwächer m, absorbierender Abschwächer m	affaiblisseur m (atténuateur m) à absorption
A 31		absorptive capacity, absorptivity, absorptive power	Absorptionsvermögen n, Saugfähigkeit f	absorptivité f, absorptance f, pouvoir m absorbant
		absorptive modulation	s. A 29	
		absorptive power	s. A 31	
		a.c., a–c	s. A 390	
A 32		a.c. amplifier	Wechselspannungsverstärker m	amplificateur m à courant alternatif
		ACC	s. 1. A 678; 2. A 850	
A 33		accelerated ageing	beschleunigte Alterung f	vieillissement m accéléré
A 34		accelerated test	Test m mit Zeitraffung, zeitraffende Prüfung f	essai m accéléré
A 35		acceleration factor	Beschleunigungsfaktor m	facteur m d'accélération
A 36		acceleration sensitivity	Empfindlichkeit f gegen Beschleunigung	sensibilité f à l'accélération
A 37		accentuated contrast (facsimile)	Kontrastentscheidung f	contraste m accentué
A 38		acceptance	Akzeptanz f (neue Dienste), Annahme f, Abnahme f (Qualitätskontrolle)	acceptance f, acceptation f, réception f
A 39		acceptance	Abnahme f	recette f, réception f
A 40		acceptance certificate	Abnahmeprotokoll n	procès-verbal m de réception
		acceptance checking	s. A 42	
A 41		acceptance report	Abnahmebericht m	rapport m de réception
A 42		acceptance test, acceptance checking	Abnahmeprüfung f	essai m de réception, essai de recette, test m de recette

acceptance

A 43	acceptance test specification	Abnahmevorschriften *fpl*	spécification *f* de réception
A 44	acceptance tolerance	Abnahmetoleranz *f*	tolérance *f* de réception
A 45	accepting station	annehmende Station *f*	terminal *m* d'acceptation
	accepting user	*s.* A 46	
A 46	acceptor, accepting user	Annehmender *m*, Annehmer *m*, Empfänger *m*	accepteur *m*, utilisateur *m* accepteur
A 47	acceptor	Akzeptor *m*	accepteur *m*
A 48	access/to	Zugriff haben, zugreifen	accéder à, solliciter
A 49	access	Zugang *m*, Zugriff *m*, Anschluß *m*	accès *m*, raccordement *m*
A 50	accessability	Erreichbarkeit *f*, Zugänglichkeit *f*, Zugriffsmöglichkeit *f*	accessibilité *f*, possibilité (facilité) *f* d'accès
A 51	access barred	Zugang nicht verfügbar, Zugang verhindert	accès interdit
A 52	access channel	Zugangskanal *m*, Anschlußkanal *m*	canal *m* d'accès, voie *f* d'accès
A 53	access circuit	Zugangsstromkreis *m*, Zugangsleitung *f*, Zugriffsschaltung *f*	circuit *m* d'accès
A 54	access code	Zugangskennzahl *f*, Zugangszahl *f*	indicatif *m* d'accès *(téléphonie)*, code *m* d'accès
A 55	access contention, concurrency	Zugangskonflikt *m*, Zugangskonkurrenz *f*	conflit *m* d'accès
A 56	access delay	Zugangsverzug *m*, Verzug *m* des Zugangs	temps *m* d'accès
	access limitation	*s.* A 66	
A 57	access line, subscriber (customer) line	Anschlußleitung *f*, Zugangsleitung *f*	ligne *f* d'accès, ligne d'abonné
	access line	*s. a.* S 1332	
A 58	access method	Zugriffsmethode *f*, Zugriffsverfahren *n*	méthode *f* d'accès
A 59	access mode	Zugriffsart *f*, Zugriffsmodus *m*	mode *m* d'accès
A 60	access network	Zugangsnetz *n*	réseau *m* d'accès
	accessorial equipment	*s.* A 62	
A 61	accessories	Zubehörteile *npl*, Zubehör *n*	accessoires *mpl*
A 62	accessory equipment, accessorial (add-on) equipment	Zusatzgerät *n*	matériel *m* annexe (complémentaire)
A 63	access path	Zugangsweg *m*	voie *f* (chemin *m*) d'accès
A 64	access point	Zugangspunkt *m*, Zugriffspunkt *m*	point *m* d'accès
A 65	access protocol	Zugangsprotokoll *n*, Zugriffsprotokoll *n*	protocole *m* d'accès
A 66	access restriction, access limitation	Zugriffsbeschränkung *f*, Zugangsbeschränkung *f*	restriction *f* d'accès
A 67	access strategy	Zugriffsstrategie *f*	stratégie *f* d'accès
A 68	access switch	Zugangskoppelfeld *n*	commutateur *m* d'accès
A 69	access time	Zugriffszeit *f*	temps *m* d'accès
A 70	access tree	Suchbaum *m*	arbre *m* de recherche
A 71	access unit	Zugangseinheit *f*	unité *f* d'accès
A 72	accommodate/to	unterbringen, aufnehmen	loger, accueillir, prendre en charge
A 73	accompanying sound	Begleitton *m*	son *m* d'accompagnement
	accounting period	*s.* B 255	
A 74	accumulate/to	akkumulieren, speichern	accumuler
A 75	accumulating register	Addierregister *n*	registre *m* accumulateur
	accumulation of jitter	*s.* J 8	
A 76	accumulator	Akkumulator *m*, Arbeitsregister *n*	accumulateur *m*
A 77	accuracy of adjustment, precision of adjustment, setting[-up] accuracy	Einstellgenauigkeit *f*	exactitude *f* de réglage, précision *f* de réglage
A 78	accuracy of measurement, measurement accuracy, measuring precision	Meßgenauigkeit *f*	précision *f* de mesure
	ACD	*s.* A 840	
	ACE	*s.* A 845	
	ACI	*s.* A 217	
A 79	a.c. input voltage	Eingangswechselspannung *f*	tension *f* alternative d'entrée
	ACK	*s.* A 81	
A 80	acknowledge/to	bestätigen, Empfang bestätigen	accuser réception
A 81	acknowledgement, acknowledgement of receipt, ACK	Quittung *f*, [positive] Rückmeldung *f*, Empfangsbestätigung *f*, Bestätigung *f*	accusé *m* de réception, acquittement *m*, ACK, confirmation *f*, quittance *f* reçue
A 82	acknowledgement bit	Quittungsbit *n*	bit *m* d'accusé de réception
	acknowledgement of receipt	*s.* A 81	
A 83	acknowledgement scheme	Quittungsschema *n*	schéma *m* d'accusé de réception
A 84	acknowledgement signal	Quittungszeichen *n*	signal *m* d'accusé de réception
A 85	acknowledgement window	Empfangsbestätigungsfenster *n*	fenêtre *f* d'accusé de réception
	ACM	*s.* A 193	
A 86	A condition	A-Zustand *m*	état *m* A
A 87	acoustic admittance	akustische Admittanz *f*	admittance *f* acoustique
A 88	acoustic baffle, baffle	Schallwand *f*	écran *m* acoustique, baffle *m*
A 89	acoustic cabinet, acoustic enclosure	schallisolierter Raum *m*, schallisoliertes Gehäuse *n*	enceinte *f* d'insonorisation
A 90	acoustic compliance	akustische Nachgiebigkeit *f*	élasticité *f* acoustique

		acoustic control cover	s. A 92	
		acoustic coupler	s. A 93	
A 91		acoustic coupling (to telephone line)	[elektro]akustische Kopplung f	couplage m acoustique
A 92		acoustic cover, acoustic control cover, acoustic hood	Lärmschutzgehäuse n, Lärmschutzhaube f	capot m (carter m) d'insonorisation
A 93		acoustic data coupler, acoustic coupler	akustischer Koppler m, Akustik-Koppler m	coupleur m acoustique
A 94		acoustic decoupling	akustische Entkopplung f	découplage m acoustique
A 95		acoustic delay line	akustische Verzögerungsleitung f	ligne f à retard acoustique
A 96		acoustic direction finding	Gehörpeilung f, Hörpeilung f	radiogoniométrie f à repérage acoustique, radiogoniométrie à indication auditive
		acoustic enclosure	s. A 89	
A 97		acoustic feedback	akustische Rückkopplung f	couplage m acoustique interactif
		acoustic hood	s. A 92	
A 98		acoustic impedance	akustische Impedanz f, akustischer Scheinwiderstand m	impédance f acoustique
		acoustic isolation	s. S 836	
A 99		acoustic noise	Störgeräusch n, Störschall m	bruit m acoustique
A 100		acoustic reactance	akustische Reaktanz f, akustischer Blindwiderstand m	réactance f acoustique
A 101		acoustic shock (telephony)	akustischer Schock m	choc m acoustique
A 102		acoustic shock (telephony)	Knallgeräusch n, Knackgeräusch n, Knacken n	choc m acoustique
		acoustic shock absorber (reducer, suppressor)	s. A 632	
A 103		acoustic speech power	Sprechleistung f	puissance f vocale
A 104		acoustic stiffness	akustische Steife (Steifheit) f	raideur f acoustique
		acoustic wave	s. S 856	
A 105		acoustoelectric	akustoelektrisch	acoustoélectrique
A 106		a.c. outlet	Netzsteckdose f (Wechselstrom)	prise f secteur
A 107		a.c. power cord	Netzschnur f	cordon m secteur
A 108		acquisition, pull-in, lock-in, capture	Fangen n, Einrasten n	acquisition f, accrochage m
A 109		acquisition	Akquisitionsvorgang m (PLL), Erfassung f (Daten), Zielerfassung f (Radar)	acquisition f
A 110		acquisition behaviour, pull-in characteristic	Fangverhalten n	caractéristique f d'accrochage, comportement m en acquisition
A 111		acquisition technique	Akquisitionstechnik f	méthode f d'acquisition
A 112		acquisition threshold	Akquisitionsschwelle f	seuil m d'acquisition
A 113		acquisition time	Fangzeit f	temps m d'acquisition
		ACR	s. A 662	
		ACS	s. A 768	
A 114		a.c. signalling	Wechselstromzeichengabe f	signalisation f à courant alternatif
		ACSR wire	s. A 402	
A 115		a.c. supply	Netzanschlußgerät n (Wechselstrom)	alimentation f secteur
		a.c. supply	s. a. A 392	
A 116		activate/to, to enable	aktivieren, wirksam machen, anregen	activer, mettre en activité, actionner, rendre actif, déclencher, mettre en service
A 117		activation energy	Austrittsarbeit f, Austrittsenergie f	énergie f d'activation
A 118		active antenna	aktive Antenne f, elektronische Antenne	antenne f active
		active antenna	s. a. P 723	
A 119		active array	aktive Gruppenantenne f, aktive Strahleranordnung f	antenne f réseau active
A 120		active component	Wirkanteil m	composante f active, composante réelle
		active corrective maintenance time	s. A 131	
		active device	s. A 121	
A 121		active element, active device	aktives Element n	élément m actif, dispositif m actif
A 122		active fault localization	aktive Fehlereingrenzung f	délimitation f active des fautes
A 123		active filter	aktives Filter n	filtre m actif
A 124		active line	aktive Übertragungsleitung f	ligne f de transmission active
A 125		actively coupled	aktiv gekoppelt, mit aktiver Kopplung	activement couplé
A 126		active network	aktives Netzwerk n	réseau m actif
A 127		active position	aktive Position f	position f active
A 128		active power, true power, real power	Wirkleistung f	puissance f active
A 129		active RC filter	aktives RC-Filter n	filtre m à résistances et à condensateurs actif, filtre RC actif
A 130		active redundancy	aktive Redundanz f	redondance f active
A 131		active repair time, active corrective maintenance time	Instandsetzungsdauer f	temps m de réparation active, temps de maintenance corrective active
A 132		active satellite	aktiver Satellit m	satellite m actif
A 133		active sensor	aktiver Sensor m	détecteur m actif, capteur m actif

A 134	active signalling link	aktive Zeichengabeleitung f	canal m sémaphore à l'état actif, canal sémaphore actif
A 135	active T-coupler, active tee-coupler	aktiver T-Koppler m	coupleur m en T actif
A 136	active transducer	aktiver Wandler m	transducteur m actif
A 137	actual load, non-reactive load	Wirklast f	charge f réelle, charge non réactive
A 138	actual operating condition	reale Betriebsbedingungen fpl, tatsächliche Betriebsbedingungen	conditions fpl réelles d'exploitation
A 139	actual value	Istwert m	valeur f réelle
A 140	actuate/to	betätigen	actionner, commander, déclencher
A 141	actuator	Stellglied n, Betätigungsglied n	actionneur m, poussoir m, servocommande f
	ACU	s. 1. A 845; 2. A 855	
A 142	a.c. voltage	Wechselspannung f	tension f alternative
A 143	a.c. voltage source	Wechselspannungsquelle f	source f de courant alternatif
	AD	s. A 377	
	A–D, A/D	s. A 474	
A 144	adaptability, adaptiveness	Anpassungsfähigkeit f, Anpassungsmöglichkeit f	adaptabilité f, adaptativité f, possibilité f d'adaptation
A 145	adaptation, adapting, matching	Anpassung f	adaptation f, assortiment m
A 146	adapter	Adapter m	adaptateur m, dispositif m d'adaptation
A 147	adapter card	Adapterkarte f	carte f d'adaptation
	adapting	s. A 145	
A 148	adaptive antenna	adaptive Antenne f	antenne f adaptative, antenne autoadaptable
A 149	adaptive array (antenna)	adaptive Gruppenantenne f	antenne f en réseau adaptative
A 150	adaptive break-in echo suppressor	adaptiver Echolöscher m, adaptive Echosperre f, Echosperre mit adaptiver Aussetzung	suppresseur m d'écho à intervention adaptable (auto-adaptable)
A 151	adaptive channel allocation	adaptive Kanalzuteilung f	affectation f dynamique adaptable des voies
A 152	adaptive clutter suppression	adaptive Störunterdrückung f	suppression f adaptative des signaux parasites
	adaptive coding	s. A 155	
A 153	adaptive delta, modulation, ADM	adaptive Deltamodulation f	modulation f delta adaptative, MDA
A 154	adaptive differential pulse code modulation, ADPCM	adaptive Differenz-Pulscodemodulation f, ADPCM	modulation f par impulsions et codage différentiel adaptatif, MICDA
A 155	adaptive encoding, adaptive coding	adaptive Codierung f	codage m adaptif, codage adaptatif
A 156	adaptive equalization	adaptive Entzerrung f	égalisation f adaptative
A 157	adaptive equalizer	adaptiver Entzerrer m	égaliseur m adaptatif, égaliseur automatique adaptatif
A 158	adaptive filter	adaptives Filter n	filtre m adaptatif
	adaptiveness	s. A 144	
A 159	adaptive noise reducer	adaptiver Rauschunterdrücker m	réducteur m de bruit adaptatif
A 160	adaptive predictive coding, APC	adaptive Prädiktionscodierung f	codage m par prédiction adaptatif, codage m prédictif adaptatif, CPA
A 161	adaptive predictor	adaptiver Prädiktor m	prédicteur m adaptatif
A 162	adaptive predistortion	adaptive Vorverzerrung f	prédistorsion f adaptative
A 163	adaptive quantizer	adaptiver Quantisierer m	quantificateur m adaptatif
A 164	adaptive quantizing	adaptive Quantisierung f	quantification f adaptative
A 165	adaptive routing	adaptive Verkehrslenkung f	acheminement m adaptatif
A 166	adaptive vector quantization	adaptive Vektorquantisierung f	quantification f vectorielle adaptative
	ADC	s. 1. A 196; 2. A 491	
A 167	Adcock antenna	Adcock-Antenne f	antenne f d'Adcock, antenne Adcock
A 168	Adcock direction finder	Adcock-Peiler m	radiogoniomètre m Adcock, goniomètre m Adcock
	A/D conversion	s. A 490	
	A/D converter	s. A 491	
A 169	add/to	hinzufügen, addieren	ajouter, additionner
A 170	adder	Addierer m, Addierglied n, Adder m	additionneur m, circuit m d'addition
A 171	adder-subtractor	Addier-Subtrahier-Glied n, Addierer-Subtraktor m	additionneur-soustracteur m, addeur-subtracteur m
A 172	additional	zusätzlich	supplémentaire
A 173	additional binary code	Zweierkomplement n	code m binaire supplémentaire
A 174	additional equalizer	Zusatzentzerrer m	égalisateur m complémentaire
	additional handset	s. A 177	
A 175	additional line	zusätzliche Leitung f	ligne f supplémentaire
A 176	additional power cabinet	Zusatzstromversorgung f, Zusatzstromversorgungsteil n	coffret m d'alimentation supplémentaire
A 177	additional receiver, additional handset, extra handset	Zusatzhörer m	écouteur m supplémentaire
A 178	additional service, supplementary service	Zusatzdienst m	service m supplémentaire
A 179	addition mode	Additionsmodus m	mode m d'addition
A 180	additive mixer	additiver Mischer m	mélangeur m additif

A 181	additive mixing	additive Mischung f	mélange m additif
A 182	additive noise	additives Rauschen n	bruit m additif
A 183	additive white Gaussian noise, AWGN	additives weißes Gaußsches Rauschen n	bruit m blanc additif gaussien, BBAG, bruit gaussien blanc additif
	add-on equipment	s. A 62	
A 184	add-on header	Zusatzanfangskennsatz m	extension f d'en-tête
A 185	add-ons	Nachrüstteile npl, Zusatzteile npl	matériels mpl complémentaires (supplémentaires), produits mpl complémentaires (supplémentaires)
A 186	add-on third party, flexible add-on	Dreierkonferenz f	conférence f additive, conférence à trois
A 187	address	Adresse f, Rufnummer f	adresse f
A 188	addressable	adressierbar	adressable
A 189	addressable storage	adressierbarer Speicher m	mémoire f adressable
A 190	address bus	Adreßbus m	bus m d'adresse
A 191	address-code modulation	Adreßcodemodulation f	modulation f de code d'adresse
A 192	address comparison	Adressenvergleich m	comparaison f d'adresse
A 193	address-complete message, ACM	Wählinformation-vollständig-Nachricht f	message m de numéro complet, ACO
A 194	address complete signal	Sendeschlußsignal n	signal m d'adresse complète, signal de numéro complet
A 195	address-complete signal	Wählinformation-vollständig-Zeichen n	signal m de numéro complet, signal d'adresse complète
A 196	address-complete-signal/charge, ADC	Wählinformation-vollständig-Zeichen/gebührenpflichtig	signal m de numéro complet/avec taxation, ACT
A 197	address-complete-signal/coin-box, ADX	Wählinformation-vollständig-Zeichen/Münzer m	signal m de numéro complet/poste à prépaiement, ACP
A 198	address-complete-signal/no-charge, ADN	Wählinformation-vollständig-Zeichen/gebührenfrei	signal m de numéro complet/sans taxation, ACS
A 199	addressee	Adressat m	destinataire m
A 200	address field	Adreßfeld n	zone f d'adresse
A 201	address incomplete	Wählinformation f unvollständig	numéro m incomplet
A 202	address-incomplete signal, ADI	Wählinformation-unvollständig-Zeichen n	signal m de numéro incomplet, ADI
A 203	address information	Adresseninformation f	information f d'adresse
A 204	addressing	Adressierung f	adressage m
A 205	addressing, selecting	Empfangsaufruf m, Empfangsabruf m	invitation f à recevoir
A 206	addressing character, selecting character	Empfangsaufrufzeichen n	caractère m d'invitation à recevoir
A 207	addressing signal	Adressiersignal n	signal m d'adressage
A 208	address length	Adreßlänge f	longueur f d'adresse
A 209	address message	Adressennachricht f, Adreßblock m	message m d'adresse
A 210	address part	Adreßteil m	partie f adresse
A 211	address register	Adreßregister n, Adressenregister n	registre m d'adresse
A 212	address selection	Adreßansteuerung f, Adressenansteuerung f, Adressenanwahl f	sélection f d'adresse
A 213	address separator	Adreßtrennzeichen n	séparateur m d'adresse
A 214	address signal	Adressierungszeichen n, Adreßkennzeichen n, Rufnummer f, Wählinformation f	signal m d'adresse
	ADF	s. A 858	
A 215	adhesive layer	Haftschicht f	couche f d'adhérence
	ADI	s. A 202	
A 216	adjacent channel, flanking channel	Nachbarkanal m	voie f adjacente (téléphonie), canal m adjacent (radiocommun.)
A 217	adjacent channel interference, ACI	Nachbarkanalstörung f	brouillage m dans (de) la voie adjacente (téléphonie), brouillage du (dans le) canal adjacent (radiocommun.), brouillage dû à la voie adjacente
A 218	adjacent channel isolation	Nachbarkanaltrennung f	séparation f des canaux adjacents
A 219	adjacent channel protection ratio	Nachbarkanalschutzabstand m	protection f sur le canal adjacent, rapport m de protection contre les émissions faites dans une voie adjacente (téléphonie), rapport de protection contre les émissions faites dans un canal adjacent (radiocommun.)
A 220	adjacent channel radio-frequency protection ratio	Nachbarkanalstörleistungsabstand m	rapport m de protection aux fréquences radioélectriques dans un canal adjacent
A 221	adjacent channel rejection	Nachbarkanalunterdrückung f	diminution f du brouillage par un canal adjacent
A 222	adjacent channel selectivity	Nachbarkanalselektion f	sélectivité f dans une voie adjacente

adjacent

A 223	adjacent channel signals	Nachbarkanalzeichen npl, Nachbarzeichen npl	signaux mpl d'une voie adjacente (téléphonie), signaux d'un canal adjacent (radiocommun.)
A 224	adjacent channel spacing	Nachbarkanalabstand m	espacement m entre canaux adjacents
A 225	adjacent exchange, adjoining exchange	Nachbaramt n	circonscription f voisine
A 226	adjacent frequency	Nachbarfrequenz f	fréquence f voisine
A 227	adjacent hops	benachbarte Funkfelder npl	sections fpl consécutives (faisceau hertzien)
A 228	adjacent radio-frequency channel	benachbarter Radiofrequenzkanal m (Richtfunk), benachbarter Funkkanal m	canal m radioélectrique adjacent
A 229	adjacent signalling points	benachbarte Zeichengabepunkte mpl	points mpl sémaphores adjacents
	adjoining exchange	s. A 225	
A 230	adjunct	Zubehör n, Ergänzung f	complément m
A 231	adjustable	abgleichbar, einstellbar	ajustable
A 232	adjustable component	einstellbares Bauelement n	composant m réglable
A 233	adjustable equalizer	einstellbarer Entzerrer m	égaliseur m réglable (variable), correcteur m réglable (variable)
A 234	adjustable gain, variable gain	einstellbare Verstärkung f, regelbare Verstärkung f	gain m commandable, gain variable
A 235	adjustable short[-circuit]	Reaktanzleitung f, Blindleitung f, Kurzschlußleitung f	court-circuit m mobile, piston m de court-circuit, plongeur m
A 236	adjustable stop pin	einstellbarer Anschlagstift m	tige f de butée réglable
A 237	adjustable threshold	einstellbarer Schwell[en]wert m	seuil m réglable
A 238	adjusting screw	Justierschraube f, Einstellschraube f	vis f d'ajustage
A 239	adjustment	Abgleichen n (Empfänger), Einstellen n, Einstellung f, Justieren n, Justierung f	ajustage m, réglage m, mise f au point
A 240	adjustment error, alignment error	Justierfehler m	erreur f de réglage, erreur d'alignement
A 241	adjustment knob	Einstellknopf m	bouton m de réglage, molette f de réglage
A 242	administrative message	Dienstnachricht f	message m de service
	ADM	s. A. 153	
A 243	Administrative Radio Conference	Funkverwaltungskonferenz f	Conférence f Administrative des Radiocommunications
A 244	admissible attenuation	zulässige Dämpfung f	affaiblissement m admissible
A 245	admissible power	zulässige Leistung f	puissance f admissible
A 246	admissible repeater spacing	zulässige Regeneratorfeldlänge f	distance f autorisée entre répéteurs
A 247	admittance	Scheinleitwert m	admittance f
	ADN	s. A 198	
	ADP	s. A 853	
	ADPCM	s. A 154	
	ADT	s. A 854	
	ADU	s. A 857	
A 248	advanced	fortschrittlich, modern, hochentwickelt	d'avant-garde, moderne, évolué
A 249	advanced semiconductor technology	Halbleiter-Spitzentechnologie f	technologie f de pointe des semiconducteurs
A 250	adverse propagation conditions	ungünstige Ausbreitungsbedingungen fpl	conditions fpl de propagation défavorables
A 251	adverse state	Umkehrzustand m, umgekehrter Zustand m	état m défavorable
	ADX	s. A 197	
	AEN	s. A 693	
	aerial	s. A 551	
	aerial ...	s. antenna ...	
A 252	aerial cable	Luftkabel n, Freileitungskabel n	câble m aérien
A 253	aerial cable line	Luftkabellinie f	ligne f aérienne en câble
A 254	aerodrome surface surveillance	Flugfeldüberwachungssystem n	surveillance f de la surface des aérodromes
	aeronautical earth station	s. A 257	
A 255	aeronautical fixed service	fester Flugfernmeldedienst m	service m fixe aéronautique
A 256	aeronautical fixed station	feste Flugfunkstelle f	station f fixe aéronautique
A 257	aeronautical ground station, aeronautical earth station, GES	Flugfunkbodenstation f	station f terrienne aéronautique, station au sol aéronautique, STSA
A 258	aeronautical mobile radio service	beweglicher Flugfunkdienst m, bFl	service m mobile aéronautique
	aeronautical mobile satellite	s. A 265	
A 259	aeronautical mobile satellite service	beweglicher Flugfunkdienst m über Satelliten	service m mobile aéronautique par satellite
A 260	aeronautical radiobeacon	Flugfunkfeuer n	radiophare m aéronautique
A 261	aeronautical radionavigation	Flugfunknavigation f	radionavigation f aéronautique
A 262	aeronautical radionavigation satellite service	Flugnavigationsfunkdienst m über Satelliten	service m de radionavigation aéronautique par satellite
A 263	aeronautical radionavigation service	Flugnavigationsfunkdienst m, FIN	service m de radionavigation aéronautique

A 264	aeronautical radiotelephone station	Sprechfunkstelle f des Flugfunkdienstes		station f radiotéléphonique aéronautiques
A 265	aeronautical satellite, aeronautical mobile satellite	Flugfunksatellit m, Flugnavigationssatellit m		satellite m [de service] aéronautique
A 266	aeronautical station	Bodenfunkstelle f [der Flugsicherung], Flugfunkstelle f		station f aéronautique
A 267	aeronautical telephone service	Flugfernsprechdienst m, Flugtelefondienst m		service m téléphonique aéronautique
A 268	aeronautical warning lights, hazard light	Flugwarnlicht n, Flughindernisfeuer n, Hindernisfeuer n		balisage m nocturne O.A.C.I.
A 269	aerosol	Aerosol n		aérosol m
A 270	aerosol scattering	Streuung f an Aerosolen		diffusion f par les aérosols
	AF	s. A 784		
	AFC	s. A 862		
	AFD	s. A 936		
	AF output voltage	s. A 794		
	AF protection ratio	s. A 796		
	AF signal-to-interference ratio	s. A 800		
	AFSK	s. A 798		
A 271	afterglow	Nachleuchten n		persistance f, rémanence f
A 272	after-sales service, servicing, customer product service	Kundendienst m, Service m		service m après-vente
	AGC	s. A 863		
A 273	age/to	altern		vieillir
A 274	ageing	Alterung f		vieillissement m
A 275	ageing behaviour	Alterungsverhalten n		comportement m lors du vieillissement
A 276	ageing characteristics	Alterungscharakteristik f		caractéristiques fpl de vieillissement
A 277	ageing cycle	Alterungszyklus m		cycle m de vieillissement
A 278	ageing failure, wearout failure	Alterungsausfall m, Verschleißausfall m		défaillance f par vieillissement, défaillance par usure
A 279	ageing fault, wearout fault	Störung f durch Alterung f, Störung f durch Verschleiß		panne f par vieillissement, panne par usure
A 280	ageing resistance	Alterungsbeständigkeit f		résistance f au vieillissement
A 281	ageing test	Alterungstest m, Alterungsprüfung f		essai m de vieillissement
A 282	aggregate bit rate	Summenbitrate f		débit m binaire composite
A 283	aggregate signal	Summensignal n		signal m composite
A 284	air-blast circuit-breaker	Druckluftschalter m, Luftstromschalter m		disjoncteur m à air comprimé, disjoncteur à soufflage d'air
A 285	airborne	Bord ..., im Luftfahrzeug (Flugzeug) eingebaut		aéroporté, embarqué, de bord
	airborne weather detection	s. A 290		
A 286/7	airborne DF equipment	Flugbordpeilgerät n, Flugbordpeiler m, Bordpeiler m		radiogoniomètre m aéroporté
A 288	airborne equipment	Flugbordgerät n, Bordgerät n, Luftfahrtgerät n		matériel m embarqué
A 289	airborne radar	Flugzeugradar n, Luftfahrzeugradar n		radar m aéroporté, radar d'avion
A 290	airborne weather radar, airborne weather detection	Bordwetterradar n, Flugbordwetterradar n		radar m météorologique de bord, radar météorologique aéroporté
A 291	air circulation cooling	Luftumlaufkühlung f		refroidissement m par circulation d'air
A 292	air-conditioned shelter	klimatisierter Schutzraum m		abri m à climatisation
A 293	air-conditioning system (plant)	Klimaanlage f		système m de climatisation, système à air conditionné, équipement m de climatisation
A 294	air-cooled	luftgekühlt		refroidi par air
A 295	air-cooled klystron	luftgekühltes Klystron n		klystron m refroidi par air
A 296	air cooling	Luftkühlung f		refroidissement m par l'air
A 297	air-core coil, coreless coil	Luftspule f, kernlose Spule f		bobine f à air
A 298	air-core inductor	eisenlose Drossel f		inductance f à air
A 299	aircraft radio service	Flugfunkdienst m		service m radioaérien
A 300	aircraft station	Flugzeugfunkstelle f, Luftfunkstelle f		station f d'aéronef
A 301	air dielectric	Luftdielektrikum n		diélectrique m à air, diélectrique d'air
A 302	air dryer, air-drying apparatus	Lufttrockner m, Lufttrocknungsgerät n		déshydrateur m, assécheur m d'air
A 303	air gap	Luftspalt m		entrefer m (magnét.), intervalle m d'air
A 304	air-ground communication	Funkverbindung f Bord-Boden		communication f air-sol
A 305	air-inflated antenna, inflatable antenna	aufblasbare Antenne f		antenne f gonflable
A 306	air interface, radio interface	Funkschnittstelle f, Luftschnittstelle f		interface f radio, interface sur le trajet radioélectrique
A 307	air-line distance	Luftlinienentfernung f		distance f à vol d'oiseau, distance en ligne droite
A 308	airport control radar, airport surveillance radar, ASR	Flugplatzüberwachungsradar n, Flughafenüberwachungsradar n		radar m de surveillance d'aéroport
	airport radar	s. T 375		

A 309	airport runway	Flugplatz-Start- und -Landebahn f	piste f d'envol d'aéroport
	airport surveillance radar	s. A 308	
	airtight	s. H 121	
A 310	air-time, sending time	Sendezeit f	temps m d'émission, heure f d'émission
A 311	air-to-air communication	Bord-Bord-Verkehr m, Bord-Bord-Verbindung f	radiocommunication f air-air
A 312	air-to-ground communication	Bord-Boden-Verkehr m, Bord-Boden-Verbindung f	communication f air-sol
A 313	air-traffic control radar	Flugverkehr-Überwachungsradar n, Flugverkehrskontrollradar n	radar m de contrôle de [la] circulation aérienne, radar m de contrôle de trafic aérien
	air traffic control radar beacon system	s. S 177	
A 314	air-transportable earth station	lufttransportfähige Bodenstation f	station f terrienne aérotransportable
A 315	air vent	Entlüftung f, Luftaustritt m	couloir m d'aération
	AIS	s. A 321	
	A. J.	s. A 626	
A 316	alarm bell	Alarmglocke f	sonnerie f d'alarme
A 317	alarm button	Alarmknopf m	bouton m d'alarme
A 318	alarm-clock equipment	Weckanlage f	installation f de réveil
A 319	alarm device	Alarmvorrichtung f	dispositif m d'alarme
A 320	alarm [indicating] fuse	Alarmsicherung, f, Schmelzsicherung f mit Signalgabe	coupe-circuit m fusible à signalisation, fusible m d'alarme
A 321	alarm indication signal, AIS	Alarmkennungssignal n, Alarmmeldesignal n, Ersatzsignal n, Alarmindikatorsignal n, Alarmanzeigesignal n	signal m d'indication d'alarme, SIA
A 322	alarm lamp	Alarmlampe f, Signallampe f	lampe f d'alarme, voyant m d'alarme
A 323	alarm panel	Alarmtafel f	tableau m des alarmes
A 324	alarm system	Alarmanlage f	système m d'alarme
	Alexanderson antenna	s. M 774	
	ALF	s. A 26	
A 325	Alford loop [antenna]	Alford-Rahmen m, Alford-Rahmenantenne f	antenne f Gouriaud, carré m Gouriaud
A 326	algorithm	Algorithmus m	algorithme m
A 327	alias[ing]	Aliasing-Verzerrung f	distorsion f de repliement
A 328	aliasing equilization	Aliasing-Entzerrung f	égalisation f de la distorsion de repliement
A 329	aliasing error	Aliasing-Fehler m	erreur f de repliement
A 330	aligner	Abgleicher m	aligneur m
A 331	alignment	Abgleich m, Ausrichtung f	alignement m, réglage m
	alignment bit	s. F 402	
	alignment error	s. A 240	
A 332	alignment mechanism	Ausrichtmechanismus m	mécanisme m d'alignement
A 333	alignment signal	Einregelungssignal n	signal m de réglage
A 334	alive	unter Spannung, stromführend	sous tension, alimenté
A 335	all-digital	volldigital	tout numérique, entièrement numérique
A 336	all-digital network	volldigitales Netz n	réseau m entièrement numérique
A 337	all-figure dialling, all-number dialling, all-numerical dialling	reine Nummernwahl f	numérotation f tout chiffres
A 338	all-metal klystron	Ganzmetallklystron n	klystron m tout métal
	all-number dialling	s. A 337	
	all-numerical dialling	s. A 337	
A 339	allocate/to, to allot	zuweisen, zuteilen	attribuer, allouer, affecter
A 340	allocated frequency	zugeteilte Frequenz f, Sollfrequenz f	fréquence f allouée
A 341	allocation	Zuteilung f, Zuordnung f	allocation f, affectation f, attribution f
	allocation plan	s. A 342	
A 342	allocation scheme, allocation plan	Verteilungsplan m	plan m d'attribution
A 343	allocation symbol	Zuordnungssymbol n	symbole m d'allocation
	allot/to	s. A 339	
A 344	allotment	Zuweisung f, Zuteilung f, Verteilung f	attribution f, affectation f
A 345	allowable delay distortion	zulässige Laufzeitverzerrung f	distorsion f admissible de temps de propagation
A 346	allowable interruption probability	zulässige Unterbrechungswahrscheinlichkeit f	probabilité f d'interruption admissible
A 347	allowable noise power	zulässige Geräuschleistung f	puissance f de bruit admissible
A 348	allowed band	erlaubtes Band n	bande f permise
A 349	all-pass filter	Allpaßfilter n	filtre m passe-tout
A 350	all-pass network	Allpaß m	passe-tout m, réseau m passe-tout
A 351	all-pole lowpass filter	Allpoltiefpaßfilter n	filtre m passe-bas tout-pôle
A 352	all-pole predictor	Allpolprädiktor m	prédicteur m tout pôle
A 353	all-pole system	Allpolsystem n	système m tout pôle
A 354	all-relay exchange	Relaiswählvermittlungsstelle f	central m automatique tout à relais

A 355	all-relay selector	Relaiswähler m	sélecteur m à relais
A 356	all-relay system	Relais-Wählanlage f, Relais-Wählsystem n	système m [tout] à relais, système m automatique tout à relais
A 357	all-ships call	Ruf m an alle Schiffe	appel m à tous les navires
A 358	all solid state	[voll]halbleiterbestückt	à semi-conducteurs, transistorisé
A 359	all solid state equipment	vollhalbleiterbestücktes Gerät n	système (matériel) m entièrement transistorisé
A 360	all-transistorized, fully transistorized	volltransistorisiert	entièrement transistorisé
A 361	all-wave receiver	Allwellenempfänger m	récepteur m toutes ondes
A 362	all-zero octet	Oktett n mit nur Nullen	octet m ne comportant que des zéros
A 363	alphabet	Alphabet n	alphabet m
A 364	alphabetic character	Alphazeichen n	caractère m alphabétique
A 365	alphabetic character set	alphabetischer Zeichenvorrat m	jeu m de caractères alphabétique
A 366	alphabetic code	alphabetischer Code m	code m alphabétique
A 367	alphabetic coding	Alphacodierung f, alphabetische Codierung f	codage m alphabétique
A 368	alphabetic signal	alphabetisches Zeichen n	signal m alphabétique
A 369	alphabetic word	alphabetisches Wort n, Alphawort n	mot m alphabétique
A 370	alphageometric mode	alphageometrisches Verfahren n	méthode f alphagéométrique
A 371	alphamosaic	Alphamosaik n	alphamosaïque m
A 372	alphamosaic mode	Alphamosaikverfahren n	méthode m alphamosaïque
A 373	alphanumeric	alphanumerisch	alphanumérique
A 374	alphanumeric character	alphanumerisches Zeichen n	caractère m alphanumérique
A 375	alphanumeric character set	alphanumerischer Zeichenvorrat m	jeu m de caractères alphanumérique
A 376	alphanumeric code	alphanumerischer Code m	code m alphanumérique
A 377	alphanumeric display, AD	alphanumerische Anzeige f, alphanumerisches Bildschirmgerät n	affichage m alphanumérique, console f de visualisation alphanumérique
A 378	alphanumeric display terminal	Endgerät n (Terminal n) mit alphanumerischer Anzeige	terminal m de visualisation alphanumérique
A 379	alphanumeric keyboard	alphanumerische Tastatur f	clavier m alphanumérique
A 380	alphanumeric LED display	alphanumerische Leuchtdiodenanzeige f, alphanumerische LED-Anzeige f	affichage m alphanumérique à DEL
A 381	alphanumeric printer	alphanumerischer Drucker m, alphanumerisches Druckwerk n	imprimante f alphanumérique
A 382	alphanumeric terminal	alphanumerisches Endgerät n	terminal m alphanumérique
A 383	alphaphotographic mode	alphafotografisches Verfahren n	méthode f alphaphotographique
A 384	altazimuth mounting	Höhen-Azimutmontierung f	monture f azimut-élévation
A 385	alternate billing service, ABS	Dienst m „alternative Gebührenberechnung"	service m «facturation alternative»
	alternate code	s. P 59	
A 386	alternate mark inversion code, AMI code	AMI-Code m	code m bipolaire, code bipolaire alternant, code bipolaire strict
A 387	alternate mark inversion signal, AMI signal	AMI-Signal n	signal m bipolaire alternant, signal bipolaire strict
A 388	alternate mark inversion violation, AMI violation, bipolar violation	Verletzung f der AMI-Regel, Bipolarverletzung f, AMI-Verletzung f	violation f de bipolarité
	alternate route	s. A 393	
	alternate routing	s. A 394	
A 389	alternate voice/data, AVD	abwechselnd Sprache und Daten	téléphonie/données à l'alternat
	alternating code	s. P 59	
A 390	alternating current, a.c., a–c	Wechselstrom m	courant m alternatif, CA
A 391	alternating current pulsing (selection)	Wechselstromwahl f	numérotation f en courant alternatif
A 392	alternating current supply, a.c. supply	Versorgung f mit Wechselstrom, Wechselstromspeisung f	alimentation f en courant alternatif
A 393	alternative route, alternate route	Ersatzleitweg m, Ersatzweg m	voie f d'acheminement détournée, voie détournée
A 394	alternative routing, alternate routing	alternative Leitweglenkung f, alternative Verkehrslenkung f, alternative Leitwegauswahl f, Ersatzwegleitung f, Umleitung f, Umwegschaltung f	acheminement m par voie détournée, acheminement détourné, acheminement de secours, détournement m, déviation f
A 395	alternative routing of signalling	alternative Leitweglenkung f der Zeichengabe	acheminement m de signalisation de secours
A 396	alternative traffic route	Ersatzverkehrsweg m, Ersatzleitweg m	voie f d'acheminement de trafic détournée
A 397	altimeter	Höhenmesser m	altimètre m
A 398	altitude of the apogee	Apogäumshöhe f	altitude f de l'apogée
A 399	altitude of the perigee	Perigäumshöhe f	altitude f du périgée
A 400	alumina	Aluminiumoxidkeramik f	alumine m
A 401	aluminium conductor	Aluminiumleiter m	conducteur m d'aluminium
A 402	aluminium-covered steel-reinforced wire, ACSR wire	Aluminiumstahldraht m	fil m d'aluminium renforcé d'acier
A 403	aluminium screening	Aluminiumabschirmung f	blindage m en aluminium
	AM	s. A 449	

	AMA	s. A 865	
A 404	amateur radio	Amateurfunk m, Am	radiocommunication f d'amateur
A 405	amateur satellite, AMSAT	Amateurfunksatellit m	satellite m d'amateur
A 406	amateur satellite service	Amateurfunkdienst m über Satelliten	service m d'amateur par satellite
A 407	amateur service	Amateurfunkdienst m	service m d'amateur, service de radioamateur
A 408	amateur station	Amateurstation f	station f d'amateur
	ambient conditions	s. E 315	
A 409	ambient light	Umgebungslicht n, Raumbeleuchtung f, Vorlicht n (Fernsehen)	lumière f ambiante
A 410	ambient noise	Umgebungsgeräusch n	bruit m ambiant
A 411	ambient temperature	Umgebungstemperatur f	température f ambiante
A 412	ambiguity	Mehrdeutigkeit f, Vieldeutigkeit f	ambiguïté f
A 413	ambiguity function	Mehrdeutigkeitsfunktion f	fonction f d'ambiguïté
	AM demodulator	s. A 433	
	AMI code	s. A 386	
	AMI signal	s. A 387	
	AMI violation	s. A 388	
A 414	ammeter	Ampèremeter n	ampèremètre m
A 415	amorphous semiconductor	amorpher Halbleiter m	semi-conducteur m amorphe
A 416	amorphous silica	amorphes Siliciumoxid n	silice m amorphe
A 417	amorphous silicon	amorphes Silicium n	silicium m amorphe
A 418	amount of coupling, degree of coupling	Kopplungsgrad m	degré m de couplage
A 419	amplification	Verstärkung f	amplification f
A 420	amplification factor	Verstärkungsfaktor m	coefficient m d'amplification
A 421	amplification section, repeater section	Verstärkerfeld n	section f d'amplification
A 422	amplifier	Verstärker m	amplificateur m
A 423	amplifier-equalizer, equalizing amplifier	Entzerrerverstärker m	amplificateur-égaliseur m, préamplificateur-correcteur m, amplificateur m d'égalisation
A 424	amplifier noise	Verstärkerrauschen n, Verstärkungsgeräusch n	bruit m (souffle m) d'amplificateur
A 425	amplifier [-rectifier] voltmeter	Verstärkervoltmeter n	voltmètre m amplificateur
A 426	amplifier stage	Verstärkerstufe f	étage m amplificateur
A 427	amplifying klystron	Verstärkerklystron n	klystron m amplificateur
A 428	amplitude	Amplitude f, Schwingweite f	amplitude f, grandeur f
A 429	amplitude/amplitude characteristic	Amplitudencharakteristik f	caractéristique f de réponse amplitude-amplitude
A 430	amplitude/amplitude distortion	nichtlineare Amplitudenverzerrung f	distorsion f amplitude-amplitude
A 431	amplitude clipping	Amplitudenbeschneidung f	écrétage m
A 432	amplitude compander	Amplitudenkompander m	compresseur-extenseur m d'amplitude
A 433	amplitude demodulator, AM demodulator	Amplitudendemodulator m, AM-Demodulator m	démodulateur m d'amplitude
A 434	amplitude discriminator	Amplitudendiskriminator m	sélecteur m d'amplitude, discriminateur m d'amplitude
A 435	amplitude distortion	Amplitudenverzerrung f	distorsion f d'amplitude
A 436	amplitude equalizer	Amplitudenentzerrer m	compensateur (correcteur, égaliseur) m d'affaiblissement, correcteur d'amplitude
A 437	amplitude fluctuation	Amplitudenschwankung f	fluctuation f d'amplitude
A 438	amplitude-frequency characteristic	Amplitudenfrequenzgang m	caractéristique f amplitude-fréquence
A 439	amplitude-frequency distortion, attenuation-frequency distortion	lineare Amplitudenverzerrung f, Dämpfungsverzerrung f	distorsion f amplitude-fréquence
A 440	amplitude-frequency response characteristic	Amplitudenfrequenzkennlinie f	caractéristique f de réponse amplitude-fréquence
A 441	amplitude keying	Amplitudentastung f	manipulation f d'amplitude, modulation f [télégraphique] d'amplitude
A 442	amplitude limiter	Amplitudenbegrenzer m	limiteur m d'amplitude
A 443	amplitude-modulated	amplitudenmoduliert	modulé en amplitude
A 444	amplitude-modulated radiotelephony	amplitudenmodulierter Sprechfunk m	radiotéléphonie f à modulation d'amplitude
A 445	amplitude-modulated signal	amplitudenmoduliertes Signal n	signal m modulé en amplitude
A 446	amplitude-modulated sound carrier	amplitudenmodulierter Tonträger m	porteuse f son modulée en amplitude
A 447	amplitude-modulated transmitter	amplitudenmodulierter Sender m	émetteur m à modulation d'amplitude
A 448	amplitude-modulated voice-frequency telegraphy, AMVFT	amplitudenmodulierte Wechselstromtelegrafie f, amplitudenmodulierte WT f	télégraphie f harmonique à modulation d'amplitude
A 449	amplitude modulation, AM	Amplitudenmodulation f, AM	modulation f d'amplitude, MA
A 450	amplitude-modulation vestigial-sideband television signal, AM-VSB television signal	amplitudenmoduliertes Restseitenband-Fernsehsignal n	signal m de télévision à modulation d'amplitude avec bande latérale atténuée, signal de télévision MA-BLA
A 451	amplitude modulator	Amplitudenmodulator m	modulateur m d'amplitude

	English	German	French
A 452	amplitude of oscillation, vibration amplitude *(acoustics)*	Schwingungsamplitude f	amplitude f d'oscillation, amplitude de vibration
A 453	amplitude phase keying, APK	Amplituden-Phasenumtastung f	modulation f par déplacement d'amplitude et de phase, MDAP
A 454	amplitude predistortion	Amplitudenvorverzerrung f	prédistorsion f en amplitude
A 455	amplitude probability distribution, APD	Amplitudenwahrscheinlichkeitsverteilung f	distribution f de probabilité des amplitudes, DPA
A 456	amplitude quantized control	Steuerung f mit Quantisierung der Amplitude	synchronisation f quantifiée, commande f à quantification d'amplitude, mode m à quantification d'amplitude
A 457	amplitude quantizing	Amplitudenquantisierung f	quantification f d'amplitude
A 458	amplitude range	Amplitudenbereich m	gamme f d'amplitudes
A 459	amplitude response	Amplitudengang m, Amplitudenverlauf m	réponse f en amplitude
A 460	amplitude shift keying, ASK	Amplitudenumtastung f	modulation f par déplacement d'amplitude, MDA
A 461	amplitude spectrum	Amplitudenspektrum n	spectre m d'amplitude
	amplitude suppression ratio	s. A 464	
A 462	amplitude variation, variation of amplitude	Amplitudenänderung f	variation f d'amplitude
A 463	AM–PM conversion	AM–PM-Konversion f, AM–PM-Umwandlung f	conversion f MA–MP
	AMSAT	s. A 405	
A 464	AM suppression ratio, amplitude suppression ratio	AM-Unterdrückung f	taux m de réjection MA
	AMVFT	s. A 448	
	AM-VSB television signal	s. A 450	
A 465	analog	analog	analogique
A 466	analog-analog, A-A	analog-analog, A-A	analogique-analogique, A-A
A 467	analog audio recording	analoge Tonaufzeichnung f	enregistrement m analogique du son
A 468	analog circuit	Analogschaltung f	circuit m analogique
A 469	analog computer	Analogrechner m	ordinateur m analogique
A 470	analog concentrator	Analogkonzentrator m, AKT	concentrateur m analogique
A 471	analog concentrator junctor	Analogkonzentrator-Leitungssatz m, ALS	joncteur m pour concentrateur analogique, équipement m terminal de ligne pour concentrateur analogique
A 472	analog control	Analogsteuerung f	mode m analogique, mode de commande analogique, synchronisation f analogique
A 473	analog data channel	analoger Datenkanal m, Analogdatenkanal m	voie f de données analogique
A 474	analog-digital, analog/digital, A-D, A/D	analog-digital, A-D, AD	analogique-numérique, A-N, analogique/numérique, A/N
A 475	analog input	Analogeingabe f	entrée f analogique
A 476	analog integrated circuit	integrierte Analogschaltung f, analoge integrierte Schaltung f	circuit m intégré analogique
A 477	analog line circuit [board]	Analogteilnehmersatz m	circuit m de ligne analogique, carte f de circuit de ligne analogique
A 478	analog modulation	Analogmodulation f	modulation f analogique
A 479	analog multiplexer	Analogmultiplexer m	multiplexeur m analogique
A 480	analog phase-locked loop	analoger Phasenregelkreis m, Phasensynchronisationskreis m	boucle f à verrouillage de phase analogique, BVPA
A 481	analog radio-relay link (system)	Analogrichtfunkverbindung f	faisceau m hertzien analogique
A 482	analog repeater	Analogrepeater m, analoger Repeater m	répéteur m analogique
A 483	analog signal	Analogsignal n, analoges Signal n	signal m analogique
A 484	analog subscriber line	analoge Teilnehmerleitung f	ligne f d'abonné analogique
A 485	analog subscriber line circuit	Analogteilnehmersatz m *(Einkanal)*	circuit m d'abonné analogique
A 486	analog subscriber module, ASM	Anschlußmodul n für Analogteilnehmer	module m d'abonné analogique
A 487	analog switching	analoge Vermittlungstechnik f, analoge Vermittlung f, Analogvermittlung f	commutation f analogique
A 488	analog technique	Analogtechnik f	technique f analogique
A 489	analog telephone network	analoges Fernsprechnetz n	réseau m téléphonique analogique
A 490	analog-to-digital conversion, A/D conversion	Analog–Digital-Wandlung f, Analog–Digital-Umsetzung f, AD-Umsetzung f	conversion f analogique–numérique, conversion f A/N
A 491	analog-to-digital converter, A/D converter, ADC	Analog–Digital-Wandler m, AD-Wandler m, AD-Umsetzer m, ADU	convertisseur m analogique–numérique, convertisseur m A/N, CAN
A 492	analog transmission	Analogübertragung f	transmission f analogique
A 493	analog transmission of TV-channels	Analogübertragung f von Fernsehkanälen, Analogsignalübertragung von FS-Kanälen	transmission f analogique de canaux de télévision

A 494	analog trunk module	Anschlußmodul n für Analogverbindungsleitungen	module m de jonction analogique
A 495	analysis meter	Belegungsmeßgerät n, Meßgerät n zur Bestimmung der Belegung	analyseur m de débordement
A 496	analyzer	Analysator m, Analysegerät n, Abtaster m (Bild)	analyseur m
	ANC	s. A 548	
A 497	ancillary equipment	Hilfsgerät n, Zusatzgerät n	matériel m annexe
A 498	AND circuit	UND-Schaltung f, AND-Schaltung f	circuit m ET
	AND element	s. A 499	
A 499	AND gate, AND element	UND-Gatter n, UND-Glied n	porte f ET
A 500	AND NOT gate, exclusion gate	UND-NICHT-Schaltung f, Exklusionsschaltung f	circuit m A L'EXCEPTION DE, circuit ET-NON, porte f logique ET-NON
A 501	anechoic chamber (room), dead room	schalltoter Raum m, reflexionsfreier Raum m	chambre f anéchoïque, chambre sourde, salle f anéchoïde
A 502	angel echo (radar)	Engelecho n	écho-mirage m
	angle discrimination	s. A 517	
	angle diversity	s. A 518	
A 503	angle measurement, angular measurement	Winkelmessung f	mesure f angulaire
A 504	angle-modulated	winkelmoduliert	à modulation angulaire
A 505	angle modulation, angular modulation	Winkelmodulation f	modulation f d'angle, modulation angulaire
A 506	angle modulator	Winkelmodulator m	modulateur m angulaire
A 507	angle of aperture, angular aperture	Öffnungswinkel m	angle m d'ouverture, ouverture f angulaire
	angle of arrival	s. I 98	
A 508	angle of departure	Abstrahlwinkel m	angle m de départ
	angle of diffraction	s. D 425	
A 509	angle of divergence	Divergenzwinkel m, Streuungswinkel m	angle m de divergence
A 510	angle of elevation, elevation angle, elevation	Höhenwinkel m, Elevation f, Zielhöhenwinkel m, Erhebungswinkel m	angle m d'élévation, angle de site, angle de tir
	angle of incidence	s. I 98	
A 511	angle of inclination, tilt angle	Neigungswinkel m	angle m d'inclinaison
A 512	angle of polarization, polarization angle	Polarisationswinkel m	angle m de polarisation
A 513	angle of refraction, refraction angle	Brechungswinkel m	angle m de réfraction
A 514	angle pole	Winkelstange f, Eckmast m	poteau m d'angle
	angular aperture	s. A 507	
A 515	angular decoupling	Winkelentkopplung f	découplage m angulaire
A 516	angular deviation	Winkelabweichung f	écart (espacement) m angulaire
A 517	angular discrimination, angle discrimination, angular resolution	Winkelauflösung f	discrimination f angulaire, résolution f angulaire
A 518	angular diversity, angle diversity, wave arrival-angle diversity	Winkeldiversity n	diversité f d'angle, diversité de l'angle d'incidence, diversité par l'angle d'arrivée
A 519	angular frequency	Kreisfrequenz f, Winkelfrequenz f	fréquence f angulaire (circulaire), pulsation f
	angular measurement	s. A 503	
	angular modulation	s. A 505	
A 520	angular position	Winkelstellung f	position f angulaire
	angular resolution	s. A 517	
A 521	angular resolvability	Winkelauflösungsvermögen n	pouvoir m de résolution angulaire
A 522	angular speed	Winkelgeschwindigkeit f	vitesse f angulaire
	ANI	s. A 868	
A 523	anisochronous	anisochron, nicht isochron	anisochrone
A 524	anisochronous signals	anisochrone Signale npl	signaux mpl anisochrones
A 525	anisochronous transmission	anisochrone Übertragung f	transmission f anisochrone
A 526	anisotropic	anisotrop	anisotrope
A 527	anisotropy	Anisotropie f	anisotropie f
	ANL	s. A 867	
	ANN	s. A 549	
A 528	announcement	Hinweisansage f, Ansage f	message m enregistré, annonce f enregistrée
	annual fluctuation	s. A 530	
A 529	annual mean	Jahresmittel n	moyenne f annuelle
A 530	annual variation, annual fluctuation	Jahresschwankung f, Jahresgang m	variation f annuelle
A 531	anode	Anode f	anode f, plaque f
A 532	anode current, plate current	Anodenstrom m	courant m anodique (d'anode), courant plaque
A 533	anode voltage, plate voltage	Anodenspannung f	tension f anodique, tension plaque
A 534	anodizing	Eloxieren n	oxydation f (traitement m) anodique
A 535	anomalous propagation, AP	anomale Ausbreitung f	propagation f anormale
A 536	answer/to	abfragen, sich melden	répondre, s'annoncer
	answer	s. A 541	

A 537	answerback unit	Kennungsgeber m	émetteur m automatique d'indicatif
A 538	answerback unit simulator	Kennungsgebersimulator m	simulateur m d'émetteur d'indicatif
A 539	answer delay	Meldeverzug m	délai m de réponse
A 540	answer delay, answer-signal delay	Meldedauer f	délai m de réponse
	answered call attempt	s. C 887	
	answerer	s. T 159	
A 541	answering, answer	Abfragen n, Melden n, Antwort f, Anrufbeantwortung f	réponse f, réponse d'appel
A 542	answering (subscriber)	Melden n (Teilnehmer)	réponse f (abonné)
A 543	answering equipment	Abfrageeinrichtung f	équipement m de réponse
A 544	answering jack	Abfrageklinke f, Teilnehmerklinke f	jack m de réponse
	answering machine	s. T 159	
A 545	answering plug	Abfragestöpsel m	fiche f de réponse
A 546	answering service	Abfragedienst m	service m de réponse
	answering signal	s. A 547	
	answering tone	s. A 550	
A 547	answer signal, answering signal	Antwortsignal n, AWS, Beginnzeichen n	signal m de réponse
	answer signal	s. O 41	
A 548	answer signal/charge, ANC	Beginnzeichen n mit Gebühr, Beginnzeichen/gebührenpflichtig, Antwortsignal n mit Gebührenerfassung (Taxierbeginn)	signal m de réponse/avec taxation, RAT
	answer-signal delay	s. A 540	
A 549	answer signal/no charge, ANN	Beginnzeichen n ohne Gebühr, Beginnzeichen/gebührenfrei	signal m de réponse/sans taxation, RST
A 550	answer tone, answering tone	Antwortton m	tonalité f de réponse
A 551	antenna, aerial	Antenne f	antenne f
A 552	antenna aperture	Antennenapertur f, Antennenöffnung f	ouverture f d'antenne
A 553	antenna array	Antennenfeld n, Antennengruppe f, Antennenkombination f	réseau m d'antennes, réseau antennaire
	antenna assembly	s. A 614	
A 554	antenna base	Antennenfuß m	pied m d'antenne
A 555	antenna base current	Antennenfußpunktstrom m	courant m à la base de l'antenne
A 556	antenna beam steering	Antennenstrahlschwenkung f	orientation f du faisceau d'antenne
A 557	antenna cable	Antennenkabel n	câble m d'antenne
A 558	antenna change-over switch	Antennenumschalter m	commutateur m d'antennes
A 559	antenna circuit	Antennenkreis m	circuit m d'antenne
A 560	antenna coil	Antennenspule f	bobine f d'antenne
A 561	antenna configuration	Antennenanordnung f	structure f d'antenne
A 562	antenna coupling	Antennenankopplung f	couplage m d'antenne
A 563	antenna crosstalk	Antennenübersprechen n	diaphonie f entre antennes
A 564	antenna current	Antennenstrom m	courant m d'antenne
A 565	antenna curtain	Antennenwand f	rideau m d'antennes, antenne-rideau f
A 566	antenna design	Antennenentwurf m	conception f d'antenne
A 567	antenna diameter	Antennendurchmesser m	diamètre m d'antenne
A 568	antenna dipole array, dipole array	Dipolgruppenantenne f, Dipolfeld n, Dipolgruppe f	réseau m de doublets, antenne f en réseau de doublets, réseau m d'antennes doublets
A 569	antenna directivity	Antennenrichtwirkung f, Antennenbündelung f	directivité f d'antenne
A 570	antenna directivity diagram	Antennenrichtdiagramm n	diagramme m de directivité d'antenne
A 571	antenna directivity factor	Antennenbündelungsfaktor m	coefficient m de directivité d'antenne
A 572	antenna directivity gain	Antennenrichtgewinn m	gain m de directivité d'antenne
A 573	antenna diversity	Antennendiversity n	diversité f d'antenne
	antenna driving-point admittance	s. A 580	
	antenna driving-point impedance	s. A 581	
A 574	antenna earthing switch, aerial grounding switch	Antennenerdungsschalter m	commutateur m antenne–terre
A 575	antenna effect, vertical effect	Antenneneffekt m	effet m d'antenne
A 576	antenna efficiency, radiation efficiency	Antennenwirkungsgrad m	rendement m d' [une] antenne
A 577	antenna element, elementary aerial	Antennenelement n	élément m d'antenne, élément rayonnant
	antenna feed admittance	s. A 580	
A 578	antenna feed assembly, feed assembly	Antennenerregung f	source f d'antenne, source d'illumination
A 579	antenna feeder [line], antenna feedline	Antennenspeiseleitung f, Antennenzuleitung f, Energieleitung f	ligne f d'alimentation d'antenne
	antenna feed impedance	s. A 581	
	antenna feedline	s. A 579	
A 580	antenna feed-point admittance, antenna driving-point admittance, antenna feed admittance	Eingangs[schein]leitwert m (Eingangsadmittanz f) der Antenne	admittance f [d'entrée] d'antenne

antenna

A 581	antenna feed-point impedance, antenna driving-point impedance, antenna feed impedance	Eingangsimpedanz *f* (Speiseimpedanz *f*) der Antenne, Eingangs[schein]widerstand *m* der Antenne	impédance *f* d'entrée d'antenne, impédance d'antenne
A 582	antennafier	Antennenverstärker *m*	amplificateur *m* d'antenne
A 583	antenna gain, power gain of an antenna	Antennengewinn *m*	gain *m* d'antenne, gain en puissance d'une antenne
A 584	antenna guying	Antennenabspannung *f*	haubanage *m* d'antenne
A 585	antenna impedance	Antennenimpedanz *f*, Antennenscheinwiderstand *m*	impédance *f* d'antenne
A 586	antenna inductance	Antenneninduktivität *f*	inductance *f* d'antenne
A 587	antenna input	Antenneneingang *m*	entrée *f* d'antenne
A 588	antenna input, antenna input power	zugeführte Antennenleistung *f*	énergie *f* fournie à l'antenne
A 589	antenna input impedance	Antenneneingangsimpedanz *f*	impédance *f* d'entrée d'antenne
	antenna input power	*s.* A 588	
A 590	antenna loading coil	Antennenverlängerungsspule *f*	bobine *f* de prolongement d'antenne, bobine de charge d'antenne
A 591	antenna main lobe	Antennenhauptkeule *f*	lobe *m* principal d'antenne
A 592	antenna mast, antenna pole	Antennenmast *m*	mât *m* d'antenne
A 593	antenna matching transformer	Antennenanpassungsübertrager *m*, Antennenanpassungstransformator *m*	adaptateur *m* d'impédance
A 594	antenna measurement	Antennenmessung *f*	mesure *f* sur une antenne
A 595	antenna mount	Antennenhalterung *f*, Antennenbefestigung *f*	monture *f* d'antenne, montage *m* d'antenne
A 596	antenna mounting, antenna support	Antennenträger *m*, Antennentragwerk *n*	support *m* d'antenne
	antenna multicoupler	*s.* M 703	
	antenna near-field measurement	*s.* N 74	
A 597	antenna noise	Antennenrauschen *n*	bruit *m* d'antenne
A 598	antenna noise temperature	Antennenrauschtemperatur *f*	température *f* de bruit de l'antenne
A 599	antenna orientation	Antennenausrichtung *f*	orientation *f* d'antenne
A 600	antenna outage	Antennenausfall *m*	panne *f* d'antenne
A 601	antenna output	Antennenausgang *m*	sortie *f* d'antenne
A 602	antenna pattern	Antennendiagramm *n*	diagramme *m* d'antenne, diagramme de gain d'antenne
A 603	antenna pattern synthesis	Antennendiagrammsynthese *f*	synthèse *f* d'antenne
A 604	antenna pedestal	Antennensockel *m*	embase *f* d'antenne
A 605	antenna plant	Antennenanlage *f*	installation *f* d'antenne
A 606	antenna pointing	Ausrichten *n* der Antenne, Antennenausrichtung *f*	pointage *m* de l'antenne
	antenna pole	*s.* A 592	
A 607	antenna power	Antennenleistung *f*	puissance *f* d'antenne
	antenna radiation resistance	*s.* R 62	
A 608	antenna reflector	Antennenspiegel *m*, Antennenreflektor *m*	réflecteur *m* d'antenne
A 609	antenna resistance	Antennenwirkwiderstand *m*	résistance *f* d'antenne
A 610	antenna shape	Antennenform *f*	forme *f* d'antenne
A 611	antenna shortening capacitor	Antennenverkürzungskondensator *m*	condensateur *m* de raccourcissement d'antenne
A 612	antenna spacing	Antennenabstand *m*	espacement *m* d'antenne
	antenna support	*s.* A 596	
A 613	antenna supporting base	Antennenfundament *n*	fondation *f* d'antenne
A 614	antenna system, antenna assembly	Antennensystem *n*	système *m* d'antenne
A 615	antenna testing site	Antennenmeßgelände *n*	terrain *m* d'essais d'antenne
A 616	antenna-to-medium coupling loss	Maß *n* für die scheinbare Gewinnminderung	perte *f* par le couplage entre l'antenne et le milieu
A 617	antenna tower	Antennenturm *m*, Funkturm *m*	tour *f* d'antenne, pylône *m* d'antenne
A 618	antenna tracking system	Antennennachführsystem *n*	système *m* de poursuite d'antenne
A 619	antenna tuning	Antennenabstimmung *f*	accord *m* d'antenne
A 620	anti-aliasing filter	Anti-Alias-Filter *n*	filtre *m* antirepliement
	anti-clockwise elliptically polarized wave	*s.* L 89	
A 621	anti-collision radar	Kollisionsschutzradar *n*	radar *m* anticollision
A 622	anti-fading antenna	schwundmindernde Antenne *f*	antenne *f* à rayonnement zénithal réduit, antenne antiévanouissement, antenne antifading
A 623	antiflare screen, antiglare screen	Blendschutzscheibe *f*	écran *m* antiéblouissant
	anti-icing system	*s.* D 228	
A 624	anti-interference antenna	störungsarme Antenne *f*	antenne *f* anti-parasite
A 625	anti-interference filter	Störschutzfilter *n*	filtre *m* d'antiparasitage, filtre anti-parasites
A 626	anti-jamming, A.J. *(radar)*	Maßnahmen *fpl* gegen absichtliche Störung	anti-brouillage *m*
A 627	antinode *(standing wave)*	Strombauch *m*, Spannungsbauch *m*, Bauch *m* *(stehende Welle)*	ventre *m* *(onde stationnaire)*

A 628	anti-noise microphone	Mikrophon n mit Umgebungsgeräuschunterdrückung	microphone m antibruit
A 629	anti-phase	Gegenphase f	opposition f de phase
A 630	anti-radar camouflage	Antiradartarnung f	camouflage m antiradar
A 631	antiresonant circuit	Parallelschwingkreis m	circuit m antirésonnant, circuit bouchon
A 632	anti-shock device, acoustic shock suppressor, acoustic shock absorber, acoustic shock reducer (telephony)	Knackschutz m, Knallschutz m	anti-choc m, dispositif m anti-choc
A 633	anti-sidetone	rückhördämpfend	antilocal
A 634	anti-sidetone circuit (device)	rückhördämpfende Schaltung f, Rückhördämpfungsschaltung f	circuit m antieffet local, dispositif m antilocal
	AP	s. A 535	
	APC	s. A 160	
	APD	s. A 455	
A 635	aperiodic amplifier	aperiodischer Verstärker m	amplificateur m apériodique
A 636	aperiodic antenna, non-resonant antenna	aperiodische Antenne f, unabgestimmte Antenne f	antenne f apériodique
A 637	aperiodic damping	aperiodische Dämpfung f	affaiblissement m apériodique, amortissement m apériodique
A 638	aperture	Öffnung f, Strahleröffnung f, Apertur f, Öffnungsfläche f	ouverture f
A 639	aperture distortion	Aperturverzerrung f, Aperturunschärfe f, Auflösungsunschärfe f	distorsion f d'ouverture, distorsion d'exploration
A 640	aperture efficiency	Flächenwirkungsgrad m	rendement m d'ouverture, facteur m d'illumination
A 641	aperture field	Aperturfeld n	champ m dans l'ouverture
A 642	aperture illumination	Aperturflächenausleuchtung f, Aperturflächenbelegung f	fonction f d'illumination, éclairement m de l'ouverture
	APK	s. A 453	
	APL	s. A 938	
A 643	apogee	Apogäum n	apogée m
A 644	A pole	A-Mast m	appui m en A
A 645	apparent power	Scheinleistung f	puissance f apparente
A 646	application	Anwendung f	application f
A 647	application entity	Anwendungsinstanz f, Verarbeitungsinstanz f	entité f d'application
A 648	application layer	Anwendungsschicht f, Applikationsschicht f	couche f d'application
A 649	application management	Anwendungsmanagement n	gestion f d'application
A 650	application-oriented	anwendungsorientiert	orienté sur l'application
A 651	application process	Anwendungsprozeß m	processus m d'application
A 652	application service	Anwendungsdienst m	service m d'application
A 653	application-service element	Anwendungsdienstelement n	élément m de service d'application
A 654	application software	Anwendersoftware f, Anwendungssoftware f	logiciel m d'application
A 655	application-specific	anwendungsspezifisch, anwendungsbezogen	propre à une application
A 656	application-specific integrated circuit, ASIC	anwendungsspezifische integrierte Schaltung f, anwendungsspezifischer Schaltkreis (Baustein) m	circuit m intégré spécifique d'une application, circuit intégré propre à une application, circuit semi-spécial
A 657	application system	Anwendungssystem n	système m d'application
A 658	applied power, power input	zugeführte Leistung f, Leistungsaufnahme f	puissance f appliquée, puissance en entrée
A 659	applied voltage	angelegte Spannung f	tension f appliquée
A 660	apply/to	anwenden, anlegen, auftragen, gebrauchen	appliquer, injecter
A 661	appointment call, booked connection	Gespräch n mit Voranmeldung	communication f avec avis d'appel, avis m d'appel, appel m à préavis, communication avec préavis
A 662	approach control radar, ACR	Anflugradar n	radar m d'approche
A 663	approximate value	Näherungswert m, angenäherter Wert m	valeur f approchée, valeur f approximative
A 664	approximation	Näherung f, Annäherung f	approximation f
A 665	a priori knowledge, prior knowledge of meaning	A priori-Kenntnis f, Vorabinformation f	connaissance f a priori
A 666	arbitrarily distributed	willkürlich verteilt, beliebig verteilt	distribué arbitrairement
A 667	arbitrary signal	beliebiges Signal n	signal m quelconque
A 668	arc current	Lichtbogenstrom f	courant m d'arc
A 669	arc duration	Lichtbogendauer f	durée f d'arc
A 670	architectural acoustics	Bauakustik f	acoustique f architecturale
A 671	arcing	Lichtbogenbildung f	amorçage m
A 672	arcing contact	Abreißkontakt m	contact m de coupure
A 673	arcing voltage, spark-over voltage	Überschlagspannung f	tension f d'amorçage
A 674	arc second	Bogensekunde f	seconde f d'arc
A 675	arc suppression	Lichtbogenunterdrückung f	extinction f d'arc
A 676	arc suppression coil	Erdschlußlöschspule f	bobine f d'extinction d'arc

A 677	arc voltage	Lichtbogenspannung f	tension f d'arc	
A 678	area control centre, ACC	Bezirkskontrollstelle f	centre m de contrôle régional	
A 679	area coverage	Abdeckung f einer Zone, Ausleuchtung f einer Zone, Flächenüberdeckung f	couverture f [d'une zone]	
A 680	area of research	Forschungsgebiet n	domaine m de recherche	
A 681	armature	Anker m (Relais)	armature f, palette f (relais)	
A 682	armature bearing	Ankerlager n	palier m d'armature	
A 683	armature clearance	Pimpelluft f (Relais), Ankerspiel n	jeu m de l'armature	
A 684	armouring wire	Bewehrungsdraht m	fil m d'armure	
A 685	around the clock, round-the-clock	rund um die Uhr	24 heures sur 24	
A 686	around-the-clock operating, operation on a 24 hour basis	Betrieb m rund um die Uhr	fonctionnement m 24 heures sur 24	
	ARQ	s. A 879		
	ARQ error control	s. A 880		
A 687	ARQ scheme	Methode f der automatischen Wiederholungsrückfrage, ARQ-Methode f	méthode f de demande automatique de répétition, méthode DAR	
	ARQ system	s. A 881		
A 688	array antenna	Gruppenantenne f	antenne f en réseau, réseau m antennaire	
A 689	array factor (antenna)	Gruppencharakteristik f	fonction f caractéristique (réseau d'antennes)	
A 690	articulated speech	deutliche Sprache f, artikulierte Sprache	langage m articulé	
A 691	articulation	Verständlichkeit f, Deutlichkeit f, Sprachverständlichkeit f	netteté f, netteté phonétique	
A 692	articulation impairment	Verständlichkeitsbeeinträchtigung f	dégradation f de la netteté	
A 693	articulation reference equivalent, AEN, equivalent articulation loss	Verständlichkeitsäquivalent n, Ersatzdämpfung f für die Verständlichkeit	affaiblissement m équivalent pour la netteté, AEN	
	artificial antenna	s. D 899		
A 694	artificial black (facsimile)	künstliches Schwarz n	noir m artificiel	
A 695	artificial black signal	Testsignal n für Schwarz	signal m de noir artificiel	
A 696	artificial dielectric	künstliches Dieleketrikum n	diélectrique m artificiel	
A 697	artificial ear	künstliches Ohr n	oreille f artificielle	
A 698	artificial larynx	künstlicher Kehlkopf m	larynx m artificiel	
A 699	artificial line, line simulator	künstliche Leitung f	ligne f artificielle, simulateur m de câble	
A 700	artificial load, dummy load	Ersatzlast f, Ersatzbelastung f	circuit m de charge fictif, charge f fictive	
A 701	artificial mouth	künstlicher Mund m	bouche f artificielle	
	artificial traffic	s. S 647		
A 702	artificial voice	künstliche Stimme f	voix f artificielle	
A 703	artificial white (facsimile)	künstliches Weiß n	blanc m artificiel	
A 704	artificial white signal	Testsignal n für Weiß	signal m de blanc artificiel	
	ASC	s. A 886		
	ASIC	s. A 656		
	ASK	s. A 460		
	ASM	s. A 486		
A 705	aspect ratio	Bildseitenverhältnis n, Seitenverhältnis n, Bildformat n	rapport m largeur/hauteur, rapport des dimensions	
	ASR	s. A 308		
A 706	assembler	Assembler m, Assemblierer m	assembleur m	
	assembler language	s. A 708		
	assembling robot	s. A 709		
A 707	assembly drawing	Montagezeichnung f	plan m de montage	
A 708	assembly language, assembler language	Assemblersprache f	langage m assembleur, langage d'assemblage	
A 709	assembly robot, assembling robot	Montageroboter m	robot m de montage	
A 710	assigned band	zugewiesenes Band n	bande f attribuée, bande allouée	
A 711	assigned frequency band	zugeteiltes Frequenzband n	bande f de fréquence assignée (allouée)	
A 712	associated mode [of signalling]	assoziierter Modus m der Zeichengabe, assoziierter Modus	mode m de signalisation associé, mode associé	
A 713	associated signalling	assoziierte Zeichengabe f, assoziierte Signalisierung f	signalisation f associé	
A 714	astable circuit	astabile Schaltung f, astabiler Monovibrator m	multivibrateur m instable	
A 715	astronomical time	astronomische Zeit n	temps m astronomique	
A 716	asymmetrical distortion	einseitige Verzerrung f	distorsion f dissymétrique, distorsion biaise	
A 717	asymmetric sideband transmission	Übertragung f mit asymmetrischen Seitenbändern	transmission f avec bandes latérales asymétriques	
A 718	asymptotic error behaviour	asymptotisches Fehlerverhalten n	comportement m asymptotique d'erreur	
A 719	asynchronous, non-synchronous	asynchron, nicht synchron	asynchrone, non synchrone, non synchronisé	
	asynchronous	s. a. N 342		

A 720	asynchronous balanced mode, ABM	Mischbetrieb m	opération f mixte
A 721	asynchronous counter	Asynchronzähler m, asynchroner Zähler m	compteur m asynchrone
A 722	asynchronous mode	asynchrone Betriebsart f	mode m asynchrone
A 723	asynchronous modem	Asynchronmodem m	modem m asynchrone
A 724	asynchronous operation	Asynchronbetrieb m, Asynchronverfahren n	exploitation f asynchrone, mode m asynchrone
A 725	asynchronous response mode	Spontanbetrieb m	opération f spontanée
A 726	asynchronous serial interface	asynchrone serielle Schnittstelle f	interface f série asynchrone
	asynchronous/synchronous converter	s. A 727	
A 727	asynchronous-to-synchronous converter, asynchronous/synchronous converter	Asynchron-Synchron-Umsetzer m, Asynchron/Synchron-Umsetzer m	convertisseur m asynchrone/synchrone
A 728	asynchronous transfer mode, ATM	asynchroner Übermittlungsmodus m, asynchroner Transfermodus m, asynchrone Zeitvielfachmultiplex- und Vermittlungstechnik f	mode m de transfert asynchrone
A 729	asynchronous transfer mode network, ATM network	ATM-Netz n	réseau m à mode de transfert asynchrone, réseau MTA
A 730	asynchronous transmission	asynchrone Übertragung f	transmission f asynchrone
A 731	asynchronous transmission system	asynchrones Übertragungssystem n	système m de transmission non synchrone
A 732	asynchronous working	asynchrone Arbeitsweise f, asynchroner Betrieb m	fonctionnement m asynchrone
	ATCRBS	s. S 177	
	ATE	s. A 896	
A 733	athermanous	wärmeundurchlässig	athermane
	ATM	s. A 728	
	ATME	s. A 899	
	ATM network	s. A 729	
A 734	atmospheric absorption	atmosphärische Absorption f	absorption f atmosphérique
A 735	atmospheric attenuation, atmospheric loss	atmosphärische Dämpfung f, Dämpfung f der Atmosphäre	affaiblissement m atmosphérique
A 736	atmospheric backscatter	atmosphärische Rückstreuung f	rétrodiffusion f atmosphérique
A 737	atmospheric depolarization	atmosphärische Depolarisation f	dépolarisation f atmosphérique
A 738	atmospheric discharge	atmosphärische Entladung f	décharge f atmosphérique
	atmospheric loss	s. A 735	
A 739	atmospheric noise, atmospherics	atmosphärische Störung f, atmosphärisches Geräusch n	bruit m atmosphérique, parasites mpl atmosphériques, atmosphériques mpl
A 740	atmospheric perturbation	atmosphärische Störung f	perturbation f atmosphérique
A 741	atmospheric propagation	Ausbreitung f in der Atmosphäre	propagation f dans l'atmosphère
	atmospherics	s. A 739	
A 742	atmospheric turbulence	atmosphärische Turbulenz f	turbulence f atmosphérique
A 743	atomic clock	Atomuhr f	horloge f atomique
A 744	atomic frequency standard	Atomfrequenznormal n	étalon m de fréquence atomique
A 745	attack time	Ansprechzeit f, Einschwingzeit f, Anstiegszeit f	temps m d'établissement
A 746	attendant['s] set	Abfragestelle f	poste m dirigeur, poste central
A 747	attended operation	bemannter Betrieb m	fonctionnement m avec surveillance
A 748	attended station, manned station	bemannte Station f	station f desservie, station surveillée
A 749	attention key	Abruftaste f	touche f d'appel
	attenuate/to	s. D 3	
A 750	attenuation, loss	Dämpfung f, Abschwächung f	affaiblissement m, atténuation f
A 751	attenuation characteristic, attenuation shape	Dämpfungsverlauf m, Dämpfungscharakteristik f, Dämpfungskennlinie f	caractéristique f d'affaiblissement, caractéristique f d'atténuation
A 752	attenuation coefficient (constant)	Dämpfungskonstante f, Dämpfungsbelag m, Dämpfungskoeffizient m, spezifische Dämpfung f	affaiblissement m linéique, constante f d'affaiblissement
A 753	attenuation curve	Dämpfungskurve f, Dämpfungsverlauf m	courbe f d'affaiblissement
A 754	attenuation distortion	Dämpfungsverzerrung f	distorsion f d'affaiblissement
A 755	attenuation distribution	Dämpfungsverteilung f	distribution f d'affaiblissement
	attenuation equalizer	s. A 757	
A 756	attenuation-frequency characteristic, loss-frequency curve, loss-frequency response	Dämpfungsgang m, Dämpfungsverlauf m in Abhängigkeit von der Frequenz	caractéristique f affaiblissement-fréquence, courbe f affaiblissement-fréquence
	attenuation-frequency distortion	s. A 439	
A 757	attenuation/frequency equalizer, attenuation equalizer	Dämpfungsentzerrer m	compensateur m (correcteur m, égaliseur m) d'affaiblissement, réseau m correcteur, correcteur m d'amplitude
A 758	attenuation-limited	dämpfungsbegrenzt	limité par l'affaiblissement
A 759	attenuation measurement	Dämpfungsmessung f	mesure f de l'affaiblissement
A 760	attenuation of hail	Hageldämpfung f, Dämpfung f durch Hagel	affaiblissement m par la grêle
A 761	attenuation plan	Dämpfungsplan m	plan m d'affaiblissement

attenuation

	attenuation shape	s. A 751		
A 762	attenuation slope	Flankensteilheit f		pente f aux frontières
A 763	attenuation slope of the passband	Flankensteilheit f an den Bandgrenzen		pente f aux frontières de la bande passante
A 764	attenuation threshold	Dämpfungsschwelle f		seuil m d'affaiblissement
A 765	attenuator [pad], pad	Dämpfungselement n, Dämpfungsglied n, Abschwächer m		affaiblisseur m, atténuateur m, ligne f d'affaiblissement
A 766	attitude (satellite)	Lage f, Fluglage f		orientation f
A 767	attitude control	Lagesteuerung f		commande f d'orientation
A 768	attitude control system, ACS	Lagesteuerungssystem n		système m de commande d'orientation
A 769	attitude stabilization	Lagestabilisierung f		stabilisation f d'orientation
A 770	attitude-stabilized satellite	lagestabilisierter Satellit m		satellite m stabilisé en orientation, satellite à commande d'orientation
A 771	attribute (document)	Attribut n		attribut m
A 772	audibility	Hörbarkeit f, Vernehmbarkeit f		audibilité f
A 773	audibility threshold, threshold of audibility	Hörschwelle f		seuil m d'audibilité
A 774	audible alarm	akustischer Alarm m		alarme m sonore
A 775	audible busy signal	Besetztton m		tonalité f d'occupation
A 776	audible range	Hörbereich m		gamme f audible
A 777	audible ringing signal (tone), ringing signal, ringing tone (GB), ring-back tone	Freizeichen n, Freiton m, Rufkontrolltron m, RKT		signal m de retour d'appel, tonalité f de retour d'appel, retour m d'appel
A 778	audible signal	akustisches Rufzeichen n, akustischer Ruf m		signal m acoustique, signal sonore (audible)
A 779	audible signal	Hörzeichen n		signal m audible, signal sonore
A 780	audible sound	Hörschall m		son m audible
A 781	audio amplifier, voice amplifier	Niederfrequenzverstärker m, NF-Verstärker m, Tonfrequenzverstärker m		amplificateur m basse fréquence, amplificateur BF, amplificateur audio[fréquence]
	audio band	s. A 785		
	audio bandwidth	s. A 786		
	audio channel	s. A 787		
A 782	audio coding	Tonfrequenzcodierung f		codage m de signaux audio
A 783	audio conference, audio conferencing	Fernsprechkonferenz f, Audiokonferenz f		audioconférence f, téléconférence f audio, conférence f téléphonique
A 784	audio-frequency, AF	Niederfrequenz f, NF, Tonfrequenz f, Hörfrequenz f		audiofréquence f, AF, basse fréquence f, BF, fréquence f basse, fréquence f acoustique
A 785	audio-frequency band, audioband	Tonfrequenzband n, NF-Band n		bande f basse fréquence, bande BF
A 786	audio-frequency bandwidth, audio bandwidth	Niederfrequenzbandbreite f, NF-Bandbreite f, Tonfrequenzbandbreite f		largeur f de bande en audiofréquence, largeur de bande basse fréquence
A 787	audio-frequency channel, audio channel	Tonfrequenzkanal m, Niederfrequenzkanal m, NF-Kanal m		voie f audio[fréquence], voie basse fréquence
A 788	audio-frequency circuit	NF-Tonleitung f		circuit m BF, circuit basse fréquence
A 789	audio-frequency gain, audio gain	Niederfrequenzverstärkung f, NF-Verstärkung f		gain m basse fréquence, gain BF
A 790	audio-frequency generator	Tonfrequenzgenerator m, NF-Generator m		générateur m d' (des) audiofréquences
A 791	audio-frequency input	Niederfrequenzeingang m, NF-Eingang m		entrée f à basse fréquence, entrée BF, entrée audiofréquence
A 792	audio-frequency level, audio level	Tonfrequenzpegel m		niveau m en audiofréquence
A 793	audio-frequency output	Niederfrequenzausgang m, NF-Ausgang m		sortie f à basse fréquence, sortie audiofréquence
A 794	audio-frequency output voltage, AF output voltage	Niederfrequenzausgangsspannung f, NF-Ausgangsspannung f		tension f de sortie basse fréquence, tension de sortie BF (AF)
A 795	audio-frequency pilot signal, audio pilot signal	Niederfrequenz-Pilotsignal n, NF-Pilotsignal n		signal m pilote audiofréquence
A 796	audio-frequency protection ratio, AF protection ratio	Niederfrequenz-Schutzabstand m, NF-Schutzabstand		rapport m de protection en audiofréquence
A 797	audio-frequency range, audio range	Niederfrequenzbereich m, NF-Bereich m, Tonfrequenzbereich m, Hörfrequenzbereich m		gamme f des audiofréquences, gamme des fréquences acoustiques (vocales), gamme audible
A 798	audio-frequency shift keying (modulation), AFSK	NF-Frequenzumtastung f		modulation f par déplacement audiofréquence
A 799	audio-frequency signal, audio-signal	Niederfrequenzsignal n, NF-Signal n, Tonfrequenzsignal n, tonfrequentes Signal n		signal m basse fréquence, signal BF, signal audiofréquence, signal m à fréquence vocale
A 800	audio-frequency signal-to-interference ratio, AF signal-to-interference ratio	NF-Signal-Störverhältnis n, Niederfrequenzstörabstand m, NF-Störabstand m		rapport m de protection en audiofréquence, rapport signal/brouillage en audiofréquence
A 801	audio-frequency signal-to-noise ratio	Niederfrequenzgeräuschabstand m, NF-Geräuschabstand m		rapport m signal sur bruit en audiofréquence
A 802	audio-frequency spectrum, audio spectrum	Niederfrequenzspektrum n, Tonfrequenzspektrum n, NF-Spektrum n		spectre m basse fréquence, spectre BF, spectre des audiofréquences

A 803	audio-frequency transmission	Niederfrequenzübertragung f, NF-Übertragung f	transmission f basse fréquence, transmission BF
A 804	audio-frequency voltage	Niederfrequenzspannung f, NF-Spannung f	tension f basse fréquence, tension audiofréquence
	audio gain	s. A 789	
	audio level	s. A 792	
A 805	audio mixing	Tonmischung f	mélange m audio, mélange sonore
	audio pilot signal	s. A 795	
	audio quality	s. S 849	
	audio range	s. A 797	
	audio-signal	s. A 799	
	audio spectrum	s. A 802	
A 806	audio splitter	NF-Weiche f, Niederfrequenzweiche f	diviseur m audiofréquence
A 807	audio track, sound track	Tonspur f	piste f son, piste sonore
A 808	audio transformer	Niederfrequenzübertrager m, NF-Übertrager m	transformateur m basse fréquence, transformateur BF
A 809	auditive	auditiv, gehörmäßig	auditif
A 810	auditory direction finding	Hörpeilung f	radiogoniométrie f à repérage acoustique
A 811	auditory sensation	Hörempfindung f, Höreindruck m	perception f auditive
A 812	aural null-method	Hörminimummethode f, akustische Minimummethode f	méthode f auditive de zéro
A 813	aural reception	Hörempfang m	réception f auditive
A 814	auroral absorption	Nordlichtabsorption f, Absorption f durch Nordlichterscheinungen	absorption f aurorale
A 815	auroral belt	Polarlichtzone f	zone f aurorale
A 816	auroral disturbances	Nordlichtstörungen fpl	perturbations fpl aurorales (dues aux aurores boréales)
A 817	auroral fading	Nordlichtfading n, Nordlichtschwund m	évanouissement m auroral
A 818	auroral path	Übertragungsweg m über die Polarlichtzone	trajet m auroral
A 819	auroral radiation	Nordlichtstrahlung f	rayonnement m auroral
A 820	auroral reflection	Reflexion f an Nordlichterscheinungen	réflexion f aurorale
A 821	authentication	Authentifizierung f, Echtheitsprüfung f, Authentifikation f, Beglaubigung f	authentification f
A 822	authentication key	Beglaubigungsschlüssel m	clé f d'authentification
A 823	authenticity	Echtheit f	authenticité f
A 824	authorization code	Berechtigungscode m	code m d'autorisation
A 825	auto-alarm receiver, automatic alarm receiver	Autoalarmempfänger m (selbsttätiger Alarmempfänger)	récepteur m automatique d'alarme, récepteur auto-alarme
	auto-answering	s. A 834	
	autocall	s. A 842	
	autocaller	s. A 855	
A 826	autocorrelation	Autokorrelation f	autocorrélation f
A 827	autocorrelation function	Autokorrelationsfunktion f	fonction f d'autocorrélation
A 828	autocorrelative derivation	Autokorrelationsableitung f	dérivation f par autocorrélation
A 829	autocorrelator	Autokorrelator m	autocorrélateur m
A 830	automatable	automatisierbar	automatisable
A 831	automata theory	Automatentheorie f	théorie f des automates
	automated placement machine	s. A 873	
A 832	automated testing	automatische Prüfung f	essai m automatique
	automatic alarm receiver	s. A 825	
A 833	automatic amplitude control, AAC	automatische Amplitudenregelung f	commande f automatique d'amplitude
A 834	automatic answering, auto-answering	automatische Rufbeantwortung f, automatische Beantwortung f	réponse f automatique
A 835	automatic answering equipment	automatische Anrufbeantwortungseinrichtung f, automatischer Anrufbeantworter m	dispositif m de réponse automatique, répondeur m automatique
A 836	automatic antenna coupler	automatischer Antennenkoppler m, automatisches Antennenanpaßgerät n	coupleur m automatique d'antenne
A 837	automatic brightness control, ABC	selbsttätige Helligkeitsregelung f	commande f automatique de luminance
A 838	automatic call-back	automatischer Rückruf m	rappel m automatique
A 839	automatic call-back on busy	automatischer Rückruf m bei Besetzt	rappel m automatique sur occupation
A 840	automatic call distribution, ACD	automatische Anrufverteilung f	distribution f d'appels automatique, répartition f automatique des appels
A 841	automatic call forwarding	Rufweiterleitung f, Rufweiterschaltung f	déviation f automatique d'appels
A 842	automatic calling, autocall	automatischer Verbindungsaufbau m	appel m automatique
A 843	automatic calling	automatisches Wählen n	appel m automatique

automatic

A 844	automatic calling, automatic call origination	automatischer Anruf m, automatischer Ruf m	appel m automatique
A 845	automatic calling equipment, ACE, automatic calling unit, ACU, automatic call sender, call routiner, call robot	automatischer Rufgeber m, automatischer Anrufsender m, automatischer Teilnehmer m	dispositif m d'appel automatique, unité f d'appel automatique, émetteur m d'appel automatique, robot m d'appel
	automatic calling unit	s. 1. A 845; 2. A 855	
	automatic call origination	s. A 844	
A 846	automatic call repeat key, automatic redial key	Wahlwiederholungstaste f	touche f de répétition de la numérotation
	automatic call sender	s. A 845	
A 847	automatic call unit, automatic dialling unit	automatische Wähleinrichtung f	unité f d'appel automatique, installation f d'appel automatique, dispositif m d'appel automatique
A 848	automatic changed-number answering, changed-number interception	automatische Ansage f geänderter Rufnummern	annonce f automatique des numéros d'appel changés, interception f des demandes de numéros d'abonnés transférés
A 849	automatic character recognition	automatische Zeichenerkennung f	reconnaissance f automatique de caractères
	automatic chroma control	s. A 850	
A 850	automatic chrominance (chroma) control, ACC	automatische Chrominanzregelung f	réglage m automatique de chrominance
A 851	automatic control	automatische Regelung f	commande f automatique
A 852	automatic credit card service	automatischer Kreditkartendienst m	service m automatique de cartes de crédit
A 853	automatic data processing, ADP	automatische Datenverarbeitung f	traitement m automatique de l'information
A 854	automatic diagnostic test, ADT	automatischer Diagnosetest m	test m automatique de diagnostic
A 855	automatic dial[ler], automatic calling unit, ACU, autocaller	automatisches Wählgerät n, AWG	composeur m [automatique] de numéros, appeleur m automatique
A 856	automatic dialling, on-button dialling	automatisches Wählen n	numérotation f automatique
A 857	automatic dialling unit, ADU, automatic dialler	automatischer Rufnummerngeber m, automatischer Nummerngeber m, Wählautomat m, Rufnummerngeber m	composeur m automatique de numéros, numéroteur m
	automatic dialling unit	s. a. A 847	
A 858	automatic direction finder, ADF	Radiokompaß m, Funkkompaß m, automatischer Funkpeiler m	radiogoniomètre m automatique, ADF, radiogoniomètre d'avion
A 859	automatic equalizer	automatischer Entzerrer m	égaliseur m automatique
A 860	automatic exchange, dial exchange (central office)	Wähl[er]vermittlungsstelle f, Vermittlungsstelle f mit Wählbetrieb, VStW, Wähl[er]amt n	central m automatique
A 861	automatic exchange system	Wählvermittlungssystem n	réseau m de centraux automatiques
A 862	automatic frequency control, AFC	automatische Frequenzregelung f, automatische Frequenznachstellung f, automatische Scharfabstimmung f	contrôle m automatique de fréquence, commande f automatique de fréquence, CAF, régulation f automatique de fréquence
A 863	automatic gain control, AGC	automatische Verstärkungsregelung f, AVR	commande (contrôle m) f automatique de gain, CAG, régulation f automatique de gain
	automatic hunting	s. H 295	
A 864	automatic level control	automatische Pegelregulierung f	commande f (réglage m) automatique de niveau
A 865	automatic message accounting, AMA	automatische Gebührenberechnung (Gebührenaufrechnung) f	comptabilité f automatique des appels, facturation f automatique des taxes
A 866	automatic morning call system	automatische Weckeinrichtung f, AWE	installation f automatique de réveil
A 867	automatic noise limiter, ANL	automatischer Störbegrenzer m	limiteur m [automatique] de parasites, écréteur m automatique de bruit
A 868	automatic number identification, ANI	automatische Identifizierung f des Anrufers	identification f automatique de numéro [de l'appelant]
A 869	automatic numbering apparatus	Wählautomat m	appareil m de numérotation automatique
A 870	automatic numbering transmitter	automatischer Laufnummerngeber m	émetteur m à numérotation automatique des messages, émetteur à numérotation automatique, émetteur à numéroteur automatique, numéroteur m automatique
A 871	automatic operation	automatischer Betrieb m, automatischer Dienst m	exploitation f automatique (en automatique)
A 872	automatic orientation system	automatisches Ausrichtungssystem n	système m d'orientation automatique, système de pointage automatique

A 873	**automatic placement system,** automated placement machine	Bestückungsautomat m	machine f automatique de placement, machine f de placement automatique, système m de placement automatique
A 874	**automatic protection switching**	automatische Ersatzschaltung f	commutation f automatique normal/secours
A 875	**automatic protection switching equipment**	automatische Ersatzschaltungseinrichtung f	matériel m de commutation automatique normal/secours
A 876	**automatic reception**	automatischer Empfang m	réception f automatique
	automatic redial key	s. A 846	
A 877	**automatic redial[ling]**	automatische Wahlwiederholung f	répétition f automatique de numérotation
A 878	**automatic repeat attempt**	automatischer Wiederholungsversuch m	répétition f automatique de tentative
A 879	**automatic repeat request,** automatic repetition request, ARQ	automatische Wiederholungsrückfrage f	demande f automatique de répétition, DAR
A 880	**automatic repeat request error control,** ARQ error control, error correction by detection and repetition	Fehlerkorrektur f mit Rückkanal (Wiederholungsrückfrage)	correction f d'erreurs avec circuit de retour, protection f contre les erreurs avec circuit de retour, correction d'erreurs avec demande de répétition, protection contre les erreurs avec demande de répétition
A 881	**automatic repeat-request system,** ARQ system	automatisches Rückfragesystem n, ARQ-System n, System n mit automatischer Wiederholanforderung	système m à demande de répétition automatique, système m RQ automatique
	automatic repetition	s. V 52	
	automatic repetition request	s. A 879	
A 882	**automatic retransmitter**	automatisches Speicher- und Wiedergabegerät n, automatischer Weitersender m	réémetteur m télégraphique, retransmetteur m automatique
A 883	**automatic retransmitter with controlled tape-feed mechanism**	automatischer Sender m mit Impulssteuerung	émetteur m automatique à commande par impulsions
A 884	**automatic ring trip**	automatische Rufabschaltung f	arrêt m automatique d'appel
A 885	**automatic roaming** (mobile radio)	automatische Erfassung f der Ortsveränderungen	repérage m automatique des déplacements
A 886	**automatic sensitivity control,** ASC	automatische Empfindlichkeitsregelung f	réglage m automatique de sensibilité
A 887	**automatic service**	automatischer Dienst m	service m automatique
A 888	**automatic speech output**	automatische Sprachausgabe f	sortie f vocale automatique
A 889	**automatic speech recognition**	automatische Spracherkennung f	reconnaissance f automatique de la parole
A 890	**automatic station**	automatische Station f	station f autocommandée
A 891	**automatic switching equipment**	automatische Vermittlungseinrichtung f, Wählvermittlungseinrichtung f	équipement m de commutation automatique, commutateur m automatique
A 892	**automatic switching network**	automatisches Vermittlungsnetz n	réseau m à commutation automatique
A 893	**automatic telephone exchange**	automatische Telefonzentrale f, ATZ	central m téléphonique automatique
A 894	**automatic telephone system**	Fernsprechwählsystem n	exploitation f téléphonique automatique
A 895	**automatic telephone traffic**	automatischer Fernsprechverkehr m, automatischer Telefonverkehr m, Selbstwählfernsprechverkehr m	trafic m automatique téléphonique
A 896	**automatic test equipment,** ATE	automatische Prüfeinrichtung f, APE, automatische Testeinrichtung f	équipement m automatique de test
	automatic toll service	s. A 902	
A 897	**automatic tracking**	automatische Nachführung f, automatische Zielverfolgung f (Verfolgung f)	poursuite f automatique
A 898	**automatic tracking radar**	automatisches Verfolgungsradar n	radar m d'autopoursuite
A 899	**automatic transmission measuring equipment,** ATME	automatische Meßeinrichtung f für internationale Fernleitungen, ATME, automatische Übertragungsmeßausrüstung f	appareil m automatique de mesure de la transmission, AAMT
A 900	**automatic transmit power control**	automatische Sendeleistungssteuerung f	commande f automatique de la puissance d'émission
A 901	**automatic transmitter**	automatischer Sender m	émetteur m autocommandé, émetteur automatique (télégraphie)
A 902	**automatic trunk dialling,** subscriber trunk dialling, automatic toll service, long distance dialling, direct distance dialling, DDD	Selbstwählfernverkehr m, SWFV, automatische Fernwahl f, automatischer Fernbetrieb m	exploitation f automatique interurbaine, service m automatique interurbain, interurbain m automatique
A 903	**automatic tuning**	automatische Abstimmung f	auto-accord m
A 904	**automatic vehicle location**	automatische Fahrzeugortung f	localisation f automatique des véhicules

automatic

A 905	automatic wiring	automatische Verdrahtung f	câblage m automatique	
A 906	automa[tiza]tion	Automatisierung f	automatisation f, automation f	
A 907	automotive electronics	Kraftfahrzeugelektronik f	électronique f automobile	
A 908	automotive noise	Störgeräusch n durch Kraftfahrzeuge	bruit m dû aux automobiles	
A 909	autopoll[ing]	automatischer Sendeaufruf m, automatische Abfrage f	appel m à émettre automatique, interrogation f automatique, invitation f d'émettre automatique	
A 910	autoregressive filter	Autoregressionsfilter n	filtre m autorégressif	
A 911	auto-transfer	Umlegung f [eines Gesprächs in Nebenstellenanlagen]	transfert m [des communications réseau]	
A 912	auxiliary channel	Hilfskanal m	voie f auxiliaire (téléphonie), canal m auxiliaire (radio)	
A 913	auxiliary circuit	Hilfsstromkreis m	circuit m auxiliaire	
A 914	auxiliary contact	Hilfskontakt m	contact m auxiliaire	
A 915	auxiliary equipment, optional equipment	Zusatzeinrichtung f	matériel m annexe	
A 916	auxiliary reflector, subreflector	Hilfsreflector m, Subreflektor m	réflecteur m secondaire (auxiliaire), subréflecteur m	
A 917	auxiliary storage, secondary storage	Zusatzspeicher m, Ergänzungsspeicher m	mémoire f auxiliaire	
A 918	availability	Verfügbarkeit f	disponibilité f, accessibilité f	
A 919	availability test	Verfügbarkeitstest m	essai m d'accessibilité	
A 920	available	verfügbar, lieferbar, vorrätig	disponible	
A 921	available carrier power	verfügbare Trägerleistung f	puissance f disponible d'une porteuse	
A 922	available power	maximal verfügbare Leistung f, verfügbare Leistung	puissance f [active] maximale disponible, puissance [réelle] disponible	
A 923	avalanche breakdown	Lawinendurchbruch m	claquage m par avalanche	
A 924	avalanche diode	Lawinendiode f	diode f à avalanche	
A 925	avalanche diode frequency multiplier	Lawinendiodenfrequenzvervielfacher m	multiplicateur m de fréquence à diode avalanche	
A 926	avalanche effect	Lawineneffekt m	effet m d'avalanche	
A 927	avalanche gain	Lawinenverstärkungsfaktor m	gain m d'avalanche	
A 928	avalanche multiplication	Lawinenmultiplikation f	multiplication f par impact	
A 929	avalanche noise	Lawinenrauschen n	bruit m d'avalanche	
A 930	avalanche voltage	Lawinendurchbruchspannung f	tension f d'avalanche	
	AVD	s. A 389		
A 931	average call duration, mean call duration	mittlere Gesprächsdauer f, mittlere Gesprächszeit f	durée f moyenne de conversation	
A 932	average co-channel distance	mittlerer Gleichkanalabstand m	distance f moyenne entre émetteurs dans le même canal	
A 933	average delay	mittlere Wartezeit f	délai m d'attente moyen, temps m d'attente moyen	
A 934	average detector	Mittelwertdetektor m	détecteur m de moyenne	
A 935	average error rate	mittlere Fehlerquote f, mittlere Fehlerrate f	taux m d'erreurs moyen	
A 936	average fade duration, AFD	mittlere Schwunddauer f	durée f moyenne des évanouissements	
	average holding time	s. M 263		
	average life	s. M 264		
A 937	average line loss	mittlere Leitungsdämpfung f	affaiblissement m moyen de ligne	
A 938	average picture level, APL	mittlere Bildhelligkeit f	composante f moyenne de l'image	
A 939	average power	Durchschnittsleistung f, mittlere Leistung f	puissance f moyenne	
A 940	average traffic flow	mittlere Belastung f	intensité f moyenne du trafic	
	average value	s. M 276		
A 941	averaging	Mittelwertbildung f, Mittelung f	moyennage m	
	AWGN	s. A 183		
A 942	axial-leaded	mit Axialanschlüssen	à sorties axiales	
A 943	axially symmetrical	achsensymmetrisch, achssymmetrisch	à symétrie axiale	
A 944	axial ratio	Achsenverhältnis n	rapport m axial	
	axial-ratio polarization	s. E 210		
A 945	axis-stabilized spacecraft	achsenstabilisiertes Raumfahrzeug n	engin m spatial à stabilisation axiale	
	az-el mount	s. A 950		
A 946	azimuth	Azimut m (n)	azimut m, angle m d'azimut	
A 947	azimuth angle	Azimutwinkel m	angle m d'azimut	
A 948	azimuth discrimination	Azimutauflösung f, Azimutauflösungsvermögen n	définition f en direction, discrimination f en direction	
A 949	azimuth-elevation antenna	Azimut-Elevationsantenne f, dreh- und schwenkbare Antenne f	antenne f azimut-élévation	
A 950	azimuth-elevation mount, az-el mount	Azimut-Elevationsmontierung f	monture f azimut-élévation	
A 951	azimuth scale	Seitenteilkreis m	cercle m gradué en azimut	
A 952	azimuth scanning	Rundsuchen n	balayage m en azimut	

B

	backboard	s. B 12		
B 1	backbone	Struktur f, Gerüst n, Netz n		structure f, réseau m
B 2	back circuit	Rückleitung f		circuit m de retour
B 3	back-connected	rückseitig angeschlossen, mit rückseitigem Anschluß		à raccordement arrière
B 4	back-connected switch	Schalter m mit rückseitigem Anschluß		interrupteur m à contacts arrières, interrupteur à raccordement arrière
B 5	back contact	Ruhekontakt m		contact m de repos, contact arrière
B 6	back cord *(telephony)*	Abfrageschnur f		cordon m de réponse, cordon arrière
	back current	s. I 621		
B 7	back edge	Rückflanke f		front m arrière
B 8	backed-up	mit Reserve, mit Ersatzschaltung		secouru
B 9	background noise, noise floor	Grundrauschen n		bruit m de fond
B 10	backlighted keypad, illuminated keypad	Leuchttastatur f		clavier m lumineux
B 11	back lobe	Rückwärtskeule f		lobe m arrière
B 12	backpanel, backboard	Rückwand f		panneau m arrière
B 13	backpanel wiring	Rückwandverdrahtung f		câblage m sur panneau arrière
B 14	backplane	Rückwandplatine f, Verdrahtungsplatine f, Verdrahtungsrückwand f, Rückwand f		plaque f de raccordement arrière, fond m de panier, plaque arrière, panneau m arrière
B 15	back-porch	hintere Schwarzschulter f, hintere Austastschulter f		palier m arrière
B 16	back resistance	Sperrwiderstand m		résistance f inverse
B 17	backscatter, backscattering	Rückstreuung f		rétrodiffusion f, diffusion f [vers l']-arrière
B 18	backscattered power	rückgestreute Leistung f		puissance f rétrodiffusée
	backscattering	s. B 17		
B 19	backscattering measurement	Rückstreumessung f		mesure f par rétrodiffusion
B 20	backscattering process	Rückstreuvorgang m		processus m de rétrodiffusion
B 21	backscattering signal	Rückstreusignal n, rückgestreutes Signal n		signal m rétrodiffusé
B 22	backscatter ionospheric sounding	Ionosphärenlotung f mit Rückstreuung		sondage m ionosphérique par rétrodiffusion
B 23	backspace/to	zurücksetzen		faire un espacement arrière, ramener en arrière, faire reculer
B 24	backspace, BS	Rückwärtsschritt m		espacement m arrière, retour m arrière, rappel m arrière, BS
B 25	backspace character	Rückwärtsschrittzeichen n		caractère m d'espacement arrière, caractère de retour arrière
B 26	backspace key	Rücktaste f		touche f de rappel arrière
B 27	backspacing	Zurücksetzen n, Rücksetzen n		retour m arrière
B 28	backstay	Spannseil n		câble m tendeur
B 29	back stop	rückwärtiger Anschlag m, Begrenzungsanschlag m		butée f arrière, butée de repos
B 30	back-to-back operation	Kurzschlußbetrieb m		fonctionnement m en bouclage local
B 31	back-up battery, battery reserve, battery reserve supply	Notbatterie f		batterie f de secours
	back-up power	s. E 222		
B 32	back-up power source	Notstromquelle f		source f d'énergie de secours
	back voltage	s. I 625		
B 33	backward-acting regulator	Rückwärtsregelung f		régulateur m à réaction
B 34	backward busying	rückwärtige Sperrung f		blocage m vers l'arrière
B 35	backward busying signal, blocking signal send in the backward direction	rückwärtiges Sperrzeichen n		signal m de mise en occupation vers l'arrière, signal de blocage vers l'arrière, signal m de blocage émis dans le sens en arrière
B 36	backward channel, return channel, feedback channel	Rückkanal m, Hilfskanal m *(Datenübertragung)*		voie f [de] retour *(téléph., données)*, canal m retour *(radio)*
B 37	backward-fire array	rückwärtsstrahlende Gruppenantenne f		antenne f en réseau à rayonnement vers l'arrière
B 38	backward indicator bit, BIB	Rückwärtskennungsbit n, Rückwärtsindikator m, Rückwärtsindikatorbit n		bit m indicateur vers l'arrière, BIR
B 39	backward round-the-world echo	Rückwärts-Erdumlauf-Echo n		écho m arrière tour de terre
B 40	backward sequence number, BSN	Rückwärtsfolgenummer f, Rückwärtssequenznummer f		numéro m de séquence vers l'arrière, NSR
B 41	backward signal, response signal	Rückwärtskennzeichen n, Rückwärtszeichen n, Kennzeichen n in Rückwärtsrichtung, Antwortkennzeichen n		signal m vers l'arrière, réponse f, signal m de réponse
B 42	backward signalling	Rückwärtszeichengabe f		signalisation f vers l'arrière

B 43	backward wave oscillator, BWO, carcinotron	Rückwärtswellenoszillator m, Karzinotron n	oscillateur m à onde rétrograde, oscillateur à ondes rétrogrades, OOR, carcinotron
	baffle	s. A 88	
B 44	balance, balancing network, line balancing network	Leitungsnachbildung f	équilibreur m
	balance	s. a. I 78	
B 45	balanced	symmetrisch, symmetriert	équilibré, symétrique
B 46	balanced amplifier	symmetrischer Verstärker m	amplificateur m symétrique
	balanced cable	s. S 1502	
	balanced cable pair	s. S 1503	
B 47	balanced circuit	symmetrische Schaltung f, symmetrische Leitung f	montage m équilibré, montage symétrique, circuit m équilibré, circuit symétrique
B 48	balanced code	symmetrischer Code m	code m à somme bornée
B 49	balanced condition	Symmetriezustand m, Gleichgewichtszustand m	condition f de symétrie, condition d'équilibrage
	balanced feeder	s. B 55	
B 50	balanced input	symmetrischer Eingang m, symmetrisches Eingangssignal n	entrée f symétrique, signal m symétrique d'entrée
B 51	balanced line, balanced transmission line	symmetrische Leitung f	ligne f équilibrée, ligne symétrique
B 52	balanced mixer	symmetrischer Mischer m, Gegentaktmischer m	mélangeur m équilibré (symétrique)
B 53	balanced modulator	Gegentaktmodulator m	modulateur m [d'amplitude] équilibré, modulateur d'amplitude à suppression de porteuse
B 54	balanced output	symmetrischer Ausgang m, symmetrisches Ausgangssignal n	sortie f symétrique, signal m symétrique de sortie
B 55	balanced output feeder, balanced feeder	symmetrische Speiseleitung f	ligne f d'alimentation symétrique
B 56	balanced pair	symmetrische Doppelader f	paire f symétrique
	balanced pair	s. a. S 1503	
B 57	balanced-pair cable carrier system	Trägerfrequenzsystem (TF-System) n für symmetrische Leitungen (Kabel)	système m à courants porteurs sur paires symétriques en câble
B 58	balanced strip-line	symmetrischer Streifenleiter m, symmetrische Streifenleitung f	ligne f à ruban équilibrée
B 59	balanced to earth	erdsymmetrisch	symétrique par rapport à la terre
B 60	balanced to ground	symmetrisch gegen Masse	symétrique par rapport à la masse
B 61	balanced-to-unbalanced transformer, balun	Symmetrierübertrager m, Symmetrierglied n, Balun m	transformateur m symétriseur, symétriseur m, transformateur symétrique/asymétrique
	balanced transmission line	s. B 51	
B 62	balanced two-terminal-pair network	symmetrischer (erdsymmetrischer, quersymmetrischer) Vierpol m	quadripôle m à accès symétriques
	balance network	s. I 78	
B 63	balance return loss, BRL	Nachbild-Fehlerdämpfung f, Fehlerdämpfung f, Anpassungsdämpfungsmaß n	affaiblissement m d'équilibrage
B 64	balance to earth	Erdsymmetrie f	symétrie f par rapport à la terre
	balancing network	s. 1. B 44; 2. I 78	
B 65	balancing network frame (rack)	Nachbildungsgestell n	bâti m d'équilibreurs
B 66	ballast resistor	Stabilisierungswiderstand m, Stromregelwiderstand m, Ballastwiderstand m	résistance f de stabilisation, résistance chutrice, résistance de charge, résistance ballast
B 67	balloon-type [coaxial] insulation	Ballonisolierung f, ballonförmige Isolierung f	isolation f ballon
	balun	s. B 61	
B 68	band articulation	Bandverständlichkeit f, Wiedergabegüte f der TF-Bänder	netteté f pour les bandes
	band centre	s. M 467	
B 69	band dividing filter	Bandweiche f	filtre m diviseur de bande
	band-elimination filter	s. B 84	
B 70	band gap	Bandabstand m	largeur f de bande interdite
B 71	band limit/to	bandbegrenzen	limiter la (une) bande
B 72	band-limited	bandbegrenzt	à bande limitée
B 73	band-limited channel	bandbegrenzter Kanal m	voie f à largeur de bande limitée
B 74	band-limited function	bandbreitebegrenzte Funktion f	fonction f à bande limitée
B 75	band-limited noise	bandbegrenztes Rauschen n	bruit m à largeur de bande limitée
B 76	band limiting	Bandbegrenzung f	limitation f de bande
B 77	band-limiting filter	Bandbegrenzungsfilter n	filtre m limiteur de bande
	band-pass	s. B 79	
B 78	band-pass channel	Bandpaßkanal m	voie f passe-bande
B 79	band-pass filter, BPF, band-pass	Bandpaßfilter n, Bandpaß m, Bandfilter n	filtre m passe-bande, FPB, passe-bande m, filtre de bande
B 80	band-pass filter stopband	Bandfiltersperrbereich m	bande f d'arrêt de filtre passe-bande

B 81	band-pass/low-pass analogy	Bandpaß–Tiefpaß-Transformation f		correspondance f entre filtre passe-bas et filtre passe-bande
B 82	band-pass response	Bandpaßverhalten n		réponse f passe-bande
B 83	band-pass response [curve]	Bandfilterkurve f		courbe f de réponse d'un filtre passe-bande
	band printer	s. T 26		
B 84	band-rejection filter, band-suppression filter, band-stop filter, band-elimination filter	Bandsperrfilter n, Bandsperre f		filtre m à élimination de bande, filtre coupe-bande, filtre de rejet de bande, filtre réjecteur de bande, coupe-bande m, filtre m d'arrêt
	band selector	s. R 251		
B 85	band separation	Bandtrennung f		séparation f des bandes
B 86	band sharing	Bandaufteilung f		partage m des bandes
B 87	band splitting	Bandunterteilung f, Unterteilung f in Teilbänder, Aufspaltung f in Teilbänder		découpage m de bande
B 88	bandspread[ing]	Bandspreizung f		étalement m de bande
	band-stop filter	s. B 84		
B 89	band-stop/high-pass analogy	Bandsperre–Hochpaß-Transformation f		correspondance f entre filtre passe-haut et filtre à élimination de bande
	band-suppression filter	s. B 84		
	band switch	s. R 251		
B 90	bandwidth	Bandbreite f		largeur f de bande, bande f passante
B 91	bandwidth compression	Bandbreitenkompression f		compression f de la largeur de bande
B 92	bandwidth compressor	Bandbreitenkompressor m		compresseur m de largeur de bande
	bandwidth conservation	s. B 93		
B 93	bandwidth economy, bandwidth conservation	Bandbreitenökonomie f		économie f du spectre
B 94	bandwidth-limited, with limited bandwidth, limited by the bandwidth	bandbreitebegrenzt, mit begrenzter Bandbreite, durch die Bandbreite begrenzt		à largeur de bande limitée, limité en (par la) largeur de bande
B 95	bandwidth-limited operation	bandbreitebegrenzter Betrieb m		fonctionnement m limité par la largeur de bande
B 96	bandwidth reduction	Bandbreitenreduktion f		réduction f de la largeur de bande
B 97	banked winding	verschachtelte Wicklung f		bobinage m à couches entrelacées
B 98	banking network	Bankennetz n		réseau m bancaire
B 99	bar, flagpole (video)	Balken m		barre f
B 100	bar-and-post transformer, crossbar transformer	Wellentypwandler m (Schwingungstypumformer m) mit Querstab		transformateur m à barre transversale (à tige et barre)
B 101	bare/to (wire)	abisolieren, die Isolation entfernen, blank machen (Draht)		dénuder
B 102	bare (wire)	nackt, blank (Draht)		nu (fil)
B 103	bare board	unbestückte Leiterplatte f, unbestückte Karte f		carte f nue
B 104	bare chip	nackter Chip m, Nacktchip m		puce f nue
B 105	bare conductor, open conductor	blanker Leiter m		conducteur m nu
B 106	bare line wire	blanker Leitungsdraht m		fil m nu
B 107	bare wire	blanker Draht m, Blankdraht m		fil m nu
B 108	bar generator	Balkengenerator m		générateur m de barres
B 109	bar pattern	Balkenmuster n		mire f de barres
	barrier diode	s. S 137		
B 110	barrier frequency, cut-off frequency (ionospheric propagation)	Abdeckfrequenz f [eines Ausbreitungstyps]		fréquence f de coupure [d'un mode de propagation ionosphérique]
B 111	barrier injection transit-time-diode, BARRIT diode	BARRIT-Diode f		diode f BARRIT
B 112	barrier layer	Randschicht f, Sperrschicht f		couche f de barrage, couche barrière
	barrier type rectifier	s. D 869		
	BARRIT diode	s. B 111		
B 113	base	Basis f, Grundlage f, Sockel m		base f, socle m, culot m
B 114	baseband	Basisband n		bande f de base
B 115	baseband access	Basisbandzugang m		accès m en bande de base
B 116	baseband amplifier	Basisbandverstärker m		amplificateur m de bande de base
B 117	baseband bandwidth	Basisbandbreite f, Basisband-Bandbreite f, Bandbreite f des Basisbandes		largeur f de la bande de base
B 118	baseband channel	Basisbandkanal m		voie f dans la bande de base
B 119	baseband equalizer	Basisbandentzerrer m		égaliseur m en bande de base
B 120	baseband interconnection, interconnection at the baseband frequencies	Basisbandzusammenschaltung f, Zusammenschaltung f im Basisband		interconnexion f dans la bande de base, interconnexion aux fréquences de la bande de base
B 121	baseband level	Basisbandebene f		niveau m de bande de base
B 122	baseband line code	Basisbandleitungscode m		code m en ligne en bande de base
B 123	baseband modem	Basisbandmodem m		modem m en bande de base

B 124	baseband modulation	Basisbandmodulation f	modulation f en bande de base
B 125	baseband protection switching	Basisbandersatzschaltung f	commutation f en bande de base, commutation de secours en bande de base
B 126	baseband response	Basisbandfrequenzgang m, Basisbandcharakteristik f	réponse f en bande de base
B 127	baseband transfer function	Basisbandübertragungsfunktion f	fonction f de transfert en bande de base
B 128	baseband transmission	Basisbandübertragung f	transmission f en bande de base
B 129	baseband video signal	Basisband-Videosignal n	signal m vidéo en bande de base
B 130	base bias	Basisvorspannung f, Basisspannung f	polarisation f de base
B 131	base-collector capacitance	Basis-Kollektor-Kapazität f	capacité f base-collecteur
B 132	base-collector potential	Basis-Kollektor-Potential n	potentiel m entre base et collecteur
B 133	base-emitter bias	Basis-Emitter-Vorspannung f	polarisation f base-émetteur
B 134	base-emitter voltage	Basis-Emitter-Spannung f	tension f base-émetteur
B 135	base frequency, basic frequency	Grundfrequenz f	fréquence f de base
B 136	base insulator	Fußpunktisolator m (Antenne), Stützisolator m	isolateur m de base
B 137	base limiter	Spitzenauswerter m	épiéteur m
B 138	base plate	Grundplatte f, Fundamentplatte f	embase f, plaque f d'assise
B 139	base station, BS	Basisstation f, Funkkonzentrator m, Funkfeststation f, FuFSt (Mobiltelefon)	station f de base, SB
B 140	base-to-collector current	Basis-Kollektor-Strom m	courant m base-collecteur
B 141	basic access (ISDN)	Basiskanal m	accès m de base
B 142	basic circuit, basic diagram, schematic circuit diagram	Prinzipschaltung f, Prinzipschaltbild n	schéma m de principe
B 143	basic code table	Grundcodetabelle f	tableau m de code de base
B 144	basic configuration	Grundausführung f	version f de base
B 145	basic connection	Basisanschluß m	raccordement m de base
	basic diagram	s. B 142	
B 146	basic equipment	Grundgerät n	équipement m de base, matériel m de base
B 147	basic error correction method	allgemeines Fehlerkorrekturverfahren n	méthode f de correction d'erreur de base
	basic frequency	s. B 135	
B 148	basic graphic character repertoire	Schriftzeichengrundvorrat m	répertoire m des caractères graphiques de base
B 149	basic group	Grundprimärgruppe f, GPG, Grundgruppe f	groupe m primaire de base
B 150	basic group range	Grundprimärgruppenfrequenzband n	bande f des fréquences de groupe primaire de base
B 151	basic mastergroup	Grund-Tertiärgruppe f, GTG	groupe m tertiaire de base
B 152	basic measurement unit, BMU	Basismaßeinheit f	unité f de mesure de base, BMU
B 153	basic mode control	zeichenorientierte Übertragungssteuerung f	commande f de mode fondamental
B 154	basic model	Grundmodell n	modèle m fondamental
B 155	basic noise, inherent noise	Grundgeräusch n, Grundrauschen n, Eigenrauschen n, Eigengeräusch n	bruit m propre, bruit de fond
B 156	basic object	Basisobjekt n	objet m de base
B 157	basic path attenuation, basic transmission loss (of a radio link)	Grundübertragungsdämpfung f (einer Funkverbindung), Übertragungsdämpfungsmaß n	affaiblissement m [idéal] de propagation (d'une liaison radioélectrique), affaiblissement de transmission de référence
B 158	basic principle	Grundprinzip n	principe m fondamental
B 159	basic rate	Grundtarif m	tarif m de base
B 160	basic reference atmosphere	Bezugsatmosphäre f	atmosphère f fondamentale de référence
B 161	basic service	Basisdienst m	service m de base
B 162	basic session reference	Grundbezug m der Session	référence f de base de la session
B 163	basic supergroup	Grundsekundärgruppe f, GSG, Grund-Übergruppe f	groupe m secondaire de base
B 164	basic supermastergroup	Grundquartärgruppe f, GQG	groupe m quaternaire de base
B 165	basic system	Grundsystem n	système m de base
	basic transmission loss	s. B 157	
B 166	basic unit (cable)	Bündelader f, Grundbündel n	toron m [élémentaire]
B 167	batch/to	stapeln	grouper
B 168	batching	Stapeln n	groupage m
	batch mode	s. B 169	
B 169	batch processing, batch mode	Stapelverarbeitung f, Stapelbetrieb m	traitement m par lots (trains), traitement séquentiel (différé), traitement groupé
B 170	battery	Batterie f, Akkumulator m, Trockenelement n	batterie f, accumulateur m, pile f
B 171	battery-backed	mit Reservebatterie	protégé par batterie
B 172	battery capacity	Batteriekapazität f	capacité f de batterie, capacité d'accumulateur
B 173	battery charger, charger	Batterieladegerät n, Ladegerät n	chargeur m de batterie, chargeur m

B 174	battery cut-off key	Batterietrennschalter *m*	coupe-batterie *m*
B 175	battery distribution panel	Batterieschalttafel *f*	tableau *m* de distribution des batteries
	battery feed	*s.* B 178	
B 176	batteryless	ohne Batterie	sans batterie
B 177	battery-operated equipment	batteriebetriebenes Gerät *n*	équipement *m* alimenté par batterie, matériel *m* alimenté par batterie
B 178	battery power supply, battery feed, battery supply	Batteriestromversorgung *f*	alimentation *f* par batterie[s], alimentation batterie
B 179	battery reversal	Batterieumpolung *f*	inversion *f* de batterie
	battery reserve [supply]	*s.* B 31	
	battery supply	*s.* B 178	
B 180	batwing antenna	Schmetterlingsantenne *f*	antenne *f* en papillon
B 181	baud, Bd	Baud *n*, Bd	baud *m*, Bd
	BAW	*s.* B 515	
B 182	bay frame	Gestellrahmen *m*	bâti *m* de baie
B 183	bay of group translators	Primärgruppenumsetzergestell *n*, Gruppenumsetzergestell *n*	baie *f* de modulateurs de groupe primaire
	BBD	*s.* B 492	
	BCC	*s.* B 356	
	BCCD	*s.* B 527	
	BCD	*s.* B 261	
B 184	BCD counter	BCD-Zähler *m*	compteur *m* DCB
	BCD notation	*s.* B 263	
B 185	BCH code, Bose-Chaudhuri-Hocquenhem code	BCH-Code *m*	code *m* BCH
	BCM	*s.* B 264	
	BCS	*s.* B 358	
	Bd	*s.* B 181	
B 186	beam *(of rays)*	Strahlenbündel *n*	faisceau *m*
B 187	beam angle	Strahlwinkel *m*, Öffnungswinkel *m* (Antenne)	angle *m* de rayonnement
B 188	beam antenna, directional antenna	Richtstrahlantenne *f*, Richtstrahler *m*	antenne *f* à faisceau (rayonnement directionnel), antenne directive, antenne directionnelle
	beam antenna	*s. a.* D 619	
B 189	beam axis	Strahlachse *f*	axe *m* de faisceau
B 190	beam current	Strahlstrom *m*	courant *m* de faisceau
B 191	beam deflection, ray deflection	Strahlablenkung *f*	deviation *f* de faisceau, déflexion *f* de faisceau, déflexion de rayon
B 192	beam-deflection tube	Elektronenstrahlröhre *f*	tube *m* à faisceau électronique
B 193	beam divergence	Strahldivergenz *f*, Strahlverbreiterung *f*	divergence *f* de faisceau
B 194	beam forming	Richtstrahlbildung *f*	conformation *f* du faisceau
B 195	beam forming network, BfN	Strahlformernetzwerk *n*	réseau *m* conformateur de faisceau
B 196	beam-lead transistor	Beam-Lead-Transistor *m*	transistor *m* à conducteurs poutres, transistor beam-lead
	beam pattern	*s.* R 59	
B 197	beam pointing error	Strahlausrichtungsfehler *m*	erreur *m* de pointage du faisceau
B 198	beam shaping	Strahlformung *f*, Keulenformung *f*	mise *f* en forme de faisceau
B 199	beam splitter	Strahlteiler *m*	séparateur *m* de faisceau
B 200	beam steering	Strahlsteuerung *f*	commande *f* d'orientation de faisceau, orientation *f* de faisceau
B 201	beam waveguide	Strahl[en]wellenleiter *m*	guide *m* à faisceaux
	beam waveguide antenna	*s.* P 256	
B 202	beam waveguide Cassegrain antenna	Cassegrain-Periskopantenne *f*	antenne *f* Cassegrain à alimentation périscopique
B 203	beam waveguide feed	Strahlwellenleiterspeisung *f*, Periskopspeisung *f*	alimentation *f* périscopique
B 204	beam width	Strahlbreite *f*, Öffnungswinkel *m* (Antenne), Bündelbreite *f*	largeur *f* de faisceau, étendue *f* du faisceau, ouverture *f* de faisceau, ouverture angulaire
B 205	bearer channel	Trägerkanal *m*	voie *f* porteuse, circuit *m* sur voie support
B 206	bearer service	Transportdienst *m*, Trägerdienst *m*	service *m* support
B 207	bearing	Peilwinkel *m*, Peilung *f*, Peilwert *m*	relèvement *m*
B 208	bearing calibration	Funkbeschickung *f*	tarage *m* [d'un radiogoniomètre]
B 209	bearing correction	Peilwertberichtigung *f*	correction *f* de relèvement
B 210	bearing estimation	Peilabschätzung *f*	estimation *f* de relèvements
B 211	bearing evaluation	Peilauswertung *f*	évaluation *f* d'un relèvement
B 212	bearing minimum	Peilminimum *n*	minimum *m* de relèvement
B 213	bearing null	Peilnull *n*	zéro *m* de détermination d'un relèvement
B 214	beat	Schwebung *f*, Takt *m*	battement *m*, interférence *f*, vibration *f*, rythme *m*
B 215	beat frequency	Schwebungsfrequenz *f*	fréquence *f* de battement
B 216	beat frequency oscillator, BFO, beat oscillator	Schwebungsoszillator *m*, zweiter Überlagerer *m* (A1-Empfang), BFO, A1-Überlagerer *m*	oscillateur *m* à battements, oscillateur de battement, BFO, oscillateur local final

B 217	beating	Schwebungsvorgang *m*, Schwebung *f*	battement *m*
B 218	beat note	Schwebungston *m*	note *f* de battement
	beat oscillator	*s.* B 216	
B 219	beaver-tail [beam]	Biberschwanzstrahl *m*	faisceau *m* plat horizontal, faisceau en queue de castor
B 220	beep tone	Piepton *m*	bip *m*, tonalité *f* bip
B 221	beginning of tape	Bandanfang *m*	début *m* de bande
	BEL	*s.* B 222	
B 222	bell, bell set, BEL	Klingel *f*, Glocke *f*, Schelle *f*, Läutewerk *n*	sonnerie *f*
B 223	bell clapper, bell striker	Glockenklöppel *m*	marteau *m* de sonnerie
B 224	bell cut-off switch, bell stop	Weckerausschalter *m*	coupe-sonnerie *m*
	Bellini-Tosi direction finder	*s.* C 1201	
	bell set	*s.* B 222	
B 225	bell-shaped curve	Glockenkurve *f*	courbe *f* en cloche
B 226	bell signal	Klingelzeichen *n*	signal *m* de sonnerie
	bell stop	*s.* B 224	
	bell striker	*s.* B 223	
B 227	bell transformer	Klingeltransformator *m*	transformateur *m* de sonnerie
B 228	bell volume control	Weckerlautstärkeregelung *f*	commande *f* de volume de sonnerie
B 229	below-baseband transmission	Übertragung *f* unterhalb des Basisbandes	transmission *f* en-dessous de la bande de base
B 230	bend	Krümmer *m*, Bogen *m* (*Hohlleiter*), Knick *m* (*Kennlinie*)	coude *m*
	bendable waveguide	*s.* S 290	
B 231	bending	Biegen *n*, Biegung *f*, Krümmung *f*	pliage *m*, flexion *f*, courbure *f*
B 232	bending radius, curvature radius	Krümmungsradius *m*, Biegeradius *m*, Biegungshalbmesser *m*	rayon *m* de courbure
B 233	bending strength	Biegefestigkeit *f*	tenue *f* en flexion
B 234	bending wave	Biegewelle *f*	onde *f* de flexion
B 235	benefit analysis	Nutzenanalyse *f*	analyse *f* du profit
B 236	be out of order/to	ausgefallen sein, defekt sein	être en panne
	BER	*s.* B 310	
B 237	beryllia substrate	Berylliumoxidkeramiksubstrat *n*	substrat *m* en oxyde de béryllium
B 238	Bessel function	Besselfunktion *f*	fonction *f* de Bessel
B 239	Beverage antenna	Wellenantenne *f*, Beverage-Antenne *f*	antenne *f* Beverage
	beyond-the-horizon propagation	*s.* T 777	
	BF	*s.* B 403	
	BfN	*s.* B 195	
	BFO	*s.* B 216	
	BH	*s.* B 553	
	BHCA	*s.* B 554	
B 240	bias/to	vorspannen	polariser
B 241	bias, bias voltage	Vorspannung *f*, Haltespannung *f* (*Relais*)	polarisation *f*, tension *f* de polarisation
B 242	bias current	Vormagnetisierungsstrom *m*	courant *m* de prémagnétisation
B 243	bias distortion	einseitige Verzerrung *f*	distorsion *f* biaise
B 244	biasing potential	Vorspannung *f*	tension *f* de polarisation
	bias voltage	*s.* B 241	
	BIB	*s.* B 38	
B 245	biconical antenna	Doppelkonusantenne *f*	antenne *f* biconique
B 246	biconical horn	Doppelkonushornantenne *f*, Doppelkonustrichter *m*, Doppelkonushornstrahler *m*	antenne *f* en cornet bicone
B 247	bid	Belegungsversuch *m*	tentative *f* de prise
B 248	bidirectional	bidirektional, Zweirichtungs...	bilatéral, bidirectionnel, bidirectif
B 249	bidirectional traffic	bidirektionaler Verkehr *m*, Zweirichtungsverkehr *m*	trafic *m* bilatéral
B 250	bidirectional transmission	bidirektionale Übertragung *f*	transmission *f* bilatérale
B 251	bifilar winding	bifilare Wicklung *f*	bobinage *m* bifilaire
B 252	bilateral control	zweiseitige Steuerung *f*	synchronisation *f* bilatérale, commande *f* bilatérale
	bilateral thyristor	*s.* T 939	
B 253	billing data	Rechnungsdaten *pl*	données *fpl* de facturation
B 254	billing number	Rechnungsnummer *f*	numéro *m* de facturation
B 255	billing period, accounting period	Abrechnungszeitraum *m*	période *f* de facturation
B 256	bimetallic strip	Bimetallstreifen *m*	lame *f* bimétallique, bilame *f*
B 257	binary	binär, dual, dyadisch	binaire
B 258	binary cell	binäre Speicherzelle *f*	cellule *f* binaire
B 259	binary circuit	binäre Schaltung *f*	circuit *m* binaire
B 260	binary code	Binärcode *m*, Dualcode *m*	code *m* binaire
B 261	binary-coded decimal, BCD	binär codierte Dezimalziffer *f*	décimale *f* codée binaire, DCB
B 262	binary-coded decimal code	Binär-Dezimal-Code *m*, BCD-Code *m*	code *m* décimal binaire
B 263	binary-coded decimal notation, BCD notation	binär codierte Dezimalschreibweise *f*, binär codierte Dezimaldarstellung *f*, BCD-Darstellung	numération *f* décimale codée binaire

B 264	binary-coded matrix, BCM	binär codierte Matrix f	matrice f codée binaire, MCB
B 265	binary counter	Binärzähler m	compteur m binaire
B 266	binary digit, bit	Binärziffer f, Bit n, Dualziffer f	chiffre m binaire, bit m
B 267	binary digital signal	binäres Digitalsignal n, binäres digitales Signal n	signal m numérique binaire
B 268	binary division	Binärteilung f	division f binaire
B 269	binary element	Binärzeichen n	élément m binaire, signe m binaire
B 270	binary error	Binärfehler m	erreur f binaire
B 271	binary error correcting code	binärer Fehlerkorrekturcode m	code m binaire correcteur d'erreurs
B 272	binary error detecting code	binärer Fehlererkennungscode m	code m binaire détecteur d'erreurs
B 273	binary figure, binary number	Binärziffer f, Binärzahl f	chiffre m binaire
B 274	binary modulation	zweiwertige Modulation f	modulation f bivalente
	binary number	s. B 273	
B 275	binary number system	Dualsystem n, duales System n	système m de numération binaire
B 276	binary phase shift keying, BPSK	binäre Phasenumtastung f, Zweiphasenumtastung f	modulation f par déplacement de phase bivalente, MDPB
B 277	binary sequence	Binär[zeichen]folge f	séquence f binaire
B 278	binary serial signalling rate	binärserielle Übertragungsgeschwindigkeit f	débit m binaire sériel
B 279	binary signal	Binärsignal n	signal m binaire
B 280	binary synchronous communication, BSC	BSC-Datenübermittlung f, binär-synchrone Übertragungssteuerung f	communication f des données en BSC, commande f de transmission binaire-synchrone
	binary synchronous communications	s. B 302	
B 281	binary-to-decimal conversion	Binär-Dezimal-Umwandlung f	conversion f binaire décimale
B 282	binaural	binaural, beidohrig, zweiohrig	binaural
B 283	binding post	Klemmschraube f, Schraubklemme f, Anschlußklemme f	borne f de raccordement à vis
B 284	binomial corner	Binomialwinkel m	coude m binômial
B 285	binomial distribution	Binomialverteilung f, Bernoulli-Verteilung f	distribution f binômiale
B 286	biphase code	Zweiphasencode m	code m biphase
	biphase modulation	s. B 287	
B 287	biphase phase modulation, biphase modulation	zweiwertige Phasenmodulation f	modulation f de phase bivalente, modulation de phase à deux états
B 288	biphase phase shift keying, biphase PSK	zweiwertige Phasenumtastung f	modulation f par déplacement de phase bivalente, MDP bivalente
B 289	bipolar	bipolar, zweipolig, doppelpolig	bipolaire
	bipolar	s. a. D 820	
B 290	bipolar devices	bipolare Bauelemente npl	dispositifs mpl bipolaires
B 291	bipolar memory	bipolarer Speicher m	mémoire f bipolaire
B 292	bipolar signal	bipolares Signal n	signal m bipolaire
B 293	bipolar transistor	Bipolartransistor m	transistor m bipolaire
	bipolar violation	s. A 388	
B 294	bipolar VLSI circuit	bipolarer VLSI-Schaltkreis m	circuit m bipolaire à intégration à très grande échelle, circuit m bipolaire VLSI
B 295	biquinary code	Biquinärcode m	code m biquinaire
	BISDN	s. B 450/1	
B 296	bistability	Bistabilität f	bistabilité f
B 297	bistable	bistabil	bistable
B 298	bistable behaviour	bistabiles Verhalten n	comportement m bistable
B 299	bistable circuit	bistabile Schaltung f	circuit m bistable, montage m bistable
B 300	bistable multivibrator	bistabiler Multivibrator m	multivibrateur m bistable
	bistable trigger [circuit]	s. F 282	
B 301	bistatic radar	bistatisches Radar n	radar m bistatique
B 302	bisync, BSC, binary synchronous communications	binäre synchrone Übertragung f	transmission f bisynchrone
B 303	bit	Bit n	bit m, élément m binaire
	bit	s. a. B 266	
	BIT	s. 1. B 513; 2. S 264	
B 304	bit allocation	Bitzuordnung f, Bitzuweisung f	attribution f des bits, affectation f de bits
B 305	bit-by-bit comparison	Bit-für-Bit-Vergleich m	comparaison f bit à bit
B 306	bit combination	Bitkombination f	combinaison f binaire
B 307	bit counter	Bitzähler m	compteur m de bits
	BITE	s. B 514	
B 308	bit error	Bitfehler m	erreur f numérique, erreur sur les bits
B 309	bit error probability	Bitfehlerwahrscheinlichkeit f	probabilité f d'erreur sur les bits
B 310	bit error rate (ratio), BER	Bitfehlerhäufigkeit f, Bitfehlerquote f, Bitfehlerrate f	taux m d'erreurs binaires, TEB, taux m d'erreurs de (sur les) bits, rapport m d'erreurs sur les bits
B 311	bit interleaving	bitweise Verschachtelung f, Bitverschachtelung f	entrelacement m de bits
B 312	bit-interleaving multiplex signal	bitverschachteltes Multiplexsignal n	signal m multiplex à entrelacement de bits, signal multiplex bit à bit

B 313	bit-oriented protocol, BOP	bitorientiertes Protokoll n	protocole m niveau bit
B 314	bit-parallel	bitparallel	bits mpl parallèles
	bit parallel form/in	s. P 77	
B 315	bit pattern	Bitmuster n	configuration f binaire
B 316	bit rate	Bitrate f, Bitfolgefrequenz f	débit m binaire (numérique)
B 317	bit rate adaptation	Bitratenadaption f, Bitratenanpassung f	adaptation f du débit binaire
B 318	bit rate conversion	Bitratenumsetzung f, Bitfolgefrequenzumwandlung f	conversion f du débit binaire
B 319	bit-rate reduction	Bitratenreduktion f, Bitratereduzierung f	réduction f du débit binaire
	bit/s	s. B 324	
B 320	bit sequence	Bitfolge f	séquence f des bits
B 321	bit sequence independence	Bitfolgeunabhängigkeit f	indépendance f de la séquence des bits
B 322	bits/inch, bits per inch, BPI (magnetic tape recording density)	Bit/Zoll	bit/pouce
B 323	bit slip	Bitschlupf m	dérive f des bits, glissement m des bits
	bits per inch	s. B 322	
B 324	bits per second, bps, bit/s	Bit pro Sekunde, bit/s	bit/seconde
B 325	bit stealing	Bitstehlen n, Bitstealing n	vol m de bit
B 326	bit stream	Bitkette f, Bitstrom m	train m des bits
B 327	bit synchronization	Bitsynchronisation f	synchronisation f des bits
B 328	bit time	Bitdauer f	durée f d'un bit
B 329	bit timing	Bittakt m	rythme m binaire
B 330	bit timing recovery	Bittaktwiederherstellung f	rétablissement m du rythme binaire
	BLA	s. B 365	
B 331	black-and-white facsimile transmission	Schwarz-Weiß-Faksimileübertragung f	transmission f fac-similé noir sur blanc
	black-and-white picture	s. M 624	
B 332	black-and-white reception	Schwarz-Weiß-Wiedergabe f (FAX), Schwarz-Weiß-Empfang m (Video)	télécopie f contrastée (noir sur blanc), réception f en noir et blanc (vidéo)
	black-and-white television	s. M 625	
B 333	black body	schwarzer Körper m, schwarzer Strahler m	corps m noir
B 334	black compression	Schwarzkompression f	compression f du noir
B 335	blacker-than-black	ultraschwarz	infranoir
B 336	black level, picture black	Schwarzpegel m, Schwarzwert m, Bildschwarz n	niveau m du noir
B 337	black level clamping	Schwarzwerthaltung f	fixation f du niveau du noir
B 338	blank/to	ausblenden, austasten	effacer, occulter
B 339	blanketing	Überdeckung f	occultation f
B 340	blanketing frequency	Abdeckfrequenz f [bei senkrechtem Einfall]	fréquence f d'occultation
B 341	blanking	Austastung f	effacement m, suppression f
B 342	blanking interval	Austastlücke f, Austastintervall n	intervalle m de suppression, retour m de trame
	blanking interval clearance (elimination)	s. B 343	
B 343	blanking interval removal, blanking interval clearance, blanking interval elimination	Beseitigung f des Austastintervalls	dégagement m d'intervalle de suppression de trame
B 344	blanking level	Austastpegel m, Austastwert m	niveau m de suppression
B 345	blanking pulse	Austastimpuls m	impulsion f de suppression
B 346	blanking signal	Austastsignal n, A-Signal n	signal m de suppression
B 347	blank key	Abstandstaste f, Blanktaste f	touche f muette
B 348	blank module	Blindbaugruppe f	module m fictif
B 349	bleeder resistor	Belastungswiderstand m	résistance f de fuite
B 350	blind direction (scanned array)	Blindrichtung f (Gruppenantenne)	cécité f de balayage (antenne réseau)
B 351	blind speed	Blindgeschwindigkeit f	vitesse f d'aveuglement
B 352	blink/to	blinken	clignoter
B 353	blink[ing]	Blinken n	clignotement m
	BLO	s. B 369	
B 354	block	Block m	bloc m
B 355	block abort, abort	Blockabbruch m	arrêt m d'un bloc
	block antenna	s. C 855	
	block check	s. B 357	
B 356	block check character, BCC	Blockprüfzeichen n	caractère m de contrôle de bloc
B 357	block check procedure, block check	Blockprüfung f	procédure f de contrôle par bloc, contrôle m par bloc
B 358	block check sequence, BCS	Blockprüfzeichenfolge f	séquence f de contrôle par bloc
B 359	block code	Blockcode m	code m en bloc[s], code m complet
B 360	block coding	Blockcodierung f	codage m en (par) blocs
B 361	block diagram	Blockschaltbild n, Blockschema n, Übersichtsschaltplan m	schéma m fonctionnel, schéma m de principe, diagramme m synoptique, schéma m bloc (en bloc)

B 362	block error probability	Blockfehlerwahrscheinlichkeit f	probabilité f d'erreur sur les blocs
B 363	block error rate	Blockfehlerrate f, Blockfehlerhäufigkeit f	taux m d'erreurs sur les blocs
B 364	blocking	Sperren n, Sperrung f, Blockieren n, Blockbildung f, Blocken n, Blocking n	blocage m, formation f de blocs
B 365	blocking acknowledgement signal, BLA	Sperrbestätigungskennzeichen n, Sperrbestätigungszeichen n	signal m d'accusé de réception de blocage, BLA
B 366	blocking attenuation	Blocking-Dämpfung f	affaiblissement m de blocage
B 367	blocking oscillator, BO	Sperrschwinger m	auto-oscillateur m à blocage, oscillateur m déclenché, oscillateur à blocage, oscillateur blocking
B 368	blocking probability	Blockierungswahrscheinlichkeit f	probabilité f de blocage
B 369	blocking signal, BLO	Sperr[kenn]zeichen n, Sperrsignal n	signal m de blocage, BLO
	blocking signal send in the backward direction	s. B 35	
B 370	block length (size)	Blocklänge f	longueur f de bloc, longueur f des blocs
	BMU	s. B 152	
	BO	s. B 367	
B 371	board-mounted	auf Kartenbaustein, auf Steckkarte montiert, auf einer Leiterplatte	monté sur carte
B 372	Bode equalizer	Bode-Entzerrer m	correcteur m de Bode, correcteur B, égaliseur m de Bode
B 373	body of the IP-message	Hauptteil m der IP-Mitteilung	corps m du message IP
B 374	Boltzmann's constant, k	Boltzmann-Konstante f, Boltzmannsche Konstante f, k	constante f de Boltzmann, k
B 375	bone conduction headphone (receiver, telephone)	Knochenleitungshörer m	récepteur m à conduction osseuse, ostéophone m
B 376	book a call/to	ein Gespräch anmelden	demander une communication, inscrire une demande de communication
	booked connection	s. A 661	
B 377	booking of a call	Gesprächsanmeldung f	demande f de communication
B 378	Boolean	boolesch	booléen
B 379	Boolean algebra	Boolesche Algebra f, Schaltalgebra f	algèbre f de Boole
B 380	Boolean function	Boolesche Funktion f	fonction f booléenne
B 381	boom microphone	Galgenmikrophon n	microphone m à perche
B 382	booster amplifier	Zusatzverstärker m, Booster-Verstärker m	suramplificateur m
B 383	boosting voltage	Zusatzspannung f	surtension f
	BOP	s. 1. B 313; 2. B 567	
	Bose-Chaudhuri-Hocquenhem code	s. B 185	
B 384	boss extension	Chefapparat m	poste m chef
B 385	both-way, B/W	doppeltgerichtet, wechselseitig, beidseitig	mixte, utilisé dans les deux sens, à double sens, bidirectionnel
B 386	both-way junction	gemischt betriebene Verbindungsleitung f, doppeltgerichtete (wechselseitig betriebene) Verbindungsleitung	jonction f mixte, circuit m mixte, circuit exploité en alternat
B 387	both-way operation	wechselseitig gerichteter Betrieb m	exploitation f dans les deux sens
B 388	both-way operation	doppeltgerichteter Betrieb m	exploitation f bidirectionnelle
B 389	both-way working	wechselseitiger Betrieb m	exploitation f dans les deux sens
B 390	bounce (contact)	Prellen n	rebondissement m
B 391	bounce time	Prellzeit f, Prelldauer f	temps m de rebondissement
B 392	boundary condition	Grenzbedingung f	condition f aux limites
B 393	boundary conditions	Randbedingungen fpl	conditions fpl aux limites
B 394	boundary crossing	Zellgrenzenübergang m, Zellgrenzüberquerung f	franchissement m de frontière entre cellules, franchissement d'une frontière entre deux cellules
B 395	boundary value problem	Grenzwertproblem n	problème m de valeurs aux limites
B 396	box	Kasten m, Kiste f, Gehäuse n	boîte f, boîtier m, coffret m
B 397	boxed	im Gehäuse, im Gehäuse eingebaut	en boîtier, en coffret
B 398	boxed microstrip	Mikrostreifenleitung f im Gehäuse	microruban m en boîtier
	BPF	s. B 79	
	BPI	s. 1. B 322; 2. B 570	
B 399	B position	B-Platz m	position f B
	bps	s. B 324	
	BPSK	s. B 276	
B 400	branch	Zweig m	branche f
B 401	branch, branching, branching off	Abzweigung f, Verzweigung f	dérivation f, branche f, branchement m, embranchement m, bifurcation f
B 402	branch cable	Abzweigkabel n, Stichkabel n, Verzweigungskabel n	câble m de dérivation
	branching	s. B 401	

branching

B 403	branching filter, BF	Verzweigungsfilter *n*, Abzweigfilter *n*, Weichenfilter *n*	filtre *m* de branchement, filtre d'aiguillage, aiguillage *m*, filtre de dérivation
	branching jack	s. B 407	
B 404	branching network	Verzweigungsnetzwerk *n*	réseau *m* de dérivation
	branching off	s. B 401	
B 405	branching point	Verzweigungspunkt *m*, Abzweigpunkt *m*	point *m* de dérivation, point de bifurcation
B 406	branching technique	Verzweigungstechnik *f*, Abzweigtechnik *f*	technique *f* de dérivation
B 407	branch jack, branching jack	Parallelklinke *f*, Abzweigklinke *f*	jack *m* de dérivation, jack de branchement
B 408	branch joint	Abzweigpunkt *m*	branchement *m*, connexion *f*
B 409	branch line	Abzweigleitung *f*, Stichleitung *f*, Anschlußleitung *f*	ligne *f* de branchement
B 410	branch off/to	abzweigen	brancher, mettre en dérivation
B 411	branch point	Knotenpunkt *m*	nœud *m*, sommet *m*
	branch point	s. a. N 182	
B 412	branch splice	Abzweigspleißung *f*	épissure *f* de dérivation
B 413	branch-T	Abzweigmuffe *f*	boîte *f* en T
B 414	branch terminal	Abzweigklemme *f*	borne *f* de dérivation
B 415	breadbord circuit	Brettschaltung *f*	montage *m* expérimental, montage *m* sur table
	break	s. I 584	
B 416	break-before-make contact, break-make contact	Umschaltkontakt *m* mit Unterbrechung	contact *m* rupture avant fermeture, contact de repos-travail
B 417	break contact	Öffnungskontakt *m*, Trennkontakt *m*, Ruhekontakt *m*	contact *m* d'ouverture, contact de rupture
B 418	breakdown *(voltage)*	Durchschlag *m*, Durchbruch *m*, Zusammenbruch *m*	claquage *m*, percement *m*, rupture *f*
B 419	breakdown *(equipment)*	Aussetzen *n*, Versagen *n*, Panne *f*	dérangement *m*, défaillance *f*, panne *f*
	breakdown	s. F 26	
B 420	breakdown voltage	Durchbruchspannung *f*	tension *f* de claquage, tension d'amorçage
B 421	break-even point	Rentabilitätsschwelle *f*, Unkostendeckungspunkt *m*	seuil *m* de rentabilité
B 422	breaking current	Öffnungsstrom *m*, Abschaltstrom *m*	courant *m* coupé
B 423	breaking strength	Bruchfestigkeit *f*, Zerreißfestigkeit *f*	résistance *f* à la rupture
B 424	break jack	Trennklinke *f*	jack *m* à rupture
	break-make contact	s. B 416	
B 425	break/make ratio *(dialling)*	Pausen-Impulsverhältnis *n*	rapport *m* d'impulsions
	break of service	s. I 584	
B 426	break period, break time	Öffnungsdauer *f*	durée *f* d'ouverture
B 427	break pulse	Öffnungsimpuls *m*, Unterbrechungsfunke *m*	impulsion *f* d'ouverture
B 428	break switch	Unterbrechungsschalter *m*, Trennschalter *m*	interrupteur *m*, disjoncteur *m*
	break time	s. B 426	
B 429	break up into/to	zerlegen in	décomposer en
B 430	Brewster angle	Brewster-Winkel *m*	angle *m* de Brewster
	bridge	s. I 564	
B 431	bridge circuit	Brückenschaltung *f*	montage *m* en pont
B 432	bridge diplexer *(antenna)*	Brückenweiche *f*	diplexeur *m* en pont
B 433	bridged-T network	überbrücktes T-Glied *n*	réseau *m* en T ponté
B 434	bridge network	Brückenglied *n*	réseau *m* en pont
	bridge network	s. a. L 45	
B 435	bridge rectifier, Graetz rectifier	Brückengleichrichter *m*, Graetz-Gleichrichter *m*, Graetz-Schaltung *f*	redresseur *m* en pont
	bridging loss	s. T 36	
B 436	bridging system	Netzübergangssystem *n*	système *m* passerelle
B 437	brightness, brilliancy *(screen)*	Helligkeit *f*	luminosité *f*, brillance *f*
B 438	brightness control	Helligkeitsregelung *f*	commande *f* de luminosité
B 439	brightness signal	Helligkeitssignal *n*, Leuchtdichtesignal *n*	signal *m* de luminance, signal de brillance
	brilliancy	s. B 437	
B 440	Brinell hardness, BH	Brinell-Härte *f*	dureté *f* Brinell
	BRL	s. B 63	
B 441	broadband, wideband	breitbandig, Breitband ...	large bande, à large bande
B 442	broadband amplifier, wideband amplifier	Breitbandverstärker *m*	amplificateur *m* à large bande
B 443	broadband antenna, wideband antenna	Breitbandantenne *f*	antenne *f* à large bande
B 444	broadband channel, wideband channel	Breitbandkanal *m*	voie *f* à large bande *(transmission)*, canal *m* à large bande *(fréquence)*
B 445	broadband coaxial cable	Breitbandkoaxialkabel *n*	câble *m* coaxial large bande
B 446	broadband communication	Breitbandkommunikation *f*	communication *f* large bande

B 447	broadband filter	Breitbandfilter n	filtre m à large bande
B 448	broadband horn [antenna]	Breitbandhornantenne f, Breitbandhornstrahler m, Breitbandhorn n	antenne f cornet à large bande, cornet m à large bande
B 449	broadband information	Breitbandinformation f	information f à large bande
B 450/1	broadband-integrated services digital network, broadband ISDN, BISDN, wideband ISDN	diensteintegrierendes digitales Breitbandnetz n, Breitband-ISDN n	réseau m numérique à intégration de services à large bande, RNIS [à] large bande, RNIS−LB
B 452	broadband level meter	Breitband-Pegelmesser m	mesureur m de niveau large bande
	broad-band local area network	s. 1. H 147; 2. W 134	
B 453	broadband matching	Breitbandanpassung f	adaptation f à large bande
B 454	broadband matching network	Breitband-Anpassungsnetzwerk n	réseau m d'adaptation à large bande
B 455	broadband network, wideband network	Breitbandnetz n	réseau m à large bande, réseau de transmission à large bande
B 456	broadband service	Breitbanddienst m	service m à large bande
B 457	broadband source	Breitbandquelle f, breitbandige Quelle f	source f à large bande
B 458	broadband switching network	Breitbandkoppelfeld n	réseau m de connexion à large bande
B 459	broadband system, wideband system	Breitbandsystem n	système m large bande
B 460	broadband transformer	Breitbandübertrager m	transformateur m à large bande
B 461	broadband transmission	Breitbandübertragung f	transmission f à large bande
B 462	broadband transmitter	Breitbandsender m	émetteur m à large bande
	broadband visual signal	s. W 142	
B 463	broadcast/to	verbreiten, durch Rundfunk verbreiten	diffuser, radiodiffuser
B 464	broadcast addressing	allgemeine Adressierung f	adressage m général
B 465	broadcasting	Nachrichtenverbreitung f, Verbreitung f, Verteilkommunikation f	propagation f d'information, diffusion f d'information
	broadcasting	s. B 483	
B 466	broadcasting authority, broadcasting organization	Rundfunkanstalt f	organisme m de radiodiffusion
B 467	broadcasting channel	Rundfunkkanal m	canal m de radiodiffusion
B 468	broadcasting coverage, radio broadcasting coverage	Rundfunkversorgung f, Radioversorgung f	couverture f en radiodiffusion, couverture radiophonique
B 469	broadcasting network	Rundfunknetz n	réseau m de radiodiffusion
B 470	broadcasting organization	Rundfunkgesellschaft f	organisme m de radiodiffusion
	broadcasting organization	s. B 466	
B 471	broadcasting quality	Rundfunkqualität f	qualité f radiodiffusion
B 472	broadcasting reception	Rundfunkempfang m	réception f de radiodiffusion
B 473	broadcasting satellite	Rundfunksatellit m	satellite m de radiodiffusion
B 474	broadcasting satellite service	Satellitenrundfunkdienst m, Rundfunkdienst m über Satelliten, Rundfunksatellitendienst m	service m de radiodiffusion par satellite
B 475	broadcasting satellite space station	Satellitenrundfunk-Raumstation f	station f spatiale de radiodiffusion par satellite
B 476	broadcasting satellite transmission	Satellitenrundfunkübertragung f	transmission f par satellite de radiodiffusion
B 477	broadcasting service	Rundfunkdienst m, Rf-Dienst m	service m de radiodiffusion
	broadcasting service	s. R 78	
B 478	broadcasting station	Rundfunkstation f, Rundfunksender m	station f de radiodiffusion
B 479	broadcasting time	Rundfunksendezeit f	temps m d'antenne
	broadcasting transmitter	s. B 484	
B 480	broadcast network	Verteilnetz n	réseau m à diffusion
B 481	broadcast receiver	Rundfunkempfänger m	récepteur m de radiodiffusion
B 482	broadcast service	Verteildienst m	service m diffusion
	broadcast sound signal	s. S 830	
B 483	broadcast transmission, broadcasting	Rundfunkübertragung f	transmission f de radiodiffusion, radiodiffusion f
B 484	broadcast transmitter, broadcasting transmitter	Rundfunksender m, Rf-Sender m	émetteur m de radiodiffusion
B 485	broadcast transmitting station	Rundfunksendeanlage f	station f (centre m) d'émission [de radiodiffusion], station émettrice
B 486	broadcast videotext service, broadcast videography, teletext	Fernsehtext m, Videotext m, Teletext m	télétexte m, vidéographie f diffusée
	broadcast vision signal	s. T 308	
B 487	broad fault localization	Fehlergrobeingrenzung f, Fehlereingrenzung f	localisation f sommaire des dérangements
B 488	broadside array	Querstrahler m	antenne f à rayonnement transversal
B 489	broken curve, clotted curve	gestrichelte Kurve f	courbe f en pointillés, ligne f en pointillés
B 490	broker's call	Makeln n	rétro-appel m courtier, garde f multiple, va-et-vient m
	brush gear	s. B 491	
B 491	brush holder, brush gear	Bürstenhalter m	porte-balai m
	BS	s. 1. B 24; 2. B 139	
	BSC	s. 1. B 280; 2. B 302	

	BSN	s. B 40	
B 492	bucket brigade device, BBD	Eimerkettenschaltung f	dispositif m de transfert à la chaîne, élément m à chapelets
B 493	bucket piston (plunger)	Lambda-Viertel-Kontaktkolben m, λ/₄-Kontaktkolben m	piston m quart d'onde à contact, piston quart d'onde
B 494	buffer	Puffer m	tampon m, buffer m
	buffer amplifier	s. I 688	
B 495	buffer area	Pufferzone f	zone f tampon
B 496	buffer battery, floating battery	Pufferbatterie f	batterie f tampon
B 497	buffering	Puffern n, Zwischenspeichern n	mise f en mémoire tampon
	buffer[ing] memory	s. B 499	
B 498	buffer stage	Trennstufe f	étage m séparateur
B 499	buffer storage, buffer[ing] memory	Pufferspeicher m, Puffer m, Zwischenspeicher m	mémoire f intermédiaire, antémémoire f, mémoire tampon
B 500	building block, module	Baustein m, Baueinheit f, Modul m	bloc m fonctionnel, module m
B 501	building block principle	Bausteinprinzip n	principe m de construction par blocs fonctionnels, principe de construction modulaire
B 502	building cabling	Gebäudeverkabelung f	câblage m de bâtiment, câblage d'immeuble
B 503	building density factor	Bebauungsdichte f	facteur m de densité des constructions
B 504	building-out network	Ergänzungsnetzwerk n, ENW	complément m de ligne (longueur), réseau m complément de longueur, équilibreur m
B 505	building penetration loss	Durchgangsdämpfung f im Gebäude	affaiblissement m dû à la pénétration dans les bâtiments
B 506	building reflections	Reflexionen fpl an Gebäuden	réflexions fpl sur des bâtiments
B 507	build[ing]-up time (receiver, amplifier), rise time	Einschwingzeit f, Anstiegszeit f	temps m de montée, temps d'établissement
B 508	built-in antenna	eingebaute Antenne f	antenne f incorporée, antenne intégrée
B 509	built-in handsfree unit	eingebaute Freisprecheinrichtung f	dispositif m mains libres intégré, dispositif mains libres incorporé
B 510	built-in microphone	eingebautes Mikrophon n	microphone m incorporé
B 511	built-in power supply	eingebaute Stromversorgung f	système m d'alimentation incorporé
B 512	built-in self-test	eingebaute Selbstprüfung f	autodiagnostic m intégré
B 513	built-in test, BIT, self-test	Eigenprüfung f	test m intégré, test automatique
	built-in test	s. a. S 264	
B 514	built-in test equipment, BITE	eingebaute (integrierte) Testeinrichtung f	équipement m de test intégré
B 515	bulk acoustical wave, BAW	akustische Volumenwelle f	onde f acoustique en volume
B 516	bulk billing	Summenabrechnung f, Summentaxierung f	facturation f globale
B 517	bulk effect	Volumeneffekt m	effet m en volume
B 518	bulk registration (telephone charge)	Summenerfassung f	comptage m global
B 519	bunched frame alignment signal, framing word	Rahmenerkennungswort n, Rahmensynchronwort n	signal m de verrouillage de trame concentré, mot m de verrouillage de trame
B 520	bunched wires	gebündelte Drähte mpl	fils mpl groupés
	bundle	s. C 546	
B 521	bundle[d] conductor	Bündelleiter m	conducteur m en faisceau
B 522	buoy station	Bojenstation f	station f de bouée
B 523	buried	vergraben, erdverlegt	enterré, enfoui
B 524	buried cable	erdverlegtes Kabel n, Erdkabel n	câble m enterré
B 525	buried cable network	erdverlegtes Kabelnetz n	réseau m en câbles enterrés
B 526	buried case	unterirdischer Behälter m	pot m souterrain
B 527	buried channel charge coupled device, BCCD	BCCD-Element n (ladungsgekoppeltes Schaltelement mit „vergrabenem Kanal")	dispositif m à couplage de charge à canal enterré (enfoui), dispositif BCCD
B 528	buried layer	vergrabene Schicht f	couche f enfouie
	buried-U Adcock direction finder	s. U 173	
B 529	burn in/to	einbrennen	déverminer
B 530	burn-in	Einbrennen n	déverminage m
B 531	burst	Burst m, Bündel n, Anhäufung f	salve f, rafale f, paquet m
	burst	s. C 767	
B 532	burst error	Bündelfehler m, Büschelfehler m, Burst-Fehler m	erreur f en paquet
B 533	burst error correcting capability	Eignung (Fähigkeit) f zur Korrektur von Fehlerbursts (Burstfehlern)	capacité f de correction des paquets d'erreur
B 534	burst mode	Ping-Pong-Verfahren n	mode m rafale, mode par salve
	burst noise	s. I 88	
B 535	burst switching	Bitbündelvermittlung f	commutation f de salves, CS
B 536	burst traffic	Burst-Verkehr m	trafic m par rafales
B 537	burst transmission	Bitbündelübertragung f	transmission f par rafales
	burying cable plow	s. C 50	
B 538	bus	Busleitung f, Bus m	ligne f omnibus, bus m
	bus	s. a. H 220	

B 539	busbar	Sammelschiene f, Stromschiene f		barre f omnibus, barre d'alimentation, barre de distribution d'énergie
B 540	bus configuration	Buskonfiguration f		configuration f bus, configuration type bus
B 541	business call	geschäftliches Gespräch n, geschäftlicher Anruf m		communication f d'affaires
B 542	business individual line	Geschäftseinzelanschluß m		ligne f principale individuelle d'affaires
B 543	business machine	Buchungsmaschine f		machine f comptable
B 544	business multiparty line	Geschäftssammelanschluß m		ligne f principale d'affaires collective
B 545	business premise	Geschäftsraum m		local m professionnel
	business set	s. B 546		
B 546	business telephone, business set	Geschäftsanschluß m		poste m téléphonique d'affaires
B 547	bus local area network	lokales Busnetz n		réseau m local à topologie de bus
B 548	bus termination card	Busabschlußbaugruppe f		carte f de terminaison de bus
B 549	bus terminator	Busabschluß m		terminaison f de bus
B 550	busy, engaged	besetzt		occupé
B 551	busy condition	Besetztzustand m, Belegtzustand m		état m d'occupation
B 552	busy-flash signal	Besetztflackerzeichen n		signal m clignotant d'occupation
B 553	busy hour, BH	Hauptverkehrsstunde f, HVStd		heure f chargée, HC
B 554	busy hour call attempts, BHCA	Anrufversuche mpl in der Hauptverkehrsstunde (HVS)		tentatives fpl d'appel à l'heure chargée, TAHC
B 555	busy hour-to-day ratio	Konzentration f (Verkehrsmenge)		rapport m trafic de l'heure chargée/trafic journalier
B 556	busy lamp	Besetztlampe f, Belegtlampe f		lampe f d'occupation, voyant m d'occupation
B 557	busy period	Hauptverkehrszeit f		période f chargée (de fort trafic), heure f chargée (de pointe)
	busy signal	s. E 293		
B 558	busy tone	Besetztton m, Teilnehmerbesetztton m		tonalité f d'occupation
	busy tone	s. a. E 293		
B 559	Butterworth filter	Butterworth-Filter n		filtre m de Butterworth
B 560	button	Knopf m, Druckknopf m, Taste f, Schalter m		bouton m, touche f, interrupteur m
B 561	button set	Druckknopftastatur f		clavier m à boutons
B 562	buzzer	Summer m		ronfleur m, vibreur m
B 563	buzzer (buzzing) tone	Summerton m		ronflement m
	B/W	s. B 385		
B 564	B-wire	B-Draht m, B-Ader f		fil m B
	BWO	s. B 43		
B 565	bypass capacitor	Überbrückungskondensator m, Ableitkondensator m		condensateur m de découplage
B 566	byte	Byte n		multiplet m, octet m
B 567	byte-oriented protocol, BOP	byteorientiertes Protokoll n		protocole m niveau octet
B 568	byte-serial	byteseriell		multiplet-série, octets série
B 569	byte-serial transmission	byteserielle Übertragung f		transmission f multiplet-série
B 570	bytes per inch, BPI (packing density)	Bytes npl je Zoll		octets mpl par pouce
B 571	byte timing	Bytetakt m		base f de temps pour les multiplets

C

	CA	s. C 100	
C 1	cabinet	Schrank m, Gehäuse n	armoire f, boîtier m, coffret m
C 2	cabinet radiation	Gehäuseabstrahlung f, Gehäusestrahlung f	rayonnement m par le coffret
C 3	cable/to	kabeln, telegraphieren, mit Kabel verbinden	câbler
C 4	cable	Kabel n	câble m
C 5	cable accessories	Kabelgarnituren fpl	accessoires mpl de câble
C 6	cable address	Telegrammadresse f	adresse f télégraphique
C 7	cable ageing	Kabelalterung f	vieillissement m des câbles
C 8	cable armour[ing]	Kabelbewehrung f	armature f, armure f, armure externe f
C 9	cable armouring machine	Kabelbewehrungsmaschine f	armeuse f
C 10	cable assignment record	Belegungsplan m	registre m d'attribution des câbles
C 11	cable attenuation, cable loss	Kabeldämpfung f	affaiblissement m de câble
C 12	cable bender	Kabelbiegemaschine f	cintreuse f
C 13	cable boat, cable ship, cable laying ship	Kabelleger m, Kabellegeschiff n, Verlegeschiff n	câblier m, navire m câblier
C 14	cable box	Kabelkasten m	boîte f de raccordement, boîte f de câble
C 15	cable break	Kabelbruch m	rupture f de câble

cable

	cable burying equipment	s. C 48	
	cable burying plow	s. C 50	
C 16	cable carrier system, carrier-on-cable system	Trägerfrequenzsystem (TF-System) n auf Kabelleitungen	système m à courants porteurs sur (en) câbles
	cable casing	s. C 45	
C 17	cable chamber, cable manhole	Kabelschacht m	chambre f de répartition, chambre f de concentration
C 18	cable clamp	Kabelklemme f	serre-câble m, demi-collier m
C 19	cable clip	Kabelbefestigungsklemme f	attache-câble m
C 20	cable code	Kabelcode m	code m de câble, code pour câble
C 21	cable conductor	Kabelader f	conducteur m
C 22	cable conduit	Kabelkanalzug m, KK-Zug m, Kabelrohr n	conduit m de câble
C 23	cable connection	Kabelanschluß m, Kabelverbindung f, Verbindung f über Kabel	raccordement m de câble, liaison f par câble
C 24	cable core	Kabelseele f	âme f
C 25	cabled distribution, wired broadcasting, line broadcasting	Kabelrundfunk m, Drahtfunk m	télédistribution f, câblodistribution f (Canada)
C 26	cabled distribution	Verteilung f über Kabel (Rundfunk), Verkabelung f	télédistribution f, câblodistribution f (Canada)
C 27	cable design, construction of a cable	Kabelaufbau m	conception f des câbles, construction f d'un câble, constitution f d'un câble
C 28	cable distribution network	Kabelverteilnetz n	réseau m de distribution par câble
C 29	cable distribution system	Kabelverteilsystem n	réseau m de distribution par câble
	cable drum	s. C 67	
C 30	cable duct, duct	Kabelkanal m, Rohrzug m	conduit m (conduite f) de câble, caniveau m de câble, chemin m de câble
C 31	cable end	Kabelstumpf m, Kabelende n	extrémité f de câble
C 32	cable engineering	Kabeltechnik f	technique f des câbles
C 33	cable entry	Kabeleinführung f	entrée f de câble
C 34	cable equalizer	Kabelentzerrer m	égaliseur m de câble
C 35	cable extension arm	einseitiger Querträger m (für Freileitungskabel)	traverse f en départ
C 36	cable factory	Kabelfabrik f, Kabelwerk n	câblerie f
C 37	cable factory length	Fertigungslänge f von Kabeln, Werklänge f von Kabeln	longueur f de fabrication des câbles
C 38	cable fault	Kabelfehler m	défaut m de câble
C 39	cable form	ausgeformtes Kabelende n	peigne m
C 40	cable grip, cable placing grip	Kabelziehstrumpf m, Ziehstrumpf m, Ziehschlauch m	grip m de tirage, tire-câble m, grip m de câble, chaussette f de pose
C 41	cable harness	Kabelbaum m, Gestellverdrahtung f, Rahmenverdrahtung f	faisceau m de câbles, câblage m
C 42	cable head	Kabelabschluß m, Kabelkopf m	tête f de câble
C 43	cable in duct	Kabel n im Kabelkanal	câble m tiré en conduite
C 44	cable industry	Kabelindustrie f	industrie f câblière
C 45	cable jacket, cable casing, cable sheath	Kabelmantel m, Kabelhülle f	gaine f de câble, gaine, gainage m, enveloppe f de câble
C 46	cable joint	Kabelverbindung f, Kabelspleißung f, Kabellötstelle f	épissure f (jonction f) de câble, joint m
C 47	cable jointing chamber (manhole), cable vault	Kabelschacht m, Mannloch n	puits m à câbles, chambre f de câbles, chambre f de répartition, puits de jonction, trou m d'homme
C 48	cable layer, cable burying equipment	Kabelleger m	équipement m d'enfouissement de câble, charrue f enfouisseuse
C 49	cable laying	Kabelverlegung f	pose f de câble[s]
C 50	cable laying plow, cable plow, cable burying plow, burying cable plow	Kabelpflug m	charrue f enfouisseuse, charrue f rigoleuse
	cable laying ship	s. C 13	
	cable layout	s. C 69	
C 51	cable lay-up	Verseilung f	pas m de câblage, câblage m
C 52	cable length	Kabellänge f	longueur f de câble
C 53	cable line	Kabelleitung f, Kabellinie f, verkabelte Leitung f	ligne f en câble
C 54	cable localizing	Kabelortung f	repérage m des câbles
C 55	cable locator	Kabelsuchgerät n, Kabelsucher m	dispositif m de repérage de câbles
	cable loss	s. C 11	
C 56	cable maker, cable manufacturer	Kabelhersteller m	câblier m, fabricant m de câbles
	cable making	s. C 57	
	cable manhole	s. C 17	
	cable manufacturer	s. C 56	
C 57	cable manufacturing, cable making	Kabelherstellung f	câblerie f
C 58	cable marker	Kabelmerkstein m	borne f de repérage de câble
C 59	cable Morse code	Seekabelmorsecode m	code m de câble trivalent
C 60	cable network	Kabelnetz n	réseau m de câbles
C 61	cable pair	Kabeladernpaar n	paire f en câble, paire

C 62	cable path	Kabelweg m	parcours m de câble, trajet m de câble
	cable placing grip	s. C 40	
C 63	cable plant	Kabelanlage f	installation f de câbles, réseau m de câbles
	cable plow	s. C 50	
C 64	cable pulling machine	Kabeleinziehwinde f	machine f de tirage de câble
C 65	cable quad, quad	Adernvierer m, Vierer m	quarte f de câble, quarte
C 66	cable rack	Kabelgestell n, Kabelgerüst n	support m de câbles, bâti m pour têtes de câbles
C 67	cable reel, cable drum	Kabeltrommel f	touret m de câble
C 68	cable route	Kabeltrasse f	artère f de câble
C 69	cable running plan, cable layout	Kabelplan m	plan m de câbles
C 70	cable section	Kabelabschnitt m	section f de câble
C 71	cable segment	Kabelabschnitt m	tronçon m de câble
	cable sheath	s. C 45	
	cable ship	s. C 13	
C 72	cable stranding machine	Kabelverseilmaschine f	toronneuse f
C 73	cable strap	Befestigungsschelle f	demi-collier m
C 74	cable support	Kabelhalter m	support m de câbles
C 75	cable system	Kabelsystem n	système m en câble
C 76	cable telephony	Fernsprechen n über Kabel	téléphonie f par câble
C 77	cable television, CATV, cable TV	Kabelfernsehen n, KTV	télédistribution f, télévision f par câbles
C 78	cable television network, cable TV network, wired television network	Kabelfernsehnetz n, Fernsehverteilnetz n	réseau m de télédistribution, réseau de télévision par câble
C 79	cable termination	Kabelendverschluß m, Endverschluß m	terminaison f de câble, tête f de câble, boîte f d'extrémité de câble, raccordement m de câble
C 80	cable test, cable testing	Kabelmessung f	essai m de câble
C 81	cable tester, cable testing set	Kabelprüfeinrichtung f	vérificateur m de câble
	cable testing	s. C 80	
	cable testing set	s. C 81	
C 82	cable trailer, cable trolley	Kabelwagen m, Kabeltransportwagen m	chariot m à câbles, remorque f
C 83	cable transmission	Kabelübertragung f, Übertragung f auf Kabelleitungen (Kabeln)	transmission f par câble, transmission f sur câbles
C 84	cable transmission system	Kabelübertragungssystem n	système m de transmission sur câble
C 85	cable tray	Kabelwanne f	chemin m de câbles
	cable trolley	s. C 82	
C 86	cable trough	Kabelrinne f, Kabelgraben m	chemin m de câbles
	cable TV	s. C 77	
	cable TV network	s. C 78	
	cable vault	s. C 47	
C 87	cable winch	Kabelwinde f	treuil m de câble
C 88	cabling	Verkabelung f	câblage m
	CAD	s. C 913	
	CADF	s. C 860	
C 89	CAD workstation	CAD-Arbeitsplatz m	poste m de travail pour CAO
	CAE	s. C 914	
C 90	calibrate/to	eichen	étalonner
C 91	calibration	Eichung f, Eichen n	étalonnage m
C 92	calibration curve	Eichkurve f	courbe f d'étalonnage
C 93	calibration error	Eichfehler m	erreur f d'étalonnage
C 94	calibration frequency, standard frequency	Eichfrequenz f	fréquence f étalon
C 95	calibration generator, calibration oscillator	Eichgenerator m	générateur m d'étalonnage
C 96	calibration mark generator	Eichmarkengenerator m	générateur m de repère de calibrage
	calibration oscillator	s. C 95	
C 97	call	Anruf m, Ruf m, Gespräch n, Gesprächsverbindung f, Verbindung f, Telefongespräch n	appel m, conversation f, communication f
C 98	call (use of a connection)	Verbindung f, Ruf m, Anruf m	communication f
	call	s. a. T 168	
C 99	call accept	Anrufannahme f	acceptation f d'appel
C 100	call accepted, CA	Rufannahme f, Annahme f des Anrufs	acceptation f d'appel, AA
C 101	call accepted signal	Annahme-des-Anrufs-Kennzeichen n, Rufannahme[kenn]zeichen n	signal m d'acceptation d'appel
	call answering device	s. T 159	
C 102	call area	Anrufbereich m	aire f d'appel
C 103	call attempt	Anrufversuch m, Anforderung f, Verbindungsversuch m	tentative f d'appel
C 104	call attempts per second, CAPS	Belegungsversuche mpl je (pro) Sekunde	tentatives fpl de prise par seconde
	call back/to	s. R 726	

call 48

C 105	call back	Rückfragen *n*	rétro-appel *m*, rappel *m* automatique
	call back	s. R 727	
C 106	call-back when busy terminal installation becomes free	Rückruf *m* bei Freiwerden des besetzten Anschlusses	reprise *f* d'un appel lorsqu'une installation terminale occupée redevient libre
C 107	call channel	Rufkanal *m*	voie *f* d'appel
C 108	call charge	Gesprächsgebühr *f*, Gesprächstaxe *f*	taxe *f* d'appel
C 109	call charge meter, charge meter	Gesprächsgebührenzähler *m*, Gebührenzähler *m*, Gesprächstaxzähler *m*, Taxzähler *m*	compteur *m* de taxe
C 110	call charge unit, charge unit, unit charge	Gebühreneinheit *f*	unité *f* de taxe, unité *f*
C 111	call charging	Gesprächsgebührenerfassung *f*	taxation *f* des appels
	call clear down time	s. 1. C 112; 2. C 196	
C 112	call clearing delay, call release time, call clear down time	Verbindungsauslösedauer *f*, Verbindungsauslöseverzug *m*	temps *m* de libération
	call clearing delay	s. a. C 196	
C 113	call collision	Rufzusammenstoß *m* (Zeichengabe), Verbindungszusammenstoß *m* (Protokoll)	collision *f* d'appel
C 114	call confirmation	Anrufbestätigung *f*	confirmation *f* d'appel
C 115	call-confirmation signal	Anrufbestätigungszeichen *n*, Anrufbestätigung *f*	signal *m* de confirmation d'appel
	call congestion loss probability	s. P 774	
C 116	call connected, CC	Verbindung hergestellt	communication établie, CC
C 117	call-connected signal	Freisignal *n*, Freizeichen *n* (Verbindung hergestellt), Aufschaltezeichen *n*, Verbindung-hergestellt-Zeichen *n*, Verbunden-Kennzeichen *n*, Verbunden-Signal *n*	signal *m* de communication établie, signal de connexion
C 118	call control	Verbindungssteuerung *f*, Verbindungsaufbausteuerung *f*	commande *f* d'appel
C 119	call control character	Verbindungssteuerungszeichen *n*, Steuerzeichen *n*, Zeichen *n* der Verbindungssteuerung	caractère *m* de commande d'appel
C 120	call control procedure	Verbindungssteuerungsverfahren *n*	procédure *f* de commande d'appel
C 121	call control signals	Verbindungssteuerzeichen *npl*	signaux *mpl* de commande des appels
C 122	call count	Anzahl *f* der Gespräche	nombre *m* d'appels
	call count	s. a. C 191	
C 123	call data	Anrufdaten *pl*, Gesprächsdaten *pl*, Verbindungsdaten *pl*	données *fpl* d'appel, données de conversation
C 124	call data recording	Gesprächsdatenregistrierung *f*, GDR, Verbindungsdatenregistrierung *f*	enregistrement *m* des données d'appels
C 125	call data store	Gesprächsdatenspeicher *m*	mémoire *f* de données d'appels
C 126	call deviator	Anrufumleiter *m*	déviateur *m* d'appels
	call deviation on "busy"	s. C 149	
	call deviation on "no answer"	s. C 150	
C 127	call distributing (distribution)	Anrufverteilung *f*, Belegungsaufteilung *f*	distribution *f* d'appels
C 128	call distributor	Anrufverteiler *m*	distributeur *m* d'appels
C 129	call diverter	Anrufumleiter *m*	dispositif *m* de renvoi d'appels, dispositif de réacheminement d'appels
C 130	call duration recording	Gesprächszeitregistrierung *f*, GZR	enregistrement *m* de la durée de conversation, enregistrement de la durée d'une communication
	called customer	s. C 139	
C 131	called exchange	Bestimmungsamt *n*	central *m* demandé
C 132	called line identification [facility]	Anschlußkennung *f* [der gerufenen Station], gerufene Anschlußkennung, Anschlußkennung *f* des Gerufenen, Identifizierung *f* des gerufenen Anschlusses	identification *f* de la ligne du demandé, identification de la ligne appelée
C 133	called line identity	gerufene Anschlußkennung *f*	identification *f* de la ligne appelée
C 134	called number	gerufene Nummer *f*, angerufene Nummer, verlangte Nummer	numéro *m* appelé, numéro demandé
C 135	called number identification	Identifizierung *f* der gerufenen Nummer	identification *f* du numéro appelé
C 136	called party, subscriber B	Angerufener *m*, Gerufener *m*, angerufener Teilnehmer *m*, B-Teilnehmer *m*, B-TN	demandé *m*, appelé *m*, abonné *m* B
	called party	s. C 139	
	called party number	s. C 140	
C 137	called-party release	Auslösung *f* durch den Angerufenen (gerufenen Teilnehmer), Rückwärtsauslösung *f*	libération *f* par l'abonné demandé

C 138	called station	gerufene Station f	station f demandée (appelée), poste m appelé
C 139	called subscriber, called party, subscriber B, called customer	gerufener Teilnehmer m, angerufener (verlangter) Teilnehmer, B-Teilnehmer m, B-TN, gerufener Anschluß m	abonné m demandé, abonné B, abonné appelé, demandé m, appelé m
C 140	called subscriber number, called party number	Nummer f des gerufenen Teilnehmers	numéro m de l'appelé, numéro du demandé
C 141	called subscriber release	Rückwärtsauslösung f, Auslösung f durch den gerufenen Teilnehmer	libération f au raccrochage du demandé, raccrochage m du demandé
C 142	called terminal	gerufene Endstelle f, gerufenes Endgerät n	équipement m terminal demandé
C 143	called user	gerufener Benutzer (Nutzer) m	utilisateur m appelé
C 144	caller, calling party, subscriber A	Anrufer m, Anrufender m, A-Teilnehmer m, A-TN	demandeur m, appelant m, abonné m A
C 145	call establishment, establishment of connection	Verbindungsherstellung f, Verbindungsaufbau m	établissement m de l'appel, établissement m de connexion
C 146	call failure	Verbindungsstörung f	échec m de l'appel
C 147	call-failure signal, CFL	Zeichen n für Störung beim Verbindungsaufbau	signal m d'échec de l'appel, ECH
C 148	call finder	Anrufsucher m, AS	chercheur m d'appel
C 149	call forward-busy, call deviation on "busy"	Anrufumleitung f bei Besetzt	renvoi m automatique d'appel sur occupation, déviation f d'appel en cas d'occupation
C 150	call forward – don't answer, call forward – no answer, call deviation on "no answer"	Anrufumleitung f wenn keine Antwort	renvoi m automatique sur non-réponse, déviation f d'appel en cas de non-réponse
C 151	call forwarding, transfer to another number	Anrufumleitung f, Rufumleitung f, Anrufweiterleitung f	déviation f d'appels, transfert m d'appels, renvoi m automatique [d'appel]
	call forward – no answer	s. C 150	
C 152	call hold	Halten n von Verbindungen	mise f en garde
C 153	call identifier	Verbindungserkennung f, Verbindungskennung f, Rufkennung f	indificateur m de communication
C 154	call indicator	Rufkennzeichen n	indicateur m d'appel
C 155	call indicator working	Betrieb m mit Rufnummernanzeige	exploitation f avec indicateur de numéro demandé
C 156	calling band	Anrufband n	bande f d'appel
C 157	calling card, dial card, dialling card	Telefonkarte f, Fernsprechkarte f	télécarte f, carte f télécom
C 158	calling category	Anrufkategorie f	catégorie f d'appel
C 159	calling channel	Anrufkanal m	voie f d'appel
C 160	calling cord (telephony)	Verbindungsschnur f, Rufschnur f	cordon m d'appel
	calling customer	s. C 182	
C 161	calling equipment	Anrufeinheit f (in der Zentrale)	équipement m d'abonné (dans le bureau central)
C 162	calling frequency	Anrufhäufigkeit f, Anruffrequenz f	fréquence f d'appel
C 163	calling jack	Anrufklinke f, Abfrageklinke f	jack m appelant
C 164	calling key	Rufschalter m, RS, Ruftaste f, RT, Anruftaste f	clé f d'appel, touche f d'appel
C 165	calling lamp	Ruflampe f, Anruflampe f, AL	lampe f d'appel
C 166	calling line identification [facility]	Anschlußkennung f des Rufens (rufenden Anschlusses), Anschlußkennung f [der rufenden Station], rufende Anschlußkennung	identification f de la ligne du demandeur, identification de la ligne appelante
C 167	calling line identity	Kennung f des A-Teilnehmeranschlusses, rufende Anschlußkennung f	identification f de la ligne du demandeur, identification de la ligne appelante
C 168	calling number	rufende Nummer f	numéro m demandeur, numéro appelant
C 169	calling number display	Anzeige f der Rufnummer des Anrufenden (rufenden Teilnehmers)	affichage m du numéro de l'appelant
C 170	calling number identification	Identifizierung f der rufenden Nummer	identification f du numéro appelant
C 171	calling office	Abgangsamt n, Abgangszentrale f	central m de départ
	calling party	s. C 144	
	calling party number	s. C 183	
C 172	calling-party release, calling subscriber release	Vorwärtsauslösung f, Auslösung f durch den Anrufenden (anrufenden Teilnehmer, rufenden Teilnehmer)	libération f par le demandeur, libération par l'abonné demandeur, libération au raccrochage du demandeur
C 173	calling party's category indicator	Kennung f für die Art des A-Teilnehmers	indicateur m de [la] catégorie du demandeur
	calling party subscriber	s. C 182	
C 174	calling plug	Rufstöpsel m, Verbindungsstöpsel m	fiche f d'appel
C 175	calling rate	Gesprächsdichte f	taux m d'appel
C 176	calling relay	Rufrelais n, Anrufrelais n	relais m d'appel
C 177	calling sequence	Ruffolge f	séquence f d'appel

calling

C 178	calling ship station	rufende Schiffsfunkstelle f, rufende Schiffsstation f	station f de navire appelante
C 179/80	calling signal	Rufzeichen n, Anrufzeichen n, Anrufsignal n	signal m d'appel
	calling signal	s. a. C 205	
C 181	calling station	rufende Station f	poste m d'appel, station f d'appel (appelante)
C 182	calling subscriber, calling party subscriber A, calling customer	rufender Teilnehmer m, anrufender Teilnehmer, rufender Anschluß m, A-Teilnehmer m, A-TN, Anmelder m	abonné m demandeur, abonné appelant, abonné A, demandeur m, appelant m
C 183	calling subscriber number, calling party number	Nummer f des rufenden Teilnehmers	numéro m appelant, numéro du demandeur
	calling subscriber release	s. C 172	
C 184	calling terminal	rufende Endstelle f, rufendes Endgerät n	équipement m terminal demandeur
C 185	calling tone, CNG	Rufton m, Signalton m	tonalité f d'appel
C 186	calling unit	Anrufeinheit f	unité f d'appel
C 187	calling user	rufender Benutzer m (Nutzer m)	utilisateur m appelant
C 188	call intent	Verbindungswunsch m, Anrufabsicht f, Bedienungswunsch m	intention f d'appel
C 189	call letters	Rufzeichen n	indicatif m d'appel
C 190	call not accepted	Rufabweisung f, Rufrückweisung f	appel m non accepté
	call number	s. S 1337	
	call office	s. P 870	
C 191	call peg count, call count	Gesprächszähler m	comptage m d'appels
C 192	call pick-up, pick-up, pick-up facility	Anrufübernahme f, Gesprächsübernahme f	prise f d'appel
C 193	call processing, call treatment	Anrufverarbeitung f, Anrufbehandlung f, Vermittlungsablauf m	traitement m d'appel
C 194	call progress signal, CP, progress signal, service signal	Dienstmeldung f, Dienstsignal n [bei Verbindungsherstellung], Netzmeldung f	signal m de progression de l'appel
C 195	call queuing system	Wartesystem n	exploitation f avec mise en file des appels
	call redirection	s. C 200	
C 196	call release time, call clear down time, call clearing delay	Auslösungsverzug m, Auslösungsdauer f, Dauer f (Verzug m) der Auslösung der Verbindung, Verbindungsauslösungsdauer f	temps m de libération d'une communication, temps de libération
	call release time	s. a. C 112	
C 197	call repetition, reringing	Anrufwiederholung f, Rufwiederholung f	répétition f d'appel, appel m répété
C 198	call request	Verbindungsanforderung f, abgehender Ruf m, Verbindungsaufforderung f, Anrufanforderung f, Rufanforderung f	demande f de communication, demande d'appel
C 199	call request signal	Verbindungsaufforderungszeichen n	signal m de demande d'appel
C 200	call rerouting, call redirection	Rufumleitung f, wiederholtes Leiten n	réacheminement m d'appel
	call robot	s. A 845	
C 201	call route	tatsächlicher Leitweg m, Leitweg m	voie f d'acheminement d'appel
	call routiner	s. A 845	
C 202	call routing	Leitwegführung f, Rufwegewahl f, Rufweglenkung f	acheminement m des appels
C 203	call set-up	Verbindungsaufbau m	établissement m des communications (service mobile), établissement d'une communication
	call set-up time	s. S 402	
C 204	call sharing	Anrufteilung f	partage m d'appels
C 205	call signal, calling signal	Anrufzeichen n, Anrufsignal n, Funkrufzeichen n	signal m d'appel, indicatif m d'appel
C 206	call supervision	Anrufüberwachung f, Gesprächsüberwachung f	surveillance f des appels (communications)
C 207	call tracing	Fangen n	localisation f d'appel, dépistage m d'appel
C 208	call transfer	Anrufumlegung f, Gesprächsumlegung f, Umlegen n	tansfert m d'appel, transfert
C 209	call transfer on busy	Rufweiterschaltung f (bei Besetzt)	transfert m d'appel sur occupation
	call treatment	s. C 193	
	call waiting	s. P 110	
C 210	call waiting services	Anklopfdienste mpl	services mpl d'appel en instance
C 211	call waiting tone	Anklopfton m	tonalité f d'appel en attente
	CAM	s. C 919	
C 212	Cambridge ring	Cambridge-Ring m	anneau m de Cambridge
C 213	cam contact	Nockenkontakt m	contact m à came
C 214	cam disk	Nockenscheibe f	disque m à cames
	camp-on-busy	s. P 110	

	CAN	s. I 23	
C 215	cancel/to	annullieren, aufheben, streichen	annuler, supprimer
	cancel [character]	s. I 23	
C 216	cancel key	Löschtaste f	bouton m d'annulation
C 217	cancellation	Aufhebung f, Streichung f, Annullierung f	annulation f, suppression f
C 218	cancellation of a call	Streichung f einer Gesprächsanmeldung	annulation f d'une demande de communication
C 219	cancelled call	gestrichene Gesprächsanmeldung f	appel m annulé
C 220	capability, trafficability performance	Kapazität f, Fähigkeit f, Leistungsfähigkeit f	capacité f [d'une entité], potentiel m, possibilité f
C 221	capacitance (el.)	Kapazität f, Kapazitanz f	capacité f
C 222	capacitance-voltage characteristic, C-V characteristic	Kapazitäts-Spannungs-Kennlinie f	caractéristique f capacité-tension
C 223	capacitive	kapazitiv	capacitif
C 224	capacitive coupling	kapazitive Kopplung f	couplage m capacitif
C 225	capacitive reactance	kapazitiver Blindwiderstand m, kapazitive Reaktanz f	réactance f capacitive
C 226	capacitive unbalance (cable)	Querunsymmetrie f	déséquilibre m de capacité
C 227	capacitive window	kapazitive Blende f	iris m capacitif
C 228	capacitor	Kondensator m	condensateur m
C 229	capacitor bank	Kondensatorenblock m	banc m de condensateurs, batterie f de condensateurs
	capacitor loudspeaker	s. E 195	
	capacitor microphone	s. E 196	
C 230	capacity	Kapazität f, Leistungsfähigkeit f	capacité f
C 231	capacity allocation	Kapazitätszuweisung f	affectation f de capacité
C 232	capacity limit	Kapazitätsgrenze f	limite f de capacité
C 233	capacity requirement	Kapazitäts[an]forderung f, Kapazitätserfordernis n	exigence f en capacité
C 234	capacity top	Dachkapazität f	capacité f terminale
C 235	cap and pin insulator	Kappenisolator m	isolateur m capot et tige
C 236	capillary tube	Kapillarröhrchen n	tube m capillaire, capillaire m
	CAPS	s. C 104	
C 237	captive screw	unverlierbare Schraube f	vis f assujettie
C 238	capture	Mitnahme f	capture f, captation f, accrochage m
	capture	s. A 108	
	capture area	s. E 86	
C 239	capture effect	Mitnahmeeffekt m, Capture-Effekt m	effet m d'accrochage
	capture range	s. P 893	
C 240	carbon arrester, carbon protector, carbon block protector	Kohleblitzableiter m	parafoudre m à charbon
	carbon block protector	s. C 240	
C 241	carbon microphone	Kohlemikrophon n	microphone m à charbon
	carbon protector	s. C 240	
C 242	carbon resistor	Kohlewiderstand m	résistance f au carbone
C 243	carbon-zinc battery	Kohlezinkelement n, Kohlezinkbatterie f	pile f charbon-zinc
C 244	card, printed circuit board, PCB	Leiterplatte f, Platine f, Print m	carte f, carte de circuit imprimé, plaquette f
C 245	card cage, printed circuit board cage	Leiterplattengehäuse n, Baugruppenträger m, Platinenträger m	fond m de panier
C 246	cardioid diagram	Kardioide f, Herzkurve f	diagramme m [en] cardioïde
	card pay phone	s. C 247	
C 247	card phone, card pay phone	Geldkartenfernsprecher m, Geldkartentelefon n, Kartentelefon n	publiphone m à carte
C 248	card reader	Kartenleser m, Lochkartenleser m	lecteur m de cartes
	car mounting	s. V 47	
C 249	car mounting version, vehicle mounting version	Ausführung f für Fahrzeugeinbau	configuration f installation véhicule
	carphone	s. C 309	
C 250	car-radio receiver, car-receiver	Autoempfänger m, Autoradio n	récepteur m de voiture, récepteur m [d']autoradio
	car radiotelephone	s. C 309	
	car receiver	s. C 250	
C 251	carriage return, CR	Wagenrücklauf m	retour m [de] chariot, RC
C 252	carrier, medium	Träger m	support m, porteur m, porteuse f
	carrier beat	s. C 265	
C 253	carrier cable	TF-Kabel n, Trägerfrequenzkabel n	câble m à courants porteurs
C 254	carrier channel	Trägerfrequenzkanal m	voie f à courants porteurs, voie de transmission à courant porteur
C 255	carrier circuit	Trägerfrequenzleitung f, Trägerfrequenzstromkreis m	circuit m à courants porteurs
C 256	carrier current	Trägerstrom m	courant m porteur
C 257	carrier current telegraphy, carrier telegraphy	Trägerfrequenztelegrafie f	télégraphie f par courants porteurs
C 258	carrier current telephony	Trägerfrequenzfernsprechen n, TF-Telefonie f	téléphonie f par courants porteurs

C 259	carrier deviation	Trägerhub m, Frequenzhub m des Trägers	excursion f de fréquence de porteuse
C 260	carrier energy dispersal	Trägerverwischung f	dispersion f d'énergie de porteuse
C 261	carrier equipment	Trägerfrequenzgerät n, TF-Gerät n	matériel m à courants-porteurs
C 262	carrier failure alarm	Alarm m bei Trägerausfall	alarme f d'interruption de porteuse
C 263	carrier filter	Trägerfilter n	filtre m de porteuse
C 264	carrier frequency	Trägerfrequenz f, TF	fréquence f porteuse
C 265	carrier frequency beat, carrier beat	Trägerschwebung f	battement m de la porteuse
C 266	carrier frequency offset, off-setting of carrier frequencies	Trägerfrequenzversatz m, Trägerfrequenzoffset m	décalage m des fréquences porteuses
	carrier frequency separation	s. C 267	
C 267	carrier frequency spacing, carrier frequency separation, carrier separation (spacing)	Trägerabstand m	espacement m des fréquences porteuses, écart m entre porteuses
C 268	carrier frequency transmission	trägerfrequente Übertragung f	transmission f par courants porteurs
	carrier generator	s. C 296	
	carrier group	s. G 173	
C 269	carrier leak	Trägerrest m	résidu m de porteur
C 270	carrier level	Trägerpegel m	niveau m de porteur, niveau de porteuse
C 271	carrier line link, line link	Trägerfrequenzgrundleitung f, TF-Grundleitung f	liaison f en ligne à courants porteurs, liaison en ligne
C 272	carrier link	Trägerfrequenzverbindung f, TF-Verbindung f	liaison f à courants porteurs
C 273	carrier loading	TF-Bespulung f	pupinisation f pour câble à courants porteurs
C 274	carrier multiplex equipment	TF-Multiplexeinrichtung f	matériel m de multiplexage à courants porteurs
C 275	carrier off, loss of carrier	Trägerausfall m, Trägerunterbrechung f	interruption f de la porteuse, coupure f de porteuse
C 276	carrier offset	Trägerversatz m	décalage m de porteuse
C 277	carrier-operated device anti noise, CODAN	trägergesteuerte Geräuschsperre f	dispositif m de suppression de bruit actionné par porteuse
C 278	carrier-operated relay	trägergesteuertes Relais n	relais m commandé par porteuse
C 279	carrier output [power]	Trägerausgangsleistung f	puissance f de sortie de l'onde porteuse
C 280	carrier party line	Zweieranschluß-Trägersystem n, Teilnehmerträgersystem n	ligne f partagée à courants porteurs, système m à ondes porteuses pour abonnés
C 281	carrier phase angle	Trägerphasenwinkel m, Trägerphase f	angle m de phase de porteuse
C 282	carrier phase recovery	Trägerphasenableitung f	récupération f de la phase de la porteuse
C 283	carrier power	Trägerleistung f	puissance f d'onde porteuse, puissance [de la] porteuse
C 284	carrier pulse	geträgerter Impuls m	impulsion f sinusoïdale
C 285	carrier quad	TF-Vierer m	quarte f à courants porteurs
C 286	carrier recovery	Trägerrückgewinnung f	récupération f de la porteuse
C 287	carrier recovery circuit	Trägerrückgewinnungsschaltung f	circuit m de reconstitution de la porteuse
C 288	carrier reduction	Trägerreduzierung f	réduction f de porteuse
C 289	carrier regeneration	Trägerableitung f	régénération f de porteuse
C 290	carrier reinsertion	Trägerzusatz m	réinsertion f de porteuse
C 291	carrier rejection filter	Trägersperrfilter n	filtre m de suppression de porteuse
C 292	carrier repeater	TF-Leitungsverstärker m	répéteur m à courants porteurs
C 293	carrier sense multiple access, CSMA	CSMA-Zugriffsverfahren n, CSMA (Vielfach-Zugriffsverfahren mit Abhören des Trägers)	accès m multiple avec écoute de la porteuse, méthode f d'accès CSMA
C 294	carrier sense signal	Trägerabtastsignal n, Trägerabfragesignal n	signal m de détection de porteuse
	carrier separation	s. C 267	
C 295	carrier shift	Trägerfrequenzumtastung f, Trägerumtastung f	déplacement m de porteuse
	carrier source	s. C 296	
	carrier spacing	s. C 267	
C 296	carrier supply [system], carrier generator, carrier source	Trägerversorgung f, Trägerfrequenzversorgungsgerät n	générateur m de porteurs, générateur de courants porteurs, équipement m de génération de fréquences porteuses, équipement de sources, producteur m de porteurs
C 297	carrier suppression	Trägerunterdrückung f	suppression f de la porteuse, affaiblissement m de la porteuse
C 298	carrier synchronization	Synchronisierung f des Trägers	synchronisation f de porteuse
C 299	carrier system	Träger[frequenz]system n, TF-System n	système m à courants porteurs
	carrier telegraphy	s. C 257	

C 300	carrier telephone circuit	trägerfrequenter Fernsprechübertragungsweg m, trägerfrequente Telefonleitung f	circuit m téléphonique à courants porteurs
C 301	carrier-to-interference ratio, C/I	Träger-Störabstand m	rapport m porteuse/brouillage, C/I
C 302	carrier-to-intermodulation noise density ratio	Träger-Intermodulationsgeräuschabstand m	rapport m porteuse/densité de bruit d'intermodulation
C 303	carrier-to-noise ratio, CNR, C/N	Träger-Geräuschabstand m, Träger-Rauschverhältnis n	rapport m porteuse/bruit, C/N
C 304	carrier tracking	Trägerverfolgung f	poursuite f de la porteuse
C 305	carrier transmission	Trägerfrequenzübertragung f, TF-Übertragung f, Trägerübertragung f	transmission f par courants porteurs
C 306	carrier-transmission system	Trägerfrequenzübertragungssystem n, TF-Übertragungssystem n	système m à courants porteurs
C 307	carrier wave	Trägerwelle f, Trägerschwingung f	onde f porteuse, porteuse f, oscillation f porteuse
C 308	carry the traffic/to	den Verkehr abwickeln	écouler le trafic
C 309	car telephone, carphone, car radiotelephone, mobile telephone	Autotelefon n, Mobiltelefon n	radiotéléphone m automobile, appareil m téléphonique de voiture, téléphone m de voiture
C 310	car telephone system	Autotelefonsystem n	système m de téléphone de voiture
C 311	cartridge fuse	Sicherungspatrone f	fusible m cartouche
C 312	cartridge-type video recorder	Kassetten-Videorecorder m	magnétoscope m à cassette
	CAS	s. C 399	
C 313	cascade connection	Kaskadenschaltung f	montage m en cascade
C 314	cascading	Kaskadieren n	raccordement m en cascade
C 315	cascode circuit	Kaskodeschaltung f	montage m cascode
C 316	case	Behälter m, Kasten m, Gehäuse n	pot m, coffret m, boîtier m
C 317	case for direct burial	vergrabbarer Behälter m	pot m étanche pour pose en pleine terre
C 318	case study	Fallstudie f	étude f de cas
C 319	case temperature	Gehäusetemperatur f	température f du boîtier
C 320	cashless telephone	bargeldloser Fernsprecher m, bargeldloses Telefon n	téléphone m sans numéraire
C 321	Cassegrain antenna	Cassegrain-Antenne f	antenne f Cassegrain
C 322	cassette recorder	Kassettenrecorder m	enregistreur m à cassette
C 323	cassette tape deck	Kassettendeck n	platine f de magnétophone à cassettes
	CAT	s. 1. C 918; 2. C 921	
C 324	cathode	Katode f	cathode f
C 325	cathode follower	Katodenfolger m	montage m cathodyne
C 326	cathode ray	Katodenstrahl m	rayon m cathodique
C 327	cathode-ray direction finder, CRDF	Sichtfunkpeiler m, Sichtpeiler m	radiogoniomètre m cathodique, radiogoniomètre à tube cathodique
C 328	cathode-ray oscilloscope, CRO	Katodenstrahloszilloskop n	oscilloscope m cathodique
C 329	cathode ray tube, CRT	Katodenstrahlröhre f	tube m à rayons cathodiques, TRC, tube cathodique
C 330	cathode-ray tube terminal, CRT terminal	Bildschirmterminal n	terminal m à écran, terminal de visualisation, visuel m
C 331	cathode resistor	Katodenwiderstand m	résistance f de cathode
C 332	cathodic printer, CRT printer	Katodenstrahldrucker m	imprimante f cathodique
C 333	cathodic protection	katodischer Korrosionsschutz m	protection f cathodique
	CATV	s. C 77	
C 334	Cauer filter	Cauer-Filter n	filtre m de type Cauer
C 335	Cauer function	Cauer-Funkton f	fonction f de Cauer
C 336	cavity	Hohlraum m	cavité f
C 337	cavity filter	Hohlraumresonatorfilter n, Hohlraumfilter n	filtre m à cavité[s]
C 338	cavity resonator, resonant cavity	Hohlraumresonator m, Topfkreis m	résonateur m à cavité, cavité f résonnante
	CB	s. 1. C 353; 2. C 573	
	CB exchange	s. C 808	
	CBK	s. C 590	
C 339	CB radiocommunications, citizen's-band radiocommunications	CB-Funk m	radiocommunications fpl par canal banalisé, radiocommunications CB
	CBS-system	s. C 354	
	CB telephone set	s. C 810	
	CC	s. C 116	
	CCBS	s. C 890	
	CCD	s. C 484	
	CCD circuit	s. C 484	
C 340	CCD line array	CCD-Zeile f	barrette f CCD
	CCD linear sensor	s. C 342	
C 341	CCD line imager	CCD-[Bildaufnehmer-]Zeile f	imageur m à transfert de charges
C 342	CCD line sensor, CCD linear sensor	CCD-Zeilensensor m	capteur m linéaire à couplage de charges, barrette f détectrice à transfert de charges
	CCF	s. C 1026	

	CCIR	s. I 541	
	CCITT	s. I 554	
	CCM	s. C 814	
	CCNP	s. C 817	
	CCP	s. C 358	
	CCR	s. C 361	
	CCS	s. C 815	
	CCSN	s. C 816	
	CCTV	s. C 625	
	CCU	s. C 359	
	CD	s. C 757	
	CDF	s. C 796	
	CDM	s. 1. C 689; 2. C 862	
	CDMA	s. C 688	
	CE	s. C 514	
C 343	cell	Zelle f, Element n	cellule f, élément m
C 344	cell boundary	Zellgrenze f	frontière f d'une cellule
C 345	cell boundary detection	Zellgrenzendetektion f	détection f de la frontière entre deux cellules
C 346	cell library	Zellenbibliothek f	bibliothèque f de cellules
C 347	cellular logic	Zellenlogik f	logique f cellulaire
C 348	cellular pattern	Zellenkonfiguration f	configuration f cellulaire
C 349	cellular radio [network]	Zellularfunknetz n, zellulares Funknetz n	réseau m cellulaire de radiotéléphonie
C 350	cellular radio system	Zellularfunksystem n	système m de radiocommunication cellulaire
C 351	cellular radiotelephone	zellulares Funktelefon n	radiotéléphone m cellulaire
C 352	cellular system, system of cells	Zellularsystem n	système m cellulaire, système à cellules
	CELP	s. C 678	
C 353	central battery, common battery, CB	Zentralbatterie f, ZB	batterie f centrale
	central battery exchange	s. C 808	
	central battery manual system	s. C 809	
C 354	central battery signalling system, CBS-system	OB-System n mit Zentralbatterie-Zeichengabe	téléphonie f à batterie centrale limitée à la signalisation
C 355	central battery supply	Zentralbatteriespeisung f	alimentation f en batterie centrale
C 356	central battery system, common battery system	Zentralbatteriesystem n, ZB-System n	téléphonie f à batterie centrale
	central battery telephone set	s. C 810	
C 357	central clock generator	zentraler Taktgenerator m	horloge f centrale
C 358	central control position, CCP	zentraler Bedienungsplatz m	poste m central de commande
C 359	central control unit, CCU	zentrale Steuereinheit f	unité f centrale de commande
C 360	central earthing point, central grounding point	zentraler Erdpunkt m, zentraler Erdungspunkt m, ZE	terre f centrale, TC, point m central de mise à la terre
	central grounding point	s. C 360	
C 361	centralized charging and recording, CCR	zentrale Gebührenerfassung f, ZGE	relevé m centralisé des taxes
C 362	centralized control	zentrale Steuerung f	commande f centralisée
C 363	centralized control signalling	zentrale Zeichengabe f, Zentralkanalzeichengabe f, zentrale Signalisierung f	signalisation f de commande centralisée
C 364	centralized multi-endpoint connection	Mehrpunktverbindung f mit zentraler Steuerung	connexion f multipoint centralisée
C 365	centralized multipoint [facility]	zentralgesteuerter Mehrpunktbetrieb m, zentralisierter Mehrpunktbetrieb	liaisons fpl multipoint centralisées
C 366	centralized network	zentralisiertes Netz n	réseau m centralisé
C 367	centralized power supply	zentrale Speisung f	alimentation f centralisée
C 368	central limit theorem	zentraler Grenzwertsatz m	théorème m de la limite centrale
C 369	central monitoring position, CMP	zentraler Überwachungsplatz m, Überwachungszentrale f	poste m central de contrôle
	central office	s. E 456	
C 370	central office line, CO line, CO/PBX line, CO trunk	Amtsleitung f	ligne f réseau
C 371	central processing unit, CPU	Zentraleinheit f, CPU	unité f centrale [de traitement], UC
C 372	central processor	Zentralprozessor m	processeur m central
C 373	central strength member	zentrale Zugentlastung f	porteur m central
C 374	central telegraph office	Haupttelegrafenamt n, HTA	bureau m central télégraphique
	centre conductor	s. I 233	
C 375	centre frequency, mid-frequency	Mittenfrequenz f	fréquence f centrale, fréquence de milieu
C 376	centre hole	Transportloch n	perforation f d'entraînement
C 377	centre-stable relay	polarisiertes Relais n mit stabiler Mittellage	relais m à position préférentielle centrale
C 378	cepstral coefficient	Cepstrum-Koeffizient m	coefficient m cepstral
C 379	cepstrum	Cepstrum n	cepstre m
C 380	ceramic[-dielectric] capacitor	Keramikkondensator m	condensateur m céramique
	CES	s. C 646	

	CFL	s. C 147		
	CGC	s. C 547		
C 381	chad	Lochungsabfall m, Stanzabfall m	confetti m	
	chad[ded] tape	s. P 979		
C 382	chaff, window	Düppelstreifen mpl, Düppel mpl	paillettes fpl, bandelettes fpl [métallisées] antiradar	
	chain amplifier	s. C 729		
C 383	change	Änderung f, Umstellung f	modification f	
	change	s. a. M 569		
C 384	changeback	Lastzurückschaltung f, Verkehrs[zu]rückschaltung f, Rückumschaltung f	retour m sur liaison normale, retour sur canal sémaphore normal	
C 385	changeback code	Rückumschaltungscode m	code m de retour sur canal sémaphore normal	
	changed-number interception	s. A 848		
C 386	change of level	Pegeländerung f	variation f de niveau	
C 387	changeover	Umschaltung f, Übergang m, automatisches Ersatzschalten n (Zeichengabekanal), Lastübernahme f, Verkehrsumschaltung f	commutation f, transfert m, passage m sur liaison de secours (réserve), passage sur canal sémaphore de secours	
C 388	changeover contact [unit]	Wechselkontakt m, Umschalt[e]kontakt m	contact m inverseur, contact à permutation, dispositif m de contact à permutation	
C 389	changeover signal, COV	Lastübernahmezeichen n, Verkehrsumschaltungszeichen n	signal m de commutation sur liaison de réserve, COV	
C 390	changeover switch	Umschalter m	commutateur m	
C 391	changeover time, transfer time (contact)	Umschaltzeit f, Umschlagzeit f	temps m de passage, temps de permutation	
C 392	changing picture element	Farbwechselelement n	élément m d'image mutant	
C 393	channel	Kanal m, Übertragungskanal m	voie f, voie de transmission, canal m	
	channel	s. a. F 437		
C 394	channel address	Kanaladresse f	adresse f de voie	
C 395	channel address word	Kanaladreßwort n	mot m d'adresse de voie	
C 396	channel allocation (mobile radio)	Kanalzuteilung f (Mobilfunk)	affectation f des canaux (radiocommunications mobiles)	
C 397	channel arrangement	Kanalanordnung f, Kanalschema n	disposition f des voies, disposition des canaux	
C 398	channel assignment	Kanalzuweisung f	affectation f de voie	
C 399	channel-associated signalling, CAS	kanalgebundene Zeichengabe f, kanalgebundene Signalisierung f, kanalassoziierte Signalisierung, bezogene Signalisierung Nutzkanal	signalisation f voie par voie	
C 400	channel bandwidth	Kanalbandbreite f	largeur f de bande de voie (téléphonie), largeur de bande de canal	
C 401	channel branching filter	Kanalweiche f	filtre m de branchement	
C 402	channel capacity	Kanalkapazität f	capacité f en voies, capacité de transmission, débit m, capacité de voie de transmission	
	channel capacity	s. a. T 834		
	channel card	s. C 430		
C 403	channel carrier	Kanalträger m	porteur m de voie	
C 404	channel centre frequency	Kanalmittenfrequenz f	fréquence f centrale de canal	
C 405	channel characteristics	Kanaleigenschaften fpl	caractéristiques fpl de la voie de transmission	
C 406	channel code	Kanalcode m	code m de voie	
C 407	channel coding, channel encoding	Kanalcodierung f	codage m canal, codage du canal, codage de voie[s]	
C 408	channel decoding	Kanaldecodierung f	décodage m canal, décodage de voie	
C 409	channel definition	Kanaldefinition f	définition f de canal	
	channel deriving	s. C 412		
	channel distributing frame	s. C 411		
C 410	channel distribution	Kanalverteilung f, Kanalaufteilung f	répartition f des canaux, répartition des voies	
C 411	channel distribution frame, channel distributing frame	Kanalverteiler m	répartiteur m de voies	
C 412	channel dropping, channel deriving	Kanalausstieg m	dérivation f de voies, extraction f de voies	
	channel encoding	s. C 407		
C 413	channel engaged factor	Kanalbelegungsfaktor m	coefficient m d'occupation des voies	
C 414	channel equalization	Kanalentzerrung f	égalisation f de voie	
C 415	channel equalizer	Kanalentzerrer m	égaliseur m de voie	
C 416	channel error	Kanalfehler m	erreur f sur la voie	
C 417	channel failure	Kanalstörung f	dérangement m de canal, défaillance f de voie	
C 418	channel filter, channelizing filter	Kanalfilter n	filtre m de voie, filtre de canal	

channel

C 419	channel gate	Kanalabtaster m, Kanaltor n	porte f de canal
	channeling	s. C 422	
C 420	channel insertion	Kanaleinstieg m	injection f de voies
C 421	channelize/to	in Kanäle aufteilen	découper en canaux, découper en voies
C 422	channelizing, channeling	Kanalaufteilung f	découpage m en canaux, découpage en voies
	channelizing filter	s. C 418	
C 423	channel length	Kanallänge f	longueur f du canal
C 424	channel level adjustment	Kanaleinpegelung f, Kanalpegeleinstellung f	réglage m de niveau de voie
C 425	channel load	Kanalbelastung f, Kanalauslastung f	charge f de la voie
C 426	channel model	Kanalmodell n	modèle m de canal, modèle de voie
	channel modulating equipment	s. C 444	
	channel modulation	s. C 445	
C 427	channel modulator	Kanalumsetzer m	modulateur m de voie
C 428	channel occupancy	Kanalbelegung f	occupation f des canaux
C 429	channel plan	Kanalplan m	plan m de disposition des voies
C 430	channel plug-in unit, channel card, channel unit	Kanalsteckkarte f, Kanalkarte f, Kanalsteckbaugruppe f	carte f de voie
C 431	channel programme	Kanalprogramm n	programme m de commande de canal
C 432	channel requirements	Kanalbedarf m	besoins mpl en canaux
C 433	channel sampling	Kanalabtastung f	échantillonnage m de voie
C 434	channel sampling rate	Kanalabtastrate f	fréquence f d'échantillonnage des voies
C 435	channel selection	Kanalwahl f	sélection f de canaux (radiocommunications), sélection de voies (téléphonie)
C 436	channel selection switch, channel selector	Kanalschalter m	sélecteur m de canal, sélecteur de voie
C 437	channel selector, tuner (TV)	Kanalwähler m, Tuner m	sélecteur m de canal, dispositif m d'accord, tuner m
	channel separation	s. C 441	
C 438	channel set	Kanalsatz m	équipement m de voie
C 439	channel simulation	Kanalsimulation f	simulation f de canal
C 440	channel simulator	Kanalsimulator m	simulateur m de canal
C 441	channel spacing, interchannel spacing, channel separation	Kanalabstand m	espacement m entre canaux, espacement des (de) canaux, espacement des voies
C 442	channel status word, CSW	Kanalzustandswort n	mot m d'état de canal
	channel time period	s. C 443	
C 443	channel time slot, channel time period	Kanalzeitschlitz m, Kanalintervall n	créneau m temporel de voie, intervalle m de temps de voie
C 444	channel translating equipment, channel translation equipment, channel modulating equipment	Kanalumsetzer m, Kanalumsetzergestell n	équipement m (matériel m) de transposition (modulation) de voie
C 445	channel translation, channel modulation	Kanalumsetzung f	modulation f de voie, transposition f de voie
	channel translation equipment	s. C 444	
	channel unit	s. C 430	
C 446	channel utilization	Kanalausnutzung f, Kanalnutzung f	utilisation f de la voie
C 447	channel vocoder	Kanalvocoder m	vocodeur m à canaux
C 448	channel waveguide	Kanalwellenleiter m	guide m d'onde à canal
C 449	channel width	Kanalbreite f	largeur f de canal, largeur de voie
C 450	channel with memory	Kanal m mit Gedächtnis, gedächtnisbehafteter Kanal	voie f avec mémoire
C 451	chaotic behaviour	chaotisches Verhalten n	comportement m chaotique
C 452	character	Zeichen n, Schriftzeichen n	caractère m, caractère d'écriture
C 453	character alignment	Zeichenbildung f, Zeichensynchronisierung f	alignement m de caractères
C 454	character base line	Zeichengrundlinie f, Grundlinie f der Zeichen	ligne f de base des caractères
C 455	character box	Zeichenfeld n	case f de caractère
C 456	character check	Zeichenprüfung f	contrôle m par caractère
C 457	character coded text	zeichencodierter Text m	texte m utilisant un codage de caractères
C 458	character counter	Zeichenzählvorrichtung f	compteur m de signes
C 459	character error probability	Zeichenfehlerwahrscheinlichkeit f	probabilité f d'erreur sur les caractères
C 460	character error rate	Zeichenfehlerrate f	taux m d'erreurs sur les caractères
C 461	character generator	Zeichengenerator m	générateur m de caractères
C 462	characteristic [curve], graph	Kennlinie f	caractéristique f, courbe f caractéristique
C 463	characteristic distortion, characteristic telegraph distortion	charakteristische Verzerrung f, Einschwingverzerrung f	distorsion f caractéristique
C 464	characteristic impedance	Wellenwiderstand m, Wellenimpedanz f	impédance f caractéristique
C 465	characteristic of a curve	Kurvenverlauf m	allure f d'une courbe

	characteristics	s. S 943	
	characteristic telegraph distortion	s. C 463	
C 466	character path	Zeichenweg m	trajet m des caractères
C 467	character rate	Zeichenrate f, Zeichen[transfer]geschwindigkeit f	rapidité f de transfert de caractères
C 468	character recognition	Zeichenerkennung f	reconnaissance f de caractères
C 469	character recognition system	Blattleser m, Zeichenerkennungssystem n	système m de reconnaissance des caractères
C 470	character repertoire	Zeichenvorrat m	répertoire m de caractères, fond m de caractères
C 471	character sequence	Zeichenfolge f	séquence f de caractères
C 472	character-serial transmission	zeichenserielle Übertragung f, zeichenweise Serienübertragung f	transmission f caractère-série
C 473	character set	Zeichensatz m, Zeichenvorrat m	jeu m de caractères
C 474	character signal	Zeichensignal n, Schrittkombination f	signal m de caractère
C 475	characters per second, cps	Zeichen pro Sekunde, Zeichen je Sekunde, Zeichen/s	caractères par seconde, CPS
C 476	character string	Zeichenkette f	chaîne f de caractères
C 477	character transfer rate	Zeichentransfergeschwindigkeit f	débit m en caractères, rapidité f de transfert des caractères
C 478	charge/to	berechnen, anrechnen, belasten, laden, aufladen	facturer, taxer, charger, recharger
C 479	charge	Ladung f, Kosten pl, Gebühr f	charge f, frais mpl, taxe f
C 480	chargeable call	gebührenpflichtiges Gespräch n	appel m taxé, appel tarifé
C 481	chargeable duration (time), charged duration	gebührenpflichtige Verbindungsdauer (Dauer, Gesprächsdauer) f	durée f taxable (taxée)
C 482	chargeable time clock	Gesprächszeitmesser m	compteur m de durée taxable
C 483	chargeable word	Gebührenwort n	mot m taxable, mot taxé
C 484	charge-coupled device, CCD, CCD circuit	CCD-Element n, CCD-Bauelement n, ladungsgekoppeltes Schaltelement n, ladungsgekoppelte Schaltung f	dispositif m à couplage de charge, DCC
C 485	charge coupling	Ladungskopplung f	couplage m de charge
C 486/7	charge loss	Ladungsverlust m	perte f de charge
C 488	charge pulse	Gebührenimpuls m, Taximpuls m, Zählimpuls m	impulsion f de taxation
C 489	charger	Ladegerät n	chargeur m
	charger	s. a. B 173	
C 490	charge-transfer device, CTD	Ladungstransferelement n	dispositif m à transfert de charge, DTC
	charge unit	s. C 110	
C 491	charging	Gebührenerfassung f, Gebührenerrechnung f	taxation f
C 492	charging area	Gebührenzone f	zone f de taxation
C 493	charging centre	Gebührenstelle f	centre m de taxation
C 494	charging information	Gebührenangabe f, Gebührenanzeige f, Zuschreiben n von Gebühren	avis m de taxation, données fpl de taxation
C 495	charging message, CHG	Gebührennachricht f	message m de taxation, TAX
C 496	charging signal	Gebührenzeichen n	signal m de taxation
C 497	charging system	Gebührensystem n, Taxierungssystem n	système m de taxation
	chart/to	s. G 102	
C 498	chart	Karte f, Diagramm n, Tafel f, tabellarische Übersicht f	carte f, diagramme m, tableau m synoptique
	chart	s. a. D 356	
	cheap rate period	s. R 406	
C 499	Chebyshev approximation	Tschebyscheffsche Näherung f	approximation f au sens de la convergence uniforme, approximation de Tchébychev
C 500	Chebyshev filter	Tschebyscheff-Filter n	filtre m de Tchébychev
C 501	check/to	prüfen, kontrollieren, anhalten	vérifier, contrôler, arrêter
	check	s. C 506	
C 502	check bit, CK	Prüfbit n	bit m de contrôle, CRT, bit clé, élément m binaire de contrôle
	check bit	s. a. P 106	
C 503	check card phone	Wertkartenfernsprecher m, Wertkartentelefon n	publiphone m à carte
C 504	check character	Prüfzeichen n, Kontrollzeichen n	caractère m de contrôle
C 505	check digit	Prüfziffer f	chiffre m de contrôle, chiffre clé
C 506	checking, check	Kontrolle f, Prüfung f	contrôle m, vérification f
C 507	checkpoint	Prüfpunkt m	point m de repère
	cheese antenna	s. P 410	
C 508	chemical passivation	chemische Passivierung f	passivation f chimique
	CHG	s. C 495	
C 509	chip	Chip m (Kristallplättchen), Element n	puce f, pastille f, paillette f, élément m
C 510	chip/on a	auf einem Chip	sur une puce

chip 58

C 511	chip capacitor	Chipkondensator m	pavé m capacitif
C 512	chip card	Chipkarte f	carte f à microcircuit, carte à puce, carte f à mémoire
C 513	chip-carrier	Chip-Carrier m, Chipträger m	module m porteur de puces, support m de puces, support intermédiaire, chip-carrier m
C 514	chip enable, CE	Bausteinfreigabe f	validation f de circuit
	chip maker	s. I 2	
C 515	chip rate	Chiprate f	débit m des éléments
C 516	chip resistor	Chipwiderstand m	pavé m résistif
C 517	chip select, CS	Chipselekt n, Bausteinauswahl f	sélection f de circuit
C 518	chip yield	Chipausbeute f	taux m de puces bonnes
C 519	choke [coil]	Drossel f, Drosselspule f	bobine f d'arrêt (de choc), self m de filtrage
C 520	choke flange	Drosselflansch m	bride f à piège
C 521	chromatic aberration	chromatische Aberration f, chromatischer Fehler m	aberration f chromatique
C 522	chromaticity	Farbart f	chromaticité f
C 523	chromaticity coordinate	Farbartkoordinate f	coordonnée f de chromaticité, coordonnée trichromatique
C 524	chrominance	Chrominanz f, Farbart f, Farbdifferenz f	chrominance f
	chrominance carrier	s. C 526	
C 525	chrominance signal, colour signal	Farbsignal n, Chrominanzsignal n	signal m de chrominance, signal chrominance
C 526	chrominance subcarrier, chrominance carrier, colour subcarrier	Farbhilfsträger m, Farbunterträger m, Farbträger m	sous-porteuse f de chrominance, sous-porteuse chrominance
	C/I	s. C 301	
	CIC	s. C 548	
C 527	cigar antenna	Zigarrenantenne f	antenne-cigare f
C 528	cipher/to, to encipher, to encrypt	verschlüsseln, chiffrieren	chiffrer
C 529	cipher	Ziffer f	chiffre m
	ciphered message	s. E 245	
C 530	ciphered transmission	verschlüsselte Übertragung f	transmission f chiffrée
C 531	cipher equipment, ciphering equipment, ciphering machine, encipher, encrypter	Verschlüsselungsgerät n, Schlüsselgerät n, Chiffriergerät n	unité f de chiffrement, chiffreur m, encrypteur m
	ciphering	s. E 250	
	ciphering equipment	s. C 531	
C 532	ciphering key	Chiffrierschlüssel m	clé f de chiffrage
	ciphering machine	s. C 531	
	cipher message	s. E 245	
C 533	cipher sequence	Schlüsselfolge f	séquence f de chiffrement
C 534	circle diagram	Kreisdiagramm n	diagramme m circulaire, diagramme m de cercle
C 535	circuit	Schaltung f, Verbindung f (Telefonie), Leitung f, Übertragungsweg m, Sprechkreis m, Stromkreis m	circuit m, liaison f (téléphonie), ligne f, voie f de communication, circuit m (de télécommunication)
C 536	circuit (bidirectional transmission)	Leitung f (bidirektionale Übertragung), Übertragungsweg m	circuit m (transmission bidirectionnelle)
C 537	circuit analysis	Schaltungsanalyse f	analyse f de circuits
C 538	circuit availability	Sprechkreisverfügbarkeit f	disponibilité f d'un circuit
C 539	circuit-board testing, printed wiring board testing	Leiterplattenprüfung f, Prüfung f gedruckter Leiterplatten	contrôle m des cartes de câblages imprimés
C 540	circuit breaker	Leistungsschalter m, Trennschalter m, Schutzschalter m	coupe-circuit m, disjoncteur m
C 541	circuit capacity	Anschlußkapazität f	capacité f en circuits
C 542	circuit complexity	Schaltungskomplexität f, Schaltungsaufwand m	complexité f de circuit
C 543	circuit density	Schaltungsdichte f	densité f de circuits
C 544	circuit design	Schaltungskonzeption f, Schaltungsentwurf m	conception f des circuits
C 545	circuit diagram	Stromlaufplan m, Schaltplan m	schéma m de connexion
C 546	circuit group, group of circuits, group, bundle	Sprechkreisbündel n, Leitungsbündel n, Bündel n	faisceau m de circuits, faisceau
C 547	circuit-group congestion signal, CGC	Zeichen n für besetztes Fernsprechbündel	signal m d'encombrement du faisceau de circuit, EFC
C 548	circuit identification code, CIC	Sprechkreiskennungscode m, Sprechkreiscode m, Nutzkanalkennung f	code m d'identification de circuit, CIC
C 549	circuit noise	Leitungsgeräusch n	bruit m de circuit
C 550	circuit optimization	Schaltungsoptimierung f	optimisation f des circuits
C 551	circuit-packet switching network	Netz n mit Durchschalte- und Paketvermittlung	réseau m à commutation de circuits et de paquets
C 552	circuit simulation	Schaltungssimulierung f	simulation f des circuits
C 553	circuit supervision	Sprechkreisüberwachung f	surveillance f de circuit
C 554	circuit-switched connection	leitungsvermittelte (durchgeschaltete) Verbindung f	liaison f commutée, connexion f commutée en mode circuit

C 555	circuit-switched data call	leitungsvermittelte Datenverbindung f	liaison f de données à commutation de circuits
C 556	circuit-switched data communication service, circuit-switched data transmission service	leitungsvermittelter Datenübermittlungswähldienst m, Datenübermittlungswähldienst m mit Leitungsvermittlung	service m de communication (transmission) de données à (avec) commutation de circuits
C 557	circuit-switched data network, CSDN	leitungsvermitteltes Datennetz n, leitungsvermittelndes Datennetz	réseau m de (pour) données à (avec) commutation de circuits, RDDC
C 558	circuit-switched data service	leitungsvermittelter Datendienst m	service m de transmission de données à commutation de circuits
C 559	circuit-switched data transmission	leitungsvermittelte Datenübertragung f	transmission f de données à commutation de circuits
	circuit-switched data transmission service	s. C 556	
C 560	circuit-switched public data network, CSPDN	leitungsvermitteltes öffentliches Datennetz n, leitungsvermittelndes öffentliches Datennetz, öffentliches Datennetz n mit Leitungsvermittlung	réseau m de données public à (avec) commutation de circuits, réseau public de communication de données à communication de circuits, RPDCC
C 561	circuit-switched traffic	leitungsvermittelter Verkehr m	trafic m à commutation de circuits
C 562	circuit-switching network	leitungsvermitteltes Netz n, leitungsvermittelndes Netz n, Netz n mit Leitungsvermittlung, Durchschaltenetz n	réseau m à commutation de circuits
C 563	circuit-switching system, circuit switching	Leitungsvermittlung f, Durchschaltevermittlung f, Linienvermittlung f, Kanalvermittlung f, Durchschaltesystem n	système m de commutation de circuit, commutation f de circuit[s]
C 564	circuit synthesis	Schaltungssynthese f	synthèse f de circuit
C 565	circular [antenna] array	Kreisgruppenantenne f	antenne f [en] réseau circulaire
C 566	circular dielectric waveguide	runder dielektrischer Wellenleiter m	guide m d'onde diélectrique circulaire
C 567	circularly polarized wave	zirkular polarisierte Welle f	onde f polarisée circulairement
C 568	circular polarization	Kreispolarisation f, Zirkularpolarisation f	polarisation f circulaire
C 569	circular resonator	Kreisresonator m	résonateur m circulaire
C 570	circular scanning	Kreisabsuchen n, Kreisabtastung f	balayage m circulaire
C 571	circular waveguide	runder Wellenleiter m, Rundhohlleiter m	guide m d'onde circulaire
C 572	circulator	Zirkulator m	circulateur m
C 573	citizens' band, CB	CB-Funkband n	bande f [de fréquences] banalisée, bande [de fréquences] publique, bande CB
C 574	citizens'-band radio	Jedermann-Funk m, CB-Funk m	radiocommunication f par canal banalisé
	citizen's-band radiocommunications	s. C 339	
C 575	city beam (satellite antenna)	Richtstrahl m für eine Stadt	faisceau m pour une ville
	CK	s. C 502	
	clamp	s. C 577	
C 576	clamping	Klemmen n, Pegelhaltung f (durch Klemmschaltung)	calage m
C 577	clamping circuit, clamp	Klemmschaltung f	circuit m de verrouillage, circuit d'alignement
C 578	clamping diode	Klemmdiode f	diode f de blocage
C 579	class-A amplifier	A-Verstärker m	amplificateur m classe A
C 580	class-A push-pull amplifier, class-B (class-C) push-pull amplifier	Gegentakt-A-Verstärker m, Gegentakt-B-Verstärker, Gegentakt-C-Verstärker	amplificateur m push-pull classe A (B, C)
C 581	class-B amplifier	B-Verstärker m	amplificateur m classe B
	class-B or class-C push-pull amplifier	s. C 580	
C 582	class-C amplifier	C-Verstärker m	amplificateur m classe C
C 583	classification of radio frequencies	Einteilung f der Funkfrequenzen	nomenclature f des bandes de fréquences
C 584	class of emission, type of emission, type of transmission	Sendeart f, Aussendungsart f	classe f d'émission, type m d'émission
C 585	class of service	Dienstart f, Dienstklasse f, Anschlußberechtigung f	classe f de service
C 586	class of service signal, user class of service signal	Dienstklassenkennzeichen n	signal m de catégorie
C 587	class-of-traffic, COT	Verkehrsklasse f	classe f de trafic, COT
C 588	class-of-traffic signal	Verkehrsklassenzeichen n	signal m de classe de trafic
	CLCD	s. C 592	
C 589	clean room	Reinstraum m	salle f blanche
C 590	clear-back signal, CBK	Schlußzeichen n, Rückwärtsschlußzeichen n	signal m de raccrochage, RAC, signal de libération en arrière
C 591	clear confirmation	Auslösebestätigung f, Auslösungsbestätigung f	confirmation f de libération
C 592	clear-confirmation delay, CLCD	Auslösebestätigungsverzug m, Verzug m der Auslösebestätigung	temps m de confirmation de libération

C 593	clear-confirmation signal	Auslösebestätigungszeichen n, Auslösebestätigungssignal n, Schlußbestätigungssignal n, Schlußzeichenbestätigung f	signal m de confirmation de libération
	clear-down	s. R 504	
C 594	clear forward	Auslösen n in Vorwärtsrichtung	libération f en avant
C 595	clear forward signal, CLF	Vorwärtsauslösezeichen n, Vorwärtsauslösesignal n, Auslösezeichen n	signal m de fin, FIN, signal de libération en avant
C 596	clearing	Auslösung f, Auslösen n, Trennen n, Trennung f	libération f
C 597	clearing (exchange)	Freischalten n	libération f
C 598	clearing procedure	Auslöseprozedur f	procédure f de libération
C 599	clearing signal	Schlußsignal n, Schlußzeichen n, Auslösezeichen n	signal m de libération
C 600	clear request, CLR	Auslösungsanforderung f, Auslöseanforderung f	demande f de libération, DL
C 601	clear request delay, CLRD	Auslöseanforderungsverzug m, Verzug m der Auslösungsanforderung	temps m de demande de libération
	clear signal	s. R 511	
C 602	clear speech	offene Sprache f, unverschlüsselte Sprache	conversation f en clair
C 603	clear text, plain [language] text	Klartext m	texte m en clair, texte [en langage] clair
C 604	clear to send, CTS	sendebereit	prêt à émettre
	CLF	s. C 595	
C 605	climatic zone	Klimazone f	zone f climatique
C 606	clipper	Spitzen[wert]begrenzer m, Clipper m, Schwellwertbegrenzer m	écrêteur m
	clipping	s. P 197	
C 607	clip position, dead sector (facsimile)	Einspannstelle f, Befestigungsstreifen m, toter Winkel m	secteur m mort, marge f de service
C 608	clock	Taktgeber m, Taktgenerator m	horloge f, rythmeur m, circuit m d'horloge
C 609	clock amplifier	Taktverstärker m	amplificateur m d'horloge
C 610	clock and tone module, CTM	Anschlußmodul n für Takt und Töne, Takt- und Tonmodul n	module m d'horloge et de tonalités, MHT
C 611	clock circuit	Taktschaltung f, Taktgenerator m	circuit m d'horloge, générateur m de rythme
C 612	clock-controlled	taktgesteuert	commandé par horloge
C 613	clock cycle	Taktzyklus m	rythme m
C 614	clock distribution	Taktverteilung f	distribution f de signaux horloge
C 615	clock drift	Auswanderung f der Taktfrequenz	dérive f de fréquence d'horloge
C 616	clock extraction circuit, clock recovery circuit	Taktableitungsschaltung f	circuit m de récupération d'horloge, circuit de récupération de rythme
	clock frequency	s. C 620	
C 617	clock generator	Taktgenerator m, Taktversorgung f	générateur m de rythme
C 618	clock module	Taktmodul n, Taktbaugruppe f	module m d'horloge
C 619	clock pulse, timing pulse	Taktimpuls m, Takt m, Clockimpuls m, Schrittimpuls m	impulsion f d'horloge, impulsion de synchronisation
C 620	clock rate, clock frequency, timing frequency	Taktfrequenz f, Clockfrequenz f	fréquence f de rythme, fréquence de base
	clock recovery	s. T 638	
	clock recovery circuit	s. C 616	
C 621	clock signal, timing signal	Taktsignal n	signal m d'horloge, signal de rythme, signal de synchronisation
C 622	clock synchronization	Taktsynchronisierung f	synchronisation f d'horloges
C 623	clock track	Taktspur f	piste f d'horloge
	clockwise elliptically polarized wave	s. R 722	
	clockwise polarization	s. R 723	
C 624	clockwise, CW	im Uhrzeigersinn, nach rechts drehend	dans le sens des aiguilles de la montre
C 625	closed-circuit television (TV), CCTV	angewandtes Fernsehen n, industrielles Fernsehen, nichtöffentliches Fernsehen	télévision f en circuit fermé
C 626	closed-circuit working	Ruhestrombetrieb f	transmission f par ouverture de circuit, transmission par rupture de circuit
C 627	closed-end numbering plan	geschlossener Numerierungsplan m	plan m de numérotage fermé
C 628	closed-form analytic solution	geschlossene analytische Lösung f	solution f analytique complète
C 629	closed numbering	geschlossene Numerierung f, verdeckte Numerierung f	numérotage m fermé
C 630	closed user group, CUG	geschlossene Benutzergruppe f, geschlossene Teilnehmergruppe f, GTG, geschlossene Teilnehmerklasse f, Teilnehmerbetriebsklasse f	groupe m fermé d'usagers, groupe fermé d'abonnés, groupe fermé d'utilisateurs

C 631	closed user group with outgoing access	Teilnehmerbetriebsklasse *f* mit abgehendem Zugang [zu anderen Klassen]	groupe *m* fermé d'usagers avec accès sortant
C 632	close-talking microphone	Nahbesprechungsmikrophon *n*, Mikrophon *n* für Nahbesprechung	microphone *m* de proximité
C 633	close tolerance	enge Toleranz *f*	tolérance *f* étroite
C 634	cloverleaf antenna	Kleeblattantenne *f*	antenne *f* en trèfle
	CLR	*s.* C 600	
	CLRD	*s.* C 601	
C 635	cluster	Cluster *m*, Haufen *m*, Bündel *n*	grappe *f*, groupe *m*, cluster *m*
C 636	cluster *(mobile telephony)*	Cluster *n*, Zellbündel *n*	motif *m*, groupe *m* de cellules
C 637	clutter	Störecho *n*	fouillis *m* d'écho, écho *m* parasite
C 638	clutter suppression	Störechounterdrückung *f*	suppression *f* du fouillis d'écho
C 639	CMI, coded mark inversion	CMI-Code *m*	code *m* CMI
	CMOS	*s.* C 882	
C 640	CMOS circuit	CMOS-Schaltung *f*, CMOS-Schaltkreis *m*	circuit *m* en technologie MOS complémentaire, circuit CMOS
C 641	CMOS operational amplifier	CMOS-Operationsverstärker *m*	amplificateur *m* opérationnel en technologie, CMOS
	CMOS technology	*s.* C 883	
	CMOS transistor	*s.* C 884	
	CMP	*s.* C 369	
	C/N	*s.* C 303	
C 642	C network	symmetrisches (erd-, quersymmetrisches) Halbglied *n*, C-Glied *n*	réseau *m* en C
	CNG	*s.* C 185	
	CNR	*s.* C 303	
C 643	coastal radar, shore radar station	Küstenradar *n*, Küstenradarstation *f*	radar *m* côtier
C 644	coastal radio station	Küstenfunkstelle *f*	station *f* radioélectrique côtière
C 645	coastal refraction	Küstenbrechung *f*	réfraction *f* côtière
C 646	coast earth station, CES	Küstenerdefunkstelle *f*, Küstenbodenstation *f*	station *f* terrienne côtière, STC
C 647	coast station	Küstenstation *f*, Küstenfunkstelle *f*	station *f* côtière
C 648	coating	Beschichtung *f*	revêtement *m*
C 649	coaxial	koaxial	coaxial
C 650	coaxial antenna	Koaxialantenne *f*	antenne *f* coaxiale
C 651	coaxial cable	Koaxialkabel *n*	câble *m* coaxial
	coaxial cable pair	*s.* C 658	
	coaxial cable pair carrier system	*s.* C 653	
C 652	coaxial cable television network	Koaxialkabelfernsehnetz *n*	réseau *m* de télédistribution à câble coaxial
C 653	coaxial carrier system, coaxial cable pair carrier system	TF-Koaxialkabelsystem *n*	système *m* à courants porteurs sur paires coaxiales en câble
C 654	coaxial colinear, coco *(antenna)*	koaxial kolinear	coaxial colinéaire
C 655	coaxial component	Koaxialbauelement *n*	composant *m* coaxial
C 656	coaxial connector	Koaxialsteckverbinder *m*	connecteur *m* coaxial
C 657	coaxial line	Koaxialleitung *f*	ligne *f* coaxiale
C 658	coaxial pair, coaxial cable pair	Koaxialpaar *n*	paire *f* coaxiale (concentrique)
C 659	coaxial plug	Koaxialstecker *m*	fiche *f* coaxiale
C 660	coaxial relay	Koaxialrelais *n*	relais *m* coaxial
C 661	coaxial termination	koaxialer Abschlußwiderstand *m*	charge *f* coaxiale
C 662	coaxial-to-waveguide adapter	Koaxial-Hohlleiter-Übergang *m*	transition *f* coaxiale-guide
C 663	cochannel	Gleichkanal ..., gleichkanalig	cocanal, cofréquence
C 664	cochannel carrier	Träger *m* im gleichen Kanal	porteuse *f* dans un (le) même canal
C 665	cochannel digital signal	im gleichen Kanal übertragenes Digitalsignal *n*	signal *m* numérique transmis dans un (le) même canal
C 666	cochannel interference, common channel interference	Gleichkanalstörung *f*	brouillage *m* dans le (un) même canal *(radiocommun.)*, brouillage dans la (une) même voie, brouillage sur la voie commune *(téléphonie)*
C 667	cochannel interferer	Gleichkanalstörer *m*	brouilleur *m* sur la voie commune
C 668	cochannel operation	Gleichkanalbetrieb *m*	exploitation *f* sur une même voie
C 669	cochannel protection ratio	Gleichkanalschutzabstand *m*	rapport *m* de protection dans un (le) même canal
C 670	cochannel radio interference	Gleichkanalfunkstörung *f*	diaphonie *f* radioélectrique
C 671	cochannel re-use distance	Gleichkanalwiederholabstand *m*, Gleichkanalabstand *m*	distance *f* de réutilisation des fréquences dans une même voie, distance de coordination
C 672	cochannel transmitter	Gleichkanalsender *m*	émetteur *m* de même canal
	coco	*s.* C 654	
	CODAN	*s.* C 277	
C 673	code/to, to encode	codieren	coder
C 674	code	Code *m*	code *m*
C 675	code acquisition	Codegewinnung *f*	acquisition *f* de code
C 676	code alphabet	Codealphabet *m*	alphabet *m* de code
C 677	codebook	Codebuch *n*, Codetabelle *f*, Codiertabelle *f*	table *f* de codage, dictionnaire *m*

codebook

C 678	codebook-excited linear predictive coder, CELP	linearer Prädiktionscodierer *m* mit Codebuch-Erregung	codeur *m* par prédiction linéaire excité par une table de codage (par un code)
C 679	codec, coder-decoder	Codec *m*, Codierer-Decodierer *m*	codec *m*, codeur-décodeur *m*
C 680	codec board	Codec-Baugruppe *f*	carte *f* codec
	code character	s. T 95	
	code converter	s. T 753	
C 681	code conversion, transcoding	Codeumsetzung *f*, Codewandlung *f*, Umcodierung *f*	transcodage *m*, conversion *f* de code
C 682	coded character set	codierter Zeichensatz *m*	jeu *m* de caractères codés
C 683	code-dependent	codeabhängig	dépendant du code
C 684	code-dependent channel	codeabhängiger Kanal *m*	voie *f* dépendante du code
C 685	code-dependent system	codeabhängiges System *n*	système *m* lié au code utilisé
C 686	coded inband signalling	codierte im-Band-Kennzeichengabe *f*, codierte im-Band Signalisierung *f*	signalisation *f* dans la bande avec codage
C 687	code division	Codeteilung *f*	répartition *f* en code
C 688	code division multiple access, CDMA	Codemultiplexzugriff *m*, Mehrfachzugriff *m* durch Codeteilung, Code-Vielfach-Zugriffsverfahren *n*	accès *m* multiple par répartition en code, AMRC
C 689	code division multiplexing, code multiplex, CDM	Codemultiplex *m*	multiplexage *m* par répartition en code, MRC
	coded mark inversion	s. C 639	
C 690	coded signal	codiertes Signal *n*	signal *m* codé
C 691	coded speech, vocoded speech	codierte Sprache *f*	parole *f* codée
C 692	coded TV-signal, coded video signal	codiertes Videosignal *n*	signal *m* vidéo codé
C 693	code element	Codeelement *n*	élément *m* de code, codet *m*
C 694	code extension	Codeerweiterung *f*	extension *f* de code
C 695	code extension character	Codeerweiterungssteuerzeichen *n*	caractère *m* d'extension de code
C 696	code frame	Coderahmen *m*	trame *f* de codage
C 697	code-independent	codeunabhängig	indépendant du code
C 698	code-independent channel	codeunabhängiger Kanal *m*	voie *f* indépendante du code
C 699	code-independent system	codeunabhängiges System *n*	code *m* indépendant du système utilisé
C 700	code length	Codelänge *f*	longueur *f* de code
C 701	codemark	Postleitzahl *f*	code *m* postal
	code mulitplex	s. C 689	
	coder	s. E 246	
C 702	code rate	Coderate *f*, Codefaktor *m*	débit *m*, facteur *m* de code
	coder-decoder	s. C 679	
C 703	code receiver	Codeempfänger *m*	récepteur *m* de code
C 704	code signal	Codesignal *n*	signal *m* de code
C 705	code symbol, symbol	Codesymbol *n*, Symbol *n*	symbole *m* de code, symbole
C 706	code table	Codetabelle *f*	tableau *m* de code, table *f* de codage
C 707	code transparency	Codetransparenz *f*	transparence *f* en code, indépendance *f* du code utilisé
C 708	code-transparent	code transparent	transparent au code, indépendant du code utilisé
C 709	code vector	Codevektor *m*	vecteur *m* de code
C 710	code word, word	Codewort *n*, Wort *n*	mot *m* de code, mot
	coding	s. E 247	
C 711	coding algorithm	Codierungsalgorithmus *m*	algorithme *m* de codage
C 712	coding gain	Codierungsgewinn *m*	gain *m* de codage
C 713	coding mode	Codierungsmodus *m*	mode *m* de codage
	coding of images	s. I 33	
C 714	coding scheme (technique), encoding method	Codierverfahren *n*	méthode *f* de codage
C 715	coding theory	Codierungstheorie *f*	théorie *f* de codage
C 716	codirectional	kodirektional	codirectionnel
C 717	codirectional interface	kodirektionale Schnittstelle *f*	interface *f* codirectionnelle
C 718	coefficient of expansion	Ausdehnungskoeffizient *m*	coefficient *m* de dilatation
C 719	cofrequency interference	Gleichfrequenzstörung *f*	brouillage *m* cofréquence, interférence *f* cofréquence
C 720	coherence	Kohärenz *f*	cohérence *f*
C 721	coherence bandwidth	Kohärenzbandbreite *f*	largeur *f* de bande de cohérence
C 722	coherence length	Kohärenzlänge *f*	longueur *f* de cohérence
C 723	coherence of frequency	Frequenzkohärenz *f*	cohérence *f* de fréquence
C 724	coherence of phase	Phasenkohärenz *f*	cohérence *f* de phase
C 725	coherent demodulation	kohärente Demodulation *f*	démodulation *f* cohérente
C 726	coherent detector	kohärenter Detektor *m*	détecteur *m* cohérent
C 727	coherent modulation	kohärente Modulation *f*	modulation *f* cohérente
C 728	coherent oscillator, COHO	Kohärenzoszillator *m*	oscillateur *m* cohérent
C 729	coherent phase shift keying, CPSK	kohärente Phasenumtastung *f*	modulation *f* par déplacement de phase cohérente, MDPC
C 730	coherent reception	Kohärenzempfang *m*	réception *f* cohérente
C 731	coherent signals	kohärente Signale *npl*	signaux *mpl* cohérents
C 732	coherent significant instant	entsprechender Kennzeitpunkt *m*	instant *m* significatif cohérent

C 733	coherent transmission	kohärente Übertragung f	transmission f cohérente
	COHO	s. C 728	
C 734	coil capacity	Spulenkapazität f	capacité f de bobine
	coil form	s. W 152	
	coil-loaded cable	s. P 981	
C 735	coil loading	Bespulen n, Pupinisieren n	pupinisation f, charge f
	coil loading	s. a. P 983	
C 736	coin box, coin receptacle, coin container, coin collect trap	Münzbehälter m	boîte f de caisse, caisse f
	coin box telephone	s. P 165	
C 737	coin check	Münzkontrolle f	contrôle m de monnaie
C 738	coin checking device	Münzprüfer m	sélecteur m de pièces
C 739	coin chute	Münzschacht m	couloir m à monnaie, gouttière f à monnaie
C 740	coincidence circuit	Koinzidenzschaltung f	circuit m de coïncidence, montage m à coïncidence
	coin collect trap	s. C 736	
	coin container	s. C 736	
C 741	coin deposit	Münzeinwurf m	introduction f de pièces
C 742	coin [deposit] slot, coin slot	Münzeinwurf m, Münzeinwurfschlitz m, Geldeinwurf m	fente f d'introduction de pièces, fente à monnaie
	coin receptacle	s. C 736	
C 743	coin relay	Kassierrelais n	relais m d'encaissement
C 744	coin return	Münzrückgabe f	remboursement m, restitution f de pièces
C 745	coin return bucket, coin return cup	Rückgabebecher m	sébile f de remboursement, sébile de restitution de pièces
C 746	coin return chute	Münzrückgabeschacht m	couloir m de remboursement, couloir de restitution de pièces
	coin return cup	s. C 745	
	coin slot	s. C 742	
	coin telephone [station]	s. P 165	
C 747	coin telephone with trunk dialling facility	Münzfernsprecher m für Fernwahl, Fernmünzer m	publiphone m interurbain
C 748	cold standby	passive Reserve f	réserve f passive
	CO line	s. C 370	
C 749	collect call, reverse-charge call	R-Gespräch n, (Angerufener bezahlt)	taxation f au demandé, appel m en PCV, conversation f payable à l'arrivée
C 750	collection charge	übernommene Gebühr f	taxe f de perception
C 751	collector	Kollektor m	collecteur m
C 752	collector-base voltage	Kollektor-Basis-Spannung f	tension f collecteur-base
C 753	collector current	Kollektorstrom m	courant m collecteur
C 754	collector-emitter voltage	Kollektor-Emitter-Spannung f	tension f collecteur-émetteur
C 755	collector voltage	Kollektorspannung f	tension f collecteur
C 756	collision	Kollision f, Zusammenstoß m, Konflikt m	collision f
C 757	collision detection, CD	Kollisionserkennung f	détection f de collision, détection de conflits
C 758	collision-free protocol	kollisionsfreies Protokoll n	protocole m sans collision
C 759	collision frequency	Stoßfrequenz f, Stoßzahl f	fréquence f de chocs (collisions)
C 760	collision loss	Kollisionsverlust m	pertes fpl par collision
C 761	collision probability	Kollisionswahrscheinlichkeit f	probabilité f de collision
C 762	colour balance	Farbausgleich m	équilibre m chromatique, équilibre colorimétrique
C 763	colour bar	Farbbalken m	barre f de couleur
C 764	colour bar generator	Farbbalkengenerator m	générateur m de barres de couleur
C 765	colour bar pattern	Farbbalkenmuster n	mire f à barres de couleur
C 766	colour bar signal	Farbbalkensignal n	signal m de barre de couleur
C 767	colour burst, burst	Farbsynchronsignal n	salve f chrominance, salve de synchronisation de couleur
C 768	colour cast	Farbsendung f	émission f couleur
C 769	colour code, colour-coding	farbige Kennzeichnung f	repérage m coloré, code m de couleur
C 770	colour coding	Farbcodierung f	codage m couleur
C 771	colour decoder	Farbdecodierer m, Farbdecoder m	décodeur m couleur
C 772	colour difference signal	Farbdifferenzsignal n	signal m de différence de couleur
C 773	colour display	[mehr]farbige Anzeige f, mehrfarbiges Display n, Farbdisplay n	affichage m polychrome, affichage [en] couleur
C 774	colour fringing	Farbsaum m	frange f couleur
	colour pattern	s. C 784	
C 775	colour picture	Farbbild n	image f couleur
C 776	colour picture signal	Fabbbildsignal n	signal m image couleur
C 777	colour picture tube	Farbbildröhre f	tube m couleur, tube de TV couleur, tube cathodique couleur
C 778	colour saturation	Farbsättigung f	saturation f couleur
	colour receiver	s. C 786	
	colour signal	s. C 525	
	colour subcarrier	s. C 526	

colour

C 779	colour telephone	farbiges Telefon n, farbiger Fernsprechapparat m	appareil m téléphonique de couleur
C 780	colour television	Farbfernsehen n	télévision f en couleur
C 781	colour television camera	Farbfernsehkamera f	caméra f de télévision couleur
	colour television receiver	s. C 786	
	colour television signal	s. C 787	
C 782	colour television standard	Farbfernsehnorm f	norme f de télévision en couleur
C 783	colour temperature	Farbtemperatur m	température f de couleur
C 784	colour test chart, colour pattern	Farbtestbild n	mire f de couleur
C 785	colour transmission	Farbübertragung f	transmission f de la couleur
C 786	colour TV set, colour television receiver, colour receiver	Farbfernsehempfänger m, Farbfernsehgerät m, Farbfernseher m	poste m de télévision en couleur, récepteur m de télévision en couleur, récepteur trichrome
C 787	colour TV signal, colour television signal	Farbfernsehsignal m	signal m de télévision en couleur
C 788	column driver	Spaltentreiber m	circuit m de commande de colonnes
C 789	column parity	Spaltenparität f	parité f par colonne
C 790	comb filter	Kammfilter n	filtre m en peigne, filtre-peigne m
C 791	comb-filter decoder	Kammfilterdecoder m	décodeur m à filtre-peigne
C 792	comb-filter demodulator	Kammfilterdemodulator m	démodulateur m à filtre-peigne
C 793	combination frequency (tone)	Kombinationsfrequenz f	fréquence f de combinaison
C 794	combinatorial circuit	kombinatorische Schaltung f	circuit m combinatoire
C 795	combined cable	gemischtpaariges Kabel n	câble m mixte
	combined distributing frame	s. C 796	
C 796	combined distribution frame, combined distributing frame, CDF	kombinierter Verteiler m	répartiteur m mixte
C 797	combiner	Kombinator m, Senderweiche f	combineur m, coupleur m d'émission
C 798	comfort telephone set	Komfortfernsprecher m, Komforttelefon n	terminal m téléphonique de confort
C 799	comfort tone	Warteton m	tonalité f de file d'attente
C 800	command	Befehl n, Anweisung f, Kommando n	commande f
	command	s. a. C 1061	
C 801	command code	Befehlscode m	code m opération, code de commande
C 802	command language	Befehlssprache f, Auftragssprache f, Kommandosprache f	langage m de commande
C 803	comment, remark (program)	Kommentar m, Bemerkung f	commentaire m
C 804	commercial receiver	kommerzieller Empfänger m	récepteur m professionnel
C 805	commercial telephone system	kommerzielles Fernsprechsystem n	système m téléphonique commercial
C 806	common antenna working	Gemeinschaftsantennenbetrieb m, Betrieb n an Gemeinschaftsantenne (gemeinsamer Antenne)	exploitation f sur antenne commune
C 807	common base circuit, grounded base circuit	Basisschaltung f	montage m à base commune, montage avec base à la masse
	common battery	s. C 353	
C 808	common battery exchange, central battery exchange, CB exchange	Vermittlungsstelle f mit ZB-Betrieb, ZB-Zentrale f	central m à batterie centrale
C 809	common battery manual system, central battery manual system	Zentralbatteriesystem n mit Handbetrieb, handvermitteltes ZB-Netz n	réseau m manuel à batterie centrale
	common battery system	s. C 356	
C 810	common battery telephone set, central battery telephone set, CB telephone set	ZB-Fernsprecher m	appareil m téléphonique à batterie centrale
C 811	common branch, mutual branch	gemeinsamer Zweig m	branche f commune
C 812	common carrier	gemeinsamer Träger m	porteuse f commune
C 813	common channel exchange	Vermittlungsstelle f mit gemeinsamem Zeichenkanal, Vermittlungsstelle mit Zentralkanalzeichengabe	centre m utilisant un système de signalisation sur voie commune, centre à système de signalisation par canal sémaphore
	common channel interference	s. C 666	
C 814	common channel module, CCM	Anschlußmodul n für Zentralzeichenkanal, Anschlußmodul für gemeinsamen Signalisierkanal	module m de canaux sémaphores
C 815	common channel signalling, CCS	Zentralkanalzeichengabe f, Signalisierung f im (über) gemeinsamen Kanal, Common-Channel-Signalisierung f, Zeichengabe (Schaltkennzeichengabe) f mit gemeinsamem Zeichenkanal	signalisation f par canal sémaphore, signalisation sur voie commune, CS
C 816	common channel signalling network, CCSN	Zeichengabenetz n mit zentralem Zeichenkanal, Netz n der Zentral-Zeichengabekanäle	réseau m de signalisation par canal sémaphore, RSCS
C 817	common channel signalling network processor, CCNP	Prozessor m für das Netz der Zentral-Zeichengabekanäle	processeur m du réseau de signalisation par canal sémaphore

C 818	common channel signalling system	Zentralzeichenkanalsystem n, ZZK-System n	système m de signalisation sur voie commune, système de signalisation par canal sémaphore
C 819	common collector circuit, grounded collector circuit	Kollektorschaltung f	montage m à collecteur commun, montage à collecteur à la masse
C 820	common control switching	zentralgesteuerte Vermittlung f, Vermittlung mit Zentralsteuerung	commutation f à commande centrale
C 821	common emitter circuit, grounded emitter circuit	Emitterschaltung f	montage m à émetteur commun, montage à émetteur à la masse
C 822	common-frequency broadcasting	Gleichwellenrundfunk m, Gemeinschaftswellenbetrieb m	radiodiffusion f sur fréquence commune
C 823	common-frequency operation	Frequenzgleichlagebetrieb m, Gleichlagebetrieb m	exploitation f sur fréquence porteuse commune
	common ground	s. C 535	
C 824	common-impedance coupling	Impedanzkopplung f	couplage m par impédance commune
C 825	common-mode rejection	Gleichtaktunterdrückung f	affaiblissement m dans le mode commun
C 826	common-mode rejection ratio	Gleichtaktunterdrückungsverhältnis n, Gleichtaktunterdrückung f, Unsymmetrie-Dämpfungsmaß n	rapport m d'élimination dans le mode commun
C 827	common powering	gemeinsame Stromversorgung f	alimentation f commune
C 828	common return [lead]	gemeinsame Rückleitung f, gemeinsamer Rückleiter m	conducteur m de retour commun
C 829	common signalling channel	zentraler Zeichengabekanal m, zentraler Zeichenkanal m, ZZK, gemeinsamer Signalisierkanal m	canal m sémaphore, canal de signalisation centralisé, canal de signalisation sur voie commune
C 830	common transmit–receive antenna	gemeinsame Sende- und Empfangsantenne f	antenne f commune d'émission et de réception
C 831	common transmitting frequency	gemeinsame Sendefrequenz f	fréquence f d'émission commune
C 832	common trunk	gemeinsame Abnehmerleitung f	jonction f commune, ligne f commune
C 833	communication	Übermittlung f, Übermitteln n, Kommunikation f, Informationsübermittlung f, Informationsaustausch m	communication f
C 834	communication	Kommunikation f, Nachricht f, Verbindung f	communication f, transmission f, liaison f
C 835	communication cable	Fernmeldekabel n	câble m de télécommunication
C 836	communication channel	Nachrichtenkanal m	voie f de télécommunication
C 837	communication chart	Übersichtsplan m, Üp	diagramme m de communication
C 838	communication confidentiality	Vertraulichkeit f der Übermittlung	confidentialité f de la transmission
	communication controller	s. C 839	
C 839	communication control unit, communication controller	Fernbetriebseinheit f, FBE	unité f de contrôle de transmission, contrôleur m de transmission (communication)
C 840	communication engineering	Nachrichtentechnik f, Fernmeldetechnik f	technique f des télécommunications
	communication link	s. T 68	
C 841	communication network, telecommunication network	Nachrichtennetz n, Fernmeldenetz n, Kommunikationsnetz n	réseau m de [télé]communication, réseau téléinformatique
C 842	communication network availability	Verfügbarkeit f eines Nachrichtennetzes (Kommunikationsnetzes)	disponibilité f d'un réseau de communication
C 843	communication network node	Fernmeldenetzknoten m	nœud m d'un réseau de communication
C 844	communication processor	Kommunikationsprozessor m	processeur m de communication
C 845	communication receiver	Verkehrsempfänger m	récepteur m de [télé]communication, récepteur m de trafic
C 846	communication satellite	Nachrichtensatellit m, Fernmeldesatellit m	satellite m de télécommunication
C 847	communication-satellite system	Nachrichtensatellitensystem n	système m de télécommunications par satellite
	communications equipment accommodation	s. T 73	
C 848	communications interface	Kommunikationsschnittstelle f	interface f de communication
C 849	communications protocol	Kommunikationsprotokoll n, Protokoll n	protocole m de communication, protocole d'accès
C 850	communications service	Kommunikationsdienst m	service m de communication, service de télécommunication
C 851	communication[s] system	Kommunikationssystem n	système m de communication, système de télécommunications
C 852	communication terminal	Fernmeldeendgerät n, Nachrichtenendgerät n	terminal m de télécommunication
C 853	communication traffic	Nachrichtenverkehr m	télétrafic m
C 854	communication traffic theory, traffic theory	Nachrichtenverkehrstheorie f	théorie f du télétrafic
C 855	community antenna, block antenna	Gemeinschaftsantenne f	antenne f collective
C 856	community antenna system	Gemeinschaftsantennenanlage f	installation f d'antenne commune, système m d'antenne collective

C 857	community receiver	Gemeinschaftsempfänger m	récepteur m communautaire
C 858	community reception	Gemeinschaftsempfang m	réception f communautaire
C 859	community television	Gemeinschaftsfernsehen n	télévision f communautaire
C 860	commutated-antenna direction finder, CADF	Funkpeiler m mit Antennenumschaltung, Doppler-Peiler m	radiogoniomètre m à antennes commutées
C 861	compactness	Kompaktheit f	compacité f, faible encombrement m
C 862	companded delta modulation, CDM	kompandierte Deltamodulation f	modulation f delta avec compression et extension
C 863	companded single-sideband modulation	kompandierte Einseitenbandmodulation f	modulation f à bande latérale unique avec compression-extension
C 864	compander	Kompander m, Kompandierer m	compresseur-extenseur m, compresseur-expanseur m
C 865	compander advantage, companding gain	Kompandergewinn m, Kompandierungsgewinn m	avantage m du compresseur-extenseur, gain m dû à la [proportion] compression-expansion, gain dû à la compression-extension
C 866	companding	Kompandierung f, Dynamikregelung f	compression-expansion f, compression-extension f
	companding gain	s. C 865	
C 867	companding law	Kompandierungskennlinie f, Kompanderkennlinie f	loi f de compression-extension
C 868	comparator	Komparator m, Vergleicher m	comparateur m
C 869	comparator circuit	Vergleichsschaltung f	circuit m comparateur
C 870	compatibility	Kompatibiltät f, Verträglichkeit f, Vereinbarkeit f	compatibilité f
C 871	compatible	kompatibel, verträglich	compatible
C 872	compatible equipment	kompatible Geräte npl	matériels mpl compatibles
C 873	compatible services	kompatible Dienste mpl	services mpl compatibles
C 874	compatible single-sideband modulation, CSSB modulation	kompatible Einseitenbandmodulation f	modulation f à bande latérale unique compatible
C 875	compelled signalling	Zwangslaufverfahren n	signalisation f asservie
C 876	compensating network (antenna)	Anpassungsnetzwerk n, Anpassungskreis m	réseau m de compensation, circuit m de compensation
	compensating network	s. a. C 877	
	compensation	s. Z 12	
	compensation circuit	s. C 877	
C 877	compensation network, compensating network, compensation circuit	Kompensationsnetzwerk n, Kompensationsschaltung f	réseau m de compensation, circuit m de compensation
C 878	compensation theorem	Kompensationstheorem n	théorème m de compensation
C 879	compile/to	kompilieren	compiler
C 880	compiler	Compiler m, Kompilierer m	compilateur m
C 881	complement	Komplement n, Ergänzung f	complément m
C 882	complementary metal oxide semiconductor, CMOS	CMOS, komplementäre MOS-Technik f	technologie f MOS complémentaire
C 883	complementary MOS technology, CMOS technology	komplementäre MOS-Technologie f, CMOS-Technologie f	technologie f MOS complémentaire, technologie f MOS
C 884	complementary MOS transistor, CMOS transistor	CMOS-Transistor m	transistor m MOS complémentaire, transistor CMOS
C 885	complete coverage	vollständige Überdeckung f	couverture f totale
C 886	complete coverage system	flächendeckendes System n	système m à couverture globale, système m à couverture universelle
C 887	completed call attempt, effective call attempt, answered call attempt	ausgeführter Anrufversuch m	tentative f d'appel ayant abouti, tentative d' appel efficace
C 888	complete failure	Vollausfall m	défaillance f totale
C 889	completely restricted extension	nicht amtsberechtigte Nebenstelle f	poste m privé
C 890	completion of calls to busy subscriber; CCBS	Anrufdurchschaltung f zu besetztem Teilnehmer	accomplissement m d'appels vers abonné occupé
	completion time	s. C 229	
C 891	complexity	Komplexität f	complexité f
C 892	complex transfer function	komplexe Übertragungsfunktion f	fonction f de transfert complexe
C 893	component	Bauelement n, Bauteil n, Komponente f	composant m
C 894	component	Komponente f	composante f
	component coding	s. C 895	
C 895	component encoding, component coding	Komponentencodierung f, getrennte Codierung f	codage m par composante
C 896	component lead	Bauelementenanschluß m, Bauelementeanschlußfahne f, Bauelementeanschlußdraht m	queue f de composant
C 897	component maker	Bauelementehersteller m	fabriquant m de composants
	component-placement head	s. P 436	
C 898	component signal	Komponentensignal n	signal m en composantes
C 899	component transmission [technique]	Komponenten-Übertragungstechnik f	technique f de transmission de composantes
C 900	composite cable	kombiniertes (gemischtes, gemischtadriges) Kabel n	câble m composite, câble mixte

C 901	composite colour video signal	geschlossenes Farbfernsehsignal n	signal m d'image-couleur composite
C 902	composite encoding	geschlossene Codierung f	codage m composite
C 903	composite signal	vollständiges Bildsignal n, Bild-Austast-Synchronsignal n, BAS-Signal n, Signalgemisch n	signal m composite
C 904	composite video signal	Fernsehsignalgemisch n	signal m vidéo composite
C 905	compression	Kompression f, Amplitudenkompression f, Pressung f	compression f
C 906	compression (facsimile)	Kontrastpressung f	compression f des luminances [en télécopie]
C 907	compression ratio	Kompressionsverhältnis n	rapport m de compression
C 908	compressor	Kompressor m, Dynamikkompressor m	compresseur m
C 909	compunications, compunics	Teleinformatik f, Telematik f	téléinformatique f, télématique f
C 910	computer	Computer m, Rechner m, elektronische Datenverarbeitungsanlage f, EDV-Anlage f, Datenverarbeitungsanlage f	ordinateur m
	computer	s. a. D 78	
C 911	computer-aided, computer-assisted, computer-based	rechnergestützt, rechnerunterstützt, computerunterstützt	assisté par ordinateur
C 912	computer-aided circuit design	rechnergestützter Schaltungsentwurf f, rechnergestützte Schaltungsentwicklung f	conception f de circuits assistée par ordinateur
C 913	computer-aided design, CAD	rechnergestützter Entwurf m	conception f assistée par ordinateur, CAO
C 914	computer-aided engineering, CAE	rechnergestütztes Engineering n	ingénierie f assistée par ordinateur, IAO
	computer-aided manufacturing	s. C 919	
C 915	computer aided modelling (CAM)	rechnergestützte Modellierung f	modélisation f assistée par ordinateur
C 916	computer-aided optimization	rechnergestützte Optimierung f	optimisation f assistée par ordinateur
C 917	computer-aided planning	rechnergestützte Planung f	planification f assistée par ordinateur
C 918	computer-aided testing, CAT	rechnergestützte Prüfung f	test m assisté par ordinateur
	computer-assisted	s. C 911	
C 919	computer-assisted manufacturing, computer-aided manufacturing, CAM	rechnergestützte Fertigung f	fabrication f assistée par ordinateur, FAO
C 920	computer-assisted programming	rechnergestützte Programmierung f	programmation f assistée par ordinateur, PAO
C 921	computer-assisted translation, CAT	rechnergestützte Übersetzung f	traduction f assistée par ordinateur, TAO
	computer-based	s. C 911	
C 922	computer-based directory number allocation, computer-based DN allocation	rechnergestützte Rufnummernzuordnung f	allocation f de numéros d'abonné assistée par ordinateur, allocation NA assistée par ordinateur
	computer communication network (system)	s. C 929	
C 923	computer communications network	Rechnerverbundnetz n	réseau n de communications entre ordinateurs
C 924	computer communication system	Computer-Kommunikationssystem n	système m informatique de communication
C 925	computer-controlled	rechnergesteuert	commandé par ordinateur
C 926	computer-independent	rechnerunabhängig	non tributaire d'un ordinateur en particulier
	computerized PABX	s. C 927	
C 927	computerized telephone switchboard, computerized PABX	rechnergesteuerte Fernsprechenbenstellenanlage f	autocommutateur m téléphonique privé commandé par ordinateur
C 928	computer language, machine language	Maschinensprache f	langage m machine
C 929	computer network, computer communication system, computer communication network	Rechnernetz n, Rechnerverbund m, Computernetz n	réseau m d'ordinateurs, réseau téléinformatique, réseau informatique, réseau de communication entre ordinateurs
C 930	computer science	Informatik f	informatique f
C 931	computer science	elektronische Rechentechnik f	ordinatique f
C 932	computer simulation	Rechnersimulation f, rechnergestützte Simulation f	simulation f sur ordinateur
C 933	computer simulation of semiconductor devices	Rechnersimulation f von Halbleiterelementen	simulation f sur calculateur de dispositifs semi-conducteurs
C 934	concatenated code	verketteter Code m	code m concaténé
C 935	concatenation	Verkettung f, Verketten n	concaténation f
C 936	concealed error	verdeckter Fehler m	erreur f masquée
C 937	concealed wiring	Unterputzverlegung f, verdeckte Leitungsführung f	fils mpl dissimulés

C 938	concentrator	Konzentrator m, Wählsterneinrichtung f, Leitungsdurchschalter m	concentrateur m, concentrateur d'abonnés, concentrateur de lignes [d'abonné]
C 939	concentrator stage	Konzentrationsstufe f	étage m de concentration
	concurrency	s. A 55	
C 940	concurrent, simultaneous	gleichzeitig	simultané
	concurrent operation	s. C 941	
C 941	concurrent working, concurrent operation, simultaneous operation	Simultanbetrieb m, Simultanverarbeitung f, gleichzeitige Verarbeitung f	exploitation f en simultanéité, fonctionnement m simultané, en simultané
C 942	conditions of measurement	Meßbedingungen fpl	conditions fpl de mesure
C 943	conductance	Leitwert m, Wirkleitwert m	conductance f
C 944	conducted interference	leitungsgebundene Störung f	brouillage m par conduction
C 945	conducting wire, wire conductor	Leitungsdraht m	fil m conducteur
C 946	conduction band	Leitungsband n	bande f de conduction
C 947	conduction current	Leitungsstrom m	courant m de conduction
C 948	conductivity	Leitfähigkeit f	conductivité f
C 949	conductor	Leiter m	conducteur m
	conductor line	s. I 396	
C 950	conductor paste	Leitpaste f	pâte f conductrice
C 951	conduit cable, duct cable	Röhrenkabel n	câble m en canalisation
	conference call	s. C 953	
C 952	conference circuit	Konferenzleitung f, Konferenzverbindung f	circuit m de conférence
C 953	conference communication, conference call	Konferenzgespräch n	communication f conférence, conférence f téléphonique, téléréunion f
C 954	conference (conferencing) service	Konferenzschaltung f	service m de conférence
C 955	confidence coefficient, confidence level	Aussagewahrscheinlichkeit f	niveau m de confiance
C 956	confidence interval	Vertrauensintervall	intervalle m de confiance
	confidence level	s. C 955	
C 957	confidence limit	Vertrauensgrenze f	limite f de confiance
C 958	configuration	Konfiguration f, Anordnung f, Gestaltung f	configuration f, composition f
C 959	confirmation signal	Bestätigungszeichen n	signal m de confirmation
C 960	conformance clause	Konformitätsklausel f	clause f de conformité
C 961	conformance testing	Konformitätsprüfung f	essai m de conformité, verification f de la conformité
C 962	congestion	Gassenbesetztzustand m, Wegebesetztzustand m, Überlast[ung] f	encombrement m
C 963	congestion signal	Gassenbesetztzeichen n	signal m d'encombrement
C 964	congestion tone, CT	Gassenbesetztton m	tonalité f d'encombrement
C 965	conical antenna	Konusantenne f	antenne f monocône, antenne conique
C 966	conical horn	Kegelhorn n, Konushorn n	cornet m conique
C 967	conical scanning	Kegelabsuchen n	exploration f conique
C 968	conjugate impedances	konjugiert komplexe Scheinwiderstände mpl (Impedanzen fpl)	impédances fpl [imaginaires] conjuguées
C 969	connected-digit recognition	Ziffernfolgeerkennung f	reconnaissance f d'une suite de chiffres
C 970	connecting box	Verbindungsdose f, Anschlußdose f	boîte f de raccordement
C 971	connecting cable	Anschlußkabel n, Verbindungskabel n	câble m de connexion
C 972	connecting circuit	Verbindungsstromkreis m, Anschaltestromkreis m	circuit m de connexion
	connecting matrix	s. S 1471	
	connecting network	s. S 1472	
C 973	connecting stage	Verbindungsstufe f, Koppelstufe f	étage m de connexion
C 974	connection	Verbindung f (elektrisch)	raccordement m, connexion f
C 975	connection (for the transfer of informations)	Verbindung f	connexion f, chaîne f de connexion
C 976	connection block	Anschlußblock m, Anschlußleiste f	bloc m de connexion, bloc de raccordement
C 977	connection box	Klemmenkasten m, Klemmdose f	boîtier m de connexion
C 978	connection diagram	Verbindungsschema n, Schaltplan m	schéma m de câblage, schéma de montage
C 979	connection in progress	Verbindung f im Aufbau	communication f en cours d'établissement
C 980	connection network	Anschlußnetz n	réseau m de connexion, réseau de raccordement
C 981	connection point	Anschaltepunkt m, Anschlußpunkt m, Verbindungspunkt m	point m de connexion (raccordement), connecteur m
C 982	connection time	Anschaltezeit f, Einschaltzeit f	temps m d'établissement, temps d'utilisation, heure f d'établissement
C 983	connection time	Ausführungszeit f einer Verbindung	temps m d'établissement d'une communication
	connection to earth	s. E 18	

C 984	connectivity list	Verbindungsliste f, Zuordnungsliste f	liste f d'interconnexions
C 985	connector	Steckverbinder m, Stecker m, Leitungswähler m (Vermittlungstechnik), Flansch m (Mikrowellen)	connecteur m, fiche f, prise f, sélecteur m final (commutation), bride f, bride de raccordement (microondes)
C 986	connector-compatible, plug-compatible, PC	steckerkompatibel	directement connectable
	connector for PC boards	s. P 734	
C 987	connect signal	Verbunden-Kennzeichen n	signal m de prise
C 988/9	connect through	Durchschaltung f	raccordement m direct
C 990	consistency check	Konsistenzprüfung f	contrôle m de cohérence
C 991	console	Konsole f, Pult n, Bedienungspult n	console f, pupitre m
	constant accessability	s. C 992	
C 992	constant availability, constant accessability	konstante Erreichbarkeit f	accessibilité f constante
C 993	constant current	Konstantstrom m	courant m constant
	constant current generator	s. C 994	
C 994	constant current source, constant current generator	Konstantstromquelle f	source f de courant constant, générateur m de courant constant
C 995	constant envelope	konstante Hüllkurve f (Einhüllende f)	enveloppe f constante
C 996	constant-envelope digital modulation	digitale Modulation f mit konstanter Hüllkurve	modulation f numérique à enveloppe constante
C 997	constant-envelope modulation	Modulation f mit konstanter Hüllkurve (Einhüllender, Amplitude)	modulation f à enveloppe constante, modulation f à amplitude constante
C 998	constant-envelope signal	Signal n mit konstanter Hüllkurve (Einhüllender)	signal m à enveloppe constante
C 999	constant K filter	Grundkettenfilter n, Konstant-K-Filter n	filtre m à K constant
	constant-voltage generator	s. C 1000	
C 1000	constant-voltage source, constant-voltage generator	Konstantspannungsquelle f, Konstantspannungsgeber m	source f de tension constante, générateur m de tension constante
	constant voltage unit	s. V 247	
	constant weight code	s. W 110	
C 1001	constituent	Bestandteil n	élément m constitutif
C 1002	construction fault	Konstruktionsfehler m	défaut m de construction
	construction of a cable	s. C 27	
C 1003	construction system	Bauweise f	mode m de construction
C 1004	constructor (data element)	Constructor m	constructeur m
C 1005	consultancy firm, consulting society	Consulting-Gesellschaft f	société f de conseil
	contact	s. 1. C 1007; 2. C 1017	
	contact area	s. C 1016	
C 1006	contact bounce	Kontaktprellen n	rebondissement m de contact
C 1007	contact element, contact	Kontaktelement n, Kontakt m	élément m de contact, contact m
C 1008	contact follow	Kontaktmitgang m, Mitgang m [der Kontaktfedern], Kontaktnachlauf m	accompagnement m
C 1009	contactless, non-contacting	kontaktlos	sans contact
C 1010	contact member, contact spring	Kontaktfeder f	lame f porte-contact, lame de contact, ressort m porte-contact
C 1011	contact noise	Kontaktgeräusch n	bruit m de contact, bruit de friture
C 1012	contact piston (plunger)	Kontaktkolben m	piston m à contact
C 1013	contact potential	Kontaktpotential n	potentiel m de contact
C 1014	contact pressure	Kontaktdruck m	pression f de contact
C 1015	contact resistivity	Kontaktwiderstand m	résistivité f de contact
	contact spring	s. C 1010	
C 1016	contact surface, contact area	Kontaktfläche f	surface f de contact
C 1017	contact unit, contact	Kontaktsatz m, Kontakt m	dispositif m de contact
C 1018	contact wear	Kontaktabnutzung f	usure f de contact
C 1019	containerized station	Containerstation f	station f en conteneur
C 1020	contamination	Verunreinigung f	contamination f
	contention method	s. C 1021	
C 1021	contention mode (technique), contention method	Konkurrenzverfahren n	méthode f par contention
C 1022	content portion	Inhaltsteil m	portion f de contenu
C 1023	continuity check, continuity test	Stetigkeitsprüfung f, Prüfung auf Stetigkeit, Kontinuitätsprüfung f, Durchgangsprüfung f	contrôle m de continuité, essai m de continuité
C 1024	continuity check tone	Durchgangsprüfungston m	tonalité f d'essai de continuité
C 1025	continuity failure	nicht erfolgreiche Durchgangsprüfung f	essai m de continuité négatif
C 1026	continuity-failure signal, CCF	Zeichen n für nicht erfolgreiche Durchgangsprüfung	signal m d'essai de continuité négatif, CCN
C 1027	continuity message	Durchgangsnachricht f	message m de continuité
C 1028	continuity signal	Durchgangszeichen n	signal m de continuité
	continuity test	s. C 1023	

continuous

C 1029	continuous connected word recognition	Erkennung f fließender Wortfolgen	reconnaissance f d'une suite de mots connectés
C 1030	continuous fabrication, continuous manufacture	kontinuierliche Herstellung f, kontinuierliche Fertigung f	fabrication f continue, fabrication en continu
C 1031	continuous load	Dauerlast f	charge f continue
C 1032	continuous loading	Krarupisieren n	charge f continue, krarupisation f
	continuously loaded cable	s. K 36	
C 1033	continuously manned (station)	ständig besetzt	à permanence de personnel
C 1034	continuously regulated	stetig geregelt	réglé continûment
C 1035	continuously tunable	kontinuierlich abstimmbar	continûment accordable
C 1036	continuously variable	stetig einstellbar, stufenlos einstellbar, kontinuierlich regelbar	continûment variable, continûment réglable
C 1037	continuously variable slope delta modulation	Deltamodulation f mit stetiger Steilheitsänderung	modulation f delta à pente continûment variable, MDPCV
	continuous manufacture	s. C 1030	
C 1038	continuous noise	Dauergeräusch n	bruit m continu
C 1039	continuous operation, continuous running, continuous service	Dauerbetrieb m	fonctionnement m continu, régime m continu, service m continu
C 1040	continuous phase frequency shift keying, CPFSK	phasenkontinuierliche Frequenzumtastung f, CPFSK	modulation f par déplacement de fréquence à phase continue, MDP sans discontinuité de phase
C 1041	continuous phase modulation, CPM	kontinuierliche Phasenmodulation f, CPM-Verfahren n, CPM	modulation f à phase continue, MPC, modulation sans discontinuité de phase
	continuous power supply	s. U 80	
C 1042	continuous radiated [transmitter] power	Dauerstrichstrahlungsleistung f, Dauerstrahlungsleistung f	puissance f continue émise (d'émission)
	continuous running	s. C 1039	
C 1043	continuous scanning	kontinuierliches Absuchen n	balayage m continu
	continuous service	s. C 1039	
C 1044	continuous signal	Dauerkennzeichen n, Zustandskennzeichen n, Dauerstrichsignal n	signal m continu
	continuous spectrum	s. F 266	
C 1045	continuous speech recognition	Erkennung f fließender Sprache	reconnaissance f de la parole continue
C 1046	continuous tuning receiver	durchstimmbarer Empfänger m, Empfänger mit kontinuierlicher Abstimmung	récepteur m à variation continue
C 1047	continuous wave, CW	Dauerstrich m, ungedämpfte Welle f	onde f entretenue (continue)
C 1048	continuous-wave operation, CW operation	Dauerstrichbetrieb m	régime m continu, fonctionnement m en continu, fonctionnement en onde entretenue
C 1049	continuous-wave power	Dauerstrichleistung f	puissance f en régime permanent
C 1050	continuous-wave radar, CW radar	Dauerstrichradar n	radar m à ondes entretenues, radar m continu, radar à ondes continues
C 1051	contradirectional	kontradirektional	contradirectionnel
C 1052	contradirectional interface	kontradirektionale Schnittstelle f	interface f contradirectionnelle
C 1053	contrast control	Kontrastregelung f	commande f de contraste
C 1054	control	Steuerung f, Kontrolle f, Führung f, Leitung f	commande f, contrôle m, direction f, conduite f
C 1055	control bit	Steuerbit n	bit m de commande
C 1056	control bus	Steuerbus m	bus m de commande
C 1057	control channel, set up channel (mobile radio service)	Organisationskanal m (beweglicher Funkdienst)	voie f de signalisation, voie balise, voie de veille, canal m d'organisation (service mobile de radiocommunications)
C 1058	control character, functional character	Steuerzeichen n	caractère m de commande, caractère de contrôle
C 1059	control circuit, control loop	Regelkreis m, Regelschleife f	circuit m de réglage, boucle f de régulation
C 1060	control circuit	Steuerkreis m, Steuerstromkreis m, Meldeleitung f	circuit m de commande, circuit de conversation
C 1061	control command, command	Steuerbefehl m, Kommando n	instruction f, commande f
C 1062	control desk	Steuerpult n	pupitre m de commande
C 1063	control direction	Steuerungsrichtung f	direction f de la commande
C 1064	control electronics, drive electronics	Ansteuerelektronik f, Ansteuerschaltung f	circuits mpl de commande
C 1065	control field	Steuerfeld n	zone f de commande
C 1066	control function	Steuerfunktion f, Steuerungsfunktion f	fonction f de commande
C 1067	control function repertoire	Steuerfunktionsvorrat m	répertoire m des fonctions de commande
C 1068	control grid	Steuergitter n	grille f de commande
C 1069	control key	Steuertaste f, Funktionstaste f	touche f de commande
C 1070	controlled slip	gesteuerter Schlupf m, gesteuerter Slip m	glissement m commandé

C 1071	controlled rerouting	gesteuerte Leitwegumlenkung f, gesteuerte Verkehrsrücklenkung f	retour m sous contrôle sur route normale
C 1072	control logic	Steuerlogik f	logique f de commande
	control loop	s. C 1059	
C 1073	control point (ionospheric propagation)	Kontrollpunkt m	point m directeur
C 1074	control procedure	Steuerungsverfahren n, Übermittlungsvorschrift f, Steuerprozedur f	procédure f de commande
C 1075	control range	Regelbereich m	plage f de réglage, plage de régulation, gamme f de réglage
C 1076	control signal	Steuersignal n	signal m de commande
C 1077	control signalling	Steuerzeichengabe f	signalisation f de commande
C 1078	control signalling code	Steuerzeichengabecode m	code m de signalisation de commande
C 1079	control station	Leitstation f	station f directrice
C 1080	control system	Steuersystem n	système m de commande
C 1081	control track	Steuerspur f	piste f d'asservissement
C 1082	control unit	Leitwerk n, Steuerwerk n (Rechner), Steuergerät n, Steuereinheit f	unité f de commande
C 1083	convection cooling	Konvektionskühlung f	refroidissement m par convection
C 1084	conventional degree of distortion	konventioneller Verzerrungsgrad m	degré m conventionel de distorsion
C 1085	conventional telephone signal	konventionelles Fernsprechzeichen n	signal m téléphonique conventionel
C 1086	convergence	Konvergenz f, Übereinstimmung f	convergence f
C 1087	conversation (telephony)	Gespräch n, Telefonat n	conversation f, dialogue m
	conversational mode	s. I 367	
	conversational terminal	s. I 369	
C 1088	conversation circuit	Sprechschaltung f	circuit m de conversation
	conversation time	s. D 912	
C 1089	conversation time limitation	Gesprächszeitbegrenzung f	limitation f de la durée de conversation
C 1090	conversion	Umsetzung f	conversion f
C 1091	conversion coefficient	Konversionsfaktor m	facteur m de conversion
C 1092	conversion conductance	Mischsteilheit f	pente f de conversion
C 1093	conversion efficiency (klystron)	Wirkungsgrad m	rendement m de conversion
C 1094	conversion loss	Umwandlungsdämpfung f	affaiblissement m de conversion
C 1095	conversion rule	Konversionsregel f	règle f de conversion
C 1096	convert/to	umsetzen	convertir, transformer
C 1097	converter	Umsetzer m, Konverter m	convertisseur m
	convolutional code	s. C 1099	
C 1098	convolutional coding	Faltungscodierung f	codage m convolutif
C 1099	convolution code, convolutional code	Faltungscode m	code m convolutif, code de convolution
C 1100	coordination area	Koordinierungsgebiet n	zone f de coordination
C 1101	coordination contour	Koordinierungskontur f	contour m de coordination
C 1102	coordination distance	Koordinierungsentfernung f, Koordinierungsabstand m	distance f de coordination
C 1103	coordination processor	Koordinationsprozessor m	processeur m de coordination
	CO/PBX line	s. C 370	
C 1104	coplanar	koplanar	coplanaire
C 1105	coplanar line	Koplanarleitung f	ligne f coplanaire
C 1106	coplanar resonator	Koplanarresonator m	résonateur m coplanaire
C 1107	coplanar waveguide	Koplanarwellenleitung f	guide d'onde coplanaire
C 1108	co-polarization pattern	Kopolarisationsdiagramm n	diagramme m copolaire, diagramme en polarisation directe
C 1109	copper-clad	kupferplattiert, kupferkaschiert (Leiterplatte)	recouvert de cuivre
C 1110	copper conductor	Kupferleiter m	conducteur m de cuivre
C 1111	copper loss	Kupferverlust m	perte f dans le cuivre
C 1112	copper-steel wire	Kupfer-Stahldraht m	fil m cuivre-acier
C 1113	copper wire pair	Kupferadernpaar n	paire f de cuivre, paire en fil de cuivre
C 1114	copper wire quad	Kupferadernvierer m	quarte f de cuivre, quarte en fil de cuivre
C 1115	coprocessor	Koprozessor m	coprocesseur m
	cordboard	s. S 1445	
C 1116	cord circuit	Schnurstromkreis m	cordon m de connexion, dicorde f
C 1117	cordless telephone, CT	schnurloses Telefon n, schnurloser Fernsprecher m	poste m téléphonique sans cordon, téléphone m sans cordon
C 1118	cordless telephony	schnurloses Fernsprechen n	téléphonie f sans cordon
C 1119	core	Seele f (Kabel), Kern m (LWL, Spule)	âme f (câble), noyau m (bobine), cœur m (fibre optique)
	coreless coil	s. A 297	
C 1120	core loss[es]	Eisenverluste mpl	perte f dans le fer (noyau)
C 1121	core memory, magnetic core memory	Kernspeicher m, Magnetkernspeicher m	mémoire f à tores magnétiques
C 1122	core-type transformer	Kerntransformator m	transformateur m à noyau

C 1123	corner antenna, corner reflector antenna	Winkelreflektorantenne f	antenne f en dièdre
C 1124	corner reflector	Winkelreflektor m	réflecteur m en coin
	corner reflector antenna	s. C 1123	
C 1125	corona [effect]	Koronaeffekt m	effet m couronne
C 1126	corrected [radio] bearing	berichtigte (korrigierte) Funkpeilung f, korrigierte Peilung f	relèvement m radiogoniométrique corrigé, relèvement corrigé
C 1127	corrected reference equivalent, CRE	korrigierte Bezugsdämpfung f	équivalent m de référence corrigé, ERC
C 1128	correcting signal	Korrekturzeichen n	signal m de correction
C 1129	correction curve, direction finder correction curve	Funkbeschickungskurve f (Korrekturkurve eines Funkpeilers)	courbe f de correction [radiogoniométrique]
C 1130	correction through repetition	Berichtigung f durch Wiederholung, Korrektur f durch Wiederholung	correction f par répétition
	corrective maintenance	s. R 559	
C 1131	correlation	Korrelation f	corrélation f
C 1132	correlation coefficient	Korrelationskoeffizient m, Korrelationsfaktor m	coefficient m de corrélation
C 1133	correlation detector	Korrelationsdetektor m	détecteur m de corrélation
C 1134	correlation measurement	Korrelationsmessung f, Messung f der Korrelation	mesure f de corrélation
C 1135	correlation receiver	Korrelationsempfänger m	récepteur m à corrélation
C 1136	correlation spectrum	Korrelationsspektrum n	spectre m de corrélation
C 1137	correlatively coded	korrelationscodiert	codé par corrélation
C 1138	corrugated horn	Rillenhorn n	cornet m annelé
C 1139	corrugated waveguide	Rillenwellenleiter m, Rillenhohlleiter	guide m d'onde annelé
C 1139a	cosecant-squared antenna	$cosec^2$-Antenne f	antenne f en cosécante-carré
C 1140	cosecant-squared beam	$cosec^2$-Bündel n, Kosekans-Quadrat-Bündel n	faisceau m à cosécante carrée
C 1141	cosecant-squared pattern, $cosec^2$ pattern	$cosec^2$-Charakteristik f, Kosekansdiagramm n	diagramme m en cosécante-carré
C 1142	cosmic noise, extra-terrestrial noise	kosmisches Rauschen n	bruit m cosmique, bruit m extra-terrestre (déconseillé)
C 1143	cost advantages	ökonomischer Nutzen m, ökonomischer Vorteil m	intérêt m économique
C 1144	Costas loop	Costas-Schleife f	boucle f de Costas
C 1145	Costas-loop demodulator	Costas-Schleifen-Demodulator m, Costas-Loop-Demodulator m	démodulateur m à boucle de Costas
C 1146	cost-effective constituents	kostengünstige Komponenten fpl	composants mpl de coût modéré
	COT	s. C 587	
	CO trunk	s. C 370	
C 1147	counted measurand, metered measurand	Zählwert m	mesure f de comptage
C 1148	counter	Zähler m, Zählwerk n	compteur m
	counter-clockwise elliptically polarized wave	s. L 89	
	counter-clockwise polarization	s. L 90	
C 1149	counterelectromotive force, counter emf	gegenelektromotorische Kraft f, Gegen-EMK f	force f contre-électromotrice, fcém
C 1150	counterelectromotive force cell, counter E.M.F. cell, counter emf cell	Gegenzelle f	élément m de force contre-électromotrice
	counter emf	s. C 1149	
	counter E.M.F. (emf) cell	s. C 1150	
C 1151	counterpoise	Gegengewicht n (Antenne), künstliche Erde f	contrepoids m
C 1152	country code, telephone country code, TCC	Landeskennzahl f, Telefon-Landeskennzahl f	indicatif m de pays
C 1153	country of destination	Bestimmungsland n, Zielland n	pays m de destination
C 1154	country of origin	Ursprungsland n	pays m d'origine
C 1155	coupled cavity	gekoppelter Hohlraum[resonator] m	cavité f couplée
C 1156	coupled reperforator and tape reader, fully automatic reperforator transmitter distributor, FRXD	vollautomatischer Lochstreifensender m	réémetteur m à bande perforée à lecture complète, réémetteur FRXD
C 1157	coupler, coupling element	Koppler m	coupleur m
C 1158	coupler-splitter	Verzweigungskoppler m	coupleur-dérivateur m
C 1159	coupling	Kopplung f	couplage m
C 1160	coupling aperture	Kopplungsfenster n	fenêtre f de couplage
C 1161	coupling attenuation, coupling loss	Koppeldämpfung f, Kopplungsdämpfung f, Koppelverluste mpl	affaiblissement m de couplage, perte f de couplage, perte au couplage
C 1162	coupling capacitance	Koppelkapazität f	capacité f de couplage
C 1163	coupling capacitor	Koppelkondensator m	condensateur m de couplage
C 1164	coupling coefficient, coupling factor	Koppelfaktor m, Kopplungsfaktor m	facteur m de couplage, coefficient m de couplage
C 1165	coupling coil	Kopplungsspule f, Koppelspule f	bobine f de couplage
C 1166	coupling efficiency	Koppelwirkungsgrad m	efficacité f de couplage, rendement m de couplage
	coupling element	s. C 1157	

	coupling factor	s. C 1164	
C 1167	coupling hole	Koppelloch n	trou m de couplage, orifice m de couplage
C 1168	coupling loop	Kopplungsschleife f, Koppelschleife f	boucle f de couplage, spire f de couplage
	coupling loss	s. C 1161	
C 1169	coupling network	Koppelnetzwerk n	réseau m de couplage
C 1170	coupling transformer	Kopplungsübertrager m, Koppeltransformator m	transformateur m de couplage
C 1171	course indicating beacon	Kursfunkfeuer n	radiophare m d'alignement
	COV	s. C 389	
C 1172	covariance	Kovarianz f	covariance f
C 1173	cover	Schutzhaube f, Kappe f, Abdeckung f, Verkleidung f	carter m, capot m, couvercle m
C 1174	coverage	Bedeckung f, Überdeckung f	couverture f
C 1175	coverage (transmitter)	Versorgung f, Reichweite f	couverture f
C 1176	coverage area	Ausleuchtgebiet n, Abdeckungsgebiet n	zone f de couverture, couverture f, zone f desservie
C 1177	coverage area (for the broadcasting satellite service)	Ausleuchtzone f (für den Satelliten-Rundfunkdienst)	zone f de couverture (pour le service de radiodiffusion par satellite)
	coverage	s. a. R 241	
	coverage area	s. S 353	
C 1178	coverage diagram (radar)	Erfassungsdiagramm n	diagramme m de couverture
C 1179	covered range	überstrichener Bereich m, überdeckter Bereich	plage f couverte, gamme f couverte
	CP	s. C 194	
	CPFSK	s. C 1040	
	CPM	s. C 1041	
	cps	s. C 475	
	CPSK	s. C 729	
	CPU	s. C 371	
	CR	s. C 251	
C 1180	cradle	Gabel f (Fernsprecher)	fourchette f, support m
C 1181	cradle contact	Gabelkontakt m	contact m de fourchette
	cradle switch	s. R 332	
	CRC	s. C 1289	
	CRDF	s. C 327	
	CRE	s. C 1127	
C 1182	credential (electronic messaging)	Paßwort n	mot m de passe
C 1183	credit card	Kreditkarte f	carte f de crédit
C 1184	credit card call[ing]	Kreditkartenanruf m, Kreditkartengespräch n	appel m à carte de crédit, communication f sur carte de crédit
C 1185	crimping tool	Quetschwerkzeug n, Crimpzange f	pince f à sertir
C 1186	crimp-type joint	Quetschverbindung f	raccordement m serti
C 1187	criterion of optimization	Optimierungskriterium n	critère m d'optimisation
C 1188	critical coupling	kritische Kopplung f	couplage m critique
C 1189	critical distance	kritische Entfernung f	distance f critique
C 1190	critical frequency	kritische Frequenz f, Grenzfrequenz f	fréquence f critique
C 1191	critical length	kritische Länge f	longueur f critique
C 1192	critical wavelength	kritische Wellenlänge f	longueur f d'onde critique
	CRO	s. C 328	
C 1193	crossbar [automatic] exchange equipment	Koordinatenschalter-Vermittlung[seinrichtung] f	autocommutateur m «crossbar»
C 1194	crossbar switch	Koordinatenschalter m	commutateur m crossbar, commutateur à barres croisées
C 1195	crossbar switching system	Koordinatenschalter-Vermittlungssystem n	système m de commutation «crossbar»
C 1196	crossbar system	Koordinatenschaltersystem n, Crossbar-System n	système m automatique «crossbar»
C 1197	crossbar telephone exchange	Koordinatenschalter-Fernsprechvermittlung f	autocommutateur m téléphonique du type crossbar
	crossbar transformer	s. B 100	
C 1198	cross-continent radio relay link	transkontinentale Richtfunkverbindung f	liaison f hertzienne transcontinentale
C 1199	cross correlation	Kreuzkorrelation f	intercorrélation f
C 1200	cross correlator	Kreuzkorrelator m	intercorrélateur m
C 1201	crossed-loop direction finder, Bellini-Tosi direction finder	Kreuzrahmenpeiler m, Goniometerpeiler m	radiogoniomètre m à cadres croisés
C 1202	crossing	Kreuzung f, Überquerung f	croisement m, traversée f
C 1203	crossing interconnection [line]	gekreuzte Leiterbahn f	ligne f d'interconnexion croisée
C 1204	crossing lines	kreuzende Leitungen fpl	lignes fpl se croisant
C 1205	crossing point	Kreuzungspunkt m	point m de croisement
C 1206	cross modulation	Kreuzmodulation f	transmodulation f, intermodulation f, cross-modulation f
C 1207	cross-office check	Vermittlungsstellen-Durchgangsprüfung f	contrôle m de continuité à travers un commutateur, contrôle de continuité dans un central

C 1208	cross-office transfer time	übergreifende Transferzeit f	temps m de traversée d'un commutateur
C 1209	crossover [of two lines]	Leitunskreuzung f, Überkreuzung f	croisement m de deux lignes
C 1210	crosspoint, XPT	Koppelpunkt m, Kreuzpunkt m	point m de commutation, point de connexion (croisement)
C 1211	cross polarization	Kreuzpolarisation f	transpolarisation f, contrapolarisation f, polarisation f orthogonale
C 1212	cross-polarization pattern	Kreuzpolarisationsdiagramm n	diagramme m en polarisation croisée, diagramme contrapolaire
C 1213	crosstalk	Nebensprecher n	diaphonie f
C 1214	crosstalk attenuation	Nebensprechdämpfung f, Nebensprechdämpfungsmaß n	affaiblissement m diaphonique, atténuation f de diaphonie
C 1215	crosstalk coupling loss	Kopplungsdämpfungsmaß n, Nebensprechkopplungsdämpfung f	affaiblissement m diaphonique de couplage
C 1216	crosstalk measurement	Nebensprechmessung f	mesure f de la diaphonie
	CRT	s. C 329	
	CRT printer	s. C 332	
	CRT terminal	s. C 330	
C 1217	crushing strength	Druckfestigkeit f	résistance f à la compression
C 1218	cryptographic technique	Verschlüsselungstechnik f	méthode f de cryptographie
C 1219	cryptography	Kryptographie f	cryptographie f
C 1220	cryptosystem	Verschlüsselungssystem n	système m de cryptographie, système cryptographique
C 1221	crystal, quartz crystal, quartz	Quarz m, Schwingquarz m	quartz m
C 1222	crystal ageing	Quarzalterung f	vieillissement m des quartz
C 1223	crystal control, crystal drive	Quarzsteuerung f	commande f par quartz
C 1224	crystal-controlled, quartz crystal-controlled	quarzgesteuert	piloté par quartz
C 1225	crystal-controlled oscillator, quartz crystal-controlled oscillator	quarzgesteuerter Oszillator m	oscillateur m à quartz, générateur m avec pilotage par quartz, générateur à commande par quartz
	crystal drive	s. C 1223	
C 1226	crystal filter	Quarzfilter n	filtre m à quartz
C 1227	crystal lattice	Kristallgitter n	réseau m cristallin, maille f cristalline
C 1228	crystalline	kristallin[isch]	cristallin
C 1229	crystalline structure	kristallines Gefüge n	structure f cristalline
C 1230	crystallization-free	kristallisationsfrei	exempt de cristallisation
C 1231	crystal oscillator	Quarzoszillator m	oscillateur m à quartz
C 1232	crystal oven	Quarzthermostat m	thermostat m à quartz
C 1233	crystal-stabilized	quarzstabilisiert	stabilisé par quartz
C 1234	crystal structure	Kristallstruktur f	structure f cristalline
	CS	s. C 517	
	CSDN	s. C 557	
	CSMA	s. C 293	
	CSPDN	s. C 560	
	CSSB modulation	s. C 874	
	CSW	s. C 442	
	CT	s. 1. C 964; 2. C 1117	
	CTD	s. C 490	
	CTM	s. C 610	
	CTS	s. C 604	
C 1235	cumulative distortion	kumulative Verzerrung f	distorsion f cumulative
C 1236	cumulative distribution	Summenverteilung f	distribution f cumulative
C 1237	curbed modulation	Curbing-Modulation f	modulation f fragmentée
	current amplification	s. C 1244	
C 1238	current consumption, current drain	Stromverbrauch m	consommation f de courant
C 1239	current density	Stromdichte f	densité f de courant
C 1240	current direction	Stromrichtung f	direction f de courant, sens m de courant
C 1241	current distribution	Stromverteilung f	distribution f de courant
	current drain	s. C 1238	
C 1242	current feedback	Stromgegenkopplung f	rétroaction f de courant
C 1243	current-feedback amplifier	Verstärker m mit Stromgegenkopplung, stromgegengekoppelter Verstärker m	amplificateur m à rétroaction de courant
C 1244	current gain, current amplification	Stromverstärkung f	gain m en courant, amplification f de courant
C 1245	current gain factor	Stromverstärkungsfaktor m	facteur m d'amplification en courant
C 1246	current limitation	Strombegrenzung f	limitation f du courant
	current limit circuit	s. C 1247	
C 1247	current limiter, current limit circuit	Strombegrenzer m	circuit m de limitation en courant
C 1248	current limiting transistor	Strombegrenzungstransistor m	transistor m de limitation en courant
	current rating	s. R 256	
C 1249	current stabilizing circuit	Stromkonstanthalter m, Stromstabilisator m	circuit m stabilisateur de courant
C 1250	current-voltage characteristic, voltage to current characteristic, I–V characteristics	Strom-Spannungs-Kennlinie f	caractéristique f courant-tension

C 1251	cursor	Zeiger *m*, Schreibmarke *f*, Peilzeiger *m (Radar)*, Eingabezeiger *m*, Cursor *m*	curseur *m*
	curvature radius	s. B 232	
C 1252	curved trajectory	gekrümmte Bahn *f*	trajectoire *f* courbe
C 1253	curved waveguide	gekrümmter Wellenleiter *m*	guide *m* d'onde courbe, guide d'onde coudé
C 1254	custom application	Kundenanwendung *f*, Kundeneinsatz *m*, Kundenapplikation *f*	application *f* personnalisée, application à la demande, application client
	custom-build	s. C 1267	
C 1255	custom chip	Kundenchip *m*	puce *f* personnalisée
C 1256	custom[-design] circuit, custom IC	Kundenschaltung *f*, Kundenschaltkreis *m*, kundenspezifizierte (kundenspezifische) integrierte Schaltung *f*	circuit *m* personnalisé, circuit à la demande du client, circuit client, circuit à la demande, circuit sur mesure, CI *m* à la demande
	custom-designed	s. C 1267	
	customer access	s. U 155	
	customer dialled call	s. S 1317	
	customer-dialled toll call	s. S 1318	
C 1257	customer engineer	Kundendiensttechniker *m*	technicien *m* de maintenance
C 1258	customer engineering	technische Kundenberatung *f*	assistance *f* technique à la clientèle
C 1259	customer equipment	Kundengerät *n*, Teilnehmergerät *n*	matériel *m* d'abonné
C 1260	customer interface	Anwenderschnittstelle *f*	interface *f* utilisateur
	customer line	s. 1. A 57; 2. S 1332	
	customer loop	s. S 1332	
C 1261	customer-owned equipment	kundeneigenes Gerät *n*, teilnehmereigenes Gerät *n*	équipement *m* appartenant à l'abonné
	customer product service	s. A 272	
C 1262	customer service	Kundendienst *m*	service *m* à la clientèle
C 1263	customer signalling	Teilnehmerzeichengabe *f*	signalisation *f* d'abonné
C 1264	customer terminal, subscriber's terminal	Teilnehmerendgerät *n*	terminal *m* d'abonné, équipement *m* d'abonné
	custom IC	s. C 1256	
C 1265	customizable	ausführbar nach Kundenwunsch, anpaßbar an Kundenforderung	personnalisé
C 1266	customization	Kundenanpassung *f*	personnalisation *f*
C 1267	customized, custom-made, custom-build, custom-designed	anwendergerecht, entsprechend Kundenwunsch (Kundenforderung), kundenangepaßt	personnalisé, adapté aux besoins de l'utilisateur
C 1268	customized microprocessor	Kundenschaltungsmikroprozessor *m*	microprocesseur *m* personnalisé
C 1269	custom LSI chip	Kunden-LSI-Chip *m*	puce *f* LSI personnalisée, puce LSI conçue à la demande
C 1270	custom LSI circuit	LSI-Kundenschaltung *f*, LSI-Kundenschaltkreis *m*	circuit *m* LSI à la demande, circuit LSI personnalisé
	custom-made	s. C 1267	
C 1271	custom telecommunications VLSI circuit	VLSI-Kundenschaltkreis *m* für die Telekommunikation, nachrichtenspezifischer VLSI-Schaltkreis *m*	circuit *m* VLSI sur mesure pour les télécommunications
C 1272	custom VLSI chip	VLSI-Kundenchip *m*	puce *f* VLSI sur mesure
C 1273	cut-in	Eintreten *n*	entrée *f* en tiers, intervention *f*
C 1274	cut-off	Trennung *f*, Unterbrechung *f*, Abschaltung *f*	coupure *f*, rupture *f*, mise *f* hors circuit
C 1275	cut-off bias	Sperrvorspannung *f*	polarisation *f* de blocage, polarisation de coupure
C 1276	cut-off button, cut-off key	Trenntaste *f*, Unterbrechungstaste *f*	bouton *m* de coupure, clé *f* de coupure
C 1277	cut-off frequency	Grenzfrequenz *f*, kritische Frequenz *f*	fréquence *f* de coupure
	cut-off frequency	s. a. B 110	
C 1278	cut-off jack	Trennklinke *f*	jack *m* de coupure
	cut-off key	s. C 1276	
C 1279	cut-off point	Grenzpunkt *m*	point *m* limite
C 1280	cut-off relay	Trennrelais *n*	relais *m* de coupure
C 1281	cut-off switch	Ausschalter *m*, Schalter *m*, Unterbrecher *m*	interrupteur *m*
C 1282	cut-off wavelength	Grenzwellenlänge *f*	longueur *f* d'onde de coupure
C 1283	cut-off wavelength measurement	Grenzwellenlängenmessung *f*	mesure *f* de la longueur d'onde de coupure
	C-V characteristic	s. C 222	
	CW	s. 1. C 624; 2. C 1047	
C 1284	C-wire	C-Draht *m*	fil *m* C
	CW operation	s. C 1048	
C 1285	CW radar	CW-Radar *n*	radar *m* à ondes entretenues
	CW radar	s. a. C 1050	
C 1286	cycle time	Zykluszeit *f*, Zyklusdauer *f*	durée *f* du cycle
C 1287	cyclic code	zyklischer Code *m*	code *m* cyclique
C 1288	cyclic distortion	zyklische Verzerrung *f*	distorsion *f* cyclique

C 1289	cyclic redundancy check, CRC	zyklische Redundanzprüfung f, zyklische Blockprüfung f, CRC-Prüfung f	contrôle m de redondance cyclique
C 1290	cyclinder dipole	Zylinderdipol m	doublet m cylindrique
C 1291	cylindrical array	Zylindergruppenantenne f	réseau m cylindrique d'antennes, antenne f [en] réseau cylindrique
C 1292	cylindrical parabolic antenna	Zylinderparabolantenne f	antenne f cylindre parabolique
C 1293	cylindrical waveguide	zylindrischer Wellenleiter m	guide m d'onde cylindrique
C 1294	cylindro-parabolic reflector	Zylinderparabolspiegel m	réflecteur m cylindre parabolique
C 1295	cymomotive force [of an antenna in a given direction]	zymomotorische Kraft f [einer Antenne in einer gegebenen Richtung]	force f cymomotrice [d'une antenne dans une direction donnée]

D

	3D	s. T 522	
	DA	s. 1. D 264; 2. D 313	
	D-A	s. D 535	
	DAA	s. D 588	
	DA conversion	s. D 534	
	DA converter	s. D 535	
	daily charge	s. D 126	
D 1	daisywheel printer	Typenraddrucker m, Typenraddruckwerk n	imprimante f à marguerite
	DAMA	s. 1. D 262; 2. D 265	
	DAMA equipment	s. D 266	
D 2	damage threshold	Zerstörungsschwelle f	seuil m de détérioration
D 3	damp/to, to attenuate	dämpfen	amortir, affaiblir
D 4	damped oscillation	gedämpfte Schwingung f	oscillation f amortie
D 5	damped wave	gedämpfte Welle f	onde f atténuée, onde amortie
D 6	damping reduction	Dämpfungsverminderung f	réduction f de l'amortissement
D 7	dark current	Dunkelstrom m	courant m d'obscurité
D 8	Darlington circuit	Darlingtonschaltung f	montage m Darlington
D 9	dash (Morse code)	Strich m (Morsealphabet)	trait m (code Morse)
D 10	dash signal	Strichsignal n	signal m trait
D 11	data	Daten pl	données fpl
D 12	data above voice, DAV	Datenübertragung f oberhalb des Sprachbandes	transmission f de données supravocale
D 13	data acquisition, data collection	Datenerfassung f	acquisition f de données, saisie f de données, recueil m de données, collecte f de données
D 14	data acquisition terminal	Datenerfassungsterminal n	terminal m d'acquisition de données
D 15	data alphabet	Datenalphabet n	alphabet m de données
D 16	data bank	Datenbank f	banque f de données
D 17	data base	Datenbasis f	base f de données
D 18	data-base management, DBM	Datenbankverwaltung f	gestion f de base de données
D 19	data-base management system, DBMS	Datenbankverwaltungssystem n	système m de gestion de base de données, SGBD
	data bits	s. I 184	
D 20	data block	Datenblock m	bloc m de données
	data burst	s. D 74	
D 21	data bus	Datenbus m	bus m de données, voie f omnibus de données
D 22	data carrier, data medium	Datenträger m, Informationsträger m	support m de données, support d'information, porteuse f de données
	data carrying channel	s. D 110	
D 23	data channel	Datenkanal m, Datenübertragungskanal m	voie f de données, canal m de [transmission de] données (satellite)
D 24	data checking	Datenprüfung f	vérification f de données
D 25	data circuit	Datenleitung f, Datenverbindung f	circuit m [de transmission] de données
D 26	data circuit-termination equipment, DCE, data communication equipment	Datenübertragungseinrichtung f, DÜE	équipement m de terminaison du circuit de données, ETCD, équipement m de transmission de données
D 27	data collection	Datensammlung f, Datensammeln n, Datenerfassung f	collecte f de données, saisie f de données
	data collection	s. a. D 13	
D 28	data collection satellite	Datenerfassungssatellit m	satellite m de collecte de données
D 29	data communication	Datenkommunikation f, Datenübermittlung f	communication f de données
	data communication equipment	s. D 26	
D 30	data communication network	Datenkommunikationsnetz n, Datenübermittlungsnetz n, Datennetz n	réseau m de communication de données

D 31	data communication processor, DCP, DCOM	Datenkommunikationsrechner m, Datenkommunikationsprozessor m	processeur m de communication des données, ordinateur m de transmission
D 32	data communication system	Datenübermittlungssystem n	système m de communication de données, système de transmission de données
D 33	data compression	Datenverdichtung f, Datenkompression f	compression f des données
D 34	data concentrator	Datenkonzentrator m	concentrateur m de données
D 35	data connection	Datenverbindung f	communication f de données
D 36	data country code, DCC	Landeskennzahl f (öffentliches Datennetz), Daten-Landeskennzahl f	indicatif m de pays pour la transmission de données, IPD
D 37	data demodulator	Datendemodulator m	démodulateur m de données
D 38	data description language, DDL	Datenbeschreibungssprache f	langage m de description de données
D 39	data display tube	Datenanzeigeröhre f, Datendisplayröhre f	tube m d'affichage de données
D 40	data element (document transfer)	Datenelement n	élément m de données
	data encipherment	s. D 42	
D 41	data encoding	Datencodierung f	codage m de données
D 42	data encryption, data encipherment	Datenverschlüsselung f	chiffrement m de données, chiffrage m de données
D 43	data encryption equipment (unit), data encryptor	Datenverschlüsselungsgerät n, Datenverschlüssler m	equipement m de chiffrement de données, unité f de chiffrement [de données]
D 44	data encryption standard, DES	Datenverschlüsselungsnorm f	norme f de chiffrement de données
	data encryptor	s. D 43	
D 45	data entry	Dateneingabe f	entrée f de données, saisie f de données
D 46	data entry terminal	Dateneingabe-Endgerät n	terminal m d'entrée de données
D 47	data field	Datenfeld n	zone f de données, champ m de données
D 48	data flow, data stream	Datenfluß m, Datenstrom m	flux m de données, flot m de données
D 49	data flow graph	Datenflußdiagramm n, Datenflußplan m	graphe m de fluence de données, GFD
D 50	data format	Datenformat n	structure f de données
D 51	datagram	Datagramm n	datagramme m
D 52	datagram delivery confirmation	Datagramm-Zustellbestätigung f	confirmation f de remise de datagramme
D 53	datagram nondelivery indication	Datagramm-Unzustellbarkeitsanzeige f	indication f de non-remise de datagramme
D 54	datagram packet switching	Datagramm-Paketvermittlung f	commutation f de paquets de type datagramme
D 55	datagram service	Datagramm-Dienst m	service m de datagramme, service datagramme
D 56	data highway	Datenbus m	bus m de données
D 57	data integrity	Datenintegrität f	intégrité f de données
D 58	data interchange	Datenaustausch m	échange m de données
D 59	data item	Datenelement n	donnée f élémentaire
D 60	data LAN, data local area network	lokales Datennetz n	réseau m local de communication de données, RLE pour données
D 61	data line	Datenleitung f	ligne f [de transmission] de données
D 62	data link	Datenübermittlungsabschnitt m, Datenverbindung f, Datenleitung f, Datenlink m	liaison f de [transmission de] données, liaison informatique
D 63	data link escape, DLE	Datenübertragungsumschaltung f	échappement m en transmission, DLE
D 64	data link layer	Übermittlungsschicht f, Sicherungsschicht f	couche f liaison de données
	data local area network	s. D 60	
D 65	data management	Datenverwaltung f	gestion f des données
	data medium	s. D 22	
D 66	data memory, data store	Datenspeicher m	mémoire f de données
D 67	data modem	Datenmodem m	modem m pour données
D 68	data monitor	Datenmonitor m	contrôleur m de données, moniteur m de données
	data movement	s. D 107	
D 69	data multiplexer	Datenmultiplexer m	multiplexeur m de données
D 70	data network	Datennetz n	réseau m de données
D 71	data network identification	Datennetzkennzeichnung f	identification f de réseau pour données
D 72	data network identification code, DNIC	Datennetzkennzahl f, Netzkennzahl f	code m d'identification de réseau pour données, CIRD
D 73	data output	Datenausgabe f, Datenausgang m (Gerät)	sortie f de données
D 74	data packet, data burst	Datenpaket n	paquet m de données
D 75	data path	Datenweg m, Datenpfad m	chemin m de données

data

D 76	data phase	Daten[übertragungs]phase f	phase f de [transmission de] données
D 77	data processing, DP	Datenverarbeitung f, Informatik f	traitement m de données, TD, informatique f
D 78	data processing equipment, DPE, computer	Datenverarbeitungssystem n	ordinateur m
D 79	data protection	Datenschutz m	protection f de données
D 80	data rate	Datenrate f, Datenübertragungsgeschwindigkeit f	débit m de données, débit d'information
D 81	data rate adaptation	Ratenanpassung f, Anpassung f der Datenraten	adaptation f des débits de données
D 82	data recording medium, storage medium	Datenspeichermedium n, Datenaufzeichnungsmedium n, Speichermedium n, Informationsträger m	support m d'information, support d'enregistrement
D 83	data reduction	Datenreduktion f	réduction f de données
D 84	data regenerator	Datenregenerator m	régénérateur m de données
D 85	data security	Datensicherung f, Datensicherheit f	sécurité f des données, sécurité de l'information, sécurité informatique
D 86	data services	Datendienste mpl	services mpl de données
D 87	data set	Datensatz m, Datenmodem m, Datenübertragungseinrichtung f	ensemble m de données, modem m, équipement m de terminaison de circuit de données, ETCD
D 88	data set ready, DSR	Betriebsbereitschft f (Modem)	modem m prêt
D 89	data sheet, specification sheet	Datenblatt n	fiche f technique, fiche f signalétique
D 90	data signal	Datensignal n	signal m de données
D 91	data signalling rate, equivalent bit rate	Übertragungsgeschwindigkeit f, Übertragungsrate f (Daten), Datenübertragungsgeschwindigkeit f	débit m binaire
D 92	data signalling rate selector	Schalter m für Übertragungsgeschwindigkeit	sélecteur m de débit binaire
D 93	data signal quality detection	Erkennen n der Datensignalqualität (Signalgüte)	détection f de la qualité du signal de données
D 94	data sink	Datensenke f	collecteur m de données, puits m de données
D 95	data source	Datenquelle f	source f de données
D 96	data station	Datenstation f	station f de données
D 97	data storage	Datenspeicherung f	stockage m de données
	data store	s. D 66	
	data stream	s. D 48	
D 98	data structure	Datenstruktur f	structure f de données
D 99	data switching	Datenvermittlung f	commutation f de données
D 100	data switching exchange, DSE	Datenvermittlungsstelle f, Datenvermittlung f	centre m de commutation de données
D 101	data switching system	Datenvermittlungssystem n	système m de commutation de données
	data teleprocessing	s. R 541	
D 102	data terminal	Datenendstelle f	terminal m [de transmission] de données, terminal informatique
D 103	data terminal equipment, DTE	Datenendeinrichtung f, DEE	équipement m terminal de traitement de données, ETTD, équipement terminal de données, ETD, équipement terminal de transmission de données, ETTD
D 104	data terminal ready, DTR	Endgerät n betriebsbereit, Datenendgerät n bereit	terminal m de données prêt, TDP
D 105	data throughput, data transfer rate	Datendurchsatz m, Datenrate f	débit m de transfert de données, débit m
D 106	data traffic	Datenverkehr m	trafic m de données
D 107	data transfer, data movement, information transfer	Datentransfer m, Datenübermittlung f, Informationsübermittlung f	transfert m de données, transfert d'information
D 108	data transfer rate, data transfer speed	Datentransfergeschwindigkeit f, Transfergeschwindigkeit f	rapidité f de transfert de données, débit m de transfert de données
	data transfer rate	s. a. D 105	
	data transfer speed	s. D 108	
D 109	data transmission	Datenübertragung f	transmission f de données
D 110	data transmission channel, data carrying channel	Datenübertragungskanal m	voie f de transmission de données
D 111	data transmission link	Datenübertragungsstrecke f	liaison f de transmission de données
D 112	data transmission network	Datenübertragungsnetz n	réseau m de transmission de données
D 113	data transmission rate (speed)	Datenübertragungsgeschwindigkeit f	vitesse f de transmission de données
D 114	data transmission system	Datenübertragungssystem n	système m de transmission de données
D 115	data-transparent	datentransparent	transparent aux données
D 116	data transport	Datentransport m	transport m de données

D 117	data under voice, DUV	Datenübertragung f unterhalb des Sprachbandes	transmission f de données infravocale
D 118	data user part, DUP	Daten[be]nutzerteil m, Datendienstbenutzerteil m, Anwenderteil m für Datenverbindungen (Datendienste)	sous-système m utilisateur données, SUD, SSUD
D 119	data user part handling time	Transferzeit f des Datenbenutzerteils	temps m de traitement pour le sous-système utilisateur données
D 120	datel service *(data telecommunications)*	Dateldienst m	service m datel
D 121	datex *(data exchange)*	Datex n	datex m
D 122	datex service	Datexdienst m	service m datex
D 123	datum point	Bezugspunkt m	point m de repère
D 124	daughterboard	Tochterbaugruppe f	carte-fille f
	DAV	s. D 12	
D 125	daylight propagation	Tagesausbreitung f	propagation f diurne
D 126	day rate, daily charge	Tagesgebühr f	tarif m de jour, taxe f journalière
D 127	day-to-day variation	tägliche Schwankung f	variation f journalière
	dB	s. D 158	
	3 dB bandwidth	s. T 520	
	3-dB coupler	s. T 521	
D 128	dBm *(decibel referred to 1 mW)*	dBm *(Dezibel bezogen auf 1 mW)*	dBm *(décibels rapportés à 1 mW)*
	DBM	s. D 18	
D 129	dB measuring set, dB meter	dB-Meßgerät n	décibelmètre m
	DBMS	s. D 19	
	DBS	s. D 590	
	DBS system	s. D 591	
D 130	dBW *(decibel referred to 1 W)*	dBW *(Dezibel bezogen auf 1 W)*	dBW *(décibel rapportés à 1 W)*
	DBX	s. D 492	
	DC	s. D 344	
D 131	d.c.-a.c. inverter [plant], inverter *(DC to AC)*, inverter unit, inverter power unit	Wechselrichter m	onduleur m
	DC amplifier	s. D 601	
	DCC	s. D 36	
	d.c. clamping	s. D 139	
	DC component	s. D 602	
	DC coupling	s. D 599	
D 132	d.c.-d.c. converter	Gleichspannungswandler m, Gleichstromwandler m, Gleichstromumrichter m	convertisseur m continu-continu
	DCE	s. D 26	
D 133	DCE clear indication	Auslösemeldung f, Auslösungsmeldung f der DÜE, DÜE-Auslösemeldung f	indication f de libération par l'ETCD
D 134	DCE controlled not ready	DÜE f nicht betriebsbereit	ETCD m non prêt commandé
D 135	DCE/DTE interface	DÜE/DEE-Schnittstelle f	interface f ETCD/ETTD
D 136	DCE uncontrolled not ready	DÜE f nicht betriebsfähig	ETCD m non prêt automatique
	DCFL	s. D 597	
	3-D circuit	s. T 523	
D 137	d.c. level	Gleichspannungspegel m, Gleichstrompegel m	niveau m en continu
	DCOM	s. D 31	
	DCP	s. D 31	
	DCPSK	s. D 405	
D 138	d.c. resistance	Gleichstromwiderstand m	résistance f en continu
D 139	d.c. restoration, d.c. clamping	Wiederherstellung f der Gleichstromkomponente	rétablissement m de composante continue, restitution f de composante continue
	DC signalling	s. D 603	
	DC supply	s. D 604	
	DCTL	s. D 598	
	DC voltage	s. D 607	
D 140	d. c. voltmeter	Gleichspannungsmesser m	voltmètre m continu
	DDD	s. A 902	
	DDD call	s. S 1318	
	DDD code	s. T 986	
	DDD network	s. D 613	
	DDD service	s. D 614	
	DDF	s. D 460	
	DDL	s. D 38	
	DDO	s. D 612	
	DDP	s. D 733	
D 141	deactivate/to	außer Betrieb setzen, abschalten	mettre hors service
D 142	deactivation, putting out of operation	Außerbetriebnahme f	mise f hors service
D 143	dead line	tote Leitung f, außer Betrieb befindliche Leitung	ligne f non alimentée

dead

	dead room	s. A 501	
D 144	dead sector	toter Winkel m	secteur m mort
	dead sector	s. a. C 607	
D 145	dead time	Totzeit f	temps m mort
D 146	debouncing	Entprellung f	antirebond m
D 147	debug/to	austesten	déboguer, mettre au point
D 148	debugging	Debugging n, Austesten n, Ausprüfung f, Fehlerbeseitigung f, Störbeseitigung f	débogage m, mise f au point
D 149	decade counter	Dekadenzähler m, dekadischer Zähler m	compteur m à décades
D 150	decametric range	Dekameterwellenbereich m, Kurzwellenbereich m	bande f des ondes décamétriques
D 151	decametric waves	Dekameterwellen fpl, Kurzwellen fpl	ondes fpl décamétriques
D 152	decay	Abklingen n, Ausschwingen n	amortissement m
D 153	decay time	Abklingzeit f, Abklingdauer f, Abfallzeit f	temps m de suppression, période f d'extinction, période transitoire finale
	decay time of a pulse	s. P 909	
D 154	Decca chain	Decca-Kette f	chaîne f Decca
D 155	Decca Navigator system	Decca-Navigator-System n	système m Decca Navigator
D 156	decentralized control	dezentrale Steuerung f	commande f décentralisée
D 157	decentralized control signalling	dezentrale Zeichengabe f, dezentrale Signalisierung f	signalisation f de commande décentralisée
D 158	decibel, dB	Dezibel n, dB	décibel m, dB
D 159	decibel meter	Dezibelmeßgerät n, in Dezibel anzeigender Pegelmesser m	décibelmètre m
D 160	decimal counter	Dezimalzähler m	compteur m décimal
D 161	decimal-to-binary conversion	Dezimal-Binär-Wandlung f	conversion f décimale/binaire
D 162	decimation	Dezimation f	décimation f
D 163	decimator	Dezimator m	décimateur m
	decimetric waves	s. U 13	
D 164	decineper, dN	Dezineper n, dN	décinéper m, dN
D 165	decipher/to, to decrypt	entschlüsseln, dechiffrieren	déchiffrer, décrypter
D 166	deciphering, decryption	Entschlüsselung f, Dechiffrierung f	déchiffrement m, décryptage m
D 167	decision amplitude	Entscheidungsamplitude f	amplitude f de décision
D 168	decision circuit	Entscheiderschaltung f, Entscheidungsschaltung f	circuit m de décision
	decision feedback equalization	s. Q 41	
D 169	decision feedback equalizing, DFE	Entzerrung f mit Entscheidungsrückführung	égalisation f avec rétroaction de décision, égalisation à décision réfléchie
D 170	decision feedback system	System n mit Entscheidungsrückmeldung	système m avec rétroaction de décision
D 171	decision instant [of a digital signal]	Entscheidungszeitpunkt m [eines Digitalsignals], Entscheidungsmoment m [eines Digitalsignals]	instant m de décision [d'un signal numérique]
D 172	decision theory	Entscheidungstheorie f	théorie f de la décision
D 173	decision threshold	Entscheidungsschwelle f	seuil m de décision
D 174	decision tree	Entscheidungsbaum m	arbre m de décision
D 175	decision value	Entscheidungswert m	valeur f de décision, amplitude f de décision
D 176	decode/to	decodieren	décoder
D 177	decoder	Decoder m, Decodierer m	décodeur m
D 178	decoding	Decodierung f, Decodieren n	décodage m
D 179	decoding circuit	Decodierungsschaltung f	circuit m décodeur
D 180	deconvolution	Entfaltung f	déconvolution f
D 181	decorrelating filter	Dekorrelationsfilter n	filtre m de décorrélation
D 182	decorrelation	Dekorrelation f	décorrélation f
D 183	decorrelation factor	Dekorrelationsfaktor m	facteur m de décorrélation
D 184	decorrelation time	Dekorrelationszeit f	temps m de décorrélation
D 185	decouple/to	entkoppeln	découpler
D 186	decoupling	Entkopplung f, Entkoppeln n	découplage m
D 187	decoupling capacitor	Entkopplungskondensator m	condensateur m de découplage
D 188	decoupling inductivity	Entkopplungsinduktivität f	inductance f de découplage
D 189	decoupling network	Entkopplungsschaltung f	réseau m de découplage, filtre m de découplage
D 190	decoupling resistor	Entkopplungswiderstand m	résistance f de découplage
	decoupling transformer	s. I 687	
D 191	decoy (radar)	Lockziel n, Täuschecho n, Täuschziel n (Radar)	leurre m (radar)
D 192	decrease of lifetime	Lebensdauerverkürzung f	réduction f de la durée de vie
D 193	decrement/to	dekrementieren	décrémenter, diminuer, faire regresser
D 194	decrement	Dekrement n	décrément m, diminution f
	decrypt/to	s. D 165	
	decryption	s. D 166	
D 195	dedicated	fest zugeordnet	affecté à demeure
	dedicated connection	s. P 766	

D 196	dedicated data line	Datenmietleitung f	ligne f louée pour données
	dedicated line	s. P 766	
D 197	dedicated network, specialized network	Sondernetz n	réseau m dédicacé, réseau spécialisé
D 198	de-emphasis	Deemphasis f, Nachentzerrung f, Deakzentuierung f, Deemphase f	désaccentuation f, désemphasage m
D 199	de-emphasis filter	Deemphasisfilter n	filtre m de désaccentuation
D 200	deep fading	tiefes Fading n, tiefer Schwund m	évanouissement m profond
	deep-sea cable	s. D 202	
D 201	deep-sea repeater, deep-water submerged repeater	Tiefseezwischenverstärker m	répéteur m de grand fond
D 202	deep-sea submarine cable, deep-sea cable, deep-water cable	Tiefseekabel n	câble m sous-marin de grand fond, câble de grand fond
D 203	deep-sea telephone cable	Tiefseefernsprechkabel n, Tiefseetelefonkabel n	câble m téléphonique de grand fond
D 204	deep space	ferner Weltraum m	espace m lointain
D 205	deep-space radar	Radar n für den fernen Weltraum	radar m pour l'espace lointain, système m de radiodétection pour l'espace lointain
	deep-water cable	s. D 202	
	deep-water submerged repeater	s. D 201	
D 206	defect	Defekt m, Schaden m, Fehler m	défaut m
D 207	defective	fehlerhaft, gestört	défectueux, en dérangement
D 208	defective restitution	mangelhafte Wiedergabe f	restitution f infidèle
D 209	deferred access	zurückgestellter Zugang m	accès m différé
D 210	deferred acknowledgment of receipt	zurückgestellte Empfangsbestätigung f	accusé m de réception différé
D 211	deferred delivery	verzögerte Auslieferung f	remise f différée
D 212	deferred delivery module	Modul n zur verzögerten Auslieferung	module m de remise différée
D 213	definition	Definition f, Auflösung f, Bildschärfe f	définition f, pouvoir m de résolution, netteté f d'image
	deflecting coil	s. D 216	
D 214	deflecting electrode	Ablenkelektrode f	électrode f de déviation
D 215	deflection	Ablenkung f	déflexion f, déport m
D 216	deflection coil, deflecting coil, deviation coil, deviation yoke	Ablenkspule f	déflecteur m, bobine f déflectrice, bobine de déviation
D 217	degenerate mode	Entartungsmodus m	mode m dégénéré
D 218	degradation	Degradation f, Herabsetzung f	dégradation f, fonctionnement m en mode dégradé
	degradation failure	s. D 852	
	degree of coupling	s. A 418	
D 219	degree of distortion in service	Betriebsverzerrungsgrad m	degré m de distorsion en service
D 220	degree of freedom	Freiheitsgrad m	degré m de liberté
D 221	degree of gross start-stop distortion	Gesamtbezugsverzerrungsgrad m	degré m de distorsion arythmique global
D 222	degree of individual distortion	individueller Verzerrungsgrad m	degré m de distorsion individuelle
D 223	degree of inherent distortion	Eigenverzerrungsgrad m	degré m de distorsion propre
D 224	degree of isochronous distortion	Isochronverzerrungsgrad m	degré m de distorsion isochrone
D 225	degree of overlapping	Überlappungsgrad m	coefficient m de chevauchement
D 226	degree of start-stop distortion	Start-Stopp-Verzerrungsgrad m, Bezugsverzerrungsgrad m	degré m de distorsion arythmique
D 227	de-icer (antenna)	Enteisungsgerät n, Enteisungsvorrichtung f	dégivreur m
D 228	de-icing sytem, anti-icing system	Enteisungssystem n	système m de dégivrage
D 229	dejitterize/to	entjittern, Jitter unterdrücken	supprimer la gigue
	DEL	s. D 247	
D 230	delay/to	verzögern	retarder, différer
D 231	delay	Verzögerung f, Wartezeit f, Laufzeit f	délai m, retard m, temporisation f, temps m de propagation
D 232	delay (delay to a suddenly applied sinusoidal voltage)	Verzögerungszeit f (bei Anschaltung einer Sinusspannung)	retard m (délai de réponse sinusoïdale)
D 233	delay (to a step-function exitation)	Einschwingverzögerung f (bei sprungförmigem Eingangssignal)	retard m (délai de réponse à un échelon)
D 234	delay call	Anruf m mit Wartezeit	communication f avec délai d'attente
	delay circuit	s. D 243	
D 235	delay distortion	Laufzeitverzerrung f	distorsion f de temps de propagation
	delayed AGC [circuit]	s. D 236	
D 236	delayed automatic gain control, delayed AGC, delayed AGC circuit	verzögerte automatische Verstärkungsregelung f, automatische Verstärkungsregelung mit verzögertem Einsatz	commande f automatique de gain à seuil
D 237	delayed delivery	verzögerte Weitersendung f	remise f différée
D 238	delayed encoding delta modulation	Deltamodulation f mit verzögerter Codierung	modulation f delta à codage retardé
D 239	delayed feedback	verzögerte Rückkopplung f	réaction f retardatrice

D 240	delayed replacement	verzögerter Austausch *m*, verzögerter Ersatz *m*	remplacement *m* retardé
D 241	delay equalizer, delay/frequency equalizer, group delay equalizer	Laufzeitentzerrer *m*, Gruppenlaufzeitentzerrer *m*	compensateur *m* de temps de propagation, réseau *m* correcteur de temps de propagation de groupe, correcteur *m* de temps [de propagation] de groupe
D 242	delay/frequency distortion, group-delay distortion, group-delay dispersion	Gruppenlaufzeitverzerrung *f*, Laufzeitverzerrung *f*	distorsion *f* de temps [de propagation] de groupe, distorsion *f* de retard de groupe, distorsion de la durée de propagation de groupe
	delay/frequency equalizer	s. 1. D 241; 2. G 180	
D 243	delay line, delay circuit, delay network	Verzögerungsleitung *f*, Laufzeitkette *f*	ligne *f* à (de) retard, quadripôle *m* de retard, structure *f* à retard
	delay mode [of] operation	s. D 244	
	delay network	s. D 243	
D 244	delay operation, delay mode [of] operation, delay working	Wartebetrieb *m*	mode *m* d'exploitation avec attente, exploitation *f* avec attente
D 245	delay time, propagation delay time, transit time	Verzögerungszeit *f*, Laufzeit *n*	temps *m* de retard, durée *f* de retard, temps de transit (propagation)
	delay time	s. a W 6	
	delay working	s. D 244	
D 246	delete/to	streichen, beseitigen	éliminer, supprimer, annuler
D 247	delete, DEL	Löschen *n*	suppression *f*, DEL
D 248	delete character	Löschzeichen *n*	caractère *m* de suppression
D 249	delimiter, separator, separator character	Trennzeichen *n*, Begrenzungssymbol *n*	séparateur *m*
D 250	delivered power	abgegebene Leistung *f*	puissance *f* fournie, puissance débitée
D 251	delivery confirmation	Zustellbestätigung *f*	confirmation *f* de remise
D 252	delivery length, supply length	Lieferlänge *f*	longueur *f* de livraison
D 253	delivery of telegram	Telegrammzustellung *f*	remise *f* de télégramme
D 254	delivery quality	Lieferqualität *f*	qualité *f* à la livraison
	delivery reel	s. S 444	
	Dellinger fade-out	s. R 99	
D 255	delta connection	Dreieckschaltungg *f*	montage *m* (connexion *f*) triangle
D 256	delta-encoded service channel	deltamodulierter Dienstkanal *m*	voie *f* de service à codage delta
D 257	delta-modulated signal	deltamoduliertes Signal *n*	signal *m* à modulation en delta
D 258	delta modulation, DM, ΔM	Deltamodulation *f*	modulation *f* delta, MΔ
D 259	delta modulator	Deltamodulator *m*	modulateur *m* delta
D 260	demagnetize/to	entmagnetisieren	démagnétiser, désaimanter
D 261	demagnetizing head	Entmagnetisierungskopf *m*	tête *f* de démagnétisation, tête de désaimantation
D 262	demand-assigned multiple access, DAMA	bedarfsgesteuerter Vielfachzugriff *m*, Vielfachzugang *m* nach Bedarf	accès *m* multiple à la demande
	demand-assigned SCPC system	s. D 263	
D 263	demand-assigned single channel per carrier system, demand-assigned SCPC system	SCPC-System *n* mit bedarfsorientierter Zuteilung	système *m* SCPC avec affectation à la demande
D 264	demand assignment, DA	bedarfsweise Zuweisung *f*, bedarfsorientierte Zuteilung *f*, Zuordnung *f* nach Bedarf	affectation *f* à la demande, AD, assignation *f* en fonction de la demande
D 265	demand assignment multiple access, DAMA	Mehrfachzugriff *m* mit bedarfsweiser Zuweisung, Mehrfachzugriff mit bedarfsorientierter Kanalzuteilung	accès *m* multiple avec assignation à la demande, AMAD
D 266	demand assignment multiple access equipment, DAMA equipment	Mehrfachzugriffseinrichtung *f* mit bedarfsorientierter (bedarfsweiser) Kanalzuteilung	équipement *m* d'accès multiple avec affectation à la demande
D 267	demand assignment signalling	Zeichengabe *f* mit Zuordnung nach Bedarf, Zeichengabe mit bedarfsweiser Zuweisung	signalisation *f* avec affectation à la demande, signalisation avec assignation en fonction de la demande
D 268	demand service, no-delay operation, no-delay working	Sofortverkehr *m*, Schnellverkehr *m*	exploitation *f* sans attente, service *m* rapide [manuel]
D 269	demand service	geforderter Dienst *m*	service *m* à la demande, service rapide
D 270	demand telecommunication service	geforderter Telekommunikationsdienst *m*	service *m* de télécommunications à la demande
D 271	democratic mutually synchronized network	demokratisches gegenseitig synchronisiertes Netz *n*	réseau *m* à synchronisation mutuelle démocratique
D 272	democratic network	demokratisches Netz *n*	réseau *m* démocratique
D 273	demodulate/to	demodulieren	démoduler
	demodulating stage	s. D 275	
D 274	demodulation	Demodulation *f*	démodulation *f*
D 275	demodulation stage, demodulating stage, demodulator stage	Demodulationsstufe *f*	étage *m* de démodulation
D 276	demodulator	Demodulator *m*	démodulateur *m*
D 277	demodulator output	Demodulatorausgang *m*	sortie *f* de démodulateur

	demodulator stage	s. D 275	
D 278	demountable, dismountable	demontierbar	démontable
	demountable connection	s. D 325	
	demountable coupling	s. D 325	
D 279	demultiplex/to	demultiplexieren	démultiplexer
D 280	demultiplexer, demux	Demultiplexer m, Demux m	démultiplexeur m, démux m
D 281	demultiplexing	Demultiplexieren n	démultiplexage m
	demux	s. D 280	
D 282	density	Dichte f, Schwärzungsdichte f	densité f
D 283	density of probability	Wahrscheinlichkeitsdichte f	densité f de probabilité
D 284	deny originating (origination)	abgehende Sperre f, Rufsperre f gehend	appel m de départ interdit
D 285	deny terminating	ankommende Sperre f, Rufsperre f kommend	appel m d'arrivée interdit
D 286	depacketize/to	depaketieren	dépaqueter
D 287	dependability	Funktionssicherheit f, Zuverlässigkeit f	sûreté f de fonctionnement, fiabilité f
	dependability	s. a R 514	
D 288	dependence of bandwidth	Bandbreitenabhängigkeit f	influence f de la largeur de bande, influence sur la largeur de bande
D 289	dependent exchange	Unteramt n, Teilamt n, Untervermittlungsstelle f, Teilvermittlungsstelle f	centre m local secondaire
	dependent repeater	s. R 545	
D 290	dependent repeater station	ferngespeiste Verstärkerstelle f	station f de répéteurs téléalimentée
D 291	depletion layer	Verarmungsschicht f, Sperrschicht f	couche f à [d']appauvrissement, couche de barrage
D 292	depletion mode FET, DFET	FET vom Verarmungstyp, DFET	TEC m à mode d'appauvrissement
D 293	depletion type	Verarmungstypus m	type m appauvrissement
D 294	depolarization	Depolarisation f	dépolarisation f
D 295	depolarization fading phenomenon	Depolarisationsschwunderscheinung f	phénomène m d'évanouissement par dépolarisation
D 296	depth of penetration, penetration depth	Eindringtiefe f	profondeur f de pénétration
	DEQAM	s. D 413	
D 297	derating	Unterlastung f	réduction f de la charge, derating m
D 298	derating factor	Unterlastungsfaktor m	coefficient m de réduction de charge
D 299	deregulation	Dereglementierung f	déréglementation f
D 300	derivable	ableitbar	dérivable
D 301	derivative	Differentialquotient m	dérivée f
D 302	derivative (mathematics)	Ableitung f	dérivée f
	DES	s. D 44	
D 303	desaturation	Entsättigung f	désaturation f
D 304	descrambler	Entwürfler m, Descrambler m	désembrouilleur m, débrouilleur m
D 305	descriptor	Beschreibungskennzeichen n, Deskriptor m	descripteur m
	deserializer	s. S 340	
	design	s. S 1260	
D 306	design aid	Entwurfshilfe f	aide f à la conception
D 307	designate/to	bezeichnen	désigner
D 308	designation strip	Bezeichnungsstreifen m	bande f de désignation, bande-étiquette f
D 309	design automation	Entwurfsautomatisierung f	automatisation f de la conception
D 310	designer	Entwurfsingenieur m, Entwerfer m	concepteur m
	desired signal	s. U 153	
D 311	desk set, table set	Tischapparat m	poste m de table, poste mobile
	desolder/to	s. U 110	
D 312	despotic [synchronized] network	zwangssynchronisiertes (zentral synchronisiertes) Netz n, Netz mit gerichteter Synchronisierung	réseau m à synchronisation despotique, réseau despotique
D 313	destination address, DA	Zieladresse f, Zielinformation f	adresse f de destination, adresse du destinataire, adresse de nœud de destination
	destination centre	s. T 383	
D 314	destination code	Zielcode m, Richtungscode m	code m de destination
D 315	destination country	Zielland n	pays m de destination
D 316	destination directory number	verlangte Rufnummer f	numéro m d'appel demandé
	destination exchange	s. T 383	
D 317	destination office	Zielamt n	central m d'arrivée
D 318	destination PDN	Ziel-PDN n	RPD m de destination
D 319	destination point	Zielpunkt m	point m de destination
D 320	destination point code, DPC	Ziel[punkt]adresse f, Zielpunktcode m, Zielcode m	code m du point de destination, CPD
D 321	destruction characteristic	Zerstörungskennlinie f	caractéristique f de destruction
	destructive reading	s. D 322	
D 322	destructive read-out, destructive reading	zerstörendes Lesen n	lecture f destructive

destructive 84

D 323	destructive test	nicht zerstörungsfreie Prüfung f	essai m destructif
D 324	detachable	abnehmbar, lösbar	amovible, détachable
D 325	detachable connection, demountable connection, demountable coupling	lösbare Verbindung f	connexion f détachable, jonction f démontable
D 326	detailed billing	detaillierte Gebührenberechnung f	facturation f détaillée
D 327	detailed registration *(telephone charge)*	Einzelgesprächserfassung f	comptage m détaillé
D 328	detect/to	entdecken, erfassen	détecter, déceler
D 329	detectability	Nachweisbarkeit f, Erkennbarkeit f, Auffindbarkeit f	détectabilité f
D 330	detection	Detektion f, Demodulation f, Erfassung f *(Radar)*	détection f, localisation f
D 331	detection limit	Nachweisgrenze f	limite f de détection
D 332	detection method	Detektionsverfahren n	procédé m de détection
D 333	detection probability	Entdeckungswahrscheinlichkeit f, Erfassungswahrscheinlichkeit f *(Radar)*	probabilité f de détection
D 334	detection range	Entdeckungsreichweite f, Erfassungsreichweite f *(Radar)*	portée f de détection, distance f de détection
D 335	detectivity	Nachweisfähigkeit f, Nachweisvermögen n	détectivité f
D 336	detector	Detektor m, Demodulator m	détecteur m
	deterministic failure	s. S 1553	
D 337	detuning	Verstimmung f, Verstimmen n	désaccord m
D 338	development	Entwicklung f	développement m, réalisation f, élaboration f
D 339	development engineer	Entwicklungsingenieur m	ingénieur m d'études
D 340	development system	Entwicklungssystem n	système m de développement
D 341	deviation	Abweichung f, Ablenkung f	déviation f, écart m
	deviation coil	s. D 216	
D 342	deviation ratio	Hubverhältnis n, Frequenzhubverhältnis n	rapport (facteur) m de déviation, excursion f relative
D 343	deviation sensitivity	Ablenkempfindlichkeit f	sensibilité f de déviation, sensibilité d'excursion
	deviation yoke	s. D 216	
D 344	device control, DC	Gerätesteuerung f	commande f dispositif, DC
D 345	device-dependent	geräteabhängig	tributaire du type d'unité
D 346	device-independent	geräteunabhängig	non tributaire du type d'unité
D 347	device-specific, equipment-specific	gerätespezifisch, gerätebezogen	propre à un matériel, propre à un appareil
	DF	s. 1. D 747; 2. R 94; 3. R 95	
	DFE	s. D 169	
	DFET	s. D 292	
	DFT	s. D 679	
D 348	diac *(diode alternating current switch)*	Diac m	diac m
D 349	diacritical sign	diakritisches Zeichen n	signe m diacritique
D 350	diagnosable	diagnostizierbar, durch Diagnose erkennbar	diagnosticable
D 351	diagnostic code	Diagnosecode m	code m de diagnostic
D 352	diagnostic program	Diagnoseprogramm n	programme m de diagnostic
D 353	diagnostic software	Diagnosesoftware f	logiciel m de diagnostic
D 354	diagnostic technique	Diagnosetechnik f	technique f de diagnostic
D 355	diagram/to	schematisch darstellen, als Schema zeichnen	représenter schématiquement
D 356	diagram, chart	Diagramm n	diagramme m, graphique m
D 357	dial/to *(telephone)*	wählen	numéroter, composer un numéro
D 358	dial	Wählerscheibe f, Wählscheibe f, Nummernschalter m, NS, Wähltasten fpl, Tastenfeld n	cadran m, cadran d'appel, clavier m
	dial	s. a. N 400	
	dial card	s. C 157	
	dial central office	s. A 860	
	dial exchange	s. A 860	
D 359	dial illumination	Skalenbeleuchtung f	éclairage m de cadran
	dial keypad	s. T 198	
D 360	dialled call	Wählverbindung f, durch Wählen hergestellte Verbindung f	communication f en service automatique
D 361	dialled number	gewählte Nummer f	numéro f composé
D 362	dialled number display	Anzeige f der gerufenen Nummer	module f d'affichage du numéro composé, affichage f du numéro composé
D 363	dialling, dial-up, pulsing	Wählen n, Wahl f	numérotation f, composition f d'un numéro, appel m par cadran
	dialling card	s. C 157	
D 364	dialling circuitry	Wählschaltung f	circuits mpl de numérotation
D 365	dialling error, misdialling	Wählfehler m, Verwählen n	erreur f de numérotation
D 366	dialling-in	Einwahl f, eingehende Fernwahl f	sélection f à l'arrivée

	dialling-in	s. a. O 180	
	dialling keypad	s. T 198	
D 367	dialling mistake probability	Falschwählwahrscheinlichkeit f	probabilité f d'erreur de numérotation
D 368	dialling procedure	Wählverfahren n	procédure f de numérotation
	dialling signal	s. P 971	
	dialling speed	s. D 376	
D 369	dialling time	Wähldauer f, Wählzeit f	durée f de numérotation
	dialling tone	s. D 381	
	dialog mode	s. I 367	
D 370	dialog[ue]	Dialog m	dialogue m
D 371	dialogue procedure	Dialogprozedur f	procédure f de dialogue
	dial pad	s. T 198	
D 372	dial pulse, DP	Wählimpuls m	impulsion f de numérotation, impulsion décimale, impulsion du cadran [d'appel]
D 373	dial pulse generator	Wahlimpulsgeber m	générateur m d'impulsions de numérotation
D 374	dial pulsing	Nummernschalterimpulswahl f	numérotation f au cadran, émission f d'impulsions décimales
	dial selection	s. R 774	
D 375	dial service	Wählbetrieb m	service m automatique
	dial signal	s. P 971	
D 376	dial speed, dialling speed	Wählgeschwindigkeit f	vitesse f de numérotation
D 377	dial switching	Wählvermittlung f	commutation f automatique, autocommutation f
D 378	dial switching equipment	Wählvermittlungseinrichtung f	matériel m de commutation automatique, autocommutateur m
D 379	dial system	Selbstwählsystem n	système m automatique
D 380	dial telephone [set]	Fernsprecher m für Selbstwahl, Telefon n für Wählbetrieb	poste m téléphonique automatique, poste téléphonique à cadran d'appel
D 381	dial tone, dialling tone	Wählton m, Wählzeichen n, Amtsfreizeichen n, Amtszeichen n	tonalité f de numérotation, tonalité de manœuvre
D 382	dial-tone delay	Wähltonverzug m	retard m de tonalité, durée f d'attente de tonalité
	dial-up	s. D 363	
D 383	dial-up line	vermittelte Leitung f	ligne f commutée
	dial-up line	s. a. S 1453	
	dial-up network	s. S 1455	
D 384	dibit	Dibit n	dibit m
	dictaphone	s. D 385	
D 385	dictating machine, dictaphone	Diktiergerät n	machine f à dicter, dictaphone m
D 386	dictation trunk	Ferndiktatleitung f	circuit m de télédictée
	DID	s. 1. D 611; 2. I 139	
	DID [to a PABX]	s. I 139	
D 387	dielectric	Dielektrikum n	diélectrique m
D 388	dielectric antenna	dielektrische Antenne f	antenne f diélectrique
D 389	dielectric-coated	dielektrisch beschichtet, mit dielektrischer Beschichtung	à revêtement diélectrique
D 390	dielectric-coated waveguide, dielectric-lined waveguide	dielektrisch beschichteter (belegter) Hohlleiter m, dielektrisch beschichtetes (belegtes) Hohlkabel n	guide m à revêtement diélectrique
	dielectric constant	s. P 275	
	dielectric film	s. D 393	
D 391	dielectric guide	dielektrischer Leiter m	guide m diélectrique
D 392	dielectric heating	dielektrische Erwärmung f	chauffage m diélectrique
D 393	dielectric layer, dielectric film	dielektrische Schicht f	couche f diélectrique
D 394	dielectric lens	dielektrische Linse f	lentille f diélectrique
	dielectric-lined waveguide	s. D 390	
D 395	dielectric paste	dielektrische Paste f	pâte f diélectrique
D 396	dielectric resonator	dielektrischer Resonator m	résonateur m diélectrique
D 397	dielectric rod antenna	dielektrische Stabantenne f	antenne f à tige diélectrique
D 398	dielectric rod radiator	dielektrischer Stielstrahler m	antenne f cierge
D 399	dielectric substrate	dielektrisches Substrat n	substrat m diélectrique
D 400	dielectric waveguide	dielektrischer Wellenleiter m	guide m d'onde diélectrique
D 401	difference frequency, differential frequency	Differenzfrequenz f	fréquence f différentielle
D 402	differential amplifier	Differenzverstärker f, Differentialverstärker m	amplificateur m différentiel
D 403	differential arrangement	Differentialschaltung f	montage m différentiel
D 404	differential coding	Differenzcodierung f	codage m différentiel
D 405	differential coherent phase-shift keying, DCPSK	kohärente Differenz-Phasenumtastung f	modulation f par déplacement de phase cohérente différentielle, MDPCD, MDP f cohérente différentielle
D 406	differential demodulation	Differenzdemodulation f	démodulation f différentielle

differential

ID	English	German	French
D 407	differential detector	Differenzdetektor m	détecteur m différentiel
D 408	differential echo suppressor	Differentialechosperre f	suppresseur m d'écho différentiel
	differential fading	s. S 222	
	differential frequency	s. D 401	
D 409	differential gain	differentielle Verstärkung f	gain m différentiel
D 410	differential group delay	Gruppenlaufzeitdifferenz f	temps m de propagation de groupe différentiel
D 411	differential input	Differenzeingang m	entrée f différentielle
D 412	differentially encoded coherent phase-shift keying	kohärente Phasenumtastung f mit Differenzcodierung	modulation f de phase cohérente à codage différentiel
D 413	differentially encoded quadrature amplitude modulation, DEQAM	Quadratur-Amplituden-Modulation f mit Differenzcodierung	modulation f d'amplitude en quadrature avec codage différentiel, MAQ avec codage différentiel
D 414	differential minimum shift keying, DMSK	Differenz-Minimalphasenumtastung f	modulation f à déphasage minimal différentielle, MDM différentielle
D 415	differential phase	differentielle Phase f	phase f différentielle
D 416	differential phase distortion	differentieller Phasenfehler m	distorsion f de phase différentielle
D 417	differential phase shift keying, DPSK	Differenz-Phasenumtastung f, Phasendifferenzmodulation f	modulation f par déplacement de phase différentielle, MDPD
D 418	differential pulse code modulation, DPCM	Differenz-Pulscodemodulation f, DPCM	modulation f par impulsions et codage différentiel, MICD
D 419	differential relay	Differentialrelais n	relais m différentiel
D 420	differential resistance	differentieller Widerstand m	résistance f différentielle
D 421	differential sensitivity	Differentialempfindlichkeit f	sensibilité f différentielle
D 422	differential transformer	Differentialübertrager m	transformateur m différentiel
	differentiating circuit (network)	s. D 423	
D 423	differentiator, differentiating circuit, differentiating network	Differentiator m, Differenzierschaltung f, differenzierendes Netzwerk n, Differenzierglied n	différentiateur m, circuit m de différentiation, réseau (circuit) m différentiateur
D 424	diffraction	Beugung f, Diffraktion f	diffraction f
D 425	diffraction angle, angle of diffraction	Beugungswinkel m	angle m de diffraction
D 426	diffraction loss	Beugungsdämpfungsmaß n	affaiblissement m par diffraction
D 427	diffraction region	Beugungszone f	région f de diffraction
D 428	diffuse reflection	diffuse Reflexion f	réflexion f diffuse
	diffusing power	s. S 130	
D 429	diffusion	Diffusion f, Zerstreuung f, Diffundieren n	diffusion f
D 430	digilogue channel	Digilogkanal m, digiloger Kanal f	voie f digilogue
D 431	digilogue circuit	digiloger Übertragungsweg m, digiloger Telekommunikationskreis m	circuit m digilogue
D 432	digit	Digitalelement n, Ziffer f	élément m numérique, chiffre m
D 433	digit absorbing selector	Nummernschlucker m, Nummernsperre f	sélecteur m absorbeur, sélecteur absorbant
D 434	digital	digital	numérique
D 435	digital active line	digitale aktive Zeile f	ligne f active numérique
	digital–analog conversion	s. D 534	
D 436	digital–analog interface	Digital–Analog-Schnittstelle f	interface f numérique–analogique
D 437	digital announcing machine	digitale Sprechmaschine f	machine f parlante numérique
D 438	digital audio mixing desk	digitales Tonmischpult n	console m de mélange audionumérique
D 439	digital audio recording	digitale Tonaufzeichnung f	enregistrement m numérique du son, enregistrement audionumérique
D 440	digital bearer	Digitalträger m	porteuse f numérique
D 441	digital block	digitaler Block m	bloc m numérique
	digital branch exchange	s. D 492	
D 442	digital broadcast system	digitales Rundfunksystem n	système m de radiodiffusion numérique
D 443	digital chain	digitale Kette f	chaîne f numérique
D 444	digital channel	Digitalkanal m	canal n numérique (radiocommunication), voie f numérique
D 445	digital ciphering, digital encryption	digitale Verschlüsselung f, digitale Chiffrierung f	chiffrement m numérique
D 446	digital cipher system	digitales Verschlüsselungssystem n	système m numérique de chiffrement
	digital circuit	s. D 528	
D 447	digital clock	digitaler Taktgeber m	horloge f numérique
D 448	digital code	Digitalcode m	code m numérique
D 449	digital coding	digitale Codierung f	codage m numérique
D 450	digital component	digitale Komponente f	composante f numérique
D 451	digital computer	Digitalrechner m, digitale Rechenanlage f, digitale Datenverarbeitungsanlage f	ordinateur m numérique
D 452	digital connection	Digitalsignalverbindung f, DSV, digitale Verbindung f	connexion f numérique
D 453	digital control	digitale Steuerung f	commande f numérique
D 454	digital data	digitale Daten pl	données fpl numériques

D 455	digital data channel	digitaler Datenkanal *m*	voie *f* de données numérique
D 456	digital deciphering	digitale Entschlüsselung *f*	déchiffrement *m* numérique
D 457	digital decoding	digitale Decodierung *f*	décodage *m* numérique
D 458	digital demultiplexer	digitaler Demultiplexer *m*, Digitaldemultiplexer *m*, Digitalsignaldemultiplexer *m*	démultiplexeur *m* numérique
D 459	digital display, digital readout	digitale Anzeige *f*, Digitalanzeige *f*, Ziffernanzeige *f*	affichage *m* numérique
	digit display	*s. a.* N 416	
D 460	digital distribution frame, DDF	Digitalsignalverteiler *m*	répartiteur *m* numérique
D 461	digital down converter	digitaler Abwärtskonverter *m*	convertisseur *m* abaisseur numérique
D 462	digital echo canceller	digitale Echosperre *f*	annuleur *m* d'écho numérique
	digital encryption	*s.* D 445	
D 463	digital error	Digitalfehler *m*	erreur *f* numérique
D 464	digital exchange	digitale Vermittlungsstelle *f*, digitale Vermittlungseinrichtung *f*	central *m* numérique, commutateur *m* numérique
D 465	digital facsimile tansmission	digitale Faksimileübertragung *f*	transmission *f* numérique de télécopie
D 466	digital filling, digital padding	digitale Auffüllung *f*	remplissage *m* numérique
D 467	digital filter	Digitalfilter *n*	filtre *m* numérique
D 468	digital filtering	digitale Filterung *f*	filtrage *m* numérique
D 469	digital filtering structure	Digitalfilterstruktur *f*	structure *f* de filtrage numérique
D 470	digital image processing	digitale Bildverarbeitung *f*, digitale Bildbearbeitung *f*	traitement *m* numérique d'images
D 471	digital imaging	digitale Abbildung *f*	imagerie *f* numérique
D 472	digital interpolation	digitale Interpolation *f*	interpolation *f* numérique
D 473	digital line link (path)	Digitalsignalgrundleitung *f*, DSGL, digitale Grundleitung *f*	liaison *f* de ligne numérique, conduit *m* de ligne numérique
D 474	digital line path	digitale Leitung *f*	conduit *m* de ligne numérique
D 475	digital line section	Digitalsignal-Grundleitungsabschnitt *m*, DSGLA, digitaler Grundleitungsabschnitt (Leitungsabschnitt) *m*	section *f* de ligne numérique
D 476	digital line system	Digitalsignal-Grundleitungssystem *n*, digitales Grundleitungssystem (Leitungssystem) *n*	système *m* de ligne numérique
D 477	digital line unit	digitale Leitungseinheit *f*	unité *f* de ligne numérique
D 478	digital link, digital transmission link	digitale Verbindung *f*	liaison *f* [de transmission] numérique
D 479	digital local switching system	digitales Ortsvermittlungssystem *n*	système *m* de commutation numérique local
D 480	digitally coded data	digital codierte Daten *pl*	données *fpl* numérisées
D 481	digitally coded sound	digital codierter Ton *m*	son *m* numérisée
D 482	digital modulation technique	digitale Modulationstechnik *f*	technique *f* de modulation numérique
D 483	digital modulator	digitaler Modulator *m*	modulateur *m* numérique
D 484	digital multiplex equipment	Digitalsignalmultiplexgerät *n*, Digitalsignalmultiplexeinrichtung *f*, Digitalmultiplexeinrichtung *f*, DSMX	équipement *m* de multiplexage numérique
D 485	digital multiplexer	Digitalsignalmultiplexer *m*, digitaler Multiplexer *m*, Digitalmultiplexer *m*	multiplex[eur] *m* numérique
D 486	digital multiplex hierarchy	Digital-Multiplex-Hierarchie *f*	hiérarchie *f* de multiplexage numérique
D 487	digital network	digitales Netz *n*	réseau *m* numérique
D 488	digital network synchronization	Synchronisation *f* digitaler Netze	synchronisation *f* de réseaux numériques
	digital node	*s.* D 525	
D 489	digital optical recording	digitale optische Speicherung *f*	enregistrement *m* optique numérique
	digital PABX	*s.* D 492	
	digital padding	*s.* D 466	
D 490	digital phase-locked loop, DPLL	digitaler Phasenregelkreis *m*, digitaler Phasensynchronisationskreis *m*	boucle *f* à verrouillage de phase numérique, BVPN
D 491	digital picture	digitales Bild *n*, digitalisiertes Bild *n*	image *f* numérisée
D 492	digital private branch exchange, digital PABX, digital branche exchange, DBX	digitale Selbstwählnebenstelle *f*, digitale Nebenstellenanlage *f*	autocommutateur *m* privé numérique, PBX (PABX) numérique
D 493	digital radio broadcasting	digitaler Hörrundfunk *m*	radiodiffusion *f* numérique
D 494	digital radio concentrator system, DRCS	digitales Funkkonzentratorsystem *n*	système *m* numérique à concentration radioélectrique, SNCR
D 495	digital radio link, digital radio path	Digitalsignal-Funkverbindung *f*, digitale Richtfunkverbindung *f*, digitale Funkverbindung *f*	liaison *f* radioélectrique numérique, conduit *m* radioélectrique numérique
D 496	digital radio network	digitales Funknetz *n*	réseau *m* de radiocommunication numérique

D 497	digital radio path	digitaler Funkkanal m, digitaler Richtfunkkanal m	conduit m hertzien numérique
	digital radio path	s. a. D 495	
D 498	digital radio relay equipment	digitales Richtfunkgerät n	faisceau m hertzien numérique
D 499	digital radio relay system	digitales Richtfunksystem n, Digitalrichtfunksystem n	faisceau m hertzien numérique
D 500	digital radio section	digitaler Richtfunkabschnitt m, digitaler Funkabschnitt m, Digitalsignal-Funkabschnitt m	section f hertzienne numérique, section radioélectrique numérique
D 501	digital radio system	digitales Funksystem n, digitales Richtfunksystem n, Digitalsignal-Funksystem n	système m de radiocommunication numérique, système hertzien (radioélectrique) numérique
D 502	digital radiotelephone system	digitales Funktelefonsystem n	système m radiotéléphonique numérique
	digital readout	s. D 459	
D 503	digital repeatered line	digitaler Leitungstrakt m mit Regeneratoren	ligne f numérique équipée de régénérateurs
D 504	digital satellite link	digitale Satellitenverbindung f	liaison f numérique par satellite
D 505	digital satellite sound broadcasting	digitaler Satellitenhörrundfunk m	radiodiffusion f sonore numérique par satellite
D 506	digital section	Digitalsignalabschnitt m, digitaler Abschnitt m, DSA m	section f numérique
D 507	digital selective calling, DSC	digitaler Selektivruf m	appel m sélectif numérique, ASN
D 508	digital signal	Digitalsignal n, digitales Signal n	signal m numérique
D 509	digital signalling	digitale Zeichengebung f	signalisation f numérique
D 510	digital signal processing	digitale Signalverarbeitung f	traitement m numérique du signal
D 511	digital signal processor, DSP	digitaler Signalprozessor m	processeur m numérique du signal, processeur de traitement numérique du signal
D 512	digital slide scanner	digitaler Diaabtaster m	analyseur m numérique de diapositives
D 513	digital speech interpolation, DSI	digitale Sprachinterpolation f	concentration f numérique de la parole, CNC
D 514	digital speech processing	digitale Sprachverarbeitung f	traitement m numérique de la parole
D 515	digital standard converter	digitaler Normwandler m	transcodeur m de normes numérique
D 516	digital still picture store	digitaler Standbildspeicher m	système m de stockage numérique d'images fixes
D 517	digital subscriber line (loop), DSL	digitale Teilnehmer[anschluß]leitung f, digitaler Teilnehmeranschluß m	ligne f d'abonné [à transmission] numérique
D 518	digital subscriber module, DSM	Anschlußmodul n für Digitalteilnehmer	module m d'abonné numérique, MAN
D 519	digital subscriber transmission system	digitales Teilnehmeranschlußsystem f	système m de transmission numérique pour ligne d'abonné
D 520	digital sum	Digitalsumme f	somme f numérique
D 521	digital sum variation	Variation f der digitalen Summe, Grenzwert m der digitalen Summe	variation f de la somme numérique
	digital switch	s. D 526	
D 522	digital switching	Digitalvermittlung f, digitales Vermitteln n	commutation f numérique
D 523	digital switching centre	digitale Vermittlungsstelle f	centre m de commutation numérique
D 524	digital switching network	digitales Vermittlungsnetz n	réseau m de commutation numérique
D 525	digital switching node, digital node	digitale Knotenvermittlungsstelle f, digitaler Vermittlungsknoten m	point m nodal de commutation numérique, point nodal numérique
D 526	digital switching system, digital switch	digitales Vermittlungssystem n	système m de commutation numérique, autocommutateur m numérique
D 527	digital technique	Digitaltechnik f	technique f numérique
D 528	digital telecommunication circuit, digital circuit	Digitalsignalübertragungsweg m, digitaler Übertragungsweg m, digitaler Telekommunikationskreis m	circuit m [de télécommunication] numérique
D 529	digital telecommunication network	digitales Nachrichtennetz n, digitales Fernmeldenetz n	réseau m numérique de télécommunication
D 530	digital telephone	digitaler Fernsprechapparat m	poste m numérique
D 531	digital telephone exchange	digitale Fernsprechvermittlung f	central m téléphonique numérique
D 532	digital television	Digitalfernsehen n	télévision f numérique
D 533	digital temperature-compensated crystal oscillator, DTCXO	digital temperaturkompensierter Quarzoszillator m	oscillateur m à quartz compensé en température numérique, PCTN, pilote m compensé en température numérique
D 534	digital-to-analog conversion, digital–analog conversion, DA conversion	Digital–Analog-Wandlung f, Digital–Analog-Umsetzung f, D/A-Wandlung f	conversion f numérique–analogique, conversion D/A
D 535	digital-to-analog converter, DA converter, D-A	Digital–Analog-Wandler m, D/A-Wandler m	convertisseur m numérique–analogique, N-A

D 536	digital train	Digitalfolge f	train m numérique
D 537	digital transit exchange	digitale Transitvermittlungsstelle f	commutateur m de transit numérique
D 538	digital transmission	Digitalübertragung f, digitale Übertragung f, Digitalsignalübertragung f	transmission f numérique
D 539	digital transmission channel	Digitalsignalübertragungskanal m, digitaler Übertragungskanal m	voie f [de transmission] numérique
D 540	digital transmission link	digitaler Übertragungsabschnitt m	liaison f de transmission numérique, conduit m numérique
	digital transmission link	s. a. D 478	
D 541	digital transmission of sound broadcasting signals	digitale Übertragung f von Hörrundfunksignalen	transmission f numérique des signaux de radiodiffusion sonore
D 542	digital transmission system	Digitalsignalübertragungssystem n, digitales Übertragungssystem n	système m de transmission numérique
D 543	digital transparency, transparency	digitale Transparenz f, Transparenz f	transparence f numérique, transparence
D 544	digital trunk	digitale Verbindungsleitung f	jonction f numérique
D 545	digital up-converter	digitaler Aufwärtskonverter m	convertisseur-élévateur m numérique
D 546	digital video mixer, digital vision mixer	digitale Bildmischeinrichtung f	mélangeur m d'image numérique
D 547	digital video recording	digitale Bildaufzeichnung f, digitale Fernsehaufzeichnung f	enregistrement m vidéonumérique, enregistrement numérique de télévision
D 548	digital video recording, digital videotape recording	digitale Video[signal]aufzeichnung f, digitale Videobandaufzeichnung f	enregistrement m sur magnétoscope numérique, enregistrement m vidéo numérique, enregistrement numérique vidéo
D 549	digital videotape recorder	digitales Videospeichergerät n, digitaler Videorecorder m	magnétoscope m numérique
	digital videotape recording	s. D 548	
	digital vision mixer	s. D 546	
D 550	digital voltmeter	Digitalvoltmeter n	voltmètre m numérique
D 551	digit analysis	Ziffernauswertung f	analyse f de chiffres
D 552	digitization, digitizing	Digitalisierung f, Digitalisieren n	numérisation f, conversion f en numérique
D 553	digitization of speech, speech digitization	Sprachdigitalisierung f	numérisation f de la parole
D 554	digitize/to	digitalisieren	numériser
D 555	digitized image	digitalisiertes Bild n	image f numérisée
D 556	digitized speech	digitalisierte Sprache f	parole f numérisée, signal m vocal numérisé
D 557	digitized speech signal	digitalisiertes Sprachsignal n	signal m vocal numérisé
D 558	digitized voice link	digitale Sprechverbindung f	liaison f phonie numérisée
D 559	digitizer	Digitalisiergerät n	numériseur m
	digitizing	s. D 552	
D 560	digit keyboard (key strip)	numerische Tastatur f	clavier n numérique
D 561	digit place (position)	Ziffernstelle f	position f d'un élément de signal
D 562	digit position	Stelle f eines Codeelementes, Zeichenposition f	position f d'un élément de signal, position d'un élément numérique
D 563	digit rate	Zeichenrate f, Zeichenübertragungsgeschwindigkeit f	débit m numérique
D 564	digit sequence	Zeichenfolge f, Digitalzeichenfolge f	séquence f des éléments numériques
D 565	digit sequence integrity	Übereinstimmung f der Zeichenfolge	intégrité f de la suite des éléments numériques
D 566	digit time slot	Zeichenintervall n	créneau m temporel élémentaire, intervalle m de temps élémentaire
	digroup	s. P 718	
D 567	dihedral corner reflector	zweiflächiger Winkelreflektor m	réflecteur m en coin dièdre
D 568	dihedral reflector	zweiflächiger Reflektor m	réflecteur m dièdre
	DIL	s. D 880	
	DIL package	s. D 881	
D 569	dimensioning, sizing	Dimensionierung f	dimensionnement m
D 570	dimensioning method	Dimensionierungsverfahren n	méthode f de dimensionnement
D 571	dimensioning software	Dimensionierungs-Software f	logiciel m de dimensionnement
D 572	diode	Diode f, Zweipolröhre f	diode f
D 573	diode detector	Diodengleichrichter m	détecteur m à diode
D 574	diode logic	Diodenlogik f	logique f à diodes
D 575	diode matrix	Diodenmatrix f	matrice f à diodes
D 576	diode mixer	Diodenmischer m	mélangeur m à diode
D 577	diode switch	Diodenschalter m	commutateur m à diodes
D 578	diode transistor logic, DTL	Dioden-Transistor-Logik f, DTL	logique f DTL
	DIP	s. D 881	
D 579	diphase code	Diphase-Code m	code m biphase
D 580	diplexer	Diplexer m, Frequenzweiche f, Trennweiche f	diplexeur m, séparateur m
D 581	diplex operation	Diplexbetrieb m, Diplexverkehr m	exploitation f diplex

D 582	diplex telegraphy	Diplextelegrafie f	télégraphie f diplex
D 583	dipole [antenna]	Dipol m, Dipolantenne f	dipôle m, doublet m, antenne f doublet
	dipole array	s. A 568	
D 584	dipole curtain	Dipolwand f	rideau m d'antennes doublets, rideau de dipôles
D 585	Dirac-delta function	Diracsche Deltafunktion f, Diracsche δ-Funktion f	fonction f delta de Dirac
D 586	Dirac pulse	Dirac-Impuls m	impulsion f de Dirac
D 587	direct access	direkter Zugriff m, direkter Zugang m, Direktzugriff m	accès m direct
	direct access	s. a. R 226	
D 588	direct access arrangement, DAA	Zugriff m auf Amtsleitungen	dispositif m d'accès à lignes réseau, dispositif m d'accès au réseau
	direct access memory	s. R 224	
D 589	direct back scatter, short distance back scatter	direkte Rückstreuung f	rétrodiffusion f directe
	direct bearing	s. R 481	
D 590	direct broadcasting satellite, direct broadcast satellite, DBS	direkt empfangbarer Fernsehsatellit m, TV-Direktsatellit m, direktstrahlender Satellit m	satellite m de radiodiffusion directe, satellite de télédiffusion directe
D 591	direct broadcasting satellite system, DBS system	Rundfunksatellitensystem n für Direktempfang	système m de radiodiffusion directe par satellite
	direct broadcast satellite	s. D 590	
D 592	direct call, direct connection	unmittelbare Verbindung f, direkte Verbindung f	communication f directe
D 593	direct call	Direktruf m	appel m direct
D 594	direct circuit	Direktleitung f, Direktverbindung f	circuit m direct
D 595	direct circuit group	Direktleitungsbündel n	faisceau m de circuits directs
	direct connection	s. D 592	
D 596	direct control	direkte Steuerung f	commande f directe
D 597	direct-coupled FET logic, DCFL	DCFL, direkt gekoppelte FET-Logik f	logique f à TEC à couplage direct
D 598	direct-coupled transistor logic, DCTL	DCTL, direkt gekoppelte Transistorlogik f	logique f à transistors à couplage direct, logique DCTL
D 599	direct coupling, DC coupling	galvanische Kopplung f, direkte Kopplung	couplage m conductif, couplage direct, couplage en continu
D 600	direct crosstalk	direktes Nebensprechen n	diaphonie f directe
D 601	direct current amplifier, DC amplifier	Gleichstromverstärker m	amplificateur m à courant continu
D 602	direct current component, DC component	Gleichstromanteil m, Gleichstromkomponente f	composante f continue
D 603	direct current signalling, DC signalling	Gleichstromzeichengabe f, Gleichstromsignalisierung f	signalisation f par courant continu
D 604	direct current supply, DC supply	Versorgung f mit Gleichstrom, Gleichstromspeisung f	alimentation f en courant continu
D 605	direct current telegraphy	Gleichstromtelegrafie f	télégraphie f par courant continu
D 606	direct current transmission	Gleichstromübertragung f	transmission f par courant continu
D 607	direct current voltage, DC voltage	Gleichspannung f	tension f continue
	direct customer dialling	s. D 610	
D 608	direct detection	Geradeausempfang m, direkte Detektion f	détection f directe
	direct detection receiver	s. T 1011	
D 609	direct dial-in number	direkte Einwahlnummer f	numéro m d'accès direct
D 610	direct dialling, direct customer dialling	direkte Wahl f, Selbstwahl f	numérotation f directe [au cadran, au clavier], appel m direct
D 611	direct dialling-in, direct inward dialling, DID	direkte Einwahl f	sélection f directe à l'arrivée, SDA
	direct dialling-in	s. a. I 139	
D 612	direct dialling overseas, DDO	Überseeselbstwahl f	service m outre-mer automatique
	direct distance dialling	s. A 902	
D 613	direct distance dialling network, DDD network	Selbstwählfernnetz n	réseau m interurbain automatique
D 614	direct distance dialling service, DDD service	Selbstwählferndienst m, SWFD	sélection f automatique interurbaine
D 615	directed beam	gerichteter Strahl m	rayon m dirigé
	direct exchange line	s. E 466	
D 616	direct interconnection	Direktverbindung f	liaison f directe
D 617	direct international call (connection)	unmittelbare internationale Verbindung f, direkte internationale Verbindung	communication f internationale directe
	direct inward dialling	s. 1. D 611; 2. I 139	
D 618	directional	gerichtet, richtungsabhängig, richtungsempfindlich	directif
D 619	directional antenna, beam antenna	Richtantenne f, Richtstrahler m	antenne f directive
	directional antenna	s. a. B 188	
D 620	directional coupler	Richtkoppler m, Richtungskoppler m	coupleur m directif
D 621	directional diagram (pattern)	Richtdiagramm n, Richtcharakteristik f	diagramme m (courbe f) de directivité

D 622	directional transmission	gerichtete Übertragung f	transmission f directionnelle, transmission dirigée
	direction finder	s. R 94	
	direction finder correction curve	s. C 1129	
D 623	direction finding	Peilung f	goniométrie f
	direction finding	s. a. R 95	
D 624	direction finding network	Funkpeilnetz n	réseau m radiogoniométrique, réseau de radiogoniométrie
D 625	direction of flux	Flußrichtung f	direction f du flux
D 626	direction of incidence, incident direction	Einfallsrichtung f	direction f d'incidence, direction d'arrivée
D 627	direction of polarization, polarization direction	Polarisationsrichtung f	direction f de polarisation
D 628	direction of propagation	Ausbreitungsrichtung f	direction f de propagation
D 629	direction of radiation	Strahlungsrichtung f, Abstrahlungsrichtung f,	direction f de rayonnement
D 630	directive gain	Richtgewinn m, Richtfaktor m	gain m de directivité, directivité f
D 631	directivity	Richtwirkung f	directivité f
D 632	directivity [factor]	Richtfaktor m, Richtverhältnis n, Richtvermögen n	directivité f, coefficient m de directivité
D 633	direct line, hot line	Direktleitung f	ligne n directe (privée)
D 634	directly modulated	direkt moduliert	à modulation directe
D 635	directly powered repeater station	direkt gespeiste Verstärkerstelle f	station f de répéteurs à alimentation indépendante, station de répéteurs autoalimentée
D 636	direct memory access	direkter Speicherzugriff m	accès m direct en mémoire
D 637	direct modulation	direkte Modulation m	modulation f directe
	direct operator dialling	s. O 180	
D 638	director	Direktor m, Register n (Vermittlungstechnik)	directeur m, élément m directeur, enregistreur m (commutation téléph.)
D 639	director arrangement	Direktoranordnung f	disposition f des directeurs
D 640	director element	Direktorelement n	élément m directeur
	directory assistance	s. D 642	
D 641	directory-assistance call	Anruf m bei der Fernsprechauskunft	appel m à l'assistance annuaire
D 642	directory-assistance service, directory assistance	Fernsprechauskunft f, Telefonauskunft f	centre m de renseignements téléphoniques
D 643	directory holder	Fernsprechbuchhalter m, Telefonbuchhalter m	porte-annuaire m
D 644	directory inquiry servie	Fernsprechbuchauskunft f	service m de renseignements concernant les listes d'abonnés
D 645	directory listing	Eintragung f ins Fernsprechbuch, Eintragung f ins Telefonbuch	inscription f à l'annuaire
D 646	directory number	Fernsprechnummer f, Telefonnummer f	numéro m d'annuaire
D 647	direct outward dialling, DOD	Netzeinwahl f, direkte Netzeinwahl f (Einwahl f ins Netz)	prise f directe du réseau
D 648	direct pick-up receiver	Ballempfänger m	récepteur m de retransmission
D 649	direct printer	Drucktelegraf m, Telegrafiedrucker m für Spezialcodes	récepteur m traducteur imprimer
D 650	direct ray	direkter Strahl m	rayon m direct
D 651	direct-reading radio direction finder	direktanzeigender Funkpeiler m	radiogoniomètre m à lecture directe
D 652	direct route	Direktweg m	voie f directe
D 653	direct traffic	Direktverkehr m	trafic m direct
D 654	direct transit circuit	direkte Durchgangsleitung f	circuit m de transit direct
D 655	direct wave	direkte Welle f	onde f directe
D 656	disable/to	sperren, abtrennen, unwirksam machen	inhiber, invalider, déconnecter, mettre hors circuit
D 657	disabling	Ausschalten n	mise f hors fonction, neutralisation f
D 658	disabling signal	Sperrsignal n	signal m de neutralisation
D 659	disabling tone	Ausschalteton m	tonalité m de neutralisation
D 660	disassemble/to, to dismount	demontieren, zerlegen, auseinandernehmen	démonter
D 661	discharge	Überschlag m	décharge f
D 662	discharge current	Entladungsstrom m, Ableitstrom m	courant m de décharge
D 663	discharge curve	Entladungskurve f, Entladekurve f	courbe f de décharge
	disc memory	s. M 17	
D 664	discone antenna	Diskon-Antenne f, Scheibenkonusantenne f	antenne f discône (disque-cône)
D 665	disconnect/to	trennen, abtrennen, abschalten, Verbindung unterbrechen (lösen)	déconnecter, débrancher, rompre, couper (liaison)
D 666	disconnect	Trennen n, Abschalten n, Auslösen n	coupure f, déconnexion f, libération f
D 667	disconnect a call/to	eine Verbindung trennen	couper (rompre) une communication
D 668	disconnected mode	Wartezustand m	état m d'attente
D 669	disconnecting switch, isolating switch, isolator	Trennschalter m, Trenner m, Trennschutzschalter m	sectionneur m, disjoncteur m

disconnection

D 670	disconnection	Trennung f, Trennen n (Verbindung), Abschaltung f, Ausschaltung f	rupture f (communication), déconnexion f, débranchement m
D 671	disconnect signal	Auslösezeichen n	signal m de fin de communication
D 672	discontinuity (wave guide)	Diskontinuität f, Stoßstelle f	discontinuité f
D 673	discontinuity (microwave)	Störstelle f	discontinuité f
D 674	discontinuous signalling	nichtkontinuierliche Zeichengabe f	signalisation f discontinue
D 675	disc resonator	Scheibenresonator m	résonateur m à disque
D 676	discrete	diskret, unstetig	discret, discontinu
D 677	discrete components	diskrete Bauelemente npl	composants mpl discrets
D 678	discrete event	diskretes Ereignis n	événement m discret
D 679	discrete Fourier transform, DFT	diskrete Fourier-Transformation f	transformation f de Fourier discrète
D 680	discretely timed signal, discrete-time signal, time-discrete signal	zeitdiskretes Signal n	signal m temporel discret, signal m de nature discrète dans le temps, signal discret
D 681	discrete signal	diskretes Signal n	signal m discret
	discrete-time signal	s. D 680	
	discrete utterance recognition	s. D 686	
D 682	discrete word intelligibility	Wortverständlichkeit f	netteté f pour les mots
D 683	discrimination digit	Ausscheidungsziffer f	chiffre m de discrimination
D 684	discriminator	Diskriminator m	discriminateur m
D 685	discriminator characteristic	Diskriminatorkennlinie f	caractéristique f du discriminateur
D 686	discriminator detection	Diskriminatordemodulation f, Diskriminatordetektion f	détection f par discriminateur
D 687	discriminator output	Diskriminatorausgang m	sortie f de discriminateur
	disc storage	s. M 17	
D 688	disengagement (data communication)	Aufgabe f (Datenübermittlung)	retrait m (communication de données)
D 689	disjunction	Disjunktion, ODER-Funktion f	disjonction f
	diskette	s. F 292	
D 690	dislocation (crystal)	Versetzung f	dislocation f
D 691	dislocation density	Versetzungsdichte f	densité f de dislocations
D 692	dislocation-free crystal	versetzungsfreier Kristall m	cristal m exempt de dislocations
	dismount/to	s. D 660	
	dismountable	s. D 278	
D 693	disparity	Disparität f, Mißverhältnis n	disparité f
D 694	dispatch/to	schicken, abfertigen (Telegramm)	acheminer, expédier
D 695	dispatch[ing]	Beförderung f, Absendung f, Abfertigung f	acheminement m, expédition f, distribution f
D 696	dispatch service	Dispatcherdienst m	service m de gestion
D 697	dispersion	Dispersion f	dispersion f
D 698	dispersive	sreuend, dispergierend, zerstreuend	dispersif
	displaced	s. O 59	
D 699	displacement current	Verschiebungsstrom m	courant m de déplacement
D 700	display/to	auf dem Bildschirm darstellen, bildlich anzeigen (darstellen)	visualiser, afficher
D 701	display, DPY	Anzeige f, Bildschirmanzeige f, Sichtanzeige f	affichage m, visualisation f
	display	s. a. V 167	
D 702	display controller (control unit)	Anzeigenkontrollgerät n	contrôleur m de visualisation
	display device	s. D 706	
D 703	display mode	Anzeigeart f, Darstellungsart f	mode m d'affichage, mode de visualisation
	display screen	s. S 145	
D 704	display technique	Displaytechnik f, Anzeigetechnik f	technique f des affichages
D 705	display terminal, video (visual) display terminal, VDT	Bildschirmterminal n, Bildschirmendgerät n, Display-Endgerät n	terminal m à écran de visualisation, terminal de visualisation
D 706	display unit, display device	Sichtgerät n, Display n, Bildschirmgerät n	visuel m, visu f, visualis[at]eur m (déconseillé), unité f (console f) de visualisation, unité (console) d'affichage, visionneuse f
D 707	dissipated power, dissipation, power dissipation	Verlustleistung f	puissance f dissipée, dissipation f
D 708	dissipation factor	Verlustfaktor m, dielektrischer Verlustfaktor m	facteur m de dissipation
	dissipative medium	s. L 484	
	dissipator	s. H 104	
D 709	dissociated mode	dissoziierte Betriebsweise f	mode m dissocié
	distance	s. R 242	
D 710	distance-dependent attenuation	entfernungsabhängige Dämpfung f	affaiblissement m (atténuation f) en fonction de la distance
D 711	distance-insensitive	entfernungsunabhängig	indépendant de la distance
	distance measurement	s. R 246	
D 712	distance measuring equipment, DME	Entfernungsmeßanlage f, Entfernungsmeßeinrichtung f, DME-Anlage f	équipement m de mesure de distance, DME
	distance of vision	s. V 152	
D 713	distant terminal	abgesetzte Endstelle f, abgesetztes Terminal n	terminal m distant

D 714	distorted signal	verzerrtes Signal *n*	signal *m* distordu
D 715	distortion *(of a signal)*	Verzerrung *f*	distorsion *f*
D 716	distortion analyzer	Klirranalysator *m*	analyseur *m* de distorsion, distorsiomètre *m*
D 717	distortion-free gain	verzerrungsfreie Verstärkung *f*	gain *m* sans distorsion
D 718	distortion-limited operation	verzerrungsbegrenzter Betrieb *m*	fonctionnement *m* limité par la distorsion
	distortion measuring set	*s.* D 719	
D 719	distortion meter, distortion measuring set	Klirrfaktormesser *m*, Verzerrungsmesser *m*	distorsiomètre *m*
D 720	distortion products	Verzerrungsprodukte *npl*	produits *mpl* de distorsion
D 721	distress alerting	Notalarm *m*	alerte *f* en cas de détresse
D 722	distress call *(at sea)*	Notruf *m*, Seenotruf	appel *m* de détresse
D 723	distress frequency	Seenotfrequenz *f*, Notfrequenz *f*	fréquence *f* de détresse
D 724	distress radio call system, DRCS	Funknotrufsystem *n*	système *m* de détresse radioélectrique
D 725	distress signal	Notzeichen *n*, Notruf *m*	signal *m* de détresse
D 726	distress transmitter	Seenotsender *m*, Notsender *m*	émetteur *m* de détresse
D 727	distress wavelength	Seenotwelle *f*, Seenotwellenlänge *f*	onde *f* de détresse
D 728	distributed	verteilt, dezentralisiert	réparti, décentralisé
D 729	distributed amplifier, chain amplifier, transmission-line amplifier	Kettenverstärker *m*, verteilter Verstärker *m*	amplificateur *m* [à structure] répartie, amplificateur à répartition
D 730	distributed amplifying	verteilte Verstärkung *f*	amplification *f* répartie
D 731	distributed circuit	Schaltung *f* mit verteilten Elementen	circuit *m* à éléments répartis
D 732	distributed control	verteilte Steuerung *f*	commande *f* répartie, commande distribuée
D 733	distributed data processing, DDP	verteilte Datenverarbeitung *f*	informatique *f* répartie
D 734	distributed frame alignment signal	verteiltes Rahmensynchronsignal *n*	signal *m* de verrouillage de trame réparti, signal de verrouillage de trame distribué
D 735	distributed intelligence	verteilte Intelligenz *f*	intelligence *f* répartie
D 736	distributed network	dezentralisiertes Netz *n*, dezentrales Netz	réseau *m* décentralisé
D 737	distributed office communication system	verteiltes Bürokommunikationssystem *n*	système *m* de communication de bureau réparti
D 738	distributed parameters	verteilte Parameter *mpl*	paramètres *mpl* répartis
D 739	distributed routing	verteilte Verkehrslenkung *f*	acheminement *m* réparti, routage *m* distribué
D 740	distributed switching	verteilte Vermittlung *f*	commutation *f* répartie
D 741	distributed switching system	System *n* mit verteilter Vermittlung	système *m* de commutation réparti
D 742	distributed system	verteiltes System *n*	système *m* réparti, système distribué
	distributing frame	*s.* D 747	
D 743	distribution	Aufteilung *f*, Verteilung *f*, Dezentralisierung *f*	distribution *f*, répartition *f*, décentralisation *f*
D 744	distribution amplifier	Stammverstärker *m*	amplificateur *m* de distribution, amplificateur distributeur
D 745	distribution box	Verteilungsdose *f*, Verteilerkasten *m*	boîte *f* de dérivation
D 746	distribution cable	Aufteilungskabel *n*, AtK, Verteilungskabel *n*	câble *m* de distribution
D 747	distribution frame, distributing frame, DF	Verteiler *m*	répartiteur *m*
D 748	distribution list	Verteilliste *f*	liste *f* de distribution, liste de diffusion
D 749	distribution network	Verteil[ungs]netz *n*, Verteilernetz *n*	réseau *m* de répartition (distribution)
D 750	distribution of intensity	Intensitätsverteilung *f*	distribution *f* d'intensité
D 751	distribution of probability	Wahrscheinlichkeitsverteilung *f*	distribution *f* de probabilité
	distribution of the field	*s.* F 135	
D 752	distributor	Mehrfachverteiler *m*	distributeur *m*
D 753	disturbance	Störgröße *f*, Störung *f*	perturbation *f*, dérangement *m*
D 754	disturbed block	gestörter Block *m*	bloc *m* perturbé
D 755	disturbed channel	gestörter Kanal *m*	voie *f* perturbée
D 756	disturbed radio relay link	gestörte Richtfunkverbindung *f*	liaison *f* hertzienne perturbée, faisceau *m* hertzien perturbé
D 757	disturbed signal	gestörtes Signal *n*	signal *m* perturbé, signal brouillé
D 758	disturbed transmission	gestörte Übertragung *f*	transmission *f* perturbée
	disturber	*s.* I 443	
D 759	disturbing effect, perturbing effect	Störeinfluß *m*	influence *f* perturbatrice
D 760	disturbing field, interference field	Störfeld *n*	champ *m* brouilleur, champ perturbateur, champ parasite
D 761	disturbing frequency	Störfrequenz *f*	fréquence *f* perturbatrice
	disturbing signal	*s.* I 439	
D 762	dither	Ausgleichsmodulation *f*, Ausgleichsmodulationssignal *n*	signal *m* de vibration
D 763	diurnal variation	Tagesgang *m*, Tagesschwankung *f*	variation *f* diurne
D 764	divergence coefficient	Divergenzfaktor *m*	facteur *m* de divergence
D 765	diversion	Umleitung *f*	détournement *m* (trafic), renvoi *m* (appel)

D 766	diversity combiner	Diversity-Ablösegerät *n*	combineur *m* de diversité
D 767	diversity gain	Diversity-Gewinn *m*	gain *m* dû à la diversité, gain de diversité
D 768	diversity reception	Diversity-Empfang *m*, Mehrfachempfang *m*	réception *f* en diversité
D 769	diversity spacing	Raumdiversity-Abstand *m*	espacement *m* de diversité
D 770	diversity system	Diversity-System *n*	système *m* de réception en diversité
D 771	diversity transmission	Diversity-Übertragung *f*	transmission *f* en diversité
D 772	divider	Teiler *m*	diviseur *m*
D 773	D layer	D-Schicht *f*	couche *f* D
	DLE	s. D 63	
	DM	s. D 258	
	DME	s. D 712	
	DMSK	s. D 414	
	dN	s. D 164	
	DND	s. D 783	
	DNIC	s. D 72	
D 774	document architecture	Dokumentenarchitektur *f*	architecture *f* de document
	documentation fax	s. D 777	
D 775	document class	Dokumentenklasse *f*	classe *f* de document
D 776	document descriptor	Dokumentendeskriptor *m*	descripteur *m* de document
D 777	document facsimile telegraphy, documentation fax	Dokumenten-Faksimile-Telegrafie *f*, Dokumentfax *m*	télécopie *f* contrastée
D 778	document interchange protocol	Dokumentenaustauschprotokoll *n*	protocole *m* d'échange de documents
D 779	document profile	Dokumentenprofil *n*	profil *m* de document
D 780	document transfer mode	Dokumententransferbetrieb *m*	mode *m* de transfert de documents
D 781	document transmission	Dokumentenübertragung *f*	transmission *f* de documents
	DOD	s. D 647	
D 782	domestic satellite system	Domestic-Satellitensystem *m*, nationales Satellitenfunksystem *n*	système *m* national de télécommunication par satellite
D 783	do not disturb service, DND	Ruhe *f* vor dem Telefon	service *m* «ne pas déranger», suppression *f* des appels avec déviation
D 784	Doppler direction finder	Doppler-Peiler *m*	radiogoniomètre *m* Doppler
D 785	Doppler effect	Doppler-Effekt *m*	effet *m* Doppler
D 786	Doppler frequency	Doppler-Frequenz *f*	fréquence *f* Doppler
D 787	Doppler positioning system	Doppler-Ortungssystem *n*	système *m* Doppler de localisation
D 788	Doppler radar	Doppler-Radar *n*	radar *m* Doppler
D 789	Doppler shift	Doppler-Verschiebung *f*	décalage *m* Doppler, déplacement *m* Doppler
D 790	Doppler VHF omnidirectional range, DVOR [equipment]	Doppler-VHF-Drehfunkfeuer *n*, Doppler VOR-Anlage *f*, DVOR-Navigationsanlage *f*	radiophare *m* Doppler omnidirectionnel
D 791	dot-dash line	strichpunktierte Linie *f*	trait *m* mixte
D 792	dot frequency *(video)*	Punktfrequenz *f*	fréquence *f* de points
D 793	dot matrix	Punktmatrix *f*	matrice *f* de points
	dot printer	s. M 237	
D 794	dot signal	Punktsignal *n*	signal *m* point
	dotted curve	s. B 489	
D 795	double armour	doppelte Bewehrung *f*	double armure *f*
D 796	double-armoured cable	Kabel *n* mit doppelter Bewehrung	câble *m* à double armure
D 797	double base diode	Doppelbasisdiode *f*, Zweibasisdiode *f*	diode *f* à double base
D 798	double break contact	Doppelruhekontakt *m*	double contact *m* repos, contact à double rupture
	double-channel cathode-ray direction finder	s. T 1036	
D 799	double-channel simplex	Simplex *n* auf zwei Kanälen	simplex *m* sur deux voies
	double contact	s. T 1037	
D 800	double-conversion [superheterodyne] receiver, double-superheterodyne receiver, dual-conversion receiver, dual superheterodyne receiver	Doppelüberlagerungsempfänger *m*, Doppelsuperhet-Empfänger *m*, Doppelsuper *m*	récepteur *m* à double changement de fréquence, récepteur superhétérodyne double
D 801	double-cord switchboard	Zweischnur-Klappenschrank *m*	commutateur *m* manuel à dicordes
D 802	double current	Doppelstrom *m*	double courant *m*
D 803	double current keying	Doppelstromtastung *f*	manipulation *f* de double courant
D 804	double current telegraphy	Doppelstromtelegrafie *f*	télégraphie *f* par double courant
D 805	double current transmission, polar direct current system	Doppelstromübertragung *f*	transmission *f* par double courant
	double-detection receiver	s. S 1373	
D 806	double-diversity receiver	Doppeldiversity-Empfänger *m*	récepteur *m* à double diversité
D 807	double dog	Doppelsperrklinke *f*	double chien *m*
D 808	double elevation mount	dreh- und schwenkbare Montierung *f*	monture *f* x-y
D 809	double-ended cord circuit	Schnurpaar *n*	dicorde *f*
D 810	double-ended synchronization	zweiseitig gerichtete Synchronisation *f*	synchronisation *f* locale et distante, synchronisation bilatérale

D 811	double error	Doppelfehler m	erreur f double
	double-face board	s. D 834	
D 812	double head receiver	Doppelkopfhörer m	écouteur m double
D 813	double image, multiple image, ghost	Geisterbild n, Geist m, Echobild n, Echo n, Doppelbild n	effet m d'écho, écho m, image f fantôme
D 814	double make contact	Doppelarbeitskontakt m	double contact m travail, contact à double fermeture
D 815	double modulation	Doppelmodulation f	double modulation f
D 816	double-peaked	mit zwei Spitzen	à double crête
D 817	double peak resonance curve	Resonanzkurve f mit zwei Höckern	courbe f de résonance à deux bosses
D 818	double-phantom circuit	Achterleitung f, Achter m, Superphantomleitung f	circuit m superfantôme, circuit fantôme double, circuit combiné double
D 819	double pole	Doppelmast m	appui m double, poteaux mpl jumelés
D 820	double-pole, bipolar	zweipolig, doppelpolig	bipolaire
D 821	double-pole switch	zweipoliger Schalter m	interrupteur m bipolaire
D 822	doubler	Verdoppler m	doubleur m
D 823	double scanning (scan technique)	Doppelabtastung f, Doppelabtastverfahren n	double balayage m, technique f du double balayage
D 824	double seizure, dual seizure, glare	Doppelbelegung f	prise f double, double prise, prise simultanée
D 825	double sideband, DSB	Zweiseitenband n	double bande f latérale, DBL
D 826	double-sideband modulation	Zweiseitenbandmodulation f	modulation f à double bande latérale
D 827	double-sideband operation	Zweiseitenbandbetrieb m	exploitation f en double bande latérale
D 828	double-sideband radiotelephony	Zweiseitenbandfunksprechen n, Zweiseitenband-Radiotelefonie f	radiotéléphonie f à double bande latérale
D 829	double-sideband receiver	Zweiseitenbandempfänger m	récepteur m a double bande latérale
D 830	double-sideband suppressed-carrier modulation	Zweiseitenbandmodulation f mit unterdrücktem Träger	modulation f à double bande latérale avec suppression de porteuse
D 831	double-sideband traffic	Zweiseitenbandverkehr m	trafic m sur double bande latérale
D 832	double-sideband transmission	Zweiseitenbandübertragung f	émission f à double bande latérale
D 833	double-sideband transmitter	Zweiseitenbandsender m	émetteur m à double bande latérale
D 834	double-sided circuit board, double-face board	doppeltkaschierte Leiterplatte f, doppelseitige Leiterplatte f	plaque f de circuit imprimé double face, carte f imprimée double face
D 835	double-sided printed wiring	doppelseitige gedruckte Schaltung f	circuit m imprimé double face
	double-superheterodyne receiver	s. D 800	
D 836	doublet	Dipol m, Dipolantenne f	doublet m, antenne f doublet
D 837	double talk	Doppelsprechen n	double parole f
D 838	double wire	Doppelader f	fil m à deux conducteurs
D 839	double Yagi antenna	Doppel-Yagi-Antenne f	antenne f diyagi
D 840	doubling bar	Umschaltstange f	barre f de dédoublement
D 841	down converter	Abwärtsumsetzer m, Abwärtsmischer m	convertisseur m abaisseur de fréquence, changeur m abaisseur de fréquence
D 842	downgraded version	abgerüstete Ausführung f, vereinfachte Ausführung f	version f réduite
D 843	down lead	Antennenzuführung f	descente f d'antenne
D 844	downlink, down link	Abwärtsverbindung f	liaison f descendante
D 845	downlink frequency (satellite)	Abwärtsfrequenz f	fréquence f de (sur) la liaison descendante
D 846	down-time, outage time	Ausfallzeit f, Ausfalldauer f, Unterbrechungszeit f	temps m d'indisponibilité, durée f d'interruption, temps m d'arrêt (de coupure), temps de panne
	DP	s. 1. D 77; 2. D 372	
	DPC	s. D 320	
	DPCM	s. D 418	
	DPE	s. D 78	
	DPLL	s. D 490	
	DPSK	s. D 417	
	DPY	s. D 701	
D 847	drain (FET)	Drain m	drain m
D 848	drain current	Drainstrom m	courant m de drain
	DRAM	s. D 925	
	d-RAM	s. D 925	
D 849	drawing-in wire, pulling-in line	Zugseil n	câble m de tirage, câble tracteur
	DRCS	s. 1. D 494; D 724	
D 850	D region	D-Region f	région f D
D 851	drift	Drift f, Abwanderung f, Auswanderung f	dérive f
D 852	drift failure, gradual failure, degradation failure	Driftausfall m, allmählicher Ausfall m	défaillance f de dérive, défaillance progressive, dégradation f

drift

D 853	drift transistor	Drifttransistor m	transistor m à dérive, transistor drift, transistor à champ accélérateur
	drive electronics	s. C 1064	
D 854	drive mechanism	Laufwerk n, Antriebswerk n	mécanisme m d'entraînement
	driven multivibrator	s. S 1517	
D 855	driven transmitter	fremdgesteuerter Sender m	émetteur m piloté
D 856	driver	Treiber m, Treiberschaltung f	circuit m d'attaque
D 857	driver, exciter	Steuersender m	émetteur m pilote, excitateur m
D 858	driver stage	Treiberstufe f	étage m d'excitation
D 859	driving	Aussteuerung f (Transistor), Ansteuerung f (Sender), Steuerung f	excitation f, attaque f, commande f
D 860	driving circuit	Treiberschaltung f	circuit m d'excitation
D 861	drop indicator	Fallklappe f, Fallscheibe f	annonciateur m d'appel
D 862	drop-out	Abfallen n (Relais), Signalausfall m, Beschichtungsloch n, Dropout m (Magnetband)	relâchement m, mise f au repos (relais), interruption f, perte f accidentelle, dropout m
	drop-out current	s. R 505	
D 863	drum	Trommel f, Zylinder m, Walze f	tambour m, cylindre m, touret m
D 864	drum apparatus (facsimile)	Trommelgerät n	appareil m à cylindre
D 865	drum factor	Trommelfaktor m	facteur m de cylindre
D 866	drum speed	Trommeldrehzahl f	vitesse f de rotation du tambour (cylindre)
D 867	drum storage	Trommelspeicher m	mémoire f à tambour
D 868	drum switch	Walzenschalter m	commutateur m à tambour
D 869	dry [disc] rectifier, barrier-type rectifier	Trockengleichrichter m	redresseur m sec
D 870	dry reed [contact] relay	Reed-Relais n, Relais n mit Schutzrohrkontakten	relais m à contact sous ampoule scellée
	DSB	s. D 825	
	DSC	s. D 507	
	DSE	s. D 100	
	DSI	s. D 513	
	DSL	s. D 517	
	DSM	s. D 518	
	DSP	s. D 511	
	DSR	s. D 88	
	DTCXO	s. D 533	
	DTE	s. D 103	
D 871	DTE busy	DEE f besetzt	ETTD m occupé
D 872	DTE clear request	Auslöseaufforderung f, Auslöseanforderung f der DEE, DEE-Auslöseanforderung f	demande f de libération émise par l'ETTD
D 873	DTE controlled not ready	DEE f (Endeinrichtung f) nicht betriebsbereit	ETTD m non prêt commandé
D 874	DTE uncontrolled not ready	DEE f (Endeinrichtung f) nicht betriebsfähig	ETTD m non prêt automatique
	DTL	s. D 578	
	DTR	s. D 104	
D 875	D-type flip-flop	D-Flipflop m	bascule D f
	dual beam oscilloscope	s. D 890	
D 876	dual-channel, two-channel	zweikanalig, Zweikanal ...	bicanal, à deux canaux
D 877	dual-channel visual direction finding	Zweikanal-Sichtfunkpeilung f	radiogoniométrie f visuelle à deux canaux de réception
	dual-conversion receiver	s. D 800	
D 878	dual-gate MOSFET	MOSFET mit zwei Steuerelektroden	MOSFET m à double grille, MOSFET à double porte
D 879	dual gridded reflector	Doppelgitterreflektor m	double réflecteur m à grille
D 880	dual-in-line, DIL	DIL (zwei parallele senkrechte Anschlußreihen)	double rangée f de connexions
D 881	dual-in-line package, DIL package, DIP	Dual-in-line-Gehäuse n, DIL-Gehäuse n, DIP-Gehäuse n, DIP	boîtier m à double rangée de connexions, boîtier à deux rangées de connexions, boîtier à sortie alignée, boîtier dual-in-line, boîtier m DIL
D 882	dual polarization	Doppelpolarisation f, Dualpolarisation f	double polarisation f
D 883	dual-polarized antenna	Doppelpolarisationsantenne f	antenne f à double polarisation
D 884	dual-polarized operation	Doppelpolarisationsbetrieb m	exploitation f en double polarisation
D 885	dual reflector	Doppelreflektor m	double réflecteur m
D 886	dual reflector antenna	Doppelreflektorantenne f	antenne f à double réflecteur
D 887	dual seizure	Doppelverbindung f	double prise f, prise f simultanée
	dual seizure	s. a. D 824	
D 888	dual-speed, two-speed	zwei Geschwindigkeiten, mit Zweigeschwindigkeits...	bivitesse, à deux vitesses
D 889	dual standard receiver	Zweinormenempfänger m	récepteur m à double norme
	dual superheterodyne receiver	s. D 800	
D 890	dual trace oscilloscope, dual beam oscilloscope	Zweistrahloszilloskop n	oscilloscope m double trace

D 891	duct, wave duct	Dukt m, Leitschicht f	conduit m, guide m d'ondes
	duct	s. a. C 30	
	duct cable	s. C 951	
D 892	duct formation	Duktbildung f	formation f de conduit
D 893	duct height	Wellenleiterhöhe f, Dukthöhe f	hauteur f du conduit
D 894	ducting	geführte troposphärische Ausbreitung f, Duktausbreitung f	propagation f troposphérique guidée
	ducting propagation	s. D 896	
D 895	duct installation	Verlegung f im Kabelkanal	pose f en conduite
D 896	duct propagation, ducting propagation	Duktausbreitung f	propagation f par conduit, transmission f par conduit
D 897	duct pulling	Einziehen n in Kabelkanal[zug], Einziehen in Kabelröhre	pose f en conduite, tirage m en conduite
D 898	duct thickness (width)	Wellenleiterdicke f	épaisseur f du conduit
D 899	dummy antenna, artificial antenna	Kunstantenne f, künstliche Antenne f	antenne f fictive
	dummy element	s. S 174	
	dummy load	s. A 700	
	DUP	s. D 118	
D 900	duplex, full duplex *(deprecated)*	Duplex n	duplex m, bilatéral simultané
	duplex channel	s. F 580	
D 901	duplex circuit	Duplexleitung f, Leitung f für Duplexverkehr, Duplexübertragungsweg m	circuit m [en] duplex
	duplex communication	s. D 902	
D 902	duplex connection, duplex communication, two-way-simultaneous communication	Duplexverbindung f	liaison f en duplex, liaison duplex, liaison duplexée
D 903	duplexer	Duplexer m, Sende-Empfangs-Weiche f	duplexeur m
D 904	duplex modem	Duplexmodem m	modem m duplex, modem pour exploitation duplex
D 905	duplex operation, full duplex operation	Duplexbetrieb m, Gegenbetrieb m (Schnittstelle)	exploitation f [en] duplex, fonctionnement m en duplex
D 906	duplex radiotelephony	Duplexfunksprechverkehr m	radiotéléphonie f duplex
D 907	duplex system	Duplexsystem n	système m duplex
D 908	duplex telephony	Duplextelefonverkehr m	téléphonie f en duplex
D 909	duplex teleprinter channel	Duplexfernschreibkanal m	voie f de téléimprimeur duplex
D 910	duplex teleprinter link	Duplexfernschreibverbindung f	liaison f duplex par téléimprimeur
D 911	duplex transmission	Duplexübertragung f	transmission f [en] duplex
D 912	duration of a call, conversation time, length of conversation	Gesprächsdauer f, Gesprächszeit f	durée f de la conversation
D 913	duration of fade	Schwunddauer f	durée f d'évanouissement
D 914	duration of the last call	Dauer f des letzten Gesprächs	durée f de la dernière communication
D 915	dust-proof, dust-tight	staubdicht	étanche à la poussière
D 916	dust storm	Staubsturm m	orage m de poussière
	dust-tight	s. D 915	
D 917	duty cycle	Ausnutzungsgrad m, Nutzungsfaktor m, relative Einschaltdauer f	coefficient m d'utilisation
D 918	duty cycle [of pulses], duty ratio	Tastverhältnis n	rapport m cyclique
D 919	duty factor, pulse duty factor, mark-to-space ratio	Tastverhältnis n, Impulstastverhältnis n, Tastgrad m	taux m d'impulsions, facteur m de durée d'impulsions
	duty factor	s. a. R 916	
	duty ratio	s. D 918	
	DUV	s. D 117	
	DVOR [equipment]	s. D 790	
D 920	dynamic characteristics	dynamische Charakteristik f, dynamische Eigenschaften fpl	caractéristiques fpl dynamiques
D 921	dynamic impedance, rejector impedance *(deprecated)*	Resonanzwiderstand m	impédance f à l'antirésonance
	dynamicizer	s. P 86	
D 922	dynamic loudspeaker, moving-coil loudspeaker	dynamischer Lautsprecher m	haut-parleur m à bobine (conducteur) mobile
D 923	dynamic microphone, moving-coil microphone	dynamisches Mikrophon n, Tauchspulmikrophon n	microphone m à bobine mobile
D 924	dynamic MOS circuits	dynamische MOS-Schaltungen fpl	circuits mpl MOS dynamiques
	dynamic RAM	s. D 925	
D 925	dynamic random access memory, dynamic RAM, d-RAM, DRAM	dynamischer Speicher m, dynamischer Schreib-Lese-Speicher m, d-RAM, DRAM	mémoire f vive dynamique, DRAM, RAM dynamique
D 926	dynamic range	Dynamikumfang m	étendue f dynamique
D 927	dynamic range	Dynamikbereich m, Aussteuerbereich m	plage f dynamique, gamme f dynamique, dynamique f *(signal)*
D 928	dynamic range compression, volume compression	Dynamikkompression f	compression f de [la gamme] dynamique
D 929	dynamic resource allocation	dynamische Zuordnung f von Ressourcen	allocation f dynamique des ressources
D 930	dynamic storage allocation	dynamische Speicherverteilung f	allocation f dynamique de mémoire

E

E 1	**earcap**, earpiece, telephone earpiece	Hörmuschel f, Hörermuschel f (Fernhörer)	pavillon m, pavillon d'écouteur, pavillon de récepteur
E 2	**early failure**	Frühausfall m	défaillance f prématurée
E 3	**early failure period**	Frühausfallsperiode f, Frühausfallphase f	période f initiale de défaillance
	EAROM	s. E 116	
E 4	**earphone** [capsule]	Hörkapsel f, Fernhörer m, Kopfhörer m	capsule f d'écoute[ur], écouteur m
	earpiece	s. E 1	
E 5	**ear reference point**, ERP	Ohrbezugspunkt m	point m de référence oreille, PRO
E 6	**ear response characteristic**	Ohrempfindlichkeitskurve f, Ohrkurve f	caractéristique f de sensibilité auditive
E 7	**earth antenna**, ground antenna	Erdantenne f	antenne f enterrée, antenne au sol
E 8	**earth bar**	Erdungsschiene f	barre f de mise à la terre
E 9	**earth-based**, ground-based	erdgebunden	au sol
E 10	**earth cable**	Erdseil n	câble m de prise de terre
	earth-connected	s. G 145	
E 11	**Earth coverage**	weltweite Abdeckung f, weltweite Ausleuchtung f	couverture f mondiale
E 12	**Earth coverage area**	Ausleuchtzone f auf der Erde	zone f de couverture sur la Terre
E 13	**earth current**	Erdstrom m	courant m de terre, courant de fuite
E 14	**earth electrode**	Erder m, Erdelektrode f	prise f de terre
E 15	**earth exploration satellite**	Erderkundungssatellit m	satellite m d'exploration de la Terre
E 16	**earth exploration satellite service**	Erderkundungsfunkdienst m über Satelliten	service m d'exploration de la Terre par satellite
E 17	**earth fault**, earth leak	Erdschluß m	contact m à la terre, défaut m à la terre, fuite f à la terre
	earth fault current	s. E 20	
E 18	**earthing**, connection to earth, grounding	Erdung f, Erden n	mise f à la terre, mise à la masse
	earthing point	s. G 149	
E 19	**earthing switch**, grounding switch	Erdungsschalter m	sectionneur m de terre
	earthing system	s. E 41	
	earth leak	s. E 17	
E 20	**earth leakage current**, earth fault current	Erdschlußstrom m	courant m de défaut à la terre
E 21	**earth magnetic field**	Erdmagnetfeld n	champ m magnétique terrestre
E 22	**earth mat**	Erdnetz n	tapis m de sol
E 23	**Earth observation satellite**, EOS	Erdbeobachtungssatellit m	satellite m d'observation de la Terre
E 24	**earth-phantom circuit**, earth-return phantom circuit	Phantomkreis m mit Erdrückleitung, Viererstromkreis m mit Erdrückleitung	circuit m approprié, circuit [télégraphique] fantôme à (avec) retour par la terre
E 25	**earth plate**, ground plate	Erdplatte f, Erdelektrode f, Plattenerder m	plaque f de terre
E 26	**earth potential**, ground potential	Erdpotential n	potentiel m de terre
	earth receiving station	s. G 155	
E 27	**earth reflection**, ground reflection	Bodenreflexion f	réflexion f sur le sol
E 28	**earth resistance**, ground resistance	Erdwiderstand m, Erdungswiderstand m	résistance f de terre
E 29	**earth return**	Erdrückleitung f	retour m par la terre
E 30	**earth-return circuit**, ground-return circuit	Stromkreis (Übertragungsweg) m mit Erdrückleitung	circuit m de (à) retour par la terre
E 31	**earth-return double phantom circuit**	Achterstromkreis m mit Erdrückleitung	circuit m superfantôme à retour par la terre
E 32	**earth-return double phantom circuit**	Vierersimultantelegrafie f	circuit m approprié de fantôme, circuit approprié de combiné, circuit télégraphique superfantôme avec retour par la terre
E 33	**earth-return phantom circuit**	Simultantelegrafie f	circuit m approprié, circuit télégraphique fantôme avec retour par la terre
	earth-return phantom circuit	s. a. E 24	
E 34	**earth rod**, ground rod	Erdungsstab m, Staberder m	piquet m de terre
E 35	**earth segment**, ground segment	Erdsegment n	segment m terrien, secteur m terrien
E 36	**earth-space communication**	Kommunikation f Erde–Weltraum	communication f Terre–espace
E 37	**earth-space path**	Strecke f Erde–Weltraum	trajet m Terre–espace
E 38	**earth-space radio link**	Funkverbindung f Erde–Weltraum	liaison f radioélectrique Terre–espace
E 39	**earth-space transmission**	Übertragung f Erde–Weltraum	transmission f Terre–espace
E 40	**earth station**, ground station	Bodenstation f, Erdefunkstelle f	station f au sol, station f terrienne
E 41	**earth system**, earthing system, ground system, grounding system (U.S.)	Erdungssystem n	prise f de terre, système m de mise à la terre
	earth-to-space transmitter	s. G 163	
E 42	**earth-to-satellite**	Erde–Satellit ...	Terre–satellite

E 43	earth-to-satellite link	Erde–Satellit-Verbindung f	liaison f Terre–satellite
E 44	earth-to-space direction	Richtung f Erde–Weltraum	sens m Terre–espace
E 45	earth-to-space link	Verbindung f Erde–Weltraum, Aufwärtsverbindung f, Erde–Weltraum-Verbindung f	liaison f Terre–espace, liaison montante
E 46	earth wire, ground wire	Schutzleiter m, Erdleiter m, Erd[ungs]leitung f	conducteur m de protection, fil m [de prise] de terre, fil de masse
E 47	ease of manipulation (operation), working ease	leichte Bedienung f, leichte Handhabung f	aisance f de manipulation, aisance de manœuvre
	EBU	s. E 431	
	ECC	s. E 378	
	ECD	s. E 377	
E 48	echelon telegraphy	Staffelsystem n	communication f échelonnée, installation f échelonnée, faisceau m échelonné
E 49	echo/to	nachhallen, zurückwerfen	faire écho, renvoyer
E 50	echo	Echo n, Widerhall m (Akustik), Geist m, Geisterbild n (Video)	écho m, fantôme m (vidéo)
	echo attenuation	s. E 63	
E 51	echo box	Echobox f	boîte f à échos
E 52	echo cancellation	Echokompensation f	annulation f d'écho(s)
	echo cancellation method	s. E 55	
E 53	echo canceller, echo suppressor	Echosperre f, Echokompensator m, Echounterdrücker m	annuleur m d'écho, compensateur m d'écho, suppresseur m d'écho
E 54	echo check	Echoprüfung f	contrôle m par écho, contrôle par retour de l'information
E 55	echo compensation method, echo cancellation method	Echokompensationsverfahren n	méthode f d'annulation d'écho
E 56	echo curve	Echokurve f	courbe f d'écho
E 57	echo delay time	Echolaufzeit f, Echoverzögerung f	temps m de propagation d'écho
E 58	echo distortion	Echoverzerrung f	distorsion f d'écho
E 59	echo disturbance	Echostörung f	perturbation f due aux échos
E 60	echo effect	Echoeffekt m	effet m d'écho
E 61	echo image	Doppelbild n, Geisterbild n	image f fantôme
E 62	echoing area	Rückstrahlfläche f	aire f de diffusion arrière, aire de rétrodiffusion
E 63	echo loss, echo attenuation	Echodämpfung f	affaiblissement m [des courants] d'écho
E 64	echometric measurement	Echomessung f	mesure f échométrique
E 65	echo path	Echoweg m	trajet m d'écho
E 66	echoplex mode	Echoplex n, Echoplexbetrieb m	mode m échoplex
E 67	echo pulse	Echoimpuls m	impulsion f d'écho
E 68	echo response	Echoantwort f	réponse f d'écho
E 69	echo signal	Echosignal n	signal m d'écho
E 70	echo sounder	Echolot n	sondeur m par écho
E 71	echo sounding, sounding	Echolotung f	sondage m par écho
E 72	echo suppression	Echounterdrückung f	suppression f d'écho
	echo suppressor	s. E 53	
E 73	echo suppressor control	Echosperrensteuerung f	commande f des suppresseurs d'écho
E 74	echo wave	Echowelle f	onde f d'écho
	ECL	s. E 231	
E 75	ECL family	ECL-Familie f	famille f des ECL
E 76	eclipse period	Schattenphase f	période f d'occultation
E 77	economic lot size	wirtschaftliche Losgröße (Serie) f	série f économique
	ECS	s. E 432	
	EDC	s. 1. E 385; 2. E 388	
E 78	edge (network)	Kante f	arête f
E 79	edge business	„edge business"	agitation f marginale, occupation f des bords raides
E 80	edge connector	Steckerleiste f, Kartenstecker m	connecteur m plat
E 81	edge-triggered	flankengetriggert	déclenché par front d'impulsion
E 82	editing	Editieren n	édition f
E 83	editor	Editor m, Druckaufbereitungsprogramm n	éditeur m, éditeur de texte, programme m de mise en forme de texte
	EDP	s. E 166	
E 84	educational television, ETV	Bildungsfernsehen n, Schulfernsehen n	télévision f éducative, télé-enseignement m
	EEROM	s. E 119	
	EFET	s. E 298	
E 85	effective antenna height	effektive Antennenhöhe f, effektive Höhe f	hauteur f effective d'antenne, hauteur équivalente, hauteur de rayonnement [d'une antenne d'émission]
	effective antenna height	s. a. E 90	
	effective antenna length	s. E 91	
	effective aperture	s. E 86	

effective

E 86	effective area, capture (absorption) area, effective aperture, receiving cross section, absorption cross section	Wirkfläche f, Antennenwirkfläche f, Absorptionsfläche f, effektive Fläche f	aire f effective (équivalente), aire de captation, surface f effective (équivalente), surface de captation
	effective area	s. a. A 24	
	effective attenuation	s. O 370	
E 87	effective bandwidth	Nutzbandbreite f	largeur f de bande effective
	effective call attempt	s. C 887	
E 88	effective data transfer rate	effektive Transfergeschwindigkeit f	débit m effectif du transfert des données
	effective echoing area	s. R 12	
E 89	effective ground constant	effektive Bodenkonstante f	constante f équivalente du sol
E 90	effective height, effective antenna height	wirksame (effektive) Antennenhöhe f, effektive Höhe f	hauteur f effective (efficace) d'antenne
E 91	effective length, effective antenna length	wirksame (effektive) Antennenlänge f, effektive Länge f	longueur f effective (efficace) d'antenne
E 92	effective margin	Effektivspielraum m, effektiver Spielraum m	marge f effective
E 93	effective monopole radiated power, e.m.r.p., EMRP	äquivalente monopole Strahlungsleistung f, effektive Strahlungsleistung f	puissance f apparente rayonnée sur [une] antenne verticale courte, p.a.r.v.
E 94	effectiveness, performance	Effektivität f, Leistungsfähigkeit f	efficacité f
E 95	effective noise voltage	effektive Rauschspannung f	tension f effective de bruit
	effective operating time	s. E 98	
E 96	effective radiated power, ERP, e.r.p.	äquivalente Strahlungsleistung f bezogen auf den Halbwellendipol, effektive (wirksame) Strahlungsleistung	puissance f apparente rayonnée, p.a.r., puissance isotrope rayonnée équivalente, PIRE
E 97	effective radius of the earth	äquivalenter Erdradius m, Effektiv-Erdradius m	rayon m terrestre effectif
E 98	effective time, effective operating time	genutzte Betriebszeit f	temps m utile
E 99	effective transmission rate	Nutzübertragungsrate f, Nutzübertragungsgeschwindigkeit f	rapidité f de transmission effective
E 100	effective voltage, root mean square voltage, rms voltage	Effektivspannung f	tension f efficace
E 101	efficiency factor in time	zeitlicher Wirkungsgrad m	facteur m d'efficacité dans le temps
	efficiency in spectrum use	s. S 949	
	EFS	s. E 393	
	EFT	s. E 169	
	EFTS	s. E 170	
	EHF	s. E 511	
	eigenfrequency	s. N 42	
E 102	eigenpolarization	Eigenpolarisation f	polarisation f propre
E 103	eigenstate	Eigenzustand m	état m propre
E 104	eigenstructure	Eigenstruktur f	structure f propre
E 105	eigenvalue	Eigenwert m	valeur f propre
E 106	eigenvector	Eigenvektor m	vecteur m propre
	eigenvibration	s. N 43	
	eight-bit byte	s. O 27	
E 107	eight-phase modulation	achtwertige Phasenmodulation f	modulation f de phase octovalente
	EIRP	s. E 344	
E 108	elastic store	elastischer Speicher m	mémoire f tampon
E 109	E layer	E-Schicht f	couche f E [normale]
E 110	electret	Elektret m	électret m
E 111	electret microphone	Elektretmikrophon n	microphon m à électret
E 112	electret transducer	Elektretwandler m	transducteur m à électret
E 113	electrical conductivity	elektrische Leitfähigkeit f	conductibilité f électrique
	electrical field	s. E 128	
E 114	electrical height	elektrische Höhe f	hauteur f électrique
E 115	electrical line theory	Leitungstheorie f	théorie f des lignes
E 116	electrically alterable ROM, EAROM	elektrisch umprogrammierbarer (veränderbarer) Festwertspeicher m, EAROM	mémoire f non volatile électriquement reprogrammable, EAROM
E 117/8	electrically erasable programmable read-only memory, electrically erasable programmable ROM, E2PROM	programmierbarer elektrisch löschbarer Nur-Lesespeicher m, elektrisch löschbarer programmierbarer Festwertspeicher m, EEPROM, E2PROM	mémoire f électriquement effaçable programmable pour lecture seule, mémoire f morte programmable effaçable électriquement, E2PROM
E 119	electrically erasable ROM, EEROM	elektrisch löschbarer Festwertspeicher m, EEROM	mémoire f non volatile électriquement effaçable, EEROM
E 120	electrically programmable ROM, EPROM	elektrisch programmierbarer Festwertspeicher m, EPROM	mémoire f non volatile électriquement programmable, mémoire morte programmable électriquement, EPROM
E 121	electrically short	elektrisch kurz	électriquement court
E 122	electrically small	elektrisch klein	électriquement petit
E 123	electrically small antenna	elektrisch kurze Antenne f	antenne f à petite longueur électrique

E 124	electrical power	elektrische Leistung f	puissance f électrique, énergie f électrique
E 125	electrical speech level meter	Aussteuerungsmesser m, Sprachpegelmesser m	volumètre m, indicateur m de volume
E 126	electric component	elektrische Komponente f, elektrisches Bauelement n	composante f électrique, composant m électrique
E 127	electric drainage	elektrische Drainage f	drainage m électrique
E 128	electric field, electrical field	elektrisches Feld n	champ m électrique
E 129	electric field strength	elektrische Feldstärke f	intensité f de champ électrique
E 130	electric field vector	elektrischer Feldvektor m	vecteur m champ électrique
E 131	electric [power] line	Starkstromleitung f, elektrische Energieleitung f	ligne f électrique, ligne d'énergie, ligne d'alimentation électrique
E 132	electric power source	elektrische Energiequelle f	source f d'alimentation électrique
E 133	electroacoustic[al] transducer	elektroakustischer Wandler m, Schallwandler m	transducteur m électroacoustique
E 134	electroacoustics	Elektroakustik f	électroacoustique f
E 135	electrochemical corrosion	elektrochemische Korrosion f	corrosion f électrochimique
E 136	electrode	Elektrode f	électrode f
E 137	electrolyte	Elektrolyt m	électrolyte m
E 138	electrolytic capacitor	Elektrolytkondensator m, Elko m	condensateur m électrolytique, condensateur m chimique
E 139	electrolytic corrosion	elektrolytische Korrosion f	corrosion f électrolytique
E 140	electroluminescence	Elektrolumineszenz f	électroluminescence f
E 141	electroluminescent display	Elektrolumineszenzanzeige f	affichage m électroluminescent
E 142	electromagnetic compatibility, EMC	elektromagnetische Verträglichkeit f, EMV	compatibilité f électromagnétique, CEM
	electromagnetic disturbance	s. E 144	
E 143	electromagnetic field	elektromagnetisches Feld n	champ m électromagnétique
E 144	electromagnetic interference, EMI, electromagnetic disturbance	elektromagnetische Störung f	perturbation f électromagnétique
E 145	electromagnetic pulse, EMP	elektromagnetischer Impuls m	impulsion f électromagnétique
E 146	electromagnetic radiation	elektromagnetische Strahlung f	rayonnement m électromagnétique
E 147	electromagnetic scattering	elektromagnetische Streuung f	diffusion f électromagnétique
E 148	electromagnetic screen (shield)	elektromagnetische Abschirmung f, elektromagnetischer Schirm m	écran m électromagnétique
E 149	electromagnetic spectrum	elektromagnetisches Spektrum n	spectre m électromagnétique
E 150	electromagnetic wave	elektromagnetische Welle f	onde f électromagnétique
E 151	electromotive force, emf	elektromotorische Kraft f, EMK	force f électromotrice, fém
E 152	electron beam	Elektronenstrahl m	faisceau m d'électrons
E 153	electron beam lithography	Elektronenstrahllithographie f	lithographie f par faisceau d'électrons, lithographie au faisceau électronique
E 154	electron beam scanning	Elektronenstrahlabtastung f	balayage m par faisceau électronique
E 155	electron concentration	Elektronenkonzentration f	concentration f des électrons
E 156/7	electron density	Elektronendichte f	densité f électronique
E 158	electron gas	Elektronengas n	gaz m d'électrons
E 159	electronic	elektronisch	électronique
E 160	electronically controlled exchange	elektronisch gesteuerte Vermittlung f (Vermittlungsstelle f)	central m électronique
E 161	electronically scanned array	elektronisch gesteuerte Gruppenantenne f	réseau m d'antennes à commutation électronique de faisceaux
E 162	electronically tuned oscillator	elektronisch abstimmbarer Oszillator m	oscillateur m à accord électronique
E 163	electronic component	elektronisches Bauelement n	composant m électronique
E 164	electronic counter	elektronischer Zähler m	compteur m électronique
E 165	electronic countermeasures	elektronische Gegenmaßnahmen fpl, Elo GM	contre-mesures fpl électroniques
E 166	electronic data processing, EDP	elektronische Datenverarbeitung f, EDV	traitement m électronique des données, traitement électronique de l'information
E 167	electronic data switching system	elektronisches Datenvermittlungssystem n, EDS	système m électronique de commutation de données
E 168	electronic directory	elektronisches Verzeichnis n	répertoire m électronique, annuaire m électronique
E 168a	electronic directory terminal	Fernsprechverzeichnisterminal n, Fernsprechbuchterminal n, Telefonbuchterminal n	terminal m annuaire
E 169	electronic fund transfer, EFT	elektronische Geldanweisung f	transfert m électronique de fonds, télépaiement m
E 170	electronic fund transfer system, EFTS	elektronisches Geldanweisungssystem n	système m électronique de transfert de fonds
E 171	electronic mail, E-mail, EM	elektronische Post f, Electronic Mail f, elektronische Briefübermittlung (Nachrichtenübermittlung) f	courrier m électronique, messagerie f électronique
E 172	electronic mail system	elektronischer Mailboxdienst m	système m de courrier électronique
	electronic message service	s. E 174	
E 173	electronic message system	elektronisches Mitteilungssystem n	système m de messagerie électronique

electronic

E 174	**electronic messaging,** electronic message service	elektronischer Mitteilungsdienst m	messagerie f électronique, service m de messagerie électronique
E 175	**electronic payment**	elektronische Zahlweise f, elektronische Zahlung f	paiement f électronique
E 176	**electronic payment card**	elektronische Geldkarte f	carte f de paiement électronique
E 177	**electronic private automatic branch exchange,** EPABX	elektronische Selbstwähl-Nebenstelle f	autocommutateur m privé électronique, PBX électronique, PABX électronique
E 178	**electronic relay**	elektronisches Relais n	relais m électronique
E 179	**electronics**	Elektronik f	électronique f
E 180	**electronic scanning**	elektronisch gesteuertes Absuchen n	balayage m électronique
E 181	**electronic scanning radar**	Radar n mit elektronischer Strahlauslenkung	radar m à balayage électronique
E 182	**electronic switching system,** ESS	elektronisches (elektronisch gesteuertes) Wählsystem n, EWS	système m de commutation électronique, commutation f électronique
E 183	**electronic telephone directory**	elektronisches Fernsprechbuch n, elektronisches Telefonbuch n	répertoire m téléphonique électronique
E 184	**electronic test pattern**	elektronisches Testbild n	mire f électronique
E 185	**electronic tuning**	elektronische Abstimmung f	accord m électronique
E 186	**electronic warfare**	elektronische Kampfführung f	guerre f électronique
E 187	**electronic zoom**	elektronischer Zoom m, elektronische Gummilinse f	zoom m électronique
E 188	**electron lens**	Elektronenlinse f	lentille f électronique
E 189	**electron mobility**	Elektronenbeweglichkeit f	mobilité f des électrons
E 190	**electron tube (valve),** thermionic valve	Elektronenröhre f, Glühkatodenröhre f	tube m [thermo]électronique
E 191	**electron volt**	Elektronenvolt n	électron-volt m
E 192	**electrooptic**	elektrooptisch	électro-optique
E 193	**electrostatic charging**	elektrostatische Aufladung f	charge f électrostatique
E 194	**electrostatic deflection**	elektrostatische Ablenkung f	déflexion f électrostatique
E 195	**electrostatic loudspeaker,** capacitor loudspeaker	elektrostatischer Lautsprecher m, Kondensatorlautsprecher m	haut-parleur m électrostatique, haut-parleur à condensateur
E 196	**electrostatic microphone,** capacitor microphone	Kondensatormikrophon n, elektrostatisches Mikrophon n	microphone m électrostatique, microphone à condensateur
	electrostatic shield	s. E 197	
E 197	**electrostatic screen,** electrostatic shield	elektrostatische Abschirmung f	blindage m électrostatique, écran m électrostatique
E 198	**electrothermal relay**	elektrothermisches Relais n, Thermorelais n	relais m électrothermique
	elementary aerial	s. A 577	
E 199	**elementary cable section,** repeater section (deprecated)	Verstärkungsabschnitt m, elementarer Kabelabschnitt m	section f élémentaire de câble
	elementary regenerated section	s. E 200	
E 200	**elementary regenerator section,** elementary regenerated section	elementarer Regeneratorabschnitt m, elementares Regeneratorfeld n	section f élémentaire régénérée
E 201	**elementary repeater[ed] section**	elementarer Verstärkerabschnitt m, elementares Verstärkerfeld n	section f élémentaire amplifiée
E 202	**element error probability**	Elementefehlerwahrscheinlichkeit f	probabilité f d'erreur sur les éléments
E 203	**element error rate**	Elementefehlerhäufigkeit f, Elementefehlrate f, Schrittfehlerrate f	taux m d'erreurs sur les éléments
E 204	**elevated duct**	hochliegender Wellenleiter m, Höhenkanal m	conduit m élevé
	elevated-H Adcock direction finder	s. H 287	
E 205	**elevating platform**	Hubarbeitsbühne f	plateforme f élévatrice
	elevation	s. A 510	
	elevation angle	s. A 510	
E 206	**elevation scanning**	Elevationsabsuchen n	balayage m en site
	ELF	s. E 512	
E 207	**eliminate/to**	beseitigen, beheben, eliminieren, unterdrücken	éliminer, supprimer
E 208	**elliptically polarized wave**	elliptisch polarisierte Welle f	onde f [électromagnétique] polarisée elliptiquement
E 209	**elliptical orbit**	elliptische Umlaufbahn f	orbite f elliptique
E 210	**elliptical polarization,** axial-ratio polarization	elliptische Polarisation f	polarisation f elliptique
E 211	**elliptical waveguide**	Hohlleiter m mit Ovalquerschnitt, elliptischer Hohlleiter m, elliptischer Wellenleiter m	guide m d'onde elliptique
E 212/3	**ellipticity**	Elliptizität f	taux m d'ellipticité, ellipticité f
	elliptic waveguide	s. E 211	
	EM	s. 1. E 171; 2. E 266	
	E-mail	s. E 171	
	EMC	s. E 142	
E 214	**emergency**	Notfall m	cas m d'urgence

E 215	emergency antenna	Ersatzantenne f, Notantenne f, Hilfsantenne f	antenne f de secours
E 216	emergency call	Notruf m	appel m d'urgence, appel de secours
E 217	emergency call[ing] service	Notfallmeldedienst m, Unfallmeldedienst m, Notrufdienst m	service m d'appels d'urgence
E 218	emergency changeover *(signalling)*	Notumschaltung f, Notverkehrsumschaltung f, Havarieumschaltung f, Notfallastübernahme f	passage f d'urgence sur canal sémaphore de secours
E 219	emergency exchange	Ausweichvermittlung f, Notzentrale f	central m de secours
E 220	emergency frequency	Notfrequenz f	fréquence f d'urgence
E 221	emergency number	Notrufnummer f	numéro m d'urgence
E 222	emergency power supply, stand-by power supply, reserve (back-up) power	Notstromversorgung f, Reservestromversorgung f	alimentation f de secours, matériel m d'alimentation de secours
E 223	emergency route	Hilfsweg m	voie f de secours, voie d'acheminement de secours
E 224	emergency telephone	Notruftelefon n	poste m d'appel d'urgence
E 225	emergency transmitter	Notsender m	émetteur m de secours
	emf	s. E 151	
	EMI	s. E 144	
E 226	emission	Emission f *(Elektronen)*, Ausstrahlung f, Abstrahlung f *(Sender)*, Aussendung f	émission f
E 227	emission beam angle between half power points	Leistungshalbwertstrahlungswinkel m, Leistungshalbwertwinkel m	angle m d'émission à mi-puissance
E 228	emission current	Emissionsstrom m	courant m d'émission
E 229	emitter	Emitter m	émetteur m
E 230	emitter-coupled	emittergekoppelt	à couplage par l'émetteur
E 231	emitter-coupled logic, ECL	emittergekoppelte Logik f, ECL	logique f à émetteur[s] couplé[s], logique f ECL
E 232	emitter coupling	Emitterkopplung f	couplage m par l'émetteur
E 233	emitter electrode	Emitterelektrode f	électrode f d'émetteur
E 234	emitter follower	Emitterfolger m	émetteur m à montage asservi
E 235	emitter terminal	Emitteranschluß m	borne f d'émetteur
E 236	emitter-to-base current	Emitterbasisstrom m	courant m émetteur-base
	EMP	s. E 145	
E 237	empirical modelling	empirische Modellierung f	modélisation f empirique
	e.m.r.p, EMRP	s. E 93	
E 238	emulation	Emulation f	émulation f
E 239	emulator	Emulator m	émulateur m
	enable/to	s. A 116	
E 240	enable	Freigabe f	validation f
E 241	enabling	Einschalten n	mise f en action
E 242	en-bloc signalling	Blockwahl f	signalisation f «en bloc»
E 243	encapsulation, potting	Verkappung f, Kapselung f, Vergießen n	encapsulage m, enrobage m
	encipher/to	s. C 528	
	encipher	s. C 531	
E 244	enciphered data stream, encrypted data stream	verschlüsselter Datenfluß m	flux (flot) m de données chiffrées
E 245	enciphered message, cipher[ed] message	verschlüsselte Nachricht (Mitteilung) f	message m chiffré
	encode/to	s. C 673	
E 246	encoder, coder *(deprecated)*	Codierer m	codeur m
E 247	encoding, coding	Codierung f, Codieren n	codage m
E 248	encoding law	Quantisierungskennlinie f, Codierungskennlinie f, Codierungsgesetz n	loi f de quantification, loi f de codage
	encoding method	s. C 714	
	encoding of images	s. I 33	
	encrypt/to	s. C 528	
	encrypted data stream	s. E 244	
E 249	encrypted speech	verschlüsselte Sprache f	signal m vocal chiffré
	encrypter	s. C 531	
E 250	encryption, ciphering	Verschlüsselung f, Chiffrierung f	chiffrement m
E 251	encryption protocol	Verschlüsselungsprotokoll n	protocole m de chiffrement
E 252	encrypt the speech/to	Sprache verschlüsseln	crypter la parole
E 253	end delimiter, ending delimiter	Endemarke f	délimiteur m de fin de trame
	end-fire antenna	s. E 254	
E 254	end-fire array, end-fire antenna	Längsstrahler m	antenne f à rayonnement longitudinal
	ending delimiter	s. E 253	
E 255	endless tape cartridge	Bandschleifenkassette f	cartouche f à boucle sans fin
E 256	end of address	Adreßende n, Ende n der Adresse	fin f d'adresse
E 257	end of block, EOB	Blockende n, Ende n des Blocks	fin f de bloc
E 258	end-of-block signal	Blockendesignal n	signal m de fin de bloc
E 259	end of communication	Gesprächsende n	fin m de communication

E 260	end of dialling, end of pulsing	Wahlende n	fin f de numérotation
	end-of-dialling signal	s. E 269	
E 261	end office	Endamt n, EA	central m [d'] extrémité, central (centre m) local
E 262	end of file, EOF	Dateiende n, Ende n der Datei	fin f de fichier
E 263	end-of-file label, EOF label	Dateiendekennsatz m	label m de fin de fichier
E 264	end-of-file mark[er], EOF mark[er]	Dateiendemarke f	marque f de fin de fichier
E 265	end of line, EOL	Zeilenende n	fin f de ligne
E 266	end of medium, EM	Ende n der Aufzeichnung, Ende des Datenträgers	fin f de support, EM
E 267	end-of-medium character	Aufzeichnungsendezeichen n	caractère m fin de support
E 268	end of message, EOM	Nachrichtenendesignal n	fin f de message
	end of pulsing	s. E 260	
E 269	end-of-pulsing signal, end-of-dialling signal	Wahlendezeichen n, Wahlendesignal n, Nummerngabeschlußzeichen n, Ende-der-Wählinformation-Zeichen n	signal m de fin de numérotation
E 270	end of selection	Wahlende n	fin f de sélection
E 271	end-of-selection signal, EOS, number-received signal	Wählendezeichen n, Wahlendezeichen n, Wahlendesignal n, Wahlschlußsignal n	signal m de fin de sélection
E 272	end of tape, EOT	Bandende n	fin f de bande
E 273	end-of-tape mark, EOT mark	Bandendemarke f	marque f de fin de bande
E 274	end of text, ETX	Ende n des Textes, Textende n	fin f de texte, ETX
E 275	end-of-text character	Textendezeichen n	caractère m fin de texte
E 276	end of transmission, EOT	Ende n der Übertragung	fin f de transmission, EOT
E 277	end-of-transmission block, ETB	Ende n des Übertragungsblocks	bloc m fin de transmission, ETB
E 278	end of volume, EOV	Bandende n, Datenträgerende n	fin f de volume
E 279	end-of-volume label, EOV label	Bandendekennsatz m, Datenträgerendekennsatz m	label m de fin de volume
E 280	end-to-end blocking	durchgehende Blockierung f, Ende-zu-Ende-Blockierung	blocage m de bout en bout
E 281	end-to-end continuity check	durchgehende (Ende-zu-Ende-) Durchgangsprüfung f, weitspannende Sprechkreisdurchgangsprüfung f	essai m de continuité de bout en bout
E 282	end-to-end operation	End-End-Betrieb m	exploitation f de bout en bout
E 283	end-to-end servicing	End-End-Dienst m	service m de bout en bout
E 284	end-to-end signalling	durchgehende Zeichengabe f, durchgehende Signalisierung f, Ende-zu-Ende-Signalisierung	signalisation f de bout en bout
E 285	endurance test	Dauerprüfung f, Dauertest m, Dauerversuch m	essai m d'endurance
E 286	end user	Endanwender m, Endverbraucher m, Endnutzer m	utilisateur (usager) m final
E 287	energy absorption	Energieabsorption f	absorption f d'énergie
E 288	energy density	Energiedichte f	densité f d'énergie
	energy difference	s. E 289	
E 289	energy gap, forbidden band, energy difference	Bandabstand m, verbotenes Band n, Energiedifferenz f, Energieabstand m	bande f interdite
E 290	energy of wind	Windenergie f	énergie f éolienne
E 291	energy spectrum	Energiespektrum n	spectre m énergétique
E 292	energy transfer	Energieübertragung f, Energieübergang m	transfert m d'énergie
	engaged	s. B 550	
E 293	engaged signal (tone), busy signal, busy tone (US)	Besetztzeichen n, Besetztton m	signal m d'occupation, tonalité f d'occupation
E 294	engineering	Engineering n	travaux mpl d'ingénierie
E 295	engineering firm	Engineering-Gesellschaft f	société f d'ingénierie
E 296	engineering service circuit, ESC	Dienstkanalsystem n	circuit m de service
	enhanced definition TV	s. H 155	
E 297	enhancement layer	Anreicherungsschicht f	couche f d'enrichissement, couche à enrichissement
E 298	enhancement mode FET (field-effect transistor), EFET	FET vom Anreicherungstyp, EFET, Anreicherungs-Feldeffekttransistor m	TEC m à mode d'enrichissement, transistor m à effet de champ à enrichissement
E 299	enhancement type	Anreicherungstyp m	type m à enrichissement
	ENQ	s. E 300	
E 300	enquiry, ENQ	Stationsaufforderung f, Antwortanforderung f	demande f, ENQ, demande de renseignement, interrogation f
E 301	enquiry call	Rückfrage f	mise f en garde pour l'appel intérieur, double-appel m
E 302	enter key	Freigabetaste f	touche f de validation
	entity	s. I 697	
E 303	entropy	Entropie f	entropie f
E 304	entry point	Einsprungstelle f	point m d'entrée, adresse f de lancement

E 305	envelope	Einhüllende f, Hüllkurve f	enveloppe f, courbe f enveloppante, courbe d'enveloppe
E 306	envelope	Envelope f, Bitvollgruppe f, Bitgruppe f	enveloppe f
E 307	envelope contour (curve)	Hüllkurve f	courbe f d'enveloppe
	envelope delay	s. G 178	
E 308	envelope detection	Hüllkurvendemodulation f, Hüllkurvengleichrichtung f	détection f d'enveloppe
E 309	envelope detector	Hüllkurvendetektor m	détecteur m d'enveloppe
E 310	envelope modulation	Hüllkurvenmodulation f	modulation f d'enveloppe
E 311	envelope structure	Envelope-Struktur f	structure f d'enveloppe
	envelope velocity	s. G 199	
E 312	enveloping data	Hilfsdaten pl	données fpl auxiliaires
E 313	environment	Umgebung f, Umwelt f	environnement m, ambiance f, cadre m d'utilisation, milieu m
E 314	environmental background noise	Umgebungsgrundgeräusch n	bruit m de fond de l'environnement, bruit du milieu environnant
E 315	environmental conditions, ambient conditions	Umgebungsbedingungen fpl, Umweltbedingungen fpl	conditions fpl d'environnement, conditions ambiantes, conditions d'ambiance
E 316	environmental influence	Umwelteinfluß m, Umgebungseinfluß m	facteurs mpl d'environnement
E 317	environmental stress	umgebungsbedingte Beanspruchung f	contrainte f d'environnement
E 318	environmental testing	Prüfung f bei Umweltbedingungen	essai m sous conditions d'ambiance
	EOB	s. E 257	
	EOF	s. E 262	
	EOF label	s. E 263	
	EOF mark[er]	s. E 264	
	EOL	s. E 265	
	EOM	s. E 268	
	EOS	s. 1. E 23; 2. E 271	
	EOT	s. 1. E 272; 2. E 276	
	EOT mark	s. E 273	
	EOV	s. E 278	
	EOV label	s. E 279	
	EPABX	s. E 177	
E 319	ephemerides	Ephemeriden fpl	éphémérides fpl
E 320	ephemerides data	Ephemeridendaten pl	données fpl des éphémérides
E 321	epitaxy	Epitaxie f	épitaxie f
	EPL	s. E 348	
E 322	E-plane sectoral horn	E-Sektorhorn n	cornet m sectoriel E
E 323	epoxy resin	Epoxydharz n	résine f époxy[de]
	EPROM	s. E 120	
	E2PROM	s. E 117/8	
E 324	equal-distributed	gleichverteilt	équidistribué, équiréparti
E 325	equalization (transmission system)	Entzerrung f	égalisation f, correction f de distorsion, compensation f
E 326	equalizer	Entzerrer m	égaliseur m, égalisateur m, équilibreur m, compensateur m, correcteur m d'affaiblissement, réseau m correcteur (de correction)
E 327	equalizer circuit, equalizing circuit	Entzerrerschaltung f	circuit m égaliseur, circuit d'égalisation
	equalizing amplifier	s. A 423	
	equalizing circuit	s. E 327	
E 328	equalizing pulse	Ausgleichsimpuls m	impulsion f d'égalisation
E 329	equal-length code	Schrittcode m	code m à moments
E 330	equatorial synchronous orbit	äquatoriale Synchronbahn f	orbite f équatoriale synchrone
E 331	equipment	Gerät n, Einrichtung f, Vorrichtung f, Ausrüstung f	équipement m, matériel m, installation f, appareillage m
E 332	equipment disabled	Gerät n außer Betrieb, Gerät abgeschaltet	équipement m neutralisé
	equipment specific	s. D 347	
E 333	equisignal direction	Leitstrahlrichtung f	direction f des équisignaux
E 334	equivalent articulation loss	Ersatzdämpfung f, AEN-Wert m	affaiblissement m équivalent pour la netteté, AEN
	equivalent articulation loss	s. a. A 693	
E 335	equivalent binary content	äquivalenter binärer Inhalt m	contenu m binaire équivalent
E 336	equivalent binary signal	äquivalentes Binärsignal n	signal m binaire équivalent
E 337	equivalent bit rate	äquivalente Bitrate f, äquivalente Bitgeschwindigkeit f	débit m binaire équivalent
	equivalent bit rate	s. a. D 91	
E 338	equivalent build[ing]-up time, equivalent rise-time	äquivalente Einschwingzeit (Anstiegszeit) f	temps m de montée équivalent
E 339	equivalent circuit	Ersatzschaltung f	réseau m équivalent
E 340	equivalent circuit diagram, equivalent diagram	Ersatzschaltbild n, Ersatzschaltung f	schéma m équivalent

	equivalent diagram	s. E 340	
E 341	equivalent disturbing current	äquivalenter Störstrom m	courant m perturbateur équivalent
E 342	equivalent disturbing voltage	äquivalente Störspannung f	tension f perturbatrice équivalente
E 343	equivalent four-wire system	Zweidraht-Getrenntlagesystem n	système m de type N+N
E 344	equivalent isotropically radiated power, EIRP	äquivalente isotrope Strahlungsleistung f, abgestrahlte Hochfrequenzleistung (HF-Leistung) f	puissance f isotrope rayonnée équivalente, PIRE
E 345	equivalent network	äquivalentes Netzwerk n, Ersatznetzwerk n	réseau m équivalent
E 346	equivalent noise source circuit diagram	Rauschquellen-Ersatzschaltbild n	circuit m équivalent au bruit
E 347	equivalent noise temperature	äquivalente Rauschtemperatur f	température f équivalente de bruit
E 348	equivalent peak level, EPL	äquivalenter Spitzenpegel m	niveau m de crête équivalent, NCE
E 349	equivalent resistance error	äquivalenter Widerstandsfehler m	écart m équivalent
	equivalent rise-time	s. E 338	
E 350	erasable	löschbar	effaçable
E 351	erasable memory	löschbarer Speicher m	mémoire f effaçable
E 352	erase/to	löschen	effacer, annuler
E 353	erase generator	Löschgenerator m	générateur (oscillateur) m d'effacement
E 354	erase head, erasing head	Löschkopf m	tête f d'effacement
E 355	erasing	Löschen n	effacement m
	erasing head	s. E 354	
E 356	erect band	Band n in Regellage	bande f directe
E 357	erect sideband	Seitenband n in Regellage	bande f latérale directe
E 358	E region	E-Region f	région f E
E 359	ergonomic design	ergonomische Gestaltung f	conception f ergonomique
	ergonomics	s. P 223	
	ERP	s. 1. E 5; 2. E 96	
	e.r.p.	s. E 96	
E 360	erlang (unit of carried traffic intensity)	Erlang n, Erl, E	erlang m
E 361	erroneous alarm	Falschalarm m	fausse alarme f
E 362	erroneous bit	fehlerhaftes Bit n, Fehlerbit n	élément m [binaire] erroné
E 363	erroneous block	fehlerhafter Block m	bloc m erroné
E 364	erroneous segment	fehlerhaftes Segment n	segment m erroné
E 365	error	Fehler m	erreur f
E 366	error analysis	Fehleranalyse f	analyse f d'erreur
E 367	error averaging	Fehlermittelung f	moyennage m d'erreur
E 368	error burst	Fehlerbündel n, Fehlerburst m	paquet m d'erreurs, rafale f d'erreurs
E 369	error burst length	Fehlerbündellänge f	longueur f d'erreur en paquet
E 370	error burst structure	Fehlerbündelstruktur f	structure f d'erreur en paquets
E 371	error characteristics	Fehlercharakteristika fpl	caractéristiques fpl des erreurs
E 372	error check, error checking	Fehlerkontrolle f, Fehlerprüfung f	contrôle m d'erreurs
E 373	error check character, error check signal	Fehlerkontrollzeichen n	caractère m de contrôle d'erreurs, signal m de contrôle d'erreurs
	error checking	s. E 372	
E 374	error-checking code	prüfbarer Code m, Fehlerprüfcode m	code m à vérification d'erreurs, code de contrôle d'erreurs
	error check signal	s. E 373	
E 375	error concealment, error masking	Fehlermaskierung f	masquage m d'erreur
E 376	error control, error protection	Fehlersicherung f, Fehlersicherungsverfahren n, Übertragungssicherungsverfahren n, Fehlerschutz m	contrôle m des erreurs, protection f contre les erreurs
E 377	error control device, ECD	Fehlersicherungsgerät n	dispositif m de protection contre les erreurs
E 378	error-correcting code, ECC	Fehlerkorrekturcode m, fehlerkorrigierender Code m	code m correcteur d'erreurs
E 379	error-correcting codec	fehlerkorrigierender Codec m	codec m à correction d'erreurs
E 380	error correcting system	Fehlerkorrektursystem n	système m de correction d'erreurs
E 381	error correction	Fehlerkorrektur f	correction f d'erreurs
E 382	error correction by automatic repetition	Fehlerkorrektur f durch automatische Zeichenwiederholung	correction f des erreurs par répétition automatique
	error correction by detection and repetition	s. A 880	
E 383	error count	Fehlerzahl f, Fehleranzahl f	nombre m d'erreurs
E 384	error curve	Fehlerkurve f	courbe f d'erreur
E 385	error detecting code, EDC	Fehlererkennungscode m, fehlererkennender Code	code m détecteur d'erreurs, code autodétecteur d'erreurs, code à détection d'erreurs, code de détection d'erreurs
E 386	error detecting system	Fehlererkennungssystem n	système m détecteur d'erreurs
E 387	error detection	Fehlererkennung f	détection f d'erreurs
E 388	error detection and correction, EDC	Fehlererkennung und Fehlerkorrektur f	détection f et correction f d'erreurs

E 389	errored second, ES	fehlerbehaftete Sekunde f	seconde f avec erreur, seconde entachée d'erreurs, SE
E 390	error event	Fehlerereignis n	évènement m d'erreurs
E 391	error flag	Fehlerkennzeichen n	drapeau m d'erreur
E 392	error-free	fehlerfrei	sans erreur, exempt d'erreur
E 393	error-free second, EFS	fehlerfreie Sekunde f	seconde f sans erreur, SSE
E 394	error frequency	Fehlerhäufigkeit f	fréquence f d'erreurs
E 395	error handling	Fehlerbehandlung f	traitement m d'erreurs
E 396	error in bearing	Peilfehler m	erreur f de relèvement
E 397	error list	Fehlerprotokoll n	liste f des erreurs
E 398	error lock	Fehlerverriegelung f	blocage m sur erreur
E 399	error logging	Fehlererfassung f, Fehlerprotokollierung f	enregistrement m des erreurs, consignation f des erreurs
	error masking	s. E 375	
E 400	error message	Fehlermeldung f	message m d'erreur
E 401	error monitoring	Fehlerüberwachung f	surveillance f d'erreurs
E 402	error multiplication	Fehlervervielfältigung f, Fehlervervielfachung f	multiplication f d'erreurs
E 403	error multiplication factor	Fehlervervielfachungsfaktor m	coefficient m de multiplication d'erreurs
E 404	error of the first kind	Fehler m erster Art	erreur f de première espèce
E 405	error of the second kind	Fehler m zweiter Art	erreur f de seconde espèce
E 406	error pattern	Fehlermuster n	configuration f des erreurs
E 407	error probability	Fehlerwahrscheinlichkeit f	probabilité f d'erreur
E 408	error propagation	Fehlerfortpflanzung f	propagation f des erreurs
	error protection	s. E 376	
E 409	error-protection strategy	Fehlerschutzstrategie f	stratégie f de protection contre les erreurs, méthode f de protection contre les erreurs
E 410	error range, error span	Fehlerbereich m	fourchette f d'erreur
	error rate	s. E 414	
E 411	error rate monitoring	Fehlerratenüberwachung f	surveillance f du taux d'erreurs
E 412	error rate of keying	Fehlerhäufigkeit f bei der Tastung	taux m d'erreurs d'une manipulation
E 413	error rate of translation	Fehlerhäufigkeit f bei der Ausgabe	taux m d'erreurs d'une traduction
E 414	error ratio, error rate (deprecated)	Fehlerquote f, Fehlerhäufigkeit f, Fehlerrate f	taux m d'erreurs, rapport m d'erreurs
E 415	error signal	Fehlersignal n	signal m d'erreur
	error span	s. E 410	
E 416	error susceptability, susceptability to errors	Fehlerempfindlichkeit f	vulnérabilité f aux erreurs
	ES	s. 1. E 389; 2. E 480	
	ESC	s. 1. E 296; 2. E 417	
E 417	escape, ESC	Umschaltung f, Codeumschaltung f	échappement m, ESC, changement m de code
E 418	escape character	Umschaltzeichen n, Escape-Zeichen n, Codeumschaltung f	caractère m de changement de code
E 419	escape sequence	Umschaltfolge f, Escape-Folge f, ESC-Folge f, Codeumschaltfolge f	séquence f d'échappement, séquence de changement de code
	Es layer	s. S 1020	
	ESS	s. E 182	
E 420	establish/to	herstellen (Verbindung), errichten, einrichten (Netz)	établir (communication), installer (réseau)
E 421	establishing of communication	Verbindungsaufnahme f	établissement m de la communication
	establishment of connection	s. C 145	
E 422	estimate	Schätzwert m, Schätzung f	estimation f
E 423	estimated transit delay	angenommene Transitlaufzeit f	temps m de transit estimé
E 424	estimation	Abschätzung f, Schätzung f	estimation f
E 425	estimation bias	Schätzfehler m	biais m d'estimation
E 426	estimator	Schätzfunktion f, Estimator m, Abschätzer m, Schätzer m	estimateur m
	ETB	s. E 277	
E 427	etch/to	ätzen	attaquer, graver
E 428	etch[ing]	Ätzen	attaque f chimique, attaque, gravure f
	ETV	s. E 84	
	ETX	s. E 274	
E 429	Euclid distance	Euklid-Distanz f	distance f euclidienne
E 430	European Broadcasting Area	Europäische Rundfunkzone f	zone f européenne de radiodiffusion
E 431	European Broadcasting Union, EBU	Europäischer Rundfunkverein m	Union f Européenne de Radiodiffusion, UER
E 432	European communication satellite, ECS	Europäischer Fernmeldesatellit m	satellite m européen de télécommunications
E 433	European maritime area	Europäische Seefunkzone f	zone f maritime européenne
E 434	European mobile communication network	Europäisches Mobilkommunikationsnetz n, EMKN	réseau m européen de communication avec les mobiles
E 435	European mobile communication system	Europäisches Mobilkommunikationssystem n	système m européen de communication avec les mobiles

E 436	European Telecommunications Standard	Europäische Fernmeldenorm f	Norme f Européenne de Télécommunication, NET
E 437	European telex service	Europäischer Telexdienst m	service m télex européen
E 438	evaluate/to	auswerten	évaluer, développer
E 439	evaluation	Bewertung f, Auswertung f, Schätzung f *(Statistik)*	évaluation f
E 440	evaluation method	Bewertungsmethode f	méthode f d'évaluation
E 441	evanescent field	abklingendes Feld n	champ m évanescent
E 442	evanescent wave	abklingende Welle f	onde f évanescente
E 443	even harmonic	geradzahlige Oberwelle f (Harmonische f), Oberwelle geradzahliger Ordnung	harmonique m [d'ordre] pair
	even/odd check	s. P 107	
E 444	even parity	gerade Parität f	parité f
E 445	even parity check	Prüfung f auf gerade Parität	contrôle m de parité
E 446	event domain	Ereignisbereich m	domaine m des événements
E 447	excess attenuation	Zusatzdämpfung f	affaiblissement m supplémentaire, supplément m d'affaiblissement
E 448	excess capacity	Über[schuß]kapazität f	capacité f en excès
E 449	excess current, overcurrent, overload current	Überstrom m	surintensité f, courant m de surcharge
E 450	excess loss	Zusatzverlust m	perte f en excès
E 451	excess noise	Zusatzrauschen n	bruit m en excès
E 452	excess noise factor	Zusatzrauschfaktor m	facteur m d'excès de bruit
E 453	excess probability	Überschreitungswahrscheinlichkeit f	probabilité f de dépassement
E 454	excess-three code	Drei-Exzeß-Code m, Exzeß-Drei-Code m	code m «plus trois»
E 455	excess voltage, overvoltage	Überspannung f	surtension f
E 456	exchange, central office	Vermittlungsstelle f, VSt, Amt n, Vermittlungsamt n, Vermittlung f	central m téléphonique, central, centre m téléphonique, centre m de commutation, commutateur m
E 457	exchange area	Anschlußbereich m [einer Vermittlung]	zone f de rattachement, zone locale (urbaine), secteur m de raccordement
E 458	exchange concentrator	Vermittlungskonzentrator m	concentrateur m de central
E 459	exchange distributing frame	Vermittlungsverteiler m	répartiteur m de central
E 460	exchange equipment	Amtsausrüstung f	équipement m de central téléphonique
E 461	excitation	Anregung f, Erregung f	excitation f
E 462	excitation energy	Anregungsenergie f	énergie f d'excitation
E 463	excitation source	Anregungsquelle f, Erregungsquelle f	source f d'excitation
	excited	s. S 1203	
E 464	exciter *(antenna)*	Erreger m, aktiver Strahler m	excitateur m, excitateur d'antenne
	exciter	s. a. D 857	
	exclusion gate	s. a. A 500	
E 465	exclusive band	Exklusivband n	bande f attribuée en exclusivité
E 466	exclusive exchange line, direct exchange line	Hauptanschlußleitung f, Amtsleitung f, Einzelanschlußleitung f	ligne f non partagée, ligne individuelle, ligne principale
E 467	exclusive NOR-gate	Äquivalenzschaltung f, EXNOR-Schaltung f	circuit m NON-OU exclusif
E 468	exclusive-OR gate, XOR element	Antivalenzschaltung f, Antivalenzglied n, Exklusiv-ODER-Schaltung f, EXOR-Schaltung, XOR-Schaltung	circuit m OU exclusif, circuit m d'antivalence, porte f OU exclusif
E 469	exocentric angle	exozentrischer Winkel m	angle m exocentrique
E 470	expandability, expansibility, open-endedness, upgradability, upgrading capability	Erweiterungsfähigkeit f, Erweiterungsmöglichkeit f, Erweiterbarkeit f	extensibilité f, possibilité f d'extension
E 471	expanded session reference	erweiterter Bezug m der Session	référence f élargie de la session
E 472	expander	Expander m, Dynamikexpander m, Dehner m	extenseur m, expanseur m
	expansibility	s. E 470	
E 473	expansion	Expandierung f, Expansion f, Dehnung f, Amplitudendehnung f	expansion f, extension f
E 474	expansion *(facsimile)*	Kontrastdehnung f	extension f des luminances [en télécopie]
E 475	expansion board	Erweiterungsplatine f	carte f d'expansion, carte d'extension
E 476	expansion in a switching stage	Expansionsstufe f	expansion f dans un étage de commutation
E 477	expectation of a random variable	Erwartungswert m einer Zufallsvariablen	espérance f mathématique d'une variable aléatoire
E 478	experimental system	Versuchssystem n	système m expérimental
E 479	expertise	Gutachtertätigkeit f, Gutachten n	expertise f
E 480	expert system, ES	Expertensystem n	système m expert
E 481	explosion-proof	explosionssicher	antidéflagrant
E 482	exponent	Exponent m, Hochzahl f	exposant m
E 483	exponential curve	Exponentialkurve f	courbe f exponentielle

E 484	exponential distribution function	Exponentialverteilung f	fonction f de distribution exponentielle
E 485	extend/to	erweitern, ausdehnen, dehnen	agrandir, augmenter, étendre
	extendable	s. O 128	
E 486	extend a line/to	eine Leitung weiterführen	prolonger un circuit
E 487	extension	Nebenstelle f, NSt, Erweiterung f, Ausdehnung f	poste m (téléphone m) supplémentaire, extension f, augmentation f
E 488	extension circuit	Teilnehmeranschlußleitung f, Ortsabschnitt m (Telegrafie), Nebenstellenleitung f (Telefonie)	section f locale
E 489	extension line	Nebenanschlußleitung f, NAsl, Zweiganschluß m	ligne f supplémentaire, ligne interne
E 490	extension of frequency range	Frequenzbereichserweiterung f	extension f de la gamme de fréquence, extension à d'autres gammes de fréquence
	extension station	s. E 491	
E 491	extension telephone, extension station	Nebensprechstelle f, Nebenanschluß m, NAs	poste m secondaire, poste supplémentaire
E 492	external alarm	externer Alarm m	alarme f externe
E 493	external blocking	äußere Blockierung f	blocage m externe
	external cable	s. O 356	
E 494	external caller	Anrufer m von außerhalb	personne f appelant de l'extérieur
E 495	external control	Fremdsteuerung f	commande f extérieure, pilotage m extérieur
E 496	external interference	Fremdstörung f	brouillage m extérieur
E 497	external memory, external storage	Außenspeicher m, externer Speicher m, Externspeicher m	mémoire f externe
E 498	external modulation	Fremdmodulation f	modulation f extérieure
E 499	external noise	Fremdgeräusch n	bruit m extérieur
	external storage	s. E 497	
E 500	external traffic	externer Verkehr m, Externverkehr m	trafic m externe
E 501	extinction fading	Extinktionsschwund m	évanouissement m dû à l'extinction
E 502	extra charge	Zusatzgebühr f, zusätzliche Gebühr f, Zuschlag m	surtaxe f
E 503	extract/to	extrahieren, ausblenden, ausziehen	extraire
E 504	extraction equipment (carrier frequency transmission)	Abzweigeinrichtung f	équipement m de dérivation
E 505	extra-European traffic	außereuropäischer Verkehr m	trafic m extra-européen
E 506	extra-galactic radio-source	außergalaktische Radioquelle f	radiosource f extra-galactique
	extra handset	s. A 177	
E 507	extraordinary wave	außerordentliche Welle f	onde f extraordinaire
E 508	extrapolated lifetime	extrapolierte Lebensdauer f	durée f de vie prévisionnelle
E 509	extraterrestrial noise	außerirdische Störung f	bruit m extra-terrestre
	extraterrestrial noise	s. a. C 1142	
E 510	extra traffic	Zusatzverkehr m, zusätzlicher Verkehr m	trafic m supplémentaire
E 511	extremely high frequency, EHF	Millimeterwellen fpl	ondes fpl millimétriques
E 512	extremely low frequency, ELF	extrem tiefe Frequenz f	extrêmement basse fréquence f, EBF
	eye aperture	s. E 513	
	eye diagram	s. E 514	
E 513	eye opening, eye aperture	Augenöffnung f	ouverture f de l'œil
E 514	eye pattern, eye diagram	Augendiagramm n	diagramme m en œil

F

F 1	fabrication scheme	Herstellungsmethode f	méthode f de fabrication
F 2	facility request	Anforderung f von Leistungsmerkmalen	demande f de service complémentaire
F 3	facsimile, fax, telefax	Faksimile n, Fernkopieren n, Telefax n	télécopie f, fac-similé m
F 4	facsimile communication network	Faksimileübertragungsnetz n	réseau m de télécopie
F 5	facsimile communication system	Faksimileübertragungssystem n	système m de télécopie
	facsimile device	s. R 540	
F 6	facsimile equipment, telecopier	Faksimilegerät n	équipement m de télécopie, télécopieur m
	facsimile equipment	s. a. R 540	
	facsimile machine	s. 1. F 9; 2. R 540	
F 7	facsimile service	Faksimiledienst m	service m de télécopie
F 8	facsimile telegraphy	Faksimiletelegrafie f	télégraphie f fac-similé, phototélégraphie f
F 9	facsimile terminal, facsimile machine	Faksimileendgerät n, Faksimilegerät n, Faksimileterminal n	terminal m de télécopie, télécopieur m
	facsimile terminal	s. a. R 540	

facsimile

F 10	facsimile transmission	Faksimileübertragung *f*	transmission *f* de télécopie
F 11	factor of cooperation *(facsimile)*	Arbeitsmodulfaktor *m*, Modulfaktor *m*, Übertragungsfaktor *m*	coefficient *f* de coopération
F 12	factory acceptance	Werksabnahme *f*, Abnahme *f* im Werk	réception *f* en usine, recette *f* en usine, recette
F 13	factory test	Prüfung *f* im Werk	essai *m* en usine
	fade depth	s. F 20	
F 14	fade depth distribution	Schwundtiefenverteilung *f*	distribution *f* de la profondeur des évanouissements
F 15	fade in	Einblendung *f (FS)*	insertion *f*
F 16	fade margin	Schwundreserve *f*	marge *f* d'évanouissement
F 17	fade statistics	Schwundstatistik *f*, Fadingstatistik *f*	statistique *f* d'évanouissements
F 18	fading	Schwund *m*, Fading *n*	évanouissement *m*
F 19	fading channel	Fadingkanal *m*	voie *f* soumise à des évanouissements, voie affectée par des évanouissements, voie évanouissante
F 20	fading depth, fade depth	Schwundtiefe *f*	profondeur *f* d'évanouissement
F 21	fading mobile radio channel	Mobilfunkkanal *m* mit Fading, Mobilfunkkanal mit Schwund	voie *f* de radiocommunication du service mobile affectée par des évanouissements
F 22	fading simulator	Fadingsimulator *m*	simulateur *m* d'évanouissement
F 23	fail/to, go down/to	ausfallen	tomber en panne
F 24	fail-safe	vor Ausfall geschützt, ausfallsicher, betriebssicher	protégé contre défaillances, à sûreté intégrée
F 25	fail-safe system	ausfallsicheres System *n*	système *m* à sécurité intégrée
F 26	failure, breakdown, outage	Ausfall *m*	dérangement *m*, défaillance *f*, panne *f*
F 27	failure cause	Ausfallursache *f*	cause *f* de défaillance
F 28	failure criteria	Ausfallkriterien *npl*	critères *mpl* de défaillance
F 29	failure frequency	Ausfallhäufigkeit *f*	fréquence *f* des défaillances
F 30	failure mechanism	Ausfallmechanismus *m*	mécanisme *m* de défaillance
F 31	failure mode	Ausfallmodus *m*, Ausfallart *f*	mode *m* de dérangement, mode *m* de défaillance
F 32	failure rate	Ausfallrate *f*	taux *m* de dérangement, taux de défaillance
F 33	failure rate prediction	Vorausberechnung *f* der Ausfallrate	prévision *f* du taux de défaillance
F 34	failure state	Ausfallzustand *m*	état *m* de dérangement
F 35	falling characteristic	fallende Kennlinie *f*	caractéristique *f* à pente négative, caractéristique tombante
F 36	falling edge	abfallende (fallende) Flanke *f*	front *m* descendant
F 37	fall time	Abfallzeit *f*	temps *m* de descente, durée *f* de descente, temps *m* de décroissance
F 38	false-alarm probability	Falschmeldewahrscheinlichkeit *f*, Falschalarmwahrscheinlichkeit *f*	probabilité *f* de fausse alarme, probabilité de fausse détection
F 39	false call	Fehlanruf *m*, Blindanruf *m*	appel *m* erroné (intempestif, égaré)
F 40	false calling rate	Fehlanrufhäufigkeit *f*	taux *m* d'appels intempestifs
F 41	false calling signal	falsches Rufzeichen *n*, falsches Anrufzeichen *n*	faux signal *m* d'appel
F 42	false clearing signal	falsches Schlußzeichen *n*	faux signal *m* de libération
	FAMOS	s. F 285	
F 43	fan antenna, harp antenna	Fächerantenne *f*	antenne *f* en éventail, antenne en harpe
F 44	fan beam	Fächerstrahl *m*	faisceau *m* plat, faisceau en éventail
F 45	fan cooling	Gebläsekühlung *f*, Ventilatorkühlung *f*	refroidissement *m* par air soufflé
F 46	fan filter	Fächerfilter *n*	filtre *m* en éventail
F 47	fan-in	Eingangsverzweigung *f*, Eingangsfächer *m*, Fan-in *n*	entrance *f*, fan-in *m*
	fan marker	s. R 100	
F 48	fan-out	Ausgangsverzweigung *f*, Ausgangsfächer *m*, Ausgangslastfaktor *m*, Ausgangsbelastbarkeit *f*	sortance *f*, fan-out *m*
F 49	Faraday circulator	Faraday-Zirkulator *m*	circulateur *m* de Faraday
F 50	Faraday effect	Faraday-Effekt *m*	effet *m* Faraday
F 51	Faraday[-rotation] isolator	Faraday-Isolator *m*	isolateur *m* de Faraday, isolateur à effet Faraday
F 52	Faraday rotator	Faraday-Dreher *m*	rotateur *m* de Faraday
F 53	far-end crosstalk, FEX	Fernnebensprechen *n*	télédiaphonie *f*
F 54	far-end crosstalk attenuation	Fernnebensprechdämpfungsmaß *n*, Fernnebensprechdämpfung *f*, Fernnebensprechabstand *m*	affaiblissement *m* télédiaphonique, écart *m* télédiaphonique
F 55	far field, far field distribution	Fernfeld *n*	champ *m* lointain
F 56	far-field measurement	Fernfeldmessung *f*, Messung *f* des Fernfeldes	mesure *f* de champ lointain
F 57	far-field radiation pattern	Fernfeldstrahlungsdiagramm *n*	diagramme *m* de rayonnement en champ lointain
F 58	far-field region	Fernfeldbereich *m*	région *f* de champ lointain
F 59	far-field scattering	Fernfeldstreuung *f*	diffusion *f* en champ lointain

		far zone	s. R 65	
		fast-access storage	s. H 204	
F 60		fast fading, rapid fading	schneller Schwund m, schnelles Fading n	évanouissement m rapide
F 61		fast Fourier transform[ation], FFT	schnelle Fourier-Transformation f	transformation f de Fourier rapide, TFR
F 62		fast packet switching	schnelle Paketvermittlung f	commutation f rapide de paquets, CRP
F 63		fast risetime	kurze Anstiegszeit f	temps m de montée bref
F 64		fast select acceptance	Schnellverbindungsannahme f	acceptation f de la sélection rapide
F 65		fast selection	Schnellverbindung f	sélection f rapide
F 66		fatigue	Ermüdung f	fatigue f
		fatigue crack	s. F 68	
F 67		fatigue curve	Ermüdungskurve f	courbe f de fatigue
F 68		fatigue fracture, fatigue crack	Ermüdungsbruch m	rupture f de fatigue, cassure f de fatigue
F 69		fatigue test (trial)	Ermüdungstest m, Ermüdungsversuch m	essai m de fatigue
F 70		fault	Störung f, Schaden m, Versagen n	panne f, dérangement m
F 71		fault analysis	Störungsanalyse f, Fehleranalyse f	analyse f des pannes, analyse des dérangements
F 72		fault centre	Fehlermeldezentrum n	centre m de signalisation de défauts
F 73		fault clearance (clearing)	Entstören n, Störungsbeseitigung f	relève f des dérangements
F 74		fault clearing service	Störungsdienst m	service m des dérangements
F 75		fault correction	Störungsbeseitigung f, Fehlerbeseitigung f	correction f de panne
F 76		fault correction time	Dauer f der Störungsbeseitigung (Fehlerbeseitigung)	temps m de correction de panne
F 77		fault detection	Störungserkennung f	détection f de panne
F 78		fault diagnosis	Fehlerdiagnose f	diagnostic m de panne (défaut, fautes)
F 79		fault indication	Fehleranzeige f	signalisation f de défauts
F 80		fault localization, fault location (deprecated)	Fehlerortung f, Fehlerortsbestimmung f, Fehlerlokalisierung f, Fehlereingrenzung f, Störungseingrenzung f	localisation f de panne, localisation des dérangements, localisation f des fautes, localisation de défauts, localisation d'un défaut
F 81		fault localization time, fault location time	Fehlersuchzeit f	temps m de localisation de panne
		fault location	s. F 80	
		fault location time	s. F 81	
F 82		fault recognition	Fehlererkennung f, Störungserkennung f	détection f de panne, identification f d'un dérangement
F 83		fault simulation	Fehlersimulation f	simulation f de fautes
F 84		fault time	Störungsdauer f	temps m d'arrêt, durée f de panne
F 85		fault tolerance	Fehlertoleranz f	tolérance f aux pannes, insensibilité f aux dérangements
F 86		fault-tolerant	fehlertolerierend, fehlertolerant	insensible aux défaillances, tolérant aux fautes (pannes)
F 87		fault tree	Fehlerbaum m	arbre m de panne
F 88		faulty	schadhaft, fehlerhaft, gestört	en panne, en dérangement
F 89		faulty selection	Falschwahl f, Fehlwahl f	fausse sélection f, sélection incorrecte
F 90		faulty transmission	fehlerhafte Übertragung f	transmission f défectueuse
		fax	s. F 3	
		fax device (equipment, machine, terminal)	s. R 540	
		FCS	s. F 390	
		FDHM	s. F 581	
		FDM	s. 1. F 460; 2. F 462	
		FDMA	s. F 459	
		FDM radio-relay system	s. F 463	
		FDPSK	s. F 451	
		FE	s. F 332	
F 91		feasibility	Machbarkeit f	faisabilité f
F 92		feasibility study	Durchführbarkeitsstudie f	étude f de faisabilité
		FEC	s. F 344	
		feed assembly	s. A 578	
F 93		feedback	Rückkopplung f	réaction f, contre-réaction f, rétroaction f
		feedback channel	s. B 36	
F 94		feedback circuit	Rückkopplungsschaltung f	circuit m de contre-réaction
F 95		feedback loop	Rückkopplungsschleife f	boucle f de réaction
F 96		feedback oscillator	Rückkopplungsoszillator m	oscillateur m à contre-réaction
F 97		feedback path	Gegenkopplungsweg m	chemin m de contre-réaction
F 98		feedback ratio	Rückkopplungsfaktor m	taux m de réaction
F 99		feedback signal	Rückführungssignal n	signal m de réaction
F 100		feedback winding	Rückkopplungswicklung f	enroulement m de contre-réaction
F 101		feed element	Speiseelement n	élément m d'alimentation

F 102		feeder	Speiseleitung f, Zuleitung f	ligne f d'alimentation, feeder m
F 103		feeder cable	Speisekabel n, Zuführungskabel n	câble m d'alimentation, câble de transport
F 104		feeder link *(satellite)*	Zubringerverbindung f	liaison f de connexion
F 105		feed-fordward correction	Vorwärtskorrektur f	correction f aval
F 106		feeding	Speisen n, Speisung f	alimentation f
F 107		feeding bridge	Speisebrücke f	pont m d'alimentation
F 108		feed network	Speisenetz n	réseau m d'alimentation
F 109		feedpoint	Speisepunkt m	point m d'alimentation
F 110		feed-through capacitor	Durchführungskondensator m	condensateur m de passage, condensateur de traversée
		FEP	s. F 567	
F 111		ferrite	Ferrit m	ferrite m
F 112		ferrite antenna	Ferritantenne f	antenne f en ferrite
F 113		ferrite attenuator	Ferritdämpfungselement n	affaiblisseur m à ferrite
F 114		ferrite circulator	Ferritzirkulator m	circulateur m à ferrite
F 115		ferrite core	Ferritkern m	noyau m en ferrite
F 116		ferrite phase shifter	Ferritphasenschieber m	déphaseur m à ferrite
F 117		ferrite resonator	Ferritresonator m	résonateur m à ferrite
F 118		ferrite rod antenna	Ferrit[stab]antenne	bâtonnet m d'antenne en ferrite, antenne f à noyau de ferrite
F 119		ferrite substrate	Ferritsubstrat n	substrat m de ferrite
F 120		ferroelectric	ferroelektrisch	ferroélectrique
F 121		ferroelectric material	Ferroelektrikum n	matériau m ferroélectrique
F 122		ferromagnetic	ferromagnetisch	ferromagnétique
F 123		ferromagnetic core	ferromagnetischer Kern m	noyau m ferromagnétique
F 124		ferromagnetic domain	ferromagnetischer Bezirk m	domaine m ferromagnétique
		FET	s. F 138	
F 125		fetch/to	abrufen, holen, auslesen, lesen *(Speicher)*	appeler, extraire, lire *(mémoire)*
F 126		fetch	Befehlsabruf m	extraction f, accès m, appel m
F 127		fetch protect[ion]	Abrufsperre f	interdiction f d'accès
		FEX	s. F 53	
		FF	s. 1. F 282; 2. F 336	
		FFI	s. F 562	
		F/FO memory	s. F 215	
		FFS	s. F 235	
		FFT	s. F 61	
		FIB	s. F 346	
F 128		fiber-optic subscriber communication system	Lichtwellenleiter-Teilnehmeranschlußsystem n	système m de communication d'abonné à fibre optique
F 129		fidelity [of reproduction]	Wiedergabetreue f, Wiedergabegüte f, Wiedergabenatürlichkeit f	fidélité f [de reproduction]
		field	s. F 382	
F 130		field cable, field wire	Feldkabel n	câble m de campagne
F 131		field calculation	Feldberechnung f	calcul m de champs
F 132		field coils *(goniometer)*	Feldspulen fpl	stator m inductif
F 133		field conditions	Feldbedingungen fpl, Baustellenbedingungen fpl, Baustellenverhältnisse npl	conditions fpl sur chantier
F 134		field configuration	Feldverlauf m, Feldbild n	configuration f du champ
F 135		field distribution, distribution of the field	Feldverteilung f	distribution f du champ, répartition f du champ
F 136		field duration, frame duration	Halbbilddauer f	durée f de trame
F 137		field effect	Feldeffekt m	effet m de champ
F 138		field effect transistor, FET	Feldeffekttransistor m, FET	transistor m à effet de champ, TEC
		field engineer	s. M 85	
F 139		field experience, field trial	Feldversuch m, Felderprobung f	expérimentation f en place, expérience f pratique, expérience sur le terrain, essai m en place, essai sur site
		field installation	s. I 292	
F 140		field-installed	im Feldeinsatz	installé sur le terrain
		field intensity	s. P 608	
F 141		field of application	Anwendungsbereich m	domaine m d'application
F 142		field-programmable	feldprogrammierbar, vom Anwender programmierbar	programmable par l'utilisateur
F 143		field quincunx structure	Halbbildquincunx-Struktur f	structure f quinconce trame
F 144		field sensitivity	Feldübertragungsfaktor m	efficacité f dans le champ acoustique libre
		field-service engineer	s. M 85	
F 145		field strength	Feldstärke f	intensité f de champ, grandeur f de champ
F 146		field strength display	Feldstärkeanzeige f	affichage m d'intensité de champ, affichage du niveau de champ radioéléctrique
F 147		field strength indicator	Feldstärkeanzeiger m	afficheur m d'intensité de champ
F 148		field strength meter	Feldstärkemesser m, Feldstärkemeßgerät n	mesureur m de champ

F 149	field strength pattern	Feldstärkediagramm n	carte f de champ
F 150	field test (trial)	Felderprobung f, Einsatzerprobung f	essai m sur le terrain, essai en place, essai pratique, expérimentation f opérationnelle
	field trial	s. a. F 139	
F 151	field trial result	Felderprobungsergebnis n, Ergebnis n der Einsatzerprobung	résultat m d'essai en place, résultat d'essai sur site réel
	field wire	s. F 130	
	FIFO	s. F 214	
F 152	figure-of-eight diagram	Doppelkreisdiagramm n, Achterdiagramm n	diagramme m en huit
F 153	figure of merit, G/T, M	Gütefaktor m, G/T, M	facteur m de mérite, G/T, M
F 154	figure shift	Ziffernumschaltung f	inversion-chiffres f
F 155	filament, heater	Heizfaden m	filament m
F 156	filament current, heater current	Heizstrom m	courant m [de] filament, courant de chauffage
F 157	filament voltage, heater voltage	Heizspannung f	tension f [de] filament, tension de chauffage
F 158	file	Datei f	fichier m
F 159	file layout	Dateianordnung f, Dateistruktur f	définition f de fichier
F 160	file maintenance	Dateiwartung f, Dateipflege f	mise f à jour de fichier, tenue f de fichier
F 161	file management	Dateiverwaltung f	gestion f de fichiers
F 162	file management system, FMS	Dateiverwaltungssystem n	système m de gestion de fichier
F 163	file selection	Dateianwahl f	appel m de fichier, appel de base de données
F 164	file separator, FS	Hauptgruppentrennung f	séparateur m de fichiers
F 165	file transfer	Dateiübertragung f	transfert m de fichiers
F 166	fill character, filler, filler character, gap digit, gap character	Füllzeichen n, Leerzeichen n, Blindzeichen n	caractère m de remplissage
F 167	filler bit	Füllbit n, Leerbit n	bit m de remplissage
	filler character	s. F 166	
F 168	filler code	Füllcode m	code m de remplissage
F 168a	filler plate	Blindplatte f	cache f
F 169	filling coefficient (factor), space factor	Füllfaktor m	taux m de remplissage, facteur m de remplissage
F 170	fill-in signal unit, FISU	Füllzeicheneinheit f, Füllmeldung f	trame f sémaphore de remplissage, TSR
F 171	filter bandwidth, filter passband	Filterbandbreite f, Filterdurchlaßband n	bande f passante de filtre
F 172	filter bank	Filterbank f	banc m de filtres, banc de filtrage
F 173	filter choke	Siebdrossel f, Filterdrossel f	bobine f de filtrage
F 174	filter circuit	Filterschaltung f, Siebschaltung f	circuit m de filtrage
F 175	filter coefficients	Filterkoeffizienten mpl	coefficients mpl du filtre
F 176	filter design	Filterentwurf m	conception f de filtres
F 177	filtering	Filterung f, Filtern n	filtrage m
F 178/9	filter loss	Filterdämpfung f	affaiblissement m de filtrage
	filter passband	s. F 171	
F 180	filter response tolerance	Filtertoleranzschema n	tolérance f sur le gabarit de filtre
F 181	filter section	Filterglied n	cellule f de filtre, cellule de filtrage
F 182	filter theory	Filtertheorie f	théorie f des filtres
F 183	final amplifier	Endverstärker m, EV	amplificateur m final, amplificateur de sortie
F 184	final assembly	Endmontage f	montage m final
F 185	final character	abschließendes Zeichen n, Schlußzeichen n, Endezeichen n (Codeerweiterung)	caractère m final
F 186	final circuit group	Endbündel n	faisceau m final
F 187	final group selector	Endgruppenwähler m	sélecteur m de groupe de ligne
F 188	final route	Kennzahlweg m	voie f de dernier choix
F 189	final stage	Endstufe f	étage m final
F 190	finder, line finder	Anrufsucher m, Suchschalter m, Sucher m	chercheur m de ligne [appelante], chercheur
F 191	finder bay (rack)	Anrufsuchergestell n	baie f de chercheurs
F 192	finding	Anrufsuchen n	recherche f de (d'une) ligne appelante
F 193	find selector	Leitungswähler m	sélecteur m final, connecteur m
F 194	fine structure	Feinstruktur f	structure f fine
F 195	fine tuning	Feinabstimmung f	accord m précis
F 196	fine wire fuse	Feinsicherung f	fusible m en fil fin
F 197	finite element	finites Element n	élément m fini
F 198	finite-element method	Methode f der finiten Elemente	méthode f des éléments finis
F 199	finite impulse response, FIR	finite Impulsantwort f	réponse f impulsionnelle finie, RIF
F 200	finite impulse response filter, FIR filter	FIR-Filter n, nichtrekursives Filter	filtre m à réponse impulsionnelle finie, filtre à RIF, filtre à mémoire finie
F 201	finite optimization	finite Optimierung f	optimisation f finie
F 202	finite wordlength	begrenzte Wortlänge f	longueur f de mot finie
F 203	finline	Finleitung f	ligne f à ailettes

	FIR	s. F 199		
	fire block	s. S 917		
	FIR filter	s. F 200		
F 204	**firmware,** F/W	Firmware f	microprogrammation f, microprogramme m	
F 205	**firmware-controlled, firmware-driven**	durch Firmware gesteuert	piloté par microprogramme	
F 206	**firmware structure**	Firmwarestruktur f	structure f microprogrammée	
F 207	**first call attempt**	Erstanruf m	première tentative f d'appel	
F 208	**first-choice circuit group**	Grundlastbündel n, erstes Bündel n, Erstbündel n	faisceau m de premier choix	
F 209	**first-choice route**	Erstweg m	voie f [d'acheminement] de premier choix	
F 210	**first data multiplexer**	erster Multiplexer m (untere Netzebene)	multiplexeur m de données du premier ordre	
F 211	**first Fresnel half-wave zone**	erstes Fresnel-Ellipsoid n	premier ellipsoïde m de Fresnel	
F 212	**first Fresnel zone**	erste Fresnel-Zone f	première zone f de Fresnel	
F 213	**first Fresnel zone clearance**	Hindernisfreiheit f der ersten Fresnel-Zone	dégagement m [d'obstacles] de la première zone de Fresnel	
F 214	**first in/first out,** FIFO	FIFO, Prioritätssteuerung f	premier arrivé/premier sorti, premier entré/premier sorti	
F 215	**first in/first out memory,** FIFO memory	FIFO-Speicher m, Silospeicher m	mémoire f de type premier arrivé/premier servi	
F 216	**first-order**	erster Ordnung	du premier ordre, du 1er ordre	
F 217	**first-party release, first-subscriber release**	Auslösung f durch den zuerst auflegenden (einhängenden) Teilnehmer	libération f par le premier abonné	
F 218	**fish-bone antenna**	Fischgrätenantenne f	antenne f en arête de poisson	
	FISU	s. F 170		
F 219	**fixed antenna**	Festantenne f	antenne f fixe	
F 220	**fixed bias**	Grundvorspannung f, feste Vorspannung f	polarisation f fixe	
F 221	**fixed capacitor**	Festkondensator m	condensateur m fixe	
F 222	**fixed charge** (telephone)	Grundgebühr f, Festgebühr f	tarif m fixe, tarif forfaitaire	
	fixed connection	s. P 766		
F 223	**fixed echo,** fixed target (radar)	Festziel n, Festzeichen n	écho m fixe	
	fixed echo elimination	s. M 674		
F 224	**fixed frequency**	Festfrequenz f	fréquence f fixe	
	fixed-frequency oscillator	s. F 229		
F 225	**fixed-frequency receiver**	Festfrequenzempfänger m	récepteur m à fréquence fixe	
F 226	**fixed-frequency transmitter**	Festfrequenzsender m	émetteur m [radioélectrique] à fréquence fixe	
	fixed length	s. F 240		
	fixed link	s. P 766		
F 227	**fixed network**	Festnetz n	réseau m du service fixe	
F 228	**fixed network subscriber**	Festnetzteilnehmer m	abonné m de réseau du service fixe	
F 229	**fixed oscillator,** fixed-frequency oscillator	Festfrequenzoszillator m	oscillateur m [à fréquence] fixe	
F 230	**fixed point** (positioning)	Festpunkt m	point m fixe	
F 231	**fixed point**	Festkomma n	virgule f fixe	
F 232	**fixed-point calculation** (computation)	Festkommarechnung f	calcul m en virgule fixe	
F 233	**fixed radio station**	ortsfeste Funkstelle f, feste Funkstelle f	station f radio fixe, station radioélectrique fixe	
	fixed resistance	s. F 234		
F 234	**fixed resistor,** fixed resistance	Festwiderstand m	résistance f fixe	
F 235	**fixed-satellite service,** FFS	fester Satelliten[funk]dienst m, stationärer Satellitendienst m	service m fixe par satellite	
F 236	**fixed service**	fester Dienst m	service m fixe	
F 237	**fixed station**	ortsfeste Station f, Feststation f	station f fixe	
	fixed target	s. F 223		
	fixed-target suppression	s. M 674		
F 238	**fixed time call**	Abonnementgespräch n, Festzeitgespräch n	appel m à heure fixe, appel m à l'heure fixe	
F 239	**fixed wire-wound resistor**	Drahtfestwiderstand m	résistance f bobinée fixe	
F 240	**fixed word length,** fixed length	feste Wortlänge f	longueur f fixe [des mots]	
F 241	**flag**	Flag n, Flagge f, Blockbegrenzung f, Blockbegrenzungsfeld n, Blockbegrenzer m, Rahmenbegrenzung f	fanion m, drapeau m, indicateur m	
	flagpole	s. B 99		
F 242	**flag sequence**	Rahmenbegrenzungsfolge f	séquence f de délimitation de trame, séquence drapeau	
F 243	**flange** (wave guide)	Flansch m, Hohlleiterflansch m	bride f, bride de raccordement	
F 244	**flanged joint**	Flanschverbindung f	joint m à bride	
	flanking channel	s. A 216		
F 245	**flash/to**	blinken, aufleuchten	clignoter, scintiller	
F 246	**flashing signal**	Flackerzeichen n (Fernsprecher), Blinkzeichen n	signal m de rappel sur supervision (téléphonie), signal clignotant, clignotant m	

F 247	flat amplitude response	linearer Amplitudengang *m*, linearer Amplitudenverlauf *m*	réponse *f* linéaire à amplitude constante	
F 248	flat attenuation, flat loss	konstanter Dämpfungsverlauf *m*	affaiblissement *m* constant, atténuation *f* constante	
F 249	flat-bed scanner	Flachbettscanner *m*	explorateur *m* à plat	
F 250	flat cable	Flachkabel *n*	câble *m* plat	
F 251	flat-cable connector	Flachkabelsteckverbinder *n*	connecteur *m* à câble ruban	
F 252	flat display screen, flat panel display	flaches Display *n*, flache Bildschirmanzeige *f*	affichage *m* plat, écran *m* plat	
F 253	flat frequency response	linearer Frequenzgang *m*, gerader Frequenzgang	réponse *f* amplitude-fréquence constante (uniforme)	
F 254	flat gain	linearer (ebener) Verstärkungsgang *m*	gain *m* plat	
F 255	flat gain amplifier	Verstärker *m* mit geradem (linearem) Frequenzgang	amplificateur *m* à gain plat	
	flat loss	s. F 248		
F 256/7	flat-pack [package]	Flachgehäuse *n*, Flatpack-Gehäuse *n*, Flatpack *m*	boîtier *m* plat, boîtier flat-pack, boîtier pour montage à plat	
F 258	flat panel	flache Anzeigetafel *f*	panneau *m* plat	
	flat panel display	s. F 252		
F 259	flat-panel cathode ray tube, flat-panel CRT	Flachbildröhre *f*	écran *m* cathodique plat	
F 260	flat picture	kontrastarmes Bild *n*	image *f* sans contraste	
	flat random noise	s. W 124		
F 261	flat rate, lump-sum tariff	Pauschaltarif *m*	tarif *m* forfaitaire, tarif fixe, rémunération *f* forfaitaire (à forfait)	
F 262	flat rate call	Gespräch *n* zu Pauschaltarif (Festgebühr)	appel *m* à tarif fixe	
F 263	flat rate service	Pauschalgebührendienst *m*	service *m* à tarif fixe	
F 264	flat ribbon cable	Flachbandkabel *n*, Flachkabel *n*	câble *m* plat	
F 265	flat screen	flacher Bildschirm *m*	écran *m* plat	
F 266	flat spectrum, uniform spectrum, continuous spectrum	kontinuierliches Spektrum *n*	spectre *m* uniforme, spectre continu	
F 267	flat-top antenna	horizontale Langdrahtantenne *f*, Flächenantenne *f*	antenne *f* en nappe	
F 268	flat-top response	flacher Kurvenverlauf *m*	courbe *f* à sommet plat, courbe de réponse horizontale	
F 269	flat-type relay	Flachrelais *n*	relais *m* plat	
F 270	flat weighting	gleichmäßige Wichtung *f*	pondération *f* uniforme	
F 271	F layer	F-Schicht *f*	couche *f* F [normale]	
	flexible add-on	s. A 186		
F 272	flexible cable	biegsames (flexibles) Kabel *n*	câble *m* flexible	
F 273	flexible cord	Zuleitungsschnur *f*, Anschlußschnur *f*, Geräteanschlußschnur *f*, Verbindungsschnur *f*	cordon *m* flexible (souple), conducteur *m* souple de raccordement, conducteur souple	
F 274	flexible printed wiring	flexible gedruckte Verdrahtung *f*	câblage *m* imprimé souple	
F 275	flexible waveguide	flexibler Hohlleiter (Wellenleiter) *m*	guide *m* d'onde flexible (souple)	
F 276	flexible working hours, FWH, flex[i]time	flexible Arbeitszeit *f*	horaire *m* variable	
	flex[i]time	s. F 276		
F 277	flicker[ing]	Flackern *n*, Flimmern *n*	papillotement *m*, scintillement *m*	
F 278	flicker noise	Funkelrauschen *n*	bruit *m* de scintillation	
F 279	flicker reduction	Flimmerreduktion *f*	réduction *f* de scintillation	
F 280	flip chip	Flip-Chip *m*	puce *f* à protubérances	
F 281	flip-chip interconnection	Flip-Chip-Verbindung *f*	connexion *f* sur puce de circuits intégrés	
F 282	flip-flop, FF, bistable trigger circuit, bistable trigger *(deprecated)*	Flipflop *m*, bistabile Schaltung *f*, bistabiler Multivibrator *m*	bascule *f* [bistable], basculateur *m* bistable	
F 283	flip-flop register	Flipflop-Register *n*	enregistreur *m* à bascule	
	floating battery	s. B 496		
F 284	floating charge, trickle charge	Erhaltungsladung *f*	charge *f* d'entretien, charge de maintien	
F 285	floating-gate avalanche-injection, MOS, FAMOS	FAMOS *m*	MOS *m* à grille flottante et à injection par avalanche, FAMOS	
F 286	floating-gate MOS transistor	Floating-Gate-MOS-Transistor *m*	transistor *m* MOS à grille flottante	
F 287	floating point	Gleitkomma *n*	virgule *f* flottante	
F 288	floating-point calculation (computation)	Gleitkommarechnug *f*	calcul *m* en virgule flottante	
F 289	float mounting	schwimmende Befestigung *f*	montage *m* flottant	
F 290	floor plan	Grundriß *m*, Aufstellungsplan *m*	plan *m* d'aménagement	
F 291	floor space	Grundfläche *f*	encombrement *m*	
F 292	floppy disk, diskette, mini floppy	Diskette *f*, flexible Magnetplatte *f*	disquette *f*, minidisque *m*, disque *m* souple	
F 293	floppy disk memory	Diskettenspeicher *m*	mémoire *f* à disques flexibles	
	flow chart	s. F 296		
F 294	flow control	Flußsteuerung *f*, Flußregelung *f*, Flußkontrolle *f*, Überlastabwehr *f*	commande *f* (contrôle *m*) de flux, contrôle *m* de déroulement	

flow

F 295	flow control parameter selection/negociation and indication for virtual call service	Auswahl f von Flußregelungsparametern/Absprache f und Anzeige f bei gewählten virtuellen Verbindungen	sélection f, négociation f et indication f des paramètres de contrôle de flux pour service de communication virtuelle	
	flow diagram, flowgram	s. F 296		
F 296	flow graph, flow chart, flow diagram, flowgram	Flußdiagramm n, Ablaufdiagramm n, Ablaufplan m	diagramme m de flux, table f de fluence, ordinogramme m, organigramme m	
F 297	flow line	Flußlinie f	ligne f de flux	
	FLS	s. F 413		
F 298	fluctuation	Fluktuation f, Schwankung f	fluctuation f	
F 299	flutter	Gleichlaufschwankung f, Flackern n (Bild)	scintillement m, sautillement m (image)	
F 300	flux density	Flußdichte f	densité f de flux	
F 301	flyback time	Rücklaufzeit f	temps m de retour	
F 302	flywheel circuit	Schwungradschaltung f	circuit m à inertie	
	FM	s. 1. F 507; 2. R 100		
F 303	FM broadcasting	FM-Rundfunk m, FM-Hörrundfunk m	radiodiffusion f à modulation de fréquence	
F 304	FM demodulator	FM-Demodulator m	démodulateur m de fréquence	
F 305	FM deviation meter	Frequenzhubmesser m	excursiomètre m MF	
	FM discriminator	s. F 453		
	FM modulator	s. F 511		
	FM radar	s. F 501		
F 306	FM radiotelephone [equipment]	FM-Funksprechgerät n, FM-Funktelefon n	appareil m radiotéléphonique à modulation de fréquence	
F 307	FM receiver	FM-Empfänger m	récepteur m à modulation de fréquence, récepteur MF	
F 308	FM reception	FM-Empfang m	réception f MF	
	FMS	s. F 162		
	FM sub-carrier	s. F 509		
	FM television signal	s. F 505		
	FM transmitter	s. F 510		
F 309	FM tuner	FM-Tuner m	syntonisateur m MF	
	FMVFT	s. F 506		
F 310	focal point feed antenna	im Brennpunkt erregte Antenne f	antenne f illuminée du foyer	
F 311	focused beam	gebündelter Strahl m	faisceau m focalisé	
F 312	focusing	Fokussierung f	focalisation f	
F 313	focusing	fokussierend	focalisant	
F 314	folded dipole	Faltdipol m	dipôle m replié, doublet m replié simple	
F 315	folded-dipole antenna	Faltdipolantenne f	antenne f trombone, doublet m replié	
F 316	fold-over distortion	Faltungsverzerrung f	distorsion f de mutation	
F 317	follow current	Folgestrom m	courant m résiduel	
F 318	follow-up	Nachführung f	suivi m	
F 319	forbidden band	verbotenes Band n	bande f interdite	
	forbidden band	s. a. E 289		
F 320	forced-air cooling	Fremdlüftung f, Druckluftkühlung f	refroidissement m à air forcé	
F 321	forced cooling	Zwangskühlung f	refroidissement m forcé	
F 322	forced release, force release	Zwangsauslösung f, Zwangstrennung f	libération f forcée	
F 323	forced rerouting	beschleunigte Leitwegumlenkung f	passage m sous contrainte sur route de secours	
	force release	s. F 322		
F 324	foreign exchange line, FX line	Leitung f zur fremden Vermittlungsstelle	ligne f hors circonscription	
F 325	foreign tone	fremdes Hörzeichen n, fremdes Zeichen n	tonalité f étrangère	
F 326	forked working	Gabelverkehr m	communication f bifurquée	
F 327	formant vocoder	Formant-Vocoder m	vocodeur m à formant	
F 328	format/to	formatieren	mettre en forme, structurer, éditer	
F 329	format	Format n, Codeformat n	format m	
F 330	format control	Formatsteuerung f	commande f d'édition	
F 331/2	format effector, FE	Formatsteuerzeichen n, Formateffektor m	caractère m de mise en page	
F 333	formatter	Formatierer m	formateur m	
F 334	formatting	Formatierung f	mise f en forme, structuration f, édition f	
F 335	formatting character	Formatsteuerzeichen n	caractère m d'édition	
F 336	form feed, FF	Formularvorschub m	changement m de page, FF	
F 337	fortuitous distortion (telegraphy)	unregelmäßige Verzerrung f	distorsion f fortuite, distorsion accidentelle	
F 338	forward address information	Adresseninformation f in Vorwärtsrichtung	information f d'adresse émise vers l'avant	
F 339	forward channel	Hauptkanal m, Vorwärtskanal m, Kanal m in Vorwärtsrichtung	voie f d'aller	
F 340	forward characteristic	Durchlaßkennlinie f	caractéristique f en sens direct	

F 341	forward current		Durchlaßstrom *m*, Strom *m* in Flußrichtung, Vorwärtsstrom *m*	courant *m* direct
F 342	forward direction		Durchlaßrichtung *f*, Vorwärtsrichtung *f*, Flußrichtung *f*	sens *m* conducteur, sens passant, sens direct
F 343	forward error correcting system		Fehlerkorrektur-Codierungssystem *n* ohne Rückkanal, Fehlerkorrektursystem *n* ohne Rückkanal	système *m* de [codage de la] correction d'erreurs sans voie de retour
F 344	forward error correction, FEC		Vorwärtsfehlerkorrektur *f*	correction *f* directe d'erreurs, correction d'erreurs sans voie de retour, FEC
F 345	forward-fire array		vorwärtsstrahlende Gruppenantenne *f*	antenne *f* en réseau à rayonnement vers l'avant
F 346	forward indicator bit, FIB		Vorwärtskennungsbit *n*, Vorwärtsindikator *m*, Vorwärtsindikatorbit *n*	bit *m* indicateur vers l'avant, BIA
F 347	forward recall signal		Vorwärtsnachruf *m*	signal *m* de rappel vers l'avant
F 348	forward resistance		Durchlaßwiderstand *m*	résistance *f* directe
F 349	forward round-the-world echo		Vorwärts-Erdumlauf-Echo *n*	écho *m* avant tour de terre
F 350	forward scattering		Vorwärtsstreuung *f*	prodiffusion *f*, diffusion *f* avant *(déconseillé)*
F 351	forward sequence number, FSN		Vorwärtsfolgenummer *f*, Vorwärtssequenznummer *f*	numéro *m* de séquence vers l'avant, NSA
F 352	forward signal		Vorwärtszeichen *n*	signal *m* vers l'avant
F 353	forward-transfer signal, FOT		Vorwärts-Transfer-Kennzeichen *n*, Vorwärts-Transfer-Signal *n*, Eintretezeichen *n*	signal *m* d'intervention, signal de rappel vers l'avant, IOP
F 354/5	forward voltage [drop]		Durchlaßspannung *f*, Vorwärtsspannung *f*, Spannung *f* in Durchlaßrichtung, Flußspannung *f*	chute *f* de tension directe, tension *f* directe
	FOT		*s.* 1. F 353; 2 O 218	
	four-bit byte		*s.* Q 67	
F 356	four-condition code		vierwertiger Code *m*	code *m* quadrivalent
F 357	four-frequency diplex telegraphy, twinplex		Vierfrequenz-Diplex-Telegrafie *f*	télégraphie *f* diplex (duoplex) à quatre fréquences
F 358	Fourier component		Fourier-Komponente *f*	composante *f* de Fourier
F 359	Fourier transform		Fourier-Transformation *f*	transformation *f* de Fourier
F 360	four-level phase modulation, four-phase modulation, four-phase shift keying		vierwertige Phasenmodulation *f*, vierwertige Phasenumtastung *f*	modulation *f* de phase quadrivalente
F 361	four-party line		Gemeinschaftsleitung *f* für vier Anschlüsse	ligne *f* à quatre abonnés
	four-phase modulation (shift keying)		*s.* F 360	
F 362	four-pole [network], four-terminal network, two-terminal pair network, quadripole, two-port circuit, two-port network		Vierpol *m*, Vierpolschaltung *f*	quadripôle *m*, tétrapôle *m*
F 363	four-pole parameter, two-port parameter		Vierpolparameter *m*	paramètre *m* de quadripôle
F 364	four-port branched circuit		Viertorverzweigungsschaltung *f*	circuit *m* à embranchement à quatre accès
	four-terminal network		*s.* F 362	
F 365	four-wire, 4 wire		Vierdraht ..., vierdrähtig, 4-Draht-...	quatre fils, 4 fils
F 366	four-wire automatic exchange		automatische Vierdrahtvermittlungsstelle *f*	central *m* automatique à quatre fils
F 367	four-wire chain		Vierdrahtkette *f*	chaîne *f* à quatre fils
F 368	four-wire circuit		Vierdrahtleitung *f*	circuit *m* 4 fils, circuit à quatre fils
F 369	four-wire connection		Vierdrahtverbindung *f*	liaison *f* quatre fils
F 370	four-wire line		Vierdrahtleitung *f*	ligne *f* à quatre fils
F 371	four-wire operation		Vierdrahtbetrieb *m*	exploitation *f* en quatre fils
F 372	four-wire polar current		Vierdrahtdoppelstrom *m*	double courant *m* à quatre fils
F 373	four-wire repeater		Vierdrahtverstärker *m*	répéteur *m* pour circuit à quatre fils, répéteur 4 fils
F 374	four-wire switching, 4 wire switching		Vierdrahtdurchschaltung *f*, 4-Draht-Durchschaltung *f*, Vierdrahtvermittlung *f*	commutation *f* à quatre fils, commutation 4 fils
F 375	four-wire terminating set		Vierdrahtgabel *f*, Gabelschaltung *f*	termineur *m* deux fils/quatre fils, termineur
F 376	four-wire termination		Gabel *f*, Vierdrahtgabel *f*	terminaison *f* à quatre fils, terminaison 4 fils
F 377	four-wire transmission		Vierdrahtübertragung *f*	transmission *f* 4 fils
F 378	four-wire type circuit		Vierdrahtübertragungsweg *m*, Vierdrahtweg *m*	circuit *m* assimilé à un circuit à quatre fils
F 379	fraction of time		Zeitanteil *m*	fraction *f* du temps
F 380	frame		Rahmen *m*, Gestellrahmen *m*, Gehäuse *n*	cadre *m*, bâti *m*
F 381	frame *(digital transmission)*		Rahmen *m*, Pulsrahmen *m*	trame *f*, séquence *f* *(transmission numérique)*, bloc *m* *(transmission de données)*
F 382	frame *(video)*, field *(US)* *(video)*		Halbbild *n*, Teilbild *n*	trame *f*

frame 118

F 383	frame *(US) (video)*	Vollbild *n*	image *f* [complète]
	frame	*s. a.* P 919	
F 384	frame alignment, frame synchronization	Rahmengleichlauf *m*, Rahmensynchronisierung *f*, Rahmensynchronisation *f*, Rahmensynchronismus *m*, Rahmenerkennung *f*	verrouillage *m* de trame, synchronisation *f* de trame
F 385	frame alignment loss, loss of frame alignment	Rahmengleichlaufverlust *m*, Rahmensynchronisationsverlust *m*, Rahmensynchverlust *m*	perte *f* de verrouillage de trame
F 386	frame alignment recovery	Rahmengleichlaufwiederherstellung *f*	récupération *f* de verrouillage de trame
F 387	frame alignment recovery time, reframing time	Resynchronisationszeit *f*	temps *m* de reprise du verrouillage de trame, temps de reprise
F 388	frame alignment signal, framing signal	Rahmenerkennungssignal *n*, Rahmenkennungssignal *n*, Rahmensynchronsignal *n*	signal *m* de verrouillage de trame
F 389	frame alignment time slot	Zeitkanal *m* (Zeitschlitz *m*, Zeitintervall *n*) des Rahmensynchronsignals, Rahmenerkennungszeitkanal *m*	créneau *m* temporel de verrouillage (synchronisation) de trame
	frame antenna	*s.* L 454	
F 390	frame check[ing] sequence, FCS	Rahmenprüfzeichenfolge *f*	séquence *f* de contrôle de trame
F 391	frame duration	Rahmendauer *f*	durée *f* de trame[s], durée des trames
	frame duration	*s. a.* F 136	
F 392	frame flyback	Vertikalrücklauf *m*, Bildrücklauf *m*	retour *m* d'image
F 393	frame frequency	Vertikalfrequenz *f*, V-Frequenz *f*, Bildwechselfrequenz *f*, Rasterfrequenz *f*	fréquence *f* de trame, fréquence d'image
F 394	frame frequency	Rahmenfolgefrequenz *f*, Rahmenfrequenz *f*	fréquence *f* de trame
F 395	frame information	Rahmeninformation *f*	information *f* de trame
F 396	frame length	Rahmenlänge *f*	longueur *f* de trame
F 397	frame of speech	Parameterstützstelle *f* (*Sprachcodierung*)	fenêtre *f* de parole
F 398	frame stealing	Rahmenstehlen *n*	vol *m* de trame
F 399	frame structure	Rahmenstruktur *f*, Rahmenaufbau *m*	structure *f* de trame
	frame synchronization	*s.* F 384	
F 400	frame-synchronizing bit	Rahmensynchronisationsbit *n*	bit *m* de verrouillage de trame
F 401	frame synchronizing pulse	Bildsynchronimpuls *m*	impulsion *f* de synchronisation de trame
F 402	framing bit, alignment bit	Rahmenbit *n*, Synchronisierbit *n*	bit *m* de verrouillage de trame
F 403	framing distortion *(facsimile)*	Einstellungsverzerrung *f*	distorsion *f* de cadrage
	framing signal	*s.* F 388	
	framing word	*s.* B 519	
F 404	Franklin antenna (array)	Franklin-Antenne *f*	antenne *f* Franklin
F 405	fraudulent transit traffic	betrügerischer Transitverkehr *m*	trafic *m* de transit frauduleux
F 406	Fraunhofer region	Fraunhofersches Gebiet *n*, Fraunhofersche Zone *f*	région *f* de Fraunhofer
F 407	F region	F-Region *f*	région *f* F
F 408	free access	freier Zugriff *m*	accès *m* libre
F 409	free call	kostenloser Anruf *m*	appel *m* gratuit, communication *f* gratuite
F 410	free-circuit condition	Ruhezustand *m*, Freizustand	état *m* de disponibilité, circuit *m* libre, circuit disponible
F 411	free from harmonics	oberwellenfrei	exempt d'harmoniques
F 412	free-line condition	Betriebsruhezustand *m*	ligne *f* libre
F 413	free-line signal, FLS	Freizeichen *n*, Freischauzeichen *n*	signal *m* d'innocupation, lampe *f* d'innocupation
	free of reflection	*s.* N 327	
F 414	freephone [service], green number service, GNS	gebührenfreier Anruf *m* (*Dienst*)	service *m* «libre-appel», numéro *m* vert
F 415	free propagation, free space propagation	Freiraumausbreitung *f*	propagation *f* [en espace] libre
F 416	free-running oscillator	freilaufender (freischwingender) Oszillator *m*	oscillateur *m* libre
F 417	free space	freier Raum *m*	espace *m* libre
F 418	free-space attenuation, free-space loss	Freiraumdämpfung *f*	affaiblissement *m* idéal en espace libre, affaiblissement *m* d'espace libre
F 419	free space basic transmission loss	Freiraumgrundübertragungsdämpfung *f*, Freiraumgrunddämpfung *f*, Grundübertragungsdämpfungsmaß *n*	affaiblissement *m* d'espace libre (*pour une liaison radioélectrique*), affaiblissement de transmission en espace libre
F 420	free space impedance	Wellenwiderstand *m* des freien Raumes	impédance *f* d'espace libre
	free-space loss	*s.* F 418	
	free space propagation	*s.* F 415	

F 421	free space wavelength	Freiraumwellenlänge f, Wellenlänge f im freien Raum	longueur f d'onde d'espace libre
F 422	free state, idle state	Freizustand m	état m vacant, état libre
F 422a	free time	Freidauer f	temps m libre
F 423	frequency	Frequenz f, Häufigkeit f, Schwingungszahl f, Periodenzahl f	fréquence f, cadence f
F 424	frequency agility	Frequenzbeweglichkeit f	agilité f de fréquence
F 425	frequency allocation	Frequenzvergabe f, Frequenzzuweisung f	allocation f de fréquence, attribution f des fréquences
F 426	frequency allocation plan (scheme)	Frequenzverteilungsplan m	plan m d'attribution des fréquences
F 427	frequency allotment	Frequenzverteilung f	allotissement m des fréquences
F 428	frequency/amplitude translator	Frequenz-Amplitudenumsetzer m	traducteur m fréquence/amplitude
F 429	frequency analyzer	Frequenzanalysator m	analyseur m de fréquence
F 430	frequency assignment	Frequenzzuteilung f	assignation f des fréquences
F 431	frequency band	Frequenzband n	bande f de fréquences, gamme f de fréquences
	frequency band broadening	s. F 434	
F 432	frequency band sharing	Frequenzbandaufteilung f	partage m de la bande des fréquences
F 433	frequency bandwidth	Frequenzbandbreite f	largeur f de bande de fréquences
F 434	frequency broadening, frequency band broadening	Frequenzbandverbreiterung f	élargissement m du spectre fréquentiel
F 435	frequency calibration	Frequenzeichung f	étalonnage m en fréquence
F 436	frequency change	Frequenzänderung f, Frequenzwechsel m	variation f de fréquence, changement m de fréquence
	frequency-change oscillator	s. L 349	
	frequency changer	s. F 442	
	frequency-changer stage	s. F 443	
F 437	frequency channel, channel	Frequenzkanal m	canal m de fréquences
F 438	frequency characteristic	Frequenzcharakteristik f	caractéristique f fréquentielle
F 439	frequency characteristics	Frequenzverhalten n	caractéristiques fpl en fréquence
F 440	frequency control	Frequenzregelung f	commande f de fréquence
F 441	frequency conversion, frequency translation	Frequenzumsetzung f, Frequenzwandlung f	conversion f de fréquence, translation f de fréquence, transposition f de (en) fréquence
F 442	frequency converter, frequency changer	Frequenzumsetzer m	convertisseur m de fréquence, changeur m de fréquence
F 443	frequency converter stage, frequency-changer stage	Frequenzumsetzungsstufe f	étage m convertisseur de fréquence
F 444	frequency coordination	Frequenzkoordinierung f	coordination f des fréquences
F 445	frequency counter	Frequenzzähler m	compteur m de fréquences
F 446	frequency demodulation	Frequenzdemodulation f	démodulation f de fréquence
F 447	frequency demodulator	Frequenzdemodulator m	démodulateur m de fréquence
F 448	frequency departure	Frequenzabweichung f	écart m de fréquence, déviation f de fréquence
F 449	frequency deviation	Frequenzhub m	excursion (déviation) f de fréquence
F 450	frequency difference	Frequenzunterschied m	différence f de fréquence
F 451	frequency differential phase shift keying, FDPSK	frequenzdifferentielle Phasenmodulation (Phasenumtastung) f	modulation (manipulation) f par déplacement de phase différentielle en fréquence
F 452	frequency discrimination	Frequenzauflösung f	sélection f de fréquence
F 453	frequency discriminator, FM discriminator	Frequenzdiskriminator m	discriminateur m de fréquence, discriminateur MF
F 454	frequency distribution	Häufigkeitsverteilung f	distribution f des fréquences
F 455	frequency diversity	Frequenzdiversity n	diversité f de fréquence
F 456	frequency-diversity reception	Frequenzdiversityempfang m	réception f en diversité de fréquence
F 457	frequency divider	Frequenzteiler m	diviseur m de fréquence
F 458	frequency division	Frequenzteilung f	répartition f en fréquence, répartition fréquentielle, subdivision f en fréquence
F 459	frequency-division multiple access, FDMA	Vielfachzugriff (Mehrfachzugriff) m in der Frequenzebene, Frequenzmultiplexzugriff m, Frequenzvielfach-Zugriffsverfahren n, Frequenzmehrfachzugriff m, Frequenzvielfachzugriff m	accès m multiple [par répartition] en fréquence, AMRF, accès multiple à répartition en fréquence
F 460	frequency-division multiplex, frequency-division multiplexing, FDM	Frequenzmultiplex n, Frequenzmultiplexverfahren n	multiplex[age] m [par (à) répartition] en fréquence, MRF, multiplexage fréquentiel, multiplex m par partage de fréquences
F 461	frequency-division multiplexed voice channel	Frequenzmultiplex-Sprechkanal m	voie f de conversation à multiplexage en fréquence
F 462	frequency-division multiplexer, FDM, frequency multiplexer	Frequenzmultiplexer m	multiplexeur m à répartition en fréquence, multiplexeur m en fréquence, MRF
	frequency-division multiplexing	s. F 460	

frequency 120

F 463	frequency-division multiplex radio-relay system, FDM radio-relay system	Richtfunkstrecke f mit Frequenzmultiplex	faisceau m hertzien à multiplexage par répartition en fréquence
F 464	frequency-division multiplex telephony	Frequenzmultiplex-Fernsprechen n, Frequenzmultiplextelefonie f	téléphonie f à multiplexage en fréquence
F 465	frequency-division switching	frequenzgeteilte Vermittlung f, frequenzgeteilte Durchschaltung f	commutation f par répartition en fréquence
F 466	frequency domain	Frequenzbereich m (Gegenteil zu Zeitbereich)	domaine m fréquentiel, dimension f fréquentielle
F 467	frequency domain analysis	Analyse f im Frequenzbereich	analyse f dans le domaine fréquentiel
F 468	frequency domain equalization	Frequenzbereichsentzerrung f	égalisation f dans le domaine fréquentiel
F 469	frequency domain measure	Messung f im Frequenzbereich	mesure f dans le domaine fréquentiel
F 470	frequency doubler	Frequenzverdoppler m	doubleur m de fréquence
F 471	frequency doubling	Frequenzverdopplung f	doublage m de fréquence
F 472	frequency drift	Frequenz[ab]wanderung f, Frequenzauswanderung f, Weglaufen n der Frequenz, Frequenzdrift f	dérive f de fréquence
F 473	frequency-exchange modulation, two-tone modulation	Doppeltonmodulation f	modulation f par mutation de fréquences
F 474	frequency-exchange signalling	Doppeltonverfahren n	signalisation f par mutation de fréquences
F 475	frequency filter	Frequenzfilter n, Frequenzweiche f	filtre m de fréquence
F 476	frequency fluctuation	Frequenzschwankung f	fluctuation f de fréquence, variation f de fréquence
F 477	frequency frogging	Frequenzgruppentausch m, Gruppentausch m	transposition f de fréquence, permutation f de fréquences
F 478	frequency generation	Frequenzaufbereitung f, Frequenzerzeugung f	génération f de fréquences
F 479	frequency generator	Frequenzgenerator m	générateur m de fréquence
F 480	frequency hop, frequency jump	Frequenzsprung m	saut m de fréquence, bond m de fréquence
F 481	frequency-hopped channel	Frequenzsprungkanal m	voie f à saut de fréquence
F 482	frequency-hopped signal	Frequenzsprungsignal n	signal m à saut de fréquence
F 483	frequency hopper	Frequenzspringer m	dispositif m à saut de fréquence
F 484	frequency hopping	Frequenzspringen n, Frequenzsprung m	saut m de fréquence
F 485	frequency-hopping modulation	Frequenzsprungmodulation f	modulation f à saut de fréquence
F 486	frequency-hopping spread-spectrum multiple access	Vielfachzugriff m mit Frequenzsprungmodulation	accès m multiple avec modulation par saut de fréquence
F 487	frequency-independent	frequenzunabhängig	indépendant de la fréquence
F 488	frequency-independent gain function	frequenzunabhängige Verstärkung f, frequenzunabhängiger Verstärkungsfaktor m	fonction f de gain indépendant de la fréquence
F 489	frequency instability	Frequenzinkonstanz f, Frequenzinstabilität f	instabilité f de fréquence
F 490	frequency interleaving	Frequenzverschachtelung f	entrelacement m de fréquences
F 491	frequency inversion	Frequenzumkehrung f	inversion f de fréquence
F 492	frequency-inversion privacy equipment	Sprachverschleierungsgerät n mit Frequenzumkehrung	dispositif m de secret par inversion de fréquence
	frequency jump	s. F 480	
F 493	frequency linearity	Frequenzlinearität f	linéarité f en fréquence
F 494	frequency management	Frequenzverwaltung f	gestion f du spectre des fréquences [radioélectriques]
F 495	frequency marker	Frequenzmarke f	repère m de fréquence
F 496	frequency measuring decade	Dekadenfrequenzmesser m, dekadischer Frequenzmesser m	fréquencemètre m à décades
F 497	frequency meter	Frequenzmesser m, Frequenzmeßgerät n	fréquencemètre m
F 498	frequency metrology	Frequenzmeßwesen n	métrologie f des fréquences
F 499	frequency mixture	Frequenzgemisch n	mélange m de fréquences
F 500	frequency-modulated	frequenzmoduliert	modulé en fréquence
	frequency-modulated carrier	s. F 508	
F 501	frequency-modulated radar, FM radar	frequenzmoduliertes Radar n	radar m modulé en fréquence
F 502	frequency-modulated signal	frequenzmoduliertes Signal n	signal m modulé en fréquence
F 503	frequency-modulated sound	frequenzmodulierter Ton m	ton m modulé en fréquence
F 504	frequency-modulated sound carrier	frequenzmodulierter Tonträger m	porteuse f son modulée en fréquence
	frequency-modulated sub-carrier	s. F 509	
F 505	frequency-modulated television signal, FM television signal	frequenzmoduliertes Fernsehsignal n	signal m de télévision modulé en fréquence, signal télévisuel modulé en fréquence, signal télévisuel MF
	frequency-modulated transmitter	s. F 510	
F 506	frequency-modulated voice-frequency telegraphy, FMVFT	frequenzmodulierte Wechselstromtelegrafie f, frequenzmodulierte WT	télégraphie f harmonique à modulation de fréquence

F 507	frequency modulation, FM	Frequenzmodulation f, FM	modulation f de fréquence, MF
F 508	frequency-modulation carrier, frequency-modulated carrier	frequenzmodulierter Träger m	onde f porteuse modulée en fréquence, porteuse f modulée en fréquence
F 509	frequency-modulation sub-carrier, frequency-modulated sub-carrier, FM sub-carrier	frequenzmodulierter Hilfsträger m, frequenzmodulierter Zwischenträger m	sous-porteuse f modulée en fréquence, sous-porteuse MF
F 510	frequency-modulation transmitter, frequency-modulated transmitter, FM transmitter	frequenzmodulierter Sender m, FM-Sender m	émetteur m à modulation de fréquence, émetteur MF
F 511	frequency modulator, FM modulator	Frequenzmodulator m, FM-Modulator m	modulateur m de fréquence, modulateur MF
	frequency multiplexer	s. F 462	
F 512	frequency multiplication	Frequenzvervielfachung f	multiplication f de fréquence
F 513	frequency multiplier	Frequenzvervielfacher m	multiplicateur m de fréquence
F 514	frequency offset	Frequenzversatz m, Frequenzoffset m	décalage m de fréquence
	frequency of oscillating	s. O 265	
	frequency of oscillations	s. O 265	
F 515	frequency overlap[ping]	Frequenzüberlappung f	recouvrement m de fréquences, chevauchement m de fréquences
F 516	frequency pair	Frequenzpaar n	paire f de fréquences
F 517	frequency plan	Frequenzplan m	plan m de fréquences
F 518	frequency planning	Frequenzplanung f	planification f des fréquences
F 519	frequency pulling	Frequenzziehen n, Mitzieheffekt m, Mitnahmeeffekt m	entraînement m de fréquence
F 520	frequency range	Frequenzbereich m, Frequenzumfang m	gamme f de fréquence, étendue f de fréquence
F 521	frequency recording	Frequenzaufnahme f	inscription f des fréquences
F 522	frequency representation	Darstellung f im Frequenzbereich	représentation f en fréquence, représentation f fréquentielle
F 523	frequency resolving power	Frequenzauflösungsvermögen n	pouvoir m séparateur en fréquence
F 524	frequency response	Frequenzverlauf m, Frequenzgang m	réponse f en fréquence, courbe f de fréquence
F 525	frequency response of delay	Laufzeit-Frequenzgang m	courbe f de fréquence du temps de propagation
F 526	frequency re-use	Frequenzwiederbenutzung f, Mehrfachverwendung f der Frequenzbänder	réutilisation f de fréquence
F 527	frequency scale	Frequenzskala f	échelle f de fréquence
F 528	frequency-scanned array	frequenzgesteuerte Gruppenantenne f	antenne f en réseau à balayage fréquentiel
F 529	frequency selection	Frequenz[aus]wahl f	choix m de fréquences
F 530	frequency-selective	frequenzselektiv	sélectif en fréquence
F 531	frequency-selective attenuation	frequenzselektive Dämpfung f	affaiblissement m sélectif en fréquence
F 532	frequency-selective circuit	frequenzselektive Schaltung f	circuit m sélectif en fréquence
F 533	frequency-selective fading	frequenzselektiver Schwund m, frequenzselektives Fading n	évanouissement m sélectif en fréquence
F 534	frequency separation, frequency spacing	Frequenzabstand m	espacement m des fréquences
F 535	frequency sharing	Frequenzaufteilung f	partage m des fréquences
F 536	frequency shift	Frequenzumtasthub m, Frequenzhub m	déplacement m de fréquence
F 537	frequency shift	Frequenzversetzung f, Frequenzverschiebung f	déplacement m de fréquence
F 538	frequency-shifted	frequenzverschoben	décalé en fréquence, déplacé en fréquence
F 539	frequency-shift keying, FSK	Frequenzumtastung f	modulation f par déplacement de fréquence, MDF
F 540	frequency-shift telegraphy	Frequenzumtasttelegrafie f	télégraphie f à déplacement de fréquence
	frequency spacing	s. F 534	
F 541	frequency spectrum	Frequenzspektrum n	spectre m de fréquences
F 542	frequency spread	Frequenzspreizung f	étalement m en (de) fréquence
F 543	frequency stability	Frequenzstabilität f, Frequenzkonstanz f	stabilité f de fréquence
F 544	frequency stabilization	Frequenzstabilisierung f, Frequenzkonstanthaltung f	stabilisation f de fréquence
F 545	frequency-stabilized	frequenzstabilisiert	stabilisé en fréquence
F 546	frequency standard	Frequenznormal n	étalon m de fréquence
F 547	frequency sweep	Frequenzwobbelung f	balayage m de fréquence
F 548	frequency swing	Frequenzhub m Spitze-Spitze, doppelter (totaler) Frequenzhub	excursion f de fréquence, déviation f de fréquence de crête à crête
F 549	frequency synchronization	Frequenzsynchronisierung f	synchronisation f de fréquence
F 550	frequency synthesis	Frequenzsynthese f	synthèse f de fréquences
F 551	frequency synthesizer	Frequenzsynthesegenerator m, Frequenzsynthetisator m, Frequenzdekade f	synthétiseur m de fréquence

frequency

F 552	frequency synthesizer LSI circuit	hochintegrierter Frequenzsynthese-Schaltkreis m, LSI-Frequenzsynthese-Schaltkreis m	circuit m synthétiseur de fréquence à intégration à grande échelle
F 553	frequency tolerance	Frequenztoleranz f	tolérance f de fréquence
F 554	frequency translation	Frequenzverlagerung f	transposition f en fréquence
	frequency translation	s. a. F 441	
F 555	frequency tripler	Frequenzverdreifacher m	tripleur m de fréquence
F 556	frequency tuning	Frequenzabstimmung f	accord m de (en) fréquence
F 557	frequency uncertainty	Frequenzunsicherheit f	incertitude f sur la fréquence
F 558	frequency-weighted	frequenzgewichtet	pondéré en fréquence
F 559	Fresnel diffraction	Fresnelsche Beugung f	diffraction f de Fresnel
F 560	Fresnel ellipsoid	Fresnelellipsoid n	ellipsoïde m de Fresnel
	Fresnel region	s. F 561	
F 561	Fresnel zone, Fresnel region	Fresnelzone f, Fresnelsche Zone f	zone f de Fresnel, région f de Fresnel
F 562	friend-foe identification, FFI, identification friend-foe, IFF	Freund-Feind-Erkennung f	identification f ami-ennemi
F 563	fringe area	Randgebiet n, Grenzgebiet n	zone f périphérique
F 564	front end (receiver)	Vorstufe f, HF-Stufe f	tête f à haute fréquence, tête radiofréquence
	front end	s. a. F 567	
F 565	front-end amplifier	Front-End-Verstärker m	amplificateur m d'entrée
F 566	front-end circuit (receiver)	Eingangskreis m	circuit m frontal
F 567	front-end processor, FEP, front end	Vorverarbeitungsprozessor m, Vorprozessor m, Vorrechner m, Anpassungsrechner m	préprocesseur m, processeur m frontal, ordinateur m frontal, frontal m
F 568	front feed	Frontspeisung f	alimentation f latérale
F 569	frontier traffic	Grenzverkehr m	trafic m frontalier
F 570	front porch	vordere Austastschulter f	palier m avant
F 571	front-to-back ratio, front-to-rear ratio	Vor-Rückwärtsverhältnis n, Vor-Rück-Verhältnis n, Rückwärtsdämpfung f	rapport m des rayonnements avant et arrière, rapport m avant-arrière, rapport AV/AR
	FRS	s. F 615	
	FRXD	s. C 1156	
F 572	frying	Mikrophongeräusch n	bruit m de microphone
	FS	s. F 164	
	FSK	s. F 539	
	FSN	s. F 351	
	full accessability	s. F 575	
F 573	full adder	Volladdierer m	additionneur m complet, addeur m complet
F 574	full automation	Vollautomatisierung f	automatisation f complète, automatisation intégrale
F 575	full availability, full accessability	volle Erreichbarkeit f	accessibilité f totale
F 576	full availability group	vollkommenes Bündel n	groupe m [de jonctions] à accessibilité totale
F 577	full carrier	voller Träger m	onde f porteuse complète, porteuse f complète
F 578	full-carrier	mit vollem Träger	à porteuse complète
F 579	full-custom circuit	Vollkundenschaltkreis m	circuit m entièrement personnalisé, circuit entièrement à la demande
	full duplex	s. D 900	
F 580	full duplex channel, duplex channel	Duplexkanal m	voie f duplex
	full duplex operation	s. D 905	
F 581	full duration half maximum [of a pulse], FDHM	Halbwertszeit f [eines Impulses], Halbwertdauer f	durée f à mi-crête [d'une impulsion], largeur f à mi-crête
F 582	full echo suppressor	Vollechosperre f	suppresseur m d'écho complet
F 583	full load[ing]	Vollast f	pleine charge f
F 584	full refund	volle (vollständige) Rückerstattung f	remboursement m complet
F 585	full response modulation	Full-Response-Modulation f	modulation f à réponse complète
F 586	full-time circuit	Dauerverbindung f	circuit m fonctionnant à plein temps
F 587	full-wave dipole	Ganzwellendipol m	doublet m [en] onde entière
F 588	full-wave rectifier	Zweiweggleichrichter m, Vollweggleichrichter m, Doppelweggleichrichter m	redresseur m à deux alternances, redresseur double alternance
	full width at half height	s. F 589	
F 589	full width half maximum, FWHM, full width at half height (impulse)	Halbwertsbreite f	largeur f à mi-crête, largeur à mi-hauteur
F 590	fully automatic operation, fully automatic working	vollautomatischer Betrieb m	fonctionnement m entièrement automatique, exploitation f entièrement automatique, exploitation automatique intégrale
F 591	fully automatic relay station	vollautomatische Relaisstelle f	station f de retransmission entièrement automatique
	fully automatic reperforator transmitter distributor	s. C 1156	
F 592	fully automatic service	vollautomatischer Dienst m	service m entièrement automatique
	fully automatic working	s. F 590	
F 593	fully connected	voll vernetzt	à interconnexion intégrale

F 594	fully electronic telephone exchange	vollelektronische Fernsprechvermittlungsstelle f, vollelektronische Telefonvermittlung f		central m téléphonique entièrement électronique
	fully-routed call attempt	s. S 1354		
	fully transistorized	s. A 360		
F 595	function-affecting maintenance	funktionsbeeinflussende Wartung (Instandhaltung) f		maintenance f affectant les fonctions
F 596	functional block	Funktionsblock m		bloc m fonctionnel
F 597	functional block diagram	Funktionsblockschaltbild n		schéma m fonctionnel
	functional character	s. C 1058		
F 598	functional description	Funktionsbeschreibung f		description f fonctionnelle
F 599	functional diagram	Funktionsschema n, Funktionsschaltbild n		schéma m fonctionnel
F 600	functional specifications, technical specifications	technische Funktionsdaten pl		spécifications fpl fonctionnelles, spécifications techniques
F 601	functional stress	funktionsbedingte Beanspruchung f		contrainte f fonctionnelle
F 602	functional test[ing]	Funktionskontrolle f		contrôle m de fonctionnenement, essai m fonctionnel
F 603	functional unit	Funktionseinheit f		élément m fonctionnel, organe m, unité f fonctionnelle
F 604	function bit	Funktionsbit n		bit m de fonction
F 605	function check-out	Funktionsüberprüfung f		vérification f de fonctionnement
F 606	function-degrading maintenance	Wartung f mit Funktionsbeeinträchtigung		maintenance f dégradant les fonctions
F 607	function generator	Funktionsgenerator m, Funktionsgeber m		générateur m de fonctions
F 608	function key	Funktionstaste f		touche f de fonction, touche de service
F 609	function-permitting maintenance	Wartung f im Betrieb, Instandhaltung f im Betrieb		maintenance f en fonctionnement, maintenance en exploitation
F 610	function-preventing maintenance	Wartung f mit Betriebsunterbrechung		maintenance-arrêt f, maintenance f empêchant l'accomplissement des fonctions
F 611	function sharing	Funktionsteilung f		partage m de fonctions
F 612	fundamental component	Grundkomponente f		composante f fondamentale
F 613	fundamental frequency, ground frequency	Grundfrequenz f		fréquence f fondamentale
F 614	fundamental harmonic oscillation	Grundschwingung f, erste Harmonische f		oscillation f fondamentale, harmonique m fondamental
F 615	fundamental reference system, FRS	fundamentales Bezugssystem n		système m de référence fondamental, SRF
F 616	fundamental rejection	Unterdrückung f der Grundschwingung		réjection f de la fondamentale
F 617	fundamental wavelength	Grundwellenlänge f		longueur f d'onde fondamentale
F 618	fuse	Sicherung f, Schmelzsicherung f		fusible m
F 619	fuse board, fuse panel	Sicherungstafel f		panneau m de fusibles
F 620	fuse-holder	Sicherungshalter m		porte-fusible m
	fuse panel	s. F 619		
F 621	fusible link	Durchschmelzverbindung f		élément m fusible
F 622	fusible wire	Schmelzdraht m		fil m fusible
	F/W	s. F 204		
	FWH	s. F 276		
	FWHM	s. F 589		
	FX line	s. F 324		

G

	GaAs FET	s. G 16		
	GaAs IC	s. G 1		
G 1	GaAs integrated circuit, GaAs IC	Galliumarsenid-Schaltkreis m, GaAs-Schaltkreis m		circuit m intégré GaAs, circuit intégré sur arséniure de gallium
G 2	GaAs MESFET	GaAs-MESFET m		TEC MES m en GaAs
G 3	gain	Verstärkungsfaktor m, Verstärkungsgrad m, Verstärkung f, Gewinn m (Antenne)		gain m, amplification f, coefficient m d'amplification
G 4	gain adjustment, gain setting	Verstärkungsregelung f, Verstärkungseinstellung f		réglage m de gain
G 5	gain-bandwidth product	Verstärkungs-Bandbreiten-Produkt n, Bandbreitenprodukt n		produit m gain/largeur de bande
G 6	gain characteristic	Verstärkungskurve f, Verstärkungsverlauf f		courbe f de gain
G 7	gain-controlled amplification	geregelte Verstärkung f		amplification f avec régulation de gain
G 8	gain-controlled amplifier, variable-gain amplifier	geregelter Verstärker m, Regelverstärker m		amplificateur m réglé, amplificateur à gain variable

G 9	gain-frequency response	Verstärkungs- und Frequenzgang m	variation f de gain en fonction de la fréquence, réponse f gain-fréquence
G 10	gain function *(antenna)*	Antennengewinnfunktion f	fonction f de gain
G 11	gain-limited sensitivity	verstärkungsbegrenzte Empfindlichkeit f	sensibilité f limitée par l'amplification
G 12	gain loss	Verstärkungsabfall m	diminution f de gain
G 13	gain-sensitivity product, GSP	Verstärkungs-Empfindlichkeits-Produkt n	produit m gain/sensibilité
	gain setting	s. G 4	
G 14	gain variation	Verstärkungsschwankung f	variation f de gain
G 15	galactic noise	galaktisches Rauschen n	bruit m galactique
	gallium arsenide FET	s. G 16	
G 16	gallium arsenide field effect transistor, gallium arsenide FET, GaAs FET	Galliumarsenid-Feldeffekttransistor m, GaAs-FET	transistor m à effet de champ en arséniure de gallium, TEC GaAs
G 17	galvanic couple	galvanisches Element n	couple m galvanique
G 18	game theory	Spieltheorie f	théorie f des jeux
G 19	gamma distribution	Gammaverteilung f	distribution f gamma
G 20	ganged capacitor	Mehrfachdrehkondensator m	condensateur m multiple à commande unique
G 21	ganged circuits	Gleichlaufkreise mpl	circuits mpl à commande unique
	gap character (digit)	s. F 166	
G 22	garnet	Granat m	grenat m
	gas-cushion cable	s. G 25	
G 23	gas-discharge display	Gasentladungsdisplay n	affichage m par décharge dans un gaz, afficheur m par décharge dans un gaz
G 24	gas discharge tube, gas tube surge arrestor	Gasentladungsröhre f, gasgefüllter Überspannungsableiter m	parafoudre m à gaz
G 25	gas-filled cable, gas pressure cable, pressurized cable, gas-cushion cable	Druckgaskabel n	câble m sous (à) pression [gazeuse], câble pressurisé
G 26	gas pressure monitoring system	Druckgasüberwachungssystem n	système m de surveillance par pression gazeuse
	gas tube surge arrestor	s. G 24	
G 27	gate, gate circuit	Verknüpfungsschaltung f, Torschaltung f, Tor n, Gatter n, Gatterschaltung f	circuit m combinatoire, porte f [logique]
G 28	gate *(FET)*	Gate n *(FET)*	grille f *(TEC)*
G 29	gate *(thyristor)*	Tor n *(Thyristor)*	gâchette f *(thyristor)*
G 30	gate array	Gate-Array n, Gatterfeld n	réseau m prédiffusé, circuits mpl prédiffusés
	gate circuit	s. G 27	
G 31	gate current	Gatestrom m	courant m de grille
G 32	gateway	internationale Kopfstelle f, Übergang m	station f terminale de trafic international, centre m international, passerelle f
	gateway	s. a. I 564	
G 33	gateway centre (exchange)	Kopfzentrale f, KZ	centre m tête de ligne
G 34	gateway station *(radio link to public network)*	Überleitungsstelle f *(Funkverbindung – öffentliches Netz)*	station f passerelle *(liaison radio – réseau public commuté)*
G 35	Gaussian channel	Gauß-Kanal m	voie f gaussienne
G 36	Gaussian curve	Gauß-Kurve f, Gaußsche Kurve f	courbe f gaussienne
G 37	Gaussian distribution	Gauß-Verteilung f, Gaußsche Verteilung f	distribution f gaussienne
G 38	Gaussian error distribution	Gaußsche Fehlerverteilung f	distribution f gaussienne des erreurs
G 39	Gaussian fading	Gaußsche Schwundverteilung f	évanouissement m gaussien
G 40	Gaussian filter	Gauß-Filter n	filtre m gaussien
G 41	Gaussian [filtered] minimum shift keying, GMSK	Gauß-Filter-Minimalphasenumtastung f	modulation f à déplacement minimal avec filtrage gaussien, modulation f par déphasage minimal avec filtrage gaussien, MDM à filtrage gaussien, MDMG
G 42	Gaussian noise	Gaußsches Rauschen n	bruit m gaussien
G 43	Gaussian pulse	Gauß-Impuls m	impulsion f gaussienne
	Gc/s	s. G 74	
	GDT	s. G 112	
G 44	general call	Anruf m an alle, Sammelruf m	appel m général
G 45	general calling frequency	allgemeine Ruffrequenz f	fréquence f générale d'appel
G 46	generalized tamed frequency modulation, GTFM	verallgemeinerte „gezähmte" Frequenzmodulation f	modulation f de fréquence asservie généralisée
G 47	general-purpose, GP	Universal..., Mehrzweck...	à usage général, polyvalent, à vocation multiple
G 48	general request message, GRQ	allgemeine Anfragenachricht f	message m de demande général, DEG

G 49	general switched telephone network, GSTN	allgemeines Fernsprechnetz n, allgemeines Fernsprechwählnetz n	réseau m téléphonique général avec commutation
G 50	generate/to	erzeugen, generieren	générer, produire
G 51	generation	Erzeugung f, Generierung f	génération f, production f
G 52	generation of oscillations	Schwingungserzeugung f	génération f d'oscillations
G 53	generic address	Gattungsadresse f	adresse f générique
G 54	gentex (general telegraph exchange)	Gentex n (Telegrammwähldienst)	gentex m
G 55	gentex exchange	Gentexvermittlung f	central m gentex
G 56	gentex network	Gentexnetz n	réseau m gentex
G 57	gentex number	Gentexnummer f	numéro m gentex
G 58	gentex operation	Gentexbetrieb m	exploitation f gentex
G 59	gentex service	Gentexdienst m	service m gentex
G 60	gentex signalling	Gentexzeichengabe f	signalisation f gentex
G 61	gentex traffic	Gentexverkehr m	trafic m gentex
G 62	geocentric angle	geozentrischer Winkel m	angle m géocentrique
G 63	geomagnetic disturbance	geomagnetische Störung f	perturbation f géomagnétique
G 64	geomagnetic storm	geomagnetischer Sturm m	orage m géomagnétique
G 65	geostationary orbit	geostationäre Umlaufbahn f	orbite f géostationnaire
G 66	geostationary satellite, synchronous satellite	geostationärer Satellit m, Synchronsatellit m	satellite m géostationnaire (synchrone)
G 67	geostationary satellite orbit, GSO	geostationäre Satellitenumlaufbahn f	orbite f des satellites géostationnaires, OSG
G 68	geosynchronous satellite	Geosynchronsatellit m	satellite m géosynchrone
G 69	germanium diode	Germaniumdiode f	diode f au germanium
G 70	germanium phototransistor	Germaniumphototransistor m	phototransistor m au germanium
G 71	germanium transistor	Germaniumtransistor m	transistor m au germanium
	GES	s. A 257	
G 72	getter	Getter n	dégaseur m
	ghost	s. D 813	
G 73	ghost echo (radar)	Geisterecho n	écho-fantôme m
	GI	s. G 184	
G 74	gigacycles [per second], Gc/s	Gigahertz, GHz n	gigahertz m, gigacycle m
G 75	gimballed suspension	kardanische Aufhängung f	suspension f par cardan
G 76	given threshold	vorgegebener Schwellwert m	seuil m donné
G 77	given value	vorgegebener Wert m	valeur f donnée
	glare	s. D 824	
G 78	glass fibre	Glasfaser f	fibre f de verre
G 79	glass insulator	Glasisolator m	isolant m en verre
G 80	glide path beacon	Gleitwegfunkfeuer n, Gleitwegbake f, Gleitstrahlbake f	radiophare m d'alignement de descente
	G-line	s. G 91	
G 81	global positioning system, GPS	weltumspannendes Ortungssystem n, GPS n	système m de positionnement mondial
G 82	global title	globaler Name m	appellation f globale
G 83	glow current	Glimmstrom m	courant m d'effluve
G 84	glow discharge	Glimmentladung f	décharge f luminescente, effluve m
G 85	glow lamp	Glimmlampe f	lampe f à effluves, lampe luminescente
G 86	glow voltage	Glimmspannung f	tension f d'effluve
	GMSK	s. G 41	
	GNS	s. F 414	
G 87	go-and-return line	Hin- und Rückleitung f	ligne f aller-retour
G 88	go channel (telephony)	abgehender Kanal m	voie f aller, voie d'aller
G 89	go channel (radio relay)	abgehender Kanal m, Sendekanal m	canal m aller, canal d'aller, canal d'émission
	go down/to	s. F 23	
	goniometer	s. R 121	
G 90	goniometer search coil	Goniometersuchspule f	bobine f exploratrice, chercheur m radiogoniométrique
	GOS	s. G 96	
G 91	Goubau line, G-line	Goubau-Leitung f, Drahtwellenleitung f	ligne f de Goubau, guide m de Goubau, ligne G
G 92	government call, government telephone call	Staatsgespräch n	conversation f d'Etat, appel m téléphonique d'Etat
G 93	government telegram	Staatstelegramm n	télégramme m d'Etat
	government telephone call	s. G 92	
G 94	government telex call	Staatsfernschreibverbindung f	communication f télex d'Etat
	GP	s. G 47	
	GPS	s. G 81	
G 95	graded multiple	gestaffeltes Vielfach n	multiplage m échelonné
G 96	grade of service, GOS, network performance, NP	Betriebsgüte f, Betriebsqualität f	qualité f de service, qualité d'exploitation
G 97	grade of service, service grade	Verkehrsgüte f, Dienstgüte f	catégorie f de service, qualité f d'écoulement du trafic, qualité de service
	grade of service	s. a. Q 34	
G 98	gradient microphone	Gradientenmikrophon n	microphone m à gradient

ID	English	German	French
G 99	grading	Staffeln n, Staffel f, Mischung f	multiplage m partiel, échelonnement m
G 100	grading group	Zubringerteilgruppe f, Teilgruppe f	groupe m de lignes
	gradual failure	s. D 852	
G 101	Graetz rectifier	Graetz-Gleichrichter m, Brückengleichrichter m	pont m de Graetz
	Graetz rectifier	s. a. B 435	
G 102	graph/to, to chart	graphisch darstellen	représenter sous forme graphique
	graph	s. C 462	
G 103	graphic character	Schriftzeichen n, graphisches Zeichen n, Graphikzeichen n	caractère m graphique
G 104	graphic character repertoire	Schriftzeichenvorrat m	répertoire m des caractères graphiques
G 105	graphic character set, graphic set	graphischer Zeichenvorrat m	jeu m de caractères graphiques
G 106	graphic display	graphische Anzeige f	affichage m graphique
	graphic display terminal	s. G 112	
G 107	graphic display unit	graphisches Sichtgerät n, Graphiksichtgerät n, Graphikdisplay n	unité f d'affichage graphique, unité de visualisation graphique
G 108	graphic element	graphisches Element n	élément m graphique
G 109	graphic scanner	Graphikabtaster m	scanner m de graphiques
	graphic set	s. G 105	
G 110	graphic subrepertoire	Schriftzeichenteilvorrat m	sous-répertoire m de caractères graphiques
G 111	graphic symbol (circuit diagram)	Schaltzeichen n	symbole m graphique
G 112	graphic terminal, graphic display terminal, GDT	graphisches Terminal n, Graphikterminal n, Graphiksichtgerät n	terminal m graphique, terminal de visualisation à écran
G 113	graph plotter	Kurvenschreiber m	traceur m de courbes
G 114	graph theory	Graphentheorie n	théorie f des graphes
G 115	graticule	Strichraster n, Raster n, Gitternetz n	graticule m, réticule m
G 116	grazing incidence	streifender Einfall m	incidence f rasante
G 117	great circle [route] distance	Großkreisentfernung f	longueur f d'arc de grand cercle
	green number service	s. F 414	
G 118	grey level	Graupegel m	niveau m de gris
G 119	grey scale	Graukeil m, Grauskala f	échelle f de gris
G 120	grid (electron tube)	Gitter n	grille f
G 121	grid (printed board)	Raster m (gedruckte Leiterplatte)	grille f (carte imprimée)
G 122	grid bias	Gittervorspannung f	polarisation f de grille
	grid blocking capacitor	s. G 123	
G 123	grid capacitor (condensor), grid blocking capacitor	Gitterkondensator m	condensateur m de grille
G 124	grid control	Gittersteuerung f	commande f de grille
G 125	grid current	Gitterstrom m	courant m [de] grille
G 126	grid detection	Gittergleichrichtung f	détection f grille
G 127	grid driving power	Gittersteuerleistung f, Steuerleistung f	puissance f d'attaque de grille
G 128	grid keying	Gittertastung f	manipulation f dans la grille
	grid leak resistance	s. G 129	
G 129	grid leak resistor, grid leak resistance	Gitterableitwiderstand m	résistance f de fuite de grille
G 130	grid mesh	Gittermasche f	maille f de grille
G 131	grid modulation	Gitterspannungsmodulation f	modulation f par la grille
G 132	grid network, lattice network	Gitternetz n	réseau m en treillis
G 133	grid-plate capacitance	Gitter-Anoden-Kapazität f	capacité f grille/anode
G 134	grid potential, grid voltage	Gitterpotential n, Gitterspannung f	tension f [de] grille
	grid resistance	s. G 135	
G 135	grid resistor, grid resistance	Gitterwiderstand m	résistance f de fuite de grille
G 136	grid swing	Gitteraussteuerung f	amplitude f de tension de grille
	grid voltage	s. G 134	
G 137	gross bit rate	Bruttobitrate f	débit m binaire brut
G 138	ground/to	erden	mettre à la terre, relier à la terre
G 139	ground absorption	Bodenabsorption f, Erdbodenabsorption f	absorption f par le sol
G 140	ground antenna	Bodenantenne f	antenne f terrienne
	ground antenna	s. a. E 7	
	ground-based	s. E 9	
	ground-based beacon	s. G 153	
G 141	ground-based duct, surface duct	bodennaher Kanal m	conduit m au sol, conduit m de surface
	ground-based duct	s. a. S 1414	
G 142	ground-based radar	Bodenradar n	radar m terrestre
G 143	ground clearance	Höhe f über Grund, Bodenfreiheit f	hauteur f hors sol, hauteur libre
G 144	ground conductivity	Bodenleitfähigkeit f	conductivité f au sol
G 145	grounded, earth-connected	geerdet	mis (relié) à la terre, mis (relié) à la masse
	grounded base circuit	s. C 807	
G 146	grounded-cathode amplifier	Katodenbasisverstärker m	amplificateur m avec cathode à la masse
	grounded collector circuit	s. C 819	
	grounded emitter circuit	s. C 821	

G 147	grounded-grid amplifier	Gitterbasisverstärker m	amplificateur m avec grille à la masse
	ground frequency	s. F 613	
G 148	ground–ground path	Boden–Boden-Strecke f	trajet m sol–sol
	grounding	s. E 18	
G 149	grounding point, earthing point	Erdungspunkt m	point m de mise à la terre
	grounding switch	s. E 19	
	grounding system	s. E 41	
G 150	ground link	Bodenecho n	fouillis m de sol
G 151	ground net[work]	Erd[ungs]netz n	réseau m de prises de terre
G 152	ground-plane antenna	Viertelwellenantenne (Vertikalantenne) f mit Gegengewicht	antenne f à plan de sol
	ground plate	s. E 25	
	ground potential	s. E 26	
G 153	ground radio beacon, ground-based beacon	Bodenfunkfeuer n	radiophare m au sol
G 154	ground range (radar)	Horizontalentfernung f, Kartenentfernung f	distance-temps f au sol
G 155	ground receiving station, earth receiving station	Bodenempfangsstelle f	station f terrienne de réception, station réceptrice terrienne
G 156	ground-reflected wave	vom (am) Boden reflektierte Welle f	onde f réfléchie par le sol
	ground reflection	s. E 27	
G 157	ground relais	Erdrelais n	relais m de terre, relais de mise à la terre
	ground resistance	s. E 28	
G 158	ground resistivity method	Erdwiderstandsmessung f	méthode f par mesure de la résistivité du terrain, mesure f de la résistivité du sol
G 159	ground return	Bodenecho m (Radar), Erdrückleitung f	écho m de sol (radar), retour m par la terre
	ground-return circuit	s. E 30	
	ground rod	s. E 34	
	ground segment	s. E 35	
	ground station	s. E 40	
G 160	ground surveillance radar	Bodenüberwachungsradar n	radar m de surveillance du sol
	ground system	s. E 41	
G 161	ground-to-air link	Boden-Luft-Verbindung f	liaison f sol-air
G 162	ground-to-ground link	Boden-Boden-Verbindung f	liaison f sol-sol
G 163	ground-to-space transmitter, earth-to-space transmitter	Sender m Erde-Weltraum	émetteur m Terre-espace
G 164	ground wave	Bodenwelle f	onde f de sol
G 165	ground-wave attenuation	Bodenwellendämpfung f	affaiblissement m de l'onde de sol
G 166	ground-wave coverage	Bodenwellenausleuchtung f, Bodenwellenüberdeckung f	couverture f par l'onde de sol
G 167	ground-wave field strength	Bodenwellenfeldstärke f	champ m de l'onde de sol
G 168	ground-wave range	Bodenwellenreichweite f	portée f de l'onde de sol
G 169	ground-wave reception	Bodenwellenempfang m	réception f par onde de sol
G 170	ground-wave service area	Bodenwellenversorgungsgebiet n, Bodenwellenversorgung f	zone f de service par onde de sol, zone de service par onde directe
G 171	ground-wave signal	Bodenwellensignal n	signal m transmis par l'onde de sol
G 172	ground-wave transmission	Bodenwellenübertragung f	transmission f par ondes de sol
	ground wire	s. E 46	
G 173	group, primary group (carrier transmission), PG, carrier group	Primärgruppe f, Grundgruppe f, PG	groupe m primaire
	group	s. a. C 546	
G 174	group call	Gruppen[an]ruf m	appel m de groupe
G 175	group carrier	Primärgruppenträger m	porteur m de groupe primaire
G 176	group carrier supply	Primärgruppenträgerversorgung f	producteur m de porteur de groupe primaire
G 177	group code	Gruppencode m	code m de groupe
	group connector	s. T 556	
G 178	group delay, group delay time, envelope delay	Gruppenlaufzeit f	temps m de propagation de groupe, TPG
G 179	group delay characteristic	Gruppenlaufzeitverhalten n, Gruppenlaufzeitcharakteristik f	caractéristique f de temps de propagation de groupe
	group-delay dispersion	s. D 242	
	group-delay distortion	s. D 242	
G 180	group delay equalizer, delay/frequency equalizer	Gruppenlaufzeitentzerrer m	correcteur m de temps de propagation de groupe, CTPG, correcteur de temps de groupe, compensateur m de temps de propagation
	group delay equalizer	s. a. D 241	
	group delay time	s. G 178	
G 181	group delay variation	Gruppenlaufzeitänderung f	variation f du temps [de propagation] de groupe
G 182	group distribution frame	Primärgruppenverteiler m	répartiteur m de groupe primaire
G 183	group frequency	Gruppenfrequenz f	fréquence f de groupe
G 184	group identification, GI	Gruppenidentifizierungssignal n	identification f du groupe

G 185	group link	Gruppenverbindung f, Primärgruppenverbindung f	liaison f en groupe primaire
G 186	group modem	Primärgruppenmodem m	modem m de groupe primaire
	group of circuits	s. C 546	
G 187	group pilot, group reference pilot, GRP	Primärgruppenpilot m	pilote m de groupe primaire, onde f pilote de groupe primaire
G 188	group pilot frequency	Primärgruppenpilotfrequenz f	fréquence f pilote de groupe primaire
G 189	group reference pilot, GRP	Gruppenpilot m, Primärgruppenpilot m	onde f pilote de groupe primaire
	group reference pilot	s. a. G 187	
G 190	group retardation	Gruppenverzögerung f	réduction f de la vitesse de groupe
G 191	group section	Primärgruppenabschnitt m	section f de groupe primaire
G 192	group selector	Gruppenwähler m	sélecteur m de groupe
G 193	group selector stage	Gruppenwahlstufe f, Richtungswahlstufe f	étage m de sélecteur de groupe
G 194	group separator, GS	Gruppentrennung f	séparateur m de groupe
G 195	group switch	Hauptkoppelfeld n, Gruppenkoppler m	commutateur m de groupe
G 196	group switching centre	Gruppenvermittlungsstelle f, GrVSt	centre m de commutation de groupement
G 197	group translating equipment, group translation equipment, GTE	Primärgruppenumsetzer m, Grundgruppenumsetzer m, PGU	équipement m (matériel m) de transposition (modulation) de groupe primaire, modulateur m de groupe primaire
G 198	group translation	Primärgruppenumsetzung f	transposition f de groupe primaire
	group translation equipment	s. G 197	
G 199	group velocity, envelope velocity	Gruppengeschwindigkeit f	vitesse f de groupe
G 200	growth rate	Wachstumsrate f	taux m de croissance, taux d'accroissement
	GRP	s. 1. G 187; 2. G 189	
	GRQ	s. G 48	
	GS	s. G 194	
	GSO	s. G 67	
	GSP	s. G 13	
	GSTN	s. G 49	
	G/T	s. F 153	
	GTE	s. G 197	
	GTFM	s. G 46	
G 201	G/T ratio	G/T-Verhältnis n	rapport m G/T
G 202	guard band	Schutzband n, Schutzabstand m, Sicherheitsband n	bande f de garde
G 203	guard delay	Schutzverzögerung f	délai m de garde
G 204	guard interval	Schutzabstand m	intervalle m de garde
G 205	guard ring	Schutzring m	anneau m de garde
G 206	guided modes	geführte Moden mpl	modes mpl guidés
G 207	guided propagation	geführte Ausbreitung f	propagation f guidée
G 208	guided ray	geführter Strahl m	rayon m guidé
G 209	guided surface wave	geführte Oberflächenwelle f	onde f de surface guidée
G 210	guided wave	geführte Welle f	onde f guidée
G 211	guide pin	Führungsstift m	broche f de guidage
G 212	guiding layer	Führungsschicht f	couche f guidante
G 213	Gunn device	Gunn-Element n	dispositif m [à effet] Gunn
G 214	Gunn diode	Gunn-Diode f	diode f [de] Gunn
G 215	Gunn oscillator	Gunn-Oszillator m	oscillateur m de Gunn
G 216	guy, guy line, guy wire, guy rope	Pardune f, Abspannseil n	hauban m, fil m de hauban
G 217	guyed antenna mast	abgespannter Antennenmast m	mât m d'antenne haubané, pylône m haubané
	guy line	s. G 216	
G 218	guying	Abspannung f, Verspannung f	haubanage m
	guy rope	s. G 216	
G 219	guy wire	Abspanndraht m, Abspannseil n	hauban-fil m
	guy wire	s. a. G 216	
G 220	gyrator	Gyrator m, Impedanzinverter m	gyrateur m
G 221	gyro frequency	Gyrofrequenz f	gyrofréquence f
G 222	gyromagnetic frequency	gyromagnetische Frequenz f	fréquence f gyromagnétique
G 223	gyromagnetic resonance	gyromagnetische Resonanz f	résonance f gyromagnétique
G 224	gyrotron	Gyrotron n	gyrotron m

H

	H	s. H 144	
	HAD	s. H 2	
H 1	half adder	Halbaddierer m	demi-add[itionn]eur m
H 2	half-amplitude duration, HAD	Halbwertsdauer f	durée f à mi-amplitude
H 3	half-amplitude pulse duration	Halbwertsimpulsbreite f	durée f d'impulsion à mi-amplitude

H 4	half-angle beam spread to 50% peak intensity points	Abstrahlhalbwinkel m (50%)	angle m d'ouverture à moitié de puissance
H 5	half-band	Halbband n	demi-bande f
H 6	half channel	Halbkanal m	demi-voie f
H 7	half-cycle, half period	Halbperiode f	demi-période f, demi-alternance f
H 8	half-duplex, semiduplex, two way alternate operation	Halbduplex n, Semiduplex n	semi-duplex m, bidirectionnel à l'alternat
	half duplex	s. a. S 642	
H 9	half-duplex apparatus	Halbduplexapparat m	appareil m fonctionnant à l'alternat, appareil à l'alternat
H 10	half-duplex channel	Halbduplexkanal m	voie f semi-duplex
H 11	half-duplex circuit	Halbduplexübertragungsweg m, Halbduplexverbindung f, Halbduplexleitung f	circuit m semi-duplex
H 12	half-duplex modem	Halbduplexmodem m	modem m semi-duplex
H 13	half-duplex operation	Halbduplexbetrieb m, Wechselbetrieb m (Schnittstelle), bedingtes Gegensprechen n (Funk)	exploitation f en semi-duplex, fonctionnement m en semi-duplex
H 14	half-duplex traffic	Halbduplexverkehr m	trafic m semi-duplex
H 15	half-duplex transmission	Halbduplexübertragung f	transmission f en semi-duplex
H 16	half-echo suppressor	Halbechosperre f	demi-suppresseur m d'écho, demi-suppresseur m
	half period	s. H 7	
H 17	half-power aperture	Halbwertsapertur f, Halbwertsöffnung f	ouverture f [du diagramme] à mi-puissance
H 18	half-power beamwidth, HPBW	Leistungshalbwertsbreite f, Halbwertsbreite f, 3-db-Breite f	angle m d'ouverture à moitié de puissance, largeur f (ouverture f) angulaire à mi-puissance, ouverture à mi-puissance du faisceau
H 19	half-power point	Halbwertspunkt m	point m à mi-puissance
H 20	half-sine wave	Sinushalbwelle f	demi-onde f sinusoïdale
H 21	half-space	Halbraum m	demi-espace m
H 22	half-tone	Halbton m	demi-teinte f
H 23	half-tone picture	Halbtonbild n	image f en demi-teintes
H 24	half-wave	Halbwelle f	demi-onde f
H 25	half-wave antenna	Halbwellenantenne f	antenne f [en] demi-onde
H 26	half-wave dipole	Halbwellendipol m	doublet m [en] demi-onde, dipôle m à demi-onde
H 27	half-wave matching stub	Halbwellenanpassungsleitung f, Halbwellenstichleitung f	adaptateur m demi-onde
H 28	half-wave plate	Lambda/2-Blättchen n	lame f demi-onde
H 29	half-wave rectification	Einweggleichrichtung f	redressement m d'une seule alternance
H 30	half-wave rectifier	Einweggleichrichter m	redresseur m à une alternance, redresseur simple alternance
H 31	Hall effect probe	Hall-Sonde f	sonde f à effet Hall
H 32	Hall generator	Hall-Generator m	générateur m à effet Hall
H 33	halo	Hof m, Lichthof m	halo m
H 34	halt/to	anhalten, unterbrechen	arrêter, interrompre
H 35	Hamming code	Hamming-Code m	code m de Hamming
H 36	Hamming distance, signal distance (deprecated)	Hamming-Abstand m, Hamming-Distanz f	distance f de Hamming
H 37	Hamming window	Hamming-Fenster n	fenêtre f de Hamming
	HAN	s. H 237	
H 38	hand-carried transceiver	Handfunksprechgerät n	émetteur-récepteur m portatif (tenant dans la main)
H 39	hand control	Handsteuerung f	commande f manuelle (à main)
H 40	hand-held microphone	Handmikrophon n	microphone m à main
H 41	hand-held radio telephone	Handfunktelefon n, Handfunkfernsprecher m	radiotéléphone m tenant dans la main
H 42	hand-in a telegram/to	ein Telegramm aufgeben	déposer un télégramme
H 43	handle	Handgriff m, Tragegriff m, Griff m	manette f, poignée f
H 44	handled traffic	abgewickelter Verkehr m	trafic m écoulé, appels mpl acheminés
H 45	handling time	Bearbeitungszeit f	temps m de traitement
	hand microtelephone	s. H 60	
H 46	hand-off (mobile telephony)	Umschaltung f, Verbindungsumschaltung f	passage m sur une autre liaison, commutation f de communications en cours
H 47	hand-over	Weiterreichen n	passage m, commutation f
	hand piece	s. H 60	
H 48	handset	Bedienhörer m (Mobiltelefon); Handapparat m	microtel m
	handset	s. a. H 60	
H 49	handset cord, receiver cord	Handapparateschnur f	cordon m de combiné
H 50	handset dialling	Wählen n am Handapparat	numérotation f depuis un (le) combiné
H 51	handset off hook, receiver off hook	Handapparat abgehoben, Hörer abgehoben	combiné décroché

handset

H 52	handset on hook, receiver on hook	Handapparat aufgelegt, Hörer aufgelegt		combiné raccroché
H 53	handset telephone	Fernsprecher m (Telefon n) mit Handapparat, Handapparattelefon n		appareil m téléphonique avec (à) combiné
H 54	handsfree device, handsfree unit	Freispracheinrichtung f		dispositif m mains libres
H 55	handsfree key	Freisprechtaste f		touche f mains libres
	handsfree mode	s. H 56		
H 56	handsfree operation, handsfree mode	Freisprechbetrieb m, Freisprechmöglichkeit f		fonctionnement m à main libre, fonctionnement (utilisation f) mains libres, mode m mains libres
H 57	handsfree speaking	Freisprechen n		conversation f mains libres
H 58	handsfree telephone	Freisprechtelefon n, Freisprechapparat m		poste m téléphonique mains-libres, poste m [d'abonné] mains-libres, appareil m pour conversation «mains libres»
	handsfree unit	s. H 54		
H 59	handshaking	Quittungsbetrieb m, Handshake-Verfahren n		établissement m d'une liaison, prise f de contact, colloque m de reconnaissance
H 60	hand telephone set, telephone handset, handset, hand microtelephone, HMT, hand piece	Handapparat m		combiné m, microtéléphone m
H 61	handwriting transmission	Übertragung f handschriftlicher Texte		transmission f de textes manuscrits
H 62	H antenna	H-Antenne f		antenne f en H
H 63	hard-ageing	Alterung f unter Härtebedingungen		vieillissement m sous contraintes sévères
H 64	hard copy	Papierkopie f		sortie f sur support en papier
H 65	hard copy terminal	druckendes Endgerät n		terminal m à imprimante
H 66	hard decision	harte Entscheidung f		décision f ferme (stricte)
H 67	hard environmental conditions	harte Umweltbedingungen fpl		conditions fpl d'ambiance sévères
H 68	hard limiter	harter Begrenzer m		limiteur m à décision ferme, limiteur strict
H 69	hard-to-reach, HTR	erschwerte Erreichbarkeit f		difficulté f d'accès
H 70	hard to reach, HTR	schwer erreichbar		difficulté d'accès
H 71	hardware	Hardware f		matériel m [de traitement de l'information]
H 72	hardware configuration	Hardware-Anordnung f		configuration f du matériel, configuration matérielle
H 73	hardware description language	Hardware-Beschreibungssprache f		langage m de description de matériel
H 74	hardware modeling	Hardware-Modellierung f		modélisation f de matériel
H 75	hardware structure	Hardware-Struktur f		structure f matérielle
H 76	harmful interference	schädliche Störung f (Funkstörung f)		brouillage m préjudiciable, brouillage nuisible
H 77	harmonic, harmonic wave	Oberwelle f, Oberschwingung f, Harmonische f		harmonique f
H 78	harmonic antenna	Oberwellenantenne f (in Oberwellen erregte Antenne)		antenne f harmonique (fonctionnant sur un harmonique de sa fréquence propre)
H 79	harmonic distortion	Klirrfaktor m, harmonische Verzerrung f, Klirrverzerrung f		distorsion f harmonique, taux d'harmoniques, taux de distorsion [harmonique]
H 80	harmonic distortion attenuation	Klirrdämpfung f, Klirrdämpfungsmaß n		affaiblissement m de distorsion harmonique
	harmonic emission	s. H 87		
H 81	harmonic filter, harmonic trap, harmonic suppressor	Oberwellenfilter n		filtre m d'harmoniques
H 82	harmonic frequency	Oberwellenfrequenz f, Oberschwingungsfrequenz f		fréquence f harmonique
H 83	harmonic generation	Oberwellenerzeugung f		génération f harmonique, génération f d'harmoniques, production f d'harmonique
H 84	harmonic generator	Oberwellengenerator m		générateur m d'harmoniques
H 85	harmonic order	Ordnung f einer Harmonischen (Oberwelle)		ordre m d'un harmonique
H 86	harmonic oscillation	Oberschwingung f, harmonische Schwingung f		oscillation f harmonique
	harmonic output	s. H 87		
H 87	harmonic radiation, harmonic emission, harmonic output	Oberwellen[ab]strahlung f, harmonische Aussendungen fpl		rayonnement m harmonique
H 88	harmonics	Oberschwingungen fpl		harmoniques mpl
	harmonic suppressor	s. H 81		
	harmonic telegraphy	s. V 204		
	harmonic trap	s. H 81		
H 89	harmonic wave	harmonische Welle f		onde f harmonique
	harmonic wave	s. a. H 77		

	harp antenna	s. F 43	
	hazard light	s. A 268	
	HC	s. H 99	
H 90	HDB3 code, high-density binary three code	HDB3-Code m	code m HDB3, code haute densité binaire d'ordre 3
	HDLC	s. H 178	
	HDTV	s. H 155	
H 91	head assembly *(magnetic recording)*	Kopfgruppe f *(magnetische Aufzeichnung)*	bloc m de tête *(enregistrement magnétique)*
	header	s. H 92	
H 92	heading *(signalling)*, header	Kopf m, Nachrichtenkopf m	en-tête m
H 93	head-on-collision	Belegungszusammenstoß m, Verbindungszusammenstoß m	double prise f *(sur circuit mixte)*, collision f frontale
H 94	head [telephone] set, operator telephone set, operator handset	Sprechgarnitur f, Sprechzeug n, Abfragegarnitur f	casque m téléphonique, casque, appareil téléphonique d'opératrice, combiné m d'opératrice
H 95	hearing aid	Hörhilfe f	prothèse f auditive
H 96	hearing damage	Gehörschädigung f, Gehörschaden m	lésion f de l'oreille
H 97/8	hearing threshold	Hörschwelle f	seuil m auditif
H 99	heat coil, HC	Hitzdrahtspule f *(Telef.)*	bobine f thermique
H 100	heat dissipation	Wärmeableitung f, Wärmeabfuhr f	dissipation f thermique
	heater	s. F 155	
	heater current	s. F 156	
	heater voltage	s. F 157	
H 101	heat flux	Wärmefluß m	flux m de chaleur
H 102	heat shrinkable	aufschrumpfbar, schrumpfbar	thermorétractable
H 103	heat shrinkable tubing	Schrumpfschlauch m	manchon m thermorétractable
H 104	heat sink, dissipator	Kühlkörper m, Kühlblech n, Wärmeableiter m, Wärmesenke f	dissipateur m thermique (de chaleur), plaque f de refroidissement, puits m de chaleur, radiateur m
H 105	heat treatment	Wärmebehandlung f	traitement m thermique
H 106	heavy traffic	starker Verkehr m	fort trafic m
H 107	height finder	Höhenmeßradar n	radar m de site
H 108	height gain	Gewinn m durch Antennenhöhe	gain m par surélévation
H 109	helical antenna, helix antenna	Wendelantenne f	antenne f hélicoïdale, antenne en hélice
H 110	helical recording	Schrägspuraufzeichnung f	enregistrement m par défilement hélicoïdal
H 111	helical resonator	Wendelresonator m	résonateur m hélicoïdal
H 112	helical resonator filter	Wendelresonatorfilter n	filtre f à résonateur hélicoïdal
H 113	helical scanning	Wendelabsuchen n	balayage m hélicoïdal
H 114	helical waveguide, helix waveguide	Wendelhohlleiter m, Wendelhohlkabel n	guide m d'onde hélicoïdal, guide en hélice
H 115	helicopter measurement of the radiation pattern	Hubschraubermessung f des Strahlungsdiagramms	mesure f avec un hélicoptère du diagramme de rayonnement, mesure à partir d'un hélicoptère du diagramme de rayonnement
H 116	helix *(facsimile)*	Schreibspirale f	hélice f d'inscription, hélice d'impression
	helix waveguide	s. H 114	
H 117	Hell system	Hell-System n	système m *(télégraphie f)* Hell
H 118	hemisphere	Halbkugel f, Hemisphäre f	hémisphère m
H 119	hemispherical coverage	Abdeckung (Ausleuchtung) f einer Hemisphäre	couverture f hémisphérique
	HEMT	s. H 158	
H 120	hermetically encapsulated	im hermetischen Gehäuse, hermetisch verkapselt	encapsulé hermétiquement, dans un boîtier hermétique
H 121	hermetically sealed, airtight	hermetisch abgeschlossen, luftdicht	hermétique, étanche à l'air
H 122	hertzian dipole (doublet), radiating doublet, infinitesimal dipole	Hertzscher Dipol m	doublet m électrique, dipôle m [électrique]
H 123	hertzian waves	Hertzsche Wellen fpl	ondes fpl hertziennes
H 124	heterochronous	heterochron	hétérochrone
	heterochronous	s. a. N 342	
H 125	heterodyne detection	Heterodynempfang m	détection f hétérodyne, réception f hétérodyne
H 126	heterodyne frequency	Überlagerungsfrequenz f	fréquence f d'hétérodyne
H 127	heterogeneous multiplex	heterogener (gemischter) Multiplexer m	multiplex m hétérogène
H 128	heterojunction	Heteroübergang m	hétérojonction f
H 129	heterojunction diode	Heterodiode f	diode f à hétérojonction
H 130	heterostructure	Heterostruktur f	hétérostructure f
	heterosynchronous	s. A 719	
H 131	hexadecimal	hexadezimal	hexadécimal
H 132	hexadecimal numeral	Hexadezimalzahl f	nombre m hexadécimal
	HF	s. 1. H 161; 2. S 478	
H 133	HF antenna, short wave antenna	Kurzwellenantenne f	antenne f en ondes décamétriques

	HF band	s. S 472	
	HF channel	s. H 164	
H 134	HF communication	Kurzwellenverbindung f	radiocommunication f en ondes décamétriques
	HFDF system	s. H 165	
	HF radio link	s. H 168	
	HF range	s. H 170	
H 135	HF receiver, short-wave receiver	Kurzwellenempfänger m	récepteur m en ondes décamétriques, récepteur à ondes courtes, récepteur O. C.
H 136	HF sounding of the ionosphere	Kurzwellen-Ionosphärenlotung f	sondage m ionosphérique par ondes décamétriques
	HF telegraphy	s. H 173	
	HIC	s. H 301	
H 137	hierarchical access	hierarchischer Zugriff m	accès m hiérarchique
H 138	hierarchical coding	hierarchische Codierung f	codage m hiérarchique
H 139	hierarchical level	Hierarchieebene f, Hierarchiestufe f	niveau m hiérarchique
H 140	hierarchical network, hierarchized network, hierarchic [synchronized] network	hierarchisches Netz n, hierarchisches synchronisiertes Netz	réseau m hiérarchisé (hiérarchique, à synchronisation hiérarchisée)
H 141	hierarchical routing	hierarchische Verkehrslenkung f	acheminement m hiérarchique
H 142	hierarchical transmultiplexer	hierarchischer Transmultiplexer m	transmultiplexeur m hiérarchique
H 143	hierarchic mutually synchronized network	hierarschisches gegenseitig synchronisiertes Netz n	réseau m hiérarchisé à synchronisation mutuelle
	hierarchic [synchronized] network, hierarchized network	s. H 140	
H 144	high, H (binary circuit)	high, hoch, H (Binärschaltung)	état m H (circuit binaire)
H 145	high angle radiation	Steilstrahlung f	rayonnement m sous un grand angle
H 146	high angular resolvability	hohes Winkelauflösungsvermögen n	grand pouvoir m de résolution angulaire
H 147	high bandwidth local area network, broadband local area network	lokales Netz n mit großer Bandbreite, lokales Breitbandnetz n	réseau m local à large largeur de bande
H 148	high bit rate	hohe Bitrate f	débit m binaire élevé
H 149	high bit-rate transmission	Übertragung f mit hoher Bitrate	transmission f à débit binaire élevé
H 150	high-capacity cable	Kabel n mit hoher Übertragungskapazität, hochpaariges Kabel n	câble m de grande capacité [de transmission], câble m de grande contenance (nombre de paires)
	high-capacity microwave system	s. H 151	
H 151	high-capacity radio-relay system, high-capacity microwave system	hochkanaliges Richtfunksystem n	faisceau m hertzien à grande capacité, faisceau hertzien à capacité de transmission élevée
H 152	high-capacity transmission system	hochkanaliges Übertragungssystem n	système m de transmission à grande capacité
H 153	high data rate	hohe Datenrate f	débit m de données élevé
H 154	high data rate transmission, high-speed data transmission	schnelle (hochratige) Datenübertragung f	transmission f de données à débit élevé, transmission de données à vitesse élevée, transmission de données à grande vitesse
H 155	high definition television, HDTV, enhanced definition TV, high quality TV	hochauflösendes Fernsehen n, Fernsehen n mit hoher Auflösung, Hochqualitätsfernsehen n, hochzeiliges Fernsehen	télévision f à haute définition, TVHD
	high-density binary three code	s. H 90	
H 156	high-density polyethylene (polythene) insulation	Hochdruck-Polyethylen-Isolierung f	isolation f polyéthylène (polythène) haute densité
H 157	high efficiency	hoher Wirkungsgrad m	rendement m élevé
H 158	high electron mobility transistor, HEMT	HEMT m (Transistor mit hoher Elektronenbeweglichkeit)	transistor m à mobilité électronique (des électrons) élevée
H 159	higher harmonic	Oberwelle f (Harmonische f) höherer Ordnung, höhere Harmonische f (Oberschwingung f)	harmonique m supérieur, harmonique élevé
H 160	higher layer functions	Funktionen fpl höherer Schichten	fonctions fpl des couches supérieures
H 161	high frequency, HF	Hochfrequenz f, Kurzwellen fpl	haute fréquence f, HF, radiofréquence f, ondes fpl décamétriques
	high frequency	s. a. S 478	
	high-frequency amplifier	s. R 102	
	high-frequency band	s. S 472	
	high-frequency broadcasting	s. S 473	
H 162	high-frequency broadcasting band, shortwave broadcasting band	Kurzwellenrundfunkband n	bande f de radiodiffusion en ondes courtes, bande de radiodiffusion en ondes décamétriques
H 163	high-frequency cable	Hochfrequenzkabel n, HF-Kabel n	câble m pour radiofréquences
H 164	high-frequency channel, HF channel, short-wave channel	Kurzwellenkanal m	voie f de radiocommunication en ondes décamétriques, voie en ondes décamétriques
H 165	high-frequency direction finding system, HFDF system	Kurzwellenpeilsystem n	système m radiogoniométrique en ondes décamétriques

H 166	high-frequency generator	Hochfrequenzgenerator m	générateur m à haute fréquence, générateur H. F.
H 167	high-frequency induction furnace	Hochfrequenzinduktionsofen m	four m à induction à haute fréquence
	high-frequency link	s. S 476	
	high-frequency power generator	s. R 113	
H 168	high-frequency radio link, HF radio link	Kurzwellenfunkverbindung f	liaison f radioélectrique en ondes décamétriques
H 169	high-frequency radiotelephone service	Kurzwellensprechfunkdienst m	service m radiotéléphonique en ondes décamétriques
H 170	high-frequency range, HF range, short-wave range	Kurzwellenbereich m, Kurzwellenband n	bande f des ondes décamétriques, gamme f ondes courtes, gamme OC
H 171	high-frequency sound broadcasting, short-wave sound broadcasting	Kurzwellenhörrundfunk m	radiodiffusion f sonore en ondes décamétriques
H 172	high-frequency stage, radio-frequency stage, RF stage	Hochfrequenzstufe f, HF-Stufe f	étage m radiofréquence
H 173	high-frequency telegraphy, HF telegraphy, shortwave telegraphy	Kurzwellentelegrafie f	télégraphie f en ondes décamétriques
H 174	high-frequency voltage, radio-frequency voltage	Hochfrequenzspannung f, HF-Spannung f, hochfrequente Spannung f	tension f haute-fréquence, tension radiofréquence
H 175	high-gain	mit hoher Verstärkung	[à] gain m élevé
H 176	high-gain amplifier	Verstärker m mit hoher Verstärkung	amplificateur m à grand gain
	high-impedance	s. H 195	
H 177	high-impedance voltmeter	hochohmiges Voltmeter n	voltmètre m à haute impédance d'entrée
H 178	high-level data link control procedure, HDLC	HDLC-Prozedur f, HDLC-Verfahren n (Steuerung der Datenstrecke auf hoher Ebene), bitorientiertes Übertragungssteuerungsverfahren n	procédure f HDLC (procédure de commande de liaison de données à haut niveau)
H 179	high-level language, HLL	höhere Programmiersprache f	langage m évolué
H 180	high-level programming language	Programmierhochsprache f	langage m de programmation évolué
H 181	high-order component	Komponente f höherer Ordnung	composante f d'ordre supérieur
H 182	high-pass filter	Hochpaß m, Hochpaßfilter n	filtre m passe-haut
H 183	high-performance	Hochleistungs...	à haute performance, performant
H 184	high-performance technology	Spitzentechnik f	technologie f de pointe
H 185	high-power amplifier	Verstärker m [mit] hoher Leistung	amplificateur m à grande puissance
	high-power broadcasting station	s. H 186	
H 186	high-power broadcast transmitter, high-power broadcasting station	Großrundfunksender m	émetteur m (station f) de radiodiffusion de grande puissance
H 187	high-power radio station	Großfunkstelle f, Großsendeanlage f, Groß[funk]station f	station f radio[électrique] de grande puissance
H 188	high-power transmitter	Großsender m	émetteur m de grande puissance
H 189	high pulse [repetition] rate	hohe Impuls[folge]frequenz f	fréquence f de répétition des impulsions élevée
H 190	high-Q circuit	Kreis m hoher Güte	circuit m à coefficient de qualité élevé, circuit à Q élevé
H 191	high-Q resonant circuit, high-Q tuned circuit	Schwingkreis m hoher Güte	circuit m résonnant à Q élevé
H 192	high-Q triplate	High-Q-Triplate m (Streifenleiter)	triplaque f (ligne f triplaque) à Q élevé
	high-Q tuned circuit	s. H 191	
	high quality TV	s. H 155	
H 193	high-rate	hochratig, mit hoher Rate	à débit élevé
H 194	high resistance	Hochohmwiderstand m, hochohmiger Widerstand m, hoher Widerstand	résistance f élevée
H 195	high-resistant, high-impedance	hochohmig	à résistance élevée
H 196	high sample rate	hohe Abtastrate f, hohe Abtastfrequenz f	fréquence f d'échantillonnage élevée
H 197	high side	heiße Seite f, heißes Ende n	côté m chaud
H 198	high slope	hohe Flankensteilheit f	pente f élevée
H 199	high-speed	Hochgeschwindigkeits...	à vitesse élevée
H 200	high-speed application	Hochgeschwindigkeitsanwendung f	application f à vitesse élevée
H 201	high-speed bus	Hochgeschwindigkeitsbus m	bus m à haute vitesse
	high-speed data transmission	s. H 154	
H 202	high-speed driver	schnelle Treiberschaltung f	circuit m de commande à grande vitesse
	high-speed LAN	s. H 203	
H 203	high-speed local area network, high-speed LAN, HSLAN	Hochgeschwindigkeits-LAN n, lokales Netz n mit hoher Übertragungsgeschwindigkeit	réseau m local à haute vitesse, réseau local à grande vitesse
H 204	high-speed memory, HSM, high-speed storage, fast-access storage, immediate-access storage	Schnellspeicher m, Speicher m mit schnellem Zugriff, Schnellzugriffsspeicher m	mémoire f rapide

H 205	high-speed modulation	hochratige Modulation f	modulation f à débit élevée
H 206	high-speed printer	Schnelldrucker m	imprimante f rapide (à grande vitesse)
H 207	high-speed relay	Schnellschaltrelais n, Schnellrelais n	relais m rapide
	high-speed storage	s. H 204	
H 208	high-speed switch	schnellaufender Wähler m	commutateur m à grande vitesse
H 209	high-speed telegraphy	Schnelltelegrafie f	télégraphie f à grande vitesse
H 210	high-speed transmission	Übertragung f mit hoher Geschwindigkeit	transmission f à grande vitesse, transmission à haute vitesse
H 211	high-stability clock	hochstabiler Taktgeber m, Taktgeber mit hoher Stabilität	horloge f de grande stabilité
H 212	high-tech	mit Hochtechnologie	à haute technologie
H 213	high technology	Hochtechnologie f	haute technologie f
H 214	high transconductance	große Steilheit f	transconductance f élevée
H 215	high-transconductance triode	steile Triode f	triode f à forte pente
H 216	high-usage circuit group	Überlaufbündel n, Vollastbündel n	faisceau m débordant
H 217	high-usage route	Querweg m	artère f à fort trafic
	high-voltage IC	s. H 218	
H 218	high-voltage integrated circuit, high-voltage IC	Hochvoltschaltkreis m, spannungsfeste integrierte Schaltung f	circuit m intégré à haute tension, circuit intégré à tension élevée
H 219	high-voltage transistor	Hochvolttransistor m, spannungsfester Transistor m	transistor m à tension élevée
H 220	highway, time division highway, bus	Bus m, Busleitung f, Vielfachleitung f, Multiplexleitung f, Highway m, Zeitmultiplexleitung f	bus m, canal m à multiplexage dans le temps, canal, artère f, jonction f multiplex interne
H 221	high yield	hohe Ausbeute f	rendement m élevé
H 222	histogram	Histogramm n	histogramme m
H 223	history file	Stammdatei f	fichier m historique (d'archives)
H 224	hitless swich	schlupffreier Umschalter m	commutateur m sans à-coups
	HLL	s. H 179	
	HLR	s. H 240	
	HMT	s. H 60	
H 225	hoar-frost deposit (antenna, lines)	Rauhreifablagerung f	dépôt m de givre
H 226	hoghorn	Hornparabol n	cornet m parabolique
H 227	hold current, holding current	Haltestrom m	courant m de maintien
H 228	holding circuit	Halteschaltung f	circuit m de maintien, circuit de blocage
	holding current	s. H 227	
H 229	holding time, completion time	Belegungsdauer f	temps m d'occupation, durée f d'occupation
H 230	hold-in range, tracking range	Haltebereich m	étendue f de tenue
H 231	hole conduction	Löcherleitung f, Defektleitung f	conduction f par trous
H 232	hole density	Löcherdichte f	densité f des trous
H 233	hole mobility	Löcherbeweglichkeit f	mobilité f des trous
H 234	hollow waveguide, waveguide	Hohlleiter m, Hohlwellenleiter m	guide m d'onde [creux]
H 235	hologram	Hologramm n	hologramme m
H 236	holography	Holografie f	holographie f
H 237	home area network, HAN	Heimverbundnetz n	réseau m local domestique, RLD
H 238	home interphone	Haussprechanlage f	interphone m de résidence
H 239	home local area network	lokales Heimnetz n	réseau m local pour l'habitation
H 240	home location register, HLR	Heimatdatei f (Mobiltelefon)	enregistreur m de localisation nominal, ELN
H 241	home mobile service switching centre	Heimatfunkvermittlungsstelle f	centre m de commutation pour les services mobiles de rattachement, CCM de rattachement
H 242	home position	Grundposition f, Anfangsstellung f, Ausgangsstellung f, Grundstellung f	position f initiale, position de repos, position de début d'écran
H 243	home terminal	Heim-Terminal n	terminal m domestique
H 244	homing [action] (telephony)	Rücklauf m	retour m au repos
H 245	homing beacon	Anflugfunkfeuer n	radiophare m d'approche
H 246	homochromous	homochrom, gleichfarbig	homochrome
H 247	homochronous	homochron	homochrone
H 248	homodyne detection	Homodynempfang m	détection f homodyne
	homodyne receiver	s. Z 11	
H 249	homogeneous	homogen	homogène
H 250	homogeneous multiplex	homogenes Multiplex n	multiplex m homogène
H 251	homogeneous section	homogener Abschnitt m	section f homogène
H 252	homogeneous structure	homogene Struktur f	structure f homogène
H 253	honeycomb structure	Honigwabenstruktur f	structure f en nid d'abeille
H 254	hook (telephone set)	Haken n, Gabel f	crochet m, fourchette f
	hookswitch	s. R 332	
H 255	hop (ionospheric propagation)	Sprung m	bond m, saut m
	hop	s. a. R 124	
H 256	hop length, path length	Funkfeldlänge f	longueur f de bond, distance f du bond
H 257	hopping period (frequency hopping)	Modulationsstufe f	durée f du palier, palier m
H 258	hops up to 60 km	Funkfeldlängen fpl bis 60 km	bonds mpl pouvant atteindre 60 km

H 259	horizontal blanking interval	Horizontalaustastlücke f, Dauer f der Horizontalaustastung	intervalle m de suppression de ligne	
H 260	horizontal definition	Horizontalauflösung f	définition f horizontale	
H 261	horizontal deflection	Horizontalablenkung f, H-Ablenkung f, Zeilenablenkung f, X-Ablenkung f	déflexion f horizontale, déviation f horizontale	
H 262	horizontal diagram, horizontal pattern	Horizontaldiagramm n	diagramme m en azimut	
H 263	horizontal directivity pattern	horizontales Richtdiagramm n	diagramme m de directivité horizontal	
	horizontal drive	s. X 1		
	horizontal frequency	s. L 198		
H 264	horizontally polarized	horizontal polarisiert	polarisé horizontalement	
H 265	horizontally polarized wave	horizontal polarisierte Welle f	onde f polarisée horizontalement	
	horizontal pattern	s. H 262		
H 266	horizontal polarization	Horizontalpolarisation f, horizontale Polarisation f	polarisation f horizontale	
H 267	horizontal synchronization pulse	Horizontalsynchronimpuls m	top m de synchronisation horizontale	
H 268	horizontal tabulation, HT	Horizontaltabulator m	tabulation f horizontale, HT	
	horn	s. H 269		
H 269	horn antenna, horn	Hornantenne f, Hornstrahler m, Trichterantenne f	antenne f [en] cornet, cornet m	
H 270	horn antenna feed	Hornantennenprimärstrahler m	source f d'illumination en cornet	
	horn arrester	s. H 272		
H 271	horn feed	Erregerhorn n	source f primaire type cornet	
H 272	horn gap, horn arrester	Hörnerfunkenstrecke f, Hörnerableiter m	éclateur m à cornes	
H 273	horn loudspeaker, horn speaker	Trichterlautsprecher m	haut-parleur m à pavillon	
H 274	horn paraboloid antenna	Hornparaboloidantenne f	antenne f parabolique à cornet	
H 275	horn reflector	Hornreflektor m	cornet m réflecteur, réflecteur m en cornet	
	horn speaker	s. H 273		
H 276	host computer	Host-Computer m, Host-Rechner m, Dienstleistungsrechner m, Verarbeitungsrechner m	ordinateur m central, ordinateur principal	
H 277	host processor	Host-Prozessor m	processeur m central, processeur principal	
H 278	hot-carrier diode	Hot-Carrier-Diode f	diode f à porteur chaud	
H 279	hot line	Direktrufnetz n	ligne f directe	
	hot line	s. a. D 633		
H 280	hot standby	heiße Reserve f	secours m sous tension, secours immédiat, réserve f permanente	
H 281	hourly median	stündlicher Medianwert m	médiane f horaire	
	housekeeping digit	s. S 357		
	housekeeping digits	s. S 368		
H 282	housekeeping information	Dienstinformation f	information f de service	
H 283	house telephone	Hausfernsprecher m, Haustelefon n	téléphone m privé	
H 284	housing	Gehäuse n	boîtier m, carter m	
H 285	howler	Heuler m	hurleur m	
	HPBW	s. H 18		
H 286	H-plane sectoral horn	H-Sektorhorn n	cornet m sectoriel H	
	HRC	s. H 313		
	HRX	s. H 314		
	HSLAN	s. H 203		
	HSM	s. H 204		
	HT	s. H 268		
	HTR	s. H 69		
H 287	H-type Adcock direction finder, elevated-H Adcock direction finder	H-Adcock-Peiler m	radiogoniomètre m Adcock en H	
H 288	hue	Farbton m	teinte f, nuance f	
H 289	hum, power [line] hum, mains hum	Netzbrummen n, Brumm m, Brummstörung f	bruit m d'alimentation, ronflement m [du secteur]	
	human engineering	s. P 223		
H 290	human factors	Humanfaktoren mpl	facteurs mpl humains	
H 291	human-oriented	anwendergerecht	conçu pour l'utilisateur	
H 292	hum bar	Brummstreifen m	barre f de ronflement	
H 293	hum suppression	Brummbeseitigung f	suppression f de ronflement	
H 294	hunter	Freiwahlstufe f	chercheur m de ligne libre	
H 295	hunting [action], automatic hunting, line hunting	Freiwahl f, Freiwählen n, Freisuchen n, Absuchen n	recherche f de ligne libre, recherche de ligne	
H 296	hybrid (microwave)	Hybrid n	coupleur m hybride	
	hybrid circuit	s. H 301		
H 297	hybrid coding	Hybridcodierung f	codage m hybride	
H 298	hybrid coil, hybrid transformer	Gabelübertrager m	transformateur m différentiel [équilibré], différentiel m	
H 299	hybrid coupler	Hybridkoppler m	coupleur m hybride, jonction f hybride	

hybrid

H 300		hybrid frequency domain coding	Hybridcodierung f im Frequenzbereich	codage m hybride dans le domaine fréquentiel
H 301		hybrid integrated circuit, HIC, hybrid circuit	Hybridschaltkreis m, hybridintegrierte Schichtschaltung f, integrierte Hybridschaltung f, Schichtschaltung f	circuit m intégré hybride, circuit hybride
H 302		hybrid loss	Gabeldämpfung f	affaiblissement m de transformateur différentiel
H 303		hybrid microcircuit	mikroelektronische Hybridschaltung f	microcircuit m hybride
H 304		hybrid microelectronics hybrid terminating set hybrid transformer	Hybridmikroelektronik f s. T 388 s. H 298	microélectronique f hybride
H 305		hydroacoustic signal transmission	hydroakustische Signalübertragung f	transmission f hydroacoustique de signaux
H 306		hydrometeor	Hydrometeor n	hydrométéore m
H 307		hydrometeor scattering	Hydrometeorstreuung f, Streuung f an Hydrometeoren	diffusion f par des hydrométéores
H 308		hydrophone	Hydrophon n	hydrophone m
H 309		hyperbolic position finding	Hyperbel-Ortung f, Hyperbel-Funkortung f	radiolocalisation f hyperbolique
H 310		hyperbolic radio navigation	Hyperbel-Navigation f	radionavigation f hyperbolique
H 311		hyperbolic radio navigation system	Hyperbel-Navigationsverfahren n	système m de radionavigation hyperbolique
H 312		hypothetical earth	fiktive Erdoberfläche f	surface f terrestre fictive
H 313		hypothetical reference circuit, nominal maximum circuit, HRC	hypothetischer Bezugskreis m, fiktiver Bezugskreis	circuit m fictif de référence, CFR
H 314		hypothetical reference connection, HRX	hypothetische Referenzstrecke f, fiktive (hypothetische) Bezugsverbindung f	communication f fictive de référence, CFR
H 315		hypothetical reference link	fiktive Bezugsverbindung f	liaison f fictive de référence
H 316		hysteresis	Hysterese f, Hysteresis f	hystérésis f, hystérèse f
H 317		hysteresis curve	Hysteresiskurve f	courbe f d'hystérésis
H 318		hysteresis loop	Hysteresisschleife f	boucle f d'hystérésis
H 319		hysteresis loss	Hysteresisverlust m	perte f par hystérésis

I

		IA5	s. I 513	
		IAGC	s. I 298	
		IAI	s. I 219	
		IAM	s. I 218	
		I and Q [components]	s. I 237	
		IBC	s. I 329	
		IBS	s. I 97	
		IC	s. I 330	
		ICB	s. I 111	
I 1		I channel	Kanal m in Phase	voie f en phase
		IC layout system	s. I 331	
I 2		IC maker, chip maker	Hersteller m integrierter Schaltungen, IC-Hersteller m	fabriquant m de circuits intégrés, fabriquant de CI
I 3		iconoscope	Ikonoskop n	iconoscope m
I 4		IC socket	Schaltkreissockel m, IC-Sockel m	support m de CI
		ICW	s. I 580	
		ID	s. I 8	
		IDDD	s. I 524	
I 5		ideal articulation	ideale Verständlichkeit f	netteté f idéale
I 6		ideal instant	idealer Kennzeitpunkt m	instant m idéal
I 7		ideal transducer	idealer Wandler m	transducteur m idéal (parfait)
I 8		identification, ID, identifying	Kennung f, Kennzeichnung f, Identifizierung f, Identifizieren n	identification f
I 9		identification field	Identifikationsfeld n	domaine m d'identification
		identification friend-foe	s. F 562	
I 10		identification friend or foe, IFF, IFF system	militärisches Sekundärradar n, Freund-Feind-Kennungssystem n	système m d'identification ami ou ennemi
I 11		identification signal	Kennsignal n	signal m d'identification
I 12		identifier	Identifizierung f, Kennung f, Bezeichner m	identificateur m
I 13		identify/to identifying	identifizieren, bezeichnen s. I 8	identifier, désigner
		IDF	s. I 467	
I 14		idle	in Ruhe [befindlich], untätig, frei, außer Dienst, unbesetzt	au repos, inactif, libre, hors service, inoccupé
I 15		idle character	Leerzeichen n, Füllzeichen n	caractère m blanc
I 16		idle circuit condition	Schreibruhezustand m (Fernschreiber)	état m de repos d'un circuit, état de repos, circuit m au repos

I 17	idle condition	Ruhezustand *m*, Freizustand *m*	état *m* de repos
I 18	idle line	freie Leitung *f*	ligne *f* libre
I 19	idle power, reactive power, wattless power	Blindleistung *f*	puissance *f* réactive, puissance déwattée
I 20	idle signal	Ruhesignal *n*	signal *m* de repos
	idle state	s. F 422	
I 21	idle time	Verlustzeit *f*, Leerzeit *f*, Totzeit *f*	temps *m* d'inoccupation, temps mort, temps de silence, période *f* vacante
	IDN	s. I 333	
	IDR	s. I 466	
	IDSE	s. I 523	
	IES	s. I 116	
	IF	s. I 470	
	IF amplifier	s. I 471	
	IF bandpass filter	s. I 472	
	IF bandwidth	s. I 473	
	IFF	s. 1. F 562; 2. I 10	
	IF filter	s. I 476	
	IFF system	s. I 10	
	IFL	s. I 528	
	IFRB	s. I 530	
	IF rejection ratio	s. I 479	
	IF signal	s. I 481	
	IF stage	s. I 482	
	IGFET	s. I 316	
I 22	ignition noise	Zündstörung *f*, Zündstörgeräusch *n*	bruit *m* d'allumage
I 23	ignore character, cancel, cancel character, CAN	Ungültigkeitszeichen *n*, Leerzeichen *n*	caractère *m* de suppression, caractère d'annulation, CAN, caractère d'omission
	I-HEMT	s. I 622	
	IIR-filter	s. I 179	
I 24	I²L, ion implantation logic	I²L, I²L-Logik *f*, Ionenimplantationslogik *f*	logique *f* à implantation d'ions
	I²L	s. a. I 337	
I 25	illegal character	unzulässiges Zeichen *n*	caractère *m* interdit
I 26	illuminated key	Leuchttaste *f*	touche *f* lumineuse, touche *f* éclairée
	illuminated keypad	s. B 10	
I 27	illuminated push-button telephone	Leuchttastenfernsprecher *m*	appareil *m* téléphonique à poussoirs lumineux
I 28	illumination	Flächenbelegung *f* (Antenne), Ausleuchtung *f*, Beleuchtung *f*	répartition *f* du champ, illumination *f*, fonction *f* d'illumination
I 29	illumination angle	Ausleuchtungswinkel *m*	angle *m* d'éclairement
	ILR	s. J 49	
	ILS	s. I 309	
	ILS glide path	s. I 310	
	ILS localizer	s. I 311	
I 30	image antenna	imaginäre Antenne *f*, Spiegelbildantenne *f*	antenne *f* image
I 31	image area	Bildfläche *f*	zone *f* d'image
I 32	image attenuation coefficient (constant)	Wellendämpfungsmaß *n*, Vierpoldämpfungsmaß *n*, Vierpoldämpfung *f*	affaiblissement *m* sur images, exposant *m* d'affaiblissement sur images
I 33	image coding, coding of images, picture coding, encoding of images	Bildcodierung *f*	codage *m* d'image[s]
I 34	image compression	Bildkompression *f*	compression *f* d'image
I 35	image data compression	Bilddatenkompression *f*	compression *f* de données d'image
I 36	image edge	Bildkontur *f*	contour *m* d'image
I 37	image frequency	Spiegelfrequenz *f*	fréquence *f* image
I 38	image frequency rejection ratio, image rejection ratio, image rejection of a receiver	Spiegelfrequenzdämpfung *f*, Spiegelwellendämpfung *f*, Spiegelfrequenzsicherheit *f*, Spiegelselektion *f* (eines Empfängers)	affaiblissement *m* sur la fréquence image, affaiblissement sur la fréquence conjuguée (d'un récepteur)
I 39	image impedance	Wellenwiderstand *m* (Vierpol)	impédance *f* image
I 40	image-parameter filter	Wellenparameterfilter *n*	filtre *m* de bandes
I 41	image phase-change coefficient (constant)	Wellenwinkelmaß *n*, Vierpolwinkelmaß *n*	déphasage *m* sur images
I 42	image pickup	Bildaufnahme *f*	prise *f* de vue
I 43	image pipelined processor	Bildprozessor *m* mit Pipeline-Struktur	processeur *m* d'image à structure pipeline
I 44	image preprocessing	Bildvorverarbeitung *f*	prétraitement *m* d'image
I 45	image processing	Bildverarbeitung *f*	traitement *m* d'image[s]
I 46	image processor	Bildprozessor *m*	processeur *m* d'images
I 47	imager	Bildaufnehmer *m*	imageur *m*, analyseur *m* d'image
I 48	imager array	Bildaufnahmematrix *f*	imageur *m* en réseau
	image rejection of a receiver	s. I 38	
	image rejection ratio	s. I 38	

I 49	imagery	Abbildung f, Abbildungstechnik f	imagerie f
I 50	image scale	Abbildungsmaßstab m	rapport m d'image
I 51	image scanner	Bildabtaster m	analyseur m d'image
I 52	image sequence	Bildfolge f, Bildsequenz f	séquence f d'image
I 53	image transfer coefficient (constant)	Wellenübertragungsmaß n, Vierpolübertragungsmaß n, komplexes Wellendämpfungsmaß n	exposant m de transfert sur images
I 54	imaginary component (part)	Imaginärteil n	partie f imaginaire
	immediate-access storage	s. H 204	
I 55	immediate appreciation percentage	Satzverständlichkeit f unter vereinfachten Bedingungen	taux m de compréhension immédiate
I 56	immediate dial	Sofortwahl f	numérotation f immédiate
I 57	immediate ringing	Sofortruf m, erster (direkter) Ruf m	sonnerie f immédiate, appel m immédiat
I 58	immunity	Unempfindlichkeit f	insensibilité f
I 59	immunity from electromagnetic interference	Immunität f gegenüber elektromagnetischen Störungen	insensibilité f aux parasites électromagnétiques
I 60	immunity to interference, interference immunity	Störfestigkeit f	insensibilité f au brouillage, immunité f au bruit, immunité contre les parasites
I 61	impact avalanche transit time diode, IMPATT diode	Lawinenlaufzeitdiode f, IMPATT-Diode f	diode f à avalanche et temps de transit, diode ATT
I 62	impact test	Schlagbiegeversuch m	essai m à chocs de flexion
I 63	impaired hearing handset	Schwerhörigen-Handapparat m, Schwerhörigen-Fernhörer m	combiné m pour malentendant
I 64	impairment	Beeinträchtigung f	dégradation f
	IMPATT diode	s. I 61	
I 65	IMPATT oscillator	Lawinenlaufzeitoszillator m, IMPATT-Oszillator m	oscillateur m à diode à avalanche et temps de transit, oscillateur à diode ATT, oscillateur ATT
I 66	impedance	Scheinwiderstand m, Impedanz f	impédance f
I 67	impedance bridge	Impedanz[meß]brücke f, Scheinwiderstandsmeßbrücke f	pont m d'impédance
I 68	impedance conversion	Impedanzwandlung f	conversion f d'impédance, adaptation f d'impédance
I 69	impedance converter	Impedanzwandler m	convertisseur m d'impédance
I 70	impedance diagram	Widerstandsdiagramm n, Impedanzdiagramm n	diagramme m d'impédance
I 71	impedance match[ing]	Impedanzanpassung f, Scheinwiderstandsanpassung f	adaptation f d'impédance
I 72	impedance matching network	Anpassungsnetzwerk n	réseau m d'adaptation d'impédance, adaptateur m d'impédance, réseau adaptateur
I 73	impedance matching set	Anpassungsglied n, Transformationsglied n	adaptateur m d'impédance
I 74	impedance matrix	Widerstandsmatrix f	matrice f des impédances
I 75	impedance measuring set	Impedanzmeßgerät n, Scheinwiderstandsmesser m	impédancemètre m
I 76	impedance mismatch	Impedanzfehlanpassung f, Scheinwiderstandsfehlanpassung f	désadaptation f d'impédance, défaut m d'adaptation d'impédance
I 77	impedance ratio	Scheinwiderstandsverhältnis n, Impedanzverhältnis n	rapport m d'impédance
I 78	impedance simulating network, balancing (balance) network, balance	Nachbildung f	réseau m d'équilibrage, équilibreur m, réseau équilibreur
I 79	impedance transformation	Impedanztransformation f, Impedanzwandlung f	transformation f d'impédance
I 80	impedance unbalance measuring set	Fehlerdämpfungsmeßbrücke f	équilibromètre m
I 81	imperfect understanding	mangelhafte Verständigung f	netteté f de réception imparfaite
I 82	implement/to	implementieren, realisieren	mettre en œuvre (application), réaliser
I 83	implementation	Implementierung f	implémentation f, mise f en œuvre, réalisation f
I 84	impulse, pulse	Impuls m	impulsion f
I 85	impulse code	Impulscode m	code m d'impulsions
	impulse counter	s. P 907	
I 86	impulse excitation	Stoßerregung f	excitation f par choc
I 87	impulse modulator	Impulsmodulator m	modulateur m d'impulsions
I 88	impulse noise, impulsive noise, burst noise	Impulsstörung f, impulsartige Störung f, Störimpuls m	bruit m impulsif, parasites mpl impulsifs
I 89	impulse noise interference	impulsförmiges Störgeräusch n, impulsförmige Störung f	perturbation f par bruits impulsifs
	impulse response	s. P 945	
I 90	impulse telegraphy	Impulstelegrafie f	télégraphie f par impulsions
I 91	impulse test	Stoßprüfung f	essai m de choc
I 92	impulsing	Stromstoßgabe f	émission f des impulsions
I 93	impulsiveness ratio	Impulsverhältnis n	rapport m impulsionnel
I 94	impulsive noise	Impulsgeräusch n	bruit m impulsif
	impulsive noise	s. a. I 88	

	IN	s. I 356	
I 95	inactive character	nichtaktives Zeichen n	caractère m inactif
I 96	inactive signalling link	inaktive Zeichengabeleitung f	canal m sémaphore [à l'état] inactif
I 97	inband signalling, IBS	Inband-Zeichengabe f, Zeichengabe f innerhalb des Bandes, Inband-Signalisierung f, Im-Band-Signalisierung f, Im-Band-Zeichengabe f	signalisation f dans la bande, signalisation intrabande
I 98	incidence angle, angle of incidence, angle of arrival	Einfallswinkel m	angle m d'incidence, angle d'arrivée
I 99	incidental frequency modulation	unerwünschte Frequenzmodulation f, Störfrequenzmodulation f	modulation f de fréquence fortuite
I 100	incidental time	Nebenzeit f, sonstige Zeit f	temps m divers
	incident direction	s. D 626	
I 101	incident plane wave	einfallende ebene Welle f	onde f incidente plane
	incident ray	s. I 123	
I 102	incident wave	einfallende Welle f	onde f incidente
	inclination of a satellite orbit	s. S 48	
I 103	inclined orbit	geneigte Umlaufbahn f	orbite f inclinée
I 104	inclined slot	schräger Schlitz m	fente f inclinée
I 105	inclined synchronous orbit	geneigte Synchronbahn f, geneigte synchrone Umlaufbahn f	orbite f synchrone inclinée
	inclusion gate	s. O 248	
I 106	incoherence	Inkohärenz f	incohérence f
I 107	incoherent	inkohärent	incohérent
I 108	incoming	ankommend, einfallend (Welle)	d'arrivée, d'entrée, entrant
I 109	incoming access	ankommender Zugang m	accès m entrant
I 110	incoming call	ankommender Ruf m, ankommender Anruf m, ankommendes Gespräch n	appel m d'arrivée, appel entrant, communication f d'arrivée
I 111	incoming calls barred, ICB	ankommende Anrufe gesperrt, ankommender Zugang verhindert	interdiction des appels à l'arrivée
I 112	incoming channel	ankommender Kanal m	canal m d'arrivée
I 113	incoming circuit	ankommender Übertragungsweg m, Eingangsleitung f, ankommende Leitung f	circuit m d'arrivée, circuit entrant
I 114	incoming country	Ankunftsland n	pays m d'arrivée
I 115	incoming distributing frame	Eingangsverteiler m	répartiteur m d'entrée
I 116	incoming echo suppressor, IES	Ankunftsechosperre f	suppresseur m d'écho d'arrivée
I 117	incoming inspection	Eingangsprüfung f	inspection f d'entrée, inspection de recette
I 118	incoming international exchange	internationale Ankunftsvermittlungsstelle f	centre m international d'arrivée
I 119	incoming junction	ankommende Verbindungsleitung f, ankommende Ortsverbindungsleitung f	jonction f entrante, jonction d'arrivée
I 120	incoming line	ankommende Leitung f	ligne f d'arrivée, ligne entrante
I 121	incoming operator	Ankunftstelefonistin f	opératrice f translatrice
I 122	incoming position	Eingangsplatz m, Eingangsschrank m	position f d'arrivée
I 123	incoming ray, incident ray	einfallender Strahl m	rayon m incident
I 124	incoming register	Eingangsregister n	enregistreur m d'arrivée, enregistreur entrant
I 125	incoming signal	Eingangssignal n, Empfangssignal n	signal m entrant
	incoming toll call	s. I 128	
I 126	incoming traffic	ankommender Verkehr m	trafic m entrant, trafic en réception
I 127	incoming trunk, offering trunk	Zubringerleitung f, Zubringer m	circuit m entrant, circuit d'arrivée
I 128	incoming trunk call, incoming toll call	ankommendes Ferngespräch n	appel m interurbain entrant
I 129	incoming trunk group, offering trunk group	Zubringerbündel n	faisceau m de circuits d'arrivée, faisceau de circuits entrants
I 130	incorrect modulation	fehlerhafte Tastung f	modulation f incorrecte, modulation infidèle
I 131	incorrect restitution	fehlerhafte Wiedergabe f	restitution f incorrecte, restitution infidèle
I 132	independent sideband, ISB	unabhängiges Seitenband n	bande f latérale indépendante, BLI
I 133	independent-sideband transmission	Übertragung f mit unabhängigen Seitenbändern, Zweikanal-Einseitenbandverfahren n	transmission f (émission f) à bandes latérales indépendantes, transmission BLI
I 134	independent variable	unabhängige Veränderliche f	variable f indépendante
I 135	index/to	indizieren, mit Index versehen	indexer, positionner
I 136	index	Index m, Indextabelle f, Sachregister n	index m, répertoire m
I 137	indexing	Indizierung f	indexation f
I 138	index of cooperation (facsimile)	Arbeitsmodul m	module m de coopération, module d'hélice d'exploration
I 139	in-dialling, direct dialling-indirect-inward-dialling, DID [to a PABX]	Durchwahl f [zu Nebenstellenteilnehmern], Einwahl f	sélection f directe [à l'arrivée], numérotation f directe [d'un poste supplémentaire], appel m automatique interne

I 140	indication	Anzeige f, Meldung f, Melden n	indication f
I 141	indicator	Indikator m, Anzeiger m, Schauzeichen n, Kennung f	indicateur m, voyant m
I 142	indicator	Kennzeichnung f, Unterscheidungskennzeichen n (Signalisierung)	indicateur m
I 143	indicator bit	Meldebit n	bit m indicateur
I 144	indicator lamp, pilot lamp	Kontrollampe f, Anzeigelampe f, Signallampe f	lampe f témoin (de signalisation), voyant m [lumineux]
I 145	indicator panel	Anzeigetafel f	tableau m indicateur, panneau m indicateur
I 146	indirect back scatter, long distance back scatter	indirekte Rückstreuung f	rétrodiffusion f indirecte
I 147	indirect control	indirekte Steuerung f	commande f indirecte
I 148	indirectly heated cathode	indirekt geheizte Katode f	cathode f à chauffage indirect
I 149	indirectly heated tube (valve)	indirekt geheizte Röhre f	tube m à chauffage indirect
I 150	indium-phosphide Gunn diode, InP Gunn diode	Indiumphosphid-Gunn-Diode f, InP-Gunn-Diode f	diode f Gunn à l'indium phosphure, diode Gunn InP
I 151	individual line	Einzelanschluß m	ligne f principale individuelle, raccordement m individuel
I 152	individual reception (broadcasting satellite)	Heimempfang m, Einzelempfang m	réception f individuelle
I 153	individual trunk	individuelle Abnehmerleitung f	jonction f individuelle, ligne f individuelle
I 154	indoor cable, inside plant cable	Innenraumkabel n, Innenkabel n, Installationskabel n	câble m d'installation, câble d'appartement, câble d'intérieur
I 155	indoor radio channel	Inhaus-Funkkanal m, Innenraum-Funkkanal m	voie f radioélectrique à l'intérieur d'immeubles, voie radio à l'intérieur de bâtiments
I 156	indoor radio propagation	Funkausbreitung f in Gebäuden	propagation f radioélectrique à l'intérieur d'immeubles
	indoor system	s. I 216	
I 157	indoor wiring	Innenraumverkabelung f	câblage m intérieur
I 158	induce/to	induzieren	induire
I 159	inductance	Induktivität f, Spule f, Induktanz f	inductance f, coefficient m d'induction, bobine f [d'induction]
I 160	inductance bridge	Induktivitätsmeßbrücke f, Selbstinduktionsmeßbrücke f	pont m d'inductance
I 161	inductance coil	Induktivität f, Spule f, Induktionsspule f	bobine f d'inductance, bobine d'induction, self m
	inductance coupling	s. M 841	
I 162	induction coil	Induktionsspule f	bobine f d'induction
I 163	induction field	Induktionsfeld n	champ m d'induction
I 164	induction-field wireless hearing aid	drahtlose Hörhilfe f mit Induktionsschleife	appareil m radioélectrique de correction auditive à champ d'induction
I 165	induction furnace	Induktionsofen m	four m à induction
I 166	induction heating	Induktionsheizung f	chauffage m par induction
I 167	induction loop	Induktionsschleife f	boucle f d'induction
I 168	inductive	induktiv	inductif
	inductive coupling	s. M 841	
I 169	inductive load	induktive Belastung f, induktive Last f	charge f inductive
I 170	inductive window	induktive Blende f	iris m inductif
I 171	industrial electronics	industrielle Elektronik f	électronique f industrielle
I 172	industrial environment	industrielle Umwelt f	milieu m industriel
I 173	industrial frequency	technische Frequenz f, Industriefrequenz f	fréquence f industrielle
I 174	industrial interference, man-made interference	Industriestörungen fpl	parasites mpl industriels, brouillage m artificiel
I 175	industrial robot	Industrieroboter m	robot m industriel
I 176	industrial scientific and medical equipments, ISM	industrielle, wissenschaftliche und medizinische Geräte npl, ISM	appareils mpl industriels, scientifiques et médicaux, ISM
I 177	industrial television	industrielles Fernsehen n, Industriefernsehen n	télévision f industrielle
I 178	ineffictive call, non-completed call	erfolgloser Anruf m	appel m inefficace, appel infructueux, communication f inefficace
	infinitesimal dipole	s. H 122	
I 179	infinite impulse response filter, IIR filter	IIR-Filter n, rekursives Filter n	filtre m à réponse impulsionnelle infinie, filtre IIR
	inflatable antenna	s. A 305	
I 180	inflatable reflector	aufblasbarer Reflektor m	réflecteur m gonflable
I 181	information	Information f, Nachricht f	information f, renseignements mpl
I 182	information age	Informationszeitalter n	ère f de l'information
I 183	information bearer channel	Informationsträgerkanal m, Trägerkanal m	voie f porteuse de l'information
I 184	information bits, data bits	Informationsbits npl, Nutzbits npl	bits mpl (binons m) d'information, bits utiles

I 185	information carrier	Informationsträger m	support m d'information
I 186	information carrying signal	informationsübertragendes Signal n	signal m porteur d'information
I 187	information channel	Informationskanal m, Datenkanal m	voie f de transfert des informations
I 188	information display	Informationsdisplay n	affichage m d'information
I 189	information facility, information service, inquiry facility, information inquiry facility	Auskunftsdienst m, AUD, Nachfragedienst m	service m de renseignements, service complémentaire des renseignements (enquêtes)
I 190	information field	Informationsfeld n, Textfeld n, Datenfeld n	champ m d'information
I 191	information flow	Informationsfluß m	flux m informationnel
	information inquiry facility	s. I 189	
I 192	information processing	Informationsverarbeitung f	traitement m de l'information, informatique f
I 193	information rate	Informationsrate f	taux m d'information, débit m d'information
I 194	information retrieval	Informationsabruf m	extraction f de l'information
I 195	information security	Datensicherheit f, Nachrichtensicherheit f	sécurité f de l'information
I 196	information separator, IS	Informationstrennung f, Informationstrennzeichen n	séparateur m d'information, IS, caractère m séparateur
	information service	s. I 189	
I 197	information sink	Informationssenke f	collecteur m d'information, récepteur m d'information
I 198	information source	Informationsquelle f	source f d'information, émetteur m d'information
I 199	information switching	Informationsvermittlung f	commutation f de l'information
I 200	information theory	Informationstheorie f	théorie f de l'information
I 201	information tone	Hinweiston m	tonalité f d'information
	information transfer	s. D 107	
I 202	information transmission	Informationsübertragung f	transmission f d'information
I 203	infrared, IR	Infrarot n, IR	infrarouge m, IR
I 204	infrared radiation	Infrarotstrahlung f	rayonnement m infrarouge
I 205	infrared sensor	Infrarotsensor m	détecteur m infrarouge, capteur m infrarouge
I 206	inherent distortion	Eigenverzerrung f	distorsion f propre
I 207	inherent loss	Eigendämpfung f	affaiblissement m propre
	inherent noise	s. B 155	
I 208	inherent receiver noise	Empfängereigenrauschen n	bruit m propre du récepteur
I 209	inherited error	mitgeschleppter Fehler m	erreur f héritée
I 210	inhibit/to	sperren, abschalten	bloquer, interdire, invalider, neutraliser, mettre hors service, empêcher
I 211	inhibit	Sperren n, Abschalten n	neutralisation f, interdiction f
I 212	inhibiting signal	Blockiersignal n	signal m d'interdiction
I 213	inhibit pulse	Inhibitimpuls m, Sperrimpuls m	impulsion f de blocage
I 214	inhomogeneous	inhomogen	non homogène
I 215	inhomogeneous medium	inhomogenes Medium n	milieu m hétérogène
I 216	in-house system, indoor system	Inhaus-System n	système m à l'intérieur d'un bâtiment, système interne, système privé
I 217	initial address	Anfangsadresse f, Anfangsadressierung f	adresse f initiale
I 218	initial address message, IAM	Anfangsadressierungsnachricht f, Adreßanfangsmeldung f	message m d'adresse initial, IAM, message initial d'adresse, MIA
I 219	initial address message with additional information, IAI	Anfangsadressierungsnachricht f mit Zusatzinformation	message m initial d'adresse avec information supplémentaire, MIS
I 220	initial alignment	Anfangssynchronisation f, Erstzuordnung f	alignement m initial
I 221	initialization	Initialisierung f, Initiierung f	initialisation f
I 222	initialize/to	initialisieren	initialiser
I 223	initial permeability	Anfangspermeabilität f	perméabilité f initiale
I 224	initial program loading, IPL	Anfangsladen n, Urladen n	procédure f de chargement initial
I 225	initial request message	Anfangsanforderungsnachricht f	message m initial de demande
I 226	initial value	Anfangswert m	valeur f initiale
I 227	injection	Injektion f	injection f
I 228	ink-jet printer	Tintenstrahldrucker m	imprimante f à jet d'encre
I 229	inland network	Inlandnetz n	réseau m intérieur
I 230	inland service	Inlandsdienst m	service m intérieur (national)
I 231	inland traffic	Inlandsverkehr m	trafic m intérieur
I 232	in-line colour picture tube	In-line-Farbbildröhre f	tube m image en ligne pour télévision en couleurs
I 233	inner conductor, centre conductor	Innenleiter m	conducteur m intérieur, conducteur central
I 234	inner winding	innere Wicklung f	enroulement m intérieur
I 235	in-operation monitoring	In-Betrieb-Überwachung f	surveillance f en exploitation
	InP Gunn diode	s. I 150	
I 236	in-phase	gleichphasig	en phase

in-phase

I 237	in-phase and quadrature components, I and Q components, I and Q	Komponenten *fpl* in Phase und um 90° phasenverschoben	composantes *fpl* en phase et en quadrature
I 238	input/to	eingeben	introduire, entrer
I 239	input	Eingang *m*, Eingangsleistung *f*, zugeführte Leistung *f*	entrée *f*, puissance *f* d'entrée
I 240	input buffer [storage]	Eingabepuffer *m*, Eingabepufferspeicher *m*	tampon *m* d'entrée, mémoire *f* tampon d'entrée
I 241	input circuit	Eingangsschaltung *f*, Eingangskreis *m*	circuit *m* d'entrée, montage *m* d'entrée
I 242	input current	Eingangsstrom *m*	courant *m* d'entrée
I 243	input filter	Eingangsfilter *n*	filtre *m* d'entrée
I 244	input gate	Eingangstor *n*	porte *f* d'entrée
I 245	input impedance	Eingangsimpedanz *f*	impédance *f* d'entrée
I 246	input information	Eingabeinformation *f*	information *f* d'entrée, données *fpl* d'entrée
I 247	input level	Eingangspegel *m*	niveau *m* d'entrée
I 248	input module	Eingabebaugruppe *f*, Eingabemodul *m*, Eingangsmodul *m*	module *m* d'entrée
I 249	input multiplexer	Eingangsmultiplexer *m*	multiplexeur *m* d'entrée, filtre *m* multiplexeur d'entrée
I 250	input-output, input/output, I/O	Ein-Ausgangs..., Ein-Ausgabe... (Daten)	entrée/sortie, E/S
I 251/2	input-output buffer	Eingabe-Ausgabe-Puffer *m*, Eingabe-Ausgabe-Pufferspeicher *m*	tampon *m* d'entrée/sortie
I 253	input-output device	Eingabe-Ausgabe-Baustein *m*	unité *f* périphérique d'entrée/sortie
I 254	input-output interface	Eingangs-Ausgangs-Schnittstelle *f*	interface *f* entrée/sortie
I 255	input-output port	Eingabe-Ausgabe-Anschluß *m*	accès *m* d'entrée/sortie
I 256	input power	Eingangsleistung *f*	puissance *f* d'entrée
I 257	input pulse	Eingangsimpuls *m*	impulsion *f* d'entrée
I 258	input sensitivity	Eingangsempfindlichkeit *f*	sensibilité *f* d'entrée
I 259	input signal	Eingangssignal *n*	signal *m* d'entrée
I 260	input stage	Eingangsstufe *f*, Eingangsteil *n*	étage *m* d'entrée
I 261	input terminal	Eingangsanschluß *m*, Eingangsklemme *f*	borne *f* d'entrée
I 262	input transistor	Eingangstransistor *m*	transistor *m* d'entrée
I 263	input unit	Eingabeeinheit *f*	périphérique *m* d'entrée
I 264	input voltage	Eingangsspannung *f*	tension *f* d'entrée
I 265	input winding	Eingangswicklung *f*	enroulement *m* d'entrée
I 266	inquiry	Anfrage *f*, Abfragen *n*	interrogation *f*, consultation *f*
	inquiry facility	s. I 189	
I 267	inquiry position	Auskunftsplatz *m*	position *f* de renseignements [et réclamations]
I 268	inrush current	Einschaltstrom *m*	courant *m* d'application
I 269	insect resistant	insektenfest	résistant aux insectes
I 270	insensitiveness to electromagnetic interference	Unempfindlichkeit *f* gegenüber elektromagnetischen Störungen	insensibilité *f* aux perturbations électromagnétiques
I 271	insensitive to	unempfindlich gegen	insensible à
I 272	insert/to	einsetzen, einfügen, einschieben, einführen, einstecken *(Stecker)*, einschalten, zwischenschalten *(Schaltung)*	installer, monter, mettre en place, insérer, introduire *(connecteur)*, intercaler
I 273	insert	Einsatz *m*, Einsatzstück *n*, Einlage *f*, Einfügungsstück *n*	insertion *f*, bouchon *m*, embout *m*, pièce *f* rapportée
I 274	insert earphone	Ohrhörer *m*	écouteur *m* interne, écouteur à embout
	insertion attenuation	s. I 276	
I 275	insertion gain	Einfügungsgewinn *m*	gain *m* d'insertion
I 276	insertion loss, insertion attenuation	Einfügungsdämpfung *f*, Einfügedämpfung *f*	affaiblissement *m* d'insertion, perte *f* d'insertion
I 277	insertion parameter filter	Betriebsparameterfilter *n*	filtre *m* à affaiblissement d'insertion prédéterminé
I 278	insertion phase change	Einfügungswinkelmaß *n*	déphasage *m* d'insertion
I 279	insertion transfer function	Einfügungsübertragungsfaktor *m*	coefficient *m* d'insertion
I 280	in-service test	Versuch *m* (Test *m*, Prüfung *f*) im Betrieb	essai *m* en service
I 281	inside antenna	Innenantenne *f*	antenne *f* intérieure
I 282	inside [cable] wiring, inside wiring cable	Innenverdrahtung *f*, Innenverkabelung *f*	câblage *m* intérieur, fils *mpl* intérieurs
	inside plant cable	s. I 154	
	inside wiring cable	s. I 282	
I 283	in situ measurement	Messung *f* an Ort und Stelle	mesure *f* in situ
I 284	in-slot signalling	Inslot-Zeichengabe *f*, Inslot-Signalisierung *f*	signalisation *f* dans le créneau temporel, signalisation dans l'intervalle de temps
I 285	instability	Instabilität *f*, Inkonstanz *f*	instabilité *f*
I 286	install/to	installieren, errichten, aufbauen	installer, implanter, poser
	install/to	s. a. L 46	
I 287	installation	Anlage *f*, Installation *f*	installation *f*, système *m*, matériel *m*

	installation	s. a. I 295		
I 288	installation-dependent	anlagenspezifisch, anlageabhängig, anlagespezifisch	dépendant de l'installation	
I 289	installation-independent	anlagenunabhängig, anlageunabhängig	indépendant de l'installation	
I 290	installation layout	Montageplan m	plan m d'aménagement	
I 291	installation material	Installationsmaterial n, Montagematerial n	matériel m de montage	
I 292	installation on the field, on-site mounting, field installation	Feldinstallation f, Montage f an Ort und Stelle, Montage am Einsatzort	montage m sur le terrain (chantier, site)	
I 293	installation possibility	Einbaumöglichkeit f	possibilité f d'installation	
I 294	installed power	installierte Leistung f	puissance f installée	
I 295	installing, installation	Installation f, Errichtung f, Aufstellung f	installation f, montage m, pose f, mise f en place	
I 296	instantaneous acoustical speech power	Augenblickswert m der Sprechleistung	puissance f vocale instantanée	
I 297	instantaneous amplitude	Augenblicksamplitude f, Momentanamplitude f	amplitude f instantanée	
I 298	instantaneous automatic gain control, IAGC	unverzögerte automatische Verstärkungsregelung f	commande f automatique de gain instantanée	
I 299	instantaneous compander	Momentanwert-Kompander m	compresseur-extenseur m instantanée	
I 300	instantaneous companding	Momentanwert-Kompandierung f	compression-extension f instantanée	
I 301	instantaneous frequency	Momentanfrequenz f	fréquence f instantanée	
I 302	instantaneous frequency deviation	momentaner Frequenzhub m	écart m de fréquence	
	instantaneous measurand	s. I 305		
I 303	instantaneous phase	Augenblicksphase f, Momentanphase f	phase f instantanée	
I 304	instantaneous power	Momentanleistung f, Augenblicksleistung f	puissance f instantanée	
I 305	instantaneous value, instantaneous measurand (telecontrol)	Momentanwert m, Augenblickswert m	valeur f instantanée, mesure f instantanée (téléconduite)	
I 306	instantaneous voltage	Augenblicksspannung f	tension f instantanée	
I 307	instrumental error	Gerätefehler m	erreur f instrumentale	
I 308	instrumentation	Gerätepark m, Instrumentarium n	appareillage m	
I 309	instrument landing system, ILS	Instrumentenlandesystem n, ILS	système m d'atterrissage aux instruments, ILS	
I 310	instrument landing system glide path, ILS glide path	Gleitweganlage f des Instrumentenlandesystems, ILS-Gleitweganlage f	radioalignement m de descente du système d'atterrissage aux instruments	
I 311	instrument landing system localizer, ILS localizer	Landekursanlage f des Instrumentenlandesystems, ILS-Landekursanlage	radioalignement m de piste du système d'atterrissage aux instruments	
I 312	instrument transformer	Meßwandler m	transformateur m de mesure	
I 313	insulant	Isolierstoff m, Isoliermaterial n, Isolationsstoff m	matière f isolante	
I 314	insulate/to	isolieren	isoler	
I 315	insulated conductor	isolierter Leiter m	conducteur m isolé	
I 316	insulated gate FET, IGFET	Isolierschicht-Feldeffekttransistor m, IGFET (Feldeffekttransistor mit isoliertem Gate)	transistor m à effet de champ à grille isolée, TEC à grille isolée	
I 317	insulated wire	isolierter Draht m	fil m isolé	
I 318	insulating layer	Isolierschicht f	couche f isolante	
I 319	insulating paste	Isolierpaste f	pâte f isolante	
I 320	insulating sleeve	Isoliermuffe f	manchon m isolant	
I 321	insulating sleeve	Isolierschlauch m	manchon m isolant	
I 322	insulation	Isolierung f, Isolation f, Isolieren n, Isolierstoff m	isolation f, isolement m, isolant m	
I 323	insulation fault	Isolationsfehler m	défaut m d'isolement	
I 324	insulation resistance	Isolationswiderstand m	résistance f d'isolement, résistance d'isolation	
I 325	insulator string	Isolatorenkette f	chaîne f d'isolateurs	
I 326	integer [number], integral number	ganze Zahl f	nombre m entier	
I 327	integrable	integrierbar	intégrable	
	integral number	s. I 326		
I 328	integrated	integriert	intégré	
I 329	integrated broadband communications, IBC	integrierte Breitbandkommunikation f	télécommunications fpl à large bande intégrées, communication f intégrée à bande large	
I 330	integrated circuit, IC	integrierter Schaltkreis m, integrierte Schaltung f, IS, IC	circuit m intégré	
I 331	integrated-circuit layout system, IC layout system	Layout-System n für integrierte Schaltungen, Schaltkreis-Layout-System n	système m de disposition des éléments pour CI	
I 332	integrated circuit technique	integrierte Schaltungstechnik f	technologie f pour circuits intégrés	
I 333	integrated digital network, IDN	integriertes Text- und Datennetz n, IDN, integriertes Digitalnetz n (digitales Netz n)	réseau m numérique intégré, RNI	

integrated 144

I 334	integrated digital transmission and switching	integrierte digitale Übertragung f und Vermittlung f	transmission f et commutation f numériques intégrées
I 335	integrated electronic subscriber line interface circuit with ringing	integrierte elektronische Teilnehmeranschlußschaltung f mit Ruf	circuit m intégré d'interface de ligne d'abonné avec sonnerie
I 336	integrated information system	integriertes Informationssystem n	système m d'information intégrée
I 337	integrated injection logic, I²L	integrierte Injektionslogik f, I²L	logique f intégrée à injection, I²L
I 338	integrated measurand	Integralwert m	mesure f intégrée
I 339	integrated network	integriertes Netz n	réseau m intégré
I 340	integrated packet communication system	integriertes Paket-Übermittlungssystem n	système m intégré de transmission par paquets
I 341	integrated regenerator	integrierter Regenerator m	régénérateur m intégré
I 342	integrated services digital network, ISDN	digitales diensteintegrierendes Netz n, digitales dienstintegriertes Netz	réseau m numérique à intégration de services, RNIS
I 343	integrated services digital network user part, ISDN user part, ISDNUP, ISUP	ISDN-Nutzerteil m, ISDN-Anwenderteil m, Anwenderteil m für ISDN, Benutzerteil m für ISDN	sous-système m utilisateur RNIS, SSURNIS
	integrated telephone and data network	s. I 346	
I 344	integrated voice and data network	integriertes Sprach- und Datenübertragungsnetz n	réseau m intégré de voix et de données
I 345	integrated voice–data multiplexer	integrierter Sprach–Daten-Multiplexer m	multiplexeur m de paroles et de données intégré
I 346	integrated voice–data network, integrated telephone and data network, ITDN	integriertes Fernsprech-[und]Datennetz n	réseau m intégrant téléphonie (paroles) et données, RITD
I 347	integrating amplifier	Integrationsverstärker m	amplificateur m intégrateur
I 348	integrating circuit	Integrierschaltung f	montage m intégrateur, intégrateur m
	integrating circuit (network)	s. I 354	
I 349	integration	Integration f	intégration f
I 350	integration density	Integrationsdichte f	densité f d'intégration
I 351	integration level (scale)	Integrationsgrad m	niveau m d'intégration, échelle f d'intégration
I 352	integration time	Integrationszeit f	temps m d'intégration
I 353	integrator	Integrator m, Integrierer m	intégrateur m
	integrator	s. a. I 354	
I 354	integrator circuit (mounting), integrating circuit, integrating network, integrator	Integratioschaltung f, Integrator m, integrierendes Netzwerk n	circuit m intégrateur, circuit d'intégration, montage m intégrateur, intégrateur m
I 355	intelligent monitor	intelligenter Monitor m	moniteur m intelligent
I 356	intelligent network, IN	intelligentes Netz n, IN	réseau m intelligent
I 357	intelligent terminal	intelligentes Terminal n, intelligentes Endgerät n	terminal m intelligent
I 358	intelligibility	Verständlichkeit f, Sinnverständlichkeit f	intelligibilité f
I 359	intelligibility of consonants	Konsonantenverständlichkeit f	intelligibilité f de consonnes
	intelligibility of speech	s. S 973	
I 360	intelligible crosstalk	verständliches Nebensprechen n	diaphonie f intelligible
I 361	intensity fluctuation	Intensitätsschwankung f	fluctuation f d'intensité
I 362	intensity maximum	Intensitätsmaximum n	maximum m d'intensité
I 363	interaction loss	Wechselwirkungsdämpfungsmaß n	affaiblissement m d'interaction
I 364	interactive	interaktiv, dialogfähig, im Dialog	interactif, dialogué, de dialogue
I 365	interactive display system	interaktives Display-System n	système m interactif d'affichage
I 366	interactive link	Dialogverbindung f	liaison f interactive
I 367	interactive mode, conversational mode, dialog mode	Dialogbetrieb m, interaktiver Betrieb m	mode m dialogué, mode interactif, mode conversationnel
I 368	interactive service	interaktiver Dienst m	service m interactif
I 369	interactive terminal, conversational terminal	interaktives Terminal n, Dialoggerät n	terminal m interactif, terminal de dialogue
I 370	interactive terminal interface	interaktive Terminalschnittstelle f	interface f de terminal interactif
I 371	interactive tool	interaktives Werkzeug n	outil m interactif
	interactive videography	s. V 134	
	interactive videotex	s. V 134	
I 372	interband telegraphy	Zwischenbandtelegrafie f	télégraphie f interbande
I 373	interblock gap	Blockzwischenraum m	espace m interbloc
I 374	intercarrier sound detection	Intercarrier-Tondemodulation f	détection f de son interporteuse
I 375	intercarrier [sound] system	Intercarrier-Verfahren n, Differenzträger-Verfahren n, Differenzträger-Tonempfang m	système m séparateur de porteuses, système intercarrier, méthode f interporteuse
I 376	intercell switching	Verbindungsumschaltung f (Funktelefonsystem)	commutation f des voies entre cellules
	intercept	s. I 379	
I 377	intercepting station	Abhörstelle f	centre m d'écoute
I 378	intercepting trunk, intercept trunk	Bescheidleitung f	circuit m d'interception
I 379	interception, intercept	Abfangen n (Vermittlung), Aufhalten n	interception f
I 380	interception	Abhören n	écoute f clandestine
I 381	interception service	Funküberwachung f	radiosurveillance f

	intercept trunk	s. I 378	
I 382	interchange/to	austauschen, vertauschen	échanger, permuter
I 383	interchangeable	auswechselbar, untereinander austauschbar	interchangeable
I 384	interchangeable plug-in unit	auswechselbarer Einschub m, Wechseleinschub m	tiroir m interchangeable
I 385	interchange circuit	Schnittstellenleitung f	circuit m de liaison
I 386	interchange format	Austauschformat m	format m d'échange
I 387	interchannel frequency band	Kanallücken-Frequenzband n	interbande f de voies
	interchannel spacing	s. C 441	
I 388	interchip distance	Chipabstand m, Abstand m zwischen Chips	écart m entre puces
I 389	intercity	zwischenstädtisch	interurbain
	intercommunicating system	s. I 390	
I 390	intercommunication system, intercommunicating system	Linienwähleranlage f, Reihenanlage f	système m d'intercommunication
I 391	intercom set	Gegensprechanlage f	poste m d'interphone, poste d'intercommunication
I 392	interconnected printed circuit board	durchkontaktierte [gedruckte] Leiterplatte f	carte f à circuits imprimés interconnectés
I 393	interconnecting	Mischung f	interconnexion f
	interconnecting	s. a. W 183	
I 394	interconnecting network	Verdrahtungsnetzwerk n, Verdrahtungsnetz n, Verbindungsnetzwerk n	réseau m interconnecté
I 395	interconnection	Vernetzung f, Zusammenschaltung f	interconnexion f
I 396	interconnection, conductor line, interconnection line	Leiterbahn f	interconnexion f, ligne f conductrice, conducteur m, ligne d'interconnexion, piste f d'interconnexion
	interconnection at the baseband frequencies	s. B 120	
I 307	interconnection device	Verbindungselement n, Verbindungsvorrichtung f	dispositif m d'interconnexion
I 398	interconnection level	Leiterbahnebene f	niveau m d'interconnexion
	interconnection line	s. I 396	
	interconnection of LANs	s. I 399	
I 399	interconnection of local area networks, interconnection of LANs	Zusammenschaltung f von lokalen Netzen	interconnexion de réseaux locaux [d'entreprises]
I 400	interconnection of networks, internetting, internetworking	Zusammenschaltung f von Netzen	interconnexion f de réseaux
I 401	interconnection technique	Verbindungstechnik f	technique f d'interconnexion, connectique f
I 402	interconnect technology	Leiterbahntechnologie f	technologie f de fabrication d'interconnexions
I 403	intercontinental automatic operation	interkontinentaler Selbstwählbetrieb m	exploitation f automatique intercontinentale
I 404	intercontinental automatic telephony	interkontinentaler Selbstwählfernsprechverkehr m	téléphonie f automatique intercontinentale
I 405	intercontinental bearer circuit	interkontinentale Grundleitung f	circuit m support intercontinental
I 406	intercontinental circuit	interkontinentale Leitung f, interkoninentaler Übertragungsweg m	circuit m intercontinental
I 407	intercontinental link	interkontinentale Verbindung f	liaison f intercontinentale
I 408	intercontinental operation	interkontinentaler Betrieb m	exploitation f intercontinentale
I 409	intercontinental radiotelephone service	interkontinentaler Funktelefoniedienst m	service m radiotéléphonique intercontinental
I 410	intercontinental telephone network	interkontinentales Fernsprechnetz n, interkontinentales Telefonnetz n	réseau m téléphonique intercontinental
I 411	intercontinental telephone traffic	interkontinentaler Fernsprechverkehr m, interkontinentaler Telefonverkehr m	trafic m téléphonique intercontinental
I 412	intercontinental telephony	interkontinentales Fernsprechen n, interkontinentales Telefonieren n	téléphonie f intercontinentale
I 413	intercontinental transit traffic	interkontinentaler Transitverkehr m	trafic m intercontinental de transit
I 414	interdigital transducer	Interdigitalwandler m	transducteur m interdigital
I 415	interdigitated capacitor	Interdigitalkondensator m	condensateur m interdigité
I 416	interelectrode gap	Elektrodenabstand m	espace m interélectrode
I 417	interexchange signalling system	Zeichengabesystem n zwischen Vermittlungsstellen	système m de signalisation entre centraux
I 418	interexchange trunk cable	Amtsverbindungskabel n	câble m de jonction entre centraux
I 419	interface	Schnittstelle f, Interface n (Trennstelle zwischen technischen Einrichtungen), Grenzfläche f, Zwischenschicht f	interface f, jonction f
I 420	interface adapter	Schnittstellenanpassung f	adaptateur m de jonctions, adaptateur m d'interface
I 421	interface board	Schnittstellenbaugruppe f	carte f d'interface
I 422	interface card	Schnittstellenkarte f	carte f d'interface

interface

I 423	interface circuit	Schnittstellenleitung f, Schnittstellenstromkreis m	circuit m d'interface
I 424	interface connector	Schnittstellensteckverbinder m	connecteur m de jonction
I 425	interface module	Schnittstellenmodul m	module m [d'] interface, module de jonction
I 426	interface unit	Schnittstellengerät n	unité f d'interface, organe m de jonction, interface f
I 427	interface with/to *(digital system units)*	verbinden mit, anschließen an	interfacer à, relier à
I 428	interference	Störung f, Interferenz f	perturbation f, brouillage m, interférence f
I 429	interference area, interference zone	Störungsgebiet n, Störgebiet n	zone f de brouillage
I 430	interference cancellation, interference rejection, interference suppression	Störunterdrückung f, Störungsunterdrückung f	élimination f des brouillages, annulation f des brouillages, suppression f des brouillages
I 431	interference fading	Interferenzschwund m, Interferenzfading n	évanouissement m par interférence
	interference field	s. D 760	
I 432	interference field strength	Störfeldstärke f	intensité f du champ brouilleur
I 433	interference fringes	Interferenzstreifen mpl	franges fpl d'interférence
I 434	interference immunity	Störsicherheit f	immunité f au brouillage
	interference immunity	s. a. I 60	
	interference level	s. I 446	
I 435	interference-limited	störungsbegrenzt	à limitation par le brouillage
I 436	interference pattern	Interferenzbild n	diagramme m d'interférence
I 437	interference pattern *(video)*, moiré	Störmuster n, Moiré-Störung f, Moiré n	moirage m
I 438	interference-reducing antenna	störungsmindernde Antenne f	antenne f à réduction de brouillage
	interference rejection	s. I 430	
I 439	interference signal, disturbing signal, spurious signal, parasitic signal	Störsignal n, störendes Signal n	signal perturbateur, signal brouilleur, signal de brouillage, signal parasite
I 440	interference spectrum	Störspektrum n	spectre m de brouillage
	interference suppression	s. I 430	
I 441	interference suppressor	Störsperre f	dispositif m antiparasite
I 442	interference voltage	Störspannung f	tension f de perturbation
	interference zone	s. I 429	
I 443	interferer, disturber	Störer m	perturbateur m, brouilleur m
I 444	interfering emission	Störstrahlung f	rayonnement m brouilleur
I 445	interfering frequency	Störfrequenz f	fréquence f parasite
I 446	interfering level, interference level	Störpegel m	niveau m de brouillage
I 447	interfering radio relay	störende Richt[funk]verbindung f	faisceau m hertzien perturbant
I 448	interfering source	Störungsquelle f, Störquelle f	source f de brouillage
I 449	interfering transmitter	störender Sender m	émetteur m brouilleur, brouilleur m
I 450	interferometer	Interferometer n	interféromètre m
I 451	interferometry	Interferometrie f	interférométrie f
I 452	interfield coding	Zwischenhalbbildcodierung f	codage m interimage
I 453	interframe coding	Zwischenbildcodierung f	codage m intertrame, codage m entre trames
I 454	interlace/to, to interleave	ineinandergreifen, verschachteln	entrelacer, imbriquer
I 455	interlaced	verflochten, verschachtelt	entrelacé
I 456	interlaced scanning	Zeilensprungabtastung f, Zeilensprungverfahren n	balayage m entrelacé
I 457	interlace ratio	Zeilensprungverhältnis n, Zeilensprungfaktor m	rapport m d'entrelacement
	interlacing	s. I 459	
	interleave/to	s. I 454	
I 458	interleaved blocks	verschachtelte Blocks mpl	blocs mpl imbriqués
I 459	interleaving, interlacing	Verschachtelung f, Verzahnung f	entrelacement m
I 460	interlinked voltage	verkettete Spannung f	tension f entre phases
I 461	interlock	Verriegelung f	verrouillage m
I 462	interlocking system	Verriegelungssystem n	système m de verrouillage
I 463	intermediate amplification	Zwischenverstärkung f	amplification f intermédiaire
I 464	intermediate centre	Durchgangstelegrafenstelle f	centre m intermédiaire
I 465	intermediate character	Zwischenzeichen n	caractère m intermédiaire
I 466	intermediate data rate, IDR	mittlere Datenrate f	débit m de données intermédiaire
	intermediate distributing frame	s. I 467	
I 467	intermediate distribution frame, IDF, intermediate distributing frame	Zwischenverteiler m	répartiteur m intermédiaire
I 468	intermediate echo suppressor	Zwischenechosperre f	suppresseur m d'écho intermédiaire
I 469	intermediate equipment	Zwischeneinrichtung f	équipement m intermédiaire
I 470	intermediate frequency, IF	Zwischenfrequenz f, ZF	fréquence f intermédiaire, FI, moyenne fréquence f, MF
I 471	intermediate frequency amplifier, IF amplifier	Zwischenfrequenzverstärker m	amplificateur m à fréquence intermédiaire, amplificateur FI, amplificateur [à] moyenne fréquence, amplificateur MF

I 472	intermediate frequency bandpass filter, IF bandpass filter	Zwischenfrequenzbandfilter n, ZF-Bandfilter n, ZF-Bandpaß m	filtre m passe-bande de fréquence intermédiaire, filtre m passe-bande FI
I 473	intermediate frequency bandwidth, IF bandwidth	Zwischenfrequenzbandbreite f, ZF-Bandbreite f	largeur f de bande en fréquence intermédiare, largeur de bande en moyenne fréquence, bande f passante moyenne fréquence, bande passante MF
I 474	intermediate-frequency characteristic	Zwischenfrequenzdurchlaßkurve f, ZF-Charakteristik f	caractéristique f aux fréquences intermédiaires
I 475	intermediate-frequency circuit	Zwischenfrequenzkreis m, ZF-Kreis m	circuit m à fréquence intermédiaire
I 476	intermediate frequency filter, IF filter	Zwischenfrequenzfilter n, ZF-Filter n	filtre m en fréquence intermédiaire
I 477	intermediate frequency output	Zwischenfrequenzausgang m, ZF-Ausgang m	sortie f à fréquence intermédiaire
I 478	intermediate-frequency passband	Zwischenfrequenzdurchlaßband n, ZF-Durchlaßband n	bande f passante aux fréquences intermédiaires
I 479	intermediate-frequency rejection ratio, IF rejection ratio (of a receiver)	Zwischenfrequenz-Durchschlagfestigkeit f, ZF-Durchschlagfestigkeit f (eines Empfängers), ZF-Sicherheit f	affaiblissement m sur la fréquence intermédiaire (d'un récepteur)
I 480	intermediate-frequency selectivity	Zwischenfrequenzselektion f, ZF-Selektion f	sélectivité f aux fréquences intermédiaires
I 481	intermediate frequency signal, IF signal	Zwischenfrequenzsignal n, ZF-Signal n	signal m en (à) fréquence intermédiaire
I 482	intermediate frequency stage, IF stage	Zwischenfrequenzstufe f, ZF-Stufe f	étage m moyenne fréquence, étage à fréquence intermédiaire
I 483	intermediate layer	Zwischenschicht f	couche f intermédiaire
I 484	intermediate office	Zwischenamt n	centre m intermédiaire
I 485	intermediate reference system, IRS	Zwischenbezugssystem n	système m de référence intermédiaire, SIR
I 486	intermediate repeater	Zwischenverstärker m	répéteur m intermédiaire, répéteur (amplificateur m) de ligne
I 487	intermediate repeater station	Zwischenübertragungsstelle f, Verstärkeramt n	station f de répéteurs intermédiaires
I 488	intermediate station	Zwischenstation f, Zwischenstelle f	station f intermédiaire, centre m intermédiaire
I 489	intermeshed network, meshed network	vermaschtes Netz n, Maschennetz n	réseau m maillé
I 490	intermeshing	Vermaschung f	maillage m
I 491	intermittent error	Aussetzfehler m, zeitweiliger Fehler m	erreur f intermittente, erreur sporadique
I 492	intermittent fault, volatile fault, transient fault	zeitweiser Fehler m, Aussetzfehler m	défaut m intermittent, panne f intermittente, panne temporaire
I 493	intermittent service	Aussetzbetrieb m	service m intermittent
I 494	intermix/to	durchmischen	mélanger
I 495	intermodulation	Intermodulation f, IM	intermodulation f
I 496	intermodulation distortion	Intermodulationsverzerrung f	distorsion f d'intermodulation
I 497	intermodulation distortion ratio	Intermodulationsabstand, IMA, Intermodulationsfaktor m	coefficient m d'intermodulation, coefficient de distorsion différentielle
I 498	intermodulation factor	Differenztonfaktor m	coefficient m d'intermodulation
I 499	intermodulation measure	Intermodulationsmessung f	mesure f d'intermodulation
I 500	intermodulation noise	Intermodulationsgeräusch n	bruit m d'intermodulation
I 501	intermodulation noise power	Intermodulationsgeräuschleistung f	puissance f du bruit d'intermodulation
I 502	intermodulation product	Intermodulationsprodukt n	produit m d'intermodulation
I 503	internal blocking	innere Blockierung f	blocage m interne
I 504	internal call	interner Anruf m, interner Ruf m, Innenruf m	appel m interne
I 505	internal connection	Internverbindung f	communication f interne
I 506	internal gain	innere Verstärkung f	gain m interne
I 507	internal memory	Internspeicher m, eingebauter Speicher m	mémoire f interne
I 508	internal pressure	Innendruck m	pression f interne, pression intérieure
I 509	internal resistance	Innenwiderstand m	résistance f interne
I 510	internal telephone number	interne Fernsprechnummer f, interne Rufnummer f, interne Telefonnummer f	numéro m d'appel intérieur
I 511	internal thermal stress	innere Wärmespannung f, innere thermische Beanspruchung f	contrainte f thermique interne
I 512	internal traffic	interner Verkehr m, Internverkehr m	trafic m interne
I 513	international alphabet No. 5, IA5	internationales Alphabet n Nr. 5	alphabet m international n °5, AIn°5
I 514	international atomic time, TAI	internationale Atomzeit f	temps m atomique international, TAI
I 515	international automatic switched telephone network	internationales Selbstwählfernsprechnetz n	réseau m téléphonique international à commutation automatique

I 516	international automatic switched telephone service	internationaler Selbstwählfernsprechdienst m	service m téléphonique international à commutation automatique
I 517	international call	Auslandsgespräch n	communication f de régime international
I 518	international calling frequency	internationale Ruffrequenz f	fréquence f internationale d'appel
I 519	international circuit	internationaler Übertragungsweg m, internationale Leitung f	circuit m international
I 520	international circuit-group congestion signal	Zeichen n für besetzt in einem internationalen Fernsprechbündel	signal m d'encombrement de faisceau de circuits internationaux
I 521	international congestion signal	Zeichen n für besetzt im internationalen Netz	signal m d'encombrement du réseau international
I 522	international connection	internationale Verbindung f	communication f internationale
I 523	international data switching exchange, IDSE	internationale Datenvermittlung f	centre m international de commutation de données
I 524	international direct distance dialling, IDDD	internationale Selbstwahl f, ISW	automatique m international
I 525	international directory number	internationale Rufnummer f	numéro m d'appel international
I 526	international distress frequency	internationale Seenotfrequenz f, internationale Notfrequenz f	fréquence f internationale de détresse
I 527	international exchange	internationale Vermittlungsstelle f, internationale Zentrale f, Auslandsvermittlungsstelle f, internationales Amt n	centre m international, central m international
I 528	international frequency list, IFL	internationales Frequenzverzeichnis n	liste f internationale des fréquences
I 529	international frequency plan	internationaler Frequenzplan m	plan m de fréquences international
I 530	International Frequency Registration Board, IFRB	internationaler Ausschuß m für Frequenzregistrierung, IFRB	Comité m international d'enregistrement des fréquences, IFRB
I 531	international group selector	Auslandsgruppenwähler m, AGW	sélecteur m de groupe international
I 532	international leased circuit	internationale Mietleitung f	circuit m international loué
I 533	international link	internationale Verbindungsleitung f	liaison f internationale
I 534	international meteorological code	internationaler Wetterschlüssel m	code m météorologique international
I 535	international Morse code	internationales Morsealphabet n	code m morse international
I 536	international multiple destination television circuit	internationaler Mehrfach-Fernsehübertragungsweg m, internationale Mehrfach-Fernsehübertragungsleitung f	circuit m télévisuel international à destinations multiples
I 537	international network	internationales Netz n, InN	réseau m international, Rin
I 538	international number	internationale Nummer f	numéro m international
I 539	international ohm	internationales Ohm n	ohm m international
I 540	international prefix	internationale Verkehrsausscheidungszahl f, Verkehrsausscheidungszahl im internationalen Verkehr, internationales Präfix n	préfixe m international
I 541	International Radio Consultative Committee, CCIR	internationaler beratender Ausschuß m für den Funkdienst, CCIR	Comité m consultatif international des radiocommunications, CCIR
I 542	international routing plan, IRP	internationaler Leitwegplan m	plan m d'acheminement international
I 543	international section	internationaler Abschnitt m	section f internationale
I 544	international sound-programme centre, ISPC	internationale Tonleitungsschaltstelle f (Rundfunkübertragungsstelle f)	centre m radiophonique international, CRI
I 545	international sound-programme circuit	internationale Rundfunkübertragungsleitung f, internationaler Rundfunkübertragungsweg m	circuit m radiophonique international
I 546	international sound-programme connection	internationale Rundfunkverbindung f	communication f radiophonique internationale
I 547	international sound-programme link	internationale Rundfunkleitung f	liaison f radiophonique internationale
I 548	international sound-programme transmission	internationale Rundfunkübertragung f	transmission f radiophonique internationale
I 549	international spelling code	internationaler Buchstabiercode m	code m d'épellation international
I 550	international standards work	internationale Standardisierungsarbeit f	travaux mpl de normalisation internationale
I 551	international subscriber dialling, ISD	internationaler Selbstwählferndienst m, internationale Teilnehmerselbstwahl f	service m automatique international
I 552	International Telecommunication Union, ITU	Internationale Fernmeldeunion f, Internationaler Fernmeldeverein m	Union f Internationale des Télécommunications, UIT
I 553	international telegraph alphabet, ITA	internationales Telegrafenalphabet n	alphabet m télégraphique international, ATI
I 554	International Telegraph and Telephone Consultative Committee, CCITT	internationaler beratender Ausschuß m für den Telegrafen- und Telefondienst, internationaler beratender Ausschuß für Telegrafie und Telefonie, CCITT	Comité m consultatif international télégraphique et téléphonique, CCITT
I 555	international telegraph circuit	internationaler Telegrafieübertragungsweg m	circuit m télégraphique international

		international telegraph code	s. T 253	
I 556		international telephone circuit	internationale Fernsprechleitung f, internationaler Fernsprechübertragungsweg m	circuit m téléphonique international
I 557		International Television Programme Centre, ITPC	Internationale Fernsehschaltstelle f	Centre m Télévisuel International, CTI
I 558		international television transmission	internationale Fernsehübertragung f	transmission f télévisuelle internationale
I 559		international traffic	internationaler Verkehr m	trafic m international
I 560		international transit call	internationale Transitverbindung f, internationale Durchgangsverbindung f	communication f internationale de transit
I 561		international transit centre (exchange)	internationale Durchgangsvermittlungsstelle f	centre m international de transit
		internet gateway	s. I 564	
		internetting	s. I 400	
I 562		internetwork	zwischen Netzen	interréseau[x]
I 563		internetwork coordination	Koordinierung f zwischen Netzen	coordination f entre réseaux
I 564		internetwork gateway, internet gateway, gateway, bridge	Netzübergang m, Gateway m	passerelle interréseau, passerelle f
		internetworking	s. I 400	
I 565		interoffice	zwischen den Ämtern [verlaufend]	intercentraux
I 566		interoffice trunk	Ortsverbindungsleitung f	circuit m entre centres locaux, liaison f intercentraux
I 567		interoperability between systems	gemeinsamer Betrieb m zwischen Systemen	interfonctionnement m entre systèmes
I 568		interpersonal messaging, IPM	interpersoneller Mitteilungsdienst m, Mitteilungsdienst zwischen Personen	messagerie f interpersonnelle
I 569		interpersonal messaging service, IPMS	Mitteilungsdienst m für den Austausch von Meldungen zwischen Personen, IPMS, persönlicher Mitteilungs[übermittlungs]dienst m	service m de messagerie interpersonnelle, IPMS
I 570		interphone	Interphon n, Eigenverständigungsanlage f, Bordsprechanlage f	interphone m
I 571		interpolative DPCM	Differenz-PCM f mit Interpolation	MIC f différentielle avec interpolation
I 572		interpolator	Interpolator m	interpolateur m
I 573		interposition trunk	Platzverbindungsleitung f, Übergabeleitung f	ligne f d'intercommunication entre positions
I 574		interpulse coherence	Impulskohärenz f, Kohärenz f zwischen Impulsen	cohérence f entre impulsions
I 575		interrogation	Abfrage f, Abfragung f	interrogation f, demande f d'identification
I 576		interrogator	Abfragegerät n	interrogateur m
I 577		interrupt/to	unterbrechen	interrompre
I 578		interrupt	Interrupt m	interruption f
I 579		interrupt-driven	interruptgesteuert	déclenché par interruption
I 580		interrupted continuous wave, ICW	Telegrafie f durch Ein-Austastung des Trägers, Telegrafie tönend	onde f entretenue interrompue
I 581		interrupted ringing	periodischer (selbsttätig wiederholter) Ruf m	sonnerie f cadencée, appel m cadencé
I 582		interrupter	Unterbrecher m	interrupteur m
I 583		interrupting capacity	Abschaltleistung f, Ausschaltleistung f	pouvoir m de coupure
I 584		interruption, break [of service]	Unterbrechung f, Trennung f	interruption f, coupure f [d'un service]
I 585		interrupt latency	Unterbrechungsverzug m	délai m de prise en charge d'une interruption
I 586		intersatellite interference	gegenseitige Störbeeinflussung f von Satelliten	brouillage m mutuel entre satellites
I 587		intersatellite link	Verbindung f zwischen Satelliten	liaison f intersatellite
I 588		intersatellite service	Intersatellitenfunkdienst m	service m intersatellite
I 589		intersatellite spacing	Abstand m zwischen Satelliten, Satelliten-Spacing n	espacement m entre satellites
I 590		intersatellite system	Intersatellitensystem n	système m intersatellite
I 591		interservice interference	gegenseitige Störung f von Diensten	brouillage m entre services
I 592		intership channel	Sprechkanal m (Sprechweg m) Schiff–Schiff	voie f navire–navire
I 593		intership frequency, intership working frequency	Schiff-Schiff-Frequenz f	fréquence f de communication entre navires
I 594		intership working	Betrieb m zwischen Seefunkstellen (Schiffsfunkstellen)	communication f entre navires
		intership working frequency	s. I 593	
I 595		inter-switchboard line, tie line	Querverbindungsleitung f	ligne f interstandard, ligne de jonction, ligne privée, ligne spécialisée
I 596		intersymbol distortion	Intersymbolverzerrung f	brouillage m intersymbole

I 597	intersymbol interference, ISI	Intersymbol-Störung f, Intersymbol-Interferenz f	brouillage m intersymbole, brouillage entre symboles
I 598	intertandem	zwischen Durchgangsvermittlungsstellen	entre centres de transit
	intertoll dialling	s. T 987	
I 599	intervention signal	Interventionszeichen n	signal m d'intervention
I 600	interworking	Zusammenwirken n, Zusammenarbeit f, Interworking n	interfonctionnement m
I 601	interworking between networks	Zusammenarbeit f zwischen Netzen	interfonctionnement m entre réseaux
I 602	interworking capability	Fähigkeit f zur Zusammenarbeit, Interworking-Fähigkeit f	possibilité f d'interfonctionnement
I 603	intolerable interference	unzulässige Störung f	brouillage m intolérable
I 604	intraband channel, intraband telegraphy channel	Einlagerungskanal m	voie f de transmission intrabande
I 605	intraband telegraphy	Einlagerungstelegrafie f, ET, Telegrafie f im Sprachband	télégraphie f intrabande, télégraphie et téléphonie f simultanées
	intraband telegraphy channel	s. I 604	
I 606	intracity	innerstädtisch	intra-urbain
I 607	intrafield coding (TV)	Innenhalbbildcodierung f	codage m dans la trame
I 608	intraframe coding (TV)	Innenbildcodierung f	codage m à l'intérieur d'une trame
I 609	intraoffice	innerhalb der Vermittlungsstelle	intracentral
I 610	intrasystem interference	Störung f innerhalb des Systems	brouillage m à l'intérieur du système
I 611	intrinsic conduction	Eigenleitung f	conduction f intrinsèque
I 612	intrinsic semiconductor	Eigenhalbleiter m, Intrinsic-Halbleiter m	semi-conducteur m intrinsèque
I 613	introducer	Einführungszeichen n	introducteur m
I 614	introduction strategy	Einführungsstrategie f	stratégie f d'introduction
I 615	intrusion	Aufschalten n	entrée f en ligne
I 616	intrusion alarm system	Einbruchalarmsystem n	système m d'alarme contre les intrusions
I 617	intrusion detection	Raumschutz m	détection f d'intrusion
I 618	intrusion detection sensor	Raumschutzmeldungsgeber m, Raumschutzsensor m	capteur m de détection d'intrusion
I 619	intrusion tone, ticker tone	Aufschalteton m, Tickerzeichen n	tonalité f d'intervention, tonalité d'intrusion
I 620	invalid address	ungültige Adresse f	adresse f non valable, fausse adresse f
I 621	inverse current, reverse current, back current	Sperrstrom m, Rückstrom m	courant m inverse
I 622	inversed-structure HEMT, I-HEMT	I-HEMT	transistor m à mobilité électronique élevée à structure inversée
	inverse feedback	s. N 89	
I 623	inverse impedance	inverse Impedanz f, inverser Scheinwiderstand m	impédance f inverse, impédance réciproque
I 624	inverse time-lag relay	reziprok abhängiges Zeitrelais n	relais m à retard inverse
	inverse video	s. R 707	
I 625	inverse voltage, reverse voltage, back voltage	Sperrspannung f	tension f inverse
	inversion	s. N 86	
I 626	inversion height	Inversionshöhe f	hauteur f d'inversion
I 627	inversion layer	Inversionsschicht f	couche f d'inversion
I 628	inversion signal	Umschaltzeichen n	signal m d'inversion
	inverted crosstalk	s. U 79	
	inverted feedback	s. N 89	
	inverted L antenna	s. L 17	
I 629	inverted sideband	Seitenband n in Kehrlage	bande f latérale inversée
I 630	inverted-V antenna	umgekehrte V-Antenne f	antenne f en V renversé
I 631	inverter, negation gate, NOT gate, NOT element	Inverter m, Invertierschaltung f, NICHT-Schaltung f, Negator m, Negatorschaltung f, Negationsglied n, NICHT-Glied n	circuit m inverseur, inverseur m, inverseuse f, circuit NON
	inverter	s. a. D 131	
	inverter [power] unit	s. D 131	
I 632	investment planning	Investitionsplanung f	planification f des investissements
I 633	invocation	Anforderung f, Anruf m	appel m, invocation f
I 634	invoke/to	aufrufen	appeler, solliciter
	I/O	s. I 250	
I 635	ion implantation	Ionenimplantation f	implantation f d'ions
	ion implantation logic	s. I 24	
I 636	ionization	Ionisation f, Ionisierung f	ionisation f
I 637	ionogram	Ionogramm n	ionogramme m
I 638	ionosonde	Ionosphärensonde f	sondeur m ionosphérique
I 639	ionosphere	Ionosphäre f	ionosphère f
I 640	ionospheric absorption	ionosphärische Absorption f	absorption f ionosphérique
I 641	ionospheric channel	ionosphärischer Kanal m	canal m ionosphérique
I 642	ionospheric conditions	ionosphärische Bedingungen fpl	conditions fpl ionosphériques

I 643	**ionospheric cross-modulation,** Luxembourg effect	Luxemburg-Effekt *m*	transmodulation *f* ionosphérique, effet *m* Luxembourg
I 644	**ionospheric defocusing**	ionosphärische Defokussierung *f*	défocalisation *f* ionosphérique
I 645	**ionospheric disturbance**	Ionosphärenstörung *f*, ionosphärische Störung *f*	perturbation *f* ionosphérique
I 646	**ionospheric duct propagation**	ionosphärische Duktausbreitung *f*	propagation *f* par conduit ionosphérique
I 647	**ionospheric focusing**	ionosphärische Fokussierung *f*	focalisation *f* ionosphérique
I 648	**ionospheric forecast,** ionospheric prediction	ionosphärische Voraussage *f*	prévision *f* ionosphérique
	ionospheric forecast	*s. a.* I 652	
I 649	**ionospheric heating**	Erwärmung *f* der Ionosphäre	chauffage *m* de l'ionosphère
I 650	**ionospheric layer**	Ionosphärenschicht *f*	couche *f* ionosphérique
I 651	**ionospheric-path error**	Raumwellenfehler *m*	erreur *f* de propagation ionosphérique
I 652	**ionospheric prediction,** ionospheric forecast	Funkvorhersage *f*	prévision *f* ionosphérique
	ionospheric prediction	*s. a.* I 648	
I 653	**ionospheric propagation**	ionosphärische Ausbreitung *f*, Ionosphärenausbreitung *f*	propagation *f* ionosphérique
I 654	**ionospheric recorder**	Ionosonde *f*	sondeur *m* ionosphérique
I 655	**ionospheric reflection**	ionosphärische Reflexion *f*, Reflexion *f* an der Ionosphäre, Raumwellenreflexion *f*	réflexion *f* ionosphérique (sur l'ionosphère)
I 656	**ionospheric scatter**	ionosphärische Streuung *f*	diffusion *f* ionosphérique
I 657	**ionospheric scatter propagation,** propagation by ionospheric scatter	ionosphärische Streuausbreitung *f*	propagation *f* par diffusion ionosphérique
I 658	**ionospheric sounding,** sounding (probing) of the ionosphere	Ionosphären[echo]lotung *f*, Echolotung der Ionosphäre	sondage *m* ionosphérique
I 659	**ionospheric storm**	Ionosphärensturm *m*	tempête *f* ionosphérique
I 660	**ionospheric wave**	Ionosphärenwelle *f*, ionosphärische Welle *f*, Raumwelle *f*	onde *f* ionosphérique
I 661	**ionospheric wave transmission**	Raumwellenübertragung *f*	transmission *f* par ondes ionosphériques
I 662	**ion-sensitive FET,** ISFET	ISFET (ionenempfindlicher FET)	TEC sensible aux ions
	IPL	*s.* I 224	
	IPM	*s.* I 568	
	IPMS	*s.* I 569	
	IR	*s.* I 203	
I 663	**iron core**	Eisenkern *m*	noyau *m* de fer
I 664	**iron-core[d] coil**	Eisenkernspule *f*	bobine *f* à noyau de fer
	IRP	*s.* I 542	
I 665	**irradiation**	Einstrahlung *f*, Bestrahlung *f*	irradiation *f*
I 666	**irrecoverable,** irreparable	nicht wiederherstellbar	irréparable
I 667	**irregular distortion**	unregelmäßige Verzerrung *f*	distorsion *f* irrégulière
I 668	**irregular line**	inhomogene Leitung *f*	ligne *f* irrégulière
	irreparable	*s.* I 666	
	IRS	*s.* I 485	
	IS	*s.* I 196	
	ISB	*s.* I 132	
	ISD	*s.* 1. I 551; 2. J 62	
	ISDN	*s.* I 342	
I 669	**ISDN access**	ISDN-Zugang *m*	accès *m* au RNIS
I 670	**ISDN basic access**	ISDN-Basisanschluß *m*	accès *m* de base aus RNIS
I 671	**ISDN connection**	ISDN-Verbindung *f*	connexion *f* RNIS
I 672	**ISDN exchange**	ISDN-Vermittlungszentrale *f*	commutateur *m* RNIS
I 673	**ISDN private branch exchange**	ISDN-Teilnehmervermittlungsanlage *f*, ISDN-Nebenstellenanlage *f*	central *m* d'abonné RNIS, central privé RNIS, équipement *m* de commutation d'abonné RNIS
I 674	**ISDN subscriber module,** ISM	Anschlußmodul *m* für ISDN-Teilnehmer (ISDN-Basisanschlußteilnehmer), AM für ISDN-Teilnehmer, ISDN-Teilnehmeranschlußmodul *m*	module *m* d'abonné RNIS, MAR
I 675	**ISDN switching system**	ISDN-Vermittlungssystem *n*	système *m* de commutation de RNIS
I 676	**ISDN terminal adapter**	ISDN-Terminaladapter *m*	adaptateur *m* de terminal RNIS
I 677	**ISDN trunk module,** ITM	Anschlußmodul *m* für ISDN-PMXA-Teilnehmer *(PMXA-Primärmultiplexanschluß)*, AM für ISDN-Verbindungsleitung	module *m* de jonction RNIS, MJR
	ISDNUP	*s.* I 343	
I 678	**ISDN user access**	ISDN-Nutzerzugang *m*	accès *m* des usagers au RNIS
	ISDN user part	*s.* I 343	
	ISFET	*s.* I 662	
	ISI	*s.* I 597	
I 679	**ISI channel**	Kanal *m* mit Inter-Symbol-Störungen	voie *f* affectée par des brouillages intersymboles
	ISM	*s.* 1. I 176; 2. I 674	

I 680	isochronous	isochron	isochrone
I 681	isochronous distortion	Isochronverzerrung f	distorsion f isochrone
I 682	isochronous modulation	isochrone Tastung f	modulation f isochrone
I 683	isochronous restitution	isochrone Wiedergabe f	restitution f isochrone
I 684	isochronous signals	isochrone Signale npl	signaux mpl isochrones
I 685	isolated neutral (system) network	Netz n ohne geerdeten Sternpunkt, Netz mit isoliertem Sternpunkt	réseau m à neutre isolé
I 686	isolated word recognition, discrete utterance recognition	Einzelworterkennung f	reconnaissance f de mots isolés
	isolating switch	s. D 669	
I 687	isolating transformer, isolation transformer, decoupling transformer	Trenntransformator m, Trennübertrager m	transformateur m d'isolement
I 688	isolation amplifier, buffer amplifier	Trennverstärker m	amplificateur m séparateur, amplificateur tampon
I 689	isolation test	Isolationsprüfung f	essai m d'isolement
	isolation transformer	s. I 687	
I 690	isolator	Isolator m, Richtungsleitung f	isolateur m, affaiblisseur (atténuateur) m unidirectionnel, affaiblisseur non réciproque
	isolator	s. a. D 669	
I 691	isophase curve	Kurve f gleicher Phase	courbe f isophase
I 692	isophase lines	Linien fpl gleicher Phase, Isophasenlinien fpl	lignes fpl isophase
	isotropic antenna	s. I 694	
I 693	isotropic gain (of an antenna)	isotropischer Gewinn m (einer Antenne)	gain m isotrope (d'une antenne)
I 694	isotropic radiator, isotropic antenna	Kugelstrahler m, Isotropstrahler m	antenne f isotrope, source f isotrope
I 695	isotropic source	isotrope Quelle f	source f isotropique
	ISPC	s. I 544	
	ISUP	s. I 343	
	ITA	s. I 553	
	ITDN	s. I 346	
I 696	item	Informationselement n, Element n	élément m d'information, article m
I 697	item, entity	Betrachtungseinheit f	entité f, individu m
I 698	iteration	Iteration f	itération f, répétition f
I 699	iterative attenuation coefficient (constant)	Kettendämpfung f	affaiblissement m itératif
I 700	iterative impedance	Kettenimpedanz f, Kettenwiderstand m, Wellenwiderstand m (Kettenleiter)	impédance f itérative
I 701	iterative phase-change coefficient (constant)	Kettenwinkelmaß n	déphasage m itératif
I 702	iterative procedure	Iterationsverfahren n, Iterationsmethode f	procédé m itératif
I 703	iterative transfer coefficient (constant)	Kettenübertragungsmaß n	exposant m itératif de transfert
	ITM	s. I 677	
	ITPC	s. I 557	
	ITU	s. I 552	
	I-V characteristics	s. C 1250	

J

J 1	jack	Buchse f, Steckbuchse f, Klinke f (Telefon)	prise f, fiche f, plot m, jack m (téléphone)
J 2	jack field (panel)	Klinkenfeld n, Klinkenpaneel n, Buchsenfeld n	panneau m de jacks, panneau de commutation
J 3	jammer, jamming transmitter	Störsender m, gewollter Störer m	brouilleur m intentionnel, émetteur m de brouillage
J 4	jamming [interference]	gewollte Störung f, beabsichtigte (vorsätzliche) Störung, Störung	brouillage m intentionnel (volontaire)
	jamming transmitter	s. J 3	
J 5	jerk, joggle	ruckweise Bewegung f, Ruck m	secousse f
	JFET	s. J 44/5	
J 6	jitter	Jitter m	gigue f, vacillement m, sautillement m
J 7	jitter accommodation	Jitteranpassung f	adaptation f à la gigue
J 8	jitter accumulation, accumulation of jitter	Jitterakkumulation f	accumulation f de la gigue
J 9	jitter amplitude	Jitteramplitude f	amplitude f de gigue
J 10	jitter analysis	Jitteranalyse f	analyse f de la gigue
J 11	jitter cancellation	Jitterbeseitigung f, Jitterunterdrückung f	annulation f de la gigue
J 12	jitter characteristics	Jitterverhalten n	caractéristiques fpl de la gigue
J 13	jitter free	jitterfrei	exempt de gigue

J 14	jitter-free signal	Signal *n* ohne Jitter, jitterfreies Signal *n*	signal *m* exempt de gigue
J 15	jitter growth	Jitterzunahme *f*	croissance *f* de la gigue
J 16	jitter propagation	Jitterfortpflanzung *f*	propagation *f* de la gigue
J 17	jitter reduction	Jitterreduktion *f*	réduction *f* de la gigue
J 18	jitter spectrum	Jitterspektrum *n*	spectre *m* de la gigue
J 19	jitter tolerance	Jittertoleranz *f*	tolérance *f* à la gigue
J 20	jitter tolerance pattern	Jittertoleranzschema *n*	gabarit *m* de tolérance à la gigue
J 21	jitter transfer function	Jitterübertragungsfunktion *f*	fonction *f* de transfert de gigue
J 22	J-K flip-flop	JK-Flipflop *m*	bascule *f* JK
J 23	JK master-slave flip-flop	JK-Master-Slave-Flipflop *m*, JK-MS-Flipflop *m*	bascule *f* JK maître-esclave
J 24	job number	Auftragsnummer *f*	numéro *m* de travail, numéro de tâche
	joggle	s. J 5	
J 25	join/to	verbinden, zusammenschalten, anschließen, anschalten, Verbindung herstellen	relier, assurer la liaison, établir la liaison
J 26	joint *(cable)*	Muffe *f*	jonction *f*
J 27	joint box	Muffengehäuse *n*, Verbindungsmuffe *f*, Kabelmuffe *f*	boîte *f* de jonction
J 28	joint carrier and clock recovery	kombinierte Träger- und Taktrückgewinnung *f*	récupération *f* conjointe de la porteuse et de l'horloge
J 29	jointing sleeve	Verbindungshülse *f*, Hülsenverbinder *m*	manchon *m*
J 30	joint user	Mitbenutzer *m*	co-usager *m*
J 31	joint venture	Joint-Venture *n*	entreprise *f* en participation
J 32	Joule effect	Joulescher Effekt *m*	effet *m* Joule
J 33	judder *(facsimile)*	Ungleichförmigkeit *f*, unregelmäßige Umlaufgeschwindigkeit *f*	broutage *m*, soubresaut *m*
J 34	jumbo group, quinary group	Quinärgruppe *f*	groupe *m* quinaire
J 35	jumper	Verbindungsdraht *m*, Schaltdraht *m*, Überbrückungsdraht *m*, Kreuzverbindung *f*	jarretière *f*, fil *m* jarretière *(téléph.)*, fil *m* volant, connexion *f* volante
J 36	jumper wire	Schaltdraht *m*, Schaltader *f*, Verbindungsdraht *m*	fil *m* jarretière *(téléphonie)*, fil d'interconnexion, fil volant
J 37	junction	Übergang *m (Halbleiter)*, Knotenpunkt *m (Netz)*, Verbindungsleitung *f*	jonction *f*, interface *f*, branchement *m*, dérivation *f*, ligne *f* de jonction, circuit *m* de jonction
J 38	junction box	Abzweigdose *f*, Verzweiger *m*, Anschlußdose *f*, Abzweigkasten *m*, AzK, Abzweigmuffe *f*	boîte *f* de dérivation, boîte de jonction
J 39	junction cable	Verbindungskabel *n*	câble *m* de jonction
J 40	junction call	Nahverkehrsgespräch *n*	communication *f* de jonction
J 41	junction capacitance	Sperrschichtkapazität *f*	capacité *f* de jonction
J 42	junction diagram, trunking diagram	Verbindungsdiagramm *n*	diagramme *f* de jonction
J 43	junction diode	Flächendiode *f*	diode à jonction
	junction FET	s. J 44/5	
J 44/5	junction field-effect transistor, junction FET, JFET	JFET, Sperrschicht-Feldeffekttransistor *m*	transistor *m* à effet de champ à jonction, TEC à jonction
J 46	junction finder, junction hunter	Verbindungsleitungssucher *m*	chercheur *m* de circuit de jonction
J 47	junction group	Ortsverbindungsleitungsbündel *n*, OVl-Bündel, Verbindungsleitungsbündel *n*	faisceau *m* de circuits de jonction
	junction hunter	s. J 46	
J 48	junction link	Verbindungsleitung *f*	liaison *f* urbaine
J 49	junction loudness rating, ILR	Leitungslautstärkeindex *m*	équivalent *m* pour la sonie pour la ligne de jonction, ESJ
J 50	junction network	Fernverkehrsnetz *n*	réseau *m* interurbain
J 51	junction point	Verbindungspunkt *m*, Verbindungsstelle *f*	borne *f*, branchement *m*, connexion *f*
J 52	junction pole	Übergangsstange *f*, Abzweiggestänge *n*, Abzweigmast *m*	poteau *m* de jonction
J 53	junction temperature	Sperrschichttemperatur *f*	température *f* de jonction
J 54	junction traffic	Nahverkehr *m*	trafic *m* de jonction
J 55	junction transistor	Flächentransistor *m*	transistor *m* à jonction
J 56	junctor	Leitungssatz *m*	joncteur *m*
J 57	justifiable digit time slot, stuffable digit time slot	stopfbarer Zeitabschnitt *m*, Stuffing-Position *f*	intervalle *m* de temps d'élément numérique justifiable
J 58	justification, stuffing, pulse stuffing	Stopfen *n*, Impulsstopfen *n*, Pulsstopfen *n*, Pulsstuffing *n*	justification *f*
J 59	justification jitter, stuffing jitter	Stopfjitter *m*	gigue *f* de justification
J 60	justification rate, stuffing rate	Stopfgeschwindigkeit *f*, Stopfrate *f*	débit *m* de justification
J 61	justification ratio, stuffing ratio	Stopfverhältnis *n*, Stopfrate *f*, Stuffing-Rate *f*	taux *m* de justification
J 62	justification service digit, JSD, stuffing service digit	Stopfinformationsbit *n*, Stuffing-Signalisationsbit *n*	chiffre *m* de commande de justification
J 63	justifying digit, stuffing digit, stuffing bit, pulse stuffing bit	Stopfbit *n*, Stuffing-Zeichen *n*, Stuffing-Bit *n*	élément *m* numérique de justification, bit *m* de bourrage

K

		k	s. B 374	
K 1		**Karhunen-Loeve transform,** KL transform	Karhunen-Loeve-Transformation f	transformation f de Karhunen-Loeve, transformation f KL
K 2		**kernel**	Kern m	noyau m
K 3		**key,** tag, label *(data)*	Feldkennung f	clé f, étiquette f, label m
K 4		**key**	Taste f, Taster m, Drucktaste f, Handtaste f, Sendetaste f, Schlüssel m	touche f, bouton m, bouton-poussoir m, manipulateur m, clé f
K 5		**key-actuated,** key-driven	tastenbetätigt, tastengesteuert, durch Taste[n] betätigt	commandé par touche, commandé par clavier
K 6		**keyboard**	Tastatur f, Tastenfeld n	clavier m
		keyboard-actuated	s. K 7	
K 7		**keyboard-based,** keyboard-actuated	mit Tastatur	à clavier
		keyboard dialling	s. P 989	
K 8		**keyboard entry,** keying	Eintasten n, Tastatureingabe f	introduction f par clavier
K 9		**keyboard layout**	Tastaturanordnung f, Tastenanordnung f	plan m de clavier, disposition f de clavier
K 10		**keyboard lock[out]**	Tastensperre f, Tastatursperre f	blocage m de clavier, verrouillage m de clavier
K 11		**keyboard perforator**	Handlocher m	perforateur m à clavier
		keyboard selection	s. P 989	
K 12		**keyboard transmitter**	Tastatursender m, Tastengeber m	émetteur m à clavier
K 13		**key bounce**	Prellen n *(Taste)*	rebondissement *(touche)*
K 14		**key-click**	Tastklick m	claquement m de manipulation
		key-driven	s. K 5	
K 15		**keyed carrier**	getasteter Träger m	porteuse f manipulée
K 16		**keyed modulated (modulation) waves,** modulated continuous wave telegraphy, MCW	Telegrafie f tönend, tonmodulierte Telegrafie f	onde f modulée manipulée
K 17		**keyed signal**	getastetes Signal n	signal m manipulé
K 18		**key in/to**	eintasten	introduire par clavier
K 19		**keying** *(telegraphy)*	Tastung f	manipulation f, modulation f
		keying	s. a. K 8	
K 20		**keying circuit**	Tastleitung f	circuit m de manipulation
K 21		**keying filter**	Tastfilter n, Tastklickfilter n	filtre m de manipulation, filtre suppresseur d'harmoniques de manipulation
K 22		**keying in**	Tastatureingabe f, Eintasten n	introduction f par clavier
K 23		**keying relay**	Tastrelais n	relais m de manipulation
K 24		**keying speed**	Eintastgeschwindigkeit f, Tastgeschwindigkeit f, Gebegeschwindigkeit f	vitesse (rapidité) f de manipulation, vitesse de frappe
K 25		**keyless ringing**	automatischer Ruf m, selbsttätiger Ruf	sonnerie f (appel m) automatique
K 26		**key management**	Schlüsselverwaltung f	gestion f des clés
K 27		**key-operated switch**	Schlüsselschalter m	interrupteur m à clé
K 28		**key telephone,** push-button set, push-button telephone, PB telephone	Tastwahlfernsprecher m, Tastwahltelefon n, Tastwahlapparat m, Telefonapparat m mit Tastenfeld	poste m téléphonique à clavier, poste à clavier, appareil m téléphonique à clavier
K 29		**key telephone system**	Tastwahlfernsprechsystem n	système m de téléphone à touches
K 30		**kink**	Knick m *(Kennlinie)*	coude m
		KL transform	s. K 1	
K 31		**klystron**	Klystron n	klystron m
K 32		**knapsack function**	Knapsackfunktion f	fonction f à sac à dos
K 33		**know-how**	Know-how n	savoir-faire m
K 34		**knowledge base**	Wissensbank f	base f de connaissances
K 35		**knowledge-based**	wissensbasiert, auf Wissen basierend	à base de connaissances, basé sur des connaissances
K 36		**Krarup cable,** continuously loaded cable	Krarup-Kabel n	câble m krarupisé, câble à charge continue

L

		L	s. L 502	
L 1		**label**	Kennsatz m, Marke f, Etikett n, Sprechkreisadresse f, Vorspann m *(Zeichengabe)*	étiquette f, label m
		label	s. a. K 3	
L 2		**laboratory test (trial)**	Laboratoriumsversuch m, Laborversuch m	essai m de laboratoire
L 3		**ladder filter**	Abzweigfilter n	filtre m en échelle
L 4		**ladder network**	Kettenleiter m	réseau m en échelle
		lagging of phase	s. P 333	

L 5	laid in ducts	in Kabelkanälen verlegt, in Rohrzügen verlegt	posé dans des conduites
L 6	lambda diode	Lambdadiode f	diode f lambda
	LAN	s. L 315	
L 7	land	Lötfläche f, Lötauge n, Leitfläche f	œillet m, plage f, dépôt m conducteur
L 8	landing beacon	Landebake f, Landefunkfeuer n	radiobalise f d'atterrissage, radiophare m d'atterrissage
	land mobile public radiocommunication	s. L 9	
L 9	land mobile public radio service, land mobile public radiocommunication	öffentlicher beweglicher Landfunk m, ÖbL, öffentlicher Landmobilfunk m	radiocommunications fpl de service mobile terrestre public
	land mobile radiocommunication service	s. L 12	
	land mobile radio service	s. L 12	
L 10	land mobile satellite channel	landmobiler Satellitenkanal m	voie f de satellite du service mobile terrestre
L 11	land mobile satellite service	beweglicher Landfunkdienst m über Satelliten	service m mobile terrestre par satellite
L 12	land mobile service, land mobile radio service, land mobile radiocommunication service	beweglicher Landfunkdienst m, bL	service m mobile terrestre, radiocommunication f terrestre du service mobile
L 13	land mobile subscriber	beweglicher Landfunkteilnehmer m, landmobiler Teilnehmer m	abonné m du service mobile terrestre
L 14	land station	Landfunkstelle f	station f terrestre
L 15	language digit	Sprachkennziffer f	chiffre m de langue
L 16	language model	Sprachmodell n	modèle m de langage
L 17	L antenna, inverted L antenna	L-Antenne f	antenne f en L [renversé]
	LAP	s. 1. L 265; 2. L 266	
L 18	Laplace transform	Laplace-Transformation f	transformation f de Laplace
L 19	large-aperture antenna	Antenne f mit großer Apertur	antenne f à grande ouverture
L 20	large-capacity telephone cable	hochpaariges Fernsprechkabel n	câble m téléphonique de grande capacité
	large scale integrated circuit	s. L 549	
L 21	large-scale integration, LSI	hoher Integrationsgrad m, hohe Integrationsdichte f, LSI, Hochintegration f, Großintegration f	intégration f à grande échelle, LSI f
	large-scale integration technology	s. L 550	
L 22	large-signal analysis	Großsignalanalyse f	analyse f en régime signal fort
L 23	large-signal behaviour	Großsignalverhalten n	comportement m en signaux forts
L 24	large-signal criteria	Großsignalkriterien npl	critères mpl en régime de signal fort
L 25	large-signal model	Großsignalmodell n	modèle m en régime de signal fort
L 26	large-signal modeling	Großsignalmodellierung f	modélisation f en régime de signal fort
L 27	large-signal operation	Großsignalbetrieb m	régime m de signal fort
L 28	laser chip	Laserchip m	puce f laser
L 29	laser printer	Laserdrucker m, Laserdruckwerk n	imprimante f [à] laser
L 30	laser processing	Laserbearbeitung f	traitement m laser
L 31/2	laser videodisk	Laserbildplatte f	disque m vidéo à laser
L 33	last choice route	Letztweg m	voie f d'acheminement de dernier choix, route f de dernier choix
L 34	last in/first out memory, LIFO memory	LIFO-Speicher m, Stapelspeicher m	mémoire f de type dernier entré premier sorti
	last number recall (redial)	s. R 580	
L 35	last-party release, last-subscriber release	Auslösung f durch den zuletzt auflegenden (einhängenden) Teilnehmer	libération f par le dernier abonné
	last-subscriber release	s. L 35	
L 36	latch	Latch n, Speicher-Flipflop m, Zwischenspeicher m	loquet m (registre-tampon)
L 37	latching relay	Stromstoßrelais n	relais m à enclenchement, relais à verrouillage
L 38	latency	Latenzzeit f, Zugriffswartezeit f	temps m d'attente, retard m
L 39	latent fault	latente Störung f	panne f latente
L 40	lateral deviation (direction finding)	Großkreisabweichung f	déviation f latérale
L 41	lattice (crystal)	Gitter n	réseau m
L 42	lattice constant	Gitterkonstante f	constante f du réseau
L 43	lattice filter	Kreuzglied-Kettenfilter n	filtre m en treillis
L 44	lattice mast, lattice tower, lattice work mast, pylon	Gittermast m	pylône m en treillis, tour f en treillis
L 45	lattice network, bridge network	X-Glied n, Kreuzglied n	réseau m en treillis, réseau en pont, réseau maillé
	lattice network	s. a. G 132	
	lattice tower	s. L 44	
	lattice work mast	s. L 44	

L 46	lay/to (cable), to install	verlegen, auslegen	poser
L 47	layer	Schicht f, Lage f (Wicklung)	couche f, spire f (bobinage)
L 48	layered architecture	Schichtarchitektur f, Schichtstruktur f	architecture f en couches
L 49	layered dielectrics	geschichtete Dielektrika npl	diélectriques mpl à stratification
L 50	layered protocol	Schichtprotokoll n	protocole m en couche
	layered structure	s. L 53	
L 51	layer height (ionosphere)	Schichthöhe f	hauteur f d'une couche [ionosphérique]
L 52	layer management	Schichten-Management n	gestion f de couche
L 53	layer structure, layered structure	Schichtstruktur f	structure f stratifiée
L 54	layer thickness	Schichtdicke f	épaisseur f de couche
L 55	layout (IC)	Layout n	disposition f des éléments, disposition applicable, layout m, implantation f
L 56	layout design	Layout-Entwurf m	conception f de l'implantation, conception du layout
L 57	layout object	Darstellungsobjekt n	objet m de présentation
L 58	layout structure (document)	Layout-Struktur f, Darstellungsstruktur f	structure f de présentation
	LB	s. L 318	
	LCD	s. L 280	
	LCD addressing	s. L 281	
	LCD-panel	s. L 284	
	LCP	s. L 270	
	LCR	s. L 103	
L 59	lead/to (phase)	voreilen	devancer
L 60	lead cable	Bleikabel n	câble m sous plomb
L 61	lead-covered cable	Bleimantelkabel n	câble m sous gaine de plomb, câble sous plomb
L 62	lead-in (antenna)	Antenneneinführung f	descente f d'antenne, entrée f d'antenne
L 63	lead-in cable, leading-in cable	Zuführungskabel n, Zuleitungskabel n, Einführungskabel n	câble m d'amenée, câble d'entrée [de poste], câble d'arrivée (d'amorce)
L 64	leading edge (pulse)	Vorderflanke f	flanc m avant, front m avant, bord m avant
L 65	leading-edge pulse time	Anstiegszeit f der Impulsvorderflanke, Impulsanstiegszeit f	temps m de montée d'impulsion
	leading-in cable	s. L 63	
	leading of phase	s. P 334	
L 66	leading zero	führende Null f	zéro m en tête
L 67	lead-in insulator	Durchführungsisolator m	isolateur m de traversée
L 68	lead-in wire	Einführungsdraht m	fil m d'entrée
L 69	leadless	ohne Anschlußdraht	sans broches
L 70	leadless chip carrier	unbedrahteter Chip-Carrier m	microboîtier m sans fil
L 71	leadless component	unbedrahtetes Bauelement n	composant m sans fil
L 72	leakage attenuation, leakance attenuation	Ableitungsdämpfung f	affaiblissement m de perditance
L 73	leakage current	Streustrom m, Verluststrom m, Leckstrom m, Kriechstrom m	courant m de fuite
L 74	leakage resistance	Ableitungswiderstand m	résistance f de fuite
L 75	leakance	Ableitung f	perditance f
	leakance attenuation	s. L 72	
L 76	learning curve	Lernkurve f	courbe f d'apprentissage
L 77	learning theory	Lerntheorie f	théorie f de l'apprentissage
	leased circuit	s. P 766	
L 78	leased telegraph circuit	Telegrafenstromweg m	circuit m télégraphique loué
L 79	least error squares	kleinste Fehlerquadrate npl	erreurs fpl quadratiques minimales
L 80	least significant bit, LSB	niedrigstwertiges Bit n, wertniedrigstes Bit, niederwertiges Bit	bit m le moins significatif, bit de moindre poids, bit de poids faible
L 81	least significant character, LSC	niedrigstwertiges Zeichen n	caractère m le moins significatif
L 82	least significant digit, LSD	niedrigstwertiges Codeelement n	chiffre m le moins significatif
L 83	least squares method	Methode f der kleinsten Quadrate	méthode f des moindres carrés
L 84	Lecher line	Lecher-Leitung f	ligne f de Lecher
L 85	Lecher system	Lecher-System n	système m Lecher
	LED	s. L 121	
L 86	LED display	LED-Anzeige f	affichage m à DEL
L 87	ledge (ionosphere)	Ionisationsstufe f	banc m d'ionisation
L 88	left-hand circular polarization	linksdrehende Zirkularpolarisation f, linksdrehende zirkulare Polarisation f, LDZ	polarisation f circulaire gauche
L 89	left-hand elliptically polarized wave, anticlockwise (counter-clockwise) elliptically polarized wave	linksdrehende elliptisch polarisierte Welle f	onde f polarisée elliptiquement sinistrorsum
L 90	left-hand polarization, counter-clockwise polarization	linksdrehende [elliptische] Polarisation f	polarisation f sinistrorsum, polarisation lévogyre
L 91	leg [of a magnetic core]	Schenkel m [eines Magnetkerns]	jambe f [d'un noyau magnétique]

L 92	length dependence	Längenabhängigkeit f	variation f avec la longueur, variation en fonction de la longueur
L 93	length field	Längenfeld n	champ m de longueur
L 94	length indicator, LI	Längenkennung f, Längenkennzeichnung f, Längenindikator m	indicateur m de longueur, IL
	length of conversation	s. D 912	
L 95	length of remote-powered section	Fernspeisereichweite f	portée f des téléalimentations
L 96	lens antenna	Linsenantenne f	antenne f à lentille, antenne de type lentille
	lettergram service	s. L 98	
L 97	letter[s] shift	Buchstabenumschaltung f	inversion-lettres f
L 98	letter telegram service, lettergram service	Brieftelegrammdienst m	service m des télégrammes-lettres
L 99	level	Pegel m	niveau m
L 100	level adjustment	Pegeleinstellung f, Einpegeln n, Einpegelung f	réglage m de niveau
L 101	level control	Pegelregulierung f	régulation f de niveau, réglage m (commande f) de niveau
L 102	level crossing	Pegelkreuzung f	passage m par un niveau
L 103	level crossing rate, LCR	Pegelkreuzungshäufigkeit f, Pegeldurchgangshäufigkeit f	fréquence f de passage par un niveau
L 104	level deviation	Pegelabweichung f	valeur f de l'écart de niveau
L 105	level diagram	Pegeldiagramm m	diagramme m de niveau, hypsogramme m
L 106	level equalization	Pegelausgleich m	égalisation f des niveaux
L 107	level fluctuation	Pegelschwankung f	fluctuation f de niveau
L 108	level-frequency characteristic	Pegel-Frequenz-Kennlinie f, Frequenzabhängigkeit f des Pegels	caractéristique f niveau/fréquence
L 109	level measuring set, LMS	Pegelmeßgerät n	hypsomètre m, népermètre m
L 110	level meter	Pegelmesser m	hypsomètre m, népermètre m, mesureur m de niveau
L 111	level recorder	Pegelschreiber m	enregistreur m de niveau, hypsographe m
	LF	s. 1. L 193; 2. L 448	
	LI	s. L 94	
	LIC	s. L 158	
L 112	lidar (light detection and ranging)	Lidar n, optisches Radar n, Lichtradar n	lidar m, radar m optique
L 113	life expectancy	Lebensdauererwartung f, Lebenserwartung f, voraussichtliche Lebensdauer f	espérance f de vie, durée f de vie prévue
L 114	life test	Lebensdauerprüfung f	essai m de durée de vie
L 115	lifetime	Lebensdauer f	durée f de vie
L 116	lifetime determination	Lebensdauerbestimmung f	détermination f de la durée de vie
L 117	lifetime mechanisms	Lebensdauermechanismen fpl	mécanismes mpl de durée de vie
L 118	life prediction	Lebensdauervoraussage f	prévision f de durée de vie
L 119	LIFO-list, push-down list	LIFO-Liste f, Kellerliste f, Stapel m	liste f inversée, liste refoulée
	LIFO memory	s. L 34	
L 120	light-activated	durch Licht betätigt	déclenché par la lumière
	light detector	s. P 374	
L 121	light-emitting diode, LED	Lumineszenzdiode f, Leuchtdiode f	diode f électroluminescente, DEL
	light flux	s. L 554	
	lightguide	s. O 199	
L 122	light load	leichte Bespulung f	charge f partielle
L 123	light modulator, optical modulator	Lichtmodulator m, optischer Modulator m	modulateur m optique
L 124	lightning arrester	Blitzableiter m, Blitzschutz m	parafoudre m, éclateur m
L 125	lightning current	Blitzstrom m	courant m de foudre
L 126	lightning discharge	Blitzentladung f	décharge f de la foudre, décharge de l'éclair
L 127	lightning protection	Blitzschutz m	protection f contre la foudre
L 128	lightning surge	Blitzüberspannung f	surtension f due à la foudre
L 129	lightning surge current	Stromspitze f durch Blitzschlag	surintensité f due à la foudre
L 130	lightning surge protection	Blitzüberspannungsschutz m	protection f contre les surtensions dues à la foudre
L 131	light pen (sensor), selector pen, position indicating pencil	Lichtstift m	crayon m lumineux, stylet m pointeur
L 132	light source, optical source	Lichtquelle f, optische Quelle f	source f de lumière, source lumineuse, source optique
L 133	light traffic	schwacher Verkehr m	faible trafic m
L 134	light wave	Lichtwelle f	onde f lumineuse
L 135	light wire armour	leichte Drahtbewehrung f	armure f en fils légers
	limited accessability	s. L 136	
L 136	limited availability, limited accessability	begrenzte Erreichbarkeit f, unvollkommene Erreichbarkeit	accessibilité f partielle
L 137	limited-availability group	unvollkommenes Bündel n	groupe m à accessibilité partielle
	limited bandwidth/with	s. B 94	
	limited by the bandwidth	s. B 94	
L 138	limiter	Begrenzer m	limiteur m

limiter

L 139	limiter stage	Begrenzerstufe f	étage m limiteur
L 140	limiting amplifier	Begrenzungsverstärker m	amplificateur m limiteur
L 141	limiting value	Grenzwert m	valeur f limite, valeur à ne pas dépasser
L 142	limit switch	Endschalter m, Endausschalter m	interrupteur m de fin de course, interrupteur limiteur
L 143	limit temperature, temperature limit	Grenztemperatur f	température f limite
L 144	line	Leitung f, Linie f, Zeile f (Fernsehen), Familie f, Serie f (Erzeugnisse)	ligne f, liaison f, artère f, circuit m, famille f, série f (produit)
L 145	line access point	Leitungszugangspunkt m	point m d'accès à la ligne
L 146	linear amplification	lineare Verstärkung f	amplification f linéaire
L 147	linear amplifier	linearer Verstärker m	amplificateur m linéaire
L 148	line amplifier, line repeater	Leitungsverstärker m	amplificateur m de ligne, répéteur m de ligne
L 149	line amplitude	Zeilenamplitude f	amplitude f de ligne
L 150	linear analog control	lineare Analogsteuerung f	mode m analogique linéaire, synchronisation f analogique linéaire
L 151	linear array [antenna]	lineare Gruppenantenne f, lineare gerade Gruppe f, lineare gerade Antennengruppe f, lineare Gruppe, lineare Antennengruppe	antenne f réseau rectiligne
L 152	linear circuit	lineare Schaltung f	circuit m linéaire
L 153	linear code	Linearcode m	code m linéaire
L 154	linear crosstalk	lineares Nebensprechen n	diaphonie f due à des effets linéaires
L 155	linear detection	lineare Demodulation f	détection f linéaire
L 156	linear distortion	lineare Verzerrung f	distorsion f linéaire
L 157	linear imager	Bildaufnehmerzeile f	imageur m linéaire
L 158	linear integrated circuit, LIC	lineare integrierte Schaltung f	circuit m intégré linéaire
L 159	linearization	Linearisierung f	linéarisation f
L 160	linearize/to	linearisieren	linéariser
L 161	linearizer	Linearisierungsglied n, Linearisierer m	linéarisateur m
L 162	linearly polarized mode, LP-mode	linear polarisierter Wellentyp m	mode m à polarisation rectiligne, mode LP
L 163	linearly polarized wave, plane polarized wave	linear (plan, eben) polarisierte Welle f	onde f [électromagnétique] polarisée rectilignement, onde f à polarisation plane (rectiligne)
L 164	linear modulator	linearer Modulator m	modulateur m linéaire
L 165	linear network	lineares Netzwerk n	réseau m linéaire
L 166	linear polarization, plane polarization	lineare Polarisation f, Linearpolarisation f	polarisation f linéaire, polarisation rectiligne
L 167	linear power amplifier	linearer Leistungsverstärker m	amplificateur m de puissance linéaire
L 168	linear prediction (predictive) coding, LPC	lineare Prädiktionscodierung f	codage m par prédiction linéaire, codage prédictif linéaire, codage PL, CPL
L 169	linear predictive coding vocoder, LPC vocoder	LPC-Vocoder m, Vocoder m mit linearer Prädiktionscodierung	vocodeur m à codage prédictif linéaire, codeur m à fréquences vocales LPC
L 170	linear receiver	linearer Empfänger m	récepteur m linéaire
L 171	linear recording density	Längsdichte f	densité f d'enregistrement linéaire
L 172	linear scanning	zeilenweise Abtastung f	exploration f par lignes
	line attenuation	s. L 208	
	line balancing network	s. B 44	
L 173	line blanking	Zeilenaustastung f	suppression f de ligne
L 174	line blanking level	Zeilenaustastpegel m	niveau m de suppression de ligne
L 175	line-blanking pulse	Zeilenaustastimpuls m	impulsion f de suppression de ligne
L 176	line blanking signal	Zeilenaustastsignal n	signal m de suppression de ligne
L 177	line breakdown, line trouble	Leitungsausfall m	dérangement m de ligne
	line broadcasting	s. C 25	
L 178	line busy, line engaged	Leitung besetzt	ligne occupée
L 179	line cable	Leitungskabel n	câble m de ligne
	line capacity	s. T 834	
L 180	line choking coil	Schutzdrossel f, Schutzdrosselspule f	bobine f d'arrêt
L 181	line circuit	Teilnehmerschaltung f	circuit m de ligne, matériel m de ligne (d'abonné)
L 182	line code	Leitungscode m, Übertragungscode m	code m en ligne, code de transmission
L 183	line concentrator	Wählsterneinrichtung f, Konzentrator m, Leitungsdurchschalter m, Leitungskonzentrator m	concentrateur m de lignes [d'abonné], concentrateur d'abonnés, concentrateur m
L 184	line connector	Leitungsanschlußeinrichtung f	connecteur m de ligne
	line control architecture	s. L 185	

L 185	**line control discipline,** line discipline, protocol, line control architecture	Leitungsprozedur f	procédure f de ligne, protocole m
	line cord	s. P 591	
L 186	**line current**	Linienstrom m, Leitungsstrom m	courant m de ligne
L 187	**line digit rate**	Leitungsbitrate f, Leitungszeichenrate f, Schrittgeschwindigkeit f	débit m [numérique] en ligne, rapidité f de modulation
	line discipline	s. L 185	
L 188	**line driver**	Leitungstreiber m, Leitungsverstärker m	transmetteur m de ligne, amplificateur m de ligne
L 189	**line duration**	Zeilendauer f	durée f de ligne
	line engaged	s. L 178	
L 190	**line equalizer**	Leitungsentzerrer m	égaliseur m de ligne, filtre m correcteur
L 191	**line equipment**	Leitungseinrichtung f, Leitungstrakt m	équipement m de ligne, matériel intermédiaire de ligne
L 192	**line fault**	Leitungsstörung f	dérangement m en ligne
L 193	**line feed,** LF	Zeilenvorschub m	changement m de ligne, avancement m d'un interligne, retour m à la ligne
L 194	**line feed character,** new line character, NL	Zeilenvorschubzeichen n	caractère m de changement de ligne, caractère d'interligne
L 195	**line feed signal**	Zeilenvorschubkennzeichen n	signal m de changement de ligne
L 196	**line filter**	Netzfilter n, Netzleitungsfilter n	filtre m de ligne
	line finder	s. F 190	
L 197	**line fly-back**	Zeilenrücklauf m	retour m de ligne
L 198	**line frequency,** scanning line frequency, horizontal frequency	Zeilenfrequenz f, Zeilenabtastfrequenz f, Horizontalfrequenz f, H-Frequenz f	fréquence f de ligne, fréquence de balayage de ligne, fréquence d'exploration horizontale
L 199	**line generator**	Zeilengenerator m	générateur m de lignes
L 200	**line height in the clear**	lichte Leitungshöhe f	hauteur f libre au-dessous des fils
	line hunting	s. H 295	
L 201	**line impedance**	Leitungsimpedanz f	impédance f de ligne
L 202	**line input impedance**	Leitungseingangsimpedanz f	impédance f d'entrée de la ligne
L 203	**line interface**	Leitungsschnittstelle f	interface f de ligne
L 204	**line junctor,** subscriber ['s] line circuit	Teilnehmersatz m, TNS	joncteur m d'abonné, circuit m de ligne d'abonné
L 205	**line lamp**	Anruflampe f	lampe f d'appel, voyant m d'appel
L 206	**line link**	Grundleitung f	liaison f en ligne
	line link	s. a. C 271	
L 207	**line lockout**	Abfangen n	neutralisation f de ligne, libération f de ligne
L 208	**line loss,** line attenuation	Leitungsdämpfung f, Leitungsverluste mpl	affaiblissement m de la ligne, perte f en ligne
L 209	**line marker**	Leitungsmarkierer m	marqueur m de ligne
L 210	**line multiplexer**	Leitungsmultiplexer m	multiplexeur m de ligne
L 211	**line noise**	Leitungsgeräusch n	bruit m de ligne
L 212	**line number**	Leitungsnummer f, Zeilennummer f	numéro m de ligne
L 213	**line numbering**	Leitungsnumerierung f	numérotage m de ligne
L 214	**line of ducts,** multiple duct conduit, multiple way duct	Mehrlochkanal m, mehrzügiger Rohrstrang m	conduit m à plusieurs passages, caniveau m à passage multiple
L 215	**line of position,** LOP	Standlinie f, Positionslinie f	ligne f de position
L 216	**line of sight,** LOS	Sichtlinie f, Visierlinie f	visibilité f directe, portée f optique
L 217	**line of sight,** microwave line-of-sight link, microwave LOS link	Richtfunkverbindung f mit optischer Sicht, Sichtrichtfunkverbindung f	liaison f hertzienne en visibilité directe, liaison f hyperfréquence en visibilité directe
L 218	**line-of-sight connection**	Sichtverbindung f	liaison f en visibilité directe
	line-of-sight distance	s. L 224	
L 219	**line-of sight link,** LOS link	Verbindung f mit optischer Sicht	liaison f en visibilité directe
	line-of-sight microwave link	s. L 223	
L 220	**line-of-sight path,** LOS path	Strecke f mit unbehinderter (optischer) Sicht	trajet m en visibilité directe
L 221	**line-of-sight propagation**	Ausbreitung f bei optischer Sicht, Ausbreitung im Sichtbetrieb, Sichtausbreitung f	propagation f en visibilité [directe]
L 222	**line-of-sight radio link**	Funkstrecke f mit optischer Sicht	liaison f radioélectrique à vue directe
L 223	**line-of sight radio relay link,** line-of-sight microwave link	Richtfunkverbindung f innerhalb der Radiosichtweite, Richtfunkverbindung f innerhalb des Funkhorizonts, quasioptische Richtfunkverbindung f	liaison f hertzienne en visibilité directe
L 224	**line-of-sight range,** line-of-sight distance	Entfernung f bei optischer Sicht	distance f de visibilité directe
L 225	**line-of-sight region**	Gebiet n innerhalb der optischen Sicht	région f de visibilité directe
L 226	**line-of-sight system**	System n mit optischer Sicht	système m en visibilité directe

L 227	line-of-sight transmission	Übertragung f innerhalb der optischen Sicht	transmission f en visibilité directe
L 228	line out-of-service, LOS	Leitung f außer Dienst, Leitung außer Betrieb	ligne f hors service, LHS
L 229	line-out-of-service signal	Leitung-außer-Betrieb-Zeichen n	signal m de ligne hors service
L 230	line printer	Zeilendrucker m	imprimante f par ligne
L 231	line quincunx structure	Zeilenquincunxstruktur f	structure f quinconce ligne
L 232	line regulating pilot	Leitungsregelungspilot m	onde f pilote de régulation de ligne
	line regulating section	s. R 476	
L 233	line relay	Linienrelais n, Anrufrelais n	relais m de ligne, relais d'appel
	line repeater	s. L 148	
L 234	line residual equalizer	Zusatzentzerrer m	compensateur (correcteur, égaliseur) m d'affaiblissement résiduel
L 235	line resistance	Leitungswiderstand m	résistance f de ligne
L 236	line response	Leitungsantwort f	réponse f de ligne
L 237	line scan[ning], row scanning	Zeilenabtastung f, zeilenweise Abtastung f	exploration f de ligne, balayage m de ligne, balayage des lignes
	line section	s. S 195	
L 238	line selection unit, LSU	Leitungswahlelement n, LWE	élément m de sélection de ligne
L 239	line separating filter	Leitungsweiche f	aiguilleur m de ligne
L 240	line signal	Leitungssignal n, Leitungszeichen n	signal m de ligne, signal d'appel
	line simulator	s. A 699	
L 241	line spectrum	Linienspektrum n	spectre m de raies
L 242	line stability	Leitungsstabilität f	stabilité f en ligne
L 243	line switch	Linienwähler m	commutateur m de lignes, sélecteur m de lignes
L 244	line switch frame	Vorwählergestell n	bâti m de commutateurs de ligne
L 245	line switching unit	Teilnehmerverbinder m, TV	unité f de sélection de ligne
L 246	line sync[hronizing] pulse	Zeilensynchronimpuls m	impulsion f de synchronisation de ligne
L 247	line temperature-compensating equalizer	Temperaturdämpfungsausgleich m, Temperaturentzerrer m	compensateur m de température en ligne, correcteur m de température
L 248	line terminal [equipment]	Leitungsendgerät n, Leitungssatz m	équipement m terminal de ligne, terminal m de ligne
L 249	line terminal group	Anschlußgruppe f	groupe m de raccordement
L 250	line termination, LT	Leitungsabschluß m	terminaison f de ligne, extrémité f de ligne
L 251	line transformer	Leitungsübertrager m, Zeilentransformator m (Fernsehen)	transformateur m de ligne
L 252	line transformer rack	Leitungsübertragergestell n	bâti m de transformateurs de ligne
L 253	line transmission	Leitungsübertragung f, leitungsgebundene Übertragung f	transmission f par ligne (câble)
	line trap	s. W 94	
	line trouble	s. L 177	
L 254	line-up	Einpegelung f, Abgleich m	égalisation f, réglage m
L 255	line-up current (repeater)	Fernspeisestrom m	courant m de téléalimentation
L 256	line-up frequency	Abgleichfrequenz f	fréquence f de réglage
L 257	line-up period	Einregelungsphase f, Einregelungsperiode f	période f de réglage
L 258	line-up procedure	Abgleichverfahren n	méthode f de réglage
L 259	line voltage	Netzspannung f, Leiterspannung f, verkettete Spannung f (Drehstrom)	tension f secteur, tension de la ligne (courant polyphasé)
L 260	line wire	Leitungsdraht m	fil m de ligne
L 261	lining-up	Ausrichtung f, Ausrichten n, Abgleich m, Entzerrung f	repérage m, visée f, réglage m, égalisation f
L 262	link/to	verketten, verknüpfen, verbinden, anschließen	enchaîner, assembler, relier, connecter, rattacher
L 263	link, transmission link	Verbindung f (Übertragungsweg), Leitungsabschnitt m	liaison f, liaison de transmission
L 264	link (in the crossbar system)	Zwischenleitung f (im Crossbar-System)	maillon m (dans le système automatique crossbar)
L 265	link access procedure, LAP	LAP f	procédure f d'accès à la liaison
L 266	link access protocol, LAP	Leitungszugangsprotokoll n, Übertragungssteuerungsprotokoll n	protocôle m d'accès à la liaison, PAL
L 267	linkage	Zwischenleitungsführung f	couplage m, enchaînement m
L 268	link-by-link continuity check	abschnittsweise Durchgangsprüfung f, abschnittsweise Sprechkreisdurchgangsprüfung f	essai m de continuité section par section
L 269	link-by-link signalling	abschnittsweise Zeichengabe (Signalisierung) f	signalisation f section par section
L 270	link control procedure, LCP	Übertragungssteuerungsverfahren n	procédure f de [commande de] liaison, protocôle m de communication
L 271	link interface unit	Link-Schnittstelleneinheit f	unité f d'interface de liaison
L 272	link layer	Verbindungsschicht f, Datensicherungsschicht f	couche f liaison de données, couche de liaison
L 273	link level	Übertragungsabschnittsebene f	niveau m de la liaison

L 274	link level multiplexing	Multiplexieren *n* auf Verbindungsebene	multiplexage *m* au niveau des liaisons
L 275	link power budget	Leistungsbilanz *f* einer Übertragungsstrecke	bilan *m* de puissance d'une liaison
L 276	link status signal unit, LSSU	ZKK-Zustandszeicheneinheit *f*, Leitungszustandszeicheneinheit *f*, Zustandseinheit *f*, Link-Statusmeldung *f*	trame *f* sémaphore d'état du canal [sémaphore], TSE
L 277	link system	Zwischenleitungsanordnung *f*	système *m* [de commutation] à mailles
L 278	liquid crystal	Flüssigkristall *m*	cristal liquide *m*
L 279	liquid-crystal alphanumeric panel	alphanumerische Flüssigkristallanzeige *f*	panneau *m* d'affichage alphanumérique à cristal liquide
L 280	liquid-crystal display, LCD	Flüssigkristallanzeige *f*, FK-Anzeige *f*, LCD-Anzeige *f*	affichage *m* à cristaux liquides, afficheur *m* à cristaux liquides, écran *m* cristaux liquides
L 281	liquid-crystal display addressing, LCD addressing	Ansteuerung *f* der Flüssigkristallanzeige, Adressierung *f* der Flüssigkristallanzeige	adressage *m* d'afficheurs à cristaux liquides
L 282	liquid-crystal display circuit	Flüssigkristallanzeigeschaltung *f*	circuit *m* d'affichage à cristal liquide
L 283	liquid-crystal display module	Flüssigkristallanzeigemodul *m*	module *m* d'affichage à cristaux liquides
L 284	liquid-crystal panel, LCD panel	Flüssigkristallanzeigetafel *f*, LCD-Anzeigetafel *f*	panneau *m* d'affichage à cristaux liquides
L 285	liquid-crystal panel display	Flüssigkristallanzeigeschirm *m*, Flüssigkristallanzeigebildschirm *m*	écran *m* à cristal liquide
L 286	liquid-phase epitaxy, LPE	Flüssigphasenepitaxie *f*	épitaxie *f* en phase liquide
L 287	Lissajous' figures	Lissajoussche Figuren *fpl*	courbes *fpl* de Lissajous
L 288	listener performance	Hörverhalten *n*	comportement *m* des auditeurs
L 289	listening-in	Mithören *n*	écoute *f*
L 290	listening jack	Mithörklinke *f*	jack *m* d'écoute
L 291	listening key	Mithörschalter *m*, Mithörtaste *f*, Abfrageschalter *m*	clé *f* d'écoute
L 292	listing	Auflistung *f*	listage *m*, liste *f*
	LMS	s. L 109	
	LNA	s. L 528	
L 293	L network	Halbglied *n*	réseau *m* en L
	LO	s. L 349	
L 294	load/to	laden, belasten, eingeben	charger, entrer
L 295	load	Belastung *f*, Last *f*	charge *f*, chargement *m*
L 296	load capacitance (capacity)	Lastkapazität *f*	capacité *f* de charge
L 297	load capacity, overload point	Übersteuerungspunkt *m*, Aussteuerungsgrenze *f*	capacité *f* de charge, point *m* de surcharge
L 298	load curve	Belastungskurve *f*	courbe *f* de charge
L 299	loaded	bespult, belastet	pupinisé, chargé
L 300	loaded cable	bespultes Kabel *n*	câble *m* pupinisé, câble chargé
L 301	loaded line	bespulte Leitung *f*	ligne *f* pupinisée, ligne chargée
L 302	loaded section	bespulter Abschnitt *m*	section *f* pupinisée, section chargée
L 303	load factor	Lastfaktor *m*, Belastungsfaktor *m*	facteur *m* de charge, facteur d'utilisation
	loading	s. P 983	
	loading coil	s. P 982	
L 304	loading-coil case (pot)	Spulenkasten *m*	boîte *f* de charge, boîte (pot *m*) pupin, pot *m* de pupinisation
L 305	loading-coil spacing	Spulenabstand *m*	pas *m* de pupinisation
L 306	loading point	Spulenpunkt *m*	point *m* de charge, point de pupinisation
L 307	loading section	Spulenfeld *n*	section *f* de pupinisation
L 308	load resistance	Lastwiderstand *m*	résistance *f* de charge
L 309	load sharing	Belastungsteilung *f*, Lastteilung *f*	répartition *f* de la charge, partage *m* de la charge
L 310	lobe *(antenna)*	Keule *f*	lobe *m*
L 311	lobe, radiation lobe	Strahlungskeule *f*	lobe *m* [d'émission], lobe de rayonnement
L 312	local area	Ortsverkehrsbereich *m*, Ortszone *f*	zone *f* locale, zone urbaine
L 313	local-area communication network	lokales Kommunikationsnetz *n*	réseau *m* de communication local
L 314	local area data transport service	Datentransportdienst *m* über lokales Netz	service *m* de transport de données par réseau local
	local area loop network	s. R 748	
L 315	local area network, LAN	lokales Netz *n*	réseau *m* local, réseau local d'entreprise, RLE
L 316	local area network architecture	Architektur *f* lokaler Netze	architecture *f* des réseaux locaux
L 317	local area network for voice and data	lokales Netz *n* für Sprache und Daten	réseau *m* local intégrant parole et données
L 318	local battery, LB	Ortsbatterie *f*, OB, Lokalbatterie *f*	batterie *f* locale
	local battery area	s. L 320	
L 319	local battery manual exchange	Ortsbatterieamt *n* (OB-Amt *n*) mit Handbetrieb	central *m* manuel à batterie locale

local 162

L 320	local battery network, local battery area	Ortsbatterienetz n, OB-Netz n, Netz n mit Ortsbatteriebetrieb	réseau m à batterie locale
L 321	local battery switchboard	OB-Vermittlungsschrank m	tableau m commutateur à batterie locale
L 322	local battery system	Ortsbatteriesystem n, OB-System n, Lokalbatteriesystem n	téléphonie f à batterie locale
L 323	local battery telephone set	OB-Fernsprecher m, OB-Fernsprechapparat m	poste m téléphonique à batterie locale
L 324	local battery working	OB-Betrieb m	exploitation f à batterie locale
L 325	local cable	Ortskabel n, Ok	câble m de distribution secondaire
L 326	local call	Ortsgespräch n	appel m local, communication f locale, conversation f locale
	local central office	s. L 331	
L 327	local centre	Ortszentrale f, lokale Zentrale f	centre m local
L 328	local communication system	lokales Kommunikationssystem n, lokales Nachrichtensystem n	système m de communication local
L 329	local computer network	lokales Rechnernetz n	réseau m local d'ordinateurs
L 330	local end with its termination	lokales Ende n mit seinem Abschluß	ensemble m terminal
L 331	local exchange, local central office, local office	Ortsvermittlungszentrale f, Ortsmittlungsstelle f, OVST, Ortsamt n, OA, Anschlußzentrale f, AZ	central m local, centre m local, central urbain, central de raccordement, CtRa
	local exchange area	s. L 360	
	local fading	s. S 465	
L 332	localization, locating	Ortung f, Lokalisation f, Eingrenzung f	localisation f, repérage m
L 333	localization of faults	Störungseingrenzung f	localisation f des dérangements
L 334	localized irregularity	konzentrierte Störstelle f	irrégularité f localisée
L 335	localized network	örtlich begrenztes Netz n	réseau m localisé
L 336	local jack	Teilnehmerabfrageklinke f	jack m local
L 337	local junction cable	Ortsverbindungskabel n, OVk	câble m de jonction urbain (local)
L 338	local line	Ortsanschlußleitung f, OAsl, Ortsleitung f, Teilnehmeranschlußleitung f	raccordement m
L 339	local line network	Teilnehmeranschlußnetz n	réseau m local de lignes
L 340	local link	Ortsverbindung f	liaison f locale
	local loop	s. S 1332	
L 341	locally optimum detector, LOD	lokal optimaler Detektor m	détecteur m localement optimal
L 342	local mains	Ortsnetz n (Energieversorgung)	secteur m local
L 343	local message charge	Ortsgesprächsgebühr f	frais m de communication locale
L 344	local metering	Gebührenzählung f im Ortsverkehr, Taxierung f im Ortsverkehr	taxation f locale
L 345	local mode	Lokalbetrieb m, selbständiger Betrieb m	mode m local, mode autonome
L 346	local network	Ortsnetz n, ON	réseau m local
L 347	local number	Ortsanschlußnummer f, Ortsrufnummer f, örtliche Anschlußnummer f	numéro m local
L 348	local numbering plan, local numbering scheme	Ortsnumerierungsplan m	plan m de numérotage local
	local numbering scheme	s. L 348	
	local office	s. L 331	
L 349	local oscillator, LO, frequency-change oscillator	Empfängeroszillator m, Empfangsoszillator m Lokaloszillator m	oscillateur m local, OL, oscillateur local de réception, oscillateur hétérodyne
L 350	local oscillator radiation	Empfängeroszillatorstrahlung f, Lokaloszillatorstrahlung f	rayonnement m d'oscillateur local
L 351	local position	Ortsplatz m	position f locale, position urbaine
L 352	local rate	Ortsgebühr f	taxe f locale
L 353	local reception	Ortsempfang m	réception f locale
L 354	local register	Ortsregister n, Lokalregister n	enregistreur m local
L 355	local subscriber	Ortsteilnehmer m	abonné m local, abonné urbain
L 356	local subscriber number	Ortsteilnehmernummer f	numéro m local d'abonné
L 357	local switching	Ortsvermittlung f	commutation f locale
L 358	local telephone exchange	Ortsfernsprechvermittlung f, Ortsfernsprechzentrale f	central m téléphonique local
L 359	local telephone line	Ortslinie f, OL	ligne f téléphonique locale
L 360	local telephone network, local exchange area	Ortsfernsprechnetz n, OFN, Ortsnetz n, ON, Fernsprechortsnetz n	réseau m téléphonique local
L 361	local telephone service area	Ortsnetzbereich m, ONB	zone f de desserte locale
L 362	local telephone traffic	Ortsfernsprechverkehr m	trafic m téléphonique local
L 363	local telephony	Ortsfernsprechen n, Ortstelefonie f	téléphonie f locale
L 364	local title	lokaler Name m	appellation f locale
L 365	local traffic	Ortsverkehr m	trafic m local
L 366	local transmitter	Ortssender m	émetteur local
L 367	local trunk	Ortsleitung f	circuit m local
L 368	local trunk cable	Ortsfernkabel n	câble m de jonction, câble de jonction urbaine
L 369	locate/to	orten, lokalisieren, suchen, auffinden, bestimmen	localiser, rechercher, indiquer
	locating	s. L 332	

L 370	locator	Suchgerät n	dispositif m de repérage
L 371	locator [beacon]	Platzfunkfeuer n	radiobalise f à ondes kilométriques (hectométriques)
L 372	lock/to	blockieren, sperren, verriegeln, synchronisieren	bloquer, verrouiller, synchroniser, asservir
L 373	locked oscillator	Mitlaufoszillator m, Mitnahmeoszillator m	oscillateur m entraîné
L 374	lock in/to	mitnehmen, synchronisieren	verrouiller, synchroniser
	lock-in	s. A 108	
L 375	locking	Sperrung f, Aussperrung f, Verriegelung f, Mitnahme f (Frequenz)	blocage m, verrouillage m
	lock-in range	s. P 893	
L 376	lockout	Abwerfen n	verrouillage m, blocage m
L 377	locus	Ortskurve f	courbe f de lieux
L 378	locus diagram	Ortskurvendarstellung f	diagramme m des lieux
	LOD	s. L 341	
L 379	log/to	protokollieren, eintragen	enregistrer, consigner
L 380	logarithmic amplifier	logarithmischer Verstärker m	amplificateur m [à réponse] logarithmique
L 381	logarithmic decrement	logarithmisches Dekrement n, logarithmisches Dämpfungsdekrement n	décrément m logarithmique
L 382	logarithmic spire	logarithmische Spirale f	spirale f logarithmique
L 383	logarithmic spire antenna	logarithmische Spiralantenne f	antenne f en spirale logarithmique
L 384	logatom	Logatom n	logatome m
L 385	logging	Logging n	enregistrement m, consignation f
L 386	logic	Logik f	logique f
L 387	logical channel	logischer Kanal m	voie f logique
L 388	logical function	logische Funktion f, logische Verknüpfung f	fonction f logique
L 389	logical object	logisches Objekt n	objet m logique
L 390	logical structure	logische Struktur f	structure f logique
L 391	logic analyzer	Logikanalysator m	analyseur m logique
L 392	logic array	Logik-Array n	réseau m logique
L 393	logic circuit	logische Schaltung f, Logikschaltung f	circuit m logique
L 394	logic circuit family, logic family	Logikschaltungsfamilie f, Logikfamilie f	famille f de circuits logiques
L 395	logic element	Logikelement n	élément m logique
	logic family	s. L 394	
L 396	logic level	Logikpegel m	niveau m logique
L 397	logic swing	logischer Hub m	excursion f logique
L 398	logic symbol	Logiksymbol n	symbole m logique
L 399	log off/to	abmelden	sortir du système
L 400	log-on procedure	Anmeldeverfahren n	procédure f d'entrée en communication
L 401	log periodic antenna	logarithmisch-periodische Antenne f	antenne f à périodicité logarithmique, antenne log-périodique
L 402	long-delay echo	Langzeitecho n	écho m à temps de propagation élevé
	long distance back scatter	s. I 146	
	long-distance cable	s. T 658	
	long-distance charge	s. T 659	
	long-distance circuit	s. L 414	
L 403	long-distance communication	Weitverkehrsverbindung f, Fernverkehr m	communication f interurbaine, télécommunications fpl à grande distance
	long-distance communication	s. a. T 983	
L 404	long-distance data transmission	Datenfernübertragung f	transmission f de données à grande distance
	long distance dialling	s. A 902	
L 405	long-distance line	Fernlinie f, Fernleitung f	ligne f à grande distance, ligne interurbaine
	long-distance link	s. L 415	
L 406	long-distance network, toll network, trunk network	Fernnetz n, FN	réseau m interurbain
	long-distance network	s. a. L 412	
	long-distance operator	s. T 661	
L 407	long-distance radio link	Weitverkehrsfunkverbindung f, Funkweitverkehrsverbindung f	liaison f radioélectrique à grande distance
L 408	long-distance radiotelegraphy	Weitverkehrsfunktelegrafie f, Funkweitverkehrstelegrafie f	radiotélégraphie f à grande distance
L 409	long-distance rate	Ferntarif m	tarif m interurbain
L 410	long-distance service	Ferndienst m	service m interurbain, interurbain m
L 411	long-distance subscriber	Fernverkehrsteilnehmer m	abonné m interurbain
	long-distance traffic	s. T 1001	
	long-distance transmission	s. L 417	

L 412	long-distance transmission network, long-distance network, long-haul network	Weitverkehrsnetz n, Fernleitungsnetz n	réseau m de télécommunication à grande distance, réseau à grande distance, réseau longue portée
L 413	long-haul	Langstrecken...	[à] longue distance
L 414	long-haul circuit, long-distance circuit	Weitverkehrsleitung f, Fernverkehrsleitung f	circuit m à grande distance
L 415	long-haul link, long-distance link long-haul network	Weitverkehrsverbindung f s. L 412	liaison f à grande distance
L 416	long-haul traffic	Weitverkehr m	trafic m à grande distance
L 417	long-haul transmission, long-distance transmission	Weitverkehrsübertragung f	transmission f à grande distance, transmission à longue distance
L 418	long haul transmission system	Weitverkehrsübertragungssystem n	système m de transmission à grande distance
L 419	long hop radio relay system	Richtfunkstrecke f mit langen Funkfeldern	faisceau hertzien à longues sections
	longitudinal checking	s. L 424	
L 420	longitudinal direction	Längsrichtung f	sens m longitudinal
L 421	longitudinal electromotive force	Längs-EMK f	force f électromotrice longitudinale
L 422	longitudinal gyro frequency	longitudinale Gyrofrequenz f	gyrofréquence f longitudinale
L 423	longitudinal parity	Längsparität f	parité f longitudinale
L 424	longitudinal redundancy checking, L. R. C., longitudinal checking	Längsprüfung f	contrôle m longitudinal de redondance
L 425	longitudinal wave	Longitudinalwelle f, Längswelle f	onde f longitudinale, onde transversale
L 426	long life	lange Lebensdauer f	longue durée f
L 427	long-life applications	Anwendungen fpl mit hohen Lebensdauerforderungen	applications fpl à durée de vie élevée
L 428	long-life tube	Langlebensdauerröhre f	tube m à longue durée de vie
L 429	long-line equipment	Weitverkehrsleitungseinrichtung f	matériel m de ligne à grande distance
L 430	long-path bearing	Großkreispeilung f	azimut m du grand arc
L 431/2	long-range navigation, long-range radio navigation	Langstrecken[funk]navigation f, Weitstreckenfunknavigation f	radionavigation f à longue distance
L 433	long-range reception	Fernempfang m	réception f à grande portée
L 434	long reach transmission system	Weitstreckenübertragungssystem n	système m de transmission à longue portée
L 435	long-term aging	Langzeitalterung f	vieillissement m [à] long terme
L 436	long-term bit error rate	Langzeit-Bitfehlerhäufigkeit f	taux m d'erreurs à long terme sur les bits
L 437	long-term development	langfristige Entwicklung f	développement m à long terme
L 438	long-term fading	Langzeitschwund m, Langzeitfading n	évanouissement m de longue durée, évanouissement à long terme
L 439	long-term failure rate	Langzeitausfallrate f	taux m de défaillance à long terme
L 440	long-term instability	Langzeitinstabilität f	instabilité f à long terme
L 441	long-term performance, long-time behaviour	Langzeitverhalten n, Langzeitcharakteristik f	caractéristique f à long terme, comportement m en long terme
L 442	long-term prediction	Langzeit-Prädiktion f	prédiction f à long terme
L 443	long-term predictor, LTP long-time behaviour	Langzeit-Prädiktor m s. L 441	prédicteur m à long terme
L 444	long-time test	Langzeitversuch m	essai m de longue durée
L 445	long wave	Langwelle f, lange Welle f	onde f longue
L 446	long-wave	langwellig	à ondes longues
L 447	long-wave range	Langwellenbereich m	gamme f des grandes ondes
L 448	long waves	Langwellen fpl, LW	ondes fpl longues, grandes ondes, ondes kilométriques
L 449	long-wave transmitter	Langwellensender m	émetteur m à ondes longues
L 450	long-wire antenna	Langdrahtantenne f	antenne f à long fil (à longs fils), antenne f longue
L 451	loop/to	in Schleife schalten	boucler
L 452	loop	Schleife f, Leitungsschleife f, Teilnehmerleitung f, Rahmen m	boucle f, circuit m, ligne f, ligne de raccordement, cadre m
L 453	loop alignment error (direction finding)	Rahmenausrichtungsfehler m	erreur f de calage
L 454	loop antenna, frame antenna	Rahmenantenne f	antenne f cadre, cadre m
L 455	loopback loop check	Rückschleifung f s. L 468	bouclage m local, bouclage
L 456	loop closure	Schleifenschließung f, Schleifenschluß m	fermeture f de boucle
L 457	loop current	Schleifenstrom m	courant m de boucle, courant de ligne
L 458	loop delay	Schleifenverzögerung f	temps m de propagation dans la boucle
L 459	loop detector	Schleifendetektor m, Schlaufendetektor m	détecteur m de boucle
	loop dialling loop direction finder	s. L 460/1 s. R 791	
L 460/1	loop disconnect pulsing, loop dialling	Wahl f durch Schleifenimpulsgabe, Schleifenwahl f	numérotation f par ouverture de boucle, numérotation en boucle

L 462	loop filter	Schleifenfilter n	filtre m de boucle
L 463	loop network	Schleifennetz n	réseau m en boucle
L 464	loop of oscillation	Schwingungsbauch m	ventre m d'oscillation
L 465	loop pulsing	Schleifenimpuls m, Schleifenimpulsgabe f	impulsion f sur boucle
L 466	loop resistance	Schleifenwiderstand m	résistance f de boucle
L 467	loop structure	Schleifenstruktur f	structure f en boucle
L 468	loop test, loop check	Schleifenprüfung f, Schleifentest m	essai m en boucle, test m de bouclage
	LOP	s. L 215	
	LOS	s. 1. L 216; 2. L 228	
	LOS link	s. L 219	
	LOS path	s. L 220	
L 469	loss	Verlust m, Dämpfung f (Übertragungsweg)	perte f, affaiblissement m, atténuation f
	loss	s. a. A 750	
L 470	loss angle	Verlustwinkel m	angle m de pertes [diélectriques]
L 471	loss budget	Dämpfungsbilanz f	bilan m de liaison
L 472	loss deviation	Dämpfungsabweichung f	écart m d'affaiblissement
L 473	loss factor	Verlustfaktor m	facteur m de perte
	loss-frequency curve (response)	s. A 756	
L 474	loss increase	Dämpfungsanstieg m	augmentation f de l'affaiblissement
L 475	lossless	verlustfrei	non dissipatif, sans perte
L 476	losslessness	Verlustfreiheit f	absence f de perte
L 477	loss-mode [of] operation	Verlustbetrieb m	mode m d'exploitation avec perte
	loss of carrier	s. C 275	
	loss of frame alignment	s. F 385	
L 478	loss of lock	Verlust m der Phasensynchronisation, Phasengleichlaufverlust m	déverrouillage m de phase
	loss of multiframe alignment	s. M 709	
	loss-of-service duration	s. S 378	
L 479	loss of synchronism, synchronization loss	Synchronisationsverlust m, Rahmengleichlaufverlust m	perte f de synchronisation, perte de verrouillage de trame
	loss of synchronism	s. a. S 1511	
L 480	loss resistance	Verlustwiderstand m	résistance f de perte
	loss system	s. L 489	
	loss variation	s. V 29	
L 481	lossy	verlustbehaftet, mit Verlusten	dissipatif, à pertes
L 482	lossy channel	Kanal m mit Verlusten, verlustbehafteter Kanal	voie f avec pertes
L 483	lossy layer	verlustbehaftete Schicht f	couche f dissipative
L 484	lossy medium, dissipative medium	verlustbehaftetes Medium n, verlustbehaftete Substanz f	milieu m dissipatif
L 485	lossy transmission line	verlustbehaftete Übertragungsleitung f	ligne f de transmission dissipative (avec perte)
L 486	lossy waveguide	verlustbehafteter Wellenleiter m	guide m d'onde à pertes
L 487	lost call	nicht zur Verbindung führender Anruf m, zurückgewiesener Verbindungswunsch m, zurückgewiesene Verbindung f	appel m perdu, appel m n'ayant pas abouti
L 488	lost call attempt	nicht zur Verbindung führender Anrufversuch m, abgewiesener (erfolgloser) Belegungsversuch m	tentative f d'appel perdue
L 489	lost call system, loss system	Verlustsystem n	système m à appels perdus, système m avec perte
L 490	lost time	Verlustzeit f	temps m perdu
L 491	lost traffic	zurückgewiesener Verkehr m, Verlustverkehr m	trafic m perdu
L 492	loudness	Lautheit f	sonie f
L 493	loudness	Lautstärke f	intensité f sonore, intensité de son
L 494	loudness level	Lautstärkepegel m	niveau m de l'intensité sonore, niveau sonore
L 495	loudness loss	Dämpfung f der Lautstärke	affaiblissement m de l'intensité sonore
L 496	loudness rating	Lautstärkeindex m	équivalent m pour la sonie, indice m de l'intensité sonore
L 497	loudspeaker box	Lautsprecherbox f	enceinte f acoustique
L 498	loudspeaker crossover network	Frequenzweiche f (Lautsprecherbox)	répartiteur m [d'enceinte acoustique]
L 499	loudspeaker directivity	Lautsprecherrichtwirkung f	directivité f des haut-parleurs
L 500	loudspeaker telephone, LST	lautsprechendes Telefon n	poste m téléphonique à haut-parleur
L 501	loudspeaker (loudspeaking) telephone set, loudspeaking set	Lautfernsprecher m	poste m [téléphonique] à haut-parleur, téléphone m à haut-parleur
L 502	low, L (binary circuit)	Low, niedrig, L (Binärschaltung)	état m L (circuit binaire)
L 503	low-angle radiation	Strahlung f unter kleinem Höhenwinkel	rayonnement m sous petit angle
L 504	low-angle ray	Nahstrahl m	rayon m direct
L 505	low bit rate	niedrige Bitrate f	bas débit m
L 506	low-bit-rate speech coding, low-rate speech coding	Sprachcodierung f mit niedriger Bitrate	codage m de [la] parole à bas débit

L 507	low capacitance contact	kapazitätsarmer Kontakt m	contact m à faible capacité
L 508	low-capacity	niederkanalig, mit kleiner Übertragungskapazität	à faible capacité de transmission
	low-capacity microwave system	s. L 509	
L 509	low-capacity radio relay system, low-capacity mikrowave system	niederkanaliges Richtfunksystem n	faisceau m hertzien [hyperfréquence] à faible capacité de transmission
L 510	low-cost	kostengünstig	économique
	low coupling	s. W 96	
L 511	low-crosstalk	mit geringem Nebensprechen	à faible diaphonie
L 512	low-density traffic route	Strecke f mit geringer Verkehrsdichte	artère f à faible densité de trafic
L 513	low-elevation angle	kleiner Höhenwinkel m, kleiner Erhebungswinkel m	petit angle m de site
L 514	lower/to	erniedrigen, niedriger machen, vermindern, niederholen (Ant.)	réduire, abaisser
L 515	lower atmosphere	untere Atmosphäre f	basse atmosphère f
L 516	lower band	Unterband n, unteres Band n	bande f inférieure
L 517	lower channel	unterer Kanal m	voie f basse
L 518	lower frequency limit	untere Frequenzgrenze f	limite f inférieure de fréquence
L 519	lower half of band	unteres Halbband n, Unterband n	demi-bande f basse
L 520	lower limit	Untergrenze f, untere Grenze f	limite f inférieure
L 521	lower sideband, LSB	unteres Seitenband n	bande f latérale inférieure, BLinf
L 522	lowest useful frequency, LUF	niedrigste brauchbare Frequenz (Übertragungsfrequenz) f, minimal zulässige Frequenz, LUF f	fréquence f minimale utilisable, LUF
L 522a	low frequency	Niederfrequenz f	basses fréquences fpl, BF
L 523	low-frequency component	Niederfrequenzanteil m, NF-Anteil m	composante f à fréquence basse
L 524	low-frequency level	Niederfrequenzpegel m, NF-Pegel m	niveau m aux fréquences basses
L 525	low-frequency noise	Niederfrequenzgeräusch n, NF-Geräusch n	bruit m à basse fréquence
L 526	low-index angle modulation	Winkelmodulation f mit kleinem Modulationsindex	modulation f angulaire de faible indice
L 527	low loss	mit niedriger Dämpfung, dämpfungsarm, verlustarm	à affaiblissement réduit, à faible affaiblissement, à faible perte
L 528	low-noise amplifier, LNA	rauscharmer Verstärker m	amplificateur m à faible bruit, AFB
L 529	low-noise channel	rauscharmer Kanal m, geräuscharmer Kanal	voie f à faible bruit
L 530	low-noise circuit	rauscharme Schaltung f	circuit m à faible bruit
L 531	low-noise contribution	geringer Rauschbeitrag m	apport m de bruit minime
L 532	low-noise receiver	rauscharmer Empfänger m	récepteur m à faible bruit
L 533	low-ohmicity contact	niederohmiger Kontakt m	contact m ohmique à faible résistance [électrique]
L 534	low-orbiting satellite	Satellit m auf niedriger Umlaufbahn	satellite f sur orbite à basse altitude
L 535	low-pass filter	Tiefpaß m, Tiefpaßfilter m	filtre m passe-bas
L 536	low power distress transmitter, LPDT	Seenotsender m kleiner Leistung	émetteur m de détresse de faible puissance
L 537	low-powered transmitter	Kleinsender m, Sender m mit kleiner Leistung	émetteur m à faible puissance
L 538	low power Schottky TTL	Low-Power-Schottky-TTL f	logique f TTL Schottky à faible consommation, TTL f Schottky à consommation d'énergie réduite
L 539	low-Q circuit	Kreis m geringer Güte	circuit m à faible coefficient de qualité, circuit à faible Q
	low-rate speech coding	s. L 506	
L 540	low side-lobe antenna	Antenne f mit kleinen Nebenkeulen, Antenne mit hoher Nebenkeulendämpfung	antenne f à rayonnement latéral réduit, antenne à lobes latéraux atténués
L 541	low subscriber density area	Gebiet n mit geringer Teilnehmerdichte	zone f à faible densité d'abonnés
L 542	low-thermal-expansion material	Werkstoff m (Material n) mit geringer Wärmeausdehnung	matériau m à faible dilatation thermique
L 543	low threshold	niedrige Schwelle f	seuil m bas
L 544	low traffic	geringer Verkehr m	faible trafic m
L 545	low-traffic area	Gebiet n mit geringem Verkehr	région f à faible trafic
L 546	low-traffic hour	verkehrsschwache Stunde f	heure f de faible trafic
L 547	low-voltage	Niederspannungs ..., mit niedriger Spannung	à tension peu élevée
	LPC	s. L 168	
	LPC vocoder	s. L 169	
	LPDT	s. L 536	
	LPE	s. L 286	
	LP-mode	s. L 162	
	L.R.C.	s. L 424	
	LSB	s. 1. L 80; 2. L 521	
	LSC	s. L 81	
	LSD	s. L 82	

	LSI	s. L 21	
L 548	LSI chip	LSI-Chip m	puce f LSI
L 549	LSI circuit, large scale integrated circuit	LSI-Schaltkreis m, hochintegrierter Schaltkreis m, hochintegrierte Schaltung f	circuit m LSI, circuit intégré à large échelle, circuit intégré à grande échelle
L 550	LSI technology, large-scale integration technology	LSI-Technik f, Hochintegrationstechnik f	technologie f LSI
	LSSU	s. L 276	
	LST	s. L 500	
	LSU	s. L 238	
	LT	s. L 250	
	LTP	s. L 443	
	LUF	s. L 522	
L 551	luminance	Leuchtdichte f	luminance f
L 552	luminance signal	Leuchtdichtesignal n, Luminanzsignal n	signal m de luminance
L 553	luminescence	Lumineszenz f	luminescence f
L 554	luminous flux, light flux	Lichtstrom m	flux m lumineux
L 555	lumped circuit	Schaltung f mit konzentrierten Elementen	circuit m à éléments localisés
L 556	lumped element	konzentriertes Element n	élément m localisé
L 557	lumped-element equivalent circuit	Ersatzschaltung f aus konzentrierten Elementen	schéma m équivalent à éléments localisés
	lump-sum tariff	s. F 261	
L 558	Luneberg antenna	Luneberg-Antenne f	antenne f Luneberg
L 559	Luneberg lens	Luneberg-Linse f	lentille f de Luneberg
L 560	Luneberg lens reflector	Luneberg-Reflektor m	réflecteur m à lentille de Luneberg
	Luxembourg effect	s. I 643	

M

	M	s. F 153	
	ΔM	s. D 258	
	MΩ	s. M 321	
	MAC	s. M 781	
M 1	machine cycle	Maschinenzyklus m	cycle m machine
	machine language	s. C 928	
M 2	machine time	Maschinenzeit f	temps m machine
M 3	machine word	Maschinenwort n	mot m machine
M 4	macrocell	Makrozelle f	macrocellule f
M 5	macro-instruction	Makrobefehl m	macro-instruction f
M 6	magic T	magisches T n, angepaßte Differentialverzweigung f	té m magique
M 7	magnetically tunable	magnetisch abstimmbar	magnétiquement accordable
M 8	magnetic blow-out circuit-breaker	Schalter m mit magnetischer Blasung	disjoncteur m à soufflage magnétique
M 9	magnetic bubble memory	Magnetblasenspeicher m	mémoire f à bulle magnétique
M 10	magnetic card	Magnetkarte f	carte f magnétique
M 11	magnetic character reading, magnetic reading	Magnetschriftlesen n	lecture f magnétique de caractères
M 12	magnetic coating, magnetic film	Magnetschicht f, magnetische Schicht f, magnetische Beschichtung f	couche f magnétique
M 13	magnetic coil	Magnetspule f	bobine f magnétique
M 14	magnetic core	Magnetkern m	noyau m magnétique (transformateur), tore m magnétique (mémoire)
	magnetic core memory	s. C 1121	
M 15	magnetic deflection	magnetische Ablenkung f	déflexion f magnétique
M 16	magnetic disc	Magnetplatte f	disque m magnétique
M 17	magnetic disc storage, disc storage, disc memory	Magnetplattenspeicher m, Plattenspeicher m	mémoire f à disques
M 18	magnetic doublet radiator	magnetischer Dipol m	doublet m magnétique, dipôle m magnétique
M 19	magnetic drum	Magnettrommel f	tambour m magnétique
M 20	magnetic drum storage	Magnettrommelspeicher m	mémoire f à tambour
M 21	magnetic field	Magnetfeld n, magnetisches Feld n	champ m magnétique
	magnetic field intensity	s. M 23	
M 22	magnetic field sensitivity	Empfindlichkeit f gegenüber elektromagnetischen Feldern	sensibilité f au champ magnétique
M 23	magnetic field strength, magnetic field intensity	magnetische Feldstärke f	intensité f de champ magnétique, force f magnétique
	magnetic film	s. M 12	
M 24	magnetic flux density	magnetisch Induktion f	densité f de flux magnétique
M 25	magnetic head	Magnetkopf m	tête f magnétique
M 26	magnetic induction current loop	magnetische Induktionsschleife f	boucle f d'induction magnétique

magnetic 168

M 27	magnetic memory, magnetic storage	magnetischer Speicher m, Magnetspeicher m	mémoire f magnétique
M 28	magnetic perturbation	magnetische Störung f	perturbation f magnétique
M 29	magnetic picture recording	magnetische Bildaufzeichnung f	enregistrement m magnétique de l'image
	magnetic reading	s. M 11	
M 30	magnetic recording	magnetische Aufzeichnung f; Magnetbandspeicherung f	enregistrement m magnétique
M 31	magnetic recording head	Magnetaufnahmekopf m	tête f d'enregistrement magnétique
M 32	magnetic screen (shield)	magnetische Abschirmung f, magnetischer Schirm m	écran m magnétique
	magnetic sound stripe	s. M 33/4	
M 33/4	magnetic sound track, magnetic sound stripe	magnetische Tonspur f	piste f sonore magnétique
	magnetic storage	s. M 27	
M 35	magnetic storm	Magnetsturm m, magnetischer Sturm m	orage m magnétique
M 36	magnetic tape	Magnetband n	bande f magnétique
M 37	magnetic tape cartridge	Kassette f, Magnetbandkassette f	cartouche f, cassette f
M 38	magnetic tape recording	Magnetbandaufzeichnung f	enregistrement m sur bande magnétique
	magnetic [tape] video recording	s. V 131	
M 39	magnetic wire	Magnetdraht m	fil m magnétique
	magnetization curve	s. M 40	
M 40	magnetization characteristic, magnetization curve	Magnetisierungskurve f	courbe f d'aimantation
M 41	magneto-ionic component	magneto-ionische Komponente f	composante f magnéto-ionique
M 42	magneto-ionic double refraction	magneto-ionische Doppelbrechung f	dédoublement m magnéto-ionique
M 43	magnetostatic wave	magnetostatische Welle f	onde f magnétostatique
M 44	magnetostriction filter	magnetostriktives Filter n	filtre m à magnétostriction
M 45	magnetostriction microphone	Magnetostriktionsmikrophon n	microphone m à magnétostriction
M 46	magnetostrictive delay line	magnetostriktive Verzögerungsleitung f	ligne f à retard à magnétostriction
M 47	magneto system	OB-System n mit Induktorruf	système n à (avec) magnéto
M 48	magnetron	Magnetron n	magnétron m
	magnitude of the signal	s. S 521	
M 49	mailbox (electronic mail)	Mailbox f Telebox f, elektronischer Briefkasten m, Briefkasten m	boîte f aux lettres (courrier électronique)
M 50	mailboxing	Mailbox-Betrieb m	exploitation f en boîte aux lettres
M 51	mailbox subscirber	Mailbox-Teilnehmer m, Mailbox-Abonnent m	abonné m de boîte aux lettres
M 52	mailgram	Mailgram n	mailgram m, message m mailgram
M 53	mailing list (electronic messaging)	Verteilliste f, Verteilerliste f	liste f de distribution
M 54	main axis gain	Gewinn m in der Hauptachse	gain m dans l'axe principal [d'antenne]
M 55	main beam	Hauptstrahl m	faisceau m principal
M 56	main beam direction, main direction of radiation	Hauptstrahlrichtung f, Hauptstrahlungsrichtung f	direction f principale de rayonnement, direction de radiation principale
M 57	main board	Hauptleiterplatte f, Hauptplatine f	carte f mère
M 58	main cable	Hauptkabel n, Stammkabel n	câble m principal, artère f principale, câble de transport
M 59	main carrier	Hauptträger m	porteuse f principale
M 60	main computer	Zentralrechner m	ordinateur m central, ordinateur principal
	main direction of radiation	s. M 56	
	main distributing frame	s. M 61	
M 61	main distribution frame, main distributing frame, MDF	Hauptverteiler m	répartiteur m d'entrée, répartiteur principal
M 62	main exchange	Hauptvermittlungsstelle f, HVSt, Hauptamt n, Vollvermittlungsstelle f, Vollamt n, Hauptzentrale f, HZ	central m principal, circonscription f principale
	main exchange	s. a. M 80	
	main line	s. S 1332	
M 63	main lobe, major lobe	Haupt[strahlungs]keule f	lobe m principal [d'émission]
M 64	main marker	Haupteinflugzeichen n, HEZ	balise f directrice
	main memory	s. W 200	
M 65	main module	Hauptmodul n	module m principal
M 66	main reflector, primary reflector	Hauptreflektor m	réflecteur m principal
M 67	main repeater station	Hauptübertragungsstelle f, Hauptverstärkeramt n	station f principale de répéteurs
M 68	mains	Netz n (Elektroenergie)	réseau m [électrique], secteur m
M 69	mains and battery supply	Netz- und Batteriestromversorgung f	alimentation f batterie et secteur
M 70	main section	Hauptabschnitt m	section f principale
M 71	mains failure, power failure, power fail	Netzausfall m, Stromausfall m	panne f réseau, coupure f (panne f) secteur, coupure d'alimentation

M 72	mains frequency, power supply frequency	Netzfrequenz f	fréquence f de réseau, fréquence du secteur
	mains hum	s. H 289	
M 73	mains supply	Netzstromversorgung f	alimentation f secteur, alimentation par le réseau
M 74	main station	Hauptanschluß m, Hauptstelle f, Hauptstation f	poste m principal
M 75	mains voltage	Netzspannung f	tension f secteur
M 76	main switch	Hauptschalter m	interrupteur m général
M 77	maintain/to	warten, unterhalten, erhalten, instandhalten	assurer la maintenance, entretenir, assurer l'entretien
M 78	maintenability [performance]	Wartbarkeit f, Instandhaltungseignung f, Unterhaltbarkeit f	maintenabilité f, aptitude f à la maintenance, facilité f de maintenance
M 79	maintained standby	gewartete Reserve f	réserve f soumise à maintenance
M 80	main telephone exchange, main exchange	Hauptfernsprechamt n, Hauptamt n	central m téléphonique principal, central principal, centre m principal
M 81	maintenance	Wartung f, Instandhalten n, Instandhaltung f, Unterhalten n, Service m	maintenance f, entretien m
	maintenance agreement	s. M 83	
M 82	maintenance charge	Wartungsgebühr f	taxe f de maintenance
M 83	maintenance contract, maintenance agreement, service contract	Wartungsvertrag m, Servicevertrag m, Kundendienstvertrag m	contrat m de maintenance
M 84	maintenance cost	Wartungskosten pl, Instandhaltungskosten pl	frais mpl de maintenance, frais d'entretien
M 85	maintenance engineer, field-service engineer, field engineer	Wartungstechniker m, Instandhaltungstechniker m, Servicetechniker m	technicien m d'entretien, technicien de maintenance
	maintenance force	s. M 92	
M 86	maintenance-free	wartungsfrei	sans entretien, ne nécessitant pas d'entretien, n'exigeant aucune maintenance
M 87	maintenance instructions	Instandhaltungsanleitung f, Wartungsanleitung f	directives fpl de maintenance
M 88	maintenance measurement	Instandhaltungsmessung f	mesure f de maintenance
	maintenance personnel	s. M 92	
M 89	maintenance program	Instandhaltungsprogramm n	programme m de maintenance
M 90	maintenance schedule	Wartungsplan m, Instandhaltungsplan m	calendrier m de maintenance
M 91	maintenance service	Instandhaltungsdienst m, Wartungsdienst m, Instandhaltung f, Service m	service m de maintenance
M 92	maintenance staff, maintenance force, maintenance personnel	Wartungspersonal n, Instandhaltungspersonal n	personnel m de maintenance
M 93	maintenance system	Wartungssystem n	système m de maintenance
M 94	maintenance task	Wartungsaufgabe f	tâche f de maintenance
M 95	maintenance time	Wartungszeit f, Instandhaltungszeit f, Instandhaltungsdauer f	temps m d'entretien, durée f de maintenance
M 96	main terminal station	Hauptendübertragungsstelle f	station f principale terminale
M 97	major axis	Hauptachse f	grand axe m
M 98	majority charge carrier	Majoritätsladungsträger m	porteur m de charge majoritaire
M 99	majority logic	Mehrheitslogik f, Majoritätslogik f	logique f majoritaire
	major lobe	s. M 63	
M 100	make-before-break contact [unit]	unterbrechungsloser Umschaltkontakt m, Folgeumschalter m	dispositif m de contact de fermeture avant rupture, contact à chevauchement, contact travail-repos
M 101	make contact [unit]	Arbeitskontakt m	contact m de travail, contact de fermeture, dispositif m de contact de fermeture
M 102	make pulse	Schließungsimpuls m	impulsion f de fermeture
M 103	make reliable/to	zuverlässig machen	fiabiliser
M 104	malfunction	Versagen n, Funktionsstörung f, Störung f, fehlerhafte Funktion f	défaillance f, mauvais fonctionnement m, dérangement m
M 105	malfunction report	Störungsmeldung f	rapport m d'incident
M 106	malfunction time	Störungszeit f, Störungsdauer f	durée f de dérangement
M 107	malicious call	böswilliger Anruf m, mißbräuchlicher Anruf m	appel m importun, appel malveillant, appel abusif
M 108	malicious call identification	Identifizierung f böswilliger Anrufe	identification f d'appels malveillants
M 109	malicious call tracing	Ermitteln n böswilliger Anrufe	poursuite f des appels malveillants
M 110	malicious failure	vorsätzliche (böswillige) Beschädigung f	détérioration f mal intentionnée
M 111	management information system, MIS	Managementinformationssystem n, MIS, Leitungsinformationssystem n	système m intégré de gestion, SIG
	manager-and-secretary station	s. S 188	
M 112	manhole	Einstiegschacht m, Mannloch n	puits m d'accès, trou m d'homme

M 113	manipulate/to	bedienen, handhaben		manipuler
M 114	manipulation	Handhabung f, Bedienung f		manipulation f
M 115	man–machine communication, MMC	Mensch–Maschine-Kommunikation f		communication f homme–machine
M 116	man–machine interface, MMI	Mensch–Maschine-Schnittstelle f		interface f homme–machine
M 117	man–machine terminal	Mensch–Maschine-Terminal n		terminal m homme–machine
	man-made interference	s. I 174		
M 118	man-made noise	industrielle Störungen fpl, industrielles Störgeräusch n		perturbation f industrielle, parasite m industriel, bruit m artificiel
M 119	man-made noise source	industrielle Störquelle f		source f de bruit industrielle, source de bruit artificielle
M 120	man-made satellite	künstlicher Satellit m		satellite m artificiel
M 121	manned spacecraft	bemanntes Raumfahrzeug n		engin m spatial habité
	manned station	s. A 748		
M 122	manual answering	manuelle Rufbeantwortung f (Anrufbeantwortung f)		réponse f manuelle
	manual board position	s. M 143		
M 123	manual calling	manuelles Anrufen n, manuelles Rufen, manuelles Wählen n		appel m manuel
M 124	manual charging	manuelle Gebührenerfassung		taxation f en service manuel
M 125	manual dialling	manuelles Wählen n		numérotation f manuelle
M 126	manual exchange, manually operated exchange	Handvermittlungsstelle f, Handvermittlung f, HV, Vermittlungsstelle f mit Handbetrieb, VSt Hand		central m manuel, central à exploitation manuelle
M 127	manual keying	Handtastung f		manipulation f manuelle
M 128	manually assisted traffic, manually controlled traffic	durch Vermittlungskräfte abgewickelter Verkehr m		trafic m écoulé par opératrices
M 129	manually established call	handvermitteltes Gespräch n		communication f en service manuel
	manually operated exchange	s. M 126		
M 130	manually operated network	Netz m mit Handbetrieb		réseau m à exploitation manuelle
	manually operated PBX	s. M 131		
M 131	manually operated private branch exchange, manually operated PBX	Nebenstellenanlage f für Handbetrieb, Teilnehmervermittlung f für Handbetrieb		central m privé à exploitation manuelle, central d'abonné à exploitation manuelle
	manually operated telephone exchange	s. M 145		
M 132	manually switched network	Netz n mit Handvermittlung		réseau m à commutation manuelle
M 133	manual Morse transmission	Morseübertragung f mit Handtastung		émission f manuelle en morse
M 134	manual office	Handvermittlungszentrale f, Amt n mit Handvermittlung		central m manuel
M 135	manual operation, manual working	Handbedienung f, Handbetrieb m, manueller Betrieb m		exploitation f manuelle, service m manuel
M 136	manual part of traffic	Anteil m des handvermittelten Verkehrs		partie f du trafic en service manuel
M 137	manual reception	bedienter Empfang m		réception f manuelle
M 138	manual response	manuelle Antwortgabe f		réponse f manuelle
M 139	manual ringing	handbetätigter Ruf m, Handruf m		sonnerie f manuelle, appel m manuel
M 140	manual routing	manuelle Verkehrslenkung f		acheminement f manuel, écoulement m manuel
M 141	manual service	handvermittelter Dienst m		service m manuel, service par standardiste
M 142	manual switching	Handvermittlung f, manuelle Vermittlung f		commutation f manuelle
M 143	manual switching position, manual board position	Handvermittlungsplatz m		position f de commutation manuelle, position d'opératrice du service manuel
M 144	manual system subscriber	über Handvermittlung erreichbarer Teilnehmer m		abonné m rattaché à un central manuel
M 145	manual telephone exchange, manually operated telephone exchange	Fernsprechzentrale f mit Handvermittlung, manuelle Telefonzentrale f		central m téléphonique manuel
M 146	manual telephone system	handbedientes Fernsprechsystem n, Fernsprechhandvermittlung f, handbedientes Telefonsystem n		exploitation f téléphonique manuelle, système m téléphonique manuel
M 147	manual teleprinter exchange	Fernschreibhandvermittlungsamt n, Fernschreibhandvermittlungsstelle f		central m télégraphique manuel
M 148	manual telex switching	Telexhandvermittlung f		commutation f télex manuelle
M 149	manual testing	Prüfung f von Hand, manuelle Prüfung		essai m manuel, test m manuel
M 150	manual trunk call	handvermitteltes Ferngespräch n		communication f interurbaine en service manuel
	manual working	s. M 135		
M 151	manufacturing defect	Fertigungsfehler m		défaut m de fabrication
M 152	manufacturing facilities	Produktionsmittel npl		moyens mpl de production
M 153	manufacturing failure	fertigungsbedingter Ausfall m, Ausfall durch Fertigungsfehler		défaillance f de fabrication

M 154	manufacturing fault	ferigungsbedingte Störung f, Störung durch Fertigungsfehler	panne f de fabrication
M 155	manufacturing length, production length	Fertigungslänge f	longueur f de fabrication
M 156	manufacturing order, MO	Fertigungsauftrag m	ordre m de fabrication, OF
M 157	manufacturing technology	Herstellungstechnik f	technologie f de fabrication
	MAP	s. M 533	
	MAR	s. M 505	
M 158	margin	Spielraum m, Spanne f	marge f
M 159	marginal checking, marginal testing	Toleranzprüfung f, Grenzwertprüfung f	contrôle m des tolérances
M 160	marginal ray	Randstrahl m	rayon m marginal
	marginal testing	s. M 159	
M 161	margin of a synchronous receiver	Spielraum m eines synchronen Empfängers	marge f d'un récepteur synchrone
M 162	marine call, ship call	Seefunkgespräch n, Schiffsfunkgespräch n	communication f radiomaritime, communication avec un navire
	marine mobile service	s. M 170	
	marine service	s. M 175	
M 163	maritime direction-finding station	Funkpeilstation f für die Seefahrt, Peilfunkstelle f für die Seefahrt	station f radiogoniométrique maritime
M 164	maritime local circuit	maritime lokale Leitung f	circuit f maritime local
M 165	maritime mobile radiotelegraph service	beweglicher Telegrafie-Seefunkdienst m	service m mobile maritime radiotélégraphique
M 166	maritime mobile radiotelephone service, maritime mobile telephone service	beweglicher Seefunk-Fernsprechdienst m, beweglicher Seefunk-Telefoniedienst m, beweglicher Fernsprech-Seefunkdienst m	service m mobile maritime radiotéléphonique
M 167	maritime mobile satellite service	beweglicher Seefunkdienst m über Satelliten, beweglicher Satelliten-Seefunkdienst m	service m mobile maritime par satellite
M 168	maritime mobile satellite system	bewegliches Seefunksystem m über Satelliten	système m mobile maritime à satellites
M 169	maritime mobile satellite telephone service	beweglicher Seefunk-Fernsprechdienst m über Satellit	service m téléphonique mobile maritime par satellite
M 170	maritime mobile service, marine mobile service	beweglicher Seefunkdienst m, bS	service m mobile maritime
M 171	maritime mobile station	bewegliche Seefunkstelle f	station f du service mobile maritime
	maritime mobile telephone service	s. M 166	
M 172	maritime radio[communication]	Seefunk m, Schiffsfunk f	radiocommunications fpl maritimes
M 173	maritime radionavigation satellite service	Seenavigationsfunkdienst m über Satelliten	service m de radionavigation maritime par satellite
M 174	maritime radionavigation service	Seenavigationsfunkdienst m, SN	service m de radionavigation maritime
M 175	maritime radio service, maritime service, marine service	Seefunkdienst m	service m radiomaritime, service maritime
M 176	maritime radio station	Seefunkstelle f	station f radio maritime
M 177	maritime satellite	Seefunksatellit m	satellite m maritime, satellite maritime de télécommunications
M 178	maritime satellite circuit	Seefunk-Satellitenübertragungsweg m, maritime Satellitenleitung f	circuit m maritime par satellite
M 179	maritime satellite communication system	Schiffsfunk-Satellitensystem n	système m de communication maritime par satellite
M 180	maritime satellite data switching exchange, MSDSE	maritime Satelliten-Datenvermittlung f	centre m de commutation de données maritime par satellite, CCDMS
M 181	maritime satellite data transmission system	Seefunk-Datenübertragungssystem n über Satelliten, maritimes Datenübertragungssystem über Satelliten	système m de transmission de données maritime par satellite
M 182	maritime satellite service	Seefunksatellitendienst m, maritimer Satellitendienst m	service m maritime par satellite
M 183	maritime satellite system	Seefunksatellitensystem f, Satellitenseefunksystem n	système m maritime à satellites
	maritime service	s. M 175	
M 184	maritime switching centre, MSC	Seefunkvermittlungsstelle f	centre m de commutation maritime, CCM
M 185	maritime terrestrial circuit	maritime terrestrische Leitung f	circuit m terrestre du système maritime, circuit maritime terrestre
M 186	mark, marking	Zeichen n, Marke f, Markierung f (Telegrafie), Trennschritt m (Telex, Doppelstrom), Stromschritt m (Telex, Einfachstrom)	marque f, repère m, travail m (télégraphie morse, télex, systèmes isochrones), repos m (télégraphie arythmique, télex, systèmes isochrones)
M 187	marker	Markierer m	marqueur m
M 188	marker generator	Markengeber m	générateur m de marquage
M 189	market arrangement	Marktabsprache f	arrangement m relatif au marché
M 190	market pioneering	Markterschließung f, Gewinnung f neuer Märkte	création f de nouveaux marchés

marking

M 191	marking	Markierung f, Markieren n, Zeichen n, Zeichengebung f (Telegrafie), Trennschritt m (Doppelstrom)	marquage m, travail m (télégraphie), repos m (double courant, télégraphie téléimprimeur)
	marking	s. a. M 186	
M 192	Markov chain	Markov-Kette f	chaîne f de Markov
M 193	Markov process	Markov-Prozeß m	processus m markovien
	mark sense	s. M 194	
M 194	mark sensing, mark sense	Zeichenabtastung f	lecture f graphique
	mark-to-space ratio	s. 1. D 919; 2. P 916	
M 195	marshalling yard telephone equipment	Fernsprecheinrichtung f für Rangierbahnhöfe	équipement m téléphonique des postes de triage
M 196	maser (microwave amplification by stimulated emission of radiation)	Maser m	maser m
M 197	mask/to	maskieren, abdecken	masquer, filtrer
M 198	mask	Maske f, Blende f, Abdeckblende f	masque m
M 199	masking [technique]	Maskierung f, Maskieren n, Abdeckung f	masquage m
M 200	mask-making	Maskenherstellung f	fabrication f de masques
M 201	mass memory, mass storage	Massenspeicher m	mémoire f de masse
M 202	mass production	Serienproduktion f	fabrication f en série
	mass storage	s. M 201	
M 203	mast, pole	Mast m	mât m, poteau m, pylône m
M 204	mast antenna	Mastantenne f, selbstschwingender Antennenmast m	pylône m rayonnant, antenne f pylône
M 205	mast base	Mastfuß m	pied m de pylône
M 206	master clock	steuernder Taktgeber m	horloge f maîtresse
M 207	master file	Stammdatei f, Hauptdatei f	fichier m permanent
M 208	mastergroup, MG	Tertiärgruppe f, TG	groupe m tertiaire
M 209	mastergroup carrier supply	Tertiärgruppenträgerversorgung f	producteur m de porteur de groupe tertiaire
M 210	mastergroup distribution frame	Tertiärgruppenverteiler m	répartiteur m de groupe tertiaire
M 211	mastergroup link	Tertiärgruppenverbindung f	liaison f en groupe tertiaire
M 212	mastergroup [reference] pilot	Tertiärgruppenpilot m	onde f pilote de groupe tertiaire
M 213	mastergroup section	Tertiärgruppenabschnitt m	section f de groupe tertiaire
M 214	mastergroup translating equipment, mastergroup translator	Tertiärgruppenumsetzer m, TGU	matériel m de modulation de groupe tertiaire
M 215	mastergroup working	Tertiärgruppenbetrieb m	exploitation f en groupes tertiaires
M 216	master oscillator	Steueroszillator m	oscillateur m pilote, maître-oscillateur m
M 217	master-slave circuit	Master-Slave-Schaltung f	circuit m maître-esclave
M 218	master-slave flip-flop, MS flip-flop	MS-Flipflop m, Master-Slave-Flipflop m	bascule f maître-esclave
M 219	master-slave synchronization	Master-Slave-Synchronization f	synchronisation f maître-esclave
M 220	master telephone transmission reference system, SFERT	Fernsprechureichkreis m, Ureichkreis m	système m fondamental européen de référence pour la transmission téléphonique, SFERT
M 221	master unit	Haupteinheit f	unité f pilote
M 222	match/to	anpassen, zusammenpassen, vergleichen	adapter, marier
M 223	matched	angepaßt	adapté
M 224	matched filter	angepaßtes Filter n, signalangepaßtes Filter, Matched-Filter n	filtre m adapté
M 225	matched impedance	angepaßter Scheinwiderstand m, angepaßte Impedanz f	impédance f adaptée
M 226	matched load (termination)	angepaßter Abschlußwiderstand m, reflexionsfreier Abschluß m, angepaßte Belastung f	charge f adaptée, terminaison f adaptée
	matching	s. A 145	
	matching attenuation	s. M 227	
M 227	matching loss, matching attenuation	Anpassungsdämpfung f	affaiblissement m d'adaptation
M 228	matching transformer	Anpassungsübertrager m	transformateur m adaptateur
M 229	material defect	Materialfehler m	défaut m du matériel
M 230	material testing	Materialprüfung f	essai m des matériaux
M 231	mathematical model	mathematisches Modell n	modèle m mathématique
M 232	matrix	Matrix f	matrice f
M 233	matrix-addressable	matrixadressierbar	à adressage matriciel
M 234	matrix-addressed liquid crystal display, matrix LCD	matrixadressierte Flüssigkristallanzeige f	afficheur m à cristaux liquides adressé par une matrice
M 235	matrix addressing	Matrixadressierung f	adressage f matriciel
M 236	matrix display	Matrixanzeige f, Matrixdisplay n	écran m matriciel
	matrix LCD	s. M 234	
M 237	matrix printer, mosaic printer, dot printer	Matrixdrucker m, Mosaikdrucker f	imprimante f matricielle, imprimante par points
M 238	maximally flat	maximal flach, maximal geebnet	maximalement plat, à platitude maximale
M 239	maximum	Maximum n	maximum m
M 240	maximum admissible operating temperature	maximal zulässige Betriebstemperatur f	température f de service maximale admissible
M 241	maximum eye amplitude	maximale Augenöffnung f	amplitude f maximale de l'oeil

M 242	maximum justification rate, maximum stuffing rate	maximale Stopfrate f, maximale Stuffingrate f	débit m maximal de justification
M 243	maximum likelihood decoding	Maximum-Likelihood-Decodierung f	décodage m à vraisemblance maximale, décodage selon le maximum de vraisemblance
M 244	maximum likelihood estimation	Maximum-Likelihood-Schätzung f	estimation f par la méthode de vraisemblance maximale
M 245	maximum likelihood estimator, MLE	Maximum-Likelihood-Schätzer m, ML-Schätzer m	estimateur m de vraisemblance maximale
M 246	maximum likelihood sequence estimation, MLSE	Maximum-Likelihood-Sequenzschätzung f (Abschätzung der Folge mit der größten Ähnlichkeit)	estimation f de la séquence à vraisemblance maximale, estimation de suites avec vraisemblance maximale, ESVM
M 247	maximum modulation frequency	höchste Modulationsfrequenz f	fréquence f de modulation maximale
M 248	maximum permissible exposure values	maximal zulässige Bestrahlungswerte mpl	valeurs fpl d'exposition maximale permise
M 249	maximum permissible value	höchstzulässiger Wert m, zulässiger Grenzwert m	valeur f à ne pas dépasser
M 250	maximum pulling strength	maximale Zugbeanspruchung f	tension f maximale
M 251	maximum rating	Belastungsgrenzwert m, Grenzwert m	condition f limite d'utilisation
M 252	maximum ratings	Grenzdaten pl	valeurs fpl à ne pas dépasser
M 253	maximum repeater spacing maximum stuffing rate	maximale Regeneratorfeldlänge f s. M 242	distance f maximale entre répéteurs
M 254	maximum usable frequency, MUF	höchste brauchbare Übertragungsfrequenz f, maximal zulässige Frequenz f, MUF	fréquence f maximale utilisable, MUF
M 255	maximum usable frequency factor, MUF factor	MUF-Faktor m	facteur m de fréquence maximale utilisable, Md
	Mb/s	s. M 317	
	Mbit/s	s. M 317	
	MCF	s. M 354	
	Mc/s	s. M 318	
	MCW	s. K 16	
M 256	M-derived L-section filter	Zobelsches m-Halbglied n	filtre m dérivé en M à demi-cellule en L
	MDF	s. M 61	
	MDS	s. 1. M 419; 2. M 800	
M 257	mean annual value	Jahresmittelwert m	valeur f annuelle moyenne
M 258	mean busy hour	mittlere Hauptverkehrsstunde f	heure f chargée moyenne
	mean call duration	s. A 931	
M 259	meander line	Mäanderleitung f	ligne f à méandres
M 260	meander structure	Mäanderstruktur f	structure f en méandre
M 261	mean down time	mittlere Ausfallzeit f, mittlere Ausfalldauer f	temps m d'arrêt moyen
M 262	mean free path	freie Weglänge f	libre parcours m moyen
M 263	mean holding time, average holding time	mittlere Belegungsdauer f, mittlere Belegungszeit f	durée f d'occupation moyenne, durée moyenne d'occupation
M 264	mean life, average life	mittlere Lebensdauer f	durée f de vie moyenne
M 265	mean of a random variable	Mittelwert m einer Zufallsvariablen	moyenne f d'une variable aléatoire
M 266	mean opinion score, MOS	Punktzahl f für die durchschnittliche Meinung	note f moyenne d'opinion, NMO
M 267	mean power	mittlere Leistung f	puissance f moyenne
M 268	mean repair time, MRT	mittlere Reparaturzeit f	temps m moyen de réparation
	mean square error	s. R 770	
M 269	mean time between failures, MTBF	mittlere ausfallfreie Betriebszeit f, mittlere Zeit f zwischen zwei Ausfällen, mittlerer Ausfallabstand m	moyenne f des temps entre défaillances, moyenne f des temps de bon fonctionnement, MTBF, moyen temps m de bon fonctionnement
M 270	mean time between maintenance, MTBM	mittlerer Wartungsabstand m	durée f moyenne entre maintenances
M 271	mean time to failure, MTTF	mittlere Zeit f bis zum Ausfall	durée f moyenne de fonctionnement avant défaillance
M 272	mean time to first failure, MTTFF	mittlere Zeit f bis zum ersten Ausfall	durée f moyenne de fonctionnement avant la première défaillance
	mean time to recovery	s. M 273	
	mean time to repair	s. M 273	
M 273	mean time to restoration, mean time to recovery, MTTR, mean time to repair (deprecated)	mittlere Instandsetzungsdauer f, mittlere Reparaturzeit f	durée f moyenne de panne, moyenne f des temps pour la tâche de réparation, MTTR
M 274	mean unavailability	mittlere Nichtverfügbarkeit f	indisponibilité f moyenne
M 275	mean up time, MUT	mittlere Verfügbarkeitszeit f	temps m moyen de disponibilité, TMD, durée f de disponibilité
M 276	mean value, average value	Mittelwert m	valeur f moyenne
M 277	measured quantity	Meßgröße f	grandeur f mesurée
	measurand	s. M 278	
M 278	measured value, measurand	Meßwert m	valeur f mesurée, mesure f

	measurement accuracy	s. A 78	
M 279	measurement antenna	Meßantenne f	antenne f de mesure
	measurement instrument	s. M 292	
M 280	measurement point	Meßpunkt m	point m de mesure
M 281	measurement range, measuring range	Meßbereich m	gamme f de mesure, étendue f de mesure
M 282	measurement set up	Meßplatz m	banc m de mesure
M 283	measurement signal, measuring signal	Meßsignal n	signal m de mesure
M 284	measuring bridge	Meßbrücke f	pont m de mesure
M 285	measuring cable	Meßkabel n	câble m de mesure
M 286	measuring coupler	Meßkoppler m	coupleur m de mesure
M 287	measuring data	Meßdaten pl	données fpl de mesure
	measuring device	s. M 294	
	measuring equipment	s. M 294	
M 288	measuring error	Meßfehler m	erreur f de mesure
M 289	measuring frequency	Meßfrequenz f	fréquence f de mesure
M 290	measuring head	Meßkopf m	tête f de mesure
M 291	measuring inaccuracy	Meßunsicherheit f	imprécision f de mesure
M 292	measuring instrument, measurement instrument	Meßinstrument n	instrument m de mesure
	measuring precision	s. A 73	
	measuring range	s. M 281	
M 293	measuring result	Meßergebnis n	résultat m de mesure
M 294	measuring set, measuring device, measuring equipment	Meßgerät n, Meßeinrichtung f	appareil m de mesure
	measuring signal	s. M 283	
M 295	mechanical dimension	mechanische Abmessung f	dimension f mécanique
M 296	mechanical fatigue	mechanische Ermüdung f	fatigue f mécanique
M 297	mechanically operated	mechanisch betätigt	à commande mécanique
M 298	mechanically tunable	mechanisch abstimmbar	mécaniquement accordable
M 299	mechanical strength	mechanische Festigkeit f	résistance f mécanique
M 300	mechanical stress	mechanische Beanspruchung f	contrainte f mécanique
M 301	mechanical tuning	mechanische Abstimmung f	accord m mécanique
	mechanical vibration	s. S 811	
M 302	median life	zentrale Lebensdauer f	durée f de vie médiane
M 303	medical electronics	medizinische Elektronik f	électronique f médicale
	medium	s. C 252	
M 304	medium bandwidth	mittlere Bandbreite f	largeur f de bande moyenne
M 305	medium bandwidth channel	Kanal m mit mittlerer Bandbreite	canal m de largeur de bande moyenne
M 306	medium-bit-rate speech coding, medium-rate speech coding	Sprachcodierung f mit mittlerer Bit-rate	codage m de [la] parole à moyen débit
M 307	medium capacity	mittlere Kapazität f	moyenne capacité
M 308	medium-capacity switching system	Vermittlungssystem n mittlerer Kapazität	système m de commutation à moyenne capacité
M 309	medium frequency, MF	Mittelwellen fpl, MW	ondes fpl moyennes, petites ondes, moyennes fréquences fpl, ondes hectométriques
M 310	medium of propagation	Ausbreitungsmedium n	milieu m de propagation
	medium-rate speech coding	s. M 306	
M 311	medium-scale integrated circuit, MSI circuit	MSI-Schaltkreis m, Schaltkreis m mit mittlerem Integrationsgrad	circuit m intégré à moyenne échelle, circuit MSI
M 312	medium-scale integration, MSI	mittlere Integrationsdichte f, mittlerer Integrationsgrad m, MSI	intégration f à moyenne échelle, MSI
	medium-scale LAN	s. M 313	
M 313	medium-scale local area network, medium-scale LAN	mittleres lokales Netz n, mittelgroßes lokales Netz	réseau m local de taille moyenne
M 314	medium-wave antenna	Mittelwellenantenne f	antenne f en ondes hectométriques
M 315	medium wave transmitter	Mittelwellensender m	émetteur m à ondes moyennes
M 316	medium wave transmitting antenna	Mittelwellensendeantenne f, MW-Sendeantenne f	antenne f émettrice en ondes métriques (moyennes)
M 317	megabit per second, megabit/second, Mbits/s, Mb/s	Megabit pro Sekunde, Mbits/s	mégabit/seconde, Mbit/s
M 318	megacycle[s per second], Mc/s	Megahertz n, MHz	mégahertz m, MHz, mégacycle m, mégacycles par seconde
M 319	megaflop, MFlop (10^6 floating point operations per second)	Megaflop n, MFlop	mégaflop m, Mflop
M 320	megaword	Megawort n	mégamot m
	megger	s. M 322	
M 321	megohm, MΩ	Megohm n, MΩ	mégohm m, MΩ
M 322	megohmmeter, megger	Megohmmeter n	mégohmmètre m
M 323	memory, storage	Speicher m	mémoire f, registre m
M 324	memory access	Speicherzugriff m	accès m mémoire
M 325	memory board, memory card	Speicherbaugruppe f	carte f mémoire
M 326	memory capacity, storage capacity	Speicherkapazität f	capacité f de mémoire
M 327	memory card	Speicherkarte f	carte f à mémoire
	memory card	s. a. M 325	
M 328	memory cell	Speicherzelle f	cellule f [de] mémoire

M 329	memory chip	Speicherchip m	puce f mémoire
M 330	memory circuit	Speicherschaltkreis m, Speicherschaltung f	circuit m mémoire
M 331	memory content	Speicherinhalt m	contenu m [de] mémoire
M 332	memoryless	ohne Gedächtnis	sans mémoire
M 333	memoryless channel	Kanal m ohne Gedächtnis	voie f sans mémoire
M 334	memory location	Speicherplatz m	position f mémoire, emplacement m mémoire
M 335	memory management	Speicherverwaltung f	gestion f [de] mémoire
M 336	memory requirement	Speicherbedarf m	occupation f en mémoire, encombrement m en mémoire
M 337	memory tube	Speicherröhre f	tube m à mémoire
M 338	melting layer	Schmelzschicht f	couche f de fusion
M 339	menu	Menü n	menu m
	menu-based system	s. M 343	
M 340	menu-controlled dialogue	menügeführter Dialog m	dialogue m commandé par menu
M 341	menu display	Menü-Display n	affichage m de menu
M 342	menu function	Menüfunktion f	fonction f de menu
M 343	menu-oriented system, menu-based system	menüorientiertes System n, menügestütztes System n	système m piloté par menu, système à base de menu
M 344	mercury contact	Quecksilberkontakt m	contact m à mercure
M 345	mercury delay line	Quecksilberverzögerungsleitung f	ligne f à retard au mercure
M 346	mercury-wetted contact relay	Quecksilberrelais n	relais m à contacts mouillés au mercure
M 347	merge/to	mischen, einmischen	fusionner
M 348	mesa diode	Mesadiode f	diode f mésa
	MESFET	s. M 390	
M 349	mesh	Masche f	maille f
	meshed network	s. I 489	
M 350	mesh reflector	Maschendrahtreflektor m, Maschenreflektor m	réflecteur m à mailles
M 351	mesochronous	mesochron	mésochrone
M 352	mesochronous network	mesochrones Netz n	réseau m mésochrone
M 353	message	Nachricht f, Meldung f, Mitteilung f, Sendung f	message m, appel m, communication f
M 354	message confirmation, MCF	Nachrichtenbestätigungssignal n	confirmation f de message
M 355	message discrimination	Nachrichtenunterscheidung f	discrimination f de messages
M 356	message discrimination, signalling message discrimination (signalling syst. n° 7)	Meldungsunterscheidung f	discrimination f des messages [de signalisation]
M 357	message distribution	Nachrichtenverteilung f	distribution f de messages
M 358	message handling system, MHS	Mitteilungsübermittlungssystem n, Mitteilungsdienst m	système m de messagerie, MHS
M 359	message handling systems and services, MHSS	Mitteilungsdienste mpl	systèmes mpl et services mpl de traitement de messages
M 360	message header	Nachrichtenkopf m	en-tête m de message
M 361	message packetization	Nachrichten-Paketbildung f	groupage m de messages en paquets
M 362	message redundancy	Redundanz f einer Nachricht	redondance f d'un message
M 363	message routing	Nachrichtenleitweglenkung f, Nachrichtenweiterleitung f, Leitweglenkung f, Nachrichten-Routing n	acheminement m de messages
M 364	message signal unit, MSU	Nachrichtenzeicheneinheit f, Zeicheneinheit f für Nachrichten, Nachrichtenmeldung f	trame f sémaphore de message, TSM
M 365	message store	Mitteilungsspeicher m	stockage m de messages
M 366	message switching	Sendungsvermittlung f, Nachrichtenvermittlung f (veraltete Bez.)	commutation f de messages
	message switching	s. a. S 1223	
M 367	message switching exchange	Speichervermittlungsstelle f	commutateur m de messages
M 368	message switching system	Meldungsvermittlungssystem n, Mitteilungsvermittlungssystem n	système m de commutation de messages
M 369	message transfer, MT	Mitteilungstransfer m	transfert m de messages, MT
M 370	message transfer agent, MTA (message handling system)	Transfersystemteil n	agent m de transfert de messages, MTA
M 371	message transfer part, MTP	Nachrichtenübermittlungsteil m, Nachrichtenübertragungsteil m, Nachrichtentransferteil m, Kennzeichentransferteil n, Übermittlungsteil m, Transportteil m	sous-système m transport de messages, SSTM, partie f transfert de messages
M 372	message transfer part receiving time	Empfangszeitdauer f des Kennzeichentransferteils	temps m de réception du sous-système transport de messages
M 373	message transfer part sending time	Sendezeitdauer f des Kennzeichentransferteils	temps m d'émission du sous-système transport de messages
M 374	message transfer system, MTS	Mitteilungstransfersystem n	système m de transfert de messages, MTS
M 375	metal–ceramics type	Metall-Keramik-Technik f	technique f métal-céramique
M 376	metal cladding	Metallüberzug m, Metallbeschichtung f	revêtement m métallique

M 377	metal-insulator-semiconductor, MIS	MIS m, Metall-Isolator-Halbleiter m	métal-isolant-semi-conducteur m, MIS
M 378	metal-insulator-semiconductor FET, MISFET	MISFET m	TEC à métal-isolant-semi-conducteur, TECMIS
M 379	metal-insulator-semiconductor structure, MIS structure	Metall-Isolator-Halbleiterstruktur f, MIS-Struktur f	structure f métal-isolant-semi-conducteur, structure MIS
M 380	metal jacket	Metallmantel m	gaine f métallique
M 381	metallic circuit	Drahtübertragungsweg m, metallische Leitung f	circuit m métallique
M 382	metallic conductor	metallischer Leiter m	conducteur m métallique
M 383	metallic conductor cable	Kabel n mit metallischen Leitern	câble m à conducteurs métalliques
	metallic powder tape	s. P 585	
M 384	metallic waveguide	metallischer Wellenleiter m	guide m d'onde métallique
M 385	metal nitride oxide silicon FET, MNOS-FET	MNOS-Feldeffekttransistor m, MNOS-FET	transistor m MNOS, TEC à structure MNOS
M 386	metalorganic chemical vapour deposition, MOCVD	metallorganische [chemische] Abscheidung f aus der Dampfphase	dépôt m chimique en phase vapeur avec des organométalliques, dépôt chimique en phase vapeur à partir de composés organométalliques
M 387/8	metalorganic vapour-phase epitaxy, MOVPE	metallorganische Dampfphasenepitaxie f	épitaxie f en phase vapeur aux organométalliques
	metal-oxide semiconductor technology	s. M 657	
M 389	metal-plate lens (waveguide lens), parallel-plate lens	Metallplattenlinse f	lentille f à lames métalliques, lentille à lames parallèles, lentille à plaque-guides métalliques
	metal powder tape	s. P 585	
	metal-semiconductor FET	s. M 390	
M 390	metal silicon FET, metal-semiconductor FET, MESFET	MESFET m, Metall-Silicium-FET m, Metall-Halbleiter-FET m	TEC m métal–semi-conducteur, TEC MES, transistor m à effet de champ à barrière de Schottky
M 391	metastable state	metastabiler Zustand m	état m métastable
M 392	meteor-burst communication system	Meteorstreuung-Übertragungssystem n	système m de communication par diffusion météorique
M 393	meteoric scatter propagation	meteorische Streuausbreitung f	propagation f par diffusion météorique
	meteorological radar	s. W 107	
M 394	meteorological satellite	Wettersatellit m	satellite m météorologique
M 395	meteorological satellite service	Wetterfunkdienst m über Satelliten	service m de météorologie par satellite
M 396	meteor scatter	meteorische Streuung f	diffusion f sur les météores, diffusion météorique
M 397	meteor scatter channel	Kanal m mit meteorischer Streuübertragung	voie f de propagation par diffusion sur des traînées météoriques
	metered measurand	s. C 1147	
M 398	metering	Zählung f, Gebührenerfassung f, Taxierung f	comptage m, taxation f
M 399	meter pulse, meter[ing] pulse	Zählimpuls m	impulsion f de comptage
M 400	meter-pulse generating equipment, meter[ing]-pulse generator	Zählimpulsgeber m	générateur m d'impulsions de comptage
M 401	method of moments	Momentenmethode f	méthode f des moments
M 402	metre-amperes	Meter-Ampère-Produkt n, Meterampere n	produit m mètres x ampères, mètre-ampère m
	metropolitan area	s. U 141	
	MF	s. 1. M 309; 2. M 712	
	MFC	s. M 714	
	MFlop	s. M 319	
M 403	MF push button dialling	Mehrfrequenztastwahlverfahren n, Mehrfrequenztastwahl f	système m multifréquence de numérotation au clavier
	MG	s. M 208	
	MHS	s. M 358	
	MHSS	s. M 359	
	MIC	s. M 447	
M 404	mica capacitor	Glimmerkondensator m	condensateur m au mica
M 405	microcell	Mikrozelle f	microcellule f
M 406	microcell system	Mikrozellularnetz n	réseau m microcellulaire
M 407	microcircuit, microelectronic circuit	Mikroschaltung f, Mikroschaltkreis m, mikroelektronische Schaltung f	microcircuit m, circuit m microélectronique
M 408	microcomputer	Mikrorechner m, Mikrocomputer m	micro-ordinateur m
M 409	microcomputer-based	mikrorechnergesteuert, mikrorechnergestützt	piloté par micro-ordinateur, à commande par micro-ordinateur, commandé par micro-ordinateur
M 410	microcomputer development system	Mikrorechner-Entwicklungssystem n	système m de développement du micro-ordinateur
M 411	microcomputer operating system	Mikrorechner-Betriebssystem n	système m d'exploitation du micro-ordinateur
	microelectronic circuit	s. M 407	

M 412	microelectronics	Mikroelektronik f	microélectronique f
M 413	microfiche viewer	Mikrofiche-Lesegerät n	visionneuse f de microfiches
M 414	microminiaturization	Mikrominiaturisierung f	microminiaturisation f
M 415	microphone	Mikrophon n	microphone m
	microphone capsule	s. T 875	
M 416	microphony	Mikrophonie f	effet m microphonique
M 417	microprocessor	Mikroprozessor m	microprocesseur m
M 418	microprocessor-controlled	mikroprozessorgesteuert	commandé par microprocesseur, à commande par microprocesseur, piloté par microprocesseur
M 419	microprocessor development system, MDS	Mikroprozessor-Entwicklungssystem n	système m de développement de microprocesseur
M 420	microprogram	Mikroprogramm n	microprogramme m
M 421	microprogrammable	mikroprogrammierbar	microprogrammable
M 422	microprogramming	Mikroprogrammierung f	microprogrammation f
M 423	microslot antenna	Mikroschlitzantenne f	antenne f microfente
M 424	microslot line	Mikroschlitzleitung f	ligne f [à] microfente
M 425	microstrip antenna	Streifenleitungsantenne f, Mikrostreifenleiterantenne f, Mikrostreifenleitungsantenne f	antenne f [en] microruban
M 426	microstrip circulator	Mikrostreifenleitungszirkulator m, Mikrostreifenleiterzirkulator m	circulateur m microruban
M 427	microstrip integrated circuit	integrierte Mikrostreifenleitungsschaltung f	circuit m intégré en microruban
M 428	microstrip line	Mikrostreifenleitung f, Mikrostreifenleiter m	ligne f en microruban, ligne microbande
M 429	microstrip phased-array	phasengesteuerte Gruppenantenne f in Streifenleitungstechnik (Microstrip-Technik)	antenne f en réseau à commande de phase en microruban
M 430	microstrip phase shifter	Mikrostreifenleitungsphasenschieber m	déphaseur m à microruban
M 431	microstrip resonator	Mikrostreifenleitungsresonator m	résonateur m microruban
M 432	microtelephone volume adjustment	Lautstärkenregelung f im Hörer	réglage m du volume au combiné
M 433	microwave	Höchstfrequenzwelle f, Mikrowelle f	hyperfréquence f, micro-onde f
M 434	microwave amplifier	Mikrowellenverstärker m, Höchstfrequenzverstärker m	amplificateur m [en] hyperfréquence, amplificateur micro-ondes
M 435	microwave antenna	Mikrowellenantenne f, Richtfunkantenne f	antenne f hyperfréquence, antenne de faisceau hertzien
	microwave channel	s. R 132	
M 436	microwave circuit	Höchstfrequenzschaltung f, Mikrowellenschaltung f	circuit hyperfréquence
M 437	microwave component	Höchstfrequenzbauelement n, Mikrowellenbauelement n, Mikrowellenkomponente f	composant m à hyperfréquences, composant hyperfréquence
M 438	microwave diode	Höchstfrequenzdiode f	diode f hyperfréquence
M 439	microwave entrance link	Zubringerrichtfunkstrecke f, Richtfunkzubringer m	déport m hertzien
M 440	microwave ferrite device	Höchstfrequenzferritbauelement n	dispositif m à ferrite en hyperfréquence
M 441	microwave field	Mikrowellenfeld n	champ m hyperfréquence
M 442	microwave filter	Höchstfrequenzfilter n	filtre m en hyperfréquence
M 443	microwave frequency	Mikrowellenfrequenz f	hyperfréquence f
M 444	microwave generator	Höchstfrequenzgenerator m, Mikrowellengenerator m	générateur m d'hyperfréquence
M 445	microwave guide	Mikrowellenleiter m	microguide m d'onde
M 446	microwave imaging	Mikrowellenabbildung f	formation f d'image par micro-ondes
M 447	microwave integrated circuit, MIC, microwave microcircuit	integrierte Mikrowellenschaltung f, integrierte Höchstfrequenzschaltung f, MIC, mikrowellenintegrierte Schaltung f, MIS	circuit m intégré hyperfréquence, circuit intégré pour micro-ondes, microcircuit m hyperfréquence
M 448	microwave landing system, MLS	Mikrowellenlandesystem n, MLS	système m d'atterrissage en hyperfréquence
	microwave line-of-sight link	s. L 217	
M 449	microwave line-of-sight link	Mikrowellenverbindung f innerhalb der Radiosichtweite	liaison f hyperfréquence en visibilité directe
	microwave link	s. R 154	
M 450	microwave link analyzer, MLA	Richtfunk-Streckenanalysator m	analyseur m de liaison [hertzienne]
	microwave link channel	s. R 132	
	microwave LOS link	s. L 217	
	microwave microcircuit	s. M 447	
M 451	microwave mixer	Höchstfrequenzmischer m	mélangeur m hyperfréquence
M 452	microwave monolithic amplifier	monolithischer Mikrowellenverstärker m, monolithischer Höchstfrequenzverstärker m	amplificateur m monolithique micro-ondes
M 453	microwave monolithic integrated circuit, MMIC	monolithisch integrierte Mikrowellenschaltung f, MMIC	circuit m intégré hyperfréquence monolithique, circuit micro-ondes monolithique
	microwave network	s. R 155	

M 454	microwave power transistor	Mikrowellen-Leistungstransistor m	transistor m hyperfréquence de puissance
	microwave propagation	s. M 455	
	microwave radio	s. R 153	
	microwave radio link	s. R 154	
M 455	microwave radio propagation, microwave propagation	Mikrowellenausbreitung f	propagation f des ondes à hyperfréquences, propagation en hyperfréquence
M 456	microwave range	Mikrowellenbereich m, Höchstfrequenzbereich m	gamme f des hyperfréquences; gamme [des] micro-ondes
M 457	microwave receiver	Mikrowellenempfänger m, Höchstfrequenzempfänger m	récepteur m pour hyperfréquences
	microwave relay station	s. R 157	
	microwave relay tower	s. R 160	
	microwave repeater	s. 1. M 461; 2. R 156	
	microwave repeater tower	s. R 160	
M 458	microwave resonator	Mikrowellenresonator m	résonateur m hyperfréquence
M 459	microwave signal	Höchstfrequenzsignal n	signal m hyperfréquence
M 460	microwave spinel	Mikrowellenspinell m, Höchstfrequenzspinell m	spinelle m hyperfréquence
M 461	microwave-system repeater, microwave-repeater	Richtfunkzwischenstation f, Richtfunkzwischenverstärker m, Richtfunkrelaisstelle	répéteur m [de faisceau] hertzien
M 462	microwave telephone system	Richtfunkfernsprechnetz n, Richtfunktelefonnetz n	réseau m téléphonique hertzien
	microwave tower	s. R 160	
M 463	microwave transistor	Mikrowellentransistor m, Höchstfrequenztransistor m	transistor m hyperfréquence
M 464	microwave transmission, transmission by microwaves	Richtfunkübertragung f	transmission f par faisceaux hertziens
M 465	microwave transmission line, radio relay link	Richtfunk[übertragungs]strecke f	ligne f de transmission hertzienne
	microwave transmission system	s. R 158	
M 466	microwave tube	Höchstfrequenzröhre f, Mikrowellenröhre f	tube m hyperfréquence
M 467	mid-band, band centre	Bandmitte f	milieu m de bande [passante], centre m de bande
M 468	mid-band frequency	Bandmittenfrequenz f	fréquence f mi-bande, fréquence médiane de la bande
	mid frequency	s. C 375	
M 469	mileage	Länge f in Meilen	longueur f en milles
M 470	millimeter band	Millimeterband n	gamme f des ondes millimétriques
M 471	millimeter range	Millimeterwellenbereich m	gamme f millimétrique
M 472	millimeter wave	Millimeterwelle f	onde f millimétrique
M 473	millimeter-wave circuit	Millimeterwellenschaltung f	circuit m en ondes millimétriques
M 474	millimeter-wave component	Millimeterwellenbauelement n	composant m à ondes millimétriques
M 475	millimeter-wave propagation	Millimeterwellenausbreitung f	propagation f des ondes millimétriques, propagation en onde millimétrique
M 476	millimeter-wave radar	Millimeterwellenradar n	radar m à ondes millimétriques
M 477	millimeter-wave source, mm-wave source	Millimeterwellenquelle f	source f d'ondes millimétriques
M 478	million instructions per second, Mips	Millionen Instruktionen je Sekunde, Mips	million d'instructions par seconde, Mips
M 479	mine radiotelephone	Grubenfunkgerät n	radiotéléphone m minier
M 480	miniaturization	Miniaturisierung f	miniaturisation f
M 481	miniaturize/to	miniaturisieren	miniaturiser
M 482	miniaturized component	miniaturisiertes Bauelement n	composant m miniaturisé
M 483	minicomputer	Minirechner m, Minicomputer m	mini-ordinateur m
	mini floppy	s. F 292	
M 484	minimization	Minimierung f, Minimisierung f	minimalisation f
M 485	minimize/to	minimieren, auf ein Minimum bringen	minimaliser
M 486	minimum bandwidth	Minimalbandbreite f	largeur f de bande minimale
M 487	minimum-bandwidth code	Code m minimaler Bandbreite	code m à largeur de bande minimale
M 488	minimum clearing, zero clearing	Minimumenttrübung f, Enttrübung f des Minimums	amélioration f du minimum (zéro)
M 489	minimum curvature radius	minimaler Biegeradius m	rayon m de courbure minimum (admissible)
M 490	minimum distance (of a code)	Minimalabstand m eines Codes	distance f minimale (d'un code)
M 491	minimum field strength	Mindestfeldstärke f	champ m minimal
M 492	minimum operate current	Ansprechstrom m	courant m minimal de commande, courant minimal de fonctionnement
M 493	minimum-phase filter	Minimalphasenfilter n	filtre m à phase minimale
M 494	minimum-phase-frequency characteristic	Minimalphasengang m	caractéristique f à déphasage minimal

M 495	minimum-phase network	Minimalphasennetzwerk n	réseau m à déphasage minimal
M 496	minimum-phase-shift keying, minimum shift keying, MSK	Minimalphasenumtastung f, Minimalphasenmodulation f, MSK	modulation f par déphasage minimal, modulation par déplacement minimal, MDM
M 497	minimum-phase-shift network (structure)	Minimalphasensystem n	système m à déphasage minimal
	minimum shift keying	s. M 496	
M 498	minor defect	Nebenfehler m, nebensächlicher Fehler m	défaut m mineur
M 499	minor defective	geringfügig fehlerhaft	défectueux mineur
M 500	minor fault	unbedeutende Störung f	panne f mineure
M 501	minority carrier	Minoritäts[ladungs]träger m	porteur m minoritaire
M 502	minority carrier lifetime	Minoritätsträger-Lebensdauer f	durée f de vie des porteurs minoritaires
	Mips	s. M 478	
M 503	mirror (antenna)	Spiegel m	miroir m [hertzien]
	MIS	s. 1. M 111; 2. M 377	
M 504	MIS capacitor	MIS-Kondensator m	condensateur m métal-isolant-semiconducteur, condensateur MIS
M 505	miscellaneous apparatus rack, MAR	Universalgestell n	baie f pour appareils divers
M 506	misdiagnosis	Fehldiagnose f	erreur f de diagnostic
M 507	misdial/to, to misnumber	sich verwählen, falsch wählen	mal numéroter, faire erreur de numéro
	misdialling	s. D 365	
M 508	MIS diode	MIS-Diode f	diode f MIS
	MISFET	s. M 378	
M 509	mishandling	falsche Behandlung f	fausse manœuvre f
M 510	mishandling failure	Ausfall m durch Fehlbedienung	défaillance f par fausse manœuvre
M 511	mishandling fault	Störung f durch Fehlbedienung	panne f par fausse manœuvre
M 512	mismatch, mismatching	Fehlanpassung f, Unpaarigkeit f (Daten)	désadaptation f, discordance f (données)
M 513	mismatched	fehlangepaßt	désadapté
	mismatching	s. M 512	
M 514	mismatch loss	Fehlanpassungsverlust m	perte f par désadaptation
	misnumber/to	s. M 507	
M 515	misrouted telegram, missent telegram	fehlgeleitetes Telegramm n	télégramme m mal acheminé
M 516	misrouted traffic	fehlgeleiteter Verkehr m	trafic m mal acheminé
M 517	misrouting	Fehlleitung f	erreur f d'acheminement
M 518	misrouting probability	Fehlleitungswahrscheinlichkeit f	probabilité f d'acheminement erroné
	missent telegram	s. M 515	
M 519	missile guidance radar	Flugkörperlenkradar n	radar m de conduite des fusées, radar de guidage d'engin
	MIS structure	s. M 379	
M 520	MIS transistor	MIS-Transistor m	transistor m MIS
M 521	mistune/to	verstimmen	désaccorder
M 522	mistuning	falsche Abstimmung f	défaut m d'accord
M 523	mix/to	mischen	mélanger
M 524	mixed mode of operation	Mixed-Mode-Betrieb m	mode m d'exploitation mixte
M 525	mixer	Mischer m	mélangeur m
M 526	mixer diode	Mischdiode f	diode f mélangeuse
M 527	mixer stage	Mischstufe f	étage m mélangeur
M 528	mixing	Mischung f	mixage m, mélange m, brassage m
M 529	mixing console	Mischpult n	pupitre m de mélange
	MLA	s. M 450	
	MLE	s. M 245	
	MLS	s. M 448	
	MLSE	s. M 246	
	MMC	s. M 115	
	MMI	s. M 116	
	MMIC	s. 1. M 453; 2. M 635	
	mm-wave source	s. M 477	
M 530	mnemonic abbreviation	mnemotechnische Abkürzung f	abréviation f mnémonique
M 531	mnemonic code	mnemotechnischer Code m	code m mnémonique
	MNOS-FET	s. M 385	
	MNRU	s. M 578	
	MO	s. M 156	
M 532	mobile	beweglich, mobil, nicht ortsfest	mobile
	mobile antenna	s. V 44	
M 533	mobile application part, MAP	Anwenderteil n für Mobilfunk	sous-système m application mobile
M 534	mobile automatic telephony	bewegliches Selbstwahlfernsprechen n	téléphonie f automatique pour les mobiles
M 535	mobile communications by satellite	Mobilkommunikation f über Satelliten, Satellitenmobilkommunikation f	communication f du service mobile par satellite
	mobile communications by satellite	s. a. M 549	
M 536	mobile data terminal	mobiles Datenterminal n, mobiles Datenendgerät n	terminal m de données mobile

mobile

M 537	mobile digital radio communications	beweglicher digitaler Funkdienst *m*	radiocommunications *fpl* numériques du service mobile
M 538	mobile earth station	bewegliche Bodenstation *f*	station *f* terrienne mobile
M 539	mobile location registration	Einbuchen *n* (Registrierung *f*) des Aufenthaltsortes des Funkteilnehmers	enregistrement *m* de la position de la station mobile
M 540	mobile network	Mobilnetz *n*	réseau *m* du service mobile
M 541	mobile positioning, vehicle positioning	Ortsbestimmung *f* (Standortbestimmung *f*) von Fahrzeugen	positionnement *m* de mobiles
	mobile radio	*s.* M 543	
M 542	mobile radio channel	beweglicher Funkkanal *m*, Mobilfunkkanal *m*	voie *f* de radiocommunication du service mobile
M 543	mobile radiocommunication, mobile radio	Mobilfunk *m*	radiocommunication *f* mobile
M 544	mobile radionavigation station	bewegliche Funknavigationsstelle *f*	station *f* mobile de radionavigation
M 545	mobile radio service	bewegliche Funkdienste *mpl*, Mobilfunk *m*	service *m* mobile de radiocommunications
M 546	mobile radiotelephone	mobiles Funktelefon *n*, mobiles Radiotelefon *n*	radiotéléphone *m* pour le service mobile
M 547	mobile radiotelephone service	Mobilfunkdienst *m*, Mobilfunk *m*	radiotéléphonie *f* du service mobile
M 548	mobile reception	Mobilempfang *m*	réception *f* mobile
M 549	mobile satellite service, mobile communications by satellite	mobiler Satellitenfunk *m*, mobiler Satellitenfunkdienst *m*, beweglicher Funkdienst *m* über Satelliten	service *m* mobile à (par) satellite
	mobile services switching centre	*s.* M 552	
M 550	mobile station, MS *(mobile service)*	Funktelefongerät *n*, FuTelG, Funkteilnehmer *m*, Mobilteilnehmer *m* (Mobiltelefon *n*), mobile Teilnehmerstation *f*	station *f* mobile, SM *(service mobile)*
M 551	mobile subscriber	Mobilteilnehmer *m*, beweglicher Teilnehmer *m*	abonné *m* [du service] mobile
M 552	mobile switching centre, MSC, mobile services switching centre	Vermittlungsstelle *f* für Mobildienste, Funkvermittlungsstelle *f*, Mobil[kommunikations]vermittlungsstelle *f*, FuVst	commutateur *m* du service mobile, centre *m* de commutation du service mobile, CCM
	mobile telephone	*s.* C 309	
M 553	mobile telephone exchange, MTX	Mobiltelefonzentrale *f*	central *m* téléphonique mobile, central de téléphonie mobile
M 554	mobile telephone network	Mobiltelefonnetz *n*	réseau *m* de radiotéléphones mobiles
M 555	mobile telephone system	Mobiltelefonsystem *n*	système *m* de téléphonie mobile
M 556	mobile telephone system C	nationales Autotelefonnetz C *n*, NATEL C*f*	système *m* national de radiotéléphones mobiles C, NATEL C
M 557	mobile transceiver	Mobilfunkgerät *n*, bewegliches Sende-Empfangs-Gerät *n*	émetteur-récepteur *m* mobile
	MOCVD	*s.* M 386	
M 558	mode	Mode *m*, Wellenform *f*, Eigenwelle *f*	mode *m*
M 559	mode	Betriebsart *f*, Modus *m*	mode *m*
M 560	mode conversion	Wellenumwandlung *f (Mikrowellen)*, Modenwandlung *f (LWL)*	conversion *f* de mode
M 561	mode converter	Modenwandler *m*	convertisseur *m* de mode
M 562	mode filter	Modenfilter *n*, Wellenfilter *n*	filtre *m* de mode
M 563	modem	Modem *m*, Modulator-Demodulator *m*	modulateur-démodulateur *m*, modem *m*
M 564	modelling	Modellierung *f*	modélisation *f*
M 565	modelling of speech	Sprachmodellierung *f*	modélisation de la parole
M 566	modernization of the telecommunication network	Modernisierung *f* des Nachrichtennetzes	modernisation *f* du réseau de télécommunications
M 567	mode [selector] switch	Betriebsartschalter *m*	sélecteur *m* de mode
M 568	mode transformer *(microwave)*	Wellentransformator *m*, Wellentypwandler *m*	transformateur *m* de mode
M 569	modification, change	Modifikation *f*, Änderung *f*, Abänderung *f*	modification *f*
M 570	modified alternate mark inversion code	modifizierter AMI-Code *m*	code *m* bipolaire alternant modifié
M 571	modified refractive index	reduzierter Brechungsindex *m*	indice *m* de réfraction modifié
M 572	modular construction (design)	Modulbauweise *f*, Baugruppenbauweise *f*, Bausteinbauweise *f*	construction *f* modulaire, construction par blocs fonctionnels
M 573	modularity	Modularität *f*	modularité *f*
M 574	modulatable	modulierbar	modulable
M 575	modulated carrier	modulierter Träger *m*	porteuse *f* modulée
M 576	modulated constant envelope signal	moduliertes Signal *n* mit konstanter Hüllkurve	signal *m* à enveloppe constante modulé
	modulated continuous wave telegraphy	*s.* K 16	
M 577	modulated interfering signal	moduliertes Störsignal *n*	signal *m* brouilleur modulé
M 578	modulated noise reference unit, MNRU	Bezugsgenerator *m* für moduliertes Geräusch *m*	appareil *m* de référence pour le bruit modulé, ARBM

M 579	modulated radio-frequency signal	moduliertes HF-Signal *n*	signal *m* radioélectrique modulé
M 580	modulated signal	moduliertes Signal *n*	signal *m* modulé
M 581	modulated sine-squared pulse	modulierter sin²-Impuls *m*	impulsion *f* en sinus carré modulée
M 582	modulated wave	modulierte Welle *f*	oscillation *f* modulée, onde *f* modulée, modulat *m*
	modulating frequency	s. M 598	
M 583	modulating signal	Modulationssignal *n*, modulierendes Signal *n*	signal *m* modulant
M 584	modulating sinusoidal oscillation	modulierende Sinusschwingung *f*	oscillation *f* sinusoïdale modulante
M 585	modulating voltage	Modulationsspannung *f*	tension *f* de modulation
M 586	modulating wave	modulierende Welle *f*, modulierendes Signal *n*	onde *f* modulante, signal *m* modulant, oscillation *m* modulante
M 587	modulation	Modulation *f*	modulation *f*, manipulation *f*
M 588	modulation bandwidth	Modulationsbandbreite *f*	largeur *f* de bande de modulation
M 589	modulation capability, ability to be modulated	Modulierbarkeit *f*	capacité *f* de modulation, possibilité *f* de modulation
M 590	modulation characteristic	Modulationskennlinie *f*	caractéristique *f* de modulation, courbe *f* de modulation
M 591	modulation characteristics	Modulationseigenschaften *fpl*	caractéristiques *fpl* de modulation
M 592	modulation depth	Modulationstiefe *f*, Modulationsgrad *m*	profondeur *f* de modulation
M 593	modulation distortion	Modulationsverzerrung *f*	distorsion *f* de modulation
M 594	modulation efficiency	Modulationswirkungsgrad *m*	efficacité *f* de modulation
M 595	modulation envelope	Modulationshüllkurve *f*	enveloppe *f* de modulation, courbe *f* d'enveloppe de modulation
M 596	modulation factor	Modulationsgrad *m*	coefficient (taux) *m* de modulation
M 597	modulation factor meter, modulation meter	Modulationsgradmesser *m*	modulomètre *m*
M 598	modulation frequency, modulating frequency	Modulationsfrequenz *f*	fréquence *f* de modulation
M 599	modulation index	Modulationsindex *m*	indice *m* de modulation
	modulation meter	s. M 597	
M 600	modulation noise	Modulationsrauschen *n*	bruit *m* de modulation
M 601	modulation process	Modulationsverfahren *n*	méthode *f* de modulation
M 602	modulation products	Modulationsprodukte *npl*	produits *mpl* de modulation, modulats *mpl*
M 603	modulation rate	Schrittgeschwindigkeit *f*	vitesse *f* télégraphique, rapidité *f* de modulation
	modulation rate	s. a. T 128	
M 604	modulation response	Modulationsantwort *f*, Modulationskennlinie *f*	réponse *f* de modulation
M 605	modulation section	Modulationsabschnitt *m*	section *f* de modulation
M 606	modulation slope	Modulationssteilheit *f*	pente *f* de la caractéristique de modulation
M 607	modulation spectrum	Modulationsspektrum *n*	spectre *m* de modulation
	modulation speed	s. T 128	
M 608	modulation stage	Modulationsstufe *f*	étage *f* de modulation
M 609	modulation-transparent	modulationstransparent	transparent à la modulation
M 610	modulation type, type of modulation	Modulationsart *f*	type *m* de modulation
M 611	modulator	Modulator *m*	modulateur *m*
M 612	modulator input	Modulatoreingang *m*	entrée *f* de modulateur
M 613	module	Modul *n*, Funktionsgruppe *f*	module *m*, bloc *m*, carte *f*
	module	s. a. B 500	
	moiré	s. I 437	
M 614	moisture barrier	Feuchtigkeitssperre *f*	barrière *f* d'humidité
M 615	monaural	monaural, einohrig	monaural
M 616	monitor	Monitor *m*, Kontrollgerät *n*, Kontrollempfänger *m (FS)*, Kontrollbildschirm *m*	moniteur *m*, appareil *m* de contrôle (surveillance), récepteur *m* de contrôle *(video)*, écran *m* de contrôle, écran-témoin *m*
M 617	monitored information	Überwachungsinformation *f*	information *f* de surveillance
M 618	monitoring	Überwachung *f*, Mithören *n*, Abhören *n*	surveillance *f*, contrôle *m*, écoute *f*
M 619	monitoring direction	Überwachungsrichtung *f*	direction *f* de la surveillance
M 620	monitoring equipment	Abhöreinrichtung *m (Studio)*, Überwachungsgerät *n (Fernleitung)*	dispositif *m* d'écoute *(studio)*, matériel *m* de surveillance *(ligne)*
M 621	monitoring receiver	Kontrollempfänger *m*	récepteur *m* de contrôle, récepteur moniteur
M 622	monochrome	monochrom, einfarbig	monochrome
M 623	monochrome monitor	Schwarz-Weiß-Monitor *m*	écran *m* de contrôle en noir et blanc
M 624	monochrome picture, black-and-white picture	Schwarz-Weiß-Bild *n*	image *f* monochrome, image en noir et blanc
M 625	monochrome television, black-and-white television	Schwarz-Weiß-Fernsehen *n*	télévision *f* monochrome, television *f* en noir et blanc
M 626	monochrome television receiver	Schwarz-Weiß-Fernsehempfänger *m*, Schwarz-Weiß-Fernseher *m*	récepteur *m* monochrome, récepteur noir et blanc
M 627	monochrome test chart	Schwarz-Weiß-Testbild *n*	mire *f* en noir et blanc
M 628	monolithically integrated	monolithisch integriert	intégré monolithiquement

M 629	monolithic amplifier	monolithischer Verstärker *m*	amplificateur *m* monolithique
M 630	monolithic capacitor	monolithischer Kondensator *m*	condensateur *m* monolithique
M 631	monolithic circuit	monolithische Schaltung *f*	circuit *m* monolithique
M 632	monolithic filter	monolithisches Filter *n*	filtre *m* monolithique
M 633	monolithic integrated circuit	monolithisch[e] integrierte Schaltung *f*	circuit *m* intégré monolithique
M 634	monolithic integration	monolithische Integration *f*	intégration *f* monolithique
M 635	monolithic microwave integrated circuit, MMIC	monolithische Höchstfrequenzschaltung *f*	circuit *m* intégré hyperfréquence monolithique
M 636	monophonic	monophon, einstimmig	monophonique
M 637	monophony	Monophonie *f*	monophonie *f*
	monopole [antenna]	*s*. U 83	
M 638	monopulse	Monopuls *m*, Einzelimpuls *m*	impulsion *f* unique
M 639	monopulse radar	Monopulsradar *n*	radar *m* monopulsé
M 640	monostable multivibrator, one-shot multivibrator	monostabiler Multivibrator *m*, Univibrator *m*, Monovibrator *m*	multivibrateur *m* monostable, monostable *m*, multivibrateur coup par coup, monovibrateur *m*
M 641	monostatic radar	monostatisches Radar *n*	radar *m* monostatique
M 642	Monte-Carlo method	Monte-Carlo-Methode *f*	méthode *f* de Monte-Carlo
M 643	monthly median	Monatsmittel *n*, monatlicher Medianwert *m*, Monatsmittelwert *m*	médiane *f* mensuelle
M 644	Morse code	Morsealphabet *n*, Morsecode *m*	code *m* morse
	Morse code signal	*s*. M 648	
M 645	Morse dash	Morsestrich *m*	trait *m* morse
M 646	Morse dot	Morsepunkt *m*	point *m* morse
M 647	Morse key, telegraph key	Morsetaste *f*	manipulateur *m* morse, manipulateur
M 648	Morse signal, Morse code signal	Morsezeichen *n*	signal *m* de code morse
M 649	Morse strip (tape)	Morsestreifen *m*	bande *f* morse
M 650	Morse tape recorder	Morseschreiber *m*	enregistreur *m* morse à bande
M 651	Morse telegraph	Morsetelegraf *m*, Morseapparat *m*	télégraphe *m* morse
M 652	Morse telegraphy	Morsetelegrafie *f*	télégraphie *f* morse
M 653	mosaic telegraphy	Mosaiktelegrafie *f*	télégraphie *f* à mosaïque, télégraphie par décomposition de signes
	MOS	*s*. 1. F 285; 2. M 266	
	mosaic printer	*s*. M 237	
M 654	MOS customer circuit	MOS-Kundenschaltkreis *m*	circuit *m* MOS personnalisé
	MOSFET	*s*. M 655	
M 655	MOS field effect transistor, MOSFET	MOS-Feldeffekttransistor *m*, MOSFET	transistor *m* à effet de champ MOS, TECMOS
M 656	MOS memory cell	MOS-Speicherzelle *f*	cellule *f* de mémoire MOS
M 657	MOS technology, metal-oxide semiconductor technology	MOS-Technologie *f*, Metall-Oxid-schicht-Halbleitertechnologie *f*	technologie *f* MOS (métal-oxyde-semi-conducteur)
M 658	MOS transistor	MOS-Transistor *m*	transistor *m* MOS
M 659	most significant bit, MSB	höchstwertiges Bit *n*, werthöchstes Bit	bit *m* le plus significatif, bit de poids fort, bit de plus fort poids
M 660	most significant character, MSC	höchstwertiges Zeichen *n*	caractère *m* le plus significatif
M 661	most significant digit, MSD	höchstwertiges Codeelement *n*	chiffre *m* le plus significatif
M 662	mother board	Grundplatine *f*, Mutterplatine *f*	fond *m* de panier
M 663	motion-compensated	bewegungskompensiert	à compensation du mouvement
M 664	motor uniselector	Motordrehwähler *m*	commutateur *m* rotatif à moteur, sélecteur *m* unidirectionnel
M 665	mounting	Montage *f*, Bestückung *f*, Fassung *f*, Halterung *f*	montage *m*, monture *f*
M 666	mounting kit	Montagesatz *m*, Montageausrüstung *f*	kit *m* de montage
M 667	mouth reference point, MRP	Mundbezugspunkt *m*	point *m* de référence bouche, PRB
M 668	moved-picture communication	Bewegtbildkommunikation *f*	vidéocommunication *f*
M 669	movement detector	Bewegungsdetektor *m*	détecteur *m* de mouvements
M 670	moving coil, voice coil	Schwingspule *f*	bobine *f* mobile
	moving-coil loudspeaker	*s*. D 922	
M 671	moving-coil microphone	Tauchspul[en]mikrophon *n*	microphone *m* à bobine mobile
	moving-coil microphone	*s. a.* D 923	
M 672	moving picture	bewegtes Bild *n*	image *f* animée
M 673	moving-target detection	Entdeckung *f* beweglicher Ziele	détection *f* de cibles mobiles
M 674	moving-target indication, MTI, fixed-target suppression, fixed echo elimination	Festzielunterdrückung *f*, Festzeichenunterdrückung *f*, Löschung *f* von Festzielen	élimination *f* d'échos fixes, indication *f* d'une cible en mouvement
M 675	moving-target indicator, MTI	Bewegtzielfilter *n*, MTI-Gerät *n*, Sichtgerät *n* mit Festzeichenunterdrückung	indicateur *m* de cibles mobiles
	MOVPE	*s*. M 387/8	
	MPEC	*s*. M 811	
	MPLPC	*s*. M 812	
	MPSK	*s*. M 768	
M 676	M reflection	M-Reflexion *f*	réflexion *f* en M
	MRP	*s*. M 667	
	MRT	*s*. M 268	
	MS	*s*. M 550	

M 677	Msample/s	Millionen Abtastwerte je Sekunde	million d'échantillons par seconde
	MSB	s. M 659	
	MSC	s. 1. M 184; 2. M 552; 3. M 660	
	MSD	s. M 661	
	MSDSE	s. M 180	
	MS flip-flop	s. M 218	
	MSI	s. M 312	
	MSI circuit	s. M 311	
	MSK	s. M 496	
	MSU	s. M 364	
	MT	s. M 369	
	MTA	s. M 370	
	MTBF	s. M 269	
	MTBM	s. M 270	
	MTI	s. 1. M 674; 2. M 675	
	MTP	s. M 371	
	MTS	s. M 374	
	MTTF	s. M 271	
	MTTFF	s. M 272	
	MTTR	s. M 273	
	MTX	s. M 553	
	MUF	s. M 254	
	MUF factor	s. M 255	
M 678	muldex, multiplexer-demultiplexer	Muldex m, Multiplexer-Demultiplexer m	muldex m, multiplexeur-démultiplexeur m
M 679	multiaccess channel	Kanal m mit Mehrfachzugriff	voie f à accès multiple
M 680	multi-address calling	Mehradressenruf m, Rundsenden n	adresses fpl multiples
M 681/2	multiband antenna	Mehrbandantenne f	antenne f multibande
	multibeam	s. M 759	
	multibeam antenna	s. M 760	
M 683	multibeam satellite	Mehrstrahlsatellit m, Mehrkeulensatellit m	satellite m multifaisceau
M 684	multi-block	Mehrfachblock m, Multiblock m	multibloc m
M 685	multibranch system	Mehrfach-Abzweigesystem n	système m à dérivations multiples
M 686	multicarrier demodulation	Mehrträgerdemodulation f	démodulation f de porteuses multiples, démodulation multiporteuse
M 687	multicarrier demultiplexer	Mehrträgerdemultiplexer m	démultiplexeur m à porteuses multiples
M 688	multicavity klystron [tube]	Mehrkammerklystron n, Mehrkreisklystron n	klystron m multicavité, klystron à cavités multiples
M 689	multicavity magnetron	Vielkammermagnetron m	magnétron m à cavités, magnétron multicavité
M 690	multichannel	mehrkanalig, Mehrkanal...	multivoie (téléphonie), multicanal (fréquence)
M 691	multichannel filter	Mehrkanalfilter n	filtre m multicanal
M 692	multichannel local area network	lokales Mehrkanalnetz n	réseau m local à voies multiples
M 693	multichannel stereophony	Mehrkanalstereophonie f	stéréophonie f multivoie
M 694	multichannel system	Mehrkanalsystem n	système m multivoie
M 695	multichip	Multichip m	multipuce
M 696	multichip integrated circuit	Multichip-Schaltung f	circuit m multipuce, circuit à pastilles multiples
M 697	multichip module	Multichip-Modul n	module m multipuce, module pour pastilles multiples
M 698	multichip technology	Multichip-Technik f	technique f multipuce, technique f d'assemblage à pastilles multiples
M 699	multicomponent signal	Mehrkomponentensignal n	signal m à composants multiples
M 700	multicomputer system	Mehrrechnersystem n	système m multiordinateur
M 701	multiconductor cable	Mehrleiterkabel n	câble m multiconducteur
M 702	multiconductor system	Mehrleitersystem n	système m de conducteurs multiples, système multiconducteur
M 703	multicoupler, antenna multicoupler	Antennentrennverstärker m, Antennenverteiler m	multicoupleur m, multicoupleur d'antenne
M 704/5	multidimensional	mehrdimensional	multidimensionnel
M 706	multifeed parabolic reflector	Parabolspiegel m mit Vielfachspeisung	réflecteur m parabolique à sources multiples
M 707	multiframe	Mehrfachrahmen m	multitrame f
M 708	multiframe alignment	Mehrfachrahmengleichlauf m, Mehrfachrahmensynchronisation f	verrouillage m de multitrame
M 709	multiframe alignment loss, loss of multiframe alignment	Mehrfachrahmen-Gleichlaufverlust m, Mehrfachrahmen-Synchronisationsverlust m	perte f de verrouillage de multitrame
M 710	multiframe alignment recovery	Mehrfachrahmen-Gleichlaufwiederherstellung f	récupération f de verrouillage de multitrame
M 711	multiframe structure	Mehrfachrahmenstruktur f	structure f multitrame
M 712	multifrequency, MF	Mehrfrequenz...	multifréquence
M 713	multifrequency antenna	Mehrfrequenzantenne f	antenne f multifréquence, antenne multibande
M 714	multifrequency code, MFC	Mehrfrequenzcode m	code m multifréquence, MFC

multifrequency

M 715	multifrequency operation	Mehrfrequenzbetrieb m		régime m multifréquentiel
M 716	multifrequency selection	Mehrfrequenzwahl f, Mehrfrequenzwahlverfahren n, MFV, Tonfrequenzwahl f		sélection f multifréquence (par fréquences vocales)
M 717	multifrequency signalling	Mehrfrequenzzeichengabe f, Mehrfrequenzsignalisierung f		signalisation f multifréquence
M 718	multifunctional	multifunktional, mit mehreren Funktionen		multifonctionnel
M 719	multifunctional IC	multifunktionaler IC m		CI m multifonctionnel
M 720	multifunctional subscriber station	multifunktionales Endgerät n		terminal m multifonction
M 721	multifunction system	mehrfunktionales System n		système m multifonction
M 722	multihop radio network	Funknetz n mit vielen (zahlreichen) Funkfeldern		réseau m de radiocommunication à bonds multiples
M 723	multi-junctor	Mehrfachverbinder m		multijoncteur m
M 724	multi-junctor circuit	Mehrfachverbindungsschaltung f		circuit m multijoncteur
M 725	multilayer board, multilayer printed circuit board	Mehrlagenleiterplatte f		carte f multicouche
M 726	multilayer chip capacitor	Mehrschicht-Chipkondensator m		condensateur m en puce multicouche
	multilayer circuit board	s. M 729		
M 727	multilayered structure	Mehrschichtstruktur f		structure f multicouche, structure à couches multiples
M 728	multilayer interconnection lines	Mehrschichtleiterbahnen fpl		lignes fpl d'interconnexion à couches multiples, lignes d'interconnexion multicouche, multicouche f d'interconnexion
M 729	multilayer printed circuit board, multilayer circuit board	Mehrschichtleiterplatte f		carte f imprimée multicouche, carte de câblages imprimés à plusieures couches
	multilayer printed circuit board	s. a. M 725		
M 730	multilayer substrate	Mehrschichtsubstrat n		substrat m multicouche
M 731	multilayer wiring	Mehrlagenverdrahtung f		câblage m multicouche
M 732	multilevel coding	vielstufige Codierung f, mehrstufige Codierung		codage m multiniveau, codage à niveaux multiples
M 733	multilevel digital signal	mehrstufiges (mehrwertiges, vielstufiges) Digitalsignal		signal m numérique multiniveau
M 734	multilevel interconnection system	Mehrebenen-Leiterbahnsystem n		système m d'interconnexion multicouche
M 735	multilevel modulation	vielstufige (mehrstufige, höherstufige) Modulation f		modulation f multiniveau (à niveaux multiples, à nombre élevé d'états)
M 736	multilevel phase manipulation	mehrstufige Phasenumtastung f		modulation f par déplacement de phase à plusieurs états
M 737	multilevel QAM	Quadratur-Amplitudenmodulation mit mehreren Kennzuständen, QAM mit mehreren Kennzuständen		MAQ à plusieurs niveaux
M 738	multilink microwave system	Richtfunksystem n mit mehreren Funkfeldern		faisceau m hertzien à plusieurs bonds
M 739	multimedia information service	Multimedia-Informationsdienst m		service m d'informations multimédia
M 740	multimedia network	Multimedia-Netz n		réseau m multimédia
M 741	multimeter	Vielfachmeßgerät n, Vielfachinstrument n		multimètre m
M 742	multimetering	Mehrfachzählung f, Mehrfachtaxierung f		comptage m multiple
M 742a	multipactor effect	Multipaktoreffekt m		effet m multipactor
M 743	multi-pair cable	vielpaariges Kabel n		câble m à paires multiples, câble multipaire
M 744	multiparty customer, multiparty subscriber	Mehrfachanschluß-Teilnehmer m		abonné m de ligne collective, co-abonné m
M 745	multiparty line, party line	Mehrfachanschluß m		ligne f partagée, ligne collective (commune)
	multiparty subscriber	s. M 744		
M 746	multipath channel	Kanal m mit Mehrwegeausbreitung		voie f à trajets multiples, voie affectée par des trajets multiples
M 747	multipath fading	Mehrwegeschwund m, Schwund m durch Mehrwegeausbreitung, Mehrwegefading n		évanouissement m dû à la propagation par trajets multiples, évanouissement dû aux trajets multiples
M 748	multipath propagation, multipath transmission, multiple path propagation	Mehrwegeausbreitung f		propagation f par trajets multiples, transmission f par trajets multiples
M 749	multipath reception	Mehrwegeempfang m		réception f par trajets multiples
M 750	multipath-reception simulator	Mehrwegeempfangssimulator m		simulateur m de réception par trajets multiples
M 751	multipath reflections	Mehrwegereflexionen fpl		réflexions fpl par trajets multiples
	multipath transmission	s. M 748		
M 752	multiple/to	vielfachschalten, in Vielfach schalten		multipler
M 753	multiple	Vielfach[feld] n		circuit m multiple, multiplage m

M 754	multiple access	Mehrfachzugriff m, Vielfachzugriff m	accès m multiple
M 755	multiple-access channel	Mehrfachzugriffskanal m	voie f à accès multiple
M 756	multiple-access protocol	Vielfachzugriffsprotokoll n	protocole m d'accès multiple
M 757	multiple-access system	Mehrfachzugriffsystem n, Vielfachzugriffsystem n	système m à accès multiple
M 758	multiple antenna system	Mehrfachantennensystem n	système m à antennes multiples
M 759	multiple beam, multibeam	Mehrfachkeule f, Mehrfachstrahlkeule f	multifaisceau m
M 760	multiple-beam antenna, multibeam antenna	Mehr[fach]keulenantenne f, Mehrstrahlantenne f	antenne f à faisceaux multiples, antenne multifaisceau
M 761	multiple-conductor cable	vieladriges Kabel n	câble m à conducteurs multiples, câble multiconducteur
	multiple duct conduit	s. L 214	
M 762	multiple folded dipole	Mehrfachfaltdipol m	doublet m replié multiple
M 763	multiple-hop	mit mehreren Funkfeldern	à bonds multiples
M 764	multiple hop propagation	Mehrfachsprungausbreitung f	propagation f par bond multiple
	multiple image	s. D 813	
M 765	multiple joint box	Aufteilungsmuffe f, AtM, Verzweigungsmuffe f	manchon m de distribution
M 766	multiple modulation	Mehrfachmodulation f	modulation f multiple
	multiple path propagation	s. M 748	
M 767	multiple-pair	vielpaarig, mehrpaarig	multipaire, à paires multiples
M 768	multiple phase-shift keying, MPSK	mehrwertige Phasenumtastung f	modulation f par déplacement de phase à n états, MDP-n
M 769	multiple purpose terminal, multipurpose terminal	Mehrzweck-Terminal n, Mehrzweckendgerät n	terminal m multi-applications, terminal à usages multiples
M 770	multiple reflection	Mehrfachreflexion f	réflexion f multiple
M 771	multiple routing	Mehrwegführung f	acheminement m multirouté
M 772	multiple scattering	Mehrfachstreuung f	diffusion multiple
M 773	multiple seizure	Mehrfachbelegung f	prise f multiple
M 774	multiple-tuned antenna, Alexanderson antenna	mehrfach abgestimmte Antenne f, Alexanderson-Antenne f	antenne f à accord multiple, antenne Alexanderson
M 775	multiple-twin quad cable	DM-Viererkabel n, Dieselhorst-Martin-Viererkabel n, Kabel n mit DM-Verseilung	câble m à quartes DM, câble à quartes à paires combinables
M 776	multiple-unit steerable antenna, MUSA, musa antenna	MUSA-Antenne f	antenne f MUSA
	multiple way duct	s. L 214	
M 777	multiplex/to	multiplexieren, multiplexen	multiplexer
M 778	multiplex	Multiplex n, Vielfach n	multiplex m
M 779	multiplex channel	Multiplexkanal m, MPX-Kanal m	voie f multiplex, voie multiplexée, voie de multiplexage
M 780	multiplex circuit	Multiplexleitung f	circuit m multiplex, circuit m de multiplexage
M 781	multiplexed analog components, MAC	multiplexierte Analogkomponenten fpl	composants mpl analogiques multiplexés
M 782	multiplex equipment	Multiplexeinrichtung f, Mehrkanal-Übertragungseinrichtung f	équipement m multiplex
M 783	multiplexer, mux	Multiplexer m	multiplexeur m
	multiplexer-demultiplexer	s. M 678	
	multiplex filter	s. M 786	
M 784	multiplex hierarchy	Multiplexhierarchie f	hiérarchie f de multiplexage
M 785	multiplexing	Multiplexieren n, Multiplextechnik f, Multiplexbildung f	multiplexage m
M 786	multiplexing filter, multiplex filter, mux filter	Multiplexfilter m	filtre m multiplexeur
M 787	multiplexing scheme	Multiplexschema n	plan m de multiplexage
M 788	multiplex interface	Multiplex-Schnittstelle f	interface f multiplex
M 789	multiplex link	Multiplexverbindung f, Mehrfachanschluß f, Mehrfachübertragungsabschnitt m	liaison f multiplex
M 790	multiplex operation	Multiplexbetrieb m	exploitation f en multiplex
M 791	multiplex signal	Multiplexsignal n	signal m multiplex
M 792	multiplex system	Multiplexsystem n	système m multiplex
M 793	multiplication	Vervielfachung f, Multiplikation f (Mathematik)	multiplication f
M 794	multiplication factor (ratio)	Multiplikationsfaktor m, Vervielfachungsfaktor m	coefficient m de multiplication, facteur m de multiplication
M 795	multiplicative mixing	multiplikative Mischung f	mélange m multiplicatif
M 796	multiplicative noise	multiplikatives Rauschen n	bruit m multiplicatif
M 797	multiplier	Vervielfacher m, Multiplikator m	multiplicateur m
M 798/9	multipoint access	Mehrpunktzugang m	accès m multipoint
	multipoint connection	s. M 801	
M 800	multipoint distribution system, MDS	Mehrpunktverteilsystem n	système m de distribution multipoint, SDM
M 801	multipoint link, multipoint connection	Mehrpunktverbindung f, Knotenverbindung f	liaison f (connexion f) multipoint
M 802	multipoint operation	Mehrpunktbetrieb m	exploitation f multipoint

M 803	multipoint traffic	Mehrpunktverkehr m, Gemeinschaftsverkehr m	trafic m multipoint
M 804	multipoint videoconferencing	Mehrpunkt-Fernsehkonferenzsystem n, Mehrpunkt-Videokonferenzsystem n	système m de visionconférence multipoint
M 805	multiport network	Mehrtor-Netzwerk n	réseau m à accès multiples
M 806	multiprocessor	Multiprozessor m, Mehrfachprozessor m	multiprocesseur m
M 807	multiprocessor system	Mehrprozessorsystem n, Multiprozessorsystem n	système m multiprocesseur
M 808	multiprogramming	Multiprogrammierung n, Mehrprogrammbetrieb m	multiprogrammation f
M 809	multipulse coder	Multipulscodierer m	codeur m à impulsions multiples
M 810	multipulse excitation	Multipulsanregung f, Multipulserregung f	excitation f du type multi-impulsionnel, excitation à impulsions multiples, excitation multi-impulsionnelle
M 811	multipulse excited coding, MPEC	Codierung f mit Multipulsanregung	codage m actionné par impulsions multiples, CAIM
M 812	multipulse linear predictive coder, MPLPC	linearer Prädiktionscodierer m mit Multipulserregung	codeur m par prédiction linéaire excité par des impulsions multiples
	multipurpose terminal	s. M 769	
M 813	multiquantizer	Mehrfachquantisierer m	quantificateur m multiple
M 814	multi-satellite link	Mehrsatellitenverbindung f, Verbindung f über mehrere Satelliten	liaison f multisatellite
M 815	multisectioned filter	Mehrkreisfilter n	filtre m multicellulaire
M 816	multiservice cable TV	Mehrdienstekabelfernsehen n	télédistribution f multiservice
M 817	multiservice network	Netz n mit Mehrfachnutzung, mehrfach genutztes Netz, Mehrdienstenetz n	réseau m multiservice
M 818	multiservice operation	Mehrdienstebetrieb m	exploitation f multiservice
M 819	multiservice system	Mehrdienstesystem n	système m multiservice
M 820	multiservice terminal	Mehrdiensteendgerät n, Mehrdienstesterminal n	terminal m multiservice
M 821	multispectral camera	Multispektralkamera f	chambre f multibande
M 822	multispectral photography	Multispektralphotographie f	photographie f multibande
M 823	multistage amplifier	mehrstufiger Verstärker m	amplificateur m multiétage, amplificateur à plusieurs étages
M 824	multistage switching network	mehrstufiges Koppelnetz n	réseau m de commutation à étages multiples
M 825	multistage vector-quantization	Mehrstufen-Vektorquantisierung f	quantification f vectorielle à étages multiples
M 826	multistandard receiver	Mehrnormenempfänger m	récepteur m multinorme
M 827	multistatic radar	multistatisches Radar n	radar m multistatique
M 828	multitube coaxial cable	Mehrtuben-Koaxialkabel n	câble m coaxial multipaire
M 829	multi-user system	Mehrbenutzersystem n, Mehrplatzsystem n	système m multiutilisateur
M 830	multivendor connectivity	herstellerübergreifende Verbindungsmöglichkeit f	connectivité f multifournisseur
M 831	multivibrator	Multivibrator m, Kippglied n, Kippschaltung f	multivibrateur m, bascule f [instable]
M 832	multivibrator circuit	Multivibratorschaltung f	circuit m multivibrateur
M 833	multiwaveguide system	Mehrfachwellenleiter-System n	système m à guides d'onde multiples
	musa antenna	s. M 776	
M 834	music signal	Musiksignal n	signal m de musique
	MUT	s. M 275	
M 835	mutilated character	verstümmeltes Zeichen n	caractère m mutilé
M 836	mutilated message	verstümmelte Nachricht f, verstümmelte Mitteilung f	message m mutilé, message tronqué
M 837	mutilation	Verstümmelung f, Entstellung f	mutilation
M 838	muting	Stummabstimmung f	blocage m automatique, réglage m silencieux
	mutual branch	s. C 811	
M 839	mutual impedance	Kernwiderstand m, Kopplungswiderstand m	impédance f mutuelle
M 840	mutual inductance	Gegeninduktivität m	inductivité f mutuelle
M 841	mutual-inductance coupling, inductance coupling, inductive coupling	induktive Kopplung (Ankopplung) f	couplage m par inductance mutuelle, couplage inductif
M 842	mutually synchronized network	gegenseitig synchronisiertes Netz n, Netz n mit gegenseitiger Synchronisierung	réseau m à synchronisation mutuelle
M 843	mutual synchronization	gegenseitige Synchronisierung f	synchronisation f mutuelle
M 844	mutual synchronization with single-ended control	gegenseitige Synchronisierung f ohne Rückführung	synchronisation f mutuelle à commande unilatérale
	mux	s. M 783	
	mux filter	s. M 786	
M 845	myriametric waves	Myriameterwellen fpl	ondes fpl myriamétriques

N

N 1	(N)-address	(N)-Adresse f	adresse (N) f
	NACD	s. N 110	
	NACK	s. N 87	
N 2	(N)-address-mapping	(N)-Adreßbildung f	mise f en correspondance d'adresse (N)
	NAK	s. N 87	
N 3	NAND gate, NOT AND gate	NICHT-UND-Schaltung f, NAND-Schaltung f	circuit m NON-ET
N 4	nanosecond, nsec	Nanosekunde f, ns, nsec	nanoseconde f, nsec
N 5	narrow band	schmales Band n	bande f étroite
N 6	narrow-band, NB	schmalbandig	à bande étroite
N 7	narrow-band channel	Schmalbandkanal m	canal m [de fréquence] à bande étroite, voie f à bande étroite
N 8	narrow-band communication	Schmalbandkommunikation f	communication f à bande étroite
N 9	narrow-band communication system	Schmalband-Übertragungssystem n, Schmalband-Kommunikationssystem n	système m de communication à bande étroite
N 10	narrow-band data link	Schmalbanddatenverbindung f	liaison f de données à bande étroite
N 11	narrow-band filter	schmalbandiges Filter n, Schmalbandfilter n	filtre m à bande étroite
	narrow-band FM	s. N 12	
N 12	narrow-band frequency modulation, narrow-band FM, NBFM	Schmalband-Frequenzmodulation f, Schmalband FM f	modulation f de fréquence à bande étroite, MFBE
N 13	narrow-band information	Schmalbandinformation f	information f à bande étroite
N 14	narrow-band noise	Schmalbandrauschen n	bruit m à bande étroite
N 15	narrow-band phase-shift keying, NBPSK	Schmalband-Phasenumtastung f	manipulation f par déplacement de phase à bande étroite, MFBE
N 16	narrow-band receiver	Schmalbandempfänger m	récepteur m à bande étroite
N 17	narrow-band signal	Schmalbandsignal n	signal m à bande étroite
N 18	narrow beam	schmale Strahlungskeule f, schmales Strahlenbündel n	faisceau m étroit
N 19	narrow-beam antenna	Antenne f mit schmaler Strahlungskeule	antenne f à faisceau étroit
N 20	narrow-frequency band	schmales Frequenzband n	bande f de fréquence étroite
N 21	n-ary digital group	digitale Gruppe f n-ter Ordnung	groupe m numérique n-aire
N 22	n-ary digital signal	n-wertiges Digitalsignal n, n-äres Digitalsignal n	signal m numérique n-aire
N 23	n-ary digital transmission system	digitales Übertragungssystem n der n-ten Hierarchiestufe	système m de transmission numérique du n-ième ordre (de la hiérarchie normalisée), système de transmission numérique d'ordre n
N 24	n-ary QAM	n-stufige QAM n, QAM mit n Kennzuständen	MAQ-n f, MAQ n-aire
N 25	n-ary redundant signal	n-äres redundantes Signal n	signal m n-aire redondant
N 26	national call	Inlandsgespräch n	communication f de régime national
	national carphone network	s. N 27	
N 27	national car telephone network, national carphone network	nationales Autotelefonnetz n, nationales Autotelefonsystem n	réseau n national de radiotéléphonie mobile
N 28	national data switching exchange, NDSE	nationale Datenvermittlung f	centre m national de commutation de données
N 29	national destination code	nationaler Zielcode m	code m national de destination
N 30	national directory number	nationale Rufnummer f	numéro m d'appel national
N 31	national extension circuit	nationale Zubringerleitung f, nationaler Zubringerübertragungsweg m	circuit m national de prolongement
N 32	national indicator	Nationalkennung f	indicateur m national
N 33	nationality identification digit, NID	Ziffer f zur Kennzeichnung der Nationalität	chiffre m d'identification de nationalité
N 34	national network	nationales Netz n	réseau m national
N 35	national network congestion signal, NNC	Zeichen n für besetzt im nationalen Netz	signal m d'encombrement du réseau national, ERN
N 36	national number	nationale Nummer f	numéro m national
N 37	national numbering plan (scheme)	nationaler Numerierungsplan m	plan m de numérotage national
N 38	national significant number	nationale Fernnummer f	numéro m national significatif
N 39	national sound-programme centre, NSPC	nationale Rundfunkübertragungsstelle f	centre m radiophonique national, CRN
N 40	national switching-equipment-congestion signal	Zeichen n für besetzt in einer nationalen Vermittlungsstelle	signal m d'encombrement d'un équipement de commutation national
N 41	national telephone network	nationales Fernsprechnetz n	réseau m téléphonique national
N 42	natural frequency, eigenfrequency	Eigenfrequenz f	fréquence f propre
N 43	natural mode (oscillation), self-oscillation, eigenvibration	Eigenschwingung f	mode m propre, oscillation f propre, oscillation naturelle
N 44	nature-of-circuit indicator	Kennung f für die Art des Sprechkreises	indicateur m de la nature du circuit
N 45	naval communications	Marinenachrichtenwesen n	communicatons fpl navales

N 46	navigation aid	Navigationshilfe f	aide f à la navigation
N 47	navigational radar	Navigationsradar n	radar m de navigation
N 48	navigational warning signal	Schiffahrtswarnsignal n	signal m d'avis aux navigateurs
N 49	navigation satellite	Navigationssatellit m	satellite m de navigation
	NB	s. N 6	
	NBFM	s. N 12	
N 50	n-bit envelope structure	n-Bit-Envelopestruktur f	structure f d'enveloppe à n bits
N 51	n-bit microcomputer	n-Bit Mikrorechner m	micro-ordinateur m à n bit
	NBPSK	s. N 15	
	NC	s. N 409	
	NC contact	s. N 359	
	NCFSK	s. N 271	
N 52	n-channel *(semiconductor)*	n-Kanal m	canal m n
N 53	n channel terminal equipment	n-Kanal-Endeinrichtung f	équipement m terminal à n voies
N 54	n-condition modulation, n-state modulation	n-wertige Modulation f, n-stufige Modulation, Modulation mit n Kennzuständen	modulation f n-valente
N 55	(N)-connection	(N)-Verbindung f	connexion (N) f
N 56	(N)-connection endpoint	(N)-Verbindungsendpunkt m	extrémité f de connexion (N)
N 57	(N)-connection endpoint identifier	(N)-Verbindungsendpunktkennung f	identificateur m d'extrémité de connexion (N)
	NCS	s. N 119	
N 58	(N)-data communication	(N)-Datenkommunikation f, (N)-Datenübermittlung f	communication f de données (N)
N 59	(N)-data sink	(N)-Datensenke f	collecteur m de données (N)
N 60	(N)-data source	(N)-Datenquelle f	source f de données (N)
N 61	(N)-data transmission	(N)-Datenübertragung f	transmission f de données (N)
	NDB	s. N 283	
N 62	n dB bandwidth	n dB Bandbreite f	largeur f de bande à n dB
N 63	(N)-directory	(N)-Adreßbuch n	répertoire (N) m
	NDR	s. N 279/80	
	NDRO	s. N 279/80	
	NDSE	s. N 28	
N 64	(N)-duplex transmission	(N)-Duplexübertragung f	transmission f duplex (N)
N 65	(N)-facility	(N)-Teildienst m	facilité (N) f
N 66	near-distance field-strength	Nahfeldstärke f	champ m à courte distance
N 67	near-Earth orbit	erdnahe Umlaufbahn f	orbite m proche de la Terre
N 68	near-Earth space	erdnaher Weltraum m, erdnaher Raum m	espace m proche de la Terre
N 69	near-Earth space station	erdnahe Raumstation f	station f spatiale proche de la Terre
N 70	near-end crosstalk	Nahnebensprechen n	paradiaphonie f
N 71	near-end crosstalk attenuation	Nahnebensprechdämpfung f, Nahnebensprechdämpfungsmaß n	affaiblissement m paradiaphonique
N 72	near-end crosstalk ratio	Nahnebensprechabstand m	écart m paradiaphonique
N 73	near field, near field distribution	Nahfeld n	champ m proche, champ d'induction
N 74	near-field antenna measurement, antenna near-field measurement	Nahfeld-Antennenmessung f	mesure f en champ proche sur des antennes, mesure sur les antennes en champ proche
	near field distribution	s. N 73	
N 75	near-field intensity	Nahfeldintensität f	intensité f en champ proche
N 76	near-field intensity measurement	Nahfeldstärkemessung f	mesure f du rayonnement en champ proche
N 77	near-field measurement	Nahfeldmessung f	mesure f en champ proche
N 78	near-field [radiation] pattern	Nahfeld[strahlungs]diagramm n	diagramme m [de rayonnement] en champ proche
N 79	near-field region, near region	Nahfeldbereich m	région f de champ proche, région d'induction
N 80	near-field technique	Nahfeldmethode f	technique f de champ proche
N 80a	near line-of-sight radio relay system	Richtfunkverbindung f mit annähernder Radiosichtweite	faisceau m hertzien s'approchant de la visibilité directe
	near region	s. N 79	
N 81	near-singing condition	Pfeifneigung f	tendance f à l'armorçage, tendance f à l'accrochage
N 82	near zone	Nahbereich m	zone rapprochée
N 83	necessary bandwidth	erforderliche Bandbreite f	largeur f de bande nécessaire
N 84	needle printer, stylus printer	Nadeldrucker m, Nadeldruckwerk n	imprimante f à aiguilles
N 85	negate/to	negieren	réaliser une inversion
N 86	negation, inversion	Negation f, Inversion f	négation f, inversion f
	negation gate	s. I 631	
N 87	negative acknowledgment, NACK, NAK	negative Rückmeldung f, negatives Quittieren n, Schlechtquittung f	accusé m de réception négatif, RN
N 88	negative acknowledgment character	Zeichen n für negative Rückmeldung	caractère m accusé de réception négatif
N 89	negative feedback, inverted feedback, inverse feedback	Gegenkopplung f, negative Rückkopplung f	contre-réaction f, réaction f négative (inverse)
N 90	negative feedback amplifier	gegengekoppelter Verstärker m	amplificateur m à contre-réaction
N 91	negative impedance converter, NIC	negativer Impedanzkonverter m	convertisseur m d'impédance négative

N 92	**negative justification**, negative stuffing, negative pulse stuffing	Negativstopfen n, Negativ-Pulsstuffing n, N-Stuffing n	justification f négative
N 93	**negative logic**	negative Logik f	logique f négative
N 94	**negative modulation**	negative Modulation f, Negativmodulation f	modulation f négative
	negative pulse stuffing	s. N 92	
N 95	**negative resistance**	negativer Widerstand m	résistance f négative
	negative stuffing	s. N 92	
N 96	**nematic liquid crystal**	nematischer Flüssigkristall m	cristal m liquide nématique
	NEMP	s. N 390	
N 97	**(N)-entity**	(N)-Instanz f	entité (N) f
	NEP	s. N 202	
N 98	**neper**, Np	Neper n, Np	néper m, Np
N 99	**net bit rate**	Nettobitrate f	débit m binaire net
N 100	**net data rate**	Nettodatenrate f	débit m net de données
N 101	**net loss**, overall loss	Restdämpfung f, Restdämpfungsmaß n	équivalent m [de transmission, d'un circuit], affaiblissement m net
N 102	**net margin**	Nettospielraum m, reiner Spielraum	marge f nette
N 103	**net switching loss**, NSL	Nettoschaltverlust m	affaiblissement m net de commutation
N 104	**network**	Netz n (Nachrichten-, Energienetz), Netzwerk n (Schaltung), System n	réseau m, système m, circuit m
N 105	**π network**	Pi-Glied n, π-Glied n	réseau m en π, réseau en Δ
N 106	**network address**	Netzadresse f	adresse f réseau
N 107	**network analysis**	Netzwerkanalyse f	analyse f de réseaux
N 108	**network analyzer**	Netzwerkanalysator m	analyseur m de réseau[x]
N 109	**network architecture**	Netzarchitektur f	architecture f de réseau
N 110	**network automatic call distribution**, NACD	automatische Anrufverteilung f im Netz	distribution f automatique d'appels dans le réseau
N 111	**network blocking**	Netzblockierung f	blocage m de réseau, blocage réseau
N 112	**network busy hour**	Hauptverkehrsstunde f des Netzes, Spitzenbelastungszeit f des Netzes	heure f chargée du réseau, heure de pointe du réseau
N 113	**network component**	Netzbestandteil n	composante f de réseau
N 114	**network concept**	Netzkonzept n	concept m de réseau
N 115	**network configuration**	Netzform f, Netzgestaltung f, Netzkonfiguration f	configuration f du réseau, configuration des reseaux
N 116	**network control**	Netzsteuerung f	commande f de réseau
N 117	**network control centre**	Netzkontrollzentrum m, NKZ	centre m de contrôle de réseau
N 118	**network control phase**	Netzsteuerungsphase f	phase f de commande du réseau
N 119	**network coordination station**, NCS	Netzkoordinierungsstation f, Station f zur Netzkoordinierung	station f de coordination du réseau, SCR
N 120	**network design**	Netzkonzeption f	conception f de réseau
N 121	**network digitization**	Netzdigitalisierung f	numérisation f du réseau
N 122	**network dimensioning**	Netzdimensionierung f	dimensionnement m de réseau
N 123	**network dimensioning model**	Netzdimensionierungsmodell n	modèle m de dimensionnement du réseau
N 124	**network failure**	Netzausfall m	défaillance f du réseau
N 125	**network failure**	Netzstörung f	défaillance f du réseau
N 126	**network function**	Netzfunktion f	fonction f de réseau
N 127	**network impedance**	Netzwerkimpedanz f	impédance f de réseau
N 128	**network-independent**	netzunabhängig	indépendant du réseau
N 129	**networking**	Netzgestaltung f, Netzaufbau m	établissement m de réseaux, mise f en œuvre de réseaux
N 130	**networking software**	Netzführungssoftware f	logiciel m de gestion de réseau
N 131	**network interface**	Netzschnittstelle f	interface f de réseau, interface réseau
N 132	**network layer**	Netzsteuerungsschicht f, Netzschicht f, Netzwerkschicht f, Vermittlungsschicht f	couche f réseau
N 133	**network level**	Netzebene f	niveau m de réseau
N 134	**network management**	Netzführung f, Netzmanagement n	gestion f de (du) réseau
N 135	**network management point**	Netzführungszentrum n	centre m de gestion de réseau
N 136	**network management system**	Netzleitsystem n	système m de gestion de réseau
N 137	**network modernization**	Netzmodernisierung f	modernisation f d'un réseau
N 138	**network node**	Netzknoten m	nœud m de réseau
N 139	**network of queues**, queuing network	Warteschlangennetz n	réseau m à file d'attente, réseau de files d'attente
N 140	**network operation**	Betrieb m eines Netzes, Betreiben n eines Netzes	fonctionnement m d'un réseau, exploitation f d'un réseau
N 141	**network operator**	Netzbetreiber m	exploitant m du réseau
N 142	**network optimization**	Netzoptimierung f	optimisation f de réseau
N 143	**network parameter**	Netzmerkmal n	caractéristique f du réseau
	network performance	s. G 96	
N 144	**network planning**	Netzplanung f	planification f des réseaux
N 145	**network selection signals**	Netzwählzeichen npl	signaux mpl de sélection du réseau
N 146	**network service**	Netzdienst m	service m de réseau
N 147	**network structure**	Netzstruktur f	structure f de réseau

network

N 148		network synchronization, network timing	Netzsynchronisierung f, Netzsynchronisation f, Synchronisation f durch das Netz	synchronisation f de réseau
N 149		network synthesis	Netzwerksynthese f	synthèse f de réseaux
N 150		network terminating equipment	Netzendeinrichtung f	équipement m de terminaison de réseau
N 151		network terminating unit, NTU	Netzabschlußgerät n	appareil m terminal sur réseau
N 152		network termination, NT	Netzabschluß m	régie f d'abonné
N 153/4		network theory	Netzwerktheorie f	théorie f des réseaux
		network timing	s. N 148	
N 155		network topology	Netztopologie f, Netzwerktopologie f	topologie f du réseau
N 156		network transfer delay	Netztransferverzug m	temps m de propagation sur le réseau
N 157		network user identificaton, NUI	Identifizierung f des Netzbenutzers	identification f d'usager de réseau
		neutral	s. N 158	
N 158		neutral conductor, neutral	Nulleiter m, Sternpunktleiter m	fil m neutre, conducteur m neutre, neutre m
		neutral current operation	s. S 675	
		neutral current telegraphy	s. S 676	
N 159		neutral earthing (ground)	Nullpunkterdung f	mise f à la terre du neutre
N 160		neutralization	Neutralisation f	neutrodynage m
N 161		neutralizing circuit	Neutralisationsschaltung f	circuit m de neutrodynage (neutrodynation)
N 162		neutral/polar converter	Einfachstrom-Doppelstrom-Umsetzer m	convertisseur m simple courant/double courant
		neutral relay	s. N 321	
N 163		new connect (installation)	Neuanschluß m, Neueinrichtung f	demande f d'abonnement, nouvelle installation f
		new line character	s. L 194	
N 164		new services	neue Dienste mpl	nouveaux services mpl
N 165		Newton's formula of iteration	Newtonsche Iterationsformel f	formule f d'itération de Newton
N 166		(N)-function	(N)-Funktion f	fonction (N) f
N 167		(N)-half duplex transmission	(N)-Halbduplexübertragung f	transmission f semi-duplex (N)
N 168		n-hop link	Verbindung f mit n Funkfeldern	liaison f à n bonds
		NI	s. N 238	
		NIC	s. N 91	
		NID	s. N 33	
N 169		night effect (error)	Nachteffekt m	effet m de nuit
N 170		night service connection (telephony)	Nachtschaltung f, Nachtverbindung f	renvoi m des lignes pour le service de nuit
N 171		nines complement	Neunerkomplement n	complément m à neuf
N 172		(N)-interface date	(N)-Schnittstellendaten pl	données fpl de l'interface (N)
N 173		nixie tube	Nixie-Röhre f	tube m nixie
		NL	s. L 194	
N 174		(N)-layer	(N)-Schicht f	couche (N) f
		NLR	s. N 308	
N 175		n-MOS chip	n-Kanal-MOS-Chip m, NMOS-Chip m	pastille f [en technologie] NMOS
		NMT	s. N 352	
		NNC	s. N 35	
N 176		noble-metal contact	Edelmetallkontakt m	contact m de métal précieux
		no-break power supply	s. U 80	
		NO contact	s. N 360	
N 177		nocturnal boundary layer	nächtliche Grenzschicht f	couche f limite nocturne
N 178		nodal blocking	Knotenblockierung f	blocage m nodal
N 179		nodal point	Knotenpunkt m	point m nodal, nœud m
N 180		nodal structure	Knotenstruktur f	structure f nodale
N 181		node (standing wave)	Stromknoten m, Spannungsknoten m, Knoten m (stehende Welle)	nœud m (onde stationnaire)
N 182		node, branch point	Knoten m, Verzweigungspunkt m	nœud m, sommet m
N 183		node computer	Knotenrechner m	ordinateur m nodal
		no-delay operation (working)	s. D 268	
N 184		node processor	Knotenprozessor m	processeur m nodal
N 185		noise	Rauschen n, Geräusch n, Störgeräusch n	bruit m, souffle m, parasite m
N 186		noise amplitude	Rauschamplitude f	amplitude f de bruit
N 187		noise amplitude distribution	Rauschamplitudenverteilung f	répartition f (distribution f) d'amplitude de bruit, courbe f de répartition f de l'amplitude de bruit
N 188		noise analysis	Rauschanalyse f	analyse f de bruit
N 189		noise band	Rauschband n, Geräuschband n	bande f de bruit
N 190		noise bandwidth	Rauschbandbreite f	largeur f de bande de bruit
N 191		noise budget	Geräuschbilanz f	bilan m de bruit
N 192		noise burst	Rauschburst m, Geräuschburst m	salve f de bruit
N 193		noise cancellation, noise suppression	Rauschunterdrückung f, Geräuschunterdrückung f	débruitage m, annulation f du bruit, suppression f du bruit
		noise cancellation	s. a. N 236	

N 194	noise-cancellation filter	Geräuschunterdrückungsfilter n		filtre m d'annulation de bruit
N 195	noise cancelling	Rauschbefreiung f		débruitage m
N 196	noise compensation	Rauschkompensation f		compensation f du bruit
N 197	noise component	Rauschanteil m, Geräuschanteil m		composante f de bruit
N 198	noise contribution	Rauschbeitrag m, Geräuschbeitrag m		apport m de bruit
N 199	noise current	Rauschstrom m		courant m de bruit
N 200	noise diode	Rauschdiode f		diode f de bruit
N 201	noise equivalent circuit	Rauschersatzschaltung f, Rauschersatzschaltbild n		schéma m équivalent de bruit
N 202	noise equivalent power, NEP	äquivalente Rauschleistung f		puissance f équivalente de bruit, puissance équivalente au bruit, PEB
N 203	noise factor, noise figure	Rauschzahl f, Rauschfaktor m		facteur m de bruit
N 204	noise-field intensity	Störfeldstärke f		intensité f de champ perturbateur
	noise figure	s. N 203		
N 205	noise filter	Rauschfilter n		filtre m de bruit
	noise floor	s. B 9		
N 206	noise-free, noiseless	rauschfrei, ohne Rauschen		exempt de bruit, sans bruit, en absence de bruit
N 207	noise-freed signal	rauschbefreites Signal n		signal m débruité
N 208	noise generator	Rauschgenerator m		générateur m de bruit
N 209	noise immunity	Störsicherheit f, Rauschfestigkeit f, Unempfindlichkeit f gegenüber Rauschen		immunité f au bruit, immunité contre le bruit, insensibilité f au bruit
	noiseless	s. N 206		
N 210	noise level	Rauschpegel m, Geräuschpegel m		niveau m de bruit
N 211	noise-like signal	rauschähnliches Signal n		signal m ressemblant à bruit
N 212	noise limited	rauschbegrenzt		limité par le bruit
N 213	noise limited sensitivity	rauschbegrenzte Empfindlichkeit f		sensibilité f limitée par le bruit
N 214	noise limiter	Störbegrenzer m		limiteur m de parasites, écreteur m antiparasite, écrêteur de bruits
N 215	noise measurement	Geräuschmessung f, Rauschmessung f		mesure f de bruit, mesure des bruits
N 216	noise-measurement method	Rauschmeßverfahren n		méthode f de mesure du bruit
N 217	noise measurement set up	Rauschmeßplatz m		banc m de mesure de bruit
N 218	noise modulation	Rauschmodulation f		modulation f par bruit
N 219	noise parameters	Rauschparameter mpl		paramètres mpl de bruit
N 220	noise performance	Rauschverhalten n		comportement m en présence de bruit, caractéristique f de bruit
N 221	noise power	Rauschleistung f		puissance f de bruit
N 222	noise power density	Rauschleistungsdichte f, Geräuschleistungsdichte f		densité f de puissance de bruit
N 223	noise power ratio, NPR	Geräuschleistungsverhältnis n		rapport m puissance à bruit, RPB
N 224	noise power spectral density, noise spectral power density	spektrale Geräuschleistungsdichte f		densité f spectrale de la puissance de bruit
N 225	noise properties	Rauscheigenschaften fpl		caractéristiques fpl de bruit
N 226	noise pulse	Störimuls m		impulsion f parasite
N 227	noise rating curve	Geräuschbeurteilungskurve f		courbe f d'évaluation de bruit
N 228	noise reducer	Rauschunterdrücker m		réducteur m de bruit
N 229	noise reduction	Rauschverminderung f, Rauschreduktion f		réduction f du bruit
N 230	noise rise	Rauschzunahme f, Rauschanstieg m		montée f de bruit
N 231	noise source	Rauschquelle f		source f de bruit
	noise spectral power density	s. N 224		
N 232	noise spectrum	Rauschspektrum n		spectre m de bruit
N 233	noise spike	Störspitze f		pointe f parasite
N 234	noise squelch, squelch, squelch circuit	Rauschsperre f, Geräuschsperre f		silencieux m de bruit, annuleur m de bruit
N 235	noise suppression	Entstörung f		antiparasitage m
N 236	noise suppression, noise cancellation	Geräuschunterdrückung f, Störbegrenzung f		limitation f des parasites, affaiblissement m de bruit
	noise suppression	s. a. N 193		
N 237	noise temperature	Rauschtemperatur f		température f de (du) bruit
N 238	noise-to-interference ratio, NI	Rausch-Störabstand m		rapport m bruit/brouillage
N 239	noise voltage	Rauschspannung f, Geräuschspannung f, Störspannung f		tension f de bruit
N 240	noise weighting	Rauschbewertung f, Geräuschbewertung f		pondération f de bruit
N 241	noise weighting curve	Geräuschbewertungskurve f, Rauschbewertungskurve f		courbe f de pondération de bruit
N 242	noise weighting filter (network)	Rauschbewertungsfilter n, Geräuschbewertungsfilter n		filtre m de pondération de bruit, réseau m de pondération de bruit
N 243	noisy	rauschend, geräuschvoll, mit Rauschen		bruyant, bruité
N 244	noisy blacks	verrauschtes Schwarz n, gestörtes Schwarz n		noir m perturbé
N 245	noisy carrier	verrauschter Träger m, rauschender Träger		porteuse f bruitée

N 246	noisy channel	rauschender Kanal m	voie f bruyante, canal m bruité
N 247	noisy environment	geräuschvolle Umgebung f	environnement m bruité
N 248	noisy image	rauschendes Bild n, verrauschtes Bild n	image f bruyante
N 249	noisy location handset	Handapparat m für geräuscherfüllte Umwelt	combiné m pour endroits bruyants
N 250	noisy location telephone	Fernsprecher m für geräuschbelasteten Betrieb	appareil m téléphonique pour milieux bruyants
N 251	noisy network	rauschendes Netzwerk n, Rauschvierpol m	réseau m bruyant
N 252	noisy speech	verrauschte Sprache f	parole f bruitée
	no-load impedance	s. O 124	
N 253	no-load operation	Leerlauf m	marche f à vide
N 254	nominal black	relativer Grenzkontrast m	noir m nominal
	nominal current	s. R 256	
N 255	nominal frequency	Nominalfrequenz f, Sollfrequenz f	fréquence f nominale
N 256	nominal justification rate, nominal stuffing rate	Nennwert m der Stopfrate, Nennstopfrate f, Nennwert der Stuffing-Rate	débit m nominal de justification
N 257	nominal justification ratio, nominal stuffing ratio	Nennwert m des Stopfverhältnisses, Nennwert des Stuffingverhältnisses	taux m nominal de justification
	nominal load	s. R 259	
N 258	nominal margin	Nennspielraum m	marge f nominale
	nominal maximum circuit	s. H 313	
N 259	nominal orbital position	nominelle Orbitposition f	position f nominale sur orbite
	nominal stuffing rate	s. 1. N 256; 2. N 257	
	nominal value	s. R 262	
	nominal voltage	s. R 263	
N 260	nominal width	Nennweite f	largeur f nominale
N 261	non-armoured	ohne Bewehrung	sans armure
N 262	non-associated mode	nichtassoziierte Betriebsweise f, nichtassoziierter Modus m	mode m non associé
N 263	non-associated signalling	nichtassoziierte Zeichengabe f	signalisation f non associée
N 264	non-associated signalling channel	nichtassoziierter Zeichenkanal m	voie f de signalisatio non associée
	non-attended station	s. U 38	
N 265	non blocking	nicht blockierend, blockierungsfrei	non bloquant
N 266	non-busy hour	verkehrsarme Stunde f	heure f creuse, heure non chargée
N 267	non-busy period	verkehrsarme Zeit f	période f de faible trafic, période non chargée
N 268	non-chargeable call	gebührenfreies Gespräch n, gebührenfreier Anruf m	communication f non taxée
N 269	non-chargeable time	gebührenfreie Zeit f	durée f non taxable
N 270	non-coherent demodulation	nichtkohärente Demodulation f	démodulation f non cohérente, détection f non cohérente
N 271	non coherent frequency shift keying, NCFSK	nichtkohärente Frequenzumtastung f	manipulation f par déplacement de fréquence non cohérente, MDF non cohérente
N 272	non-coherent reception	nichtkohärenter Empfang m	réception f non cohérente
	non-completed call	s. I 178	
N 273	non-conducting	nichtleitend	non conducteur
N 274	non-conductor	Nichtleiter m	non-conducteur m
	non-contacting	s. C 1009	
N 275	non-contacting piston (plunger)	kontaktloser Kurzschlußkolben m	piston m à piège
N 276	non-current carrying part	nicht stromführendes Teil n	pièce f hors tension
N 277	non-delivery	Unzustellbarkeit f	non-remise f
N 278	non-delivery indication	Unzustellbarkeitsanzeige f	indication f de non-remise
N 279/80	non-destructive read[ing], non-destructive read-out, NDR, NDRO	zerstörungsfreies Lesen n, zerstörungsfreies Auslesen n, nichtlöschendes Lesen n	lecture f non destructive, lecture sans effacement
N 281	non-destructive test	zerstörungsfreie Prüfung f	essai m non destructif, contrôle m non destructif
	non-directional antenna	s. O 83	
N 282	non-directional microphone	ungerichtetes Mikrophon n	microphone m omnidirectionnel
N 283	non-directional radio beacon, NDB	ungerichtetes Funkfeuer n, Kreisfunkfeuer n	radiophare m non directionnel, radiophare [à diagramme] circulaire
	non-directive antenna	s. O 83	
N 284	non-diversity path	Übertragungsweg m ohne Diversity	trajet m sans diversité
N 285	non-diversity reception	Empfang m ohne Diversity	réception f sans diversité
N 286	non-emissive display	Display n ohne Emission	affichage m non émissif
N 287	non-equilibrium property	Ungleichgewichtseigenschaft f	propriété f hors équilibre
N 288	(N)-one-way communication	(N)-einseitige Datenübermittlung f	communication f unilatérale (N)
N 289	non-faded condition	Schwundfreiheit f	absence f d'évanouissement
	nonfed element	s. S 174	
N 290	non-glare screen	blendfreier Bildschirm m	écran m antiéblouissant

N 291	non-harmonic product	nicht harmonisches Produkt n, nicht harmonisches Vielfaches n	produit m non harmonique
N 292	non-hierarchical network	nichthierarchisches Netz n	réseau m non hiérarchique
N 293	non-hierarchical routing	nichthierarchische Verkehrslenkung f	acheminement n non hiérarchique
N 294	non-homogeneous systems	inhomogene Systeme npl	systèmes mpl non homogènes
N 295	non-impact printing technology	stoßfreie Drucktechnik f	technique f d'impression sans percussion
N 296	non-ionizing radiation	nichtionisierende Strahlung f	rayonnement m non ionisant
N 297	non linear	nichtlinear	non linéaire
N 298	non-linear amplification	nichtlineare Verstärkung f	amplification f non linéaire
N 299	non-linear characteristic	nichtlineare Kennlinie f	caractéristique f non linéaire
N 300	non-linear circuit	nichtlineare Schaltung f	circuit m non linéaire
N 301	non-linear crosstalk	nichtlineares Nebensprechen n	diaphonie f non linéaire
N 302	non-linear distortion, non-linearity distortion	nichtlineare Verzerrung f	distorsion f non linéaire, distorsion de non-linéarité
N 303	non-linearities correction	Korrektur f von Nichtlinearitäten, Kompensation f von Nichtlinearitäten	correction f des non-linéarités
N 304	non-linearity	Nichtlinearität f	non-linéarité f
	non-linearity distortion	s. N 302	
N 305	non-linear modulation response	nichtlineare Modulationskennlinie f	réponse f de modulation non linéaire
N 306	non-linear network	nichtlineares Netzwerk n	réseau m non linéaire
N 307	non-linear portion (curve)	nichtlinearer Teil m	partie f non linéaire
	non-linear resistance	s. N 308	
N 308	non-linear resistor, non-linear resistance, NLR	nichtlinearer Widerstand m	résistance f non linéaire
	non-listed	s. N 309	
N 309	non-listed number, non-listed, non-published number	nicht verzeichnete Rufnummer f	numéro m non inscrit, numéro de la liste rouge, numéro confidentiel
N 310	non-loaded	unbespult, unbelastet	non pupinisé, non chargé
N 311	non-loaded cable	unbespultes Kabel n	câble m non pupinisé, câble non chargé
N 312	non-locking	nichtverriegelnd, nichtrastend	sans maintien
N 313	non-locking button, non-locking push-button	nichtrastende Taste f, nichtrastende Drucktaste f, Drucktaster m	touche f à retour automatique
N 314	non-locking key	nichtrastender Schalter m, nichtrastende Taste f	clé f à retour automatique, bouton m (touche f) à retour automatique
	non-locking push-button	s. N 313	
N 315	non-operate current	Fehlstrom m	courant m de non-fonctionnement, courant inactif
N 316	non-operated condition, non-operative condition	Ruhezustand m	état m de repos
N 317	non-overlapping bands	nicht überlappende Bänder npl	bandes fpl sans chevauchement
	non-peak period	s. O 56	
N 318	non-periodic	unperiodisch, nicht periodisch	non périodique
N 319	non-phantomed circuit	nicht viererfähige Leitung f	circuit m non combinable
N 320	non-polarized	unpolarisiert	non polarisé
N 321	non-polarized relay, neutral relay	unpolarisiertes (neutrales) Relais n	relais m non polarisé
	non-published number	s. N 309	
N 322	non-quadded cable	nicht viererverseiltes Kabel n	câble m à paires, câble en paires
N 323	non-reactive attenuation, true attenuation	Wirkdämpfung f	affaiblissement m non réactif, affaiblissement réel
	non-reactive load	s. A 137	
N 324	non-reactive resistance	Wirkwiderstand m	résistance f non réactive
N 325	non-reciprocal phase shifter	nichtreziproker Phasenschieber m	déphaseur m non réciproque
N 326	non-recognizable error	nicht erkennbarer Fehler m	erreur f non identifiable
N 327	non-reflecting, free of reflection	reflexionsfrei	non réfléchissant
N 328	non-reflective termination	reflexionsfreier Abschluß m	extrémité f non réfléchissante
N 329	non-regulated [power] supply	ungeregelte Stromversorgung f	alimentation f non réglée
N 330	non-repeatered, unrepeatered	ohne Repeater, ohne Zwischenverstärker	sans répéteurs
N 331	non-repeatered circuit	Übertragungsweg m ohne Verstärker, Leitung f ohne Verstärker	circuit m sans répéteurs
N 332	non-repeatered line	Leitung f ohne Verstärker	ligne f sans répéteurs
N 333	non-repeatered transmission line	Übertragungsstrecke f ohne Zwischenverstärkung	ligne f de transmission sans répéteurs
N 334	no-reply call	unbeantworteter Ruf m	non-réponse f
	non-resonant antenna	s. A 636	
N 335	non-return to zero, NRZ	ohne Rückkehr zu Null	sans retour à zéro
N 336	non-return-to-zero coding, NRZ-coding	NRZ-Kodierung f	codage m NRZ
N 337	non-selective	unselektiv, aselektiv	non sélectif
N 338	non stationary	nichtstationär	non stationnaire
N 339	non-switched connection	nicht vermittelte Verbindung f, fest geschaltete Verbindung f	connexion f non commutée
	non-switched network	s. N 340	

N 340	non-switch network, non-switched network	Netz n ohne Vermittlung, nicht vermitteltes Netz n	réseau m non commuté
N 341	non-synchronized network	nichtsynchronisiertes Netz n	réseau m non synchronisé
N 342	non-synchrouns, asynchronous, heterochronous non-synchronou non-uniform coding	nicht synchron, asynchron, heterochron s. a. A 719 s. N 343	non synchrone, asynchrone, hétérochrone
N 343	non-uniform encoding, non-uniform coding	nichtlineare Codierung f	codage m non uniforme
N 344	non-uniform quantizing	nichtlineare Quantisierung f, nichtgleichmäßige Quantisierung f	quantification f non uniforme
N 345	non-voice communications	Nichtsprachübertragung f	communications fpl non vocales
N 346	non-voice service	Nichtsprachdienst m, Nichtfernsprechdienst m	service m non téléphonique
N 347	non-voice signal	Nichtsprachsignal n, nonverbales Signal n	signal m non vocal
N 348	non-voice terminal	Nichtfernsprech-Endgerät n, Nichttelefon-Terminal n, Nichtsprachendeinrichtung f	terminal m non téléphonique
N 349	non-volatile memory	nichtflüchtiger Speicher m	mémoire f non volatile
N 350	non-volatile RAM, NV-RAM	nichtflüchtiger Schreib-Lese-Speicher m, nichtflüchtiges RAM n	RAM m non volatile
N 351	non-working number NOR circuit	Anschlußrufnummer f außer Betrieb s. N 353	numéro m hors service
N 352	nordic mobile telephone, NMT	Nordisches Mobiltelefonsystem n	système m nordique de radiotéléphones mobiles
N 353	NOR gate, NOR circuit, NOT OR gate	NICHT-ODER-Schaltung f, NOR-Schaltung f, NOR-Gatter n	circuit m NON-OU, porte f NON-OU, porte NI, circuit NI
N 354	normal alignment	normale Anfangssynchronisation f	alignement m normal, verrouillage m normal
N 355	normal distribution	Normalverteilung f	distribution f normale
N 356	normal incidence	senkrechter Einfall m	incidence f normale
N 357	normalized distribution curve	normierte Verteilungskurve f	courbe f de répartition normalisée
N 358	normalized impedance	bezogener Wellenwiderstand m, Bezugsimpedanz f, relative Impedanz f	impédance f normalisée
N 359	normally-closed contact, NC contact	Ruhekontakt m	contact m normalement fermé, contact repos, contact de repos
N 360	normally-open contact, NO contact	Arbeitskontakt m	contact m normalement ouvert, contact travail, contact de travail
N 361	normal position	Normalstellung f, Grundstellung f, Ruhestellung f	position f normale, position f de repos
N 362	normal route	normaler Leitweg m, Regelweg m	voie f normale d'acheminement, voie normale
N 363	normal routing	normale Leitweglenkung f	acheminement m normal
N 364	Norton's theorem	Satz m von H. F. Mayer (Satz von der Ersatzstromquelle)	théorème m de Norton
N 365	NOSFER (new fundamental system for the determination of reference equivalents)	NOSFER n	nouveau système m fondamental pour la détermination des équivalents de référence, NOSFER m
N 366	NOSFER receive end (system)	NOSFER-Empfangsteil n	système m récepteur NOSFER
N 367	NOSFER reference standard	NOSFER-Eichkreis m	étalon m NOSFER
N 368	NOSFER send system NOT AND gate	NOSFER-Sendeteil m s. N 3	système m émetteur NOSFER
N 369	notation	Bezeichnung f, Notation f	notation f, numération f
N 370	notch filter	Kerbfilter n	filtre m réjecteur, filtre de réjection, réjecteur m
	NOT element NOT gate	s. I 631 s. I 631	
N 371	notification of frequencies NOT OR gate NP Np	Frequenzanmeldung f s. N 353 s. G 96 s. N 98	notification f des fréquences
N 372	N-path filter NPR	N-Pfadfilter n s. N 223	filtre m à N voies
N 373	(N)-protocol	(N)-Protokoll n	protocole (N) m
N 374	(N)-protocol-data-unit	(N)-Protokoll-Dateneinheit f	unité f de données de protocole (N)
N 375	(N)-protocol-identifier n-QAM	(N)-Protokollkennung f s. N 383	identificateur m du protocole (N)
N 376	(N)-relay NRZ NRZ-coding nsec	(N)-Relais n s. N 335 s. N 336 s. N 4	relais (N) m
N 377	(N)-service	(N)-Dienst m	service m (N)
N 378	(N)-service access point	(N)-Dienstzugangspunkt m	point m d'accès à des services (N)
N 379	(N)-service access point address	(N)-Dienstzugangspunktadresse f	adresse f de point d'accès à des services (N)
N 380	(N)-service connection identifier	(N)-Verbindungskennung f	identificateur m de connexion pour le service (N)

N 381	(N)-service data unit	(N)-Dienst-Dateneinheit f	unité f de données de service (N)
N 382	(N)-simplex transmission	(N)-Simplexübertragung f	transmission f simplex (N)
	NSL	s. N 103	
	NSPC	s. N 39	
	n-state modulation	s. N 54	
N 383	n-state quadrature amplitude modulation, n-QAM	n-wertige Quadratur-Amplitudenmodulation f	modulation f d'amplitude en quadrature à n états, MAQ-n
N 384	(N)-subsystem	(N)-Teilsystem n	sous-système (N) m
	NT	s. N 152	
N 385	NTSC colour TV signal	NTSC-Farbfernsehsignal n	signal m de télévision en couleur [dans le système normalisé] NTSC
	NTU	s. N 151	
N 386	(N)-two-way-alternate communication	(N)-wechselseitige Datenübermittlung f	communication f bilatérale à l'alternat (N)
N 387	(N)-two-way-simultaneous communication	(N)-beidseitige Datenübermittlung f	communication f bilatérale simultanée (N)
N 388	n-type conduction	n-Leitung f	conduction f de type n
N 389	n-type semiconductor	N-Halbleiter m	semi-conducteur m de type n, semi-conducteur
	NU	s. N 404	
N 390	nuclear electromagnetic pulse, NEMP	nuklearer elektromagnetischer Impuls m	impulsion f électromagnétique d'origine nucléaire, IEMN
	NUI	s. N 157	
	NUL	s. 1. N 391; 2. N 393	
N 391	null, NUL	leer, null	nul, NUL
	null	s. N 393	
N 392	null are, swing (direction finding)	Minimumbreite f	plage f de relèvement
N 393	null character, null, NUL	Füllzeichen n, Nullzeichen n	caractère m nul, nul m, NUL
N 394	null string	Nullkette f	chaîne f vide
N 395	number/to	numerieren	numéroter
N 396	number change	Rufnummernänderung f, Rufnummernwechsel m, Umnumerierung f	rénumération f
N 397	number display	Rufnummernanzeige f, Nummernanzeige f	affichage m de numéro
	number finder	s. T 183	
N 398	numbering	Numerierung f, Wählen n, Wahl f (Telefonie)	numérotage m, numérotation f, appel m au cadran
N 399	numbering area	Numerierungsbereich m, Rufnummernbereich m, Zone f	zone f de numérotage
N 400	numbering dial, dial	Nummernschalter m, NS, Wählscheibe f	cadran m, cadran d'appel
	numbering plan	s. N 401	
N 401	numbering scheme, numbering plan	Numerierungsplan m, Rufnummernplan m	plan m de numérotage
N 402	number of lines	Zeilenzahl f	nombre m de lignes
N 403	number of turns	Windungszahl f	nombre m de spires
	number-received signal	s. E 271	
	number system	s. N 407	
N 404	number unobtainable, NU	Rufnummer nicht erreichbar, Anschluß nicht erreichbar	numéro inaccessible
N 405	number unobtainable tone, NU tone	Hinweiston m (kein Anschluß unter dieser Nummer), Störungszeichen n	tonalité f de numéro non accessible
N 406	numeral recognition	Ziffernerkennung f	reconnaissance f de chiffres
	numeral system	s. N 407	
N 407	numeration system, number system, numeral system	Numerierungssystem n, Rufnummernsystem n	système m de numération
N 408	numeric[al]	numerisch	numérique
N 409	numerical control, NC	numerische Steuerung f	commande f numérique, CN
N 410	numerical selection	Nummernwahl f, erzwungene Wahl f	sélection f numérique
N 411	numeric character	numerisches Zeichen n	caractère m numérique
N 412	numeric character set	numerischer Zeichensatz m	jeu m de caractères numériques
N 413	numeric code	numerischer Code m	code m numérique
N 414	numeric coding	numerische Codierung f	codage m numérique
N 415	numeric data	numerische Daten pl	données fpl numériques
N 416	numeric display, digit display	numerische Anzeige f	affichage m numérique, afficheur numérique
N 417	numeric keypad	numerischer Tastenblock m	bloc m de touches numériques, bloc numérique
N 418	n-unit code	n-Schnittcode m	code m à n moments
N 419	nutation	Nutation f	nutation f
N 420	nutation angle	Nutationswinkel m	angle m de nutation
	NU tone	s. N 405	
	NV-RAM	s. N 350	
N 421	Nyquist frequency (rate)	Nyquistrate f, Nyquistfrequenz f	fréquence f de Nyquist, débit m de Nyquist
N 422	Nyquist slope	Nyquistflanke f	flanc m de Nyquist, pente f Nyquist

O

	OA	s. O 42		
	OACSU	s. O 33		
O 1	object oriented	objektorientiert		orienté objet
O 2	object recognition	Objekterkennung f		reconnaissance f d'objets
O 3	oblique exposure	schräge Näherung f		rapprochement m oblique
O 4	oblique incidence	schräger Einfall m		incidence f oblique
O 5	oblique-incidence ionospheric recorder	Ionosonde f für Schräglotung		sondeur m ionosphérique oblique
O 6	oblique-incidence ionospheric sounding	Schräglotung f der Ionosphäre, Schräglotung		sondage m ionosphérique [á incidence] oblique
O 7	oblique-incidence transmission	Übertragung f bei schrägem Einfall		transmission f sous incidence oblique
	obliquely incident wave	s. W 43		
	oblique ray	s. S 730		
O 8	oblique sounder	Schräglot n		sonde f oblique
	OBN	s. O 317		
O 9	observation satellite	Beobachtungssatellit m		satellite m d'observation
O 10	observed bearing	rohe Funkseitenpeilung f		relèvement m radiogoniométrique
O 11	obstacle diffraction	Streuung f an Hindernis		diffraction f par obstacle
O 12	obstacle gain	Hindernisgewinn m		gain m d'obstacle
O 13	obstruction (propagation)	Hindernis n		obstacle m
O 14	occupancy	Zeit f der Leitungsbelegung, Belegung f		coefficient m d'occupation, occupation f
O 15	occupational forces	ausgebildetes Personal n		personnel m spécialisé
O 16	occupied band	belegtes Band m		bande f occupée
O 17	occupied bandwidth	belegte Bandbreite f		largeur f de bande occupée
O 18	ocean area	Ozeanbereich m		zone f océanique
O 19	ocean area code	Ozeanbereichskennzahl f		indicatif m de zone océanique
O 20	ocean cable	Ozeankabel n, Seekabel n		câble m transocéanique, câble sous-marin
	OCR	s. O 190		
O 21	octal code	Oktalcode m		code m octal
O 22	octal digit	Oktalziffer f		chiffre m octal
	octal form	s. O 23		
O 23	octal notation, octal form	Oktalschreibweise f		forme f octale
O 24	octantal component of error (direction finding)	Achtkreisfehlerkomponente f		composante f sinusoïdale octantale de l'erreur d'installation d'un radiogoniomètre
O 25	octantal error (direction finding)	Achtkreisfehler m		erreur f octantale
O 26	octave filter	Oktav-Bandpaß m		filtre m d'octave
O 27	octet, eight-bit byte	Oktett n, 8-Bit ...		octet m
O 28	octet alignment	Oktetterkennung f		alignement m d'octet
O 29	octet sequence integrity	Übereinstimmung f der Oktettfolge		intégrité f de la suite des octets
	ODD	s. O 181		
O 30	odd harmonic	ungeradzahlige Oberwelle (Harmonische) f, Oberwelle ungeradzahliger Ordnung		harmonique m [d'ordre] impair
O 31	odd parity	ungerade Parität f		imparité f
O 32	odd parity check	Prüfung f auf ungerade Parität		contrôle m d'imparité
	ODPSK	s. O 64		
	OEIC	s. O 221		
	OES	s. O 294		
O 33	off-air call set-up, OACSU	sprechkanalfreier Verbindungsaufbau m		établissement m d'une connexion sans émission
O 34	off-axis antenna gain	Antennengewinn m außerhalb der Achse		gain m d'antenne en dehors de l'axe
O 35	off-axis power flux density	Leistungsflußdichte f außerhalb der Hauptkeule		puissance f surfacique en dehors du lobe
	offered traffic	s. T 731		
O 36	offering	Anbieten n, Aufschalten n		offre f, intrusion f
O 37	offering signal	Anbietzeichen n, Aufschaltezeichen n, Aufschaltesignal n		signal m d'offre, signal d'intrusion
	offering trunk	s. I 127		
	offering trunk group	s. I 129		
O 38	off-frequency carrier	frequenzversetzter Träger m		porteuse f décalée, porteuse décalée en fréquence
O 39	off-hook/to, to take off (handset)	abnehmen		décrocher
O 40	off hook (handset)	abgehoben		décroché
O 41	off-hook signal, answer signal	Beginnzeichen n		signal m de déchrochage, signal de réponse
O 42	office automation, OA	Büroautomation f, Büroautomatisierung f		bureautique f
O 43	office cable	Amtskabel n		câble m de central
O 44	office communication	Bürokommunikation f		communications fpl de bureau

O 45	office communication system	Bürokommunikationssystem n	système m de communication de bureau, système m de bureautique
O 46	office document	Bürodokument n	document m de bureau
	office end	s. O 51	
O 47	office equipment	Büroausrüstung f	équipement m de bureau
O 48	office information network	Büroinformationsnetz n	réseau m d'information de bureaux
O 49	office information system	Büroinformationssystem n	système m d'information en bureautique
O 50	office of origin	Aufgabeamt n	bureau m d'origine
O 51	office side, office end	Amtsseite f	côté m central
O 52	office wiring	Amtsverdrahtung f	câblage m de central
O 53	off-line	off-line, indirekt	en différé, différé
O 54	off-line operation (working)	off-line-Betrieb m	exploitation f en autonome
O 55	off-peak	außerhalb der Spitzenzeit	en dehors des heures de pointe
O 56	off-peak period, non-peak period	verkehrsschwache Zeit f	période f non chargée, heures fpl creuses, heures non chargées
O 57	off-position	Abschaltstellung f, Aus-Stellung f, Ruhestellung f	position d'arrêt, position de repos
O 58	offset, offsetting	Versetzung f	décalage m, déplacement m
O 59	offset, displaced	versetzt	décalé
O 60	offset antenna	Offsetantenne f	antenne f à source (réflecteur) décalée, antenne f [avec alimentation] excentrée
O 61	offset carrier operation, offset operation	Betrieb m mit versetztem Träger, Betrieb mit versetzten Trägern	exploitation f sur porteuse décalée, fonctionnement m sur porteuses décalées
O 62	offset Cassegrain antenna	Offset-Cassegrainantenne f	antenne f Cassegrain excentrée
O 63	off-set channel	Versatzkanal m	canal m décalé [en fréquence]
O 64	offset differential phase shift keying, offset DPSK, ODPSK	Offset-Differenzphasenumtastung f	modulation f par déplacement de phase différentielle avec décalage
O 65	offset-fed reflector, offset reflector	Schrägspiegler m	réflecteur m excentré
O 66	offset feed	exzentrische Speisung f	source f primaire décalée
O 67	off-set feed antenna	Antenne f mit versetztem Primärstrahler, Antenne mit asymmetrischer Erregung, Antenne mit dezentrierter Speisung	antenne f à source excentrée
	offset operation	s. O 61	
O 68	offset parabolic (paraboloidal) reflector	Parabolspiegel m mit versetztem Primärstrahler, Parabolspiegel mit dezentrierter Speisung	réflecteur m parabolique excentré, réflecteur parabolique offset
O 69	offset phase-shift keying, OPSK	Offset-Phasenumtastung f	modulation f par déplacement de phase décalée, MDPO
O 70	offset quadrature phase shift keying, OQPSK	Offset-Vierphasenumtastung f	modulation f par déplacement de phase en quadrature avec décalage, MDP-4 décalée
	offset reflector	s. O 65	
	offsetting	s. O 58	
	off-setting of carrier frequencies	s. C 266	
O 71	offset voltage	Offsetspannung f	tension f de suppression
O 72	offshore	ablandig	au large des côtes
O 73	offshore oil [production] platform	Ölbohrinsel f	plateforme f d'extraction de pétrole en haute mer
O 74	off state	Sperrzustand m	état m bloqué
O 75	off the main lobe axis	außerhalb der Achse der Hauptkeule, außerhalb der Hauptstrahlungsrichtung	en dehors de l'axe du faisceau principal
O 76	ohmic contact	ohmscher Kontakt m	contact m ohmique
O 77	ohmic loss, resistive loss	ohmsche Verluste mpl	pertes fpl ohmiques, pertes par effet Joule
O 78	ohmmeter	Ohmmeter n, Widerstandsmeßgerät n	ohmmètre m
O 79	Ohm's law	Ohmsches Gesetz n	loi f d'Ohm
O 80	oil circuit-breaker	Ölschalter m	disjoncteur m à huile
	OIM	s. O 182	
	OJT	s. O 121	
O 81	oligarchic [synchronized] network	oligarchisch synchronisiertes Netz n	réseau m à synchronisation oligarchique, réseau oligarchique
	OLR	s. O 371	
	OMAP	s. O 176	
	OMC	s. 1. O 171; 2. O 177	
O 82	omnibus circuit	Sammelleitung f	circuit m omnibus
O 83	omnidirectional antenna, non-directional antenna, non-directive antenna	Rundstrahlantenne f, Rundstrahler m	antenne f équidirective, antenne omnidirective
O 84	omnidirectional radio beacon	Allrichtungsfunkfeuer n, Rundstrahlfunkfeuer n, Rundstrahlbake f	radiophare m omnidirectionnel
O 85	omni-use terminal	Vielzweckterminal n	station f terminale à usages multiples

	OMUP	s. O 172	
O 86	on-board application	Bordeinsatz m	application f à bord
O 87	on-board processing	Bordverarbeitung f	traitement m à bord
O 88	on-board processor	Bordprozessor m	processeur m embarqué
O 89	on-board receiver	Bordempfänger m	récepteur m embarqué
	on-button dialling	s. A 856	
O 90	one-chip codec	Einchip-Codec m	codeur-décodeur m en un unique circuit intégré monolithique, codec m en une seule puce
O 91	one-dimensional coding	eindimensionale Codierung f	codage m monodimensionnel
O 92	one-dimensional masking, unidimensional masking	eindimensionale Maskierung f	masquage m monodimensionnel
O 93	one-dimensional picture transform	eindimensionale Bildtransformation f	transformation f d'image unidimensionnelle
O 94	one-hop link	Verbindung f mit einem Funkfeld	liaison f à un seul bond
O 95	one-megabit memory	Ein-Megabit-Speicher m	mémoire f de 1 Mbit
	one-shot circuit	s. O 96	
O 96	one-shot flip-flop, one-shot circuit	monostabiler Flipflop m, monostabile Kippschaltung f, monostabile Schaltung f	bascule f monostable
	one-shot multivibrator	s. M 640	
O 97	one-third octave filter	Terzfilter n	filtre m tiers d'octave
O 98	O network	symmetrisches (erd-, quersymmetrisches) π-Glied n	réseau m en O, réseau carré
O 99	one way	einseitig gerichtet	à sens unique, unidirectionnel
	one-way attenuation	s. O 103	
O 100	one-way circuit	Einwegleitung f, Einwegübertragungsleitung f	circuit m unidirectionnel
O 101	one-way communication, OWC	einseitiger Fernmeldeverkehr m, einseitige Übermittlung f, Richtungsbetrieb m	échange m unidirectionnel, OWC, communication f unidirectionnelle
O 102	one-way function	Einwegfunktion f	fonction f à sens unique
	one-way link	s. S 646	
O 103	one-way loss, one-way attenuation	Einwegdämpfung f	affaiblissement m à l'aller, affaiblissement dans un seul sens
	one-way only transmission	s. S 646	
O 104	one-way operation	gerichteter Betrieb m, Betrieb m in einer Richtung, einfachgerichteter Betrieb m, Richtungsbetrieb m (Schnittstelle)	exploitation f unidirectionnelle (dans un seul sens)
O 105	one-way propagation time	Laufzeit f in einer Richtung	temps m de propagation dans un sens
O 106	one-way transmission line (path)	Einwegleitung f	voie f de transmission unidirectionnelle
O 107	on-ground testing	Bodenerprobung f, Erprobung f am Boden	essai m au sol
O 108	on-hook	aufgelegt, Handapparat aufgelegt	raccroché, combiné raccroché
O 109	on-hook delay	Auflegeverzögerung f	retard m de raccrochage
O 110	on-hook dialling	Wahl f bei aufliegendem Handapparat	numérotation f combiné raccroché
O 111	on-hook listening	Hören n bei aufliegendem Handapparat	écoute f combiné raccroché
O 112	on-hook signal	Schlußzeichen n, Auflegezeichen n	signal m de raccrochage
O 113	on-line	on-line, gekoppelt, direkt	en ligne, connecté, en direct
O 114	on-line operation	direkter Betrieb m, Echtzeitbetrieb m, On-line-Betrieb m	exploitation f en ligne
O 115	on-off keyed signal, on-off signal	ein-aus-getastetes Signal n	signal m à modulation tout ou rien, signal à manipulation par tout ou rien
O 116	on-off keying	Ein-Aus-Tastung f	manipulation f par tout ou rien
O 117	on-off keying modulation	Ein-Aus-Tastung f	modulation f par tout ou rien
	on-off signal	s. O 115	
O 118	on-position	Arbeitsstellung f, Ein-Stellung f	position f de travail, position de marche
O 119	on-site maintenance	Wartung f vor Ort, Wartung an Ort und Stelle	maintenance f sur place (le site)
	on-site mounting	s. I 292	
O 120	on-the-fly printer	Drucker m mit fliegendem Druck	imprimante f à la volée
O 121	on-the-job training, OJT	Ausbildung f an Ort und Stelle, Ausbildung am Arbeitsplatz	formation f sur le tas
	opamp	s. O 165	
	OPC	s. O 246	
	op-code	s. O 173	
O 122	open circuit	offener Stromkreis m	circuit m ouvert
O 123	open-circuit admittance	Leerlaufscheinleitwert m (Leerlaufadmittanz f) [eines Vierpols]	admittance f en circuit ouvert [d'un quadripôle]
O 124	open-circuit impedance, no-load impedance	Leerlaufimpedanz f, Leerlaufscheinwiderstand m, [komplexer] Leerlaufwiderstand m [eines Vierpols]	impédance f en circuit ouvert [d'un quadripôle], impédance à vide

O 125	open-circuit voltage	Leerlaufspannung f	tension f en circuit ouvert, tension à vide
O 126	open-circuit working	Arbeitsstrombetrieb m	transmission f par fermeture de circuit, transmission par envoi de courant
	open conductor	s. B 105	
O 127	open control loop	offener Regelkreis m	boucle f de commande ouverte
O 128	open-ended, extendable, upgradable	erweiterungsfähig, erweiterbar	ouvert, extensible, évolutif
O 129	open-ended coaxial line	am Ende offene Koaxialleitung f	ligne f coaxiale à extrémité ouverte
	open-endedness	s. E 470	
O 130	open-ended waveguide	am Ende offener Hohlleiter m	guide m d'onde à extrémité ouverte, guide d'onde ouvert à une extrémité
O 131	open end numbering plan, open numbering scheme	offener Numerierungsplan m	plan m de numérotage ouvert
	open line	s. O 139	
O 132	open line wire, open wire	Freileitungsdraht m	fil m nu aérien, fil aérien, fil nu
O 133	open-loop control	rückführungslose Steuerung f, rückführungsloses Steuersystem n, Steuerung f ohne Rückführung	système m de commande à boucle ouverte, commande f en boucle ouverte
O 134	open numbering	offene Numerierung f	numérotation f ouverte
	open numbering scheme	s. O 131	
O 135	open system	offenes System n, offenes Kommunikationssystem n	système m ouvert
O 136	open systems architecture, OSA	Architektur f offener Systeme	architecture f de systèmes ouverts
	open systems communication	s. O 137	
O 137	open systems interconnection, open systems communication, OSI	offene Kommunikation f, Kommunikation (Verbindung f) offener Systeme, Regeln fpl für offene Systemzusammenschaltung	interconnexion f de[s] systèmes ouverts, OSI, ISO
	open wire	s. O 132	
O 138	open-wire carrier system, overhead carrier system	Freileitungs-Trägerfrequenzsystem n, Trägerfrequenzsystem n auf Freileitungen	système m à courants porteurs sur ligne aérienne, système à courants porteurs sur lignes aériennes
O 139	open-wire line, overhead line, open line, overhead wire line	Freileitung f, Freileitungslinie f, Freileitungsanlage f, oberirdische Linie f	ligne f aérienne, ligne en fils aériens, ligne en fils nus [aériens]
	open-wire line system	s. O 141	
O 140	open-wire pair	Freileitungsdoppelader f	paire f de fils aériens
O 141	open-wire system, open-wire line system	Freileitungsnetz n, Freileitungssystem n	système m sur lignes aériennes, système sur fils nus aériens, système sur lignes en fils nus aériens, réseau m sur fils nus aériens
O 142	open-wire telegraphy	Freileitungstelegrafie f, FLT	télégraphie f sur lignes aériennes
O 143	open-wire telephone line, overhead telephone line	Fernsprechfreileitung f, Telefonfreileitung f	ligne f téléphonique en fils nus aériens, ligne téléphonique aérienne
O 144	operate/to	betreiben, betätigen, bedienen, schalten, einschalten	fonctionner, exploiter, actionner, faire fonctionner
O 145	operate current	Ansprechstrom m, Betriebsansprechstrom m	courant m de commande, courant d'excitation, courant d'attraction
O 146	operate level	Ansprechpegel m	niveau m de fonctionnement
O 147	operating and maintenance system	Betriebs- und Wartungssystem n	système m d'exploitation et de maintenance
O 148	operating current, working current	Betriebsstrom m, Arbeitsstrom m	courant m de fonctionnement, courant m de travail
O 149	operating expenses	Betriebskosten pl, Betriebsausgaben fpl	frais mpl d'exploitation
O 150	operating failure	Betriebsstörung f, Betriebsausfall m	dérangement m, défaillance f
O 151	operating frequency	Betriebsfrequenz f	fréquence f de fonctionnement
O 152	operating instruction	Betriebsanweisung f, Betriebsvorschrift f	instruction f de service, consigne f d'exploitation
O 153	operating lifetime, operational lifetime	Betriebslebensdauer f	durée f de vie d'utilisation, durée f de fonctionnement
O 154	operating personal, operating staff, operational staff	Betriebspersonal n, Bedienungspersonal n	personnel m d'exploitation
	operating point	s. Q 99	
O 155	operating pole	Schaltstange f	perche f isolante
O 156	operating range	Arbeitsbereich m	gamme f de travail, rayon m d'action
O 157	operating reliability	Betriebszuverlässigkeit f	fiabilité f d'exploitation
O 158	operating room	Betriebsraum m	salle f d'exploitation
	operating staff	s. O 154	
O 159	operating system, OS	Betriebssystem n	système m d'exploitation, SE
	operating temperature	s. W 201	
O 160	operating time	Betriebszeit f	temps m de fonctionnement

O 161	operating voltage, working voltage	Betriebsspannung f, Arbeitsspannung f	tension f de fonctionnement, tension de service
O 162	operating wave, operation wavelength	Betriebswellenlänge f	onde f de travail, onde de fonctionnement
O 163	operation, working	Betrieb m, Operation f, Arbeiten n, Betreiben n	exploitation f, opération f, fonctionnement m, manœuvre m, travail m
O 164	operation/in	in Betrieb	en exploitation, en activité
O 165	operational amplifier, opamp	Operationsverstärker m, Rechenverstärker m	amplificateur m opérationnel
O 166	operational control centre, operation centre	Betriebszentrum n, BZ	centre m d'exploitation
	operational lifetime	s. O 153	
O 167	operational model	Einsatzmuster n	maquette f opérationnelle
O 168	operational requirement	Betriebsbedingung f	condition f d'exploitation
	operational staff	s. O 154	
O 169	operational testing	Betriebsversuch m	essai m en exploitation, essai m d'exploitation
O 170	operation and maintenance	Betrieb m und Wartung f, Betrieb und Unterhalt m	exploitation f et maintenance f
O 171	operation and maintenance centre, OMC	Betriebs- und Wartungszentrum n, Betriebs- und Unterhaltszentrum n	centre m d'exploitation et de maintenance, CEM
O 172	operation and maintenance user part, OMUP	Benutzerteil m (Nutzerteil m) für Betrieb und Wartung	sous-système m d'utilisateur exploitation et maintenance
	operation centre	s. O 166	
O 173	operation code, op-code	Operationscode m, Op-Code m	code m opération
O 174	operation dependent	betriebsbedingt, betriebsabhängig	dépendant de l'exploitation
O 175	operation mode	Betriebsweise f, Betriebsart f	mode m d'exploitation, mode de fonctionnement
	operation on a 24 hour basis	s. A 686	
O 176	operations and maintenance application part, OMAP	Anwenderteil m für Bedienen und Unterhalten	sous-système m application, exploitation et maintenance, SSAEM
O 177	operations, maintenance and network management centre, OMC	Betriebs-, Wartungs- und Netzführungszentrum n	centre m d'exploitation, de maintenance et de gestion du réseau, CEMGR
O 178	operations research, OR	Operationsforschung f	recherche f opérationnelle, RO
	operation wave length	s. O 162	
O 179	operator	Bediener m, Bedienungsperson f, Telefonistin f, Telefonist m; Operator m (Mathematik)	téléphoniste f, opératrice f, opérateur m
	operator	s. a. T 209	
	operator control panel	s. O 184	
O 180	operator dialling, direct operator dialling, dialling-in	Platzwahl f, Beamtinnenwahl f	numérotation f directe par l'opératrice, exploitation f (service m) semi-automatique
O 181	operator distance dialling, ODD	Platzfernwahl f, Beamtinnenfernwahl f	interurbain m semi-automatique
	operator handset	s. H 94	
O 182	operator interface module, OIM	Anschlußmodul m für Vermittlungsplatz	module m d'interface d'opératrice
	operator position	s. O 186	
O 183	operator recall	Platzherbeiruf m, Schrankherbeiruf m, Eintreteaufforderung f	rappel m de l'opératrice
O 184	operator's console, operator control panel	Bedienungspult n, Bedienpult n, Bedienungskonsole f	console f opérateur
O 185	operator's error	Bedienfehler m, Telegrafierfehler m, Fehler m der Telefonistin	fausse manœuvre f, erreur f d'opératrice
O 186	operator's position, operator position	Vermittlungsplatz m, VfL, Telefonistinnenplatz m, Arbeitsplatz m, Platz m	postition f d'opératrice, position f de téléphoniste, position d'opérateur
	operator telephone set	s. H 94	
O 187	opinion scale test	Test m mit subjektiven Bewertungsnoten	essai m avec notes d'appréciation subjective
	OPSK	s. O 69	
O 188	optical attenuator	optischer Abschwächer m, optisches Dämpfungsglied n	atténuateur m optique
O 189	optical axis	optische Achse f	axe m optique
O 190	optical character recognition, OCR	optische Zeichenerkennung f	reconnaissance f optique de caractères, ROC
O 191	optical character reading	optisches Zeichenlesen n, optisches Lesen n	lecture f optique (de caractères)
O 192	optical communication	optische Kommunikation f	communiation f optique
O 193	optical communication link	optische Nachrichtenverbindung f	liaison f de télécommunication optique
O 194	optical communications	optische Kommunikationstechnik f, optische Nachrichtentechnik f	télécommunication f optique

O 195	optical communication system	optisches Nachrichtensystem n, optisches Telekommunikationssystem n	système m de télécommunication optique
O 196	optical coupler, optocoupler, optical insulator	Optokoppler m	optocoupleur m, coupleur m optique
O 197	optical density	Schwärzungsdichte f	densité f optique
O 198	optical disk	optische Platte f	disque m optique
O 199	optical fiber, optical fiberguide, lightguide, optical fiber waveguide	Lichtwellenleiter m	fibre f optique, guide m d'onde optique, guide optique
O 200	optical fiber cable	Lichtwellenleiterkabel n, Lichtleiterkabel n, optisches Kabeln	câble m à fibres optiques, câble optique
O 201	optical fiber communication	Lichtwellenleiternachrichtentechnik f	télécommunication f par fibres optiques
	optical fiberguide	s. O 199	
O 202	optical fiber transmission	Lichtwellenleiterübertragung f	transmission f par fibres optiques
	optical fiber waveguide	s. O 199	
O 203	optical frequency	optische Frequenz f	fréquence f optique
O 204	optical information processing	optische Informationsverarbeitung f	traitement m optique de l'information
	optical insulator	s. O 196	
O 205	optically coupled	optisch gekoppelt	à couplage optique
	optical modulator	s. L 123	
O 206	optical reader, reading machine	optischer Leser m	lecteur m optique
O 207	optical signal processing	optische Signalverarbeitung f, Verarbeitung f optischer Signale	traitement m optique de signaux, traitement de signaux optiques
	optical source	s. L 132	
O 208	optical telegraph	optischer Telegraf m	télégraphe m optique
O 209	optical transmission	optische Übertragung f	transmission f optique
O 210	optical wavelength	optische Wellenlänge f	longueur f d'onde optique
O 211	optimal routing	optimale Leitweglenkung f	acheminement m optimal
O 212	optimization, optimizing	Optimierung f	optimisation f, optimalisation f
O 213	optimize/to	optimieren	optimaliser, optimiser
	optimizing	s. O 212	
O 214	optimum code	Optimalcode m	code m optimal
O 215	optimum detection	Optimalempfang m, Optimaldetektion f	réception f optimale, détection f optimale
O 216	optimum filter	Optimalfilter n	filtre m optimal
	optimum frequency	s. O 217	
O 217	optimum operating frequency, optimum frequency	optimale Betriebsfrequenz f	fréquence f de fonctionnement optimale
O 218	optimum traffic frequency, FOT, optimum working frequency, OWF	optimale Arbeitsfrequenz f, FOT, optimale Betriebsfrequenz f	fréquence f optimale de trafic, FOT
	optimum working frequency	s. O 218	
O 219	optional	wahlweise, fakultativ, wahlfrei	optionnel, sur (en) option, facultatif
	optional equipment	s. A 915	
O 220	optional user facility	wahlfreies Nutzerleistungsmerkmal n	service m complémentaire facultatif offert aux usagers
	optocoupler	s. O 196	
O 221	optoelectronic integrated circuit, OEIC	optoelektronische integrierte Schaltung f	circuit m intégré optoélectronique
O 222	optoelectronic switching	optoelektronische Vermittlung f	commutation f optoélectronique
	OQPSK	s. O 70	
O 223	or/to	disjunktiv verknüpfen	combiner par une porte OU
	OR	s. O 178	
O 224	orbit	Satellitenbahn f, Orbit m, Umlaufbahn f	orbite f
	orbital altitude	s. O 229	
O 225	orbital diversity system	Orbitaldiversitysystem n	système m à diversité orbitale
O 226	orbital eccentricity	Bahnexzentrizität f, Umlaufbahnexzentrizität f	excentricité f de l'orbite
	orbital height	s. O 229	
O 227	orbital inclination	Bahnneigung f, Neigung f der Umlaufbahn	inclinaison f de l'orbite
	orbital plane	s. O 231	
O 228	orbital position	Bahnposition f, Orbitposition f	position f sur l'orbite
	orbital velocity	s. O 232	
O 229	orbit altitude, orbital altitude, orbital height	Bahnhöhe f, Umlaufhöhe f, Höhe f der Satellitenbahn, Bahnhöhe f des Satelliten	altitude f d'orbite
O 230	orbiting satellite	Satellit m auf der Umlaufbahn	satellite m sur orbite
O 231	orbite plane, orbital plane	Bahnebene f, Umlaufbahnebene f	plan m orbital, plan d'orbite
O 232	orbit velocity, orbital velocity	Bahngeschwindigkeit f, Geschwindigkeit f auf der Umlaufbahn	vitesse f de révolution orbitale
O 233	ordering	Klassierung f	classement m
O 234	order wire [circuit], service circuit, speaker circuit (telephony)	Dienstleistung f, Dienstübertragungsweg m	ligne f de service, circuit m de service, voie f de service (système multiplex)
	order-wire communication	s. S 365	

O 235	order-wire pair	Dienstleistungspaar n	paire f de service
O 236	ordinary call	gewöhnliches Gespräch n	appel m ordinaire
O 237	ordinary private call (communication)	gewöhnliches Privatgespräch n	appel m privé ordinaire
O 238	ordinary service call	gewöhnliches Dienstgespräch n	appel m de service ordinaire
O 239	ordinary wave	ordentliche Welle f	onde f ordinaire
O 240	ordinate	Ordinate f	ordonnée f
	ORE	s. O 373	
O 241	OR element	ODER-Glied n	élément m OU
O 242	OR gate	ODER-Schaltung f, ODER-Gatter n, OR-Schaltung	circuit m OU, porte f [logique] OU
	originating call	s. O 288	
O 243	originating exchange	Ursprungsvermittlungsstelle f, Anschlußzentrale f	central m de départ, central de raccordement d'abonné
O 244	originating PDN	Ursprungs-PDN n	RPD m d'origine
O 245	originating point	Ursprungspunkt m	point m d'origine, point de départ
O 246	originating point code, OPC	Ursprungs[punkt]adresse f, Ursprungspunktcode m, Ursprungscode m, Code m des Ursprungspunktes	code m du point d'origine, CPO
	originating traffic	s. O 304	
O 247	origination traffic, source traffic	Ursprungsverkehr m, abgehender Verkehr m, entspringender Verkehr	trafic m de départ, trafic d'origine
O 248	OR NOT gate, inclusion gate	ODER-NICHT-Schaltung f, Inklusionsschaltung f	circuit m OU-NON, porte f logique OU-NON
O 249	orthicon	Orthikon n	orthicon m
O 250	orthogonal	orthogonal, rechtwinklig	orthogonal
O 251	orthogonal co-channel	orthogonal gleichkanalig	cocanal orthogonal
O 252	orthogonal co-channel operation	Gleichkanalbetrieb m (mit orthogonaler Polarisation)	exploitation f cocanal (polarisations orthogonales)
O 253	orthogonal filter	Orthogonalfilter n	filtre m orthogonal
O 254	orthogonality	Orthogonalität f	orthogonalité f
O 255	orthogonally polarized component	orthogonal polarisierte Komponente f	composante f à polarisation orthogonale
O 256	orthogonally polarized wave	orthogonal polarisierte Welle f	onde f à polarisation orthogonale
O 257	orthogonal polarization, perpendicular polarization	orthogonale Polarisation f, rechtwinklige Polarisation	polarisation f orthogonale
O 258	orthogonal sequence	orthogonale Folge f	séquence f orthogonale
O 259	orthogonal signals	orthogonale Signale npl	signaux mpl orthogonaux
O 260	orthogonal structure	orthogonale Struktur f	structure f orthogonale
O 261	orthogonal transform	orthogonale Transformation f	transformation f orthogonale
	orthomode coupler	s. P 516	
	orthomode transducer	s. P 516	
	OS	s. O 159	
	OSA	s. O 136	
	oscillating circuit	s. O 270	
	oscillating frequency	s. O 265	
O 262	oscillation	Schwingung f	oscillation f
O 263	oscillation buildup	Anschwingen n	amorçage m des oscillations
O 264	oscillation energy	Schwingungsenergie f	énergie f d'oscillation, énergie de vibration
O 265	oscillation frequency, oscillating frequency, frequency of oscillations (oscillating), vibration frequency (mechanical, acoustic)	Schwingungsfrequenz f	fréquence f d'oscillation, fréquence de vibrations (mécanique, acoustique)
O 266	oscillator	Oszillator m	oscillateur m
O 267	oscillator frequency	Oszillatorfrequenz f	fréquence f oscillatrice
O 268	oscillator noise	Oszillatorrauschen n	bruit m d'oscillateur
O 269	oscillator radiation	Oszillatorstörstrahlung f, Oszillatorabstrahlung f	rayonnement m d'oscillateur
O 270	oscillatory circuit, oscillating circuit	Schwingkreis m	circuit m oscillant
O 271	oscillogram	Oszillogramm n	oscillogramme m
O 272	oscillograph	Oszillograf m	oscillographe m
O 273	oscilloscope	Oszilloskop n	oscilloscope m
O 274	oscilloscope eye pattern	oszillografisches Augendiagramm n	diagramme m oscilloscopique en œil
O 275	oscilloscope photograph	Schirmbildaufnahme f	photographie f d'image oscilloscopique
O 276	oscilloscope tube	Oszilloskopröhre f	tube m cathodique
	OSI	s. O 137	
	outage	s. F 26	
O 277	outage performance	Ausfallverhalten n	caractéristiques fpl des interruptions
O 278	outage prediction	Voraussage f der Betriebsunterbrechung	prévision f des interruptions de service
O 279	outage probability	Unterbrechungswahrscheinlichkeit f	probabilité f d'interruption
O 280	outage time	Unterbrechungszeit f, Unterbrechungsdauer f	temps m d'interruption

	outage time	s. a. D 846	
O 281	outage time duration	Ausfallzeitdauer f	durée f des temps de coupure
	outband frequency	s. O 315	
	outband signalling	s. O 320	
O 282	outdoor antenna	Außenantenne f	antenne f extérieure
O 283	outer conductor	Außenleiter m	conducteur m extérieur
	outer jacket	s. O 285	
O 284	outer marker	Voreinflugzeichen n	balise f éloignée
O 285	outer sheath, outer jacket (cable)	Außenmantel m (Kabel)	gaine f extérieure, gaine d'étanchéité (câble)
O 286	outgoing (telephony)	abgehend	de départ, de sortie, sortant
O 287	outgoing access	abgehender Zugang m, Außenverbindung f	accès m sortant (extérieur)
O 288	outgoing call, outward call, originating call	abgehendes Gespräch n, abgehender Anruf m, abgehender Ruf m	appel m de départ, appel sortant, communication f de départ
O 289	outgoing calls barred	abgehender Ruf gesperrt, abgehende Anrufe gesperrt, abgehender Zugang verhindert	interdiction des appels de départ
O 290	outgoing channel	Abgangskanal m, Ausgangskanal m	voie f sortante
O 291	outgoing circuit	abgehender Übertragungsweg m, abgehende Leitung f, Ausgangsleitung f	circuit m sortant, circuit de départ
O 292	outgoing country	Abgangsland n	pays m de départ
	outgoing distributing frame	s. O 293	
O 293	outgoing distribution frame, outgoing distributing frame	Ausgangsverteiler m	répartiteur m de sortie
O 294	outgoing echo suppressor, OES	Abgangsechosperre f	suppresseur m d'écho de départ
O 295	outgoing exchange	Abgangsvermittlungsstelle f, Abgangszentrale f	central m de départ, central de sortie
O 296	outgoing international exchange	internationale Abgangsvermittlungsstelle f	centre m international de départ
O 297	outgoing junction	abgehende Verbindungsleitung f	jonction f de départ, jonction sortante
	outgoing junction circuit	s. O 298	
O 298	outgoing junctor, outgoing junction circuit	Ausgangsleitungssatz m, ALS, Ausgangsleitung f	joncteur m de départ, jonction f de départ, ligne f sortante
O 299	outgoing line	abgehende Leitung f	ligne f de départ, ligne sortante
O 300	outgoing operator	Abgangstelefonistin f	opératrice f de départ
O 301	outgoing position	Abgangsplatz m, Ausgangsplatz m	position f de départ
O 302	outgoing register	Ausgangsregister n	enregistreur m de départ, enregistreur sortant
O 303	outgoing selector	Ausgangswähler m	sélecteur m de départ, sélecteur sortant
	outgoing toll call	s. O 306	
O 304	outgoing traffic, outward traffic, originating traffic	abgehender Verkehr m, Abgangsverkehr m	trafic m sortant, trafic de départ
O 305	outgoing trunk, serving trunk	Abnehmerleitung f, Abnehmer m	circuit m sortant, circuit de départ
O 306	outgoing trunk call, outgoing toll call	abgehendes Ferngespräch n	appel m interurbain sortant
O 307	outgoing trunk group, serving trunk group	Abnehmerbündel n	faisceau m de circuits de départ, faisceau de circuits sortants
O 308	outgoing wave, travelling wave	fortschreitende Welle f	onde f progressive
O 309	outlet	Ausgang m, Auslaß m, Steckdose f (Netz)	sortie f, prise f de courant
O 310	out-of-alignment	nicht synchronisiert	déverrouillé, non synchronisé, désaligné
O 311	out-of-band	außerbandig, Außerband...	hors bande
O 312	out-of-band attenuation, out-of-band loss	Außerbanddämpfung f	affaiblissement m hors bande
O 313	out-of-band component	Außerbandkomponente f	composante f hors bande
O 314	out-of-band emission	Außerbandaussendung f	émission f hors bande
O 315	out-of-band frequency, outband frequency	Außerbandfrequenz f	fréquence f hors bande
O 316	out-of-band interference	Außerbandstörung f	brouillage m hors bande
	out-of-band loss	s. O 312	
O 317	out-of-band noise, OBN	Außerbandrauschen n	bruit m hors bande
O 318	out-of-band power	Außerbandleistung f	puissance f hors bande
O 319	out-of-band radiation	Außerbandstrahlung f, Außerbandabstrahlung f, Randaussendung f	rayonnement m hors bande
O 320	out-of-band signalling, outband signalling	Außerbandzeichengabe f, Außerbandsignalisierung f, Outbandzeichengabe f, Zeichengabe außerhalb des Bandes, Zeichengabe mit getrenntem Zeichenkanal	signalisation f hors bande
O 321	out-of-band spectrum	Außerbandspektrum n	spectre m hors bande
O 322	out-of-frame alignment time	Synchronausfallzeit f	durée f de perte du verrouillage de trame
O 323	out-of-order	gestört, ausgefallen, defekt, außer Betrieb (nach Störung)	en dérangement, en panne, défectueux

O 324	out-of-order tone	Gestörtzeichen *n*, Störungszeichen *n*	signal *m* de dérangement
	out-of-phase	*s.* P 352	
O 325	out-of-plan	außerplanmäßig	hors plan
O 326	out-of-service	außer Betrieb, außer Dienst	hors service
	outport	*s.* O 351	
O 327	outpulser	Impulsgeber *m*	émetteur *m* d'impulsions
O 328	output	Ausgang *f*, Ausgabe *f*, Ausstoß *m* (Produktion)	sortie *f*
O 329	output amplifier	Ausgangsverstärker *m*	amplificateur *m* de sortie
O 330	output balanced impedance	symmetrische Ausgangsimpedanz *f*	impédance *f* de sortie symétrique
O 331	output buffer	Ausgabepuffer *m*, Ausgangspuffer *m*	tampon *m* de sortie
O 332	output cancellation	Ausgabeabbruch *m*	arrêt *m* de réception, annulation *f* de sortie
O 333	output circuit	Ausgangskreis *m*	circuit *m* de sortie
O 334	output circuitry	Ausgangsschaltung *f*	circuits *mpl* de sortie
O 335	output current	Ausgangsstrom *m*, abgegebener Strom *m*	courant *m* de sortie, courant débité
O 336	output data	Ausgabedaten *pl*	données *fpl* de sortie, résultats *mpl*
O 337	output device	Augabegerät *n*	périphérique *m* de sortie
O 338	output equipment	Augabegerät *n*	matériel *m* périphérique de sortie
O 339	output heading, output top-line	Ausgabekopf *m*	en-tête *m* de sortie
O 340	output impedance	Ausgangsimpedanz *f*, Ausgangsscheinwiderstand *m*	impédance *f* de sortie
O 341	output information	Ausgabeinformation *f*	information *f* de sortie
O 342	output level	Ausgangspegel *m*	niveau *m* de sortie
O 343	output level fluctuation	Ausgangspegelschwankung *f*	fluctuation *f* du niveau de sortie
O 344	output message	Ausgabemitteilung *f*	message *m* de sortie
O 345	output module	Ausgabebaugruppe *f*, Ausgabemodul *m*	module *m* de sortie
O 346	output multiplexer	Ausgangsmultiplexer *m*	multiplexeur *m* de sortie, filtre *m* multiplexeur de sortie
	output power	*s.* P 626	
O 347	output pulse	Ausgangsimpuls *m*	impulsion *f* de sortie
O 348	output signal	Ausgangssignal *n*	signal *m* de sortie
O 349	output spectrum	Ausgangsspektrum *n*	spectre *m* en sortie
O 350	output stage	Ausgangsstufe *f*	étage *m* de sortie
O 351	output terminal, outport	Ausgangsklemme *f*	borne *f* de sortie
	output top-line	*s.* O 339	
O 352	output unit	Ausgabeeinheit *f*	unité *f* de sortie
O 353	output voltage	Ausgangsspannung *f*	tension *f* de sortie
O 354	output voltage variation	Ausgangsspannungsänderung *f*	variation *f* de tension de sortie
O 355	output winding	Ausgangswicklung *f*	enroulement *m* de sortie
O 356	outside cable, external cable	Außenkabel *n*	câble *m* extérieur
O 357	outslot signalling	Outslot-Zeichengabe *f*, Outslot-Signalisierung *f*	signalisation *f* hors créneau temporel, signalisation hors intervalle de temps
O 358	outstation	Außenstation *f*, Außenstelle *f*	poste *m* extérieur, poste éloigné
	outward call	*s.* O 288	
	outward traffic	*s.* O 304	
O 359	oven-controlled crystal	Quarz *m* im Thermostat, thermostatstabilisierter Quarz	quartz *m* thermostaté
O 360	oven-controlled oscillator	Oszillator *m* im Thermostat, thermostatgeregelter Oszillator	oscillateur *m* thermostaté
O 361	overall amplitude/frequency response, overall frequency response	Gesamtfrequenzgang *m*	réponse *f* globale amplitude/fréquence
O 362	overall availability	Gesamtverfügbarkeit *f*	disponibilité *f* totale
O 363	overall bandwidth	Gesamtbandbreite *f*	largeur *f* de bande totale, bande *f* passante totale
O 364	overall crosstalk	Gesamtnebensprechen *n*	diaphonie *f* globale
O 365	overall delay	Gesamtverzögerung *f*	retard *m* total
O 366	overall distortion	Gesamtverzerrung *f*	distorsion *f* totale
O 367	overall efficiency	Gesamtwirkungsgrad *m*	rendement *m* global
	overall frequency response	*s.* O 361	
O 368	overall gain	Gesamtverstärkung *f*	gain *m* total, amplification *f* totale
O 369	overall linearity	Linearität *f* über alles	linéarité *f* globale
O 370	overall loss, effective attenuation	Betriebsdämpfung *f*	affaiblissement *m* composite
	overall loss	*s. a.* N 101	
O 371	overall loudness rating, OLR	Gesamtlautstärkeindex *m*	équivalent *m* global pour la sonie, EGS
O 372	overall noise factor	Gesamtrauschzahl *f*, Gesamtrauschfaktor *f*	facteur *m* de bruit global
O 373	overall reference equivalent, ORE	Gesamtbezugsdämpfung *f*	équivalent *m* de référence total, ERT
O 374	overcharge	Überladung *f*	surcharge *f*
	overcurrent	*s.* E 449	

O 375	overcurrent relay	Höchststromrelais n, Maximalstromrelais n	relais m à maximums
O 376	overcurrent protective device	Überstromschutz m	dispositif m de protection contre les surintensités
O 377	over-equalization	Überkompensieren n, Überkompensation f	surcompensation f
O 378	overexcitation	Übersteuerung f, Übererregung f	surexcitation f
O 379	overflow	Überlauf m	débordement m, encombrement m, surcharge f
O 380	overflow group	Überlaufbündel n	faisceau m de débordement, faisceau de circuits de débordement
O 381	overflow indicator	Überlaufanzeiger m	indicateur m de débordement
O 382	overflow-mode operation	Überlaufbetrieb m	mode m d'exploitation avec débordement
O 383	overflow register	Überlaufregister n	compteur m de surcharge
O 384	overflow route	Überlaufweg m	voie f de débordement
O 385	overflow system	Überlaufsystem n	système m avec débordement
O 386	overflow traffic	Überlaufverkehr m	trafic m de débordement, trafic de dépassement
O 387	overflow traffic system	Überlaufverkehrssystem n	système m de trafic avec débordement
O 388	overhaul/to	überholen, instandsetzen	réviser, remettre en état
O 389	overhead beacon indication	Funkfeuerüberfluganzeige f	indication f de passage à la verticale d'un radiophare
O 390	overhead bits	Zusatzbits npl, Leerbits npl	bits npl (binons mpl) supplémentaires, bits d'en-tête
O 391	overhead cable	oberirdisches Kabel n, Freileitungskabel n	câble m aérien
O 392	overhead cable system overhead carrier system	oberirdische Kabelanlage f s. O 138	réseau m de câble aériens
O 393	overhead communication line, overland communication line	Fernmeldefreileitung f	ligne f aérienne de communication
O 394/5	overhead ground wire overhead line	Freileitungserdseil n s. O 139	câble (fil) m de masse aérien
O 396	overhead network, overhead wire network, overhead system, overhead wire system	Freileitungsnetz n	réseau m de lignes aériennes, réseau aérien, système m de lignes aériennes, système sur fils aériens
	overhead system	s. O 396	
	overhead telephone line	s. O 143	
	overhead wire line	s. O 139	
	overhead wire network	s. O 396	
	overhead wire system	s. O 396	
	overland communication line	s. O 393	
O 397	overlap/to	überlappen, sich teilweise überlappen	chevaucher, se superposer partiellement
O 398	overlap, overlapping	Überlappung f, Überlappen n, Rasterstörung f durch Überlappung (FAX)	chevauchement m, recouvrement m
O 399	overlap operation	Betrieb m mit Überlappung	fonctionnement m avec chevauchement
	overlapping	s. O 398	
O 400	overlapping channels	Kanäle mpl mit Überlappung, überlappende Kanäle	canaux mpl partiellement superposés
O 401	overlay area	Überlagerungsbereich m	zone f de recouvrement
O 402	overlay network	Überlagerungsnetz n, Overlay-Netz n, überlagertes Netz n	réseau m superposé (de superposition)
O 403	overlay programme	Overlay-Programm n	programme m à segments de recouvrement, programme de recouvrement
O 404	overload/to overload	überlasten s. O 407	surcharger
O 405	overload capability	Überlastungsmöglichkeit f	possibilité f de surcharge
O 406	overload capacity overload current	Überlastbarkeit f s. E 449	capacité f de surcharge
O 407	overloading, overload	Überlastung f, Überlast f	surcharge f
O 408	overload level	zulässige Grenzleistung f, größte zulässige Nutzleistung f	puissance f limite admissible, niveau m de surcharge
O 409	overload level overload limit, overload level	s. O 409 Überlastungsgrenze f, Überlastgrenze f	limite f de surcharge, niveau m de surcharge, puissance f limite admissible
	overload point	s. L 297	
O 410	overload protection	Überlastungsschutz m	protection f contre les surcharges
O 411	overmoded waveguide	übermodierter Hohlleiter m	guide m surdimensionné, guide en mode contraint
O 412	overmodulation over-reach interference	Übermodulation f s. O 419	surmodulation f
O 413	oversample/to	überabtasten	suréchantillonner

O 414	oversampling	Überabtastung f	suréchantillonnage m
	oversampling	s. a. S 1381	
O 415	overseas call	Überseegespräch n	communication f outre-mer, appel m outre-mer
O 416	overseas telephone service	Überseefernsprechdienst m	service m téléphonique transocéanique
O 417	overshoot/to	überschwingen, überschreiten, darüber hinausgehen	dépasser
O 418	overshoot	Überschwingen n, Überreichweite f (Ausbreitung)	dépassement m, suroscillation f, amplitude f de suroscillation, rebondissement m
O 419	overshoot interference, over-reach interference	Störung f durch Überreichweiten	brouillage m par propagation supernormale (anormale), brouillage par portée exceptionnelle
O 420	overshoot propagation	Überreichweitenausbreitung f	propagation f supernormale
O 421	oversized	überdimensioniert	surdimensionné
O 422	overswing	Überschwingen n	suroscillation f
O 423	over-the-horizon radar	Überhorizontradar n	radar m transhorizon
O 424	overview, survey (on studies)	Übersicht f (der Untersuchungen, über die Untersuchungen)	panorama m, vue f d'ensemble (des études)
	overvoltage	s. E 455	
O 425	overvoltage protection	Überspannungsschutz m	parasurtension f, protection f contre les surtensions
O 426	overvoltage relay	Überspannungsrelais n	relais m de surtension, relais à maximum de tension
O 427	overvoltage release	Überspannungsauslöser m	déclencheur m à maximum de tension
O 428	overwrite/to	überschreiben	superposer une écriture
	OWC	s. O 101	
	OWF	s. O 218	
O 429	own-a-phone	Eigentumstelefon n, Eigentumsapparat m, Eigentumsfernsprechapparat m	téléphone m en propriété

P

	PABX	s. P 753	
P 1	PABX in-dialling	Einwahl f in Nebenstelle	numérotation f directe de postes supplémentaires
P 2	pace voltage	Schrittspannung f	tension f de pas
	PACK	s. P 559	
P 3	package	Programmpaket n, Baugruppe f, Modul m, Gehäuse n	progiciel m, paquet-programme m, ensemble m, module m, boîtier m
P 4	packaging	Einbau m in Gehäuse (Bauelement), Konfektionierung f, Gehäuseeinbau m	mise f en (sous) boîtier, conditionnement m
P 5	packet	Paket n, Datenpaket n	paquet m
P 6	packet assembler/disassembler, PAD	Paketierer-Depaketierer m	assembleur-désassembleur m de paquets
P 7	packet assembly	Paketierung f, Paketbildung f	assemblage m de paquets
P 8	packet assembly/disassembly, PAD	Paketierung-Depaketierung f	assemblage-désassemblage m de paquets, ADP
P 9	packet bus	Paketbus m	bus m de paquets
P 10	packet delay	Paketlaufzeit f	retard m de paquets
P 11	packet disassembler	Depaketierer m	désassembleur m de paquets
P 12	packet disassembly	Depaketierung f, Paketauflösung f	désassemblage m de paquets
P 13	packet error probability	Paketfehlerwahrscheinlichkeit f	probabilité f d'erreur sur les paquets
P 14	packet format	Paketformat n	format m de paquet, structure f de paquet
P 15	packet forwarding	Paketwegleitung f	acheminement m des paquets
P 16	packetization	Paketbildung f	mise f en paquet, groupage m par paquets
P 17	packetize/to	paketieren	mettre en paquets
P 18	packetized speech and data transmission system	Paketübertragungssystem n für Sprache und Daten	système m de transmission de paroles et de données par paquet
P 19	packetized speech transmission	paketierte Sprachübertragung f	transmission f vocale en mode paquet
P 20	packet length	Paketlänge f	longueur f de paquet
P 21	packet length selection	Auswahl f der Paketlänge f	sélection f de longueur des paquets
P 22	packet level	Paketebene f	niveau m paquet
P 23	packet level protocol	Protokoll n auf Paketebene	protocole m de niveau paquet
P 24	packet loss	Paketverlust m	perte f de paquet
P 25	packet mode	Paketmodus m	mode m paquet

P 26	packet-mode operation	Paketbetrieb m, Paketbetriebsart f, Paketmodus m, Datenpaket-Betriebsweise f	paquets, exploitation f en mode paquet
P 27	packet-mode terminal	paketorientierte Endeinrichtung f, paketorientiertes Terminal n, Paketendstelle f, Datenpaket-Endstelle f	terminal m en mode paquet
P 28	packet network	Paketnetz n	réseau m de paquets
P 29	packet radio [communication]	Paketfunkverkehr m	radiocommunications fpl par paquets
P 30	packet radio network	Funknetz n mit Paketvermittlung, Paketfunknetz m	réseau m de radiocommunication [à commutation] par paquets
P 31	packet-switched data network, PSDN	paketvermitteltes Datennetz n, paketvermittelndes Datennetz	réseau m [de communication] de (pour) données à commutation de (par) paquets, RDCP
P 32	packet-switched data transmission service	paketvermittelter Datenübermittlungswähldienst m, Datenübermittlungswähldienst mit Paketvermittlung	service m de transmission de données à commutation par paquets
	packet-switched network	s. P 35	
P 33	packet-switched public data network, PSPDN	öffentliches Datennetz n mit Paketvermittlung, öffentliches paketvermitteltes Datennetz, öffentliches Datenpaketvermittlungsnetz	réseau m public de communication de données à commutation de paquets, RPDCP
P 34	packet switching	Paketvermittlung f, Datenpaketvermittlung f	commutation f de paquets, commutation f par paquets
P 35	packet-switching network, packet-switched network, PSN	Paketvermittlungsnetz n, paketvermitteltes Netz n, paketvermittelndes Netz, Netz n mit Paketvermittlung	réseau m à commutation de paquets, réseau de commutation par paquets
P 36	packet transmission	Paketübertragung f	transmission f par paquets
P 37	packet trunk module, PTM	Anschlußmodul m für Paketverbindungsleitungen	module m de jonction paquet
P 38	packet user module, PUM	Anschlußmodul m für Paketdatenendgeräte	module m d'utilisateur mode paquet
P 39	packet voice and data integration	Sprach-Daten-Paketintegration f	intégration f de la parole et des données par paquets
P 40	packet voice synchronisation	Synchronisation f von Sprachpaketen	synchronisation f de paquets de parole
P 41	packing density, packing fraction (component)	Packungsdichte f	densité f d'assemblage
P 42	packing density, recording density	Aufzeichnungsdichte f, Schreibdichte f	densité f d'enregistrement
	packing fraction	s. P 41	
P 43	pad	festes Dämpfungsglied n, Dämpfungsglied	affaiblisseur m [fixe], atténuateur m [fixe]
	pad	s. A 765	
	PAD	s. 1. P 6; 2. P 8	
P 44	padding	Auffüllen n, Füllen n, Einstellen n des Dämpfungsgliedes	remplissage m, bourrage m, réglage m de ligne d'affaiblissement
P 45	padding bit	Stopfbit n	bit m de bourrage
P 46	page[-at-a-time] printer	Blattdrucker m, Blattschreiber m	imprimante f par page
P 47	pager, paging device, paging receiver	Personenrufgerät n, Personenrufempfänger m, Rufempfänger m	dispositif m d'appel unilatéral, récepteur m d'appel [de personnes] récepteur de recherche de personnes, téléavertisseur m
P 48	page set	Seitengruppe f	ensemble m de pages
P 49	page teleprinter	Blattfernschreiber m, Blattschreiber m	téléimprimeur m à [impression sur] page
P 50	paging	Personenruf m	recherche f de personne
P 51	paging channel	Personenrufkanal m	canal m de recherche de personnes
	paging device	s. P 47	
	paging receiver	s. P 47	
P 52	paging service	Personenrufdienst m	service m d'appel de personnes
P 53	paging system, personal paging system	Personenrufsystem n	système m de recherche de personnes
P 54	paid service advice	gebührenpflichtiger Dienstspruch m	avis m de service taxé
P 55	paid service indication	gebührenpflichtiger Dienstvermerk m	indication f de service taxée
P 56	paid time ratio	relative Gebührenzeit f einer Leitung	rendement m horaire d'un circuit
	pair	s. P 62	
P 57	paired	paarig	à paires
P 58	paired cable, twin cable	paarverseiltes Kabel n	câble m à paires, câble en paires
P 59	paired-disparity code, alternate code, alternating code	alternierender Code m	code m à disparité compensée, code m alternant
P 60	paired echoes	Echopaare npl	échos mpl couplés
P 61	pairing	Paarverseilung f (Kabel), Paarigkeit f (Video)	pairage m

pair

P 62	pair of wires, pair	Adernpaar n, Paar n		paire f de conducteurs, paire
P 63	PAL system (phase alternating line)	PAL-System n		système m PAL (ligne d'alternance de phase)
	PAM	s. P 899		
P 64	panorama radar	Rundsuchradar n		radar m panoramique
P 65	panoramic adapter	Panoramazusatz m		adaptateur m panoramique
P 66	panoramic receiver	Panoramaempfänger m		récepteur m panoramique
	paper advance	s. P 68		
	paper cable	s. P 70		
P 67	paper capacitor (condenser)	Papierkondensator m, Wickelkondensator m		condensateur m isolant (à isolation) papier
P 68	paper feed[ing], paper advance	Papiervorschub m		avance f papier, entraînement m du papier
P 69	paper guide	Papierführung f		guide-papier m
P 70	paper-insulated cable, PIC cable, paper-ribbon insulated cable, paper cable	papierisoliertes Kabel n, Papierkabel n		câble m à isolation papier, câble sous papier, câble à isolant papier
P 71	paper-insulated lead-covered cable	Papierbleikabel n		câble m sous plomb à isolation papier
	paper-ribbon insulated cable	s. P 70		
P 72	paper tape	Papierstreifen m, Papierband n		bande f papier
	paper tape punch	s. P 240		
	paper tape reader	s. P 980		
	PAR	s. P 653		
P 73	parabolic antenna (disk)	Parabolantenne f		antenne f parabolique
P 74	parabolic reflector, paraboloidal mirror (reflector)	Parabolspiegel m, Parabolreflektor m, parabolförmiger Reflektor m		réflecteur m parabolique (paraboïdal), miroir m parabolique
	paraboloidal reflector	s. a. P 76		
P 75	paraboloid of revolution	Rotationsparaboloid n		paraboloïde m de rotation, paraboloïde de révolution
P 76	paraboloid reflector, parboloidal reflector	Rotationsparabolantenne f		réflecteur m paraboloïdal
	parallel access	s. S 652		
P 77	parallel by bit, in bit parallel form	bitparallel		en parallèle par bit
P 78	parallel connection	Parallelschaltung f		montage m (connexion f) en parallèle, branchement m en parallèle
P 79	parallel input/output, PIO	parallele Ein-Ausgabe f		entrée f et sortie f parallèles
P 80	parallelism	Parallelität f, Parallelverlauf m		parallélisme m
P 81	parallel operation, parallel working	Parallelbetrieb m, aktive Reserve f (Sender)		fonctionnement m parallèle
	parallel-plane waveguide	s. P 82		
	parallel-plate lens	s. M 389		
P 82	parallel-plate waveguide, parallel-plane waveguide	Parallelplattenleiter m		guide m à faces parallèles, guide à lames parallèles, guide à plans parallèles
P 83	parallel processing	Parallelverarbeitung f		traitement m en parallèle
P 84	parallel running	Parallelbetrieb m		exploitation f en parallèle
	parallel-serial conversion	s. P 85		
	parallel tee	s. S 492		
P 85	parallel-to-serial conversion, parallel-serial conversion	Parallel-Serien-Umsetzung f		conversion f parallèle-série
P 86	parallel-to-serial converter, serializer, dynamicizer	Parallel-Serien-Wandler m, Parallel-Serien-Umsetzer m		convertisseur m parallèle/série
P 87	parallel transmission	Parallelübertragung f		transmission f parallèle, transmission en parallèle
P 88	parallel transmission of images	parallele Bildübertragung f		transmission f parallèle d'images
P 89	parallel-wire line	Paralleldrahtleitung f		ligne f à fils parallèles
	parallel working	s. P 81		
P 90	parameter	Parameter m		paramètre m
P 91	parameter value, PV	Parameterwert m		valeur f de paramètre, VP
P 92	parametric	parametrisch		paramétrique
P 93	parametric amplification	parametrische Verstärkung f		amplification f paramétrique
P 94	parametric amplifier, paramp	parametrischer Verstärker m		amplificateur m paramétrique
P 95	parametric coding	parametrische Codierung f		codage m paramétrique
P 96	parametric noise	parametrisches Rauschen n		bruit m paramétrique
P 97	parametric oscillation	parametrische Schwingung f		oscillation f paramétrique
	paramp	s. P 94		
	parasitic aerial	s. S 174		
	parasitically excited antenna	s. S 174		
	parasitic antenna	s. P 134		
P 98	parasitic capacitance	parasitäre Kapazität f		capacité f parasite, capacité de fuite
P 99	parasitic emission	parasitäre Aussendung f, Stör[aus]strahlung f		rayonnement m parasite
P 100	parasitic half-wave dipole	Halbwellenreflektordipol m		doublet m parasite de demi-longueur d'onde
P 101	parasitic mode suppression	Störmodenunterdrückung f		réjection f des modes parasites
P 102	parasitic oscillation	parasitäre Schwingung f		oscillation f parasite
P 103	parasitic oscillations	wilde Schwingungen fpl		oscillations fpl parasites
	parasitic radiator	s. 1. P 134; 2. S 174		

	parasitic signal	s. I 439	
P 104	parent exchange	Hauptamt n	central m de rattachement
P 105	parity	Parität f	parité f
P 106	parity bit, check bit, parity check bit	Paritätsbit m, Kontrollbit n	bit m de parité, clé f de parité
P 107	parity check, even/odd check	Paritätsprüfung f, Paritätskontrolle f	contrôle m de parité
	parity check bit	s. P 106	
P 108	parity error	Paritätsfehler m	erreur f de parité
P 109	parity function	Paritätsfunktion f	fonction f de parité
P 110	parking, camp-on-busy, call waiting	Parken n [eines Gesprächs], Anklopfen n [und Warten, wenn besetzt]	parcage m, avertissement m de l'appelé, appel m en instance (attente)
P 111	parking orbit	Warteorbit m	orbite f d'attente
P 112	partial break-in echo suppressor	Echosperre f mit partieller Aussetzung	suppresseur m d'écho à intervention partielle
P 113	partial coherence	partielle Kohärenz f	cohérence f partielle
P 114	partial common trunk	teilweise gemeinsame Abnehmerleistung f	jonction f partiellement commune
P 115	partial failure	Teilausfall m, teilweiser Ausfall m	défaillance f partielle
P 116	partial fault	Teilstörung f, teilweise Störung f	panne f partielle
P 117	partially restricted extension	halb amtsberechtigte Nebenstelle f	poste m supplémentaire avec prise contrôlée du réseau public
P 118	partial response code	Partial-Response-Code m	code m à réponse partielle
P 119	partial response coding	Partial-Response-Codierung f	codage m à réponse partielle
P 120	partial response modulation	Partial-Response-Modulation f	modulation f à réponse partielle
P 121	partial-response signal, PRS	Partial-Response-Signal n	signal m à réponse partielle
P 122	partial tone reversal (facsimile)	Helligkeitsumkehrung f	inversion f partielle des nuances
P 123	participating station	beteiligte Station f	station f participante
P 124	partition/to	segmentieren, abteilen	segmenter, diviser, découper
P 125	partitioning (memory)	Aufteilung f	segmentation f, découpage m
P 126	parts list	Schaltteilliste f, Stückliste f	nomenclature f
	part-time leased circuit	s. P 127	
P 127	part-time private wire circuit, part-time leased circuit	zeitweise vermietete Leitung f	circuit m loué à temps partiel
P 128	party line, shared service line, shared line	Gemeinschaftsleitung f	ligne f partagée, ligne commune, ligne collective
	party line	s. a. 1. M 745; 2. P 129	
P 129	party line station, party line	Gemeinschaftsanschluß m, GA, Sammelanschluß m	raccordement m collectif, RC, ligne f partagée
P 130	passband	Durchlaßband n, Durchlaßbereich m, DB	bande f passante
P 131	passband attenuation (loss)	Durchlaßdämpfung f	affaiblissement m dans la bande passante
P 132	passband response	Durchlaßkurve f	caractéristique f en bande passante
P 133	passivation	Passivierung f	passivation f, traitement m de passivation
	passive aerial	s. S 174	
P 134	passive antenna, parasitic antenna, parasitic radiator	passiver Strahler m	élément m passif, élément secondaire
P 135	passive balance return loss, passive return loss	passive Fehlerdämpfung f	affaiblissement m passif d'équilibrage
	passive communication satellite	s. P 141	
P 136	passive component	passives Bauelement n	composant m passif
P 137	passive intermodulation product, PIMP	passives Intermodulationsprodukt n	produit m d'intermodulation passif
P 138	passive network	passives Netzwerk n	réseau m passif
P 139	passive reflector	Umlenkspiegel m, Umlenkreflektor m	réflecteur m déviateur, réflecteur m passif
P 140	passive relay (repeater)	Umlenkanordnung f, passive Relaisstelle f	relais m passif
	passive return loss	s. P 135	
P 141	passive satellite, passive communication satellite	passiver Satellit m	satellite m passif, satellite réflecteur
P 142	passive sensor	passiver Sensor m	détecteur m passif, capteur m passif
P 143	passive transducer	passiver Wandler m	transducteur m passif
P 144	pass mode	Passmode m	mode m de passage
P 145	password	Kennwort n, Passwort n	mot m de passe, code m d'accès
P 146	past-equalizing	Nachentzerrung f	postégalisation f
P 147	past sample	vorhergehender Probenwert m	échantillon m précédent
P 148	patch/to	korrigieren, ausbessern, zusammenschalten (zeitweilig)	corriger, raccorder, connecter
P 149	patch board, patch panel	Stecktafel f, Anschlußfeld n	panneau m de raccordement, tableau (panneau) m de connexion
P 150	patch cord, patch plug	Steckerkabel m, Rangierschnur f	cordon m de raccordement, cordon de connexion
	patch panel	s. P 149	
	patch plug	s. P 150	
P 151	patentability	Patentierbarkeit f, Patentfähigkeit f	brevetabilité f

P 152	path	Weg m, Pfad m, Bahn f, Strecke f	trajet m, chemin m, parcours m, itinéraire m
P 153	path attenuation, path loss	Streckendämpfung f	affaiblissement m de propagation, affaiblissement sur des trajets de propagation
P 154	path diversity	Streckendiversity n	diversité f de trajet
P 155	path finding	Wegesuche f	recherche f d'itinéraires
P 156	path length	Streckenlänge f, Weglänge f	longueur f de (du) trajet
	path length	s. a. H 256	
P 157	path loss	Übertragungsdämpfung f, Funkfelddämpfung f	affaiblissement m sur un trajet, affaiblissement dans le bond
	path loss	s. a. P 153	
P 158	path profile, profile of the radio link	Streckenprofil n, Funkstreckenprofil	profil m du bond, profil de la liaison
P 159	path search	Wegesuche f	recherche f d'itinéraire
	path selection	s. R 803	
P 160	pattern recognition	Formerkennung f	reconnaissance f des formes
P 161	pawl	Schaltklinke f, Sperrklinke f	cliquet m
P 162	payload	Nutzlast f	charge f utile
P 163	payment card	Geldkarte f	carte f de paiement
P 164	pay-on-answer coin box	Münzfernsprecher m mit Zahlung bei Antwort	poste m téléphonique à paiement sur réponse
	payphone	s. P 165	
	payphone booth	s. T 164	
P 165	pay station (telephone), payphone, coin box telephone, coin telephone, coin telephone station	Münzfernsprecher m, Münzer m, Kassierstation f, KST	appareil m à encaissement, poste m téléphonique à prépaiement (péage), téléphone m à prépaiement, appareil (poste) m à encaissement automatique, publiphone m
P 166	pay television, pay tv	Münzfernsehen n, Abonnementfernsehen n, gebührenpflichtiges Fernsehen n	télévision f à accès conditionnel, télévision à péage, télévision par abonnement
P 167	pay tone	Zahlton m	tonalité de paiement
	pay tv	s. P 166	
	PBA	s. P 736	
	PBA extractor	s. P 731	
	PB system	s. P 990	
	PB telephone	s. K 28	
	PBX	s. 1. P 754; 2. P 762; 3. S 1331	
	PBX attendant	s. T 209	
P 168	PBX exchange line	Nebenstellen-Amtsleitung f	ligne f de central PBX
	PBX extension	s. P 170	
P 169	PBX restricted telephone	teilberechtigter Nebenstellenapparat m	poste m de PBX à service restreint
P 170	PBX station (telephone), PBX extension	Nebenstellenapparat m, Nebenstellenfernsprechapparat m	poste m de PBX
	PBX tie line	s. P 755	
	PC	s. 1. C 986; 2. P 278	
	PCB	s. 1. C 244; 2. P 733; 3. P 736	
	pc board	s. P 733	
	PC communications	s. P 279	
	p-channel MOSFET	s. P 477	
	p-channel MOS technology	s. P 478	
	PCM	s. P 905	
P 171	PCM binary code	PCM-Binärcode m	code m binaire MIC
P 172	PCM bus	PCM-Bus m	bus m MIC
P 173	PCM channel	PCM-Kanal m	voie f MIC
P 174	PCM codec	PCM-Codec m	codec m MIC
P 175	PCM-coded picture	PCM-codiertes Bild n, mit Pulscodemodulation codiertes Bild	image f codée en MIC
P 176	PCM coder	PCM-Codierer m	codeur m MIC
P 177	PCM-encoded speech	PCM-codierte Sprache f	parole f codée en MIC
P 178	PCM frame	PCM-Rahmen m	trame f MIC
P 179	PCM frame alignment	PCM-Rahmengleichlauf m, PCM-Rahmensynchronismus m	verrouillage m de trame MIC
P 180	PCM hierarchy	PCM-Hierarchie f	hiérarchie f MIC
P 181	PCM link	PCM-Verbindung f	liaison f MIC
P 182	PCM multiplex	PCM-Multiplex n	multiplex m MIC
P 183	PCM multiplex equipment	PCM-Multiplexeinrichtung f, PCM-Multiplexgerät n, PCMX	matériel m de multiplexage MIC, équipement m de multiplexage MIC
P 184	PCM signal	PCM-Signal n	signal m MIC
P 185	PCM sound channel	PCM-Tonkanal m	voie f son MIC
P 186	PCM transmission, pulse-code modulated transmission	PCM-Übertragung f, Übertragung mit Pulscodemodulation	transmission f MIC, transmission en modulation par impulsions et codage
	PCP	s. 1. P 733; 2. P 736	
	PCR	s. P 704	
	PCR error control	s. P 705	

	PDM	s. P 915	
	PDN	s. P 871	
	PE	s. P 252	
P 187	peak	Spitze f, Scheitel m, Spitzenwert m, Scheitelwert m, Maximum n	crête f, pointe f, maximum m
P 188	peak amplitude	Spitzenamplitude f	amplitude f de crête
P 189	peak current	Spitzenstrom m	courant m de crête
P 190	peak deviation	Spitzenhub m	excursion f maximale
P 191	peakedness factor	Spitzigkeitsfaktor m	facteur m d'irrégularité
P 192	peaked traffic	spitziger Verkehr m	trafic m survariant
	peak envelope power	s. P 199	
P 193	peak frequency deviation	maximaler Frequenzhub m	excursion f de fréquence maximale
P 194	peak hour	Spitzenzeit f	heure f de pointe
P 195	peaking coil	Entzerrungsspule f	inductance f de relèvement
	peak inverse voltage	s. P 205	
P 196	peak level	Spitzenpegel m	niveau m de crête
P 197	peak limiting, clipping, peak limiting in quantizing	Spitzenbegrenzung f	écrêtage m
	peak limiting in quantizing	s. P 197	
P 198	peak load	Spitzenbelastung f, Spitzenlast f	charge f de pointe
P 199	peak power, peak envelope power, PEP	Spitzenleistung f	puissance f de crête, puissance en crête
P 200	peak power limitation	Spitzenleistungsbegrenzung f	limitation f de la puissance de crête
P 201	peak power output	Oberstrichleistung f	puissance f de sortie de crête
P 202	peak programme meter	Aussteuerungsmesser m	modulomètre m
P 203	peak pulse power	Impulsspitzenleistung f	puissance f de crête d'impulsion
P 204	peak rectifier	Spitzengleichrichter m	redresseur m de crête
P 205	peak reverse voltage, peak inverse voltage	Spitzensperrspannung f	tension f inverse de crête
P 206	peak speech power	Höchstwert (Spitzenwert) m der Sprechleistung, maximale Sprechleistung f	puissance f vocale de crête
P 207	peak-to-peak	Spitze-Spitze, von Spitze zu Spitze	crête à crête
P 208	peak-to-peak value	Spitze-Spitze-Wert m, doppelter Scheitelwert m	valeur f de crête à crête
P 209	peak traffic	Spitzenverkehr m	trafic m de pointe
P 210	peak value	Spitzenwert m, Maximalwert m, Scheitelwert m	valeur f de crête, valeur de pointe
P 211	peak voltage	Spitzenspannung f	tension f de crête
P 212	peak voltmeter	Spitzenspannungsmesser m	voltmètre m de crête
P 213	peak white	Weißspitze f	crête f du blanc
P 214	peer entities	Partnerinstanzen fpl	entités fpl homologues
P 215	peg count	Belegungszählung f, BZ	comptage m de prises
P 216	peg count meter (register)	Belegungszähler m	compteur m de prises
	pel	s. P 398	
P 217	pel path	Weg m der Bildelemente	trajet m des éléments d'image
P 218	Peltier-cooled	Peltier-gekühlt	refroidi par effet Peltier
P 219	Peltier element	Peltier-Element n	élément m Peltier
P 220	Peltier's effect	Peltier-Effekt m	effet Peltier m
P 221	pencil beam	Bleistiftstrahl n, Bleistiftkeule f	faisceau-crayon m, faisceau m ponctuel
P 222	pencil-beam antenna	Bleistiftstrahlantenne f	antenne f à faisceau-crayon, antenne à faisceau en pinceau
	penetration depth	s. D 296	
P 223	people engineering, human engineering, ergonomics	Ergonomie f	ergonomie f
	PEP	s. P 199	
P 224	perceived sound quality	empfundene Klangqualität f	qualité f du son perçu
P 225	percentage availability	prozentuale Verfügbarkeit f	pourcentage m de disponibilité
P 226	percentage of error-free second	Prozentsatz m fehlerfreier Sekunden	pourcentage m de secondes sans erreur
P 227	percent completion	Prozentsatz m der abgewickelten Gesprächsanmeldungen	pourcentage m des demandes satisfaites
P 228	perceptibility threshold	Wahrnehmbarkeitsschwelle f	seuil m de perceptibilité
P 229	perceptible signal	wahrnehmbares Signal n	signal m perceptible
P 230	perception of sound	Klangempfindung f	perception f du son
P 231	perfect code	vollständiger Code m	code m complet
P 232	perfectly conducting	ideal leitend	parfaitement conducteur (conductrice)
P 233	perfect modulation (telegraphy)	vollkommene Tastung f	modulation f parfaite
P 234	perfect restitution (telegraphy)	vollkommene Wiedergabe f	restitution f parfaite
P 235	perfect secrecy encryption	Verschlüsselung f mit vollständiger Geheimhaltung	chiffrement m avec un secret parfait
P 236	perfect signal (telegraphy)	vollkommenes Zeichen n	signal m parfait
P 237	perforate/to, to punch	perforieren, stanzen, lochen	perforer
	perforated card	s. P 978	
	perforated tape	s. P 979	
P 238	perforated-tape retransmitter	Lochstreifenübertrager m	réémetteur m à bande perforée, reperforateur-transmetteur m

P 239	perforation	Perforation f, Lochung f	perforation f
P 240	perforator, tape perforator, tape punch, paper tape punch	Lochstreifenstanzer m, Locher m, Handlocher m	perforateur m, perforatrice f, perforateur de bande, perforatrice de bande
P 241	perform/to	verrichten, ausführen	exécuter
	performance	s. E 94	
P 242	performance/cost ratio	Leistungs-Kosten-Verhältnis n	rapport m performance/coût
P 243	performance reliability, safety in operation	Betriebssicherheit f	sûreté f de fonctionnement
P 244	performance requirements	Leistungsanforderungen fpl, Leistungsforderungen fpl	exigences fpl de comportement
P 245	performance test	Funktionsprüfung f	essai m de fonctionnement
P 246	perigee	Perigäum n	périgée m
P 247	period	Periode f, Periodendauer f, Zeitabschnitt m	période f, intervalle m
P 248	periodic discontinuities	periodische Störstellen fpl	discontinuités fpl périodiques
P 249	period of revolution [of a satellite]	Umlaufzeit f [eines Satelliten]	période f de révolution [d'un satellite]
P 250	periods of fading	Schwundperioden fpl	périodes fpl d'évanouissement
P 251	peripheral	peripherisch	périphérique
P 252	peripheral equipment, PE	Peripheriegerät n, peripheres Gerät n	périphérique m, équipement m périphérique
P 253	peripheral interface	peripherer Schnittstellenbaustein m, periphere Schnittstelle f	interface f périphérique
P 254	peripheral interface adapter, PIA	peripherer Schnittstellenadapter m	adaptateur m d'interface périphérique
P 255	peripheral unit	periphere Einheit f, PE	unité f périphérique
P 256	periscope antenna, beam waveguide antenna	Periskopantenne f	antenne f périscopique, antenne à alimentation périscopique
P 257	permanent call, permanent glow	Dauerruf m	appel m permanent
P 258	permanent circuit service	permanenter Dienst m	service m de circuit permanent
P 259	permanent circuit telecommunication service	permanenter Telekommunikationsdienst m	service m de circuit de télécommunications permanent
P 260	permanent fault	Dauerstörung f	panne f franche
P 261	permanent fault, persistent fault, solid fault	bleibender Fehler m	panne f permanente
	permanent glow	s. P 257	
P 262	permanent joint	nichtlösbare Verbindung f	jonction f fixe
P 263	permanent ringing current	Dauerrufstrom m	courant m d'appel non cadencé
P 264	permanent virtual circuit, PVC	feste virtuelle Verbindung f, FVV	circuit m virtuel permanent
P 265	permeability	Permeabilität f	perméabilité f
P 266	permeability tuning, reluctance tuning	Permeabilitätsabstimmung f	accord m par réluctance
P 267	permeance	magnetischer Leitwert m, magnetische Leitfähigkeit f, Permeanz f	perméance f
P 268	permeance factor	magnetische Leitzahl f	facteur m de perméance
P 269	perminvar	Perminvar n	perminvar m
P 270	permissible interference	zulässige Störung f	brouillage m admissible
P 271	permissible out-of-band power	zulässige Außerbandleistung f	puissance f hors bande admissible
P 272	permissible out-of-band spectrum	zulässiges Außerbandspektrum n	spectre m hors bande admissible
P 273	permissible radius of curvature	zulässiger Krümmungsradius m	rayon m de courbure admissible
P 274	permissible wind speed (velocity)	zulässige Windgeschwindigkeit f	vitesse f de vent admissible
P 275	permittivity, dielectric constant	Dielektrizitätskonstante f, Permittivität f	permittivité f, constante f diélectrique
P 276	permutation scrambling of speech	Sprachverschleierung f durch Vertauschung	embrouillage m de la parole par permutation
	perpendicular polarization	s. O 257	
P 277	perseverance function	Ausdauerfunktion f	fonction f de persévérance
	persistent fault	s. P 261	
P 278	personal computer, PC	Personalcomputer m, Arbeitsplatzrechner m	ordinateur m personnel, OP, ordinateur de place de travail, pico-ordinateur m
P 279	personal computer communications, PC communications	Personalcomputerverbund m	communications fpl entre ordinateurs personnels
P 280	personal computer network	Personalcomputernetz n	réseau m d'ordinateurs personnels, réseau PC
	personal paging system	s. P 53	
	personal portable	s. W 9	
	personal portable transceiver	s. W 9	
P 281	person[-to-person] call	Voranmeldungsgespräch n, XP-Gespräch n	communication f avec préavis
	perturbing effect	s. D 759	
P 282	perturbing magnetic field, stray magnetic field	magnetisches Störfeld n	champ m perturbateur magnétique
P 283	Petri nets	Petrinetze npl	réseaux mpl de Pétri
	PFM	s. P 920	
	PG	s. G 173	
P 284	phantom/to, to phantom power	zum Phantomkreis schalten	alimenter sur circuit fântome

P 285	phantom circuit	Phantomleitung f, Phantom[strom]kreis m, Viererleitung f, Vierer m	circuit m fantôme, circuit combiné
P 286	phantomed operation	Viererbetrieb m	fonctionnement m avec circuit fantôme
P 287	phantom group	Phantomgruppe f, Vierergruppe f	groupe m combinable
P 288	phantoming	Viererbildung f, Phantombildung f	combinaison f des circuits
	phantom power/to	s. P 284	
P 289	phantom telegraph circuit	Viererstromkreis m für Telegrafie	circuit m télégraphique fantôme
P 290	phantom telegraphy	Vierertelegrafie f	télégraphie f fantôme
P 291	phase/to	in Phase bringen	mettre en phase
P 292	phase	Phase f, Abschnitt m (Zeit), Schritt m (Prozedur)	phase f
P 293	phase/in	phasengleich, in Phase	en phase
P 294	phase adjustment	Phasenabgleich m, Phaseneinstellung f	réglage m en phase
P 295	phase adjustment waveguide	Hohlleiter m zum Phasenabgleich	guide m d'onde de réglage en phase
P 296	phase-amplitude distortion	nichtlineare Phasenverzerrung f	distorsion f phase-amplitude
P 297	phase angle	Phasenwinkel m	angle m de phase, déphasage m
P 298	phase angle difference, phase difference	Phasenwinkeldifferenz f, Phasen[winkel]unterschied m, Phasendifferenz f	différence f de phase, déphasage m
P 299	phase bandwidth	Phasenbandbreite f	largeur f de bande de phase
P 300	phase black	schwarzes Phasensignal n	signal m de mise en phase sur noir, mise f en phase sur noir
P 301	phase centre	Phasenzentrum n	centre m de phase
P 302	phase change	Phasenänderung f	déphasage m
P 303	phase-change coefficient, phase constant	Phasenkonstante f, Phasenmaß n, Winkelmaß n, Winkelkonstante f	déphasage m linéique, constante f de déphasage
P 304	phase coherent	phasenkohärent	à phase cohérente
P 305	phase comparator	Phasenkomparator m, Phasenvergleicher m	comparateur m de phase
P 306	phase comparison	Phasenvergleich m	comparaison f de phase
P 307	phase comparison circuit	Phasenvergleichsschaltung f	circuit m à comparaison de phase
P 308	phase compensation, phase equalization	Phasenentzerrung f, Phasenausgleich m	compensation f de phase
P 309	phase conductor, phase wire	Phasenleiter m, Phase f	conducteur m de phase, phase f
	phase constant	s. P 303	
P 310	phase control	Phasensteuerung f	commande f de phase
P 311	phase-corrected horn	Horn n mit Phasenkorrektur, phasenkorrigierter Hornstrahler m	cornet m à correction de phase
P 312	phase correction	Phasenausgleich m, Phasenentzerrung f	correction f de phase
P 313	phase curve	Phasenkurve f	courbe f de phase
P 314	phased-array antenna	phasengesteuerte Gruppenantenne f, phasengesteuerte Antenne f, phasengesteuerter Gruppenstrahler m, Phased-Array-Antenne f, phasengesteuerte Strahleranordnung f	antenne f en (à) réseau à commande de phase
P 315	phase delay	Phasenlaufzeit f	temps m de propagation de phase
P 316	phase demodulation	Phasendemodulation f	démodulation f de phase
P 317	phase demodulator	Phasendemodulator m	démodulateur m de phase
P 318	phase departure of a pulse	Impuls-Phasenverschiebungswinkel m	déphasage m d'une impulsion, écart m de phase d'une impulsion
P 319	phase detector	Phasendetektor m	détecteur m de phase
P 320	phase deviation	Phasenhub m	déviation m de phase, écart m de phase
P 321	phase diagram	Phasendiagramm n	diagramme m de phase
	phase difference	s. P 298	
P 322/3	phase discriminator	Phasendiskriminator m	discriminateur m de phase
	phase distortion	s. P 327	
	phased satellite	s. S 1519	
	phase equalization	s. P 308	
P 324	phase equalizer	Phasenentzerrer m	compensateur m [de la distorsion] de phase, correcteur m de phase
P 325	phase error	Phasenfehler m	erreur f de phase
P 326	phase-frequency characteristic, phase response, phase shift as a function of frequency	Phasengang m, Phasenabhängigkeit f [von der Frequenz]	caractéristique f phase-fréquence, courbe f de réponse en phase, réponse f en phase, caractéristique f de déphasage, caractéristique f déphasage-fréquence
P 327	phase-frequency distortion, phase distortion	Phasenverzerrung f	distorsion f de phase, distorsion phase-fréquence
P 328	phase instability	Phaseninkonstanz f	instabilité f de phase
P 329	phase inversion, phase reversal	Phasenumkehr[ung] f	inversion f de la phase

phase

P 330	phase-inversion modulation	Phasenumkehrmodulation f	modulation f par inversion de phase
P 331	phase jitter	Phasenjitter m	gigue f de phase
P 332	phase jump	Phasensprung m	saut m de phase, variation f brusque de phase
P 333	phase lag[ging], lagging of phase	Phasennacheilung f	déphasage m en arrière (en retard), retard m de phase
P 334	phase lead[ing], leading of phase	Phasenvoreilung f	déphasage m en avant
	phase lock	s. P 339	
P 335	phase-locked	phasenstarr, phasenstarr synchronisiert, mit phasenstarrer Kopplung	verrouillé en phase, à verrouillage de phase
P 336	phase-locked loop, PLL	Phasenregelkreis m P₂ Phasensynchronisationskreis m, Phase-Locked-Loop m, PLL-Schaltkreis m	boucle f à verrouillage de phase, boucle d'asservissement de phase
P 337	phase-locked loop FM demodulator, PLL FM demodulator	PLL-FM-Demodulator m	démodulateur m de fréquence à boucle asservie en phase
P 338	phase-locked oscillator	phasensynchronisierter Oszillator m	oscillateur m à accrochage (verrouillage) de phase
P 339	phase locking, phase lock	Phasensynchronisation f	verrouillage m de phase
	phase manipulation	s. P 354	
P 340	phase matching	Phasenanpassung f	adaptation f de phase
P 341	phase meter	Phasenmesser m	phasemètre m
P 342	phase-modulated signal	phasenmoduliertes Signal n	signal m à modulation de phase
P 343	phase modulation, PM	Phasenmodulation f, PM	modulation f de phase, MP, Mφ
P 344	phase modulator	Phasenmodulator m	modulateur m de phase
P 345	phase noise	Phasenrauschen n	bruit m de phase
P 346	phase opposition	Gegenphasigkeit f	opposition f de phase
P 347	phase quantizer	Phasenquantisierer m	quantificateur m de phase
P 348	phase relation[ship]	Phasenbeziehung f, Phasenlage f	relation f de phase
	phase response	s. P 326	
P 349	phase response measurement	Messung f des Phasengangs	mesure f de la réponse en phase, mesure du déphasage
	phase reversal	s. P 329	
P 350	phase shaped QPSK	Vierphasenumtastung f mit geglättetem Phasenverlauf	MDPQ avec mise en forme de phase
P 351	phase shift	Phasenverschiebung f, Phasenänderung f, Phasensprung m	déphasage m, décalage (déplacement) m de phase, glissement (saut) m de phase
	phase shift as a function of frequency	s. P 326	
P 352	phase shifted, out-of-phase	phasenverschoben, außer Phase	déphasé
P 353	phase shifter	Phasenschieber m	déphaseur m
	phase-shifting network	s. P 355	
P 354	phase shift keying, PSK, phase manipulation	Phasenumtastung f, Phasensprungmodulation f	modulation f par déplacement (déviation) de phase, MDP
P 355	phase-shift network, phase-shifting network	Phasenschieberschaltung f	réseau m à déphasage, réseau déphaseur
P 356	phase slope	Phasensteilheit f	pente f de phase
P 357	phase stability	Phasenstabilität f	stabilité f de phase
P 358	phase trajectory	Phasentrajektorie f	trajectoire f de phase
P 359	phase velocity	Phasengeschwindigkeit f	vitesse f de phase
P 360	phase white	weißes Phasensignal n	signal m de mise en phase sur blanc, mise f en phase sur blanc
	phase wire	s. P 309	
P 361	phasing	Phasenabgleich m, Einphasen n, Phasenspeisung f (Ant.)	mise f en phase
P 362	phasing signal	Phasensignal n, Phasenzeichen n	signal m de mise en phase
P 363	phon	Phon n	phone m, ph
P 364	phone/to	telefonieren, anrufen	téléphoner, appeler, faire un appel [téléphonique]
	phone	s. T 219	
	phone book	s. T 183	
	phone booth	s. T 164	
	phone line	s. T 199	
P 365	phone operation	Sprechbetrieb m, Sprechverkehr m	travail m en phonie
P 366	phonetic transcription	Lautschrift f	transcription f phonétique
P 367	phonic motor	Tonradmaschine f	roue f phonique
P 368	phonogram	zugesprochenes Telegramm n	télégramme m téléphoné, phonogramme m
P 369	phonogram position	Telegrammannahme- und Durchsageplatz m, Telegrammaufnahme- [und Zusprech-]Stelle f	position f des télégrammes téléphonés
P 370	photocell, photoelectric cell	Photozelle f	cellule f photoélectrique
P 371	photoconductor	Photoleiter m	photoconducteur m
P 372	photocurrent	Photostrom m	photocourant m
P 373	photodetection	Photodetektion f	photodétection f
P 374	photodetector, light detector	Photodetektor m, Photoempfänger m	photodétecteur m, photorécepteur m, détecteur m de lumière
P 375	photodiode	Photodiode f	photodiode f

	photoelectric cell	s. P 370	
P 376	photographic coded text	fotografisch codierter Text m	texte m utilisant un codage photographique
P 377	photolithographic process	Fotolithografie f	photolithographie f
P 378	photon	Photon n, Lichtquant n	photon m
P 379	photoresist	Fotolack m	résine f photosensible
P 380	photosensitive	photoempfindlich	photosensible
P 381	phototelegram	Bildtelegramm n	phototélégramme m
P 382	phototelegraph apparatus	Fototelegrafiegerät n	appareil m phototélégraphique
P 383	phototelegraphy	Bildtelegrafie f, Fototelegrafie f	phototélégraphie f
P 384	phototransistor	Phototransistor m	phototransistor m
	physical circuit	s. S 496	
P 385	physical delivery (electronic messaging)	Zustellung f per Post	remise f postale
P 386	physical interaction	physikalische Wechselwirkungen fpl	interactions fpl physiques
P 387	physical interface	physikalische Schnittstelle f	interface f physique
P 388	physical layer	Bitübertragungsschicht f, physikalische Schicht f	couche f physique
P 389	physical level	physikalische Ebene f	niveau m physique
P 390	physical model	physikalisches Modell n	modèle m physique
	PIA	s. P 254	
	PIC cable	s. P 70	
P 391	pick and place head	„Pick- and Place"-Kopf m	tête f de saisie-placement
P 392	pick and place machine	„Pick and Place"-Bestückungsautomat m	machine f saisie-placement, machine [automatique] «Pick and Place»
	pickoff	s. S 320	
P 393	pick-up	Aufnahme f, Tonaufnahme f	prise f de son
	pick-up [facility]	s. C 192	
P 394	picosecond	Pikosekunde f	picoseconde f
P 395	picosecond pulse	Pikosekundenimpuls m	impulsion f d l'ordre de la picoseconde
P 396	pictogram	Piktogramm n	pictogramme m
P 397	pictorial character	bildliches Zeichen n	caractère m graphique mosaïque
	picture black	s. B 336	
	picture coding	s. I 33	
P 398	picture element, pel, pixel	Bildelement n, Bildpunkt m, Pixel n	élément m d'image, pixe m, élément exploré
P 399	picture frequency	Bildfrequenz f	fréquence f d'image
	picture phone	s. V 119	
P 400	picture quality	Bildqualität f	qualité f d'image
P 401	picture recording	Bildaufzeichnung f	enregistrement m d'image
P 402	picture rotation	Bilddrehung f	rotation f d'image
P 403	picture signal	Bildsignal n	signal m d'image
P 404	picture storage	Bildspeicherung f	stockage m d'images
P 405	picture transform	Bildtransformation f	transformation f d'image
	picture tube	s. T 301	
	picture white	s. W 123	
P 406	piezoceramic	Piezokeramik f	céramique f piézoélectrique
P 407	piezoelectric crystal	piezoelektrischer Kristall m	cristal m piézoélectrique
P 408	piezoelectric microphone	piezoelektrisches Mikrophon n, Kristallmikrophon n	microphone m piézoélectrique, microphone à cristal
P 409	piezoelectric transducer	piezoelektrischer Wandler m	transducteur m piézoélectrique
P 410	pill-box antenna, cheese antenna	Segmentantenne f („Tortenschachtel")	antenne f pill-box, antenne en D
	pilot	s. P 421	
P 411	pilot carrier	Pilotträger m	porteuse f pilote
P 412	pilot channel	Pilotchannel m	voie f témoin
P 413	pilot frequency	Pilotfrequenz f	fréquence f pilote
P 414	pilot generator, pilot supply	Pilotgenerator m	générateur m de pilotes
P 415	pilot lamp, pilot light	Kontrollampe f, KL, Kontrollämpchen n, Platzlampe f (Telefon)	lampe f témoin, indicateur m
	pilot lamp	s. a. I 144	
P 416	pilot level	Pilotpegel m	niveau m pilote
	pilot light	s. P 415	
P 417	pilot project	Pilotprojekt n	projet m pilote
P 418	pilot receiver	Pilotempfänger m	récepteur m pilote
P 419	pilot running	Pilotversuch m	essai m pilote
P 420	pilot signal	Pilotsignal n, Pilot m	signal m pilote, onde f pilote
	pilot supply	s. P 414	
P 421	pilot wave, pilot	Pilot m, Pilotfrequenz f	onde f pilote
	PIM	s. P 924	
	PIMP	s. P 137	
P 422	pin	Stift m, Steckerstift m, Kontaktstift m, Stütze f (Isolator)	broche f, ergot m, contact m, tige f (isolateur)
P 423	pin-compatible	pinkompatibel, anschlußkompatibel	à broches compatibles
	pin diode	s. P 428	
P 424	pin diode modulator	PIN-Dioden-Modulator m	modulateur m à diode PIN
P 425	pinetree antenna (array)	Tannenbaumantenne f	rideau m de doublets

P 426	pin insulator	Stützenisolator *m*	isolateur *m* à tige, isolateur rigide
	pins tracking	*s.* P 427	
P 427	pins traction, pins tracking	Stachelradvorschub *m*	entraînement *m* à picot
P 428	p-intrincsic-n diode, pin diode, pin-type diode	PIN-Diode *f*	diode *f* à couche intrinsèque, diode PIN
	pin-type diode	*s.* P 428	
	PIO	*s.* P 79	
P 429	pipeline mode (processing), pipelining	Pipeline-Betrieb *m*, Fließbandverarbeitung *f*	mode *m* pipeline, traitement *m* [en] pipeline
P 430	pipeline processor	Pipeline-Prozessor *m*	processeur *m* pipeline
P 431	pipeline structure	Pipeline-Struktur *f*	architecture *f* pipeline, structure *f* pipeline
	pipelining	*s.* P 429	
	PIS	*s.* P 781	
P 432	piston attenuator	Kolbenabschwächer *m*	atténuateur *m* à piston, affaiblisseur *m* à piston
P 433	pitch	Tonhöhe *f*, Grundfrequenz *f*, Pitch *m*, Steigung *f*, Teilung *f*	hauteur *f (son)*, fréquence *f* fondamentale, pitch *m*, pas *m*
P 434	pitch filter	Tonhöhenfilter *n*, Pitch-Filter *n*	filtre *m* de hauteur [du son]
	pixel	*s.* P 398	
	PKS system	*s.* P 877	
	PLA	*s.* P 807	
P 435	placement	Plazierung *f*, Positionierung *f*	placement *m*
P 436	placement head, component-placement head	Bestückungskopf *m*	tête *f* de placement
	plain language text	*s.* C 603	
	plain text	*s.* C 603	
P 437	planar array [antenna]	ebene (flache) Gruppenantenne *f*, ebene Gruppe *f*	réseau *m* plat [d'antennes], réseau *m* plan, antenne *f* réseau planaire (plane)
P 438	planar diode	Planardiode *f*	diode *f* planaire
P 439	planar process	Planarprozeß *m*, Planartechnologie *f*	technologie *f* planaire
P 440	planar transistor	Planartransistor *m*	transistor *m* planaire
P 441	plane electromagnetic wave	ebene elektromagnetische Welle *f*	onde *f* électromagnétique plane
P 442	plane of incidence	Einfallsebene *f*	plan *m* d'incidence
	plane of polarization	*s.* P 520	
	plane polarization	*s.* L 166	
	plane polarized wave	*s.* L 163	
P 443	plane wave	ebene Welle *f*	onde *f* plane
P 444	plane-wave field	ebenes Wellenfeld *n*	champ *m* d'ondes planes
P 445	plan-position indication, PPI	Panorama-Anzeige *f*, PPI-Anzeige *f*	indication *f* des positions en projection
P 446	plan-position indicator, PPI	PPI-Sichtgerät *n*, Rundsichtgerät *n*	indicateur *m* des positions en projection, indicateur panoramique
P 447	plasma display panel	Plasma-Anzeigetafel *f*, Plasma-Display *n*	panneau *m* à affichage à plasma
P 448	plastic-encapsulated	plastverkapselt	encapsulé en plastique, à encapsulation plastique
P 449	plastic joint	Plastmuffe *f*	manchon *m* en matière plastique
P 450	plastic-sheathed cable	Plastmantelkabel *m*	câble *m* à revêtement en matière plastique
P 451	plate	Platte *f*, Platine *f*, Scheibe *f*, Anode *f*	plaque *f*, anode *f*
	plate current	*s.* A 532	
P 452	plate dissipation	Anodenverlustleistung *f*	dissipation *f* anodique
P 453	plated media	plattiertes Trägermaterial *n*	support *m* métallisé
P 454	plated-through hole	durchkontaktiertes Loch *n*	trou *m* métallisé
	plate voltage	*s.* A 533	
	plausibility check	*s.* R 298	
P 455	playback, reproduction	Wiedergabe *f*, Abspielen *n*	reproduction *f*, lecture *f*
	playback head	*s.* 1. R 587; 2. R 595	
P 456	playback speed	Wiedergabegeschwindigkeit *f*	vitesse *f* de reproduction
P 457	plesiochronous	plesiochron	plésiochrone
P 458	plesiochronous network	plesiochrones Netz *n*	réseau *m* plésiochrone
P 459	plesiochronus operation (working)	plesiochroner Betrieb *m*	exploitation *f* plésiochrone
	PLL	*s.* 1. P 323; 2. P 336	
	PLL FM demodulator	*s.* P 337	
	PLMN	*s.* P 878	
P 460	plot/to *(recorder)*	schreiben	tracer
P 461	plot *(radar)*	Meldung *f*	plot *m*
P 462	plotter	Plotter *m*, Zeichengerät *n*, Schreiber *m*, Kurvenschreiber *m*	traceur *m*, table *f* traçante
P 463	plough burial of a cable	Einpflügen *n* eines Kabels	enfouissement *m* par charrue d'un câble
P 464	plug	Stecker *m*, Stöpsel *m*	fiche *f*, prise *f* mâle
	plug-compatible	*s.* C 986	
	plug-ended	*s.* P 467	
P 465	plug-ended cord	Steckerschnur *f*	cordon *m* enfichable, cordon à fiche

P 466	plug fuse	Stöpselsicherung f	fusible m à bouchon
P 467	pluggable, plug-ended, plug-in	steckbar	enfichable, à fiche, embrochable
P 468	pluggable module, plug-in unit, plug-in module	Steckbaugruppe f, Steckmodul m	module (bloc) m enfichable, unité (carte) f enfichable
P 469	plugging-in	Einstecken n	enfichage m
P 470	plugging-out, plug removal	Lösen n der Steckverbindung	défichage m
P 471	plug in/to	einstecken	enficher
	plug-in	s. 1. P 467; 2. P 475	
P 472	plug-in board (card, circuit board, circuit card, circuit pack)	Steckkarte f *(Leiterplatte)*, Karteneinschub m	carte f enfichable
	plug-in module	s. P 468	
P 473	plug-in relay	Stecksockelrelais n	relais m enfichable
P 474	plug-in telephone	Fernsprechapparat n mit Steckerschnur, Telefon m mit Steckerschnur	appareil m téléphonique enfichable
P 475	plug-in unit, plug-in	Einschub m, Steckeinheit f	tiroir (bloc) m enfichable, unité f enfichable
	plug-in unit	s. a. P 468	
	plug removal	s. P 470	
	plunger[-type] key	s. P 988	
P 476	plunger-type relais	Tauchkernrelais n	relais m à solénoïde
	PM	s. P 343	
	PMBX	s. P 759	
P 477	PMOSFET, p-channel MOSFET	p-MOSFET *(p-Kanal MOSFET)*	TEC MOS à canal P
P 478	PMOS technology, p-channel MOS technology	PMOS-Technik f, p-Kanal-MOS-Technik f	technologie f MOS à canal P
	P-MP	s. P 495	
	PN code	s. P 856	
P 479	pneumatic dispatch	Rohrpost f	télégraphie f pneumatique
	PNIC	s. P 758	
P 480	p-n junction	pn-Übergang m	jonction f p-n (pn)
P 481	pnp transistor, PNP transistor	PNP-Transistor m	transistor m PNP
P 482	pocket receiver	Taschenempfänger m	récepteur m de poche
P 483	point/to *(antenna)*	ausrichten	pointer
P 484	point-by-point measurement	punktweise Messung f	mesure f par points
P 485	point-contact diode	Spitzen[kontakt]diode f, Punktkontaktdiode f	diode f à contact ponctuel, diode à pointe
P 486	pointer	Zeiger m	pointeur m, indicateur m
P 487	pointing accuracy *(antenna)*	Ausrichtgenauigkeit f	précision f de pointage
P 488	pointing error *(antenna)*	Richtfehler m, Ausrichtungsfehler m	erreur f de pointage
P 489	pointing inaccuracy	Ausrichtfehler m	erreur f de pointage
P 490	pointing loss	Ausrichtungsdämpfung f, Ausrichtungsverlust m, Dämpfung f durch Ausrichtungsfehler	affaiblissement m dû au pointage
P 491	point source	Punktquelle f	source f ponctuelle
P 492	point target	Punktziel n	cible f ponctuelle
P 493	point-to-area communication	Punkt-zu-Fläche-Verbindung f	communication f point à zone
P 494	point-to-area service	Punkt-zu-Fläche-Dienst m	service m entre point fixe et zone
P 495	point-to-multipoint, P-MP	Punkt-zu-Mehrpunkt ...	point à multipoint, P-MP
P 496	point-to-multipoint communication	Punkt-zu-Mehrpunkt-Verbindung f	communication f point à multipoint
P 497	point-to-multipoint operation	Punkt-zu-Mehrpunkt-Betrieb m	exploitation f point-multipoint
P 498	point-to-multipoint transmission	Punkt-zu-Mehrpunkt-Übertragung f	transmission f point à multipoint, transmission f d'un point vers des points multiples
P 499	point-to-point communication	Punkt-zu-Punkt-Verbindung f	communication f point à point
P 500	point-to-point link	Punkt-zu-Punkt-Linie f	liaison f point à point
P 501	point-to-point traffic	Punkt-zu-Punkt-Verkehr m, End-End-Verkehr m	trafic m point à point
P 502	point-to-point transmission	Punkt-zu-Punkt-Übertragung f	transmission f de point à point
P 503	Poisson distribution	Poisson-Verteilung f	distribution f de Poisson
P 504	Poisson traffic	Poisson-Verkehr m	trafic m poissonnien
	POL	s. P 778	
P 505	polar current operation, polar operation	Doppelstrombetrieb m	exploitation f en double courant
P 506	polar diagram	Polardiagramm n	diagramme m polaire
	polar direct current system	s. D 805	
P 507	polarity	Polarität f, Polung f	polarité f
	polarity reversal	s. P 528	
P 508	polarizability	Polarisierbarkeit f	polarisabilité f
P 509	polarization	Polarisation f, Polarisationsrichtung f	polarisation f
	polarization angle	s. A 512	
P 510	polarization behaviour	Polarisationsverhalten n	caractéristiques fpl de polarisation
	polarization branching filter	s. P 516	
P 511	polarization characteristics	Polarisationscharakteristik f	caractéristique f de polarisation
P 512	polarization conversion	Polarisationswandlung f	conversion f de polarisation
P 513	polarization decoupling	Polarisationsentkopplung f	découplage m de polarisation
	polarization direction	s. D 627	
P 514	polarization discrimination	Polarisationsentkopplung f	discrimination f de polarisation
P 515	polarization diversity	Polarisationsdiversity n	diversité f de polarisation

P 516	polarization duplexer, polarization branching filter, orthomode transducer (coupler)	Polarisationsweiche f	duplexeur m de polarisation
P 517	polarization error (direction finding)	Polarisationsfehler m	erreur f de polarisation
P 518	polarization fading	Polarisationsschwund m	évanouissement m dû à la polarisation
P 519	polarization independent	polarisationsunabhängig	indépendant de la polarisation
P 520	polarization plane, plane of polarization	Polarisationsebene f	plan m de polarisation
P 521	polarization preservation	Beibehaltung f der Polarisation	conservation f de la polarisation
P 522	polarization splitter	Polarisationstrenner m	séparateur m de polarisation
P 523	polarization voltage	Polarisationsspannung f	tension f de polarisation
P 524	polarized relay, polar relay	polarisiertes (gepoltes) Relais n	relais m polarisé
P 525	polarizer	Polarisator m	polariseur m
	polar operation	s. P 505	
P 526	polar orbit	polare Umlaufbahn f	orbite f polaire
P 527	polar orbiting satellite	Satellit m auf polarer Umlaufbahn	satellite m sur orbite polaire
	polar relay	s. P 524	
P 528	polar reversal, polarity reversal	Umpolung f	inversion f de polarité
P 529	pole	Pol m	pôle m
	pole	s. a. M 203	
P 530	pole-zero distribution	Pol-Nullstellen-Verteilung f	distribution f des pôles et zéros
P 531	pole-zero predictor	Pol-Nullstellen-Prädikator m	prédicteur m à pôles et zéros
P 532	poll/to	abfragen, aufrufen (zum Senden)	interroger, appeler, inviter à émettre
P 533	polling	Sendeaufruf m, Abrufen n, Abfrage f, Polling n	invitation f à émettre, appel m à émettre, appel, interrogation f
P 534	polling multiple access	Mehrfachzugriff m durch Abfrage, Mehrfachzugriff durch Sendeaufruf	accès m multiple par interrogation [préalable]
P 535	polycrystalline	polykristallin, mehrkristallin	polycristallin
P 536	polyester capacitor	Polyesterkondensator m	condensateur m au polyester
P 537	polyethylene-insulated cable	polyethylenisoliertes Kabel n	câble m isolé au polyéthylène
P 538	polyethylene jacket, polythene jacket	Polyethylenmantel m	gaine f [de] polyéthylène, gaine de polythène
P 539	polyphase	mehrphasig	polyphasé
P 540	polypropylene insulation	Polypropylenisolierung f	isolation f [au] polypropylène
P 541	polysilicon	polykristallines Silicium n	silicium m polycristallin
	polythene jacket	s. P 538	
P 542	polyvinyl chloride, PVC	Polyvinylchlorid n, PVC	polychlorure m de vinyle, PCV
P 543	population inversion	Besetzungsinversion f, Inversion f der Besetzungszahl	inversion f de population
P 544	port (network)	Zugangspunkt m, Zugang m, Tor n, Anschluß m	point m d'accèss, accès m, porte f d'accès, port m, point m de connexion
P 545	portability	Übertragbarkeit f, Tragbarkeit f	transférabilité f, portabilité f
P 546	portable	tragbar	portatif, portable
P 547	portable equipment	tragbares Gerät n	équipement m portatif, matériel m portatif
P 548	portable optical telephone set	optischer Feldfernsprecher m, tragbarer optischer Fernsprecher n	poste m téléphonique optique portatif
P 549	portable telephone set	Feldfernsprecher m, tragbarer Fernsprechapparat m	poste m téléphonique portatif
P 550	portable terminal	tragbares Endgerät n	terminal m portatif
P 551	portable transceiver	tragbares Sende-Empfangsgerät n	émetteur-récepteur m portatif
P 552	portable version	tragbare Ausführung f	configuration f portable
P 553	port radar	Hafenradar n	radar m portuaire
P 554	position/to	positionieren	positionner
P 555	position	Platz m (Vermittlung), Position f (Codetabelle), Stelle f (EDV), Standort m (Navigation), Lage f, Stellung f, Anschlußlage f	position f, poste m (téléphonie)
	position indicating pencil	s. L 131	
P 556	positioning	Positionierung f	positionnement m
P 557	positioning (distress system)	Standortbestimmung f	localisation f, positionnement m
P 558	position of a fault	Fehlerstelle f	position f d'un défaut
P 559	positive acknowledgement, PACK	positive Rückmeldung f, positives Quittieren n, Gutquittung f	accusé m de réception positif
P 560	positive bias	positive Vorspannung f	polarisation f positive
P 561	positive feedback	Mitkopplung f	réaction f [positive]
P 562	positive going pulse, positive pulse	positiver Impuls m	impulsion f positive
P 563	positive justification, positive pulse stuffing, positive stuffing	Positivstopfen n, Positif-Pulsstuffing n, P-Stuffing n	justification f positive
P 564	positive logic	positive Logik f	logique f positive
P 565	positive modulation	positive Modulation f, Positivmodulation f	modulation f positive
P 566	positive plate	Plusplatte f, positive Platte f	plaque f positive
P 567	positive potential	positives Potential n, Pluspotential n	potentiel m positif
	positive pulse	s. P 562	

		positive [pulse] stuffing	s. P 563	
P 568		positive terminal	positive Klemme f	borne f positive
P 569		positive/zero/negative justification	Positiv-Null-Negativ-Stopfen n, P/O/N-Stuffing n	justification f positive/nulle/négative
P 570		postamplification	Nachverstärkung f	postamplification f
P 571		postdetection filtering	Filterung f nach der Detektion	filtrage m après détection, filtrage de postdétection
P 572		post-dial[ling] delay	Rufverzug m, Verzug m nach der Wahl	délai m d'attente après numérotation, temps m d'attente après numérotation
P 573		poster communication	Poster-Vortrag m	communication f affichée, présentation f de posters
P 574		post-filtering	Nachfilterung f	filtrage m postérieur, postfiltrage m
P 575		post processing	Nachverarbeitung f	post-traitement m
P 576		postprocessor	Postprozessor m, Nachprozessor m	postprocesseur m
P 577		post-selection filter	Nachselektionsglied n, Nachselektionsfilter n	postsélecteur m
P 578		post-selection time	Nachwahlzeit f	temps m de sélection, intervalle m de post-sélection
		pot	s. P 584	
P 579		pot core	Topfkern m	noyau m en pot
P 580		potential	Potential n, Spannung f	potentiel m
P 581		potential barrier	Potentialschwelle f, Potentialbarriere f	barrière f de potentiel
P 582		potential difference	Potentialunterschied m, Potentialdifferenz f	différence f de potentiel
		potential divider	s. V 228	
P 583		potential equalization	Potentialausgleich m	égalisation f du potentiel
P 584		potentiometer, pot	Potentiometer n	potentiomètre m
		potting	s. E 243	
P 585		powder metal tape, powdered metal tape, metallic powder tape, metal powder tape	Metallpulverband n	bande f à revêtement de poudre métallique
P 586		power amplification	Leistungsverstärkung f	amplification f en puissance
P 587		power amplifier	Leistungsverstärker m	amplificateur m de puissance
P 588		power block, power pack	Stromversorgungseinheit f, Stromversorgung f	bloc m d'alimentation
P 589		power consumption, power drain	Leistungsaufnahme f	consommation f, puissance f absorbée, puissance consommée
P 590		power converter	Umformer m	convertisseur m d'alimentation
P 591		power cord, power line cord, line cord	Netzanschlußschnur f, Anschlußkabel n	cordon m d'alimentation, cordon secteur
P 592		power density	Leistungsdichte f, Energiedichte f	densité f [surfacique] de puissance
P 593		power density spectrum	Leistungsdichtespektrum n	densité f de puissance spectrale
P 594		power diode	Leistungsdiode f	diode f de puissance
		power dissipation	s. D 707	
P 595		power distribution	Stromverteilung f (Elektroenergie)	distribution f électrique
P 596		power distribution	Leistungsverteilung f	distribution f de puissance
P 597		power distribution box	Stromverteilerkasten m	coffret m de distribution électrique
P 598		power distribution panel	Stromverteilertafel f	tableau m de distribution électrique
P 599		power divider, power splitter	Leistungsteiler m, Leistungsverteiler m	diviseur (répartiteur) m de puissance
		power drain	s. P 589	
P 600		power driven system	Maschinenwählersystem n	système m à entraînement mécanique
		powered metal tape	s. P 585	
P 601		power electronics	Leistungselektronik f	électronique f de puissance
P 602		power factor (cos φ)	Leistungsfaktor m	facteur m de puissance
		power fail	s. M 71	
P 603		power failure	Stromausfall m	panne f de courant
		power failure	s. a. M 71	
P 604		power-failure restart	Wiederanlauf m nach Netzausfall	redémarrage m après coupure d'alimentation
		power feeding	s. P 637	
P 605		power-feeding repeater station	speisende Verstärkerstelle f	station f d'alimentation de répéteurs
		power-feeding system	s. R 550	
P 606		power flow	Leistungsfluß m	flux m de puissance
P 607		power fluctuation	Leistungsschwankung f	fluctuation f de puissance
P 608		power flux density, field intensity	Leistungsflußdichte f	densité f [surfacique] de puissance
P 609		power gain	Leistungsverstärkung f	gain m en puissance
		power gain of an antenna	s. A 583	
P 610		power gain referred to a half-wave dipole	Antennengewinn m bezogen auf einen Halbwellendipol	gain m relatif d'une antenne
P 611		power gain referred to an isotropic radiator	Antennengewinn m bezogen auf einen Kugelstrahler	gain m isotrope (absolu) d'une antenne
		power hum	s. H 289	
P 612		power-hungry	leistungsintensiv, mit hoher Stromaufnahme, stromfressend	à consommation élevée, gourmand en courant
		power input	s. A 658	

P 613	power lead	Starkstromzuführung f	conducteur (fil) m d'alimentation
P 614	power level	Leistungspegel m	niveau m de puissance
P 615	power line	Netzleitung f, Starkstromleitung f	ligne f électrique, ligne à courant fort
	power line cord	s. P 591	
	power line hum	s. H 289	
P 616	power loop	Fernspeiseschleife f	circuit m (boucle f) de téléalimentation
P 617	power loop failure, power loop trouble	Ausfall m der Fernspeisung	défaut m de téléalimentation
P 618	power loop resistance	Widerstand m der Fernspeiseschleife	résistance f de boucle de téléalimentation
	power loop trouble	s. P 617	
P 619	power loss	Leistungsverlust m	perte f d'énergie, perte de puissance
P 620	power meter	Leistungsmesser m, Wattmeter n	wattmètre m
P 621	power off	ausgeschaltet, abgeschaltet	hors tension, arrêt
P 622	power-off condition	keine Stromversorgung f	alimentation f hors service
P 623	power on	eingeschaltet, angeschaltet	sous tension, marche
P 624	power-on diagnostic	Einschaltdiagnostik f	diagnostic m à la mise sous tension
P 625	power outlet	Steckdose f	prise f de courant
P 626	power output, output power	Ausgangsleistung f, abgegebene Leistung f, Leistungsabgabe f	puissance f de sortie
	power pack	s. P 588	
P 627	power penalty	Leistungszuschlag m, zusätzlich erforderliche Leistung f	pénalité f de puissance
P 628	power plug	Netzstecker m	fiche f secteur, prise f
P 629	power requirement	Leistungsbedarf m	puissance f nécessaire
P 630	power ringing	Rufen n mit Rufstrom	sonnerie f machine, appel m par courant alternatif
P 631	power-saving	energiesparend, mit geringem Energieverbrauch	à consommation d'énergie réduite
P 632	power sensor	Leistungssensor m	capteur m de puissance
P 633	power separating filter	Speisestromweiche f	filtre m (aiguillage m) alimentation-signal, filtre d'aiguillage alimentation-signal
P 634	power spectral density function, PSDF	spektrale Leistungsdichteverteilung f, Verlauf m des Leistungsdichtespektrums	caractéristique f (diagramme m) de la densité d'énergie spectrale
P 635	power spectrum	Leistungsspektrum n	spectre m de puissance
	power splitter	s. P 599	
P 636	power stabilization	Leistungsstabilisierung f	stabilisation f de la puissance
P 637	power supply, power feeding	Energieversorgung f, Stromversorgung f	alimentation f [en énergie] électrique, alimentation en courant [électrique]
P 638	power supply for communications equipment	Fernmeldestromversorgung f	alimentation f électrique des appareils (matériels, installations) de télécommunication, alimentation f en énergie des systèmes de télécommunication
	power supply frequency	s. M 72	
P 639	power supply module	Stromversorgungsbaustein m	module m d'alimentation
P 640	power supply system	Stromversorgungssystem n	système m d'alimentation électrique
P 641	power switch	Netzschalter m	interrupteur m marche-arrêt, commutateur m marche-arrêt
P 642	power system	Energieversorgungsnetz n, Netz n	réseau m électrique
P 643	power transformer	Leistungsübertrager m, Leistungstransformator m	transformateur m de puissance
P 644	power transistor	Leistungstransistor m	transistor m de puissance
P 645	power-weight ratio	Leistungsgewicht n	rapport m puissance/poids
	PPI	s. 1. P 445; 2. P 446	
	PPM	s. P 936	
	PPS	s. P 959	
P 646	pre-aging	Voralterung f, Voraltern n	vieillissement m préalable
P 647	preamplification	Vorverstärkung f	préamplification f, amplification f préalable
P 648	preamplifier	Vorverstärker m	préamplificateur m
P 649	precious metal selector	Edelmetallwähler m	sélecteur m à contacts en métal précieux
P 650	precious metal switch	Edelmetallschalter m	commutateur m à contacts en métal précieux
P 651	precipitation scatter[ing]	Niederschlagsstreuung f, Streuung f an Niederschlägen	diffusion f par (sur) les précipitations
P 652	precipitation-scatter propagation	Niederschlag-Streuausbreitung f	propagation f par diffusion sur les précipitations
P 653	precision approach radar, PAR	Präzisionsanflugradar n	radar m d'approche de précision
	precision of adjustment	s. A 77	
P 654	precision waveguide	Präzisionshohlleiter m	guide m d'ondes de précision
P 655	precoding	Vorcodierung f, Präcodierung f	précodage m

P 656	precorrection	Vorverzerrung f, Vorentzerrung f	précorrection f
P 657	predialling delay	Wahlbeginnverzögerung f	délai m d'attente avant numérotation
P 658	predicted signal value	prädikativer Signalwert m	valeur f prédictive (de prédiction) du signal
P 659	predicted value	prädikativer Wert m	valeur f prédictive, valeur de prédiction
P 660	prediction	Prädiktion f	prédiction f
P 661	prediction algorithm	Prädiktionsalgorithmus m	algorithme m de prédiction
P 662	prediction coding, predictive coding	Prädiktionscodierung f	codage m prédictif
P 663	prediction filter, predictive filter	Prädikationsfilter n	filtre m prédicteur, filtre prédictif
P 664	prediction gain	Prädiktionsgewinn m	gain m de prédiction
	predictive coding	s. P 662	
	predictive filter	s. P 663	
P 665	predictive model	Prädiktionsmodell n	modèle m prédictif
P 666	predictor	Prädiktor m	prédicteur m
P 667	predistorter	Vorverzerrer m	circuit m de prédistorsion
P 668	predistortion	Vorverzerrung f	distorsion f préalable, prédistorsion f
P 669	predistortion technique	Vorverzerrungstechnik f	technique f de distorsion préalable
P 670	predivider, prescaler	Vorteiler m	prédiviseur m
P 671	pre-emphasis	Preemphasis f, Vorverzerrung f, Akzentuierung f	préaccentuation f
P 672	pre-emphasis filter	Preemphasisfilter n	filtre m de préaccentuation
P 673	pre-equalizing	Vorentzerrung f	préégalisation f
P 674	preferred dimensions	Vorzugsmaße npl	dimensions fpl préférentielles
P 675	preferred direction	Vorzugsrichtung f	direction f préférée
P 676	prefilter	Vorfilter n	préfiltre m
P 677	prefiltering	Vorfilterung f	préfiltrage m
P 678	prefix	Präfix n, Zugangskennzahl f	préfixe m
P 679	prefix	Verkehrsausscheidungszahl f, VAZ, Verkehrsausscheidungsziffer f	préfixe m
P 680	prefix code	Präfixcode m	code m préfixe
P 681	premature disconnection	vorzeitige Trennung f	déconnexion f prématurée
P 682	premature release	vorzeitige Auslösung f	libération f prématurée
P 683	premodulation filter	Vormodulationsfilter n	filtre m de prémodulation
P 684	premodulation filtering	Vormodulationsfilterung f	filtrage m avant modulation
P 685	preparatory period	Vorbereitungsphase f	période f préparatoire
P 686	preprocessing	Vorverarbeitung f	prétraitement m
P 687	preprocessor	Präprozessor m, Preprozessor m, Vorprozessor m	préprocesseur m
P 688	preproduction model	Vorserienmuster n, Nullserienmuster n	modèle m de présérie
P 689	prepulse	Vorimpuls m	prépulse m
	prescaler	s. P 670	
P 690	preselection	Vorwahl f, Vorselektion f	présélection f
P 691	preselection filter, preselector	Vorselektionsfilter n	filtre m présélecteur, présélecteur m
	preselection [RF] stage	s. P 693	
P 692	preselector	Vorwähler m, VW (Vermittlungsstelle), Vorselektionsstufe f (Empfänger)	présélecteur m
	preselector	s. 1. P 691; 2. P 693	
P 693	preselector stage, preselection stage, preselection RF stage, preselector	Vorselektionsstufe f, HF-Eingangsstufe f, HF-Vorstufe f	étage m de présélection
P 694	presentation layer	Präsentationsschicht f, Darstellungsschicht f	couche f présentation
P 695	presentation medium	Darstellungsmedium n	support m de présentation
P 696	preset/to	voreinstellen, vorwählen	prérégler, prépositionner, prédéterminer
P 697	preset frequency	Rastfrequenz f, voreingestellte Frequenz f	fréquence f préréglée
P 698	pressure-gradient microphone	Druckgradientenmikrophon n	microphone m à gradient de pression
P 699	pressure microphone	Druckmikrophon n	microphone m à pression
P 700	pressure sensitivity (acoustics)	Druckübertragungsfaktor m, Druckempfindlichkeit f	efficacité f en pression, réponse f en fonction de la pression
P 701	pressurized cable	Druckluftkabel n	câble m sous pression d'air
	pressurized cable	s. a. G 25	
P 702	pressurized waveguide	druckbelüfteter Hohlleiter m	guide m d'onde pressurisé
P 703	pretuned frequency	vorabgestimmte Frequenz f	fréquence f préréglée
P 704	preventive cyclic retransmission, PCR	zyklische Wiederholung f ohne Aufforderung, vorsorgliche zyklische Wiederholung f	retransmission f cyclique préventive, RCP
P 705	preventive cyclic retransmission error control, PCR error control	Fehlerkorrektur f mit vorbeugender zyklischer Wiederholung	correction f d'erreur avec retransmission cyclique préventive, correction d'erreur RCP

P 706	preventive maintenance	vorbeugende Wartung f, vorbeugende Instandhaltung f, vorbeugender Unterhalt m	maintenance f préventive, entretien m préventif
P 707	prewired	vorverdrahtet, vorverkabelt	précâblé
P 708	prewiring
PRF	Vorverdrahtung f, Vorverkabelung f
s. P 943	précâblage m
P 709	price/performance ratio
primary
primary block	Preis-Leistungs-Verhältnis n
s. P 727
s. P 718	rapport m prix/performance
P 710	primary cell	Primärelement n	pile f primaire
P 711	primary circuit	Primärstromkreis m, Primärkreis m	circuit m primaire
P 712	primary colour signal	Primärfarbsignal n	signal m de couleur primaire
P 713	primary current	Primärstrom m	courant m primaire
P 714	primary digital group
primary feed	primäre digitale Gruppe f
s. P 723	groupe m numérique primaire
P 715	primary frequency
primary group	Hauptfrequenz f
s. G 173	fréquence f primaire
P 716	primary multiplexer	Primärmultiplexer m	multiplexeur m primaire
P 717	primary pattern, primary radiation pattern	Primärdiagramm n, Primärstrahlungsdiagramm n	diagramme m de rayonnement primaire
P 718	primary PCM group, primary block, digroup	primäre PCM-Gruppe f, PCM-Primärgruppe f, Primärfolge f, Primärgruppe f	groupe m primaire MIC, bloc m primaire
P 719	primary PCM multiplex equipment	PCM-Primärmultiplexeinrichtung f	équipement m MIC primaire
P 720	primary radar	Primärradar n	radar m primaire
P 721	primary radar system	Primärradarsystem n	système m de radar primaire, radiodétection f primaire
P 722	primary radiation
primary radiation pattern	Primärstrahlung f
s. P 717	rayonnement m primaire, radiation f primaire
P 723	primary radiator, primary feed, primary source, active antenna
primary reflector	Primärstrahler m, aktiver Strahler m, Primärelementstrahler m (Antenne)
s. M 66	source f primaire [d'illumination], élément m primaire [d'antenne], élément actif
P 724	primary route
primary source	Primärweg m, Regelweg m, Erstweg m, erster Leitweg m
s. P 723	voie f primaire (première)
P 725	primary trunk group	Primärbündel n	faisceau m de premier choix
P 726	primary voltage	Primärspannung f	tension f primaire
P 727	primary winding, primary
primitive	Primärentwicklung f
s. S 379	enroulement m primaire, primaire m
P 728	print/to	drucken	imprimer
P 729	printable area	Druckzone f	zone f imprimable
P 730	printed antenna
printed board assembly	gedruckte Antenne f
s. P 736	antenne f imprimée
P 731	printed board assembly extractor, PBA extractor	Baugruppenauszieher m	extracteur m de carte
P 732	printed circuit	gedruckte Schaltung f, geätzte Schaltung f	circuit m imprimé
P 733	printed circuit board, pc board, PCB, printed wiring board, printed circuit pack, PCP	gedruckte Leiterplatte f, Leiterplatte f	carte f de circuit imprimé, carte f de câblages imprimés, plaquette f de circuit imprimé, plaque f à circuits imprimés
	printed circuit board
printed circuit board cage	s. a. 1. C 244; 2. P 736
s. C 245	
P 734	printed circuit board connector, connector for PC boards	Leiterplatten-Steckverbinder m	connecteur m encartable, connecteur pour carte de circuits imprimés, connecteur pour cartes imprimées
P 735	printed circuit contacts	Kontakte mpl für gedruckte Leiterplatten	contacts mpl de circuit imprimés
P 736	printed circuit pack, PCP, printed board assembly, PBA, printed circuit board, PCB
printed circuit pack	Baugruppe f, BG, bestückte Leiterplatte f
s. a. P 733	carte f à (de) circuit imprimé, carte, plaquette de circuits imprimés
P 737	printed dipole	Dipol m in gedruckter Schaltung, Dipolantenne f in gedruckter Schaltung, gedruckte Dipolantenne f	antenne f doublet imprimée, antenne doublet en circuit imprimé, doublet m imprimé
P 738	printed wiring
printed wiring board testing	gedruckte Verdrahtung f
s. C 539	câblage m imprimé
P 739	printer	Drucker m, Druckwerk n	imprimante f
P 740	print head	Druckkopf m	tête f d'impression
P 741	printing keyboard perforator	druckender Handlocher m	perforateur m imprimeur à clavier, clavier m perforateur avec impression
P 742	printing perforator	druckender Locher m	perforateur m imprimeur

P 743	printing reperforator	druckender Empfangslocher m	récepteur-perforateur m imprimeur, reperforateur m imprimeur
P 744	printing technology	Drucktechnik f	technique f d'impression
	printing wiring board	s. P 733	
P 745	print out/to	ausdrucken	imprimer
P 746	printout	Ausdruck m, Druckausgabe f	imprimé m, copie f papier, sortie f imprimée
P 747	print routine	Druckprogramm n	programme m d'impression
P 748	priority, priority facility	Priorität f, Rangfolge f	priorité f
P 749	priority channel	Prioritätskanal m	voie f prioritaire, canal m prioritaire
P 750	priority control	Prioritätssteuerung f	commande f prioritaire
	priority facility	s. P 748	
P 751	priority queue	Warteschlange f mit Priorität	file f d'attente avec priorité
P 752	priority service	Vorrangdienst m	service m de priorité
	prior knowledge of meaning	s. A 665	
P 753	private automatic branch exchange, PABX	Wählnebenstellenanlage f, Selbstwählnebenstelle f, Durchwahlnebenstelle f, Selbstanschlußnebenstelle f, automatische Nebenstellenanlage f	autocommutateur m privé
P 754	private branch exchange, PBX	Nebenstellenanlage f, NStAnl, Teilnehmervermittlungs[anlage] f, Hauszentrale f, Nebenstellenzentrale f	central m privé, central d'abonné, autocommutateur m privé, standard m privé
P 755	private branch exchange tie line, PBX tie line	Querverbindung f zwischen Nebenstellenanlagen	ligne f de jonction de PBX
P 756	private communication system	privates Nachrichtensystem n, privates Kommunikationssystem n	système m privé de télécommunication
P 757	private data network	privates Datennetz n	réseau m privé pour données
P 758	private data network identification code, PNIC	private Datennetzkennzahl f	code m d'identification de réseau privé pour données, CIRP
P 759	private manual branch exchange, PMBX	Nebenstellenanlage f mit Handvermittlung, Hauszentrale f mit Handvermittlung	installation f manuelle d'abonnés avec postes supplémentaires, installation privée manuelle, standard m privé manuel, PMBX
P 760	private network	privates Netz n	réseau m privé
P 761	private telecommunication exchange	Teilnehmervermittlungsanlage f, TVA, Haustelekommunikationszentrale f	central m de télécommunication d'abonné, installation f de communication d'abonné
P 762	private telephone branch exchange, PBX	Fernsprech-Nebenstellenanlage f	central m téléphonique privé, central privé
P 763	private telephone exchange	Hausfernsprechzentrale f, Haustelefonzentrale f	central m téléphonique privé
P 764	private telephone installation	Privatfernsprechanlage f, Hausfernsprechanlage f	installation f téléphonique intérieure
P 765	private virtual network, PVN	virtuelles Privatnetz n	réseau m virtuel privé
P 766	private wire circuit, leased circuit, fixed link, special line, dedicated line, fixed connection, dedicated connection	Mietleitung f, Standleitung f, Standverbindung f, überlassener Übertragungsweg m	liaison f spécialisée, circuit m loué [en permanence], ligne f louée, ligne concédée
P 767	privileged orientation	bevorzugte Orientierung f	orientation f privilégiée
P 768	probability	Wahrscheinlichkeit f	probabilité f
P 769	probability density function	Wahrscheinlichkeitsdichtefunktion f	densité f de probabilité, fonction f densité de probabilité
P 770	probability of acceptance	Annahmewahrscheinlichkeit f	probabilité f d'acceptation
P 771	probability of congestion	Blockierungswahrscheinlichkeit f	probabilité f d'encombrement
P 772	probability of excess delay	Wahrscheinlichkeit f der Wartezeitüberschreitung	probabilité f de dépassement d'un temps d'attente
P 773	probability of failure	Ausfallwahrscheinlichkeit f	probabilité f de défaillance
P 774	probability of loss, call congestion loss probability	Verlustwahrscheinlichkeit f	probabilité f de perte
P 775	probability of overflow	Überlaufwahrscheinlichkeit f	probabilité f de débordement
P 776	probability of rejection	Zurückweisungswahrscheinlichkeit f, Rückweiswahrscheinlichkeit f	probabilité f de rejet
P 777	probe amplitude, probe magnitude	Probenamplitude f	amplitude f d'échantillon
	probe magnitude	s. P 777	
	probing of the ionosphere	s. I 658	
P 778	problem-oriented language, POL	problemorientierte Sprache f	langage m orienté vers le problème, LOP
P 779	problem solving	Problemlösung f	résolution f de problèmes
P 780	procedure	Prozedur f, Verfahren n, Regel f	procédure f
P 781	procedure interrupt signal, PIS	Prozedurunterbrechungssignal n	signal m d'interruption de procédure
	proceed-to-dial	s. P 782	
	proceed-to-dial signal	s. P 783	
P 782	proceed-to-select, proceed-to-dial	Wahlaufforderung f, Wählaufforderung f	invitation f à numéroter
P 783	proceed-to-select signal, proceed-to-dial signal	Wahlaufforderungszeichen n, Wählzeichen n	signal m d'invitation à numéroter

proceed

P 784	proceed-to-select tone	Wahlaufforderungston *m*	tonalité *f* d'invitation à numéroter
	proceed-to-send signal	s. P 785	
P 785	proceed-to-transmit signal, proceed-to-send signal	Sendeaufforderungszeichen *n*, Bereitschaftssignal *n*, BRS	signal *m* d'invitation à transmettre
P 786	process/to	verarbeiten, aufbereiten	traiter, exécuter
P 787	process	Prozeß *m*, Verfahren *n*, Vorgang *m*	processus *m*
P 788	processability	Verarbeitbarkeit *f*, Verarbeitungsmöglichkeit *f*	possibilité *f* de traitement
P 789	processing	Verarbeitung *f*	traitement *m*
P 790	processing gain	Verfahrensgewinn *m*	gain *m* de traitement
P 791	process modelling	Prozeßmodellierung *f*	modélisation *f* d'un processus
P 792	processor	Prozessor *m*, Verarbeitungseinheit *f*	processeur *m*
P 793	processor board	Prozessorbaugruppe *f*	carte *f* processeur
P 794	processor module	Prozessormodul *m*	module *m* processeur
P 795	processor outage	Prozessorausfall *m*	processeur *m* hors service
	production length	s. M 155	
P 796	production line	Fabrikationslinie *f*, Fließreihe *f*, Fertigungsstraße *f*	chaîne *f* de production
P 797	production planning	Produktionsplanung *f*	planification *f* de la production
P 798	product line	Erzeugnislinie *f*	ligne *f* de produit[s]
P 799	professional use	professionelle Anwendung *f*	usage *m* professionnel
	profile of the radio link	s. P 158	
P 800	program card	Programmkarte *f*	carte-programme *f*
P 801	program controlled	programmgesteuert	commandé par programme, piloté par programme
P 802	program generator	Programmgenerator *m*	générateur *m* de programmes
P 803	programmability	Programmierbarkeit *f*	programmabilité *f*
P 804	programmable	programmierbar	programmable
P 805	programmable divider	programmierbarer Teiler *m*	diviseur *m* programmable
P 806	programmable interface adapter	programmierbare Schnittstellenanpassung *f*	adaptateur *m* d'interface programmable
P 807	programmable logic array, PLA	programmierbares logisches Feld *n*, PLA, programmierbare Matrix *f*	réseau *m* logique programmable, matrice *f* programmable
P 808	programmable pocket calculator	programmierbarer Taschenrechner *m*	calculateur *m* de poche programmable
P 809	programmable read-only memory, PROM	programmierbarer Festwertspeicher (Lesespeicher) *m*, PROM	mémoire *f* programmable pour lecture seule, mémoire *f* morte programmable, mémoire *f* PROM
P 810	programmation aid	Programmierhilfe *f*	aide *f* à la programmation
P 811	programme	Programm *n*, Sendung *f* (Rundfunk)	programme *m*, émission *f* (radiodiffusion)
P 812	programme circuit	Rundfunkübertragungsleitung *f*	circuit *m* radiophonique
P 813	programming language	Programmiersprache *f*	langage *m* de programmation
P 814	programming system	Programmiersystem *n*	système *m* de programmation
	progressive-wave antenna	s. T 925	
	progress signal	s. C 194	
P 815	project management	Projektleitung *f*	conduite *f* de projet
	PROM	s. P 809	
P 816	prompting [of user], prompting user guidance, user guidance	Bedienerführung *f*, Benutzerführung *f*	guidage *m* d'opérateur, guidage de l'utilisateur, guidage d l'usager, guidage
P 817	propagation	Ausbreitung *f*, Fortpflanzung *f*	propagation *f*
P 818	propagation by ionospheric reflection, sky wave propagation	Ausbreitung *f* über ionosphärische Raumwelle, Ausbreitung über Reflexion an der Ionosphäre, Raumwellenausbreitung *f*	propagation *f* [par réflexion] ionosphérique
	propagation by ionospheric scatter	s. I 657	
P 819	propagation channel	Ausbreitungskanal *m*	canal *m* de propagation
P 820	propagation coefficient, propagation constant	Fortpflanzungskonstante *f*, Ausbreitungskonstante *f*, Übertragungsmaß *n*	exposant *m* de propagation, exposant *m* linéique de propagation
P 821	propagation conditions	Ausbreitungsbedingungen *fpl*	conditions *fpl* de propagation
	propagation constant	s. P 820	
P 822	propagation curve	Ausbreitungskurve *f*	courbe *f* de propagation
P 823	propagation delay time	Signalverzögerungszeit *f*	temps *m* de propagation
	propagation delay time	s. a. D 245	
P 824	propagation distortion	Ausbreitungsverzerrung *f*	distorsion *f* de propagation
P 825	propagation error	Ausbreitungsfehler *m*	erreur *f* de propagation
P 826	propagation loss	Ausbreitungsdämpfung *f*, Ausbreitungsverlust *m*	affaiblissement *m* de propagation
P 827	propagation measurement	Ausbreitungsmessung *f*	mesure *f* de propagation
P 828	propagation mode	Ausbreitungsmodus *m*	mode *m* de propagation
P 829	propagation model	Ausbreitungsmodell *n*	modèle *m* de propagation
	propagation of waves	s. W 86	
P 830	propagation path	Ausbreitungsweg *m*	trajet *m* de propagation
	propagation speed	s. S 995	
P 831	propagation theory	Ausbreitungstheorie *f*	théorie *f* de la propagation
P 832	propagation time	Laufzeit *f*	temps *m* de propagation
P 833	proportionality factor	Proportionalitätsfaktor *m*	facteur *m* de proportionnalité

P 834	protected field	geschütztes Feld n		champ m protégé
P 835	protection channel	Schutzkanal m (Telegrafie)		canal m de protection (secours)
P 836	protection field	Schutzbereich m		zone f de protection
P 837	protection ratio (television)	Schutzabstand m		rapport m de protection
P 838	protection switching	Ersatzschaltung f, automatische Ersatzschaltung f, Ersatzschalttechnik f		commutation f sur secours, commutation automatique normal/secours
P 839	protection switching equipment	Ersatzschaltungseinrichtung f, Ersatzschaltungsgerät n		équipement m de commutation de protection (sur secours)
P 840	protective coating	Schutzschicht f, Schutzüberzug m		couche f protectrice, revêtement m
P 841	protective device	Schutzvorrichtung f		dispositif m de sécurité
P 842	protective earth (ground)	Schutzerde f, Schutzerdung f, SE		terre f de protection
P 843	protective means (measure)	Schutzmaßnahme f		mesure f de sécurité
P 844	protective relay	Schutzrelais n		relais m de protection
P 845	protocol	Protokoll n, Prozedur f, Übermittlungsvorschrift f		protocole m
	protocol	s. a. L 185		
P 846	protocol architecture	Protokollarchitektur f		architecture f du protocole
P 847	protocol conversion	Protokollkonvertierung f, Protokollwandlung f		conversion f de protocole
P 848	protocol converter	Protokollumsetzer m, Protokollwandler m, Protokollkonverter m		convertisseur m de protocole
P 849	protocol level	Protokollebene f		niveau m de protocole
P 850	protocol reference model	Protokollreferenzmodell n		modèle m de référence de protocoles
P 851	prototype	Prototyp m		prototype m
P 852	prototype L-section filter	Grundkettenhalbglied n, Grundhalbglied n		demi-cellule f en L à K constant
P 853	proving	Erprobung f		essai m de fonctionnement
	PRR	s. P 944		
	PRS	s. P 121		
	PSDF	s. P 634		
	PSDN	s. P 31		
P 854	pseudo-Brewster angle	Pseudo-Brewster-Winkel m		pseudo-incidence f brewstérienne
P 855	pseudo n-ary signal	pseudo-n-äres Signal n, pseudo-n-wertiges Signal n		signal m pseudo n-aire
P 856	pseudonoise code, PN code	Pseudorauschcode m		code m de pseudobruit
P 857	pseudonoise coding	Pseudorauschcodierung f		codage m à pseudobruit
P 858	pseudonoise quantizing, pseudorandom quantizing	Pseudorausch-Quantisierung f		quantification f pseudo-aléatoire
P 859	pseudonoise signal	Pseudorauschsignal n		signal m de pseudobruit
P 860	pseudorandom	pseudozufällig, Pseudozufalls..., pseudostochastisch		pseudo-aléatoire
	pseudorandom quantizing	s. P 858		
P 861	pseudorandom sequence	Pseudozufallsfolge f		séquence f pseudo-aléatoire, suite f pseudo-aléatoire
P 862	pseudorandom signal	Pseudozufallssignal n		signal m pseudo-aléatoire
P 863	pseudo-ternary coding	quasiternäre Codierung f, pseudoternäre Codierung f		codage m pseudo-ternaire
	PSK	s. P 354		
	4-PSK, 4y-PSK	s. Q 83		
	PSN	s. 1. P 35; 2. P 883		
P 864	psophometer	Geräuschspannungsmesser m, Psophometer n		psophomètre m
P 865	psophometric power	[bewertete] Geräuschleistung f, psophometrische Leistung f		puissance f psophométrique
P 866	psophometric voltage, weighted noise voltage	Geräuschspannung f, psophometrische Spannung f		tension f psophométrique
P 867	psophometric weighting	Geräuschbewertung f		pondération f psophométrique
	PSPDN	s. P 33		
	PSTN	s. P 887		
	PTM	s. 1. P 37; 2. P 961		
P 868	p-type conduction	p-Leitung f		conduction f de type p
P 869	p-type substrate	p-[Typ-]Substrat n		substrat m de type P
P 870	public call-office, public call station, public telephone box (station), call office, public telephone	[öffentliche] Fernsprechstelle f, öffentliche Sprechstelle f, öffentlicher Fernsprecher m, öffentliches Telefon n		poste m téléphonique public, cabine f téléphonique, publiphone m
P 871	public data network, PDN	öffentliches Datennetz n, PDN n		réseau m public pour données, RPD, réseau public de données, réseau public de transmission de données
P 872	public data transmission service	öffentlicher Datenübermittlungsdienst m, öffentlicher Datenübertragungsdienst m		service m public de transmission de données
P 873	public facsimile service	öffentlicher Faksimiledienst m		service m public de télécopie
P 874	public international telecommunications	öffentliche internationale Fernmeldedienste mpl		télécommunications fpl publiques internationales
P 875	public key	öffentlicher Schlüssel m		clé f publique

public 226

P 876	public key algorithm	Public-Key-Algorithmus m	algorithme m à clé publique
P 877	public key system, PKS system	Public-Key-System n, PKS-System (System mit öffentlichem Schlüssel)	système m à clé publique
P 878	public land mobile [radio] network, PLMN	öffentliches Mobilkommunikationsnetz n, Mobilkommunikationsnetz n, öffentliches bewegliches Landfunknetz m	réseau m mobile terrestre public, RMTP, réseau public de radiocommunication de service
P 879	public mobile communications	öffentliche Mobilkommunikation f	service m de radiocommunication mobile publique
P 880	public mobile radiocommunication system	öffentliches Mobilfunksystem n	système m mobile public de radiocommunication
P 881	public mobile radiotelephone service	Funkfernsprechdienst m, FuFeD	service m radiotéléphonique mobile public
P 882	public mobile telephone service	öffentlicher Mobiltelefondienst m	service m radiotéléphonique mobile public
P 883	public network, public switched network, PSN	öffentliches Netz n	réseau m public
P 884	public packet-switched network	öffentliches Paketnetz n, öffentliches Paketvermittlungsnetz n	réseau m public à commutation de paquets
P 885	public paging system	öffentliches Personenrufsystem n	système m public d'appel unilatéral
P 886	public switched network public switched network	öffentliches Vermittlungsnetz n s. a. P 883	réseau m commuté public
P 887	public switched telephone network, PSTN, public telephone network, switched network	öffentliches [vermitteltes] Fernsprechnetz n, öffentliches Fernsprechwählnetz (Telefonwählnetz) n	réseau m téléphonique public commuté, RTPC, réseau m téléphonique public, réseau commuté
P 888	public telegram service public telephone [box]	öffentlicher Telegrammdienst m s. P 870	service m public des télégrammes
P 889	public telephone coin box station	öffentlicher Münzfernsprecher m	poste m téléphonique public à prépaiement
P 890	public telephone network public telephone network public telephone station	öffentliches Fernsprechnetz n, öffentliches Telefonnetz n s. a. P 887 s. P 870	réseau m téléphonique public
P 891	public telex network	öffentliches Telexnetz n	réseau m télex public
P 892	pull/to (cable) pull-in pull-in characteristic pulling-in line	einziehen s. A 108 s. A 110 s. D 849	tirer
P 893	pull-in range, lock-in range, capture range	Fangbereich m, Mitnahmebereich m, Ziehbereich m	gamme f d'accrochage, domaine m d'accrochage, étendue f de capture
P 894	pulsation pulse	Pulsieren n, Pulsation f s. I 84	pulsation f
P 895	pulse amplifier	Impulsverstärker m	amplificateur m d'impulsions
P 896	pulse amplitude, pulse height	Impulsamplitude f, Impulshöhe f	amplitude f d'impulsion
P 897	pulse amplitude demodulation	Pusamplitudendemodulation f	démodulation f d'impulsions modulées en amplitude
P 898	pulse amplitude modulated signal	pulsamplitudenmoduliertes Signal n	signal m d'impulsions modulées en amplitude
P 899	pulse amplitude modulation, PAM	Pulsamplitudenmodulation f, PAM	modulation f d'impulsions en amplitude, MIA
P 900	pulse amplitude modulator	Pulsamplitudenmodulator m	modulateur m d'impulsions en amplitude
P 901	pulse-and-bar test signal	Impuls-Sprung-Meßsignal n	signal m d'essai impulsion et barre
P 902	pulse broadening, pulse spreading	Impulsverbreiterung f, Pulsverbreiterung f, Impulsverlängerung f	élargissement m d'impulsion[s], élargissement d'une impulsion
P 903	pulse carrier	Pulsträger m	suite f d'impulsions porteuses
P 904	pulse code	Pulscode m	code m d'impulsions, code de modulation d'impulsions
P 905	pulse-code modulated transmission pulse code modulation, PCM	s. P 186 Pulscodemodulation f, PCM f	modulation f par impulsions et codage, MIC
P 906	pulse compression	Impulskompression f	compression f d'impulsion[s]
P 907	pulse counter, impulse counter	Impulszähler m	compteur m d'impulsions
P 908	pulse-counting technique	Impulszähltechnik f	méthode f de comptage par impulsions
P 909	pulse decay time, decay time of a pulse	Impulsabfallzeit f, Abfalldauer f eines Impulses	temps m de descente de l'impulsion, temps de descente d'une impulsion, temps (durée f) de suppression d'une impulsion
P 910	pulsed interference	Impulsstörungen fpl, Störung f durch Impulse	brouillage m par impulsions
P 911	pulse distortion	Impulsverzerrung f	déformation f d'impulsions
P 912	pulsed operation	Impulsbetrieb m	fonctionnement m impulsionnel, régime m pulsé (impulsionnel, d'impulsions)
P 913	pulse-driven	gepulst	commandé par impulsion

P 914	pulse duration, pulse length (width)	Impulsdauer f, Impulslänge f, Impulsbreite f	durée f d'impulsion
P 915	pulse-duration modulation, PDM, pulse-length modulation	Pulsdauermodulation f, PDM	modulation f d'impulsions en durée, MID, modulation par impulsions de durée variable
	pulse-duration modulation	s. a. P 927/8	
P 916	pulse duty factor, duty factor, mark-to-space ratio	Impulstastverhältnis n, Tastverhältnis n, Tastgrad m	taux m d'impulsions, facteur m de durée [d'impulsions]
	pulse duty factor	s. a. D 919	
P 917	pulse echo meter	Impulsechomesser m	échomètre m à impulsions
P 918	pulse edge	Impulsflanke f	flanc m d'impulsion
	pulse emission	s. P 970	
P 919	pulse frame, frame	Pulsrahmen m, Rahmen m	trame f d'impulsions, trame
	pulse frequency	s. P 943	
P 920	pulse frequency modulation, PFM	Pulsfrequenzmodulation f, PFM f	modulation f d'impulsions en fréquence, MIF
	pulse front	s. P 926	
P 921	pulse generation	Impulserzeugung f	génération f d'impulsions
P 922	pulse generator	Impulsgenerator m, Impulsgeber m	générateur m d'impulsions
	pulse group	s. P 964	
	pulse height	s. P 896	
P 923	pulse interlacing (interleaving)	Impulsverschachtelung f, Impulsschachtelung f	entrelacement m d'impulsions
P 924	pulse interval modulation, PIM	Pulsabstandsmodulation f	modulation f d'impulsions en espacement, modulation des intervalles entre impulsions
P 925	pulse inverter	Impulsumkehrer m	inverseur m d'impulsions
P 926	pulse leading edge, pulse front	Impulsvorderflanke f	front (flanc) m avant de l'impulsion (d'impulsion), front d'impulsion
	pulse length	s. P 914	
P 927/8	pulse-length modulation, pulse-duration modulation	Pulslängenmodulation f	modulation f d'impulsions en durée
	pulse-length modulation	s. a. P 915	
P 929	pulse modulation	Pulsmodulation f	modulation f d'impulsions, modulation par impulsions
P 930	pulse modulator	Pulsmodulator m	modulateur m d'impulsions
P 931	pulse number modulation	Pulszahlmodulation f	modulation f par nombre d'impulsions
P 932	pulse operated	im Impulsbetrieb	en régime pulsé, fonctionnant sous des impulsions
P 933	pulse peak	Impulsspitze f	sommet f d'impulsion
P 934	pulse position	Impulslage f	position f d'impulsion
P 935	pulse-position modulated signal	pulslagemoduliertes Signal n	signal m modulé par position d'impulsions
P 936	pulse-position modulation, PPM	Pulslagemodulation f, Pulsphasenmodulation f, PPM	modulation f d'impulsions en position, MIP, modulation par déplacement d'impulsions
P 937	pulse-position modulator	Pulslagemodulator m	modulateur m d'impulsions en position
P 938	pulse profile	Impulsprofil n	profil m des impulsions
P 939	pulse propagation	Impulsausbreitung f	propagation f d' (des) impulsions
P 940	pulse radar	Pulsradar n	radar m à impulsions
P 941	pulse regeneration	Impulsregenerierung f, Pulsregenerierung f	régénération f d'impulsions
P 942	pulse regenerator	Impulsregenerator m	régénérateur m d'impulsions
P 943	pulse repetition frequency, PRF, pulse frequency	Impulsfolgefrequenz f, Pulsfrequenz f	fréquence f de répétition des impulsions, FRI, fréquence de récurrence, cadence f de récurrence des impulsions
P 944	pulse repetition rate, PRR	Impulsfolgefrequenz f	taux m de répétition des impulsions
P 945	pulse response, impulse response	Impulsantwort f, Impulscharakteristik f	réponse f impulsionnelle (percussionnelle)
P 946	pulse rise time, rise time of a pulse	Impulsanstiegszeit f, Anstiegsdauer f eines Impulses, Flankensteigzeit f eines Impulses	durée f de montée d'[une] impulsion
P 947	pulse sampling	Impulsabtastung f, Abtasten n mit Impulsen	échantillonnage m par impulsions
P 948	pulse selection	Impulswahl f, Impulswahlverfahren n	sélection f par impulsions
P 949	pulse sequence	Impulsfolge f	suite f d'impulsions
P 950	pulse shape, pulse waveform	Impulsform f	forme f d'impulsion
P 951	pulse shaper	Impulsformer m	circuit m conformateur d'impulsion, conformateur m d'impulsions, circuit m de mise en forme d'impulsions
P 952	pulse shaping	Impulsformung f	mise f en forme d'impulsions
P 953	pulse shaping filter	Impulsformungsfilter n	filtre m conformateur d'impulsions, filtre de mise en forme [d'impulsions]

pulse 228

P 954	pulse signal	Impulssignal n, Impulskennzeichen n	signal m impulsionnel, signal par impulsion, signal de numérotation (téléphonie)
P 955	pulse signalling	Impulszeichengabe f, Impulskennzeichengabe f, IKZ, Impulssignalisierung f	signalisation f par impulsions
P 956	pulse slope	Impulsflankensteilheit f	pente f de flanc d'impulsion
P 957	pulse spacing	Impulsabstand m	espacement m entre (d') impulsions
P 958	pulse spectrum	Frequenzspektrum n eines Impulses, Impulsspektrum n	spectre m d'une impulsion
P 959	pulses per second, PPS	Impulse mpl je Sekunde, Impulse in der Sekunde	impulsions fpl par seconde
	pulse spreading	s. P 902	
	pulse string	s. P 964	
	pulse stuffing	s. J 58	
	pulse stuffing bit	s. J 63	
P 960	pulse tilt	Dachschräge f	inclinaison f du palier
P 961	pulse-time modulation, PTM	Pulszeitmodulation f	modulation f d'impulsions dans le temps, MIT
P 962	pulse trailing edge	Impulsrückflanke f	front (flanc) m arrière de l'impulsion (d'impulsion)
P 963	pulse train	Impulsbündel n	train m d'impulsions
P 964	pulse train, pulse group, pulse string	Impulsfolge f, Impulsserie f	train m d'impulsions, série f d'impulsions
P 965	pulse transformer	Impulsübertrager m	transformateur m d'impulsions
P 966	pulse transit time delay	Impulslaufzeit f, Impulsverzögerung f	retard m du temps de transit d'une impulsion
P 967	pulse transmitter	Impulssender m	émetteur m en impulsions, émetteur d'impulsions
	pulse waveform	s. P 950	
P 968	pulse width	Impulsweite f	largeur f d'impulsion
	pulse width	s. a. P 914	
P 969	pulse width modulation, PWM	Pulsbreitenmodulation f	modulation f d'impulsions en durée (largeur), MID
P 970	pulsing, pulse emission	Impulsgabe f, Stromstoßgabe f	émission f (envoi m) d'impulsions, numérotation f (téléphonie)
	pulsing	s. a. D 363	
P 971	pulsing signal, dial signal, dialling signal	Wählzeichen n	signal m de numérotation
	PUM	s. P 38	
P 972	pumping	Pumpen n	pompage m
P 973	pumping efficiency	Pumpwirkungsgrad m	rendement m du pompage
P 974	pump level	Pumpniveau n	niveau m de pompage
P 975	pump power	Pumpleistung f	puissance f de pompage
P 976	pump pulse	Pumpimpuls m	impulsion f de pompage
P 977	pump source	Pumpquelle f	source f de pompage
	punch/to	s. P 237	
P 978	punched card, perforated card	Lochkarte f	carte f perforée
P 979	punched tape, perforated tape, chadded tape, chad tape	Lochstreifen m	bande f perforée
P 980	punched tape reader, paper tape reader	Lochstreifenleser m	lecteur m de bande perforée, lecteur de bande
P 981	Pupin cable, coil-loaded cable	pupinisiertes Kabel n, Pupin-Kabel n, bespultes Kabel	câble m pupinisé, câble chargé de bobines
P 982	Pupin coil, loading coil	Pupin-Spule f	bobine f de Pupin (pupinisation, charge)
P 983	pupinization, pupin loading, loading (of a line), coil loading	Bespulung f, Pupinisierung f, Spulenbelastung f	charge f d'une ligne, pupinisation f
P 984	pure chance traffic	Zufallsverkehr m, ZV	trafic m de pure hasard
P 985	pure sinusoidal oscillation	reine Sinusschwingung f	oscillation f sinusoïdale pure
P 986	pure tone	reiner Ton m	son m pur
P 987	purge date	Verfalldatum n	date f d'expiration
P 988	push button, plunger type key, plunger key	Druckknopf m, Drucktaste f, Taste f	poussoir m, bouton-poussoir m, bouton-pression m
P 989	push-button dialling, keyboard dialling, keyboard selection	Tastwahl f, Tastenwahl f, Tastaturwahl f, Tastwahlverfahren n	numérotation f [au] clavier
	push-button set	s. K 28	
P 990	push-button system, PB system	Tastwahlsystem n	système m d'appareils à clavier (poussoirs)
	push-button telephone	s. K 28	
	push-down list	s. L 119	
P 991	push-down stack	Rückstellstapel m	pile f
P 992	push-pull amplification	Gegentaktverstärkung f	amplification f push-pull
P 993	push-pull amplifier	Gegentaktverstärker m	amplificateur m push-pull, amplificateur symétrique
	push-pull arrangement	s. P 994	
P 994	push-pull circuit, push-pull arrangement	Gegentaktschaltung f	montage m push-pull, montage symétrique
P 995	push-pull stage	Gegentaktsufe f	étage m push-pull

P 996	push-to-talk	Betätigung f der Sprechtaste	presser le bouton pour parler
P 997	push-to-talk button, talk key	Sprechtaste f	bouton m de conversation, clé f de conversation
P 998	push-to-talk handset	Handapparat m mit Sprechtaste	combiné m à bouton (poussoir) de conversation
P 999	putting into operation	Inbetriebnahme f	mise f en service
	putting out of operation	s. D 142	
	PV	s. P 91	
	PVC	s. 1. P 264; 2. P 542	
P 1000	PVC-insulated cable	PVC-isoliertes Kabel n	câble m à isolant PCV, câble à isolation PCV
P 1001	PVC-sheathed	PVC-ummantelt	à enveloppe PCV
	PVN	s. P 765	
	PWM	s. P 969	
	pylon	s. L 44	
P 1002	pyramidal horn	Pyramidenhorn n	antenne f en cornet pyramidal, cornet m pyramidal

Q

	Q	s. 1. Q 2; 2. Q 14	
	QA	s. Q 28	
	QAM	s. 1. M 737; 2. Q 13	
	QC	s. Q 29	
Q 1	Q channel	Kanal m mit 90° Phasenverschiebung	voie f en quadrature
	Q component	s. Q 14	
Q 2	Q-factor, quality factor, Q	Gütefaktor m, Güte f, Gütezahl f, Q	facteur m de qualité, coefficient m (facteur) de surtension, Q
	QMF	s. Q 16	
	QPSK	s. 1. Q 19; 2. Q 83	
	QSS	s. Q 79	
Q 3	quad	Vierer m	quarte f
	quad	s. a. C 65	
	quad cable	s. 1. Q 4; 2. S 1108	
Q 4	quadded cable, quad cable	viererverseiltes Kabel n, Kabel n mit Sternverseilung	cable m à (en) quartes
Q 5	quad helix antenna	Vierfachwendelantenne f	antenne f à quatre hélices
Q 6	quad-in-line package, QUIL package, QUIP	Quad-in-line-Gehäuse n, QUIL-Gehäuse, QUIP	boîtier m à quatre rangées de connexions, boîtier QUIL
Q 7	quad-pair cable	Doppelsternviererkabel n	câble m à paires câblées en étoile, câble à quartes
Q 8	quadrantal component of error (direction finding)	Viertelkreisfehlerkomponente f	composante f sinusoïdale quadrantale de l'erreur d'installation d'un radiogoniomètre
Q 9	quadrantal error (direction finding)	Viertelkreisfehler m	erreur f quadrantale
Q 10	quadrant antenna	Quadrantantenne f	antenne f quadrant
	quadraphase shift keying	s. Q 83	
Q 11	quadratic characteristic	quadratische Kennlinie f	caractéristique f quadratique
Q 12	quadratic distortion	quadratische Verzerrung f	distorsion f quadratique
Q 13	quadrature amplitude modulation, QAM	Quadratur-Amplitudenmodulation f, QAM	modulation f d'amplitude en quadrature, MAQ
Q 14	quadrature component, Q component, Q	um 90° phasenverschobene Komponente f	composante f en quadrature
Q 15	quadrature distortion	Quadraturverzerrung f	distorsion f de quadrature
Q 16	quadrature mirror filter, QMF	Quadraturspiegelfilter n	filtre m miroir en quadrature
Q 17	quadrature modulation	Quadraturmodulation f	modulation f en quadrature
Q 18	quadrature modulator	Quadraturmodulator m	modulateur m en quadrature
Q 19	quadrature phase shift keying, QPSK, quadriphase modulation	Quadratur-Phasenumtastung f	modulation f par déplacement de phase en quadrature, MDPQ, modulation de phase à 4 états
	quadriphase modulation	s. Q 19	
	quadripole	s. F 362	
Q 20	quadrophony	Quadrophonie f	quadrophonie f
Q 21	quadruple diversity	Vierfachdiversity n	diversité f d'ordre 4
Q 22	quadruple-phantom circuit	Sechzehnerleitung f	circuit m fantôme (combiné) quadruple
Q 23	quadrupler	Vervierfacher m	quadrupleur m
Q 24	quadruplex system	Quadruplexverfahren n, Vierfachbetrieb m	système m quadruplex
Q 25	qualification test	Qualifikationstest m	test m de qualification
Q 26	qualifiers, qualifying part	Kennzeichner m, Kennzeichnung f	partie f qualificative, qualificatif m
Q 27	quality assessment	Qualitätsbewertung f	évaluation f de la qualité
Q 28	quality assurance, QA	Qualitätssicherung f, QS, Gütesicherung f	assurance f de qualité
Q 29	quality control, QC	Qualitätskontrolle f, Gütekontrolle f	contrôle m de qualité

quality

Q 30	quality control engineer	Gütekontrolleur *m*, Gütekontrollingenieur *m*	qualiticien *m*, qualiticienne *f*
Q 31	quality criterion	Qualitätskriterium *n*, Qualitätsmerkmal *n*	critère *m* de qualité
Q 32	quality data	Qualitätsdaten *pl*	données *fpl* de qualité
	quality factor	s. Q 2	
Q 33	quality index	Qualitätsindex *m*	indice *m* de qualité
Q 34	quality of service, grade of service, service quality	Dienstgüte *f*, Dienstqualität *f*	qualité *f* de service
Q 35	quantizable	quantisierbar	quantifiable
	quantization	s. Q 48	
Q 36	quantizaton decision value	Quantisierungsschwelle *f*	seuil *m* de quantification
	quantization interval	s. Q 38	
Q 37	quantization level, quantizing level	Quantisierungspegel *m*	niveau *m* de quantification
Q 38	quantization step, quantization interval	Quantisierungsstufe *f*	pas *m* de quantification, échelon *m* de quantification
Q 39	quantize/to	quantisieren	quantifier
Q 40	quantized	quantisiert, gequantelt *(Physik)*	quantifié
Q 41	quantized feedback, decision feedback equalization	quantisierte Rückkopplung *f*	rétroaction *f* quantifiée, égalisation *f* à décision réfléchie
Q 42	quantized feedback equalization	Entzerrung *f* durch quantisierte Rückkopplung	égalisation *f* à rétroaction quantifiée
Q 43	quantized form	quantisierte Form *f*	forme *f* quantifiée
Q 44	quantized sample	quantisierter Abtastwert *m*	échantillon *f* quantifié
Q 45	quantized signal	quantisiertes Signal *n*	signal *m* quantifié
Q 46	quantized value	quantisierter Wert *m*	valeur *f* quantifiée, amplitude *f* quantifiée
Q 47	quantizer	Quantisierer *m*, Quantisierungsschaltung *f*	quantificateur *m*
Q 48	quantizing, quantization	Quantisierung *f*, Quantisieren *n*	quantification *f*
Q 49	quantizing distortion	Quantisierungsverzerrung *f*	distorsion *f* de quantification
Q 50	quantizing error	Quantisierungsfehler *m*	erreur *f* de quantification
Q 51	quantizing interval	Quantisierungsintervall *n*	intervalle *m* de quantification
	quantizing level	s. Q 37	
Q 52	quantizing noise	Quantisierungsrauschen *n*, Quantisierungsgeräusch *n*	bruit *m* de quantification
Q 53	quantizing range, working range	Quantisierungsbereich *m*	plage *f* de quantification (fonctionnement), gamme *f* de fonctionnement
Q 54	quantum electronics	Quantenelektronik *f*	électronique *f* quantique
Q 55	quantum noise	Quantenrauschen *n*	bruit *m* quantique
Q 56	quantum physics	Quantenphysik *f*	physique *f* quantique
Q 57	quantum theory	Quantentheorie *f*	théorie *f* quantique
Q 58	quantum well	Quantenmulde *f*	puits *m* quantique
Q 59	quarter-phase	zweiphasig	diphasé
Q 60	quarter-wave antenna, quarter-wavelength antenna	Viertelwellenantenne *f*	antenne *f* quart d'onde
Q 61	quarter-wave dipole	Viertelwellendipol *m*	dipôle *m* quart d'onde
	quarter-wavelength antenna	s. Q 60	
Q 62	quarter-wavelength line	Lambda-Viertel-Leitung *f*, Viertelwellenleitung *f*	ligne *f* [en] quart d'onde
Q 63	quarter-wavelength transformer, quarter-wave transformer	Viertelwellenanpassungsglied *n*	ligne *f* [en] quart d'onde, transformateur *m* [en] quart d'onde
Q 64	quarter-wave plate	Lambda-Viertel-Blättchen *n*, Lambda/4-Blättchen *n*	lame *f* quart d'onde
Q 65	quarter-wave sleeve	Lambda-Viertel-Symmetrierglied *n*	symétriseur *m* à manchon (écran coaxial)
	quarter-wave transformer	s. Q 63	
Q 66	quarter-wave whip antenna	Viertelwellenpeitschenantenne *f*	antenne-fouet *f* quart d'onde
Q 67	quartet, four-bit byte	Quartett *n*, 4-Bit...	quartet *m*
	quartz	s. C 1221	
Q 68	quartz crystal	Quarzkristall *m*, Schwingquarz *m*	cristal *m* de quartz
	quartz crystal	s. a. C 1221	
	quartz crystal-controlled	s. C 1224	
	quartz crystal-controlled oscillator	s. C 1225	
Q 69	quartz resonator	Schwingquarz *m*	résonateur *m* à quartz
Q 70	quartz watch crystal	Uhrenquarz *m*	quartz *m* de montre
	quasi-associated mode	s. Q 71	
Q 71	quasi-associated mode of signalling, quasi-associated mode	quasiassoziierte Betriebsweise *f* der Zeichengabe, quasiassoziierter Modus *m* der Zeichengabe, quasiassoziierter Modus	mode *m* de signalisation quasi associé, mode quasi associé
Q 72	quasi-associated signalling	quasiassoziierte Zeichengabe *f*, quasiassoziierte Signalisierung *f*	signalisation *f* quasi associée
Q 73	quasi-impulsive interference	Quasi-Impulsstörung *f*	brouillage *m* quasi impulsif
Q 74	quasi-optical	quasioptisch	quasi optique
Q 75	quasi-optical propagation	quasioptische Ausbreitung *f*	propagation *f* quasi optique
Q 76	quasi-peak detector	Quasispitzengleichrichter *m*	détecteur *m* [de] quasi-crête
Q 77	quasi-peak voltage	Quasispitzenspannung *f*	tension *f* de quasi-crête

Q 78	quasi-stationary	quasistationär	quasi stationnaire
Q 79	quasi-stellar radio source, quasar, QSS	Quasar m	quasar m
Q 80	quaternary	quaternär	quaternaire
Q 81	quaternary compound	quaternäre Verbindung f	composé m quaternaire
Q 82	quaternary compound semiconductor devices	Halbleiterelemente npl aus quaternären Verbindungen	dispositifs mpl semiconducteurs formés de composés quaternaires
Q 83	quaternary phase shift keying, QPSK, quadraphase shift keying, 4-PSK, 4y-PSK	Vierphasenumtastung f	modulation f par quadrature de phase, modulation f par déplacement de phase quadrivalente (à quatre états), MDPQ, MDP-4
Q 84	quenching coil	Löschdrossel f	bobine f d'amortissement
Q 85	query	Abfrage f	interrogation f, consultation f
Q 86	queue, waiting line	Warteschlange f, Wartefeld n	file f d'attente
Q 87	queue length	Warteschlangenlänge f, Länge f der Warteschlange	longueur f de file d'attente
Q 88	queue message	Warteansage f, Wartetextansage f	message m de file d'attente
Q 89	queue place	Warteplatz m	position f de file
Q 90	queuing	Wartebedingung f	formation f de files d'attente
	queuing network	s. N 139	
Q 91	queuing operation	Warteschlangenbetrieb m	exploitation f avec mise en file des appels
Q 92	queuing system	Warteschlangensystem n, Wartesystem n	système m à file d'attente, système à attente
Q 93	queuing theory, theory of queues (congestion, waiting lines)	Bedienungstheorie f	théorie f des files d'attente
Q 94	queuing time, waiting time	Wartezeit f	temps m de mise en attente
Q 95	quick-break fuse	Schnellsicherung f	fusible m instantané
Q 96	quick-break switch	Schnell[aus]schalter m, Momentschalter m	interrupteur m à rupture brusque
Q 97	quiescent	ruhend, im Ruhezustand	à l'état de repos
Q 98	quiescent-carrier modulation	Modulation f mit Trägerunterdrükkung in den Pausen	modulation f à interruption de porteuse
Q 99	quiescent point, operating point	Arbeitspunkt m	point m de fonctionnement
Q 100	quiescent value	Ruhewert m	valeur f de repos
Q 101	quiet printer	geräuschloses Druckwerk n, geräuschloser Drucker m	imprimante f silencieuse
	QUIL package	s. Q 6	
	quinary group	s. J 34	
	QUIP	s. Q 6	

R

R 1	rack	Gestell m, Gestellrahmen m, Rahmengestell n	bâti m, châssis m
R 2	rack-mounted exchange	Vermittlungsstelle f in Gestellbauweise	central m en bâti
	racon	s. R 7	
	radar	s. R 90	
R 3	radar absorber	Radarabsorber m	absorbeur m radar
R 4	radar altimeter	Radarhöhenmesser m	altimètre m radar
R 5	radar antenna array	Radargruppenantenne f	antenne f en réseau de radar
R 6	radar back-scatter, radar return	Radarrückstreuung f	rétrodiffusion f radar
R 7	radar beacon, racon	Radar[abfrage]funkfeuer n, Radarbake f	balise f radar (de radiodétection), racon m
R 8	radar beam	Radarstrahl m	faisceau m radar
R 9	radar chain	Radarkette f	chaîne f de radar
R 10	radar contact	Radarkontakt m	contact m radar
R 11	radar coverage	Radarbedeckung f, Radarerfassungsbereich m	couverture f du radar
R 12	radar cross section, RCS, effective echoing area	Rückstrahlquerschnitt m, äquivalente Echofläche f	section f efficace du diagramme de gain, section efficace de rétrodiffusion (radiodétection), SER, section efficace en radar
R 13	radar data	Radardaten pl	données fpl de radiodétection
R 14	radar diplexer	Radardiplexer m	diplexeur m de radar
R 15	radar display, radar picture	Radarschirmbild n	image f radar
R 16	radar echo	Radarecho n	écho m de radar
R 17	radar equation	Radargleichung f	équation f radar
R 18	radar equipment	Radargerät n	équipement m radar
R 19	radar horizon	Radarhorizont m	horizon m radar
R 20	radar identification	Radaridentifikation f, Radarerkennung f	identification f radar
R 21	radar image[ry]	Radarbild n	image f radar, radargraphie f
R 22	radar image transmission	Radarbildübertragung f	transmission f d'images radar
R 23	radar indicator	Radarsichtgerät n	indicateur m radar

R 24	radar interception	Radarerfassung f	détection f par radar
R 25	radar jamming	Radarstörung f	brouillage m antiradar
R 26	radar link, radar relay	Radarbildübertragung[sstrecke] f	déport f [des informations] radar
R 27	radar map	Radarkarte f, elektronische Karte f	carte f radar
R 28	radar measurement	Radarmessung f	mesure f par radar
R 29	radar navigation	Radarnavigation f	navigation f au radar
R 30	radar observation	Radarbeobachtung f	observation f au radar
	radar picture	s. R 15	
R 31	radar range	Radarreichweite f	portée f [de] radar
R 32	radar receiver	Radarempfänger m, Funkmeßempfänger m	récepteur m radar
R 33	radar reconnaissance	Radaraufklärung f	reconnaissance f radar
R 34	radar reflector	Radarreflektor m	réflecteur m radar
	radar relay	s. R 26	
	radar return	s. R 6	
	radarscope	s. R 35	
R 35	radar screen, radarscope	Radarbildschirm m	écran m radar
R 36	radar shadow	Radarschatten m	ombre f [de] radar
R 37	radar signal	Radarsignal n	signal m [du] radar, signal de radiodétection
R 38	radar signal processing	Radarsignalverarbeitung f	traitement m de signal radar
R 39	radar simulator, radar trainer	Radarsimulator m, Radartrainingsgerät n	simulateur m radar
R 40	radar sounding	Radar[echo]lotung f	sondage m par radar
R 41	radar target	Radarziel n	objectif m radar, cible f [de] radar
R 42	radar target discrimination	Unterscheidung f von Radarzielen	discrimination f de cibles de radar
	radar trainer	s. R 39	
R 43	radial-leaded component	Bauelement n mit Radialanschlüssen	composant m à sorties radiales
	radial network	s. S 1106	
R 44	radiance	spezifische Ausstrahlung f (Lichtausstrahlung f), Strahldichte f	émittance f énergétique, luminance f énergétique
R 45	radiant energy	Strahlungsenergie f	énergie f rayonnante (radiative)
R 46	radiant flux	Strahlungsfluß m	flux m de rayonnement
R 47	radiant intensity, radiation density	Strahlungsdichte f, Strahlstärke f	intensité f de rayonnement, intensite´ radiative
R 48	radiant power	Strahlungsleistung f	puissance f rayonnante (de radiation, rayonnement)
	radiated field	s. R 54	
R 49	radiated power	abgestrahlte Leistung f	puissance f rayonnée (émise)
	radiating doublet	s. H 122	
R 50	radiation, radiation in radio	Strahlung f	rayonnement m [radioélectrique]
R 51	radiation angle	Strahlungswinkel m	angle m de rayonnement
R 52	radiation characteristic	Strahlungscharakteristik f	caractéristique f de radiation
	radiation density	s. R 47	
R 53	radiation detector	Strahlungsdetektor m	détecteur m de rayonnement
	radiation efficiency	s. A 576	
R 54	radiation field, radiated field	Strahlungsfeld n, abgestrahltes Feld n	champ m de rayonnement, champ rayonné
R 55	radiation-hardened IC	strahlungsfester integrierter Schaltkreis m, strahlungsfester IC m	circuit m intégré à protection renforcée contre les rayonnements
R 56	radiation hardness	Strahlungsbeständigkeit f	tenue f aux rayonnements
	radiation in radio	s. R 50	
	radiation lobe	s. L 311	
R 57	radiation losses	Strahlungsverluste mpl	pertes fpl par rayonnement
R 58	radiation measurement, radiometry	Strahlungsmessung f, Radiometrie f	mesure f des rayonnements, radiométrie f
R 59	radiation pattern, beam pattern	Strahlungsdiagramm n	diagramme m [directionnel] de rayonnement, caractéristique f de rayonnement
R 60	radiation pattern switching	Umschaltung f des Strahlungsdiagramms	commutation f du diagramme de rayonnement
R 61	radiation peak	Strahlungsmaximum n	maximum m de rayonnement, rayonnement m maximum, pic m de rayonnement
R 62	radiation resistance, antenna radiation resistance	Strahlungswiderstand m	résistance f de rayonnement [d'une antenne]
R 63	radiation-resistant	strahlungsfest	résistant aux radiations
R 64	radiation source	Strahlungsquelle f	source f de rayonnement
R 65	radiation zone, far zone	Strahlungsgebiet n	zone f de rayonnement
R 66	radiator	Strahler m	élément m rayonnant, radiateur m
R 67	radio/to	funken	lancer un appel radio, émettre par radio
R 68	radio	Funk m, Funken n, Radio n	radio f, radioélectricité f
R 69	radio	Funk...	radio..., radioélectrique
R 70	radio aids to navigation	Funknavigationshilfen fpl, Funknavigationshilfsmittel npl	aides-radio [électriques] fpl à la navigation
R 71	radio altimeter	Funkhöhenmesser m	radioaltimètre m

R 72	radio amateur	Funkamateur m, Radioamateur m	radioamateur m
R 73	radioastronomy	Radioastronomie f	radioastronomie f
R 74	radioastronomy service	Astronomiefunkdienst m, A	service m de radioastronomie
R 75	radio beacon	Funkbake f, Funkfeuer n	bouée f émettrice, radiobalise f, radiophare m [à rayonnement circulaire]
R 76	radio beacon navigation	Funkfeuernavigation f	radionavigation f sur balises
R 77	radio bearing	Funkpeilung f, Peilwinkel m	relèvement m radiogoniométrique
R 78	radio broadcasting, broadcasting service	Rundfunk m	radiodiffusion f, diffusion f par voie radioélectrique
	radio broadcasting coverage	s. B 468	
R 79	radio broadcasting satellite transmission	Rundfunksatellitenübertragung f	transmission f par satellite de radiodiffusion
R 80	radio buoy	Funkboje f	bouée f radio (émettrice)
R 81	radio channel, radiofrequency channel, RF channel	Funkkanal m	voie f (liaison f) radioélectrique, canal m radio[électrique], canal RF (hertzien), radiocanal m, voie f radio
R 82	radio circuit	Funkverbindung f (zweiseitig)	circuit m radio[électrique], circuit de radiocommunication
R 83	radiocommunication	Funkverkehr m, Funkverbindung f, drahtlose Nachrichtenübertragung (Verbindung, Übertragung) f, Funk[nachrichten]übertragung f, Funkkommunikation f	radiocommunication f, communication f radioélectrique
	radiocommunication operator	s. R 140	
	radio communication service	s. R 161	
	radio communications network	s. R 138	
R 84	radiocommunication system	Funknachrichtensystem n, Funk[übertragungs]system n	système m de radiocommunication
R 85	radiocommunication technique	Funknachrichtentechnik f	technique f des radiocommunications
R 86	radio compass	Funkkompaß m, Radiokompaß m	radiocompas m, radiogoniomètre m d'avion
R 87	radio concentrator	Funkkonzentrator m	concentrateur m à liaisons radioélectriques
R 88	radio coverage	Funkbedeckung f	couverture f radio[électrique]
R 89	radio-data system	Funkdaten[kommunikations]system n	système m de radiocommunications de données
R 90	radio detection and ranging, radar	Radar n	radar m, radiodétecteur m, système m de radiodétection
	radiodetermination	s. R 133	
R 91	radiodetermination satellite service	Satellitenortungsfunkdienst m, Ortungsfunkdienst m über Satelliten	service m de radiorepérage par satellite
R 92	radiodetermination service	Ortungsfunkdienst m	service m de radiorepérage
R 93	radiodetermination station	Ortungsfunkstelle f, Ortungsfunkstation f, Funkortungsstation f	station f de radiorepérage
R 94	radio direction finder, direction finder, DF	Funkpeiler m, Peiler m	radiogoniomètre m
R 95	radio direction finding, RDF, direction finding, DF, radiogoniometry	Funkpeilung f, Peilung f	radiogoniométrie f
R 96	radio direction finding station	Funkpeilstation f, Peilfunkstelle f	station f radiogoniométrique
R 97	radio engineering, radio technology	Funktechnik f	radiotechnique f, technique f radio (de radioélectricité), technique des radiocommunications
R 98	radio equipment	Funkgerät n	matériel m radioélectrique, matériel de radiocommunication
R 99	radio fade-out, Dellinger fade-out, sudden ionospheric disturbance, SID	Mögel-Dellinger-Effekt m	évanouissement m brusque, effet m Dellinger, brusque perturbation f ionosphérique
R 100	radio fan marker, fan marker, FM	Fächerfunkfeuer n, Fächermarkierungsbake f	radiobalise f en éventail
R 101	radio frequency, RF	Hochfrequenz f, HF, Radiofrequenz f (Richtfunk), RF	radiofréquence f, RF, fréquence f radioélectrique
R 102	radio-frequency amplifier, high-frequency amplifier, RF amplifier	Hochfrequenzverstärker m, HF-Verstärker m	amplificateur m radioélectrique, amplificateur m [à] haute fréquence
R 103	radio-frequency bandwidth	Hochfrequenzbandbreite f, HF-Bandbreite f, Radiofrequenzbandbreite f, RF-Bandbreite f (Richtfunk)	largeur f de bande des fréquences radioélectriques
R 104	radio-frequency carrier, RF carrier	hochfrequenter Träger m, HF-Träger m	porteuse f radioélectrique
R 105	radio-frequency channel	Radiofrequenzkanal m, RF-Kanal m (Richtfunk), Hochfrequenzkanal m, HF-Kanal m	canal m radiofréquence, radiocanal m, canal RF
	radio-frequency channel	s. a. R 81	
R 106	radio-frequency channel arrangement	Frequenzraster n, Kanalraster n	disposition f des canaux radioélectriques

R 107	**radio-frequency choke,** RF choke, RFC	Hochfrequenzdrossel f, HF-Drossel f	bobine f d'arrêt
R 108	**radio-frequency disturbance**	hochfrequenter Störer m, Funkstörer m, hochfrequente Störung f, Funkstörung f	perturbation f radioélectrique, parasite m [radioélectrique]
R 109	**radio-frequency feeder,** RF feeder	Hochfrequenzspeiseleitung f, HF-Speiseleitung f	ligne f d'alimentation radioélectrique
R 110	**radio-frequency interference,** RFI	hochfrequente Störung f, Funkstörung f	brouillage m [radioélectrique]
	radio-frequency interference	s. a. R 127	
R 111	**radio-frequency management**	Verwaltung f des Funkspektrums, Verwaltung des Frequenzspektrums	gestion f du spectre radioélectrique, gestion des fréquences radioélectriques
R 112	**radio-frequency noise power**	Hochfrequenzgeräuschleistung f, HF-Rauschleistung f	puissance f de bruit radioélectrique
R 113	**radio-frequency power generator,** high-frequency power generator, RF power generator	Hochfrequenzleistungsgenerator m, HF-Leistungsgenerator m	générateur m de puissance radioélectrique (radiofréquence)
R 114	**radio-frequency protection ratio,** rf protection ratio	Hochfrequenzschutzabstand m, HF-Schutzabstand m	rapport m de protection en radiofréquence
R 115	**radio-frequency radiation**	hochfrequente Strahlung f, Hochfrequenzstrahlung f	rayonnement m radioélectrique
R 116	**radio-frequency range**	Radiofrequenzbereich m, RF-Bereich m, Hf-Bereich m	gamme f des fréquences radioélectriques
R 117	**radio-frequency signal**	Hochfrequenzsignal n, HF-Signal n	signal m radioélectrique
R 118	**radio-frequency signal generator,** RF-signal generator	Hochfrequenzmeßsender m, HF-Meßsender m	générateur m de signaux radiofréquence
R 119	**radio-frequency spectrum**	Funkfrequenzspektrum n	spectre m des fréquences radioélectriques
	radio-frequency stage	s. H 172	
	radio-frequency transmission	s. R 203	
	radio-frequency voltage	s. H 174	
R 120	**radio frequency wanted-to-interfering signal ratio,** rf wanted-to-interfering signal ratio	Hochfrequenzstörabstand m, HF-Störabstand m	rapport m signal/brouilleur en radiofréquence
	radio-frequency waves	s. R 210	
R 121	**radio-goniometer,** goniometer	Goniometer n	chercheur m radiogoniométrique
	radiogoniometry	s. R 95	
R 122	**radio guidance**	Funklenkung f	radioguidage m
R 123	**radio homing**	Funkziel[an]flug m, Zielanflug m, Funkzielanfahrt f	radioralliement m
R 124	**radio hop,** hop, radio section	Funkfeld n	bond m hertzien, bond [radioélectrique]
R 125	**radio horizon**	Radiohorizont m, Funkhorizont m	horizon m radioélectrique
R 126	**radio installation,** radio plant, wireless plant	Funkanlage f, Funkeinrichtung f	installation f radioélectrique
	radio interface	s. A 306	
R 127	**radio interference,** radio-frequency interference, RFI	Funkstörung f, HF-Störung f	brouillage m radioélectrique (en radiofréquence)
R 128	**radio interference suppression**	Funkentstörung f	antiparasitage m radioélectrique
R 129	**radio link**	Funkübertragungsweg m	voie f de radiocommunication
R 130	**radio link**	Funkverbindung f	liaison f radioélectrique
R 131	**radio link antenna**	Richtfunkantenne f	antenne f de faisceau hertzien
R 132	**radio link channel,** microwave link channel, microwave channel	Richtfunkkanal m	canal m de transmission hertzienne, canal hertzien (fréquence), voie f hertzienne (téléphonie)
	radio link station	s. R 157	
R 133	**radiolocation,** radiodetermination	Funkortung f	radiolocalisation f, radiorepérage m
R 134	**radiometeorology**	Radiometeorologie f	radiométéorologie f
	radiometry	s. R 58	
R 135	**radio monitor**	Sendeüberwachungsgerät n	contrôleur m d'émission
R 136	**radionavigation**	Funknavigation f	radionavigation f
R 137	**radionavigation satellite service**	Navigationsfunkdienst m über Satelliten, Satellitennavigationsfunkdienst m	service m de radionavigation par satellite
R 138	**radio network,** radio communications network	Funknetz n	réseau m de radiocommunication, réseau radio
R 139	**radio noise**	hochfrequentes Rauschen n, Rauschen im Funkspektrum, Hochfrequenzgeräusch n, HF-Geräusch n	bruit m radioélectrique
R 140	**radio operator,** radiocommunication operator	Funker m	opérateur m radio (des radiocommunications)
R 141	**radio paging**	drahtloser Personenruf m, Funkpersonenruf m	radiorecherche f de personne[s], recherche f de personnes par radio
R 142	**radio-paging receiver**	Funkrufempfänger m	récepteur m de téléappel
R 143	**radio-paging service**	Funkrufdienst f	service m de radiorecherche de personnes, service radioélectrique d'appel [unilatéral], service de téléappel

R 144	radio-paging system	Funkrufsystem *n*	système *m* radioeléctrique d'appel [unilatéral sans transmission de parole], système d'appel unilatéral à fréquence radioélectrique, dispositif *m* radioélectrique d'appel unilatéral
R 145	radiophone	Funkfernsprecher *m*, Funktelefon *n*	radiotéléphone *m*
	radio plant	*s.* R 126	
R 146	radio position determination	Funkstandortbestimmung *f*	détermination *f* radioélectrique de position
R 147	radio positioning system	Funkortungssystem *n*	système *m* de positionnement radioélectrique
	radio printer	*s.* R 195	
R 148	radio propagation	Funkausbreitung *f*	propagation *f* radioélectrique
R 149	radio range-finding	Funkentfernungsmessung *f*	radiotélémétrie *f*, télémétrie *f* hertzienne
R 150	radio receiver	Funkempfänger *m*	radiorécepteur *m*, récepteur *m* [radioélectrique], récepteur radio
R 151	radio receiving station, receiving station	Funkempfangsstelle *f*, Empfangsstelle *f*	station *f* de réception, centre *m* d'écoute
R 152	radio reception	Funkempfang *m*	réception *f* des radiocommunications
R 153	radio relay, microwave radio	Richtfunk *m*	faisceau *m* hertzien
R 154	radio relay link, microwave link, microwave radio link	Richtfunkverbindung *f*, Richtfunklinie *f*	liaison *f* par faisceau hertzien, liaison hertzienne
	radio relay link	*s. a.* M 465	
R 155	radio relay network, microwave network	Richtfunknetz *n*	réseau *m* hertzien
R 156	radio relay repeater, microwave repeater	Richtfunkrelaisstelle *f*	répéteur *m* [de faisceau] hertzien
	radio relay site	*s.* R 157	
R 157	radio relay station, radio relay site, radio link station, microwave relais station	Richtfunkstelle *f*, Richtfunkstation *f*	station *f* hertzienne (de faisceau hertzien)
R 158	radio relay system, microwave transmission system	Richtfunksystem *n*	faisceau *m* hertzien
R 159	radio relay technique	Richtfunktechnik *f*	technique *f* hertzienne
R 160	radio relay tower, microwave repeater tower, microwave [relay] tower	Richtfunkturm *m*	tour *f* hertzienne, pylône *m* hertzien
	radio section	*s.* R 124	
R 161	radio service, radiocommunication service	Funkdienst *m*	service *m* radio (radioélectrique), service de radiocommunications
R 162	radio signal	Funksignal *n*	signal *m* radio[électrique]
R 163	radio silence	Funkstille *f*	radiosilence *m*
R 164	radio sonde	Radiosonde *f*, Funksonde *f*	radiosonde *f*
R 165	radio sonde observation	Radiosondenbeobachtung *f*	radiosondage *m*
R 166	radio source	Radioquelle *f*	radiosource *f*
R 167	radio spectrum	Funkspektrum *n*	spectre *m* radioélectrique
R 168	radio speech path	Funksprechweg *m*	trajet *m* radioélectrique de conversation
R 169	radio station	Funkstation *f*, Funkstelle *f*, FuSt	radiostation *f*, station *f* radio
R 170	radio technician	Funktechniker *m*	radiotechnicien *m*
	radio technology	*s.* R 97	
R 171	radio telecontrol	Funkfernsteuerung *f*, drahtlose Fernsteuerung *f*	radiotélécommande *f*, télécommande *f* par radio
R 172	radiotelegram	Funktelegramm *n*, Radiotelegramm *n*	radiotélégramme *m*
	radiotelegraph certificate	*s.* R 175	
R 173	radiotelegraphic[al], by radiotelegraphy	funktelegrafisch	radiotélégraphique
R 174	radiotelegraphist	Telegrafiefunker *m*	radiotélégraphiste *m*
R 175	radiotelegraph operator certificate, radiotelegraph certificate	Telegrafiefunkerzeugnis *n*	certificat *m* de radiotélégraphiste
R 176	radiotelegraph receiver	Funktelegrafieempfänger *m*	récepteur *m* de radiotélégraphie
R 177	radiotelegraph service	Funktelegrafiedienst *m*	service *m* radiotélégraphique
	radiotelegraph teleprinter system	*s.* R 197	
R 178	radiotelegraph traffic	Funktelegrafieverkehr *m*	trafic *m* radiotélégraphique
R 179	radiotelegraphy	Funktelegrafie *f*, drahtlose Telegrafie *f*	radiotélégraphie *f*
	radiotelegraphy/by	*s.* R 173	
	radiotelemetering	*s.* R 180	
R 180	radiotelemetry, radiotelemetering	Funkfernmessung *f*, Funkfernmessen *n*	radiomesure *f*, radiotélémesure *f*
R 181	radiotelephone	Funksprechgerät *n*, Funktelefon[gerät] *n*	radiotéléphone *m*, poste *m* radiotéléphonique
R 182	radiotelephone alarm signal	Sprechfunkalarmzeichen *n*	signal *m* d'alarme radiotéléphonique

radiotelephone

R 183	radiotelephone call	Funkgespräch n	appel m (communication f) radiotéléphonique
R 184	radiotelephone communication	Funksprechverbindung f, Sprechfunkverbindung f, Funkgespräch n	communication (liaison f) radiotéléphonique
R 185	radiotelephone distress signal	Sprechfunknotzeichen n, Sprechfunknotsignal n	signal m radiotéléphonique de détresse
R 186	radiotelephone network	Funktelefonnetz n	réseau m radiotéléphonique
R 187	radiotelephone operation	Funksprechbetrieb m	exploitation f radiotéléphonique
R 188	radiotelephone operator	Sprechfunker m	radiotéléphoniste m
R 189	radiotelephone operator certificate	Sprechfunkerzeugnis n	certificat m de radiotéléphoniste
R 190	radiotelephone station	Sprechfunkstelle f	station f radiotéléphonique
R 191	radiotelephone traffic	Funksprechverkehr m	trafic m radiotéléphonique
R 192	radio telephony	Sprechfunk m, Funktelefonie f, Radiotelefonie f, Funkfernsprechen n	radiotéléphonie f
R 193	radiotelephony distress frequency	Sprechfunknotfrequenz f	fréquence f de détresse en radiotéléphonie
R 194	radiotelephony network	Sprechfunknetz n	réseau m radiotéléphonique
R 195	radio teleprinter, radio printer, radio teletypewriter, radio teletype	Funkfernschreiber m	radiotélescripteur m, radiotéléimprimeur m, radiotélétype m
R 196	radio teleprinter communication	Funkfernschreibverbindung f	communication f par radiotéléimprimeur
R 197	radio teleprinter network, radiotelegraph teleprinter system	Funkfernschreibnetz n	réseau m de radiotéléimprimeurs, réseau de téléimprimeurs sur liaisons radiotélégraphiques
R 198	radio telescope	Radioteleskop n	radiotélescope m
	radio teletype	s. R 195	
R 199	radio teletype exchange service	vermittelter Funkfernschreibdienst m	service m de radiotéléimprimeurs avec commutation
	radio teletypewriter	s. R 195	
R 200	radio telex link	Telexverbindung f über Funk	liaison f télex radioélectrique
R 201	radio traffic	Funkverkehr m	radiotrafic m, trafic m radioélectrique
R 202	radio transceiver	Funksendeempfangsgerät n, Funksprechgerät n	émetteur-récepteur m de radiotéléphonie, émetteur-récepteur radiotéléphonique
R 203	radio transmission, radio-frequency transmission	Funkübertragung f	transmission f par radio, transmission radioélectrique, radiotransmission f
R 204	radio transmission equipment	Funkübertragungsgerät n	matériel m de transmission radioélectrique
R 205	radio transmitter	Funksender m	émetteur m radioélectrique
R 206	radio transmitting system	Funksendeanlage f	ensemble m émetteur radioélectrique
R 207	radio voice channel	Funksprechkanal m	canal m radiotéléphonique
R 208	radio wave	Radiowelle f, Funkwelle f, Hertzsche Welle f	onde f radio[électrique], onde hertzienne
R 209	radio wave propagation	Funkwellenausbreitung f	propagation f des ondes radioélectriques, propagation f radioélectrique
R 210	radio waves, radio-frequency waves	Funkwellen fpl	ondes fpl radioélectriques
R 211	radio wave scattering	Funkwellenstreuung f	diffusion f des ondes radioélectriques
R 212	radome	Antennenverkleidung f, Radom m	radome m, radôme m
R 213	railway communications system	Eisenbahn-Nachrichtensystem n	système m de télécommunication pour les sociétés de chemin de fer, système de télécommunications ferroviaires
R 214	railway radiotelephone system	Eisenbahn-Radiotelefoniesystem n	système m de radiotéléphonie pour trains, système radiotéléphonique des chemins de fer
R 215	railway telecommunications	Eisenbahn-Nachrichtenwesen n	télécommunications fpl ferroviaires
R 216	rain attenuation, rain-induced attenuation	Regendämpfung f	affaiblissement m dû à la pluie, affaiblissement [induit] par la pluie
R 217	rain clutter	Regenecho n	écho m de pluie
R 218	rain depolarization	Regendepolarisation f	dépolarisation f due à la pluie
R 219	rain gauge	Regenmesser m	pluviomètre m
	rain-induced attenuation	s. R 216	
R 220	rain outage	Unterbrechung f durch Regen	interruption f due à la pluie
R 221	rain rate	Regendichte f	taux m (intensité f) de précipitation
R 222	rain scatter	Regenstreuung f	diffusion f par la pluie
R 223	raised cosine	überhöhter Kosinus m	cosinus m surélevé
R 224	RAM, random access memory, random access storage, direct access memory	RAM-Speicher m, [Schreib-Lese-]-Speicher m mit wahlfreiem Zugriff, Speicher m mit direktem Zugriff	RAM f, mémoire f à accès direct, mémoire à accès libre, mémoire à accès aléatoire
	RAM	s. a. R 228	
	ramp generator	s. S 78	

	RAN	s. 1. R 295; 2. R 380	
R 225	random, stochastic	Zufalls ..., zufällig, stochastisch	aléatoire, stochastique
R 226	random access, direct access	wahlfreier (direkter) Zugriff m	accès m sélectif (direct)
R 227	random access	Zufallszugriff m	accès m aléatoire
R 228	random access memory, RAM	Speicher m mit wahlfreiem Zugriff, Schreib-Lese-Speicher m, RAM m	mémoire f vive, RAM f
	random acces memory	s. a. R 224	
R 229	random access network	Netz n mit wahlfreiem Zugriff	réseau m à accès aléatoire
	random access storage	s. R 224	
R 230	random error	Zufallsfehler m, zufälliger Fehler m	erreur f aléatoire
R 231	random failure	Zufallsausfall m	défaillance f aléatoire (au hasard)
R 232	random fluctuation	Zufallsschwankung f	fluctuation f aléatoire
R 233	randomize/to	randomisieren, zufallsverteilt anordnen	mettre sous forme aléatoire
R 234	randomly	zufallsverteilt, willkürlich verteilt	aléatoirement
R 235	random noise	Rauschen n	bruit m aléatoire (erratique)
R 236	random process	Zufallsprozeß m	processus m aléatoire (stochastique)
R 237	random sequence	Zufallsfolge f	suite f aléatoire
R 238	random sequence generator	Zufallsfolgengenerator m	générateur m de suites aléatoires
R 239	random signal	Zufallssignal n	signal m aléatoire
R 240	random variable	Zufallsvariable f	variable f aléatoire
R 241	range, coverage	Reichweite f, Erfassungsbereich m	portée f, étendue f
R 242	range, distance	Entfernung f, Abstand m, Strecke f	distance f
R 243	range (measuring, radio)	Bereich m, Gebiet n	gamme f, plage f, domaine m
R 244	range discrimination	Abstandsunterscheidung f	définition f (discrimination f) en distance
R 245	range estimation	Entfernungsschätzung f	estimation f de distance
R 246	range-finding, distance measurement	Entfernungsmessung f, Telemetrie f	télémétrie f
R 247	range–height indicator, RHI	Höhen–Entfernungs-Darstellung f	indicateur m d'altitude et de distance
R 248	range of angles	Winkelbereich m	domaine m (intervalle m) angulaire
R 249	range of operating temperatures	Betriebstemperaturbereich m	gamme f de température, gamme d'utilisation
R 250	range resolution	Entfernungsauflösungsvermögen n	pouvoir m séparateur radial
R 251	range switch, band selector, band switch	Wellenbereichsschalter m, Bereichs[um]schalter m	commutateur m de gamme [d'ondes]
R 252	ranging technique	Entfernungsmeßtechnik f	technique f de mesure de distance
	rank of selectors	s. S 231	
	rapid fading	s. F 60	
R 253	rapid service	Schnellverkehr m, Schnellverfahren n	service m rapide
R 254	rare gas	Edelgas n	gaz m rare
R 255	raster	Raster n	grille f, trame f
R 256	rated current, current rating, nominal current	Nennstrom m	courant m nominal
R 257	rated frequency deviation	Nennfrequenzhub m	déviation f nominale de fréquence
R 258	rated life	Nennlebensdauer f	durée f de vie nominale
R 259	rated load, nominal load	Nennbelastung f	charge f nominale
R 260	rated power	Nennleistung f	puissance f nominale
R 261	rated power output	Nennausgangsleistung f	puissance f de sortie nominale
R 262	rated value, nominal value	Nennwert m	valeur f nominale
R 263	rated voltage, voltage rating, nominal voltage	Nennspannung f	tension f nominale
R 264	rat-race	Ringleitungskoppler m, Ringgabel f, Ringhybrid n	anneau m différentiel (hybride), cercle m hybride, hybride m circulaire
R 265	raw data	unaufbereitete Daten pl	données fpl brutes
	RAX	s. R 830	
	ray deflection	s. B 191	
R 266	Rayleigh fading	Rayleigh-Fading n, Rayleigh-Schwund m	évanouissement m [à distribution] de Rayleigh
R 267	Rayleigh fading channel	Rayleigh-Fading-Kanal m	voie f affectée par des évanouissements de Rayleigh
R 268	ray path	Strahlenweg m	trajet m des rayons
R 269	ray representation	Strahlendarstellung f	représentation f par des rayons
	RC	s. 1. R 536; 2. T 86	
	RC constant	s. R 273	
	R-C coupling	s. R 644	
R 270	RC filter	RC-Filter n	filtre m à résistances et condensateurs, filtre RC
R 271	RC generator, resistance-capacitance oscillator	RC-Generator m, RC-Oszillator m	générateur m [à circuits] RC, générateur à résistance-capacité, oscillateur m RC, oscillateur à résistance-capacité
R 272	RC network	RC-Netzwerk n	réseau m RC
	RCS	s. R 12	
R 273	RC time constant, RC constant	RC-Zeitkonstante f	constante f de temps RC
	RCTL	s. R 650	

	R & D	s. R 609	
	RDB	s. R 480	
	RDF	s. R 95	
R 274	reactance	Reaktanz f, Blindwiderstand m	réactance f
R 275	reactance quadripole	Reaktanzvierpol m, Blindvierpol m	quadripôle m de réactance
	reactive component	s. W 40	
	reactive power	s. I 19	
	read head	s. R 587	
	reading machine	s. O 206	
R 276	read-only memory, ROM	Fest[wert]speicher m, Auslesespeicher m, ROM m, Nur-Lese-Speicher m	mémoire f permanente m (pour lecture seule, morte), ROM f
	readout pulse	s. R 277	
R 277	read pulse, readout pulse	Leseimpuls m	impulsion f de lecture
R 278	read-write memory, R/W memory, RWM	Lese-Schreib-Speicher m, Schreib-Lese-Speicher m	mémoire f vive, MEV
R 279	ready for data	übertragungsbereit	prêt pour la transmission de données
R 280	ready state	Bereitzustand m	état m prêt
R 281	real component, real part	Realteil m	partie f réelle
R 282	real link	reale (wirkliche) Verbindung f	liaison f réelle
	real part	s. R 281	
	real power	s. A 128	
R 283	real time	Echtzeit f	temps m réel
R 284	real-time clock, RTC	Realzeituhr f, Echtzeituhr f, Echtzeittaktgeber m	horloge f temps réel
R 285	real-time control	Echtzeitsteuerung f	commande f en temps réel
R 286	real-time data communication	Datenübermittlung f in Echtzeit	communication f de données en temps réel
R 287	real-time image processor	Echtzeigbildprozessor m	processeur m d'image en temps réel
R 288	real-time implementation	Echtzeitimplementierung f	mise f en œuvre en temps réel
R 289	real-time interworking	Echtzeitzusammenarbeit f	interfonctionnement m en temps réel
R 290	real-time modulation	Echtzeitmodulation f	modulation f en temps réel
R 291	real-time operation	Echtzeitbetrieb m, Realzeitbetrieb m	exploitation f (fonctionnement m) en temps réel
R 292	real-time signal processing	Signalverarbeitung f in Echtzeit	traitement m du signal en temps réel
R 293	real-time simulation	Echtzeitsimulation f	simulation f en temps réel
R 294	real-time system	Echtzeitsystem n	système m en temps réel
R 295	reanswer signal, RAN	erneutes Beginnzeichen n	signal m de nouvelle réponse, NRP
R 296	reanswer signals	Wiederantwortzeichen npl	signaux mpl de nouvelle réponse
R 297	rear feed	Speisung f von hinten	alimentation f traversière
R 298	reasonableness check, plausibility check	Plausibilitätsprüfung f, Plausibilitätstest m	contrôle m de vraisemblance, test m de plausibilité
R 299	reassemble/to	wiederzusammenfügen, wiederzusammenbauen	réassembler
R 300	reassignment	Wiederzuweisung f, Wiederzuteilung f	réaffectation f
	reattempts	s. R 568	
	recall/to	s. R 726	
R 301	recall	Rückruf m	rappel m
R 302	receive/to	empfangen, erhalten	recevoir
R 303	receive beam	Empfangsstrahl m	faisceau m de réception
R 304	receive channel	Empfangskanal m	canal m de réception, voie f réception (téléphonie)
R 305	received carrier level	Empfangsträgerpegel m	niveau m de réception de la porteuse
R 306	received field strength	Empfangsfeldstärke f	champ m reçu
R 307	receive diplexer	Empfangsdiplexer m	diplexeur m de réception
R 308	receive direction	Empfangsrichtung f	sens m réception
R 309	received power	Empfangsleistung f	puissance f reçue (de réception)
R 310	received signal	Empfangssignal n	signal m de réception
	receive end	s. R 345	
	receive filter	s. R 346	
R 311	receive input	Empfangseingang m	entrée f réception
R 312	receive interface	Empfangsschnittstelle f	interface f réception
R 313	receive leg	Empfangszweig m	branche f réceptrice
R 314	receive level	Empfangspegel m	niveau m à la réception
R 315	receive loss	Empfangsdämpfung f	affaiblissement m à la réception
R 316	receive loudness rating, RLR	Empfangslautstärkeindex m	équivalent m pour la sonie à la réception, ESR
R 317	receive mixer	Empfangsmischer m	mélangeur m de réception, MR
R 318	receive-only printer, ROP	Empfangsfernschreiber m	téléimprimeur m (imprimante f) sans clavier
R 319	receive path	Empfangsweg m	voie f de réception
R 320	receiver, Rx	Empfänger m, Funkempfänger m, Radioempfänger m, Fernhörer m	récepteur m, récepteur radio[électrique], combiné m (téléphonique)

R 321	receiver *(telephone)*	Hörer *m*, Fernhörer *m*	récepteur *m* [téléphonique]
	receiver	*s. a.* R 351	
	receiver cord	*s.* H 49	
R 322	receiver design	Empfängerkonzept *n*	conception *f* du récepteur
R 323	receive ready, RR	empfangsbereit	prêt à recevoir
R 324	receive reference equivalent, RRE	Empfangsbezugsdämpfung *f*, Empfangsbezugsdämpfungsmaß *n*	équivalent *m* de référence à la réception, ERR
R 325	receiver end/at the	empfängerseitig	à l'extrémité réception
R 326	receiver input	Empfängereingang *m*	entrée *f* d'un récepteur
R 327	receiver intermodulation, RIM	Intermodulation *f* im Empfänger	intermodulation *f* dans le récepteur
R 328	receiver module	Empfängermodul *m*, Empfangsmodul *m*	module *m* récepteur
R 329	receiver noise	Empfängerrauschen *n*	bruit *m* de fond propre (interne) d'un récepteur, bruit du récepteur
	receiver off hook	*s.* H 51	
	receiver on hook	*s.* H 52	
R 330	receiver output	Empfängerausgang *m*	sortie *f* d'un récepteur
R 331	receiver radiation	Empfängerstrahlung *f*	rayonnement *m* d'un récepteur
R 332	receiver rest, cradle switch, switch hook, hookswitch	Gabelumschalter *m*, Hakenumschalter *m*	support *m* (crochet *m*) commutateur
R 333	receiver selectivity, selectivity of a receiver	Empfängertrennschärfe *f*, Empfängerselektivität *f*	sélectivité *f* d'un récepteur
R 334	receiver sensitivity, sensitivity of a receiver	Empfängerempfindlichkeit *f*	sensibilité *f* du (d'un) récepteur
R 335	receiver signal element timing	Empfangsschrittakt *m*	rythme *m* des éléments de signal à la réception
R 336	receiver structure	Empfängerstruktur *f*	structure *f* de récepteur
	receiver tuning range	*s.* R 343	
	receiver unit	*s.* R 351	
	receive side	*s.* R 345	
R 337	receive signal level	Empfangssignalpegel *m*	niveau *m* du signal reçu
R 338	receive switch	Empfangsumschalter *m*	commutateur *m* réception
R 339	receiving amplifier	Empfangsverstärker *m*	amplificateur *m* de réception
R 340	receiving antenna	Empfangsantenne *f*	antenne *f* réceptrice (de réception)
R 341	receiving antenna array	Gruppenempfangsantenne *f*	antenne *f* en réseau réceptrice
R 342	receiving area	Empfangsgebiet *n*	zone *f* de réception
R 343	receiving band, receiver tuning range	Empfangsbereich *m*	bande *f* de réception, gamme *f* d'accord
R 344	receiving centre	Empfangszentrum *n*	centre *m* récepteur
	receiving cross section	*s.* E 86	
R 345	receiving end, receive end, receive side	Empfangsseite *f*, Empfängerseite *f*	extrémité *f* réception, partie *f* réception, réception *f*
R 346	receiving filter, receive filter	Empfangsfilter *n*	filtre *m* [de] réception
R 347	receiving gain	Empfangsgewinn *m*	gain *m* à la réception
R 348	receiving installation	Empfangsanlage *f*	ensemble *m* (dispositif *m*) de réception
R 349	receiving margin	Empfangsspielraum *m*	marge *f* de réception
	receiving perforator	*s.* R 581	
R 350	receiving position	Empfangsplatz *m*	position *f* réceptrice
R 351	receiving section, receiver [unit]	Empfangsteil *n*	partie *f* récepteur (réception)
R 352	receiving station	Empfangsstation *f*, Empfangsstelle *f*	station *f* de réception, station réceptrice, poste *m* récepteur
	receiving station	*s. a.* R 151	
R 353	receptacle	Behälter *m*, Steckdose *f*, Gerätebuchse *f*	boîtier *m*, prise *f*
R 354	reception, receiving	Empfang *m*, Empfangen *n*	réception *f*
R 355	reception frequency	Empfangsfrequenz *f*	fréquence *f* de réception
R 356	reception threshold	Empfangsschwelle *f*	seuil *m* de réception
R 357	rechargeable	aufladbar	rechargeable
R 358	rechargeable cell	aufladbare Batterie *f*, aufladbares Element *n*	pile *f* rechargeable
R 359	recipient	Empfänger *m (Person)*	destinataire *m*
R 360	reciprocity	Reziprozität *f*	réciprocité *f*
R 361	reciprocity method	Reziprozitätsmethode *f*	méthode *f* de réciprocité
R 362	reciprocity principle	Reziprozitätsprinzip *n*	principe *m* de réciprocité
R 363	reciprocity theorem	Umkehrungssatz *m*, Reziprozitätstheorem *n*	théorème *m* de réciprocité
R 364	recode/to	umcodieren	recoder
R 365	recognition of handwritten symbols	Erkennung *f* handschriftlicher Zeichen	reconnaissance *f* de symboles manuscrits
R 366	recognizable error	erkennbarer Fehler *m*	erreur *f* identifiable
R 367	recognized private operating agency, RPOA	anerkannte private Betriebsgesellschaft *f*	société *f* d'exploitation privée reconnue
R 368	recombination	Rekombination *f*	recombinaison *f*
R 369	recombination velocity	Rekombinationsgeschwindigkeit *f*	vitesse *f* de recombinaison
R 370	recombining	Verbindungssammlung *f*	recombinaison *f*
R 371	recondition/to	instandsetzen, reparieren	réparer, remettre en état
R 372	reconditioning	Instandsetzung *f*	remise *f* en état

reconfigurable 240

R 373		reconfigurable coverage	veränderbares Ausleuchtgebiet n	couverteure f reconfigurable
R 374		reconfigurable multibeam antenna	Mehrkeulenantenne f mit einstellbarer Keulenbreite	antenne f à faisceaux multiples reconfigurables
R 375		reconstructed sample	zurückgebildeter (rekonstruierter, decodierter) Abtastwert m	échantillon m reconstitué
R 376		reconstructed value	Zuweisungswert m, Repräsentativwert m	valeur f reconstituée
R 377		record/to	aufnehmen, aufzeichnen, registrieren	enregistrer
R 378		record	Satz m, Datensatz m, Aufnahme f	enregistrement m
R 379		record circuit	Meldeleitung f, Überweisungsleitung f	ligne f d'annotatrice, circuit m d'enregistrement
R 380		recorded announcement, RAN, recorded message	automatische Ansage f, Hinweisansage f, gespeicherte Ansage, Sprechtext m	message m enregistré, annonce f enregistrée (parlée)
		recorded message	s. R 380	
R 381		recording	Aufzeichnung f, Aufnahme f, Registrierung f	enregistrement m
		recording density	s. P 42	
R 382		recording head, write head	Aufnahmekopf m, Sprechkopf m	tête f d'enregistrement
R 383		recording in components	Aufzeichnung f in Komponentenform, getrennte Aufzeichnung	enregistrement m en composantes
R 384		record length	Satzlänge f	longueur f d'enregistrement
R 385		record separator, RS	Untergruppentrennung f	séparateur m d'enregistrements
R 386		recovered carrier	wiederhergestellter Träger m	porteuse f récupérée
R 387		recovery (data)	Wiederherstellungsverfahren n	restitution f
		recovery	s. a. R 670	
R 388		recovery time	Erholungszeit f, Freiwerdezeit f	temps m de rétablissement (retour)
R 389		rectangular [antenna] array	rechteckige Gruppenantenne f	antenne f en réseau rectangulaire
R 390		rectangular cross-section	rechteckiger Querschnitt m	section f rectangulaire
R 391		rectangular leg (magnet)	rechteckiger Schenkel m	jambe f rectangulaire
		rectangular pulse	s. S 1037	
R 392		rectangular waveguide	Rechteckwellenleiter m, Rechteckhohlleiter m	guide m d'onde rectangulaire
R 393		rectification	Gleichrichtung f	redressement m
R 394		rectifier	Gleichrichter m	redresseur m
R 395		rectifier diode	Gleichrichterdiode f	diode f de redressement
R 396		recursive digital filter	rekursives Digitalfilter n	filtre m numérique récursif
R 397		redial	Wahlwiederholung f	rénumérotation f
R 398		redirection address	Umleitungsadresse f	adresse f de réacheminement
R 399		redirection of calls	Rufweiterleiten n	réacheminement m des appels
R 400		reduced bit rate	verringerte (reduzierte) Bitrate f	débit m binaire réduit
R 401		reduced carrier	verminderter (reduzierter) Träger m	onde f porteuse réduite, porteuse f réduite
R 402		reduced-carrier emission	mit vermindertem Träger	à porteuse réduite
R 403		reduced-carrier emission	Senden n mit vermindertem Träger	émission f à porteuse réduite
R 404		reduced-carrier transmission	Übertragung f mit vermindertem (reduziertem) Träger	transmission f à porteuse réduite
R 405		reduced rate	ermäßigter Tarif m	tarif m réduit
R 406		reduced rate period, cheap rate period	Zeitraum m mit ermäßigter Gebühr	période f de tarif réduit, période de taxation à tarif réduit
		reducing transformer	s. S 1171	
R 407		redundancy	Redundanz f	redondance f
R 408		redundancy check, redundant check	Redundanzprüfung f, Redundanzkontrolle f	contrôle m par redondance
R 409		redundancy reduction	Redundanz[ver]minderung f, Redundanzreduktion, f, Redundanzreduzierung f	réduction f de redondance
R 410		redundant	redundant, überbestimmt	redondant
R 411		redundant character	redundantes Zeichen n	caractère m redondant
		redundant check	s. R 408	
R 412		redundant code	redundanter Code m	code m redondant
R 413		redundant digital signal	redundantes Digitalsignal n	signal m numérique redondant
R 414		redundant line code	redundanter Leitungscode m	code m en ligne redondant
R 415		redundant n-ary signal	redundantes n-wertiges (n-äres) Signal n	signal m n-aire redondant
R 416		redundant system	redundantes System n	système m redondant
R 417		Reed relay	Reed-Relais n	relais m à lames souples, relais reed
R 418		Reed-Solomon code	Reed-Solomon-Code m	code m de Reed-Solomon, code RS
R 419		reference audio level	Bezugsschallpegel m	niveau m sonore de référence
R 420		reference circuit	Bezugskreis m, Referenzkreis m	circuit m de référence
R 421		reference clock	Bezugtaktgeber m	horloge f de référence
R 422		reference data	Bezugsdaten pl	données fpl (valeur f) de référence
R 423		reference diode	Referenzdiode f	diode f de référence
R 424		reference equivalent	Bezugsdämpfung f, Bezugsdämpfungsmaß n	équivalent m de référence
R 425		reference impedance	Bezugsimpedanz f, Bezugsscheinwiderstand m	impédance f de référence
R 426		reference level	Bezugspegel m	niveau m de référence

R 427	reference model	Referenzmodell n		modèle m de référence
R 428	reference noise	Bezugsgeräusch n, Bezugsrauschwert m		bruit m de référence
R 429	reference point	Bezugspunkt m		point m de référence
R 430	reference sensitivity	Bezugsempfindlichkeit f		sensibilité f de référence
R 431	reference signal	Bezugssignal n, Referenzsignal n		signal m de référence
R 432	reference surface	Vergleichsoberfläche f		surface f de référence
R 433	reflectance, reflectivity	Reflexionsvermögen n		réflectance f, réflectivité f
R 434	reflected beam	reflektierter Strahl m		faisceau m (rayon m) réfléchi
R 435	reflected field	reflektiertes Feld n		champ m réfléchi
R 436	reflected signal	reflektiertes Signal n		signal m réfléchi
R 437	reflected wave	reflektierte Welle f		onde f réfléchie
R 438	reflecting satellite	Reflektorsatellit m		satellite m réflecteur
R 439	reflection	Reflexion f, Rückstrahlung f		réflexion f
R 440	reflection amplifier, reflection-type amplifier	Reflexionsverstärker m		amplificateur m à réflexion
R 441	reflection coefficient, return current coefficient	Reflexionsfaktor m, Betriebsreflexionsfaktor m		coefficient (facteur) m de réflexion, coefficient de courants réfléchis
R 442	reflection factor	Reflexionsgrad m		facteur m de réflexion
R 443	reflection gain	Stoßgewinn m, Stoßverstärkung f		gain m dû aux réflexions
R 444	reflection loss	Reflexionsdämpfung f, Reflexionsverlust m, Stoßdämpfung f		perte f due aux réflexions, perte de (par) réflexion
R 445	reflection property	Reflexionseigenschaft f		propriété f de réflexion
	reflection-type amplifier	s. R 440		
	reflectivity	s. R 433		
R 446	reflectometer	Reflektometer n, Reflexionsmesser m		réflectomètre m
R 447	reflector	Reflektor m, Spiegel m		réflecteur m, élément m réflecteur, ensemble m d'éléments réflecteurs
R 448	reflector antenna	Reflektorantenne f, Spiegelantenne f		antenne f à réflecteur
R 449	reflector element	Reflektorelement n		élément m réflecteur, réflecteur m
R 450	reflector grid dipole	Dipol m mit Reflektorgitter		antenne f dipole à panneau réflecteur
R 451	reflex klystron	Reflexklystron n		klystron m réflex (à réflexion)
R 452	reformating	Formatänderung f		reformatage m
R 453	refraction	Brechung f		réfraction f
	refraction angle	s. A 513		
R 454	refraction law	Brechungsgesetz n		loi f de réfraction
R 455	refraction of radio waves	Brechung f von Funkwellen		réfraction f d'ondes radioélectriques
R 456	refractive index	Brechungsindex m, Brechzahl f		indice m de réfraction
R 457	refractive modulus	modifizierter Brechwert m, Brechungsmodul m		module m de réfraction
	reframing time	s. F 387		
R 458	refresh/to (image)	auffrischen		régénérer
R 459	refused call	zurückgewiesener Anruf m, zurückgewiesene Verbindung f		appel m refusé
R 460	regenerate/to	regenerieren, wiedererzeugen, erneuern		régénérer, recréer
R 461	regeneration	Regeneration f, Regenerierung f, Regenerieren n		régénération f
R 462	regeneration amplifier, regenerative amplifier	Regenerationsverstärker m, Regenerativverstärker m		amplificateur m régénérateur
	regeneration section	s. R 467		
	regenerative amplifier	s. R 462		
R 463	regenerative hop	Regeneratorfeld n		bond m de régénération
R 464	regenerative receiver	Empfänger m mit Rückkopplung, Rückkopplungsempfänger m		récepteur m à réaction
R 465	regenerative repeater	Zwischenregenerator m, ZWR, Telegrafieentzerrer m, Entzerrer m		régénérateur-répéteur m, régénérateur m, translation f régénératrice, répéteur m régénérateur
R 466	regenerator	Regenerator m, Zwischenverstärker m		régénérateur m
R 467	regenerator section, regeneration section	Regeneratorabschnitt m, Regeneratorfeld n		section f (pas m) de régénération
R 468	regenerator spacing	Regeneratorabstand m		pas m de régénération
R 469	register	Register n, Zählwerk n, Speicher m		enregistreur m, registre m, compteur m
R 470	register-controlled system	System n mit Registersteuerung, Registersystem n		système m à commande par enregistreurs
R 471	register signal	Registerzeichen n		signal m d'enregistreur
R 472	registration of frequencies	Frequenzregistrierung f		enregistrement m des fréquences
R 473	regularity return loss	Fehlerdämpfung f (im Leitungszug) s. a. S 1254		affaiblissement m de régularité
R 474	regular pulse excitation, RPE	Regulär-Puls-Erregung f, Regulär-Puls-Anregung f		excitation f par [des] impulsions régulières
R 475	regular-pulse-excited linear predictive coding, RPE-LPC	lineare Prädiktionscodierung f mit Regulär-Puls-Anregung		codage m par prédiction linéaire à excitation par des impulsions régulières

regulated

R 476	regulated line section, line regulating section	Leitungsregelungsabschnitt m, Regelungsabschnitt m		section f de régulation de ligne
	reject filter	s. R 478		
R 477	rejection, suppression, suppression ratio	Unterdrückung f, Unterdrückungsfaktor m		réjection f, suppression f, coefficient m de réjection
R 478	rejection filter, reject filter	Sperrfilter n, Rejection-Filter n		filtre m réjecteur
R 479	reject[ion] rate	Rückweisquote f		taux m de rebut (rejet)
	rejector impedance	s. D 921		
R 480	relational data base, RDB	relationale Datenbank f		base f de données relationnelles, BDR
R 481	relative bearing, direct bearing	Funkseitenpeilung f, Seitenpeilung f		gisement m, relèvement m
R 482	relative current level	relativer Strompegel m		niveau m relatif d'intensité de courant
R 483	relative equivalent	relative Dämpfung f		équivalent m relatif
R 484	relative field strength	relative Feldstärke f		valeur f relative du champ
R 485	relative frequency	[relative] Häufigkeit f		fréquence f [statistique]
R 486	relative gain, relative power gain	relativer Gewinn m		gain m relatif
R 487	relative humidity	relative Feuchtigkeit f (Luftfeuchtigkeit f)		humidité f relative
	relative level	s. R 489		
R 488	relative permittivity	Dielektrizitätszahl f		permittivité f relative
	relative power gain	s. R 486		
R 489	relative power level, relative level	relativer Leistungspegel m		niveau m relatif de puissance réelle (apparente)
R 490	relative response, relative sensitivity	relative Empfindlichkeit f, Bezugsempfindlichkeit f		réponse f relative, sensibilité f relative
R 491	relative time interval error	relativer Zeitintervallfehler m		dérive f temporelle relative
	relaxation generator	s. S 1441		
R 492	relaxation oscillation	Relaxationsschwingung f, Kippschwingung f		oscillation f de relaxation
	relaxation oscillator	s. S 1441		
R 493	relay	Relais n		relais m
R 494	relay coil	Relaisspule f		bobine f de relais
R 495	relay contact	Relaiskontakt m		contact m de relais
	relaying station	s. R 501		
R 496	relay-operated	relaisgesteuert, durch Relais betätigt		à relais, commandé par relais
R 497	relay receiver	Ballempfänger m		récepteur m relais
R 498	relay reception	Ballempfang m		réception f relais (par relais-satellite)
R 499	relay satellite	Relaissatellit m		satellite m relais
R 500	relay set	Relaissatz m		jeu m de relais
R 501	relay station, relaying station	Relaisstation f, Relaisstelle f, Zwischenstation f, Zwischenstelle f		station f relais, station de retransmission
R 502	relay transmitter	Relaissender m		émetteur m relais
R 503	release/to	freigeben, auslösen, loslassen		libérer, débloquer, relâcher
R 504	release, clear-down	Auslösen n, Abbau m einer Verbindung		libération f, relâchement m, fin f, raccrochage m
R 505	release current, drop-out current	Abfallstrom m		courant m de relâchement (retombée)
R 506	release current	Auslösestrom m		courant m de libération
R 507	release guard	Auslösequittung f		libération f de garde, ligne f libre
R 508	release-guard signal, RLG	Auslösequittungszeichen n, Auslösequittungssignal n, AQS, Abschaltungs-Überwachungssignal n, Freischaltungs-Überwachungssignal n		signal m de libération de garde, LIG, signal de ligne libre
R 509	release key	Auslösetaste f		bouton m (touche f) de libération, clé f de la libération
R 510	release magnet	Auslösemagnet m		électro[-aimant] m de libération
R 511	release signal, clear signal	Auslösesignal n, ALS, Auslösezeichen n, Freigabezeichen n		signal m de fin de communication, signal de libération
R 512	release time	Auslösedauer f		temps m de relâchement (libération)
R 513	release (releasing) time (relay)	Abfallzeit f		temps m de relâchement
R 514	reliability, dependability	Zuverlässigkeit f		fiabilité f
R 515	reliability assurance	Zuverlässigkeitssicherung f		fiabilisation f, assurance f de fiabilité
R 516	reliability assurance program	Zuverlässigkeitssicherungsprogramm n, Zuverlässigkeitsprogramm n		programme m de fiabilisation
R 517	reliability assurance strategy	Zuverlässigkeitssicherungsstrategie f		stratégie f d'assurance de la fiabilité
R 518	reliability characteristics	Zuverlässigkeitskenngrößen fpl		caractéristiques fpl de fiabilité
R 519	reliability criterion	Zuverlässigkeitskriterium n		critère m de fiabilité
R 520	reliability data	Zuverlässigkeitsangaben fpl, Zuverlässigkeitsdaten pl		données fpl de fiabilité
R 521	reliability engineer	Zuverlässigkeitsingenieur m		fiabiliste m
R 522	reliability growth	Zuverlässigkeitserhöhung f		croissance f de la fiabilité
R 523	reliability improvement	Zuverlässigkeitsverbesserung f		amélioration f de fiabilité
R 524	reliability model	Zuverlässigkeitsmodell n		modèle m de fiabilité

R 525	reliability objective	Zuverlässigkeitszielstellung f	objectif m de fiabilité
R 526	reliability parameter	Zuverlässigkeitsparameter m	paramètre m de fiabilité
R 527	reliability test	Zuverlässigkeitsprüfung f	essai m de fiabilité
R 528	reliable	zuverlässig	fiable
R 529	relieve/to	entlasten, ablösen	décharger, libérer
R 530	reload	Neuladen n	recharge f, rechargement m
R 531	relocate/to	verschieben, neu adressieren	déplacer, transférer
	RELP	s. 1. R 637; 2. R 638	
	reluctance tuning	s. P 266	
	remark	s. C 803	
R 532	remote	fern, weit, entfernt, entlegen, abgesetzt	éloigné, à distance, satellite
R 533	remote access group	abgesetzte Teilnehmergruppe f	groupe m d'abonnés éloigné
R 534	remote alarm	Fernalarmierung f	téléalarme m
	remote command	s. T 57	
R 535	remote concentrator	abgesetzter Konzentrator m, Leitungskonzentrator m	concentrateur m de lignes
R 536	remote control, RC	Fernbedienung f, Fernsteuerung f	télécommande f, commande f à distance
	remote control	s. a. 1. T 57; 2. T 86	
R 537	remote-control circuit	Fernwirkleitung f, Fernsteuerleitung f	ligne f de télécommande
R 538	remote-controlled station	ferngesteuerte (fernbediente) Station f	station f télécommandée
R 539	remote-control signal	Fernwirksignal n, Fernsteuersignal n	signal m de télécommande
R 540	remote copier, facsimile (fax) device (equipment), facsimile (fax) machine (terminal), telefax terminal	Fernkopierer m	télécopieur m
R 541	remote data processing, data teleprocessing, teleinformatics	Datenfernverarbeitung f, Teleinformatik f	télétraitement m [de données], téléinformatique f
R 542	remote dictation	Ferndiktat n	télédictée f, dictée f à distance
R 543	remote digital concentrator	abgesetzter digitaler Konzentrator m	concentrateur m numérique éloigné, CNE
R 544	remote electronics	abgesetzte Elektronik f	électronique f distante
R 545	remote-fed repeater, dependent repeater	ferngespeister Repeater m	répéteur m téléalimenté
R 546	remote line concentrator	abgesetzter Konzentrator m	concentrateur m éloigné
R 547	remotely controlled station	fernbediente (ferngesteuerte) Station f	station f télécommandée
	remote metering	s. T 147	
	remote monitoring	s. T 152	
R 548	remote operation technique	Fernbetriebstechnik f	technique f d'exploitation à distance
R 549	remote peripheral equipment	abgesetztes Peripheriegerät n	matériel m périphérique distant
	remote power feeding	s. R 551	
R 550	remote power-feeding system, power-feeding system	Fernspeisesystem n	système m de téléalimentation
R 551	remote power supply, remote power feeding	Fernspeisung f	téléalimentation f, source f de téléalimentation
	remote processing	s. T 264	
R 552	remote station	abgesetzte Station f	station f éloignée, poste m distant
R 553	remote switching stage (unit)	Konzentratorzentrale f	central m concentrateur
R 554	removal (handset, receiver)	Abheben n (Handapparat, Hörer)	décrochage m (combiné)
R 555	remove the handset (receiver)/to	Handapparat (Hörer) abheben	décrocher le combiné
R 556	rename/to	umbenennen, neu benennen	rebaptiser
R 557	rendition (facsimile)	Wiedergabe f	mise f en valeur
R 558	rental charge	Mietgebühr f	redevance f (taxe f) de location
R 559	repair, corrective maintenance	Reparatur f, Instandsetzung f	réparation f, dépannage m
R 560	repairability	Reparierbarkeit f	réparabilité f
R 561	repairable	reparierbar, instandsetzungsfähig	réparable
R 562	repair centre	Reparaturzentrum n	centre m de réparation
R 563	repairing technique	Reparaturtechnik f	technique f de réparation
R 564	repair service	Reparaturdienst m, Instandsetzungsdienst m	service m de réparation, service des réparations
R 565	repair time	Reparaturzeit f	temps m de réparation
R 566	repeated call	wiederholter Anruf m, Anrufwiederholung f, Rufwiederholung f	appel m répété
R 567	repeated call attempt	Folgeanruf m	tentative f d'appel répétée
R 568	repeated call attempts, reattempts	wiederholte Anrufversuche mpl	tentatives fpl d'appel répétées
R 569	repeater	Repeater m, Verstärker m, Zwischenverstärker m	répéteur m
R 570	repeatered circuit	Übertragungsweg m (Leitung f) mit Verstärkern	circuit m à répéteurs
R 571	repeatered line	Leitung f mit Verstärkern	ligne f à répéteurs
	repeater fault locating equipment	s. R 573	
R 572	repeater fault location	Ortung f fehlerhafter Zwischenverstärker	localisation f des répéteurs en panne, localisation des fautes dans les répéteurs

R 573	repeater fault location equipment, repeater fault locating equipment	Zwischenverstärker-Fehlerortungsgerät n, Repeaterfehlerortungsgerät n	équipement m de localisation des fautes de répéteur
	repeater IC	s. R 574	
R 574	repeater integrated circuit, repeater IC	integrierter Repeaterschaltkreis m	circuit m intégré de répéteur
	repeater section	s. 1. A 421; 2. E 199	
R 575	repeater spacing, spacing between repeaters	Repeaterabstand m, Zwischenverstärkerabstand m, Verstärkerfeldlänge f	espacement m des répéteurs, pas m des (entre) répéteurs, intervalle (espacement) m entre répéteurs, distance f entre répéteurs, pas d'amplification, pas de régénération
R 576	repeater station	Verstärkerstelle f, VS, Verstärkeramt n	station f de répéteurs, station d'amplification [intermédiaire]
R 577	repeater test rack	Verstärkerprüfgestell n	baie f de mesures de station de répéteurs
R 578	repeater with frequency frogging	Zwischenverstärker m mit Gruppentausch	répéteur m de transposition
R 579	repeat key	Wiederholtaste f	touche f [de] répétition
R 580	repeat last number, last number recall, last number redial	automatische Wiederholung f der letzten Nummer	recomposition f automatique du dernier numéro
R 581	reperforator, receiving perforator	Lochstreifenempfänger m, Empfangslocher m	récepteur-perforateur m, reperforatrice f
R 582	repetition key	Wiederholungstaste f, Wiederholtaste f	touche f de répétition
R 583	repetition rate	Folgefrequenz f	fréquence f de répétition
R 584	replace/to	ersetzen, auswechseln	remplacer
R 585	replaceable	austauschbar, auswechselbar, ersetzbar	remplaçable, amovible
R 586	replacement	Wiedereinsetzen n, Auswechselung f, Ersatz m	réinstallation f, remplacement m, substitution f
R 587	replay head, playback head, read head	Wiedergabekopf m, Tonkopf m, Lesekopf m	tête f de lecture
R 588	reply	Rückantwort f, Rückmeldung f, Antwort f	réponse f
R 589	reply paid	bezahlte Rückantwort f	réponse f payée
R 590	reply paid charge	Rückantwortgebühr f	taxe f de réponse payée
R 591	represent/to	darstellen	représenter
R 592	reproducibility	Reproduzierbarkeit f	reproductibilité f
R 593	reproducible failure	reproduzierbarer Ausfall m	défaillance f reproductible
R 594	reproducing equipment	Wiedergabegerät n	équipement m de reproduction
R 595	reproducing head, playback head	Hörkopf m, Wiedergabekopf m	tête f de lecture
	reproduction	s. P 455	
R 596	reproduction ratio	Abbildungsmaßstab m, Abbildungsverhältnis n (Faksimile)	rapport m de reproduction
R 597	request/to	abrufen, anfordern	demander
R 598	request	Anforderung f, Aufforderung f, Anfordern n, Abrufen n, Anfrage f, Abruf m	demande f
R 599	request data transfer	Anforderung f nach Datentransfer	demande f de transfert de données
	requesting user	s. R 601	
R 600	request message	Anforderungsnachricht f, Anfragenachricht f	message m de demande
R 601	requestor, requesting user	Anforderer m	demandeur m, utilisateur m demandeur
R 602	request to send, RTS	Sendeteil einschalten	demande f pour émettre, DPE
R 603	reradiated signal	rückgestrahltes Signal n	signal m réfléchi
R 604	reradiation	Rückstrahlung f	rerayonnement m
R 605	rering	Nachrufen n	rappel m en avant
	reringing	s. C 197	
R 606	rerouted traffic	Umwegverkehr m, umgelenkter Verkehr m	trafic m réacheminé
R 607	rerouting	Verkehrsumlenkung f, Umweglenkung f, Umleitung f	réacheminement m, détournement m, reroutage m
R 608	rerun	Wiederholungslauf m, Wiederholung f	reprise f [de transmission]
R 609	research and development, R & D	Forschung f und Entwicklung f	recherche f et développement m, recherche f et études fpl
R 610	research and development division	Forschungs- und Entwicklungsbereich m	division f des recherches et du développement, division f de recherche-développement
R 611	reserve battery	Reservebatterie f, Ersatzbatterie f	batterie f [d'accumulateurs] de secours
R 612	reserve circuit	Ersatzübertragungsweg m, Ersatzleitung f	circuit m de secours
R 613	reserved circuit service	reservierter Dienst m	service m de circuit réservé
R 614	reserved circuit telecommunication service	reservierter Telekommunikationsdienst m	service m de circuit de télécommunications réservé

R 615	reserved pair	Reservepaar n		paire f réservée
	reserve power	s. E 222		
R 616	reservoir cathode	Vorratskatode f		cathode f à réservoir
R 617	reset/to	rückstellen, zurückstellen, zurücksetzen, löschen		remettre à l'état initial, remettre à zéro, réinitialiser
R 618	reset	Rücksetzen n, Reset n, Rückstellung f		remise f à l'état initial, mise f à zéro
R 619	reset (PAD)	Rücksetzen n		réinitialisation f
R 620	reset button	Rückstelltaste f, Rückstellknopf m		bouton m (poussoir m) de réinitialisation
R 621	reset-circuit signal, RSC	Sprechkreisfreischaltezeichen n, Rücksetzkennzeichen n, Kennzeichen n für Rücksetzen		signal m de réinitialisation du circuit, RZC
R 622	reset pulse	Rückstellimpuls m, Rücksetzimpuls m		impulsion f de remise à zéro
R 623	reset pulse	Löschimpuls m, Nullimpuls m		impulsion f de remise à zéro
R 624	resettability	Wiedereinstellbarkeit f		défaut m d'une mise au point répétée
R 625	resettable counter	rückstellbarer Zähler m		compteur m avec remise à zéro
R 626	residual amplitude modulation	Restamplitudenmodulation f		modulation f d'amplitude résiduelle
	residual BER	s. R 628		
R 627	residual bit error	Restbitfehler m		erreur f résiduelle sur les bits
R 628	residual bit error rate, residual BER	Restbitfehlerrate f		taux m d'erreurs binaires résiduelles
R 629	residual carrier	Trägerrest m, Restträger m		porteuse f résiduelle
R 630	residual carrier voltage	Restträgerspannung f		tension f résiduelle du courant porteur
R 631	residual charge	Restladung f		charge f résiduelle
R 632	residual current	Reststrom m		courant m résiduel
R 633	residual echo level	Restechopegel m		niveau m d'écho résiduel
R 634	residual error	Restfehler m		erreur f résiduelle
R 635	residual-error probability	Restfehlerwahrscheinlichkeit f		probabilité f d'erreur résiduelle
R 636	residual-error rate	Restfehlerrate f		taux m d'erreurs résiduelles
R 637	residual-excited linear prediction, RELP	lineare Prädiktion f mit Restsignalerregung		prédiction f linéaire à excitation par les résidus, PLAR
R 638	residual-excited linear prediction coding, RELP	lineare Prädiktionscodierung f mit Restsignalerregung		codage m par prédiction linéaire actionné par les résidus, PLAR
R 639	residual jitter	Restjitter m		gigue f résiduelle
R 640	residual signal	Restsignal n		signal m résiduel
R 641	residual traffic	Restverkehr m		trafic m résiduel
R 642	residual value	Restwert m		valeur f résiduelle
R 643	residual voltage	Restspannung f		tension f résiduelle
R 644	resistance-capacitance coupling, R-C coupling	RC-Kopplung f		couplage m par résistance-capacité, couplage R-C
	resistance-capacitance oscillator	s. R 271		
R 645	resistant to ageing	alterungsbeständig		non-vieillissant
R 646	resistive load	ohmsche Belastung f		charge f résistive
	resistive loss	s. O 77		
R 647	resistive matching	Widerstandsanpassung f		adaptation f résistive
R 648	resistive paste	Widerstandspaste f		pâte f résistive
R 649	resistivity	spezifischer Widerstand m		résistivité f
R 650	resistor-capacitor-transistor logic, RCTL	Widerstand-Kondensator-Transistor-Logik f, RCTL		logique f RCTL
R 651	resistor-transistor logic, RTL	Widerstand-Transistor-Logik f, RTL		logique f RTL
R 652	resolution	Auflösung f, Bildauflösung f		résolution f, définition f (image)
	resolution capability	s. R 653		
R 653	resolving power, resolution capability	Auflösungsvermögen n		puissance f de résolution, pouvoir m séparateur
R 654	resonance curve	Resonanzkurve f		courbe f de résonance
R 655	resonance effect	Resonanzeffekt m		effet m de résonance
R 656	resonance frequency, resonant frequency	Resonanzfrequenz f		fréquence f de résonance
R 657	resonance peak	Resonanzspitze f		crête f de résonance
R 658	resonance step-up	Resonanzüberhöhung f		surtension f de résonance
	resonant antenna	s. T 1008		
	resonant cavity	s. C 338		
R 659	resonant circuit	Resonanzkreis m, Schwingkreis m, Serienschwingkreis m		circuit m résonnant
	resonant frequency	s. R 656		
R 660	resonant length	Resonanzlänge f		longueur f résonnante
R 661	resonator	Resonator m		résonateur m
R 662	resource allocation	Zuteilung f der Frequenzressourcen (verfügbaren Frequenzen)		affectation f des ressources
R 663	resource management	Ressourcenverwaltung f		gestion f des ressources
R 664	resources	Betriebsmittel npl, Ressourcen fpl		ressources fpl
	responder	s. T 902		
R 665	responder beacon	Antwortbake f		balise f répondeuse
R 666	response	Ansprechverhalten n, Ansprechantwort f		réponse f

response

R 667	response curve	Empfindlichkeitskurve f, Filterkurve f ; Dämpfungsverlauf m, Empfangscharakteristik f *(Antenne)*	courbe f de réponse, réponse f
	response-frequency characteristic	s. A 438	
	response signal	s. B 41	
R 668	restart	Wiederanlauf m, Neustart m, Restart m	redémarrage m, relance f, reprise f
R 669	restart point	Wiederanlaufpunkt m	point m de reprise
R 670	restauration, recovery	Versetzen n in den bisherigen Stand, Wiederherstellung f	rétablissement m
R 671	restitution	Wiederherstellung f	restitution f
R 672	restitution delay	Wiedergabeverzögerung f	délai m de restitution
R 673	restitution element	Wiedergabeelement n	élément m de restitution
R 674	restorable change	rückführbare Änderung f	modification f remédiable
R 675	restricted bandwidth	eingeschränkte Bandbreite f	largeur f de bande restreinte
R 676	restricted idle	eingeschränkter Verkehr m	trafic m restreint
R 677	restricted service	Teilsperre f	service m restreint
R 678	resynchronization	Resynchronisation f	resynchronisation f, reprise f de verrouillage de trame
R 679	retest signal	Weiterprüfzeichen n, Weiterprüfsignal n	signal m de contre-vérification
R 680	retiming	Taktregenerierung f, Neutaktung f	rétablissement (réajustage) m du rythme, resynchronisation f
R 681	retransmission	Weitersendung f, Weiterübermittlung f, nochmalige Übertragung f, Teilstreckenübermittlung f	réexpédition f, retransmission f, répétition f
R 682	retransmission	Rückübertragung f	retransmission f
R 683	retransmission buffer, RTB	Wiederholspeicher m	tampon m de retransmission, TRT
R 684	retrieval	Wiedergewinnung f	récupération f, extraction f
R 685	retrofit/to	nachrüsten, modernisieren	mettre à niveau, moderniser
R 686	retrofit	Nachrüstung f, Modernisierung f	rattrapage m, mise f à niveau, modernisation f
R 687	retry	erneuter Versuch m	retentative f, nouvelle tentative f
R 688	return channel *(radio relay)*	ankommender Kanal m, Empfangskanal m	canal m de réception
	return channel	s. a. B 36	
R 689	return conductor, return lead	Rückleiter m	conducteur m de retour
R 690	return current	Rückstrom m, Rückflußstrom m	courant m réfléchi
	return current coefficient	s. R 441	
R 691	returned echo level	Rückechopegel m	niveau m de retour d'écho
	return lead	s. R 689	
R 692	return loss	Rückflußdämpfung f, Echodämpfung f, Reflexionsdämpfungsmaß n, Anpassungsdämpfung f, Fehlerdämpfung f	affaiblissement m des courants réfléchis, affaiblissement de réflexion, affaiblissement d'équilibrage (d'adaptation)
R 693	return path	Rückweg m, Weg m in Gegenrichtung	voie f [de] retour
R 694	return to control, RTC	Steuerungsaufruf m	retour m à la commande, retour en position de commande
R 695	return to zero, RZ	Rückkehr f zu Null	retour m à zéro, RZ
R 696	return-to-zero coding, RZ coding	RZ-Codierung f	codage m RZ
R 697	reverberation	Nachhall m, Hall m	réverbération f
R 698	reverberation duration	Nachhalldauer f	durée f de réverbération
R 699	reverberation time	Nachhallzeit f	temps m de réverbération
R 700	reverse-biased	in Sperrichtung vorgespannt	polarisé en inverse
R 701	reverse characteristic	Sperrkennlinie f	caractéristique f en sens inverse
R 702	reverse charge	Gebührenübernahme f	taxation f à l'arrivée
	reverse-charge call	s. C 749	
R 703	reverse charging acceptance	Übernahme f der Gebühren	acceptation f de la taxation à l'arrivée
	reverse current	s. I 621	
R 704	reversed band	Band n in Kehrlage	bande f inversée
R 705	reversed-frequency operation	Betrieb m mit vertauschten Frequenzen	exploitation f avec permutation des fréquences
R 706	reverse direction	Sperrichtung f	direction f (sens m) inverse
R 707	reverse video, inverse video	negative (umgekehrte) Bildschirmdarstellung f	vidéo f inverse (inversée)
	reverse voltage	s. I 625	
R 708	reversible change	umkehrbare Änderung f	modification f réversible
R 709	reversible transducer	reversibler Wandler m	transducteur m réversible
R 710	reverting call	Anruf m zwischen Gemeinschaftsteilnehmern, Verbindung f zwischen zwei Teilnehmern eines Gemeinschaftsanschlusses	appel m entre coabonnés, communication f entre deux postes reliés à une même ligne partagée
R 711	rewind/to	zurückspulen	rebobiner
R 712	rewiring	Neuverkabelung f, Neuverdrahtung f	recâblage m
	RF	s. R 101	

	RF amplifier	s. R 102	
	RFC	s. R 107	
	RF carrier	s. R 104	
	RF channel	s. R 81	
	RF choke	s. R 107	
	RF feeder	s. R 109	
	RFI	s. 1. R 110; 2. R 127	
	RF power generator	s. R 113	
	rf protection ratio	s. R 114	
	RF-signal generator	s. R 118	
	RF stage	s. H 172	
	rf wanted-to-interfering signal ratio	s. R 120	
R 713	RGB [colour] signal	RGB-Signal n	signal m [de couleur] RVB
	RHI	s. R 247	
R 714	rhombic antenna	Rhombusantenne f	antenne f en losange, antenne rhombique
R 715	rhyme test	Reimtest m	test m de rimes, essai m vocal
R 716	ribbon cable, tape cable	Bandkabel n	câble m à [structure] ruban, câble-ruban m
R 717	ribbon structure	Bandstruktur f	structure f à rubans, structure ruban
R 718	Ricean fading	Rice-Schwund m, Rice-Fading n	évanouissement m de Rice
R 719	Ricean fading channel	Rice-Fadingkanal m	voie f affectée par des évanouissements de Rice
R 720	rigde waveguide	Stegwellenleiter m, Steghohlleiter m	guide m d'onde à moulure
R 721	right-hand circular polarization	rechtsdrehende Zirkularpolarisation (zirkulare Polarisation) f, RDZ	polarisation f circulaire droite
R 722	right-hand elliptically polarized wave, clockwise elliptically polarized wave	rechtsdrehende elliptisch polarisierte Welle f	onde f polarisée elliptiquement dextrorsum
R 723	right-hand polarization, clockwise polarization	rechtsdrehende [elliptische] Polarisation f	polarisation f dextrorsum (dextrogyre)
R 724	rigid waveguide	starrer Hohlleiter m	guide m d'onde rigide
	RIM	s. R 327	
R 725	ring/to	[an]rufen, läuten, klingeln	appeler, sonner
	ring again	s. R 727	
R 726	ring back/to, to call back, to recall	rückrufen	rappeler
R 727	ring back, ring again, call back	Rückruf m	rappel m [automatique]
	ring-back tone	s. A 777	
R 728	ring bus	Ringbus m	bus m en anneau
R 729	ring-bus transmission	Ringbusübertragung f	transmission f par bus en anneau
R 730	ring counter	Ringzähler m	compteur m en anneau
R 731	ring demodulator	Ringdemodulator m	démodulateur m en anneau
	ringer circuit	s. R 736	
R 732	ringing	abklingende (gedämpfte) Schwingung f	oscillation f transitoire (amortie)
R 733	ringing	Ruf m, Anruf m (Telefon), Rufen n (Teilnehmeranschluß)	appel m, communication f (téléphone), envoi m du courant d'appel
R 734	ringing change-over switch	Weckerumschalter m	commutateur m de sonnerie
R 735	ringing circuit, ringer circuit	Rufstromkreis m	circuit m de sonnerie, circuit [de courant] d'appel
R 736	ringing code	Rufcode m	code m de sonnerie
R 737	ringing current	Rufstrom m	courant m d'appel
R 738	ringing device	Ruforgan n	organe m d'appel
R 739	ringing generator	Rufmaschine f, Ruf[strom]generator m, Rufstromgeber m	générateur m de sonnerie
R 740	ringing period	Rufphase f, Rufdauer f	phase f d'appel
	ringing signal	s. A 777	
R 741	ringing time	Rufdauer f	durée f de [la] sonnerie
R 742	ringing tone [signal]	Freiton m, Freizeichen n, Rufton m, Rufzeichen n	tonalité f (signal m) de retour d'appel, retour m d'appel
	ringing tone	s. a. A 777	
R 743	ringing-trip relais	Rufabschaltrelais n	relais m d'arrêt d'appel
	ring LAN	s. R 748	
R 744	ring modulator	Ringmodulator m	modulateur m en anneau
R 745	ring network	Ringnetz n	réseau m en anneau (boucle), réseau annulaire
R 746	ring resonator	Ringresonator m	résonateur m en anneau, résonateur annulaire
R 747	ring topology	Ringstruktur f	topologie (structure) f en anneau
	ring-type LAN	s. R 748	
R 748	ring-type local area network, ring-type LAN, ring LAN, local area loop network	lokales Ringnetz n, lokales Schleifennetz n	réseau m local en anneau, réseau local en boucle
R 749	rip cord	Reißleine f	fil m de déchirement
R 750	ripple (filter)	Welligkeit f	ondulation f
R 751	ripple current	Brummstrom m	courant m d'ondulation

R 752	ripple frequency	Brummfrequenz f, Welligkeitsfrequenz f	fréquence f d'ondulation
R 753	ripple voltage	Brummspannung f, Welligkeitsspannung f	tension f d'ondulation
R 754	riser cable	Steigleitung f	câble m d'ascension
R 755	rise time	Anstiegszeit f	temps m de montée, temps (durée f) d'établissement
	rise time	s. a. B 507	
	rise time of a pulse	s. P 946	
R 756	rising edge	Anstiegsflanke f, ansteigende Flanke f	front m montant
	RLG	s. R 508	
	RLR	s. R 316	
	RMS, rms	s. R 769	
	rms detector	s. S 1036	
R 757	rms deviation	quadratische Abweichung f	écart m quadratique moyen
	rms reading voltmeter	s. R 772	
	rms value	s. R 771	
	rms voltage	s. E 100	
	rms voltmeter	s. R 772	
R 758	roaming	Roaming n (automatische Registrierung des Teilnehmers in einer fremden Mobiltelefonzentrale)	roaming m (enregistrement automatique de l'abonné dans un central téléphonique mobile étranger)
R 759	robotics technology	Robotertechnik f	technologie f robotique
R 760	rod antenna	Stabantenne f	antenne f tige
R 761	roller tracking	Walzenvorschub m	entraînement m à rouleau
R 762	roll-off	Abfall m (Kurve), Dämpfung f (Filter)	décroissance f, pente f (courbe), affaiblissement m (filtre)
	ROM	s. R 276	
	roof[-mounted] antenna	s. R 763	
R 763	roof-top antenna, roof-mounted antenna, roof antenna	Dachantenne f, Hochantenne f	antenne f de toit
R 764	room acoustics	Raumakustik f	acoustique f des salles
R 765	room antenna	Zimmerantenne f	antenne f d'appartement
R 766	room noise	Raumgeräusch n	bruit m de salle
R 767	room temperature	Raumtemperatur f	température f ambiante (ordinaire)
R 768	root loci	Wurzelortskurven fpl	lieux mpl de racines, tracé m des racines
R 769	root-mean-square, RMS, rms	quadratischer Mittelwert m	moyenne f quadratique
R 770	root-mean-square-error, mean-square error	mittlerer quadratischer Fehler m	erreur f quadratique moyenne, EQM
R 771	root-mean-square value, rms value	Effektivwert m, quadratischer Mittelwert m	valeur f efficace (quadratique moyenne)
	root-mean-square voltage	s. E 100	
R 772	root-mean-square voltmeter, rms voltmeter, rms reading voltmeter	Effektivspannungsmesser m, Effektivvoltmeter n	voltmètre m efficace
	ROP	s. R 318	
	rotary coupler	s. R 778	
R 773	rotary dial	rotierender Nummernschalter m	cadran m [d'appel]
	rotary dial calling	s. R 774	
R 774	rotary dialling, dial selection, rotary dial calling	Nummernschalterwahl f	numérotation f à (au) cadran, sélection f à (par) cadran
R 775	rotary dial telephone set	Fernsprechapparat m mit Nummernschalterwahl, Telefonapparat m mit Wählscheibe	appareil m téléphonique à cadran
	rotary exchange	s. R 782	
R 776	rotary hunting	Freiwahl f in einer Ebene	recherche f à simple niveau
R 777	rotary interrupter	umlaufender Unterbrecher m	interrupteur m rotatif
R 778	rotary joint, rotary coupler, rotating joint	Drehkupplung f	joint m tournant, raccord m tournant
R 779	rotary magnet m	Drehmagnet m	électro[-aimant] m de rotation
R 780	rotary phase changer (shifter)	Rotationsphasenschieber m, Drehphasenschieber m	déphaseur m rotatif (tournant)
R 781	rotary selector	Drehwähler m	sélecteur m rotatif
R 782	rotary selector exchange, rotary exchange	Drehwählervermittlungsstelle f, Vermittlungsstelle f mit Drehwählern	central m à sélecteurs rotatifs
R 783	rotary step	Drehschritt m	pas m de rotation
R 784	rotary switch	Drehschalter m, Drehwähler m	interrupteur (commutateur) m rotatif
R 785	rotary switching	Drehwählervermittlung f	commutation f à sélecteurs rotatifs
R 786	rotary system	Drehwählersystem n	système m automatique à commutateurs rotatifs
R 787	rotatable antenna	drehbare Antenne f	antenne f orientable
R 788	rotatable beam antenna	drehbare Richtantenne f	antenne f directive orientable en azimut
	rotating beacon	s. R 792	
R 789	rotating field antenna	Drehfeldantenne f	antenne f à champ tournant
R 790	rotating frame [antenna], rotating loop [antenna]	Drehrahmen m, drehbare Rahmenantenne f	cadre m (antenne-cadre f) orientable, cadre tournant (mobile)
	rotating frame antenna df	s. R 791	

		rotating joint	s. R 778	
		rotating loop [antenna]	s. R 790	
R 791		rotating loop antenna direction finder, rotating frame antenna df, loop direction finder	Drehrahmenpeiler m, Rahmenpeiler m	radiogoniomètre m à cadre mobile
R 792		rotating radio beacon, rotating beacon	Drehfunkfeuer n, DFF	radiophare m tournant
R 793		rotation of the polarization	Polarisationsdrehung f	rotation f de la polarisation
R 794		rotation rate	Rotationsgeschwindigkeit f	vitesse f de rotation
R 795		round-off error	Abrundungsfehler m	erreur f d'arrondi
		round-the-clock	s. A 685	
R 796		round-the-world echo	Erdumlaufecho n	écho m tour de terre
R 797		round-trip loss	Zweiwegdämpfung f	affaiblissement m à l'aller et au retour
R 798		route	Leitweg m (Telekommunikationsnetz), Strecke f	voie f [d'acheminement], parcours m, artère f
R 799		route design, route planning	Streckenberechnung f, Streckenplanung f	conception f de routes, planification f de routes (trajet)
R 800		route diversity	Wegediversity n	diversité f d'acheminement
R 801		route planning	Trassenplanung f	planification f de trajet
		route planning	s. a. R 799	
R 802		route selection	Leitwegauswahl f, Auswahl f des Leitweges	sélection f d'acheminement
R 803		route selection, path selection	Trassenauswahl f	sélection f de l'itinéraire, choix m du tracé
R 804		route set (signalling)	Leitwegbündel n	faisceau m de routes sémaphores
R 805		routine maintenance	regelmäßige Instandhaltung f	maintenance f systématique
R 806		routine test	regelmäßige Prüfung f	essai m systématique
R 807		routing	Leitweglenkung f, Wegleitung f, Routing n, Wegeführung f, Wegesuche f	acheminement m, routage m
R 808		routing	Trassierung f	routage m
R 809		routing algorithm	Leitweglenkungsalgorithmus m, Routing-Algorithmus m, Verkehrslenkungsalgorithmus m	algorithme m d'acheminement
R 810		routing analysis	Leitweganalyse f	analyse f de l'acheminement
R 811		routing code	Verkehrslenkungscode m	code m d'acheminement
R 812		routing control	Routing-Steuerung f	commande f (contrôle m) d'acheminement
R 813		routing error	Wegleitungsfehler m	erreur f d' acheminement
R 814		routing label	Leitwegadresse f, Routing-Adresse f, Leitweglenkungskennsatz m	étiquette f d'acheminement
R 815		routing method	Verkehrslenkungsverfahren n	procédé m d'acheminement
R 816		routing optimization	Leitwegoptimierung f	optimisation f d'acheminement
R 817		routing plan	Leitwegplan m	plan m d'acheminement
R 818		routing policy	Verkehrslenkungspolitik f	politique f d'acheminement
R 819		routing principle	Leitweglenkungsprinzip n	principe m d'acheminement
R 820		routing route	Leitweg m	voie f d'acheminement
R 821		row	Zeile f, Reihe f	rangée f
		row scanning	s. L 237	
		RPE	s. R 474	
		RPE-LPC	s. R 475	
		RPOA	s. R 367	
		RR	s. R 323	
		RRE	s. R 324	
		RS	s. R 385	
R 822		RSA system (public key system), (RSA: Rivest, Shamir, Adleman)	RSA-System n	système m RSA
		RSC	s. R 621	
R 823		R-S flip-flop	RS-Flipflop m	bascule f RS
R 824		R-S-T flip-flop	RST-Flipflop m	bascule f RST
		RTB	s. R 683	
		RTC	s. 1. R 284; 2. R 694	
		RTL	s. R 651	
		RTS	s. R 602	
R 825		rubber-insulated cable	Gummikabel n	câble m isolé au caoutchouc
R 826		run length coding	Lauflängencodierung f	codage m par longueur de plage, codage par plages
R 827		running time meter	Betriebsstundenzähler m	compteur m des heures de service
R 828		run-up time	Anlaufzeit f	temps m de démarrage (mise en service)
R 829		rural area, rural territory	Landgebiet n	secteur m rural
R 830		rural automatic exchange, RAX	automatische Landzentrale f	central m automatique rural
R 831		rural exchange	Landzentrale f	central m rural
R 832		rural satellite communication system	Satelliten-Landtelefoniesystem n	réseau m de télécommunication par satellite rural
R 833		rural subscriber	Landteilnehmer m	abonné m rural
R 834		rural telephone network	Landtelefonienetz n	réseau m téléphonique rural
		rural territory	s. R 829	

	RWM	s. R 278	
	R/W memory	s. R 278	
	Rx	s. R 320	
	RZ	s. R 695	
	RZ coding	s. R 696	

S

	SA	s. S 858	
S 1	safe spacing	Sicherheitsabstand m	distance f de sécurité
S 2	safety factor	Sicherheitsfaktor m	facteur m de sécurité
	safety in operation	s. P 243	
S 3	safety margin, system margin	Systemreserve f	marge f du système
S 4	safety standard	Sicherheitsnorm f	norme f de sécurité
	SAM	s. S 1345	
S 5	sample/to	abtasten, Proben nehmen	échantillonner
S 6	sample	Abtastwert m, Abtastprobe f, Probe f, Stichprobe f	échantillon m
	sample and hold	s. S 8	
S 7	sample and hold circuit	Abtast- und Halteschaltung f	circuit m d'échantillonnage et de maintien
S 8	sample and hold device, sample and hold	Abtast-Halte-Schaltung f	échantillonneur-bloqueur m
S 9	sample data	Abtastdaten pl	données fpl d'échantillonnage
S 10	sampled signal	abgetastetes Signal	signal m échantillonné
S 11	sampled speech signal	abgetastetes Sprachsignal n	signal m de parole échantillonné
S 12	sample pulse	Probenimpuls m	impulsion f échantillon
S 13	sampler	Abtaster m, Abtastschaltung f	échantillonneur m
S 14	sample-to-sample correlation	Korrelation f zwischen Probenwerten	corrélation f entre échantillons
S 15/6	sampling	Abtastung f, Abtasten n, Probennahme f	échantillonnage m
S 17	sampling	Stichprobenentnahme f, Probenentnahme f (Gütekontrolle)	prélèvement m d'échantillons (contrôle de qualité)
S 18	sampling error	Abtastfehler m	erreur f d'échantillonnage
	sampling frequency	s. S 25	
S 19	sampling inspection	Stichprobenprüfung f	contrôle m effectué par prélèvement, contrôle par prélèvement
S 20	sampling interval	Abtastintervall n	intervalle m d'échantillonnage
S 21	sampling noise	Abtastrauschen n	bruit m d'échantillonnage
S 22	sampling period	Abtastperiode f, Abtastperiodendauer f	période f d'échantillonnage
S 23	sampling process	Abtastvorgang m, Abtastung f	échantillonnage m
S 24	sampling pulse	Abtastimpuls m	impulsion f d'échantillonnage
S 25	sampling rate, sampling frequency	Abtastrate f, Abtastfrequenz f	fréquence f d'échantillonnage, taux m d'échantillonnage
S 26	sampling rate conversion	Änderung f der Abtastrate, Abtastratenwandlung f	conversion f du taux d'échantillonnage
S 27	sampling scheme	Abtastschema n	plan m d'échantillonnage
S 28	sampling structure	Abtaststruktur f	structure f d'échantillonnage
S 29	sampling test	Stichprobentest m	essai m par échantillonnage
S 30	sampling theorem	Abtasttheorem n, Probensatz m, Sampling-Theorem n	théorème m d'échantillonnage
S 31	sampling time	Abtastzeitpunkt m	instant m d'échantillonnage
S 32	sand storm	Sandsturm n	orage m de sable
	SAR	s. S 1549	
S 33	satellite	Satellit m	satellite m
S 34	satellite-borne receiver	Satellitenbordempfänger m	récepteur m embarqué d'un satellite
	satellite-borne transmitter	s. S 61	
S 35	satellite broadcasting	Satellitenrundfunk m	radiodiffusion f [directe] par satellite
S 36	satellite channel	Satellitenkanal m	voie f de transmission par satellite, voie de satellite
S 37	satellite circuit	Satellitenübertragungsweg m	circuit m par satellite
S 38	satellite communication	Satellitenfunk m, Satellitenkommunikation f	télécommunications fpl par satellite
S 39	satellite communications system	Satellitennachrichtensystem n, Satellitenkommunikationssystem n	système m de télécommunication par satellite
S 40	satellite control point	Satellitenleitzentrum n	centre m de commande de satellite
S 41	satellite exchange	Teilvermittlungsstelle f	centre m (central m) satellite
S 42	satellite home receiving system	Satelliten-Heimempfangssystem n	récepteur m domestique de radiodiffusion par satellite
S 43	satellite in orbit	Satellit m in der Umlaufbahn	satellite m en orbite

S 44	satellite link	Satellitenverbindung f, Satellitenfunkverbindung f	liaison f par satellite
S 45	satellite mobile communication	mobiler Satellitenfunkdienst m, beweglicher Satellitenfunkdienst	communication f par satellite du service mobile
S 46	satellite network	Satellitennetz n	réseau m à satellite
S 47	satellite on-board application	Satellitenbordeinsatz m, Einsatz an Bord von Satelliten	application f à bord des satellites
S 48	satellite orbit inclination, inclination of a satellite orbit	Satellitenbahnneigung f	inclinaison f d'une orbite de satellite
S 49	satellite payload	Satellitennutzlast f	charge f utile d'un satellite
S 50	satellite propulsion unit	Satellitenantriebssystem n	système m de propulsion de satellite
S 51	satellite receiver	Satellitenempfänger m	récepteur m de satellite
	satellite SCPC system	s. S 52	
S 52	satellite single-channel-per-carrier system, satellite SCPC system	Nachrichtensatellitensystem n mit Einkanalträgerübertragung	système m de communication par satellite avec une porteuse par voie
S 53	satellite sound broadcasting	Satellitenhörrundfunk m	radiodiffusion f sonore par satellite
S 54	satellite sound broadcast receiver	Satellitenhörrundfunkempfänger m, Satellitentonrundfunkempfänger m	récepteur m de radiodiffusion sonore par satellite
S 55	satellite speech circuit	Satellitensprechkreis m	circuit m de conversation par satellite
S 56	satellite system	Satellitensystem n	système m à satellite
	satellite telecast	s. S 59	
	satellite telephone link	s. S 57	
S 57	satellite telephone connection, satellite telephone link	Fernsprechverbindung f über Satellit, Telefonverbindung f über Satellit	liaison f téléphonique par satellite
S 58	satellite teletext transmission	Satellitenübertragung f von Fernsehtext	transmission f par satellite de télétexte
S 59	satellite television, satellite telecast	Satellitenfernsehen n	télévision f satellitaire, diffusion f télévisuelle par satellite
S 60	satellite transmission	Satellitenübertragung f	transmission f par satellite
S 61	satellite transmitter, satellite-borne transmitter	Satellitensender m	émetteur m de satellite
S 62	satellite transponder	Satellitentransponder m	répondeur m de satellite
S 63	saturated colour	satte Farbe f	couleur f saturée
S 64	saturated core	gesättigter Kern m	noyau m saturé
S 65	saturation	Sättigung f	saturation f
S 66	saturation characteristic, saturation curve	Sättigungskennlinie f, Sättigungskurve f	caractéristique f de saturation, courbe f de saturation
S 67	saturation current	Sättigungsstrom m	courant m de saturation
	saturation curve	s. S 66	
S 68	saturation flow	Sättigungsfluß m	flux m de saturation
S 69	saturation inductance	Sättigungsinduktivität f	inductance f de saturation
S 70	saturation point	Sättigungspunkt m, Saturationspunkt m	point m de saturation
S 71	saturation range	Sättigungsbereich m, Sättigungsgebiet n	zone f de saturation
S 72	saturation region	Sättigungsgebiet n	région f de saturation
S 73	saturation voltage	Sättigungsspannung f	tension f de saturation
S 74	saved message	gerettete Nachricht f	message m conservé
S 75	saver circuit	Sparschaltung f	circuit m économiseur
	SAW	s. S 1409	
S 76	SAW filter	akustisches Oberflächenwellenfilter n, AOW-Filter n, SAW-Filter n	filtre m à ondes acoustiques de surface
	SAW filter	s. a. S 1410	
	SAW oscillator	s. S 1411	
S 77	SAW resonator	akustischer Oberflächenwellenresonator m, SAW-Resonator m, AOW-Resonator m	résonateur m à ondes acoustiques de surface
S 78	sawtooth generator, ramp generator	Sägezahngenerator m	générateur m [de tension] en dents de scie, générateur de dents de scie, générateur de rampe
S 79	sawtooth oscillator	Sägezahnoszillator m	oscillateur m en dents de scie
S 80	sawtooth-shaped	sägezahnförmig	en dents de scie
S 81	sawtooth signal	Sägezahnsignal n	signal m en dents de scie
S 82	sawtooth voltage	Sägezahnspannung f	tension f en dents de scie
S 83	sawtooth waveform	Sägezahnwellenform f	onde f en dents de scie
	SBC	s. S 1268	
S 84	scalar approximation	skalare Näherung f	approximation f scalaire
S 85	scalar product	inneres Produkt n, Skalarprodukt n	produit m scalaire
S 86	scalar quantity	skalare Größe f	grandeur f scalaire
S 87	scalar quantization (quantizing)	Skalarquantisierung f	quantification f scalaire
S 88	scale of turbulence	Turbulenzskala f	échelle f de turbulence
S 89	scaling	Skalieren n	évaluation f par similitude, changement m d'échelle
S 90	scaling down	Maßstabverkleinerung f	réduction f d'échelle

scaling

S 91	scaling-up possibility	Eignung f zur Serienproduktion	aptitude f à une fabrication en série
S 92	scan/to *(radar)*	absuchen	scanner
S 93	scan/to	abtasten	balayer, analyser, explorer
	scanned diversity	s. S 1452	
S 94	scanner	Abtaster m, Bildabtaster m, Abtastvorrichtung f	explorateur m, analyseur m, balayeur m
S 95	scanning	Abtastung f, Abtasten n, Bildabtastung f, Bildzerlegung f, periodische Antennenbewegung f	balayage m, exploration f, analyse f
S 96	scanning *(radar)*	Absuchen n	balayage m, scannage *(radar)*
S 97	scanning antenna	Antenne f mit periodischer Strahlschwenkung	antenne f à balayage
S 98	scanning beam	Abtaststrahl m	faisceau m explorateur, faisceau d'analyse
S 99	scanning density	Rasterfeinheit f, Zeilenraster n *(Faksimile)*	finesse f d'exploration
S 100	scanning device	Bildabtastvorrichtung f, Bildabtaster m, Abtastvorrichtung f	organe m explorateur
	scanning dot	s. S 109	
S 101	scanning field *(facsimile)*	Abtastbereich m, abgetasteter Bereich m	champ m exploré
S 102	scanning frequency	Abtastfrequenz f	fréquence f d'exploration
S 103	scanning line	Abtastzeile f, Bildzeile f	ligne f d'exploration, ligne de balayage
S 104	scanning line frequency	Abtastzeilenfrequenz f, Bildzeilenfrequenz f	fréquence f de ligne
	scanning line frequency	s. a. L 198	
S 104a	scanning line period	Zeilenabtastzeit f	période f de ligne
S 105	scanning pitch	Vorschub m	pas m d'exploration
	scanning pitch	s. a. S 114	
S 106	scanning radar	Absuchradar n	radar m de balayage
S 107	scanning shift	Abtastrichtung f	translation f d'exploration
S 108	scanning speed	Abtastgeschwindigkeit f	vitesse f de balayage, vitesse d'exploration
S 109	scanning spot, scanning dot	Abtastfleck m, Abtastpunkt m, Schreibfleck m	spot m de balayage, spot d'exploration, spot analyseur, spot synthétiseur
S 110	scanning technique	Abtastverfahren n *(Bild)*	méthode f de balayage, méthode d'analyse
S 111	scanning track *(phototelegraphy)*	Abtastbewegung f	translation f d'exploration
S 112	scanning traverse	Vorschub m in Abtastrichtung *(Faksimile)*	translation f d'exploration
S 113	scan point *(video)*	Abtastpunkt m	point m d'exploration
S 114	scan step, scanning pitch	Abtastschritt m	pas m d'exploration
S 115	scan width	Abtastbreite f	largeur f de balayage
S 116	scatter, scattering	Streuung f	diffusion f *(propagation d'onde)*, dispersion f
S 117	scatter diagram, scattergram	Streudiagramm n	diagramme m de dispersion, diagramme m de diffusion
S 118	scattered beam	gestreuter Strahl m	faisceau m diffusé
S 119	scattered radiation	Streustrahlung f	rayonnement m diffusé
S 120	scatterer	streuendes Objekt n, Streustelle f	diffuseur m
	scattergram	s. S 117	
	scattering	s. S 116	
S 121	scattering angle	Streuwinkel m	angle m de diffusion
S 122	scattering centre	Streuzentrum n	centre m de diffusion
S 123	scattering coefficient	Streufaktor m, Streukoeffizient m	coefficient m de diffusion
S 124	scattering cross-section	Streuquerschnitt m	aire f de diffusion
S 125	scattering loss	Streudämpfung f, Streu[ungs]verlust m	affaiblissement m de diffusion, perte f de (par) diffusion
S 126	scattering matrix, S matrix	Streumatrix f, S-Matrix f	matrice f de répartition, matrice S, matrice de diffusion
S 127	scattering medium	Streumedium n	milieu m diffusant
S 128	scattering parameters	Streuparameter mpl	paramètres mpl de répartition
S 129	scattering particles	streuende Teilchen npl	particules fpl diffusantes
S 130	scattering power, diffusing power	Streuvermögen n	pouvoir m de diffusion, pouvoir diffusant
	scatter link	s. S 132	
S 131	scatter propagation	Streuausbreitung f, Streustrahlungsübertragung f, Scatterübertragung f	propagation f par diffusion
S 132	scatter-propagation link, scatter link	Scatterverbindung f	liaison f à propagation par diffusion
	SCCP	s. S 541	
	SC-filter	s. S 1447	
S 133	schedule/to	planen, einplanen, ansetzen	planifier, organiser, prévoir
S 134	scheduled maintenance	planmäßige Wartung f, planmäßiger Unterhalt m	maintenance f programmée, maintenance périodique
S 135	scheduled operating time	planmäßige Betriebszeit f, geplante Betriebszeit f	durée f de fonctionnement prévue

	schematic circuit diagram	s. B 142	
S 136	Schmitt trigger	Schmitt-Trigger m	bascule f de Schmitt
S 137	Schottky [barrier] diode, barrier diode	Schottky-Diode f	diode f Schottky, diode à barrière de Schottky
S 138	scientific research	wissenschaftliche Forschung f	recherche f scientifique
S 139	scintillation	Szintillation f, Flimmern n	scintillation f
S 140	scintillation fading	Szintillationsschwund m	évanouissement m dû aux scintillations
	SC network	s. S 1449	
	SCPC	s. 1. S 662; 2. S 663	
	SCPC system	s. S 664	
	SCR	s. S 628	
S 141	scrambler	Verwürfler m, Scrambler m	embrouilleur m, brouilleur m
S 142	scrambler-descrambler	Scrambler-Descrambler m	embrouilleur-désembrouilleur m, brouilleur-débrouilleur m
S 143	scratchpad (data)	Arbeitsbereich m	zone f de travail
S 144	screen	Schirm m, Abschirmung f	écran m, blindage m
S 145	screen, display screen	Bildschirm m	écran m, écran m de visualisation
	screened loop antenna	s. S 429	
S 146	screened pair, shielded pair	geschirmtes Paar n, abgeschirmte symmetrische Leitung f	paire f sous écran, paire blindée
S 147	screened wire	abgeschirmter Draht m	fil m blindé, fil faradisé
S 148	screening	Schirmung f, Abschirmung f	blindage m
	screening	s. a. S 427	
	screen printing	s. S 639	
	screw terminal	s. S 150	
S 149	screw tuner	Schraubenanpassungselement n	adaptateur m à vis
S 150	screw-type terminal, screw terminal	Schraubklemme f	borne f à vis
S 151	screw-type terminal strip	Schraubklemmleiste f	barrette f de raccordement à vis
S 152	scrolling (data display), windowing	Bildverschiebung f	défilement m, déplacement m de fenêtre
	SDF	s. S 1367	
	SDI	s. S 336	
	SDL	s. S 941	
	SDLC	s. S 1525	
S 153	SDL language	SDL-Programmiersprache f	langage m LDS
	sea backscattering	s. S 154	
	seacable m, sea cable	s. S 1284	
S 154	sea clutter, sea backscattering	Seegangsecho n	effet m de mer, écho m de vagues, écho sur la mer, écho parasite de mer, rétrodiffusion f sur la mer
S 155	sealed contact	Schutzgaskontakt m	contact m scellé
S 156	search coil	Suchspule f	bobine f d'exploration, bobine exploratrice, rotor m inductif
S 157	search radar	Suchradar n	radar m de recherche
S 158	search rate	Suchgeschwindigkeit f	vitesse f de recherche
S 159	seasonal variation	jahreszeitliche Änderung (Schwankung) f	variation f saisonnière
S 160	sea surface reflection	Meeresoberflächenreflexion f	réflexion f sur la surface de la mer
S 161	sea trial	Seeerprobung f	essai m en mer
	SEC	s. S 1469	
S 162	SECAM signal	SECAM-Signal n	signal m SECAM
S 163	SECAM system	SECAM-System n	système m SECAM (séquentiel couleur à mémoire)
S 164	second adjacent channel	übernächster Kanal m	deuxième canal m adjacent
S 165/6	secondary cell	Sekundärelement n	pile f secondaire
S 167	secondary circuit	Sekundärstromkreis m, Sekundärkreis m	circuit m secondaire
S 168	secondary emission	Sekundäremission f	émission f secondaire
S 169	secondary failure	Folgeausfall m	défaillance f secondaire
S 170	secondary multiplex	Sekundärmultiplex n	multiplex m secondaire
	secondary pattern	s. S 173	
S 171	secondary radar	Sekundärradar n	radar m secondaire, radiodétection f secondaire
S 172	secondary radiation	Sekundärstrahlung f	rayonnement m secondaire, radiation f secondaire
S 173	secondary radiation pattern, secondary patterm	Sekundärstrahlungsdiagramm n, Sekundärdiagramm n	diagramme m de rayonnement secondaire
S 174	secondary radiator, parasitic radiator, nonfed element, dummy element, passive aerial, parasitic aerial, parasitically excited antenna	strahlungsgekoppelte Antenne f, Sekundärstrahler m, Sekundärelement n (Antenne)	élément m secondaire [d'antenne], source f secondaire, élément passif (non alimenté)
S 175	secondary route	Sekundärweg m	voie f secondaire
S 176	secondary routes	Zweitwege mpl, zweite Leitwege mpl	voies fpl secondaires
	secondary storage	s. A 917	

S 177	secondary surveillance radar, SSR, air traffic control radar beacon system (USA), ATCRBS	Sekundärflugsicherungsradar n	radar m de surveillance secondaire
S 178	secondary trunk group	Sekundärbündel n	faisceau m de second choix
S 179	secondary voltage	Sekundärspannung f	tension f secondaire
S 180	secondary wave	Sekundärwelle f	onde f secondaire
S 181	secondary winding	Sekundärwicklung f	enroulement m secondaire, secondaire m
S 182	second breakdown	zweiter Durchbruch m	seconde disruption f
S 183	second-channel attenuation	Dämpfung f des übernächsten Kanals	affaiblissement m du deuxième canal adjacent
S 184	second-go-around, second-time-around echo (radar)	Überreichweitenecho n	signal m second
S 185	second harmonic	zweite Harmonische f	deuxième harmonique f
S 186	second harmonic generation	Erzeugung f der zweiten Harmonischen	génération f du second harmonique, génération du deuxième harmonique
S 187	second source	Zweitbereitsteller m, Zweitlieferant m	seconde source f [d'approvisionnement]
	second-time-around echo	s. S 184	
	secretarial system	s. S 188	
S 188	secretary extension, secretarial system, manager-and-secretary station	Vorzimmeranlage f, Chef-Sekretär-Station f, Chef-Sekretär-Anlage f	installation f de secrétaire de direction, installation de chef-secrétaire, installation f (poste m) de filtrage, poste directeur-secrétaire, poste secrétaire
S 189	secret key	geschützter Schlüssel m	clé f secrète
S 190	section	Abschnitt m, Feld n (Strecke), Glied n (Filter)	section f, tronçon m (ligne), cellule f (filtre)
S 191	sectionalize/to (failure)	eingrenzen	localiser
S 192	sectionalize a fault/to	einen Fehler eingrenzen	localiser une défaillance
S 193	sectionalized tower	unterteilter Mast m	pylône m fractionné
S 194	sectioned antenna	zerlegbare Antenne f	antenne f démontable
S 195	section of line, line section	Leitungsabschnitt m	tronçon m de ligne, section f de ligne
S 196	section termination	Abschnittsende n	extrémité f de section
S 197	sectoral horn	Sektorhorn n	cornet m sectoriel
S 198	sector scanning	Sektorabsuchen n	balayage m de secteur, exploration f sectorielle
S 199	secure messaging	gesicherte Mitteilungsübermittlung f, sichere Übertragung f von Mitteilungen	transfert m sûr de messages
S 200	secure transmission	gesicherte Übertragung f, Übertragung mit Geheimhaltung	transmission f protégée
S 201	security requirement	Sicherheitsanforderung f, Sicherheitsforderung f	exigence f de sécurité
S 202	segment	Segment n, Programmabschnitt m, Kreisabschnitt m	segment m, tranche f, secteur m
S 203	segmental law	segmentierte Kennlinie f	loi f segmentée
	segmentation	s. S 206	
S 204	segmented encoding law	segmentierte Codierungskennlinie, Segment-Codierungskennlinie f	loi f de codage segmenté, loi de quantification à segments, loi de codage à segments
S 205	segmented-ring network	segmentiertes Ringnetz n	réseau m en anneau segmenté
S 206	segmenting, segmentation	Segmentieren n, Aufteilen n, Segmentierung f	segmentation f
S 207	seize/to (telephone)	belegen	mettre en état de prise
	seizing	s. S 208	
	seizing signal	s. S 210	
S 208	seizure, seizing (telephone)	Belegung f	prise f
S 209	seizure relay	Belegungsrelais n	relais m de prise, relais d'occupation
S 210	seizure signal, seizing signal	Belegungszeichen n, Belegungssignal n	signal m de prise
	SELCAL	s. S 220	
S 211	selectable IF bandwidth	wählbare ZF-Bandbreite f	bande f passante MF sélectable
S 212	selectable splitting ratio	einstellbares Teilerverhältnis n	diviseur m réglable sur une valeur choisie
S 213	select horizontal spacing, SHS	Auswahl f des horizontalen Abstandes	sélection f de l'espacement horizontal, SHS
	selecting	s. A 205	
	selecting character	s. A 206	
S 214	selection	Selektion f, Auswahl f, Auswählen n, Wahl f, Wählen n (automatische Vermittlung)	sélection f, filtrage m
	selection signal sequence	s. S 215	
S 215	selection signals, (signalization), selection signal sequence	Wählzeichen npl, (Zeichengabe) Wählzeichenfolge f	séquence f de sélection, signaux mpl de sélection (signalisation)
S 216	selection stage	Wahlstufe f	étage m de sélection

S 217	selective	selektiv, trennscharf	sélectif
	selective addressing	s. S 219	
S 218	selective amplifier	selektiver Verstärker m	amplificateur m sélectif
S 219	selective calling, selective addressing	Selektivruf m, selektiver Empfangsaufruf m	appel m sélectif, appel à recevoir sélectif
S 220	selective calling system, SELCAL (Civil aviation selective calling system)	Selektivrufsystem n	système m d'appel sélectif
S 221	selective call number	Selektivnummer f	numéro m d'appel sélectif
S 222	selective fading, differential fading	Selektivschwund m, selektiver Schwund m, Selektivfading n	évanouissement m sélectif
S 223	selective fading radio channel	Selektivschwund-Funkkanal m	canal m radioélectrique à évanouissements sélectifs
S 224	selective ringing	Selektivruf m	sonnerie f sélective, sonnerie codée
S 225	selective voltmeter	selektives Voltmeter n	voltmètre m sélectif
S 226	selectivity	Selektivität f, Trennschärfe f, Trennvermögen n	sélectivité f
S 227	selectivity characteristic (curve)	Selektionskurve f, Selektivitätskurve f	caractéristique f de sélection, courbe f de sélectivité
	selctivity of a receiver	s. R 333	
S 228	selector	Wähler m	sélecteur m, commutateur m
S 229	selector bar	Wählerschiene f	barre f sélectrice, barre de sélection
	selector pen	s. L 131	
S 230	selector rack	Wählergestell n	bâti m de sélecteurs
S 231	selector stage, rank of selectors	Wählerstufe f	étage m de sélecteurs, étage de sélection
S 232	selector switch	Wahlschalter m	commutateur m, sélecteur m
S 233	select vertical spacing, SVS	Auswahl f des vertikalen Abstandes	sélection f de l'espacement vertical, SVS
S 234	selenium rectifier	Selengleichrichter m	redresseur m au sélénium
S 235	self-adapting (self-adaptive) equalizer	Leitungsentzerrer m mit selbsttätiger Anpassung, automatisch regelbarer Entzerrer m	égaliseur m automatique adaptatif, égaliseur autoadaptatif, égaliseur automatique
S 236	self-channelling	Eigenkanalbildung f	autocanalisation f
S 237	self-checking code	selbstkontrollierender Code m, selbstprüfender Code	code m autovérificateur, code autocontrôlé
S 238	self-cleaning contact	selbstreinigender Kontakt m	contact m autonettoyant
S 239	self-contained	autonom, in sich geschlossen, abgeschlossen	autonome
S 240	self-correcting code	selbstkorrigierender Code m	code m autocorrecteur
S 241	self-curing of capacitors	Selbstheilung f von Kondensatoren	auto-cicatrisation f de condensateurs
S 242	self-diagnostics	Eigendiagnostik f	autodiagnostic m
S 243	self-discharge	Selbstentladung f, Eigenentladung f	autodécharge f
S 244	self-excitation	Selbsterregung f, Selbstanregung f, Eigenanregung f	auto-excitation f
S 245	self-excited	selbsterregt	auto-excité
S 246	self-excited oscillator	selbsterregter Oszillator m	oscillateur m à auto-excitation, auto-oscillateur m
S 247	self-excited transmitter	selbstschwingender Sender m	émetteur m auto-oscillateur
S 248	self-focusing	selbstfokalisierend	autofocalisant
S 249	self-healing capacitor	selbstheilender Kondensator m	condensateur m autorégénérateur
S 250	self-induction	Selbstinduktion f	auto-induction f
S 251	self-interference	Eigenstörung f	autobrouillage m
S 252	self-modulation	Eigenmodulation f	automodulation f
	self-oscillation	s. N 43	
S 253	self-protection structure	Selbstschutzstruktur f	structure f à autoprotection
S 254	self-routing	selbsttätige Wegleitung f	autoacheminement m
S 255	self-stabilization	Eigenstabilisierung f	autostabilisation f, stabilisation f propre
S 256	self-steering array	selbstausrichtende Gruppenantenne f	réseau m d'antennes auto-orientable
S 257	self-supporting aerial cable	selbsttragendes Luftkabel n	câble m aérien autoporteur
S 258	self-supporting antenna	selbsttragende Antenne f	antenne f autoportée
S 259	self-supporting antenna mast	freitragender Antennenmast m	mât m d'antenne non haubané
S 260	self-supporting dipole	selbsttragender Dipol m	dipôle m auto-porteur
S 261	self-supporting tower	selbsttragender Mast m	pylône m auto-porté, pylône non haubané
S 262	self-sustained pulsation	selbsterhaltende Schwingung f	oscillation f auto-entretenue
S 263	self-synchronization	Eigensynchronisierung f	auto-synchronisation f
	self-test	s. B 513	
S 264	self-testing, built-in test, BIT	Selbstprüfung f, Selbsttest m	autotest m, autodiagnostic m, test m intégré
S 265	self-test program	Selbstprüfungsprogramm n, Selbsttestprogramm n	programme m d'autodiagnostic
S 266	semi-attended station	zeitweise bemannte Station f	station f semi-surveillée
S 267	semi-automatic	halbautomatisch	semi-automatique

S 268	semi-automatic switching	halbautomatische Vermittlung f	commutation f semi-automatique
S 269	semi-automatic working	halbautomatischer Betrieb m, halbautomatischer Dienst m	exploitation f semi-automatique
S 270	semicircular component of error (DF)	Halbkreisfehlerkomponente f	composante f sinusoïdale semi-circulaire de l'erreur d'installation d'un radiogoniomètre
S 271	semicircular error (direction finding)	Halbkreisfehler m	erreur f semi-circulaire
S 272	semiconductor	Halbleiter m	semi-conducteur m
S 273	semiconductor compound	Halbleiterverbindung f	composé m semi-conducteur
S 274	semiconductor crystal	Halbleiterkristall m	cristal m semi-conducteur
S 275	semiconductor detector	Halbleiterdetektor m	détecteur m semi-conducteur
S 276	semiconductor device	Halbleiterbauelement n	composant m à semi-conducteur
S 277	semiconductor diode	Halbleiterdiode f	diode f à semi-conducteur
S 278	semiconductor equation	Halbleitergleichung f	équation f de semi-conducteur
S 279	semiconductor laser	Halbleiterlaser m	laser m à semi-conducteur
S 280	semiconductor memory	Halbleiterspeicher m	mémoire f à semi-conducteur
S 281	semiconductor rectifier	Halbleitergleichrichter m	redresseur m à semi-conducteur
S 282	semiconductor rectifier diode	Halbleiter-Gleichrichterdiode f, Gleichrichterdiode f	diode f redresseuse à semi-conducteur
S 283	semiconductor source	Halbleiterquelle f	source f à semi-conducteur
S 284	semicontinuous signalling	halbkontinuierliche Zeichengabe f	signalisation f semi-continue
S 285	semicustom application	Semikundenanwendung f, Semikundenapplikation f, halb-kundenspezifische Anwendung f	application f semi-personnalisée
S 286	semicustom circuit	Semikundenschaltkreis m, halb-kundenspezifischer Baustein m	circuit m semi-personnalisé
	semicustom IC	s. S 287	
S 287	semicustom integrated circuit, semicustom IC	integrierte Semikundenschaltung f	circuit m intégré semi-personnalisé, CI semi-personnalisé
	semiduplex	s. H 8	
S 288	semiduplex radiotelephone circuit	Halbduplex-Funksprechverbindung f	circuit m radiotéléphonique semi-duplex
S 289	semi-empirical	halbempirisch	semi-empirique
S 290	semiflexible waveguide, bendable waveguide	biegbarer Hohlleiter m	guide m d'onde semi-rigide, guide d'onde déformable
S 291	semi-insulating substrate	halbisolierendes Substrat n	substrat m semi-isolant
S 292	semipermanent connection	semipermanente Verbindung f, SPV	connexion f semi-permanente
S 293	semireflecting	halbreflektierend	semi-réfléchissant
S 294	semitransparent	halbdurchlässig	semi-transparent
S 295	send/to	absenden, senden, schicken	adresser, émettre, envoyer
	send	s. S 298	
S 296	send channel	Sendekanal m	canal m d'émission, voie f émission (téléphonie)
	send direction	s. T 867	
S 297	sender	Absender m, Sender m, Senderegister n, SR	envoyeur m, émetteur m, enregistreur m de départ
	sender	s. a. T 873	
	send filter	s. T 843	
S 298	sending, send	Sendung f, Senden n, Übermittlung f	émission f
	sending amplifier	s. T 874	
	sending end	s. T 888	
	sending filter	s. T 843	
S 299	sending-finished signal	Sendeschlußzeichen n	signal m de fin d'envoi
S 300	sending frequency response	Sendefrequenzgang m	réponse f en fréquence à l'émission
	sending input	s. T 868	
	sending level	s. S 301	
	sending station	s. T 892	
	sending time	s. A 310	
S 301	send level, sending level, transmit level	Sendepegel m	niveau m d'émission, niveau à l'émission
S 302	send loudness rating, SLR	Sendelautstärkeindex m	équivalent m pour la sonie à l'émission, ESE
S 303	send out/to (radio)	aussenden	émettre
S 304	send–receive switch	Sende–Empfangs-Umschalter m	commutateur m émission–réception
S 305	send–receive unit, transceiver	Sende–Empfangs-Gerät n	appareil m émetteur–récepteur, émetteur-récepteur m
S 306	send reference equivalent, SRE	Sendebezugsdämpfung f, Sendebezugsdämpfungsmaß n	équivalent m de référence à l'émission, ERE
S 307	send-special-information-tone signal, SST	Zeichen n „Sende-Sonderhinweiston"	signal m «envoyez la tonalité spéciale d'information», TSI
S 308	sense/to	abtasten, abfragen, lesen	capter, détecter, lire
S 309	sense antenna (direction finding)	Seitenbestimmungsantenne f	antenne f de lever de doute
	sense determination	s. S 310	
S 310	sense finding, sense determination	Seitenbestimmung f	lever m du doute, lever d'ambiguïté
S 311	sense wire, sensing lead (core memory)	Lesedraht m	fil m de lecture
	sensing device	s. S 320	
	sensing lead	s. S 311	

S 312	sensitive to temperature	temperaturempfindlich		sensible à la température
S 313	sensitivity *(receiver)*	Empfindlichkeit *f*		sensibilité *f*
S 314	sensitivity coefficient	Empfindlichkeitsfaktor *m*		coefficient *m* de sensibilité
S 315	sensitivity control	Empfindlichkeitsregelung *f*		commande *f* de sensibilité
S 316	sensitivity loss	Empfindlichkeitsverlust *m*		perte *f* de sensibilité
	sensitivity of a receiver	*s.* R 334		
S 317	sensitivity range	Empfindlichkeitsbereich *m*		gamme *f* de sensibilité
S 318	sensitivity test	Empfindlichkeitsprüfung *f*		essai *m* de sensibilité
S 319	sensitivity threshold	Empfindlichkeitsschwelle *f*, Ansprechschwelle *f*		seuil *m* de sensibilité
S 320	sensor, sensing device, pickoff	Sensor *m*, Meßfühler *m*, Meßwertaufnehmer *m*, Abtastsonde *f*		capteur *m*, détecteur *m*, senseur *m*
S 321	sensor array	Sensorgruppe *f*		réseau *m* de capteurs
S 322	sensor system	Gruppensensor *m*		groupe-capteur *m*
S 323	sentence articulation	Satzverständlichkeit *f*		netteté *f* des phrases
S 324	separable directions	trennbare Richtungen *fpl*		directions *fpl* séparables
S 325	separate sound carrier	getrennter Tonträger *m*		porteuse *f* son séparée
S 326	separator	Separator *m*, Trennstufe *f*		séparateur *m*
	separator	*s. a.* D 249		
	separator character	*s.* D 249		
S 327	septum *(microwaves)*	Septum *n*		septum *m*
S 328	sequence	Sequenz *f*, Folge *f*, Reihenfolge *f*		séquence *f*
S 329	sequence number	Folgenummer *f*		numéro *m* de séquence
S 330	sequence switch	Folgeschalter *m*		commutateur *m* séquentiel, combineur *m*
S 331	sequencing	Sequentialisieren *n*, Reihen *n*		maintien *m* en séquence
S 332	sequential	sequentiell, aufeinanderfolgend		séquentiel
S 333	sequential access, serial access	sequentieller Zugriff *m*, serieller Zugriff, Serienzugriff *m*		accès *m* séquentiel
S 334	sequential circuit	Folgeschaltung *f*, sequentielle Schaltung *f*		circuit *m* séquentiel
	serial access	*s.* S 333		
S 335	serial bus	serieller Bus *m*		bus *m* série
S 336	serial data interface, SDI	serielle Datenschnittstelle *f*		interface *f* de données série
S 337	serial impedance	Reihenimpedanz *f*, Längsimpedanz *f*, Längsableitung *f (π-Glied)*		impédance *f* en série
S 338	serial interface	serielle Schnittstelle *f*		interface *f* série
	serializer	*s.* P 86		
	serial-parallel conversion	*s.* S 339		
S 339	serial-to-parallel conversion, serial-parallel conversion	Serien-Parallel-Umsetzung *f*		conversion *f* série-parallèle
S 340	serial-to-parallel converter, deserializer, staticizer *(deprecated)*	Serien-Parallelumsetzer *m*, Serien-Parallelwandler *m*		convertisseur *m* série-parallèle, désérialiseur *m*
S 341	serial transmission	Serienübertragung *f*, serielle Übertragung *f*, Serienübergabe *f*		transmission *f* [en] série
S 342	series connection	Reihenschaltung *f*		montage *m* (branchement *m*) en série, connexion *f* en série
S 343	series expansion	Reihenentwicklung *f*		développement *m* en série
S 344	series-fed	seriengespeist		alimenté en série
S 345	series-parallel type	Serien-Parallel-Typ *m*		type *m* série-parallèle
S 346	series resistor	Vorwiderstand *m*		résistance *f* en série
S 347	series resonance	Serienresonanz *f*, Reihenresonanz *f*		résonance *f* série
S 348	series resonant circuit	Serienresonanzkreis *m*, Reihenresonanzkreis *m*		circuit *m* résonnant série
S 349	server, service unit	Bedieneinheit *f*		serveur *m*
S 350	service	Dienst *m*, Dienstleistung *f*		service *m*, prestation *f*
S 351	service abbreviation	vorschriftsmäßige Abkürzung *f*		abréviation *f* réglementaire
S 352	service advice, service message	Dienstspruch *m*		avis *m* de service
S 353	service area, coverage area, service coverage	Versorgungsgebiet *n*, Versorgungsbereich *m*		zone *f* de desserte, zone *f* de service, zone de diffusion
S 354	service attribute	Dienstattribut *n*		attribut *m* de service
S 355	service availability	Dienstverfügbarkeit *f*, Verfügbarkeit *f* des Dienstes		disponibilité *f* de service
S 356	service band	Betriebsfrequenzbereich *m*		bande *f* de fréquence attribuée, bande attribuée
S 357	service bit, service digit, housekeeping digit *(deprecated)*	Dienstbit *n*, Kennzeichenbit *n*, Dienstzeichen *n*		élément *m* numérique de service
S 358	service break, service disruption	Dienstunterbrechung *f*		interruption *f* de service
S 359	service call	Dienstanruf *m*, DA, Dienstgespräch *n*		communication *f* de service
S 360	service channel	Dienstkanal *m*		voie *f* de service
S 361	service channel drop	Dienstkanalausstieg *m*		extraction *f* de voie de service
S 362	service channel insert	Dienstkanaleinstieg *m*		insertion *f* de voie de service
S 363	service channel output	Dienstkanalausgang *m*		sortie *f* [de] voie de service
S 364	service channel unit	Dienstkanalbaugruppe *f*, Dienstkanalsteckkarte *f*		carte *f* de voie de service
	service circuit	*s.* O 234		
S 365	service communication, order-wire communication	Dienstgespräch *n*		communication *f* de service

service

S 366	service-connected signal	Dienst-Freisignal n	signal m de connexion au service
S 367	service connection charge	Einrichtungsgebühren fpl	frais mpl de raccordement au réseau
	service contract	s. M 83	
	service coverage	s. S 353	
	service digit	s. S 357	
S 368	service digits, housekeeping digits	Service-Bits npl, Dienstzeichen n	bits mpl de service, éléments mpl numériques de service
	service disruption	s. S 358	
	service drop	s. S 1329	
S 369	service firm	Dienstleistungsbetrieb m, Dienstleistungsfirma f	société f [prestataire] de services
	service grad	s. G 97	
S 370	service identification	Dienstkennung f	identification f de service
S 371	service indication	Dienstvermerk m	indication f de service
S 372	service indicator, SI	Service-Indikator m, Dienstmerkmal n, Dienstkennung f, Dienstkennungsfeld n, Dienstkennzeichnung f, Dienstindikator m, Dienstunterscheidungskennzeichnung f	indicateur m de service, INS
S 373	service information, service information octet	Dienstinformation f, Dienstinformationsoktett n	octet m de service
S 374	service information octet, SIO	Dienstkennungsoktett n	octet m de service, SER
	service information octet	s. a. S 373	
S 375	service interception	Umschaltung f auf Auftragsdienst	renvoi m sur position de renseignement
S 376	service interworking	Dienstübergang m	interfonctionnement m de service
	service life	s. U 151	
S 377	service line, service loop	Dienstanschluß m, Dienstverbindung f	liaison f de service, raccordement m de service
	service loop	s. S 377	
	service message	s. S 352	
	service-off time	s. S 378	
S 378	service outage duration, service-off time, loss-of-service duration	Dienstunterbrechungsdauer f, Dauer f der Unterbrechung des Dienstes	durée f d'interruption du service
S 379	service primitive, primitive	Dienststammelement n, Dienstfunktionselement n	primitive f de service, primitive
	service quality	s. Q 34	
S 380	service restoration	Wiederherstellung f des Dienstes	rétablissement m du service
S 381	service signal	Dienstsignal n, Netzmeldung f	signal m de service
	service signal	s. a. C 194	
S 382	services-integrated network	diensteintegrierendes Nachrichtennetz n, dienstintegriertes Nachrichtennetz n	réseau m à intégration de services
S 383	services integration	Dienstintegration f	intégration f de services
S 384	service telegram	Diensttelegramm n	télégramme m de service
S 385	service telephone	Dienstfernsprecher m, Diensttelefon n, Dienstanschluß m	téléphone m de service
S 386	service telex call	Dienst-Telex-Verbindung f	communication f télex de service
S 387	service time	Dienstzeit f	temps m de service
	service unit	s. S 349	
	service wire	s. S 1329	
S 388	servicing	Abfertigung f	prise f en charge, desserte f, desserte d'appels
	servicing	s. a. A 272	
	serving trunk	s. O 305	
	serving trunk group	s. O 307	
	SES	s. 1. S 409; 2. S 441	
S 389	session	Sitzung f, Session f	session f, séance f
S 390	session connection	Sitzungsverbindung f, Sitzung f	connexion f de session
S 391	session-connection synchronization	Sitzungssynchronisation f	synchronisation f de connexion de session
S 392	session layer	Sitzungsschicht f, Kommunikationssteuerungsschicht f	couche f session
S 393	session protocol	Kommunikationssteuerungsprotokoll n	protocole m de session
S 394	session service	Kommunikationssteuerungsdienst m	service m de session
S 395	set	Gerät n, Apparat m, Satz m, Menge f	poste m, appareil m, jeu m, ensemble m
S 396	set (PAD)	Setzen n von Parametern	positionnement m
S 397	set of code symbols, set of symbols	Codesymbolvorrat m, Symbolvorrat m	fond m de symboles de code, fond de symboles
S 398	set of code words, set of words	Codewortvorrat m, Wortvorrat m	fond m de mots de code, fond de mots
	set of symbols	s. S 397	
	set of words	s. S 398	
S 399	set theory	Mengenlehre f	théorie f des ensembles
	setting accuracy	s. A 77	

S 400	setting-up	Verbindungsaufbau m, Aufbau m, Herstellung f	établissement m d'une communication, mise f en liaison, établissement
	setting-up accuracy	s. A 77	
S 401	setting-up time	Aufbauzeit f	durée f d'établissement
S 402	setting-up time, [call] set-up time	Verbindungsaufbauverzug m, Verbindungsaufbaudauer f, Verbindungsherstellungsdauer f	durée f (temps m) d'établissement [de communication]
S 403	settling time	Einstellzeit f, Einschwingzeit f, Übergangszeit f, Beruhigungszeit f	temps m d'établissement
S 404	set-up	Aufbau m, Ansatz m	montage m, mise f en place (œuvre), établissement m
S 405	set-up (video)	Schwarzabhebung f	décollement m du niveau du noir
	set-up channel	s. C 1057	
S 406	set-up time	Rüstzeit f, Einstellzeit f, Vorbereitungszeit f	temps m de préparation
	set-up time	s. a. S 402	
S 407	seven-layer model (OSI)	Siebenschichtenmodell n	modèle m à sept couches
S 408	seven-segment display	Siebensegmentanzeige f	affichage m sept segments
S 409	severely errored second, SES	stark fehlerbehaftete Sekunde f	seconde f gravement entachée d'erreurs, SGE
S 410	severe mechanical stress	hohe mechanische Beanspruchung f	contrainte f mécanique sévère
	SF	s. S 1151	
	SFERT	s. M 220	
	SG	s. S 1366	
	shadowing	s. S 411	
S 411	shadow effect, shadowing	Abschattungseffekt m	effet m d'occultation
S 412	shadow factor	Abschattungsfaktor m	facteur m d'ombre, facteur de diffraction [par la terre]
S 413	shadow fading	Abschattungsschwund m, Abschattungsfading n	évanouissement m par occultation
S 414	shadowing	Abschattung f	occultation f
S 415	shadow mask pitch	Lochmaskenraster m	espacement m des orifices de masque
S 416	shadow mask tube	Lochmaskenröhre f, Maskenröhre f	tube m à masque
S 417	shallow-water cable, shore-end cable	Küstenkabel n	câble m de petit fond
S 418	shannon (unit of decision content)	Shannon n	shannon m
S 419	shaped beam	geformte Keule f	faisceau m conformé, faisceau modelé
S 420	shaped reflector	formkorrigierter Spiegel m	réflecteur m conformé
	shared [service] line	s. P 128	
S 421	sharp bend	scharfer Knick m	coude m brusque
S 422	shear vibrations	Scherschwingungen fpl	vibrations fpl de cisaillement
S 423	sheath	Schutzumhüllung f, Schutzhülle f	gainage m
S 424	sheathed cable	bewehrtes Kabel n	câble m sous enveloppe, câble sous gaine
S 425	sheathed wire	bewehrter Draht m	fil m gainé
	SHF	s. S 1374	
S 426	shield/to	abschirmen	blinder
S 427	shield, screening	Abschirmung f, Schirm m, Schild n	écran m, blindage m, armure f
S 428	shielded balanced pair	abgeschirmte symmetrische Doppelader f	paire f équilibrée blindée
S 429	shielded loop [antenna], screened loop antenna	geschirmte Rahmenantenne f, geschirmter Rahmen m	cadre m blindé
	shielded pair	s. S 146	
S 430	shielded toll cable	geschirmtes Fernkabel n	câble m interurbain blindé
	shielding	s. S 431	
S 431	shielding effect, shielding	Schirmwirkung f, Abschirmung f	effet m d'écran, blindage m
S 432	shielding effectiveness	Wirksamkeit f der Abschirmung, Abschirmwirkung f	efficacité f de blindage
S 433	shift	Verschieben n, Verlegen n (Leitung), Umschaltung f (Tastatur), Wandern n	décalage m, déplacement m (ligne), inversion f (clavier), dérive f
S 434	shift-in, SI	Rückschaltung f	en code, SI
S 435	shift keying	Umtastung f	modulation f par déplacement
S 436	shift-out, SO	Dauerumschaltung f	hors-code m, code m spécial
S 437	shift register	Schieberegister n	enregistreur m à décalage, registre m à décalage
	shipboard antenna	s. S 438	
S 438	shipborne antenna, shipboard antenna	Schiffsantenne f	antenne f de navire
S 439	shipborne radar	Schiffsradar n	radar m marin, radar m de navire, radar de bateau
	ship call	s. M 162	
S 440	ship emergency transmitter	Schiffsnotsender m	émetteur m de secours de navire

S 441	ship earth station, SES	Schiffserdefunkstelle f, Schiffsbodenstation f, Satelliten-Seefunkstelle f	station f terrienne de navire, STN
S 442	ship operator	Schiffsfunker m	opérateur m de bord
S 443	shipping length	Versandlänge f	longueur f à l'expédition
S 444	shipping reel, delivery reel	Liefertrommel f, Versandtrommel f	bobine f d'expédition
S 445	ship station	Schiffsfunkstelle f, Seefunkstelle f, Schiffs[funk]station f	station f de navire
S 446	ship station identity	Kennung f der Schiffsstation	identité f de la station de navire
S 447	shock excitation	Stoßanregung f, Stoßerregung f	excitation f par choc
S 448	shop-wired	werksverdrahtet	câblé en usine
	shore-end cable	s. S 417	
	shore radar station	s. C 643	
	short	s. S 450	
S 449	short-circuit/to	kurzschließen	court-circuiter
S 450	short-circuit, short	Kurzschluß m	court-circuit m
S 451	short-circuit admittance	Kurzschlußscheinleitwert m, Kurzschlußadmittanz f	admittance f en court-circuit
S 452	short-circuit current	Kurzschlußstrom m	courant m de court-circuit
S 453	short-circuited line	kurzgeschlossene Leitung f	ligne f en court-circuit
S 454	short-circuit impedance	Kurzschlußimpedanz f, Kurzschlußscheinwiderstand m, [komplexer] Kurzschlußwiderstand m	impédance f en circuit fermé (en court-circuit)
	short-circuit plunger	s. S 460	
	short distance back scatter	s. D 589	
S 455	short-distance link	Kurzstreckenverbindung f	liaison f de courte distance
S 456	short-distance system	Kurzstreckensystem n	système m [à] courte distance
S 457	short-haul	Kurzstrecken...	[à] courte distance
S 458	short-haul microwave link	Kurzstreckenrichtverbindung f	liaison f hertzienne à courte distance
S 459	shorting link	Kurzschlußbügel m	cavalier m de court-circuit
S 460	shorting plunger, short-circuit plunger	Kurzschlußschieber m, Kurzschlußkolben m	piston m de court-circuit, court-circuit m mobile, plongeur m, piston m plongeur
S 461	short message	Kurznachricht f, Kurzmitteilung f	message m court
S 462	short message transmission	Kurznachrichtenübertragung f, Übertragung f von Kurzmitteilungen	transmission f de messages courts
S 463	short path	Kurzweg m	trajet m court
S 464	short-path bearing	Nahpeilung f	azimut m du petit arc
S 465	short-range fading, local fading	Nahschwund m	évanouissement m à faible distance
S 466	short-term fading	Kurzzeitschwund m	évanouissement m de courte durée
S 467	short-term performance	Kurzzeitverhalten n, Kurzzeitcharakteristik f	caractéristique f à court terme
S 468	short-term phase stability	Kurzzeitphasenstabilität f	stabilité f à court terme de la phase
S 469	short-term predictor	Kurzzeitprädiktor m	prédicteur m à court terme
S 470	short-term stability	Kurzzeitstabilität f	stabilité f à court terme
S 471	short-term stationarity	Kurzzeitstationarität f	stationnarité f à court terme
	short wave antenna	s. H 133	
S 472	short-wave band, high-frequency band, HF band	Kurzwellenband n	bande f des ondes courtes, bande d'ondes décamétriques
S 473	short-wave broadcast[ing], high-frequency broadcasting	Kurzwellenrundfunk m	radiodiffusion f en ondes courtes, radiodiffusion en bande décamétrique, radiodiffusion en ondes décamétriques
	shortwave broadcasting band	s. H 162	
S 474	short-wave broadcasting service	Kurzwellenrundfunkdienst m	service m de radiodiffusion en ondes courtes, service de radiodiffusion en bande décamétrique
	short-wave channel	s. H 164	
S 475	short-wave fade out	Kurzwellenschwund m	évanouissement m sur ondes courtes
S 476	short-wave link, high-frequency link	Kurzwellenübertragungsstrecke f	liaison f en ondes décamétriques
S 477	short-wave propagation	Kurzwellenausbreitung f	propagation f en ondes courtes, propagation en bande décamétrique
	short-wave range	s. H 170	
	short-wave receiver	s. H 135	
S 478	short waves, high frequency, HF	Kurzwellen fpl, KW	ondes fpl courtes, ondes décamétriques
	short-wave sound broadcasting	s. H 171	
	short-wave telegraphy	s. H 173	
S 479	short-wave transmitter	Kurzwellensender m	émetteur m à ondes courtes
S 480	short-wave transmitting antenna	Kurzwellensendeantenne f	antenne f d'émission à ondes courtes
S 481	short-wave transmitting station	Kurzwellensendestation f	station f d'émission à ondes courtes
S 482	shot noise	Schrotrauschen n	bruit m de grenaille

S 483	shrinkable reinforcement tube	schrumpfbares Schutzröhrchen n	tube m de protection autorétractile, tube de protection rétractable, tube de renforcement rétractable
	SHS	s. S 213	
S 484	shunt/to	shunten, nebenschließen, parallelschalten	shunter, brancher en dérivation, brancher en parallèle
S 485	shunt	Nebenschluß m, Shunt m	dérivation f, shunt m
S 486	shunt capacitance	Parallelkapazität f	capacité f parallèle
S 487	shunt capacitor	Parallelkondensator m	condensateur m parallèle (shunt), condensateur en dérivation
S 488	shunt-field relay	Nebenschlußrelais n	relais m à dérivation (shunt) magnétique
S 489	shunt impedance	Querimpedanz f, Querableitung f (π-Glied)	impédance f en dérivation
S 490	shunt regulator	Nebenschlußregler m	régulateur m shunt
S 491	shunt resistance	Nebenschlußwiderstand m, Parallelwiderstand m	résistance f en dérivation
S 492	shunt T[-junction], parallel tee	Parallel-T-Glied n, Parallelverzweiger m, H-Verzweiger m	té m parallèle, té plan H
	SI	s. 1. S 372; 2. S 434	
	SID	s. 1. R 99; 2. S 1358	
S 493	sideband	Seitenband n	bande f latérale
S 494	sideband frequency	Seitenbandfrequenz f	fréquence f latérale
S 495	sideband interference	Seitenbandgeräusch n	brouillage m dû à une bande latérale
S 496	side circuit, physical circuit	Stammleitung f, Stammkreis m, Stamm m	circuit m réel, circuit combinant
	side cutters	s. S 497	
S 497	side cutting pliers, side cutters	Seitenschneider m	pince f coupante de côté
S 498	side frequency	Seitenfrequenz f	fréquence f latérale
S 499	side information	Nebeninformation f	information f latérale
S 500	side lobe	Nebenzipfel m, Nebenkeule f, Seitenzipfel m	lobe m latéral, lobe secondaire
S 501	side lobe attenuation	Nebenzipfeldämpfung f, Nebenkeulendämpfung f	affaiblissement m des lobes secondaires (latéraux)
	side lobe cancellation	s. S 502	
S 502	side lobe cancelling, side lobe cancellation	Nebenkeulenkompensation f	annulation f de lobes latéraux
S 503	side lobe envelope	Nebenkeulenhüllkurve f	enveloppe f des lobes latéraux
S 504	side lobe level	Nebenkeulengröße f	niveau m des lobes latéraux
S 505	side lobe pattern	Nebenzipfeldiagramm n, Nebenkeulendiagramm n, Nebenkeulencharakteristik f	diagramme m des lobes latéraux
S 506	side lobe radiation	Nebenkeulenabstrahlung f, Nebenkeulenstrahlung f	rayonnement m dans les lobes latéraux
S 507	side lobe reduction	Nebenzipfelreduktion f	réduction f des lobes latéraux
S 508	side lobe suppression, SLS	Nebenkeulenunterdrückung f	suppression f des lobes secondaires, suppression de lobes latéraux
	side-looking radar	s. S 517	
S 509	side-stable relay	Relais n mit zwei Ruhelagen	relais m à deux positions stables
S 510	sidetone	Rückhören n, Nebengeräusch n	effet m local
S 511	sidetone loss	Rückhördämpfung f	affaiblissement m de l'effet local
S 512	sidetone loudness rating, STLR	Rückhörlautstärkeindex m	affaiblissement m pour la sonie de l'effet local, ASEL
S 513	sidetone masking rating, STMR	Rückhörmaskierungsindex m	affaiblissement m d'effet local par la méthode de masquage, AELM, indice m de masque de l'effet local
S 514	sidetone reference equivalent	Rückhörbezugsdämpfung f, RBD	équivalent m de référence de l'effet local
S 515	side-to-phantom crosstalk	Mitsprechen n	diaphonie f entre réel et phantôme
S 516	side-to-side crosstalk	Übersprechen n	diaphonie f entre réel et réel
S 517	sideways-looking radar, side-looking radar, SLR, SLAR	Seitensichtradar n	radar m à visée latérale, RVL, radar m [aéroporté] à observation latérale, radar à vision latérale
	SIDM	s. S 518	
	SIF	s. S 547	
S 518	sigma delta modulation, single integration delta modulation, SIDM	Sigma-Delta-Modulation f	modulation f [en] delta sigma, MΔΣ
S 519	signal	Signal n, Zeichen n, Kennzeichen n, Schaltkennzeichen n	signal m
S 520	signal acquisition	Signalgewinnung f, Signalakquisition f, Signalerfassung f	acquisition f du signal
S 521	signal amplitude, magnitude of the signal	Signalamplitude f	amplitude f des signaux, amplitude du signal
S 522	signal attenuation	Signaldämpfung f	affaiblissement m de signal
S 523	signal box telephone equipment	Stellwerksfernsprecheinrichtung f	équipement m téléphonique de poste d'aiguillage
	signal channel	s. S 539	

S 524	signal code	Zeichencode m	code m de signalisation
	signal cômponent	s. S 531	
S 525	signal conditioning	Signalumformung f	conditionnement m de signal
S 526	signal conversion	Signalumsetzung f, Zeichenumsetzung f, Zeichenwandlung f	conversion f de signal, conversion de signaux
S 527	signal-conversion equipment, signal converter	Signalumsetzer m, Zeichenumsetzer m, Zeichenwandler m	équipement m de conversion de signaux, convertisseur m de signaux
S 528	signal delay	Signalverzögerung f, Signallaufzeit f, Zeichenverzögerung f	retard m du signal
S 529	signal-dependent	signalabhängig	dépendant du signal
	signal distance	s. H 36	
S 530	signal distortion	Signalverzerrung f, Zeichenverzerrung f	distorsion f de signal
S 531	signal element, signal component	Signalelement n, Schritt m, Zeichenelement n	élément m de signal, intervalle m unitaire
S 532	signal flow graph	Signalflußdiagramm n	diagramme m de flux de signal, graphe m de fluence de signal, GFS
S 533	signal generator	Signalgenerator m	générateur m de signaux
S 534	signal generator	Meßsender m	générateur m de signaux
S 535	signal ground, common ground	Betriebserde f	terre f de signalisation
S 536	signal lamp	Signallampe f, Kontrollampe f	voyant m lumineux
S 537	signal level	Signalpegel m, Zeichenpegel m	niveau m de signal
S 538	signalling	Signalisierung f, Signalisieren n, Zeichengabe f	signalisation f
S 539	signalling channel, signal channel	Signalisierungskanal m, Zeichen[gabe]kanal m	voie f de signalisation n, canal m de signalisation
S 540	signalling connection control	Zeichengabeverbindungssteuerung f, Signalisierverbindungssteuerung f	commande f de connexions sémaphores
S 541	signalling connection control part, SCCP	Steuerteil n für Zeichengabeverbindungen	sous-système m de commande de connexions sémaphores
S 542	signalling converter	Kennzeichenumsetzer m	convertisseur m de signalisation
S 543	signalling data link	Zeichengabeübertragungsstrecke f, Zeichengabekanal m, Signalisierungskanal m	liaison f de données de signalisation
S 544	signalling delay, signalling time	Zeichengabedauer f	temps m de signalisation
S 545	signalling destination point	Zeichengabezielpunkt m	point m sémaphore de destination
S 546	signalling information	Kennzeichen n	information f de signalisation
S 547	signalling information field, SIF	Zeichengabeinformationsfeld n, Zeichengabeinformation f, Kennzeichenfeld n, Meldungsinhalt m	domaine m d'information de signalisation, information f de signalisation, INF
S 548	signalling link, SL	Zeichengabestrecke f, Zeichengabeleitung f, Zeichengabeabschnitt m, Signalisierlink m, Signalisierungsstrecke f	canal m sémaphore, CS, liaison f de signalisation
S 549	signalling link blocking	Sperrung f einer Zeichengabeleitung	blocage m d'un canal sémaphore
S 550	signalling link code, SLC	Code m der Zeichengabeleitung, Zeichengabestreckenkennung f, Zeichengabestreckencode m, Signalisierlink-Code m	code m de canal sémaphore, COC
S 551	signalling link failure	Störung f der Zeichengabeleitung, Zeichengabestreckenausfall m	défaillance f d'un canal sémaphore
S 552	signalling link management, SLM	Zeichengabe-Abschnittsverwaltung f, Abschnittsverwaltung f, Zeichengabestreckenmanagement n	gestion f des canaux sémaphores
S 553	signalling link restoration	Wiederherstellung f einer Zeichengabeleitung	rétablissement m d'un canal sémaphore
S 554	signalling link selection, SLS	Zeichengabestreckenauswahl f	sélection f du canal sémaphore
S 555	signalling link selection field	Zeichengabestreckenauswahlfeld n, Signalisierlink-Auswahlfeld n	domaine m de sélection du canal sémaphore
S 556	signalling link set	Zeichengabeleitungsbündel n, Zeichengabestreckenbündel n, Signalisierbündel n	faisceau m de canaux sémaphores, faisceau de liaisons de signalisation
S 557	signalling link unblocking	Entsperrung f einer Zeichengabeleitung	déblocage m d'un canal sémaphore
S 558	signalling message	Zeichengabenachricht f, Signalisierungsnachricht f	message m de signalisation
S 559	signalling message	Kennzeichenblock m	message m de signalisation
S 560	signalling message discrimination	Zeichengabenachrichtenunterscheidung f	discrimination f des messages de signalisation
	signalling message discrimination	s. a. M 356	
S 561	signalling message distribution	Zeichengabenachrichtenverteilung f	distribution f des messages de signalisation
S 562	signalling message handling functions	Meldungsbehandlung f	fonctions fpl d'orientation des messages de signalisation

S 563	signalling message route	Zeichengabenachrichtenleitweg *m*	route *f* de message de signalisation
S 564	signalling message routing	Zeichengabe-Nachrichtenleitweglenkung *f*	acheminement *m* des messages de signalisation
S 565	signalling method (mode)	Zeichengabeverfahren *n*, Signalisierungsverfahren *n*	méthode *f* de signalisation, mode *m* de signalisation
S 566	signalling network	Zeichengabenetz *n*, Signalwegenetz *n*	réseau *m* sémaphore *(système de signalisation N° 7)*, réseau de signalisation
S 567	signalling network functions	Zeichengabenetzfunktionen *fpl*	fonctions *fpl* du réseau sémaphore
S 568	signalling network management	Signalisierungsnetzsteuerung *f*, Gesamtsteuerung *f* des Signalisierungsnetzes, Zeichengabenetzmanagement *n*	gestion *f* du réseau sémaphore (de signalisation)
S 569	signalling originating point	Zeichengabeursprungspunkt *m*	point *m* sémaphore d'origine
S 570	signalling point, SP	Zeichengabepunkt *m*, Signalisierpunkt *m*, Zeichengabestelle *f*	point *m* sémaphore, PS
S 571	signalling point code	Zeichengabepunktcode *m*, SP-Code *m*	code *m* d'un point sémaphore
S 572	signalling protocol	Signalisierungsprotokoll *n*, Zeichengabeprotokoll *n*	protocole *m* de signalisation
S 573	signalling pulse	Zeichengabeimpuls *m*	impulsion *f* de signalisation
S 574	signalling relation	Zeichengabebeziehung *f*	relation *f* sémaphore
S 575	signalling route	Zeichengabe[leit]weg *m*, Signalisierweg *m*	route *f* sémaphore
S 576	signalling route management	Zeichengabe-Leitwegverwaltung *f*, Leitwegverwaltung *f*, Zeichengabewegemanagement *n*	gestion *f* des routes sémaphores
S 577	signalling route set	Zeichengabewegebündel *n*	faisceau *m* de routes sémaphores
S 578	signalling route test	Zeichengabewegeprüfung *f*	test *m* de routes sémaphores
S 579	signalling routing	Zeichengabewegleitung *f*, Signalisierwegleitung *f*	acheminement *m* de signalisation
S 580	signalling set	Signalsatz *m*	signaleur *m*
S 581	signalling system	Signalisierungssystem *n*, Zeichengabesystem *n*, Kennzeichen[gabe]system *n*, ZGS	système *m* de signalisation
S 582	signalling terminal, STE	Signalisiereinheit *f*	terminal *m* de signalisation
	signalling time	s. S 544	
S 583	signalling time slot	Kennzeichen-Zeitkanal *m*	intervalle *m* de temps de signalisation
S 584	signalling traffic	Zeichengabeverkehr *m*	trafic *m* sémaphore
S 585	signalling traffic flow control	Zeichengabe-Verkehrsflußsteuerung *f*	contrôle *m* de flux de trafic sémaphore
S 586	signalling traffic management	Zeichengabeverkehrsmanagement *n*, Zeichengabeverkehrsverwaltung *f*, Verkehrsverwaltung *f*	gestion *f* du trafic sémaphore
S 587	signalling transfer point, STP	Zeichengabevermittlungsstelle *f*, Zeichengabetransferpunkt *m*, Zeichengabetransferstelle *f*, Signalisiertransferpunkt *m*	point *m* de transfert sémaphore, PTS
S 588	signalling unit, signal unit, SU	Zeichengabeeinheit *f*	unité *f* de signalisation, SU
S 589	signal matching	Signalanpassung *f*	accommodation *f* de signal
S 590	signal multiplexer	Zeichenmultiplexer *m*	multiplexeur *m* de signaux
	signal/noise ratio	s. S 608	
S 591	signal parameter	Signalparameter *m*	paramètre *m* du signal
S 592	signal polarity	Zeichenpolarität *f*	polarité *f* de signal
S 593	signal preprocessing	Signalvorverarbeitung *f*	traitement *m* préalable des signaux
S 594	signal processing	Signalverarbeitung *f*	traitement *m* du signal
S 595	signal processor	Signalprozessor *m*	processeur *m* de signaux, unité *f* de traitement de signaux
S 596	signal receiver	Zeichenempfänger *m*	récepteur *m* de signaux
S 597	signal reconstruction	Signalrekonstruktion *f*	reconstruction *f* d'un signal
S 598	signal regeneration	Signalregenerierung *f*	régénération *f* de signal, restauration *f* d'un signal
S 599	signal set	Signalsatz *m*	jeu *m* de signaux
S 600	signal shape	Signalform *f*	forme *f* de signal
S 601	signal space	Signalraum *m*	espace *m* des signaux
S 602	signal theory	Signaltheorie *f*	théorie *f* du signal
S 603	signal-to-crosstalk ratio	Nebensprechabstand *m*	écart *m* diaphonique
S 604	signal-to disturbance ratio	Störabstand *m*	rapport *m* signal/perturbation
S 605	signal-to-echo ratio	Signal-Echo-Abstand *m*	rapport *m* signal-sur-écho
S 606	signal-to-interference ratio	Störabstand *m*	rapport *m* signal/brouillage
S 607	signal-to-jitter noise ratio	Signal-Jitterrauschverhältnis *n*	rapport *m* signal sur bruit de gigue
S 608	signal-to-noise ratio, signal/noise ratio, S/N ratio, SNR	Geräuschabstand *m*, Rauschabstand *m*, Signal-Rausch-Verhältnis *n*, Signal-Geräusch-Verhältnis *n*	rapport *m* signal/bruit (S/N), rapport signal [utile] sur bruit (signal brouilleur), écart *m* entre signal et bruit
S 609	signal to quantizing-noise ratio	Signal-Quantisierungsrauschverhältnis *n*	rapport *m* signal à bruit de quantification

signal

S 610	signal-to-random noise ratio	Rauschabstand m, Signal-Rausch-Verhältnis n	rapport m signal/bruit erratique
S 611	signal transmission	Signalübertragung f	transmission f de signaux
S 612	signal transmitter	Zeichensender m	émetteur m de signaux
S 613	signal unit, SU	Zeicheneinheit f, Meldung f in der Ebene 2	trame f sémaphore (système de signalisation N° 7), TS, unité f de signalisation
	signal unit	s. a. S 588	
S 614	signal unit alignment	Zuordnung f einer Zeicheneinheit	alignement m des trames sémaphores
S 615	sign bit	Vorzeichenbit n	bit m de signe
S 616	significance	Stellenwertigkeit f, Signifikanz f	significance f
S 617	significant condition	Kennzustand m	état m significatif
S 618	significant frequency	Kennfrequenz f	fréquence f significative
S 619	significant instant [of a digital signal]	Kennzeitpunkt m [eines Digitalsignals]	instant m significatif [d'un signal numérique]
S 620	significant interval	Kennintervall n, Kennabschnitt m	intervalle m significatif
S 621	sign on, sign-on procedure	Eröffnungsprozedur f	entrée f en communication, procédure f d'entrée en communication, ouverture f de session
	silence detection device	s. S 622	
S 622	silence detector, silence detection device	Sprechpausendetektor m	détecteur m d'inactivité de la parole
S 623	silence interval (in speech)	Sprechpause f	pause f de diction
S 624	silent zone, skip zone	tote Zone f	zone f de silence
S 625	silicon	Silicium n, Silizium n	silicium m
S 626	silicon chip	Siliciumchip m, Siliziumchip m	puce f de silicium, pastille f de silicium
S 627	silicon compiler	Silicium-Compiler m, Silizium-Compiler m, Silicon-Compiler m	compilateur m de silicium
S 628	silicon-controlled rectifier, SCR, thyristor	Thyristor m, SCR	thyristor m, redresseur m à thyristors
S 629	silicon diode	Siliciumdiode f, Siliziumdiode f	diode f au silicium
S 630	silicon-integrated bipolar circuit	integrierte bipolare Siliciumschaltung f (Siliziumschaltung)	circuit m bipolaire intégré en silicium
S 631	silicon nitride	Siliciumnitrid n, Siliziumnitrid n	nitrure m de silicium
S 632	silicon-on-insulator technology, SOI technology	Silicium-Isolator-Technologie f, Silizium-Isolator-Technologie f	technologie f silicium sur isolant
S 633	silicon on sapphire, SOS	Silicium (Silizium) n auf Saphir, SOS	silicium m sur saphir
S 634	silicon photodiode	Siliciumphotodiode f, Siliziumphotodiode f	photodiode f au silicium
S 635	silicon photodiode imager array	Siliciumphotodioden-Bildaufnahmematrix f, Siliziumphotodioden-Bildaufnahmematrix f	imageur m constitué par un réseau de photodiodes en silicium
S 636	silicon planar transistor	Siliciumplanartransistor m, Siliziumplanartransistor m	transistor m planaire au silicium
S 637	silicon rectifier	Siliciumgleichrichter m, Siliziumgleichrichter m	redresseur m au silicium
S 638	silicon transistor	Siliciumtransistor m, Siliziumtransistor m	transistor m au silicium
S 639	silk-screen printing, screen printing	Siebdruck m	sérigraphie f
S 640	simple multipoint circuit	einfache Mehrpunktleitung f (Mehrpunktverbindung f)	circuit m multipoint simple
S 641	simple signal	Einfrequenzzeichen n	signal m simple
S 642	simplex, half duplex (deprecated)	Simplex n	simplex m
S 643	simplex channel	Simplexkanal m	voie f simplex
S 644	simplex circuit	Simplexverbindung f	circuit m simplex
S 645	simplex operation	Simplexbetrieb m	exploitation f [en] simplex
S 646	simplex transmission, one-way link, one-way only transmission	Simplexübertragung f	transmission f en simplex, transmission à l'alternat, mode unidirectionnel
S 647	simulated traffic, artificial traffic	simulierter Verkehr m, künstlicher Verkehr	trafic m simulé, trafic artificiel
S 648	simulation	Simulation f	simulation f
S 649	simulation study	Untersuchung f durch Simulation, Simulationsstudie f	étude f par simulation
S 650	simulator	Simulator m	simulateur m
S 651	simultaneity of deep fadings	Gleichzeitigkeit f von Schwundeinbrüchen	simultanéité f entre évanouissements profonds
S 652	simultaneous access, parallel access	Parallelzugriff m, paralleler Zugriff m	accès m [en] parallèle
	simultaneously	s. C 940	
	simultaneous operation	s. C 941	
S 653	sine-squared pulse, sin² pulse	sin²-Impuls m, Sinusquadratimpuls m, Glockenimpuls m	impulsion f en sinus carré
	sine voltage	s. S 720	
S 654	sine wave, sinusoidal wave	Sinuswelle f	onde f sinusoïdale
	sine wave oscillation	s. S 717	
S 655	sine-wave oscillator	Sinusgenerator m	générateur m d'ondes sinusoïdales

S 656	singing	Pfeifen n	amorçage m
S 657	singing margin	Pfeifabstand m, Abstand m vom Pfeifpunkt	marge f d'amorçage
S 658	singing point	Pfeifpunkt m	point m d'amorçage
S 659	singing suppressor	Pfeifsperre f, Rückkopplungssperre f	suppresseur m de réaction
S 660	single channel codec	Einkanalcodec m	codec m monovoie, codec à voie unique, codec à une seule voie
	single channel mode	s. S 661	
S 661	single channel operation, single channel mode	Einkanalbetrieb m	exploitation f sur voie unique, mode m monovoie
S 662	single channel per carrier, SCPC	einkanalig, mit einem Kanal je Träger, SCPC	...monovoie, à une seule voie par porteuse, SCPC
S 663	single channel per carrier, SCPC	ein Kanal m pro Träger, Einzelkanalträger m	voie f unique par porteuse
S 664	single-channel-per-carrier system, SCPC system	Einzelkanalträgersystem n, SCPC-System n	système m à une seule voie par porteuse
S 665	single-channel simplex	Einkanal-Simplexverkehr m	simplex m sur voie unique
S 666	single-channel system	Einkanalsystem n	système m à une seule voie
S 667	single-chip	Einchip...	monpuce, à une seule puce, sur une seule puce, sur puce unique
S 668	single-chip modem	Einchip-Modem m	modem m monopuce, modem m sur une seule puce
S 669	single-chip processor	Einchip-Prozessor m	processeur m monolithique
S 670	single coaxial pair	einzelnes Koaxialpaar n	paire f coaxiale unique
S 671	single conductor	Einzelleiter m, Einzelader f	conducteur m unique
S 672	single crystal	Einkristall m	monocristal m
S 673	single current	Einfachstrom m	simple courant m
S 674	single-current keying	Einfachstromtastung f	manipulation f de simple courant
S 675	single-current operation, neutral-current operation, neutral operation	Einfachstrombetrieb m	exploitation f par simple courant
S 676	single-current telegraphy, neutral-current telegraphy	Einfachstromtelegrafie f	télégraphie f par simple courant
S 677	single-current transmission	Einfachstromübertragung f	transmission f par simple courant
	single drop line	s. S 685	
S 678	single-ended cord circuit	Einzelschnur f	monocorde f
S 679	single-ended synchronization	einseitig gerichtete Synchronisation f	synchronisation f locale, synchronisation unilatérale
S 680	single-feed parabolic reflector	Parabolspiegel m mit Einzelspeisung	réflecteur m parabolique à source unique
S 681	single-fee metering	Einzelgesprächszählung f	comptage m simple
S 682	single-frequency operation	Betrieb m auf einer Frequenz	exploitation f sur une fréquence, fonctionnement m à une seule fréquence
S 683	single-hop radio [relay] link	Richtfunkverbindung f mit einem Funkfeld	liaison f par faisceau hertzien à bond unique
S 684	single-in-line package, SIP	Single-In-Line-Gehäuse n, SIP-Gehäuse n	boîtier m à une rangée de connexions
	single integration delta modulation	s. S 518	
S 685	single party line, single drop line	Einzelanschluß m	ligne f à un abonné, branchement m d'abonné
S 686	single phase	einphasig	monophasé
S 687	single-phase circuit	Einphasenkreis m	circuit m monophasé
S 688	single pole	einpolig	unipolaire
S 689	single precision	einfache Genauigkeit f	simple précision f
S 690	single pulse	Einfachimpuls m, Monopuls m	mono-impulsion f
S 691	single server	Einzelabfertiger m, Einfach-Bedienungssystem n	serveur m unique
S 692	single-server queue	Warteschlange f mit einer Bedieneinheit	file f d'attente à un seul serveur
S 693	single shift, SS 2, SS 3	Einzelumschaltung f	inversion f unique
S 694	single sideband, SSB	Einseitenband n, ESB	bande f latérale unique, BLU
S 695	single-sideband amplitude modulation	Einseitenband-Amplitudenmodulation f	modulation f d'amplitude à bande latérale unique
S 696	single-sideband demodulation	Einseitenband-Demodulation f	démodulation f à bande latérale unique
S 687	single-sideband modulation	Einseitenbandmodulation f	modulation f à bande latérale unique, modulation BLU
S 698	single-sideband radiotelephone	Einseitenband-Funksprechgerät n	radiotéléphone m à bande latérale unique
S 699	single-sideband receiver, SSB receiver	Einseitenbandempfänger m, ESB-Empfänger m	récepteur m à bande latérale unique, récepteur [à] BLU
S 700	single-sideband reception	Einseitenbandempfang m	réception f à bande latérale unique
S 701	single-sideband signal	Einseitenbandsignal n	signal m à bande latérale unique
S 702	single-sideband transceiver, SSB transceiver	Einseitenband-Sendeempfangsgerät n	émetteur-récepteur m à bande latérale unique
S 703	single-sideband transmission	Einseitenband-Übertragung f	émission f à bande latérale unique
S 704	single-sideband transmitter	Einseitenbandsender m	émetteur m à bande latérale unique

S 705	single-stage	einstufig	à un étage
S 706	single-stage switching network	einstufiges Koppelnetz n	réseau m de commutation à un étage
S 707	single superheterodyne receiver	Empfänger m mit einfacher Überlagerung	récepteur m à simple changement de fréquence
S 708	single-tone modulation	Eintonmodulation f, Einfachtonastung f	modulation f par une seule tonalité
S 709	single-user mini-computer	kleiner Personalcomputer m	mini-ordinateur m personnel
S 710	sink-pipe, underwater pipe	Rohrdüker m, Düker m	siphon m, tuyau m placé en lit de canal
	$\sin^2$ pulse	s. S 653	
S 711	sintered-anode tantalum electrolytic capacitor	Tantalelektrolytkondensator m mit Sinteranode	condensateur m électrolytique au tantale à anode frittée
S 712	sintering process	Sinterprozeß m, Sinterverfahren n	procédé m de frittage
S 713	sinusoidal curve	Sinuskurve f	courbe f sinusoïdale
S 714	sinusoidal interference	sinusförmige Störung f	brouillage m sinusoïdal
S 715	sinusoidal interferer	sinusförmiger Störer m	brouilleur m sinusoïdal
S 716	sinusoidal modulation signal	sinusförmiges Modulationssignal n	signal m de modulation sinusoïdal
S 717	sinusoidal oscillation, sine-wave oscillation	Sinusschwingung f	oscillation f sinusoïdale
S 718	sinusoidal oscillator	Sinusoszillator m	oscillateur m sinusoïdal
S 719	sinusoidal signal	Sinussignal n	signal m sinusoïdal
S 720	sinusoidal voltage, sine voltage	Sinusspannung f, sinusförmige Spannung f	tension f sinusoïdale
	sinusoidal wave	s. S 654	
S 721	$\frac{\sin x}{x}$ correction	$\frac{\sin x}{x}$-Korrektur f	correction $f \frac{\sin x}{x}$
	SIO	s. S 374	
	SIP	s. S 684	
	SIS transmission	s. S 837	
S 722	site	Aufstellungsort m, Standort m	emplacement m, lieu m d'installation, site m
S 723	site attenuation	Felddämpfung f	affaiblissement m d'emplacement
S 724	site diversity	Ortsdiversity n, Standortdiversity n	diversité f de site, diversité d'emplacement
S 725	site-diversity gain	Gewinn m durch Ortsdiversity	gain m de diversité de site
S 726	site error (direction finding)	Peilfehler m infolge von Geländereflexionen	erreur f locale
S 727	site planning	Standortplanung f	étude f de l'aménagement, étude des locaux
	sizing	s. D 569	
S 728	skew	Schräglauf m (Faksimile)	obliquité f
S 729	skew position	windschiefe Position f	position f oblique
S 730	skew ray, oblique ray	schiefer Strahl m	rayon m oblique, rayon non méridien
S 731	skin effect	Hauteffekt m, Skineffekt m	effet m pelliculaire, effet de peau, effet de surface
S 732	skinning knife	Abisoliermesser n	couteau m à dénuder
S 733	skip/to	überspringen, übergehen	sauter
S 734	skip area	Sprungzone f	zone f sautée
S 735	skip distance	Sprungentfernung f	distance f de saut
	skip zone	s. S 624	
S 736	sky wave	Raumwelle f	onde f ionosphérique
S 737	sky-wave field intensity (strength)	Raumwellenfeldstärke f	champ m de l'onde ionosphérique
	sky wave propagation	s. P 818	
	SL	s. S 548	
S 738	slant range (radar)	Schrägentfernung f	distance-temps f, distance f oblique
S 739	slant transform	Slant-Transformation f	transformation f oblique
	SLAR	s. S 517	
	SLC	s. S 550	
	slewing rate	s. S 740	
S 740	slew rate, slewing rate	Anstiegsgeschwindigkeit f	vitesse f de réponse, fréquence f de balayage, taux m de balayage
	SLIC	s. S 1334	
S 741	slicer	Amplitudensieb n, Doppelbegrenzer m	éminceur m [de signal], filtre m limiteur
	slide analyzer	s. S 742	
S 742	slide scanner, slide analyzer	Diaabtaster m, Diapositivabtaster m	analyseur m de diapositives, diascope m
S 743	sliding contact	Gleitkontakt m, Schleifkontakt m, Wischkontakt m	contact m glissant
S 744	sliding rail	Gleitschiene f	glissière f
S 745	sliding window	Gleitfenster n	fenêtre f glissante
S 746	slip	Schlupf m, Slip m	glissement m
S 747	slipped banks	verschränktes Kontaktvielfach[feld] n	bancs mpl de broches décalés
S 748	slip rate	Schlupfrate f	taux m de glissement
	SLM	s. S 552	

S 749	slope	Steilheit f (Kurve), Steigung f, Abfall m	pente f
S 750	slope overload	„slope over load"	surcharge f de pente
S 751	slot	Schlitz m, Nut f, Aufnahme f (Steckkarte), Zeitschlitz m	fente f, encoche f, alvéole f (carte), créneau m (temporel)
S 752	slot antenna, slotted antenna	Schlitzantenne f	antenne f fente, antenne f fendue
S 753	slot array	Schlitzgruppenstrahler m, Schlitzgruppenantenne f	antenne f réseau à fente, antenne en réseau de fentes
S 754	slot line, slotted line	Schlitzleitung f	ligne f à fente
S 755	slot microstrip antenna	Streifenleitungsschlitzantenne f	antenne f en microruban à fentes
S 756	slot radiator	Schlitzstrahler m	fente f rayonnante
S 757	slotted ALOHA network	synchrones ALOHA-Netz n	réseau m ALOHA crénelé
S 758	slotted ALOHA system	Slotted-ALOHA-Zugriffssystem n, ALOHA-Zugriffssystem mit festen Zeitschlitzen	système m ALOHA crénelé
	slotted antenna	s. S 752	
S 759	slotted cylinder antenna	Rohrschlitzstrahler m, Rohrschlitzantenne f	cylindre m à fente[s]
S 760	slotted guide antenna	Hohlleiter-Schlitzantenne f	antenne f guide à fente[s], guide m à fente[s]
	slotted line	s. S 754	
S 761	slow degradation	langsame Degradation f	dégradation f lente
S 762	slow fading	langsamer Schwund m, langsames Fading n	évanouissement m lent
S 763	slow frequency-hopping modulation	langsame Frequenzsprungmodulation f	modulation f à sauts de fréquence lents
S 764	slow release (releasing) relay	abfallverzögertes Relais n	relais m à relâchement différé, relais retardé
S 765	slow-scan television, SSTV	Fernsehen n mit langsamer Abtastung, Slow-Scan-Television f	télévision f à balayage lent, télévision à exploration lente
	SLR	s. 1. S 302; 2. S 517	
	SLS	s. 1. S 508; 2. S 554	
S 766	small and medium firms	kleine und mittlere Betriebe mpl (Firmen fpl)	petites et moyennes entreprises fpl, PME
	small aperture direction finding	s. S 768	
S 767	small-base direction finder	Kleinbasispeiler m	radiogoniomètre m [à] petite base
S 768	small-base direction finding, small aperture direction finding	Kleinbasis-Peilverfahren n	radiogoniométrie f à petite base
S 769	small-cell system	Kleinzellensystem n	système m à petites cellules
S 770	small earth station	kleine Bodenstation f	petite station f terrienne
S 771	small loss-deviation	geringe Dämpfungsabweichung f	faible écart m
S 772	small-scale integration, SSI	Kleinintegration f, SSI	intégration f à petite échelle, SSI
	small-scale LAN	s. S 773	
S 773	small-scale local area network, small-scale LAN	kleines lokales Netz n	réseau m local de taille réduite, réseau local de petite taille
S 774	small-signal analysis	Kleinsignalanalyse f	analyse f en régime de signal faible
S 775	small-signal equivalent circuit	Kleinsignalersatzschaltbild n	schéma m équivalent petit signal
S 776	small-signal gain	Kleinsignalverstärkung f	gain m en petit signal
S 777	small-signal parameters	Kleinsignalparameter mpl	paramètres mpl petit signal, éléments mpl petit signal
	S matrix	s. S 126	
	SMC	s. S 1416	
	SMD	s. S 1418	
S 778	smearing	Nachzieheffekt m	estompage m
S 779	Smith chart	Smith-Diagramm n	abaque f de Smith, diagramme m de Smith
S 780	smooth traffic	geglätteter Verkehr m	trafic m régularisé
	SMPS	s. S 1454	
	SMT	s. S 1420	
	SNR	s. S 608	
	S/N ratio	s. S 608	
	SO	s. S 436	
S 781	socket	Fassung f, Buchse f, Steckbuchse f	douille f, prise f femelle, support m
S 782	soft decision	weiche Entscheidung f	décision f souple, décision fine
S 783	soft ferrite	Weichferrit n	ferrite m doux
S 748	soft limiter	weicher Begrenzer m	limiteur m à décision fine (souple)
S 785	software	Software f	logiciel m
S 786	software architecture	Softwareaufbau m, Softwarearchitektur f	architecture f de logiciel, architecture logicielle
S 787	software-based	softwaregestützt	articulé sur logiciel
S 788	software-compatible	softwarekompatibel	compatible au plan logiciel
S 789	software decoding	Software-Decodierung f	décodage m microprogrammé
S 790	software development system	Software-Entwicklungssystem n	système m de développement de logiciel
S 791	software engineering	Software-Technik f	ingénierie f du logiciel
S 792	software management system	Software-Verwaltungssystem n	système m de gestion de logiciel
S 793	software package	Software-Paket n	progiciel m
S 794	software tool	Software-Werkzeug n	outil m logiciel
	SOH	s. S 1117	

	SOI technology	s. S 632	
S 795	solar activity	Sonnentätigkeit f, Sonnenaktivität f	activité f solaire
	solar array	s. S 802	
S 796	solar cell	Solarzelle f, Sonnenbatterie f	cellule f solaire, pile f solaire
S 797	solar collector	Sonnenkollektor m	collecteur m solaire
S 798	solar constant	Solarkonstante f	constante f solaire
S 799	solar energy	Sonnenenergie f	énergie f solaire
S 800	solar generator	Solargenerator m	générateur m solaire
S 801	solar noise	Sonnenrauschen n	bruit m solaire
S 802	solar panel, solar array	Solarzellenausleger m, Sonnenpaddel n	panneau m solaire [déployable]
S 803	solar-powered transmitter, sun-powered transmitter	Sender m mit Solarstromversorgung, Sender mit Sonnenenergieversorgung	émetteur m alimenté par une source solaire
S 804	solar radiation	Sonnenstrahlung f	rayonnement solaire
S 805	solar wind	Sonnenwind m	vent m solaire
S 806	solderability	Lötbarkeit f	soudabilité f
S 807	solder[ing] lug	Lötöse f, Lötfahne f	cosse f à souder
S 808	solder wetting	Lotbenetzung f	mouillage m de la soudure
S 809	solenoid	Solenoid n, Zylinderspule f	solénoïde m
S 810	solid angle	Raumwinkel m, räumlicher Winkel m	angle m solide, angle m spatial
S 811	solid-borne sound, mechanical vibration	Körperschall m	conduction f du son par le corps, conduction du son par la substance
S 812	solid conductor	massiver Leiter m	conducteur m massif, conducteur plein, fil m massif
S 813	solid copper inner conductor	massiver Kupferinnenleiter m	conducteur m central en cuivre
S 814	solid curve	ausgezogene Kurve f	courbe f continue
S 815	solid dielectric	festes Dielektrikum n	diélectrique m plein
S 816	solid dielectric cable	Kabel n mit festem Dielektrikum	câble m à diélectrique plein
	solid fault	s. P 261	
S 817	solid [plastic] insulation	Massivisolation f, Vollkunststoffisolation f	isolation f plastique massif (plein)
S 818	solid state	fester Aggregatzustand m, fester Zustand m	état m solide
S 819	solid-state circuit	Festkörperschaltung f	circuit m à l'état solide, circuit à semiconducteurs
S 820	solid-state device	Festkörperbauelement n, Festkörperbaustein m	dispositif m à l'état solide, dispositif à semiconducteurs
S 821	solid-state physics	Festkörperphysik f	physique f de l'état solide, physique du corps solide
S 822	solid-state power amplifier, SSPA	Festkörper-Leistungsverstärker m	amplificateur m de puissance à l'état solide
S 823	solid wire	Volldraht m	fil m plain
S 824	sophisticated	hochentwickelt, komplex, fortgeschritten	évalué, complexe, élaboré
	SOS	s. S 633	
S 825	SOS signal	SOS-Signal n	signal m SOS
S 826	sound analyzer	Klanganalysator m, Schallanalysegerät n	analyseur m de son
S 827	sound articulation	Lautverständlichkeit f	netteté f pour les sons
S 828	sound broadcasting	Hörrundfunk m, Hörfunk m	radiodiffusion f sonore
S 829	sound-broadcasting receiver	Hörrundfunkempfänger m, Rundfunkempfänger m	récepteur m de radiodiffusion sonore
S 830	sound-broadcasting signal, broadcast sound signal	Rundfunktonsignal n	signal m de radiodiffusion sonore
S 831	sound carrier	Tonträger m	porteuse f son
S 832	sound carrier frequency	Tonträgerfrequenz f	fréquence f porteuse son
S 833	sound channel	Tonkanal m	voie f son[ore]
S 834	sound effect	Klangwirkung f, Tonwirkung f	effet m sonore
S 835	sound generation	Schallerzeugung f	génération f du son
	sound IF stage	s. S 838	
	sounding	s. E 71	
	sounding of the ionosphere	s. I 658	
S 836	sound insulation, acoustic isolation	Schallisolation f, Schalldämmung f	isolation f phonique, isolation f acoustique
S 837	sound-in-sync transmission, SIS transmission	SIS-Übertragung f	transmission f son dans synchro
S 838	sound intermediate-frequency stage, sound IF stage	Ton-ZF-Stufe f, Ton-Zwischenfrequenzstufe f	étage m son à fréquence intermédiaire
S 839	sound level	Schallpegel m	niveau m sonore
S 840	sound-level meter	Schallpegelmesser m	sonomètre m
S 841	sound modulation	Tonmodulation f	modulation f sonore
S 842	sound modulation channel	Tonmodulationskanal m	voie f de modulation sonore
S 843	sound-on-vision transmission	Ton-im-Bild-Übertragung f	transmission f simultanée du son et de l'image
S 844	sound oscillation	Schallschwingung f	oscillation f acoustique
S 845	sound pressure	Schalldruck m	pression f sonore

S 846	sound pressure level	Schalldruckpegel m	niveau m de pression acoustique
S 847	sound-programme circuit	Tonleitung f, Tonanschlußleitung f	circuit m radiophonique
S 848	sound-programme transmission path	Rundfunkübertragungsweg m	voie f de transmission radiophonique
S 849	sound quality, audio quality	Tonqualität f, Klangqualität f	qualité f sonore (du son), qualité acoustique
S 850	sound recording	Tonaufnahme f, Tonaufzeichnung f, Schallaufzeichnung f	enregistrement m du son
S 851	sound reproduction	Tonwiedergabe f	reproduction f du son
S 852	sound signal	Tonsignal n, Schallsignal n	signal m son, signal sonore
	sound track	s. A 807	
S 853	sound transmitter	Tonsender m	émetteur m de son
S 854	sound trap	Tonfalle f, Tonträgersperre f	réjecteur m de son
S 855	sound velocity	Schallgeschwindigkeit f	vitesse f du son
S 856	sound wave, acoustic wave	Schallwelle f	onde f sonore, onde acoustique
S 857	source	Quelle f, Source f (FET), Ursprung m	source f, origine f
S 858	source adress, SA	Quelladresse f	adresse f de l'émetteur, adresse de station émettrice
	source antenna	s. T 885	
S 859	source-coded data	quellencodierte Daten pl	données fpl codées à la source
S 860	source configuration	Quellenkonfiguration f	configuration f de la source
S 861	source current (FET)	Sourcestrom m (FET)	courant m de source (TEC)
S 862	source data	Ursprungsdaten pl, Primärdaten pl, Erstdaten pl	données fpl de base
S 863	source decoding	Quellendecodierung f	décodage m de source
S 864	source encoding	Quellencodierung f	codage m à la source, codage m de source
S 865	source localization	Quellenortung f	localisation f de source
S 866	source of energy	Energiequelle f	source f d'énergie
S 867	source signal	Quellensignal n	signal m source
S 868	source/sink relationship	Quelle/Senke-Beziehung f	relation f source/collecteur
S 869	source system	Quellensystem n	système m source
	source traffic	s. O 247	
	SP	s. 1. S 570; 2. S 873; 3. S 1255	
S 870	space, spacing	Raum m, Abstand m, Zwischenraum m, Zeichenschritt m (Telex, Doppelstrom), Pausenschritt m (Telex, Einfachstrom)	espace m, pas m, repos m (télégraphie morse, télex, systèmes isochrones), travail m (télégraphie arythmique, télex, systèmes isochrones)
	space	s. a. S 873	
S 871	spaceborne antenna	Bordantenne f eines Raumflugkörpers	antenne f embarquée sur véhicule spatial
S 872	spaceborne radar	Raumfahrzeugradar n	radar m spatial
S 873	space character, space, SP	Zwischenraum m	caractère m espace, espace m, SP
S 874	space charge	Raumladung f	charge f d'espace
	space communications	s. S 905	
S 875	spacecraft, space vehicle	Raumfahrzeug n, Raumschiff n	engin m spatial, véhicule m spatial, spationef m
S 876	spacecraft antenna	Raumfahrzeugantenne f	antenne f de véhicule spatial
S 877	spaced-carrier operation	Flächenversorgung f mit Frequenzstaffelung	exploitation f à porteuses distinctes
S 878	space division	Raumteilung f	répartition f spatiale, répartition f dans l'espace
S 879	space-division multiplex	Raummultiplex n, Raumvielfach n, Raumteilungsmultiplex n	multiplexage m par répartition dans l'espace, multiplex m spatial (à répartition spatiale), multiplexage m spatial
S 880	space-division switch, space switch	raumgeteilte Vermittlungseinrichtung f, raumgeteilte Vermittlungsanlage f, raumgeteilte Vermittlung f	commutateur m à répartition spatiale, commutateur spatial
S 881	space-division switching, space switching	raumgeteilte Vermittlung f	commutation f spatiale
S 882	space-division system, spatially distributed system	Raumvielfachsystem n	système m à répartition dans l'espace, système m à multiplexage spatial
S 883	space diversity	Raumdiversity n	diversité f spatiale, diversité f d'espace
S 884	space-diversity antenna	Raumdiversity-Antenne f	antenne f en diversité d'espace
S 885	space-diversity channel	Raumdiversity-Kanal m	voie f à diversité spatiale
S 886	space-diversity reception	Raumdiversity-Empfang m	réception f en diversité d'espace
S 887	space–earth telecommunication system	Nachrichtensystem n Weltraum–Erde	système m de télécommunication espace–terre
S 888	space-efficient	raumsparend	de faible encombrement
S 889	space electronics	Raumfahrtelektronik f	électronique f spatiale
	space factor	s. F 169	
S 890	space link	Weltraumverbindung f	liaison f spatiale
S 891	space operation	Weltraumbetrieb m	exploitation f spatiale

S 892	space probe	Raumsonde f	sonde f spatiale
S 893	space radiocommunication	Weltraumfunk m, Weltraumfunkverkehr m	radiocommunication f spatiale
	space radiocommunication service	s. S 895	
S 894	space radiocommunication system	Weltraumfunksystem n	système m de radiocommunications spatiales
S 895	space radio service, space radiocommunication service	Weltraumfunkdienst m	service m de radiocommunications spatiales
S 896	space requirement	Platzbedarf m, Raumbedarf m	encombrement m
S 897	space research	Weltraumforschung f, Raumforschung f	recherche f spatiale
S 898	space research [radio] service	Weltraumforschungsfunkdienst m	service m radioélectrique de recherche spatiale, service de recherche spatiale
S 899	space segment (satellite system)	Raumsegment n, Space-Segment n	segment m spatial, secteur m spatial
S 900	spaceship	Raumschiff n	spationef m
S 901	space shuttle	Raumfähre f	navette f spatiale
S 902	space stage	Raumstufe f	étage m spatial
S 903	space station	Raumfahrzeugfunkstelle f, Raum[fahrzeug]station f	station f spatiale
	space switch	s. S 880	
	space switching	s. S 881	
S 904	space system	Raumfunksystem n, Raumsystem n	système m spatial
S 905	space telecommunications, space communications	Weltraumnachrichtentechnik f, Weltraumtelekommunikation f	télécommunications fpl spatiales
S 906	space telecommunication service	Weltraumnachrichtendienst m	service m de télécommunications spatiales
S 907	space telecommunication system	Weltraumnachrichtensystem n	système m de télécommunications spatiales
S 908	space-time coherence	räumlich-zeitliche Kohärenz f	cohérence f spatio-temporelle
S 909	space-time model	Raum-Zeit-Modell n	modèle m temps-espace
	space vehicle	s. S 875	
S 910	space wave	Raumwelle f	onde f d'espace
S 911	space wire	Reserveader f, Vorratsader f	fil m de réserve
	spacing	s. S 870	
	spacing between repeaters	s. R 575	
S 912	spacing error (direction finder)	Systemfehler m	erreur f d'espacement
S 913	S-parameter	S-Parameter m	paramètre m S
	spare	s. S 916	
S 914	spare antenna	Reserveantenne f, Ersatzantenne f	antenne f de secours
S 915	spare pair	Vorratsdoppelader f, Vorratsadernpaar n, Reservedoppelader f	paire f de réserve, paire attribuable
S 916	spare part, spare	Ersatzteil n	pièce f de rechange
S 917	spark extinguisher (killer), spark-quench[er], spark quenching device, spark suppressor, fire block	Funkenlöscher m	pare-étincelles m, étouffeur m d'étincelles, suppresseur m d'étincelles
	spark-over voltage	s. A 673	
	spark-quench[er]	s. S 917	
S 918	spark quenching	Funkenlöschung f	extinction f des étincelles, suppression f des étincelles
	spark quenching device	s. S 917	
	spark suppressor	s. S 917	
S 919	sparse rural telephone network	Landtelefonienetz n geringer Dichte	réseau m téléphonique rural à faible densité
S 920	spatial coherence	räumliche Kohärenz f	cohérence f spatiale
S 921	spatial field distribution	räumliche Feldverteilung f	répartition f spatiale de champ
S 922	spatial filtering	Raumfilterung f, räumliche Filterung f	filtrage m spatial
	spatially distributed system	s. S 882	
S 923	spatial resolution	räumliche Auflösung f	résolution f spatiale
S 924	spatio-temporal filtering	Raum-Zeit-Filterung f, räumlich-zeitliche Filterung f	filtrage m spatio-temporel
	SPC	s. S 1228	
S 925	SPC exchange, stored-program-controlled exchange	SPC-Vermittlungsstelle f, rechnergesteuerte Vermittlungsstelle f	central m à commande par programme enregistré
	SPC exchange	s. a. S 1229	
	SPC switching	s. S 1230	
	SPC system	s. S 1230	
	speaker circuit	s. O 234	
S 926	speaker-independent	sprecherunabhängig, unabhängig vom Sprecher	indépendant du locuteur
S 927	speaker recognition	Sprechererkennung f	reconnaissance f du locuteur
S 928	speaking channel	Sprechkanal m	voie f de conversation
S 929	speaking circuit, talking circuit	Sprechkreis m	circuit m de conversation
S 930	speaking clock	Zeitansage f, telefonische Zeitansage f	horloge f parlante
S 931	speaking distance	Sprechabstand m	distance f de conversation
S 932	special dial tone	Sonderwählton m	tonalité f spéciale de numérotation
S 933	special information tone	Sonderhinweiston m	tonalité f spéciale d'information

	specialized network	s. D 197	
	special line	s. P 766	
S 934	special ringing tone	Sonderrufton m	tonalité f spéciale de retour d'appel
S 935	special service	Sonderdienst m	service m spécial
S 936	special service line	Sonderdienstleitung f	ligne f de services spéciaux
S 937	special service operator	Sonderdiensttelefonistin n	opératrice f des services spéciaux
S 938	special service prefix	Sonderdienstkennzahl f, SDKZ	préfixe m de service spécial
S 939	special services access	Zugang m zu den Sonderdiensten	accès m aux services spéciaux
S 940	specification	Spezifizierung f, Charakteristik f	spécification f, caractéristique f
S 941	specification and description language, SDL	Spezifikations- und Beschreibungssprache f	langage m de description et de spécification, LDS
S 942	specifications	Pflichtenheft n, technische Daten pl, Kenndaten pl	cahier m des charges
S 943	specifications (on data sheets), characteristics	Eigenschaften fpl	caractéristiques fpl
	specification sheet	s. D 89	
S 944	specific cymomotive force in a given direction	bezogene zymomotorische Kraft f	force f cymomotrice spécifique dans une direction donnée
S 945	specified time response	vorgeschriebenes Zeitverhalten n	comportement m prédéterminé en fonction du temps
S 946	spectral analysis	Spektralanalyse f	analyse f spectrale
S 947	spectral density	Spektraldichte f, spektrale Dichte f	densité f spectrale
S 948	spectral domain	Spektralbereich m	domaine m spectral
S 949	spectral efficiency, spectrum efficiency, efficiency in spectrum use	Spektrumausnutzung f, Spektrumeffizienz f, Ausnutzung f des Spektrums	efficience (efficacité) f spectrale, efficacité d'utilisation du spectre, efficacité de l'emploi du spectre
S 950	spectral occupancy, spectrum occupancy	spektraler Belegungsgrad m, Spektrumbelegung f, Belegung f des Spektrums	degré m d'occupation spectrale, occupation f du spectre
S 951	spectral power density	spektrale Leistungsdichte f	densité f spectrale de puissance
S 952	spectral response	Spektralantwort f	réponse f spectrale
S 953	spectral width	Spektralbreite f	largeur f spectrale
S 954	spectrum amplitude	Spektralamplitude f	amplitude f du spectre
S 955	spectrum analyzer	Spektrumanalysator m	analyseur m de spectre
	spectrum efficiency	s. S 949	
	spectrum occupancy	s. S 950	
S 956	speech analysis	Sprachanalyse f	analyse f de la parole
S 957	speech-band division	Sprachbandaufteilung f	division f de la bande vocale
S 958	speech channel	Sprachkanal m, Gesprächskanal m	voie f de conversation
S 959	speech circuit	Sprechkreis m, Sprechweg m	circuit m de parole (conversation)
S 960	speech clipping	Sprachbeschneidung f	écrêtage m de la parole
S 961	speech codec	Sprachcodec m	codeur-décodeur m de parole
S 962	speech coder	Sprachcodierer m	codeur m de parole
S 963	speech coding, speech encoding, vocoding	Sprachcodierung f	codage m de la parole, codage de la voix
S 964	speech coding system	Sprachcodierungssystem n	système m de codage de parole
S 965	speech communication	Sprachkommunikation f	communication f par la parole, communication orale
S 966	speech compression	Sprachkompression f	compression f du signal de parole
S 967	speech connection	Sprechverbindung f	communication f en phonie
	speech control	s. V 190	
S 968	speech decryption	Sprachentschlüsselung f	déchiffrement m de la parole, décryptage m de la parole
	speech digitization	s. D 553	
	speech encoding	s. S 963	
S 969	speech encryption	Sprachverschlüsselung f	cryptage m de la voix, chiffrement m de la parole
S 970	speech encryption technique	Sprachverschlüsselungstechnik f	technique f de chiffrement de la parole
S 971	speech entry, voice input	Spracheingabe f	entrée f sous forme vocale, entrée vocale
S 972	speech formant	Sprachformant m	formant m de la parole
S 973	speech intelligibility, intelligibility of speech	Sprachverständlichkeit f	intelligibilité f [de la parole]
S 974	speech multiplexer	Sprachmultiplexer m	multiplexeur m de parole
S 975	speech path	Sprechweg m	voie f (trajet m) de conversation, voie de parole
	speech privacy	s. V 213	
S 976	speech processing	Sprachverarbeitung f	traitement m de la parole
S 977	speech quality	Sprachqualität f	qualité f de parole
S 978	speech quality measurement	Sprachgütemessung f	mesure f de qualité de la parole
S 979	speech recognition	Spracherkennung f	reconnaissance f de la parole
S 980	speech recognition system	Spracherkennungssystem n	système m de reconnaissance de la parole
S 981	speech sample	Sprachabtastwert m, Sprachprobe f	échantillon m vocal, échantillon du signal vocal
S 982	speech sampler	Sprachabtaster m	échantillonneur m de la parole
S 983	speech sampling	Sprachabtastung f	échantillonnage m de la parole

S 984	speech scrambler	Sprachverschleierer m, Sprachverschleierungsgerät n	embrouilleur m de parole, brouilleur m de la voix
S 985	speech scrambling, speech signal scrambling	Sprachverschleierung f	embrouillage m de la parole
S 986	speech signal	Sprachsignal n	signal m vocal
S 987	speech signal processing	Sprachsignalverarbeitung f	traitement m de signaux vocaux
	speech signal scrambling	s. S 985	
S 988	speech synthesis	Sprachsynthese f	synthèse f de la parole, synthèse vocale
S 989	speech synthesizer	Sprachsynthetisator m, Sprachsynthesegerät n	synthétiseur m de parole
S 990	speech transmission, voice transmission	Sprachübertragung f	transmission f de la parole, transmission phonie, transmission vocale
S 991	speech transmission capacity	Sprachübertragungskapazität f	capacité f de transmission de la parole
S 992	speech transmission quality	Sprachübertragungsgüte f	qualité f de transmission de la parole
S 993	speech volume	Sprachvolumen n, Sprachlautstärke f	volume m des sons vocaux
S 994	speech wire	Sprechader f	fil m de conversation
S 995	speed of propagation, propagation speed	Ausbreitungsgeschwindigkeit f	vitesse f de propagation
S 996	speed tolerance	Geschwindigkeitstoleranz f	tolérance f en vitesse
S 997	spherical coordinates	Kugelkoordinaten fpl	coordonnées fpl sphériques
S 998	spherical wave	Kugelwelle f	onde f sphérique
S 999	spherical wavefront	sphärische Wellenfront f	front m d'onde sphérique
S 1000	spin stabilization	Drallstabilisierung f	stabilisation f gyroscopique
S 1001	spin-stabilized satellite	drallstabilisierter Satellit m	satellite m à stabilisation gyroscopique
S 1002	spiral antenna	Spiralantenne f	antenne f spirale
	spiral-four cable (quad)	s. S 1107	
S 1003	spiral inductor	Spiralinduktivität f	inductance f spirale
S 1004	spiral scanning	Spiralabsuchen n	balayage m en spirale
S 1005	splice/to	spleißen	épisser
S 1006	splice	Spleiß m	épissure f
S 1007	splice, spliced joint	Spleißstelle f	épissure f, jonction f épissée, joint m
S 1008	splice closure	Spleißbehälter m	boîtier m d'épissure, pot m d'épissurage
	spliced joint	s. S 1007	
S 1009	splice enclosure	Spleißumhüllung f, Spleißummantelung f	enveloppement m d'épissure
S 1010	splicer	Spleißer m	épisseur m
S 1011	splice sleeve, splicing sleeve	Spleißmuffe f	manchon m d'épissure
S 1012	splicing	Spleißung f	épissurage m, épissage m, épissure f
	splicing sleeve	s. S 1011	
S 1013	spline interpolation	Spline-Interpolation f	interpolation f par des fonctions spline
S 1014	splitter	Verteiler m (Antenne, Leitungen), Weiche f (Frequenzband)	coupleur m réception, répartiteur m, séparateur m (fréquences)
S 1015	splitting	Spaltung f, Aufspaltung f, Trennung f	séparation f, décomposition f, coupure f
S 1016	splitting	Verbindungsaufspaltung f	éclatement m
S 1017	splitting arrangement	Trenneinrichtung f	dispositif m de coupure
S 1018	splitting ratio	Teilerverhältnis n	rapport m de division
S 1019	spooling	Spoolbetrieb m	désynchronisation f des entrées-sorties
S 1020	sporadic E layer, Es layer	sporadische E-Schicht f	couche f E sporadique, couche Es
S 1021	sporadic ionization	sporadische Ionisation f	ionisation f sporadique
S 1022	spot wobble	Zeilenwobbelung f	vobulation f du spot
S 1023	spread	Streubereich m, Streuung f	zone f d'impiètement, impiètement m, dispersion f (transmission)
S 1024	spread spectrum modulation	Spreizmodulation f	modulation f à étalement de spectre
S 1025	spread spectrum multiple access, SSMA	Spread-Spektrum-Mehrfachzugriff m, Mehrfachzugriff mit gespreiztem Spektrum	accès m multiple par étalement du spectres, AMES
S 1026	spread-spectrum phase-shift keying, SSPSK	Spread-Spektrum-Phasenumtastung f	modulation f par déplacement de phase à étalement du spectre
S 1027	spread-spectrum system, SS system	Spreizmodulationssystem n, Spread-Spektrum-System n	système m à modulation avec étalement du spectre, système m MES, système à spectre étalé
S 1028	spread spectrum technique	Spreizmodulationstechnik f, Bandspreizverfahren n, bandspreizendes Übertragungsverfahren n	technique d'étalement du spectre
	SPTV	s. S 1199	
S 1029	spurious emission	Nebenaussendung f, Nebenausstrahlung f, Störstrahlung f	rayonnement m non essentiel, rayonnement parasite

S 1030	spurious frequency	Störfrequenz f, unerwünschte Frequenz f	fréquence f parasite, fréquence non essentielle
S 1031	spurious frequency conversion products	unerwünschte Mischprodukte npl, störende Mischprodukte npl	produits mpl non essentiels de conversion de fréquence
S 1032	spurious resonance	Störresonanz f, Nebenresonanz f	résonance f parasite
S 1033	spurious-response rejection ratio (for a receiver)	Unterdrückung f von Nebenempfangsstellen	affaiblissement m sur la fréquence parasite (dans le cas d'un récepteur), protection f contre les réponses parasites
	spurious signal	s. I 439	
S 1034	sputter deposition	Aufsprühen n, Sputtern n	dépôt m par pulvérisation
S 1035	square-law detection	quadratische Demodulation f	détection f quadratique, détection parabolique
S 1036	square-law detector, rms detector	quadratischer Detektor m, quadratischer Demodulator m, Detektor m mit quadratischer Kennlinie	détecteur m à réponse quadratique, détecteur quadratique
S 1037	square pulse, rectangular pulse	Rechteckimpuls m	impulsion f rectangulaire
S 1038	square-root law	Quadratwurzelkennlinie f	loi f en racine carrée
S 1039	square wave	Rechteckwelle f, Rechteckschwingung f	onde f en créneaux, onde carrée (rectangulaire)
S 1040	square-wave generator	Rechteckwellengenerator m	générateur m d'ondes rectangulaires, générateur à ondes carrées
S 1041	square waveguide	quadratischer Hohlleiter m	guide m d'ondes quadratique
S 1042	square-wave signal	Rechtecksignal n	signal m rectangulaire, signal carré, signal en créneaux
S 1043	squaring	Quadrierung f	quadration f
	squelch [circuit]	s. N 234	
S 1044	squint (antenna)	Schielen n	strabisme m
	squint	s. a. S 1045	
S 1045	squint-angle, squint	Schielwinkel m	angle m de strabisme, erreur f de directivité
	SRAM	s. S 1138	
	SRE	s. S 306	
	SS 2	s. S 693	
	SS 3	s. S 693	
	SSB	s. 1. S 694; 2. S 1308	
	SSB receiver	s. S 699	
	SSB-SC	s. S 1405	
	SSB transceiver	s. S 702	
	SSI	s. S 772	
	SSMA	s. S 1025	
	SSPA	s. S 822	
	SSPSK	s. S 1026	
	SSR	s. S 177	
	SS system	s. S 1027	
	SST	s. S 307	
	SSTV	s. S 765	
S 1046	stability	Stabilität f, Konstanz f (Zeit), Festigkeit f (mechanisch)	stabilité f
S 1047	stability criterion	Stabilitätskriterium n	critère m de stabilité
S 1048	stabilized bias[ing]	stabilisierte Vorspannung f, stabilisierte Polarisationsspannung f	polarisation f stabilisée
S 1049	stable oscillator	frequenzkonstanter Oszillator m	oscillateur m stable
S 1050	stage gain	Stufenverstärkung f	gain m par étage
S 1051	stagger-tuned circuit	versetzt abgestimmte Kreise mpl	réseau m à accords décalés
S 1052	staircase generator	Treppengenerator m	générateur m de tension en escalier
S 1053	staircase signal (waveform)	Treppensignal n	signal m en escalier
S 1054	staircase waveform generator	Treppenspannungsgenerator m	générateur m de signaux en escalier
S 1055	stand-alone concentrator	abgesetzter Konzentrator m	concentrateur m autonome
S 1056	stand-alone system	autonomes System n, selbständiges System	système m autonome
S 1057	standard cabinet	Normschrank m, genormter Schrank m	armoire f normalisée
S 1058	standard cell	Standardzelle f	cellule f précaractérisée, cellule f normalisée
S 1059	standard cell library	Standardzellenbibliothek f	bibliothèque f de cellules standard
S 1060	standard component	Standardbauelement n, genormtes Bauelement n	composant m standard, composant normalisé
S 1061	standard deviation	Standardabweichung f	écart-type m, déviation f normale
S 1062	standard error	Standardfehler m	erreur f type
S 1063	standard frequency	Normalfrequenz f	fréquence f étalon
	standard frequency	s. a. C 94	
S 1064	standard frequency emission	Normalfrequenzsendung f	émission f de fréquences étalon
S 1065	standard frequency generator	Normalfrequenzgenerator m	générateur m de fréquences étalon
S 1066	standard frequency satellite service	Normalfrequenzfunkdienst m über Satelliten	service m des fréquences étalon par satellite
S 1067	standard frequency service	Normalfrequenzfunkdienst m	service m des fréquences étalon
S 1068	standard frequency signal	Normalfrequenzsignal n	signal m de fréquence étalon

S 1069	standard frequency station	Normalfrequenzstation f	station f de fréquence étalon
	standard IC	s. S 1076	
S 1070	standard interface	Standardschnittstelle f, genormte Schnittstelle f	interface f normalisée
S 1071	standardization	Standardisierung f, Normung f	normalisation f
S 1072	standardized interface	genormte Schnittstelle f	interface f normalisée
S 1073	standardized services	standardisierte Dienste mpl	services mpl normalisés
S 1074	standardized test chart	standardisiertes Testbild n	mire f normalisée
S 1075	standard length	Standardlänge f	longueur f standard
S 1076	standard microcircuit, standard IC	Standardschaltkreis m, Standard-IC m	microcircuit m de série, circuit intégré non affecté, circuit standard
S 1077	standard profile selection	Standardprofilauswahl f	choix m du profil normalisé
S 1078	standard propagation	Normalausbreitung f	propagation f normale
S 1079	standard rack	Normgestell n	baie f normalisée, baie standard
S 1080	standard radio atmosphere	Standardradioatmosphäre f, Normalatmosphäre f	atmosphère m radioélectrique normale
S 1081	standard radio horizon	Standardradiohorizont m	horizon m radioélectrique normal
S 1082	standard refraction	Normalbrechung f	réfraction f normale
S 1083	standards converter	Normenwandler m, Normwandler m	convertisseur m de normes
S 1084	standard signal generator	Empfängermeßsender m	générateur m de signal standard
S 1085	standard time-signal, time-signal	Zeitzeichen n	signal m horaire
S 1086	standard-time-signal emission	Zeitzeichensendung f	émission f de[s] signaux horaires
S 1087	standard-wave error (direction finding)	Polarisationsfehler m bei zirkular polarisierter Welle unter 45°	erreur f type de polarisation
S 1088	standby channel	Bereitschaftskanal m, Ersatzkanal m, Reservekanal m, Schutzkanal m (Richtfunk)	voie f de secours (réserve), canal m de secours (réserve) (faisceau hertzien)
S 1089	standby equipment	Ersatzschaltgerät n, EsG	matériel m de secours, matériel de réserve
S 1090	standby generator	Notstromgenerator m	génératrice f de secours
S 1091	standby loop	Ersatzleitung f, Ersatzschleife f	boucle f de réserve
S 1092	standby network	Reservenetz n, Ersatznetz n	réseau m de secours
S 1093	standby operation	Ersatzschaltungsbetrieb m, Betrieb m mit Reserve	fonctionnement m secouru
S 1094	standby position	Bereitschaftsstellung f	position f de veille, position d'attente
	standby power supply	s. E 222	
S 1095	standby redundancy	nicht funktionsbeteiligte Redundanz f, passive Redundanz	redondance f en attente, redondance passive, redondance en secours
S 1096	standby state	Bereitschaftszustand m, Wartezustand m	état m d'attente
S 1097	standby system	System n mit Ersatzschaltung, Reservesystem n	système m à réserve
S 1098	standby transmitter	Reservesender m	émetteur m de secours
S 1099	standing-wave antenna	Antenne f mit stehenden Wellen	antenne f à onde stationnaire
S 1100	standing wave meter	Stehwellenmeßinstrument n, Welligkeitsmesser m	mesureur m d'ondes stationnaires
S 1101	standing wave ratio, SWR	Stehwellenverhältnis n, Welligkeitsfaktor m	taux m d'onde[s] stationnaire[s], TOS, rapport m d'onde[s] stationnaire[s], ROS
S 1102	star bus	Sternbus m	bus m en étoile
S 1103	star-bus transmission	Sternbusübertragung f	transmission f par bus en étoile
	star cable	s. S 1107	
S 1104	star configuration	Sternkonfiguration f	configuration f en étoile
S 1105	star multiaccess network	Sternnetz n mit Mehrfachzugriff	réseau m en étoile avec accès multiple
S 1106	star network, star-type network, radial network	Sternnetz n	réseau m en étoile, réseau étoilé, réseau radial
S 1107	star quad, star cable, spiral-four quad, spiral-four cable	Sternvierer m, Sternviererkabel n	câble m à quartes-étoile, quarte m en étoile
S 1108	star-quad cable, quad cable	Sternviererkabel n	câble m à quartes [en] étoile
S 1109	star structure	Sternstruktur f	structure f en étoile
S 1110	start	Start m, Anlauf m, Ingangsetzung f, Beginn m, Anlauf m	démarrage m, mise f en route, départ m, lancement m
S 1111	start bit	Startbit n	bit m [de] départ
S 1112	starting condition	Startlage f	position f de départ
S 1113	starting delimiter	Startmarke f	délimiteur m de début de trame
S 1114	starting-up program	Anlaufprogramm n	programme m de mise en marche
S 1115	start of block	Blockbeginn m, Blockanfang m	début m de bloc
S 1116	start-of-block signal	Blockbeginnkennzeichen n	signal m de début de bloc
S 1117	start of heading, SOH	Anfang m des Kopfes, Kopfanfang m	début m d'en-tête, SOH
S 1118	start of pulsing	Wahlbeginn m	début m de numérotation
S 1119	start-of-pulsing signal	Wahlbeginnzeichen n, Sendebeginnsignal n	signal m de début de numérotation
S 1120	start of text, STX	Anfang m des Textes, Textanfang m	début m de texte, STX
S 1121	start polarity	Startpolarität f	polarité f de départ, polarité A

S 1122	start signal	Anlaufschritt m, Startzeichen n, Startsignal n	signal m de départ, signal de mise en marche, signal de début
S 1123	start-stop apparatus	Start-Stopp-Apparat m	appareil m arythmique
S 1124	start-stop data terminal equipment	Start-Stopp-Datenendeinrichtung f	équipement m terminal de traitement de données arythmique
S 1125	start-stop distortion	Start-Stopp-Verzerrung f	distorsion f arythmique
S 1126	start-stop machine	Start-Stopp-Maschine f	machine f arythmique
S 1127	start-stop mode, start-stop transmission	Start-Stopp-Betrieb m	transmission f arythmique
S 1128	start-stop modulation	Start-Stopp-Tastung f	modulation f arythmique
S 1129	start-stop transmission	Start-Stopp-Übertragung f	transmission f arythmique
	start-stop transmission	s. a. S 1127	
S 1130	start-stop transmission service	Start-Stopp-Dienst m	service m avec transmission arythmique
	star-type network	s. S 1106	
S 1131	state diagram	Zustandsdiagramm n	diagramme m d'état
S 1132	state of the art	technischer Stand m	état m de la technique
S 1133	state-of-the-art technology	technischer Spitzenstand m	technologie f de pointe
S 1134	state space	Zustandsraum m	espace m d'état
S 1135	state variable	Zustandsgröße f, Zustandsveränderliche f, Zustandsvariable f	variable f d'état
S 1136	static characteristic	statische Kennlinie f	caractéristique f statique
S 1137	static charge	statische Aufladung f	charge f statique
	staticizer	s. S 340	
	static RAM	s. S 1138	
S 1138	static random-access memory, static RAM, SRAM	statischer Speicher m, statischer Schreib-Lese-Speicher m, SRAM	mémoire f vive statique, SRAM, RAM statique
	station	s. T 225	
S 1139	stationary	ortsfest, stationär, feststehend	stationnaire, fixe
S 1140	stationary satellite	stationärer Satellit m	satellite m stationnaire
S 1141	stationary telephone set	stationärer Fernsprechapparat m, ortsfester Fernsprechapparat m, ortsfestes Telefon n	poste m téléphonique fixe
S 1142	stationary wave	stehende Welle f	onde f stationnaire
S 1143	station cabling	Anlagenverkabelung f	câblage m de la station
S 1144	station-keeping satellite	positionsstabilisierter Satellit m	satellite m maintenu en position
S 1145	station penetration	Sprechstellendichte f	densité f de postes téléphoniques
S 1146	statistical decision theory	statistische Entscheidungstheorie f	théorie f de la décision statistique
S 1147	statistical multiplexer, statmux	statistischer Multiplexer m	multiplexeur m statistique
	statmux	s. S 1147	
S 1148	status	gegenwärtiger Stand m	situation f présente
S 1149	status bit	Zustandsbit n, Statusbit n	bit m d'état
S 1150	status byte	Zustandsbyte m	multiplet m d'état
S 1151	status field, SF	Zustandsfeld n	domaine m d'état, ETC
S 1152	status indication	Zustandskennung f	indication f d'état
S 1153	status information	Zustandsinformation f, Statusinformation f	information f d'état
S 1154	status message	Zustandsmeldung f, Statusmeldung f	message m d'état
S 1155	status request	Statusabfrage f	demande f d'état
	STC	s. S 1343	
	STE	s. S 582	
S 1156	steady state	eingeschwungener Zustand m	régime m permanent
S 1157	steel armoring wire	Stahlbewehrungsdraht m	fil m d'armure en acier
S 1158	steel lattice mast	Stahlgittermast m	mât m en treillis métallique
S 1159	steepness of gain	Verstärkungssteilheit f	pente f de gain
S 1160	steerable antenna	Antenne f mit schwenkbarer Charakteristik (Richtcharakteristik)	antenne f à faisceau orientable
S 1161	step [adjustable] attenuator	stufenweise einstellbares Dämpfungsglied n	affaiblisseur m variable par bonds, atténuateur m variable par bonds
S 1162	step-by-step, SxS	schrittweise	pas à pas
S 1163	step-by-step automatic orientation	schrittweise automatische Ausrichtung f	orientation f automatique pas à pas, pointage m automatique pas à pas
	step-by-step automatic system	s. S 1169	
S 1164	step-by-step exchange (office)	Schrittschalt-Wähleramt n	central m pas à pas
S 1165	step-by-step operation	schrittaltender Verbindungsaufbau m	fonctionnement m pas à pas
S 1166	step-by-step selector	Schrittschaltwähler m, Schrittwähler m	sélecteur m pas à pas
S 1167	step-by-step switch	Schrittwähler m, Schrittschaltwerk n	commutateur m pas à pas
S 1168	step-by-step switching	Schrittwählervermittlung f	commutation f pas à pas
S 1169	step-by-step switching system, step-by-step automatic system	Schrittschalt-Wählersystem n	système m de commutation pas à pas
S 1170	step discontinuity (microwave)	stufenförmige Stoßstelle f	discontinuité f en échelon
S 1171	step-down transformer, reducing transformer	Abwärtstransformator m, Abwärtsübertrager m	transformateur-abaisseur m
S 1172	step function	Sprungfunktion f	fonction f échelon, fonction saut
	step-function response	s. S 1177	
S 1173	stepping magnet	Schrittschaltmagnet m	électro[-aimant] m d'ascension

S 1174	stepping relais	Wählerrelais n	relais m pas à pas
S 1175	stepping switch	Schrittwähler m, Stufenschalter m	sélecteur m pas à pas
S 1176	step recovery diode	Step-recovery-Diode f	diode f à récupération en échelon
S 1177	step response, step-function response	Sprungantwort f, Schrittantwort f	réponse f à l'échelon, réponse transitoire
S 1178	step scanning	schrittweises Absuchen n	balayage m pas à pas
S 1179	step switch	Stufenschalter m	commutateur m à gradins
S 1180	step tracking	schrittweise Verfolgung f, schrittweise Nachführung f	poursuite f pas à pas
S 1181	step-up mixer	Aufwärtsmischer m	mélangeur-élévateur m
S 1182	step-up transformer	Aufwärtstransformator m, Aufwärtsübertrager m	transformateur-élévateur m
	stereo broadcasting	s. S 1186	
S 1183	stereo decoder	Stereodecoder m	décodeur m stéréophonique
S 1184	stereo demodulator	Stereodemodulator m	démodulateur m stéréo
S 1185	stereo encoder, stereophonic encoder	Stereocodierer m	codeur m stéréophonique
S 1186	stereophonic broadcast[ing], stereo broadcasting	Stereorundfunk m	radiodiffusion f stéréophonique
S 1187	stereophonic broadcast transmission	Stereorundfunksendung f	émission f stéréophonique de radiodiffusion
S 1188	stereophonic decoder	Stereodecoder m	décodeur m stéréo[phonique]
	stereophonic encoder	s. S 1185	
S 1189	stereophonic multiplex signal	Stereomultiplexsignal n	signal m multiplex stéréophonique
S 1190	stereophonic sound	stereophoner Ton m, Stereoton m	son m stéréophonique
S 1191	stereophonic transmission	stereophone Übertragung f	transmission f stéréophonique
S 1192	stereophonic transmitter	Stereosender m, stereophoner Sender m	émetteur m stéréophonique
S 1193	stereophony	Stereophonie f	stéréophonie f
S 1194	stereoscopic video signal	Stereo-Videosignal n, stereoskopisches Videosignal n	signal m vidéo stéréoscopique
S 1195	still colour picture	Farbstandbild n	image f fixe couleur
S 1196	still picture	stehendes Bild n, Standbild n, Festbild n	image f fixe
S 1197	still picture communication	Festbildkommunikation f	communication f d'images fixes
S 1198	still picture compression	Standbildkompression f	compression f d'images fixes
S 1199	still-picture television, SPTV	Standbildfernsehen n	télévision f à images fixes
S 1200	still picture transmission system	Festbild-Übertragungssystem n, Standbild-Übertragungssystem n	système m de transmission d'images fixes
S 1201	still picture tv	Videoeinzelbild n	image f fixe vidéo
S 1202	still-picture video-telephony	Standbildfernsprechen n	visiophonie f à images fixes
S 1203	stimulated, excited	angeregt, erregt	stimulé, excité
	STLR	s. S 512	
	STMR	s. S 513	
	stochastic	s. R 225	
S 1204	stochastic excitation	stochastische Anregung f	excitation f stochastique
S 1205	stop band (filter)	Sperrbereich m	bande f d'arrêt, bande affaiblie
S 1206	stop band attenuation	Sperrdämpfung f	affaiblissement m dans la bande d'arrêt
S 1207	stop bit	Stoppbit n	bit m d'arrêt
S 1208	stop element	Stoppschritt m, Stoppbit n	élément m d'arrêt
S 1209	stop polarity	Stoppolarität f	polarité f d'arrêt, polarité Z
S 1210	stop-send signal	Sendestoppsignal n	signal m d'arrêt d'émission
S 1211	stop signal	Stoppsignal, Sperrschritt m	signal m d'arrêt, signal m de fin, signal stop
S 1212	storage	Speicherung f	stockage m
	storage	s. a. M 323	
	storage capacity	s. M 326	
S 1213	storage cell	Sammlerzelle f, Akkumulatorenzelle f, Speicherzelle f (Computer)	élément m d'accumulateur, élément de mémoire (ordinateur)
S 1214	storage element	Speicherelement n	élément m de stockage
S 1215	storage keyboard	Speichertastatur f, Tastatur m mit Zwischenspeicher	clavier m à enregistreur
	storage medium	s. D 82	
S 1216	storage of last dialled number	Speichern n der zuletzt gewählten Rufnummer, Registrierung f der letztgewählten Rufnummer	enregistrement m du dernier numéro composé
S 1217	storage oscilloscope	Speicheroszilloskop n	oscilloscope m à mémorisation, oscilloscope à mémoire
S 1218	storage temperature	Lagertemperatur f	température f de stockage
S 1219	storage temperature range	Lagerungstemperaturbereich m	plage f de température d'emmagasinage
S 1220	store/to	speichern, einspeichern, lagern	mémoriser, enregistrer, conserver, stocker
S 1221	store and forward	Speicherung f und Wiederaussendung f	enregistrement m et retransmission f
S 1222	store-and-forward network	Teilstreckennetz n	réseau m avec enregistrement et retransmission

S 1223	store-and-forward switching, message switching	Teilstreckenvermittlung f, Speichervermittlung f	commutation f avec enregistrement et retransmission, commutation utilisant les principes d'enregistrement et retransmission, commutation f de messages
S 1224	store-and-forward technique	Teilstreckenprinzip n, Teilstreckentechnik f	technique f d'enregistrement et retransmission
S 1225	stored number	gespeicherte Rufnummer f	numéro m enregistré, numéro mémorisé
S 1226	stored number redial	Wahlwiederholung f der gespeicherten Rufnummer	recomposition f automatique du numéro en mémoire
S 1227	stored program	Speicherprogramm n, gespeichertes Programm n	programme m enregistré (mémorisé)
S 1228	stored-program control, SPC	Programmspeichersteuerung f, Programmsteuerung f, speicherprogrammierte Steuerung f, speicherprogrammierbare Steuerung f, SPS, Rechnersteuerung f mit gespeichertem Programm	commande f par programme enregistré, SPC
S 1229	stored-program-controlled exchange, SPC exchange stored-program-controlled exchange	programmgesteuerte Vermittlungsstelle f, SPC-Vermittlungsstelle s. a. S 925	central m à commande par programme enregistré
S 1230	stored-program control switching, SPC switching (system)	rechnergesteuerte Vermittlung f, rechnergesteuertes Vermittlungssystem n	commutation f à commande par programme enregistré, système m de commutation à commande par programme enregistré
S 1231	stored-program switching	speicherprogrammierte Vermittlung f, programmgesteuerte Vermittlung f	commutation f à programme enregistré
	STP	s. S 587	
S 1232	straight amplification straight amplifier	Geradeausverstärkung f s. S 1235	amplification f directe
S 1233	straight banks	unverschränktes (einfaches) Kontaktvielfach[feld] n	bancs mpl de broches alignés
	straight receiver	s. T 1011	
S 1234	straight reception	Geradeausempfang m	réception f [à amplification] directe
S 1235	straight through amplifier, straight amplifier	Geradeausverstärker m	amplificateur m direct
S 1236	stray capacitance	Streukapazität f	capacité f parasite
	stray magnetic field	s. P 282	
S 1237	streaking	Fahneneffekt m	traînage m
S 1238	stream	Strom m (Elektronen), Fluß m (Daten, Verkehr, Elektronen), Strömung f	courant m (trafic, électrons), train m, suite f (données, bits)
S 1239	strength member	Zugentlastung f, Zugentlastungselement n, Zugelement n	élément m porteur, élément de tirage, porteur m
S 1240	stress	Beanspruchung f, Spannung f	contrainte f, effort m, tension f
S 1241	stress analysis	Beanspruchungsanalyse f	analyse f de contraintes
S 1242	stress corrosion	Korrosion f durch Beanspruchung	corrosion f sous contrainte
S 1243	stress model	Beanspruchungsmodell n	modèle m de contraintes
S 1244	stretched pulse	verbreiteter Impuls m	impulsion f élargie
S 1245	stripline	Streifenleitung f, Streifenleiter m	ligne f à ruban, ligne en ruban, ligne à bandes, guide m à rubans
S 1246	stripline component	Streifenleitungskomponente f	composant m à microruban
S 1247	stripline filter	Streifenleitungsfilter n	filtre m à ruban
S 1248	stripping of the cable sheath strip printer	Abmanteln n des Kabels s. T 26	dégainement m du câble
S 1249	strip the cable sheath/to	abmanteln (Kabel)	enlever la gaine du câble
S 1250	strip waveguide	Streifenwellenleiter m, Streifenleiter m	guide m d'onde à ruban, guide de bande
S 1251	strongly coupled	fest gekoppelt	à couplage fort
S 1252	Strowger selector, two-motion selector	Hebdrehwähler m, Strowger-Wähler m	sélecteur m Strowger, sélecteur pas à pas à deux mouvements, sélecteur à double mouvement
S 1253	structural parameter	Strukturparameter m	paramètre m de structure
S 1254	structural return loss, regularity return loss	Rückflußdämpfung f, Reflexionsdämpfung f durch Unregelmäßigkeiten	affaiblissement m de régularité
S 1255	structured programming, SP	strukturierte Programmierung f	programmation f structurée, PS
S 1256	stub	Stichleitung f (Wellenleiter), Stumpf m	bras m de réactance (guide d'onde), tronçon m
	studio and transmitter link	s. S 1259	
S 1257	studio equipment	Studioanlage f, Studioausrüstung f	équipement m de studio
S 1258	studio standard	Studionorm f	norme f de studio
S 1259	studio-to-transmitter link, studio and transmitter link	Verbindung f zwischen Studio und Sender	liaison f entre studio et émetteur
	stuffable digit time slot	s. J 57	
	stuffing	s. J 58	

	stuffing bit	s. J 63	
	stuffing digit	s. J 63	
	stuffing jitter	s. J 59	
	stuffing rate	s. J 60	
	stuffing ratio	s. J 61	
	stuffing service digit	s. J 62	
	STX	s. S 1120	
S 1260	styling, design	Formgestaltung f, Design n	stylique f, esthétique f industrielle
	stylus printer	s. N 84	
	SU	s. 1. S 588; 2. S 613	
	SUB	s. S 1348	
S 1261	sub-address	Unteradresse f, Subadresse f	sous-adresse f
S 1262	sub-addressing	Sub-Adressierung f	sous-adressage m
	subaqueous cable	s. S 1277	
S 1263	subassembly	Untergruppe f	sous-ensemble m
S 1264	subaudio channel	Unterlagerungskanal m	voie f de transmission infra-acoustique
S 1265	subaudio frequency	Infraschallfrequenz f	fréquence f infra-acoustique
S 1266	subband	Teilband n	sous-bande f
S 1267	subband coder	Teilbandcodierer m	codeur m en sous-bande
S 1268	subband coding, SBC	Teilbandcodierung f	codage m de sous-bande, codage en sous-bandes, CSB
S 1269	subband decomposition	Zerlegung f in Teilbänder	décomposition f en sous-bandes
S 1270	subband filtering	Teilbandfilterung f	filtrage m en sous-bandes
S 1271	subband speech coder	Teilbandsprachcodierer m	codeur m de parole en sous-bandes
S 1272	subcarrier amplitude	Hilfsträgeramplitude f	amplitude f de sous-porteuse
S 1273	subcarrier frequency	Hilfsträgerfrequenz f	fréquence f de sous-porteuse
S 1274	subcarrier frequency modulation	Hilfsträgerfrequenzmodulation f, Zwischenträgerfrequenzmodulation f	modulation f en fréquence de sous-porteuse
S 1275	subcarrier generator	Hilfsträgergenerator m	générateur m de sous-porteuse
S 1276	sub-channel	Unterkanal m	sous-canal m
S 1277	subfluvial cable, subaqueous cable	Flußkabel n	câble m fluvial, câble sous-fluvial
S 1278	subframe	Unterrahmen m, Sub-Rahmen m, Teilrahmen m	sous-trame f, secteur m de trame
S 1279	subgroup	Vorgruppe f	sous-groupe m
S 1280	subimage	Teilbild n	subimage f, imagette f
S 1281	sublayer	Teilschicht f	sous-couche f
S 1282	submarine	unterseeisch, Untersee ...	sous-marin
S 1283	submarine acoustics	Unterwasserakustik f	acoustique f sous-marine
S 1284	submarine cable, sea cable, sea-cable	Seekabel n, Ozeankabel n	câble m sous-marin, câble sous-marin de télécommunication, câble transocéanique
S 1285	submarine cable repeater	Seekabelrepeater m	répéteur m de câble sous-marin
S 1286	submarine cable system	Seekabelsystem n	système m de transmission sur câble sous-marin
S 1287	submarine communication cable	Seefernmeldekabel n	câble m sous-marin de télécommunications
S 1288	submarine link	Seekabelverbindung f	liaison f sous-marine
S 1289	submarine telecommunication cable	Fernmelde-Seekabel n, Seefernmeldekabel n	câble m de télécommunications sous-marin
S 1290	submarine telecommunications	Seekabelübertragung f	télécommunication f sous-marine
S 1291	submarine telegraph cable	Seetelegrafenkabel n	câble m télégraphique sous-marin
S 1292	submicrometer VLSI [circuit]	Submikrometer-VLSI-Schaltkreis m	circuit m VLSI submicrométrique
S 1293	submillimeter receiver	Submillimeterwellenempfänger m	récepteur m d'ondes submillimétriques
S 1294	submillimeter wavelength	Submillimeterwellenlänge f	longueur f d'onde submillimétrique
S 1295	submission (message handling)	Sende-Übergabe f	dépôt m
S 1296	subnetwork	Teilnetz n	sous-réseau m
S 1297	subnetwork connection	Vermittlungsinstanzenverbindung f	connexion f de sous-réseau
S 1298	sub-Nyquist-sampling	Sub-Nyquist-Abtastung f	échantillonnage m au-dessous de la fréquence de Nyquist, échantillonnage m au-dessous de la limite de Nyquist
S 1299	suboptimal	suboptimal	sous-optimal
S 1300	suboptimal receiver	Suboptimalempfänger m	récepteur m sous-optimal
S 1301	subrange	Teilbereich m	sous-gamme f
S 1302	subreflector	Subreflektor m	sous-réflecteur m, réflecteur m auxiliaire (secondaire)
	subreflector	s. a. A 916	
S 1303	subrefraction	Unternormalbrechung f, Subrefraktion f	infraréfraction f
S 1304	subroutine	Unterprogramm n	sous-programme m
S 1305	subsampling	Unterabtastung f	sous-échantillonnage
S 1306	subscriber	Teilnehmer m, TN, Abonnent m	abonné m
	subscriber A	s. C 144	
	subscriber B	s. 1. C 136; 2. C 139	
S 1307	subscriber-busy condition	Teilnehmerbesetztzustand m	état m d'occupation de l'abonné

ID	English	German	French
S 1308	subscriber-busy signal, SSB	Teilnehmerbesetztzeichen n	signal m abonné occupé, SSB, signal d'occupation de l'abonné, OCC
S 1309	subscriber-busy tone	Teilnehmerbesetztton n	tonalité f d'occupation de l'abonné
	subscriber call meter	s. S 1324	
S 1310	subscriber carrier system	Teilnehmerträgersystem n	système m à ondes porteuses pour abonnés, multiplexeur m d'abonné
S 1311	subscriber category	Teilnehmerkategorie f	catégorie f d'abonnés
S 1312	subscriber channel	Teilnehmerkanal m	voie f d'abonné
S 1313	subscriber charge, subscription charge	Teilnehmergebühr f, Abonnementsgebühr f	taxe f d'abonnement
S 1314	subscriber connecting unit	Teilnehmeranschlußeinheit f	unité f de raccordement d'abonné
S 1315	subscriber connection	Teilnehmeranschluß m, TNA	raccordement m d'abonné, rattachement m d'abonné
S 1316	subscriber density	Teilnehmerdichte f	densité f d'abonnés
S 1317	subscriber dialled call, customer dialled call	Selbstwählgespräch n	communication f en service automatique
S 1318	subscriber-dialled trunk call, customer-dialled toll call, DDD call	Selbstwählferngespräch n	communication f par l'interurbain automatique, interurbain m en automatique
S 1319	subscriber dialling	Direktwahl f	numérotation f directe
S 1320	subscriber drop	Endleitung f	fil m d'abonné, branchement m d'abonné
S 1321	subscriber-free indicator	Teilnehmer-frei-Kennung f	indicateur m abonné libre
S 1322	subscriber installation	Teilnehmeranlage f	installation f d'abonné
S 1323	subscriber interface	Teilnehmerschnittstelle f	interface f d'abonné
	subscriber line	s. A 57	
	subscriber line circuit	s. L 204	
	subscriber line interface	s. S 1334	
	subscriber loop	s. S 1332	
S 1324	subscriber meter, subscriber call meter	Gebührenzähler m, Gesprächszähler m	compteur m d'abonné
S 1325	subscriber network	Teilnehmernetz n	réseau m d'abonnés
S 1326	subscriber's cable	Teilnehmerkabel n	câble m d'abonné
S 1327	subscriber's check meter	Gebührenanzeiger m (Gebührenanzeige f) beim Teilnehmer	compteur m de taxes à domicile
S 1328	subscriber services	Teilnehmerdienste mpl	services mpl abonnés
S 1329	subscriber service wire, service drop, service wire	Teilnehmeranschluß m	branchement m d'abonné, fil m d'abonné, rattachement m d'abonné
S 1330	subscriber's extension station	Teilnehmer-Nebenstelle f, Nebenstelle f	poste m téléphonique supplémentaire
S 1331	subscriber's extension station private branch exchange, PBX	Fernsprechnebenstelle f, Haustelefonzentrale f	central m téléphonique d'abonné
	subscriber's installation	s. S 1333	
S 1332	subscriber's line, subscriber's loop, customer line, customer loop, local loop, main (access) line	Teilnehmer[anschluß]leitung f, TNL, Anschlußleitung f, Hauptanschlußleitung f	ligne f [principale] d'abonné, ligne de rattachement
	subscriber's line circuit	s. L 204	
S 1333	subscriber's line equipment, subscriber's installation	Teilnehmereinrichtung f	équipement m d'abonné, installation f d'abonné
S 1334	subscriber's line interface circuit, SLIC, subscriber's line interface	Teilnehmerleitungsschnittstelle f, SLIC m	interface f (circuit m d'interface) de ligne d'abonné, SLIC m, joncteur m d'abonné
S 1335	subscriber's link	Teilnehmerverbindung f	liaison f d'abonné
S 1336	subscriber's main station	Teilnehmer-Hauptanschluß m, Hauptanschluß m, Teilnehmer-Hauptstelle f, Fernsprechhauptanschluß m	poste m téléphonique prinicpal
S 1337	subscriber's number, call number	Rufnummer f, RN, Teilnehmernummer f, TNN, Teilnehmerrufnummer f, Anschlußrufnummer f	numéro m d'abonné, NA, numéro d'appel
S 1338	subscriber's premises network	Teilnehmer-Hausnetz n	réseau m d'immeuble d'abonné
S 1339	subscriber's stage	Teilnehmerwahlstufe f	étage m de commutation d'abonnés
S 1340	subscriber's station	Teilnehmersprechstelle f	poste m d'abonné, poste téléphonique
S 1341	subscriber telephone set	Teilnehmerapparat m	poste m téléphonique d'abonné
	subscriber's terminal	s. C 1264	
S 1342	subscriber-to-subscriber connection	Teilnehmer-Teilnehmer-Verbindung f	communication f entre abonnés
S 1343	subscriber trunk dialling, STC	automatische Fernwahl f, Teilnehmer-Fernwahl f, Fernwahl f	interurbain m automatique
	subscriber trunk dialling	s. a. A 902	
S 1344	subscription call	Abonnementsverbindung f	communication f par abonnement
	subscription charge	s. S 1313	

S 1345	subsequent address message, SAM	Folgeadressierungsnachricht f, nachfolgende Adreßmeldung f	message m d'adresse subséquent, SAM, message subséquent d'adresse, MSA
S 1346	subset	Teilnehmerapparat m, Teilmenge f	appareil m d'abonné, sous-ensemble m
S 1347	substation	Unterstation f	sous-station f
S 1348	substitute character, SUB	Substitution f, Austauschzeichen n	caractère m de substitution, SUB
S 1349	substrate	Substrat n, Trägerkörper m	substrat m, support m
S 1350	subsynchronous	subsynchron	sous-synchrone
S 1351	subsystem	Subsystem n, Teilsystem n, untergeordnetes System n	sous-système m
S 1352	sub-telephone frequency	Infra-Fernsprechfrequenz f	fréquence f infra-téléphonique
S 1353	sub-telephone telegraphy	Unterlagerungstelegrafie f	télégraphie f infra-téléphonique
S 1354	successful call attempt, fully routed call attempt	erfolgreicher Anrufversuch m, erfolgreicher Verbindungsversuch m, akzeptierter (erfolgreicher) Belegungsversuch m	tentative f d'appel acheminée
S 1355	successful connection	erfolgreiche Verbindung f, erfolgreicher Anruf m, zustandegekommene Verbindung	appel m efficace
S 1356	sudden change, abrupt change	plötzliche Änderung f (Veränderung f)	changement m brusque, variation f brusque
S 1357	sudden failure	plötzlicher Ausfall m, Sprungausfall m	défaillance f soudaine
S 1358	sudden ionospheric disturbance, SID	plötzliche Ionosphärenstörung f, plötzliche ionosphärische Störung f	perturbation f ionosphérique à début brusque, PIDB
	sudden ionospheric disturbance	s. a. R 99	
S 1359	suffix	Suffix m	suffixe m
	SUM	s. S 1539	
S 1360	sum modulo 2	Modulo-2-Summe f	somme f modulo 2
	sun-powered transmitter	s. S 803	
S 1361	super-audio channel	Überlagerungskanal m	voie f de transmission supra-acoustique
S 1362	superchip	Superchip m	superpuce f
S 1363	superconductor	Supraleiter m	supraconducteur m
	superdirective array	s. S 1365	
S 1364	superframe	Überrahmen m	supertrame f
S 1365	supergain antenna (array), superdirective array	Supergewinnantenne f	antenne f à superdirectivité, antenne à supergain, réseau m superdirectif
S 1366	supergroup, SG	Sekundärgruppe f, Übergruppe f, SG	groupe m secondaire
S 1367	supergroup distribution frame, SDF	Sekundärgruppenverteiler m, Übergruppenverteiler m	répartiteur m de groupe secondaire
S 1368	supergroup link	Sekundärgruppenverbindung f	liaison f en groupe secondaire
S 1369	supergroup modulator, supergroup translator	Sekundärgruppenumsetzer m, Übergruppenumsetzer m, ÜGU	modulateur m de groupe secondaire, MGS
S 1370	supergroup pilot	Sekundärgruppenpilot m	pilote m de groupe secondaire
S 1371	supergroup section	Sekundärgruppenabschnitt m	section f de groupe secondaire
	supergroup transfer filter	s. T 563	
	supergroup translator	s. S 1369	
	superheterodyne receiver	s. S 1373	
S 1372	superheterodyne reception	Überlagerungsempfang m	réception f superhétérodyne
S 1373	superhet receiver, superheterodyne receiver, double-detection receiver	Überlagerungsempfänger m, Superhetempfänger m	récepteur m superhétérodyne, récepteur à changement de fréquence, récepteur à conversion de fréquence
S 1374	superhigh frequency, SHF	Zentimeterwellen fpl	ondes fpl centimétriques
	superimposed telegraphy	s. S 1387	
S 1375	superlattice	Überstruktur f	superréseau m
S 1376	supermastergroup	Quartärgruppe f, QG	groupe m quaternaire
S 1377	supermastergroup bank	Quartärgruppenumsetzer m, QGU	matériel m de modulation de groupe quaternaire
S 1378	supermastergroup link	Quartärgruppenverbindung f	liaison f en groupe quaternaire
S 1379	supermastergroup pilot	Quartärgruppenpilot m	onde f pilote de groupe quaternaire
S 1380	supermastergroup section	Quartärgruppenabschnitt m	section f de groupe quaternaire
S 1381	super-Nyquist-sampling, oversampling	Super-Nyquist-Abtastung f	échantillonnage m au-dessus de la fréquence de Nyquist, échantillonnage m super-Nyquist, suréchantillonnage m
S 1382	superposed circuit	überlagerte Verbindung f, Phantomkreis m, Überlagerungsstromkreis m	circuit m superposé, circuit virtuel, circuit supplémentaire
S 1383	superposition	Überlagerung f	superposition f
S 1384	superposition theorem	Überlagerungsgesetz n, Superpositionsprinzip n	théorème m de superposition
S 1385	super-refraction	Über-Normalbrechung f	superréfraction f
S 1386	super-telephone frequency	Supra-Fernsprechfrequenz f	fréquence f supra-téléphonique

S 1387	super-telephone telegraphy, superimposed telegraphy, supra-acoustic telegraphy	Überlagerungstelegrafie f	télégraphie f supra-téléphonique, télégraphie supra-acoustique
S 1388	superturnstile antenna	Superturnstile-Antenne f, Schmetterlingsantenne f	antenne f [en] supertourniquet
S 1389	supervision	Überwachung f, Aufsicht f	surveillance f
S 1390	supervisor	Aufsicht f, Aufsichtsbeamter m, Aufsichtsbeamtin f	surveillant m, surveillante f
S 1391	supervisor position	Aufsichtsplatz m	position f de surveillant, position de surveillance
S 1392	supervisory relay	Kontrollrelais n	relais m de surveillance
S 1393	supervisory system	Überwachungssystem n	système m de supervision
	supplementary service	s. A 178	
S 1394	supplementary sound-carrier	Zusatztonträger m	porteuse f son supplémentaire
S 1395	supplementary telephone service	Fernsprechzusatzdienst m	service m téléphonique supplémentaire
S 1396	supply cable	Speisekabel n, Zuleitungskabel n	câble m d'alimentation
S 1397	supply current	Speisestrom m, Versorgungsstrom m	courant m d'alimentation
	supply length	s. D 252	
S 1398	supply voltage	Speisespannung f, Versorgungsspannung f	tension f d'alimentation
S 1399	suppressed antenna	versenkte Antenne f	antenne f encastrée (plaquée)
S 1400	suppressed carrier	unterdrückter Träger m	onde f porteuse supprimée
S 1401	suppressed-carrier amplitude modulation	Amplitudenmodulation f mit unterdrücktem Träger	modulation f d'amplitude à porteuse supprimée
S 1402	suppressed-carrier emission	Senden n mit unterdrücktem Träger, Sendung f mit unterdrücktem Träger	émission f à porteuse supprimée
S 1403	suppressed-carrier frequency	unterdrückte Trägerfrequenz f	fréquence f porteuse supprimée
S 1404	suppressed-carrier signal	Signal n mit unterdrücktem Träger	signal m à porteuse supprimée
S 1405	suppressed-carrier single-sideband modulation, SSB-SC	Einseitenbandmodulation f mit unterdrücktem Träger	modulation f à bande latérale unique à porteuse supprimée, modulation BLU à porteuse supprimée
	suppression	s. R 477	
S 1406	suppression hangover time	Sperrnachwirkzeit f	temps m de maintien pour le blocage
S 1407	suppression loss	Echosperrdämpfung f	affaiblissement m de blocage
	suppression of unwanted frequencies	s. U 118	
S 1408	suppression operate time	Sperransprechzeit f	temps m de fonctionnement pour le blocage
	suppression ratio	s. R 477	
	supra-acoustic telegraphy	s. S 1387	
S 1409	surface acoustic wave, SAW	akustische Oberflächenwelle f, AOW	onde f acoustique de surface
S 1410	surface acoustic wave filter, SAW filter	Oberflächenwellenfilter n, SAW-Filter n	filtre m à ondes acoustiques de surface
S 1411	surface acoustic wave oscillator, SAW oscillator	Oberflächenwellenoszillator m, SAW-Oszillator m, AOW-Oszillator m	oscillateur m à onde acoustique de surface
S 1412	surface conduction	Oberflächenleitung f	conductibilité f de surface
S 1413	surface current	Oberflächenstrom m	courant m de surface, courant superficiel
S 1414	surface duct, ground-based duct	Oberflächendukt m	conduit m de surface, conduit près du sol
	surface duct	s. a. G 141	
S 1415	surface layer	Oberflächenschicht f	couche f de surface
S 1416	surface-mountable component, SMC	Bauelement n für Aufsetztechnik, oberflächenmontierbares Bauelement n	composant m montable sur la surface, composant pour montage en surface, CMS
	surface-mount assembly	s. S 1417	
S 1417	surface-mounted assembly, surface-mount assembly	Baugruppe f in Aufsetztechnologie, SMD-Baugruppe f	assemblage m à montage en surface
S 1418	surface-mounted device, SMD	oberflächenmontiertes Bauelement n, Aufsetzbauelement n	composant m monté en surface, CMS
S 1419	surface-mounting circuit board	Leiterplatte f für Aufsetztechnologie	carte f à composants pour montage en surface, carte CMS
S 1420	surface-mounting technology, SMT	Aufsetztechnologie f, Oberflächenmontagetechnik f	technique f de montage en surface, technologie f du montage en surface [des composants], TMS
S 1421	surface passivation	Oberflächenpassivierung f	passivation f de la surface
S 1422	surface recombination	Oberflächenrekombination f	recombinaison f superficielle, recombinaison f de surface
S 1423	surface resistance	Oberflächenwiderstand m	résistance f de surface, résistance superficielle
S 1424	surface roughness	Oberflächenrauhigkeit f	rugosité f de la surface
S 1425	surface tension	Oberflächenspannung f	tension f superficielle
S 1426	surface treatment	Oberflächenbehandlung f	traitement m de surface

S 1427	surface wave	Oberflächenwelle f	onde f de surface
S 1428	surface wave antenna	Oberflächenwellenantenne f	antenne f à onde de surface
	surge	s. V 249	
	surge arrester	s. S 1429	
S 1429	surge diverter, surge protector, surge arrester	Überspannungsableiter m, Überspannungsschutz m, Blitzschutzsicherung f	protecteur m, parafoudre m
S 1430	surge endurance	Überstromfestigkeit f	résistance f aux surintensités de courant
S 1431	surveillance radar	Rundsichtradar n, Luftraumüberwachungsradar n, Überwachungsradar n	radar m de surveillance (contrôle)
	surge protector	s. S 1429	
	survey	s. O 424	
S 1432	survivability	Überlebensfähigkeit f	aptitude f à survivre
S 1433	survival craft station	Rettungsgerät-Funkstelle f	station f d'engin de sauvetage
	susceptability to errors	s. E 416	
S 1434	suspended stripline (substrate)	Brennerleitung f, Suspended-Substrate-Leitung f	ligne f en ruban suspendue
S 1435	sustained oscillation	ungedämpfte Schwingung f	oscillation f entretenue
	SVS	s. S 233	
S 1436	sweep	Kipp m, Zeitablenkung f	balayage m
S 1437	sweep amplifier	Ablenkverstärker m, Kippverstärker m	amplificateur m de balayage
S 1438	sweeper	Wobbler m	vobulateur m, générateur m de balayage
S 1439	sweep frequency	Kippfrequenz f, Wobbelfrequenz f	fréquence f de relaxation, fréquence de balayage, fréquence de vobulation
S 1440	sweep frequency generator	Wobbelsender m, Kippgenerator m	vobulateur m, générateur m de balayage
S 1441	sweep generator, relaxation oscillator, relaxation generator	Kippgenerator m, Kipposzillator m, Wobbelgenerator m, Relaxationsoszillator m	générateur m [d'oscillations] de relaxation, oscillateur m à (de) relaxation, vobulateur m
S 1442	sweep range	Wobbelbereich m, Wobbelhub m	portée f de balayage
S 1443	sweep rate, sweep velocity	Wobbelgeschwindigkeit f, Zeitablenkgeschwindigkeit f	vitesse f de balayage
	sweep velocity	s. S 1443	
	swing	s. N 392	
S 1444	switchable bandwidth	umschaltbare Bandbreite f	largeur f de bande commutable
S 1445	switchboard, cordboard	Vermittlungsschrank m, Handvermittlung f, Klappenschrank m	commutateur m manuel
	switchboard operator	s. T 209	
S 1446	switchboard system	Handvermittlungssystem n	système m de commutation manuel
S 1447	switched capacitor filter, SC-filter	Schalter-Kondensator-Filter n, SC-Filter n	filtre m à capacités commutées
S 1448	switched-capacitor interpolator	Schalter-Kondensator-Interpolator m	interpolateur m à capacités commutées
S 1449	switched-capacitor network, SC network	Schalter-Kondensator-Netzwerk n, SK-Netzwerk n	réseau m à capacités commutées
S 1450	switched connection	vermittelte Verbindung f, Wählverbindung f, über Vermittlung hergestellte Verbindung	connexion f commutée
S 1451	switched data network	Datenwählnetz n	réseau m de données commuté
S 1452	switched diversity, scanned diversity	Antennenumschaltungsdiversity n	réception f en diversité à commutation d'antennes
S 1453	switched line, dial-up line	durchgeschaltete Leitung f	ligne f commutée
S 1454	switched mode power supply, SMPS, switching power supply	Schaltnetzteil n, getaktete Stromversorgung f	alimentation f à découpage
S 1455	switched network, dial-up network	vermitteltes Netz n, Vermittlungsnetz n, Wählnetz n, Netz n mit Vermittlung	réseau m commuté
	switched network	s. a. P 887	
S 1456	switched telephone network	vermitteltes Fernsprechnetz n	réseau m téléphonique commuté, RTC
S 1457	switched teleprinter network	Fernschreibnetz n mit Vermittlung, vermitteltes Fernschreibnetz	réseau m de téléimprimeurs commuté (exploité en commutation)
S 1458	switched traffic	vermittelter Verkehr m	trafic m commuté
	switched virtual connection	s. V 145	
S 1459	switcher	Schaltpult n (TV), Vermittlungseinrichtung (Telefonie)	pupitre m de commutation, pupitre d'aiguillage, aiguilleur (télévision), autocommutateur m, commutateur m (téléphonie)
	switch hook	s. R 332	
S 1460	switching	Vermitteln n, Vermittlung f (Telefonie, Telex usw.), Schalten n, Schaltung f	commutation f
S 1461	switching algebra, switching logic	Schaltalgebra f, Schaltlogik f	logique f de commutation
S 1462	switching architecture	Vermittlungsarchitektur f	architecture f de commutation

	switching array	s. S 1472	
	switching behaviour	s. S 1464	
S 1463	switching centre, switching exchange, switching office	Vermittlungszentrale f, Vermittlungsstelle f	centre m de commutation, central m
S 1464	switching characteristics, switching behaviour	Schaltverhalten n	caractéristiques fpl de commutation, comportement m en commutation
S 1465	switching device	Schaltvorrichtung f	dispositif m de commutation
	switching device	s. a. S 1468	
S 1466	switching diode	Schaltdiode f	diode f de commutation
S 1467	switching element	Koppelelement n	organe m de commutation
S 1468	switching equipment, switching device	Vermittlungseinrichtung f, Vermittlungsanlage f	commutateur f, équipement m de commutation
S 1469	switching equipment congestion, SEC	Besetztfall m in einer Vermittlungsstelle, Gassenbesetztfall m	encombrement m de l'équipement de commutation, EEC
S 1470	switching equipment room	Wählersaal m	salle f de commutation, salle contenant des commutateurs
	switching exchange	s. S 1463	
	switching logic	s. S 1461	
S 1471	switching matrix, connecting matrix	Koppelvielfach n, Koppelmatrix f	matrice f de commutation (connexion)
S 1472	switching network, switching array, connecting network	Koppelfeld n, Koppelanordnung f, Koppelnetz f, Koppeleinrichtung f	réseau m de connexion
S 1473	switching node	Knotenvermittlungsstelle f, Vermittlungsknoten m	point m nodal de commutation
S 1474	switching-off	Ausschaltung f, Ausschalten n, Abschaltung f	mise f hors tension, mise hors circuit
	switching office	s. S 1463	
S 1475	switching-on	Einschaltung f	mise f sous tension, mise en circuit
	switching power supply	s. S 1454	
S 1476	switching processor	Vermittlungsrechner m	processeur m de commutation
S 1477	switching section	Koppelabschnitt m	section f de commutation
S 1478	switching speed	Schaltgeschwindigkeit f	vitesse f de commutation
S 1479	switching stage	Koppelstufe f	étage f de commutation
S 1480	switching system	Vermittlungssystem n	système m de commutation
S 1481	switching technique	Vermittlungstechnik f, Vermittlungsverfahren f	technique f de commutation, méthode f de commutation
S 1482	switching theory	Vermittlungstheorie f	théorie f de la commutation
S 1483	switching time	Schaltzeit f, Umschaltzeit f	temps f de commutation
S 1484	switching transistor	Schalttransistor m	transistor m de commutation
S 1485	switch off/to, to turn off	ausschalten, abschalten	mettre hors tension, mettre hors fonction, mettre hors service
S 1486	switch on/to, to turn on	einschalten, anschalten	mettre sous tension, mettre en fonction, mettre en service
S 1487	switch over/to	umschalten	commuter
S 1488	switch-selected	umschaltbar	commutable
	SWR	s. S 1101	
	SxS	s. S 1162	
	syllabic articulation	s. S 1490	
S 1489	syllabic companding	Silbenkompandierung f	compression-extension f syllabique
S 1490	syllable articulation, syllabic articulation	Silbenverständlichkeit f	netteté f syllabique
S 1491	syllable articulation test	Silbenverständlichkeitstest m	essai m de netteté des syllabes
S 1492	symbol	Symbol n, Bildzeichen n	symbole m
	symbol	s. C 705	
S 1493	symbol error probability	Symbolfehlerwahrscheinlichkeit f	probabilité f d'erreur sur les symboles, PES
S 1494	symbol error rate	Symbolfehlerrate f	taux m d'erreurs sur les symboles
S 1495	symbol rate	Symbolrate f, Symbolgeschwindigkeit f, Schrittgeschwindigkeit f	débit m des symboles
S 1496	symmetrical binary code	symmetrischer Binärcode m	code m binaire symétrique
S 1497	symmetrical branch	symmetrischer Verzweiger m	embranchement m symétrique
	symmetric cable pair	s. S 1503	
S 1498	symmetrical channel	symmetrischer Kanal m	voie f symétrique
S 1499	symmetrical grading	symmetrische Staffelung f	multiplage m partiel symétrique
S 1500	symmetrical star quad cable	symmetrisches Sternviererkabel n	câble m symétrique à quartes en étoile
S 1501	symmetrical two-terminal-pair network	symmetrischer Vierpol m, längssymmetrischer Vierpol	quadripôle m symétrique
S 1502	symmetric cable, balanced cable	symmetrisches Kabel n	câble m à paires symétriques, câble m symétrique
S 1503	symmetric pair, symmetric cable pair, balanced pair, balanced cable pair	symmetrisches Adernpaar n	paire f symétrique
	SYN	s. S 1530	
	sync	s. S 1506	
S 1504	synchronism	Gleichlauf m, Synchronismus m	synchronisme m
S 1505	synchronizability	Synchronisierbarkeit f	possibilité f de synchronisation
S 1506	synchronization, synchronizing, sync	Synchronisierung f, Synchronisieren n, Synchronisation f	synchronisation f

synchronization

S 1507	**synchronization bit**	Synchronisationsbit *n*	bit *m* de synchronisation
S 1508	**synchronization byte**	Synchronisationsbyte *n*	multiplet *m* de synchronisation
S 1509	**synchronization information**	Synchronisationsinformation *f*	information *f* de synchronisation
S 1510	**synchronization link**	Synchronisationsverbindung *f*	liaison *f* de synchronisation
S 1511	**synchronization loss,** loss of synchronism	Synchronverlust *m*	perte *f* de synchronisation
	synchronization loss	*s. a.* L 479	
S 1512	**synchronization network**	Synchronisationsnetz *n*	réseau *m* de synchronisation
S 1513	**synchronization node**	Synchronisationsknoten *m*	nœud *m* de synchronisation
S 1514	**synchronization pulse,** synchronizing pulse, sync pulse	Synchronimpuls *m*	impulsion *f* de synchronisation, top *m* de synchronisation
S 1515	**synchronization technique**	Synchronisierungstechnik *f*, Synchronisationstechnik *f*	technique *f* de synchronisation
S 1516	**synchronization word,** syncword	Synchronwort *n*	mot *m* de synchronisation
S 1517	**synchronized multivibrator,** driven multivibrator	synchronisierter Multivibrator *m*	multivibrateur *m* synchronisé, multivibrateur asservi [en fréquence]
S 1518	**synchronized network**	synchronisiertes Netz *n*	réseau *m* synchronisé
S 1519	**synchronized satellite,** phased satellite	synchronisierter Satellit *m*	satellite *m* synchronisé, satellite en phase
S 1520	**synchronizer**	Synchronisator *m*	synchronisateur *m*, synchroniseur *m*
	synchronizing	*s.* S 1506	
S 1521	**synchronizing information**	Gleichlaufinformation *f*	information *f* de synchronisation
	synchronizing pulse	*s.* S 1514	
S 1522	**synchronizing signal**	Synchronsignal *n*, Synchronisierungssignal *n*	signal *m* de synchronisation, signal synchro
S 1523	**synchronous**	synchron	synchrone
S 1524	**synchronous counter**	Synchronzähler *m*	compteur *m* synchrone
S 1525	**synchronous data link control,** SDLC	synchrones Datenübertragungsverfahren *n*, SDLC-Verfahren *n*	prodédure *f* de liaison de données synchrones, prodédure SDLC
S 1526	**synchronous data network**	synchrones Datennetz *n*	réseau *m* pour données synchrones, réseau synchrone de données, réseau synchrone de transmission de données
S 1527	**synchronous demodulation**	synchrone Demodulation *f*	démodulation *f* synchrone
S 1528	**synchronous detector**	Synchrondetektor *m*	détecteur *m* synchrone
S 1529	**synchronous generator**	Synchrongenerator *m*	générateur *m* de synchronisation
S 1530	**synchronous idle,** SYN	Synchronisationszeichen *n*, Synchronisation *f*, Synchronisierung *f*	caractère *m* de synchronisation, synchronisation *f*, SYN
	synchronous margin	*s.* S 1535	
S 1531	**synchronous mode**	Synchronmodus *m*, Synchronverfahren *n*	mode *m* synchrone
S 1532	**synchronous network**	synchrones Netz *n*	réseau *m* synchrone
S 1533	**synchronous operation**	Synchronbetrieb *m*, Synchronverfahren *n*	exploitation *f* synchrone, fonctionnement *m* synchrone
S 1534	**synchronous oscillator**	Synchronoszillator *m*	oscillateur *m* synchrone
	synchronous satellite	*s.* G 66	
S 1535	**synchronous start-stop margin,** synchronous margin	synchroner Start-Stopp-Spielraum *m*, synchroner Spielraum *m*	marge *f* au synchronisme d'un appareil arythmique, marge aus synchronisme
S 1536	**synchronous system**	Synchronsystem *n*	système *m* synchrone
S 1537	**synchronous telegraph system**	Synchrontelegrafiesystem *n*	système *m* de télégraphie synchrone
S 1538	**synchronous transmission**	Synchronübertragung *f*, synchrone Übertragung *f*	transmission *f* synchrone, transmission isochrone
S 1539	**synchronous user module,** SUM	Anschlußmodul *n* für synchrone Datenendgeräte	module *m* d'usagers du service synchrone, module d'utilisateurs synchrones
S 1540	**sync level,** synchronizing level	Synchronwert *m*	niveau *m* de synchro
	synchronizing level	*s.* S 1540	
	sync pulse	*s.* S 1514	
S 1541	**sync separator**	Separator *m*, Amplitudensieb *n*	séparateur *m* de synchro
	syncword	*s.* S 1516	
S 1542	**syndrome**	Syndrom *n*	syndrome *m*
S 1543	**syndrome decoder**	Syndromdecodierer *m*	décodeur *m* de syndrome
S 1544	**syndrome decoding**	Syndromdecodierung *f*	décodage *m* en syndrôme
S 1545	**syndrome decoding technique**	Syndrom-Decodierungstechnik *f*	méthode *f* de décodage de syndrome
S 1546	**synthesized radio telephone**	Funktelefon *n* mit dekadischer Frequenzeinstellung, Funktelefon (Radiotelefon *n*) mit Frequenzdekade	radiotéléphone *m* à synthèse de fréquence
S 1547	**synthesizer settling time**	Einregelzeit *f* (Einrastzeit *f*) einer Frequenzdekade	temps *m* d'acquisition du régime stable d'un synthétiseur
S 1548	**synthetic aperture**	synthetische Apertur *f*, synthetisch erzeugte Apertur	ouverture *f* synthétique
S 1549	**synthetic aperture radar,** SAR	Radar *n* mit synthetischer Apertur	radar *m* à antenne synthétique, RAAS, radar à synthèse d'ouverture, RSO
S 1550	**synthetic speech**	synthetische Sprache *f*	parole *f* synthétique
S 1551	**systematic code**	systematischer Code *m*	code *m* systématique

S 1552	systematic error	systematischer Fehler *m*	erreur *f* systématique
S 1553	systematic failure, deterministic failure	systematischer Ausfall *m*	défaillance *f* systématique
S 1554	systematic jitter	systematischer Jitter *m*	gigue *f* systématique
S 1555	system calculation	Systemberechnung *f*	calcul *m* de système
S 1556	system design	Systemkonzeption *f*	conception *f* de système
S 1557	system gain	Systemspanne *f*	gain *m* du système
S 1558	system integration	Systemintegration *f*	intégration *f* de [différents] systèmes
S 1559	system loss	Systemdämpfung *f*	affaiblissement *m* entre bornes d'antennes, affaiblissement du système
	system margin	*s.* S 3	
	system of cells	*s.* C 352	
S 1560	system organization	Systemorganisation *f*	organisation *f* du système
S 1561	system reliability	Systemzuverlässigkeit *f*	fiabilité *f* du système
S 1562	system simulator	Systemsimulator *m*	simulateur *m* de système
S 1563	systems-management	Systemmanagement *n*, Systemführung *f*	gestion *f* de systèmes
S 1564	system specific	systemspezifisch, systemeigen	spécifique au système, propre au système
S 1565	system theory	Systemtheorie *f*	théorie *f* des systèmes
S 1566	system value	Systemwert *m*	valeur *f* du système
S 1567	systolic	systolisch	systolique

T 1

	TA	*s.* T 361	
T 1	table look-up technique	Tabellensuchverfahren *n*	méthode *f* de la recherche dans une table [de codage]
T 2	table model, table-top model	Tischgerät *n*	appareil *m* de table
	table set	*s.* D 311	
	table-top model	*s.* T 2	
T 3	TACAN system *(Tactical Air Navigation)*	TACAN-Navigationssystem *n*	système *m* de navigation TACAN
T 4	tag	Markierung *f*, Kennzeichen *n*	étiquette *f*, clé *f*
	tag	*s. a.* K 3	
	TAI	*s.* I 514	
T 5	tailing	Zieheffekt *m*, Nachziehen *n*	traînage *m*
T 6	take a bearing/to	peilen	prendre les relèvements
	take off/to	*s.* O 39	
T 7	talk	Sprechen *n*, Sprache *f*	parole *f*
	talking circuit	*s.* S 929	
	talking key	*s.* T 8	
	talking-ringing key	*s.* T 9	
T 8	talk key, talking key	Sprechschalter *m*	clé *f* de conversation
	talk key	*s. a.* P 997	
T 9	talk-ringing key, talking-ringing key	Ruf- und Sprechschalter *m*	clé *f* d'appel et de conversation
T 10	talk-through facility	Durchschalteeinrichtung *f*	dispositif *m* d'intercommunication
T 11	tamed frequency modulation, TFM	„gezähmte" Frequenzmodulation *f*, TFM	modulation *f* de fréquence asservie, MFA, modulation de fréquence écrêtée, modulation de fréquence à caractéristique de phase imposée
T 12	tandem area	Knotenamtsbereich *m*	zone *f* desservie par un central tandem, zone de desserte d'un central tandem
	tandem central office	*s.* T 13	
T 13	tandem exchange, tandem central office	Knotenamt *n*, Tandemzentrale *f*, Durchgangszentrale *f*	central *m* nodal, central tandem
T 14	tangential wave path, tangent ray	Tangentialstrahl *m*	rayon *m* tangent
T 15	tantalum capacitor	Tantalkondensator *m*	condensateur *m* au tantale
T 16	tantalum chip capacitor	Tantalchipkondensator *m*	condensateur *m* en tantale sur une pastille
T 17	tantalum electrolytic capacitor	Tantalelektrolytkondensator *m*, Tantalelko *m*	condensateur *m* électrolytique au tantale
T 18	T antenna, T-shaped antenna	T-Antenne *f*	antenne *f* en T
T 19	tap/to	abgreifen, anzapfen	brancher, prendre
T 20	tap/to *(telephone)*	abhören	écouter clandestinement, faire de l'écoute clandestine
T 21	tap, tapping	Abgriff *m*, Anzapfung *f*, Abzweigung *f*, Abzweiger *m*	prise *f*, borne *f*, branchement *m*
T 22	tape/to	mit Band bewickeln (umwickeln), auf Band aufnehmen	guiper, enregistrer sur bande
	tape cable	*s.* R 716	
T 23	tape drive	Bandlaufwerk *n*	dérouleur *m* de bande
T 24	tape feed	Bandvorschub *m*, Bandvorlauf *m*	avancement *m* de la bande

T 25		tape perforator, tape punch	Streifenlocher m, Bandlocher m	perforateur m de bande, perforatrice f de bande
		tape perforator	s. a. P 240	
T 26		tape printer, band printer, strip printer	Streifendrucker m	lecteur m imprimeur, imprimante f à (sur) bande, téléimprimeur f à bande
		tape printer	s. a. T 32	
		tape punch	s. 1. P 240; 2. T 25	
T 27		taper, tapered section	Taper m	transition f progressive, transition rétrécie, raccord m progressif
T 28		taper coupler	Taper m, Koppler m mit verändertem Querschnitt	coupleur m à raccord progressif
		tape reader	s. T 29	
T 29		tape reading head, tape reader	Streifenlesekopf m	tête f de lecture de bande, lecteur m de bande
		tapered section	s. T 27	
T 30		tapered waveguide	Taperwellenleiter m	guide m d'onde à raccord progressif
T 31		tape speed	Bandgeschwindigkeit f	vitesse f de défilement
T 32		tape teleprinter, tape printer	Streifenschreiber m	téléimprimeur m à bande, téléimprimeur à impression sur bande
T 33		tapped delay line	angezapfte Verzögerungsleitung f, angezapfte Laufzeitkette f	ligne f de retard à prises, ligne de retard comportant des prises
T 34		tapped telephone line	abgehörte Fernsprechleitung f, abgehörte Telefonleitung f	ligne f téléphonique écoutée
T 35		tapped transformer	Transformator m mit Anzapfungen, Übertrager m mit Anzapfungen	transformateur m à prises
		tapping	s. 1. T 21; 2. W 180	
		tapping element	s. T 49	
T 36		tapping loss, bridging loss	Anschaltedämpfung f	perte f en puissance apparente par (due à une) dérivation
T 37		target	Ziel n, Ortungsobjekt n (Radar), Speicherplatte f	cible f
T 38		target acquisition	Zielerfassung f	acquisition f de cible
T 39		target code	Target-Code m	code m d'exécution
T 40		target discrimination	Zielunterscheidung f	discrimination f de cibles
T 41		target identification	Zielerkennung f, Zielidentifizierung f	identification f de cible
T 42		tariff system	Tarifsystem n, Gebührenordnung f	système m de tarification, régime m de tarification
		TASI	s. T 576	
T 43		TASI channel	TASI-Kanal m	voie f TASI
T 44		TASI concentrator	TASI-Konzentrator m	concentrateur m TASI
T 45		TASI terminal	TASI-Endeinrichtung f	terminal m TASI
T 46		task-oriented queuing	aufgabenorientiertes Wartesystem n	file f d'attente orientée vers une tâche
T 47		tax data	Gebührendaten pl, Taxdaten pl	données fpl de taxation
		TB	s. T 833	
T 48		T-bus	T-Bus m	bus m à configuration en T
		TC	s. T 989	
		TCC	s. 1. C 1152; 2. T 840	
T 49		T-coupler, tee coupler, tapping element	T-Koppler m	coupleur m en T
		TDC	s. T 322	
		TDF	s. T 751	
		TDM	s. T 597	
		TDMA	s. T 595	
T 50		tearing (TV)	Zerreißen n, Zeilenreißen n	déchirure f
T 51		technical assistance	technische Unterstützung f	assistance f technique
T 52		technical research	technische Forschung f	recherche f technique
		technical specifications	s. F 600	
T 53		techno-economic assessement	technisch-ökonomische Bewertung f	évaluation f technico-économique
T 54		technology transfer	Technologietransfer m	transfert m technologique
		tee coupler	s. T 49	
		tee junction	s. T 643	
T 55		teleadjusting	Ferneinstellen n	télépositionnement m
T 56		teleautograph, telewriter	Koordinatenschreiber m	téléautographe m
		teleautography	s. T 317	
T 57		telecommand, remote control, remote command	Fernsteuern n, Fernsteuerung f, Fernbedienung f	télécommande f, commande f distante, commande f à distance
T 58		telecommunication	Telekommunikation f, Nachrichtenwesen n	télécommunication f
T 59		telecommunication administration	Nachrichtenverwaltung f, Fernmeldeverwaltung f	administration f des télécommunications
T 60		telecommunication agreement	Fernmeldeabkommen n	accord m concernant les télécommunications
T 61		telecommunication antenna	Antenne f für Nachrichtenübermittlung	antenne f de télécommunication
T 62		telecommunication charge	Fernmeldetarif m	tarif m des télécommunications

T 63	telecommunication circuit	Fernmeldeleitung f, Fernmeldeübertragungsweg m	circuit m de télécommunication
T 64	telecommunication equipment	Nachrichtengerät n, nachrichtentechnisches Gerät n, Fernmeldegerät n	équipement m de télécommunication, matériel m de télécommunication
T 65	telecommunication equipment room	Fernmeldebetriebsraum m	local m contenant des équipments de télécommunication
T 66	telecommunication installation	Fernmeldeanlage, Telekommunikationsanlage f	installation f de télécommunication
T 67	telecommunication line	Fernmeldelinie f	ligne f de télécommunication
T 68	telecommunication link, communication link	Nachrichtenverbindung f, Fernmeldeverbindung f	liaison f de télécommunications
T 69	telecommunication network	Fernmeldenetz n, Nachrichtennetz n, Telekommunikationsnetz n	réseau m de télécommunication
	telecommunication network	s. a. C 841	
T 70	telecommunication office	Fernmeldeamt n	bureau m de télécommunication
T 71	telecommunication path	Fernmeldeweg m	itinéraire m de télécommunications
T 72	telecommunications	Fernmeldewesen n, Nachrichtenwesen n, Nachrichtentechnik f	télécommunications fpl
T 73	telecommunications building, communications equipment accommodation	Fernmeldegebäude n	bâtiment m de télécommunication
T 74	telecommunication security	Nachrichtensicherheit f	sécurité f des télécommunications
T 75	telecommunications engineer	Fernmeldeingenieur m	ingénieur m des télécommunications
T 76	telecommunications equipment industry	Nachrichtengeräteindustrie f	industrie f des équipements de télécommunication
T 77	telecommunication service	Fernmeldedienst m, Telekommunikationsdienst m	service m de télécommunication
T 78	telecommunications infrastructure	Fernmeldeinfrastruktur f, Infrastruktur f des Fernmeldewesens	infrastructure f des télécommunications
T 79	telecommunications research and development	nachrichtentechnische Forschung f und Entwicklung f	recherche f et études fpl pour les télécommunications
T 80	telecommunications software	nachrichtentechnische Software f	logiciel m de télécommunication
T 81	telecommunications statistics	Fernmeldestatistik f	statistiques fpl sur les télécommunications
T 82	telecommunication staff	Fernmeldepersonal n	personnel m de télécommunications
T 83	telecommunications traffic, teletraffic	Fernmeldeverkehr m	trafic m de télécommunications, télétrafic m
T 84	telecommunication system	Fernmeldesystem n, Nachrichtensystem n, Telekommunikationssystem n	système m de télécommunication
T 85	teleconference, teleconferencing	Telekonferenz f	téléconférence f
T 86	telecontrol, remote control, RC	Fernwirken n	téléconduite f, télécommande f
T 87	telecontrol information	Fernwirkinformation f	information f de téléconduite
	telecopier	s. F 6	
T 88	telecopy, telefax	Fernkopieren n, Telefax n	télécopie f
	telefax	s. F 3	
	telefax terminal	s. R 540	
T 89	telegram	Telegramm n	télégramme m
T 90	telegraph	Telegraf m	télégraphe m
T 91	telegraph alphabet	Telegrafenalphabet n	alphabet m télégraphique
T 92	telegraph cable	Telegrafenkabel n	câble m télégraphique
T 93	telegraph centre	Telegrafenstelle f	centre m télégraphique
T 94	telegraph channel	Telegrafenkanal m, Telegrafiekanal m	voie f de transmission télégraphique
T 95	telegraph character, code character	Telegrafiezeichen n	caractère m télégraphique
T 96	telegraph charge	Telegrafengebühr f	taxe f télégraphique
T 97	telegraph circuit	Telegrafieübertragungsweg m, Telegrafenkanal m, Telegrafenleitung f	circuit m télégraphique, voie f de communication télégraphique
T 98	telegraph code	Telegrafencode m, Telegrafiercode m	code m télégraphique
T 99	telegraph connection	Telegrafenverbindung f	communication f télégraphique
T 100	telegraph converter	Telegrafieumsetzer m	translation f convertisseuse télégraphique
T 101	telegraph current	Telegrafierstrom m	courant m télégraphique
T 102	telegraph demodulator	Telegrafiedemodulator m	démodulateur m télégraphique
T 103	telegraph dial exchange	Telegrafiewählvermittlungsstelle f, VStTW, TW-Vermittlungsstelle f	central m télégraphique automatique, autocommutateur m télégraphique
T 104	telegraph discriminator	Telegrafiediskriminator m	discriminateur m télégraphique
T 105	telegraph distortion	Telegrafieverzerrung f, Schrittverzerrung f	distorsion f télégraphique
T 106	telegraph electromagnet	Empfangsmagnet m	électro m télégraphique
T 107	telegraph engineering	Telegrafentechnik f	technique f télégraphique
	telegrapher	s. T 120	
T 108	telegraph exchange	Telegrafievermittlungsstelle f	central m télégraphique
	telegraph-grade line	s. T 111	

T 109	telegraphic equation	Telegrafengleichung f	équation f de télégraphistes
T 110	telegraph instrument room	Telegrafenbetriebssaal m	salle f des appareils télégraphiques
	telegraph key	s. M 647	
	telegraph keying	s. T 114	
T 111	telegraph line, telegraph-grade line	Telegrafenlinie f, Telegrafenleitung f, T-Leitung f	ligne f télégraphique
T 112	telegraph magnifier	Telegrafieverstärker m	amplificateur m télégraphique
T 113	telegraph modem	Telegrafiemodem m	modem m télégraphique
T 114	telegraph modulation, telegraph keying	Telegrafiemodulation f	modulation f télégraphique
T 115	telegraph modulator	Telegrafiemodulator m	modulateur m télégraphique
T 116	telegraph network, telegraph system	Telegrafennetz n, Tg-Netz n, Telegrafensystem n	réseau m télégraphique, système m télégraphique
T 117	telegraph noise, thump	Telegrafiergeräusch n	bruit m de télégraphe
T 118	telegraph office	Telegrafenamt n	bureau m télégraphique, central m télégraphique
T 119	telegraph operation	Telegrafiebetrieb m	exploitation f télégraphique
T 120	telegraph operator, telegrapher	Telegrafist m	télégraphiste m
T 121	telegraph radioconverter	Telegrafiefunkkonverter m	convertisseur m de signaux radiotélégraphiques, détecteur m de signaux radiotélégraphiques
T 122	telegraph relay	Telegrafenrelais n	relais m télégraphique
T 123	telegraph repeater	Telegrafenübertrager m	répéteur m télégraphique, translateur m télégraphique
T 124	telegraph route	Telegrafierweg m, Leitweg m	artère f télégraphique
T 125	telegraph service	Telegrafendienst m	service m télégraphique
T 126	telegraph signal	Telegrafierzeichen n, Telegrafiersignal n, Telegrafiesignal n	signal m télégraphique
T 127	telegraph signal element	Telegrafierzeichenelement n	élément m de signal télégraphique
T 128	telegraph speed, modulation rate, modulation speed	Telegrafiergeschwindigkeit f	vitesse m télégraphique, rapidité f de modulation
T 129	telegraph station	Telegrafenstelle f	poste m télégraphique
T 130	telegraph switchboard	Telegrafenklappenschrank m	commutateur m manuel télégraphique
T 131	telegraph switching	Telegrafievermittlung f	commutation f télégraphique
T 132	telegraph switching exchange	Telegrafievermittlungsamt n, Telegrafievermittlungsstelle f	centre m de commutation télégraphique
T 133	telegraph traffic	Telegrafieverkehr m	trafic m télégraphique
T 134	telegraph transmitter	Telegrafiesender m	émetteur m télégraphique
T 135	telegraph vibrating relay	Vibrationsrelais n	relais m vibrateur télégraphique
T 136	telegraph wire	Telegrafendraht m	fil m télégraphique
T 137	telegraphy	Telegrafie f	télégraphie f
T 138	teleguidance	Fernlenkung f	téléguidage m
T 139	teleindication	Fernanzeigen n, Fernmelden n	télésignalisation f
	teleinformatics	s. R 541	
T 140	telemarketing	Telemarketing n	télémarketing m
T 141	telematics	Telematik f	télématique f
T 142	telematic services	Telematikdienste mpl	services mpl de télématique, services télématiques
T 143	telematic terminal	Telematikendgerät n, Telematikterminal n	terminal m de télématique
T 144	telemeter/to	fernmessen	télémesurer
	telemetering	s. T 147	
T 145	telemetering link	Fernmeßverbindung f	liaison f de télémesure
T 146	telemetering receiver	Fernmeßempfänger m	récepteur m de télémesure
T 147	telemetry, telemetering, remote metering	Fernmessen n, Fernmessung f	télémesure f
T 148	telemetry	Telemetrie f, Entfernungsmessung f	télémétrie f
T 149	telemetry channel	Fernmeßkanal m	voie f de télémesure
T 150	telemetry signal	Fernmeßsignal n	signal m de télémesure
T 151	telemetry system	Fernmeßsystem n	système m de télémesure
T 152	telemonitoring, remote monitoring	Fernüberwachung f, Fernüberwachen n	télésurveillance f, contrôle m à distance
	telephone	s. T 219	
T 153	telephone/by	telefonisch, fernmündlich	par téléphone
T 154	telephone accounting	Fernsprechabrechnung f, Telefonabrechnung f	comptabilité f téléphonique
T 155	telephone accounting service	Fernsprechrechnungsstelle f	service m de comptabilité téléphonique
T 156	telephone address	Fernsprechanschrift f	adresse f téléphonique
T 157	telephone amplifier, telephone repeater	Fernsprechverstärker m	amplificateur m téléphonique, répéteur m téléphonique, répéteur
T 158	telephone announcement service	Fernsprechansagedienst m	service m d'annonce par téléphone
T 159	telephone answerer (answering device), answerer, telephone answering set, call answering device, answering machine	Fernsprechanrufbeantworter m, Anrufbeantworter m, Telefonanrufbeantworter m	répondeur m téléphonique, répondeur [automatique d'appel]

T 160	telephone answering service, absent-subscriber service	Fernsprechauftragsdienst m, Auftragsdienst m	service m des abonnés absents
	telephone answering set	s. T 159	
T 161	telephone area	Anschlußbereich m	zone f téléphonique
T 162	telephone attachment, telephone plant	Fernsprecheinrichtung f	installation f téléphonique
	telephone attachment	s. a. T 210	
T 163	telephone bell, telephone ringer	Telefonklingel f, Wecker m, Rufsatz m	sonnerie f
	telephone book	s. T 183	
T 164	telephone booth (box), payphone booth, phone booth, telephone cabin, telephone kiosk	Fernsprechzelle f, Telefonzelle f, Telefonkabine f, Telefonhäuschen n	cabine f téléphonique
	telephone business	s. T 195	
	telephone cabin	s. T 164	
T 165	telephone cable	Fernsprechkabel n, Telefonkabel n, Fernmeldekabel n für Fernsprechverkehr	câble m téléphonique
T 166	telephone cable link	Fernsprechkabelverbindung f	liaison f téléphonique par câble
T 167	telephone cable plant	Fernsprechkabelanlage f	installation f de câbles téléphoniques
T 168	telephone call, call	Fernsprechanruf m, Telefonanruf m, Anruf m, Fernsprechverbindung f, Telefonverbindung f	appel m téléphonique, appel, communication f [téléphonique]
T 169	telephone calling frequency	Fernsprechanrufhäufigkeit f, Telefonanrufhäufigkeit f	fréquence f d'appel téléphonique
T 170	telephone carrier channel	TF-Fernsprechkanal m, Trägerfrequenz-Fernsprechkanal m, getragerter Fernsprechkanal m	voie f téléphonique à courants porteurs
T 171	telephone channel, voice channel	Fernsprechkanal m	voie f téléphonique
T 172	telephone charge, telephone rate	Fernsprechgebühr f, Telefongebühr f	taxe f téléphonique
T 173	telephone charging	Fernsprechgebührenerfassung f	taxation f téléphonique
T 174	telephone circuit, voice circuit	Fernsprechleitung f, Telefonleitung f, Fernsprechübertragungsweg m, Sprech[strom]kreis m, Fernsprechkreis m	circuit m téléphonique
T 175	telephone circuit in cable	verkabelte Telefonleitung f, verkabelte Fernsprechleitung f	circuit m téléphonique en câble
T 176	telephone communication	Fernsprechverbindung f, Telefonverbindung f, Anruf m	liaison f téléphonique, communication f téléphonique
T 177	telephone company	Telefongesellschaft f	compagnie f de téléphone
T 178	telephone connection	Fernsprechanschluß m, Telefonanschluß m, Fernsprechverbindung f	raccordement m téléphonique, liaison f téléphonique, communication f téléphonique
T 179	telephone console	Fernsprechpult n	pupitre m téléphonique
T 180	telephone conversation	Telefongespräch n, fernmündliches Gespräch n	conversation f téléphonique
T 181	telephone cord	Telefonschnur f, Fernsprechapparateschnur f	cordon m téléphonique
	telephone country code	s. C 1152	
	telephone customer	s. T 229	
T 182	telephone density	Fernsprechdichte f	densité f téléphonique
T 183	telephone directory, number finder, telephone (phone) book	Fernsprechverzeichnis n, Fernsprechbuch n, Telefonbuch n	répertoire m téléphonique, annuaire m téléphonique
T 184	telephone district	Fernsprechbezirk m	circonscription f téléphonique
T 185	telephoned message	telefonisch übermittelte Nachricht f, fernmündlich übermittelte Nachricht	message m téléphoné
T 186	telephoned telegram	telefonisch durchgesagtes Telegramm n, fernmündlich übermitteltes Telegramm	télégramme m téléphoné
	telephone earphone	s. T 215	
	telephone earpiece	s. E 1	
T 187	telephone engineering	Fernsprechtechnik f	technique f téléphonique
T 188	telephone equipment	Fernsprechgerät n	équipement m téléphonique, matériel m téléphonique
T 189	telephone exchange	Fernsprechvermittlungsstelle f, Fernsprechvermittlung f, Telefonvermittlung f, Fernsprechzentrale f, Fernsprechamt n	central m téléphonique, centre m téléphonique
T 190	telephone extension	Fernsprechnebenstelle f	poste m supplémentaire
	telephone facility	s. T 210	
T 191	telephone franking privilege	Fernsprechgebührenfreiheit f, Telefongebührenfreiheit f	franchise f téléphonique
T 192	telephone frequency	Fernsprechfrequenz f, Sprachfrequenz f, Sprechfrequenz f	fréquence f téléphonique, fréquence vocale
	telephone grid	s. T 204	
	telephone handset	s. H 60	

telephone

T 193	telephone harmonic form factor	Fernsprechformfaktor *m*		facteur *m* téléphonique de forme
T 194	telephone headset	Kopffernhörer *m*		casque *m* téléphonique
T 195	telephone industry, telephone business	Fernsprechindustrie *f*		industrie *f* du téléphone
T 196	telephone influence factor, telephone interference factor, TIF	Fernsprechformfaktor *m*, Fernsprechstörfaktor *m*		facteur *m* TIF
	telephone instrument	s. T 219		
	telephone interference factor	s. T 196		
T 197	telephone intermediate repeater, telephone repeater	Fernsprechzwischenverstärker *m*, Fernsprechverstärker *m*		répéteur *m* téléphonique, amplificateur *m* téléphonique
T 198	telephone keypad, dial keypad, dialling keypad, dial pad	Wahltastatur *f*, Wähltasten *fpl*, Tastenfeld *n*		clavier *m* téléphonique, clavier de numérotation, clavier *m*
	telephone kiosk	s. T 164		
T 199	telephone line, phone line	Fernsprechleitung *f*, Telefonleitung *f*		ligne *f* téléphonique
T 200	telephone link	Fernsprechverbindung *f*, Telefonverbindung *f*		liaison *f* téléphonique
T 201	telephone message	telefonische Mitteilung *f*, fernmündliche Mitteilung		message *m* téléphonique
T 202	telephone microphone	Fernsprechmikrophon *n*		microphone *m* téléphonique
T 203	telephone multiplex signal	Fernsprechmultiplexsignal *n*		signal *m* multiplex téléphonique
T 204	telephone network, telephone grid, voice network	Fernsprechnetz *n*, Telefonnetz *n*		réseau *m* téléphonique
T 205	telephone network operation	Betrieb *m* des Fernsprechnetzes		exploitation *f* du réseau téléphonique
T 206	telephone numbering	Fernsprechnumerierung *f*		numérotation *f* téléphonique
T 207	telephone office	Fernsprechamt *n*		central *m* téléphonique
T 208	telephone operation	Fernsprechbetrieb *m*		exploitation *f* téléphonique
T 209	telephone operator, switch board operator, telephonist, operator, PBX attendant	Telefonistin *f*, Telefonbeamtin *f*, Fernsprechbeamtin *f*		opératrice *f*, téléphoniste *f*, standardiste *f*
T 210	telephone plant, telephone facility, telephone attachment	Fernsprechanlage *f*, Telefonanlage *f*		installation *f* téléphonique, équipement *m* téléphonique
	telephone plant	s. a. T 162		
T 211	telephone pole	Telefonmast *m*		poteau *m* téléphonique
T 212	telephone pole line	Fernsprechleitung *f* auf Masten, Telefonleitung *f* auf Masten		ligne *f* téléphonique sur poteaux
T 213	telephone radio-relay link, telephony radio link	Fernsprechrichtfunkverbindung *f*, Richtfunkstrecke *f* für Fernsprechübertragung		liaison *f* hertzienne téléphonique
	telephone rate	s. 1. T 172; 2. T 232		
T 214	telephone rate system	Fernsprechgebührenordnung *f*		régime *m* de tarification téléphonique
T 215	telephone receiver, telephone earphone	Telefonhörer *m*, Hörer *m*, Fernhörer *m*		récepteur *m* téléphonique, écouteur *m* téléphonique
T 216	telephone relay	Fernsprechrelais *n*, Telefonrelais *n*		relais *m* téléphonique
	telephone repeater	s. 1. T 157; 2. T 197		
	telephone ringer	s. T 163		
T 217	telephone routing	Fernsprechleitweglenkung *f*		acheminement *m* téléphonique
T 218	telephone service, voice service	Fernsprechdienst *m*		service *m* téléphonique
T 219	telephone set, telephone instrument, telephone, phone	Fernsprechapparat *m*, Telefon *n*, Fernsprecher *m*, Telefonapparat *m*		poste *m* téléphonique, appareil *m* téléphonique, téléphone *m*
T 220	telephone set for the handicapped	Behinderten-Fernsprechapparat *m*		poste *m* téléphonique pour handicapés
T 221	telephone signal	Fernsprechsignal *n*		signal *m* téléphonique
T 222	telephone signalling	Fernsprechzeichengabe *f*, Telefonsignalisierung *f*		signalisation *f* téléphonique
T 223	telephone speech quality	Fernsprechsprachqualität *f*, Fernsprechqualität *f*		parole *f* de qualité téléphonique
T 224	telephone stall	offene Fernsprechkabine *f*, offene Telefonzelle *f*		cabine *f* téléphonique ouverte
T 225	telephone station, station	Fernsprechteilnehmereinrichtung *f*, Teilnehmereinrichtung *f*, Fernsprechstelle *f*, Sprechstelle *f*		poste *m* téléphonique installé, poste téléphonique
T 226	telephone statistics	Fernsprechstatistik *f*		statistique *f* téléphonique
T 227	telephone switching	Fernsprechvermittlungstechnik *f*, Fernsprechvermittlung *f*, Telefonvermittlung *f*		commutation *f* téléphonique
T 228	telephone switching centre, telephone switching office	Fernsprechvermittlungszentrale *f*		centre *m* de commutation téléphonique
T 229	telephone subscriber, telephone customer	Fernsprechteilnehmer *m*, Telefonteilnehmer *m*, Telefonabonnent *m*, Teilnehmer *m*		abonné *m* du (au) téléphone
T 230	telephone subscriber connection	Fernsprechanschluß *m*, Fernsprechteilnehmeranschluß *m*, Telefonanschluß *m*, Teilnehmeranschluß *m*		raccordement *m* d'abonné au téléphone
T 231	telephone subscription	Fernsprechteilnehmerverhältnis *n*, Telefonabonnement *n*		abonnement *m* au téléphone, abonnement téléphonique

	telephone switching office	s. T 228	
T 232	telephone tariff, telephone rate	Fernsprechtarif m	tarif m téléphonique, taxe f téléphonique
T 233	telephone terminal	Fernsprechendgerät n	terminal m téléphonique
T 234	telephone traffic, voice teletraffic	Fernsprechverkehr m, Telefonverkehr m	télétrafic m téléphonique, télétrafic, trafic m téléphonique, correspondance f téléphonique
T 235	telephone traffic density	Fernsprechverkehrsdichte f	intensité f de trafic téléphonique
T 236	telephone transmission	Fernsprechübertragung f	transmission f téléphonique
	telephone transmission performance	s. T 237	
T 237	telephone transmission quality, telephone transmission performance	Fernsprechübertragungsgüte f, Fernsprechübertragungsqualität f	qualité f de transmission téléphonique
T 238	telephone transmission rating	Bewertung f für Fernsprechübertragung	indice m de qualité de transmission téléphonique
T 239	telephone transmission technique	Fernsprechübertragungstechnik f	technique f de la transmission téléphonique
T 240	telephone transmitter	Fernsprechkapsel f	microphone m
	telephone transmitter	s. a. T 875	
T 241	telephone trunk connection	Ferngespräch n, Fernsprechfernverbindung f	communication f téléphonique interurbaine
T 242	telephone usage demand	Bedarf m an Fernsprechanschlüssen	demande f en circuits téléphoniques
T 243	telephone user part, TUP	Fernsprech[be]nutzerteil m, Fernsprechanwenderteil m, Telefonanwenderteil m, Anwenderteil m für Fernsprechen	sous-système m utilisateur téléphonie, SSUT
T 244	telephone wire	Telefondraht m	fil m téléphonique
T 245	telephonic	fernmündlich, telefonisch	téléphonique
	telephonist	s. T 209	
T 246	telephony	Fernsprechen n, Telefonieren n, Fernsprechwesen n	téléphonie f
T 247	telephony band	Fernsprechband n	bande f téléphonique
T 248	telephony baseband	Fernsprechbasisband n	bande f de base téléphonique
T 249	telephony channeling	Fernsprechkanalaufteilung f	répartition f des voies téléphoniques
	telephony radio link	s. T 213	
T 250	teleprinter, TPR, teletypewriter, teletype, TTY, teletype machine	Fernschreibmaschine f, Fernschreiber m	téléimprimeur m, téléscripteur m, télétype m
T 251	teleprinter channel	Fernschreibkanal m	voie f de téléimprimeur
T 252	teleprinter circuit	Fernschreibleitung f	circuit m de téléimprimeur
T 253	teleprinter code, telex code, international telegraph code	Fernschreibcode m	code m de téléimprimeur, code m télex
T 254	teleprinter communication	Fernschreibübermittlung f, Fernschreibverbindung f	communication f par téléimprimeur, liaison f par téléimprimeur
T 255	teleprinter connection	Fernschreibanschluß m, FSA, Fernschreibverbindung f	raccordement m de téléimprimeur, liaison f par téléimprimeur
T 256	teleprinter control unit	Fernschreiber-Fernschalteinheit f	coffret m de commande d'un téléimprimeur
T 257	teleprinter exchange	Fernschreibvermittlungsstelle f, FSVSt, Fernschreibwählvermittlung f	central m télégraphique, commutateur m télégraphique
T 258	teleprinter link	Fernschreibverbindung f	liaison f par téléimprimeur
T 259	teleprinter modem	Fernschreibmodem m	modem m de téléimprimeur
T 260	teleprinter network, teleprinter system, telex network	Fernschreibnetz n	réseau m de téléimprimeurs
T 261	teleprinter signal	Fernschreibsignal n	signal m de téléimprimeur
T 262	teleprinter station	Fernschreibstelle f	station f de téléimprimeur
	teleprinter system	s. T 260	
	teleprinter terminal	s. T 284	
	teleprinting	s. T 285	
T 263	teleprinting over radio circuits, TOR, Van Duuren radiotelegraph system	Funkfernschreiben n [mit Van Duuren-Verfahren]	radiotélégraphie f Van Duuren, TOR
T 264	teleprocessing, TP, remote processing	Fernverarbeitung f	télétraitement m
T 265	teleprocessing network	Fernverarbeitungsnetz n	réseau m de télétraitement
T 266	teleprocessing system	Datenfernverarbeitungssystem n	système m de télétraitement
	telescript	s. T 317	
T 267	teleservice (telecommunication service)	Teledienst m	téléservice m
T 268	teleshopping	Teleshopping n	téléachat m
T 269	telesoftware, TSW	Telesoftware f	télélogiciel m
T 270	teleswitching	Fernschalten n	télécommande f d'interrupteur
T 271	teletex	Teletex n, Bürofernschreiben n, Ttx	télétex m
T 272	teletex call	Teletexverbindung f	communication f télétex
T 273	teletex character repertoire	Teletexzeichenvorrat m	répertoire m des caractères télétex
T 274	teletex document	Teletexdokument n	document m télétex
T 275	teletex page	Teletexseite f	page f télétex
T 276	teletex service	Teletexdienst m	service m télétex

teletext

T 277	teletext	Teletext *m*	télétexte *m*, vidéotex *m* diffusé
	teletext	*s. a.* B 486	
T 278	teletext channel	Teletextkanal *m*	voie *f* de télétexte
T 279	teletex terminal	Teletexendgerät *n*, Teletexgerät *n*, Bürofernschreiber *m*	équipement *m* terminal télétex
T 280	teletext service	Teletextdienst *m*	service *m* de télétexte
T 281	teletext system	Teletextsystem *n*	système *m* télétexte
	teletraffic	*s.* T 83	
T 282	teletraffic forecasting	Telefonverkehrsprognose *f*, Fernsprechverkehrsprognose *f*	prévision *f* du trafic téléphonique
	teletype/to	*s.* T 318	
	teletype	*s.* T 250	
	teletype machine	*s.* T 250	
	teletype operator	*s.* T 283	
	teletypewrite/to	*s.* T 318	
	teletypewriter	*s.* T 250	
T 283	teletypewriter operator, telex operator, teletype operator	Fernschreiber *m*, Fernschreiberin *f*	télétypiste *f (m)*, télexiste *f (m)*, opératrice *f* de téléimprimeur
T 284	teletypewriter terminal, teleprinter terminal	Fernschreibendgerät *n*, Fernschreibendeinrichtung *f*	terminal *m* de téléimprimeur
T 285	teletyping, telex, teleprinting	Fernschreiben *n*, Telex *n*, Tx	téléimpression *f*, télex *m*
T 286	televise/to	durch Fernsehen übertragen	téléviser
T 287	television, TV	Fernsehen *n*, FS, Television *f*, TV	télévision *f*, TV
T 288	television antenna	Fernsehantenne *f*, Fernsehempfangsantenne *f*	antenne *f* de télévision
T 289	television band	Fernsehband *n*, Fernsehfrequenzband *n*	bande *f* [de fréquence] attribuée à la télévision
T 290	television broadcasting	Fernsehrundfunk *m*, Fernsehfunk *m*	radiodiffusion *f* visuelle, radiodiffusion *f* de télévision, télédiffusion *f*
T 291	television cable	Fernsehkabel *n*	câble *m* de télévision
T 292	television cable network, TV cable network	Fernsehkabelnetz *n*	réseau *m* de télédistribution
T 293	television camera	Fernsehkamera *f*	caméra *f* de télévision
T 294	television channel, TV channel	Fernsehkanal *m*	canal *m* de télévision, canal télévisuel
T 295	television circuit	Fernsehleitung *f*, TVL	circuit *m* télévisuel
T 296	television coverage	Fernsehversorgung *f*, Fernsehbedeckung *f*	couverture *f* télévisuelle
T 297	television emission	Fernsehsendung *f*	émission *f* de télévision, émission télévisuelle
T 298	television frequency band	Fernsehfrequenzband *n*	bande *f* de fréquences télévisuelles
T 299	television monitor	Fernsehmonitor *m*	moniteur *m* vidéo, moniteur d'image, récepteur *m* de contrôle, écran *m* de contrôle
T 300	television picture, TV picture, video picture	Fernsehbild *n*	image *f* vidéo, image télévisuelle, image de télévision
T 301	television picture tube, television tube, picture tube	Fernsehbildröhre *f*, Bildröhre *f*	tube-image *m*
T 302	television production	Fernsehproduktion *f*	production *f* de télévision
T 303	television programme	Fernsehprogramm *n*	programme *m* de télévision
T 304	television radio relay system	Richtfunkstrecke *f* für Fernsehübertragung	faisceau *m* hertzien de télévision
T 305	television rebroadcasting transmitter, television transposer	Fernsehumsetzer *m*, TVU	réémetteur *m* de télévision, station *f* réémettrice de télévision
T 306	television receiver, television set, TV set	Fernsehempfänger *m*, Fernseher *m*, Fernsehrundfunkempfänger *m*	récepteur *m* de télévision, récepteur TV
T 307	television reception	Fernsehempfang *m*	réception *f* de télévision, réception des émissions télévisuelles
	television set	*s.* T 306	
T 308	television signal, TV signal, broadcast vision signal	Fernsehsignal *n*	signal *m* de télévision, signal *m* TV
T 309	television sound carrier	Fernsehtonträger *m*	porteuse *f* son de télévision
T 310	television station	Fernsehsendestelle *f*	station *f* de télévision
T 311	television test signal	Fernsehprüfsignal *n*	signal *m* télévisuel d'essai
T 312	television tower	Fernsehturm *m*	tour *f* de télévision
T 313	television transmission, TV transmission	Fernsehübertragung *f*, Fernsehsendung *f*	transmission *f* de télévision, transmission télévisuelle, émission *f* de télévision
T 314	television transmitter	Fernsehsender *m*, Fernsehrundfunksender *m*	émetteur *m* de télévision
	television transposer	*s.* T 305	
	television tube	*s.* T 301	
T 315	teleworking	Telearbeit *f*	télétravail *m*
T 316	telewriter	Handschriftschreiber *m*, Teleautograph *m*	téléautographe *m*
	telewriter	*s.* T 56	
T 317	telewriting, teleautography, telescript	Fernzeichnen *n*, Teleschreiben *n*, Teleskript *n*	téléécriture *f*

292

T 318	telex/to; to teletype; to teletype-write	fernschreiben	envoyer par télex (télétype), télexer
T 319	telex	Telex n	télex m
	telex	s. a. T 285	
T 320	telex address	Telexadresse f	adresse f télex
	telex board	s. T 335	
	telex code	s. T 253	
T 321	telex connection	Telexanschluß m, Telexverbindung f	raccordement m télex, liaison f télex, communication f télex
	telex customer	s. T 334	
T 322	telex destination code, TDC	Telexnetzkennzahl f	code m télex de destination
T 323	telex direct subscriber dialling service	Telexselbstwähldienst m	service m télex automatique
T 324	telex line	Telexleitung f	ligne f télex
T 325	telex link	Telexverbindung f	liaison f télex
T 326	telex machine	Telexmaschine f	machine f télex
T 327	telex network	Telexnetz n	réseau m télex
	telex network	s. a. T 260	
T 328	telex number	Telexnummer f	numéro m télex
T 329	telex numbering plan	Telexnumerierungsplan m	plan m de numérotage télex
T 330	telex operating, telex working	Telexbetrieb m	exploitation f télex
	telex operator	s. T 283	
T 331	telex rate	Telexgebühr f	taxe f télex
T 332	telex service	Fernschreibdienst m, Telexdienst m	service m télex
T 333	telex signalling	Telex-Zeichengabe f	signalisation f télex
T 334	telex subscriber, telex customer	Telexteilnehmer m	abonné m télex
T 335	telex switchboard, telex board	Telexvermittlungsstelle f	commutateur m télex
T 336	telex switching	Telexvermittlung f	commutation f télex
T 337	telex terminal	Telexendgerät n	terminal m télex
T 338	telex traffic	Fernschreibverkehr m, Telexverkehr m	trafic m télex
	telex working	s. T 330	
T 339	TE mode, transverse electric mode	H-Typ m, TE-Typ m, H-Modus m, TE-Modus m	mode m TE
T 340/1	temperature behaviour	Temperaturverhalten n	comportement m en fonction de la température
T 342	temperature coefficient, temperature factor	Temperaturkoeffizient m	coefficient m de température
	temperature-compensated	s. T 476	
T 343	temperature-compensated capacitor	TK-Kondensator m	condensateur m à compensation thermique
T 344	temperature compensation	Temperaturkompensation f	compensation f thermique
T 345	temperature-controlled oven	Thermostat m	thermostat m
T 346	temperature dependence	Temperaturabhängigkeit f	variation f avec la température
T 347	temperature-dependent life test	temperaturabhängige Lebensdauerprüfung f	essai m en fonction de la température de durée de vie
	temperature factor	s. T 342	
T 348	temperature gradient	Temperaturgradient m	gradient m de température
T 349	temperature inversion	Temperaturumkehr f, Temperaturumkehrung f, Temperaturinversion f	inversion f de température
	temperature limit	s. L 143	
T 350	temperature parameter	Temperaturparameter m	paramètre m de température
T 351	temperature range	Temperaturbereich m	plage f de température
T 352	temperature regulation by thermoelectric cooler	Temperaturregelung f durch Peltierelement	température f régulée par module thermoélectrique
T 353	temporal coherence	zeitliche Kohärenz f	cohérence f temporelle
T 354	temporarily out of service	zeitweise Sperrung f (Teilnehmeranschluß)	suspension f (ligne d'abonné)
T 355	temporary storage	Zwischenspeicher m	mémoire f intermédiaire
T 356	temporary telephone line	zeitweilige Fernsprechleitung f	ligne f téléphonique provisoire
T 356a	TEM wave, transverse electromagnetic wave, transverse electric and magnetic wave	TEM-Welle f	onde f TEM, onde électromagnétique transverse
T 357	tensile load test	Zugfestigkeitsprüfung f, Zugfestigkeitstest m, Zugtest m	essai m de résistance à la traction
T 358	tensile strength	Zugfestigkeit f	résistance f à la traction, tenue f à la traction
T 359	tensile test	Zugtest m, mechanische Festigkeitsprüfung f	test m de résistance mécanique, test d'épreuve à l'allongement
T 360	terminal, terminal equipment	Endgerät n, Endeinrichtung f, Terminal n	terminal m, équipement m d'extrémité, équipement terminal
T 361	terminal adapter, TA	Terminaladapter m, Endgeräteadapter m, Endgeräteanpassung f	adaptateur m de terminal
T 362	terminal board	Klemmbrett n, Klemmenbrett n, Klemmleiste f	tableau m de connexions, plaque f à bornes, réglette f à bornes, réglette de raccordement
T 363	terminal charge	Endgebühr f	taxe f terminale

terminal

T 364	terminal distributor	Endverzweiger m, EVz, Endverteiler m	distributeur m terminal de câble
	terminal equipment	s. T 360	
T 365	terminal exchange, terminating exchange, terminating office	Endvermittlungstelle f, EVS, Endamt n, EA, Endzentrale f, EZ	centre m terminal, centre d'extrémité, centre tête de ligne, central m terminal
T 366	terminal echo suppressor	Endechosperre f	suppresseur m d'écho terminal
T 367	terminal impedance	Klemmenimpedanz f, Klemmenscheinwiderstand m	impédance f terminale
T 368	terminal installation	Endeinrichtung f	installation f terminale
T 369	terminal installation for data transmission	Endeinrichtung f für Datenübertragung	installation f terminale pour transmission de données
T 370	terminal loop	Anschlußeinheit f, AE	unité f de raccordement
T 371	terminal mast	Endmast m	pylône m d'ancrage
T 372	terminal number, TN	Anschlußnummer f	numéro m de raccordement
T 373	terminal operating mode	Betriebsart f des Endgerätes	mode m de fonctionnement du terminal
T 374	terminal pair	Klemmenpaar n	paire f de bornes
T 375	terminal radar, airport radar	Flugplatzradar n	radar m d'aéroport, radar d'aérodrome
T 376	terminal repeater	Endverstärker f	répéteur m terminal, répéteur d'extrémité
T 377	terminal section	Endabschnitt m	section f terminale
T 378	terminal station	Endstelle f	station f terminale
T 379	terminal strip	Anschlußleiste f	réglette f à bornes (broches)
T 380	terminal trunk exchange	Endfernamt n	centre m interurbain terminal, centre interurbain d'extrémité
T 381	terminal voltage	Klemmenspannung f	tension f aux bornes
T 382	terminated level	Pegel m bei abgeschlossener Leitung	niveau m composite adapté
T 383	terminating exchange, destination exchange, destination centre	Zielvermittlungsstelle f, Zielzentrale f	centre m d'arrivée, centre terminal
	terminating exchange	s. a. T 365	
T 384	terminating impedance	Abschlußimpedanz f, Abschlußscheinleitwert m	impédance f de terminaison
	terminating office	s. T 365	
T 385	terminating resistance, termination (microwaves)	Abschlußwiderstand m	résistance f de terminaison
	terminating set	s. T 388	
T 386	terminating traffic	endender Verkehr m	trafic m d'arrivée
	terminating unit	s. T 388	
T 387	termination	Abschluß m, Abschlußeinrichtung f, Endverschluß m (Kabel)	terminaison f
	termination	s. a. T 385	
	termination set	s. T 388	
T 388	termination unit, termination set, terminating unit, terminating set, hybrid terminating set	Gabelschaltung f, Gabel f	termineur m [2-fils/4-fils], différentiel m, transformateur m différentiel
T 389	ternary	ternär	ternaire
T 390	ternary compound	ternäre Verbindung f	composé m ternaire
T 391	ternary digital signal	ternäres Digitalsignal n	signal m numérique ternaire
T 392	ternary line code	dreistufiger Leitungscode m	code m en ligne ternaire
T 393	ternary signal	Ternärsignal n	signal m ternaire
T 394	terrain-avoidance radar	Hindernswarnradar m (n)	radar m d'évitement d'obstacles
T 395	terrain-related variable	geländeabhängiger Parameter m	paramètre m lié au terrain
T 396	terrestrial channel	terrestrischer Kanal m	voie f terrestre
T 397	terrestrial hypothetical reference circuit	terrestrischer hypothetischer Bezugskreis m	circuit m fictif de référence pour système de Terre
T 398	terrestrial link	terrestrische Verbindung f	liaison f terrestre
	terrestrial microwave link	s. T 402	
T 399	terrestrial path	terrestrische Strecke f	trajet m terrestre
T 400	terrestrial radio channel	terrestrischer Funkkanal m	canal m radioélectrique terrestre
T 401	terrestrial radiocommunication	terrestrischer Funk m, terrestrischer Funkdienst m, terrestrische Funkverbindung f	radiocommunication f terrestre, radiocommunication de Terre
T 402	terrestrial radio-relay link, terrestrial microwave link	terrestrische Richtfunkverbindung f	liaison f hertzienne terrestre
T 403	terrestrial radio relay system	terrestrischer Richtfunk m, terrestrisches Richtfunksystem n	faisceau m hertzien terrestre
T 404	terrestrial station	Bodenstation f, Bodenfunkstelle f	station f de Terre
T 405	test/to	prüfen, erproben, testen	essayer, vérifier, tester
T 406	test, testing	Prüfung f, Prüfen n, Versuch m, Test m	essai m
T 407	testability	Prüfbarkeit f	testabilité f
T 408	testable	prüfbar, überprüfbar	testable, vérifiable
T 409	test access	Testzugang m, Prüfpunkt m, Meßpunkt m	accès m aux essais, point m d'essai, point de mesure
T 410	test antenna	Meßantenne f	antenne f d'essai
T 411	test call	Probeanruf m, Probeverbindung f	appel m d'essai

	test chart	s. T 435	
T 412	test circuit	Prüfschaltung f, Meßkreis m	circuit m d'essai
T 413	test condition	Prüfbedingung f	condition f de test
T 414	test data	Prüfdaten pl, Testdaten pl	données fpl d'essai
T 415	test desk	Prüfpult n, Prüftisch m	table f d'essai
T 416	test duration, testing time	Prüfdauer f	durée f d'essai
T 417	test equipment, testing device	Prüfeinrichtung f, Prüfvorrichtung f, Prüfgerät n	équipement m d'essai, dispositif m d'essai
T 418	test fixture	Prüffassung f	monture f de test
T 419	test frequency	Meßfrequenz f, Testfrequenz f	fréquence f de mesure, fréquence d'essai
	testing	s. T 406	
	testing device	s. T 417	
T 420	testing machine	Prüfautomat m	appareil m automatique de contrôle
T 421	testing position	Prüfplatz m	position f d'essais et mesures
T 422	testing technique	Prüftechnik f	technique f d'essai
T 423	testing terminal	Prüfklemme f, Meßklemme f	borne f d'essai
	testing time	s. T 416	
T 424	test installation	Versuchsaufbau m	installation f expérimentale
T 425	test interface	Prüf-Interface n, Testschnittstelle f	interface f de test, interface d'essai
T 426	test jack	Meßbuchse f, Prüfbuchse f, Prüfklinke f (Telefon)	prise f de test, jack m d'essai
T 427	test jack panel	Prüfklinkenfeld n	panneau m de jacks d'essai
T 428	test junctor	Prüfleitungssatz m	joncteur m d'essai
T 429	test level	Meßpegel m	niveau m d'essai, niveau composite
T 430	test loop	Prüfschleife f, Testschleife f	boucle f d' essai
T 431	test method, test procedure	Prüfmethode f, Prüfverfahren n	méthode f d'essai, procédure f de test
T 432	test model	Erprobungsmuster n, Versuchsmodell n	maquette f probatoire
T 433	test object	Testobjekt n, Meßobjekt n	objet m d'essai, objet de mesure
T 434	test out/to	ausprüfen, austesten	essayer, tester
T 435	test pattern (TV), test chart	Testbild n	image f mire, mire f
T 436	test pattern generator	Testbildgeber m, Bildmustergenerator m	générateur m de mire [pour télévision]
T 437	test pin	Prüfspitze f, Prüfstift m	pointe f de test
T 438	test plug	Meßstecker m, Meßstöpsel m	fiche f de test
T 439	test point	Prüfpunkt m, Meßpunkt m	point m de mesure
	test procedure	s. T 431	
T 440	test program generation	Testprogrammgenerierung f	génération f de programme de test, génération de programme d'essai
T 441	test reliability	Testzuverlässigkeit f, Prüfzuverlässigkeit f	fiabilité f en essai
T 442	test report	Prüfbericht m, Testbericht m	rapport m de test
T 443/4	test requirement	Prüfforderung f	exigence f d'essai
T 445	test result	Prüfergebnis n, Testergebnis n	résultat m d'essai
T 446	test run	Prüfdurchlauf m, Prüflauf m, Testlauf m, Versuchslauf m	passage m d'essai
T 447	test section	Prüfabschnitt m	section f d'essai
T 448	test sequence	Prüffolge f	séquence f de test
T 449	test set	Prüfgerät n, Meßgerät n	appareil m d'essai, appareil de mesure
T 450	test signal	Prüfsignal n, Testsignal n	signal m d'essai, signal de mesure
T 451	test specification	Prüfanweisung f	spécification f de test
T 452	test tone	Prüfton m, Meßton m	tonalité f d'essai, tonalité de mesure
T 453	test transmission	Versuchssendung f	émission f d'essai
T 454	test voltage	Prüfspannung f	tension f d'essai
T 455	tetrad code	tetradischer Code m	code m tétradique
T 456	TE wave, transverse electric wave	H-Welle f, TE-Welle f	onde f TE
T 457	text	Text m	texte m, information f textuelle
T 458	text area	Textzone f	zone f de texte
T 459	text block	Textblock m	bloc m de texte
T 460	text communication	Textkommunikation f	communication f de texte, communication écrite, communication de l'écrit
T 461	text communication terminal	Textkommunikationsterminal n	terminal m de communication de textes
T 462	text-dependent	textabhängig	à dépendance du texte
T 463	text image format, TIF	Textbildformat n	format m d'image de texte, TIF
T 464	text processable format, TPF	Textverarbeitungsformat n	format m de texte traitable, TPF
T 465	text processing, word processing, WP	Textverarbeitung f	traitement m de texte, TdT
T 466	text unit	Texteinheit f	unité f de texte
	TFA	s. T 758	
T 467	T flip-flop	T-Flipflop m	bascule f T
	TFM	s. T 11	
	TFP	s. T 764	
	TFT	s. T 510	

T 468	theoretical fundamentals	theoretische Grundlagen *fpl*	bases *fpl* théoriques
T 469	theoretical margin	theoretischer Spielraum *m*	marge *f* théorique
	theory of congestion	s. Q 93	
	theory of queues	s. Q 93	
	theory of waiting lines	s. Q 93	
	thermal-agitation noise	s. T 478	
T 470	thermal conductor	Wärmeleiter *m*	conducteur *m* thermique
T 471	thermal contact	Thermokontakt *m*	contact *m* thermique
T 472	thermal cutout	thermischer Ausschalter *m*, thermischer Auslöser *m*, Thermoauslöser *m*	disjoncteur *m* thermique
T 473	thermal expansion	Wärmeausdehnung *f*	dilatation *f* thermique
T 474	thermally accelerated aging, thermoaccelerated aging	thermisch beschleunigte Alterung *f*, durch Wärmeeinwirkung beschleunigte Alterung	vieillissement *m* thermo-accéléré
T 475	thermally accelerated life testing	thermisch beschleunigte Lebensdauerprüfung *f*	essai *m* de durée de vie accéléré thermiquement
T 476	thermally compensated, temperature-compensated	temperaturkompensiert	à compensation thermique, compensé en température
T 477	thermally compensated oscillator	temperaturkompensierter Oszillator *m*	oscillateur *m* à compensation thermique
T 478	thermal noise, thermal-agitation noise	thermisches Rauschen *n*, Wärmerauschen *n*	bruit *m* thermique, bruit d'agitation thermique
T 479	thermal printer	Thermodrucker *m*	imprimante *f* thermique
T 480	thermal protection	Wärmeschutz *m*	protection *f* thermique
T 481	thermal relay	Thermorelais *n*	relais *m* thermique
T 482	thermal resistance	Wärmewiderstand *m*	résistance *f* thermique
T 483	thermal resistance junction to case *(semiconductor rectifier)*	innerer Wärmewiderstand *m* der Zelle	résistance *f* thermique jonction boîtier
T 484	thermal shock	Temperatursturz *m*, Hitzeschock *m*, Abschrecken *n*	choc *m* thermique
T 485	thermal stability	thermische Stabilität *f*	stabilité *f* thermale
T 486	thermal stress	Wärmespannung *f*, thermische Beanspruchung *f*	contrainte *f* thermique
T 487	thermal switch	Thermoschalter *m*	interrupteur *m* thermique
T 488	thermal transient	Wärmeübergang *m*	transition *f* thermique
	thermionic valve	s. E 190	
T 489	thermistor	Thermistor *m*, Heißleiter *m*	thermistance *f*
T 490/1	thermistor bridge	Thermistorbrücke *f*	pont *m* à thermistances
	thermoaccelerated aging	s. T 474	
T 492	thermocompression bonding	Thermokompressionsbonden *n*	soudage *m* par thermocompression
T 493	thermoelectric cooling module	thermoelektrischer Kühler *m*, thermoelektrisches Kühlelement *n*, Peltier-Kühler *m*	module *m* thermoélectrique à effet Peltier
T 494	thermoelectric junction	Thermoelement *n*	thermoélément *m*
T 495	thermostatically controlled fan	thermostatgeregelter Lüfter *m*	ventilateur *m* thermostatique
T 496	Thevenin's theorem	Satz *m* von Helmholtz, Helmholtzscher Satz *m* *(Satz von der Ersatzspannungsquelle)*	théorème *m* de Thévenin
T 497	thick film	Dickschicht *f*, Dickfilm *m*	couche *f* épaisse
T 498	thick-film circuit	Dickschichtschaltung *f*, Dickfilmschaltung *f*	circuit *m* à couche épaisse
T 499	thick-film component	Dickschichtbauelement *n*	composant *m* à couche épaisse
T 500	thick-film hybrid [integrated] circuit	Dickschichthybridschaltung *f*	circuit *m* hybride en (à) couche épaisse
T 501	thick-film integrated circuit	integrierte Dickschichtschaltung *f*	circuit *m* intégré à couche épaisse, circuit intégré à couches épaisses
T 502	thick film resistor	Dickschichtwiderstand *m*	résistance *f* en couche épaisse
T 503	thickness shear vibrations	Dickenscherschwingungen *fpl*	vibrations *fpl* de cisaillement d'épaisseur
T 504	thin coating	dünner Überzug (Belag) *m*	revêtement *m* mince
T 505	thin-film capacitor	Dünnschichtkondensator *m*	condensateur *m* en couches minces
T 506	thin-film circuit	Dünnschichtschaltung *f*	circuit *m* à couche[s] mince[s]
T 507	thin-film integrated circuit	integrierte Dünnschichtschaltung *f*	circuit *m* intégré à couche mince, circuit *m* intégré à couches minces
T 508	thin-film resistor	Dünnschichtwiderstand *m*	résistance *f* en couche mince
T 509	thin-film resistor network	Dünnschicht-Widerstandsnetzwerk *n*	réseau *m* de résistances en couche mince
T 510	thin-film transistor, TFT	Dünnschichttransistor *m*	transistor *m* à (en) couche mince
T 511/2	thin-film-transistor-addressed liquid-crystal display circuit	Flüssigkristallanzeigeschaltung *f* mit Dünnschichttransistoradressierung	circuit *m* d'affichage à cristal liquide avec adressage au moyen de transistors en couche mince
T 513	third world country	Land *n* der dritten Welt	pays *m* du tiers monde
T 514	threaded core	Schraubkern *m*	noyau *m* à vis
T 515	three-axis orientation	Drei-Achsen-Ausrichtung *f*	orientation *f* triaxiale

T 516	three-axis stabilization	Drei-Achsen-Stabilisierung f	stabilisation f triaxiale
T 517	three-axis stabilized satellite	drei-Achsen-stabilisierter Satellit m	satellite m stabilisé sur les trois axes
T 518	three-component signal	Dreikomponentensignal n	signal m à trois composantes
T 519	three-condition cable code	dreiwertiger (trivalenter) Kabelcode	code m de câble trivalent
T 520	three-dB bandwidth, 3-dB bandwidth	Drei-dB-Bandbreite f, 3 dB-Bandbreite	largeur f de bande à 3 dB
T 521	three-dB coupler, 3-dB coupler	Drei-dB-Koppler m, 3-dB-Koppler m	coupleur m [à] 3 dB
T 522	three-dimensional, 3D	dreidimensional	tridimensionnel
T 523	three-dimensional circuit, 3-D circuit	dreidimensionale Schaltung f	circuit m tridimensionnel
T 524	three-dimensional integration	dreidimensionale Integration f	intégration f tridimensionnelle
T 525	three-dimensional masking	dreidimensionale Maskierung f	masquage m tridimensionnel
T 526	three-dimensional waveguide	dreidimensionaler Wellenleiter m	guide m d'onde tridimensionnel
T 527	three-guide structure	Dreileiterstruktur f	structure f à trois guides
T 528	three-level coding	dreiwertige Codierung f	codage m trivalent
T 529	three-level waveform	dreiwertiges Signal n	signal m trivalent
	three-party call	s. T 530	
T 530	three-party conference, three-party call	Dreierkonferenzschaltung f	conférence f à trois
T 531	three-phase current	Dreiphasenstrom m, Drehstrom m	courant m triphasé
T 532	three-pin plug, three-pole plug	dreipoliger Stecker m, Dreifachstecker m	fiche f tripolaire
T 533	three-pole switch	dreipoliger Schalter m	interrupteur m tripolaire
T 534	three-state logic	dreistufige (dreiwertige) Logik f	logique f à trois états
	three-state logic	s. a. T 959	
T 535	three-way switch	Dreiwegschalter m	commutateur m à trois positions
T 536	threshold	Schwelle f, Schwellenwert m	seuil m
T 537	threshold coding	Schwellwertcodierung f	codage m à seuil
T 538	threshold current	Schwellenstrom m	courant m de seuil
T 539	threshold decoder	Schwellwertdecoder m	décodeur m à seuil
T 540	threshold detector	Schwellendetektor m, Schwellwertdetektor m	détecteur m à (de) seuil
T 541	threshold element	Schwellwertelement n	élément m à seuil
T 542	threshold of audibility	Hörbarkeitsschwelle f	seuil m d'audibilité
	threshold of audibility	s. a. A 773	
T 543	threshold of detectability	untere Empfindlichkeitsschwelle f	seuil m de détection
T 544	threshold of intelligibility	Verständlichkeitsschwelle f	seuil m d'intelligibilité
T 545	threshold quantizing	Schwellwertquantisierung f	quantification f à seuil
T 546	threshold sensitivity	Schwellenempfindlichkeit f	sensibilité f de seuil
T 547	threshold value	Schwellwert m	valeur f du seuil
T 548	threshold voltage	Schwellenspannung f	tension f de seuil
T 549	threshold voltage scattering	Schwellenspannungsstreuung f	dispersion f des valeurs des tensions de seuil
T 550	throat microphone	Kehlkopfmikrophon n	laryngophone m
T 551	through connection (printed circuit board)	Durchkontaktierung f	connexion f transversale
T 552	through-connection delay	Durchschalteverzug m	délai m de traversée du central
T 553	through-connection filter	Durchschaltefilter n	filtre m de transfert
T 554	through-connection point	Durchschaltepunkt m	point m de transfert
T 555	through-group connection point	Primärgruppendurchschaltepunkt m	point m de transfert de groupe primaire
T 556	through-group filter, group connector	Primärgruppendurchschaltefilter n	filtre m de transfert de groupe [primaire]
T 557	throughline	Durchgangsleitung f	ligne f de transfert
T 558	through-mastergroup connection point	Tertiärgruppendurchschaltepunkt m	point m de transfert de groupe tertiaire
T 559	through-mastergroup filter	Tertiärgruppendurchschaltefilter n, TGDFi	filtre m de transfert de groupe tertiaire
T 560	throughput	Durchsatz m	débit m, capacité f
T 561	throughput class	Durchsatzklasse f	classe f de débit
T 562	through-supergroup connection point	Sekundärgruppendurchschaltepunkt m	point m de transfert de groupe secondaire
T 563	through-supergroup filter, supergroup transfer filter	Sekundärgruppendurchschaltefilter n, SGDFi	filtre m de transfert de groupe secondaire
T 564	through-supermastergroup connection point	Quartärgruppendurchschaltepunkt m	point m de transfert de groupe quaternaire
T 565	through supermastergroup filter	Quartärgruppendurchschaltefilter n, QGDFi	filtre m de transfert de groupe quaternaire
T 566	throw-over relay	Kipprelais n	relais m basculant
T 567	throw-over switch, toggle switch	Kippschalter m	commutateur m à bascule, interrupteur m à bascule
T 568	thumbweel switch	Daumenradschalter m	molette f
	thump	s. T 117	
	thyristor	s. S 628	
	ticker tone	s. I 619	

T 569	ticket	Gesprächszettel m, Gebührenzettel m, Ticket n	ticket m de communication, fiche f de conversation
T 570	ticketing	Gesprächszettelausstellung f	établissement m de tickets
T 571	ticket printer	Zetteldrucker m	imprimeur m de tickets
	tie line	s. I 595	
T 572	tie point	Abspannpunkt m	point m d'attache
	TIF	s. 1. T 196; 2. T 463	
T 573	tight connector	dichter Steckverbinder m	connecteur m étanche
T 574	tight coupling	feste Kopplung f	couplage m étroit
	tilt angle	s. A 511	
	TIM	s. T 879	
T 575	time and distance (zone) metering	Zeitzonenzählung f, ZZZ	comptage m à la distance et à la durée
T 576	time assigned (assignment) speech interpolation, TASI	TASI-Verfahren n	interpolation f de la parole par assignation de temps, interpolation de signaux de conversation par affectation au temps
T 577	time average	zeitlicher Mittelwert m	moyenne f temporelle
T 578	time-averaged	zeitgemittelt, über die Zeit gemittelt	moyenné dans le temps
T 579	time base (cathode ray tube)	Zeitbasis f, X-Achse f	base f de temps
	time base	s. a. T 580	
T 580	time base generator, time base	Zeitbasisgenerator m	générateur (oscillateur) m de base de temps
T 581	time comparison	Zeitvergleich m	comparaison f de temps
T 582	time consistent busy hour	zeitlich festgelegte Hauptverkehrsstunde f	heure f chargée moyenne
T 583	time consistent hour	feste Uhrzeit f, festgelegte Zeit f	heure f fixe
T 584	time constant	Zeitkonstante f	constante f de temps
T 585	time-continuous filter	zeitkontinuierliches Filter n	filtre m à temps continu, filtre continu
T 586	time-continuous signal	zeitkontinuierliches Signal n	signal m de nature continue dans le temps
T 587	time delay relay	verzögertes Relais n	relais m temporisé
T 588	time demultiplexer	Zeitdemultiplexer m	démultiplexeur m temporel
T 589	time-dependent power flow	zeitabhängiger Leistungsfluß m	flux m de puissance dépendant du temps
T 590	time deviation	Zeithub m	déviation f de temps
	time-discrete signal	s. D 680	
T 591	time diversity	Zeitdiversity n	diversité f temporelle
T 592	time diversity reception	Zeitdiversityempfang m	réception f en diversité temporelle
T 593	time division	Zeitteilung f	répartition f temporelle (dans le temps)
	time-division highway	s. H 220	
T 594	time-division link level multiplexing	Zeitmultiplex n auf Verbindungsebene	multiplexage m temporel au niveau des liaisons
T 595	time-division multiple access, TDMA	Zeitmultiplexzugriff m, Zeitvielfachzugriff m, Mehrfachzugriff m im Zeitmultiplex, Vielfachzugriff m in der Zeitebene, TDMA, Zeitmehrfachzugriff m	accès m multiple par (à) répartition dans les temps, accès multiple dans le temps, accès multiple par répartition temporelle, accès multiple temporel, AMRT
T 596	time-division multiplex equipment	Zeitmultiplex-Übertragungseinrichtung f	équipement m de multiplexage temporel
T 597	time-division multiplexing, TDM	Zeitmultiplex n, Zeitmultiplexverfahren n, Multiplex n (Multiplexen n) mit Zeitteilung	multiplexage m temporel, multiplexage m par (à) répartition dans le temps, MRT, multiplex m par partage du temps
T 598	time-division multiplex signal	Zeitmultiplexsignal n	signal m de multiplexage temporel
T 599	time-division switching	zeitgeteilte Vermittlung f, Zeitmultiplexvermittlung f, Zeitvielfachvermittlungstechnik f	commutation f temporelle
T 600	time-division switching equipment	zeitgeteilte Vermittlungseinrichtung f, zeitgeteilte Vermittlungsanlage f	autocommutateur m temporel
T 601	time-division system	Zeitvielfachsystem n	système m à répartition dans le temps, système m temporel
T 602	time domain	Zeitbereich m (Gegenteil zu Frequenzbereich)	domaine m temporel, dimension f temporelle
T 603	time domain analysis	Analyse f im Zeitbereich	analyse f dans le domaine temporel
T 604	time domain equalization	Zeitbereichsentzerrung f	égalisation f dans le domaine temporel
T 605	time domain measure	Messung f im Zeitbereich	mesure f dans le domaine temporel
T 606	time hop[ping]	Zeitsprung m	saut m temporel
T 607	time interval	Zeitintervall n, Zeitabstand m	intervalle m de temps
T 608	time interval error	Zeitintervallfehler m	dérive f temporelle
T 609	time marker	Zeitmarke f	repère m de temps
T 610	time mark generator	Zeitmarkengeber m	marqueur m de temps
T 611	time multiplexer	Zeitmultiplexer m	multiplexeur m temporel

T 612	time-multiplex system	Zeitmultiplexsystem n	système m à multiplexage dans le temps, système à multiplexage temporel
T 613	time-out	Zeitüberwachung f	temporisation f
T 614	time-quantized control	Steuerung f mit zeitlicher Quantisierung	synchronisation f échantillonnée, commande f à quantification temporelle, mode m à quantification temporelle
T 615	time-quantized signal	zeitquantisiertes Signal n	signal m de nature quantifiée dans le temps
T 616	timer	Zeitgeber m	temporisateur m, rythmeur m, horloge f
T 617	timer	Taktgeber m	temporisateur m
T 618	time representation	Darstellung f im Zeitbereich	représentation f en temps, représentation f temporelle
T 619	time resolution	zeitliche Auflösung f	résolution f temporelle
T 620	time respone	Zeitverhalten n	réponse f temporelle, comportement m en fonction du temps
T 621	time scale difference	Zeitmaßdifferenz f	différence f entre échelles de temps
T 622	time-selective fading	zeitselektiver Schwund m, zeitselektives Fading n	évanouissement m sélectif dans le temps
T 623	time sharing	Time-sharing n, Zeitteilung f, Teilnehmerrechenbetrieb m	partage m de temps
T 624	time shift	Zeitverschiebung f	décalage m dans le temps
	time signal	s. S 1085	
T 625	time-signal satellite service	Zeitzeichenfunkdienst m über Satelliten, Zeitzeichensatellitendienst m	service m des signaux horaires par satellite
T 626	time slot, TS	Zeitkanal m, Zeitintervall n, Zeitschlitz m	créneau m temporel, intervalle m de temps, IT, voie f temporelle
T 627	time-space-time (switching)	Zeit-Raum-Zeit...	temporel-spatial-temporel
T 628	time stage	Zeitstufe f	étage m temporel
T 629	time standard	Zeitnormal n	étalon m de temps
T 630	time-switching exchange	zeitgeteilte Vermittlungsstelle f, Vermittlungsstelle mit Zeitteilung	central m à commutation temporelle
T 631	time-variant channel	zeitvariabler Kanal m	voie f variable dans le temps
T 632	time-varying filtering	zeitvariante Filterung f	filtrage m variable dans le temps, filtrage à variation temporelle
T 633	time-varying signal	zeitvariables Signal n	signal m à variation temporelle
T 634	timing	Takt m, Zeittakt m, Zeitzählung f (Telefonie)	rythme m, chronométrage m, minutage m
T 635	timing error	Taktfehler m	erreur f de rythme
	timing extraction	s. T 638	
	timing frequency	s. C 620	
T 636	timing information	Taktinformation f	information f de rythme, information d'horloge
T 637	timing jitter	Taktjitter m	gigue f de rythme
	timing pulse	s. C 619	
T 638	timing recovery, clock recovery, timing extraction	Taktgewinnung f, Taktableitung f, Taktextraktion f, Taktrückgewinnung f, Clockrückgewinnung f	récupération f de la synchronisation, récupération f du rythme, extraction f du [signal de] rythme, extraction du signal d'horloge, ratrapage m de synchronisation
	timing signal	s. C 621	
T 639	timing uncertainty	Taktunbestimmtheit f	incertitude f sur la synchronisation
T 640	title (OSI)	Name m (OSI), Titel m	appellation f (OSI)
T 641	title-domain (OSI)	Gültigkeitsbereich m eines Namens	domaine m de l'appellation
T 642	title-domain-name (OSI)	Name m eines Gültigkeitsbereiches	nom m de domaine d'appellation
T 643	T-junction, tee junction	T-Verzweigung f, T-Glied n	jonction f en T, jonction en té
	T²L	s. T 806	
T 644	TM mode, transverse magnetic mode	E-Typ m, TM-Typ m, E-Modus m, TM-Modus m	mode m TM
T 645	TM wave, transverse magnetic wave	E-Welle f, TM-Welle f	onde f TM
	TN	s. T 372	
T 646	T network	T-Glied n, T-Schaltung f	réseau m en T
	toggle switch	s. T 567	
T 647	token	Token m (Sendeberechtigungskennzeichen), Kennzeichen n, Berechtigungsmarke f	jeton m, signe m
T 648	token access	Token-Zugriff m, Token-Access m	accès m par jeton
T 649	token bus	Token-Bus m	bus m à jeton
T 650	token network	Token-Netz n	réseau m à jeton passant
T 651	token passing	Token-Passing n	circulation f de jeton, passage m de jeton
T 652	token passing network	Token-Zugriffsnetz n, Token-Access-Netz n	réseau m à jeton passant
T 653	token-passing procedure	Token-Passing-Verfahren n	méthode f d'accès à jeton, accès m par jeton, méthode f du jeton

token

T 654	token ring	Token-Ring *m*	anneau *m* à jeton, anneau à accès par jeton
T 655	token ring system	Token-Ringsystem *n*	système *m* en boucle à jeton
T 656	toll area	Fernzone *f*, Bezirksverkehrsbereich *m*, Bezirksnetz *n*	zone *f* interurbaine
T 657	toll board	Fernvermittlung *f*	tableau *m* interurbain, standard *m* interurbain
T 658	toll cable, long-distance cable	Fernanschlußkabel *n*, Fernkabel *n*, FAsk, FK	câble *m* interurbain, câble interurbain à fréquence vocale
	toll call	*s.* T 983	
	toll centre	*s.* T 989	
T 659	toll charge, long-distance charge	Ferngebühr *f*, Ferntaxe *f*	taxe *f* d'interurbain
	toll exchange	*s.* T 989	
T 660	toll line, trunk line	Fernleitung *f*	ligne *f* interurbaine
	toll network	*s.* L 406	
	toll office	*s.* T 989	
T 661	toll operator, trunk operator, long-distance operator	Fernamtstelefonistin *f*, Fernamtsbeamtin *f*	opératrice *f* de l'interurbain
	toll position	*s.* T 993	
	toll switchboard	*s.* T 997	
	toll switching	*s.* T 998	
	toll traffic	*s.* T 1001	
T 662	tone	Ton *m*, Klang *m*, Laut *m*, Farbton *m*	tonalité *f*, signal *m* sonore
T 663	tone arm	Tonarm *m*	bras *m* de lecture, lecteur *m*
T 664	tone control	Klangregler *m*, Tonblende *f*	commande *f* de tonalité
T 665	tone control aperture *(facsimile)*	Tonwertblende *f*	diaphragme *m* de teintes
T 666	tone generator	Tongenerator *m*	générateur *m* de fréquences vocales, générateur de tonalité
T 667	tone receiver	Hörtonempfänger *m*	récepteur *m* à fréquences vocales
T 668	tone ringer	Tonwecker *m*	sonnerie *f* par tonalité
T 669	tone wedge	Tonwertskala *f*	échelle *f* des nuances, gamme *f* des demi-teintes
T 670	top level product	Spitzenerzeugnis *n*	produit *m* haut de gamme
T 671	top-loaded antenna	Antenne *f* mit Dachkapazität	antenne *f* à capacité terminale
T 672	topocentric angle	topozentrischer Winkel *m*	angle *m* topocentrique
T 673	top-of-the-line equipment, top-of-the-range equipment	Spitzengerät *n*	équipement *m* [en] haut de gamme
T 674	topology	Topologie *f*	topologie *f*, structure *f*
	TOR	*s.* T 263	
T 675	toroidal coil	Ring[kern]spule *f*	bobine *f* toroïdale
T 676	toroidal core	Ringkern *m*	noyau *m* toroïdal
T 677	toroidal ferrite core	Ferritringkern *m*	tore *m* de ferrite
T 678	torus antenna	Torusantenne *f*	antenne *f* en tore, antenne torique
	torsion strength	*s.* T 1045	
T 679	total failure	Gesamtausfall *m*, Totalausfall *m*	défaillance *f* totale
T 680	total loss *(radio link)*	Systemdämpfung *f* *(Funkverbindung)*	affaiblissement *m* global *(liaison radioélectrique)*
T 681	total noise	Gesamtgeräusch *n*, Gesamtrauschen *n*	bruit *m* global
T 682	total outage time	Gesamtausfallzeit *f*	durée *f* totale des interruptions
T 683	total radiation	Gesamtstrahlung *f*	rayonnement *m* total, radiation *f* totale
T 684	totem-pole output	Totem-Pole-Ausgang *m*	sortie *f* totem-pole
T 685	totem-pole stage	Totem-Pole-Stufe *f*	étage *m* totem-pole
T 686	touchphone	Fernsprecher *m* mit Berührungstasten	poste *m* téléphonique à commande par effleurement
T 687	touch-sensitive key	Berührungstaste *f*	touche *f* à effleurement, touche tactile
T 688	touch-sensitive screen	Tastbildschirm *m*	écran *m* tactile
T 689	tower guy wires	Mastabspannungsseile *npl*	fils *mpl* des haubans des tours
T 690	tower measurement	Messung *f* vom Mast, Messung auf dem Mast	mesure *f* du mât
	TP	*s.* T 264	
	TPF	*s.* T 464	
	TPR	*s.* T 250	
T 691	track/to	nachführen, verfolgen, Gleichlauf herstellen	suivre, aligner
T 692	track *(radar, recording)*	Spur *f*	piste *f*
	track evaluation	*s.* T 702	
T 693	tracking	Nachführung *f*, Nachlauf *m*, Verfolgung *f*	poursuite *f*
T 694	tracking accuracy	Nachführgenauigkeit *f*, Verfolgungsgenauigkeit *f*	précision *f* de poursuite
T 695	tracking antenna	Nachführantenne *f*	antenne *f* de poursuite
T 696	tracking error	Nachlauffehler *m*, Nachführungsfehler *m*, Kursfehler *m*	erreur *f* de poursuite
T 697	tracking filter	Nachlauffilter *n*, Verfolgungsfilter *n*	filtre *m* de poursuite
T 698	tracking radar	Verfolgungsradar *m (n)*	radar *m* de poursuite
	tracking range	*s.* H 230	
T 699	tracking receiver	Nachführempfänger *m*	récepteur *m* de poursuite

T 700	tracking system	Verfolgungssystem n	système m de poursuite
T 701	tracking, telemetry and telecommand, TTC	Verfolgung f, Fernmessung f und Fernsteuerung f	poursuite f, télémesure f et télécommande f, PTT
T 702	track production, track evaluation	Spurbildung f	pistage m
T 703	track-to-train radio communication	Zugfunkverbindung f	liaison f radio sol-train
T 704	track-to-train radiocommunication system	Zugfunksystem n	système m de radiocommunication sol-train
T 705	track-to-train radio telephone connection	Zugfunkfernsprechverbindung f	liaison f radiotéléphonique sol-train
T 706	traffic	Verkehr m, Nachrichtenverkehr m	trafic m
T 707	trafficability performance	Verkehrsleistung f	traficabilité f, capacité f d'écoulement du trafic
	trafficability performance	s. a. C 220	
T 708	traffic amount	Verkehrsaufkommen n	volume m de trafic
	traffic amount	s. a. T 745	
T 709	traffic analysis, traffic volume analysis	Verkehrsanalyse f	analyse f de trafic
T 710	traffic balancing	Verkehrsausgleich m	équilibrage m de trafic
T 711	traffic capacity	Verkehrsleistung f	capacité f de trafic
	traffic capacity	s. a. T 713	
T 712	traffic carried, traffic intensity	Verkehrsbelastung f, Verkehrswert m	trafic m écoulé, intensité f de trafic
T 713	traffic carrying capacity, traffic capacity	Verkehrsleistung f	capacité f d'écoulement du trafic, capacité de trafic
T 714	traffic channel (mobile radio service)	Verkehrskanal m, Sprachkanal m (beweglicher Funkdienst)	voie f de trafic (service mobile de radiocommunications)
T 715	traffic counter, traffic meter	Verkehrszähler m	compteur m de trafic
T 716	traffic data	Verkehrsdaten pl	données fpl de trafic
T 717	traffic density	Verkehrsdichte f	densité f de trafic
T 718	traffic dispersal	Verkehrsverteilung f, Verkehrsaufteilung f	dispersion f du trafic
T 719	traffic flow	Verkehrsfluß m, Verkehrsabwicklung f	écoulement m du trafic, flux m de trafic
T 720	traffic flow control	Verkehrsflußsteuerung f	contrôle m de flux de trafic
T 721	traffic growth (increase)	Verkehrszunahme f	croissance f du trafic
T 722	traffic intensity	Verkehrswert m	intensité f de trafic
	traffic intensity	s. a. T 712	
T 723	traffic load	Verkehrslast f	charge f de trafic
T 724	traffic matrix	Verkehrsmatrix f	matrice f de trafic
T 725	traffic measurement, traffic metering	Verkehrsmessung f	mesure f de trafic
T 726	traffic measuring equipment	Verkehrsmeßeinrichtung f	appareil m de mesure du trafic
	traffic meter	s. T 715	
T 727	traffic metering	Fernsprechverkehrsmessung f	mesure f de télétrafic
	traffic metering	s. a. T 725	
T 728	traffic mode	Verkehrsart f	mode m de trafic
T 729	traffic model	Verkehrsmodell n	modèle m de trafic
T 730	traffic observation	Verkehrsbeobachtung f	observation f de trafic
T 731	traffic offered, offered traffic	Verkehrsangebot n	trafic m offert
T 732	traffic overflow meter	Überlaufverkehrsmeßeinrichtung f	appareil m de mesure du débordement de trafic
T 733	traffic peak	Verkehrsspitze f	pointe f de trafic
T 734	traffic prediction	Verkehrsvoraussage f	prévision f du trafic
T 735	traffic radar	Verkehrsradar m (n)	cinémomètre m
T 736	traffic relation	Verkehrsbeziehung f	relation f de trafic
T 737	traffic route	Verkehrsweg m, Leitweg m	voie f d'acheminement de trafic, artère f
T 738	traffic routing	Verkehrslenkung f, Leitweglenkung f	acheminement m de trafic
T 739	traffic sink	Verkehrssenke f, Verkehrssinke f	collecteur m de trafic
T 740	traffic source	Verkehrsquelle f	source f de trafic
T 741	traffic stream	Verkehrsstrom m	courant m de trafic
T 742	traffic study	Verkehrsuntersuchung f	étude f de trafic
T 743	traffic theory	Verkehrstheorie f, Nachrichtenverkehrstheorie f	théorie f du trafic
	traffic theory	s. a. C 854	
T 744	traffic unit, TU	Verkehrseinheit f, Einheit f des Verkehrs	unité f de trafic
T 745	traffic volume, traffic amount	Verkehrsmenge f	volume f de trafic
	traffic volume analysis	s. T 709	
T 746	trailer	Nachsatz m	en-queue f, fin f de trame, fanion m de queue (fin)
T 747	training signal	Einstellsignal n, Trainingssignal n	signal m de conditionnement
T 748	transaction	Transaktion f, Vorgang m	transaction f, mouvement m
T 749	transaction file	Bewegungsdatei f, Vorgangsdatei f	fichier m de détail
T 750	transborder broadcasting	grenzüberschreitender Rundfunk m	radiodiffusion f transfrontière
T 751	transborder data flow, TDF	grenzüberschreitender Datenfluß m	flux m transfrontière de données, flux de données transfrontière

T 752	transceiver	Sende-Empfangs-Gerät n	émetteur-récepteur m combiné, ensemble m (poste m) émetteur-récepteur
	transceiver	s. a. S 305	
T 753	transcoder, code converter	Codewandler m, Codeumsetzer m, Transcoder m	transcodeur m, convertisseur m de code
	transcoding	s. C 681	
T 754	transconductance	Steilheit f	transconductance f
T 755	transducer	Wandler m	transducteur m
T 756	transducer sensitivity	Wandlerempfindlichkeit f, Leistungsübertragungsfaktor m	efficacité f transductique
T 757	transfer	Transfer m, Überweisung f, Überleitung f	transfert m
T 758	transfer-allowed signal, TFA	Transfererlaubnis f	signal m d'autorisation de transfert, TAO
T 759	transfer contact	Umschaltekontakt m	contact m inverseur
T 760	transfer distributing frame	Ablegeverteiler m, AV, Durchgangsverteiler m	répartiteur m de transfert
T 761	transfer function	Übertragungsfunktion f	fonction f de transfert
T 762	transfer impedance	Kernleitwert m	impédance f de transfert
T 763	transfer key	Weiterschalttaste f, Zuteilschalter m	clé f de transfert, clé de renvoi
T 764	transfer-prohibited signal, TFP	Transferverbot n	signal m d'interdiction de transfert, TIO
T 765	transfer rate	Transfergeschwindigkeit f, Übertragungsgeschwindigkeit f	vitesse f de transfert, débit m
T 766	transfer ratio	Übertragungsverhältnis n	rapport m de transfert
T 767	transfer restricted	Transfer m eingeschränkt	transfert m restreint
T 768	transfer time	Transferzeit f, Übermittlungsdauer f	temps m de transfert
	transfer time	s. a. C 391	
	transfer to another number	s. C 151	
T 769	transformation ratio, transformer ratio	Übersetzungsverhältnis n	rapport m de transformation
T 770	transform coding	Transformationscodierung f	codage m par transformation, codage par transformée
T 771	transformer	Transformator m, Übertrager m	transformateur m
T 772	transformer[-coupled] amplifier	Transformatorverstärker m, übertragergekoppelter Verstärker m	amplificateur m à transformateur
T 773	transformer coupling	Übertragerkopplung f, Transformatorkopplung f	couplage m par transformateur
	transformer ratio	s. T 769	
T 774	transform image coding	Transformationsbildcodierung f	codage m d'image par transformation
T 775	transform matrix	Transformationsmatrix f	matrice f de transformation
T 776	transhorizon	Überhorizont...	transhorizon
T 777	transhorizon propagation, beyond-the-horizon propagation	Überhorizontausbreitung f, Transhorizontausbreitung f	propagation f transhorizon
T 778	transhorizon radar target, transhorizon target	Ziel n jenseits des Radarhorizonts, Ziel jenseits des Horizonts	cible f radar transhorizon, cible transhorizon
T 779	transhorizon radio link	Überhorizontfunkverbindung f	liaison f radioélectrique transhorizon
T 780	transhorizon radio-relay system	Überhorizontrichtfunksystem n	faisceau m hertzien transhorizon
T 781	transhorizon radio system	Überhorizontfunksystem n	système m radioélectrique transhorizon
	transhorizon target	s. T 778	
T 782	transient	Übergang m, Übergangsfunktion f, Transient m, Einschwingvorgang m	transitoire m
T 783	transient analysis	Analyse f von Einschwingvorgängen, Transientenanalyse f	analyse f transitoire
T 784	transient analyzer	Transientenanalysator m	analyseur m de transitoire
T 785	transient current	Einschwingstrom m, Übergangsstrom m, Stoßstrom m	courant m transitoire
T 786	transient distortion	Einschwingverzerrung f	distortion f transitoire
	transient effect	s. T 787	
	transient fault	s. I 492	
T 787	transient phenomenon, transient effect	Einschwingvorgang m	phénomène m transitoire
T 788	transient response	Einschwingverhalten n	réponse f transitoire, réponse indicielle
T 789	transient state	Einschwingzustand m	régime m transitoire
T 790	transient time	Einschwingzeit f	période f transitoire
T 791	transient wave	Wanderwelle f	onde f transitoire
T 792	transimpedance	Transimpedanz f	transimpédance f
T 793	transimpedance amplifier	Transimpedanzverstärker m	amplificateur m transimpédance, amplificateur à impédance transversale
T 794	trans-ionospheric propagation	Ausbreitung f durch die Ionosphäre	propagation f transionosphérique
T 795	transistor	Transistor m	transistor m
T 796	transistor amplifier	Transistorverstärker m	amplificateur m à transistor[s]

T 797	transistor heat sink	Transistorkühlkörper *m*		radiateur *m* de transistor
T 798	transistorization, transistorizing	Transistorisierung *f*		transistorisation *f*
T 799	transistorize/to	transistorisieren		transistoriser
T 800	transistorized amplifier	transistorisierter Verstärker *m*		amplificateur *m* transistorisé
T 801	transistorized equipment	transistorisiertes Gerät *n*		matériel *m* transistorisé
	transistorizing	s. T 798		
T 802	transistor microwave amplifier	Mikrowellen-Transistorverstärker *m*, Höchstfrequenz-Transistorverstärker *m*, transistorisierter Mikrowellenverstärker *m*		amplificateur *m* hyperfréquence à transistors
T 803	transistor model	Transistormodell *n*		modèle *m* de transistor
T 804	transistor oscillator	Transistoroszillator *m*		oscillateur *m* à transistor
T 805	transistor receiver	Transistorempfänger *m*		récepteur *m* à transistors
T 806	transistor-transistor-logic, TTL, T²L	Transistor-Transistor-Logik *f*, TTL, T²L		logique *f* transistor transistor, logique TTL
T 807	transit call	Durchgangsgespräch *n*, Transitverbindung *f*		communication *f* de transit, appel *m* de transit
T 808	transit country	Transitland *n*		pays *m* de transit
T 809	transit exchange	Transitvermittlungsstelle *f*, Transitzentrale *f*, Transitamt *n*, Durchgangsvermittlungsstelle *f*, Durchgangszentrale *f*		central *m* de transit, centre *m* de transit, CT
T 810	transit indicator	Transitverbindungsindikator *m*		indicateur *m* d'appel de transit
T 811	transition loss	Übergangsverlust *m*		perte *f* de transition
T 812	transition probability	Übergangswahrscheinlichkeit *f*		probabilité *f* de transition
T 813	transition state	Übergangszustand *m*		état *m* de transition
T 814	transition temperature	Sprungtemperatur *f*		température *f* de transition
T 815	transit network	Transitnetz *n*		réseau *m* de transit
T 816/7	transit network identification	Transitnetz[er]kennung *f*		identification *f* du (de) réseau de transit
T 818	transit routing	Transitwegleitung *f*		acheminement *m* en transit
T 819	transit switching	Transitvermittlung *f*, TV		commutation *f* de (en) transit
T 820	transit switching centre	Durchgangsfernamt *n*		centre *m* de commutation de transit
T 821	transit time	Laufzeit *f*		temps *m* de transit, temps de propagation
T 822	transit time	s. a. D 245		
	transit traffic	durchgehender Verkehr *m*, Durchgangsverkehr *m*, Transitverkehr *m*		trafic *m* de transit
T 823	transit working	Transitbetrieb *m*		exploitation *f* en transit
T 824	translating equipment *(carrier transmission)*	Umsetzer *m*		équipement *m* de modulation
T 825	translator	Übersetzer *m*, Umsetzer *m*, Umwerter *m*, Zuordner *m*		traducteur *m*
T 826	transmissible bandwidth	übertragbare Bandbreite *f*		largeur *f* de bande transmissible
T 827	transmission	Übertragung *f*, Übertragen *n*		transmission *f*
	transmission	s. a. T 884		
T 828	transmission and switching of information	Nachrichtenübermittlung *f*		transmission *f* et commutation *f* d'information
T 829	transmission at higher bit rates	Übertragung *f* mit höheren Bitraten		transmission *f* à plus forts débits
T 830	transmission at low bit rates	Übertragung *f* mit niedrigen Bitraten		transmission *f* à débits modérés
T 831	transmission bandwidth	Übertragungsbandbreite *f*		largeur *f* de bande de transmission
T 832	transmission bridge	Speisebrücke *f*		pont *m* de transmission
T 833	transmission buffer, TB	Sendespeicher *m*		tampon *m* d'émission, TEM
	transmission by microwaves	s. M 464		
	transmission capability	s. T 834		
T 834	transmission capacity, transmission capability, channel capacity, line capacity	Übertragungskapazität *f*, Kanalkapazität *f*		capacité *f* de transmission
T 835	transmission channel	Übertragungskanal *m*		voie *f* de transmission, voie, canal *m* de transmission *(radio)*, canal de communication
T 836	transmission characteristics	Übertragungscharakteristik *f*, Übertragungsverhalten *m*, Übertragungseigenschaften *fpl*, Durchlaßcharakteristik *f*		caractéristiques *fpl* de transmission, propriétés *fpl* de transmission
T 837	transmission circuit	Übertragungsweg *m*		circuit *m* de transmission
T 838	transmission code	Übertragungscode *m*		code *m* de transmission
T 839	transmission control	Übertragungssteuerung *f*		gestion *f* de transmission
T 840	transmission control character, TCC	Übertragungssteuerzeichen *n*		caractère *m* de contrôle de transmission
T 841	transmission costs	Übertragungskosten *pl*		coûts *mpl* de transmission
T 842	transmission equipment	Übertragungseinrichtung *f*		matériel *m* de transmission, équipement *m* de transmission
T 843	transmission filter, send filter, sending filter	Sendefilter *n*		filtre *m* émission, filtre d'émission
T 844	transmission impairments	Verminderung *f* der Übertragungsgüte		réduction *f* de qualité de transmission

transmission

T 845	transmission line	Übertragungsleitweg f	ligne f de transmission
	transmission-line amplifier	s. D 729	
T 846	transmission link	Übertragungsabschnitt m	liaison f de transmission, chaînon m de voie
	transmission link	s. a. L 263	
T 847	transmission loss	Durchgangsdämpfung f (Vierpol), Übertragungsverlust m (Wandler), Funkfelddämpfung f (Richtfunk), Übertragungsdämpfung f (zwischen Sende- und Empfangsantenne), Systemdämpfungsmaß n	affaiblissement m de transmission, perte f de transmission
	transmission medium	s. T 889	
T 848	transmission mode	Übertragungsart f	mode m de transmission
T 849	transmission network	Übertragungsnetz n	réseau m de transmission, réseau de transport
T 850	transmission of images	Bildübertragung f	transmission f d'images
T 851	transmission of information	Nachrichtenübertragung f, Informationsübertragung f	transmission f d'information
T 852	transmission of moving pictures	Bewegtbildübertragung f	transmission f d'images animées
T 853	transmission path	Übertragungsweg m	trajet m de transmission, voie f de transmission
	transmission performance	s. T 857	
T 854	transmission performance of the ISDN	ISDN-Übertragungseigenschaften fpl	caractéristiques fpl de transmission du RNIS
T 855	transmission plan	Dämpfungsplan m	plan m de transmission
T 856	transmission properties	Übertragungseigenschaften fpl	propriétés fpl de transmission
T 857	transmission quality, transmission performance	Übertragungsgüte f, Übertragungsverhalten n	qualité f de transmission
T 858	transmission range	Übertragungsentfernung f, Übertragungsreichweite f	distance f de transmission, portée f de transmission
	transmission rate	s. T 861	
T 859	transmission rating	Übertragungskennwert m	indice m de transmission
T 860	transmission scheme	Übertragungsschema n	plan m de transmission
T 861	transmission speed, transmission rate	Übertragungsgeschwindigkeit f, Übertragungsrate f	rapidité f de transmission, vitesse f de transmission, débit m de transmission
T 862	transmission system	Übertragungssystem n	système m de transmission
T 863	transmission technique	Übertragungsverfahren n, Übertragungstechnik f	mode m de transmission, technique f de transmission
T 864	transmit/to	senden, übertragen, absetzen	émettre, transmettre
	transmit amplifier	s. T 874	
T 865	transmit beam	Sendestrahl m	faisceau m d'émission
T 866	transmit diplexer	Sendediplexer m	diplexeur m d'émission
T 867	transmit direction, send direction	Senderichtung f	sens m émission, sens d'émission
T 868	transmit input, sending input	Sendeeingang m	entrée f émission
	transmit level	s. S 301	
T 869	transmit path	Sendeweg m	voie f d'émission
T 870	transmit-receive decoupling, transmitting/receiving decoupling	Sende-Empfangs-Entkopplung f	découplage m émission-réception
T 871	transmit section, transmitter unit, transmitter	Sendeteil n	partie f émetteur, ensemble m d'émission
	transmit side	s. T 888	
T 872	transmitted signal	Sendesignal n	signal m d'émission
T 873	transmitter, TX, sender	Sender m	émetteur m
	transmitter	s. a. T 871	
T 874	transmitter amplifier, transmit amplifier, sending amplifier	Sendeverstärker m	amplificateur m d'émission
T 875	transmitter capsule, microphone capsule, telephone transmitter	Sprechkapsel f, Mikrophonkapsel f	capsule f microphonique, capsule f de microphone, pastille f microphonique
T 876	transmitter end/at the	senderseitig	à l'extrémité émission
T 877	transmitter frequency	Senderfrequenz f, Sendefrequenz f	fréquence f d'émission, fréquence émise
T 878	transmitter input	Sendereingang m	entrée f émetteur
T 879	transmitter intermodulation, TIM	Intermodulation f im Sender	intermodulation f dans l'émetteur
T 880	transmitter module	Sendermodul n, Sendemodul n	module m émetteur
T 881	transmitter output power	Sende[r]ausgangsleistung f	puissance f de sortie d'émetteur
T 882	transmitter-receiver	Sender-Empfänger m	émetteur-récepteur m
T 883	transmitter signal element timing	Sendeschrittakt m	rythme m des éléments de signal à l'émission
	transmitter unit	s. T 871	
T 884	transmitting, transmission	Senden n, Sendung f, Übertragung f	émission f
T 885	transmitting antenna, source antenna	Sendeantenne f	antenne f d'émission, antenne f émettrice
	transmitting antenna assembly	s. T 886	
T 886	transmitting antenna system, transmitting antenna assembly	Sendeantennenanlage f	installation f d'antennes émettrices
T 887	transmitting band	Sendebereich m	bande f d'émission

304

T 888	transmitting end, sending end, transmit side	Sendeseite f, Senderseite f, Geberseite f	partie f émission, extrémité f émission
	transmitting equipment	s. T 890	
	transmitting installation	s. T 890	
T 889	transmitting medium, transmission medium	Übertragungsmedium n	support m de transmission, moyen m de transmission, milieu m de transmission
T 890	transmitting plant, transmitting installation, transmitting equipment	Sende[r]anlage f	émetteur m, station f émettrice, installation f d'émission, centre m émetteur
T 891	transmitting power	Sendeleistung f	puissance f émise
	transmitting/receiving decoupling	s. T 870	
T 892	transmitting station, sending station	Sendestelle f, Sendeanlage f, übermittelnde Funkstelle f	station f d'émission, station émettrice, station de transmission
T 893	transmitting terminal (data)	Sendestation f	terminal m émetteur
T 894	transmit unit	Sendeeinheit f	unité f d'émission
T 895	transmultiplexer	Transmultiplexer m	transmultiplexeur m
T 896	transparency	Transparenz f, Durchlässigkeit f, Durchsichtigkeit f	transparence f
	transparency	s. a. D 543	
T 897	transparent	transparent	transparent
T 898	transparent data	transparente Daten pl	données fpl transparentes
T 899	transparent data transfer phase	transparente Phase f des Datenverkehrs (der Datenübermittlung), transparente Datentransferphase f	phase f de transfert transparent de données
T 900	transparent mode	transparenter Modus m, Transparentmodus m	mode m transparent
T 901	transparent video recording	transparente Videosignalaufzeichnung f	enregistrement m vidéotransparent
T 902	transponder, responder	Transponder m, Antwortgerät n	transpondeur m, répondeur m, répéteur m [de satellite]
T 903	transponder channel	Transponderkanal m	canal m de répéteur
T 904	transponder frequency	Transponderfrequenz f	fréquence f de répéteur
T 905	transportation protocol, transport protocol	Transportprotokoll n	protocole m de transport
T 906	transport format	Transportformat n	format m de transport
T 907	transport layer	Transportschicht f	couche f transport
T 908	transport layer protocol	Transportschichtprotokoll n	protocole m de couche transport
	transport protocol	s. T 905	
T 909	transport service (OSI)	Transportdienst m	service m de transport
T 910	transport service user	Transportdienstanwender m	utilisateur m du service de transport
T 911	transposed transmission line	gekreuzte (ausgekreuzte) Leitung f, Leitung f mit Kreuzungsausgleich	ligne f de transmission avec transpositions
T 912	transposition	Transposition f, Vertauschung f (Telegrafiezeichen), Drahtkreuzung f, Auskreuzen n (Telefonleitung)	transposition f, interversion f (ligne téléphonique)
T 913	transposition by crossing (open wire lines)	Kreuzung f	transposition f par croisement
	transversal filter	s. T 914	
	transverse electric and magnetic wave	s. T 340	
	transverse electric mode	s. T 339	
	transverse electric wave	s. T 456	
	transverse electromagnetic wave	s. T 340	
T 914	transverse filter, transversal filter	Transversalfilter n	filtre m transversal
T 915	transverse gyro frequency	transversale Gyrofrequenz f	gyrofréquence f transversale
T 916	transverse judder	vertikales Zittern n	broutage m transversal
	transverse magnetic mode	s. T 644	
	transverse magnetic wave	s. T 645	
T 917	transverse recording density	Querdichte f der Aufzeichnung	densité f d'enregistrement transversale
T 918	transverse wave	Transversalwelle f	onde f transversale
	travelling wave	s. a. O 308	
T 919	TRAPATT diode (TRAPPAT = trapped plasma avalanche triggered transit)	TRAPPAT-Diode f	diode f TRAPATT
T 920	trapdoor	Falltür f	trappe f
T 921	trapezoidal pulse	Trapezimpuls m	impulsion f trapézoïdale
T 922	trapped mode	Wellenleiterausbreitungsmodus m	mode m de propagation guidée
T 923	travelling plane wave	fortschreitende ebene Welle f	onde f progressive plane
T 924	travelling wave	Wanderwelle f, fortschreitende Welle f	onde f progressive
T 925	travelling-wave antenna, progressive-wave antenna	Antenne f mit fortschreitenden Wellen, Wanderwellenantenne f	antenne f à onde progressive
T 926	travelling-wave magnetron	Wanderfeldmagnetron n, Wanderfeldmagnetfeldröhre f	magnétron m à ondes progressives
T 927	travelling-wave maser	Wanderfeldmaser m	maser m à onde progressive
T 928	travelling-wave tube, TWT	Wanderfeldröhre f	tube m à ondes progressives, TOP

T 929	travelling-wave tube amplifier, TWTA	Wanderfeldröhrenverstärker m		amplificateur m à tube à ondes progressives, ATOP
T 930	tree coder	Baumcodierer m		codeur m arborescent
	tree network	s. T 933		
T 931	tree structure	Baumstruktur f		structure f arborescente
T 932	tree-structured network	Netz n mit Baumstruktur		réseau m à structure en arbre
T 933	tree type network, tree network	Baumnetz n		réseau m arborescent, réseau en arbre
T 934	trellis	Trellis m		treillis m
T 935	trellis code	Trelliscode m, Gittercode m, Maschencode m		code m en treillis
T 936	trellis coding	Trelliscodierung f		codage m en treillis
T 937	trembler bell	Gleichstromwecker m, Wecker m mit Selbstunterbrechung		sonnerie f trembleuse
T 938	trend [of development]	Entwicklungsrichtung f		tendance f [de développement]
	TRF receiver	s. T 1011		
T 939	triac (Triode alternating current switch), bilateral thyristor	Triac m, Zweirichtungsthyristor m		triac m
	trickle charge	s. F 284		
T 940	trial und error method	empirisches Annäherungsverfahren n		méthode f empirique
T 941	tribit	Tribit n		tribit m
T 942	tributary channel	abgeleiteter Kanal m		voie f tributaire
T 943	trigger/to	auslösen, triggern		déclencher, lancer
	trigger	s. T 946		
T 944	trigger circuit	Triggerschaltung f, Kippschaltung f		dispositif m (circuit m) à déclenchement
T 945	triggered generator	getriggerter Generator m		générateur m déclenché
	triggering signal	s. T 947		
T 946	trigger pulse, trigger	Triggerimpuls m, Auslöseimpuls m		impulsion f de déclenchement (d'enclenchement)
T 947	trigger signal, triggering signal	Triggersignal n		signal m de déclenchement
T 948	trigger voltage	Triggerspannung f, Auslösespannung f		tension f de déclenchement
T 949	trilayer structure	Dreischichtstruktur f		structure f à trois couches
T 950	trilevel recording	Dreipegelaufzeichnung f		enregistrement m à trois niveaux
T 951	trim/to	trimmen, feinabgleichen		régler avec précision
T 952	trimless	ohne Abgleich		sans ajustage
T 953	trimmer, trimming capacitor	Trimmer m, Trimmerkondensator m		condensateur m ajustable, trimmer m
T 954	trimming	Abgleichen n, Feinabgleich m, Trimmen n		ajustage m d'appoint, réglage m fin
	trimming capacitor	s. T 953		
T 955	triode	Triode f		triode f
T 956	triplate line	Triplate-Leitung f, symmetrische Streifenleitung f		ligne f [en] triplaque, ligne à ruban équilibré
T 957	triple error	Dreibitfehler m		erreur f triple
T 958	triplex system	Triplexsystem n		système m triplex
T 959	tri-state logic, three-state logic	Tri-State-Logik f		logique f à trois états
T 960	tri-state output	Tri-State-Ausgang m, Dreizustandsausgang m		sortie f à trois états
T 961	tropical rain	tropische Niederschläge mpl		précipitations fpl tropicales
T 962	tropopause	Tropopause f		tropopause f
T 963	troposphere	Troposphäre f		troposphère f
T 964	tropospheric duct propagation	troposphärische Duktausbreitung f		propagation f par conduit troposphérique
T 965	tropospheric medium	troposphärisches Medium n		milieu m troposphérique
T 966	tropospheric mode	troposphärischer Wellenmodus m		mode m troposphérique
T 967	tropospheric propagation	troposphärische Ausbreitung f		propagation f troposphérique
T 968	tropospheric radio duct	troposphärischer Wellenleiter m, Dukt m, troposphärischer Funkkanal m		conduit m troposphérique, conduit troposphérique radioélectrique
T 969	tropospheric reflection	troposphärische Reflexion f		réflexion f troposphérique
T 970	tropospheric scatter[ing]	troposphärische Streuung f		diffusion f troposphérique
T 971	tropospheric-scatter propagation	troposphärische Streuausbreitung f		propagation f par diffusion troposphérique
T 972	tropospheric-scatter radio relay system	Richtfunksystem n mit troposphärischer Streuausbreitung, Troposcatter-Richtfunksystem		faisceau m hertzien à diffusion troposphérique, faisceau hertzien transhorizon
T 973	tropospheric wave	troposphärische Welle f		onde f troposphérique
T 974	trouble indication	Störungsanzeige f		indication f de dérangement
T 975	trouble shooting	Fehlerbeseitigung f, Fehlersuche f		dépannage m, détection f de pannes, dépistage m d'erreurs
	true attenuation	s. N 323		
T 976	true bearing	rechtweisende Peilung f		relèvement m vrai
T 977	true-motion display	Absolutkursdarstellung f		indicateur m radar avec indication du mouvement absolu
	true power	s. A 128		
T 978	truncate/to	abbrechen, abschneiden		tronquer

T 979	truncation	Abbrechen n	troncature f, coupure f
T 980	truncation error	Abbrechfehler m, Approximationsfehler m	erreur f de troncature
T 981	trunk	Leitung f, Verbindungsleitung f, Ortsverbindungsleitung f	circuit m, jonction f, ligne f réseau
T 982	trunk cable	Fernverbindungskabel n, Fernkabel n	câble m de jonction [urbaine], câble interurbain
T 983	trunk call, toll call, long-distance communication	Ferngespräch n, Fernanruf m	appel m interurbain, communication f interurbaine
T 984	trunk call signal	Fernrufzeichen n	signal m d'appel interurbain, signal d'appel de ligne réseau
T 985	trunk circuit	Verbindungsleitung f, Fernleitung f	circuit m de jonction, circuit interurbain
T 986	trunk code, DDD code	Ortsnetzkennzahl f, Ortskennzahl f, Fernkennzahl f, FKZ	indicatif m interurbain
T 987	trunk dialling, intertoll dialling	[automatische] Fernwahl f	interurbain m automatique
T 988	trunked systems (mobile radioservice)	Bündelsysteme npl (bewegliche Funkdienste)	systèmes mpl à partage de plusieurs canaux (service mobile de radiocommunication)
T 989	trunk exchange, toll exchange, toll office, toll centre, TC	Fernamt n, Fernzentrale f, Fernvermittlungsstelle f	central (centre) m interurbain, commutateur m interurbain
T 990	trunking (mobile radio service)	Kanalbündelung f (bewegliche Funkdienste)	partage m (service mobile de radiocommunications)
T 991	trunking diagram	Gruppenverbindungsplan m	diagramme m de jonction
	trunking diagram	s. a. J 42	
T 992	trunk line	Fernvermittlungsleitung f	ligne f interurbaine
	trunk line	s. a. T 660	
	trunk network	s. L 406	
	trunk operator	s. T 661	
T 993	trunk position, toll position	Fernplatz m	position f interurbaine
T 994	trunk prefix	Fernverkehrsausscheidungsziffer f, nationale Verkehrsausscheidungszahl f, Verkehrsausscheidungszahl f im nationalen Bereich	préfixe m interurbain
T 995	trunk record position	Melde[fern]platz m	position f d'annotatrice, position d'inscription
T 996	trunk routing	Fernverkehrslenkung f	acheminement m des lignes interurbaines
T 997	trunk switchboard, toll switchboard	Fernschrank m	tableau m [commutateur] interurbain, commutateur m interurbain
T 998	trunk switching, toll switching	Fernvermittlung f, Fernvermittlungstechnik f	commutation f interurbaine
T 999	trunk switching unit	Gruppenverbinder m	unité f de sélection de groupe
T 1000	trunk test	Verbindungsleitungsprüfung f	essai m de jonction, vérification f de circuit
T 1001	trunk traffic, toll traffic, long-distance traffic	Fernverkehr m	trafic m interurbain
	TS	s. T 626	
	T-shaped antenna	s. T 18	
	TSW	s. T 269	
	TTC	s. T 701	
	TTL	s. T 806	
	TTY	s. T 250	
	TU	s. T 744	
T 1002	tunability	Abstimmbarkeit f	possibilité f d'accord
T 1003	tunable	abstimmbar	accordable
T 1004	tunable circuit	abstimmbarer Kreis m	circuit m accordable
T 1005	tunable oscillator	durchstimmbarer Oszillator m	oscillateur m accordable
T 1006	tuned	abgestimmt	accordé
T 1007	tuned amplifier	abgestimmter Verstärker m, Resonanzverstärker m	amplificateur m accordé, amplificateur à résonance
T 1008	tuned antenna, resonant antenna	abgestimmte Antenne f	antenne f accordée
T 1009	tuned circuit	Schwingkreis m, abgestimmter Kreis m	circuit m accordé
T 1010	tuned front end	abgestimmte Vorstufe f, abgestimmte HF-Stufe f	tête f radioélectrique accordée
T 1011	tuned radio-frequency receiver, tuned RF receiver, TRF receiver, direct detection receiver, straight receiver	Geradeausempfänger m	récepteur m à amplification directe, récepteur direct
	tuned RF receiver	s. T 1011	
	tuner	s. C 437	
T 1012	tuning	Abstimmung f, Abstimmen n, Abgleich m	accord m, accord de fréquence, syntonisation f, mise f au point, alignement m
T 1013	tuning capacitor	Abstimmkondensator m	condensateur m d'accord
T 1014	tuning circuit	Abstimmkreis m	circuit m d'accord
T 1015	tuning coil	Abstimmspule f	bobine f d'accord

T 1016	tuning control	Abstimmvorgang m, Abstimmen n	réglage m d'accord
T 1017	tuning diode	Abstimmdiode f	diode f d'accord
T 1018	tuning indicator	Abstimmanzeige f	indication f d'accord
T 1019	tuning on the run	Abstimmung f während des Betriebs	syntonisation f en cours de fonctionnement
T 1020	tuning range	Abstimmbereich m	plage f d'accord, gamme f d'accord, étendue f d'accord, bande f d'accord
T 1021	tuning screw	Abstimmschraube f, Einstellschraube f	vis f d'accord, vis de réglage
T 1022	tuning slug	Abgleichkern m, Abstimmkern m	noyau m d'accord
	tuning varactor	s. V 14	
T 1023	tunnel diode	Tunneldiode f	diode f tunnel
T 1024	tunnel diode amplifier	Tunneldiodenverstärker m	amplificateur m à diode tunnel
T 1025	tunnel effect	Tunneleffekt m	effet m tunnel
T 1026	tunnelling	Tunnelung f, Tunnelvorgang m	action f tunnel
T 1027	tunnelling current	Tunnelstrom m	courant m tunnel, courant d'effet tunnel
	TUP	s. T 243	
T 1028	turbulent atmosphere	turbulente Atmosphäre f	atmosphère f turbulente
T 1029	turn, turn of winding	Windung f	spire f, tour m
T 1030	turning off	Abschalten n, Ausdrehen n, Ausschalten n, Außerbetriebnahme f	mise f hors fonction, mise hors service, mise hors tension
T 1031	turning on	Anschalten n, Einschalten n, Inbetriebnahme f	mise f en fonction, mise en service, mise sous tension
T 1032	turnkey basis/on a	schlüsselfertig	clés en main
	turn off/to	s. S 1485	
	turn of winding	s. T 1029	
	turn on/to	s. S 1486	
T 1033	turns ratio	Windungs[zahl]verhältnis n, Wicklungsverhältnis n	rapport m des enroulements
T 1034	turnstile antenna	Drehkreuzantenne f, Turnstileantenne f	antenne f en tourniquet, tourniquet m
	TV	s. T 287	
	TV cable network	s. T 292	
	TV channel	s. T 294	
T 1035	TV image sharpness	Fernsehbildschärfe f	netteté f de l'image de télévision
	TV picture	s. T 300	
	TV set	s. T 306	
	TV signal	s. T 308	
	TV transmission	s. T 313	
	TWA	s. 1. T 1066; 2. T 1067	
T 1036	twin amplifier cathode-ray direction finder, double-channel cathode-ray direction finder	Zweikanal-Sichtfunkpeiler m, Zweikanal-Sichtpeiler m	radiogoniomètre m Watson-Watt
	twin cable	s. P 58	
T 1037	twin contact elements, twin contacts, double contact	Doppelkontakt m, Zwillingskontakt m	contacts mpl doublés, contacts jumelés
T 1038	twin-core cable, two-wire cable	zweiadriges Kabel n, doppeladriges Kabel	câble m à deux conducteurs, câble bifilaire
T 1039	twinplex	Twinplex n	duoplex m à quatre fréquences
	twinplex	s. a. F 357	
T 1040	twist	Torsionshohlleiter m, verdrillter Hohlleiter m	guide m torsadé, guide en torsade
T 1041	twistable waveguide	verdrehbarer (twistbarer) Hohlleiter m	guide m tortile
	twisted joint	s. T 1044	
T 1042	twisted pair	verdrillte Leitung f, verdrilltes Paar n, verdrillte Doppelleitung f	paire f torsadée, paire téléphonique
	twisted pair of wires	s. T 1043	
T 1043	twisted-wire pair, twisted pair of wires	verdrilltes Leitungspaar n	paire f [de ligne] torsadée
T 1044	twist joint, twisted joint	Würgeverbindung f	joint m à torsade
T 1045	twist strength, torsion strength	Torsionsfestigkeit f, Verdrehungsfestigkeit f	résistance f à la torsion, tenue f en torsion
	two-channel	s. D 876	
T 1046	two-channel receiver	Zweikanalempfänger m	récepteur m à 2 canaux
T 1047	two-condition cable code	bivalenter Kabelcode m	code m bivalent pour câble
T 1048	two-control-point method (ionospheric propagation)	Zweipunkt-Kontrollmethode f	méthode f des deux points directeurs
T 1049	two-dimensional coding	zweidimensionale Codierung f	codage m bidimensionnel
T 1050	two-dimensional masking	zweidimensionale Maskierung f	masquage m bidimensionnel
T 1051	two-dimensional picture transform	zweidimensionale Bildtransformation f	transformation f d'image bidimensionnelle
T 1052	two-frequency operation	Frequenzgetrenntlagebetrieb m, Getrenntlagebetrieb m, Betrieb m auf zwei Frequenzen	exploitation f sur deux fréquences
	two-hop microwave link	s. T 1053	

T 1053	two-hop radio [relay] link, two-hop microwave link two-motion selector	Richtfunkverbindung f mit zwei Funkfeldern s. S 1252	liaison f par faisceau hertzien à deux bonds	
T 1054	two party line	Zweieranschlußleitung f, Zweieranschluß m, Zweiergemeinschaftsanschluß m, Zweier-GA m	ligne f à deux abonnés, ligne partagée à deux directions, ligne partagée à deux postes	
T 1055	two-party line system	Zweieranschluß m, Zweiereinrichtung f	système m à deux abonnés sur paire unique	
T 1056	two-party telephone	Zweieranschlußfernsprecher m, Zweieranschlußtelefon n, Zweierapparat m, Zweierfernsprechanschluß m	téléphone m à deux abonnés	
T 1057	two-port	Zweitor n	biporte m	
T 1058	two-port adapter two-port circuit two-port network two-port parameter	Zweitoradapter m s. F 362 s. F 362 s. F 363	adaptateur m biporte	
T 1059	two-ray model	Zweistrahlmodell n	modèle m à deux rayons	
T 1060	two-ray multipath fading two-speed	Schwund m durch Mehrwegeausbreitung von zwei Strahlen s. D 888	évanouissement m dû à des trajets multiples à deux rayons	
T 1061	two-stage switching network	zweistufiges Schaltnetzwerk n	réseau m de connexion à deux étages	
T 1062	two-state register	Binärspeicherelement n	registre m à deux états	
T 1063	two-step relais	Stufenrelais n, zweistufiges Relais n	relais m à deux temps	
T 1064	two-terminal network two terminal pair network	Zweipol m s. F 362	dipôle m	
T 1065	two-tier codec two-tone modulation	Zweistufencodec m s. F 473	codec m à deux étages	
T 1066	two way alternate, TWA	Wechselbetrieb m	échange m bidirectionnel à l'alternat, TWA	
T 1067	two way alternate, TWA two way alternate operation	wechselseitig s. H 8	bidirectionnel à l'alternat, TWA	
T 1068	two-way non-simultaneous transmission	Zeitgetrenntlageverfahren n	transmission f à l'alternat, technique f de l'alternat	
T 1069	two way simultaneous, TWS	Gegenbetrieb m	échange m bidirectionnel simultané, TWS	
T 1070	two way simultaneous, TWS two-way-simultaneous communication	beidseitig s. D 902	bidirectionnel simultané	
T 1071	two-way simultaneous transmission	bidirektionale Übertragung f im Gleichlageverfahren	transmission f bidirectionnelle simultanée	
T 1072	two-wire, 2 wire two-wire amplifier two-wire cable	Zweidraht ..., zweidrähtig, 2-Draht- ... s. T 1077 s. T 1038	deux fils, 2 fils	
T 1073	two-wire circuit	Zweidrahtleitung f, Doppelleitung f	circuit m [à] deux fils, circuit bifilaire	
T 1074	two-wire connection	Zweidrahtverbindung f	liaison f deux fils	
T 1075	two-wire line	Zweidrahtleitung f, Doppelleitung f	ligne f deux fils, ligne bifilaire	
T 1076	two-wire operation	Zweidrahtbetrieb m	exploitation f en deux fils	
T 1077	two-wire repeater, two-wire amplifier	Zweidrahtverstärker m	répéteur m [pour circuit] deux fils	
T 1078	two-wire-switching, 2 wire switching	Zweidraht-Durchschaltung f, 2-Draht-Durchschaltung f	commutation f à deux fils, commutation f 2 fils	
T 1079	two-wire type circuit	Zweidrahtübertragungsweg m	circuit m assimilé à un circuit à deux fils	
	TWS TWT TWTA TX	s. 1. T 1069; 2. T 1070 s. T 928 s. T 929 s. T 873		
T 1080	type of channel type of emission type of modulation	Kanalart f s. C 584 s. M 610	type m de voie de transmission	
T 1081	type of signal type of transmission	Signalart f s. C 584	type m de signal	

U

	UART UBL	s. U 95 s. U 54	
U 1	U-bolt UC UFI	Bügelschraube f s. U 158 s. U 140	crampon m en U

U 2	UHF, ultra-high frequency UHF	UHF *f*, ultrahohe Frequenz *s. a.* U 13	UHF *f*, ultra-haute fréquence
U 3	UHF band	UHF-Band *n*, Dezimeterwellenband *n*	bande *f* d'ondes décimétriques, bande UHF
U 4	UHF fading	UHF-Schwund *m*, UHF-Fading *n*	évanouissement *m* des ondes UHF
U 5	UHF propagation	UHF-Ausbreitung *f*	propagation *f* des ondes UHF (décimétriques)
U 6	UHF region	UHF-Bereich *m*	plage *f* des ondes décimétriques, plage UHF
	ULF wave	*s.* U 17	
U 7	U-link	Bügelstecker *m*	connexion *f* (raccord *m*) en U, étrier *m*, fiche *f* d'étrier
U 8	U-link panel	Bügelfeld *n*, BF	panneau *m* d'étriers
	ULSI	*s.* U 14	
U 9	ultimate tensile strength	Grenzzugfestigkeit *f*	résistance *f* limite de tension
U 10	ultra-broadband amplifier	Ultrabreitbandverstärker *m*	amplificateur *m* à bande ultra-large
U 11	ultra-fast	ultraschnell	ultrarapide
U 12	ultra-fast electronics	ultraschnelle Elektronik *f*	électronique *f* ultrarapide
U 13	ultra-high frequency, UHF, decimetric waves	Dezimeterwellen *fpl*, UHF-Bereich *m*, UHF	ultra-hautes fréquences *fpl*, UHF, ondes *fpl* décimétriques
	ultra-high frequency	*s. a.* U 2	
U 14	ultra-large scale integration, ULSI	ULSI *f*	intégration *f* à ultra grande échelle, ULSI
U 15	ultralinear	ultralinear	ultralinéaire
U 16	ultralinear amplifier	Ultralinearverstärker *m*	amplificateur *m* ultralinéaire
U 17	ultra-low frequency wave, ULF wave	Ultraniederfrequenzwelle *f*	onde *f* ultra-basse fréquence, onde UBF
U 18	ultra-low noise	extrem rauscharm	à bruit ultra faible
U 19	ultra-short	ultrakurz	ultra-court
U 20	ultra-short wave *(VHF)*	Ultrakurzwelle *f*	onde *f* ultra-courte
U 21	ultrasonic delay line	Ultraschallverzögerungsleitung *f*	ligne *f* à retard ultra-sonique
U 22	ultrasonic detector	Ultraschalldetektor *f*	détecteur *m* à ultrasons
U 23	ultrasonic frequency	Ultraschallfrequenz *f*	fréquence *f* ultra-sonore
U 24	ultrasonic generator	Ultraschallgenerator *m*	générateur *m* d'ultra-sons
U 25	ultrasonics	Ultraschallakustik *f*	acoustique *f* ultra-sonore
U 26	ultrasonic sounding	Ultraschallotung *f*	sondage *m* par ultra-sons
U 27	ultrasonic wire bonding	Ultraschalldrahtbonden *n*	soudage *m* par ultrason de fils
U 28	ultra-sound	Ultraschall *m*	ultra-son *m*, ultrason *m*
U 29	umbrella antenna UN	Schirmantenne *f* *s.* U 98	antenne *f* en parapluie
U 30	unabsorbed field strength	Freiraumfeldstärke *f*	champ *m* en l'absence d'absorption
U 31	unaged	nicht gealtert	non vieilli
U 32	unallocated number	nichtzugeteilte Nummer *f* (Rufnummer *f*)	numéro *m* non attribué
	unallocated number	*s. a.* U 33	
U 33	unallocated-number signal, UNN, unallocated number	Zeichen *n* für nicht zugeteilte Rufnummer	signal *m* de numéro inutilisé (non utilisé), NNU
U 34	unarmoured	nichtbewehrt	non armé, non blindé
U 35	unarmoured cable	nichtbewehrtes Kabel *n*	câble *m* non armé, câble sans armure
U 36	unattended, unmanned	unbemannt, ohne Personal	sans personnel, desservi, sans surveillance, non surveillé
U 37	unattended centre (exchange)	unbemanntes Amt *n*	centre *m* non surveillé, centre télésurveillé
	unattended operation	*s.* U 41	
U 38	unattended station, non-attended station	unbemannte Station *f*	station *f* non surveillée, station télésurveillée
U 39	unattended surveillance	automatische Überwachung *f*	surveillance *f* automatique
U 40	unattended telecommunication site	Standort *m* unbemannter Nachrichtenanlagen	site *m* de télécommunication sans personnel
U 41	unattended working, unattended operation	unbemannter Betrieb *m*	exploitation *f* télésurveillée (sans surveillance), fonctionnement *m* sans surveillance
U 42	unaudible	unhörbar	inaudible
U 43	unauthorized user	unbefugter Nutzer (Anwender) *m*	utilisateur *m* non autorisé
U 44	unavailability	Nichtverfügbarkeit *f*	indisponibilité *f*
U 45	unavailability per year	jährliche Nichtverfügbarkeit *f*	indisponibilité *f* annuelle
U 46	unbalance	Unsymmetrie *f*, Ungleichgewicht *n*	asymétrie *f*, dissymétrie *f*, déséquilibre *m*
U 47	unbalance about earth unbalanced microstrip	Unsymmetrie *f* gegen Erde *s.* U 48	dissymétrie *f* par rapport à la terre
U 48	unbalanced strip line, unbalanced microstrip	unsymmetrische Streifenleitung *f*, Mikrostreifenleitung *f*	[micro]ligne *f* à ruban dissymétrique, ligne microbande (microruban) dissymétrique
	unbalanced-to earth	*s.* U 49	
U 49	unbalanced-to-ground, unbalanced-to-earth	erdunsymmetrisch	dissymétrique par rapport à la terre
U 50	unbiased, zero bias	ohne Vorspannung	non polarisé, à polarisation nulle
U 51	unblocking	Entsperren *n*, Entsperrung *f*	déblocage *m*

U 52	unblocking acknowledgment	Entsperrbestätigung f	accusé m de réception de déblocage
U 53	unblocking acknowledgment signal, UBA	Entsperrbestätigungskennzeichen n	signal m d'accusé de réception de déblocage, DBA
	UBA	s. U 53	
U 54	unblocking signal, UBL	Sperraufhebungszeichen n, Zeichen n zum Aufheben einer Sperre, Entsperrkennzeichen n	signal m de déblocage
U 55	uncontrolled slip	ungesteuerter Schlupf (Slip) m	glissement m non commandé
U 56	underground	erdverlegt, unterirdisch	souterrain
U 57	underground cable	Erdkabel n	câble m souterrain
U 58	underground conduit	unterirdischer Kabelkanal m	conduit m souterrain
U 59	underground repeater	Unterflur[zwischen]verstärker m	répéteur m souterrain
U 60	underlap (facsimile)	Rasterstörung f durch Zeilenabstand	non-juxtaposition f, interlignage m
U 61	undervoltage	Unterspannung f	sous-tension f
U 62	undervoltage detection	Unterspannungserkennung f	détection f de sous-tension
	underwater pipe	s. S 710	
U 63	undetected error	nichterkannter Fehler m	erreur f non détectée
U 64	undistorted	unverzerrt, verzerrungsfrei	sans distorsion
U 65	unfoldable antenna, unfurlable antenna	ausfaltbare Antenne f	antenne f déployable
U 66	unfolded solar collector	ausgefalteter Sonnenkollektor m	collecteur m solaire déployé
U 67	unfolded solar panel	entfaltetes Solarpaddel n, aufgeklapptes Sonnenpaddel n	panneau m solaire déployé
U 68	unforeseen interruptions	unvorhergesehene Unterbrechungen fpl	interruptions fpl imprévisibles
	unfurlable antenna	s. U 65	
U 69	unguarded interval	Gefahrzeit f (Doppelbelegung)	intervalle m sans garde
	unidimensional masking	s. O 92	
U 70	unidirectional	unidirektional, in einer Richtung	unilatéral, unidirectionnel, unidirectif
U 71	unidirectional connection	[einseitig] gerichtete Verbindung f	communication f unilatérale (à sens unique)
U 72	unidirectional local-area communications network	unidirektionales lokales Kommunikationsnetz n	réseau m de communication local unidirectif
U 73	unidirectional transmission	unidirektionale Übertragung f, Übertragung in einer Richtung	transmission f unilatérale
U 74	unified power supply	einheitliche Stromversorgung f	équipement m unifié d'alimentation [en énergie électrique]
U 75	uniform encoding	lineare Codierung f	codage m uniforme
U 76	uniform quantizing	lineare (gleichmäßige) Quantisierung f	quantification f uniforme
	uniform spectrum	s. F 266	
	uniform-spectrum random noise	s. W 124	
U 77	unijunction transistor	Unijunction-Transistor m	transistor m unijonction
U 78	unilateral control	einseitige Steuerung f	synchronisation (commande) f unilatérale
U 79	unintelligible crosstalk, inverted crosstalk	unverständliches Nebensprechen n	diaphonie f inintelligible
U 80	uninterruptible power system, continuous power supply, no-break power supply	unterbrechungslose Stromversorgung f	alimentation f ininterrompue (en énergie permanente), permanence f de l'alimentation
U 81	unipolar	unipolar	unipolaire
U 82	unipolar transistor	Unipolartransistor m	transistor m unipolaire
U 83	unipole antenna, monopole [antenna]	Monopolantenne f, Monopol m, Einpolantenne f	antenne f unipolaire, monopole m
U 84	unit charge	Einheitstarif m	taxe f unitaire
	unit charge	s. C 110	
U 85	unit circle	Einheitskreis m	cercle m unité
U 86	unit element	Einheitselement n	élément m unitaire
U 87	unit element error rate	Fehlerhäufigkeit f der Einheitselemente	taux m d'erreurs sur les éléments unitaires
U 88	unit interval	Kennabschnitt m, Einheitsschritt m, Bitintervall n	intervalle m unitaire
U 89	unit pulse	Einheitsimpuls m	impulsion f unité
U 90	unit separator, US	Teilgruppentrennung f	séparateur m de sous-article
U 91	unit step	Einheitssprung m, Einheitsschritt m	échelon-unité m, saut-unité m
U 92	unit step function	Einheitssprung m, Einheitssprungfunktion f	fonction f échelon unité
U 93	unit string	Folge f der Länge Eins	chaîne f unitaire
U 94	universal access number service	einheitlicher Rufnummerndienst m	service m de numéros universels
U 95	universal asynchronous receiver transmitter, UART	universeller asynchroner Empfänger/Sender m, UART	émetteur-récepteur m asynchrone universel
U 96	universal emergency number	einheitliche Notrufnummer f	numéro m universel de service secours
U 97	universal function	universelle Funktion f	fonction f universelle
U 98	universal number, UN	einheitliche Rufnummer f	numéro m universel
U 99	universal time, UT	Weltzeit f, UT	temps m universel, UT
U 100	unkeyed carrier	ungetasteter Träger m	onde f porteuse non manipulée

		unmanned	s. U 36	
U 101		unmodulated	unmoduliert	non modulé
U 102		unmodulated carrier	unmodulierter Träger m	porteuse f non modulée
U 103		unmounted	unmontiert	non monté
		UNN	s. U 33	
U 104		unperturbed orbit [of a satellite]	ungestörte Umlaufbahn f [eines Satelliten]	orbite f non perturbée [d'un satellite]
U 105		unreeling, unwinding (cable)	Abtrommeln n	déroulement m
U 106		unreliable component	unzuverlässiges Bauelement n	composant m non fiable
		unrepeatered	s. N 330	
U 107		unrestricted extension	Nebenstellenapparat m mit Amtsberechtigung, vollamtsberechtigte Nebenstelle f	poste m supplémentaire à (avec) prise directe du réseau public
U 108		unrestricted service	uneingeschränkter Dienst m	service m sans restriction
U 109		unscreened	un[ab]geschirmt	non blindé, sans écran
U 110		unsolder/to, to desolder	ablöten	dessouder
U 111		unstable	unstabil, inkonstant	instable
		unsuccessful attempt	s. U 113	
U 112		unsuccessful call	nicht erfolgreiche Verbindung f	appel m infructueux
U 113		unsuccessful call attempt, unsuccessful attempt	erfolgloser Anrufversuch m, nicht erfolgreicher Verbindungsversuch m	tentative f [d'appel] infructueuse
U 114		unsymmetrical grading	unsymmetrische Staffel f	multiplage m partiel asymétrique
U 115		unused time	Ruhezeit f	temps m d'inutilisation
U 116		unvoiced	stimmlos	non voisé
U 117		unwanted emission	unerwünschte Aussendung (Ausstrahlung) f, Störaussendung f	rayonnements mpl non désirés, émission f brouilleuse
U 118		unwanted frequencies rejection, suppression of unwanted frequencies	Unterdrückung f unerwünschter Frequenzen	éjection f de fréquences indésirables
U 119		unwanted modulation	Störmodulation f	modulation f non désirée
U 120		unwanted reception	unerwünschter Empfang m	réceptions fpl inutiles
U 121		unwanted sideband rejection	Unterdrückung f des unerwünschten Seitenbandes	réjection (suppression) f de la bande latérale non désirée
U 122		unweighted	unbewertet, ungewichtet	non pondéré
U 123		unweighted noise	unbewertetes Rauschen (Geräusch) n	bruit m non pondéré
U 124		unweighted noise voltage	Fremdspannung f	tension f de bruit non pondéré
		unwinding	s. U 105	
U 125		up-converter	Aufwärtsumsetzer m, Aufwärtskonverter m, Aufwärtsmischer m	convertisseur m élévateur [de fréquence], changeur m élévateur de fréquence
U 126		up-counter	Vorwärtszähler m	compteur m [en avant]
U 127		update/to	fortschreiben, aktualisieren, auf den neuesten (aktuellen) Stand bringen	mettre à jour, actualiser
U 128		updating	Aktualisierung f, Aktualisieren n, Fortschreibung f, Fortschreiben n	mise f à jour
U 129		up/down counter	Vorwärts-Rückwärtszähler m, Vor-Rückwärtszähler m	compteur-décompteur m, compteur m en avant et en arrière
U 130		upgradability	Ausbaufähigkeit f, Erweiterungsmöglichkeit f	possibilité f d'extension, extensibilité f
		upgradability	s. a. E 470	
		upgradable	s. O 128	
		upgrading capability	s. E 470	
U 131		uplink	Aufwärtsverbindung f	liaison f ascendante (montante)
U 132		uplink frequency	Aufwärtsfrequenz f	fréquence f de (sur) la liaison montante
U 133		upper band	Oberband n	bande f supérieure
U 134		upper case	Großschreibung f	majuscules fpl, haut m de casse, inversion f chiffres
U 135		upper channel	oberer Kanal m	voie f haute
U 136		upper frequency limit	obere Frequenzgrenze f	limite f supérieure de fréquence
U 137		upper half of band	oberes Halbband n, Oberband n	demi-bande f haute
U 138		upper limit	Obergrenze f, obere Grenze f	limite f supérieure
U 139		upper sideband, USB	oberes Seitenband n	bande f latérale supérieure, BLsup
U 140		upstream failure indication, UFI	rückwärtige Ausfallanzeige f, Anzeige f eines rückwärtigen Ausfalls	indication f de défaillance en amont, IDA
U 141		urban area, metropolitan area	Stadtgebiet n, Stadtbereich m, Großstadtbereich m	zone f urbaine
U 142		urban mobile radio channel	Mobilfunkkanal m im Stadtgebiet	voie f radio du service mobile en zone urbaine
U 143		urban mobile [radio] system	städtisches Mobilfunknetz n	réseau m urbain de radiocommunications avec les mobiles
U 144		urgency message	Dringlichkeitsmeldung f	message m d'urgence
U 145		urgency signal	Dringlichkeitszeichen n	signal m d'urgence
U 146		urgent call	dringendes Gespräch n	communication f urgente
U 147		urgent service call	dringendes Dienstgespräch n	communication f de service urgente

	US	s. U 90	
U 148	usable field strength	Nutzfeldstärke f	champ m utilisable
U 149	usable power flux density	Nutzleistungsflußdichte f	puissance f surfacique utilisable
U 150	usage of frequencies	Frequenznutzung f	utilisation f des fréquences
	USB	s. U 139	
U 151	useful life[span], service life	Nutzlebensdauer f, Brauchbarkeitsdauer f, Betriebslebensdauer f, Nutzungsdauer f	durée f de vie utile, durée d'utilisation, vie f utile
U 152	useful power	Nutzleistung f	puissance f utile
U 153	useful signal, desired signal, wanted signal	Nutzsignal n	signal m utile (désiré)
U 154	user	Anwender m, Benutzer m	utilisateur m, usager m
U 155	user access, customer access	Nutzerzugang m	accès m utilisateur (des usagers)
U 156	user-adapted, user-friendly	nutzergerecht, benutzerfreundlich	adapté à l'utilisateur, facile à utiliser, à la portée de l'usager
U 157	user class (of service)	Benutzerklasse f	classe f d'utilisateurs, catégorie f d'usagers
U 158	user class character, UC	Benutzerklassenzeichen n, Nutzerklassenzeichen n	caractère m de catégorie d'usager, UC
U 159	user class indicator	Nutzerklassenkennzeichen n, Nutzerklassenindikator m, Benutzerklassenunterscheidungskennzeichen n	indicateur m de catégorie d'usager
U 160	user class of service	Nutzerdienstklasse f	catégorie f d'usagers du service
	user class of service signal	s. C 586	
U 161	user data signalling rate	Nutzerübertragungsgeschwindigkeit f	débit m d'usager
U 162	user facility	Benutzerleistungsmerkmal n, Leistungsmerkmal n	facilité f offerte aux usagers
U 163	user friendliness	Bedienungsfreundlichkeit f, Benutzerfreundlichkeit f	commodité f d'utilisation
	user-friendly	s. U 156	
	user guidance	s. P 816	
U 164	user interface	Nutzerschnittstelle, Benutzerschnittstelle f	interface f utilisateur
U 165	user need	Benutzerbedürfnis n	besoin m de l'utilisateur
U 166	user-network interface	Nutzer-Netz-Schnittstelle f, Benutzer-Netz-Schnittstelle f	interface f usager-réseau
U 167	user program	Anwenderprogramm n	programme m utilisateur
U 168	user satisfaction	Benutzerzufriedenheit f	satisfaction f de l'usager
U 169	user's group	Benutzergruppe f	groupement m d'utilisateurs
U 170	user's view[point]	Anwendergesichtspunkt m, Sicht f des Anwenders	point m de vue de l'utilisateur, vue f par les utilisateurs
U 171	user-user protocol	Nutzer-Nutzer-Protokoll n	protocole m d'usager à usager
	UT	s. U 99	
U 172	UT chart (ionospheric propagation)	Ionisationskarte f [in Weltzeit]	carte f ionosphérique TU
U 173	U-type Adcock direction finder, buried-U Adcock direction finder	U-Adcock-Peiler m	radiogoniomètre m Adcock en U

V

	V	s. V 221	
V 1	vacancy	Fehlstelle f, Gitterfehlstelle f, Gitterlücke f	place f vacante de réseau
V 2	valence band	Valenzband n	bande f de valence
V 3	valence electron	Valenzelektron n	électron m de valence
V 4	validation	Validierung f	validation f
V 5	validity check	Gültigkeitskontrolle f, Gültigkeitsprüfung f	contrôle m de validité
V 6	value-added network, VAN	Mehrwertdienstnetz n	réseau m à valeur ajoutée, RVA
V 7	value added network services, VANS	Mehrwertdienste mpl	services mpl à valeur ajoutée
V 8	value-continuous signal	wertkontinuierliches Signal n	signal m à valeurs continues
V 9	value-discrete signal	wertdiskretes Signal n	signal m à valeurs discrètes
V 10	value-quantized signal	wertquantisiertes Signal n	signal m à valeurs quantifiées
V 11	value sign representation	Vorzeichenbetragsdarstellung f	code m binaire symétrique
	VAN	s. V 6	
	Van Duuren radiotelegraph system	s. T 263	
	VANS	s. V 7	
V 12	V-antenna	V-Antenne f	antenne f en V
V 13	varactor diode	Varaktordiode f	diode f varactor (varacteur)
V 14	varactor tuning diode, tuning varactor	Abstimm-Kapazitätsdiode f, Abstimmvaraktor m	diode f d'accord à capacité variable, varacteur m (diode f varactor) d'accord
	variable accessability	s. V 16	

V 15	variable attenuator	einstellbares Dämpfungsglied n, Dämpfungsregler m	affaiblisseur (atténuateur) m variable
V 16	variable availability, variable accessability	variable Erreichbarkeit f	accessibilité f variable
V 17	variable bit-rate, VBR	veränderliche (variable) Bitrate f	débit m binaire variable
V 18	variable bit-rate coding	Codierung f mit variabler Bitrate	codage m à débit binaire variable
V 19	variable capacitance diode	Kapazitätsvariationsdiode f	diode f à capacité variable
V 20	variable capacitor	Drehkondensator m	condensateur m variable
V 21	variable-frequency oscillator, VFO	frequenzveränderlicher (durchstimmbarer) Oszillator m	oscillateur m à fréquence variable
	variable gain	s. A 234	
	variable-gain amplifier	s. G 8	
	variation in voltage	s. V 233	
V 22	variable length coding	Entropiecodierung f	codage m à longueur variable
V 23	variable modulus divider	Teiler m mit variablem Teilerverhältnis	diviseur m à coefficient variable
	variation of amplitude	s. A 462	
V 24	variable resistor	veränderbarer Widerstand m, Regelwiderstand m, Drehwiderstand m	résistance f variable, rhéostat m
V 25	variable-speed modem	Modem m für veränderliche Übertragungsgeschwindigkeit	modem m à débit variable
V 26	variable wire-wound resistor	Drahtdrehwiderstand m	résistance f bobinée variable
V 27	variable word length	variable Wortlänge f	longueur f variable des mots
V 28	variance	Varianz f	variance f
V 29	variation of attenuation, loss variation	Dämpfungsänderung f	variation f d'atténuation
V 30	variation of field strength	Feldstärkeänderung f	variation f d'intensité de champ
V 31	variation with frequency	Frequenzabhängigkeit f	variation f en fonction de la fréquence
V 32	variation with time	zeitliche Änderung f	variation f dans le temps
V 33	variometer	Variometer n	variomètre m
V 34	varistor (variable resistor)	Varistor m	varistance f
	VBR	s. V 17	
V 35	VBR network	Netz n mit variabler Bitrate	réseau m à débit binaire variable
	VCO	s. V 227	
	VCR	s. V 100	
	VDT	s. D 705	
	VDU	s. V 167	
V 36	vector/to (airplane)	einweisen	diriger
V 37	vector	Vektor m	vecteur m
V 38	vector coding	Vektorcodierung f	codage m vectoriel
V 39	vector field	Vektorfeld n	champ m vectoriel
V 40	vector quantization, vector quantizing	Vektorquantisierung f	quantification f vectorielle
V 41	vector quantizer	Vektorquantisierer m	quantificateur m vectoriel
	vector quantizing	s. V 40	
V 42	vectorscope	Vektorskop n	vecteurscope m
V 43	vector sum	Vektorsumme f	somme f vectorielle
V 44	vehicle antenna, mobile antenna	Fahrzeugantenne f	antenne f véhiculaire, antenne [de station] mobile
V 45	vehicle–base link	Verbindung f Fahrzeug–Basisstation	liaison f entre base et véhicule
V 46	vehicle location	Fahrzeugortung f	localisation f des mobiles
V 47	vehicle mounting, car mounting	Fahrzeugeinbau m, Einbau m im Fahrzeug	montage m en voiture
	vehicle mounting version	s. C 249	
	vehicle positioning	s. M 541	
V 48	vehicular station	Fahrzeugstation f, Mobilstation f	station f mobile
	velocity-modulated tube	s. V 50	
V 49	velocity modulation	Geschwindigkeitsmodulation f	modulation f de vitesse
V 50	velocity-modulation tube, velocity-modulated tube	Triftröhre f, Laufzeitröhre f	tube m à modulation de vitesse
V 51	velocity of light	Lichtgeschwindigkeit f	vitesse f de [la] lumière
V 52	Verdan system, automatic repetition (telegraphy)	Verdan-Verfahren n, automatische Signalwiederholung f	système m Verdan, répétition f automatique
V 53	vertex feed	Scheitel[punkt]speisung f	alimentation f axiale
	vertical amplifier	s. Y 3	
V 54	vertical blanking interval	Vertikalaustastlücke f, Dauer f der Vertikalaustastung	intervalle m de suppression de trame
	vertical checking	s. V 71	
V 55	vertical construction, vertical standard equipment practice	Vertikalbauweise f	construction f verticale
V 56	vertical coverage	Höhendeckung f, Höhenüberdeckung f	zone f de couverture verticale
V 57	vertical definition	Vertikalauflösung f	définition f verticale
V 58	vertical deflection	Vertikalablenkung f	déviation f verticale
V 59	vertical directivity pattern	Vertikalrichtdiagramm n, vertikales Richtdiagramm n	diagramme m de directivité vertical
	vertical effect	s. A 575	

V 60	vertical-incidence ionospheric recorder	Ionosonde f für Senkrechtlotung	sondeur m [ionosphérique] vertical
V 61	vertical-incidence ionospheric sounding	Senkrechtlotung f	sondage m ionosphérique vertical
V 62	vertical interval reference signal, VIRS	Prüfzeilenreferenzsignal m	signal m de référence d'intervalle vertical
V 63	vertical interval test signal	Prüfzeilenmeßsignal n	signal m d'essai d'intervalle vertical
V 64	vertically polarized	vertikal polarisiert	polarisé verticalement
V 65	vertically polarized wave	vertikal polarisierte Welle f	onde f polarisée verticalement
V 66	vertical MOS field-effect transistor, vertical V-groove MOS field-effect transistor, VMOSFET	VMOS-Feldeffekttransistor m, VMOSFET	transistor m VMOS (transistor MOS complémentaire à effet de champ à grille isolée et canal vertical)
V 67	vertical parity	Querparität f, vertikale Parität f	parité f transversale
	vertical parity check	s. V 71	
V 68	vertical pattern	Vertikaldiagramm n	diagramme m en site
V 69	vertical polarization	Vertikalpolarisation f, vertikale Polarisation f	polarisation f verticale
V 70	vertical radiation pattern	Vertikalstrahlungsdiagramm n, vertikales Strahlungsdiagramm n	diagramme m de rayonnement vertical
V 71	vertical redundancy checking, V.R.C., vertical parity check, vertical checking	Querprüfung f, Querparitätsprüfung f, VRC-Prüfung f	contrôle m vertical (de redondance), contrôle de parité transversale
	vertical standard equipment practice	s. V 55	
	vertical-synchronizing pulse	s. V 72	
V 72	vertical sync pulse, vertical-synchronizing pulse	Vertikalsynchronimpuls m	top m de synchronisation verticale
	vertical tab	s. V 73	
V 73	vertical tabulation, VT, vertical tab	Vertikaltabulator m	tabulation f verticale, VT
	vertical V-groove MOS field-effect transistor	s. V 66	
V 74	vertical wire antenna	Vertikaldrahtantenne f	antenne f à fil vertical
V 75	very high frequency, VHF	Ultrakurzwellen fpl, UKW, VHF	très hautes fréquences fpl, THF, ondes fpl métriques
V 76	very high scale integration	sehr hoher Integrationsgrad m, sehr hohe Integrationsdichte f	intégration f à très grande échelle
V 77	very large capacity transmission system	Übertragungssystem n mit sehr hoher Kanalzahl, sehr hochkanaliges Übertragungssystem n	système m de transmission à très forte capacité
V 78	very large scale integration, VLSI	Höchstintegration f, VLSI f, Größtintegration f	intégration f à très grande échelle, VLSI f
V 79	very large scale integration circuit, VLSI circuit	VLSI-Schaltkreis m, Schaltkreis m mit sehr hohem Integrationsgrad	circuit m à très haut niveau d'intégration, circuit intégré à très grande échelle, circuit VLSI
V 80	very low data rate	sehr niedrige Datenrate f	très faible débit m de données
V 81	very low frequency, VLF	Längstwellen fpl, Längstwellenfrequenz f	très basses fréquences fpl, TBF, ondes fpl myriamétriques
V 82	very small aperture terminal, VSAT	VSAT-Station f, Mikrostation f, Kleinsterdefunkstelle f (Bodenstation mit sehr kleinem Durchmesser)	microstation f terrienne
V 83	vestigial sideband, VSB	Restseitenband n	bande f latérale résiduelle, BLR
V 84	vestigial-sideband modulation	Restseitenbandmodulation f, RSB-Modulation f	modulation f à bande latérale résiduelle, modulation f BLR
V 85	vestigial-sideband transmission	Restseitenbandübertragung f	émission f à bande latérale résiduelle
	VF	s. V 110	
	VFO	s. V 21	
	VF signalling	s. V 201	
	VFT	s. V 204	
	VFT system	s. V 203	
	VHF	s. V 75	
V 86	VHF omnidirectional radio range, VOR	VHF-Drehfunkfeuer n, VOR-Anlage f	radiophare m VHF omnidirectionnel, radiophare omnidirectif à ondes métriques, VOR
V 87	VHF receiver	Ultrakurzwellenempfänger m, UKW-Empfänger m	récepteur m à ondes ultra-courtes
V 88	VHF/UHF maritime mobile telephone service	beweglicher UKW-Seefunkfernsprechdienst m	service m téléphonique mobile maritime en ondes métriques/décimétriques
V 89	VHF/UHF range	VHF/UHF-Bereich m, UKW-Bereich m	ondes fpl décimétriques
V 90	vibrational state	Schwingungszustand m	état m vibronique (de vibration)
V 91	vibrational transition	Schwingungsübergang m	transition f vibronique
	vibration amplitude	s. A 452	
	vibration frequency	s. O 265	
V 92	vibration resistance	Vibrationsfestigkeit f	résistance f aux vibrations
V 93	vibration test	Schwingungsprüfung f	essai m de vibration
V 94	vibrator	Zerhacker m	vibreur m, vibrateur m

video

V 95	**video amplifier**, video-frequency amplifier	Videoverstärker *m*	amplificateur *m* vidéo[fréquence], amplificateur VF
V 96	**video band**	Videoband *n*	bande *f* vidéo
V 97	**video bandwidth**	Videobandbreite *f*	largeur *f* de bande [de signaux] vidéo
V 98	**video bandwidth compressor**	Videobandbreitenkompressor *m*	compresseur *m* de largeur de bande d'un signal d'image
V 99	**video cassette**, video tape cassette	Videokassette *f*	vidéocassette *f*
V 100	**video cassette recorder**, VCR	Videokassettenrecorder *m*	enregistreur *m* de cassettes vidéo
V 101	**video channel**	Videokanal *m*	canal *m* vidéo, voie *f* vidéo
V 102	**video codec**	Video[signal]codec *m*	codec *m* [de signal] vidéo
V 103	**video coding**	Videocodierung *f*	codage *m* vidéo
V 104	**video compression**, video signal compression	Videosignalkompression *f*	compression *f* de signal vidéo
V 105	**video conference**	Videokonferenz *f*, Fernsehkonferenz *f*, Konferenzfernsehen *n*	visioconférence *f*, vidéoconférence *f*
V 106	**video conference terminal**	Fernsehkonferenzterminal *n*, Videokonferenzterminal *n*	terminal *m* de visioconférence
V 107	**video conferencing system**	Videokonferenzsystem *n*	système *m* de visioconférence
V 108	**video digitizer**	Videodigitalisiergerät *n*	numériseur *m* vidéo
V 109	**videodisc**	Bildplatte *f*	disque *m* vidéo
	video display terminal	*s.* D 705	
V 110	**video frequency**, VF	Videofrequenz *f*, VF	vidéofréquence *f*, VF, fréquence *f* vidéo
	video-frequency amplifier	*s.* V 95	
V 111	**video-frequency band**	Videofrequenzband *n*	bande *f* de vidéofréquences (fréquences vidéo)
V 112	**videography**	Videografie *f*	vidéographie *f*
V 113	**video head**	Videokopf *m*	tête *f* vidéo
V 114	**video interconnection point**	Videoverbindungspunkt *m*	point *m* de jonction vidéo
V 115	**video modulator**	Videomodulator *m*	modulateur *m* vidéo
V 116	**video multiconference**	Mehrpunkt-Videokonferenz *f*	visioconférence *f* multipoint
V 117	**video output**	Videoausgang *m*	sortie *f* vidéo
V 118	**video packet**	Videopaket *n*	paquet *m* vidéo
V 119	**videophone**, view-phone, visual telephone, picture phone	Bildfernsprechendgerät *n*, Bildfernsprecher *m*, Bildtelefon *n*, Fernsehtelefon *n*, Videotelefon *n*, TV-Telefon *n*	visiophone *m*, vidéophone *m*
V 120	**videophone conference**	Bildfernsprechkonferenz *f*, Videokonferenz *f*	conférence *f* visiophonique, visioconférence *f*
V 121	**videophone signal**, visual telephone signal	Bildfernsprechsignal *n*	signal *m* de visiophonie
	videophony	*s.* V 132	
	video picture	*s.* T 300	
	video recorder	*s.* V 130	
V 122	**video recording**	Videoaufzeichnung *f*	enregistrement *m* vidéo
V 123	**video signal**	Videosignal *n*	signal *m* vidéo[fréquence]
V 124	**video signal coding**	Videosignalcodierung *f*	codage *m* de signaux vidéo
	video signal compression	*s.* V 104	
V 125	**video signal processing**	Videosignalverarbeitung *f*	traitement *m* de signaux vidéo
V 126	**video signal processor**	Videosignalprozessor *m*	processeur *m* de signaux vidéo
V 127	**video source coding**	Videoquellencodierung *f*	codage *m* de source vidéo
V 128	**video switching**	Videoschaltverteilung *f*	commutation *f* (aiguillage *m*) vidéo
V 129	**video tape**	Videomagnetband *n*, Video[aufzeichnungs]band *n*	bande *f* magnétoscopique (vidéo)
	video tape cassette	*s.* V 99	
V 130	**video tape recorder**, video recorder	Videobandgerät *n*, Videorecorder *m*, Bildaufzeichnungsgerät *n*	magnétoscope *m*
V 131	**video tape recording**, VTR, magnetic [tape] video recording	Videobandaufzeichnung *f*, Magnetband-Fernsehaufzeichnung *f*, MAZ, magnetische Fernsehaufzeichnung *f*	magnétoscopie *f*, enregistrement *m* magnétoscopique (magnétique de télévision)
V 132	**video-telephony**, videophony	Bildfernsprechen *n*	visiophonie *f*, vidéophonie *f*
V 133	**video terminal**	Videoterminal *n*	terminal *m* vidéo
V 134	**videotex**, interactive videotex, interactive videography	Videotex *n*, Bildschirmtext *m*, interaktive Videografie *f*	vidéotex *m*, vidéographie *f* interactive
V 135	**videotex display**	Videotex-Darstellung *f*, Videotex-Display *n*	affichage *m* de vidéotex
V 136	**videotex telephone**	Videotex-Telefon *n*	téléphone-vidéotex *m*
V 137	**videotex terminal**	Videotex-Terminal *n*, Bildschirmtextendgerät *n*	terminal *m* vidéotex
V 138	**video track**	Videospur *f*	piste *f* vidéo
V 139	**video transmission**	Videoübertragung *f*	transmission *f* vidéo
V 140	**vidicon**	Vidikon *n*	tube *m* vidicon
V 141	**vidicon camera**	Vidikon-Kamera *f*	caméra *f* vidicon
V 142	**viewer behaviour**	Zuschauerverhalten *n*, Betrachterverhalten *n*	comportement *m* du spectateur
	view-phone	*s.* V 119	
V 143	**violation rate**	Verletzungsrate *f*	taux *m* de violations

	VIRS	s. V 62	
V 144	virtual address	virtuelle Adresse f	adresse f virtuelle
V 145	virtual call, switched virtual connection	[gewählte] virtuelle Verbindung f, GVV	communication f virtuelle [commutée]
V 146	virtual circuit (connection)	virtuelle Leitung (Verbindung) f	circuit m virtuel
V 147	virtual decision value	virtueller Entscheidungswert (Schwellwert) m	valeur (amplitude) f virtuelle de décision
V 148	virtual height	scheinbare Höhe f	hauteur f virtuelle [d'ionosphère]
V 149	virtual memory	virtueller Speicher m	mémoire f virtuelle
V 150	virtual switching point, VSP	virtueller Vermittlungspunkt m	point m virtuel de commutation
V 151	virtual terminal	virtuelles Terminal n	terminal m virtuel
V 152	visibility distance, visual range, distance of vision	Sichtweite f, Sehweite f	portée f visuelle (optique), portée de la vue, distance f de vision
V 153	visibility in fog	Nebelsichtweite f	visibilité f par temps de brouillard
V 154	visibility loss	Sichtminderung f	perte f de visibilité
V 155	vision carrier	Bildträger m	porteuse f image
V 156	vision carrier frequency, vision frequency	Bildträgerfrequenz f	fréquence f de porteuse image, fréquence porteuse d'image
V 157	vision channel	Bildkanal m	voie f d'image
	vision frequency	s. V 156	
V 158	vision mixer	Bildmischer m	mélangeur m d'image
V 159	vision signal	Bildsignal n, Videosignal n	signal m d'image, signal vidéo (vision)
V 160	vision transmitter	Fernsehbildsender m, Bildsender m	émetteur m vision (d'image)
V 161	visited location register, VLR	Fremd[en]datei f, Besucherdatei f (Mobiltelefon)	enregistreur m de localisation visité, ELV
V 162	visual communication	Bildkommunikation f	communication f par image, communication visuelle, vidéocommunication f
V 163	visual communication system	Bildkommunikationssystem n, Bildübertragungssystem n	système m de communications visuelles, système de vidéocommunication (télécommunication visuelle)
V 164	visual communication terminal	Bildkommunikationsterminal n	terminal m de communication d'images
V 165	visual display	Sichtanzeige f, optische Anzeige f	visualisation f, affichage m
V 166	visual display direction finder	Funkpeiler m mit Sichtanzeige	radiogoniomètre m à indication visuelle
	visual display terminal	s. D 705	
V 167	visual display unit, VDU, display	Bildschirmanzeige f, Bildschirmdisplay n, Display n	écran m de visualisation, écran d'affichage
	visual display unit	s. a. D 706	
V 168	visual indicator, visual signal	Schauzeichen n	voyant m
	visual range	s. V 152	
	visual signal	s. V 168	
	visual telephone	s. V 119	
	visual telephone signal	s. V 121	
V 169	Viterbi algorithm	Viterbi-Algorithmus m	algorithme m de Viterbi
V 170	Viterbi decoder	Viterbi-Decodierer m, Viterbi-Decoder m	décodeur m de Viterbi
V 171	Viterbi decoding	Viterbi-Decodierung f	décodage m [de] Viterbi
V 172	Viterbi detector	Viterbi-Detektor m	détecteur m de Viterbi
V 173	Viterbi equalizer	Viterbi-Entzerrerr m	égaliseur m de Viterbi
V 174	Viterbi receiver	Viterbi-Empfänger m	récepteur m [de] Viterbi
	VLF	s. V 81	
	VLR	s. V 161	
	VLSI	s. V 78	
V 175	VLSI chip	VLSI-Chip m	puce f VLSI
	VLSI circuit	s. V 79	
V 176	VLSI design system	VLSI-Entwurfssystem n, VLSI-Design-System m	système m de conception [de circuits] VLSI
V 177	VLSI fabrication	VLSI-Schaltkreisherstellung f	fabrication f de circuits VLSI
	VMOSFET	s. V 66	
	vocoded speech	s. C 691	
V 178	vocoder	Vocoder m	vocodeur m, codeur m à fréquences vocales
	vocoding	s. S 963	
V 179	vocoding technique	Vocodertechnik f	technique f vocodeur
V 180	voice	Sprache f, Stimme f	parole f, voix f
	voice-activated	s. V 208	
	voice activation	s. V 190	
V 181	voice activity detector	Sprechaktivitätsdetektor m	détecteur m d'activité de la parole
	voice amplifier	s. A 781	
V 182	voice and data communication	Sprach- und Datenkommunikation f	communication f voix-données
V 183	voice announcement	Durchsage f, Ansage f	annonce f parlée
V 184	voice band	Sprachband n, Fernsprechband n	bande f vocale (téléphonique)
V 185	voice-band codec	Sprachband-Codec m	codeur-décodeur m en bande vocale

V 186	voice-band data transmission	Datenübertragung *f* im Sprachband	transmission *f* de données dans la bande vocale
V 187	voice-band modem	Sprachband-Modem *m*	modem *m* en bande vocale
V 188	voice channel	Fernsprechkanal *m*, NF-Kanal *m*	voie *f* téléphonique (à fréquences vocales)
	voice channel	*s. a.* T 171	
V 189	voice circuit	Sprechleitung *f*, Sprechweg *m*	circuit *m* téléphonique
	voice circuit	*s. a.* T 174	
	voice coil	*s.* M 670	
V 190	voice control, voice activation, speech control	Sprachsteuerung *f*	commande *f* vocale
	voice-controlled	*s.* V 208	
V 191	voiced	stimmhaft	voisé
V 192	voice-data integration	Sprach-Daten-Integration *f*	intégration *f* de la parole et des données
V 193	voice-data network	Netz *n* für Sprache und Daten	réseau *m* voix-données
V 194	voiced speech	stimmhafte Sprache *f*	parole *f* voisée
V 195	voiced/unvoiced decision	Entscheidung *f* stimmhaft/stimmlos	décision *f* voisé/non voisé
V 196	voice echo	Sprachecho *n*	écho *m* vocal
V 197	voice frequency	Sprachfrequenz *f*	fréquence *f* vocale
V 198	voice-frequency band	Sprachfrequenzband *n*	bande *f* des fréquences vocales (acoustiques), bande des fréquences téléphonique
V 199	voice-frequency cable	Niederfrequenzkabel *n*, NF-Kabel *n*	câble *m* à fréquences vocales
V 200	voice-frequency key sending	Tonfrequenztast[en]wahl *f*	émission *f* au clavier de signaux à fréquences vocales
V 201	voice-frequency signalling, VF signalling	Tonfrequenzzeichengabe *f*	signalisation *f* à fréquences vocales
V 202	voice-frequency telegraph channel	Wechselstromtelegrafiekanal *m*, WT-Kanal *m*	voie *f* de télégraphie harmonique
V 203	voice-frequency telegraph system, VFT system	Wechselstromtelegrafiesystem *n*, WT-System *n*	système *m* de télégraphie harmonique
V 204	voice-frequency telegraphy, harmonic telegraphy, VFT	Wechselstromtelegrafie *f*, WT	télégraphie *f* harmonique (à fréquences vocales)
	voice input	*s.* S 971	
V 205	voice link	Sprachverbindung *f*, Sprechverbindung *f*	liaison *f* phonie
V 206	voice mail	Voice Mail *f*	audio-messagerie *f*
V 207	voice messaging	Sprachmitteilungsdienst *m*	messagerie *f* vocale
	voice network	*s.* T 204	
V 208	voice-operated, voice-controlled, voice-activated	sprachgesteuert	à commande vocale, commandé par (à) la voix
	voice-operated relay	*s.* V 210	
V 209	voice-operated switch	sprachgesteuerter Schalter *m*	commutateur *m* commandé par la voix
V 210	voice-operated transmitter keyer, voice-operated relay	sprachgesteuerter Sende-Empfangs-Umschalter *m*	commutateur *m* commandé par signaux vocaux
V 211	voice output	Sprachausgabe *f*	sortie *f* vocale
V 212	voice path	Sprechweg *m*	trajet *m* de conversation
V 213	voice privacy, speech privacy	Gesprächsgeheimnis *n*, Gesprächsgeheimhaltung *f*, Geheimhaltung *f* des Sprechverkehrs	secret *m* des conversations, secret de la parole, secret des communications, discrétion *f* de la parole
	voice service	*s.* T 218	
V 214	voice services	Sprachdienste *mpl*	services *mpl* de phonie
V 215	voice spectrum	Sprachspektrum *n*	spectre *m* de parole
V 216	voice terminal	Sprachterminal *n*	terminal *m* vocal
V 217	voice traffic	Sprachverkehr *m*, Sprechverkehr *m*	trafic *m* de parole, trafic vocal
V 218	voice transmission	Sprachsignalübertragung *f*	transmission *f* de signaux de parole
	voice transmission	*s. a.* S 990	
	voice teletraffic	*s.* T 234	
V 219	voicing	Stimmhaftigkeit *f*	détection *f* voisé/non voisé
	volatile fault	*s.* I 492	
V 220	volatile storage	flüchtiger Speicher *m*	mémoire *f* volatile
V 221	volt, V	Volt *n*, V	volt *m*, V
V 222	voltage	Spannung *f*	tension *f*
V 223	voltage amplification	Spannungsverstärkung *f*	amplification *f* en tension
V 224	voltage amplifier	Spannungsverstärker *m*	amplificateur *m* de tension
V 225	voltage antinode, voltage loop	Spannungsbauch *m*	ventre *m* de tension
V 226	voltage control	Spannungssteuerung *f*, Spannungseinstellung *f*, Spannungsregelung *f* (manuel)	commande *f* par tension, réglage *m* de tension
V 227	voltage controlled oscillator, VCO	spannungsgesteuerter Oszillator *m*	oscillateur *m* commandé (à commande) par tension, OCT, oscillateur à accord par la tension
V 228	voltage divider, potential divider	Spannungteiler *m*	diviseur *m* de tension
V 229	voltage doubler [circuit]	Spannungsverdoppler *m*, Spannungsverdopplerschaltung *f*	doubleur *m* (montage *m* doubleur) de tension
V 230	voltage drop	Spannungsabfall *m*	chute *f* de tension
V 231	voltage feed	Spannungsspeisung *f*	alimentation *f* en tension

V 232	voltage feedback	Spannungsgegenkopplung f		contre-réaction f en tension
V 233	voltage fluctuation, variation in voltage	Spannungsschwankung f		fluctuation (variation) f de tension
V 234	voltage gain	Spannungsverstärkungsfaktor m, Spannungsverstärkung f		gain m en tension
V 235	voltage increase, voltage rise	Spannungserhöhung f, Spannungsanstieg m		élévation f de tension
V 236	voltage level	Spannungspegel m		niveau m de tension
V 237	voltage limitation	Spannungsbegrenzung f		limite f de tension
	voltage loop	s. V 225		
V 238	voltage multiplier	Spannungsvervielfacher m		multiplicateur m de tension
V 239	voltage node	Spannungsknoten m		nœud m de tension
V 240	voltage-operated tuner	spannungsgesteuerter Tuner m		dispositif m d'accord commandé (à commande) par tension
V 241	voltage peak	Spannungsspitze f		crête f de tension
V 242	voltage range	Spannungsbereich m		plage f des tensions
	voltage rating	s. R 263		
V 243	voltage ratio	Spannungsverhältnis n, Spannungsübersetzung f (Übertrager)		rapport m de tensions
V 244	voltage regulator	Spannungsregler m		régulateur m de tension
V 245	voltage relay	Spannungsrelais n		relais m de tension
	voltage rise	s. V 235		
V 246	voltage-sensitive	spannungsempfindlich		sensible à la tension
V 247	voltage stabilizer, voltage stabilizing circuit, constant voltage unit	Spannungskonstanthalter m, Spannungsstabilisator m, Spannungsgleichhalter m		stabilisateur m de tension, circuit m stabilisateur de tension
V 248	voltage standing wave ratio, VSWR	Welligkeit f, Welligkeitsfaktor m		taux m d'ondes stationnaires de tension
V 249	voltage surge, surge	Spannungsstoß m, Spannungssprung m		saut m (impulsion f) de tension, surtension f
	voltage-to-current characteristic	s. C 1250		
V 250	voltage to earth, voltage to ground	Spannung f gegen Erde		tension f par rapport à la terre
V 251	voltage transformer	Spannungswandler m		transformateur m de tension
V 252	Volterra kernel	Volterra-Kern m		noyau m de Volterra
	volume compression	s. D 928		
V 253	volume compressor	Dynamikpresser m		compresseur m
V 254	volume control	Lautstärkenregelung f, Lautstärkeregelung f		réglage m du volume sonore
	volume coverage	s. V 257		
V 255	volume indicator [meter], volume meter	Volumenmesser m		indicateur m de volume, volumètre m, vumètre m, VU mètre m
V 256	volume production	Massenproduktion f		production f de masse
V 257	volumetric coverage, volume coverage	Raumbedeckung f, räumliche Überdeckung f		volume m de couverture
	VOR	s. V 86		
	V.R.C.	s. V 71		
	VSAT	s. V 82		
V 258	VSAT system	VSAT-System n, Mikrostationssystem n		système m à microstation terrienne
	VSB	s. V 83		
	VSP	s. V 150		
	VSWR	s. V 248		
	VT	s. V 73		
	VTR	s. V 131		

W

W 1	wafer	Halbleiterscheibe f, Wafer m		tranche f (semiconducteur)
W 1a	wafer-scale integration, WSI	WSI-Technik f, Integration f auf Wafer-Ebene (Ebene der Si-Scheibe)		intégration f à l'échelle de la tranche, intégration sur tranche entière, intégration sur microplaquette, intégration à l'échelle d'une tranche
W 2	waiting allowed facility	Warteerlaubnis f		service m complémentaire d'attente autorisée
W 3	waiting call	Anruf m im Wartefeld		appel m en instance
	waiting line	s. Q 86		
W 4	waiting list	Warteliste f		liste f d'attente
W 5	waiting signal	Wartezeichen n, Wartesignal n		signal m d'appel en attente, signal d'attente
W 6	waiting time, delay time	Wartezeit f		durée f (temps m) d'attente, délai m d'attente, temps mort
	waiting time	s. a. Q 94		
W 7	waiting traffic	Warteverkehr m, Wartebelastung f		trafic m en instance
W 8	wake-up service	Weckdienst m		service m du réveil
W 9	walkie-talkie, personal portable [transceiver]	Feldfunksprechgerät n, Handfunksprecher m		walkie-talkie m

wall

W 10	wall bracket assembly	Wandkonsole f		support m mural
W 11	wall bushing	Wanddurchführung f		traversée f murale, fourreau m
W 12	wall-mounted	an der Wand befestigt, mit Wandbefestigung		fixé au mur, mural
W 13	wall-mounted telephone, wall-mounting telephone, wall set, wall telephone	Wandfernsprecher m, Wandtelefon n, Wandapparat m		poste m [téléphonique] mural
W 14	wall mounting	Wandmontage f		montage m mural
	wall-mounting telephone	s. W 13		
W 15	wall outlet, wall receptacle	Wandsteckdose f, Steckdose f		prise f murale
	wall set	s. W 13		
W 16	wall socket	Anschlußdose f		prise f murale
	wall telephone	s. W 13		
W 17	Walsh function	Walsh-Funktion f		fonction f de Walsh
W 18	wander/to	[aus]wandern (Nullpunkt)		dériver
W 19	wander (PCM)	Wander m (PCM), langsame Phasenänderung f		dérapage m (MIC)
W 20	wanted carrier power	Nutzträgerleistung f		puissance f de porteuse utile
W 21	wanted emission	Nutzaussendung f, erwünschte Aussendung f		émission f utile
	wanted signal	s. U 153		
W 22	wanted-to-unwanted carrier power ratio	Nutzträger-Störträger-Abstand m		rapport m de puissance porteuse utile/porteuse brouilleuse
W 23	wanted-to-unwanted signal ratio, W/UNW	Nutzsignal-Störsignal-Abstand m		rapport m signal utile/signal brouilleur
W 24	warble tone	Wobbelton m		tonalité f modulée
	warm-up period	s. W 25		
W 25	warm-up time, warm-up period	Einlaufzeit f (Gerät), Anheizzeit f (Katode)		temps m de stabilisaton (appareil), temps de préchauffage (cathode)
W 26	warning device	Warnanlage f		dispositif m d'alarme
W 27	warning tone	Warnton m, Warnzeichen n		tonalité f d'avertissement, son m avertisseur
W 28	watchkeeping receiver	Wachempfänger m		récepteur m de veille
W 29	water cooling	Wasserkühlung f		refroidissement m par eau
W 30	water droplet aerosol	Wassertropfenaerosol n		aérosol m de gouttes d'eau
W 31	water load (microwave)	Wasserlast f		charge f liquide
W 32	waterproof, watertight	wasserdicht, wasserundurchlässig		étanche à l'eau, hydrofuge
	waterproof cable	s. W 36		
W 33/4	water-proofing	Wasserdichtmachen n		imperméabilisation f
	watertight	s. W 32		
W 35	watertight box	wasserdichter Behälter m		caisson m étanche à l'eau
W 36	watertight cable, waterproof cable	wasserdichtes Kabel n		câble m à étanchéité longitudinale
W 37	water vapour pressure	Wasserdampfdruck m		tension f de vapeur d'eau
	WATS	s. W 128		
W 38	watt-hour meter	Wirkverbrauchszähler m, Wattstundenzähler m		watt-heuremètre m
W 39	wattless	leistungslos, wattlos		déwatté, réactif
W 40	wattless component, reactive component	Blindkomponente f, Blindanteil m		composant m déwatté, composant réactif
	wattless power	s. I 19		
W 41	wattmeter	Wattmeter n, Leistungsmesser m		wattmètre m
W 42	wave	Welle f		onde f, signal m
	wave arrival-angle diversity	s. A 518		
W 43	wave at oblique incidence, obliquely incident wave	schräg einfallende Welle f		onde f à (sous) incidence oblique
W 44	wave converter	Wellenformwandler m		transformateur m de guide d'onde
W 45	wave digital filter	Digitalwellenfilter n, Wellendigitalfilter n		filtre m d'onde numérique
	wave duct	s. D 891		
W 46	wave equation	Wellengleichung f		équation f d'onde
W 47	wave field	Wellenfeld n		champ m d'ondes
W 48	wave-form, wave shape	Wellenform f, Kurvenform f		forme f d'onde, onde f, signal m
W 49	wave-form coding	Wellenformcodierung f		codage m de [la] forme d'onde, codage de signal
W 50	wave front	Wellenfront f		front m (surface f) d'onde
W 51	waveguide	Wellenleiter m, Hohlleiter m		guide m d'onde [s]
	waveguide	s. a. H 234		
W 52	waveguide bifurcation	Wellenleiterverzweigung f		bifurcation f de guide d'onde
W 53	waveguide component	Hohlleiterbauelement n		élément m de (en) guide d'onde
W 54	waveguide coupler	Wellenleiterkoppler m		coupleur m en guide d'onde
W 55	waveguide coupling	Hohlleiterkopplung f, Wellenleiterkopplung f		couplage m de guide d'onde
W 56	waveguide discontinuity	Wellenleiterdiskontinuität f, Wellenleiterstoßstelle f, Hohlleiterstoßstelle f		discontinuité f de guide d'onde
W 57	waveguide feed	Hohlleiterzuführung f		ligne f d'alimentation en guide d'ondes
W 58	waveguide filter	Hohlleiterfilter n, Wellenleiterfilter n		filtre m à guide d'onde

W 59	waveguide gasket	Hohlleiterdichtung f	joint m de guide d'onde
W 60	waveguide iris, waveguide shutter	Hohlleiterblende f	diaphragme m, iris m
W 61	waveguide junction	Hohlleiterverbindung f, Hohlleiterverbindungsstück n	jonction f de (en) guide d'onde
W 62	waveguide lens	Hohlleiterlinse f	lentille f à guide d'onde
W 63	waveguide loss	Wellenleiterdämpfung f	affaiblissement m du guide d'onde
W 64	waveguide mode	Wellenleitermodus m, Wellenleitermode f	mode m du guide d'onde
W 65	waveguide outlet	Hohlleiterausgang m	sortie f sur guide d'onde
W 66	waveguide post	Hohlleiterpfosten m, Hohlleiterbolzen m	cheville f de guide d'ondes
W 67	waveguide section	Hohlleiterabschnitt m	tronçon m de guide d'onde
	waveguide shutter	s. W 60	
W 68	waveguide structure	Wellenleiterstruktur f	structure f en guide d'onde
W 69	waveguide-to-coaxial adapter	Hohlleiter-Koaxial-Übergang m	transition f guide-coaxiale
W 70	waveguide transformer	Hohlleitertransformator m	transformateur m de guide d'ondes
W 71	waveguiding	Wellenleitung f, Wellenführung f	guidage m d'onde
W 72	wave impedance	Feldwellenwiderstand m, komplexer Feldwiderstand m	impédance f d'onde
W 73	wave interference	Welleninterferenz f	interférence f d'ondes
W 74	wave-interference error	Peilfehler m durch Mehrwegeausbreitung (Heiligtag-Effekt)	erreur f de trajets multiples
W 75	wavelength	Wellenlänge f	longueur f d'onde
W 76	wavelength dependence	Wellenlängenabhängigkeit f	dépendance f de la longueur d'onde
W 77	wavelength division multiplex, WDM	Wellenlängenmultiplex n	multiplexage m par répartition en longueur d'onde, MRL
W 78	wavelength range	Wellenlängenbereich m	gamme f de longueurs d'onde
W 79	wave loop	Wellenbauch m	ventre m
W 80	wavemeter	Wellenmesser m	ondemètre m
W 81	wave motion	Wellenbewegung f	mouvement m ondulatoire
W 82	wave number	Kreiswellenzahl f	nombre m d'onde
W 83	wave parameter	Wellenparameter m	paramètre m d'onde
W 84	wave-particle interaction	Wechselwirkung f zwischen Welle und Teilchen	interaction f onde-particule
W 85	wave polarization	Wellenpolarisation f	polarisation f d'onde
W 86	wave propagation, propagation of waves	Wellenausbreitung f	propagation f d'onde
W 87	wave range	Wellenbereich m	gamme f d'ondes
W 88	wave reflection	Wellenreflexion f	réflexion f d'onde
W 89	wave shadowing effects	Wellenabschattungseffekte mpl	effet m d'écran des vagues
	wave-shape	s. W 48	
W 90	wave soldering	Schwallöten n	soudure f à la vague
W 91	wave spectrum	Wellenspektrum n	spectre m d'ondes
W 92	wave tilt	Wellenneigung f	inclinaison f de l'onde de sol
W 93	wave train	Wellenzug m, Wellengruppe f	train m d'ondes
W 94	wave trap, line trap	Wellenfalle f, Sperrkreis m, Sperre f, Sperrfilter n	circuit m bouchon, filtre m antibrouillage (éliminateur de brouillage)
W 95	wave velocity	Wellenausbreitungsgeschwindigkeit f	vitesse f de propagation d'onde
	WBFM	s. W 131	
	WDM	s. W 77	
W 96	weak coupling, low coupling	lose Kopplung f	couplage m lâche
W 97	weak current	Schwachstrom m	courant m faible
W 98	weak-current cable	Schwachstromkabel n	câble m à (pour) courant faible
W 99	weakening	Schwächung f, Abschwächung f	affaiblissement m, atténuation f
W 100	weak interference	schwache Störung f	brouillage m peu intense
W 101	weak interferer	schwacher Störer m	source f de brouillage peu intense
W 102	weakly coupled	lose gekoppelt, schwach angekoppelt	faiblement couplé
W 103	wearout failure	Verschleißausfall m	défaillance f par usure, défaillance par vieillissement
	wearout-failure	s. a. A 278	
W 104	wearout failure period	Verschleißausfallphase f, Verschleißausfallperiode f	période f de défaillance par usure (vieillissement)
	wearout fault	s. A 279	
W 105	wear-resistant	verschleißfest	résistant à l'usure
W 106	weather facsimile, WEFAX	Wetterkartenübertragung f	fac-similé m météorologique
W 107	weather radar, meteorological radar	Wetterradar n	radar m météorologique
	WEFAX	s. W 106	
W 108	Weibull distribution	Weibull-Verteilung f	distribution f de Weibull
W 109	weighted	gewichtet	pondéré
W 110	weighted code, constant weight code	gleichgewichtiger Code m	code m pondéré (à rapport fixe)
W 111	weighted decision	gewichtete Entscheidung f	décision f pondérée
W 112	weighted decoding	gewichtete Decodierung f	décodage m pondéré
W 113	weighted mean	gewichteter Mittelwert m	moyenne f pondérée
	weighted noise voltage	s. P 866	

W 114	weighted sound [pressure] level	bewerteter Schalldruckpegel m	niveau m de pression acoustique pondéré
W 115	weighting	Wichtung f, Wichten n	pondération f
W 116	weighting filter	Bewertungsfilter n	filtre m de pondération
W 117	weighting network	Bewertungsnetzwerk n	réseau m pondérateur (filtrant)
W 118	weight of a binary code word	Gewicht n eines binären Codewortes	pondération f d'un mot de code binaire
W 119	weight per unit of length	Gewicht n pro Längeneinheit	poids m linéique
W 120	welded aluminium jacket	geschweißter Aluminiummantel m	gaine f en aluminium soudé
W 120 a	Wheatstone bridge	Wheatstonesche Brücke f	pont m de Wheatstone
W 121	whip aerial	Peitschenantenne f	antenne-fouet f
W 122	white gaussian noise	weißes Gaußsches Rauschen n, WGR	bruit m blanc gaussien
W 123	white level, picture white	Weißpegel m, Weißwert m, Bildweiß n	niveau m du blanc
W 124	white noise, flat random noise, uniform-spectrum random noise	weißes Rauschen n	bruit m blanc (à spectre continu uniforme), bruit à répartition uniforme, bruit erratique à spectre uniforme
W 125	whole-band antenna	Antenne f für das gesamte Band	antenne f couvrant toute la bande
W 126	wide-aperture direction finder	Großbasispeiler m	radiogoniomètre m à grande ouverture, radiogoniomètre [à] large base
W 127	wide area system	großflächiges System n, Großflächensystem n	système m desservant des zones étendues
W 128	wide area telephone service, WATS	Fernsprechfernverkehr m zu Festgebühr	service m téléphonique à l'intérieur d'une zone déterminée
W 129	wideband	breites Band n, Breitband n	bande f large
	wideband	s. a. B 441	
	wideband amplifier	s. B 442	
	wideband antenna	s. B 443	
	wideband channel	s. B 444	
W 130	wideband distribution network	Breitbandverteilnetz n	réseau m de distribution à large bande
W 131	wideband frequency modulation, WBFM	Breitband-Frequenzmodulation f, Breitband-FM f	modulation f de fréquence à bande large, MFGL
W 132	wideband information signal	Breitbandinformationssignal n	signal m d'information à large bande
W 133	wideband integrated services network	diensteintegrierendes Breitbandnetz n	réseau m à intégration de services à large bande
	wideband ISDN	s. B 450/1	
W 134	wideband local network, broadband local area network	lokales Breitbandnetz n	réseau m local à large bande
W 135	wideband modem	Breitbandmodem m	modem m à large bande
W 136	wideband modulation	Breitbandmodulation f	modulation f [à] large bande
	wideband network	s. B 455	
W 137	wideband radio-relay channel	Breitbandrichtfunkkanal m	canal m de faisceaux hertziens à large bande
W 138	wideband radio-relay system	Breitbandrichtfunksystem n	faisceau m hertzien à large bande
W 139	wideband receiver	Breitbandempfänger m	récepteur m à large bande
	wideband signal	s. W 143	
W 140	wideband switching	Breitbandvermittlung f	commutation f [en] large bande
	wideband system	s. B 459	
W 141	wideband traffic	Breitbandverkehr m	trafic m à large bande
W 142	wideband video signal, broadband visual signal	Breitbandvideosignal n	signal m vidéo à large bande
W 143	wide-bandwidth signal, wideband signal	Breitbandsignal n, breitbandiges Signal n	signal m à large (grande largeur de) bande
W 144	wide dynamic range	großer Dynamikbereich m	domaine m dynamique étendu
W 145	Wigner-Ville transform, WVT	Wigner-Ville-Transformation f	transformation f de Wigner-Ville, TWV
W 146	wind-driven generator	Windgenerator m, windgetriebener Generator m	génératrice f éolienne
W 147	winding	Wicklung f	enroulement m, bobinage m
W 148	winding capacity	Windungskapazität f	capacité f entre spires
W 149	winding pitch	Wickelschritt m, Wicklungsschritt m	pas m de bobinage, pas d'une bobine, pas d'enroulement, pas des spires
W 150	winding section	Wickelfenster n	fenêtre f de bobinage
W 151	winding space	Wickelraum m, Wicklungsraum m	volume m bobinable
W 152	winding support, coil form	Wickelkörper m, Wicklungsträger m, Spulenkörper m	mandrin m, support m d'enroulement, carcasse f
W 153	wind loading [capacity]	Windbelastung f	charge f (effort m mécanique) par le vent
	wind loading capacity	s. a. W 160	
W 154	window (protocol, display)	Fenster n, Datenausschnitt m	fenêtre f
	window	s. a. C 382	
W 155	window information	Fensterinformation f	informations fpl de contrôle de fenêtre

W 156	windowing	Fensterverfahren n, Fenstertechnik f	fenêtrage m
	windowing	s. a. S 152	
W 157	window size	Fenstergröße f, Fensterbreite f	taille f de fenêtre
W 158	wind-powered transmitter	Sender m mit Windenergieversorgung	émetteur m alimenté par une source éolienne
W 159	wind power station	Windkraftanlage f	convertisseur m d'énergie éolienne
W 160	wind resistance, wind loading capacity	Windwiderstand m, Windfestigkeit f	résistance (tenue) f au vent
W 161	wiper	Kontaktarm m, Schleifer m, Schleiffeder f	balai m, frotteur m
W 162	wire	Draht m, Ader f, Leiter m (Kabel)	fil m
	2 wire	s. T 1072	
	4 wire	s. F 365	
W 163	wire antenna	Drahtantenne f	antenne f à fil, antenne filaire
W 164	wire broadcasting	Drahtfunk m	télédiffusion f, télédistribution f
W 165	wire communication	Drahtverbindung f	liaison f filaire
W 166	wire conductor	Drahtleiter m, drahtförmiger Leiter m	conducteur m filiforme
	wire conductor	s. a. C 945	
W 167	wire connection	drahtgebundene Verbindung f, Verbindung über Draht, Drahtverbindung f	liaison f par fil, liaison filaire
W 168	wired AND	verdrahtetes UND n, Wired-AND n	ET m câblé
	wired broadcasting	s. C 25	
W 169	wired city	verkabelte Stadt f	ville f câblée
W 170	wired logic	[fest]verdrahtete Logik f	logique f câblée
W 171	wired OR	verdrahtetes ODER n, Wired-OR n	OU m câblé
	wired television network	s. C 78	
W 172	wire grating	Drahtgitternetz n	réseau m de fils
W 173	wireless	drahtlos, Funk ..., Rundfunk ...	sans fil, radio
W 174	wireless access	drahtloser Zugriff m	accès m sans fil
W 175	wireless communication	drahtlose Verbindung f, Funkverbindung f	liaison f radioélectrique
	wireless plant	s. R 126	
W 176	wireless remote control	drahtlose Fernsteuerung f, Funkfernsteuerung f	télécommande f sans fil, télécommande par radio
W 177	wireless telegraphy	drahtlose Telegrafie f, Funktelegrafie f	telegraphie f sans fil, radiotélégraphie f
W 178	wireless transmission	drahtlose (nichtleitungsgebundene) Übertragung f	transmission f sans fil
W 179	wire route	Drahtweg m	voie f fil
	2 wire switching	s. T 1078	
	4 wire switching	s. F 374	
W 180	wire-tapping, tapping (telephone)	Abhören n [von Telefongesprächen]	écoute f téléphonique
W 181	wire transmission	drahtgebundene (leitungsgebundene) Übertragung f	transmission f par fil
W 182	wire transmission line	Drahtübertragungsleitung f	ligne f de transmission à fil
	wire-wrap connection	s. W 208	
W 183	wiring, interconnecting	Verdrahtung f	interconnexion f, câblage m
W 184	wiring capacity	Verdrahtungskapazität f	capacité f des interconnexions
W 185	wiring diagram	Verdrahtungsplan m, Schaltplan m, Verdrahtungsschema n, Schaltschema n	schéma m de câblage (montage)
W 186	withstand voltage	Stehspannung f	tension f de régime
W 187	wobble modulation	Wobbelmodulation f	vobulation f
W 188	wobbling, wobbulation	Wobbeln n	vobulation f
W 189	wobbling frequency	Wobbelfrequenz f	fréquence f de vobulation
W 190	wobbulate/to	wobbeln	vobuler
W 191	wobbulated frequency	gewobbelte Frequenz f	fréquence f vobulée
	wobbulation	s. W 188	
W 192	wobbulator	Wobbelgenerator m, Wobbler m	vobulateur m, générateur m vobulé
W 193	wood pole	Holzmast m	poteau m en bois
W 194	word (data processing)	Wort n	mot m
	word	s. a. C 710	
W 195	word generator	Wortgenerator m	générateur m de mots
W 196	word length	Wortlänge f	longueur f des mots
	word processing	s. T 465	
W 197	word recognition system	Worterkennungssystem n	système m de reconnaissance de mots
	working	s. O 163	
W 198	working channel (mobile service)	Sprechkanal m, Arbeitskanal m	voie f de trafic
	working current	s. O 148	
	working ease	s. E 47	
	working range	s. Q 53	
W 199	working standard	Arbeitseichkreis m	système m étalon de travail
W 200	working storage, main memory	Arbeitsspeicher m, Hauptspeicher m	mémoire f de travail, mémoire principale

W 201	working temperature, operating temperature	Betriebstemperatur f, Arbeitstemperatur f	température f en fonctionnement, température d'utilisation, température de régime
	working voltage	s. O 161	
W 202	world communication network	Weltfernmeldenetz n	réseau m mondial de télécommunications
W 203	world numbering zone	Weltnumerierungszone f	zone f de numérotage mondial
	worst calendar month	s. W 206	
W 204	worst case	ungünstigster Fall m	cas m le plus défavorable, la pire éventualité f
W 205	worst-case method	Worst-case-Methode f	méthode f du cas pire
W 206	worst month, worst calendar month	ungünstigster Monat m	mois m le plus défavorable
W 207	worst year	ungünstigstes Jahr n	année f la plus défavorable
	WP	s. T 465	
W 208	wrapped connection, wire-wrap connection	Wickelverbindung f	connexion f enroulée
W 209	write command, write-in command	Schreibbefehl m, Schreibkommando n	commando m d'écriture
	write head	s. R 382	
	write-in command	s. W 209	
W 210	write operation	Schreiboperation f	écriture f
W 211	write protect[ion]	Schreibschutz m	interdiction f d'écriture
W 212	write pulse	Schreibimpuls m	impulsion f d'écriture
W 213	write/read head	Schreib-Lese-Kopf m	tête f d'écriture-lecture
W 214	writing	Schreiben n, Einschreiben n, Schrift f	écriture f, enregistrement m
W 215	writing bar (facsimile)	Schreibschneide f, Schreiblineal n	couteau m (lame f) d'impression
W 216	writing head	Schreibkopf m	tête f d'écriture
W 217	writing speed	Schreibgeschwindigkeit f	vitesse f d'exploration [à la réception]
W 218	wrong connection	Falschverbindung f	erreur f de numéro
W 219	wrong number	falsche Nummer f	faux numéro m, erreur f de numéro
	WSI	s. W 1a	
W 220	WSI memory	WSI-Speicher m	mémoire f tranche entière
	W/UNW	s. W 23	
	WVT	s. W 145	

X

X 1	x-amplifier, horizontal drive	X-Verstärker m, Horizontalablenkverstärker m	amplificateur m horizontal
X 2	xerographic printer	xerografisches Druckwerk n	imprimante f xérographique
X 3	XY plotter	XY-Schreiber m, Koordinatenschreiber m	traceur m de courbes
	XOR element	s. E 467	
	XPT	s. C 1210	
X 4	XY-recorder	XY-Schreiber m	enregistreur m abscisse-ordonnée, enregistreur X-Y

Y

	YAG	s. Y 15	
	Yagi antenna	s. Y 1	
Y 1	Yagi array, Yagi antenna	Yagi-Antenne[nzeile] f	antenne f Yagi
Y 2	Yagi-Uda antenna	Yagi-Uda-Antenne f	antenne f Yagi-Uda
Y 3	Y amplifier, vertical amplifier	Y-Verstärker m, Vertikalablenkverstärker m	amplificateur m vertical
Y 4	yaw angle	Gierwinkel m	angle m de lacet
Y 5	Y-branch, Y-junction	Y-Verzweigung f, Y-Verzweiger m, Dreitorverzweiger m	jonction f en Y, embranchement m en Y
Y 6	Y-branch structure	Y-Verzweigerstruktur f, Dreitorverzweigerstruktur f	structure f de bifurcation en Y
Y 7	Y connection	Y-Verbindung f	connexion f (montage m) étoile
	YIG	s. Y 16	
Y 8	yield	Ausbeute f, Ertrag m	rendement m de fabrication
Y 9	yield improvement	Ausbeutesteigerung f, Erhöhung f der Ausbeute	amélioration f du rendement de fabrication
Y 10	YIG-FET oscillator	YIG-FET-Oszillator m	oscillateur m YIG-TEC
Y 11	YIG film filter	YIG-Dünnschichtfilter n	filtre m à couche mince de grenat de fer et d'yttrium
Y 12	Y-junction	Y-Verbindung f	jonction f en Y
	Y-junction	s. a. Y 5	
Y 13	Y-matrix	Y-Matrix f	matrice f Y

Y 14	yoke	Joch n	culasse f, armature f fixe
Y 15	yttrium-aluminium garnet, YAG	Yttrium-Aluminium-Granat m	grenat m d'yttrium-aluminium
Y 16	yttrium-iron garnet, YIG	Yttrium-Eisen-Granat m	grenat m d'yttrium et de fer

Z

Z 1	Z component	Z-Komponente f	composante f Z
Z 2	Z condition	Z-Zustand m	état m Z
Z 3	Zener breakdown	Zener-Durchbruch m	claquage m par effet Zener
Z 4	Zener diode	Zener-Diode f, Z-Diode f	diode f [à effet] Zener
Z 5	Zener voltage	Zener-Spannung f	tension f de Zener
Z 6	zepp antenna	Zeppelinantenne f	antenne f Zeppelin
Z 7	zero	Nullpunkt m, Null[stelle] f	zéro m
Z 8	zero adjustment	Nullabgleich m, Nullpunkteinstellung f (Meßinstrument)	réglage m à zéro
Z 9	zero balance	Nullpunktkompensation f, Nullabgleich m (Meßbrücke)	équilibre m à zéro
Z 10	zero beat	Schwebungsnull f	battements mpl zéro (nul)
Z 11	zero-beat receiver, homodyne receiver	Homodynempfänger m	récepteur m homodyne
	zero bias	s. U 50	
Z 12	zero clearing, compensation (direction finding)	Enttrübung f, Minimumenttrübung f	compensation f [de radiogoniomètre]
	zero clearing	s. a. M 488	
Z 13	zero crossing	Nulldurchgang m	passage m à zéro
Z 14	zero frequency	Nullfrequenz f	fréquence f nulle
Z 15	zero level	Nullpegel m	niveau m zéro
Z 16	zero level sensitivity	Nullpunktempfindlichkeit f	sensibilité f de référence
Z 17	zero-loss circuit	verlustlose Leitung f	circuit m sans perte
Z 18	zero potential	Nullpotential n	potentiel m zéro
Z 19	zero suppression	Null[punkt]unterdrückung f (Meßinstrument)	suppression f des zéros
Z 20	zigzag antenna	Zickzackantenne f	antenne f en dents de scie
Z 21	zigzag connection	Zickzackschaltung f, Zickzackverbindung f	montage m (connexion f) zigzag
Z 22	zinc-oxyde varistor	Zinkoxydvaristor m	varistance f à oxyde de zinc
Z 23	zonal	zonal	local, régional
Z 24	zonal coding	Zonencodierung f	codage m par zone
Z 25	zonal quantizing	Zonenquantisierung f	quantification f par zone
Z 26	zone centre	Nahverkehrszentrale f, Durchgangsfernamt n	centre m zonal (de transit), bureau m central de zone
Z 27	zoned lens	Zonenlinse f, Stufenlinse f	lentille f à échelons (zones)
Z 28	zone time	Zonenzeit f	heure f du fuseau
Z 29	zoning	Verzonung f	répartition f en zones
Z 30	zoom	Gummilinse f, Variooptik f, Zoom n	objectif m à focale variable, zoom n
Z 31	Z-parameter	Z-Parameter m	paramètre m Z

Deutsches Register

A

A R 74
A-A A 466
Abänderung M 569
Abbau einer Verbindung R 504
Abbildung I 49
Abbildungsmaßstab I 50, R 596
Abbildungstechnik I 49
Abbildungsverhältnis R 596
abbrechen T 978
Abbrechen T 979
Abbrechfehler T 980
Abdeckblende M 198
abdecken M 197
Abdeckfrequenz B 110, B 340
Abdeckfrequenz bei senkrechtem Einfall B 340
Abdeckfrequenz eines Ausbreitungstyps B 110
Abdeckung C 1173, M 199
Abdeckung einer Hemisphäre H 119
Abdeckung einer Zone A 679
Abdeckungsgebiet C 1176
Aberration A 7
Abfall R 762, S 749
Abfalldauer eines Impulses P 909
Abfallen D 862
abfallende Flanke F 36
Abfallstrom R 505
abfallverzögertes Relais S 764
Abfallzeit D 153, F 37, R 513
Abfangen I 379, L 207
abfertigen D 694
Abfertigung D 695, S 388
Abfrage I 575, P 533, Q 85
Abfragedienst A 546
Abfrageeinrichtung A 543
Abfragegarnitur H 94
Abfragegerät I 576
Abfrageklinke A 544, C 163
abfragen A 536, A 541, P 532, S 308
Abfragen I 266
Abfrageschalter L 291
Abfrageschnur B 6
Abfragestelle A 746
Abfragestöpsel A 545
Abfragung I 575
Abgangsamt C 171
Abgangsechosperre O 294
Abgangskanal O 290
Abgangsland O 292
Abgangsplatz O 301
Abgangstelefonistin O 300
Abgangsverkehr O 304
Abgangsvermittlungsstelle O 295
Abgangszentrale C 171, O 295
abgegebene Leistung D 250, P 626
abgegebener Strom O 335
abgehend O 286
abgehende Anrufe gesperrt O 289
abgehende Leitung O 291, O 299
abgehender Anruf O 288
abgehender Kanal G 88, G 89
abgehender Ruf C 198, O 288
abgehender Ruf gesperrt O 289
abgehender Übertragungsweg O 291
abgehender Verkehr O 247, O 304
abgehender Zugang O 287
abgehender Zugang verhindert O 289
abgehendes Ferngespräch O 306
abgehendes Gespräch O 288
abgehende Sperre D 284
abgehende Verbindungsleitung O 297
abgehoben O 40
abgehörte Fernsprechleitung (Telefonleitung) T 34
abgeleiteter Kanal T 942
abgerüstete Ausführung D 842
abgeschaltet P 621
abgeschirmter Draht S 147
abgeschirmte symmetrische Doppelader S 428
abgeschirmte symmetrische Leitung S 146
abgeschlossen S 239
abgesetzt R 532
abgesetzte Elektronik R 544
abgesetzte Endstelle D 713
abgesetzter digitaler Konzentrator R 543
abgesetzter Konzentrator R 535, R 546, S 1055
abgesetztes Peripheriegerät R 549
abgesetzte Station R 552
abgesetztes Terminal D 713
abgesetzte Teilnehmergruppe R 533
abgespannter Antennenmast G 217
abgestimmt T 1006
abgestimmte Antenne T 1008
abgestimmte HF-Stufe T 1010
abgestimmter Kreis T 1009
abgestimmter Verstärker T 1007
abgestimmte Vorstufe T 1010
abgestrahlte HF-Leistung E 344
abgestrahlte Hochfrequenzleistung E 344
abgestrahlte Leistung R 49
abgestrahltes Feld R 54
abgetasteter Bereich S 101
abgetastetes Signal S 10
abgetastetes Sprachsignal S 11
abgewickelter Verkehr H 44
abgewickelter Verkehr/durch Vermittlungskräfte M 128
abgewiesener Belegungsversuch L 488
Abgleich A 331, L 254, L 261, T 1012
Abgleich/ohne T 952
abgleichbar A 231
Abgleichen A 239, T 954
Abgleicher A 330
Abgleichfrequenz L 256
Abgleichkern T 1022
Abgleichverfahren L 258
abgreifen T 19
Abgriff T 21
Abheben R 554
Abhöreinrichtung M 620
abhören T 20
Abhören I 380, M 618, W 180
Abhören von Telefongesprächen W 180
Abhörstelle I 377
abisolieren B 101
Abisoliermesser S 732
Abklingdauer D 153

Abklingen D 152
abklingende Schwingung R 732
abklingendes Feld E 441
abklingende Welle E 442
Abklingzeit D 153
ablandig O 72
Ablaufdiagramm F 296
Ablaufplan F 296
Ablegeverteiler T 760
ableitbar D 300
Ableitkondensator B 565
Ableitstrom D 662
Ableitung D 302, L 75
Ableitungsdämpfung L 72
Ableitungswiderstand L 74
Ablenkelektrode D 214
Ablenkempfindlichkeit D 343
Ablenkspule D 216
Ablenkung D 215, D 341
Ablenkverstärker S 1437
ablösen R 529
ablöten U 110
abmanteln S 1249
Abmanteln des Kabels S 1248
abmelden L 399
Abnahme A 38, A 39
Abnahmebericht A 41
Abnahme im Werk F 12
Abnahmeprotokoll A 40
Abnahmeprüfung A 42
Abnahmetoleranz A 44
Abnahmevorschriften A 43
abnehmbar D 324
abnehmen O 39
Abnehmer O 305
Abnehmerbündel O 307
Abnehmerleitung O 305
Abnutzung A 10
Abonnementfernsehen P 166
Abonnementgespräch F 238
Abonnementgebühr S 1313
Abonnementsverbindung S 1344
Abonnent S 1306
Abrechnungszeitraum B 255
Abreißkontakt A 672
Abrieb A 10
Abruf R 598
abrufen F 125, R 597
Abrufen P 533, R 598
Abrufsperre F 127
Abruftaste A 749
Abrundungsfehler R 795
abschalten D 141, D 656, D 665, I 210, S 1485
Abschalten D 666, I 211, T 1030
Abschaltleistung I 583
Abschaltstrom B 422
Abschaltung C 1274, D 670, S 1474
Abschaltungs-Überwachungssignal R 508
Abschattung S 414
Abschattungseffekt S 411
Abschattungsfading S 413
Abschattungsfaktor S 412
Abschattungsschwund S 413
Abschätzer F 426
Abschätzung E 424
abschirmen S 426
Abschirmung S 144, S 148, S 427, S 431
Abschirmwirkung S 432
abschließendes Zeichen F 185
Abschluß T 387
Abschlußeinrichtung T 387

Abschlußimpedanz T 384
Abschlußscheinleitwert T 384
Abschlußwiderstand T 385
abschneiden T 978
Abschnitt P 292, S 190
Abschnittsende S 196
Abschnittsverwaltung S 552
abschnittsweise Durchgangsprüfung L 268
abschnittsweise Signalisierung L 269
abschnittsweise Sprechkreisdurchgangsprüfung L 268
abschnittsweise Zeichengabe L 269
Abschrecken T 484
Abschwächer A 765
Abschwächung A 750, W 99
absenden S 295
Absender S 297
Absendung D 695
absetzen T 864
absolute Adresse A 12
Absoluteichung A 13
Absolutempfindlichkeit A 16
absoluter Leistungspegel A 15
absoluter Pegel A 14
absoluter Spannungspegel A 18
Absolutkursdarstellung T 977
Absolutwert A 17
Absorber A 19
absorbierender Abschwächer A 30
Absorption A 22
Absorption durch Nordlichterscheinungen A 814
Absorptionsabschwächer A 30
Absorptionsdämpfung A 28
Absorptionsfilter A 21
Absorptionsfläche A 24, E 86
Absorptionsfrequenz A 26
Absorptionskoeffizient A 23
Absorptionskreis A 20
Absorptionslinie A 27
Absorptionsmodulation A 29
Absorptionsschwund A 25
Absorptionsvermögen A 31
Abspanndraht G 219
Abspannpunkt G 572
Abspannseil G 216, G 219
Abspannung G 218
Abspielen P 455
Abstand R 242, S 870
Abstandtaste B 347
Abstandsunterscheidung R 244
Abstand vom Pfeifpunkt S 657
Abstand zwischen Satelliten I 589
Abstimmanzeige T 1018
abstimmbar T 1003
abstimmbarer Kreis T 1004
Abstimmbarkeit T 1002
Abstimmbereich T 1020
Abstimmdiode T 1017
Abstimmen T 1012, T 1016
Abstimm-Kapazitätsdiode V 14
Abstimmkern T 1022
Abstimmkondensator T 1013
Abstimmkreis T 1014
Abstimmschraube T 1021
Abstimmspule T 1015
Abstimmung T 1012
Abstimmung während des Betriebs T 1019
Abstimmvaraktor V 14
Abstimmvorgang T 1016
Abstrahlhalbwinkel H 4

Abstrahlung

Abstrahlung E 226
Abstrahlungsrichtung D 629
Abstrahlwinkel A 508
absuchen S 92
Absuchen H 295, S 96
Absuchradar S 106
Abtastbereich S 101
Abtastbewegung S 111
Abtastbreite S 115
Abtastdaten S 9
abtasten S 5, S 93, S 308
Abtasten S 15/6, S 95
Abtasten mit Impulsen P 947
Abtaster A 496, S 13, S 94
Abtastfehler S 18
Abtastfleck S 109
Abtastfrequenz S 25, S 102
Abtastgeschwindigkeit S 108
Abtast-Halte-Schaltung S 8
Abtastimpuls S 24
Abtastintervall S 20
Abtastperiode[ndauer] S 22
Abtastprobe S 6
Abtastpunkt S 109, S 113
Abtastrate S 25
Abtastratenwandlung S 26
Abtastrauschen S 21
Abtastrichtung S 107
Abtastschaltung S 13
Abtastschema S 27
Abtastschritt S 114
Abtastsonde S 320
Abtaststrahl S 98
Abtaststruktur S 28
Abtasttheorem S 30
Abtast- und Halteschaltung S 7
Abtastung S 15/6, S 23, S 95
Abtastverfahren S 110
Abtastvorgang S 23
Abtastvorrichtung S 94, S 100
Abtastwert S 6
Abtastzeile S 103
Abtastzeilenfrequenz S 104
Abtastzeitpunkt S 31
abteilen P 124
abtrennen D 665
Abtrommeln U 105
Abwanderung D 851
Abwärtsfrequenz D 845
Abwärtsmischer D 841
Abwärtstransformator S 1171
Abwärtsüberträger B 410
Abwärtsumsetzer D 841
Abwärtsverbindung D 844
abwechselnd Sprache und Daten A 389
Abweichung A 7, D 341
Abwerfen L 376
abwickeln/den Verkehr C 308
Abzweigdose J 38
Abzweigeinrichtung E 504
abzweigen B 410
Abzweiger T 21
Abzweigfilter B 403, L 3
Abzweiggestänge J 52
Abzweigkabel B 402
Abzweigkasten J 38
Abzweigklemme B 414
Abzweigklinke B 407
Abzweigleitung B 409
Abzweigmast J 52
Abzweigmuffe B 413, J 38
Abzweigpunkt B 405, B 408
Abzweigspleißung B 412
Abzweigtechnik B 406
Abzweigung B 401, T 21
achsenstabilisiertes Raumfahrzeug A 945

achsensymmetrisch A 943
Achsenverhältnis A 944
achssymmetrisch A 943
Achtelkreisfehler O 25
Achtelkreisfehlerkomponente O 24
Achter D 818
Achterdiagramm F 152
Achterleitung D 818
Achterstromkreis mit Erdrückleitung E 31
achtwertige Phasenmodulation E 107
AD, A-D A 474
Adapter A 146
Adapterkarte A 147
adaptive Antenne A 148
adaptive Codierung A 155
adaptive Deltamodulation A 153
adaptive Differenz-Pulscodemodulation A 154
adaptive Echosperre A 150
adaptive Entzerrung A 156
adaptive Gruppenantenne A 149
adaptive Kanalzuteilung A 151
adaptive Prädiktionscodierung A 160
adaptive Quantisierung A 164
adaptiver Echolöscher A 150
adaptiver Entzerrer A 157
adaptiver Prädiktor A 161
adaptiver Quantisierer A 163
adaptiver Rauschunterdrücker A 159
adaptives Filter A 158
adaptive Störunterdrückung A 152
adaptive Vektorquantisierung A 166
adaptive Verkehrslenkung A 165
adaptive Vorverzerrung A 162
Adcock-Antenne A 167
Adcock-Peiler A 168
Adder A 170
addieren A 169
Addierer A 170
Addierer-Subtraktor A 171
Addierglied A 170
Addierregister A 75
Addier-Subtrahier-Glied A 171
Additionsmodus A 179
additive Mischung A 181
additiver Mischer A 180
additives Rauschen A 182
additives weißes Gaußsches Rauschen A 183
Ader W 162
Adernpaar P 62
Adernvierer C 65
ADPCM A 154
Adreßanfangsmeldung I 218
Adreßansteuerung A 212
Adressat A 199
Adreßblock A 209
Adreßbus A 190
Adreßcodemodulation A 191
Adresse A 187
Adressenansteuerung A 212
Adressenanwahl A 212
Adreßende A 256
Adresseninformation A 203
Adresseninformation in Vorwärtsrichtung F 338
Adressennachricht A 209
Adressenregister A 211

Adressenvergleich A 192
Adreßfeld A 200
adressierbar A 188
adressierbarer Speicher A 189
Adressiersignal A 207
Adressierung A 204
Adressierung der Flüssigkristallanzeige L 281
Adressierungszeichen A 214
Adreßkennzeichen A 214
Adreßlänge A 208
Adreßregister A 211
Adreßteil A 210
Adreßtrennzeichen A 213
ADU A 491
AD-Umsetzer A 491
AD-Umsetzung A 490
AD-Wandler A 491
AE T 370
AEN-Wert E 334
Aerosol A 269
AGW I 531
Akkumulator A 76, B 170
Akkumulatorenzelle S 1213
akkumulieren A 74
Akquisitionsschwelle A 112
Akquisitionstechnik A 111
Akquisitionsvorgang A 109
AKT A 470
aktive Antenne A 118
aktive Fehlereingrenzung A 122
aktive Gruppenantenne A 119
aktive Position A 127
aktive Redundanz A 130
aktive Reserve P 81
aktiver Satellit A 132
aktiver Sensor A 133
aktiver Strahler E 464, P 723
aktiver T-Koppler A 135
aktiver Wandler A 136
aktives Element A 121
aktives Filter A 123
aktives Netzwerk A 126
aktives RC-Filter A 129
aktive Strahleranordnung A 119
aktive Übertragungsleitung A 124
aktive Zeichengabeleitung A 134
aktiv gekoppelt A 125
aktivieren A 116
aktualisieren U 127
Aktualisieren U 128
Aktualisierung U 128
aktuellen Stand bringen/auf den U 127
Akustik-Koppler A 93
akustische Admittanz A 87
akustische Entkopplung A 94
akustische Impedanz A 98
akustische Kopplung A 91
akustische Minimummethode A 812
akustische Nachgiebigkeit A 90
akustische Oberflächenwelle S 1409
akustischer Alarm A 774
akustischer Blindwiderstand A 100
akustische Reaktanz A 100
akustischer Koppler A 93
akustischer Oberflächenwellenresonator S 77
akustischer Ruf A 778
akustischer Scheinwiderstand A 98

akustischer Schock A 101
akustische Rückkopplung A 97
akustisches Oberflächenwellenfilter S 76
akustisches Rufzeichen A 778
akustische Steife (Steifheit) A 104
akustische Verzögerungsleitung A 95
akustische Volumenwelle B 515
akustoelektrisch A 105
Akzeptanz A 38
akzeptierter Belegungsversuch S 1354
Akzeptor A 47
AL C 165
Alarmanlage A 324
Alarmanzeigesignal A 321
Alarm bei Trägerausfall C 262
Alarmglocke A 316
Alarmindikatorsignal A 321
Alarmkennungssignal A 321
Alarmknopf A 317
Alarmlampe A 322
Alarmmeldesignal A 321
Alarmsicherung A 320
Alarmtafel A 323
Alarmvorrichtung A 319
Alexanderson-Antenne M 774
ALF A 26
Alford-Rahmen[antenne] A 325
Algorithmus A 326
Aliasing-Entzerrung A 328
Aliasing-Fehler A 329
Aliasing-Verzerrung A 327
allgemeine Adressierung B 464
allgemeine Anfragenachricht G 48
allgemeine Ruffrequenz G 45
allgemeines Fehlerkorrekturverfahren B 147
allgemeines Fernsprech[wähl]netz G 49
allmählicher Ausfall D 852
Allpaß A 350
Allpaßfilter A 349
Allpolprädiktor A 352
Allpolsystem A 353
Allpoltiefpaßfilter A 351
Allrichtungsfunkfeuer O 84
Allwellenempfänger A 361
ALOHA-Zugriffssystem mit festen Zeitschlitzen S 758
Alphabet A 363
alphabetische Codierung A 367
alphabetischer Code A 366
alphabetischer Zeichenvorrat A 365
alphabetisches Wort A 369
alphabetisches Zeichen A 368
Alphacodierung A 367
alphafotografisches Verfahren A 383
alphageometrisches Verfahren A 370
Alphamosaik A 371
Alphamosaikverfahren A 372
alphanumerisch A 373
alphanumerische Anzeige A 377
alphanumerische Flüssigkristallanzeige L 279
alphanumerische LED-Anzeige A 380
alphanumerische Leuchtdiodenanzeige A 380

alphanumerischer Code A 376
alphanumerischer Drucker A 381
alphanumerischer Zeichenvorrat A 375
alphanumerisches Bildschirmgerät A 377
alphanumerisches Druckwerk A 381
alphanumerisches Endgerät A 382
alphanumerisches Zeichen A 374
alphanumerische Tastatur A 379
Alphawort A 369
Alphazeichen A 364
ALS A 471, O 298, R 511
altern A 273
alternative Leitwegauswahl (Leitweglenkung) A 394
alternative Leitweglenkung der Zeichengabe A 395
alternative Verkehrslenkung A 394
alternierender Code P 59
Alterung A 274
Alterung/durch Wärmeeinwirkung beschleunigte T 474
Alterungsausfall A 278
alterungsbeständig R 645
Alterungsbeständigkeit A 280
Alterungscharakteristik A 276
Alterungsprüfung A 281
Alterungstest A 281
Alterungsverhalten A 275
Alterungszyklus A 277
Alterung unter Härtebedingungen H 63
Aluminiumabschirmung A 403
Aluminiumleiter A 401
Aluminiumoxidkeramik A 400
Aluminiumstahldraht A 402
Am A 404
AM A 449
A-Mast A 644
Amateurfunk A 404
Amateurfunkdienst A 407
Amateurfunkdienst über Satelliten A 406
Amateurfunksatellit A 405
Amateurstation A 408
AM-Demodulator A 433
AM für ISDN-Teilnehmer I 674
AM für ISDN-Verbindungsleitung I 677
AMI-Code A 386
AMI-Signal A 387
AMI-Verletzung A 388
amorpher Halbleiter A 415
amorphes Silicium A 417
amorphes Siliciumoxid A 416
Ampèremeter A 414
Amplitude A 428
Amplitudenänderung A 462
Amplitudenbegrenzer A 442
Amplitudenbereich A 458
Amplitudenbeschneidung A 431
Amplitudencharakteristik A 429
Amplitudendehnung E 473
Amplitudendemodulator A 433
Amplitudendiskriminator A 434
Amplitudenentzerrer A 436
Amplidudenfrequenzgang A 438

Amplitudengang A 459
Amplitudenkompander A 432
Amplitudenkompression C 905
Amplitudenmodulation A 449
Amplitudenmodulation mit unterdrücktem Träger S 1401
Amplitudenmodulator A 451
amplitudenmoduliert A 443
amplitudenmodulierter Sender A 447
amplitudenmodulierter Sprechfunk A 444
amplitudenmodulierter Tonträger A 446
amplitudenmoduliertes Restseitenband-Fernsehsignal A 450
amplitudenmoduliertes Signal A 445
amplitudenmodulierte Wechselstromtelegrafie A 448
amplitudenmodulierte WT A 448
Amplituden-Phasenumtastung A 453
Amplitudenquantisierung A 457
Amplitudenschwankung A 437
Amplitudensieb S 741, S 1541
Amplitudenspektrum A 461
Amplitudentastung A 441
Amplitudenumtastung A 460
Amplitudenverlauf A 459
Amplitudenverzerrung A 435
Amplitudenvorverzerrung A 454
Amplitudenwahrscheinlichkeitsverteilung A 455
AM–PM-Konversion A 463
AM–PM-Umwandlung A 463
Amt E 456
Ämtern/zwischen den I 565
Amt mit Handvermittlung M 134
Amtsausrüstung E 460
Amtsfreizeichen D 381
Amtskabel O 43
Amtsleitung C 370, E 466
Amtsseite O 51
Amtsverbindungskabel I 418
Amtsverdrahtung O 52
Amtszeichen D 381
AM-Unterdrückung A 464
analog A 465
analog-analog A 466
Analogdatenkanal A 473
analog-digital A 474
Analog–Digital-Umsetzung A 490
Analog–Digital-Wandler A 491
Analog–Digital-Wandlung A 490
Analogeingabe A 475
analoge integrierte Schaltung A 476
analoger Datenkanal A 473
analoger Phasenregelkreis A 480
analoger Repeater A 482
analoges Fernsprechnetz A 489
analoges Signal A 483
analoge Teilnehmerleitung A 484
analoge Tonaufzeichnung A 467
analoge Vermittlung[s]technik A 487
Analogkonzentrator A 470

Analogkonzentrator-Leitungssatz A 471
Analogmodulation A 478
Analogmultiplexer A 479
Analogrechner A 469
Analogrepeater A 482
Analogrichtfunkverbindung A 481
Analogschaltung A 468
Analogsignal A 483
Analogsteuerung A 472
Analogtechnik A 488
Analogteilnehmersatz A 477, A 485
Analogübertragung A 492
Analogübertragung von Fernsehkanälen (FS-Kanälen) A 493
Analogvermittlung A 487
Analysator A 496
Analysegerät A 496
Analyse im Frequenzbereich F 467
Analyse im Zeitbereich T 603
Analyse von Einschwingvorgängen T 783
Anbieten O 36
Anbietzeichen O 37
Änderung C 383, M 569
Änderung der Abtastrate S 26
AND-Schaltung A 498
anerkannte private Betriebsgesellschaft R 367
Anfang des Kopfes S 1117
Anfang des Textes S 1120
Anfangsadresse I 217
Anfangsadressierung I 217
Anfangsadressierungsnachricht I 218
Anfangsadressierungsnachricht mit Zusatzinformation I 219
Anfangsanforderungsnachricht I 225
Anfangsladen I 224
Anfangspermeabilität I 223
Anfangsstellung H 242
Anfangssynchronisation I 220
Anfangswert I 226
Anflugfunkfeuer H 245
Anflugradar A 662
Anforderer R 601
anfordern R 597
Anfordern R 598
Anforderung C 103, I 633, R 598
Anforderung nach Datentransfer R 599
Anforderungsnachricht R 600
Anforderung von Leistungsmerkmalen F 2
Anfrage I 266, R 598
Anfragenachricht R 600
angelegte Spannung A 659
angenäherter Wert A 663
angenommene Transitlaufzeit E 423
angepaßt M 223
angepaßte Belastung M 226
angepaßte Differentialverzweigung M 6
angepaßte Impedanz M 225
angepaßter Abschlußwiderstand M 226
angepaßter Scheinwiderstand M 225
angepaßtes Filter M 224
angeregt S 1203

angerufene Nummer C 134
Angerufener C 136
angerufener Teilnehmer C 136, C 139
angeschaltet F 623
angewandtes Fernsehen C 625
angezapfte Laufzeitkette (Verzögerungsleitung) T 33
anhalten C 501, H 34
Anhäufung B 531
Anheizzeit W 25
anisochron A 523
anisochrone Signale A 524
anisochrone Übertragung A 525
anisotrop A 526
Anisotropie A 527
Anker A 681
Ankerlager A 682
Ankerspiel A 683
Anklopfdienste C 210
Anklopfen P 110
Anklopfen und Warten, wenn besetzt P 110
Anklopfton C 211
ankommend I 108
ankommende Anrufe gesperrt I 111
ankommende Leitung I 113, I 120
ankommende Ortsverbindungsleitung I 119
ankommender Anruf I 110
ankommender Kanal I 112, R 688
ankommender Ruf I 110
ankommender Übertragungsweg I 113
ankommender Verkehr I 126
ankommender Zugang I 109
ankommender Zugang verhindert I 111
ankommendes Ferngespräch I 128
ankommendes Gespräch I 110
ankommende Sperre D 285
ankommende Verbindungsleitung I 119
Ankunftsechosperre I 116
Ankunftsland I 114
Ankunftstelefonistin I 121
Anlage I 287
anlageabhängig I 288
anlagenspezifisch I 288
anlagenunabhängig I 289
Anlagenverkabelung S 1143
anlagespezifisch I 288
anlageunabhängig I 289
Anlauf S 1110
Anlaufprogramm S 1114
Anlaufschritt S 1122
Anlaufzeit R 828
anlegen A 660
anmelden/ein Gespräch B 376
Anmelder C 182
Anmeldeverfahren L 400
Annäherung A 664
Annahme A 38
Annahme des Anrufs C 100
Annahme des Anrufs-Kennzeichen C 101
Annahmewahrscheinlichkeit P 770
Annehmen A 46
annehmende Station A 45
Annehmer A 46
annullieren C 215
Annullierung C 217

Anode

Anode A 531, P 451
Anodenspannung A 533
Anodenstrom A 532
Anodenverlustleistung P 452
anomale Ausbreitung A 535
Anordnung C 958
anpaßbar an Kundenforderung C 1265
anpassen M 222
Anpassung A 145
Anpassung der Datenraten D 81
Anpassungsdämpfung M 227, R 692
Anpassungsdämpfungsmaß B 63
Anpassungsfähigkeit A 144
Anpassungsglied I 73
Anpassungskreis C 876
Anpassungsmöglichkeit A 144
Anpassungsnetzwerk C 876, I 72
Anpassungsrechner F 567
Anpassungsübertrager M 228
anrechnen C 478
anregen A 116
Anregung E 461
Anregungsenergie E 462
Anregungsquelle E 463
Anreicherungs-Feldeffekttransistor E 298
Anreicherungsschicht E 297
Anreicherungstyp E 299
Anruf C 97, C 98, I 633, R 733, T 168, T 176
Anrufabsicht C 188
Anruf an alle G 44
Anrufanforderung C 198
Anrufannahme C 99
Anrufband C 156
Anrufbeantworter T 159
Anrufbeantwortung A 541
Anrufbehandlung C 193
Anruf bei der Fernsprechauskunft D 641
Anrufbereich C 102
Anrufbestätigung C 114, C 115
Anrufbestätigungszeichen C 115
Anrufdaten C 123
Anrufdurchschaltung zu besetztem Teilnehmer C 890
anrufen C 161, C 186, P 364, R 725
Anrufender C 144
anrufender Teilnehmer C 182
Anrufer C 144
Anrufer von außerhalb E 494
Anruffrequenz C 162
Anrufhäufigkeit C 162
Anruf im Wartefeld W 3
Anrufkanal C 159
Anrufkategorie C 158
Anrufklinke C 163
Anruflampe C 165, L 205
Anruf mit Wartezeit D 234
Anrufrelais C 176, L 233
Anrufsignal C 179/C 180, C 205
Anrufsuchen F 192
Anrufsucher C 148, F 190
Anrufsuchergestell F 191
Anruftaste C 164
Anrufteilung C 204
Anrufübernahme C 192
Anrufüberwachung C 206
Anrufumlegung C 208
Anrufumleiter C 126, C 129

Anrufumleitung C 151
Anrufumleitung bei Besetzt C 149
Anrufumleitung wenn keine Antwort C 150
Anrufverarbeitung C 193
Anrufversuch C 103
Anrufversuche in der Hauptverkehrsstunde (HVS) B 554
Anrufverteiler C 128
Anrufverteilung C 127
Anrufweiterleitung C 151
Anrufwiederholung C 197, R 566
Anrufzeichen C 179/80, C 205
Anruf zwischen Gemeinschaftsteilnehmern R 710
Ansage A 528, V 183
Ansatz S 404
Anschaltedämpfung T 36
anschalten J 25, S 1486
Anschalten T 1031
Anschaltepunkt C 981
Anschaltestromkreis C 972
Anschaltezeit C 982
anschließen J 25, L 262
anschließen an I 427
Anschluß A 49, P 544
Anschlußberechtigung C 585
Anschlußbereich E 457, T 161
Anschlußbereich einer Vermittlung E 457
Anschlußblock C 976
Anschlußdose C 970, J 38, W 16
Anschlußdraht/ohne L 69
Anschlußeinheit T 370
Anschlußfeld P 149
Anschlußgruppe L 249
Anschlußkabel C 971, P 591
Anschlußkanal A 52
Anschlußkapazität C 541
Anschlußkennung C 132, C 166
Anschlußkennung der gerufenen Station C 132
Anschlußkennung der rufenden Station C 166
Anschlußkennung des Gerufenen C 132
Anschlußkennung des Rufenden C 166
Anschlußklemme B 283
anschlußkompatibel P 423
Anschlußlage P 555
Anschlußleiste C 976, T 379
Anschlußleitung A 57, B 409, S 1332
Anschlußmodul für Analogteilnehmer A 486
Anschlußmodul für Analogverbindungsleitungen A 494
Anschlußmodul für Digitalteilnehmer D 518
Anschlußmodul für gemeinsamen Signalisierkanal C 814
Anschlußmodul für ISDN-PMXA-Teilnehmer I 677
Anschlußmodul für ISDN-Teilnehmer I 674
Anschlußmodul für Paketdatenendgeräte P 38
Anschlußmodul für Paketverbindungsleitungen P 37
Anschlußmodul für synchrone Datenendgeräte S 1539

Anschlußmodul für Takt und Töne C 610
Anschlußmodul für Vermittlungsplatz O 182
Anschlußmodul für Zentralzeichenkanal C 814
Anschlußnetz C 980
Anschluß nicht erreichbar N 404
Anschlußnummer T 372
Anschlußpunkt C 981
Anschlußrufnummer S 1337
Anschlußrufnummer außer Betrieb N 351
Anschlußschnur F 273
Anschlußzentrale L 331, O 243
Anschwingen O 263
ansetzen S 133
Ansprechantwort R 666
Ansprechpegel O 146
Ansprechschwelle S 319
Ansprechstrom M 492, O 145
Ansprechverhalten R 666
Ansprechzeit A 745
ansteigende Flanke R 756
Ansteuerelektronik C 1064
Ansteuerschaltung C 1064
Ansteuerung D 859
Ansteuerung der Flüssigkristallanzeige L 281
Anstiegsdauer eines Impulses P 946
Anstiegsflanke R 756
Anstiegsgeschwindigkeit S 740
Anstiegszeit A 745, B 507, R 755
Anstiegszeit der Impulsvorderflanke L 65
Anteil des handvermittelten Verkehrs M 136
Antenne A 551
Antenne/im Brennpunkt erregte F 310
Antenne für das gesamte Band W 125
Antenne für Nachrichtenübermittlung T 61
Antenne mit asymmetrischer Erregung O 67
Antenne mit Dachkapazität T 671
Antenne mit dezentrierter Speisung O 67
Antenne mit fortschreitenden Wellen T 925
Antenne mit großer Apertur L 19
Antenne mit hoher Nebenkeulendämpfung L 540
Antenne mit kleinen Nebenkeulen L 540
Antenne mit periodischer Strahlschwenkung S 97
Antenne mit schmaler Strahlungskeule N 19
Antenne mit schwenkbarer Charakteristik (Richtcharakteristik) S 1160
Antenne mit stehenden Wellen S 1099
Antenne mit versetztem Primärstrahler O 67
Antennenabspannung A 584
Antennenabstand A 612
Antennenabstimmung A 619
Antennenankopplung A 562
Antennenanlage A 605
Antennenanordnung A 561

Antennenanpassungstransformator A 593
Antennenanpassungsübertrager A 593
Antennenapertur A 552
Antennenausfall A 600
Antennenausgang A 601
Antennenausrichtung A 599, A 606
Antennenbefestigung A 595
Antennenbündelung A 569
Antennenbündelungsfaktor A 571
Antennendiagramm A 602
Antennendiagrammsynthese A 603
Antennendiversity A 573
Antennendurchmesser A 567
Antenneneffekt A 575
Antenneneinführung L 62
Antenneneingang A 587
Antenneneingangsimpedanz A 589
Antennenelement A 577
Antennenentwurf A 566
Antennenerdungsschalter A 574
Antennenerregung A 578
Antennenfeld A 553
Antennenform A 610
Antennenfundament A 613
Antennenfuß A 554
Antennenfußpunktstrom A 555
Antennengewinn A 583
Antennengewinn außerhalb der Achse O 34
Antennengewinn bezogen auf einen Halbwellendipol P 610
Antennengewinn bezogen auf einen Kugelstrahler P 611
Antennengewinnfunktion G 10
Antennengruppe A 553
Antennenhalterung A 595
Antennenhauptkeule A 591
Antennenimpedanz A 585
Antenneninduktivität A 586
Antennenkabel A 557
Antennenkombination A 553
Antennenkreis A 559
Antennenleistung A 607
Antennenmast A 592
Antennenmeßgelände A 615
Antennenmessung A 594
Antennennachführsystem A 618
Antennenöffnung A 552
Antennenrauschen A 597
Antennenrauschtemperatur A 598
Antennenreflektor A 608
Antennenrichtdiagramm A 570
Antennenrichtgewinn A 572
Antennenrichtwirkung A 569
Antennenscheinwiderstand A 585
Antennensockel A 604
Antennenspeiseleitung A 579
Antennenspiegel A 608
Antennenspule A 560
Antennenstrahlschwenkung A 556
Antennenstrom A 564
Antennensystem A 614
Antennenträger A 596
Antennentragwerk A 596
Antennentrennverstärker M 703
Antennenturm A 617

Antennenübersprechen A 563
Antennenumschalter A 558
Antennenumschaltungsdiversity S 1452
Antennenverkleidung R 212
Antennenverkürzungskondensator A 611
Antennenverlängerungsspule A 590
Antennenverstärker A 582
Antennenverteiler M 703
Antennenwand A 565
Antennenwirkfläche E 86
Antennenwirkungsgrad A 576
Antennenwirkwiderstand A 609
Antennenzuführung D 843
Antennenzuleitung A 579
Anti-Alias-Filter A 620
Antiradartarnung A 630
Antivalenzglied E 468
Antivalenzschaltung E 468
Antriebswerk D 854
Antwort A 541, R 588
Antwortanforderung E 300
Antwortbake R 665
Antwortgerät T 902
Antwortkennzeichen B 41
Antwortsignal A 547
Antwortsignal mit Gebührenerfassung (Taxierbeginn) A 548
Antwortton A 550
Anweisung C 800
anwenden A 660
Anwender U 154
anwendergerecht C 1267, H 291
Anwendergesichtspunkt U 170
Anwenderprogramm U 167
Anwenderschnittstelle C 1260
Anwendersoftware A 654
Anwenderteil für Bedienen und Unterhalten O 176
Anwenderteil für Datendienste (Datenverbindungen) D 118
Anwenderteil für Fernsprechen T 243
Anwenderteil für ISDN I 343
Anwenderteil für Mobilfunk M 533
Anwendung A 646
Anwendungen mit hohen Lebensdauerforderungen L 427
Anwendungsbereich F 141
anwendungsbezogen A 655
Anwendungsdienst A 652
Anwendungsdienstelement A 653
Anwendungsinstanz A 647
Anwendungsmanagement A 649
anwendungsorientiert A 650
Anwendungsprozeß A 651
Anwendungsschicht A 648
Anwendungssoftware A 654
anwendungsspezifisch A 655
anwendungsspezifische integrierte Schaltung A 656
anwendungsspezifischer Baustein (Schaltkreis) A 656
Anwendungssystem A 657
Anzahl der Gespräche C 122
anzapfen T 19
Anzapfung T 21
Anzeige D 701, I 140
Anzeigeart D 703

Anzeige der gerufenen Nummer D 362
Anzeige der Rufnummer des Anrufenden (rufenden Teilnehmers) C 169
Anzeige eines rückwärtigen Ausfalls U 140
Anzeigekontrollgerät D 702
Anzeigelampe I 144
Anzeiger I 141
Anzeigetafel I 145
Anzeigetechnik D 704
AOW S 1409
AOW-Filter S 76
AOW-Oszillator S 1411
AOW-Resonator S 77
APE A 896
aperiodische Antenne A 636
aperiodische Dämpfung A 637
aperiodischer Verstärker A 635
Apertur A 638
Aperturfeld A 641
Aperturflächenausleuchtung A 642
Aperturflächenbelegung A 642
Aperturunschärfe A 639
Aperturverzerrung A 639
Apogäum A 643
Apogäumshöhe A 398
Apparat S 395
Applikationsschicht A 648
Approximationsfehler T 980
A priori-Kenntnis A 665
AQS R 508
äquatoriale Synchronbahn E 330
äquivalente Anstiegszeit E 338
äquivalente Bitgeschwindigkeit (Bitrate) E 337
äquivalente Einschwingzeit E 338
äquivalente isotrope Strahlungsleistung E 344
äquivalente monopole Strahlungsleistung E 93
äquivalente Rauschleistung N 202
äquivalente Rauschtemperatur E 347
äquivalenter binärer Inhalt E 335
äquivalenter Erdradius E 97
äquivalenter Spitzenpegel E 348
äquivalenter Störstrom E 341
äquivalenter Widerstandsfehler E 349
äquivalentes Binärsignal E 336
äquivalentes Netzwerk E 345
äquivalente Störspannung E 342
äquivalente Strahlungsleistung bezogen auf den Halbwellendipol E 96
Äquivalenzschaltung E 467
Arbeiten O 163
Arbeitsbereich O 156, S 143
Arbeitseichkreis W 199
Arbeitskanal W 198
Arbeitskontakt M 101, N 360
Arbeitsmodul I 138
Arbeitsmodulfaktor F 11
Arbeitsplatz O 186
Arbeitsplatzrechner P 278
Arbeitspunkt Q 99
Arbeitsregister A 76
Arbeitsspannung O 161

Arbeitsspeicher W 200
Arbeitsstellung O 118
Arbeitsstrom O 148
Arbeitsstrombetrieb O 126
Arbeitstemperatur W 201
Architektur lokaler Netze L 316
Architektur offener Systeme O 136
ARQ-Methode A 687
ARQ-System A 881
artikulierte Sprache A 690
AS C 148
aselektiv N 337
A-Signal B 346
Assembler A 706
Assemblersprache A 708
Assemblierer A 706
assoziierter Modus [der Zeichengabe] A 712
assoziierte Signalisierung (Zeichengabe) A 712
astabiler Monovibrator A 714
astabile Schaltung A 714
Astronomiefunkdienst R 74
astronomische Zeit A 715
asymptotisches Fehlverhalten A 718
asynchron A 719, N 342
Asynchronbetrieb A 724
asynchrone Arbeitsweise A 732
asynchrone Betriebsart A 722
asynchroner Betrieb A 732
asynchroner Transfermodus (Übermittlungsmodus) A 728
asynchroner Zähler A 721
asynchrone serielle Schnittstelle A 726
asynchrones Übertragungssystem A 731
asynchrone Übertragung A 730
asynchrone Zeitvielfachmultiplex- und Vermittlungstechnik A 728
Asynchronmodem A 723
Asynchron/Synchron-Umsetzer, Asynchron-Synchron-Umsetzer A 727
Asynchronverfahren A 724
Asynchronzähler A 721
A-Teilnehmer C 144, C 182
AtK D 746
AtM M 765
ATME A 899
ATM-Netz A 729
atmosphärische Absorption A 734
atmosphärische Dämpfung A 735
atmosphärische Depolarisation A 737
atmosphärische Entladung A 738
atmosphärische Rückstreuung A 736
atmosphärisches Geräusch A 739
atmosphärische Störung A 739, A 740
atmosphärische Turbulenz A 742
A-TN C 144, C 182
Atomfrequenznormal A 744
Atomuhr A 743
Attribut A 771
ATZ A 893

ätzen E 427
Ätzen E 428
A1-Überlagerer B 216
AUD I 189
Audiokonferenz A 783
auditiv A 809
Aufbau S 400, S 404
aufbauen I 286
Aufbauzeit S 401
aufbereiten P 786
aufblasbare Antenne A 305
aufblasbarer Reflektor I 180
aufeinanderfolgend S 332
Auffindbarkeit D 329
auffinden L 369
Aufforderung R 598
auffrischen R 458
Auffüllen P 44
Aufgabe D 688
Aufgabeamt O 50
aufgabenorientiertes Wartesystem T 46
aufgeben/ein Telegramm H 42
aufgegebener Anrufversuch A 2
aufgeklapptes Sonnenpaddel U 67
aufgelegt O 108
Aufhalten I 379
aufheben C 215
Aufhebung C 217
aufladbar S 357
aufladbare Batterie R 358
aufladbares Element R 358
aufladen C 478
Auflegeverzögerung O 109
Auflegezeichen O 112
aufleuchten F 245
Auflistung L 292
Auflösung D 213, R 652
Auflösungsunschärfe A 639
Auflösungsvermögen R 653
Aufnahme P 393, R 378, R 381, S 751
Aufnahmekopf R 382
aufnehmen A 72, R 377
aufrufen I 634, P 532
Aufschalten I 615, O 36
Aufschaltesignal O 37
Aufschalteton I 619
Aufschaltezeichen C 117, O 37
aufschrumpfbar H 102
Aufsetzbauelement S 1418
Aufsetztechnologie S 1420
Aufsicht S 1389, S 1390
Aufsichtsbeamter S 1390
Aufsichtsbeamtin S 1390
Aufsichtsplatz S 1391
Aufspaltung S 1015
Aufspaltung in Teilbänder B 87
Aufsprühen S 1034
Aufstellung I 295
Aufstellungsort S 722
Aufstellungsplan F 290
aufteilen/in Kanäle C 421
Aufteilen S 206
Aufteilung D 743, P 125
Aufteilungskabel D 746
Aufteilungsmuffe M 765
auftragen A 660
Auftragsdienst T 160
Auftragsnummer J 24
Auftragssprache C 802
Aufwärtsfrequenz U 132
Aufwärtskonverter U 125
Aufwärtsmischer S 1181, U 125

Aufwärtstransformator

Aufwärtstransformator S 1182
Aufwärtsübertrager S 1182
Aufwärtsumsetzer U 125
Aufwärtsverbindung E 45, U 131
aufzeichnen R 377
Aufzeichnung R 381
Aufzeichnung in Komponentenform R 383
Aufzeichnungsdichte P 42
Aufzeichnungsendezeichen E 267
Augenblicksamplitude I 297
Augenblicksleistung I 304
Augenblicksphase I 303
Augenblicksspannung I 306
Augenblickswert I 305
Augenblickswert der Sprechleistung I 296
Augendiagramm E 514
Augenöffnung E 513
Ausbaufähigkeit U 130
ausbessern P 148
Ausbeute Y 8
Ausbeutesteigerung Y 9
Ausbildung am Arbeitsplatz O 121
Ausbildung an Ort und Stelle O 121
ausblenden B 338, E 503
Ausbreitung P 817
Ausbreitung bei optischer Sicht L 221
Ausbreitung durch die Ionosphäre T 794
Ausbreitung im Sichtbetrieb L 221
Ausbreitung in der Atmosphäre A 741
Ausbreitungsbedingungen P 821
Ausbreitungsdämpfung P 826
Ausbreitungsfehler P 825
Ausbreitungsgeschwindigkeit S 995
Ausbreitungskanal P 819
Ausbreitungskonstante P 820
Ausbreitungskurve P 822
Ausbreitungsmedium M 310
Ausbreitungsmessung P 827
Ausbreitungsmodell P 829
Ausbreitungsmodus P 828
Ausbreitungsrichtung D 628
Ausbreitungstheorie P 831
Ausbreitungsverlust P 826
Ausbreitungsverzerrung P 824
Ausbreitungsweg P 830
Ausbreitung über ionosphärische Raumwelle P 818
Ausbreitung über Reflexion an der Ionosphäre P 818
Ausdauerfunktion P 277
ausdehnen E 485
Ausdehnung E 487
Ausdehnungskoeffizient C 718
Ausdrehen T 1030
Ausdruck P 746
ausdrucken P 745
auseinandernehmen D 660
Ausfall F 26
Ausfallart F 31
Ausfalldauer D 846
Ausfall der Fernspeisung P 617
Ausfall durch Fehlbedienung M 510
Ausfall durch Fertigungsfehler M 153
ausfallen F 23

Ausfall geschützt/vor F 24
Ausfallhäufigkeit F 29
Ausfallkriterien F 28
Ausfallmechanismus F 30
Ausfallmodus F 31
Ausfallrate F 32
ausfallsicher F 24
ausfallsicheres System F 25
Ausfallursache F 27
Ausfallverhalten O 277
Ausfallwahrscheinlichkeit P 773
Ausfallzeit D 846
Ausfallzeitdauer O 281
Ausfallzustand F 34
ausfaltbare Antenne U 65
ausführbar nach Kundenwunsch C 1265
ausführen P 241
Ausführung für Fahrzeugeinbau C 249
Ausführungszeit einer Verbindung C 983
Ausgabe O 328
Ausgabeabbruch O 332
Ausgabebaugruppe O 345
Ausgabedaten O 336
Ausgabeeinheit O 352
Ausgabegerät O 337, O 338
Ausgabeinformation O 341
Ausgabekopf O 339
Ausgabemitteilung O 344
Ausgabemodul O 345
Ausgabepuffer O 331
Ausgang O 309, O 328
Ausgangsbelastbarkeit F 48
Ausgangsfächer F 48
Ausgangsimpedanz O 340
Ausgangsimpuls O 347
Ausgangskanal O 290
Ausgangsklemme O 351
Ausgangskreis O 333
Ausgangslastfaktor F 48
Ausgangsleistung O 291, O 298, P 626
Ausgangsleitungssatz O 298
Ausgangsmultiplexer O 346
Ausgangspegel O 342
Ausgangspegelschwankung O 343
Ausgangsplatz O 301
Ausgangspuffer O 331
Ausgangsregister O 302
Ausgangsschaltung O 334
Ausgangsscheinwiderstand O 340
Ausgangssignal O 348
Ausgangsspannung O 353
Ausgangsspannungsänderung O 354
Ausgangsspektrum O 349
Ausgangsstellung H 242
Ausgangsstrom O 335
Ausgangsstufe O 350
Ausgangsverstärker O 329
Ausgangsverteiler O 293
Ausgangsverzweigung F 48
Ausgangswähler O 303
Ausgangswicklung O 355
ausgebildetes Personal O 15
ausgefallen O 323
ausgefallen sein B 236
ausgefalteter Sonnenkollektor U 66
ausgeformtes Kabelende C 39
ausgeführter Anrufversuch C 887
ausgekreuzte Leitung T 911

Ausgleichsimpuls E 328
Ausgleichsmodulation[ssignal] D 762
ausgeschaltet P 621
ausgezogene Kurve S 814
Auskreuzen T 912
Auskunftsdienst I 189
Auskunftsplatz I 267
Auslandsgespräch I 517
Auslandsgruppenwähler I 531
Auslandsvermittlungsstelle I 527
Auslaß O 309
auslegen L 46
auslesen F 125
Auslesespeicher R 276
Ausleuchtgebiet C 1176
Ausleuchtung I 28
Ausleuchtung einer Hemisphäre H 119
Ausleuchtung einer Zone A 679
Ausleuchtungswinkel I 29
Ausleuchtzone C 1177
Ausleuchtzone auf der Erde E 12
Auslöseanforderung C 600
Auslöseanforderung der DEE D 872
Auslöseanforderungsverzug C 601
Auslöseaufforderung D 872
Auslösebestätigung C 591
Auslösebestätigungssignal C 593
Auslösebestätigungsverzug C 592
Auslösebestätigungszeichen C 593
Auslösedauer R 512
Auslöseimpuls T 946
Auslösemagnet R 510
Auslösemeldung D 133
auslösen R 503, T 943
Auslösen C 596, D 666, R 504
Auslösen in Vorwärtsrichtung C 594
Auslöseprozedur C 598
Auslösequittung R 507
Auslösequittungssignal R 508
Auslösequittungszeichen R 508
Auslösesignal R 511
Auslösespannung T 948
Auslösestrom R 506
Auslösetaste R 509
Auslösezeichen C 595, C 599, D 671, R 511
Auslösung C 596
Auslösung durch den Angerufenen C 137
Auslösung durch den Anrufenden (anrufenden Teilnehmer) C 172
Auslösung durch den gerufenen Teilnehmer C 137, C 141
Auslösung durch den rufenden Teilnehmer C 172
Auslösung durch den zuerst auflegenden (einhängenden) Teilnehmer F 217
Auslösung durch den zuletzt auflegenden (einhängenden) Teilnehmer L 35
Auslösungsanforderung C 600
Auslösungsbestätigung C 591
Auslösungsdauer C 196
Auslösungsmeldung der DUE D 133

Auslösungsverzug C 196
Ausnutzung des Spektrums S 949
Ausnutzungsgrad D 917
ausprüfen T 434
Ausprüfung D 148
ausrichten P 483
Ausrichten L 261
Ausrichten der Antenne A 606
Ausrichtfehler P 489
Ausrichtgenauigkeit P 487
Ausrichtmechanismus A 332
Ausrichtung A 331, L 261
Ausrichtungsdämpfung P 490
Ausrichtungsfehler P 488
Ausrichtungsverlust P 490
Ausrüstung E 331
Aussagewahrscheinlichkeit C 955
ausschalten S 1485
Ausschalten D 657, S 1474, T 1030
Ausschalter C 1281
Ausschalteton D 659
Ausschaltleistung I 583
Ausschaltstellung O 57
Ausschaltung D 670, S 1474
Ausscheidungsziffer D 683
Ausschwingen D 152
Außenantenne O 282
aussenden S 303
Aussendung E 226
Aussendungsart C 584
Außenkabel O 356
Außenleiter O 283
Außenmantel O 285
Außenspeicher E 497
Außenstation O 358
Außenstelle O 358
Außenverbindung O 287
Außerband ... O 311
Außerbandabstrahlung O 319
Außerbandaussendung O 314
Außerbanddämpfung O 312
Außerbandfrequenz O 315
außerbandig O 311
Außerbandkomponente O 313
Außerbandleistung O 318
Außerbandrauschen O 317
Außerbandsignalisierung O 320
Außerbandspektrum O 321
Außerbandstörung O 316
Außerbandstrahlung O 319
Außerbandzeichengabe O 320
Außerbetriebnahme D 142, T 1030
äußere Blockierung E 493
außereuropäischer Verkehr E 505
außergalaktische Radioquelle E 506
außerhalb der Achse der Hauptkeule O 75
außerhalb der Hauptstrahlungsrichtung O 75
außerhalb der Spitzenzeit O 55
außerirdische Störung E 509
außerordentliche Welle E 507
außerplanmäßig O 325
Aussetzbetrieb I 493
Aussetzen B 419
Aussetzfehler I 491, I 492
Aussperrung L 375
Aus-Stellung O 57
Aussteuerbereich D 927
Aussteuerung D 859

Aussteuerungsgrenze L 297
Aussteuerungsmesser E 125, P 202
Ausstoß O 328
Ausstrahlung E 226
austasten B 338
Austastimpuls B 345
Austastintervall B 342
Austastlücke B 342
Austastpegel B 344
Austastsignal B 346
Austastung B 341
Austastwert B 344
austauschbar R 585
austauschen I 382
Austauschformat I 386
Austauschzeichen S 1348
austesten D 147, T 434
Austesten D 148
Austrittsarbeit A 117
Austrittsenergie A 117
Auswahl S 214
Auswahl der Paketlänge P 21
Auswahl des horizontalen Abstandes S 213
Auswahl des Leitweges R 802
Auswahl des vertikalen Abstandes S 233
Auswählen S 214
Auswahl von Flußregelungsparametern/Absprache und Anzeige bei gewählten virtuellen Verbindungen F 295
auswandern W 18
Auswanderung D 851
Auswanderung der Taktfrequenz C 615
auswechselbar I 383
auswechselbarer Einschub I 384
auswechseln R 584
Auswechselung R 586
Ausweichvermittlung E 219
auswerten E 438
Auswertung E 439
ausziehen E 503
Authentifikation A 821
Authentifizierung A 821
Autoalarmempfänger A 825
Autoempfänger C 250
Autokorrelation A 826
Autokorrelationsableitung A 828
Autokorrelationsfunktion A 827
Autokorrelator A 829
Automatentheorie A 831
automatische Abfrage A 909
automatische Abstimmung A 903
automatische Amplitudenregelung A 833
automatische Anrufbeantwortungseinrichtung A 835
automatische Anrufverteilung A 840
automatische Anrufverteilung im Netz N 110
automatische Ansage R 380
automatische Ansage geänderter Rufnummern A 848
automatische Beantwortung A 834
automatische Chrominanzregelung A 850
automatische Datenverarbeitung A 853
automatische Empfindlichkeitsregelung A 886

automatische Erfassung der Ortsveränderungen A 885
automatische Ersatzschaltung A 874, P 838
automatische Ersatzschaltungseinrichtung A 875
automatische Fahrzeugortung A 904
automatische Fernwahl A 902, S 1343, T 987
automatische Frequenznachstellung (Frequenzregelung) A 862
automatische Gebührenaufrechnung (Gebührenberechnung) A 865
automatische Identifizierung des Anrufers A 868
automatische Landzentrale R 830
automatische Meßeinrichtung für internationale Fernleitungen A 899
automatische Nachführung A 897
automatische Nebenstellenanlage P 753
automatische Pegelregulierung A 864
automatische Prüfeinrichtung A 896
automatische Prüfung A 832
automatischer Anruf A 844
automatischer Anrufbeantworter A 835
automatischer Anrufsender A 845
automatischer Antennenkoppler A 836
automatischer Betrieb A 871
automatischer Diagnosetest A 854
automatischer Dienst A 871, A 887
automatische Regelung A 851
automatischer Empfang A 876
automatischer Entzerrer A 859
automatischer Fernbetrieb A 902
automatischer Fernsprechverkehr A 895
automatischer Funkpeiler A 858
automatischer Kreditkartendienst A 852
automatischer Laufnummerngeber A 870
automatischer Nummerngeber A 857
automatischer Rückruf A 838
automatischer Rückruf bei Besetzt A 839
automatischer Ruf A 844, K 25
automatischer Rufgeber A 845
automatischer Rufnummerngeber A 857
automatischer Sendeaufruf A 909
automatischer Sender A 901
automatischer Sender mit Impulssteuerung A 883
automatischer Störbegrenzer A 867
automatischer Teilnehmer A 845
automatischer Telefonverkehr A 895
automatische Rufabschaltung A 884

automatische Rufbeantwortung A 834
automatischer Verbindungsaufbau A 842
automatischer Weitersender A 882
automatischer Wiederholungsversuch A 878
automatisches Antennenanpaßgerät A 836
automatisches Ausrichtungssystem A 872
automatische Scharfabstimmung A 862
automatische Sendeleistungssteuerung A 900
automatisches Ersatzschalten C 387
automatische Signalwiederholung V 52
automatische Sprachausgabe A 888
automatische Spracherkennung A 889
automatisches Rückfragesystem A 881
automatisches Speicher- und Wiedergabegerät A 882
automatische Station A 890
automatisches Verfolgungsradar A 898
automatisches Vermittlungsnetz A 892
automatisches Wählen A 843, A 856
automatisches Wählgerät A 855
automatische Telefonzentrale A 893
automatische Testeinrichtung A 896
automatische Übertragungsmeßausrüstung A 899
automatische Überwachung U 39
automatische Verdrahtung A 905
automatische Verfolgung A 897
automatische Vermittlungseinrichtung A 891
automatische Verstärkungsregelung A 863
automatische Verstärkungsregelung mit verzögertem Einsatz D 236
automatische Vierdrahtvermittlungsstelle F 366
automatische Wähleinrichtung A 847
automatische Wahlwiederholung A 877
automatische Weckeinrichtung A 866
automatische Wiederholung der letzten Nummer R 580
automatische Wiederholungsrückfrage A 879
automatische Zeichenerkennung A 849
automatische Zielverfolgung A 897
automatisch regelbarer Entzerrer S 235
automatisierbar A 830
Automatisierung A 906
autonom S 239
autonomes System S 1056

Autoradio C 250
Autoregressionsfilter A 910
Autotelefon C 309
Autotelefonsystem C 310
AV T 760
A-Verstärker C 579
AVR A 863
AWE A 866
AWG A 855
AWS A 547
Axialanschlüssen/ mit A 942
AZ L 331
Azimut A 946
Azimutauflösung[svermögen] A 948
Azimut-Elevationsantenne A 949
Azimut-Elevationsmontierung A 950
Azimutwinkel A 947
AzK J 38
A-Zustand A 86

B

B-Ader B 564
Bahn P 152
Bahnebene O 231
Bahnexzentrizität O 226
Bahngeschwindigkeit O 232
Bahnhöhe O 229
Bahnhöhe des Satelliten O 229
Bahnneigung O 227
Bahnposition O 228
Balken B 99
Balkengenerator B 108
Balkenmuster B 109
Ballastwiderstand B 66
Ballempfang R 498
Ballempfänger D 648, R 497
ballonförmige Isolierung B 67
Ballonisolierung B 67
Balun B 61
Bandabstand B 70, E 289
Bandanfang B 221
Band aufnehmen/auf T 22
Bandaufteilung B 86
bandbegrenzen B 71
bandbegrenzt B 72
bandbegrenzter Kanal B 73
bandbegrenztes Rauschen B 75
Bandbegrenzung B 76
Bandbegrenzungsfilter B 77
Band bewickeln/mit T 22
Bandbreite B 90
bandbreitebegrenzt B 94
Bandbreite begrenzt/durch die B 94
bandbreitebegrenzte Funktion B 74
bandbreitebegrenzter Betrieb B 95
Bandbreite des Basisbandes B 117
Bandbreitenabhängigkeit D 288
Bandbreitenkompression B 91
Bandbreitenkompressor B 92
Bandbreitenökonomie B 93
Bandbreitenprodukt G 5
Bandbreitenreduktion B 96
Bandende E 272, E 278
Bandendekennsatz E 279
Bandendemarke E 273
Bandfilter B 79
Bandfilterkurve B 83

Bandfiltersperrbereich

Bandfiltersperrbereich B 80
Bandgeschwindigkeit T 31
Band in Kehrlage R 704
Band in Regellage E 356
Bandkabel B 716
Bandkabel R 716
Bandlaufwerk T 23
Bandlocher T 25
Bandmitte M 467
Bandmittenfrequenz M 468
Bandpaß[filter] B 79
Bandpaßkanal B 78
Bandpaß-Tiefpaß-Transformation B 81
Bandpaßverhalten B 82
Bandschleifenkassette E 255
Bandsperre B 84
Bandsperre-Hochpaß-Transformation B 89
Bandsperrfilter B 84
bandspreizendes Übertragungsverfahren S 1028
Bandspreizung B 88
Bandspreizverfahren S 1028
Bandstruktur R 717
Bandtrennung B 85
Band umwickeln/mit T 22
Bandunterteilung B 87
Bandverständlichkeit B 68
Bandvorlauf T 24
Bandvorschub T 24
Bandweiche B 69
Bankennetz B 98
bargeldloser Fernsprecher C 320
bargeldloses Telefon C 320
BARRIT-Diode B 111
basierend/ auf Wissen K 35
Basis B 113
Basisanschluß B 145
Basisband B 114
Basisband-Bandbreite B 117
Basisbandbreite B 117
Basisbandcharakteristik B 126
Basisbandebene B 121
Basisbandentzerrer B 119
Basisbandersatzschaltung B 125
Basisbandfrequenzgang B 126
Basisbandkanal B 118
Basisbandleitungscode B 122
Basisbandmodem B 123
Basisbandmodulation B 124
Basisbandübertragung B 128
Basisbandübertragungsfunktion B 127
Basisbandverstärker B 116
Basisband-Videosignal B 129
Basisbandzugang B 115
Basisbandzusammenschaltung B 120
Basisdienst B 161
Basis–Emitter-Spannung B 134
Basis–Emitter-Vorspannung B 133
Basiskanal B 141
Basis–Kollektor-Kapazität B 131
Basis–Kollektor-Potential B 132
Basis–Kollektor-Strom B 140
Basismaßeinheit B 152
Basisobjekt B 156
Basisschaltung C 807
Basisspannung B 130
Basisstation B 139
Basisvorspannung B 130
BAS-Signal C 903
Batterie B 170
Batterie/ohne B 176
batteriebetriebenes Gerät B 177

Batteriekapazität B 172
Batterieladegerät B 173
Batterieschalttafel B 175
Batteriestromversorgung B 178
Batterietrennschalter B 174
Batterieumpolung B 179
Bauakustik A 670
Bauch A 627
Baud B 181
Baueinheit B 500
Bauelement C 893
Bauelementeanschluß[draht] C 896
Bauelementeanschlußfahne C 896
Bauelementehersteller C 897
Bauelement für Aufsetztechnik S 1416
Bauelement mit Radialanschlüssen R 43
Baugruppe P 3, P 736
Baugruppe in Aufsetztechnologie S 1417
Baugruppenauszieher P 731
Baugruppenbauweise M 572
Baugruppenträger C 245
Baumcodierer T 930
Baumnetz T 933
Baumstruktur T 931
Baustein B 500
Bausteinauswahl C 517
Bausteinbauweise M 572
Bausteinfreigabe C 514
Bausteinprinzip B 501
Baustellenbedingungen F 133
Baustellenverhältnisse F 133
Bauteil C 893
Bauweise C 1003
BCCD-Element B 527
BCD-Code B 262
BCD-Zähler B 184
BCH-Code B 185
Bd B 181
B-Draht B 564
beabsichtigte Störung J 4
Beam-Lead-Transistor B 196
Beamtinnenfernwahl O 181
Beamtinnenwahl O 180
Beanspruchung S 1240
Beanspruchungskurve L 298
Beanspruchungsanalyse S 1241
Beanspruchungsmodell S 1243
Bearbeitungszeit H 45
Bebauungsdichte B 503
Bedarf an Fernsprechanschlüssen T 242
bedarfsgesteuerter Vielfachzugriff D 262
bedarfsorientierte Zuteilung D 264
bedarfsweise Zuweisung D 264
Bedeckung C 1174
Bedieneinheit S 349
bedienen M 113, O 144
Bediener O 179
Bedienerführung P 816
Bedienfehler O 185
Bedienhörer H 48
Bedienpult O 184
bedienter Empfang M 137
Bedienung M 114
Bedienungsfreundlichkeit U 163
Bedienungskonsole O 184
Bedienungsperson O 179
Bedienungspersonal O 154
Bedienungspult C 991, O 184

Bedienungstheorie Q 93
Bedienungswunsch C 188
bedingtes Gegensprechen H 13
Beeinträchtigung I 64
Befehl C 800
Befehlsabruf F 126
Befehlscode C 801
Befehlssprache C 802
befestigt/ an der Wand W 12
Befestigungsschelle C 73
Befestigungsstreifen C 607
Beförderung D 695
Beginn S 1110
Beginnzeichen A 547, O 41
Beginnzeichen/gebührenfrei A 549
Beginnzeichen/gebührenpflichtig A 548
Beginnzeichen mit Gebühr A 548
Beginnzeichen ohne Gebühr A 549
Beglaubigung A 821
Beglaubigungsschlüssel A 822
Begleitton A 73
Begrenzer L 138
Begrenzerstufe L 139
begrenzte Erreichbarkeit L 136
begrenzter Bandbreite/mit B 94
begrenzte Wortlänge F 202
Begrenzungsanschlag B 29
Begrenzungssymbol D 249
Begrenzungsverstärker L 140
Behälter C 316, R 353
beheben E 207
Behinderten-Fernsprechapparat T 220
Beibehalten der Polarisation P 521
beidohrig B 282
beidseitig B 385, T 1070
belasten C 478, L 294
belastet L 299
Belastung L 295
Belastungsfaktor L 303
Belastungsgrenzwert M 251
Belastungsteilung L 309
Belastungswiderstand B 349
belegen S 207
belegte Bandbreite O 17
belegtes Band O 16
Belegtlampe B 556
Belegtzustand B 551
Belegung O 14, S 208
Belegung des Spektrums S 950
Belegungsaufteilung C 127
Belegungsdauer H 229
Belegungsmeßgerät A 495
Belegungsplan C 10
Belegungsrelais S 209
Belegungssignal S 210
Belegungsversuch S 247
Belegungsversuche je (pro) Sekunde C 104
Belegungszähler P 216
Belegungszählung P 215
Belegungszeichen S 210
Belegungszusammenstoß H 93
Beleuchtung I 28
beliebiges Signal A 667
beliebig verteilt A 666
bemannter Betrieb A 747
bemanntes Raumfahrzeug M 121

bemannte Station A 748
Bemerkung C 803
benachbarte Funkfelder A 227
benachbarter Radiofrequenzkanal A 228
benachbarte Zeichengabepunkte A 229
Benutzer U 154
Benutzerbedürfnis U 165
benutzerfreundlich U 156
Benutzerfreundlichkeit U 163
Benutzerführung P 816
Benutzergruppe U 169
Benutzerklasse U 157
Benutzerklassenunterscheidungskennzeichen U 159
Benutzerklassenzeichen U 158
Benutzerleistungsmerkmal U 162
Benutzer-Netz-Schnittstelle U 166
Benutzerschnittstelle U 164
Benutzerteil für Betrieb und Wartung O 172
Benutzerteil für ISDN I 343
Benutzerzufriedenheit U 168
Beobachtungssatellit O 9
berechnen C 478
Berechtigungscode A 824
Berechtigungsmarke T 647
Bereich R 243
Bereichs[um]schalter R 251
Bereitschaftskanal S 1088
Bereitschaftssignal P 785
Bereitschaftsstellung S 1094
Bereitschaftszustand S 1096
Bereitzustand R 280
berichtigte Funkpeilung C 1126
Berichtigung durch Wiederholung C 1130
Bernoulli-Verteilung B 285
Beruhigungszeit S 403
Berührungstaste T 687
Berylliumoxidkeramiksubstrat B 237
Bescheidleitung I 378
Beschichtung C 648
Beschichtungsloch D 862
beschleunigte Alterung A 33
beschleunigte Leitwegumlenkung F 323
Beschleunigungsfaktor A 35
Beschreibungskennzeichen D 305
beseitigen D 246, E 207
Beseitigung des Austastintervalls B 343
besetzt B 550
Besetztfall in einer Vermittlungsstelle S 1469
Besetztflackerzeichen B 552
Besetztlampe B 556
Besetztton A 775, B 558, E 293
Besetztzeichen E 293
Besetztzustand B 551
Besetzungsinversion P 543
Bespulen C 735
bespult L 299
bespulte Leitung L 301
bespulter Abschnitt L 302
bespultes Kabel L 300, P 981
Bespulung P 983
Besselfunktion B 238
Bestandteil C 1001
bestätigen A 80
Bestätigung A 81
Bestätigungszeichen C 959

bestimmen L 369
Bestimmungsamt C 131
Bestimmungsland C 1153
Bestrahlung I 665
bestückte Leiterplatte P 736
Bestückung M 665
Bestückungsautomat A 873
Bestückungskopf P 436
Besucherdatei V 161
betätigen A 140, O 144
betätigt/durch Taste[n] K 5
Betätigung der Sprechtaste P 996
Betätigungsglied A 141
beteiligte Station P 123
Betrachterverhalten V 142
Betrachtungseinheit I 697
betreiben O 144
Betreiben O 163
Betreiben eines Netzes N 140
Betrieb O 163
Betrieb/außer O 323, O 326
Betrieb/in O 164
Betrieb an gemeinsamer Antenne C 806
Betrieb an Gemeinschaftsantenne C 806
Betrieb auf einer Frequenz S 682
Betrieb auf zwei Frequenzen T 1052
Betrieb des Fernsprechnetzes T 205
Betrieb eines Netzes N 140
Betrieb in einer Richtung O 104
Betrieb mit Reserve S 1093
Betrieb mit Rufnummernanzeige C 155
Betrieb mit Überlappung O 399
Betrieb mit versetztem Träger O 61
Betrieb mit versetzten Trägern O 61
Betrieb mit vertauschten Frequenzen R 705
Betrieb oberhalb der Schwelle A 9
Betrieb rund um die Uhr A 686
betriebsabhängig O 174
Betriebsansprechstrom O 145
Betriebsanweisung O 152
Betriebsart M 559, O 175
Betriebsart des Endgerätes T 373
Betriebsartschalter M 567
Betriebsausfall O 150
Betriebsausgaben O 149
betriebsbedingt O 174
Betriebsbedingung O 168
Betriebsbereitschaft D 88
Betriebsdämpfung O 370
Betriebserde S 535
Betriebsfrequenz O 151
Betriebsfrequenzbereich S 356
Betriebsgüte G 96
Betriebskosten O 149
Betriebslebensdauer O 153, U 151
Betriebsmittel R 664
Betriebsparameterfilter I 277
Betriebspersonal O 154
Betriebsqualität G 96
Betriebsraum O 158
Betriebsreflexionsfaktor R 441
Betriebsruhezustand F 412

Betriebssicherheit P 243
Betriebsspannung O 161
Betriebsstörung O 150
Betriebsstrom O 148
Betriebsstundenzähler R 827
Betriebssystem O 159
Betriebstemperatur W 201
Betriebstemperaturbereich R 249
Betriebs- und Unterhaltszentrum O 171
Betriebs- und Wartungssystem O 147
Betriebs- und Wartungszentrum O 171
Betriebsversuch O 169
Betriebsverzerrungsgrad D 219
Betriebsvorschrift O 152
Betriebs-, Wartungs- und Netzführungszentrum O 177
Betriebsweise O 175
Betriebswellenlänge O 162
Betriebszeit O 160
Betriebszentrum O 166
Betriebszuverlässigkeit O 157
Betrieb und Unterhalt (Wartung) O 170
Betrieb zwischen Schiffsfunkstellen (Seefunkstellen) I 594
betrügerischer Transitverkehr F 405
Beugung D 424
Beugungsdämpfungsmaß D 426
Beugungswinkel D 425
Beugungszone D 427
Beverage-Antenne B 239
bevorzugte Orientierung P 767
beweglich M 532
bewegliche Bodenstation M 538
bewegliche Funkdienste M 545, T 988
bewegliche Funknavigationsstelle M 544
beweglicher digitaler Funkdienst M 537
beweglicher Fernsprech-Seefunkdienst M 166
beweglicher Flugfunkdienst A 258
beweglicher Flugfunkdienst über Satelliten A 259
beweglicher Funkdienst über Satelliten M 549
beweglicher Funkkanal M 542
beweglicher Landfunkdienst L 12
beweglicher Landfunkdienst über Satelliten L 11
beweglicher Landfunkteilnehmer L 13
beweglicher Satellitenfunkdienst S 45
beweglicher Satelliten-Seefunkdienst M 167
beweglicher Seefunkdienst M 170
beweglicher Seefunkdienst über Satelliten M 167
beweglicher Seefunk-Fernsprechdienst M 166
beweglicher Seefunk-Fernsprechdienst über Satellit M 169
beweglicher Seefunk-Telefoniedienst M 166

beweglicher Teilnehmer M 551
beweglicher Telegrafie-Seefunkdienst M 165
beweglicher UKW-Seefunkfernsprechdienst V 88
bewegliche Seefunkstelle M 171
bewegliches Seefunksystem über Satelliten M 168
bewegliches Selbstwahlfernsprechen M 534
bewegliches Sende-Empfangs-Gerät M 557
Bewegtbildkommunikation M 668
Bewegtbildübertragung T 852
bewegtes Bild M 672
Bewegtzielfilter M 675
Bewegungsdatei T 749
Bewegungsdetektor M 669
bewegungskompensiert M 663
bewehrter Draht S 425
bewehrtes Kabel S 424
Bewehrung/ohne N 261
Bewehrungsdraht A 684
bewertete Geräuschleistung P 865
bewerteter Schalldruckpegel W 114
Bewertung E 439
Bewertung für Fernsprechübertragung T 238
Bewertungsfilter W 116
Bewertungsmethode E 440
Bewertungsnetzwerk W 117
bezahlte Rückantwort R 589
bezeichnen D 307, I 13
Bezeichner I 12
Bezeichnung N 369
Bezeichnungsstreifen D 308
Bezirkskontrollstelle A 678
Bezirksnetz T 656
Bezirksverkehrsbereich T 656
bezogener Wellenwiderstand N 358
bezogene Signalisierung Nutzkanal C 399
bezogene zymomotorische Kraft S 944
Bezugsatmosphäre B 160
Bezugsdämpfung[smaß] R 424
Bezugsdaten R 422
Bezugsempfindlichkeit R 430, R 490
Bezugsgenerator für moduliertes Geräusch M 578
Bezugsgeräusch R 428
Bezugsimpedanz N 358, R 425
Bezugskreis R 420
Bezugspegel R 426
Bezugspunkt D 123, R 429
Bezugsrauschwert R 428
Bezugsschallpegel R 419
Bezugsscheinwiderstand R 425
Bezugssignal R 431
Bezugstaktgeber R 421
Bezugsverzerrungsgrad D 226
BF U 8
bFI A 258
BFO B 216
BG P 736
Biberschwanzstrahl B 219
bidirektional B 248
bidirektionaler Verkehr B 249
bidirektionale Übertragung B 250
bidirektionale Übertragung im Gleichlageverfahren T 1071

biegbarer Hohlleiter S 290
Biegefestigkeit B 233
Biegen B 231
Biegeradius B 232
Biegewelle B 234
biegsames Kabel F 272
Biegung B 231
Biegungshalbmesser B 232
bifilare Wicklung B 251
Bildabtaster I 51, S 94, S 100
Bildabtastung S 95
Bildabtastvorrichtung S 100
Bildauflösung R 652
Bildaufnahme I 42
Bildaufnahmematrix I 48
Bildaufnehmer I 47
Bildaufnehmerzeile L 157
Bildaufzeichnung P 401
Bildaufzeichnungsgerät V 130
Bild-Austast-Synchronsignal C 903
Bildcodierung I 33
Bilddatenkompression I 35
Bilddrehung P 402
Bildelement P 398
Bildfernsprechen V 132
Bildfernsprechgerät V 119
Bildfernsprecher V 119
Bildfernsprechkonferenz V 120
Bildfernsprechsignal V 121
Bildfläche I 31
Bildfolge I 52
Bildformat A 705
Bildfrequenz P 399
Bildkanal V 157
Bildkommunikation V 162
Bildkommunikationssystem V 163
Bildkommunikationsterminal V 164
Bildkompression I 34
Bildkontur I 36
bildlich anzeigen (darstellen) D 700
bildliches Zeichen P 397
Bildmischer V 158
Bildmustergenerator T 436
Bildplatte V 109
Bildprozessor I 46
Bildprozessor mit Pipeline-Struktur I 43
Bildpunkt P 398
Bildqualität P 400
Bildröhre T 301
Bildrücklauf F 392
Bildschärfe D 213
Bildschirm S 145
Bildschirmanzeige D 701, V 167
Bildschirm darstellen/auf dem D 700
Bildschirmdisplay V 167
Bildschirmendgerät D 705
Bildschirmgerät D 706
Bildschirmterminal C 330, D 705
Bildschirmtext V 134
Bildschirmtextendgerät V 137
Bildschwarz B 336
Bildseitenverhältnis A 705
Bildsender V 160
Bildsequenz I 52
Bildsignal P 403, V 159
Bildspeicherung P 404
Bildsynchronimpuls F 401
Bildtelefon V 119
Bildtelegramm P 381

Bildtelegrafie

Bildtelegrafie P 383
Bildträger V 155
Bildträgerfrequenz V 156
Bildtransformation P 405
Bildübertragung T 850
Bildübertragungssystem V 163
Bildungsfernsehen E 84
Bildverarbeitung I 45
Bildverschiebung S 152
Bildvorverarbeitung I 44
Bildwechselfrequenz F 393
Bildweiß W 123
Bildzeichen S 1492
Bildzeile S 103
Bildzeilenfrequenz S 104
Bildzerlegung S 95
Bimetallstreifen B 256
binär B 257
Binärcode B 260
binär codierte Dezimaldarstellung (Dezimalschreibweise) B 263
binär codierte Dezimalziffer B 261
binär codierte Matrix B 264
Binär-Dezimal-Code B 262
Binär-Dezimal-Umwandlung B 281
binäre Phasenumtastung B 276
binärer Fehlererkennungscode B 272
binärer Fehlerkorrekturcode B 271
binäre Schaltung B 259
binäres digitales Signal B 267
binäres Digitalsignal B 267
binäre Speicherzelle B 258
binäre synchrone Übertragung B 302
Binärfehler B 270
Binärfolge B 277
binärserielle Übertragungsgeschwindigkeit B 278
Binärsignal B 279
Binärspeicherelement T 1062
binär-synchrone Übertragungssteuerung B 280
Binärteilung B 268
Binärzahl B 273
Binärzähler B 265
Binärzeichen B 269
Binärzeichenfolge B 277
Binärziffer B 266, B 273
binaural B 282
Binomialverteilung B 285
Binomialwinkel B 284
bipolar B 289
bipolare Bauelemente B 290
bipolarer Speicher B 291
bipolarer VLSI-Schaltkreis B 294
bipolares Signal B 292
Bipolartransistor B 293
Bipolarverletzung A 388
Biquinärcode B 295
bistabil B 297
bistabiler Multivibrator B 300, F 282
bistabile Schaltung B 299, F 282
bistabiles Verhalten B 298
Bistabilität B 296
bistatisches Radar B 301
Bit B 266, B 303
4-Bit ... Q 67
8-Bit ... O 27
Bitbündelübertragung B 537
Bitbündelvermittlung B 535

Bitdauer B 328
Bitfehler B 308
Bitfehlerhäufigkeit B 310
Bitfehlerquote B 310
Bitfehlerrate B 310
Bitfehlerwahrscheinlichkeit B 309
Bitfolge B 320
Bitfolgefrequenz B 316
Bitfolgefrequenzumwandlung B 318
Bitfolgeunabhängigkeit B 321
Bit-für-Bit-Vergleich B 305
Bitgruppe B 306
Bitintervall U 88
Bitkette B 326
Bitkombination B 306
Bitmuster B 315
bitorientiertes Protokoll B 313
bitorientiertes Übertragungssteuerungsverfahren H 178
bitparallel B 314, P 77
Bit pro Sekunde B 324
Bitrate B 316
Bitratenadaption B 317
Bitratenanpassung B 317
Bitratenreduktion B 319
Bitratenreduzierung B 319
Bitratenumsetzung B 318
Bitschlupf B 323
Bitstealing B 325
Bitstrom B 326
Bitsynchronisation B 327
Bittakt B 329
Bittaktwiederherstellung B 330
Bitübertragungsschicht P 388
bitverschachteltes Multiplexsignal B 312
Bitverschachtelung B 311
Bitvollgruppe E 306
bitweise Verschachtelung B 311
Bitzähler B 307
Bit/Zoll B 322
Bitzuordnung B 304
Bitzuweisung B 304
bivalenter Kabelcode T 1047
bL L 12
blank B 102
Blankdraht B 107
blanker Draht B 107
blanker Leiter B 105
blanker Leitungsdraht B 106
blank machen B 101
Blanktaste B 347
Blattdrucker P 46
Blattfernschreiber P 49
Blattleser C 469
Blattschreiber P 46, P 49
bleibender Fehler P 261
Bleikabel L 60
Bleimantelkabel L 61
Bleistiftkeule P 221
Bleistiftstrahl P 221
Bleistiftstrahlantenne P 222
Blende M 198
blendfreier Bildschirm N 290
Blendschutzscheibe A 623
Blindanruf F 39
Blindanteil W 40
Blindbaugruppe B 348
Blindgeschwindigkeit B 351
Blindkomponente W 40
Blindleistung I 19
Blindleitung A 235
Blindplatte F 168 a
Blindrichtung B 350
Blindvierpol R 275

Blindwiderstand R 274
Blindzeichen F 166
blinken B 352, F 245
Blinken B 353
Blinkzeichen F 246
Blitzableiter L 124
Blitzentladung L 126
Blitzschutz L 124, L 127
Blitzschutzsicherung S 1429
Blitzstrom L 125
Blitzüberspannung L 128
Blitzüberspannungsschutz L 130
Block B 354
Blockabbruch B 355
Blockanfang S 1115
Blockbeginn S 1115
Blockbeginnkennzeichen S 1116
Blockbegrenzer F 241
Blockbegrenzung F 241
Blockbegrenzungsfeld F 241
Blockbildung B 364
Blockcode B 359
Blockcodierung B 360
Blocken B 364
Blockende E 257
Blockendesignal E 258
Blockfehlerrate B 363
Blockfehlerwahrscheinlichkeit B 362
blockieren L 372
Blockieren B 364
Blockiersignal I 212
blockierungsfrei N 265
Blockierungswahrscheinlichkeit B 368, P 771
Blocking B 364
Blocking-Dämpfung B 366
Blocklänge B 370
Blockprüfung B 357
Blockprüfzeichen B 356
Blockprüfzeichenfolge B 358
Blockschaltbild B 361
Blockschema B 361
Blockwahl E 242
Blockzwischenraum I 373
Bode-Entzerrer B 372
Bodenabsorption G 139
Bodenantenne G 140
Bodenantenne eines Raumflugkörpers A 267
Boden-Boden-Strecke G 148
Boden-Boden-Verbindung G 162
Bodenecho G 150, G 159
Bodenempfangsstelle G 155
Bodenerprobung O 107
Bodenfreiheit G 143
Bodenfunkfeuer G 153
Bodenfunkstelle A 266, T 404
Bodenfunkstelle der Flugsicherung A 266
Bodenleitfähigkeit G 144
Boden-Luft-Verbindung G 161
bodennaher Kanal G 141
Bodenradar G 142
Bodenreflexion E 27
Bodenstation E 40, T 404
Bodenüberwachungsradar G 160
Bodenversorgungsgebiet G 170
Bodenwelle G 164
Bodenwellenausleuchtung G 166
Bodenwellendämpfung G 165
Bodenwellenempfang G 169

Bodenwellenfeldstärke G 167
Bodenwellenreichweite G 168
Bodenwellensignal G 171
Bodenwellenüberdeckung G 166
Bodenwellenübertragung G 172
Bodenwellenversorgung G 170
Bogen B 230
Bogensekunde A 674
Bojenstation B 522
Boltzmann-Konstante B 374
Boltzmannsche Konstante B 374
boolesch B 378
Boolesche Algebra B 379
Boolesche Funktion B 380
Booster-Verstärker B 382
Bord ... A 285
Bord-Boden-Verbindung A 312
Bord-Boden-Verkehr A 312
Bord-Bord-Verbindung A 311
Bord-Bord-Verkehr A 311
Bordeinsatz O 86
Bordempfänger O 89
Bordgerät A 288
Bordpeiler A 286/7
Bordprozessor O 88
Bordsprechanlage I 570
Bordverarbeitung O 87
Bordwetterradar A 290
böswillige Beschädigung M 110
böswilliger Anruf M 107
B-Platz B 399
Brauchbarkeitsdauer U 151
Brechung R 453
Brechungsgesetz R 454
Brechungsindex R 456
Brechungsmodul R 457
Brechungswinkel A 513
Brechung von Funkwellen R 455
Brechzahl R 456
Breitband W 129
Breitband ... B 441
Breitbandanpassung B 453
Breitband-Anpassungsnetzwerk B 454
Breitbandantenne B 443
Breitbanddienst B 456
Breitbandempfänger W 139
Breitbandfilter B 447
Breitband-FM W 131
Breitband-Frequenzmodulation W 131
Breitbandhorn[antenne] B 448
Breitbandhornstrahler B 448
breitbandig B 441
breitbandige Quelle B 457
breitbandiges Signal W 143
Breitbandinformation B 449
Breitbandinformationssignal W 132
Breitband-ISDN B 450/1
Breitbandkanal B 444
Breitbandkoaxialkabel B 445
Breitbandkommunikation B 446
Breitbandkoppelfeld B 458
Breitbandmodem W 135
Breitbandmodulation W 136
Breitbandnetz B 455
Breitband-Pegelmesser B 452
Breitbandquelle B 457
Breitbandrichtfunkkanal W 137
Breitbandrichtfunksystem W 138
Breitbandsender B 462

Breitbandsignal W 143
Breitbandsystem B 459
Breitbandüberträger B 460
Breitbandübertragung B 461
Breitbandverkehr W 141
Breitbandvermittlung W 140
Breitbandverstärker B 442
Breitbandverteilnetz W 130
Breitbandvideosignal W 142
breites Band W 129
Brennerleitung S 1434
Brettschaltung B 415
Brewster-Winkel B 430
Briefkasten M 49
Brieftelegrammdienst L 98
Brinell-Härte B 440
BRS P 785
Bruchfestigkeit B 423
Brückengleichrichter B 435, G 101
Brückenglied B 434
Brückenschaltung B 431
Brückenweiche B 432
Brumm H 289
Brummbeseitigung H 293
Brummfrequenz R 752
Brummspannung R 753
Brummstörung H 289
Brummstreifen H 292
Brummstrom R 751
Bruttobitrate G 137
bS M 170
BSC-Datenübermittlung B 280
B-Teilnehmer C 136, C 139
B-TN C 136, C 139
Buchse J 1, S 781
Buchsenfeld J 2
Buchstabenumschaltung L 97
Buchungsmaschine B 543
Bügelfeld U 8
Bügelschraube U 1
Bügelstecker U 7
Bündel B 531, C 546, C 635
Bündelader B 166
Bündelbreite B 204
Bündelfehler B 532
Bündelleiter B 521
Bündelsysteme T 988
Büroausrüstung O 47
Büroautomation O 42
Büroautomatisierung O 42
Bürodokument O 46
Bürofernschreiben T 271
Bürofernschreiber T 279
Büroinformationsnetz O 48
Büroinformationssystem O 49
Bürokommunikation O 44
Bürokommunikationssystem O 45
Burst B 531
Bürstenhalter B 491
Burst-Fehler B 532
Burst-Verkehr B 536
Bus B 538, H 220
Busabschluß B 549
Busabschlußbaugruppe B 548
Büschelfehler B 532
Buskonfiguration B 540
Busleitung B 538, H 220
Butterworth-Filter B 559
B-Verstärker C 581
Byte B 566
byteorientiertes Protokoll B 567
byteseriell B 568
byteserielle Übertragung B 569
Bytes je Zoll B 570

Bytetakt B 571
BZ O 166, P 215

C

CAD-Arbeitsplatz C 89
Cambridge-Ring C 212
Capture-Effekt C 239
Cassegrain-Antenne C 321
Cassegrain-Periskopantenne B 202
Cauer-Filter C 334
Cauer-Funktion C 335
CB-Funk C 339, C 574
CB-Funkband C 573
CCD-Bauelement C 484
CCD-Bildaufnahmerzeile C 341
CCD-Element C 484
CCD-Zeile C 340, C 341
CCD-Zeilensensor C 342
CCIR I 541
CCITT I 554
C-Draht C 1284
Cepstrum C 379
Cepstrum-Koeffizient C 378
C-Glied C 642
chaotisches Verhalten C 451
Charakteristik S 940
charakteristische Verzerrung C 463
Chefapparat B 384
Chef-Sekretär-Anlage S 188
Chef-Sekretär-Station S 188
chemische Passivierung C 508
chiffrieren C 528
Chiffriergerät C 531
Chiffrierschlüssel C 532
Chiffrierung E 250
Chip C 509
Chip/auf einem C 510
Chipabstand I 388
Chipausbeute C 518
Chip-Carrier C 513
Chipkarte C 512
Chipkondensator C 511
Chiprate C 515
Chipselekt C 517
Chipträger C 513
Chipwiderstand C 516
chromatische Aberration C 521
chromatischer Fehler C 521
Chrominanz C 524
Chrominanzsignal C 525
Clipper C 606
Clockfrequenz C 620
Clockimpuls C 619
Clockrückgewinnung T 638
Cluster C 635, C 636
CMI-Code C 639
CMOS C 882
CMOS-Operationsverstärker C 641
CMOS-Schaltkreis C 640
CMOS-Schaltung C 640
CMOS-Technologie C 883
CMOS-Transistor C 884
Code C 674
codeabhängig C 683
codeabhängiger Kanal C 684
codeabhängiges System C 685
Codealphabet C 676
Codebuch C 677
Codec C 679
Codec-Baugruppe C 680
Code der Zeichengabeleitung S 550

Code des Ursprungspunktes O 246
Codeelement C 693
Codeempfänger C 703
Codeerweiterung C 694
Codeerweiterungssteuerzeichen C 695
Codefaktor C 702
Codeformat F 329
Codegewinnung C 675
Codelänge C 700
Code minimaler Bandbreite M 487
Codemultiplex C 689
Codemultiplexzugriff C 688
Coderahmen C 696
Coderate C 702
Codesignal C 704
Codesymbol C 705
Codesymbolvorrat S 397
Codetabelle C 677, C 706
Codeteilung C 687
Codetransparenz C 707
Codeumschaltfolge E 419
Codeumschaltung E 418
Codeumsetzer T 753
Codeumsetzung C 681
Codeumwandlung C 681
codeunabhängig C 697
codeunabhängiger Kanal C 698
codeunabhängiges System C 699
Codevektor C 709
Code-Vielfach-Zugriffsverfahren C 688
Codewandler T 753
Codewort C 710
Codewortvorrat S 398
codieren C 673
Codieren E 247
Codierer C 246
Codierer-Decodierer C 679
Codiertabelle C 677
codierte im-Band-Kennzeichengabe C 686
codierte im-Band-Signalisierung C 686
codierter Zeichensatz C 682
codiertes Bild/mit Pulscodemodulation P 175
codierte Sprache C 691
codiertes Signal C 690
codiertes Videosignal C 692
Codierung E 247
Codierung mit Multipulsanregung M 811
Codierung mit variabler Bitrate V 18
Codierungsalgorithmus C 711
Codierungsgesetz E 248
Codierungsgewinn C 712
Codierungskennlinie E 248
Codierungsmodus C 713
Codierungstheorie C 715
Codierverfahren C 714
Common-Channel-Signalisierung C 815
Compiler C 880
Computer C 910
Computer-Kommunikationssystem C 924
Computernetz C 929
computerunterstützt C 911
Constructor C 1004
Consulting-Gesellschaft C 1005

Containerstation C 1019
cosec^2-Antenne C 1139a
cosec^2-Bündel C 1140
cosec^2-Charakteristik C 1141
Costas-Loop-Demodulator C 1145
Costas-Schleife C 1144
Costas-Schleifen-Demodulator C 1145
CPFSK C 1040
CPM C 1041
CPM-Verfahren C 1041
CPU C 371
CRC-Prüfung C 1289
Crimpzange C 1185
Crossbar-System C 1196
CSMA C 293
CSMA-Zugriffsverfahren C 293
Curbing-Modulation C 1237
Cursor C 1251
C-Verstärker C 582
CW-Radar C 1285

D

DA S 359
Dachantenne R 763
Dachkapazität C 234
Dachschräge P 960
dämpfen D 3
Dämpfung A 750, L 469, R 762
Dämpfung der Atmosphäre A 735
Dämpfung der Lautstärke L 495
Dämpfung des übernächsten Kanals S 183
Dämpfung durch Ausrichtungsfehler P 490
Dämpfung durch Hagel A 760
Dämpfungsabweichung L 472
Dämpfungsänderung V 29
Dämpfungsanstieg L 474
dämpfungsarm L 527
dämpfungsbegrenzt A 758
Dämpfungsbelag A 752
Dämpfungsbilanz L 471
Dämpfungscharakteristik A 751
Dämpfungselement A 765
Dämpfungsentzerrer A 757
Dämpfungsgang A 756
Dämpfungsglied A 765, P 43
Dämpfungskennlinie A 751
Dämpfungskoeffizient A 752
Dämpfungskonstante A 752
Dämpfungskurve A 753
Dämpfungsmessung A 759
Dämpfungsplan A 761, T 855
Dämpfungsregler V 15
Dämpfungsschwelle A 764
Dämpfungsverlauf A 751, A 753, R 667
Dämpfungsverlauf in Abhängigkeit von der Frequenz A 756
Dämpfungsverminderung D 6
Dämpfungsverteilung A 755
Dämpfungsverzerrung A 439, A 754
Darlingtonschaltung D 8
darstellen R 591
Darstellung im Frequenzbereich F 522

Darstellung

Darstellung im Zeitbereich T 618
Darstellungsart D 703
Darstellungsmedium P 695
Darstellungsobjekt L 57
Darstellungsschicht P 694
Darstellungsstruktur L 58
darüber hinausgehen O 417
Datagramm D 51
Datagramm-Dienst D 55
Datagramm-Paketvermittlung D 54
Datagramm-Unzustellbarkeitsanzeige D 53
Datagramm-Zustellbestätigung D 52
Datei F 158
Dateianordnung F 159
Dateianwahl F 163
Dateiende E 262
Dateiendekennsatz E 263
Dateiendemarke E 264
Dateipflege F 160
Dateistruktur F 159
Dateiübertragung F 165
Dateiverwaltung F 161
Dateiverwaltungssystem F 162
Dateiwartung F 160
Dateidienst D 120
Daten D 11
Datenalphabet D 15
Datenanzeigeröhre D 39
Datenaufzeichnungsmedium D 82
Datenausgabe D 73
Datenausgang D 73
Datenausschnitt W 154
Datenaustausch D 58
Datenbank D 16
Datenbankverwaltung D 18
Datenbankverwaltungssystem D 19
Datenbasis D 17
Datenbenutzerteil D 118
Datenbeschreibungssprache D 38
Datenblatt D 89
Datenblock D 20
Datenbus D 21, D 56
Datencodierung D 41
Datendemodulator D 37
Datendienstbenutzerteil D 118
Datendienste D 86
Datendisplayröhre D 39
Datendurchsatz D 105
Dateneingabe D 45
Dateneingabe-Endgerät D 46
Datenelement D 40, D 59
Datenendeinrichtung D 103
Datenendgerät bereit D 104
Datenendstelle D 102
Datenerfassung D 13, D 27
Datenerfassungssatellit D 28
Datenerfassungsterminal D 14
Datenfeld D 47, I 190
Datenfernübertragung L 404
Datenfernverarbeitung R 541
Datenfernverarbeitungssystem T 266
Datenfluß D 48
Datenflußdiagramm D 49
Datenflußplan D 49
Datenformat D 50
Datenintegrität D 57
Datenkanal D 23, I 187
Datenkommunikation D 29
Datenkommunikationsnetz D 30

Datenkommunikationsprozessor D 31
Datenkommunikationsrechner D 31
Datenkompression D 33
Datenkonzentrator D 34
Daten-Landeskennzahl D 36
Datenleitung D 25, D 61
Datenlink D 62
Datenmietleitung D 196
Datenmodem D 67, D 87
Datenmonitor D 68
Datenmultiplexer D 69
Datennetz D 30, D 70
Datennetzkennzahl D 72
Datennetzkennzeichnung D 71
Datennutzerteil D 118
Datenpaket D 74, P 5
Datenpaket-Betriebsweise P 26
Datenpaket-Endstelle P 27
Datenpaket-Vermittlung P 34
Datenpfad D 75
Datenphase D 76
Datenprüfung D 24
Datenquelle D 95
Datenrate D 80, D 105
Datenreduktion D 83
Datenregenerator D 84
Datensammeln D 27
Datensammlung D 27
Datensatz D 87, R 378
Datenschutz D 79
Datensenke D 94
Datensicherheit D 85, I 195
Datensicherung D 85
Datensicherungsschicht L 272
Datensignal D 90
Datenspeicher D 66
Datenspeichermedium D 82
Datenspeicherung D 97
Datenstation D 96
Datenstrom D 48
Datenstruktur D 98
Datenträger D 22
Datenträgerende E 278
Datenträgerendekennsatz E 279
Datentransfer D 107
Datentransfergeschwindigkeit D 108
datentransparent D 115
Datentransport D 116
Datentransportdienst über lokales Netz L 314
Datenübermittlung D 29, D 107
Datenübermittlung in Echtzeit R 286
Datenübermittlungsabschnitt D 62
Datenübermittlungsnetz D 30
Datenübermittlungssystem D 32
Datenübermittlungswähldienst mit Leitungsvermittlung C 556
Datenübermittlungswähldienst mit Paketvermittlung P 32
Datenübertragung D 109, N 61
Datenübertragung im Sprachband V 186
Datenübertragung oberhalb des Sprachbandes D 12
Datenübertragungseinrichtung D 26, D 87
Datenübertragungsgeschwindigkeit D 80, D 91, D 113
Datenübertragungskanal D 23, D 110

Datenübertragungsnetz D 112
Datenübertragungsphase D 76
Datenübertragungsstrecke D 111
Datenübertragungssystem D 114
Datenübertragungsumschaltung D 63
Datenübertragung unterhalb des Sprachbandes D 117
Datenverarbeitung D 77
Datenverarbeitungsanlage C 910
Datenverarbeitungssystem D 78
Datenverbindung D 25, D 35, D 62
Datenverdichtung D 33
Datenverkehr D 106
Datenvermittlung D 99, D 100
Datenvermittlungsstelle D 100
Datenvermittlungssystem D 101
Datenverschlüsseler D 43
Datenverschlüsselung D 42
Datenverschlüsselungsgerät D 43
Datenverschlüsselungsnorm D 44
Datenverwaltung D 65
Datenwählnetz S 1451
Datenweg D 75
Datex D 121
Datexdienst D 122
Dauerbetrieb C 1039
Dauer der Auslösung der Verbindung C 196
Dauer der Fehlerbeseitigung F 76
Dauer der Horizontalaustastung H 259
Dauer der Störungsbeseitigung F 76
Dauer der Unterbrechung des Dienstes S 378
Dauer der Vertikalaustastung V 54
Dauer des letzten Gesprächs C 914
Dauergeräusch C 1038
Dauerkennzeichen C 1044
Dauerlast C 1031
Dauerprüfung E 285
Dauerruf P 257
Dauerrufstrom P 263
Dauerstörung P 260
Dauerstrahlungsleistung C 1042
Dauerstrich C 1047
Dauerstrichbetrieb C 1048
Dauerstrichleistung C 1049
Dauerstrichradar C 1050
Dauerstrichsignal C 1044
Dauerstrichstrahlungsleistung C 1042
Dauertest E 285
Dauerumschaltung S 436
Dauerverbindung F 586
Dauerversuch E 285
Daumenradschalter T 568
D/A-Wandler D 535
D/A-Wandlung D 534
dB D 158
DB P 130
3 dB-Bandbreite T 520
3-dB-Breite H 18
3-dB-Koppler T 521
dBm D 128

dB-Meßgerät D 129
dBW D 130
Deakzentuierung D 198
Debugging D 148
Decca-Kette D 154
Decca-Navigator-System D 155
dechiffrieren D 165
Dechiffrierung D 166
Decoder D 177
decodieren D 176
Decodieren D 178
Decodierer D 177
decodierter Abtastwert R 375
Decodierung D 178
Decodierungsschaltung D 179
DEE D 103
DEE-Auslöseanforderung D 872
DEE besetzt D 871
Deemphase D 198
Deemphasis D 198
Deemphasisfilter D 199
DEE nicht betriebsbereit D 873
DEE nicht betriebsfähig D 874
Defekt D 206
defekt O 323
Defektleitung H 231
defekt sein B 236
Definition D 213
Degradation D 218
dehnen E 485
Dehner E 472
Dehnung E 473
Dekadenfrequenzmesser F 496
Dekadenzähler D 149
dekadischer Frequenzmesser F 496
dekadischer Zähler D 149
Dekameterwellen D 151
Dekameterwellenbereich D 150
Dekorrelation D 182
Dekorrelationsfaktor D 183
Dekorrelationsfilter D 181
Dekorrelationszeit D 184
Dekrement D 194
dekrementieren D 193
Deltamodulation D 258
Deltamodulation mit stetiger Steilheitsänderung C 1037
Deltamodulation mit verzögerter Codierung D 238
Deltamodulation D 259
deltamodulierter Dienstkanal D 256
deltamoduliertes Signal D 257
Demodulation D 274, D 330
Demodulationsstufe D 275
Demodulator D 276, D 336
Demodulatorausgang D 277
demodulieren D 273
demokratisches gegenseitig synchronisiertes Netz D 271
demokratisches Netz D 272
demontierbar D 278
demontieren D 660
Demultiplexer D 280
demultiplexieren D 279
Demultiplexieren D 281
Demux D 280
depaketieren D 286
Depaketierer P 11
Depaketierung P 12
Depolarisation D 294
Depolarisationsschwunderscheinung D 295
Dereglementierung D 299
Descrambler D 304

Design S 1260
Deskriptor D 305
detaillierte Gebührenberechnung D 326
Detektion D 330
Detektionsverfahren D 332
Detektor D 336
Detektor mit quadratischer Kennlinie S 1036
deutliche Sprache A 690
Deutlichkeit A 691
dezentrale Signalisierung D 157
dezentrales Netz D 736
dezentrale Steuerung D 156
dezentrale Zeichengabe D 157
dezentralisiert D 728
dezentralisiertes Netz D 736
Dezentralisierung D 743
Dezibel D 158
Dezibelmeßgerät D 159
Dezimal-Binär-Wandlung D 161
Dezimalzähler D 160
Dezimation D 162
Dezimator D 163
Dezimeterwellen U 13
Dezimeterwellenband U 3
Dezineper D 164
DFET D 292
DFF R 792
D-Flipflop D 875
Diaabtaster S 742
Diac D 348
Diagnosecode D 351
Diagnoseprogramm D 352
Diagnosesoftware D 353
Diagnosetechnik D 354
diagnostizierbar D 350
Diagramm C 498, D 356
diakritisches Zeichen D 349
Dialog D 370
Dialog/im I 364
Dialogbetrieb I 367
dialogfähig I 364
Dialoggerät I 369
Dialogprozedur D 371
Dialogverbindung I 366
Diapositivabtaster S 742
Dibit D 384
Dichte D 282
dichter Steckverbinder T 573
Dickenscherschwingungen T 503
Dickfilm T 497
Dickfilmschaltung T 498
Dickschicht T 497
Dickschichtbauelement T 499
Dickschichthybridschaltung T 500
Dickschichtschaltung T 498
Dickschichtwiderstand T 502
Dielektrikum D 387
dielektrisch belegter Hohlleiter D 390
dielektrisch belegtes Hohlkabel D 390
dielektrisch beschichtet D 389
dielektrisch beschichteter Hohlleiter D 390
dielektrisch beschichtetes Hohlkabel D 390
dielektrische Antenne D 388
dielektrische Erwärmung D 392
dielektrische Linse D 394
dielektrische Paste D 395
dielektrischer Beschichtung/mit D 389

dielektrischer Leiter D 391
dielektrischer Resonator D 396
dielektrischer Stielstrahler D 398
dielektrischer Verlustfaktor D 708
dielektrischer Wellenleiter D 400
dielektrische Schicht D 393
dielektrisches Substrat D 399
dielektrische Stabantenne D 397
Dielektrizitätskonstante P 275
Dielektrizitätszahl R 488
Dienst S 350
Dienst/außer I 14, O 326
Dienst „alternative Gebührenberechnung" A 385
Dienstanruf S 359
Dienstanschluß S 377, S 385
Dienstart C 585
Dienstattribut S 354
Dienstbit S 357
diensteintegrierendes Breitbandnetz W 133
diensteintegrierendes digitales Breitbandnetz B 450
diensteintegrierendes Nachrichtennetz S 382
Dienstfernsprecher S 385
Dienst-Freisignal S 366
Dienstfunktionselement S 379
Dienstgespräch S 359, S 365
Dienstgüte G 97, Q 34
Dienstindikator S 372
Dienstinformation H 282, S 373
Dienstinformationsoktett S 373
Dienstintegration S 383
dienstintegriertes Nachrichtennetz S 382
Dienstkanal S 360
Dienstkanalausgang S 363
Dienstkanalausstieg S 361
Dienstkanalbaugruppe S 364
Dienstkanaleinstieg S 361
Dienstkanalsteckkarte S 364
Dienstkanalsystem E 296
Dienstkennung S 370, S 372
Dienstkennungsfeld S 372
Dienstkennungsoktett S 374
Dienstkennzeichnung S 372
Dienstklasse C 585
Dienstklassenkennzeichen C 586
Dienstleistung S 350
Dienstleistungsbetrieb S 369
Dienstleistungsfirma S 369
Dienstleistungsrechner H 276
Dienstleitung O 234
Dienstleitungspaar O 235
Dienstmeldung C 194
Dienstmerkmal S 372
Dienstnachricht A 242
Dienstqualität Q 34
Dienstsignal C 194, S 381
Dienstsignal bei Verbindungsherstellung C 194
Dienstspruch S 352
Dienststammelement S 379
Diensttelefon S 385
Diensttelegramm S 384
Dienst-Telex-Verbindung S 386
Dienstübergang S 376
Dienstübertragungsweg O 234
Dienstunterbrechung S 358
Dienstunterbrechungsdauer S 378

Dienstunterscheidungskennzeichnung S 372
Dienstverbindung S 377
Dienstverfügbarkeit S 355
Dienstvermerk S 371
Dienstzeichen S 357, S 368
Dienstzeit S 387
Dieselhorst-Martin-Viererkabel M 775
Differentialechosperre D 408
Differentialempfindlichkeit D 421
Differentialquotient D 301
Differentialrelais D 419
Differentialschaltung D 403
Differentialübertrager D 422
Differentialverstärker D 402
Differentiator D 423
differentielle Phase D 415
differentieller Phasenfehler D 416
differentieller Verstärkungsfehler D 409
differentieller Widerstand D 420
differentielle Verstärkung D 409
Differenzcodierung D 404
Differenzdemodulation D 406
Differenzdetektor D 407
Differenzeingang D 411
Differenzfrequenz D 401
differenzierendes Netzwerk D 423
Differenzierglied D 423
Differenzierschaltung D 423
Differenz-Minimalphasenumtastung D 414
Differenz-PCM mit Interpolation I 571
Differenz-Phasenumtastung D 417
Differenz-Pulscodemodulation D 418
Differenztonfaktor I 498
Differenzträger-Tonempfang I 375
Differenzträger-Verfahren I 375
Differenzverstärker D 402
Diffraktion D 424
Diffundieren D 429
diffuse Reflexion D 428
Diffusion D 429
digiloger Kanal D 430
digiloger Telekommunikationskreis D 431
digiloger Übertragungsweg D 431
Digilogkanal D 430
digital D 434
Digital–Analog-Schnittstelle D 436
Digital–Analog-Umsetzung D 534
Digital–Analog-Wandler D 535
Digital–Analog-Wandlung D 534
Digitalanzeige D 459
Digitalcode D 448
digital codierte Daten D 480
digital codierter Ton D 481
Digitaldemultiplexer D 458
digitale Abbildung D 471
digitale aktive Zeile D 435
digitale Anzeige D 459
digitale Auffüllung D 466
digitale Bildaufzeichnung D 547

digitale Bildbearbeitung D 470
digitale Bildmischeinrichtung D 546
digitale Bildverarbeitung D 470
digitale Chiffrierung D 445
digitale Codierung D 449
digitale Daten D 454
digitale Datenverarbeitungsanlage D 451
digitale Decodierung D 457
digitale Echosperre D 462
digitale Entschlüsselung D 456
digitale Faksimileübertragung D 465
digitale Fernsehaufzeichnung D 547
digitale Fernsprechvermittlung D 531
digitale Filterung D 468
digitale Funkverbindung D 495
digitale Grundleitung D 473
digitale Gruppe n-ter Ordnung N 21
digitale Interpolation D 472
digitale Kette D 443
digitale Knotenvermittlungsstelle D 525
digitale Komponente D 450
digitale Leitung D 474
digitale Leitungseinheit D 477
Digitalelement D 432
digitale Modulation mit konstanter Hüllkurve C 996
digitale Modulationstechnik D 482
digitale Nebenstellenanlage D 492
digitale optische Speicherung D 489
digitaler Abschnitt D 506
digitaler Abwärtskonverter D 461
digitaler Aufwärtskonverter D 545
digitaler Block D 441
digitaler Datenkanal D 455
digitaler Demultiplexer D 458
digitaler Diaabtaster D 512
digitale Rechenanlage D 451
digitaler Fernsprechapparat D 530
digitaler Funkabschnitt D 500
digitaler Funkkanal D 497
digitaler Grundleitungsabschnitt D 475
digitaler Hörrundfunk D 493
digitale Richtfunkverbindung D 495
digitaler Leitungsabschnitt D 475
digitaler Leitungstrakt mit Regeneratoren D 503
digitaler Modulator D 483
digitaler Multiplexer D 485
digitaler Normwandler D 515
digitaler Phasenregelkreis D 490
digitaler Phasensynchronisationskreis D 490
digitaler Richtfunkabschnitt D 500
digitaler Richtfunkkanal D 497
digitaler Satellitenhörrundfunk D 505
digitaler Selektivruf D 507
digitaler Signalprozessor D 511

digitaler Standbildspeicher D 516
digitaler Taktgeber D 447
digitaler Teilnehmeranschluß D 517
digitaler Telekommunikationskreis D 528
digitaler Übertragungsabschnitt D 540
digitaler Übertragungskanal D 539
digitaler Übertragungsweg D 528
digitaler Vermittlungsknoten D 525
digitaler Videorecorder D 549
digitale Satellitenverbindung D 504
digitales Bild D 491
digitales diensteintegrierendes Netz I 342
digitales dienstintegriertes Netz I 342
digitale Selbstwählnebenstelle D 492
digitales Fernmeldenetz D 529
digitales Funkkonzentratorsystem D 494
digitales Funknetz D 496
digitales Funksystem D 501
digitales Funktelefonsystem D 502
digitales Grundleitungssystem D 476
digitale Signalverarbeitung D 510
digitales Leitungssystem D 476
digitales Nachrichtennetz D 529
digitales Netz D 487
digitales Ortsvermittlungssystem D 479
digitale Sprachinterpolation D 513
digitale Sprachverarbeitung D 514
digitale Sprechmaschine D 437
digitale Sprechverbindung D 558
digitales Richtfunkgerät D 498
digitales Richtfunksystem D 499, D 501
digitales Rundfunksystem D 442
digitales Signal D 508
digitales Teilnehmeranschlußsystem D 519
digitale Steuerung D 453
digitales Tonmischpult D 438
digitales Übertragungssystem D 542
digitales Übertragungssystem der n-ten Hierarchiestufe N 23
digitales Vermitteln D 522
digitales Vermittlungsnetz D 524
digitales Vermittlungssystem D 526
digitales Verschlüsselungssystem D 446
digitales Videospeichergerät D 549
digitale Teilnehmeranschlußleitung D 517
digitale Teilnehmerleitung D 517

digitale Tonaufzeichnung D 439
digitale Transitvermittlungsstelle D 537
digitale Transparenz D 543
digitale Übertragung D 538
digitale Übertragung von Hörrundfunksignalen D 541
digitale Verbindung D 452, D 478
digitale Verbindungsleitung D 544
digitale Vermittlungseinrichtung D 464
digitale Vermittlungsstelle D 464, D 523
digitale Verschlüsselung D 445
digitale Videoaufzeichnung D 548
digitale Videobandaufzeichnung D 548
digitale Videosignalaufzeichnung D 548
digitale Zeichengebung D 509
Digitalfehler D 463
Digitalfernsehen D 532
Digitalfilter D 467
Digitalfilterstruktur D 469
Digitalfolge D 536
digitalisieren D 554
Digitalisieren D 552
Digitalisiergerät D 559
digitalisiertes Bild D 491, D 555
digitalisierte Sprache D 556
digitalisiertes Sprachsignal D 557
Digitalisierung D 552
Digitalkanal D 444
Digitalmultiplexeinrichtung D 484
Digitalmultiplexer D 485
Digital-Multiplex-Hierarchie D 486
Digitalrechner D 451
Digitalrichtfunksystem D 499
Digitalsignal D 508
Digitalsignal/im gleichen Kanal übertragenes C 665
Digitalsignalabschnitt D 506
Digitalsignaldemultiplexer D 458
Digitalsignal-Funkabschnitt D 500
Digitalsignal-Funksystem D 501
Digitalsignal-Funkverbindung D 495
Digitalsignalgrundleitung D 473
Digitalsignal-Grundleitungsabschnitt D 475
Digitalsignal-Grundleitungssystem D 476
Digitalsignalmultiplexeinrichtung D 484
Digitalsignalmultiplexer D 485
Digitalsignalmultiplexgerät D 484
Digitalsignalübertragung D 538
Digitalsignalübertragungskanal D 539
Digitalsignalübertragungssystem D 542
Digitalsignalübertragungsweg D 528
Digitalsignalverbindung D 452
Digitalsignalverteiler D 460

Digitalsumme D 520
Digitaltechnik D 527
digital temperaturkompensierter Quarzoszillator D 533
Digitalträger D 440
Digitalübertragung D 538
Digitalvermittlung D 522
Digitalvoltmeter D 550
Digitalwellenfilter W 45
Digitalzeichenfolge D 564
Diktiergerät D 385
DIL D 880
DIL-Gehäuse D 881
Dimensionierung D 569
Dimensionierungs-Software D 571
Dimensionierungsverfahren D 570
Diode D 572
Diodengleichrichter D 573
Diodenlogik D 574
Diodenmatrix D 575
Diodenmischer D 576
Diodenschalter D 577
Dioden-Transistor-Logik D 578
DIP D 881
DIP-Gehäuse D 881
Diphase-Code D 579
Diplexbetrieb D 581
Diplexer D 580
Diplextelegrafie D 582
Diplexverkehr D 581
Dipol D 583, D 836
Dipolantenne D 583, D 836
Dipolantenne in gedruckter Schaltung P 737
Dipolfeld A 568
Dipolgruppe A 568
Dipolgruppenantenne A 568
Dipol in gedruckter Schaltung P 737
Dipol mit Reflektorgitter R 450
Dipolwand D 584
Dirac-Impuls D 586
Diracsche Deltafunktion D 585
Diracsche δ-Funktion D 585
direkt O 113
direktanzeigender Funkpeiler D 651
direkte Detektion D 608
direkte Durchgangsleitung D 654
direkte Einwahl D 611
direkte Einwahl ins Netz D 647
direkte Einwahlnummer D 609
direkte internationale Verbindung D 617
direkte Kopplung D 599
direkte Modulation D 637
direkt empfangbarer Fernsehsatellit D 590
direkte Netzeinwahl D 647
direkter Betrieb O 114
direkter Ruf I 57
direkter Speicherzugriff D 636
direkter Strahl D 650
direkte Rückstreuung D 589
direkter Zugang D 587
direkter Zugriff D 587, R 226
direktes Nebensprechen D 600
direkte Steuerung D 596
direkte Verbindung D 592
direkte Wahl D 610
direkte Welle D 655
direkt gekoppelte FET-Logik D 597
direkt gekoppelte Transistorlogik D 598

direkt gespeiste Verstärkerstelle D 635
Direktleitung D 594, D 633
Direktleitungsbündel D 595
direkt moduliert D 634
Direktor D 638
Direktoranordnung D 639
Direktorelement D 640
Direktruf D 593
Direktrufnetz H 279
direktstrahlender Satellit D 590
Direktverbindung D 594, D 616
Direktverkehr D 653
Direktwahl S 1319
Direktweg D 652
Direktzugriff D 587
Disjunktion D 689
disjunktiv verknüpfen O 223
Diskette F 292
Diskettenspeicher F 293
Diskon-Antenne D 664
Diskontinuität D 672
diskret D 676
diskrete Bauelemente D 677
diskrete Fourier-Transformation D 679
diskretes Ereignis D 678
diskretes Signal D 681
Diskriminator D 684
Diskriminatorausgang D 687
Diskriminatordemodulation D 686
Diskriminatordetektion D 686
Diskriminatorkennlinie D 685
Disparität D 693
Dispatcherdienst D 696
dispergierend D 698
Dispersion D 697
Display D 706
Display-Endgerät D 705
Display ohne Emission N 286
Displaytechnik D 704
dissoziierte Betriebsweise D 709
Divergenzfaktor D 764
Divergenzwinkel A 509
Diversity-Ablösegerät D 766
Diversity-Empfang D 768
Diversity-Gewinn D 767
Diversity-System D 770
Diversity-Übertragung D 771
DME-Anlage D 712
DM-Viererkabel M 775
dN D 164
Dokumentenarchitektur D 774
Dokumentenaustauschprotokoll D 778
Dokumentendeskriptor D 776
Dokumenten-Faksimile-Telegrafie D 777
Dokumentenklasse D 775
Dokumentenprofil D 779
Dokumententransferbetrieb D 780
Dokumentenübertragung D 781
Dokumentfax D 777
Domestic-Satellitensystem D 782
Doppelabtastung D 823
Doppelabtastverfahren D 823
Doppelader D 838
doppeladriges Kabel T 1038
Doppelarbeitskontakt D 814
Doppelbasisdiode D 797
Doppelbegrenzer S 741

Doppelbelegung D 824
Doppelbild D 813, E 61
Doppeldiversity-Empfänger D 806
Doppelfehler D 811
Doppelgitterreflektor D 879
Doppelkontakt T 1037
Doppelkonusantenne B 245
Doppelkonushornantenne B 246
Doppelkonushornstrahler B 246
Doppelkonustrichter B 246
Doppelkopfhörer D 812
Doppelkreisdiagramm F 152
Doppelleitung T 1073, T 1075
Doppelmast D 819
Doppelmodulation D 815
Doppelpolarisation D 882
Doppelpolarisationsantenne D 883
Doppelpolarisationsbetrieb D 884
doppelpolig B 289, D 820
Doppelreflektor D 885
Doppelreflektorantenne D 886
Doppelruhekontakt D 798
doppelseitige gedruckte Schaltung D 835
doppelseitige Leiterplatte D 834
Doppelsperrklinke D 807
Doppelsprechen D 837
Doppelsternviererkabel Q 7
Doppelstrom D 802
Doppelstrombetrieb P 505
Doppelstromtastung D 803
Doppelstromtelegrafie D 804
Doppelstromübertragung D 805
Doppelsuper D 800
Doppelsuperhet-Empfänger D 800
doppelte Bewehrung D 795
doppelter Frequenzhub F 548
doppelter Scheitelwert P 208
doppeltgerichtet B 385
doppeltgerichteter Betrieb B 388
doppeltgerichtete Verbindungsleitung B 386
doppeltkaschierte Leiterplatte D 834
Doppeltonmodulation F 473
Doppeltonverfahren F 474
Doppelüberlagerungsempfänger D 800
Doppelverbindung D 887
Doppelweggleichrichter F 588
Doppel-Yagi-Antenne D 839
Doppler-Effekt D 785
Doppler-Frequenz D 786
Doppler-Ortungssystem D 787
Doppler-Peiler C 860, D 784
Doppler-Radar D 788
Doppler-Verschiebung D 789
Doppler-VHF-Drehfunkfeuer D 790
Doppler-VOR-Anlage D 790
DPCM D 418
Draht W 162
2-Draht-... T 1072
4-Draht-... F 365
Drahtantenne W 163
2-Draht-Durchschaltung T 1078
4-Draht-Durchschaltung F 374
Drahtfestwiderstand F 239

drahtförmiger Leiter W 166
Drahtfunk C 25, W 164
drahtgebundene Übertragung W 181
drahtgebundene Verbindung W 167
Drahtgitternetz W 172
Drahtkreuzung T 912
Drahtleiter W 166
drahtlos W 173
drahtlose Fernsteuerung R 171, W 176
drahtlose Hörhilfe mit Induktionsschleife I 164
drahtlose Nachrichtenübertragung R 83
drahtloser Personenruf R 141
drahtloser Zugriff W 174
drahtlose Telegrafie R 179, W 177
drahtlose Übertragung R 83, W 178
drahtlose Verbindung R 83, W 175
Drahtübertragungsleitung W 182
Drahtübertragungsweg M 381
Drahtverbindung W 165, W 167
Drahtweg W 179
Drahtwellenleitung G 91
Drahtwiderstand V 26
Drain D 847
Drainstrom D 848
drallstabilisierter Satellit S 1001
Drallstabilisierung S 1000
d-RAM D 925
DRAM D 925
D-Region D 850
drehbare Antenne R 787
drehbare Rahmenantenne R 790
drehbare Richtantenne R 788
drehend/nach rechts C 624
Drehfeldantenne R 789
Drehfunkfeuer R 792
Drehkondensator V 20
Drehkreuzantenne T 1034
Drehkupplung R 778
Drehmagnet R 779
Drehphasenschieber R 780
Drehrahmen R 790
Drehrahmenpeiler R 791
Drehschalter R 784
Drehschritt R 783
Drehstrom T 531
dreh- und schwenkbare Antenne A 949
dreh- und schwenkbare Montierung D 808
Drehwähler R 781, R 784
Drehwählersystem R 786
Drehwählervermittlung R 785
Drehwählervermittlungsstelle R 782
Drehwiderstand V 24
Drei-Achsen-Ausrichtung T 515
drei-Achsen-stabilisierter Satellit T 517
Drei-Achsen-Stabilisierung T 516
Dreibitfehler T 957
Drei-dB-Bandbreite T 520
Drei-dB-Koppler T 521
dreidimensional T 522
dreidimensionale Integration T 524

dreidimensionale Maskierung T 525
dreidimensionaler Wellenleiter T 526
dreidimensionale Schaltung T 523
Dreieckschaltung D 255
Dreierkonferenz A 186
Dreierkonferenzschaltung T 530
Drei-Exzeß-Code E 454
Dreifachstecker T 532
Dreikomponentensignal T 518
Dreileiterstruktur T 527
Dreipegelaufzeichnung T 950
Dreiphasenstrom T 531
dreipoliger Schalter T 533
dreipoliger Stecker T 532
Dreischichtstruktur T 949
dreistufige Logik T 534
dreistufiger Leitungscode T 392
Dreitorverzweiger Y 5
Dreitorverzweigerstruktur Y 6
Dreiwegschalter T 535
dreiwertige Codierung T 528
dreiwertige Logik T 534
dreiwertiger Kabelcode T 519
dreiwertiges Signal T 529
Dreizustandsausgang T 960
Drift D 851
Driftausfall D 852
Drifttransistor D 853
dringendes Dienstgespräch U 147
dringendes Gespräch U 146
Dringlichkeitsmeldung U 144
Dringlichkeitszeichen U 145
Dropout D 862
Drossel C 519
Drosselflansch C 520
Drosselspule C 519
Druckaufbereitungsprogramm E 83
Druckausgabe P 746
druckbelüfteter Hohlleiter P 702
Druckempfindlichkeit P 700
drucken P 728
druckender Empfangslocher P 743
druckender Handlocher P 741
druckender Locher P 742
druckendes Endgerät H 65
Drucker P 739
Drucker mit fliegendem Druck O 120
Druckfestigkeit C 1217
Druckgaskabel G 25
Druckgasüberwachungssystem G 26
Druckgradientenmikrophon P 698
Druckknopf B 560, P 988
Druckknopftastatur B 561
Druckkopf P 740
Druckluftkabel P 701
Druckluftkühlung F 320
Druckluftschalter A 284
Druckmikrophon P 699
Druckprogramm P 747
Drucktaste K 4, P 988
Drucktaster N 313
Drucktechnik P 744
Drucktelegraf D 649
Druckübertragungsfaktor P 700
Druckwerk P 739

Druckzone P 729
DSA D 506
D-Schicht D 773
DSGL D 473
DSGLA D 475
DSMX D 484
DSV D 452
DTL D 578
dual B 257
Dualcode B 260
duales System B 275
Dual-in-line-Gehäuse D 881
Dualpolarisation D 882
Dualsystem B 275
Dualziffer B 266
DÜE D 26
DÜE-Auslösemeldung D 133
DÜE/DEE-Schnittstelle D 135
DÜE nicht betriebsbereit D 134
DÜE nicht betriebsfähig D 136
Düker S 710
Dukt D 891, T 968
Duktausbreitung D 894, D 896
Duktbildung D 892
Dukthöhe D 893
Dunkelstrom D 7
dünner Belag T 504
dünner Überzug T 504
Dünnschichtkondensator T 505
Dünnschichtschaltung T 506
Dünnschichttransistor T 510
Dünnschichtwiderstand T 508
Dünnschicht-Widerstandsnetzwerk T 509
Duplex D 900
Duplexbetrieb D 905
Duplexer D 903
Duplexfernschreibkanal D 909
Duplexfernschreibverbindung D 910
Duplexfunksprechverkehr D 906
Duplexkanal F 580
Duplexleitung D 901
Duplexmodem D 904
Duplexsystem D 907
Duplextelefonverkehr D 908
Duplexübertragung D 911
Duplexübertragungsweg D 901
Duplexverbindung D 902
Düppel C 382
Düppelstreifen C 382
Durchbruch B 418
Durchbruchsspannung B 420
Durchführbarkeitsstudie F 92
Durchführungsisolator L 67
Durchführungskondensator F 110
Durchgangsdämpfung T 847
Durchgangsdämpfung im Gebäude B 505
Durchgangsfernamt T 820, Z 26
Durchgangsgespräch T 807
Durchgangsleitung T 557
Durchgangsnachricht C 1027
Durchgangsprüfung C 1023
Durchgangsprüfungston C 1024
Durchgangstelegrafenstelle I 464
Durchgangsverkehr T 822
Durchgangsvermittlungsstelle T 809
Durchgangsvermittlungsstellen/zwischen I 598

Durchgangsverteiler T 760
Durchgangszeichen C 1028
Durchgangszentrale T 13, T 809
durchgehende Blockierung E 280
durchgehende Durchgangsprüfung E 281
durchgehender Verkehr T 822
durchgehende Signalisierung E 284
durchgehende Zeichengabe E 284
durchgeschaltete Leitung S 1453
durchgeschaltete Verbindung C 554
durchkontaktierte gedruckte Leiterplatte I 392
durchkontaktierte Leiterplatte I 392
durchkontaktiertes Loch P 454
Durchkontaktierung T 551
Durchlaßband P 130
Durchlaßbereich P 130
Durchlaßcharakteristik T 836
Durchlaßdämpfung P 131
Durchlässigkeit T 896
Durchlaßkennlinie F 340
Durchlaßkurve P 132
Durchlaßrichtung F 342
Durchlaßspannung F 354/5
Durchlaßstrom F 341
Durchlaßwiderstand F 348
durchmischen I 494
Durchsage V 183
Durchsatz T 560
Durchsatzklasse T 561
Durchschalteeinrichtung T 10
Durchschaltefilter T 553
Durchschaltenetz C 562
Durchschaltepunkt T 554
Durchschaltesystem C 563
Durchschaltevermittlung C 563
Durchschalteverzug T 552
Durchschaltung C 988/9
Durchschlag B 418
Durchschmelzverbindung F 621
Durchschnittsleistung A 939
Durchsichtigkeit T 896
durchstimmbarer Empfänger C 1046
durchstimmbarer Oszillator T 1005, V 21
Durchwahl I 139
Durchwahlnebenstelle P 753
Durchwahl zu Nebenstellenteilnehmern I 139
DVOR-Navigationsanlage D 790
dyadisch B 257
Dynamikbereich D 927
Dynamikexpander E 472
Dynamikkompression D 928
Dynamikkompressor C 908
Dynamikpresser V 253
Dynamikregelung C 866
Dynamikumfang D 926
dynamische Charakteristik D 920
dynamische Eigenschaften D 920
dynamische MOS-Schaltungen D 924
dynamischer Lautsprecher D 922
dynamischer Schreib-Lese-Speicher D 925

dynamischer Speicher D 925
dynamisches Mikrophon D 923
dynamische Speicherverteilung D 930
dynamische Zuordnung von Ressourcen D 929

E

E E 360
EA E 261, T 365
EAROM E 116
ebene elektromagnetische Welle P 441
ebene Gruppe P 437
ebene Gruppenantenne P 437
ebener Verstärkungsgang F 254
ebenes Wellenfeld P 444
ebene Welle P 443
eben polarisierte Welle L 163
Echo D 813, E 50
Echoantwort E 68
Echobild D 813
Echobox E 51
Echodämpfung E 63, R 692
Echoeffekt E 60
Echoimpuls E 67
Echokompensation E 52
Echokompensationsverfahren E 55
Echokompensator E 53
Echokurve E 56
Echolaufzeit E 57
Echolot E 70
Echolotung E 71
Echolotung der Ionosphäre I 658
Echomessung E 64
Echopaare P 60
Echoplex E 66
Echoplexbetrieb E 66
Echoprüfung E 54
Echosignal E 69
Echosperrdämpfung S 1407
Echosperre E 53
Echosperre mit adaptiver Aussetzung A 150
Echosperre mit partieller Aussetzung P 112
Echosperrensteuerung E 73
Echostörung E 59
Echounterdrücker E 53
Echounterdrückung E 72
Echoverzerrung E 58
Echoverzögerung E 57
Echoweg E 65
Echowelle E 74
Echtheit A 823
Echtheitsprüfung A 821
Echtzeit R 283
Echtzeitbetrieb O 114, R 291
Echtzeitbildprozessor R 287
Echtzeitimplementierung R 288
Echtzeitmodulation R 290
Echtzeitsimulation R 293
Echtzeitsteuerung R 285
Echtzeitsystem R 294
Echtzeittaktgeber R 284
Echtzeituhr R 284
Echtzeitzusammenarbeit R 289
Eckmast A 514
ECL E 231
ECL-Familie E 75

Edelgas R 254
Edelmetallkontakt N 176
Edelmetallschalter P 650
Edelmetallwähler P 649
„edge business" E 79
Editieren E 82
Editor E 83
EDS E 167
EDV E 166
EDV-Anlage C 910
EEPROM E 117/8
EEROM E 119
EFET E 298
effektive Antennenhöhe E 85, E 90
effektive Antennenlänge E 91
effektive Bodenkonstante E 89
effektive Fläche E 86
effektive Höhe E 85, E 90
effektive Länge E 91
effektive Rauschspannung E 95
Effektiv-Erdradius E 97
effektiver Spielraum E 92
effektive Strahlungsleistung E 93, E 96
effektive Transfergeschwindigkeit E 88
Effektivität E 94
Effektivspannung E 100
Effektivspannungsmesser R 772
Effektivspielraum E 92
Effektivvoltmeter R 772
Effektivwert R 771
eichen C 90
Eichen C 91
Eichfehler C 93
Eichfrequenz C 94
Eichgenerator C 95
Eichkurve C 92
Eichmarkengenerator C 96
Eichung C 91
Eigenanregung S 244
Eigendämpfung I 207
Eigendiagnostik S 242
Eigenentladung S 243
Eigenfrequenz N 42
Eigengeräusch B 155
Eigenhalbleiter I 612
Eigenkanalbildung S 236
Eigenleitung I 611
Eigenmodulation S 252
Eigenpolarisation E 102
Eigenprüfung B 513
Eigenrauschen B 155
Eigenschaften S 943
Eigenschwingung N 43
Eigenstabilisierung S 255
Eigenstörung S 251
Eigenstruktur E 104
Eigensynchronisierung S 263
Eigentumsapparat O 429
Eigentumsfernsprechapparat O 429
Eigentumstelefon O 429
Eigenvektor E 106
Eigenverständigungsanlage I 570
Eigenverzerrung I 206
Eigenverzerrungsgrad D 223
Eigenwelle M 558
Eigenwert E 105
Eigenzustand E 103
Eignung zur Korrektur von Burstfehlern B 533
Eignung zur Korrektur von Fehlerbursts B 533

Eignung zur Serienproduktion S 91
Eimerkettenschaltung B 492
Ein-Ausgabe... I 250
Ein-Ausgangs... I 250
ein-aus-getastetes Signal O 115
Ein-Aus-Tastung O 116, O 117
Einbau im Fahrzeug V 47
Einbau in Gehäuse P 4
Einbaumöglichkeit I 293
Einblendung F 15
einbrennen B 529
Einbrennen B 530
Einbruchalarmsystem I 616
Einbuchen des Aufenthaltsortes des Funkteilnehmers M 539
Einchip... S 667
Einchip-Codec O 90
Einchip-Modem S 668
Einchip-Prozessor S 669
eindimensionale Bildtransformation O 93
eindimensionale Codierung O 91
eindimensionale Maskierung O 92
Eindringtiefe D 296
Einfach-Bedienungssystem S 691
einfache Genauigkeit S 689
einfache Mehrpunktleitung S 640
einfache Mehrpunktverbindung S 640
einfaches Kontaktvielfach S 1233
einfaches Kontaktvielfachfeld S 1233
einfachgerichteter Betrieb O 104
Einfachimpuls S 690
Einfachstrom S 673
Einfachstrombetrieb S 675
Einfachstrom-Doppelstrom-Umsetzer N 162
Einfachstromtastung S 674
Einfachstromtelegrafie S 676
Einfachstromübertragung S 677
Einfachtontastung S 708
einfallend I 108
einfallende ebene Welle I 101
einfallender Strahl I 123
einfallende Welle I 102
Einfallsebene P 442
Einfallsrichtung D 626
Einfallswinkel I 98
einfarbig M 622
Einfrequenzzeichen S 641
Einfügedämpfung I 276
einfügen I 272
Einfügungsdämpfung I 276
Einfügungsgewinn I 275
Einfügungsstück I 273
Einfügungsübertragungsfaktor I 279
Einfügungswinkelmaß I 278
einführen I 272
Einführungsdraht L 68
Einführungskabel L 63
Einführungsstrategie I 614
Einführungszeichen I 613
Eingabe-Ausgabe-Anschluß I 255
Eingabe-Ausgabe-Baustein I 253
Eingabe-Ausgabe-Puffer I 251/2

Eingabe-Ausgabe-Pufferspeicher I 251/2
Eingabebaugruppe I 248
Eingabeeinheit I 263
Eingabeinformation I 246
Eingabemodul I 248
Eingabepuffer I 240
Eingabepufferspeicher I 240
Eingabezeiger C 1251
Eingang I 239
Eingangsadmittanz der Antenne A 580
Eingangsanschluß I 261
Eingangs-Ausgangs-Schnittstelle I 254
Eingangsempfindlichkeit I 258
Eingangsfächer F 47
Eingangsfilter I 243
Eingangsimpedanz I 245
Eingangsimpedanz der Antenne A 581
Eingangsimpuls I 257
Eingangsklemme I 261
Eingangskreis F 566, I 241
Eingangsleistung I 239, I 256
Eingangsleitung I 113
Eingangsleitwert der Antenne A 580
Eingangsmodul I 248
Eingangsmultiplexer I 249
Eingangspegel I 247
Eingangsplatz I 122
Eingangsprüfung I 117
Eingangsregister I 124
Eingangsschaltung I 241
Eingangsscheinleitwert der Antenne A 580
Eingangsscheinwiderstand der Antenne A 581
Eingangsschrank I 122
Eingangssignal I 125, I 259
Eingangsspannung I 264
Eingangsstrom I 242
Eingangsstufe I 260
Eingangsteil I 260
Eingangstor I 244
Eingangstransistor I 262
Eingangsverteiler I 115
Eingangsverzweigung F 47
Eingangswechselspannung A 79
Eingangswicklung I 265
Eingangswiderstand der Antenne A 581
eingebaut/im Flugzeug A 285
eingebaut/im Gehäuse B 397
eingebaut/im Luftfahrzeug A 285
eingebaute Antenne B 508
eingebaute Freispracheinrichtung B 509
eingebauter Speicher I 507
eingebaute Selbstprüfung B 512
eingebautes Mikrophon B 510
eingebaute Stromversorgung B 511
eingebaute Testeinrichtung B 514
eingeben I 238, L 294
eingehende Fernwahl D 366
eingeschaltet P 623
eingeschränkte Bandbreite R 675
eingeschränkter Verkehr R 676
eingeschwungener Zustand S 1156

eingrenzen S 191
eingrenzen/einen Fehler S 192
Eingrenzung L 332
Einheit des Verkehrs T 744
einheitliche Notrufnummer U 96
einheitlicher Rufnummerndienst U 94
einheitliche Rufnummer U 98
einheitliche Stromversorgung U 74
Einheitselement U 86
Einheitsimpuls U 89
Einheitskreis U 85
Einheitsschritt U 88, U 91
Einheitssprung U 91, U 92
Einheitssprungfunktion U 92
Einheitstarif U 84
Einhüllende E 305
Einkanalbetrieb S 661
Einkanalcodec S 660
einkanalig S 662
ein Kanal pro Träger S 663
Einkanal-Simplexverkehr S 665
Einkanalsystem S 666
Einkristall S 672
Einlage I 273
Einlagerungskanal I 604
Einlagerungstelegrafie I 605
Einlaufzeit W 25
Ein-Megabit-Speicher O 95
einmischen M 347
einohrig M 615
Einpegeln L 100
Einpegelung L 100, L 254
Einpflügen eines Kabels P 463
Einphasen P 361
Einphasenkreis S 687
einphasig S 686
einplanen S 133
Einpolantenne U 83
einpolig S 688
Einrasten A 108
Einrastzeit einer Frequenzdekade S 1547
Einregelungsperiode L 257
Einregelungsphase L 257
Einregelungssignal A 333
Einregelzeit einer Frequenzdekade S 1547
einrichten E 420
Einrichtung E 331
Einrichtungsgebühren S 367
Einsatz I 273
Einsatz an Bord von Satelliten S 47
Einsatzerprobung F 150
Einsatzmuster O 167
Einsatzstück I 273
Einschaltdiagnostik P 624
einschalten I 272, O 144, S 1486
Einschalten E 241, T 1031
Einschaltstrom I 268
Einschaltung S 1475
Einschaltzeit C 982
einschieben I 272
Einschreiben W 214
Einschub P 475
Einschwingstrom T 785
Einschwingverhalten T 788
Einschwingverzerrung C 463, T 786
Einschwingverzögerung D 233
Einschwingvorgang T 782, T 787
Einschwingzeit A 745, B 507, S 403, T 790

Einschwingzustand T 789
Einseitenband S 694
Einseitenband-Amplitudenmodulation S 695
Einseitenband-Demodulation S 696
Einseitenbandempfang S 700
Einseitenbandempfänger S 699
Einseitenband-Funksprechgerät S 698
Einseitenbandmodulation S 697
Einseitenbandmodulation mit unterdrücktem Träger S 1405
Einseitenband-Sendeempfangsgerät S 702
Einseitenbandsender S 704
Einseitenbandsignal S 701
Einseitenband-Übertragung S 703
einseitiger Fernmeldeverkehr O 101
einseitiger Querträger C 35
einseitige Steuerung U 78
einseitige Übermittlung O 101
einseitige Verzerrung A 716, B 243
einseitig gerichtet O 99
einseitig gerichtete Synchronisation S 679
einseitig gerichtete Verbindung U 77
einsetzen I 272
Einspannstelle C 607
einspeichern S 1220
Einsprungstelle E 304
einstecken I 272, P 471
Einstecken P 469
einstellbar A 231
einstellbarer Anschlagstift A 236
einstellbarer Entzerrer A 233
einstellbarer Schwellenwert A 237
einstellbarer Schwellwert A 237
einstellbares Bauelement A 232
einstellbares Dämpfungsglied V 15
einstellbares Teilerverhältnis S 212
einstellbare Verstärkung A 234
Einstellen A 239
Einstellen des Dämpfungsgliedes P 44
Einstellgenauigkeit A 77
Einstellknopf A 241
Einstellschraube A 238, T 1021
Einstellsignal T 747
Einstellung A 239
Ein-Stellung O 118
Einstellungsverzerrung F 403
Einstellzeit S 403, S 406
Einstiegsschacht M 112
einstimmig M 636
Einstrahlung I 665
einstufig S 705
einstufiges Koppelnetz S 706
eintasten K 18
Eintasten K 8, K 22
Eintastgeschwindigkeit K 24
Einteilung der Funkfrequenzen C 583
Eintonmodulation S 708
eintragen L 379
Eintragung ins Fernsprechbuch D 645

Eintragung ins Telefonbuch D 645
Eintreteaufforderung O 183
Eintreten C 1273
Eintretezeichen F 353
Einwahl D 366, I 139
Einwahl in Nebenstelle P 1
Einwegdämpfung O 103
Einwegfunktion O 102
Einweggleichrichter H 30
Einweggleichrichtung H 29
Einwegleitung O 100, O 106
Einwegübertragungsleitung O 100
einweisen V 36
Einzelabfertiger S 691
Einzelader S 671
Einzelanschluß I 151, S 685
Einzelanschlußleitung E 466
Einzelempfang I 152
Einzelgesprächserfassung D 327
Einzelgesprächszählung S 681
Einzelimpuls M 638
Einzelkanalträger S 663
Einzelkanalträgersystem S 664
Einzelleiter S 671
einzelnes Koaxialpaar S 670
Einzelschnur S 678
Einzelumschaltung S 693
Einzelworterkennung I 686
einziehen P 892
Einziehen in Kabelkanal D 897
Einziehen in Kabelkanalzug D 897
Einziehen in Kabelröhre D 897
Eisenbahn-Nachrichtensystem R 213
Eisenbahn-Nachrichtenwesen R 215
Eisenbahn-Radiotelefoniesystem R 214
Eisenkern I 663
Eisenkernspule I 664
eisenlose Drossel A 298
Eisenverluste C 1120
elastischer Speicher E 108
Elektret E 110
Elektretmikrophon E 111
Elektretwandler E 112
elektrische Drainage E 127
elektrische Energieleitung E 131
elektrische Energiequelle E 132
elektrische Feldstärke E 129
elektrische Höhe E 114
elektrische Komponente E 126
elektrische Leistung E 124
elektrische Leitfähigkeit E 113
elektrischer Feldvektor E 130
elektrisches Bauelement E 126
elektrisches Feld E 128
elektrisch klein E 122
elektrisch kurz E 121
elektrisch kurze Antenne E 123
elektrisch löschbarer Festwertspeicher E 119
elektrisch löschbarer programmierbarer Festwertspeicher E 117/8
elektrisch programmierbarer Festwertspeicher E 120
elektrisch umprogrammierbarer Festwertspeicher E 116
elektrisch veränderbarer Festwertspeicher E 116

Elektroakustik

Elektroakustik E 134
elektroakustische Kopplung A 91
elektroakustischer Wandler E 133
elektrochemische Korrosion E 135
Elektrode E 136
Elektrodenabstand I 416
Elektrolumineszenz E 140
Elektrolumineszenzanzeige E 141
Elektrolyt E 137
elektrolytische Korrosion E 139
Elektrolytkondensator E 138
elektromagnetische Abschirmung E 148
elektromagnetischer Impuls E 145
elektromagnetischer Schirm E 148
elektromagnetisches Feld E 143
elektromagnetisches Spektrum E 149
elektromagnetische Störung E 144
elektromagnetische Strahlung E 146
elektromagnetische Streuung E 147
elektromagnetische Verträglichkeit E 142
elektromagnetische Welle E 150
elektromotorische Kraft E 151
Elektronenbeweglichkeit E 189
Elektronendichte E 156/7
Elektronengas E 158
Elektronenkonzentration E 155
Elektronenlinse E 188
Elektronenröhre E 190
Elektronenstrahl E 152
Elektronenstrahlabtastung E 154
Elektronenstrahllithographie E 153
Elektronenstrahlröhre B 192
Elektronenvolt E 191
Electronic Mail E 171
Elektronik E 179
elektronisch E 159
elektronisch abstimmbarer Oszillator E 162
elektronische Abstimmung E 185
elektronische Antenne A 118
elektronische Briefübermittlung E 171
elektronische Datenverarbeitung E 166
elektronische Datenverarbeitungsanlage C 910
elektronische Gegenmaßnahmen E 165
elektronische Geldanweisung E 169
elektronische Geldkarte E 176
elektronische Gummilinse E 187
elektronische Kampfführung E 186
elektronische Karte R 27
elektronische Nachrichtenübermittlung E 171
elektronische Post E 171
elektronischer Briefkasten M 49

elektronische Rechentechnik C 931
elektronischer Mailboxdienst E 172
elektronischer Mitteilungsdienst E 174
elektronischer Zähler E 164
elektronischer Zoom E 187
elektronisches Bauelement E 163
elektronisches Datenvermittlungssystem E 167
elektronische Selbstwähl-Nebenstelle E 177
elektronisches Fernsprechbuch E 183
elektronisches Geldanweisungssystem E 170
elektronisches Mitteilungssystem E 173
elektronisches Relais E 178
elektronisches Telefonbuch E 183
elektronisches Testbild E 184
elektronisches Verzeichnis E 168
elektronisches Wählsystem E 182
elektronische Zahlung E 175
elektronische Zahlweise E 175
elektronisch gesteuerte Gruppenantenne E 161
elektronisch gesteuertes Absuchen E 180
elektronisch gesteuertes Wählsystem E 182
elektronisch gesteuerte Vermittlung E 160
elektronisch gesteuerte Vermittlungsstelle E 160
elektrooptisch E 192
elektrostatische Ablenkung E 194
elektrostatische Abschirmung E 197
elektrostatische Aufladung E 193
elektrostatischer Lautsprecher E 195
elektrostatisches Mikrophon E 196
elektrothermisches Relais E 198
Element C 343, C 509, I 696
elementarer Kabelabschnitt E 199
elementarer Regeneratorabschnitt E 200
elementarer Verstärkerabschnitt E 201
elementares Regeneratorfeld E 200
elementares Verstärkerfeld E 201
Elementefehlerhäufigkeit E 203
Elementefehlerrate E 203
Elementefehlerwahrscheinlichkeit E 202
Elevation A 510
Elevationsabsuchen E 206
eliminieren E 207
Elko E 138
elliptische Polarisation E 210
elliptischer Hohlleiter E 211
elliptischer Wellenleiter E 211
elliptische Umlaufbahn E 209
elliptisch polarisierte Welle E 208

Elliptizität E 212/3
Elo GM E 165
Eloxieren A 534
Emission E 226
Emissionsstrom E 228
Emitter E 229
Emitteranschluß E 235
Emitterbasisstrom E 236
Emitterelektrode E 233
Emitterfolger E 234
emittergekoppelt E 230
emittergekoppelte Logik E 231
Emitterkopplung E 232
Emitterschaltung C 821
EMK E 151
EMKN E 434
E-Modus T 644
Empfang R 354
Empfang bestätigen A 80
empfangen R 302
Empfangen R 354
Empfänger A 46, R 320, R 359
Empfängerausgang R 330
Empfängereigenrauschen I 208
Empfängereingang R 326
Empfängerempfindlichkeit R 334
Empfängerkonzept R 322
Empfängermeßsender S 1084
Empfänger mit einfacher Überlagerung S 707
Empfänger mit kontinuierlicher Abstimmung C 1046
Empfänger mit Rückkopplung R 464
Empfängermodul R 328
Empfängeroszillator L 349
Empfängeroszillatorstrahlung L 350
Empfängerrauschen R 329
Empfängerseite R 345
empfängerseitig R 325
Empfängerselektivität R 333
Empfängerstrahlung R 331
Empfängerstruktur R 336
Empfängertrennschärfe R 333
Empfang ohne Diversity N 285
Empfangsabruf A 205
Empfangsanlage R 348
Empfangsantenne R 340
Empfangsaufruf A 205
Empfangsaufrufzeichen A 206
Empfangsbereich R 343
empfangsbereit R 323
Empfangsbestätigung A 81
Empfangsbestätigungsfenster A 85
Empfangsbezugsdämpfung R 324
Empfangsbezugsdämpfungsmaß R 324
Empfangscharakteristik R 667
Empfangsdämpfung R 315
Empfangsdiplexer R 307
Empfangseingang R 311
Empfangsfeldstärke R 306
Empfangsfernschreiber R 318
Empfangsfilter R 346
Empfangsfrequenz R 355
Empfangsgebiet R 342
Empfangsgewinn R 347
Empfangskanal R 304, R 688
Empfangslautstärkeindex R 316
Empfangsleistung R 309
Empfangslocher R 581
Empfangsmagnet T 106
Empfangsmischer R 317
Empfangsmodul R 328

Empfangsoszillator L 349
Empfangspegel R 314
Empfangsplatz R 350
Empfangsrichtung R 308
Empfangsschnittstelle R 312
Empfangsschrittakt R 335
Empfangsschwelle R 356
Empfangsseite R 345
Empfangssignal I 125, R 310
Empfangssignalpegel R 337
Empfangsspielraum R 349
Empfangsstation R 352
Empfangsstelle R 151, R 352
Empfangsstrahl R 303
Empfangsteil R 351
Empfangsträgerpegel R 305
Empfangsumschalter R 338
Empfangsverstärker R 339
Empfangsweg R 319
Empfangszeitdauer des Kennzeichentransferteils M 372
Empfangszentrum R 344
Empfangszweig R 313
Empfindlichkeit S 313
Empfindlichkeit gegen Beschleunigung A 36
Empfindlichkeit gegenüber elektromagnetischen Feldern M 22
Empfindlichkeitsbereich S 317
Empfindlichkeitsfaktor S 314
Empfindlichkeitskurve R 667
Empfindlichkeitsprüfung S 318
Empfindlichkeitsregelung S 315
Empfindlichkeitsschwelle S 319
Empfindlichkeitsverlust S 316
empfundene Klangqualität P 224
empirische Modellierung E 237
empirisches Annäherungsverfahren T 940
Emulation E 238
Emulator E 239
EMV E 142
Endabschnitt T 377
Endamt E 261, T 365
Endanwender E 286
Endausschalter L 142
Endbündel F 186
Endechosperre T 366
Ende der Adresse E 256
Ende der Aufzeichnung E 266
Ende der Datei E 262
Ende der Übertragung E 276
Ende-der-Wählinformation-Zeichen E 269
Ende des Blocks E 257
Ende des Datenträgers E 266
Ende des Textes E 274
Ende des Übertragungsblocks E 277
Endeinrichtung T 360, T 368
Endeinrichtung für Datenübertragung T 369
Endeinrichtung nicht betriebsbereit D 873
Endeinrichtung nicht betriebsfähig D 874
Endemarke E 253
End-End-Betrieb E 282
End-End-Dienst E 283
endender Verkehr T 386
End-End-Verkehr P 501
Endezeichen F 185
Ende-zu-Ende-Blockierung E 280

Ende-zu-Ende-Durchgangsprüfung E 281
Ende-zu-Ende-Signalisierung E 284
Endfernamt T 380
Endgebühr T 363
Endgerät T 360
Endgerät betriebsbereit D 104
Endgeräteadapter T 361
Endgeräteanpassung T 361
Endgerät mit alphanumerischer Anzeige A 378
Endgruppenwähler F 187
Endleitung S 1320
Endmast T 371
Endmontage F 184
Endnutzer E 286
Endschalter L 142
Endstelle T 378
Endstufe F 189
Endverbraucher E 286
Endvermittlungsstelle T 365
Endverschluß C 79, T 387
Endverstärker F 183, T 376
Endverteiler T 364
Endverzweiger T 364
Endzentrale T 365
Energieabsorption E 287
Energieabstand E 289
Energiedichte E 288, P 592
Energiedifferenz E 289
Energieleitung A 579
Energiequelle S 866
energiesparend P 631
Energiespektrum E 291
Energieübergang E 292
Energieübertragung E 292
Energieverbrauch/mit geringem P 631
Energieversorgung P 637
Energieversorgungsnetz P 642
Engelecho A 502
enge Toleranz C 633
Engineering E 294
Engineering-Gesellschaft E 295
Entartungsmodus D 217
entdecken D 328
Entdeckung beweglicher Ziele M 673
Entdeckungsreichweite D 334
Entdeckungswahrscheinlichkeit D 333
Enteisungsgerät D 227
Enteisungssystem D 228
Enteisungsvorrichtung D 227
entfaltetes Solarpaddel U 67
Entfaltung D 180
entfernen/die Isolation B 101
entfernt R 532
Entfernung R 242
Entfernung bei optischer Sicht L 224
entfernungsabhängige Dämpfung D 710
Entfernungsauflösungsvermögen R 250
Entfernungsmeßanlage D 712
Entfernungsmeßeinrichtung D 712
Entfernungsmeßtechnik R 252
Entfernungsmessung R 246, T 148
Entfernungsschätzung R 245
entfernungsunabhängig D 711
entjittern D 229
entkoppeln D 185
Entkoppeln D 186
Entkopplung D 186

Entkopplungsinduktivität D 188
Entkopplungskondensator D 187
Entkopplungsschaltung D 189
Entkopplungswiderstand D 190
Entladekurve D 663
Entladungskurve D 663
Entladungsstrom D 662
entlasten R 529
entlegen R 532
Entlüftung A 315
entmagnetisieren D 260
Entmagnetisierungskopf D 261
Entprellung D 146
Entropie E 303
Entropiecodierung V 22
Entsättigung D 303
Entscheiderschaltung D 168
Entscheidungsamplitude D 167
Entscheidungsbaum D 174
Entscheidungsmoment D 171
Entscheidungsmoment eines Digitalsignals D 171
Entscheidungsschaltung D 168
Entscheidungsschwelle D 173
Entscheidungstheorie D 172
Entscheidung stimmhaft/stimmlos V 195
Entscheidungswert D 175
Entscheidungszeitpunkt D 171
Entscheidungszeitpunkt eines Digitalsignals D 171
entschlüsseln D 165
Entschlüsselung D 166
Entsperrbestätigung U 52
Entsperrbestätigungskennzeichen U 53
Entsperren U 51
Entsperrkennzeichen U 54
Entsperrung U 51
Entsperrung einer Zeichengabeleitung S 557
entsprechender Kennzeitpunkt C 732
entsprechend Kundenforderung C 1267
entsprechend Kundenwunsch C 1267
entspringender Verkehr O 247
Entstellung M 837
Entstörleitung E 46
Entstören F 73
Entstörung N 235
Enttrübung Z 12
Enttrübung des Minimums M 488
Entwerfer D 310
Entwicklung D 338
Entwicklungsingenieur D 339
Entwicklungsrichtung T 938
Entwicklungssystem D 340
Entwürfler D 304
Entwurfsautomatisierung D 309
Entwurfshilfe D 306
Entwurfsingenieur D 310
Entzerrer E 326, R 465
Entzerrerschaltung E 327
Entzerrerverstärker E 423
Entzerrung E 325, L 261
Entzerrung durch quantisierte Rückkopplung Q 42
Entzerrung mit Entscheidungsrückführung D 169
Entzerrungsspule P 195
Envelope E 306
Envelope-Struktur E 311
ENW B 504
Ephemeriden E 319
Ephemeridendaten E 320

Epitaxie E 321
Epoxydharz E 323
EPROM E 120
E2PROM E 117/8
Erdantenne E 7
Erdbeobachtungssatellit E 23
Erdbodenabsorption G 139
Erdefunkstelle E 40
Erdelektrode E 14, E 25
erden G 138
Erden E 18
Erder E 14
Erderkundungsfunkdienst über Satelliten E 16
Erderkundungssatellit E 15
Erde-Satellit-... E 42
Erde-Satellit-Verbindung E 43
Erde-Weltraum-Verbindung E 45
erdgebunden E 9
Erdkabel B 524, U 57
Erdleiter E 46
Erdleitung E 46
Erdmagnetfeld E 21
erdnahe Raumstation N 69
erdnaher Raum N 68
erdnaher Weltraum N 68
erdnahe Umlaufbahn N 67
Erdnetz E 22, G 151
Erdplatte E 25
Erdpotential E 26
Erdrelais G 157
Erdrückleitung E 29, G 159
Erdschluß E 17
Erdschlußlöschspule A 676
Erdschlußstrom E 20
Erdsegment E 35
Erdseil E 10
Erdstrom E 13
Erdsymmetrie B 64
erdsymmetrisch B 59
erdsymmetrischer Vierpol B 62
erdsymmetrisches π-Glied O 98
erdsymmetrisches Halbglied C 642
Erdumlaufecho R 796
Erdung E 18
Erdungsleitung E 46
Erdungsnetz G 151
Erdungspunkt G 149
Erdungsschalter E 19
Erdungsschiene E 8
Erdungsstab E 34
Erdungssystem E 41
Erdungswiderstand E 28
erdunsymmetrisch U 49
erdverlegt B 523, U 56
erdverlegtes Kabel B 524
erdverlegtes Kabelnetz B 525
Erdwiderstand E 28
Erdwiderstandsmessung G 158
E-Region E 358
Ereignisbereich E 446
erfassen D 328
Erfassung A 109, D 330
Erfassungsbereich R 241
Erfassungsdiagramm C 1178
Erfassungsreichweite D 334
Erfassungswahrscheinlichkeit D 333
erfolglose Anwahl A 1
erfolgloser Anruf I 178
erfolgloser Anrufversuch S 1354, U 113
erfolgloser Belegungsversuch L 488

erfolgreicher Anruf S 1355
erfolgreicher Belegungsversuch S 1354
erfolgreicher Verbindungsversuch S 1354
erfolgreiche Verbindung S 1355
erforderliche Bandbreite N 83
Ergänzung A 230, C 881
Ergänzungsnetzwerk B 504
Ergänzungsspeicher A 917
Ergebnis der Einsatzerprobung F 151
Ergonomie P 223
ergonomische Gestaltung E 359
erhalten M 77, R 302
Erhaltungsladung F 284
Erhebungswinkel A 510
Erhöhung der Ausbeute Y 9
Erholungszeit R 388
erkennbar/durch Diagnose D 350
erkennbarer Fehler R 366
Erkennbarkeit D 329
Erkennen der Datensignalqualität D 93
Erkennen der Signalgüte D 93
Erkennung fließender Sprache C 1045
Erkennung fließender Wortfolgen C 1029
Erkennung handschriftlicher Zeichen R 365
Erl E 360
Erlang E 360
erlaubtes Band A 348
ermäßigter Tarif R 405
Ermitteln böswilliger Anrufe M 109
Ermüdung F 66
Ermüdungsbruch F 68
Ermüdungskurve F 67
Ermüdungstest F 69
Ermüdungsversuch F 69
erneuern R 460
erneuter Versuch R 687
erneutes Beginnzeichen R 295
erniedrigen L 514
Eröffnungsprozedur S 621
erproben T 405
Erprobung P 853
Erprobung am Boden O 107
Erprobungsmuster T 432
Erreger E 464
Erregerhorn H 271
erregt S 1203
Erregung E 461
Erregungsquelle E 463
Erreichbarkeit A 50
errichten E 420, I 286
Errichtung I 295
Ersatz R 586
Ersatzantenne E 215, S 914
Ersatzbatterie R 611
Ersatzbelastung A 700
Ersatzdämpfung E 334
Ersatzdämpfung für die Verständlichkeit A 693
Ersatzkanal S 1088
Ersatzlast A 700
Ersatzleitung R 612, S 1091
Ersatzleitweg A 393, A 396
Ersatznetz S 1092
Ersatznetzwerk E 345
Ersatzschaltbild E 340
Ersatzschaltetechnik P 838
Ersatzschaltgerät S 1089

Ersatzschaltung

Ersatzschaltung E 339, E 340, P 838
Ersatzschaltung/mit B 8
Ersatzschaltung aus konzentrierten Elementen L 557
Ersatzschaltungsbetrieb S 1093
Ersatzschaltungseinrichtung P 839
Ersatzschaltungsgerät P 839
Ersatzschleife S 1091
Ersatzsignal A 321
Ersatzteil S 916
Ersatzübertragungsweg R 612
Ersatzverkehrsweg A 396
Ersatzweg A 393
Ersatzwegleitung A 394
erschwerte Erreichbarkeit H 69
ersetzbar R 585
ersetzen R 584
Erstanruf F 207
Erstbündel F 208
Erstdaten S 862
erste Fresnel-Zone F 212
erste Harmonische F 614
erster Leitweg P 724
erster Multiplexer F 210
erster Ordnung F 216
erster Ruf I 57
erstes Bündel F 208
erstes Fresnel-Ellipsoid F 211
Erstweg F 209, P 724
Erstzuordnung I 220
Ertrag Y 8
Erwärmung der Ionosphäre I 649
Erwartungswert einer Zufallsvariablen E 477
erweiterbar O 128
Erweiterbarkeit E 470
erweitern E 485
erweiterter Bezug der Session E 471
Erweiterung E 487
erweiterungsfähig O 128
Erweiterungsfähigkeit E 470
Erweiterungsmöglichkeit E 470, U 130
Erweiterungsplatine E 475
erwünschte Aussendung W 21
erzeugen G 50
Erzeugnislinie P 798
Erzeugung G 51
Erzeugung der zweiten Harmonischen S 186
erzwungene Wahl N 410
ESB S 694
ESB-Empfänger S 699
Escape-Folge E 419
Escape-Zeichen E 418
ESC-Folge E 419
E-Schicht E 109
E-Sektorhorn E 322
EsG S 1089
Estimator E 426
ET I 605
Etikett L 1
E-Typ T 644
Euklid-Distanz E 429
Europäische Fernmeldenorm E 436
Europäischer Fernmeldesatellit E 432
Europäischer Rundfunkverein E 431
Europäischer Telexdienst E 437
Europäische Rundfunkzone E 430

Europäische Seefunkzone E 433
Europäisches Mobilkommunikationsnetz E 434
Europäisches Mobilkommunikationssystem E 435
EV F 183
EVS T 365
EVz T 364
E-Welle T 645
EWS E 182
Exklusionsschaltung A 500
Exklusivband E 465
Exklusiv-ODER-Schaltung E 468
EXNOR-Schaltung E 467
EXOR-Schaltung E 468
exozentrischer Winkel E 469
Expander E 472
Expandierung E 473
Expansion E 473
Expansionsstufe E 476
Expertensystem E 480
explosionssicher E 481
Exponent E 482
Exponentialkurve E 483
Exponentialverteilung E 484
externer Alarm E 492
externer Speicher E 497
externer Verkehr E 500
Externspeicher E 497
Externverkehr E 500
Extinktionsschwund E 501
extrahieren E 503
extrapolierte Lebensdauer E 508
extrem rauscharm U 18
extrem tiefe Frequenz E 512
exzentrische Speisung O 66
Exzeß-Drei-Code E 454
EZ T 365

F

Fabrikationslinie P 796
Fächerantenne F 43
Fächerfilter F 46
Fächerfunkfeuer R 100
Fächermarkierungsbake R 100
Fächerstrahl F 44
Fading F 18
Fadingkanal F 19
Fadingsimulator F 22
Fadingstatistik F 17
Fähigkeit C 220
Fähigkeit zur Korrektur von Burstfehlern B 533
Fähigkeit zur Korrektur von Fehlerbursts B 533
Fähigkeit zur Zusammenarbeit I 602
Fahneneffekt S 1237
Fahrzeugantenne V 44
Fahrzeugeinbau V 47
Fahrzeugortung V 46
Fahrzeugstation V 48
Faksimile F 3
Faksimiledienst F 7
Faksimileendgerät F 9
Faksimilegerät F 6, F 9
Faksimiletelegrafie F 8
Faksimileterminal F 9
Faksimileübertragung F 10
Faksimileübertragungsnetz F 4
Faksimileübertragungssystem F 5
fakultativ O 219

fallende Flanke F 36
fallende Kennlinie F 35
Fallklappe D 861
Fallscheibe D 861
Fallstudie C 318
Falltür T 920
Falschalarm E 361
Falschalarmwahrscheinlichkeit F 38
falsche Abstimmung M 522
falsche Behandlung M 509
falsche Nummer W 219
falsches Anrufzeichen F 41
falsches Rufzeichen F 41
falsches Schlußzeichen F 42
Falschmeldewahrscheinlichkeit F 38
Falschverbindung W 218
Falschwahl F 89
falsch wählen M 507
Falschwählwahrscheinlichkeit D 367
Faltdipol F 314
Faltdipolantenne F 315
Faltungscode C 1099
Faltungscodierung C 1098
Faltungsverzerrung F 316
Familie L 144
FAMOS F 285
Fangbereich P 893
Fangen A 108, C 207
Fangverhalten A 110
Fangzeit A 113
Fan-in F 47
Faraday-Dreher F 52
Faraday-Effekt F 50
Faraday-Isolator F 51
Faraday-Zirkulator F 49
Farbart C 522, C 524
Farbartkoordinate C 523
Farbausgleich C 762
Farbbalken C 763
Farbbalkengenerator C 764
Farbbalkenmuster C 765
Farbbalkensignal C 766
Farbbild C 775
Farbbildröhre C 777
Farbbildsignal C 776
Farbcodierer C 770
Farbdecoder C 771
Farbdecodierer C 771
Farbdifferenz C 524
Farbdifferenzsignal C 772
Farbdisplay C 773
Farbfernsehempfänger C 786
Farbfernsehen C 780
Farbfernseher C 786
Farbfernsehgerät C 786
Farbfernsehkamera C 781
Farbfernsehnorm C 782
Farbfernsehsignal C 787
Farbhilfsträger C 526
farbige Anzeige C 773
farbige Kennzeichnung C 769
farbiger Fernsprechapparat C 779
farbiges Telefon C 779
Farbsättigung C 778
Farbsaum C 774
Farbsendung C 768
Farbsignal C 525
Farbstandbild S 1195
Farbsynchronsignal C 767
Farbtemperatur C 783
Farbtestbild C 784
Farbton H 288, T 662
Farbträger C 526
Farbübertragung C 785

Farbunterträger C 526
Farbwechselelement C 392
FAsk T 658
Fassung M 665, S 781
FBE C 839
fehlangepaßt M 513
Fehlanpassung M 512
Fehlanpassungsverlust M 514
Fehlanruf F 39
Fehlanrufhäufigkeit F 40
Fehldiagnose M 506
Fehler D 206, E 365
Fehleranalyse E 366, F 71
Fehleranzahl E 383
Fehleranzeige F 79
Fehlerbaum F 87
fehlerbehaftete Sekunde E 389
Fehlerbehandlung E 395
Fehlerbereich E 410
Fehlerbeseitigung D 148, F 75, T 975
Fehlerbit E 362
Fehlerbündel E 368
Fehlerbündellänge E 369
Fehlerbündelstruktur E 370
Fehlerburst E 368
Fehlercharakteristika E 371
Fehlerdämpfung B 63, R 473, R 692
Fehlerdämpfungsmeßbrücke I 80
Fehler der Telefonistin O 185
Fehlerdiagnose F 78
Fehlereingrenzung B 487, F 80
Fehlerempfindlichkeit E 416
Fehlerereignis E 390
Fehlererfassung E 399
fehlererkennender Code E 385
Fehlererkennung E 387, F 82
Fehlererkennungscode E 385
Fehlererkennungssystem E 386
Fehlererkennung und Fehlerkorrektur E 388
Fehler erster Art E 404
Fehlerfortpflanzung E 408
fehlerfrei E 392
fehlerfreie Sekunde E 393
Fehlergrobeingrenzung B 487
fehlerhaft D 207, F 88
fehlerhafte Funktion M 104
fehlerhafter Block E 363
fehlerhaftes Bit E 362
fehlerhaftes Segment E 364
fehlerhafte Tastung I 130
fehlerhafte Übertragung F 90
fehlerhafte Wiedergabe I 131
Fehlerhäufigkeit E 394, E 414
Fehlerhäufigkeit bei der Ausgabe E 413
Fehlerhäufigkeit bei der Tastung E 412
Fehlerhäufigkeit der Einheitselemente U 87
Fehlerkennzeichen E 391
Fehlerkontrolle E 372
Fehlerkontrollzeichen E 373
Fehlerkorrektur E 381
Fehlerkorrekturcode E 378
Fehlerkorrektur-Codierungssystem ohne Rückkanal E 343
Fehlerkorrektur durch automatische Zeichenwiederholung E 382
Fehlerkorrektur mit Rückkanal A 880
Fehlerkorrektur mit vorbeugender zyklischer Wiederholung P 705

Fernsprechapparat

Fehlerkorrektur mit Wiederholungsrückfrage A 880
Fehlerkorrektursystem E 380
Fehlerkorrektursystem ohne Rückkanal F 343
fehlerkorrigierender Code E 378
fehlerkorrigierender Codec E 379
Fehlerkurve E 384
Fehlerlokalisierung F 80
Fehlermaskierung E 375
Fehlermeldezentrum F 72
Fehlermeldung E 400
Fehlermittelung E 367
Fehlermuster E 406
Fehlerortsbestimmung F 80
Fehlerortung F 80
Fehlerprotokoll E 397
Fehlerprotokollierung E 399
Fehlerprüfcode E 374
Fehlerprüfung E 372
Fehlerquote E 414
Fehlerrate E 414
Fehlerratenüberwachung E 411
Fehlerschutz E 376
Fehlerschutzstrategie E 409
Fehlersicherung E 376
Fehlersicherungsgerät E 377
Fehlersicherungsverfahren E 376
Fehlersignal E 415
Fehlersimulation F 83
Fehlerstelle P 558
Fehlersuche F 975
Fehlersuchzeit F 81
fehlertolerant F 86
Fehlertoleranz F 85
fehltolerierend F 86
Fehlerüberwachung E 401
Fehlerverriegelung E 398
Fehlervervielfachung E 402
Fehlervervielfachungsfaktor E 403
Fehlervervielfältigung E 402
Fehlerwahrscheinlichkeit E 407
Fehlerzahl E 383
Fehler zweiter Art E 405
fehlgeleiteter Verkehr M 516
fehlgeleitetes Telegramm M 515
Fehlleitung M 517
Fehlleitungswahrscheinlichkeit M 518
Fehlstelle V 1
Fehlstrom N 315
Fehlwahl F 89
Feinabgleich T 954
feinabgleichen T 951
Feinabstimmung F 195
Feinsicherung F 196
Feinstruktur F 194
Feld S 190
Feldbedingungen F 133
Feldberechnung F 131
Feldbild F 134
Felddämpfung S 723
Feldeffekt F 137
Feldeffekttransistor F 138
Feldeinsatz/im F 140
Felderprobung F 139, F 150
Felderprobungsergebnis F 151
Feldfernsprecher P 549
Feldfunksprechgerät W 9
Feldinstallation I 292
Feldkabel F 130

Feldkennung K 3
feldprogrammierbar F 142
Feldspulen F 132
Feldstärke F 145
Feldstärkeänderung V 30
Feldstärkeanzeige F 146
Feldstärkeanzeiger F 147
Feldstärkediagramm F 149
Feldstärkemesser F 148
Feldstärkemeßgerät F 148
Feldübertragungsfaktor F 144
Feldverlauf F 134
Feldversuch F 139
Feldverteilung F 135
Feldwellenwiderstand W 72
Fenster W 154
Fensterbreite W 157
Fenstergröße W 157
Fensterinformation W 155
Fenstertechnik W 156
Fensterverfahren W 156
fern R 532
Fernalarmierung R 534
Fernamt T 989
Fernamtsbeamtin T 661
Fernamtstelefonistin T 661
Fernanruf T 983
Fernanschlußkabel T 658
Fernanzeigen T 139
fernbediente Station R 538, R 547
Fernbedienung R 536, T 57
Fernbetriebseinheit C 839
Fernbetriebstechnik R 548
Ferndienst L 410
Ferndiktat R 542
Ferndiktatleitung D 386
Ferneinstellen T 55
Fernempfang L 433
ferner Weltraum D 204
Fernfeld F 55
Fernfeldbereich F 58
Fernfeldmessung F 56
Fernfeldstrahlungsdiagramm F 57
Fernfeldstreuung F 59
Ferngebühr T 659
ferngespeister Repeater R 545
ferngespeiste Verstärkerstelle D 290
Ferngespräch T 241, T 983
ferngesteuerte Station R 538, R 547
Fernhörer E 4, R 320, R 321, T 215
Fernkabel T 658, T 982
Fernkennzahl T 986
Fernkopieren F 3, T 88
Fernkopierer R 540
Fernleitung L 405, T 660, T 985
Fernleitungsnetz L 412
Fernlenkung T 138
Fernlinie L 405
Fernmeldeabkommen T 60
Fernmeldeamt T 70
Fernmeldeanlage T 66
Fernmeldebetriebsraum T 65
Fernmeldedienst T 77
Fernmeldeendgerät C 852
Fernmeldefreileitung O 393
Fernmeldegebäude T 73
Fernmeldegerät T 64
Fernmeldeinfrastruktur T 78
Fernmeldeingenieur T 75
Fernmeldekabel C 835
Fernmeldekabel für Fernsprechverkehr T 165

Fernmeldeleitung T 63
Fernmeldelinie T 67
Fernmelden T 139
Fernmeldenetz C 841, T 69
Fernmeldenetzknoten C 843
Fernmeldepersonal T 82
Fernmeldesatellit C 846
Fernmelde-Seekabel S 1289
Fernmeldestatistik T 81
Fernmeldestromversorgung P 638
Fernmeldesystem T 84
Fernmeldetarif T 62
Fernmeldetechnik C 840
Fernmeldeüberwachungsweg T 63
Fernmeldeverbindung T 68
Fernmeldeverkehr T 83
Fernmeldeverwaltung T 59
Fernmeldeweg T 71
Fernmeldewesen T 72
Fernmeßempfänger T 146
fernmessen T 144
Fernmessen T 147
Fernmeßkabel T 149
Fernmeßsignal T 150
Fernmeßsystem T 151
Fernmessung T 147
Fernmeßverbindung T 145
fernmündlich T 153, T 245
fernmündliche Mitteilung T 201
fernmündliches Gespräch T 180
fernmündlich übermittelte Nachricht T 185
fernmündlich übermitteltes Telegramm T 186
Fernmünzer C 747
Fernnebensprechabstand F 54
Fernnebensprechdämpfung F 54
Fernnebensprechdämpfungsmaß F 54
Fernnebensprechen F 53
Fernnetz L 406
Fernplatz T 993
Fernrufzeichen T 984
Fernschalten T 270
Fernschrank T 997
Fernschreibanschluß T 255
Fernschreibcode T 253
Fernschreibdienst T 332
fernschreiben T 318
Fernschreiben T 285
Fernschreibendeinrichtung T 284
Fernschreibendgerät T 284
Fernschreiber T 250, T 283
Fernschreiber-Fernschalteinheit T 256
Fernschreiberin T 283
Fernschreibhandvermittlungsamt M 147
Fernschreibhandvermittlungsstelle M 147
Fernschreibkanal T 251
Fernschreibleitung T 252
Fernschreibmaschine T 250
Fernschreibmodem T 259
Fernschreibnetz T 260
Fernschreibnetz mit Vermittlung S 1457
Fernschreibsignal T 261
Fernschreibstelle T 262
Fernschreibübermittlung T 254
Fernschreibverbindung T 254, T 255, T 258

Fernschreibverkehr T 338
Fernschreibvermittlungsstelle T 257
Fernschreibwählvermittlung T 257
Fernsehantenne T 288
Fernsehband T 289
Fernsehbedeckung T 296
Fernsehbild T 300
Fernsehbildröhre T 301
Fernsehbildschärfe T 1035
Fernsehbildsender V 160
Fernsehempfang T 307
Fernsehempfänger T 306
Fernsehempfangsantenne T 288
Fernsehen T 287
Fernsehen mit hoher Auflösung H 155
Fernsehen mit langsamer Abtastung S 765
Fernseher T 306
Fernsehfrequenzband T 289, T 298
Fernsehfunk T 290
Fernsehkabel T 291
Fernsehkabelnetz T 292
Fernsehkamera T 293
Fernsehkanal T 294
Fernsehkonferenz V 105
Fernsehkonferenzterminal V 106
Fernsehleitung T 295
Fernsehmonitor T 299
Fernsehproduktion T 302
Fernsehprogramm T 303
Fernsehprüfsignal T 311
Fernsehrundfunk T 290
Fernsehrundfunkempfänger T 306
Fernsehrundfunksender T 314
Fernsehsender T 314
Fernsehendestelle T 310
Fernsehsendung T 297, T 313
Fernsehsignal T 308
Fernsehsignalgemisch C 904
Fernsehtelefon V 119
Fernsehtext B 486
Fernsehtonträger T 309
Fernsehturm T 312
Fernsehübertragung T 313
Fernsehumsetzer T 305
Fernsehversorgung T 296
Fernsehverteilnetz C 78
Fernspeisereichweite L 95
Fernspeiseschleife P 616
Fernspeisestrom L 255
Fernspeisesystem R 550
Fernspeisung R 551
Fernsprechabrechnung T 154
Fernsprechamt T 189, T 207
Fernsprechanlage T 210
Fernsprechanruf T 168
Fernsprechanrufbeantworter T 159
Fernsprechanrufhäufigkeit T 169
Fernsprechansagedienst T 158
Fernsprechanschluß T 178, T 230
Fernsprechanschrift T 156
Fernsprechanwenderteil T 243
Fernsprechapparat T 219
Fernsprechapparateschnur T 181
Fernsprechapparat mit Nummernschalterwahl R 775
Fernsprechapparat mit Steckerschnur P 474

Fernsprechauftragsdienst

Fernsprechauftragsdienst T 160
Fernsprechauskunft D 642
Fernsprechband T 247, V 184
Fernsprechbasisband T 248
Fernsprechbeamtin T 209
Fernsprechbenutzerteil T 243
Fernsprechbetrieb T 208
Fernsprechbezirk T 184
Fernsprechbuch T 183
Fernsprechbuchauskunft D 644
Fernsprechbuchhalter D 643
Fernsprechbuchterminal E 168a
Fernsprechdichte T 182
Fernsprechdienst T 218
Fernsprecheinrichtung T 162
Fernsprecheinrichtung für Rangierbahnhöfe M 195
Fernsprechen T 246
Fernsprechendgerät T 233
Fernsprechen über Kabel C 76
Fernsprecher T 219
Fernsprecher für geräuschbelasteten Betrieb N 250
Fernsprecher für Selbstwahl D 380
Fernsprecher mit Berührungstasten T 686
Fernsprecher mit Handapparat H 53
Fernsprechfernverbindung T 241
Fernsprechfernverkehr zu Festgebühr W 128
Fernsprechformfaktor T 193, T 196
Fernsprechfreileitung O 143
Fernsprechfrequenz T 192
Fernsprechgebühr T 172
Fernsprechgebührenerfassung T 173
Fernsprechgebührenfreiheit T 191
Fernsprechgebührenordnung T 214
Fernsprechgerät T 188
Fernsprechhandvermittlung M 146
Fernsprechhauptanschluß S 1336
Fernsprechindustrie T 195
Fernsprechkabel T 165
Fernsprechkabelanlage T 167
Fernsprechkabelverbindung T 166
Fernsprechkanal T 171, V 188
Fernsprechkanalaufteilung T 249
Fernsprechkapsel T 240
Fernsprechkarte C 157
Fernsprechkonferenz A 783
Fernsprechkreis T 174
Fernsprechleitung T 174, T 199
Fernsprechleitung auf Masten T 212
Fernsprechleitweglenkung T 217
Fernsprechmikrophon T 202
Fernsprechmultiplexsignal T 203
Fernsprechnebenstelle S 1331, T 190
Fernsprech-Nebenstellenanlage P 762
Fernsprechnetz T 204

Fernsprechnumerierung T 206
Fernsprechnummer D 646
Fernsprechnutzerteil T 243
Fernsprechortsnetz L 360
Fernsprechpult T 179
Fernsprechqualität T 223
Fernsprechrechnungsstelle T 155
Fernsprechrelais T 216
Fernsprechrichtfunkverbindung T 213
Fernsprechsignal T 221
Fernsprechsprachqualität T 223
Fernsprechstatistik T 226
Fernsprechstelle P 870, T 225
Fernsprechstörfaktor T 196
Fernsprechtarif T 232
Fernsprechtechnik T 187
Fernsprechteilnehmer T 229
Fernsprechteilnehmeranschluß T 230
Fernsprechteilnehmereinrichtung T 225
Fernsprechteilnehmerverhältnis T 231
Fernsprechübertragung T 236
Fernsprechübertragungsgüte T 237
Fernsprechübertragungsqualität T 237
Fernsprechübertragungstechnik T 239
Fernsprechübertragungsweg T 174
Fernsprechureichkreis M 220
Fernsprechverbindung T 168, T 176, T 178, T 200
Fernsprechverbindung über Satellit S 57
Fernsprechverkehr T 234
Fernsprechverkehrsdichte T 235
Fernsprechverkehrsmessung T 727
Fernsprechverkehrsprognose T 282
Fernsprechvermittlung T 189, T 227
Fernsprechvermittlungsstelle T 189
Fernsprechvermittlungstechnik T 227
Fernsprechvermittlungszentrale T 228
Fernsprechverstärker T 157, T 197
Fernsprechverzeichnis T 183
Fernsprechverzeichnisterminal E 168a
Fernsprechwählsystem A 894
Fernsprechwesen T 246
Fernsprechzeichengabe T 222
Fernsprechzelle T 164
Fernsprechzentrale T 189
Fernsprechzentrale mit Handvermittlung M 145
Fernsprechzusatzdienst S 1395
Fernsprechzwischenverstärker T 197
Fernsteuerleitung R 537
Fernsteuern T 57
Fernsteuersignal R 539
Fernsteuerung R 536, T 57
Ferntarif L 409
Ferntaxe T 659
Fernüberwachen T 152

Fernüberwachung T 152
Fernverarbeitung T 264
Fernverarbeitungsnetz T 265
Fernverbindungskabel T 982
Fernverkehr L 403, T 1001
Fernverkehrsausscheidungsziffer T 994
Fernverkehrsleitung L 414
Fernverkehrslenkung T 996
Fernverkehrsnetz J 50
Fernverkehrsteilnehmer L 411
Fernvermittlung T 657, T 998
Fernvermittlungsleitung T 992
Fernvermittlungsstelle T 989
Fernvermittlungstechnik T 998
Fernwahl S 1343
Fernwirken T 86
Fernwirkinformation T 87
Fernwirkleitung R 537
Fernwirksignal R 539
Fernzeichen T 317
Fernzentrale T 989
Fernzone T 656
Ferrit F 111
Ferritantenne F 112, F 118
Ferritdämpfungselement F 113
Ferritkern F 115
Ferritphasenschieber F 116
Ferritresonator F 117
Ferritringkern T 677
Ferritstabantenne F 118
Ferritsubstrat F 119
Ferritzirkulator F 114
Ferroelektrikum F 121
ferroelektrisch F 120
ferromagnetisch F 122
ferromagnetischer Bezirk F 124
ferromagnetischer Kern F 123
Fertigungsauftrag M 156
fertigungsbedingter Ausfall M 153
fertigungsbedingte Störung M 154
Fertigungsfehler M 151
Fertigungslänge M 155
Fertigungslänge von Kabeln C 37
Fertigungsstraße P 796
Festantenne F 219
Festbild S 1196
Festbildkommunikation S 1197
Festbild-Übertragungssystem S 1200
feste Flugfunkstelle A 256
feste Funkstelle F 233
feste Kopplung T 574
fester Aggregatzustand S 818
fester Dienst F 236
fester Flugfernmeldedienst A 255
fester Satellitendienst F 235
fester Satellitenfunkdienst F 235
fester Zustand S 818
festes Dämpfungsglied P 43
festes Dielektrikum S 815
feste Uhrzeit T 583
feste virtuelle Verbindung P 264
feste Vorspannung F 220
feste Wortlänge F 240
Festfrequenz F 224
Festfrequenzempfänger F 225
Festfrequenzoszillator F 229
Festfrequenzsender F 226
Festgebühr F 222

fest gekoppelt S 1251
festgelegte Zeit T 583
fest geschaltete Verbindung N 339
Festigkeit S 1046
Festkomma F 231
Festkommarechnung F 232
Festkondensator F 221
Festkörperbauelement S 820
Festkörperbaustein S 820
Festkörper-Leistungsverstärker S 822
Festkörperphysik S 821
Festkörperschaltung S 819
Festnetz F 227
Festnetzteilnehmer F 228
Festpunkt F 230
Festspeicher R 276
Feststation F 237
feststehend S 1139
festverdrahtete Logik W 170
Festwertspeicher R 276
Festwiderstand F 234
Festzeichen F 223
Festzeichenunterdrückung M 674
Festzeitgespräch F 238
Festziel F 223
Festzielunterdrückung M 674
fest zugeordnet D 195
FET F 138
FET vom Anreicherungstyp E 298
FET vom Verarmungstyp D 292
Feuchtigkeitssperre M 614
FIFO F 214
FIFO-Speicher F 215
fiktive Bezugsverbindung H 314, H 315
fiktive Erdoberfläche H 312
fiktiver Bezugskreis H 313
Filterbandbreite F 171
Filterbank F 172
Filterdämpfung F 178/9
Filterdrossel F 173
Filterdurchlaßband F 171
Filterentwurf F 176
Filterglied F 181
Filterkoeffizienten F 175
Filterkurve R 667
Filtern F 177
Filterschaltung F 174
Filtertheorie F 182
Filtertoleranzschema F 180
Filterung F 177
Filterung nach der Detektion P 571
FIN A 263
finite Impulsantwort F 199
finite Optimierung F 201
finites Element F 197
Finleitung F 203
FIR-Filter F 200
Firmware F 204
Firmware gesteuert/durch F 205
Firmwarestruktur F 206
Fischgrätenantenne F 218
FK T 656
FK-Anzeige L 280
FKZ F 986
Flachbandkabel F 264
Flachbettscanner F 249
Flachbildröhre F 259
flache Anzeigetafel F 258
flache Bildschirmanzeige F 252

flache Gruppenantenne P 437
Flächenantenne F 267
Flächenbelegung I 28
flächendeckendes System C 886
Flächendiode J 43
Flächentransistor J 55
Flächenüberdeckung A 679
Flächenversorgung mit Frequenzstaffelung S 877
Flächenwirkungsgrad A 640
flacher Bildschirm F 265
flacher Kurvenverlauf F 268
flaches Display F 252
Flachgehäuse F 256/7
Flachkabel F 250, F 264
Flachkabelsteckverbinder F 251
Flachrelais F 269
Flackern F 277, F 299
Flackerzeichen F 246
Flag F 241
Flagge F 241
flankengetriggert E 81
Flankensteigzeit eines Impulses P 946
Flankensteilheit A 762
Flankensteilheit an den Bandgrenzen A 763
Flansch C 985, F 243
Flanschverbindung F 244
Flatpack F 256/7
Flatpack-Gehäuse F 256/7
flexible Arbeitszeit F 276
flexible gedruckte Verdrahtung F 274
flexible Magnetplatte F 292
flexibler Hohlleiter F 275
flexibler Wellenleiter F 275
flexibles Kabel F 272
Fließbandverarbeitung P 429
Fließreihe P 796
Flimmern F 277, S 139
Flimmerreduktion F 279
Flip-Chip F 280
Flip-Chip-Verbindung F 281
Flipflop F 282
Flipflop-Register F 283
Floating-Gate-MOS-Transistor F 286
FLT O 142
flüchtiger Speicher V 220
Flugbordgerät A 288
Flugbordpeiler A 286/7
Flugbordpeilgerät A 286/7
Flugbordwetterradar A 289
Flugfeldüberwachungssystem A 254
Flugfernsprechdienst A 267
Flugfunkbodenstation A 257
Flugfunkdienst A 299
Flugfunkfeuer A 260
Flugfunknavigation A 261
Flugfunksatellit A 265
Flugfunkstelle A 266
Flughafenüberwachungsradar A 308
Flughindernisfeuer A 268
Flugkörperlenkradar M 519
Fluglage A 766
Flugnavigationsfunkdienst A 263
Flugnavigationsfunkdienst über Satelliten A 262
Flugnavigationssatellit A 265
Flugplatzradar T 375
Flugplatz-Start- und -Landebahn A 309

Flugplatzüberwachungsradar A 308
Flugtelefondienst A 267
Flugverkehrskontrollradar A 313
Flugverkehr-Überwachungsradar A 313
Flugwarnlicht A 268
Flugzeugfunkstelle A 300
Flugzeugradar A 289
Fluktuation F 298
Fluß S 1238
Flußdiagramm F 296
Flußdichte F 300
Flüssigkristall L 278
Flüssigkristallanzeige L 280
Flüssigkristallanzeigebildschirm L 285
Flüssigkristallanzeigemodul L 283
Flüssigkristallanzeigeschaltung L 282
Flüssigkristallanzeigeschaltung mit Dünnschichttransistoradressierung T 511/2
Flüssigkristallanzeigeschirm L 285
Flüssigkristallanzeigetafel L 284
Flüssigphasenepitaxie L 286
Flußkabel S 1277
Flußkontrolle F 294
Flußlinie F 297
Flußregelung F 294
Flußrichtung D 625, F 342
Flußspannung F 354/5
Flußsteuerung F 294
FM F 507
FM-Demodulator F 304
FM-Empfang F 308
FM-Empfänger F 307
FM-Funksprechgerät F 306
FM-Funktelefon F 306
FM-Hörrundfunk F 303
FM-Modulator F 511
FM-Rundfunk F 303
FM-Sender F 510
FM-Tuner F 309
FN L 406
fokussierend F 313
Fokussierung F 312
Folge S 328
Folgeadressierungsnachricht S 1345
Folgeanruf S 567
Folgeausfall S 169
Folge der Länge Eins U 93
Folgefrequenz R 583
Folgenummer S 329
Folgeschalter S 330
Folgeschaltung S 334
Folgestrom F 317
Folgeumschalter M 100
Formant-Vocoder F 327
Format F 329
Formatänderung R 452
Formateffektor F 331/2
formatieren F 328
Formatierer F 333
Formatierung F 334
Formatsteuerung F 330
Formatsteuerzeichen F 331/2, F 335
Formerkennung P 160
Formgestaltung S 1260
formkorrigierter Spiegel S 420
Formularvorschub F 336
Forschungsgebiet A 680

Forschungs- und Entwicklungsbereich R 610
Forschung und Entwicklung R 609
fortgeschritten S 824
Fortpflanzung P 817
Fortpflanzungskonstante P 820
fortschreiben U 127
Fortschreiben U 128
Fortschreibung U 128
fortschreitende ebene Welle T 923
fortschreitende Welle O 308, T 924
fortschrittlich A 248
FOT O 218
fotografisch codierter Text P 376
Fotolack P 379
Fotolithografie P 377
Fototelegrafie P 383
Fototelegrafiegerät P 382
Fourier-Komponente F 358
Fourier-Transformation F 359
Franklin-Antenne F 404
Fraunhofersches Gebiet F 406
Fraunhofersche Zone F 406
F-Region F 407
frei I 14
Freidauer F 422a
freie Leitung I 18
freier Raum F 417
freier Zugriff F 408
freie Weglänge M 262
Freigabe E 240
Freigabetaste E 302
Freigabezeichen R 511
freigeben R 503
Freiheitsgrad D 220
freilaufender Oszillator F 416
Freileitung O 395
Freileitungsanlage O 139
Freileitungsdoppelader O 140
Freileitungsdraht O 132
Freileitungserdseil O 394/5
Freileitungskabel A 252, O 391
Freileitungslinie O 139
Freileitungsnetz O 141, O 396
Freileitungssystem O 141
Freileitungstelegrafie O 142
Freileitungs-Trägerfrequenzsystem O 138
Freiraumausbreitung F 415
Freiraumdämpfung F 418
Freiraumfeldstärke U 30
Freiraumgrunddämpfung F 419
Freiraumgrundübertragungsdämpfung F 419
Freiraumwellenlänge F 421
Freischalten C 597
Freischaltungs-Überwachungssignal R 508
Freischauzeichen F 413
freischwingender Oszillator F 416
Freisignal C 117
Freisprechapparat H 58
Freisprechbetrieb H 56
Freisprecheinrichtung H 54
Freisprechen H 57
Freisprechmöglichkeit H 56
Freisprechtaste H 55
Freisprechtelefon H 58
Freisuchen H 295
Freiton A 777, R 742
freitragender Antennenmast S 259
Freiwahl H 295

Freiwählen H 295
Freiwahl in einer Ebene R 776
Freiwahlstufe H 294
Freiwerdezeit R 388
Freizeichen F 777, C 117, F 413, R 742
Freizustand F 410, F 422, I 17
Fremddatei V 161
Fremdendatei V 161
fremdes Hörzeichen F 325
fremdes Zeichen F 325
Fremdgeräusch E 499
fremdgesteuerter Sender D 855
Fremdlüftung F 320
Fremdmodulation E 498
Fremdspannung U 124
Fremdsteuerung E 495
Fremdstörung E 496
Frequenz F 423
Frequenzabhängigkeit V 31
Frequenzabhängigkeit des Pegels L 108
Frequenzabstand F 534
Frequenzabstimmung F 556
Frequenzabwanderung F 472
Frequenzabweichung F 448
Frequenz-Amplitudenumsetzer F 428
Frequenzanalysator F 429
Frequenzänderung F 436
Frequenzanmeldung N 371
Frequenzaufbereitung F 478
Frequenzauflösung F 452
Frequenzauflösungsvermögen F 523
Frequenzaufnahme F 521
Frequenzaufteilung F 535
Frequenzauswahl F 529
Frequenzauswanderung F 472
Frequenzband F 431
Frequenzbandaufteilung F 432
Frequenzbandbreite F 433
Frequenzbandverbreiterung F 434
Frequenzbereich F 466, F 520
Frequenzbereichsentzerrung F 468
Frequenzbereichserweiterung E 490
Frequenzbeweglichkeit F 424
Frequenzcharakteristik F 438
Frequenzdekade F 551
Frequenzdemodulation F 446
Frequenzdemodulator F 447
frequenzdifferentielle Phasenmodulation F 451
frequenzdifferentielle Phasenumtastung F 451
Frequenzdiskriminator F 453
Frequenzdiversity F 455
Frequenzdiversityempfang F 456
Frequenzdrift F 472
Frequenzeichung F 435
Frequenzerzeugung F 478
Frequenzfilter F 475
Frequenzgang F 524
Frequenzgemisch F 499
Frequenzgenerator F 479
frequenzgesteuerte Gruppenantenne F 528
frequenzgeteilte Durchschaltung F 465
frequenzgeteilte Vermittlung F 465
Frequenzgetrenntlagebetrieb T 1052

frequenzgewichtet F 558
Frequenzgleichlagebetrieb C 823
Frequenzgruppentausch F 477
Frequenzhub F 449, F 536
Frequenzhub des Trägers C 259
Frequenzhubmesser F 305
Frequenzhub Spitze-Spitze F 548
Frequenzhubverhältnis D 342
frequenzkonstanter Oszillator S 1049
Frequenzinkonstanz F 489
Frequenzinstabilität F 489
Frequenzkanal F 437
Frequenzkohärenz C 723
Frequenzkonstanthaltung F 544
Frequenzkonstanz F 543
Frequenzkoordinierung F 444
Frequenzlinearität F 493
Frequenzmarke F 495
frequenzmäßige Darstellung F 522
Frequenzmehrfachzugriff F 459
Frequenzmesser F 497
Frequenzmeßgerät F 497
Frequenzmeßwesen F 498
Frequenzmodulation F 507
Frequenzmodulator F 511
frequenzmoduliert F 500
frequenzmodulierter Hilfsträger F 509
frequenzmodulierter Sender F 510
frequenzmodulierter Ton F 503
frequenzmodulierter Tonträger F 504
frequenzmodulierter Träger F 508
frequenzmodulierter Zwischenträger F 509
frequenzmoduliertes Fernsehsignal F 505
frequenzmoduliertes Radar F 501
frequenzmoduliertes Signal F 502
frequenzmodulierte Wechselstromtelegrafie F 506
frequenzmodulierte WT F 506
Frequenzmultiplex F 460
Frequenzmultiplexer F 462
Frequenzmultiplex-Fernsprechen F 464
Frequenzmultiplex-Sprechkanal F 461
Frequenzmultiplextelefonie F 464
Frequenzmultiplexverfahren F 460
Frequenzmultiplexzugriff F 459
Frequenznormal F 546
Frequenznutzung U 150
Frequenzoffset F 514
Frequenzpaar F 516
Frequenzplan F 517
Frequenzplanung F 518
Frequenzraster R 106
Frequenzregelung F 440
Frequenzregistrierung F 472
Frequenzschwankung F 476
frequenzselektiv F 530
frequenzselektive Dämpfung F 531

frequenzselektiver Schwund F 533
frequenzselektive Schaltung F 532
frequenzselektives Fading F 533
Frequenzskala F 527
Frequenzspektrum F 541
Frequenzspektrum eines Impulses P 958
Frequenzspreizung F 542
Frequenzspringen F 484
Frequenzspringer F 483
Frequenzsprung F 480, F 484
Frequenzsprungkanal F 481
Frequenzsprungmodulation F 485
Frequenzsprungsignal F 482
frequenzstabilisiert F 545
Frequenzstabilisierung F 544
Frequenzstabilität F 543
Frequenzsynchronisierung F 549
Frequenzsynthese F 550
Frequenzsynthesegenerator F 551
Frequenzsynthetisator F 551
Frequenzteiler F 457
Frequenzteilung F 458
Frequenztoleranz F 553
Frequenzüberlappung F 515
Frequenzumfang F 520
Frequenzumkehrung F 491
Frequenzumsetzer F 442
Frequenzumsetzung F 441
Frequenzumsetzungsstufe F 443
Frequenzumtasthub F 536
Frequenzumtasttelegrafie F 540
Frequenzumtastung F 539
frequenzunabhängig F 487
frequenzunabhängiger Verstärkungsfaktor F 488
frequenzunabhängige Verstärkung F 488
Frequenzunsicherheit F 557
Frequenzunterschied F 450
frequenzveränderlicher Oszillator V 21
Frequenzverdoppler F 470
Frequenzverdopplung F 471
Frequenzverdreifacher F 555
Frequenzvergabe F 425
Frequenzverhalten F 439
Frequenzverlagerung F 554
Frequenzverlauf F 524
Frequenzversatz F 514
Frequenzverschachtelung F 490
Frequenzverschiebung F 537
frequenzverschoben F 538
frequenzversetzter Träger O 38
Frequenzversetzung F 537
Frequenzverteilung F 427
Frequenzverteilungsplan F 426
Frequenzvervielfacher F 513
Frequenzvervielfachung F 512
Frequenzverwaltung F 494
Frequenzvielfachzugriff F 459
Frequenzvielfach-Zugriffsverfahren F 459
Frequenzwahl F 529
Frequenzwanderung F 472
Frequenzwandlung F 441
Frequenzwechsel F 436
Frequenzweiche D 580, F 475, L 498

Frequenzwiederbenutzung F 526
Frequenzwobbelung F 547
Frequenzzähler F 445
Frequenzziehen F 519
Frequenzzuteilung F 430
Frequenzzuweisung F 425
Fresnelellipsoid F 560
Fresnelsche Beugung F 559
Fresnelsche Zone F 561
Fresnelzone F 561
Freund-Feind-Erkennung F 562
Freund-Feind-Kennungssystem I 10
Front-End-Verstärker F 565
Frontspeisung F 568
Frühausfall E 2
Frühausfallperiode E 3
Frühausfallphase E 3
FS T 287
FSA T 255
F-Schicht F 271
FSVSt T 257
FuFeD P 881
FuFSt B 139
führende Null L 66
Führung C 1054
Führungsschicht G 212
Führungsstift G 211
Füllbit F 167
Füllcode F 168
Füllen P 44
Füllfaktor F 169
Füllmeldung F 170
Full-Response-Modulation F 585
Füllzeichen F 166, I 15, N 393
Füllzeicheneinheit F 170
fundamentales Bezugssystem F 615
Fundamentplatte B 138
Funk R 68
Funk ... R 69, W 173
Funkamateur R 72
Funkanlage R 126
Funkausbreitung R 148
Funkausbreitung in Gebäuden I 156
Funkbake R 75
Funkbedeckung R 88
Funkbeschickung B 208
Funkbeschickungskurve C 1129
Funkboje R 80
Funkdatenkommunikationssystem R 89
Funkdatensystem R 89
Funkdienst R 161
Funkeinrichtung R 126
Funkelrauschen R 278
Funkempfang R 152
Funkempfänger R 150, R 320
Funkempfangsstelle R 151
funken R 67
Funken R 68
Funkenlöscher S 917
Funkenlöschung S 918
Funkentfernungsmessung R 149
Funkentstörung R 128
Funker R 140
Funkfeld R 124
Funkfelddämpfung P 157, T 847
Funkfeldern/mit mehreren M 763
Funkfeldlänge H 256
Funkfeldlängen bis 60 km H 258

Funkfernmessen R 180
Funkfernmessung R 180
Funkfernschreiben T 263
Funkfernschreiben mit Van Duuren-Verfahren T 263
Funkfernschreiber R 195
Funkfernschreibnetz R 197
Funkfernschreibverbindung R 196
Funkfernsprechdienst P 881
Funkfernsprechen R 192
Funkfernsprecher R 145
Funkfernsteuerung R 171, W 176
Funkfeststation B 139
Funkfeuer R 75
Funkfeuernavigation R 76
Funkfeuerüberfluganzeige O 389
Funkfrequenzspektrum R 119
Funkgerät R 98
Funkgespräch R 183, R 184
Funkhöhenmesser R 71
Funkhorizont R 125
Funkkanal R 81
Funkkommunikation R 83
Funkkompaß A 858, R 86
Funkkonzentrator B 139, R 87
Funklenkung R 122
Funkmeßempfänger R 32
Funknachrichtensystem R 84
Funknachrichtentechnik R 85
Funknachrichtenübertragung R 83
Funknavigation R 136
Funknavigationshilfen R 70
Funknavigationshilfsmittel R 70
Funknetz R 138
Funknetz mit Paketvermittlung P 30
Funknetz mit vielen Funkfeldern M 722
Funknetz mit zahlreichen Funkfeldern M 722
Funknotrufsystem D 724
Funkortung R 133
Funkortungsstation R 93
Funkortungssystem R 147
Funkpeiler R 94
Funkpeiler mit Antennenumschaltung C 860
Funkpeiler mit Sichtanzeige V 166
Funkpeilnetz D 624
Funkpeilstation R 96
Funkpeilstation für die Seefahrt M 163
Funkpeilung R 77, R 95
Funkpersonenruf R 141
Funkrufdienst R 143
Funkrufempfänger R 142
Funkrufsystem R 144
Funkrufzeichen C 205
Funkschnittstelle A 306
Funkseitenpeilung R 481
Funksendeanlage R 206
Funksendeempfangsgerät R 202
Funksender R 205
Funksignal R 162
Funksonde R 164
Funkspektrum R 167
Funksprechbetrieb R 187
Funksprechgerät R 181, R 202
Funksprechkanal R 207
Funksprechverbindung R 184
Funksprechverkehr R 191

Funksprechweg R 168
Funkstandortbestimmung R 146
Funkstation R 169
Funkstelle R 169
Funkstille R 163
Funkstörer R 108
Funkstörung R 108, R 110, R 127
Funkstrecke mit optischer Sicht L 222
Funkstreckenprofil P 158
Funksystem R 84
Funktechnik R 97
Funktechniker R 170
Funkteilnehmer M 550
Funktelefon R 145, R 181
Funktelefongerät M 550, R 181
Funktelefonie R 192
Funktelefon mit dekadischer Frequenzeinstellung S 1546
Funktelefon mit Frequenzdekade S 1546
Funktelefonnetz R 186
Funktelegrafie R 179, W 177
Funktelegrafiedienst R 177
Funktelegrafieempfänger R 176
Funktelegrafieverkehr R 178
funktelegrafisch R 173
Funktelegramm R 172
Funktionen/mit mehreren M 718
Funktionen höherer Schichten H 160
funktionsbedingte Beanspruchung F 601
funktionsbeeinflussende Instandhaltung F 595
funktionsbeeinflussende Wartung F 595
Funktionsbeschreibung F 598
Funktionsbit F 604
Funktionsblock F 596
Funktionsblockschaltbild F 597
Funktionseinheit F 603
Funktionsgeber F 607
Funktionsgenerator F 607
Funktionsgruppe M 613
Funktionskontrolle F 602
Funktionsprüfung P 245
Funktionsschaltbild F 599
Funktionsschema F 599
Funktionssicherheit D 287
Funktionsstörung M 104
Funktionstaste C 1069, F 608
Funktionsteilung F 611
Funktionsüberprüfung F 605
Funkturm A 617
Funkübertragung R 83, R 203
Funkübertragungsgerät R 204
Funkübertragungssystem R 84
Funkübertragungsweg R 129
Funküberwachung I 381
Funkverbindung R 82, R 83, R 130, W 175
Funkverbindung Bord–Boden A 304
Funkverbindung Erde–Weltraum E 38
Funkverkehr R 83, R 201
Funkvermittlungsstelle M 552
Funkverwaltungskonferenz A 243
Funkvorhersage I 652
Funkweitverkehrsverbindung L 407

Funkweitverkehrstelegrafie L 408
Funkwelle R 208
Funkwellen R 210
Funkwellenausbreitung R 209
Funkwellenstreuung R 211
Funkzielanfahrt R 123
Funkziel[an]flug R 123
Fußpunktisolator B 136
FuSt R 169
FuTelG M 550
FuVSt M 552
FVV P 264

G

GA P 129
GaAs-FET G 16
GaAs-MESFET G 2
GaAs-Schaltkreis G 1
Gabel C 1180, F 376, H 254, T 388
Gabeldämpfung H 302
Gabelkontakt C 1181
Gabelschaltung F 375, T 388
Gabelübertrager H 298
Gabelumschalter R 332
Gabelverkehr H 326
galaktisches Rauschen G 15
Galgenmikrophon B 381
Galliumarsenid-Feldeffekttransistor G 16
Galliumarsenid-Schaltkreis G 1
galvanische Kopplung D 599
galvanisches Element G 17
Gammaverteilung G 19
ganze Zahl I 326
Ganzmetallklystron A 338
Ganzwellendipol F 587
Gasentladungsdisplay G 23
Gasentladungsröhre G 24
gasgefüllter Überspannungsableiter G 24
Gassenbesetztfall S 1469
Gassenbesetzton G 964
Gassenbesetztzeichen C 963
Gassenbesetztzustand C 962
Gate G 28
Gate-Array G 30
Gatestrom G 31
Gateway I 564
Gatter G 27
Gatterfeld G 30
Gatterschaltung G 27
Gattungsadresse G 53
Gauß-Filter G 40
Gauß-Filter-Minimalphasenumtastung G 41
Gauß-Impuls G 43
Gauß-Kanal G 35
Gauß-Kurve G 36
Gaußsche Fehlerverteilung G 38
Gaußsche Kurve G 36
Gaußsche Schwundverteilung G 39
Gaußsches Rauschen G 42
Gaußsche Verteilung G 37
Gauß-Verteilung G 37
GDR C 124
geätzte Schaltung P 732
Gebäudeverkabelung B 502
Gebegeschwindigkeit K 24
Geberseite T 888
Gebiet R 243
Gebiet innerhalb der optischen Sicht L 225

Gebiet mit geringem Verkehr L 545
Gebiet mit geringer Teilnehmerdichte L 541
Gebläsekühlung F 45
gebrauchen A 660
Gebühr C 479
Gebührenangabe C 494
Gebührenanzeige C 494
Gebührenanzeige beim Teilnehmer S 1327
Gebührenerfassung beim Teilnehmer S 1327
Gebührendaten T 47
Gebühreneinheit C 110
Gebührenerfassung C 491, M 398
Gebührenerrechnung C 491
gebührenfreier Anruf F 414, N 268
gebührenfreies Gespräch N 268
gebührenfreie Zeit N 269
Gebührenimpuls C 488
Gebührennachricht C 495
Gebührenordnung T 42
gebührenpflichtige Dauer C 481
gebührenpflichtige Gesprächsdauer C 481
gebührenpflichtiger Dienstspruch P 54
gebührenpflichtiger Dienstvermerk P 55
gebührenpflichtiges Fernsehen P 166
gebührenpflichtiges Gespräch C 480
gebührenpflichtige Verbindungsdauer C 481
Gebührenstelle C 493
Gebührensystem C 497
Gebührenübernahme R 702
Gebührenwort C 483
Gebührenzähler C 109
Gebührenzählung im Ortsverkehr L 344
Gebührenzeichen C 496
Gebührenzettel T 569
Gebührenzone C 492
gebündelte Drähte B 520
gebündelter Strahl F 311
Gedächtnis M 332
gedächtnisbehafteter Kanal C 450
gedämpfte Schwingung D 4, R 732
gedämpfte Welle D 5
gedruckte Antenne P 730
gedruckte Dipolantenne P 737
gedruckte Leiterplatte P 733
gedruckte Schaltung P 732
gedruckte Verdrahtung P 738
geerdet G 145
Gefahrzeit U 69
geforderter Dienst D 269
geforderter Telekommunikationsdienst D 270
geformte Keule S 419
geführte Ausbreitung G 207
geführte Moden G 206
geführte Oberflächenwelle G 209
geführter Strahl G 208
geführte tropospärische Ausbreitung D 894
geführte Welle G 210
Gegenbetrieb D 905, T 1069

gegenelektromotorische Kraft C 1149
Gegen-EMK C 1149
gegengekoppelter Verstärker N 90
Gegengewicht C 1151
Gegeninduktivität M 840
Gegenkopplung N 89
Gegenkopplungsweg F 97
Gegenphase A 629
Gegenphasigkeit P 346
gegenseitige Störbeeinflussung von Satelliten I 586
gegenseitige Störung von Diensten I 591
gegenseitige Synchronisierung M 843
gegenseitige Synchronisierung ohne Rückführung M 844
gegenseitig synchronisiertes Netz M 842
Gegensprechanlage I 391
Gegentakt-A-Verstärker C 580
Gegentakt-B-Verstärker C 580
Gegentakt-C-Verstärker C 580
Gegentaktmischer B 52
Gegentaktmodulator B 53
Gegentaktschaltung P 994
Gegentaktstufe P 995
Gegentaktverstärker P 993
Gegentaktverstärkung P 992
gegenwärtiger Stand S 1148
Gegenzelle C 1150
geglätteter Verkehr S 780
Gehäuse B 396, C 1, C 316, F 380, H 284, P 3
Gehäuse/im B 397
Gehäuse/im hermetischen H 120
Gehäuseabstrahlung C 2
Gehäuseeinbau P 4
Gehäusestrahlung C 2
Gehäusetemperatur C 319
Geheimhaltung des Sprechverkehrs V 213
gehörmäßig A 809
Gehörpeilung A 96
Gehörschaden H 96
Gehörschädigung H 96
Geist D 813, E 50
Geisterbild D 813, E 50, E 61
Geisterecho G 73
gekoppelt O 113
gekoppelter Hohlraum C 1155
gekoppelter Hohlraumresonator C 1155
gekreuzte Leiterbahn C 1203
gekreuzte Leitung T 911
gekrümmte Bahn C 1252
gekrümmter Wellenleiter C 1253
geländeabhängiger Parameter T 395
Geldeinwurf C 742
Geldkarte P 163
Geldkartenfernsprecher C 247
Geldkartentelefon C 247
gemeinsame Abnehmerleitung C 832
gemeinsamer Betrieb zwischen Systemen I 567
gemeinsamer Rückleiter C 828
gemeinsamer Signalisierkanal C 829
gemeinsamer Träger C 812
gemeinsame Rückleitung C 828
gemeinsamer Zweig C 811

gemeinsame 354

gemeinsame Sendefrequenz C 831
gemeinsame Sende- und Empfangsantenne C 830
gemeinsame Stromversorgung C 827
Gemeinschaftsanschluß P 129
Gemeinschaftsantenne C 855
Gemeinschaftsantennenanlage C 856
Gemeinschaftsantennenbetrieb C 806
Gemeinschaftsempfang C 858
Gemeinschaftsempfänger C 857
Gemeinschaftsfernsehen C 859
Gemeinschaftsleitung P 128
Gemeinschaftsleitung für vier Anschlüsse F 361
Gemeinschaftsverkehr M 803
Gemeinschaftswellenbetrieb C 822
gemischtadriges Kabel C 900
gemischt betriebene Verbindungsleitung B 386
gemischter Multiplexer H 127
gemischtes Kabel C 900
gemischtpaariges Kabel C 795
gemittelt/über die Zeit T 578
geneigte Synchronbahn I 105
geneigte synchrone Umlaufbahn I 105
geneigte Umlaufbahn I 103
generieren G 50
Generierung G 51
genormter Schrank S 1057
genormtes Bauelement S 1060
genormte Schnittstelle S 1070, S 1072
Gentex G 54
Gentexbetrieb G 58
Gentexdienst G 59
Gentexnetz G 56
Gentexnummer G 57
Gentexverkehr G 61
Gentexvermittlung G 55
Gentexzeichengabe G 60
genutzte Betriebszeit E 98
geomagnetischer Sturm G 64
geomagnetische Störung G 63
geostationärer Satellit G 66
geostationäre Satellitenumlaufbahn G 67
geostationäre Umlaufbahn G 65
Geosynchronsatellit G 68
geozentrischer Winkel G 62
geplante Betriebszeit S 135
gepoltes Relais P 524
gepulst P 913
gequantelt Q 40
Geradeausempfang D 608, S 1234
Geradeausempfänger T 1011
Geradeausverstärker S 1235
Geradeausverstärkung S 1232
gerade Parität E 444
gerader Frequenzgang F 253
geradzahlige Harmonische E 443
geradzahlige Oberwelle E 443
Gerät E 331, S 395
Gerät abgeschaltet E 332
Gerät außer Betrieb E 332
geräteabhängig D 345
Geräteanschlußschnur F 273
gerätebezogen D 347
Gerätebuchse R 353

Gerätefehler I 307
Gerätepark I 308
gerätespezifisch D 347
Gerätesteuerung D 344
Gerätegeräusch T 681
geräteunabhängig D 346
Geräusch N 185
Geräuschabstand S 608
Geräuschanteil N 197
geräuscharmer Kanal L 529
Geräuschband N 189
Geräuschbeitrag N 198
Geräuschbeurteilungskurve N 227
Geräuschbewertung N 240, P 867
Geräuschbewertungsfilter N 242
Geräuschbewertungskurve N 241
Geräuschbilanz N 191
Geräuschburst N 192
Geräuscheinzelanschluß P 865
Geräuschleistungsdichte N 222
Geräuschleistungsverhältnis N 223
geräuschloser Drucker Q 101
geräuschloses Druckwerk Q 101
Geräuschmessung N 215
Geräuschpegel N 210
Geräuschspannung N 239, P 866
Geräuschspannungsmesser P 864
Geräuschsperre N 234
Geräuschunterdrückung N 193, N 236
Geräuschunterdrückungsfilter N 194
geräuschvoll N 243
geräuschvolle Umgebung N 247
geregelter Verstärker G 8
geregelte Verstärkung G 7
gerettete Nachricht S 74
gerichtet D 618
gerichteter Betrieb O 104
gerichteter Strahl D 615
gerichtete Übertragung D 622
gerichtete Verbindung U 71
geringe Dämpfungsabweichung S 771
geringem Nebensprechen/mit L 511
geringer Rauschbeitrag L 531
geringer Verkehr L 544
geringfügig fehlerhaft M 499
Germaniumdiode G 69
Germaniumphototransistor G 70
Germaniumtransistor G 71
gerufene Anschlußkennung C 132, C 133
gerufene Endstelle C 142
gerufene Nummer C 134
Gerufener C 136
gerufener Anschluß C 139
gerufener Benutzer C 143
gerufener Nutzer C 143
gerufener Teilnehmer C 139
gerufenes Endgerät C 142
gerufene Station C 138
Gerüst B 1
Gesamtausfall T 679
Gesamtausfallzeit T 682
Gesamtbandbreite O 363
Gesamtbezugsdämpfung O 373

Gesamtbezugsverzerrungsgrad D 221
Gesamtfrequenzgang O 361
Gesamtgeräusch T 681
Gesamtlautstärkeindex O 371
Gesamtnebensprechen O 364
Gesamtrauschen T 681
Gesamtrauschfaktor O 372
Gesamtrauschzahl O 372
Gesamtsteuerung des Signalisierungsnetzes S 568
Gesamtstrahlung T 683
Gesamtverfügbarkeit O 362
Gesamtverstärkung O 368
Gesamtverzerrung O 366
Gesamtverzögerung O 365
Gesamtwirkungsgrad O 367
gesättigter Kern S 64
geschäftlicher Anruf B 541
geschäftliches Gespräch B 541
Geschäftsanschluß B 546
Geschäftseinzelanschluß B 542
Geschäftsraum B 545
Geschäftssammelanschluß B 544
geschichtete Dielektrika L 49
geschirmte Rahmenantenne S 429
geschirmter Rahmen S 429
geschirmtes Fernkabel S 430
geschirmtes Paar S 146
geschlossen/in sich S 239
geschlossene analytische Lösung C 628
geschlossene Benutzergruppe C 630
geschlossene Codierung C 902
geschlossene Numerierung C 629
geschlossener Numerierungsplan C 627
geschlossenes Farbfernsehsignal C 901
geschlossene Teilnehmergruppe C 630
geschlossene Teilnehmerklasse C 630
geschützter Schlüssel S 189
geschütztes Feld P 834
geschweißter Aluminiummantel W 120
Geschwindigkeit auf der Umlaufbahn O 232
Geschwindigkeitsmodulation V 49
Geschwindigkeitstoleranz S 996
gesicherte Mitteilungsübermittlung S 199
gesicherte Übertragung S 200
gespeicherte Ansage R 380
gespeicherte Rufnummer S 1225
gespeichertes Programm S 1227
Gespräch C 97, C 1087
Gespräch mit Voranmeldung A 661
Gesprächsanmeldung B 377
Gesprächsdaten C 123
Gesprächsdatenregistrierung C 124
Gesprächsdatenspeicher C 125
Gesprächsdauer D 912
Gesprächsende E 259
Gesprächsgebühr C 108

Gesprächsgebührenerfassung C 111
Gesprächsgebührenzähler C 109
Gesprächsgeheimhaltung V 213
Gesprächsgeheimnis V 213
Gesprächskanal S 958
Gesprächstaxe C 108
Gesprächstaxzähler C 109
Gesprächsübernahme C 192
Gesprächsüberwachung C 206
Gesprächsumlegung C 208
Gesprächsverbindung C 97
Gesprächszähler C 191, S 1324
Gesprächszeit D 912
Gesprächszeitbegrenzung C 1089
Gesprächszeitmesser C 482
Gesprächszeitregistrierung C 130
Gesprächszettel T 569
Gesprächszettelausstellung T 570
Gespräch zu Festgebühr F 262
Gespräch zu Pauschaltarif F 262
gestaffeltes Vielfach G 95
Gestaltung C 958
Gestell R 1
Gestellrahmen B 182, F 380, R 1
Gestellverdrahtung C 41
gesteuert/durch Firmware F 205
gesteuerte Leitwegumlenkung C 1071
gesteuerter Schlupf C 1070
gesteuerter Slip C 1070
gesteuerter Strahl S 118
gesteuerte Verkehrsrücklenkung C 1071
gestört D 207, F 88, O 323
gestörter Block D 754
gestörte Richtfunkverbindung D 756
gestörter Kanal D 755
gestörtes Schwarz N 244
gestörtes Signal D 757
gestörte Übertragung D 758
Gestörtzeichen O 324
gestrichelte Kurve B 489
gestrichene Gesprächsanmeldung C 219
getaktete Stromversorgung S 1454
getasteter Träger K 15
getastetes Signal K 17
geträgerter Fernsprechkanal T 170
geträgerter Impuls C 284
getrennte Aufzeichnung R 383
getrennte Codierung C 895
getrennter Tonträger S 325
Getrenntlagebetrieb T 1052
getriggerter Generator T 945
Getter G 72
gewählte Nummer D 361
gewählte virtuelle Verbindung V 145
gewartete Reserve M 79
Gewicht eines binären Codewortes W 118
gewichtet W 109
gewichtete Decodierung W 112
gewichtete Entscheidung W 111

gewichteter Mittelwert W 113
Gewicht pro Längeneinheit W 119
Gewinn G 3
Gewinn durch Antennenhöhe H 108
Gewinn durch Ortsdiversity S 725
Gewinn in der Hauptachse M 54
Gewinnung neuer Märkte M 190
gewobbelte Frequenz W 191
gewöhnliches Dienstgespräch O 238
gewöhnliches Gespräch O 236
gewöhnliches Privatgespräch O 237
gewollter Störer J 3
gewollte Störung J 4
„gezähmte" Frequenzmodulation T 11
GHz G 74
Gierwinkel Y 4
Gigahertz G 74
Gitter G 120, L 41
Gitterableitwiderstand G 129
Gitter-Anoden-Kapazität G 133
Gitteraussteuerung G 136
Gitterbasisverstärker G 147
Gittercode T 935
Gitterfehlstelle V 1
Gittergleichrichtung G 126
Gitterkondensator G 123
Gitterkonstante L 42
Gitterlücke V 1
Gittermasche G 130
Gittermast L 44
Gitternetz G 115, G 132
Gitterpotential G 134
Gitterspannung G 134
Gitterspannungsmodulation G 131
Gittersteuerleistung G 127
Gittersteuerung G 124
Gitterstrom G 125
Gittertastung G 128
Gittervorspannung G 122
Gitterwiderstand G 135
Glasfaser G 78
Glasisolator G 79
gleichfarbig H 246
Gleichfrequenzstörung C 719
gleichgewichtiger Code W 110
Gleichgewichtszustand B 49
Gleichkanal ... C 663
Gleichkanalabstand C 671
Gleichkanalbetrieb C 668, O 252
Gleichkanalfunkstörung C 670
gleichkanalig C 663
Gleichkanalschutzabstand C 669
Gleichkanalsender C 672
Gleichkanalstörer C 667
Gleichkanalstörung C 666
Gleichkanalwiederholabstand C 671
Gleichlagebetrieb C 823
Gleichlauf S 1504
Gleichlauf herstellen T 691
Gleichlaufinformation S 1521
Gleichlaufkreise G 21
Gleichlaufschwankung F 299
gleichmäßige Quantisierung U 78
gleichmäßige Wichtung F 270

gleichphasig I 236
Gleichrichter R 394
Gleichrichterdiode R 395, S 282
Gleichrichtung R 393
Gleichspannung D 607
Gleichspannungsmesser D 140
Gleichspannungspegel D 137
Gleichspannungswandler D 132
Gleichstromanteil D 602
Gleichstromkomponente D 602
Gleichstrompegel D 137
Gleichstromsignalisierung D 603
Gleichstromspeisung D 604
Gleichstromtelegrafie D 605
Gleichstromübertragung D 606
Gleichstromumrichter D 132
Gleichstromverstärker D 601
Gleichstromwandler D 132
Gleichstromwecker T 937
Gleichstromwiderstand D 138
Gleichstromzeichengabe D 603
Gleichtaktunterdrückung C 825, C 826
Gleichtaktunterdrückungsverhältnis C 826
gleichverteilt E 324
Gleichwellenrundfunk C 822
gleichzeitig C 940
gleichzeitige Verarbeitung C 941
Gleichzeitigkeit von Schwundeinbrüchen S 651
Gleitfenster S 745
Gleitkomma F 287
Gleitkommarechnung F 288
Gleitkontakt S 743
Gleitschiene S 744
Gleitstrahlbake G 80
Gleitweganlage des Instrumentenlandesystems I 310
Gleitwegbake G 80
Gleitwegfunkfeuer G 80
Glied S 190
π-Glied N 105
Glimmentladung G 84
Glimmerkondensator M 404
Glimmlampe G 85
Glimmspannung G 86
Glimmstrom G 83
globaler Name G 82
Glocke B 222
Glockenimpuls S 653
Glockenklöppel B 223
Glockenkurve B 225
Glühkatodenröhre E 190
Goniometer R 121
Goniometerpeiler C 1201
Goniometersuchspule G 90
Goubau-Leitung G 91
GPG B 149
GPS G 81
GQG B 164
Gradientenmikrophon G 98
Graetz-Gleichrichter B 435, G 101
Graetz-Schaltung B 435
Granat G 22
Graphentheorie G 114
Graphikabtaster G 109
Graphikdisplay G 107
Graphiksichtgerät G 107, G 112
Graphikterminal G 112
Graphikzeichen G 103
graphisch darstellen G 102
graphische Anzeige G 106

graphischer Zeichenvorrat G 105
graphisches Element G 108
graphisches Sichtgerät G 107
graphisches Terminal G 112
graphisches Zeichen G 103
Graukeil G 119
Graupegel G 118
Grauskala G 119
Grenzbedingung B 392
Grenzdaten M 252
Grenzfläche I 419
Grenzfrequenz C 1190, C 1277
Grenzgebiet F 563
Grenzpunkt C 1279
Grenztemperatur L 143
grenzüberschreitender Datenfluß T 751
grenzüberschreitender Rundfunk T 750
Grenzverkehr F 569
Grenzwellenlänge C 1282
Grenzwellenlängenmessung C 1283
Grenzwert L 141, M 251
Grenzwert der digitalen Summe D 521
Grenzwertproblem B 395
Grenzwertprüfung M 159
Grenzzugfestigkeit U 9
Griff H 43
Großbasisspeiler W 126
großer Dynamikbereich W 144
große Steilheit H 214
Großflächensystem W 127
großflächiges System W 127
Großfunkstation H 187
Großfunkstelle H 187
Großintegration I 21
Großkreisabweichung L 40
Großkreisentfernung L 117
Großkreispeilung L 430
Großrundfunksender H 186
Großschreibung U 134
Großsendeanlage H 187
Großsender H 188
Großsignalanalyse L 22
Großsignalbetrieb L 27
Großsignalkriterien L 24
Großsignalmodell L 25
Großsignalmodellierung L 26
Großsignalverhalten L 23
Großstadtbereich U 141
Großstation H 187
größte zulässige Nutzleistung O 408
Größtintegration V 78
Grubenfunkgerät M 479
Grundausführung H 144
Grundbezug der Session B 162
Grundbündel B 166
Grundcodetabelle B 143
Grundfläche F 291
Grundfrequenz B 135, F 613, P 433
Grundgebühr F 222
Grundgerät B 146
Grundgeräusch B 155
Grundgruppe B 149, G 173
Grundgruppenumsetzer G 197
Grundhalbglied P 852
Grundkettenfilter C 999
Grundkettenhalbglied P 852
Grundkomponente F 612
Grundlage B 113
Grundlastbündel F 208
Grundleitung L 206
Grundlinie der Zeichen C 454

Grundmodell B 154
Grundplatine M 662
Grundplatte B 138
Grundposition H 242
Grundprimärgruppe B 149
Grundprimärgruppenfrequenzband B 150
Grundprinzip B 158
Grundquartärgruppe B 164
Grundrauschen B 9, B 155
Grundriß F 290
Grundschwingung F 614
Grundsekundärgruppe B 163
Grundstellung H 242, N 361
Grundsystem B 165
Grundtarif B 159
Grund-Tertiärgruppe B 151
Grund-Übergruppe B 163
Grundübertragungsdämpfung B 157
Grundübertragungsdämpfungsmaß F 419
Grundvorspannung F 220
Grundwellenlänge F 617
Gruppenanruf G 174
Gruppenantenne A 688
Gruppencharakteristik A 689
Gruppencode G 177
Gruppenempfangsantenne R 341
Gruppenfrequenz G 183
Gruppengeschwindigkeit G 199
Gruppenidentifizierungssignal G 184
Gruppenkoppler G 195
Gruppenlaufzeit G 178
Gruppenlaufzeitänderung G 181
Gruppenlaufzeitcharakteristik G 179
Gruppenlaufzeitdifferenz D 410
Gruppenlaufzeitentzerrer D 241, G 180
Gruppenlaufzeitverhalten G 179
Gruppenlaufzeitverzerrung D 242
Gruppenpilot G 189
Gruppenruf G 174
Gruppensensor S 322
Gruppentausch F 477
Gruppentrennung G 194
Gruppenumsetzergestell B 183
Gruppenwähler G 192
Gruppenwahlstufe G 193
Gruppenverbinder T 999
Gruppenverbindung G 185
Gruppenverbindungsplan T 991
Gruppenvermittlungsstelle G 196
Gruppenverzögerung G 190
GrVSt G 196
GSG B 163
G/T F 153
GTG B 151, C 630
G/T-Verhältnis G 201
Gültigkeitsbereich eines Namens T 641
Gültigkeitskontrolle V 5
Gültigkeitsprüfung V 5
Gummikabel R 825
Gummilinse Z 30
Gunn-Diode G 214
Gunn-Element G 213
Gunn-Oszillator G 215

Gutachten

Gutachten E 479
Gutachtertätigkeit E 479
Güte Q 2
Gütefaktor F 153, Q 2
Gütekontrolle Q 29
Gütekontrolleur Q 30
Gütekontrollingenieur Q 30
Gütesicherung Q 28
Gütezahl Q 2
Gutquittung P 559
GVV V 145
Gyrator G 220
Gyrofrequenz G 221
gyromagnetische Frequenz G 222
gyromagnetische Resonanz G 223
Gyrotron G 224

H

H H 144
H-Ablenkung H 261
H-Adcock-Peiler H 287
Hafenradar P 553
Haftschicht A 215
Hageldämpfung A 760
Haken M 254
Hakenumschalter R 332
Halbaddierer H 1
halb amtsberechtigte Nebenstelle P 117
halbautomatisch S 267
halbautomatischer Betrieb S 269
halbautomatischer Dienst S 269
halbautomatische Vermittlung S 268
Halbband H 5
Halbbild F 382
Halbbilddauer F 136
Halbbildquincunx-Struktur F 143
Halbduplex H 8
Halbduplexapparat H 9
Halbduplexbetrieb H 13
Halbduplex-Funksprechverbindung S 288
Halbduplexkanal H 10
Halbduplexleitung H 11
Halbduplexmodem H 12
Halbduplexübertragung H 15
Halbduplexübertragungsweg H 11
Halbduplexverbindung H 11
Halbduplexverkehr H 14
halbdurchlässig S 294
Halbechosperre H 16
halbempirisch S 289
Halbglied L 293
halbisolierendes Substrat S 291
Halbkanal H 6
halbkontinuierliche Zeichengabe S 284
Halbkreisfehler S 271
Halbkreisfehlerkomponente S 270
Halbkugel H 118
halb-kundenspezifische Anwendung S 285
halb-kundenspezifischer Baustein S 286
Halbleiter S 272
Halbleiterbauelement S 276

halbleiterbestückt A 358
Halbleiterdetektor S 275
Halbleiterdiode S 277
Halbleiterelemente aus quaternären Verbindungen Q 82
Halbleitergleichrichter S 281
Halbleiter-Gleichrichterdiode S 282
Halbleitergleichung S 278
Halbleiterkristall S 274
Halbleiterlaser S 279
Halbleiterquelle S 283
Halbleiterscheibe W 1
Halbleiterspeicher S 280
Halbleiter-Spitzentechnologie A 249
Halbleiterverbindung S 273
Halbperiode H 7
Halbraum H 21
halbreflektierend S 293
Halbton H 22
Halbtonbild H 23
Halbwelle H 24
Halbwellenanpassungsleitung H 27
Halbwellenantenne H 25
Halbwellendipol H 26
Halbwellenreflektordipol P 100
Halbwellenstichleitung H 27
Halbwertsapertur H 17
Halbwertsbreite F 589, H 18
Halbwertsdauer F 581, H 2
Halbwertsimpulsbreite H 3
Halbwertsöffnung H 17
Halbwertspunkt H 19
Halbwertszeit F 581
Halbwertszeit eines Impulses F 581
Hall R 697
Hall-Generator H 32
Hall-Sonde H 31
Haltebereich H 230
Halten von Verbindungen C 152
Halterung M 665
Halteschaltung H 228
Haltespannung B 241
Haltestrom H 227
Hamming-Abstand H 36
Hamming-Code H 35
Hamming-Distanz H 36
Hamming-Fenster H 37
Handapparat H 48, H 60
Handapparat abgehoben H 51
Handapparat abheben R 555
Handapparat aufgelegt H 52, O 108
Handapparateschnur H 49
Handapparat für geräuscherfüllte Umwelt N 249
Handapparat mit Sprechtaste P 998
Handapparattelefon H 53
handbedientes Fernsprechsystem M 146
handbedientes Telefonsystem M 146
Handbedienung M 135
handbetätigter Ruf M 139
Handbetrieb M 135
Handfunkfernsprecher H 41
Handfunksprecher W 9
Handfunksprechgerät H 38
Handfunktelefon H 41
Handgriff H 43
handhaben M 113
Handhabung M 114
Handlocher K 11, P 240

Handmikrophon H 40
Handruf M 139
Handschriftschreiber T 316
Handshake-Verfahren H 59
Handsteuerung H 39
Handtaste K 4
Handtastung M 127
handvermittelter Dienst M 141
handvermitteltes Ferngespräch M 150
handvermitteltes Gespräch M 129
handvermitteltes ZB-Netz C 809
Handvermittlung M 126, M 142, S 1445
Handvermittlung erreichbarer Teilnehmer/über M 144
Handvermittlungsplatz M 143
Handvermittlungsstelle M 126
Handvermittlungssystem S 1446
Handvermittlungszentrale M 134
H-Antenne H 62
Hardware H 71
Hardware-Anordnung H 72
Hardware-Beschreibungssprache H 73
Hardware-Modellierung H 74
Hardware-Struktur H 75
Harmonische H 77
harmonische Aussendungen H 87
Harmonische höherer Ordnung H 159
harmonische Schwingung H 86
harmonische Verzerrung H 79
harmonische Welle H 89
harte Entscheidung H 66
harter Begrenzer H 68
harte Umweltbedingungen H 67
Haufen C 635
Häufigkeit H 423, R 485
Häufigkeitsregelung B 438
Häufigkeitsverteilung F 454
Hauptabschnitt M 70
Hauptachse M 97
Hauptamt M 62, M 80, P 104
Hauptanschluß M 74, S 1336
Hauptanschlußleitung E 466, S 1332
Hauptdatei M 207
Haupteinflugzeichen M 64
Haupteinheit M 221
Hauptendübertragungsstelle M 96
Hauptfernsprechamt M 80
Hauptfrequenz P 715
Hauptgruppentrennung F 164
Hauptkabel M 58
Hauptkanal F 339
Hauptkeule M 63
Hauptkoppelfeld G 195
Hauptleiterplatte M 57
Hauptmodul M 65
Hauptplatine M 57
Hauptreflektor M 66
Hauptschalter M 76
Hauptspeicher W 200
Hauptstation M 74
Hauptstelle M 74
Hauptstrahl M 55
Hauptstrahlrichtung M 56
Hauptstrahlungskeule M 63
Hauptstrahlungsrichtung M 56

Hauptteil der IP-Mitteilung B 373
Haupttelegrafenamt C 374
Hauptträger M 59
Hauptübertragungsstelle M 67
Hauptverkehrsstunde B 553
Hauptverkehrsstunde des Netzes N 112
Hauptverkehrszeit B 557
Hauptvermittlungsstelle M 62
Hauptverstärkeramt M 67
Hauptverteiler M 61
Hauptzentrale M 62
Hausfernsprechanlage P 764
Hausfernsprecher H 283
Hausfernsprechzentrale P 763
Haussprechanlage H 238
Haustelefon H 283
Haustelefonzentrale P 763, S 1331
Haustelekommunikationszentrale P 761
Hauszentrale P 754
Hauszentrale mit Handvermittlung P 759
Hauteffekt S 731
Havarieumschaltung E 218
HDB3-Code H 90
HDLC-Prozedur H 178
HDLC-Verfahren H 178
Hebdrehwähler S 1252
Heimatdatei H 240
Heimatfunkvermittlungsstelle H 241
Heimempfang I 152
Heim-Terminal H 243
Heimverbundnetz H 237
heiße Reserve H 280
heiße Seite H 197
heißes Ende H 197
Heißleiter T 489
Heizfaden F 155
Heizspannung F 157
Heizstrom F 156
Helligkeit B 437
Helligkeitsregelung B 438
Helligkeitssignal B 439
Helligkeitsumkehrung P 122
Hell-System H 117
Helmholtzscher Satz T 496
Hemisphäre H 118
HEMT H 158
Herabsetzung D 218
hergestellte Verbindung/durch Wählen D 360
hermetisch abgeschlossen H 121
hermetisch verkapselt H 120
herstellen E 420
Hersteller integrierter Schaltungen I 2
herstellerübergreifende Verbindungsmöglichkeit M 830
Herstellung S 400
Herstellungsmethode F 1
Herstellungstechnik M 157
Hertzscher Dipol H 122
Hertzsche Welle R 208
Hertzsche Wellen H 123
Herzkurve C 246
heterochron H 124
Heterodiode H 129
Heterodynempfang H 125
heterogener Multiplexer H 127
Heterostruktur H 130
heterosynchron N 342
Heteroübergang H 128

Heuler H 285
hexadezimal H 131
Hexadezimalzahl H 132
HEZ M 64
HF R 101
HF-Bandbreite R 103
HF-Bereich R 116
HF-Drossel R 107
HF-Eingangsstufe P 693
HF-Geräusch R 139
HF-Kabel H 163
HF-Kanal R 105
HF-Leistungsgenerator R 113
HF-Meßsender R 118
HF-Rauschleistung R 112
H-Frequenz L 198
HF-Schutzabstand R 114
HF-Signal R 117
HF-Spannung H 174
HF-Speiseleitung R 109
HF-Störabstand R 120
HF-Störung R 127
HF-Stufe F 564, H 172
HF-Träger R 104
HF-Verstärker R 102
HF-Vorstufe P 693
Hierarchieebene H 139
Hierarchiestufe H 139
hierarchische Codierung H 138
hierarchischer Transmultiplexer H 142
hierarchischer Zugriff H 137
hierarchisches gegenseitig synchronisiertes Netz H 143
hierarchisches Netz H 140
hierarchisches synchronisiertes Netz H 140
hierarchische Verkehrslenkung H 141
high H 144
High-Q-Triplate H 192
Highway H 220
Hilfsantenne E 215
Hilfsdaten E 312
Hilfsgerät A 497
Hilfskanal A 912, B 36
Hilfskontakt A 914
Hilfsreflektor A 916
Hilfsstromkreis A 913
Hilfsträgeramplitude S 1272
Hilfsträgerfrequenz S 1273
Hilfsträgerfrequenzmodulation S 1274
Hilfsträgergenerator S 1275
Hilfsweg E 223
Hindernis O 13
Hindernisfeuer A 268
Hindernisfreiheit der ersten Fresnel-Zone F 213
Hindernisgewinn O 12
Hinderniswarnradar T 394
hintere Austastschulter B 15
hintere Schwarzschulter B 15
Hin- und Rückleitung G 87
Hinweisansage A 528, S 380
Hinweiston I 201, N 405
hinzufügen A 169
Histogramm H 222
Hitzdrahtspule H 99
Hitzeschock T 484
H-Modus T 339
hoch H 144
Hochantenne R 763
hochauflösendes Fernsehen H 155
Hochdruck-Polyethylen-Isolierung H 156
hochentwickelt A 248, S 824

hochfrequenter Störer R 108
hochfrequenter Träger R 104
hochfrequente Spannung H 174
hochfrequentes Rauschen R 139
hochfrequente Störung R 108, R 110
hochfrequente Strahlung R 115
Hochfrequenz H 161, R 101
Hochfrequenzbandbreite R 103
Hochfrequenzdrossel R 107
Hochfrequenzgenerator H 166
Hochfrequenzgeräusch R 139
Hochfrequenzgeräuschleistung R 112
Hochfrequenzinduktionsofen H 167
Hochfrequenzkabel H 163
Hochfrequenzkanal R 105
Hochfrequenzleistungsgenerator R 113
Hochfrequenzmeßsender R 118
Hochfrequenzschutzabstand R 114
Hochfrequenzsignal R 117
Hochfrequenzspannung H 174
Hochfrequenzspeiseleitung R 109
Hochfrequenzstörabstand R 120
Hochfrequenzstrahlung R 115
Hochfrequenzstufe H 172
Hochfrequenzverstärker R 102
Hochgeschwindigkeits... H 199
Hochgeschwindigkeitsanwendung H 200
Hochgeschwindigkeitsbus H 201
Hochgeschwindigkeits-LAN H 203
Hochintegration L 21
Hochintegrationstechnik L 550
hochintegrierter Frequenzsynthese-Schaltkreis F 552
hochintegrierter Schaltkreis L 549
hochintegrierte Schaltung L 549
hochkanaliges Richtfunksystem H 151
hochkanaliges Übertragungssystem H 152
Hochleistungs... H 183
hochliegender Wellenleiter E 204
hochohmig H 195
hochohmiger Widerstand H 194
hochohmiges Voltmeter H 177
Hochohmwiderstand H 194
hochpaariges Fernsprechkabel L 20
hochpaariges Kabel H 150
Hochpaß H 182
Hochpaßfilter H 182
Hochqualitätsfernsehen H 155
hochratig H 193
hochratige Modulation H 205
hochstabiler Taktgeber H 211
höchste brauchbare Übertragungsfrequenz M 254
höchste Modulationsfrequenz M 247

Höchstfrequenzbauelement M 437
Höchstfrequenzbereich M 456
Höchstfrequenzdiode M 438
Höchstfrequenzempfänger M 457
Höchstfrequenzferritbauelement M 440
Höchstfrequenzfilter M 442
Höchstfrequenzgenerator M 444
Höchstfrequenzmischer M 451
Höchstfrequenzröhre M 466
Höchstfrequenzschaltung M 436
Höchstfrequenzsignal M 459
Höchstfrequenzspinell M 460
Höchstfrequenztransistor M 463
Höchstfrequenz-Transistorverstärker T 802
Höchstfrequenzverstärker M 434
Höchstfrequenzwelle M 433
Höchstintegration V 78
Höchststromrelais O 375
Höchstwert der Sprechleistung P 206
höchstwertiges Bit M 659
höchstwertiges Codeelement M 661
höchstwertiges Zeichen M 660
höchstzulässiger Wert M 249
Hochtechnologie H 213
Hochtechnologie/mit H 212
Hochvoltschaltkreis H 218
Hochvolttransistor H 219
Hochzahl E 482
hochzeiliges Fernsehen H 155
Hof H 33
hohe Abtastfrequenz H 196
hohe Abtastrate H 196
hohe Ausbeute H 221
hohe Bitrate H 148
hohe Datenrate H 153
Höhe der Satellitenbahn O 229
hohe Flankensteilheit H 198
hohe Impulsfolgefrequenz H 189
hohe Impulsfrequenz H 189
hohe Integrationsdichte L 21
hohe mechanische Beanspruchung S 410
Höhen-Azimutmontierung A 384
Höhenbedeckung V 56
Höhen-Entfernungs-Darstellung R 247
Höhenkanal E 204
Höhenmesser A 397
Höhenmeßradar H 107
Höhenüberdeckung V 56
Höhenwinkel A 510
höhere Harmonische H 159
höhere Oberschwingung H 159
höhere Programmiersprache H 179
hoher Integrationsgrad L 21
höherstufige Modulation M 735
hoher Verstärkung/mit H 175
hoher Widerstand H 194
hoher Wirkungsgrad H 157
hohes Winkelauflösungsvermögen H 146

Höhe über Grund G 143
Hohlleiter H 234, W 51
Hohlleiterabschnitt W 67
Hohlleiterausgang W 65
Hohlleiterbauelement W 53
Hohlleiterblende W 60
Hohlleiterbolzen W 66
Hohlleiterdichtung W 59
Hohlleiterfilter W 58
Hohlleiterflansch F 243
Hohlleiter-Koaxial-Übergang W 69
Hohlleiterkopplung W 55
Hohlleiterlinse W 62
Hohlleiter mit Ovalquerschnitt E 211
Hohlleiterpfosten W 66
Hohlleiter-Schlitzantenne S 760
Hohlleiterstoßstelle W 56
Hohlleitertransformator W 70
Hohlleiterverbindung W 61
Hohlleiterverbindungsstück W 61
Hohlleiterzuführung W 57
Hohlleiter zum Phasenabgleich P 295
Hohlraum C 336
Hohlraumfilter C 337
Hohlraumresonator C 338
Hohlraumresonatorfilter C 337
Hohlwellenleiter H 234
holen F 125
Holografie H 236
Hologramm H 235
Holzmast W 193
homochrom H 246
homochron H 247
Homodynempfang H 248
Homodynempfänger Z 11
homogen H 249
homogener Abschnitt H 251
homogenes Multiplex H 250
homogene Struktur H 252
Honigwabenstruktur H 253
Hörbarkeit A 772
Hörbarkeitsschwelle T 542
Hörbereich A 776
Höreindruck A 811
Hörempfang A 813
Hörempfindung A 811
Hören bei aufliegendem Handapparat O 111
Hörer R 321, T 215
Hörer abgehoben H 51
Hörer abheben R 555
Hörer aufgelegt H 52
Hörermuschel E 1
Hörfrequenz A 784
Hörfrequenzbereich A 797
Hörfunk S 828
Hörhilfe H 95
Horizontalablenkung H 261
Horizontalablenkverstärker X 1
Horizontalauflösung H 260
Horizontalaustastlücke H 259
Horizontaldiagramm H 262
horizontale Langdrahtantenne F 267
Horizontalentfernung G 154
horizontale Polarisation H 266
horizontales Richtdiagramm H 263
Horizontalfrequenz L 198
Horizontalpolarisation H 266
horizontal polarisiert H 264
horizontal polarisierte Welle H 265

Horizontalsynchronimpuls
H 267
Horizontaltabulator H 268
Hörkapsel E 4
Hörkopf R 595
Hörminimummethode A 812
Hörmuschel E 1
Hornantenne H 269
Hornantennenprimärstrahler
H 270
Hörnerableiter H 272
Hörnerfunkenstrecke H 272
Horn mit Phasenkorrektur
P 311
Hornparabol H 226
Hornparaboloidantenne H 274
Hornreflektor H 275
Hornstrahler H 269
Hörpeilung A 96, A 810
Hörrundfunk S 828
Hörrundfunkempfänger S 829
Hörschall A 780
Hörschwelle A 773, H 97/8
Hörtonempfänger T 667
Hörverhalten L 288
Hörzeichen A 779
Host-Computer H 276
Host-Prozessor H 277
Host-Rechner H 276
Hot-Carrier-Diode H 278
H-Sektorhorn H 286
HTA C 374
H-Typ T 339
Hubarbeitsbühne E 205
Hubschraubermessung des
  Strahlungsdiagramms H 115
Hubverhältnis D 342
Hüllkurve E 305, E 307
Hüllkurvendemodulation E 308
Hüllkurvendetektor E 309
Hüllkurvengleichrichtung
  E 308
Hüllkurvenmodulation E 310
Hülsenverbinder J 29
Humanfaktoren H 290
HV M 126
H-Verzweiger S 492
HVSt M 62
HVStd B 553
H-Welle T 456
Hybrid H 296
Hybridcodierung H 297
Hybridcodierung im Frequenzbereich H 300
hybridintegrierte Schichtschaltung H 301
Hybridkoppler H 299
Hybridmikroelektronik H 304
Hybridschaltkreis H 301
hydroakustische Signalübertragung H 305
Hydrometeor H 306
Hydrometeorstreuung H 307
Hydrophon H 308
Hyperbel-Funkortung H 309
Hyperbel-Navigation H 310
Hyperbel-Navigationsverfahren H 311
Hyperbel-Ortung H 309
hypothetische Bezugsverbindung H 314
hypothetischer Bezugskreis
  H 313
hypothetische Referenzstrecke
  H 314
Hysterese H 316
Hysteresis H 316

Hysteresiskurve H 317
Hysteresisschleife H 318
Hysteresisverlust H 319
HZ M 62

I

IC I 330
IC-Hersteller I 2
IC-Sockel I 4
idealer Kennzeitpunkt I 6
idealer Wandler I 7
ideale Verständlichkeit I 5
ideal leitend P 232
Identifikationsfeld I 9
identifizieren I 13
Identifizieren I 8
Identifizierung I 8, I 12
Identifizierung böswilliger Anrufe M 108
Identifizierung der gerufenen
  Nummer C 135
Identifizierung der rufenden
  Nummer C 170
Identifizierung der gerufenen
  Anschlusses C 132
Identifizierung des Netzbenutzers N 157
Identifizierung des rufenden
  Anschlusses C 166
IDN I 333
IFRB I 530
IGFET I 316
I-HEMT I 622
IIR-Filter I 179
Ikonoskop I 3
IKZ P 955
I^{2}L I 24, I 337
I^{2}L-Logik I 24
ILS I 309
ILS-Gleitweganlage I 310
ILS-Landekursanlage I 311
IM I 495
IMA I 497
imaginäre Antenne I 30
Imaginärteil I 54
Im-Band-Signalisierung I 97
Im-Band-Zeichengabe I 97
Immunität gegenüber elektromagnetischen Störungen
  I 59
IMPATT-Diode I 61
IMPATT-Oszillator I 65
Impedanz I 66
Impedanzanpassung I 71
Impedanzbrücke I 67
Impedanzdiagramm I 70
Impedanzfehlanpassung I 76
Impedanzinverter G 220
Impedanzkopplung C 824
Impedanzmeßbrücke I 67
Impedanzmeßgerät I 75
Impedanztransformation I 79
Impedanzverhältnis I 77
Impedanzwandler I 69
Impedanzwandlung I 68, I 79
implementieren I 82
Implementierung I 83
Impuls I 84
Impulsabfallzeit P 909
Impulsabstand P 957
Impulsabtastung P 947
Impulsamplitude P 896
Impulsanstiegszeit L 65, P 946
Impulsantwort P 945
impulsartige Störung I 88
Impulsausbreitung P 939

Impulsbetrieb P 912
Impulsbetrieb/im P 932
Impulsbreite P 914
Impulsbündel P 963
Impulscharakteristik P 945
Impulscode I 85
Impulsdauer P 914
Impulsechomesser P 917
Impulse in der Sekunde P 959
Impulse je Sekunde P 959
Impulserzeugung P 921
Impulsflanke P 918
Impulsflankensteilheit P 956
Impulsfolge P 949, P 964
Impulsfolgefrequenz P 943,
  P 944
Impulsform P 950
Impulsformer P 951
impulsförmiges Störgeräusch
  I 89
impulsförmige Störung I 89
Impulsformung P 952
Impulsformungsfilter P 953
Impulsgabe P 970
Impulsgeber O 327, P 922
Impulsgenerator P 922
Impulsgeräusch I 94
Impulshöhe P 896
Impulskennzeichen P 954
Impulskennzeichengabe P 955
Impulskohärenz I 574
Impulskompression P 906
Impulslage P 934
Impulslänge P 914
Impulslaufzeit P 966
Impulsmodulator I 87
Impuls-Phasenverschiebungswinkel P 318
Impulsprofil P 938
Impulsregenerator P 942
Impulsregenerierung P 941
Impulsrückflanke P 962
Impulsschachtelung P 923
Impulssender P 967
Impulsserie P 964
Impulssignal P 954
Impulssignalisierung P 955
Impulsspektrum P 958
Impulsspitze P 933
Impulsspitzenleistung P 203
Impuls-Sprung-Meßsignal
  P 901
Impulsstopfen J 58
Impulsstörung I 88
Impulsstörungen P 910
Impulstastverhältnis D 919,
  P 916
Impulstelegrafie I 90
Impulsübertrager P 965
Impulsumkehrer P 925
Impulsverbreiterung P 902
Impulsverhältnis I 93
Impulsverlängerung P 902
Impulsverschachtelung P 923
Impulsverstärker P 895
Impulsverzögerung P 966
Impulsverzerrung P 911
Impulsvorderflanke P 926
Impulswahl P 948
Impulswahlverfahren P 948
Impulswelle P 968
Impulszähler P 907
Impulszähltechnik P 908
Impulszeichengabe P 955
IN I 356
inaktive Zeichenabgabeleitung
  I 96

Inband-Signalisierung I 97
Inband-Zeichengabe I 97
Inbetriebnahme P 999, T 1031
In-Betrieb-Überwachung I 235
Index I 136
Indextabelle I 136
Indikator I 141
indirekt O 53
indirekte Rückstreuung I 146
indirekte Steuerung I 147
indirekt geheizte Katode I 148
indirekt geheizte Röhre I 149
Indiumphosphid-Gunn-Diode
  I 150
individuelle Abnehmerleitung
  I 153
individueller Verzerrungsgrad
  D 222
indizieren I 135
Indizierung I 137
Induktanz I 159
Induktionsfeld I 163
Induktionsheizung I 166
Induktionsofen I 165
Induktionsschleife I 167
Induktionsspule I 161, I 162
induktiv I 168
induktive Ankopplung M 841
induktive Belastung I 169
induktive Blende I 170
induktive Kopplung M 841
induktive Last I 169
Induktivität I 159, I 161
Induktivitätsmeßbrücke I 160
industrielles Fernsehen C 625,
  I 177
Industriefernsehen I 177
Industriefrequenz I 173
industrielle Elektronik I 171
industrielles Störgeräusch
  M 118
industrielle Störquelle M 119
industrielle Störungen M 118
industrielle Umwelt I 172
industrielle, wissenschaftliche
  und medizinische Geräte
  I 176
Industrieroboter I 175
Industriestörungen I 174
induzieren I 158
ineinandergreifen I 454
Informatik C 930, D 77
Information I 181
Informationsabruf I 194
Informationsaustausch C 833
Informationsbits I 184
Informationsdisplay I 188
Informationselement I 696
Informationsfeld I 190
Informationsfluß I 191
Informationskanal I 187
Informationsquelle I 198
Informationsrate I 193
Informationssenke I 197
Informationstheorie I 200
Informationsträger D 22, D 82,
  I 185
Informationsträgerkanal I 183
Informationstrennung I 196
Informationstrennzeichen I 196
Informationsübermittlung
  C 833, D 107
informationsübertragendes
  Signal I 186
Informationsübertragung I 202,
  T 851
Informationsverarbeitung I 192

Informationsvermittlung I 199
Informationszeitalter I 182
Infra-Fernsprechfrequenz S 1352
Infrarot I 203
Infrarotsensor I 205
Infrarotstrahlung I 204
Infraschallfrequenz S 1265
Infrastruktur des Fernmeldewesens T 78
Ingangsetzung S 1110
Inhaltsteil C 1022
Inhaus-Funkkanal I 155
Inhaus-System I 216
Inhibitimpuls I 213
inhomogen I 214
inhomogene Leitung I 668
inhomogenes Medium I 215
inhomogene Systeme N 294
initialisieren I 222
Initialisierung I 221
Initiierung I 221
Injektion I 227
Inklusionsschaltung O 248
inkohärent I 107
Inkohärenz I 106
inkonstant U 111
Inkonstanz I 285
Inlandnetz I 229
Inlandsdienst I 230
Inlandsgespräch N 26
Inlandsverkehr I 231
In-line-Farbbildröhre I 232
InN I 537
Innenantenne I 281
Innenbildcodierung I 608
Innendruck I 508
Innenhalbbildcodierung I 607
Innenkabel I 154
Innenleiter I 233
Innenraum-Funkkanal I 155
Innenraumkabel I 154
Innenraumverkabelung I 157
Innenruf I 504
Innenverdrahtung I 282
Innenverkabelung I 282
Innenwiderstand I 509
innere Blockierung I 503
innerer Wärmewiderstand der Zelle T 483
inneres Produkt S 85
innere thermische Beanspruchung I 511
innere Verstärkung I 506
innere Wärmespannung I 511
innere Wicklung I 234
innerstädtisch I 606
InP-Gunn-Diode I 150
insektenfest I 269
Inslot-Signalisierung I 284
Inslot-Zeichengabe I 284
Instabilität I 285
Installation I 287, I 295
Installationskabel I 154
Installationsmaterial I 291
installieren I 286
installierte Leistung I 294
instandhalten M 77
Instandhalten M 81, M 91
Instandhaltung im Betrieb F 609
Instandhaltungsanleitung M 87
Instandhaltungsdauer M 95
Instandhaltungsdienst M 91
Instandhaltungseignung M 78
Instandhaltungskosten M 84

Instandhaltungsmessung M 88
Instandhaltungspersonal M 92
Instandhaltungsplan M 90
Instandhaltungsprogramm M 89
Instandhaltungstechniker M 85
Instandhaltungszeit M 95
instandsetzen O 388, R 371
Instandsetzung R 372, R 559
Instandsetzungsdauer A 131
Instandsetzungsdienst R 564
instandsetzungsfähig R 561
Instrumentarium I 308
Instrumentenlandesystem I 309
Integralwert I 338
Integration I 349
Integration auf Wafer-Ebene W 1a
Integrationsdichte I 350
Integrationsgrad I 351
Integrationsschaltung I 354
Integrationsverstärker I 347
Integrationszeit I 352
Integrator I 353, I 354
integrierbar I 327
integrierendes Netzwerk I 354
Integrierer I 353
Integrierschaltung I 348
integriert I 328
integrierte Analogschaltung A 476
integrierte bipolare Siliciumschaltung (Siliziumschaltung) S 630
integrierte Breitbandkommunikation I 329
integrierte Dickschichtschaltung T 501
integrierte digitale Übertragung und Vermittlung I 334
integrierte Dünnschichtschaltung T 507
integrierte elektronische Teilnehmeranschlußschaltung mit Ruf I 335
integrierte Höchstfrequenzschaltung M 447
integrierte Hybridschaltung H 301
integrierte Injektionslogik I 337
integrierte Mikrostreifenleitungsschaltung M 427
integrierte Mikrowellenschaltung M 447
integrierter Regenerator I 341
integrierter Repeaterschaltkreis R 574
integrierter Schaltkreis I 330
integrierter Sprach–Daten-Multiplexer I 345
integrierte Schaltung I 330
integrierte Schaltungstechnik I 332
integriertes digitales Netz I 333
integriertes Digitalnetz I 333
integrierte Semikundenschaltung S 287
integriertes Fernsprech-Datennetz I 346
integriertes Fernsprech- und Datennetz I 346
integriertes Informationssystem I 336
integriertes Netz I 339
integriertes Paket-Übermittlungssystem I 340

integriertes Sprach- und Datenübertragungsnetz I 344
integriertes Text- und Datennetz I 333
integrierte Testeinrichtung B 514
intelligenter Monitor I 355
intelligentes Endgerät I 357
intelligentes Netz I 356
intelligentes Terminal I 357
Intensitätsmaximum I 362
Intensitätsschwankung I 361
Intensitätsverteilung D 750
interaktiv I 364
interaktiver Betrieb I 367
interaktiver Dienst I 368
interaktives Display-System I 365
interaktives Terminal I 369
interaktives Werkzeug I 371
interaktive Terminalschnittstelle I 370
interaktive Videografie V 134
Intercarrier-Tondemodulation I 374
Intercarrier-Verfahren I 375
Interdigitalkondensator I 415
Interdigitalwandler I 414
Interface I 419
Interferenz I 428
Interferenzbild I 436
Interferenzfading I 431
Interferenzschwund I 431
Interferenzstreifen I 433
Interferometer I 450
Interferometrie I 451
interkontinentale Grundleitung I 405
interkontinentale Leitung I 406
interkontinentaler Betrieb I 408
interkontinentaler Fernsprechverkehr I 411
interkontinentaler Funktelefoniedienst I 409
interkontinentaler Selbstwählbetrieb I 403
interkontinentaler Selbstwählfernsprechverkehr I 404
interkontinentaler Telefonverkehr I 411
interkontinentaler Transitverkehr I 413
interkontinentaler Übertragungsweg I 406
interkontinentale Fernsprechen I 412
interkontinentales Fernsprechnetz I 410
interkontinentales Telefonieren I 412
interkontinentales Telefonnetz I 410
interkontinentale Verbindung I 407
Intermodulation I 495
Intermodulation im Empfänger R 327
Intermodulation im Sender T 879
Intermodulationsabstand I 497
Intermodulationsfaktor I 497
Intermodulationsgeräusch I 500
Intermodulationsgeräuschleistung I 501
Intermodulationsmessung I 499

Intermodulationsprodukt I 502
Intermodulationsverzerrung I 496
internationale Abgangsvermittlungsstelle O 296
internationale Ankunftsvermittlungsstelle I 118
internationale Atomzeit I 514
internationale Datenvermittlung I 523
internationale Durchgangsverbindung I 560
internationale Durchgangsvermittlungsstelle I 561
Internationale Fernmeldeunion I 552
Internationale Fernsehschaltstelle I 557
internationale Fernsehübertragung I 558
internationale Fernsprechleitung I 556
internationale Kopfstelle G 32
internationale Leitung I 519
internationale Mehrfach-Fernsehübertragungsleitung I 536
internationale Mietleitung I 532
internationale Notfrequenz I 526
internationale Nummer I 538
internationaler Abschnitt I 543
internationaler Ausschuß für Frequenzregistrierung I 530
internationaler beratender Ausschuß für den Funkdienst I 541
internationaler beratender Ausschuß für den Telegrafen- und Telefondienst I 554
internationaler beratender Ausschuß für Telegrafie und Telefonie I 554
internationaler Buchstabiercode I 549
Internationaler Fernmeldeverein I 552
internationaler Fernsprechübertragungsweg I 556
internationaler Frequenzplan I 529
internationaler Leitwegplan I 542
internationaler Mehrfach-Fernsehübertragungsweg I 536
internationaler Rundfunkübertragungsweg I 545
internationaler Selbstwählferndienst I 551
internationaler Selbstwählfernsprechdienst I 516
internationaler Telegrafieübertragungsweg I 555
internationaler Übertragungsweg I 519
internationale Ruffrequenz I 518
internationale Rufnummer I 525
internationale Rundfunkleitung I 547
internationale Rundfunkübertragung I 548
internationale Rundfunkübertragungsleitung I 545
internationale Rundfunkübertragungsstelle I 544

internationale Rundfunkverbindung I 546
internationaler Verkehr I 559
internationaler Wetterschlüssel I 534
internationales Alphabet Nr. 5 I 513
internationales Amt I 527
internationale Seenotfrequenz I 526
internationale Selbstwahl I 524
internationales Frequenzverzeichnis I 528
internationales Morsealphabet I 535
internationales Netz I 537
internationales Ohm I 539
internationales Präfix I 540
internationales Selbstwählfernsprechnetz I 515
internationale Standardisierungsarbeit I 550
internationales Telegrafenalphabet I 553
internationale Teilnehmerselbstwahl I 551
internationale Tonleitungsschaltstelle I 544
internationale Transitverbindung I 560
internationale Verbindung I 522
internationale Verbindungsleitung I 533
internationale Verkehrsausscheidungszahl I 540
internationale Vermittlungsstelle I 527
internationale Zentrale I 527
interne Fernsprechnummer I 510
interner Anruf I 504
interner Ruf I 504
interne Rufnummer I 510
interner Verkehr I 512
interne Telefonnummer I 510
Internspeicher I 507
Internverbindung I 505
Internverkehr I 512
interpersoneller Mitteilungsdienst I 568
Interphon I 570
Interpolator I 572
Interrupt I 578
interruptgesteuert I 579
Intersatellitenfunkdienst I 588
Intersatellitensystem I 590
Intersymbol-Interferenz I 597
Intersymbol-Störung I 597
Intersymbolverzerrung I 596
Interventionszeichen I 599
Interworking I 600
Interworking-Fähigkeit I 602
Intrinsic-Halbleiter I 612
inverse Impedanz I 623
inverser Scheinwiderstand I 623
Inversion N 86
Inversion der Besetzungszahl P 543
Inversionshöhe I 626
Inversionsschicht I 627
Inverter I 631
Invertierschaltung I 631
Investitionsplanung I 632
Ionenimplantation I 635
Ionenimplantationslogik I 24
Ionisation I 636
Ionisationskarte U 172

Ionisationskarte in Weltzeit U 172
Ionisationsstufe L 87
Ionisierung I 636
Ionogramm I 637
Ionosonde I 654
Ionosonde für Schräglotung O 5
Ionosonde für Senkrechtlotung V 60
Ionosphäre I 639
Ionosphärenausbreitung I 653
Ionosphärenecholotung I 658
Ionosphärenlotung I 658
Ionosphärenlotung mit Rückstreuung B 22
Ionosphärenschicht I 650
Ionosphärensonde I 638
Ionosphärenstörung I 645
Ionosphärensturm I 659
Ionosphärenwelle I 660
ionosphärische Absorption I 640
ionosphärische Ausbreitung I 653
ionosphärische Bedingungen I 642
ionosphärische Defokussierung I 644
ionosphärische Duktausbreitung I 646
ionosphärische Fokussierung I 647
ionosphärische Reflexion I 655
ionosphärischer Kanal I 641
ionosphärische Störung I 645
ionosphärische Streuausbreitung I 657
ionosphärische Streuung I 656
ionosphärische Voraussage I 648
ionosphärische Welle I 660
IPMS I 569
IR I 203
IS I 330
ISDN-Anwenderteil I 343
ISDN-Basisanschluß I 670
ISDN-Nebenstellenanlage I 673
ISDN-Nutzerteil I 343
ISDN-Nutzerzugang I 678
ISDN-Teilnehmeranschlußmodul I 674
ISDN-Teilnehmervermittlungsanlage I 673
ISDN-Terminaladapter I 676
ISDN-Übertragungseigenschaften T 854
ISDN-Verbindung I 671
ISDN-Vermittlungssystem I 675
ISDN-Vermittlungszentrale I 672
ISDN-Zugang I 669
ISFET I 662
ISM I 176
isochron I 680
isochrone Signale I 684
isochrone Tastung I 682
isochrone Wiedergabe I 683
Isochronverzerrung I 681
Isochronverzerrungsgrad D 224
Isolation I 322
Isolationsfehler I 323
Isolationsprüfung I 689
Isolationsstoff I 313
Isolationswiderstand I 324

Isolator I 690
Isolatorenkette I 325
isolieren I 314
Isolieren I 322
Isoliermaterial I 313
Isoliermuffe I 320
Isolierpaste I 319
Isolierschicht I 318
Isolierschicht-Feldeffekttransistor I 316
Isolierschlauch I 321
Isolierstoff I 313, I 322
isolierter Draht I 317
isolierter Leiter I 315
Isolierung I 322
Isophasenlinien I 692
isotrope Quelle I 695
isotropischer Gewinn I 693
Isotropstrahler I 694
Istwert A 139
ISW I 524
Iteration I 698
Iterationsmethode I 702
Iterationsverfahren I 702

J

Jahresgang A 530
Jahresmittel A 529
Jahresmittelwert M 257
Jahresschwankung A 530
jahreszeitliche Änderung S 159
jahreszeitliche Schwankung S 159
jährliche Nichtverfügbarkeit U 45
Jedermann-Funk C 574
JFET J 44/5
Jitter J 6
Jitterakkumulation J 8
Jitteramplitude J 9
Jitteranalyse J 10
Jitteranpassung J 7
Jitterbeseitigung J 11
Jitterfortpflanzung J 16
jitterfrei J 13
jitterfreies Signal J 14
Jitterreduktion J 17
Jitterspektrum J 18
Jittertoleranz J 19
Jittertoleranzschema J 20
Jitterübertragungsfunktion J 21
Jitter unterdrücken D 229
Jitterunterdrückung J 11
Jitterverhalten J 12
Jitterzunahme J 15
JK-Flipflop J 22
JK-Master-Slave-Flipflop J 23
JK-MS-Flipflop J 23
Joch Y 14
Joint-Venture J 31
Joulescher Effekt J 32
Justieren A 239
Justierfehler A 240
Justierschraube A 238
Justierung A 239

K

k B 374
Kabel C 4
Kabelabschluß C 42
Kabelabschnitt C 70, C 71
Kabelader C 21
Kabeladernpaar C 61

Kabelalterung C 7
Kabelanlage C 63
Kabelanschluß C 23
Kabelaufbau C 27
Kabelbaum C 41
Kabelbefestigungsklemme C 19
Kabelbewehrung C 8
Kabelbewehrungsmaschine C 9
Kabelbiegemaschine C 12
Kabelbruch C 15
Kabelcode C 20
Kabeldämpfung C 11
Kabeleinführung C 33
Kabeleinziehwinde C 64
Kabelende C 31
Kabelendverschluß C 79
Kabelentzerrer C 34
Kabelfabrik C 36
Kabelfehler C 38
Kabelfernsehen C 77
Kabelfernsehnetz C 78
Kabelgarnituren C 5
Kabelgerüst C 66
Kabelgestell C 66
Kabelgraben C 86
Kabelhalter C 74
Kabelhersteller C 56
Kabelherstellung C 57
Kabelhülle C 45
Kabel im Kabelkanal C 43
Kabelindustrie C 44
Kabelkanal C 30
Kabelkanalzug C 22
Kabelkasten C 14
Kabelklemme C 18
Kabelkopf C 42
Kabellänge C 52
Kabelleger C 13, C 48
Kabellegeschiff C 13
Kabelleitung C 53
Kabellinie C 53
Kabellötstelle C 46
Kabelmantel C 45
Kabelmerkstein C 58
Kabelmessung C 80
Kabel mit DM-Verseilung M 775
Kabel mit doppelter Bewehrung D 796
Kabel mit festen Dielektrikum S 816
Kabel mit hoher Übertragungskapazität H 150
Kabel mit metallischen Leitern M 383
Kabel mit Sternverseilung Q 4
Kabelmuffe J 27
kabeln C 3
Kabelnetz C 60
Kabelortung C 54
Kabelpflug C 50
Kabelplan C 69
Kabelprüfeinrichtung C 81
Kabelrinne C 86
Kabelrohr C 22
Kabelrundfunk C 25
Kabelschacht C 17, C 47
Kabelseele C 24
Kabelspleißung C 46
Kabelstumpf C 31
Kabelsucher C 55
Kabelsuchgerät C 55
Kabelsystem C 75
Kabeltechnik C 32
Kabeltransportwagen C 82
Kabeltrasse C 68

Kabeltrommel C 67
Kabelübertragung C 83
Kabelübertragungssystem C 84
Kabelverbindung C 23, C 46
Kabelverlegung C 49
Kabelverseilmaschine C 72
Kabelverteilnetz C 28
Kabelverteilsystem C 29
Kabelwagen C 82
Kabelwanne C 85
Kabelweg C 62
Kabelwerk C 36
Kabelwinde C 87
Kabelziehstrumpf C 40
Kammfilter C 790
Kammfilterdecoder C 791
Kammfilterdemodulator C 792
Kanal C 393
Kanalabstand C 441
Kanalabtaster C 419
Kanalabtastrate C 434
Kanalabtastung C 433
Kanaladresse C 394
Kanaladreßwort C 395
Kanalanordnung C 397
Kanalart T 1080
kanalassoziierte Signalisierung C 399
Kanalaufteilung C 410, C 422
Kanalauslastung C 425
Kanalausnutzung C 446
Kanalausstieg C 412
Kanalbandbreite C 400
Kanalbedarf C 432
Kanalbelastung C 425
Kanalbelegung C 428
Kanalbelegungsfaktor C 413
Kanalbreite C 449
Kanalbündelung T 990
Kanalcode C 406
Kanalcodierung C 407
Kanaldecodierung C 408
Kanaldefinition C 409
Kanaleigenschaften C 405
Kanaleinpegelung C 424
Kanaleinstieg C 420
Kanäle mit Überlappung O 400
Kanalentzerrer C 415
Kanalentzerrung C 414
Kanalfehler C 416
Kanalfilter C 418
kanalgebundene Signalisierung C 399
kanalgebundene Zeichengabe C 399
Kanal in Phase I 1
Kanalintervall C 443
Kanal in Vorwärtsrichtung F 339
Kanal je Träger/mit einem S 662
Kanalkapazität C 402, T 834
Kanalkarte C 430
Kanallänge C 423
Kanallücken-Frequenzband I 387
Kanal mit Gedächtnis C 450
Kanal mit Inter-Symbol-Störungen I 679
Kanal mit Mehrfachzugriff M 679
Kanal mit Mehrwegeausbreitung M 746
Kanal mit meteorischer Streuübertragung M 397
Kanal mit mittlerer Bandbreite M 305
Kanal mit 90° Phasenverschiebung Q 1

Kanalmittenfrequenz C 404
Kanal mit Verlusten L 482
Kanalmodell C 426
Kanalnutzung C 446
Kanal ohne Gedächtnis M 333
Kanalpegeleinstellung C 424
Kanalplan C 429
Kanalprogramm C 431
Kanalraster R 106
Kanalsatz C 438
Kanalschalter C 436
Kanalschema C 397
Kanalsimulation C 439
Kanalsimulator C 440
Kanalsteckbaugruppe C 430
Kanalsteckkarte C 430
Kanalstörung C 417
Kanaltor C 419
Kanalträger C 403
Kanalumsetzer C 427, C 444
Kanalumsetzergestell C 444
Kanalumsetzung C 445
Kanalvermittlung C 563
Kanalverteiler C 411
Kanalverteilung C 410
Kanalvocoder C 447
Kanalwahl C 435
Kanalwähler C 437
Kanalweiche C 401
Kanalwellenleiter C 448
Kanalzeitschlitz C 443
Kanalzustandswort C 442
Kanalzuteilung C 396
Kanalzuweisung C 398
Kante E 78
Kapazitanz C 221
Kapazität C 220, C 221, C 230
Kapazitätsanforderung C 233
kapazitätsarmer Kontakt L 507
Kapazitätserfordernis C 233
Kapazitätsforderung C 233
Kapazitätsgrenze C 232
Kapazitäts-Spannungs-Kennlinie C 222
Kapazitätsvariationsdiode V 19
Kapazitätszuweisung C 231
kapazitiv C 223
kapazitive Blende C 227
kapazitive Kopplung C 224
kapazitiver Blindwiderstand C 225
kapazitive Reaktanz C 225
Kapillarröhrchen C 236
Kappe C 1173
Kappenisolator C 235
Kapselung E 243
kardanische Aufhängung G 75
Kardioide C 246
Karhunen-Loeve-Transformation K 1
Karte C 498
Kartenbaustein/auf B 371
Karteneinschub F 472
Kartenentfernung G 154
Kartenleser C 248
Kartenstecker E 80
Kartentelefon C 247
Karzinotron B 43
Kaskadenschaltung C 313
Kaskadieren C 314
Kaskodeschaltung C 315
Kassette M 37
Kassettendeck C 323
Kassettenrecorder C 322
Kassetten-Videorecorder C 312
Kassierrelais C 743
Kassierstation P 165
Kasten B 396, C 316

Katode C 324
Katodenbasisverstärker G 146
Katodenfolger C 325
Katodenstrahl C 326
Katodenstrahldrucker C 332
Katodenstrahloszilloskop C 328
Katodenstrahlröhre C 329
Katodenwiderstand C 331
katodischer Korrosionsschutz C 333
Kegelabsuchen C 967
Kegelhorn C 966
Kehlkopfmikrophon T 550
keine Stromversorgung P 622
Kellerliste L 119
Kennabschnitt S 620, U 88
Kenndaten S 942
Kennfrequenz S 618
Kennintervall S 620
Kennlinie C 462
Kennsatz L 1
Kennsignal I 11
Kennung I 8, I 12, I 141
Kennung der Schiffsstation S 446
Kennung des A-Teilnehmeranschlusses C 167
Kennung für die Art des A-Teilnehmers C 173
Kennung für die Art des Sprechkreises N 44
Kennungsgeber A 537
Kennungsgebersimulator A 538
Kennwort P 145
Kennzahlweg F 188
Kennzeichen S 519, S 546, T 4, T 647
Kennzeichenbit S 357
Kennzeichenblock S 559
Kennzeichenfeld S 547
Kennzeichen für Rücksetzen R 621
Kennzeichengabesystem S 581
Kennzeichen in Rückwärtsrichtung B 41
Kennzeichensystem S 581
Kennzeichenumsetzerteil M 371
Kennzeichenumsetzer S 542
Kennzeichen-Zeitkanal S 583
Kennzeichner Q 26
Kennzeichnung I 8, I 142, Q 26
Kennzeitpunkt S 619
Kennzeitpunkt eines Digitalsignals S 619
Kennzustand S 617
Keramikkondensator C 380
Kerbfilter N 370
Kern C 1119, K 2
Kernleitwert T 762
kernlose Spule A 297
Kernspeicher C 1121
Kerntransformator C 1122
Kernwiderstand M 839
Kettendämpfung I 699
Kettenimpedanz I 700
Kettenleiter L 4
Kettenübertragungsmaß I 703
Kettenverstärker D 729
Kettenwiderstand I 700
Kettenwinkelmaß I 701
Keule L 310
Keulenformung B 198
Kipp S 1436
Kippfrequenz S 1439
Kippgenerator S 1440, S 1441

Kippglied M 831
Kipposzillator S 1441
Kipprelais T 566
Kippschalter T 567
Kippschaltung M 831, T 944
Kippschwingung R 492
Kippverstärker S 1437
Kiste B 396
KK-Zug C 22
KL P 415
Klang T 662
Klanganalysator S 826
Klangempfindung P 230
Klangqualität S 849
Klangregler T 664
Klangwirkung S 834
Klappenschrank S 1445
Klartext C 603
Klassierung O 233
Kleeblattantenne C 634
Kleinbasisspeiler S 767
Kleinbasis-Peilverfahren S 768
kleine Bodenstation S 770
kleiner Erhebungswinkel L 513
kleiner Höhenwinkel L 513
kleiner Personalcomputer S 709
kleiner Übertragungskapazität/mit L 508
kleines lokales Netz S 773
kleine und mittlere Betriebe S 766
kleine und mittlere Firmen S 766
Kleinintegration S 772
Kleinsender L 537
Kleinsignalanalyse S 774
Kleinsignalersatzschaltbild S 775
Kleinsignalparameter S 777
Kleinsignalverstärkung S 776
kleinste Fehlerquadrate L 79
Kleinsterdefunkstelle V 82
Kleinzellensystem S 769
Klemmbrett T 362
Klemmdiode C 578
Klemmdose C 977
Klemmen C 576
Klemmenbrett T 362
Klemmenimpedanz T 367
Klemmenkasten C 977
Klemmenpaar T 374
Klemmenscheinwiderstand T 367
Klemmenspannung T 381
Klemmleiste T 362
Klemmschaltung C 577
Klemmschraube B 283
Klimaanlage A 293
klimatisierter Schutzraum A 292
Klimazone C 605
Klingel B 222
klingeln R 725
Klingeltransformator B 227
Klingelzeichen B 226
Klinke J 1
Klinkenfeld J 2
Klinkenpaneel J 2
Klirranalysator D 716
Klirrdämpfung H 80
Klirrdämpfungsmaß H 80
Klirrfaktor H 79
Klirrfaktormesser D 719
Klirrverzerrung H 79
Klystron K 31
Knacken A 102
Knackgeräusch A 102

Knackschutz 362

Knackschutz A 632
Knallgeräusch A 102
Knallschutz A 632
Knapsackfunktion K 32
Knick B 230, K 30
Knochenleitungshörer B 375
Knopf B 560
Knoten N 181, N 182
Knotenamt T 13
Knotenamtsbereich T 12
Knotenblockierung N 178
Knotenprozessor N 184
Knotenpunkt B 411, J 37, N 179
Knotenrechner N 183
Knotenstruktur N 180
Knotenverbindung M 801
Knotenvermittlungsstelle S 1473
Know-how K 33
koaxial C 649
Koaxialantenne C 650
Koaxialbauelement C 655
koaxialer Abschlußwiderstand C 661
Koaxial-Hohlleiter-Übergang C 662
Koaxialkabel C 651
Koaxialkabelfernsehnetz C 652
koaxial kolinear C 654
Koaxialleitung C 657
Koaxialpaar C 658
Koaxialrelais C 660
Koaxialstecker C 659
Koaxialsteckverbinder C 656
Kode... s. Code...
Kodierung... s. Codierung...
kodirektional C 716
kodirektionale Schnittstelle C 717
kohärente Demodulation C 725
kohärente Differenz-Phasenumtastung D 405
kohärente Modulation C 727
kohärente Phasenumtastung C 729
kohärente Phasenumtastung mit Differenzcodierung D 412
kohärenter Detektor C 726
kohärente Signale C 731
kohärente Übertragung C 733
Kohärenz C 720
Kohärenzbandbreite C 721
Kohärenzempfang C 730
Kohärenzlänge C 722
Kohärenzoszillator C 728
Kohärenz zwischen Impulsen I 574
Kohleblitzableiter C 240
Kohlemikrophon C 241
Kohlewiderstand C 242
Kohlezinkbatterie C 243
Kohlezinkelement C 243
Koinzidenzschaltung C 740
Kolbenabschwächer P 432
Kollektor C 751
Kollektor-Basis-Spannung C 752
Kollektor-Emitter-Spannung C 754
Kollektorschaltung C 819
Kollektorspannung C 755
Kollektorstrom C 753
Kollision C 756
Kollisionserkennung C 757
kollisionsfreies Protokoll C 758

Kollisionsschutzradar A 621
Kollisionsverlust C 760
Kollisionswahrscheinlichkeit C 761
Kombinationsfrequenz C 793
Kombinator C 797
kombinatorische Schaltung C 794
kombinierter Verteiler C 796
kombiniertes Kabel C 900
kombinierte Träger- und Taktrückgewinnung J 28
Komfortfernsprecher C 798
Komforttelefon C 798
Kommando C 800, C 1061
Kommandosprache C 802
Kommentar C 803
kommerzieller Empfänger C 804
kommerzielles Fernsprechsystem C 805
Kommunikation C 833, C 834
Kommunikation Erde-Weltraum E 36
Kommunikation offener Systeme O 137
Kommunikationsdienst C 850
Kommunikationsnetz C 841
Kommunikationsprotokoll C 849
Kommunikationsprozessor C 844
Kommunikationsschnittstelle C 848
Kommunikationssteuerungsdienst S 394
Kommunikationssteuerungsprotokoll S 393
Kommunikationssteuerungsschicht S 392
Kommunikationssystem C 851
Kompaktheit C 861
Kompander C 864
Kompandergewinn C 865
Kompanderkennlinie C 867
Kompandierer C 864
kompandierte Deltamodulation C 862
kompandierte Einseitenbandmodulation C 863
Kompandierung C 866
Kompandierungsgewinn C 865
Kompandierungskennlinie C 867
Komparator C 868
kompatibel C 871
Kompatibilität C 870
kompatible Dienste C 873
kompatible Einseitenbandmodulation C 874
kompatible Geräte C 872
Kompensationsnetzwerk C 877
Kompensationsschaltung C 877
Kompensationstheorem C 878
Kompensation von Nichtlinearitäten N 303
kompilieren C 879
Kompilierer C 880
Komplement C 881
komplementäre MOS-Technik C 882
komplementäre MOS-Technologie C 883
komplex S 824
komplexer Feldwiderstand W 72
komplexer Kurzschlußwiderstand S 454

komplexer Leerlaufwiderstand O 124
komplexer Leerlaufwiderstand eines Vierpols O 124
komplexes Wellendämpfungsmaß I 53
komplexe Übertragungsfunktion C 892
Komplexität C 891
Komponente C 893, C 894
Komponente höherer Ordnung H 181
Komponentencodierung C 895
Komponenten in Phase und um 90° phasenverschoben I 237
Komponentensignal C 898
Komponenten-Übertragungstechnik C 899
Kompression C 905
Kompressionsverhältnis C 907
Kompressor C 908
Kondensator C 228
Kondensatorenblock C 229
Kondensatorlautsprecher E 195
Kondensatormikrophon E 196
Konfektionierung P 4
Konferenzfernsehen V 105
Konferenzgespräch C 953
Konferenzleitung C 952
Konferenzschaltung C 954
Konferenzverbindung C 952
Konfiguration C 958
Konflikt C 756
Konformitätsklausel C 960
Konformitätsprüfung C 961
konjugiert komplexe Impedanzen C 968
konjugiert komplexe Scheinwiderstände C 968
Konkurrenzverfahren C 1021
Konsistenzprüfung C 990
Konsole C 991
Konsonantenverständlichkeit I 359
konstante Einhüllende C 995
konstante Erreichbarkeit C 992
konstante Hüllkurve C 995
konstanter Dämpfungsverlauf F 248
Konstant-K-Filter C 999
Konstantspannungsgeber C 1000
Konstantspannungsquelle C 1000
Konstantstrom C 993
Konstantstromquelle C 994
Konstanz S 1046
Konstruktionsfehler C 1002
Kontakt C 1007, C 1017
Kontaktabnutzung C 1018
Kontaktarm W 161
Kontaktdruck C 1014
Kontakte für gedruckte Leiterplatten P 735
Kontaktelement C 1007
Kontaktfeder C 1010
Kontaktfläche C 1016
Kontaktgeräusch C 1011
Kontaktkolben C 1012
λ/4-Kontaktkolben B 493
kontaktlos C 1009
kontaktloser Kurzschlußkolben N 275
Kontaktmitgang C 1008
Kontaktnachlauf C 1008
Kontaktpotential C 1013
Kontaktprellen C 1006

Kontaktsatz C 1017
Kontaktstift P 422
Kontaktwiderstand C 1015
kontinuierlich abstimmbar C 1035
kontinuierliche Fertigung C 1030
kontinuierliche Herstellung C 1030
kontinuierliche Phasenmodulation C 1041
kontinuierliches Absuchen C 1043
kontinuierliches Spektrum F 266
kontinuierlich regelbar C 1036
Kontinuitätsprüfung C 1023
kontradirektional C 1051
kontradirektionale Schnittstelle C 1052
kontrastarmes Bild F 260
Kontrastdehnung E 474
Kontrastentscheidung A 37
Kontrastpressung C 906
Kontrastregelung C 1053
Kontrollämpchen P 415
Kontrollampe I 144, P 415, S 536
Kontrollbildschirm M 616
Kontrollbit P 106
Kontrolle C 506, C 1054
Kontrollempfänger M 616, M 621
Kontrollgerät M 616
kontrollieren C 501
Kontrollpunkt C 1073
Kontrollrelais S 1392
Kontrollzeichen C 504
Konusantenne C 965
Konushorn C 966
Konvektionskühlung C 1083
konventioneller Verzerrungsgrad C 1084
konventionelles Fernsprechzeichen C 1085
Konvergenz C 1086
Konversionsfaktor C 1091
Konversionsregel C 1095
Konverter C 1097
Konzentration B 555
Konzentrationsstufe C 939
Konzentrator C 938, L 183
Konzentrationszentrale R 553
konzentriertes Element L 556
konzentrierte Störstelle L 334
Koordinatenschalter C 1194
Koordinatenschalter-Fernsprechvermittlung C 1197
Koordinatenschaltersystem C 1196
Koordinatenschaltervermittlung C 1193
Koordinatenschalter-Vermittlungseinrichtung C 1193
Koordinatenschalter-Vermittlungssystem C 1195
Koordinatenschreiber T 56, X 3
Koordinationsprozessor C 1103
Koordinierungsabstand C 1102
Koordinierungsentfernung C 1102
Koordinierungsgebiet C 1100
Koordinierungskontur C 1101
Koordinierung zwischen Netzen I 563
Kopf H 92
Kopfanfang S 1117

Kopffernhörer T 194
Kopfgruppe H 91
Kopfhörer E 4
Kopfzentrale G 33
koplanar C 1104
Koplanarleitung C 1105
Koplanarresonator C 1106
Koplanarwellenleitung C 1107
Kopolarisationsdiagramm C 1108
Koppelabschnitt S 1477
Koppelanordnung S 1472
Koppeldämpfung C 1161
Koppeleinrichtung S 1472
Koppelelement S 1467
Koppelfaktor C 1164
Koppelfeld S 1472
Koppelkapazität C 1162
Koppelkondensator C 1163
Koppelloch C 1167
Koppelmatrix S 1471
Koppelnetz S 1472
Koppelnetzwerk C 1169
Koppelpunkt C 1210
Koppelschleife C 1168
Koppelspule C 1165
Koppelstufe C 973, S 1479
Koppeltransformator C 1170
Koppelverluste C 1161
Koppelvielfach S 1471
Koppelwirkungsgrad C 1166
Koppler C 1157
Koppler mit verändertem Querschnitt T 28
Kopplung C 1159
Kopplung/mit aktiver A 125
Kopplung/mit phasenstarrer P 335
Kopplungsdämpfung C 1161
Kopplungsdämpfungsmaß C 1215
Kopplungsfaktor C 1164
Kopplungsfenster C 1160
Kopplungsgrad A 418
Kopplungsschleife C 1168
Kopplungsspule C 1165
Kopplungsübertrager C 1170
Kopplungswiderstand M 839
Koprozessor C 1115
Koronaeffekt C 1125
Körperschall S 811
Korrektur durch Wiederholung C 1130
Korrektur von Nichtlinearitäten N 303
Korrekturzeichen C 1128
Korrelation C 1131
Korrelationsdetektor C 1133
Korrelationsempfänger C 1135
Korrelationsfaktor C 1132
korrelationscodiert C 1137
Korrelationskoeffizient C 1132
Korrelationsmessung C 1134
Korrelationsspektrum C 1136
Korrelation zwischen Probenwerten S 14
korrigieren P 148
korrigierte Bezugsdämpfung C 1127
korrigierte Funkpeilung C 1126
korrigierte Peilung C 1126
Korrosion durch Beanspruchung C 1242
Kosekansdiagramm C 1141
Kosekans-Quadrat-Bündel C 1140
kosmisches Rauschen C 1142

Kosten C 479
kostengünstig L 510
kostengünstige Komponenten C 1146
kostenloser Anruf F 409
Kovarianz C 1172
Kraftfahrzeugelektronik A 907
Krarupisieren C 1032
Krarup-Kabel K 36
Kreditkarte C 1183
Kreditkartenanruf C 1184
Kreditkartengespräch C 1184
Kreisabschnitt S 202
Kreisabsuchen C 570
Kreisabtastung C 570
Kreisdiagramm C 534
Kreisfrequenz A 519
Kreisfunkfeuer N 283
Kreis geringer Güte L 539
Kreisgruppenantenne C 565
Kreis hoher Güte H 190
Kreispolarisation C 568
Kreisresonator C 569
Kreiswellenzahl W 82
kreuzende Leitungen C 1204
Kreuzglied L 45
Kreuzglied-Kettenfilter L 43
Kreuzkorrelation C 1199
Kreuzkorrelator C 1200
Kreuzmodulation C 1206
Kreuzpolarisation C 1211
Kreuzpolarisationsdiagramm C 1212
Kreuzpunkt C 1210
Kreuzrahmenpeiler C 1201
Kreuzung C 1202, T 913
Kreuzungspunkt C 1205
Kreuzverbindung J 35
Kriechstrom L 73
Kristallgitter C 1227
kristallin C 1228
kristallines Gefüge C 1229
kristallinisch C 1228
kristallisationsfrei C 1230
Kristallmikrophon P 408
Kristallstruktur C 1234
kritische Entfernung C 1189
kritische Frequenz C 1190, C 1277
kritische Kopplung C 1188
kritische Länge C 1191
kritische Wellenlänge C 1192
Krümmer B 230
Krümmung B 231
Krümmungsradius B 232
Kryptographie C 1219
KST P 165
KTV C 77
Kugelkoordinaten S 997
Kugelstrahler I 694
Kugelwelle S 998
Kühlblech H 104
Kühlkörper H 104
kumulative Verzerrung C 1235
kundenangepaßt C 1267
Kundenanpassung C 1266
Kundenanwendung C 1254
Kundenapplikation C 1254
Kundenchip C 1255
Kundendienst A 272, C 1262
Kundendiensttechniker C 1257
Kundendienstvertrag M 83
kundeneigenes Gerät C 1261
Kundeneinsatz C 1254
Kundengerät C 1259
Kunden-LSI-Chip C 1269
Kundenschaltkreis C 1256
Kundenschaltung C 1256

Kundenschaltungsmikroprozessor C 1268
kundenspezifische integrierte Schaltung C 1256
kundenspezifisch integrierte Schaltung C 1256
Kunstantenne D 899
künstliche Antenne D 899
künstliche Erde C 1151
künstliche Leitung A 699
künstlicher Kehlkopf A 698
künstlicher Mund A 701
künstlicher Satellit M 120
künstlicher Verkehr S 647
künstliches Dielektrikum A 696
künstliches Ohr A 697
künstliches Schwarz A 694
künstliche Stimme A 702
künstliches Weiß A 703
Kupferadernpaar C 1113
Kupferadernvierer C 1114
kupferkaschiert C 1109
Kupferleiter C 1110
kupferplattiert C 1109
Kupfer-Stahldraht C 1112
Kupferverlust C 1111
Kursfehler T 696
Kursfunkfeuer C 1171
Kurve gleicher Phase I 691
Kurvenform W 48
Kurvenschreiber B 113, P 462
Kurvenverlauf C 465
Kurzadresse A 3
kurze Anstiegszeit F 63
kurzgeschlossene Leitung S 453
Kurzmitteilung S 461
Kurznachricht S 461
Kurznachrichtenübertragung S 462
Kurznummer A 6
Kurzrufnummer A 6
kurzschließen S 449
Kurzschluß S 450
Kurzschlußadmittanz S 451
Kurzschlußbetrieb B 30
Kurzschlußbügel S 459
Kurzschlußimpedanz S 454
Kurzschlußkolben S 460
Kurzschlußleitung A 235
Kurzschlußscheinleitwert S 451
Kurzschlußscheinwiderstand S 454
Kurzschlußschieber S 460
Kurzschlußstrom S 452
Kurzschlußwiderstand S 454
Kurzstrecken... S 457
Kurzstreckenrichtverbindung S 458
Kurzstreckensystem S 456
Kurzstreckenverbindung S 455
Kurzwahl A 4
Kurzwahldienst A 5
Kurzwahlnummer A 6
Kurzwahlrufnummer A 6
Kurzweg S 463
Kurzwellen D 151, H 161, S 478
Kurzwellenantenne H 133
Kurzwellenausbreitung S 477
Kurzwellenband H 170, S 472
Kurzwellenbereich D 150, H 170
Kurzwellenempfänger H 135
Kurzwellenfunkverbindung H 168

Kurzwellenhörrundfunk H 171
Kurzwellen-Ionosphärenlotung H 136
Kurzwellenkanal H 164
Kurzwellenpeilsystem H 165
Kurzwellenrundfunk S 473
Kurzwellenrundfunkband H 162
Kurzwellenrundfunkdienst S 474
Kurzwellenschwund S 475
Kurzwellensendeantenne S 480
Kurzwellensender S 479
Kurzwellensendestation S 481
Kurzwellensprechfunkdienst H 169
Kurzwellentelegrafie H 173
Kurzwellenübertragungsstrecke S 476
Kurzwellenverbindung H 134
Kurzzeitcharakteristik S 467
Kurzzeitphasenstabilität S 468
Kurzzeitprädiktor S 469
Kurzzeitschwund S 466
Kurzzeitstabilität S 470
Kurzzeitstationarität S 471
Kurzzeitverhalten S 467
Küstenbodenstation C 646
Küstenbrechung C 645
Küstenerdefunkstelle C 646
Küstenfunkstelle C 644, C 647
Küstenkabel S 417
Küstenradar C 643
Küstenradarstation C 643
Küstenstation C 647
KW S 478
KZ G 33

L

L L 502
Laboratoriumsversuch L 2
Laborversuch L 2
Ladegerät B 173, C 489
laden C 478, L 294
Ladung C 479
ladungsgekoppelte Schaltung C 484
ladungsgekoppeltes Schaltelement C 484
Ladungskopplung C 485
Ladungstransferelement C 490
Ladungsverlust C 486/7
Lage A 766, L 47, P 555
lagern L 1220
Lagertemperatur S 1218
Lagerungstemperaturbereich S 1219
lagestabilisierter Satellit A 770
Lagestabilisierung A 769
Lagesteuerung A 767
Lagesteuerungssystem A 768
Lambda/2-Blättchen H 28
Lambda/4-Blättchen Q 64
Lambdadiode L 6
Lambda-Viertel-Blättchen Q 64
Lambda-Viertel-Kontaktkolben B 493
Lambda-Viertel-Leitung Q 62
Lambda-Viertel-Symmetrierglied Q 65
Land der dritten Welt T 513
Landebake L 8
Landefunkfeuer L 8
Landekursanlage des Instrumentenlandesystems I 311

Landeskennzahl

Landeskennzahl C 1152, D 36
Landfunkstelle L 14
Landgebiet R 829
landmobiler Satellitenkanal L 10
landmobiler Teilnehmer L 13
Landteilnehmer R 833
Landtelefonienetz R 834
Landtelefonienetz geringer Dichte S 919
Landzentrale R 831
Langdrahtantenne L 450
Länge der Warteschlange Q 87
Länge in Meilen M 469
lange Lebensdauer L 426
Längenabhängigkeit L 92
Längenfeld J 93
Längenindikator L 94
Längenkennung L 94
Längenkennzeichnung L 94
lange Welle L 445
langfristige Entwicklung L 437
Langlebensdauerröhre L 428
Längsableitung S 337
langsame Degradation S 761
langsame Frequenzsprungmodulation S 763
langsame Phasenänderung W 19
langsamer Schwund S 762
langsames Fading S 762
Längsdichte L 171
Längs-EMK L 421
Längsimpedanz S 337
Längsparität L 423
Längsprüfung L 424
Längsrichtung L 420
Längsstrahler E 254
längssymmetrischer Vierpol S 1501
Langstrecken... L 413
Langstrecken[funk]navigation L 431/2
Längstwellen V 81
Längstwellenfrequenz V 81
Längswelle L 425
Langwelle L 445
Langwellen L 448
Langwellenbereich L 447
Langwellensender L 449
langwellig L 446
Langzeitalterung L 435
Langzeitausfallrate L 439
Langzeit-Bitfehlerhäufigkeit L 436
Langzeitcharakteristik L 441
Langzeitecho L 402
Langzeitfading L 438
Langzeitinstabilität L 440
Langzeit-Prädiktion L 442
Langzeit-Prädiktor L 443
Langzeitschwund L 438
Langzeitverhalten L 441
Langzeitversuch L 444
L-Antenne L 17
LAP L 265
Laplace-Transformation L 18
Lärmschutzgehäuse A 92
Lärmschutzhaube A 92
Laserbearbeitung L 30
Laserbildplatte L 31/2
Laserchip L 28
Laserdrucker L 29
Laserdruckwerk L 29
Last L 295
Lastfaktor L 303
Lastkapazität L 296

Lastteilung L 309
Lastübernahme C 387
Lastübernahmezeichen C 389
Lastwiderstand L 308
Lastzurückschaltung C 384
Latch L 36
latente Störung L 39
Latenzzeit L 38
Lauflängencodierung R 826
Laufwerk D 854
Laufzeit D 231, D 245, P 832, T 821
Laufzeitentzerrer D 241
Laufzeit-Frequenzgang F 525
Laufzeit in einer Richtung O 105
Laufzeitkette D 243
Laufzeitröhre V 50
Laufzeitverzerrung D 235, D 242
Laut T 662
läuten R 725
Läutewerk B 222
Lautfernsprecher L 501
Lautheit L 492
Lautschrift P 366
lautsprechendes Telefon L 500
Lautsprecherbox L 497
Lautsprecherrichtwirkung L 499
Lautstärke L 493
Lautstärkeindex L 496
Lautstärkenregelung V 254
Lautstärkenregelung im Hörer M 432
Lautstärkepegel L 494
Lautstärkeregelung V 254
Lautverständlichkeit S 827
Lawinendiode A 924
Lawinendiodenfrequenzvervielfacher A 925
Lawinendurchbruch A 923
Lawinendurchbruchspannung A 930
Lawineneffekt A 926
Lawinenlaufzeitdiode I 61
Lawinenlaufzeitoszillator I 65
Lawinenmultiplikation A 928
Lawinenrauschen A 929
Lawinenverstärkungsfaktor A 927
Layout L 55
Layout-Entwurf L 56
Layout-Struktur L 58
Layout-System für integrierte Schaltungen I 331
LCD-Anzeige L 280
LCD-Anzeigetafel L 284
LDZ L 88
Lebensdauer L 115
Lebensdauerbestimmung L 116
Lebensdauererwartung L 113
Lebensdauermechanismus L 117
Lebensdauerprüfung L 114
Lebensdauerverkürzung D 192
Lebensdauervorhersage L 118
Lebenserwartung L 113
Lecher-Leitung L 84
Lecher-System L 85
Leckstrom L 73
LED-Anzeige L 86
leer N 391
Leerbit F 167
Leerbits O 390
Leerlauf N 253
Leerlaufadmittanz O 123
Leerlaufadmittanz eines Vierpols O 123

Leerlaufimpedanz O 124
Leerlaufscheinleitwert O 123
Leerlaufscheinleitwert eines Vierpols O 123
Leerlaufscheinwiderstand O 124
Leerlaufspannung O 125
Leerlaufwiderstand O 124
Leerlaufwiderstand eines Vierpols O 124
Leerzeichen F 166, I 15, I 23
Leerzeit I 21
leichte Bedienung E 47
leichte Bespulung L 122
leichte Drahtbewehrung L 135
leichte Handhabung E 47
Leistungsabgabe P 626
Leistungsanforderungen P 244
Leistungsaufnahme A 658, P 589
Leistungsbedarf P 629
Leistungsbilanz einer Übertragungsstrecke L 275
Leistungsdichte P 592
Leistungsdichtespektrum P 593
Leistungsdiode P 594
Leistungselektronik P 601
Leistungsfähigkeit C 220, C 230, E 94
Leistungsfaktor P 602
Leistungsfluß P 606
Leistungsflußdichte P 608
Leistungsflußdichte außerhalb der Hauptkeule O 35
Leistungsforderungen P 244
Leistungsgewicht P 645
Leistungshalbwertsbreite H 18
Leistungshalbwertstrahlungswinkel E 227
Leistungshalbwertwinkel E 227
leistungsintensiv P 612
Leistungs-Kosten-Verhältnis P 242
leistungslos W 39
Leistungsmerkmal U 162
Leistungsmesser P 620, W 41
Leistungspegel P 614
Leistungsschalter C 540
Leistungsschwankung P 607
Leistungssensor P 632
Leistungsspektrum P 635
Leistungsstabilisierung P 636
Leistungsteiler P 599
Leistungstransformator P 643
Leistungstransistor P 644
Leistungsübertrager P 643
Leistungsübertragungsfaktor T 756
Leistungsverlust P 619
Leistungsverstärker P 587
Leistungsverstärkung P 586, P 609
Leistungsverteiler P 599
Leistungsverteilung P 596
Leistungszuschlag P 627
Leiter C 949, W 162
Leiterbahn I 396
Leiterbahnebene I 398
Leiterbahntechnologie I 402
Leiterplatte C 244, P 733
Leiterplatte/auf einer B 371
Leiterplatte für Aufsetztechnologie P 1419
Leiterplattengehäuse C 245
Leiterplattenprüfung C 539
Leiterplatten-Steckverbinder P 734

Leiterspannung L 259
Leitfähigkeit C 948
Leitfläche L 7
Leitpaste C 950
Leitschicht D 891
Leitstation C 1079
Leitstrahlrichtung E 333
Leitung C 535, C 536, C 1054, L 144, T 981
Leitung/außer Betrieb befindliche D 143
Leitung außer Betrieb L 228
Leitung-außer-Betrieb-Zeichen L 229
Leitung außer Dienst L 228
Leitung besetzt L 178
Leitung für Duplexverkehr D 901
Leitung mit Kreuzungsausgleich T 911
Leitung mit Verstärkern R 570, R 571
Leitung ohne Verstärker N 331, N 332
Leitungsabschluß L 250
Leitungsabschnitt L 263, S 195
Leitungsanschlußeinrichtung L 184
Leitungsantwort L 236
Leitungsausfall L 177
Leitungsband C 946
Leitungsbitrate L 187
Leitungsbündel C 546
Leitungscode L 182
Leitungsdämpfung L 208
Leitungsdraht C 945, L 260
Leitungsdurchschalter C 938, L 183
Leitungseingangsimpedanz L 202
Leitungseinrichtung L 191
Leitungsendgerät L 248
Leitungsentzerrer L 190
Leitungsentzerrer mit selbsttätiger Anpassung S 235
leitungsgebundene Störung C 944
leitungsgebundene Übertragung L 253, W 181
Leitungsgeräusch C 549, L 211
Leitungsimpedanz L 201
Leitungsinformationssystem M 111
Leitungskabel L 179
Leitungskonzentrator L 183, R 535
Leitungskreuzung C 1209
Leitungslautstärkeindex J 49
Leitungsmarkierer L 209
Leitungsmultiplexer L 210
Leitungsnachbildung B 44
Leitungsnumerierung L 213
Leitungsnummer L 212
Leitungsprozedur L 185
Leitungsregelungsabschnitt R 476
Leitungsregelungspilot L 232
Leitungssatz J 56, L 248
Leitungsschleife L 162
Leitungsschnittstelle L 203
Leitungssignal L 240
Leitungsstabilität L 242
Leitungsstörung L 192
Leitungsstrom C 947, L 186
Leitungstheorie E 115
Leitungstrakt L 191
Leitungstreiber L 188
Leitungsübertrager L 251

Leitungsübertragergestell L 252
Leitungsübertragung L 253
Leitungsverluste L 208
leitungsvermittelndes Datennetz C 557
leitungsvermittelndes Netz C 562
leitungsvermittelndes öffentliches Datennetz C 560
leitungsvermittelte Datenübertragung C 559
leitungsvermittelte Datenverbindung C 555
leitungsvermittelter Datendienst C 558
leitungsvermittelter Datenübermittlungswähldienst C 556
leitungsvermittelter Verkehr C 561
leitungsvermitteltes Datennetz C 557
leitungsvermitteltes Netz C 562
leitungsvermitteltes öffentliches Datennetz C 560
leitungsvermittelte Verbindung C 554
Leitungsvermittlung C 563
Leitungsverstärker L 148, L 188
Leitungswahlelement L 238
Leitungswähler C 985, F 193
Leitungsweiche L 239
Leitungswiderstand L 235
Leitungszeichen L 240
Leitungszeichenrate L 187
Leitungszugangsprotokoll L 266
Leitungszugangspunkt L 145
Leitungszustandszeicheneinheit L 276
Leitung zur fremden Vermittlungsstelle F 324
Leitweg C 201, R 798, R 820, T 124, T 737
Leitwegadresse R 814
Leitweganalyse R 810
Leitwegauswahl R 802
Leitwegbündel R 804
Leitwegführung C 202
Leitweglenkung M 363, R 807, T 738
Leitweglenkungsalgorithmus R 809
Leitweglenkungskennsatz R 814
Leitweglenkungsprinzip R 819
Leitwegoptimierung R 816
Leitwegplan R 817
Leitwegverwaltung S 576
Leitwerk C 1082
Leitwert C 943
Lernkurve L 76
Lerntheorie L 77
Lesedraht S 311
Leseimpuls R 277
Lesekopf R 587
lesen F 125, S 308
Lese-Schreib-Speicher R 278
Letztweg L 33
Leuchtdichte L 551
Leuchtdichtesignal B 439, L 552
Leuchtdiode L 121
Leuchttastatur B 10
Leuchttaste I 26

Leuchttastenfernsprecher I 27
Licht betätigt/durch L 120
Lichtbogenbildung A 671
Lichtbogendauer A 669
Lichtbogenspannung A 677
Lichtbogenstrom A 668
Lichtbogenunterdrückung A 675
lichte Leitungshöhe L 200
Lichtgeschwindigkeit V 51
Lichthof H 33
Lichtleiterkabel O 200
Lichtmodulator L 123
Lichtquant P 378
Lichtquelle L 132
Lichtradar L 112
Lichtstift L 131
Lichtstrom L 554
Lichtwelle L 134
Lichtwellenleiter O 199
Lichtwellenleiterkabel O 200
Lichtwellenleiternachrichtentechnik O 201
Lichtwellenleiter-Teilnehmeranschlußsystem F 128
Lichtwellenleiterübertragung O 202
Lidar L 112
lieferbar A 920
Lieferlänge D 252
Lieferqualität D 254
Liefertrommel S 444
LIFO-Liste L 119
LIFO-Speicher L 34
Linearcode L 153
lineare Amplitudenverzerrung A 439
lineare Analogsteuerung L 150
lineare Antennengruppe L 151
lineare Codierung U 75
lineare Demodulation L 155
lineare gerade Antennengruppe L 151
lineare gerade Gruppe L 151
lineare Gruppe L 151
lineare Gruppenantenne L 151
lineare integrierte Schaltung L 158
lineare Polarisation L 166
lineare Prädiktion mit Restsignalerregung L 637
lineare Prädiktionscodierung L 168
lineare Prädiktionscodierung mit Regulär-Puls-Anregung R 475
lineare Prädiktionscodierung mit Restsignalerregung R 638
lineare Quantisierung U 76
linearer Amplitudengang F 247
linearer Amplitudenverlauf F 247
linearer Empfänger L 170
linearer Frequenzgang F 253
linearer Leistungsverstärker L 167
linearer Modulator L 164
linearer Prädiktionscodierer mit Codebuch-Erregung C 678
linearer Prädiktionscodierer mit Multipulserregung M 812
linearer Verstärker L 147
linearer Verstärkungsgang F 254
lineare Schaltung L 152

lineares Nebensprechen L 154
lineares Netzwerk L 165
lineare Verstärkung L 146
lineare Verzerrung L 156
linearisieren L 160
Linearisierer L 161
Linearisierung L 159
Linearisierungsglied L 161
Linearität über alles O 369
Linearpolarisation L 166
linear polarisierter Wellentyp L 162
linear polarisierte Welle L 163
Linie L 144
Linien gleicher Phase I 692
Linienrelais L 233
Linienspektrum L 241
Linienstrom L 186
Linienvermittlung C 563
Linienwähler L 243
Linienwähleranlage I 390
Link-Schnittstelleneinheit L 271
linksdrehende elliptische Polarisation L 90
linksdrehende elliptisch polarisierte Welle L 89
linksdrehende Polarisation L 90
linksdrehende zirkulare Polarisation L 88
linksdrehende Zirkularpolarisation L 88
Link-Statusmeldung L 276
Linsenantenne L 96
Lissajoussche Figuren L 287
lochen P 237
Locher P 240
Löcherbeweglichkeit H 233
Löcherdichte H 232
Löcherleitung H 231
Lochkarte P 978
Lochkartenleser C 248
Lochmaskenraster S 415
Lochmaskenröhre S 416
Lochstreifen P 979
Lochstreifenempfänger R 581
Lochstreifenleser P 980
Lochstreifenstanzer P 240
Lochstreifenübertrager P 238
Lochung P 239
Lochungsabfall C 381
Lockziel D 191
logarithmischer Verstärker L 380
logarithmisches Dämpfungsdekrement L 381
logarithmisches Dekrement L 381
logarithmische Spiralantenne L 383
logarithmische Spirale L 382
logarithmisch-periodische Antenne L 401
Logatom L 384
Logik L 386
Logikanalysator L 391
Logik-Array L 392
Logikelement L 395
Logikfamilie L 394
Logikpegel L 396
Logikschaltung L 393
Logikschaltungsfamilie L 394
Logiksymbol L 398
logische Funktion L 388
logischer Hub L 397
logischer Kanal L 387
logische Schaltung L 393

logisches Objekt L 389
logische Struktur L 390
logische Verknüpfung L 388
Logging L 385
Lokalbatterie L 318
Lokalbatteriesystem L 322
Lokalbetrieb L 345
lokaler Name L 364
lokales Breitbandnetz H 147, W 134
lokales Busnetz B 547
lokales Datennetz D 60
lokales Ende mit seinem Abschluß L 330
lokales Heimnetz H 239
lokales Kommunikationsnetz L 313
lokales Kommunikationssystem L 328
lokales Mehrkanalnetz M 692
lokales Nachrichtensystem L 328
lokales Netz L 315
lokales Netz für Sprache und Daten L 317
lokales Netz mit großer Bandbreite H 147
lokales Netz mit hoher Übertragungsgeschwindigkeit H 203
lokales Rechnernetz L 329
lokales Ringnetz R 748
lokales Schleifennetz R 748
lokale Zentrale L 327
Lokalisation L 332
lokalisieren L 369
lokal optimaler Detektor L 341
Lokaloszillator L 349
Lokaloszillatorstrahlung L 350
Lokalregister L 354
longitudinale Gyrofrequenz L 422
Longitudinalwelle L 425
lösbar D 324
lösbare Verbindung D 325
löschbar E 350
löschbarer Speicher E 351
Löschdrossel Q 84
löschen E 352, R 617
Löschen D 247, E 355
Löschgenerator E 353
Löschimpuls R 623
Löschkopf E 354
Löschtaste C 216
Löschung von Festzielen M 674
Löschzeichen D 248
lose gekoppelt W 102
lose Kopplung W 96
lösen/Verbindung D 665
Lösen der Steckverbindung P 470
loslassen R 503
Lötauge L 7
Lötbarkeit S 806
Lotbenetzung S 808
Lötfahne S 807
Lötfläche L 7
Lötöse S 807
Low L 502
Low-Power-Schottky-TTL L 538
LPC-Vocoder L 169
LSI L 21
LSI-Chip L 548
LSI-Frequenzsynthese-Schaltkreis F 552
LSI-Kundenschaltkreis C 1270

LSI-Kundenschaltung C 1270
LSI-Schaltkreis L 549
LSI-Technik L 550
LUF L 522
Luftaustritt A 315
luftdicht H 121
Luftdielektrikum A 301
Luftfahrtgerät A 288
Luftfahrzeugradar A 289
Luftfunkstelle A 300
luftgekühlt A 294
luftgekühltes Klystron A 295
Luftkabel A 252
Luftkabellinie A 253
Luftkühlung A 296
Luftlinienentfernung A 307
Luftraumüberwachungsradar S 1431
Luftschnittstelle A 306
Luftspalt A 303
Luftspule A 297
Luftstromschalter A 284
lufttransportfähige Bodenstation A 314
Lufttrockner A 302
Lufttrocknungsgerät A 302
Luftumlaufkühlung A 291
Luminanzsignal L 552
Lumineszenz L 553
Lumineszenzdiode L 121
Luneberg-Antenne L 558
Luneberg-Linse L 559
Luneberg-Reflektor L 560
Luxemburg-Effekt I 643
LW L 448
LWE L 238

M

M F 153
MΩ M 321
Mäanderleitung M 259
Mäanderstruktur M 260
Machbarkeit F 91
magisches T M 6
Magnetaufnahmekopf M 31
Magnetband M 36
Magnetbandaufzeichnung M 38
Magnetband-Fernsehaufzeichnung V 131
Magnetbandkassette M 37
Magnetbandspeicherung M 30
Magnetblasenspeicher M 9
Magnetdraht M 39
Magnetfeld M 21
magnetisch abstimmbar M 7
magnetische Ablenkung M 15
magnetische Abschirmung M 32
magnetische Aufzeichnung M 30
magnetische Beschichtung M 12
magnetische Bildaufzeichnung M 29
magnetische Feldstärke M 23
magnetische Fernsehaufzeichnung V 131
magnetische Induktion M 24
magnetische Induktionsschleife M 26
magnetische Leitfähigkeit P 267
magnetische Leitzahl P 268
magnetischer Dipol M 18
magnetischer Leitwert P 267

magnetischer Schirm M 32
magnetischer Speicher M 27
magnetischer Sturm M 35
magnetische Schicht M 12
magnetisches Feld M 21
magnetisches Störfeld P 282
magnetische Störung M 28
magnetische Tonspur M 33/4
Magnetisierungskurve M 40
Magnetkarte M 10
Magnetkern M 14
Magnetkernspeicher C 1121
Magnetkopf M 25
magneto-ionische Doppelbrechung M 42
magneto-ionische Komponente M 41
magnetostatische Welle M 43
Magnetostriktionsmikrophon M 45
magnetostriktives Filter M 44
magnetostriktive Verzögerungsleitung M 46
Magnetplatte M 16
Magnetplattenspeicher M 17
Magnetron M 48
Magnetschicht M 12
Magnetschriftlesen M 11
Magnetspeicher M 27
Magnetspule M 13
Magnetsturm M 35
Magnettrommel M 19
Magnettrommelspeicher M 20
Mailbox M 49
Mailbox-Abonnent M 51
Mailbox-Betrieb M 50
Mailbox-Teilnehmer M 51
Mailgram M 52
Majoritätsladungsträger M 98
Majoritätslogik M 99
Makeln B 490
Makrobefehl M 5
Makrozelle M 4
Managementinformationssystem M 111
mangelhafte Verständigung I 81
mangelhafte Wiedergabe D 208
Mannloch C 47, M 112
manuelle Anrufbeantwortung M 122
manuelle Antwortgabe M 138
manuelle Gebührenerfassung M 124
manuelle Prüfung M 149
manueller Betrieb M 135
manuelle Rufbeantwortung M 122
manuelles Anrufen M 123
manuelles Rufen M 123
manuelles Wählen M 123, M 125
manuelle Telefonzentrale M 145
manuelle Verkehrslenkung M 140
manuelle Vermittlung M 142
Marinenachrichtenwesen N 45
maritime lokale Leitung M 164
maritimer Satellitendienst M 182
maritime Satelliten-Datenvermittlung M 180
maritime Satellitenleitung M 178
maritime Datenübertragungssystem über Satelliten M 181

maritime terrestrische Leitung M 185
Marke L 1, M 186
Markengeber M 188
Markieren M 191
Markierer M 187
Markierung M 186, M 191, T 4
Markov-Kette M 192
Markov-Prozeß M 193
Marktabsprache M 189
Markterschließung M 190
Masche M 349
Maschencode T 935
Maschendrahtreflektor M 350
Maschenreflektor M 350
Maschennetz I 489
Maschinensprache C 928
Maschinenwählersystem P 600
Maschinenwort M 3
Maschinenzeit M 2
Maschinenzyklus M 1
Maser M 196
Maske M 198
Maskenherstellung M 200
Maskenröhre S 416
maskieren M 197
Maskieren M 199
Maskierung M 199
Massenproduktion V 256
Massenspeicher M 201
Maß für die scheinbare Gewinnminderung A 616
massiver Kupferinnenleiter S 813
massiver Leiter S 812
Massivisolation S 817
Maßnahmen gegen absichtliche Störung A 626
Maßstabverkleinerung S 90
Mast M 203
Mastabspannungsseile T 689
Mastantenne M 204
Master-Slave-Flipflop M 218
Master-Slave-Schaltung M 217
Master-Slave-Synchronisierung M 219
Mastfuß M 205
Matched-Filter M 224
Materialfehler M 229
Material mit geringer Wärmeausdehnung L 542
Materialprüfung M 230
mathematisches Modell M 231
Matrix M 232
matrixadressierbar M 233
matrixadressierte Flüssigkristallanzeige M 234
Matrixadressierung M 235
Matrixanzeige M 236
Matrixdisplay M 236
Matrixdrucker M 237
maximale Augenöffnung M 241
maximale Regeneratorfeldlänge M 253
maximaler Frequenzhub P 193
maximale Sprechleistung P 206
maximale Stopfrate M 242
maximale Stuffingrate M 242
maximale Zugbeanspruchung M 250
maximal flach M 238
maximal geebnet M 238
Maximalstromrelais O 375
maximal verfügbare Leistung A 922

Maximalwert P 210
maximal zulässige Bestrahlungswerte M 248
maximal zulässige Betriebstemperatur M 240
maximal zulässige Frequenz M 254
Maximum M 239, P 187
Maximum-Likelihood-Decodierung M 243
Maximum-Likelihood-Schätzer M 245
Maximum-Likelihood-Schätzung M 244
Maximum-Likelihood-Sequenzschätzung M 246
MAZ V 131
Mbit/s M 317
mechanisch abstimmbar M 298
mechanisch betätigt M 297
mechanische Abmessung M 295
mechanische Abstimmung M 301
mechanische Beanspruchung M 300
mechanische Ermüdung M 296
mechanische Festigkeit M 299
mechanische Festigkeitsprüfung T 359
medizinische Elektronik M 303
Meeresoberflächenreflexion S 160
Megabit pro Sekunde M 317
Megaflop M 319
Megahertz M 318
Megawort M 320
Megohm M 321
Megohmmeter M 322
Mehradressenruf M 680
Mehrbandantenne M 681/2
Mehrbenutzersystem M 829
Mehrdeutigkeit A 412
Mehrdeutigkeitsfunktion A 413
Mehrdienstebetrieb M 818
Mehrdiensteendgerät M 820
Mehrdienstekabelfernsehen M 816
Mehrdienstenetz M 817
Mehrdienstesystem M 819
Mehrdiensteterminal M 820
mehrdimensional M 704
Mehrebenen-Leiterbahnsystem M 734
mehrfach abgestimmte Antenne M 774
Mehrfach-Abzweigsystem M 685
Mehrfachanschluß M 745, M 789
Mehrfachanschluß-Teilnehmer M 744
Mehrfachantennensystem M 758
Mehrfachbelegung M 773
Mehrfachblock M 684
Mehrfachdrehkondensator G 20
Mehrfachempfang D 768
Mehrfachfaltdipol M 762
mehrfach genutztes Netz M 817
Mehrfachkeule M 759
Mehrfachkeulenantenne M 760
Mehrfachmodulation M 766

Mehrfachprozessor M 806
Mehrfachquantisierer M 813
Mehrfachrahmen M 707
Mehrfachrahmengleichlauf M 708
Mehrfachrahmen-Gleichlaufverlust M 709
Mehrfachrahmen-Gleichlaufwiederherstellung M 710
Mehrfachrahmenstruktur M 711
Mehrfachrahmensynchronisation M 708
Mehrfachrahmen-Synchronisationsverlust M 709
Mehrfachreflexion M 770
Mehrfachsprungausbreitung M 764
Mehrfachstrahlkeule M 759
Mehrfachstreuung M 772
Mehrfachtaxierung M 742
Mehrfachverbinder M 723
Mehrfachverbindungsschaltung M 724
Mehrfachverteiler D 752
Mehrfachverwendung der Frequenzbänder F 526
Mehrfachwellenleiter-System M 833
Mehrfachzählung M 742
Mehrfachzugriff M 754
Mehrfachzugriff durch Abfrage P 534
Mehrfachzugriff durch Codeteilung C 688
Mehrfachzugriff durch Sendeaufruf P 534
Mehrfachzugriff im Zeitmultiplex T 595
Mehrfachzugriff in der Frequenzebene F 459
Mehrfachzugriff mit bedarfsorientierter Kanalzuteilung D 265
Mehrfachzugriff mit bedarfsweiser Zuweisung D 265
Mehrfachzugriff mit gespreiztem Spektrum S 1025
Mehrfachzugriffseinrichtung mit bedarfsorientierter Kanalzuteilung D 266
Mehrfachzugriffseinrichtung mit bedarfsweiser Kanalzuteilung D 266
Mehrfachzugriffskanal M 755
Mehrfachzugriffsystem M 757
mehrfarbige Anzeige C 773
mehrfarbiges Display C 773
Mehrfrequenz... M 712
Mehrfrequenzantenne M 713
Mehrfrequenzbetrieb M 715
Mehrfrequenzcode M 714
Mehrfrequenzsignalisierung M 717
Mehrfrequenztastwahl M 403
Mehrfrequenztastwahlverfahren M 403
Mehrfrequenzwahl M 716
Mehrfrequenzwahlverfahren M 716
Mehrfrequenzzeichengabe M 717
mehrfunktionales System M 721
Mehrheitslogik M 99
Mehrkammerklystron M 688
Mehrkanal... M 690
Mehrkanalfilter M 691

mehrkanalig M 690
Mehrkanalstereophonie M 693
Mehrkanalsystem M 694
Mehrkanal-Übertragungseinrichtung M 782
Mehrkeulenantenne M 760
Mehrkeulenantenne mit einstellbarer Keulenbreite R 374
Mehrkeulensatellit M 683
Mehrkomponentensignal M 699
Mehrkreisfilter M 815
Mehrkreisklystron M 688
mehrkristallin P 535
Mehrlagenleiterplatte M 725
Mehrlagenverdrahtung M 731
Mehrleiterkabel M 701
Mehrleitersystem M 702
Mehrlochkanal L 214
Mehrnormenempfänger M 826
mehrpaarig M 767
mehrphasig P 539
Mehrplatzsystem M 829
Mehrprogrammbetrieb M 808
Mehrprozessorsystem M 807
Mehrpunktbetrieb M 802
Mehrpunkt-Fernsehkonferenzsystem M 804
Mehrpunktverbindung M 801
Mehrpunktverbindung mit zentraler Steuerung C 364
Mehrpunktverkehr M 803
Mehrpunktverteilsystem M 800
Mehrpunkt-Videokonferenz V 116
Mehrpunkt-Videokonferenzsystem M 804
Mehrpunktzugang M 798/9
Mehrrechnersystem M 700
Mehrsatellitenverbindung M 814
Mehrschicht-Chipkondensator M 726
Mehrschichtleiterbahnen M 728
Mehrschichtleiterplatte M 729
Mehrschichtstruktur M 727
Mehrschichtsubstrat M 730
Mehrstrahlantenne M 760
Mehrstrahlsatellit M 683
Mehrstufen-Vektorquantisierung M 825
mehrstufige Codierung M 732
mehrstufige Modulation M 735
mehrstufige Phasenumtastung M 736
mehrstufiger Verstärker M 823
mehrstufiges Digitalsignal M 733
mehrstufiges Koppelnetz M 824
Mehrtor-Netzwerk M 805
Mehrträgerdemodulation M 686
Mehrträgerdemultiplexer M 687
Mehrtuben-Koaxialkabel M 828
Mehrwegausbreitung M 748
Mehrwegempfang M 749
Mehrwegempfangssimulator M 750
Mehrwegefading M 747
Mehrwegereflexionen M 751
Mehrwegeschwund M 747

Mehrwegführung M 771
Mehrwertdienste V 7
Mehrwertdienstnetz V 6
mehrwertige Phasenumtastung M 768
mehrwertiges Digitalsignal M 733
mehrzügiger Rohrstrang L 214
Mehrzweck... G 47
Mehrzweckendgerät M 769
Mehrzweck-Terminal M 769
Meldebit I 143
Meldedauer A 540
Meldefernplatz T 995
Meldeleitung C 1060, R 379
melden/sich A 536
Melden A 541, A 542, I 140
Meldeplatz T 995
Meldeverzug A 539
Meldung I 140, M 353, P 461
Meldung in der Ebene 2 S 613
Meldungsbehandlung S 562
Meldungsinhalt S 547
Meldungsunterscheidung M 356
Meldungsvermittlungssystem M 368
Menge S 395
Mengenlehre S 399
Mensch–Maschine-Kommunikation M 115
Mensch–Maschine-Schnittstelle M 116
Mensch–Maschine-Terminal M 117
Menü M 339
Menü-Display M 341
Menüfunktion M 342
menügeführter Dialog M 340
menügestütztes System M 343
menüorientiertes System M 343
Mesadiode M 348
MESFET M 390
mesochron M 351
mesochrones Netz M 352
Meßantenne M 279, T 410
Meßbedingungen C 942
Meßbereich M 281
Meßbrücke M 284
Meßbuchse T 426
Meßdaten M 287
Meßeinrichtung M 294
Meßergebnis M 293
Meßfehler M 288
Meßfrequenz M 289, T 419
Meßfühler S 320
Meßgenauigkeit A 78
Meßgerät M 294, T 449
Meßgerät zur Bestimmung der Belegung A 495
Meßgröße M 277
Meßinstrument M 292
Meßkabel M 285
Meßklemme T 423
Meßkopf M 290
Meßkoppler M 286
Meßkreis T 412
Meßobjekt T 433
Meßpegel M 429
Meßplatz M 282
Meßpunkt M 280, T 409, T 439
Meßsender S 534
Meßsignal M 283
Meßstecker T 438
Meßstöpsel T 438
Meßton T 452

Messung an Ort und Stelle I 283
Messung auf dem Mast T 690
Messung der Korrelation C 1134
Messung des Fernfeldes F 56
Messung des Phasengangs P 349
Messung im Frequenzbereich F 469
Messung im Zeitbereich T 605
Messung vom Mast T 690
Meßunsicherheit M 291
Meßwandler I 312
Meßwert M 278
Meßwertaufnehmer S 320
Metallbeschichtung M 376
Metall-Halbleiter-FET M 390
metallische Leitung M 381
metallischer Leiter M 382
metallischer Wellenleiter M 384
Metall-Isolator-Halbleiter M 377
Metall-Isolator-Halbleiterstruktur M 379
Metall-Keramik-Technik M 375
Metallmantel M 380
metallorganische Abscheidung aus der Dampfphase M 386
metallorganische chemische Abscheidung aus der Dampfphase M 386
metallorganische Dampfphasenepitaxie M 387/8
Metall-Oxidschicht-Halbleiter-Technologie M 657
Metallplattenlinse M 389
Metallpulverband P 585
Metall-Silicium-FET M 390
Metallüberzug M 376
metastabiler Zustand M 391
meteorische Streuausbreitung M 393
meteorische Streuung M 396
Meteorstreuung-Übertragungssystem M 392
Meterampère M 402
Meter-Ampère-Produkt M 402
Methode der automatischen Wiederholungsrückfrage A 687
Methode der finiten Elemente F 198
Methode der kleinsten Quadrate L 83
MFlop M 319
MFV M 716
MHz M 318
MIC M 447
Mietgebühr R 558
Mietleitung P 766
Mikrocomputer M 408
Mikroelektronik M 412
mikroelektronische Hybridschaltung H 303
mikroelektronische Schaltung M 407
Mikrofiche-Lesegerät M 413
Mikrominiaturisierung M 414
Mikrophon M 415
Mikrophon für Nahbesprechung C 632
Mikrophongeräusch F 572
Mikrophonie M 416
Mikrophonkapsel T 875
Mikrophon mit Umgebungsgeräuschunterdrückung A 628

Mikroprogramm

Mikroprogramm M 420
mikroprogrammierbar M 421
Mikroprogrammierung M 422
Mikroprozessor M 417
Mikroprozessor-Entwicklungssystem M 419
mikroprozessorgesteuert M 418
Mikrorechner M 408
Mikrorechner-Betriebssystem M 411
Mikrorechner-Entwicklungssystem M 410
mikrorechnergesteuert M 409
mikrorechnergestützt M 409
Mikroschaltkreis M 407
Mikroschaltung M 407
Mikroschlitzantenne M 423
Mikroschlitzleitung M 424
Mikrostation V 82
Mikrostationssystem V 258
Mikrostreifenleiter M 428
Mikrostreifenleiterantenne M 425
Mikrostreifenleiterzirkulator M 426
Mikrostreifenleitung M 428, U 48
Mikrostreifenleitung im Gehäuse B 398
Mikrostreifenleitungsantenne M 425
Mikrostreifenleitungsphasenschieber M 430
Mikrostreifenleitungsresonator M 431
Mikrostreifenleitungszirkulator M 426
Mikrowelle M 433
Mikrowellenabbildung M 446
Mikrowellenantenne M 435
Mikrowellenausbreitung M 455
Mikrowellenbauelement M 437
Mikrowellenbereich M 456
Mikrowellenempfänger M 457
Mikrowellenfeld M 441
Mikrowellenfrequenz M 443
Mikrowellengenerator M 444
mikrowellenintegrierte Schaltung M 447
Mikrowellenkomponente M 437
Mikrowellenlandesystem M 448
Mikrowellen-Leistungstransistor M 454
Mikrowellenleiter M 445
Mikrowellenresonator M 458
Mikrowellenröhre M 466
Mikrowellenschaltung M 436
Mikrowellenspinell M 460
Mikrowellentransistor M 463
Mikrowellen-Transistorverstärker T 802
Mikrowellenverbindung innerhalb der Radiosichtweite M 449
Mikrowellenverstärker M 434
Mikrozelle M 405
Mikrozellularnetz M 406
militärisches Sekundärradar I 10
Millimeterband M 470
Millimeterwelle M 472
Millimeterwellen E 511
Millimeterwellenausbreitung M 475

Millimeterwellenbauelement M 474
Millimeterwellenbereich M 471
Millimeterwellenquelle M 477
Millimeterwellenradar M 476
Millimeterwellenschaltung M 473
Millionen Abtastwerte je Sekunde M 677
Millionen Instruktionen je Sekunde M 478
Mindestfeldstärke M 491
miniaturisieren M 481
miniaturisiertes Bauelement M 482
Miniaturisierung M 480
Minicomputer M 483
Minimalabstand eines Codes M 490
Minimalbandbreite M 486
minimaler Biegeradius M 489
Minimalphasenfilter M 493
Minimalphasengang M 494
Minimalphasenmodulation M 496
Minimalphasennetzwerk M 495
Minimalphasensystem M 497
Minimalphasenumtastung M 496
minimal zulässige Frequenz L 522
minimieren M 485
Minimierung M 484
Minimisierung M 484
Minimumbreite N 392
Minimum bringen/auf ein M 485
Minimumtrübung M 488, Z 12
Minirechner M 483
Minoritätsladungsträger M 501
Minoritätsträger M 501
Minoritätsträger-Lebensdauer M 502
Mips M 478
MIS M 111, M 377, M 447
Mischbetrieb A 720
Mischdiode M 526
mischen M 347, M 523
Mischer M 525
Mischpult M 529
Mischsteilheit C 1092
Mischstufe M 527
Mischung G 99, I 393, M 528
MIS-Diode M 508
MISFET M 378
MIS-Kondensator M 504
mißbräuchlicher Anruf M 107
MIS-Struktur M 379
Mißverhältnis D 693
MIS-Transistor M 520
Mitbenutzer J 30
Mitgang C 1008
Mitgang der Kontaktfedern C 1008
mitgeschleppter Fehler I 209
Mithören L 289, M 618
Mithörklinke L 290
Mithörschalter L 291
Mithörtaste L 291
Mitkopplung P 561
Mitlaufoszillator L 373
Mitnahme C 238, L 375
Mitnahmebereich P 893
Mitnahmeeffekt M 239, F 519
Mitnahmeoszillator L 373

mitnehmen L 374
Mitsprechen S 515
Mitteilung M 353
Mitteilungsdienst M 358
Mitteilungsdienste M 359
Mitteilungsdienst für den Austausch von Meldungen zwischen Personen I 569
Mitteilungsdienst zwischen Personen I 568
Mitteilungsspeicher M 365
Mitteilungstransfer M 369
Mitteilungstransfersystem M 374
Mitteilungsübermittlungssystem M 358
Mitteilungsvermittlungssystem M 368
mittelgroßes lokales Netz M 313
Mittelung A 941
Mittelwellen M 309
Mittelwellenantenne M 314
Mittelwellensendeantenne M 316
Mittelwellensender M 315
Mittelwert M 276
Mittelwertbildung A 941
Mittelwertdetektor M 934
Mittelwert einer Zufallsvariablen M 265
Mittenfrequenz C 375
mittlere Ausfalldauer M 261
mittlere ausfallfreie Betriebszeit M 269
mittlere Ausfallzeit M 261
mittlere Bandbreite M 304
mittlere Belastung A 940
mittlere Belegungsdauer M 263
mittlere Belegungszeit M 263
mittlere Bildhelligkeit A 938
mittlere Datenrate I 466
mittlere Fehlerquote A 935
mittlere Fehlerrate A 935
mittlere Gesprächsdauer A 931
mittlere Gesprächszeit A 931
mittlere Hauptverkehrsstunde M 258
mittlere Instandsetzungsdauer M 273
mittlere Integrationsdichte M 312
mittlere Kapazität M 307
mittlere Lebensdauer M 264
mittlere Leistung A 939, M 267
mittlere Leitungsdämpfung A 937
mittlere Nichtverfügbarkeit M 274
mittlere Reparaturzeit M 268, M 273
mittlerer Gleichkanalabstand A 932
mittlerer Integrationsgrad M 312
mittlerer quadratischer Fehler R 770
mittlerer Wartungsabstand M 270
mittlere Schwunddauer A 936
mittleres lokales Netz M 313
mittlere Verfügbarkeitszeit M 275
mittlere Wartezeit A 933
mittlere Zeit bis zum Ausfall M 271

mittlere Zeit bis zum ersten Ausfall M 272
mittlere Zeit zwischen zwei Ausfällen M 269
Mitzieheffekt F 519
Mixed-Mode-Betrieb M 524
MLS M 448
ML-Schätzer M 245
MMIC M 453
mnemotechnische Abkürzung M 530
mnemotechnischer Code M 531
MNOS-Feldeffekttransistor M 385
MNOS-FET M 385
mobil M 532
Mobilempfang M 548
mobiler Satellitenfunk M 549
mobiler Satellitenfunkdienst M 549, S 45
mobiles Datenendgerät M 536
mobiles Datenterminal M 536
mobiles Funktelefon M 546
mobiles Radiotelefon M 546
mobile Teilnehmerstation M 550
Mobilfunk M 543, M 545, M 547
Mobilfunkdienst M 547
Mobilfunkgerät M 557
Mobilfunkkanal M 542
Mobilfunkkanal im Stadtgebiet U 142
Mobilfunkkanal mit Fading F 21
Mobilfunkkanal mit Schwund F 21
Mobilkommunikationsnetz P 878
Mobilkommunikationsvermittlungsstelle M 552
Mobilkommunikation über Satelliten M 535
Mobilnetz M 540
Mobilstation V 48
Mobilteilnehmer M 550, M 551
Mobiltelefon C 309
Mobiltelefonnetz M 554
Mobiltelefonsystem M 555
Mobiltelefonzentrale M 553
Mobilvermittlungsstelle M 552
Mode M 558
Modellierung M 564
Modem M 563
Modem für veränderliche Übertragungsgeschwindigkeit V 25
Modenfilter M 562
Modenwandler M 561
Modenwandlung M 560
modern A 248
modernisieren R 685
Modernisierung R 686
Modernisierung des Nachrichtennetzes M 566
Modifikation M 569
modifizierter AMI-Code M 570
modifizierter Brechwert R 457
Modul B 500, M 613, P 3
Modularität M 573
Modulation M 587
Modulation mit konstanter Amplitude C 997
Modulation mit konstanter Einhüllender C 997

368

Modulation mit konstanter Hüllkurve C 997
Modulation mit n Kennzuständen N 54
Modulation mit Trägerunterdrückung in den Pausen Q 98
Modulationsabschnitt M 605
Modulationsantwort M 604
Modulationsart M 610
Modulationsbandbreite M 588
Modulationseigenschaften M 591
Modulationsfrequenz M 598
Modulationsgrad M 592, M 596
Modulationsgradmesser M 597
Modulationshüllkurve M 595
Modulationsindex M 599
Modulationskennlinie M 590, M 604
Modulationsprodukte M 602
Modulationsrauschen M 600
Modulationssignal M 583
Modulationsspannung M 585
Modulationsspektrum M 607
Modulationssteilheit M 606
Modulationsstufe H 257, M 608
Modulationstiefe M 592
modulationstransparent M 609
Modulationsverfahren M 601
Modulationsverzerrung M 593
Modulationswirkungsgrad M 594
Modulator M 611
Modulator-Demodulator M 563
Modulatoreingang M 612
Modulbauweise M 572
Modulfaktor F 11
modulierbar M 574
Modulierbarkeit M 589
modulierende Sinusschwingung M 584
modulierendes Signal M 583, M 586
modulierende Welle M 586
modulierter sin²-Impuls M 581
modulierter Träger M 575
moduliertes HF-Signal M 579
moduliertes Signal M 580
moduliertes Signal mit konstanter Hüllkurve M 576
moduliertes Störsignal M 577
modulierte Welle M 582
Modulo-2-Summe S 1360
Modul zur verzögerten Auslieferung D 212
Modus M 559
Mögel-Dellinger-Effekt R 99
Moiré I 437
Moiré-Störung I 437
Momentanamplitude I 297
momentaner Frequenzhub I 302
Momentanfrequenz I 301
Momentanleistung I 304
Momentanphase I 303
Momentanwert I 305
Momentanwert-Kompander I 299
Momentanwert-Kompandierung I 300
Momentenmethode M 401
Momentschalter Q 96
monatlicher Medianwert M 643

Monatsmittel M 643
Monatsmittelwert M 643
monaural M 615
Monitor M 616
monochrom M 622
monolithische Höchstfrequenzschaltung M 635
monolithische Integration M 634
monolithische integrierte Schaltung M 633
monolithischer Höchstfrequenzverstärker M 452
monolithischer Kondensator M 630
monolithischer Mikrowellenverstärker M 452
monolithischer Verstärker M 629
monolithische Schaltung M 631
monolithisches Filter M 632
monolithisch integriert M 628
monolithisch integrierte Mikrowellenschaltung M 453
monolithisch integrierte Schaltung M 633
monophon M 636
Monophonie M 637
Monopol U 83
Monopolantenne U 83
Monopuls M 638, S 690
Monopulsradar M 639
monostabile Kippschaltung O 96
monostabiler Flipflop O 96
monostabiler Multivibrator M 640
monostabile Schaltung O 96
monostatisches Radar M 641
Monovibrator M 640
Montage M 665
Montage am Einsatzort I 292
Montage an Ort und Stelle I 292
Montageausrüstung M 666
Montagematerial I 291
Montageplan I 290
Montageroboter A 709
Montagesatz M 666
Montagezeichnung A 707
Monte-Carlo-Methode M 642
Morsealphabet M 644
Morseapparat M 651
Morsecode M 644
Morsepunkt M 646
Morseschreiber M 650
Morsestreifen M 649
Morsestrich M 645
Morsetaste M 647
Morsetelegraf M 651
Morsetelegrafie M 652
Morseübertragung mit Handtastung M 133
Morsezeichen M 648
Mosaikdrucker M 237
Mosaiktelegrafie M 653
MOS-Feldeffekttransistor M 655
MOSFET M 655
MOSFET mit zwei Steuerelektroden D 878
MOS-Kundenschaltkreis M 654
MOS-Speicherzelle M 656
MOS-Technologie M 657
MOS-Transistor M 658
Motordrehwähler M 664

MPX-Kanal M 779
M-Reflexion M 676
MS-Flipflop M 218
MSI M 312
MSI-Schaltkreis M 311
MSK M 496
MTI-Gerät M 675
MUF M 254
MUF-Faktor M 255
Muffe J 26
Muffengehäuse J 27
Muldex M 678
Multiblock M 684
Multichip M 695
Multichip-Modul M 697
Multichip-Schaltung M 696
Multichip-Technik M 698
multifunktional M 718
multifunktionaler IC M 719
multifunktionales Endgerät M 720
Multimedia-Informationsdienst M 739
Multimedia-Netz M 740
Multipaktoreffekt M 705
Multiplex M 778
Multiplexbetrieb M 790
Multiplexbildung M 785
Multiplexeinrichtung M 782
multiplexen M 777
Multiplexen mit Zeitteilung T 597
Multiplexer M 783
Multiplexer-Demultiplexer M 678
Multiplexfilter M 786
Multiplexhierarchie M 784
multiplexieren M 777
Multiplexieren M 785
Multiplexieren auf Verbindungsebene L 274
multiplexierte Analogkomponenten M 781
Multiplexkanal M 779
Multiplexleitung H 220, M 780
Multiplex mit Zeitteilung T 597
Multiplexschema M 787
Multiplex-Schnittstelle M 788
Multiplexsignal M 791
Multiplexsystem M 792
Multiplextechnik M 785
Multiplexübertragungsabschnitt M 789
Multiplexverbindung M 789
Multiplikation M 793
Multiplikationsfaktor M 794
multiplikative Mischung M 795
multiplikatives Rauschen M 796
Multiplikator M 797
Multiprogramming M 808
Multiprozessor M 806
Multiprozessorsystem M 807
Multipulsansregung M 810
Multipulscodierer M 809
Multipulserregung M 810
Multispektralkamera M 821
Multispektralphotographie M 822
multistatisches Radar M 827
Multivibrator M 831
Multivibratorschaltung M 832
Mundbezugspunkt M 667
Münzbehälter C 736
Münzeinwurf C 741, C 742
Münzeinwurfschlitz C 742

Münzer P 165
Münzfernsehen P 166
Münzfernsprecher P 165
Münzfernsprecher für Fernwahl C 747
Münzfernsprecher mit Zahlung bei Antwort P 164
Münzkontrolle C 737
Münzprüfer C 738
Münzrückgabe C 744
Münzrückgabeschacht C 746
Münzschacht C 739
MUSA-Antenne M 776
Musiksignal M 834
Mutterplatine M 662
MW M 309
MW-Sendeantenne M 316
Myriameterwellen M 845

N

Nachbaramt A 225
Nachbarfrequenz A 226
Nachbarkanal A 216
Nachbarkanalabstand A 224
Nachbarkanalschutzabstand A 219
Nachbarkanalselektion A 222
Nachbarkanalstörleistungsabstand A 220
Nachbarkanalstörung A 217
Nachbarkanaltrennung A 218
Nachbarkanalunterdrückung A 221
Nachbarkanalzeichen A 223
Nachbarzeichen A 223
Nachbild-Fehlerdämpfung B 63
Nachbildung I 78
Nachbildungsgestell B 65
Nachentzerrung D 198, P 146
Nachfilterung P 574
nachfolgende Adreßmeldung S 1345
Nachfragedienst I 189
Nachführantenne T 695
Nachführempfänger T 699
nachführen T 691
Nachführgenauigkeit T 694
Nachführung F 318, T 693
Nachführungsfehler T 696
Nachhall R 697
Nachhalldauer R 698
nachhallen E 49
Nachhallzeit R 699
Nachlauf T 693
Nachlauffehler T 696
Nachlauffilter T 697
Nachleuchten A 271
Nachprozessor P 576
Nachricht C 834, I 181, M 353
Nachrichtenbestätigungssignal M 354
Nachrichtenendesignal E 268
Nachrichtenendgerät C 852
Nachrichtengerät T 64
Nachrichtengeräteindustrie T 76
Nachrichtenkanal C 836
Nachrichtenkopf H 92, M 360
Nachrichtenleitweg S 563
Nachrichtenleitweglenkung M 363, S 564
Nachrichtenmeldung M 364
Nachrichtennetz C 841, T 69
Nachrichten-Paketbildung M 361

Nachrichten-Routing

Nachrichten-Routing M 363
Nachrichtensatellit C 846
Nachrichtensatellitensystem C 847
Nachrichtensatellitensystem mit Einkanalträgerübertragung S 52
Nachrichtensicherheit I 195, T 74
nachrichtenspezifischer VLSI-Schaltkreis C 1271
Nachrichtensystem T 84
Nachrichtensystem Weltraum–Erde S 887
Nachrichtentechnik C 840, T 72
nachrichtentechnische Forschung und Entwicklung T 79
nachrichtentechnisches Gerät T 64
nachrichtentechnische Software T 80
Nachrichtentransferteil M 371
Nachrichtenübermittlung T 828
Nachrichtenübermittlungteil M 371
Nachrichtenübertragung T 851
Nachrichtenübertragungsteil M 371
Nachrichtenunterscheidung M 355, S 560
Nachrichtenverbindung T 68
Nachrichtenverbreitung B 465
Nachrichtenverkehr C 853, T 706
Nachrichtenverkehrstheorie C 854, T 743
Nachrichtenvermittlung M 366
Nachrichtenverteilung M 357, S 561
Nachrichtenverwaltung M 59
Nachrichtenweiterleitung M 363
Nachrichtenwesen T 58, T 72
Nachrichtenzeicheneinheit M 364
Nachrufen R 605
nachrüsten R 685
Nachrüstteile A 185
Nachrüstung R 686
Nachsatz T 746
Nachselektionsfilter P 577
Nachselektionsglied P 577
Nachteffekt N 169
nächtliche Grenzschicht N 177
Nachtschaltung N 170
Nachtverbindung N 170
Nachverarbeitung P 575
Nachverstärkung P 570
Nachwahlzeit P 578
Nachweisbarkeit D 329
Nachweisfähigkeit D 335
Nachweisgrenze D 331
Nachweisvermögen D 335
Nachzieheffekt S 778
Nachziehen T 5
nackt B 102
Nacktchip B 104
nackter Chip B 104
Nadeldrucker N 84
Nadeldruckwerk N 84
(N)-Adreßbildung N 2
(N)-Adreßbuch N 63
(N)-Adresse N 1
Nahbereich N 82

Nahbesprechungsmikrophon C 632
Näherung A 664
Näherungswert A 663
Nahfeld N 73
Nahfeld-Antennenmessung N 74
Nahfeldbereich N 79
Nahfelddiagramm N 78
Nahfeldintensität N 75
Nahfeldmessung N 77
Nahfeldmethode N 80
Nahfeldstärke N 66
Nahfeldstärkemessung N 76
Nahfeldstrahlungsdiagramm N 78
Nahnebensprechabstand N 72
Nahnebensprechdämpfung N 71
Nahnebensprechdämpfungsmaß N 71
Nahnebensprechen N 70
Nahpeilung S 464
Nahschwund S 465
Nahstrahl L 504
Nahverkehr J 54
Nahverkehrsgespräch J 40
Nahverkehrszentrale Z 26
Name T 640
Name eines Gültigkeitsbereiches T 642
NAND-Schaltung N 3
Nanosekunde N 4
n-äres Digitalsignal N 22
n-äres redundantes Signal N 25
NAs E 491
NAsI E 489
NATEL C M 556
nationale Datenvermittlung N 28
nationale Fernnummer N 38
nationale Nummer N 36
nationaler Numerierungsplan M 37
nationale Rufnummer N 30
nationale Rundfunkübertragungsstelle N 39
nationaler Zielcode N 29
nationaler Zubringerübertragungsweg N 31
nationales Autotelefonnetz N 27
nationales Autotelefonnetz C M 556
nationales Autotelefonsystem N 27
nationales Fernsprechnetz N 41
nationales Netz N 34
nationales Satellitenfunksystem D 782
nationale Verkehrsausscheidungszahl T 994
nationale Zubringerleitung N 31
Nationalkennung N 32
Navigationsfunkdienst über Satelliten T 137
Navigationshilfe N 46
Navigationsradar N 47
Navigationssatellit N 49
(N)-beidseitige Datenübermittlung N 387
n-Bit-Envelopestruktur N 50
n-Bit Mikrorechner N 51
(N)-Datenkommunikation N 58

(N)-Datenquelle N 60
(N)-Datensenke N 59
(N)-Datenübermittlung N 58
n dB Bandbreite N 62
(N)-Dienst N 377
(N)-Dienst-Dateneinheit N 381
(N)-Dienstzugangspunkt N 378
(N)-Dienstzugangspunktadresse N 379
(N)-Duplexübertragung N 64
Nebelsichtweite V 153
Nebenanschluß E 491
Nebenanschlußleitung E 489
Nebenaussendung S 1029
Nebenausstrahlung S 1029
Nebenfehler M 498
Nebengeräusch S 510
Nebeninformation S 499
Nebenkeule S 500
Nebenkeulenabstrahlung S 506
Nebenkeulencharakteristik S 505
Nebenkeulendämpfung S 501
Nebenkeulendiagramm S 505
Nebenkeulengröße S 504
Nebenkeulenhüllkurve S 503
Nebenkeulenkompensation S 502
Nebenkeulenstrahlung S 506
Nebenkeulenunterdrückung S 508
Nebenresonanz S 1032
nebensächlicher Fehler M 498
nebenschließen S 484
Nebenschluß S 485
Nebenschlußregler S 490
Nebenschlußrelais S 488
Nebenschlußwiderstand S 491
Nebensprechabstand S 603
Nebensprechdämpfung C 1214
Nebensprechdämpfungsmaß C 1214
Nebensprechen C 1213
Nebensprechkopplungsdämpfung C 1215
Nebensprechmessung C 1216
Nebensprechstelle E 491
Nebenstelle E 487, S 1330
Nebenstellen-Amtsleitung E 491
Nebenstellenanlage P 754
Nebenstellenanlage für Handbetrieb M 131
Nebenstellenanlage mit Handvermittlung P 759
Nebenstellenapparat P 170
Nebenstellenapparat mit Amtsberechtigung U 107
Nebenstellenfernsprechapparat P 170
Nebenstellenleitung E 488
Nebenstellenzentrale P 754
Nebenzeit I 100
Nebenzipfel S 500
Nebenzipfeldämpfung S 501
Nebenzipfeldiagramm S 505
Nebenzipfelreduktion S 507
Negation N 86
Negationsglied I 631
negative Bildschirmdarstellung R 707
negative Logik N 93
negative Modulation N 94
negativer Impedanzkonverter N 91

negative Rückkopplung N 89
negative Rückmeldung N 87
negativer Widerstand N 95
negatives Quittieren N 87
Negativmodulation N 94
Negativ-Pulsstuffing N 92
Negativstopfen N 92
Negator I 631
Negatorschaltung I 631
negieren N 85
Neigung der Umlaufbahn O 227
Neigungswinkel A 511
(N)-einseitige Datenübermittlung N 288
nematischer Flüssigkristall N 96
Nennausgangsleistung R 260/1
Nennbelastung R 259
Nennfrequenzhub R 257
Nennlebensdauer R 258
Nennleistung R 260
Nennspannung R 263
Nennspielraum N 258
Nennstopfrate N 256
Nennstrom R 256
Nennweite N 260
Nennwert R 262
Nennwert der Stopfrate N 256
Nennwert der Stuffing-Rate N 256
Nennwert des Stopfverhältnisses N 257
Nennwert des Stuffingverhältnisses N 257
Neper N 98
Nettobitrate N 99
Nettodatenrate N 100
Nettoschaltverlust N 103
Nettospielraum N 102
Netz B 1, M 68, N 104, P 642
Netzabschluß N 152
Netzabschlußgerät N 151
Netzadresse N 106
Netzanschlußgerät A 115
Netzanschlußschnur P 591
Netzarchitektur N 109
Netzaufbau N 129
Netzausfall M 71, N 124
Netzbestandteil N 113
Netzbetreiber N 141
Netzblockierung N 111
Netzbrummen N 289
Netz der Zentral-Zeichengabekanäle C 816
Netzdigitalisierung N 121
Netzdienst N 146
Netzdimensionierung N 122
Netzdimensionierungsmodell N 123
Netzebene N 133
Netzeinwahl D 647
Netzen/zwischen I 562
Netzendeinrichtung N 150
Netzfilter L 196
Netzform N 115
Netzfrequenz M 72
Netzführung N 134
Netzführungssoftware N 130
Netzführungszentrum N 135
Netzfunktion N 126
Netz für Sprache und Daten V 193
Netzgestaltung N 115, N 129
Netzkennzahl D 72

Netzknoten N 138
Netzkonfiguration N 115
Netzkontrollzentrum N 117
Netzkonzept N 114
Netzkonzeption N 120
Netzkoordinierungsstation N 119
Netzleitsystem N 136
Netzleitung P 615
Netzleitungsfilter L 196
Netzmanagement N 134
Netzmeldung C 194, S 381
Netzmerkmal N 143
Netz mit Baumstruktur T 932
Netz mit Durchschalte- und Paketvermittlung C 551
Netz mit gegenseitiger Synchronisierung M 842
Netz mit gerichteter Synchronisierung D 312
Netz mit Handbetrieb M 130
Netz mit Handvermittlung M 132
Netz mit isoliertem Sternpunkt I 685
Netz mit Leitungsvermittlung C 562
Netz mit Mehrfachnutzung M 817
Netz mit Ortsbatteriebetrieb L 320
Netz mit Paketvermittlung P 35
Netz mit variabler Bitrate V 35
Netz mit Vermittlung S 1455
Netz mit wahlfreiem Zugriff R 229
Netzmodernisierung N 137
Netz ohne geerdeten Sternpunkt I 685
Netz ohne Vermittlung N 340
Netzoptimierung N 142
Netzplanung N 144
Netzschalter P 641
Netzschicht N 132
Netzschnittstelle N 131
Netzschnur A 107
Netzspannung L 259, M 75
Netzsteckdose A 106
Netzstecker P 628
Netzsteuerung N 116
Netzsteuerungsphase N 118
Netzsteuerungsschicht N 132
Netzstörung N 125
Netzstromversorgung M 73
Netzstruktur N 147
Netzsynchronisation N 148
Netzsynchronisierung N 148
Netztopologie N 155
Netztransferverzug N 156
Netzübergang I 564
Netzübergangssystem B 436
netzunabhängig N 128
Netz- und Batteriestromversorgung M 69
Netzwählzeichen N 145
Netzwerk N 104
Netzwerkanalysator N 108
Netzwerkanalyse N 107
Netzwerkimpedanz N 127
Netzwerkschicht N 132
Netzwerksynthese N 149
Netzwerktheorie N 153/4
Netzwerktopologie N 155
neu adressieren R 531
Neuanschluß N 163
neu benennen R 556
neue Dienste N 164

Neueinrichtung N 163
neuesten Stand bringen/auf den U 127
Neuladen R 530
Neunerkomplement N 171
Neustart R 668
Neutaktung R 680
neutrales Relais N 321
Neutralisation N 160
Neutralisationsschaltung N 161
Neuverdrahtung R 712
Neuverkabelung R 712
Newtonsche Iterationsformel N 165
NF A 784
NF-Anteil L 523
NF-Ausgang A 793
NF-Ausgangsspannung A 794
NF-Band A 785
NF-Bandbreite A 786
NF-Bereich A 797
NF-Eingang A 791
NF-Frequenzumtastung A 798
NF-Generator A 790
NF-Geräusch L 525
NF-Geräuschabstand A 801
NF-Kabel V 199
NF-Kanal A 787, V 188
NF-Pegel L 524
NF-Pilotsignal A 795
NF-Schutzabstand A 796
NF-Signal A 799
NF-Signal-Störverhältnis A 800
NF-Spannung A 804
NF-Spektrum A 802
NF-Störabstand A 800
NF-Tonleitung A 788
NF-Übertrager A 808
NF-Übertragung A 803
(N)-Funktion N 166
NF-Verstärker A 781
NF-Verstärkung A 789
NF-Weiche A 806
(N)-Halbduplexübertragung N 167
N-Halbleiter N 389
nichtaktives Zeichen I 95
nicht amtsberechtigte Nebenstelle C 889
nichtassoziierte Betriebsweise N 262
nichtassoziierter Modus N 262
nichtassoziierter Zeichenkanal N 264
nichtassoziierte Zeichengabe N 263
nichtbewehrt U 34
nichtbewehrtes Kabel U 35
nicht blockierend N 265
nicht erfolgreiche Durchgangsprüfung C 1025
nicht erfolgreicher Verbindungsversuch L 113
nicht erfolgreiche Verbindung U 112
nichterkannter Fehler U 63
nicht erkennbarer Fehler N 326
Nichtfernsprechdienst N 346
Nichtfernsprech-Endgerät N 348
nichtflüchtiger Schreib-Lese-Speicher N 350
nichtflüchtiger Speicher N 349
nichtflüchtiges RAM N 350

nicht funktionsbeteiligte Redundanz S 1095
nicht gealtert U 31
nichtgleichmäßige Quantisierung N 344
NICHT-Glied I 631
nicht harmonisches Produkt N 291
nicht harmonisches Vielfaches N 291
nichthierarchisches Netz N 292
nichthierarchische Verkehrslenkung N 293
nichtionisierende Strahlung N 296
nicht isochron A 523
nichtkohärente Demodulation N 270
nichtkohärente Frequenzumtastung N 271
nichtkohärenter Empfang N 272
nichtkontinuierliche Zeichengabe D 674
nichtleitend N 273
Nichtleiter N 274
nichtleitungsgebundene Übertragung W 178
nichtlinear N 297
nichtlineare Amplitudenverzerrung A 430
nichtlineare Codierung N 343
nichtlineare Kennlinie N 299
nichtlineare Modulationskennlinie N 305
nichtlineare Phasenverzerrung P 296
nichtlineare Quantisierung N 344
nichtlinearer Teil N 307
nichtlinearer Widerstand N 308
nichtlineare Schaltung N 300
nichtlineares Nebensprechen N 301
nichtlineares Netzwerk N 306
nichtlineare Verstärkung N 298
nichtlineare Verzerrung N 302
Nichtlinearität N 304
nichtlösbare Verbindung P 262
nichtlöschendes Lesen N 279/80
NICHT-ODER-Schaltung N 353
nichtöffentliches Fernsehen C 625
nicht ortsfest M 532
nicht periodisch N 318
nichtrastend N 312
nichtrastende Drucktaste N 313
nichtrastender Schalter N 314
nichtrastende Taste N 313, N 314
nichtrekursives Filter F 200
nichtreziproker Phasenschieber N 325
NICHT-Schaltung I 631
Nichtsprachdienst N 346
Nichtsprachendeinrichtung N 348
Nichtsprachsignal N 347
Nichtsprachübertragung N 345
nichtstationär N 338
nicht stromführendes Teil N 276

nicht synchron A 719, N 342
nicht synchronisiert O 310
nichtsynchronisiertes Netz N 341
Nichttelefon-Terminal N 348
nicht überlappende Bänder N 317
NICHT-UND-Schaltung N 3
Nichtverfügbarkeit U 44
nicht vermitteltes Netz N 340
nicht vermittelte Verbindung N 339
nichtverriegelnd N 312
nicht verzeichnete Rufnummer N 309
nicht viererfähige Leitung N 319
nicht viererverseiltes Kabel N 322
nicht wiederherstellbar I 666
nicht zerstörungsfreie Prüfung D 323
nichtzugeteilte Nummer U 32
nichtzugeteilte Rufnummer U 32
nicht zur Verbindung führender Anruf L 487
nicht zur Verbindung führender Anrufversuch L 488
Niederfrequenz A 784, L 522a
Niederfrequenzanteil L 523
Niederfrequenzausgang A 793
Niederfrequenzausgangsspannung A 794
Niederfrequenzbandbreite A 786
Niederfrequenzbereich A 797
Niederfrequenzeingang A 791
Niederfrequenzgeräusch L 525
Niederfrequenzgeräuschabstand A 801
Niederfrequenzkabel V 199
Niederfrequenzkanal A 787
Niederfrequenzpegel L 524
Niederfrequenz-Pilotsignal A 795
Niederfrequenz-Schutzabstand A 796
Niederfrequenzsignal A 799
Niederfrequenzspannung A 804
Niederfrequenzspektrum A 802
Niederfrequenzstörabstand A 800
Niederfrequenzübertrager A 808
Niederfrequenzübertragung A 803
Niederfrequenzverstärker A 781
Niederfrequenzverstärkung A 789
Niederfrequenzweiche A 806
niederholen L 514
niederkanalig L 508
niederkanaliges Richtfunksystem L 509
niederohmiger Kontakt L 533
Niederschlag-Streuausbreitung P 652
Niederschlagsstreuung P 651
Niederspannungs... L 80
niederwertiges Bit L 80
niedrig L 502
niedrige Bitrate L 505
niedriger Dämpfung/mit L 527
niedriger machen L 514

niedriger Spannung/mit L 547
niedrige Schwelle L 543
niedrigste brauchbare Frequenz L 522
niedrigste brauchbare Übertragungsfrequenz L 522
niedrigstwertiges Bit L 80
niedrigstwertiges Codeelement L 82
niedrigstwertiges Zeichen L 81
(N)-Instanz N 97
Nixie-Röhre N 173
n-Kanal N 52
n-Kanal-Endeinrichtung N 53
n-Kanal-MOS-Chip N 175
NKZ N 117
n-Leitung N 388
NMOS-Chip N 175
nochmalige Übertragung R 681
Nockenkontakt C 213
Nockenscheibe C 214
Nominalfrequenz N 255
nominelle Orbitposition N 259
nonverbales Signal N 347
Nordisches Mobiltelefonsystem N 352
Nordlichtabsorption A 814
Nordlichtfading A 817
Nordlichtschwund A 817
Nordlichtstörungen A 816
Nordlichtstrahlung A 819
NOR-Gatter N 353
Normalatmosphäre S 1080
Normalausbreitung S 1078
Normalbrechung S 1082
normale Anfangssynchronisation N 354
normale Leitweglenkung N 363
normaler Leitweg N 362
Normalfrequenz N 1063
Normalfrequenzfunkdienst S 1067
Normalfrequenzfunkdienst über Satelliten S 1066
Normalfrequenzgenerator S 1065
Normalfrequenzsendung S 1064
Normalfrequenzsignal S 1068
Normalfrequenzstation S 1069
Normalstellung N 361
Normalverteilung N 355
Normenwandler S 1083
Normgestell S 1079
normierte Verteilungskurve N 357
Normschrank S 1057
Normung S 1071
Normwandler S 1083
NOR-Schaltung N 353
NOSFER N 365
NOSFER-Eichkreis N 367
NOSFER-Empfangsteil N 366
NOSFER-Sendeteil N 368
Notalarm D 721
Notantenne E 215
Notation N 369
Notbatterie B 31
Notfall E 214
Notfallübernahme E 218
Notfallmeldedienst E 217
Notfrequenz D 723, E 220
Notruf D 722, D 725, E 216
Notrufdienst E 217
Notrufnummer E 221
Notruftelefon E 224

Notsender D 726, E 225
Notstromgenerator S 1090
Notstromquelle B 32
Notstromversorgung E 222
Notumschaltung E 218
Notverkehrsumschaltung E 218
Notzeichen D 725
Notzentrale E 219
Np N 98
N-Pfadfilter N 372
(N)-Protokoll N 373
(N)-Protokoll-Dateneinheit N 374
(N)-Protokollkennung N 375
(N)-Relais N 376
NRZ-Kodierung N 336
ns N 4
NS D 358, N 400
(N)-Schicht N 174
n-Schnittcode N 418
(N)-Schnittstellendaten N 172
nsec N 4
(N)-Simplexübertragung N 382
NSt E 487
NStAnl P 754
N-Stuffing N 92
n-stufige Modulation N 54
n-stufige QAM N 24
(N)-Teildienst N 65
N-Teilsystem N 384
NTSC-Farbfernsehsignal N 385
nuklearer elektromagnetischer Impuls N 390
null N 391
Null Z 7
Nullabgleich Z 8, Z 9
Nulldurchgang Z 13
Nulleiter N 158
Nullfrequenz Z 14
Nullimpuls R 623
Nullkette N 394
Nullpegel Z 15
Nullpotential Z 18
Nullpunkt Z 7
Nullpunkteinstellung Z 8
Nullpunktempfindlichkeit Z 16
Nullpunkterdung N 159
Nullpunktkompensation Z 9
Nullpunktunterdrückung Z 19
Nullserienmuster P 688
Nullstelle Z 7
Nullunterdrückung Z 19
Nullzeichen N 393
numerieren N 395
Numerierung N 398
Numerierungsbereich N 399
Numerierungsplan N 401
Numerierungssystem N 407
numerisch N 408
numerische Anzeige N 416
numerische Codierung N 414
numerische Daten N 415
numerischer Code N 413
numerischer Tastenblock N 417
numerischer Zeichensatz N 412
numerische Steuerung N 409
numerisches Zeichen N 411
numerische Tastatur D 560
Nummer des gerufenen Teilnehmers C 140
Nummer des rufenden Teilnehmers C 183
Nummernanzeige N 397
Nummerngabeschlußzeichen E 269

Nummernschalter D 358, N 400
Nummernschalterimpulswahl D 374
Nummernschalterwahl R 774
Nummernschlucker D 433
Nummernsperre D 433
Nummernwahl N 410
Nur-Lese-Speicher R 276
Nut S 751
Nutation N 419
Nutationswinkel N 420
Nutzaussendung W 21
Nutzbandbreite E 87
Nutzbits I 184
Nutzenanalyse B 235
Nutzerdienstklasse U 160
nutzergerecht U 156
Nutzerklassenindikator U 159
Nutzerklassenkennzeichen U 159
Nutzerklassenzeichen U 158
Nutzer-Netz-Schnittstelle U 166
Nutzer-Nutzer-Protokoll U 171
Nutzerschnittstelle U 164
Nutzerteil für Betrieb und Wartung O 172
Nutzerübertragungsgeschwindigkeit U 161
Nutzerzugang U 155
Nutzfeldstärke U 148
Nutzlast P 162
Nutzlebensdauer U 151
Nutzleistung U 152
Nutzleistungsflußdichte U 149
Nutzsignal U 153
Nutzsignal-Störsignal-Abstand W 23
Nutzträgerleistung W 20
Nutzträger-Störträger-Abstand W 22
Nutzübertragungsgeschwindigkeit E 99
Nutzübertragungsrate E 99
Nutzungsdauer U 151
Nutzungsfaktor D 917
(N)-Verbindung N 55
(N)-Verbindungsendpunkt N 56
(N)-Verbindungsendpunktkennung N 57
(N)-Verbindungskennung N 380
(N)-wechselseitige Datenübermittlung N 386
n-wertige Modulation N 54
n-wertige Quadratur-Amplitudenmodulation N 383
n-wertiges Digitalsignal N 22
Nyquistflanke N 422
Nyquistfrequenz N 421
Nyquistrate N 421

O

OA L 331
OAsl L 338
OB L 318
OB-Amt mit Handbetrieb L 319
OB-Betrieb L 324
Oberband U 133, U 137
obere Frequenzgrenze U 136
obere Grenze U 138
oberer Kanal U 135
oberes Halbband U 137
oberes Seitenband U 139

Oberflächenbehandlung S 1426
Oberflächendukt S 1414
Oberflächenleitung S 1412
Oberflächenmontagetechnik S 1420
oberflächenmontierbares Bauelement S 1416
oberflächenmontiertes Bauelement S 1418
Oberflächenpassivierung S 1421
Oberflächenrauhigkeit S 1424
Oberflächenrekombination S 1422
Oberflächenschicht S 1415
Oberflächenspannung S 1425
Oberflächenstrom S 1413
Oberflächenwelle S 1427
Oberflächenwellenantenne S 1428
Oberflächenwellenfilter S 1410
Oberflächenwellenoszillator S 1411
Oberflächenwiderstand S 1423
Obergrenze U 138
oberirdische Kabelanlage O 392
oberirdische Linie O 139
oberirdisches Kabel O 391
Oberschwingung H 77, H 86
Oberschwingungen H 88
Oberschwingungsfrequenz H 82
Oberstrichleistung P 201
Oberwelle H 77
Oberwelle geradzahliger Ordnung E 443
Oberwelle höherer Ordnung H 159
Oberwellenabstrahlung H 87
Oberwellenantenne H 78
Oberwellenerzeugung H 83
Oberwellenfilter H 81
oberwellenfrei F 411
Oberwellenfrequenz H 82
Oberwellengenerator H 84
Oberwellenstrahlung H 87
Oberwelle ungeradzahliger Ordnung O 30
OB-Fernsprechapparat L 323
OB-Fernsprecher L 323
Objekterkennung O 2
objektorientiert O 1
ObL L 9
OB-Netz L 320
OB-System L 322
OB-System mit Induktorruf M 47
OB-System mit Zentralbatterie-Zeichengabe C 354
OB-Vermittlungsschrank L 321
ODER-Funktion D 689
ODER-Gatter O 242
ODER-Glied O 241
ODER-NICHT-Schaltung O 248
ODER-Schaltung O 242
offene Fernsprechkabine T 224
offene Koaxialleitung/am Ende O 129
offene Kommunikation O 137
offene Numerierung O 134
offener Hohlleiter/am Ende O 130
offener Numerierungsplan O 131

offener Regelkreis O 127
offener Stromkreis O 122
offenes Kommunikationssystem O 135
offene Sprache C 602
offenes System O 135
offene Telefonzelle T 224
öffentliche Fernsprechstelle P 870
öffentliche internationale Fernmeldedienste P 874
öffentliche Mobilkommunikation P 879
öffentlicher beweglicher Landfunk L 9
öffentlicher Datenübermittlungsdienst P 872
öffentlicher Datenübertragungsdienst P 872
öffentlicher Faksimiledienst P 873
öffentlicher Fernsprecher P 870
öffentlicher Landmobilfunk L 9
öffentlicher Mobiltelefondienst P 882
öffentlicher Münzfernsprecher P 889
öffentlicher Schlüssel P 875
öffentlicher Telegrammdienst P 888
öffentliches bewegliches Landfunknetz P 878
öffentliches Datennetz P 871
öffentliches Datennetz mit Leitungsvermittlung C 560
öffentliches Datennetz mit Paketvermittlung P 33
öffentliches Datenpaketvermittlungsnetz P 33
öffentliches Fernsprechnetz P 887, P 890
öffentliches Fernsprechwählnetz P 887
öffentliches Mobilfunksystem P 880
öffentliches Mobilkommunikationsnetz P 878
öffentliches Netz P 883
öffentliches Paketnetz P 884
öffentliches paketvermitteltes Datennetz P 33
öffentliches Paketvermittlungsnetz P 884
öffentliches Personenrufsystem P 885
öffentliche Sprechstelle P 870
öffentliches Telefon P 870
öffentliches Telefonnetz P 890
öffentliches Telefonwählnetz P 887
öffentliches Telexnetz P 891
öffentliches vermitteltes Fernsprechnetz P 887
öffentliches Vermittlungsnetz P 886
off-line O 53
off-line Betrieb O 54
Öffnung A 638
Öffnungsdauer B 426
Öffnungsfläche A 638
Öffnungsimpuls B 427
Öffnungskontakt B 417
Öffnungsstrom B 422
Öffnungswinkel A 507, B 187, B 204
Offsetantenne O 60
Offset-Cassegrainantenne O 62

Offset-Differenzphasenumtastung O 64
Offset-Phasenumtastung O 69
Offsetspannung O 71
Offset-Vierphasenumtastung O 70
OFN L 360
Ohmmeter O 78
ohmsche Belastung R 646
ohmscher Kontakt O 76
Ohmsches Gesetz O 79
ohmsche Verluste O 77
Ohrbezugspunkt E 5
Ohrempfindlichkeitskurve E 6
Ohrhörer I 274
Ohrkurve E 6
Ok L 325
ökonomischer Nutzen C 1143
ökonomischer Vorteil C 1143
Oktalcode O 21
Oktalschreibweise O 23
Oktalziffer O 22
Oktav-Bandpaß O 26
Oktett O 27
Oktetterkennung O 28
Oktett mit nur Nullen A 362
OL L 359
Ölbohrinsel O 73
oligarchisch synchronisiertes Netz O 81
Ölschalter O 80
ON L 346, L 360
ONB L 361
on-line O 113
On-line-Betrieb O 114
Op-Code O 173
Operation O 163
Operationscode O 173
Operationsforschung O 178
Operationsverstärker O 165
Operator O 179
Optimalcode O 214
Optimaldetektion O 215
optimale Arbeitsfrequenz O 218
optimale Betriebsfrequenz O 217, O 218
optimale Leitweglenkung O 211
Optimalempfang O 215
Optimalfilter O 216
optimieren O 213
Optimierung O 212
Optimierungskriterium C 1187
optische Achse O 189
optische Anzeige V 165
optische Frequenz O 203
optische Informationsverarbeitung O 204
optische Kommunikation O 192
optische Kommunikationstechnik O 194
optische Nachrichtentechnik O 194
optische Nachrichtenverbindung O 193
optische Platte O 198
optische Quelle L 132
optischer Abschwächer O 188
optischer Feldfernsprecher P 548
optischer Leser O 206
optischer Modulator L 123
optischer Telegraf O 208
optisches Dämpfungsglied O 188

optische Signalverarbeitung O 207
optisches Kabel O 200
optisches Lesen O 191
optisches Nachrichtensystem O 195
optisches Radar L 112
optisches Telekommunikationssystem O 195
optisches Zeichenlesen O 191
optische Übertragung O 209
optische Wellenlänge O 210
optische Zeichenerkennung O 190
optisch gekoppelt O 205
optoelektronische integrierte Schaltung O 221
optoelektronische Vermittlung O 222
Optokoppler O 196
Orbit O 224
Orbitaldiversitysystem O 225
Orbitposition O 228
ordentliche Welle O 239
Ordinate O 240
Ordnung einer Harmonischen H 85
Ordnung einer Oberwelle H 85
Organisationskanal C 1057
OR-Schaltung O 242
orten L 369
Orthikon O 249
orthogonal O 250
orthogonale Folge O 258
orthogonale Polarisation O 257
orthogonale Signale O 259
orthogonale Struktur O 260
orthogonale Transformation O 261
Orthogonalfilter O 253
orthogonal gleichkanalig O 251
Orthogonalität O 254
orthogonal polarisierte Komponente O 255
orthogonal polarisierte Welle O 256
örtlich begrenztes Netz L 335
örtliche Anschlußnummer L 347
Ortsabschnitt E 488
Ortsamt L 331
Ortsanschlußleitung L 338
Ortsanschlußnummer L 347
Ortsbatterie L 318
Ortsbatterieamt mit Handbetrieb L 319
Ortsbatterienetz L 320
Ortsbatteriesystem L 322
Ortsbestimmung von Fahrzeugen M 541
Ortsdiversity S 724
Ortsempfang L 353
Ortsfernkabel L 368
Ortsfernsprechen L 363
Ortsfernsprechnetz L 360
Ortsfernsprechverkehr L 362
Ortsfernsprechvermittlung L 358
Ortsfernsprechzentrale L 358
ortsfest S 1139
ortsfeste Funkstelle F 233
ortsfester Fernsprechapparat S 1141
ortsfeste Station F 237
ortsfestes Telefon S 1141
Ortsgebühr L 352

Ortsgespräch L 326
Ortsgesprächsgebühr L 343
Ortskabel L 325
Ortskennzahl T 986
Ortskurve L 377
Ortskurvendarstellung L 378
Ortsleitung L 338, L 367
Ortslinie L 359
Ortsnetz L 342, L 346, L 360
Ortsnetzbereich L 361
Ortsnetzkennzahl T 986
Ortsnumerierungsplan L 348
Ortsplatz L 351
Ortsregister L 354
Ortsrufnummer L 347
Ortssender L 366
Ortsteilnehmer L 355
Ortsteilnehmernummer L 356
Ortstelefonie L 363
Ortsverbindung L 340
Ortsverbindungskabel L 337
Ortsverbindungsleitung I 566, T 981
Ortsverbindungsleitungsbündel J 47
Ortsverkehr L 365
Ortsverkehrsbereich L 312
Ortsvermittlung L 357
Ortsvermittlungsstelle L 331
Ortsvermittlungszentrale L 331
Ortszentrale L 327
Ortszone L 312
Ortung L 332
Ortung fehlerhafter Zwischenverstärker R 572
Ortungsfunkdienst R 92
Ortungsfunkdienst über Satelliten R 91
Ortungsfunkstation R 93
Ortungsfunkstelle R 93
Ortungsobjekt T 37
Oszillator O 266
Oszillatorabstrahlung O 269
Oszillatorfrequenz O 267
Oszillator im Thermostat O 360
Oszillatorrauschen O 268
Oszillatorstörstrahlung O 269
Oszillograf O 272
oszillografisches Augendiagramm O 274
Oszillogramm O 271
Oszilloskop O 273
Oszilloskopröhre O 276
Outband-Zeichengabe O 320
Outslot-Signalisierung O 357
Outslot-Zeichengabe O 357
Overlay-Netz O 402
Overlay-Programm O 403
OVk L 337
OVI-Bündel J 47
OVST L 331
Ozeanbereich O 18
Ozeanbereichskennzahl O 19
Ozeankabel O 20, S 1284

P

Paar P 62
paarig P 57
Paarigkeit P 61
paarverseiltes Kabel P 58
Paarverseilung P 61
Packungsdichte P 41
Paket P 5
Paketauflösung P 12
Paketbetrieb P 26

Paketbetriebsart

Paketbetriebsart P 26
Paketbildung P 7, P 16
Paketbus P 9
Paketebene P 22
Paketendstelle P 27
Paketfehlerwahrscheinlichkeit P 13
Paketformat P 14
Paketfunknetz P 30
Paketfunkverkehr P 29
paketieren P 17
Paketierer-Depaketierer P 6
paketierte Sprachübertragung P 19
Paketierung P 7
Paketierung-Depaketierung P 8
Paketlänge P 20
Paketlaufzeit P 10
Paketmodus P 25, P 26
Paketnetz P 28
paketorientierte Endeinrichtung P 27
paketorientiertes Terminal P 27
Paketübertragung P 36
Paketübertragungssystem für Sprache und Daten P 18
Paketverlust P 24
paketvermittelndes Datennetz P 31
paketvermittelndes Netz P 35
paketvermittelter Datenübermittlungswähldienst P 32
paketvermitteltes Datennetz P 31
paketvermitteltes Netz P 35
Paketvermittlung P 34
Paketvermittlungsnetz P 35
Paketwegleitung P 15
PAL-System P 63
PAM P 899
Panne B 419
Panorama-Anzeige P 445
Panoramaempfänger P 66
Panoramazusatz P 65
Papierband P 72
Papierbleikabel P 71
Papierführung P 69
papierisoliertes Kabel P 70
Papierkabel P 70
Papierkondensator P 67
Papierkopie H 64
Papierstreifen P 72
Papiervorschub P 68
Parabolantenne P 73
parabolförmiger Reflektor P 74
Parabolreflektor P 74
Parabolspiegel P 74
Parabolspiegel mit dezentrierter Speisung O 68
Parabolspiegel mit Einzelspeisung S 680
Parabolspiegel mit versetztem Primärstrahler O 68
Parabolspiegel mit Vielfachspeisung M 706
Parallelbetrieb P 81, P 84
Paralleldrahtleitung P 89
parallele Bildübertragung P 88
parallele Ein-Ausgabe P 79
paralleler Zugriff S 652
Parallelität P 80
Parallelkapazität S 486
Parallelklinke B 407
Parallelkondensator S 487
Parallelplattenleiter P 82
parallelschalten S 484

Parallelschaltung P 78
Parallelschwingkreis A 631
Parallel-Serien-Umsetzer P 86
Parallel-Serien-Umsetzung P 85
Parallel-Serien-Wandler P 86
Parallel-T-Glied S 492
Parallelübertragung P 87
Parallelverarbeitung P 83
Parallelverlauf P 80
Parallelverzweiger S 492
Parallelwiderstand S 491
Parallelzugriff S 652
Parameter P 90
Parameterstützstelle F 397
Parameterwert P 91
parametrisch P 92
parametrische Codierung P 95
parametrischer Verstärker P 94
parametrische Schwingung P 97
parametrisches Rauschen P 96
parametrische Verstärkung P 93
parasitäre Aussendung P 99
parasitäre Kapazität P 98
parasitäre Schwingung P 102
Pardune G 216
Parität P 105
Paritätsbit P 106
Paritätsfehler P 108
Paritätsfunktion P 109
Paritätskontrolle P 107
Paritätsprüfung P 107
Parken P 110
Parken eines Gesprächs P 110
Partial-Response-Code P 118
Partial-Response-Codierung P 119
Partial-Response-Modulation P 120
Partial-Response-Signal P 121
partielle Kohärenz P 113
Partnerinstanzen P 214
passive Fehlerdämpfung P 135
passive Redundanz S 1095
passive Relaisstelle P 140
passive Reserve C 748
passiver Satellit P 141
passiver Sensor P 142
passiver Strahler P 134
passiver Wandler P 143
passives Bauelement P 136
passives Intermodulationsprodukt P 137
passives Netzwerk P 138
Passivierung P 133
Passmode P 144
Passwort C 1182, P 145
Patentfähigkeit P 151
Patentierbarkeit P 151
Pauschalgebührendienst F 263
Pauschaltarif F 261
Pausen-Impulsverhältnis B 425
Pausenschritt S 870
PCM P 905
PCM-Binärcode P 171
PCM-Bus P 172
PCM-Codec P 174
PCM-Codierer P 176
PCM-codiertes Bild P 175
PCM-codierte Sprache P 177
PCM-Hierarchie P 180
PCM-Kanal P 173
PCM-Multiplex P 182
PCM-Multiplexeinrichtung P 183

PCM-Multiplexgerät P 183
PCM-Primärgruppe P 718
PCM-Primärmultiplexeinrichtung P 719
PCM-Rahmen P 178
PCM-Rahmengleichlauf P 179
PCM-Rahmensynchronismus P 179
PCM-Signal P 184
PCM-Tonkanal P 185
PCM-Übertragung P 186
PCM-Verbindung P 181
PCMX P 183
PDM P 915
PDN P 871
PE P 255
Pegel L 99
Pegelabweichung L 104
Pegeländerung C 386
Pegelausgleich L 106
Pegel bei abgeschlossener Leitung T 382
Pegeldiagramm L 105
Pegeldurchgangshäufigkeit L 103
Pegeleinstellung L 100
Pegel-Frequenz-Kennlinie L 108
Pegelhalterung C 576
Pegelkreuzung L 102
Pegelkreuzungshäufigkeit L 103
Pegelmesser L 110
Pegelmesser/in Dezibel anzeigender D 159
Pegelmeßgerät L 109
Pegelregulierung L 101
Pegelschreiber L 111
Pegelschwankung L 107
Peilabschätzung B 210
Peilauswertung B 211
peilen T 6
Peiler R 94
Peilfehler E 396
Peilfehler durch Mehrwegeausbreitung W 74
Peilfehler infolge von Geländereflexionen S 726
Peilfunkstelle R 96
Peilfunkstelle für die Seefahrt M 163
Peilminimum B 212
Peilnull B 213
Peilung B 207, D 623, R 95
Peilwert B 207
Peilwertberichtigung B 209
Peilwinkel B 207, R 77
Peilzeiger C 1251
Peitschenantenne W 121
Peltier-Effekt P 220
Peltier-Element P 219
Peltier-gekühlt P 218
Peltier-Kühler T 493
Perforation P 239
perforieren P 237
Perigäum P 246
Perigäumshöhe A 399
Periode P 247
Periodendauer P 247
Periodenzahl F 423
periodische Antennenbewegung S 95
periodischer Ruf I 581
periodische Störstellen P 248
periphere Schnittstelle P 254
peripherer Schnittstellenadapter P 254
peripherer Schnittstellenbaustein P 253

periphere Schnittstelle P 253
peripheres Gerät P 252
Peripheriegerät P 252
peripherisch P 251
Periskopantenne P 256
Periskopspeisung B 203
permanenter Dienst P 258
permanenter Telekommunikationsdienst P 259
Permeabilität P 265
Permeabilitätsabstimmung P 266
Permeanz P 267
Perminvar P 269
Permittivität P 275
Personal/ohne U 36
Personalcomputer P 278
Personalcomputernetz P 280
Personalcomputerverbund P 279
Personenruf P 50
Personenrufdienst P 52
Personenrufempfänger P 47
Personenrufgerät P 47
Personenrufkanal P 51
Personenrufsystem P 53
persönlicher Mitteilungsdienst I 569
persönlicher Mitteilungsübermittlungsdienst I 569
Petrinetze P 283
Pfad P 152
Pfeifabstand S 657
Pfeifen S 656
Pfeifneigung N 81
Pfeifpunkt S 658
Pfeifsperre S 659
Pflichtenheft S 942
PFM P 920
PG G 173
PGU G 197
Phantombildung P 288
Phantomgruppe P 287
Phantomkreis P 285, S 1382
Phantomkreis mit Erdrückleitung E 24
Phantomkreis schalten/zum P 284
Phantomleitung P 285
Phantomstromkreis P 285
Phase P 292, P 309
Phase/außer P 352
Phase/in P 293
Phase bringen/in P 291
Phased-Array-Antenne P 314
Phase-Locked-Loop P 336
Phasenabgleich P 294, P 361
Phasenabhängigkeit P 326
Phasenabhängigkeit von der Frequenz P 326
Phasenänderung P 302, P 351
Phasenanpassung P 340
Phasenausgleich P 308, P 312
Phasenbandbreite P 299
Phasenbeziehung P 348
Phasendemodulation P 316
Phasendemodulator P 317
Phasendetektor P 319
Phasendiagramm P 321
Phasendifferenz P 298
Phasendifferenzmodulation D 417
Phasendiskriminator P 322/3
Phaseneinstellung P 294
Phasenentzerrer P 324
Phasenentzerrung P 308, P 312
Phasenfehler P 325
Phasengang P 326

Phasengeschwindigkeit P 359
phasengesteuerte Antenne P 314
phasengesteuerte Gruppenantenne P 314
phasengesteuerte Gruppenantenne in Microstrip-Technik M 429
phasengesteuerte Gruppenantenne in Streifenleitungstechnik M 429
phasengesteuerter Gruppenstrahler P 314
phasengesteuerte Strahleranordnung P 314
phasengleich P 293
Phasengleichlaufverlust L 478
Phasenhub P 320
Phaseninkonstanz P 328
Phasenjitter P 331
phasenkohärent P 304
Phasenkohärenz C 724
Phasenkomparator P 305
Phasenkonstante P 303
phasenkontinuierliche Frequenzumtastung C 1040
phasenkorrigierter Hornstrahler P 311
Phasenkurve P 313
Phasenlage P 348
Phasenlaufzeit P 315
Phasenleiter P 309
Phasenmaß P 303
Phasenmesser P 341
Phasenmodulation P 343
Phasenmodulator P 344
phasenmoduliertes Signal P 342
Phasennacheilung P 333
Phasenquantisierer P 347
Phasenrauschen P 345
Phasenregelkreis P 336
Phasenschieber P 353
Phasenschieberschaltung P 355
Phasensignal P 362
Phasenspeisung P 361
Phasensprung P 332, P 351
Phasensprungmodulation P 354
Phasenstabilität P 357
phasenstarr P 335
phasenstarr synchronisiert P 335
Phasensteilheit P 356
Phasensteuerung P 310
Phasensynchronisation P 339
Phasensynchronisationskreis A 480, P 336
phasensynchronisierter Oszillator P 338
Phasentrajektorie P 358
Phasenumkehr P 329
Phasenumkehrmodulation P 330
Phasenumkehrung P 329
Phasenumtastung P 354
Phasenunterschied P 298
Phasenvergleich P 306
Phasenvergleicher P 305
Phasenvergleichsschaltung P 307
Phasenverschiebung P 351
phasenverschoben P 352
phasenverschobene Komponente/um 90° Q 14

Phasenverzerrung P 327
Phasenvoreilung P 334
Phasenwinkel P 297
Phasenwinkeldifferenz P 298
Phasenwinkelunterschied P 298
Phasenzeichen P 362
Phasenzentrum P 301
Phon P 363
Photodetektion P 373
Photodetektor P 374
Photodiode P 375
Photoempfänger P 374
photoempfindlich P 380
Photoleiter P 371
Photon P 378
Photostrom P 372
Phototransistor P 384
Photozelle P 370
physikalische Ebene P 389
physikalische Schicht P 388
physikalische Schnittstelle P 387
physikalisches Modell P 390
physikalische Wechselwirkungen P 386
„Pick and Place"-Bestückungsautomat P 392
„Pick and Place"-Kopf P 391
Piepton B 220
piezoelektrischer Kristall P 407
piezoelektrischer Wandler P 409
piezoelektrisches Mikrophon P 408
Piezokeramik P 406
Pi-Glied N 105
Pikosekunde P 394
Pikosekundenimpuls P 395
Piktogramm P 396
Pilot P 420, P 421
Pilotempfänger P 418
Pilotfrequenz P 413, P 421
Pilotgenerator P 414
Pilotkanal P 412
Pilotpegel P 416
Pilotprojekt P 417
Pilotsignal P 420
Pilotträger P 411
Pilotversuch P 419
Pimpelluft A 683
PIN-Diode P 428
PIN-Dioden-Modulator P 424
Ping-Pong-Verfahren B 534
pinkompatibel P 423
Pipeline-Betrieb P 429
Pipeline-Prozessor P 430
Pipeline-Struktur P 431
Pitch P 433
Pitch-Filter P 434
Pixel P 398
p-Kanal-MOS-Technik P 478
PKS-System P 877
PLA P 807
Planardiode P 438
Planarprozeß P 439
Planartechnologie P 439
Planartransistor P 440
planen S 133
planmäßige Betriebszeit S 135
planmäßiger Unterhalt S 134
planmäßige Wartung S 134
plan polarisierte Welle L 163
Plasma-Anzeigetafel P 447
Plasma-Display P 447
Plastmantelkabel P 450
Plastmuffe P 449

plastverkapselt P 448
Platine C 244, P 451
Platinengehäuse C 245
Platte P 451
Plattenerder E 25
Plattenspeicher M 17
plattiertes Trägermaterial P 453
Platz O 186, P 555
Platzbedarf S 896
Platzfernwahl O 181
Platzfunkfeuer L 371
Platzherbeiruf O 183
Platzlampe P 415
Platzverbindungsleitung I 573
Platzwahl O 180
Plausibilitätsprüfung R 298
Plausibilitätstest R 298
Plazierung P 435
p-Leitung P 868
plesiochron P 457
plesiochroner Betrieb P 459
plesiochrones Netz P 458
PLL P 336
PLL-FM-Demodulator P 337
Plotter P 462
plötzliche Änderung S 1356
plötzliche Ionosphärenstörung S 1358
plötzliche ionosphärische Störung S 1358
plötzlicher Ausfall S 1357
plötzliche Veränderung S 1356
Plusplatte P 566
Pluspotential P 567
PM P 343
p-MOSFET P 477
PMOS-Technik P 478
PNP-Transistor P 481
pn-Übergang P 480
Poisson-Verkehr P 504
Poisson-Verteilung P 503
Pol P 529
Polardiagramm P 506
polare Umlaufbahn P 526
Polarisation P 509
Polarisationscharakteristik P 511
Polarisationsdiversity P 515
Polarisationsdrehung R 793
Polarisationsebene P 520
Polarisationsentkopplung P 513, P 514
Polarisationsfehler P 517
Polarisationsfehler bei zirkular polarisierter Welle unter 45° S 1087
Polarisationsrichtung D 627, P 509
Polarisationsschwund P 518
Polarisationsspannung P 523
Polarisationstrenner P 522
polarisationsunabhängig P 519
Polarisationsverhalten P 510
Polarisationswandlung P 512
Polarisationsweiche P 516
Polarisationswinkel A 512
Polarisator P 525
Polarisierbarkeit P 508
polarisiertes Relais P 524
polarisiertes Relais mit stabiler Mittellage C 377
Polarität P 507
Polarlichtzone A 815
Polling P 533
Pol-Nullstellen-Prädiktor P 531

Pol-Nullstellen-Verteilung P 530
Polung P 507
Polyesterkondensator P 536
polyethylenisoliertes Kabel P 537
Polyethylenmantel P 538
polykristallin P 535
polykristallines Silicium P 541
Polypropylenisolierung P 540
Polyvinylchlorid P 542
P/O/N-Stuffing P 569
Position P 555
positionieren P 554
Positionierung P 435, P 556
Positionslinie L 215
positionsstabilisierter Satellit S 1144
positive Klemme P 568
positive Logik P 564
positive Modulation P 565
positive Platte P 566
positiver Impuls P 562
positive Rückmeldung A 81, P 559
positives Potential P 567
positives Quittieren P 559
positive Vorspannung P 560
Positivmodulation P 565
Positiv-Null-Negativ-Stopfen P 569
Positiv-Pulsstuffing P 563
Positivstopfen P 563
Poster-Vortrag P 573
Postleitzahl C 701
Postprozessor P 576
Potential P 580
Potentialausgleich P 583
Potentialbarriere P 581
Potentialdifferenz P 582
Potentialschwelle P 581
Potentialunterschied P 582
Potentiometer P 584
PPI-Anzeige P 445
PPI-Sichtgerät P 446
PPM P 936
Präcodierung P 655
prädikativer Signalwert P 658
prädikativer Wert P 659
Prädiktion P 660
Prädiktionsalgorithmus P 661
Prädiktionscodierung P 662
Prädiktionsfilter P 663
Prädiktionsgewinn P 664
Prädiktionsmodell P 665
Prädiktor P 666
Präfix P 678
Präfixcode P 680
Präprozessor P 687
Präsentationsschicht P 694
Präzisionsanflugradar P 653
Präzisionshohlleiter P 654
Preemphasis P 671
Preemphasisfilter P 672
Preis-Leistungs-Verhältnis P 709
Prelldauer B 391
Prellen B 390, K 13
Prellzeit B 391
Preprozessor P 687
Pressung C 905
Primärbündel P 725
Primärdiagramm P 717
primäre digitale Gruppe P 714
Primärelement P 710
Primärelementstrahler P 723

primäre

primäre PCM-Gruppe P 718
Primärfarbsignal P 712
Primärfolge P 718
Primärgruppe G 173, P 718
Primärgruppenabschnitt G 191
Primärgruppendurchschaltefilter T 556
Primärgruppendurchschaltepunkt T 555
Primärgruppenmodem G 186
Primärgruppenpilot G 187, G 189
Primärgruppenpilotfrequenz G 188
Primärgruppenträger G 175
Primärgruppenträgerversorgung G 176
Primärgruppenumsetzer G 197
Primärgruppenumsetzergestell B 183
Primärgruppenumsetzung G 198
Primärgruppenverbindung G 185
Primärgruppenverteiler G 182
Primärkreis P 711
Primärmultiplexer P 716
Primärradar P 720
Primärradarsystem P 721
Primärspannung P 726
Primärstrahler P 723
Primärstrahlung P 722
Primärstrahlungsdiagramm P 717
Primärstrom P 713
Primärstromkreis P 711
Primärweg P 724
Primärwicklung P 727
Print C 244
Prinzipschaltbild B 142
Prinzipschaltung B 142
Priorität P 748
Prioritätskanal P 749
Prioritätssteuerung F 214, P 750
private Datennetzkennzahl P 758
privates Datennetz P 757
privates Kommunikationssystem P 756
privates Nachrichtensystem P 756
privates Netz P 760
Privatfernsprechanlage P 764
Probe S 6
Probeanruf T 411
Probenamplitude P 777
Probenentnahme S 17
Probenimpuls S 12
Probennahme S 15/6
Proben nehmen S 5
Probensatz S 30
Probeverbindung T 411
Problemlösung P 779
problemorientierte Sprache P 778
Produktionsmittel M 152
Produktionsplanung P 797
professionelle Anwendung P 799
Programm P 811
Programmabschnitt S 202
Programmgenerator P 802
programmgesteuert P 801
programmgesteuerte Vermittlung S 1231
programmgesteuerte Vermittlungsstelle S 1229

programmierbar P 804
programmierbar/vom Anwender F 142
programmierbare Matrix P 807
programmierbarer elektrisch löschbarer Nur-Lesespeicher E 117/8
programmierbarer Festwertspeicher P 809
programmierbarer Lesespeicher P 809
programmierbarer Taschenrechner P 808
programmierbarer Teiler P 805
programmierbare Schnittstellenanpassung P 806
programmierbares logisches Feld P 807
Programmierbarkeit P 803
Programmierhilfe P 810
Programmierhochsprache H 180
Programmiersprache P 813
Programmiersystem P 814
Programmkarte P 800
Programmpaket P 3
Programmspeichersteuerung S 1228
Programmsteuerung S 1228
Projektleitung P 815
PROM P 809
Proportionalitätsfaktor P 833
Protokoll C 849, P 845
Protokollarchitektur P 846
Protokoll auf Paketebene P 23
Protokollebene P 849
protokollieren L 379
Protokollkonverter P 848
Protokollkonvertierung P 847
Protokollreferenzmodell P 850
Protokollumsetzer P 848
Protokollwandler P 848
Protokollwandlung P 847
Prototyp P 851
Prozedur P 780, P 845
Prozedurunterbrechungssignal P 781
Prozentsatz der abgewickelten Gesprächsanmeldungen P 227
Prozentsatz fehlerfreier Sekunden P 226
prozentuale Verfügbarkeit P 225
Prozeß P 787
Prozeßmodellierung P 791
Prozessor P 792
Prozessorausfall P 795
Prozessorbaugruppe P 793
Prozessor für das Netz der Zentral-Zeichengabekanäle C 817
Prozessormodul P 794
Prüfabschnitt T 447
Prüfanweisung T 451
Prüfautomat T 420
prüfbar T 408
prüfbarer Code E 374
Prüfbarkeit T 407
Prüfbedingung T 413
Prüfbericht T 442
Prüfbit C 502
Prüfbuchse T 426
Prüfdaten T 414
Prüfdauer T 416
Prüfdurchlauf T 446
Prüfeinrichtung T 417

prüfen C 501, T 405
Prüfen T 406
Prüfergebnis T 445
Prüffassung T 418
Prüffolge T 448
Prüfforderung T 443/4
Prüfgerät T 417, T 449
Prüf-Interface T 425
Prüfklemme T 423
Prüfklinke T 426
Prüfklinkenfeld T 427
Prüflauf T 446
Prüfleitungssatz T 428
Prüfmethode T 431
Prüfplatz T 421
Prüfpult T 415
Prüfpunkt C 507, T 409, T 439
Prüfschaltung T 412
Prüfschleife T 430
Prüfsignal T 450
Prüfspannung T 454
Prüfspitze T 437
Prüfstift T 437
Prüftechnik T 422
Prüftisch T 415
Prüfton T 452
Prüfung C 506, T 406
Prüfung auf gerade Parität E 445
Prüfung auf Stetigkeit C 1023
Prüfung auf ungerade Parität O 32
Prüfung bei Umweltbedingungen E 318
Prüfung gedruckter Leiterplatten C 539
Prüfung im Betrieb I 280
Prüfung im Werk F 13
Prüfung von Hand M 149
Prüfverfahren T 431
Prüfvorrichtung T 417
Prüfzeichen C 504
Prüfzeilenmeßsignal V 63
Prüfzeilenreferenzsignal V 62
Prüfziffer C 505
Prüfzuverlässigkeit T 441
Pseudo-Brewster-Winkel P 854
pseudo-n-äres Signal P 855
pseudo-n-wertiges Signal P 855
Pseudorauschcode P 856
Pseudorauschcodierung P 857
Pseudorausch-Quantisierung P 858
Pseudorauschsignal P 859
pseudostochastisch P 860
pseudoternäre Codierung P 863
pseudozufällig P 860
Pseudozufalls... P 860
Pseudozufallsfolge P 861
Pseudozufallssignal P 862
Psophometer P 864
psophometrische Leistung P 865
psophometrische Spannung P 866
P-Stuffing P 563
p-Substrat P 869
p-Typ-Substrat P 869
Public-Key-Algorithmus P 876
Public-Key-System P 877
Puffer B 494, B 499
Pufferbatterie B 496
Puffern B 497
Pufferspeicher B 499
Pufferzone B 495

Pulsabstandsmodulation P 924
Pulsamplitudendemodulation P 897
Pulsamplitudenmodulation P 899
Pulsamplitudenmodulator P 900
pulsamplitudenmoduliertes Signal P 898
Pulsation P 894
Pulsbreitenmodulation P 969
Pulscode P 904
Pulscodemodulation P 905
Pulsdauermodulation P 915
Pulsfrequenz P 943
Pulsfrequenzmodulation P 920
Pulsieren P 894
Pulslagemodulation P 936
Pulslagemodulator P 937
pulslagemoduliertes Signal P 935
Pulslängenmodulation P 927/8
Pulsmodulation P 929
Pulsmodulator P 930
Pulsphasenmodulation P 936
Pulsradar P 940
Pulsrahmen F 381, P 919
Pulsregenerierung P 941
Pulsstopfen J 58
Pulsstuffing J 58
Pulsträger P 903
Pulsverbreiterung P 902
Pulszahlmodulation P 931
Pulszeitmodulation P 961
Pult C 991
Pumpen P 972
Pumpimpuls P 976
Pumpleistung P 975
Pumpniveau P 974
Pumpquelle P 977
Pumpwirkungsgrad P 973
Punktfrequenz D 792
Punktkontaktdiode P 485
Punktmatrix D 793
Punktquelle P 491
Punktsignal D 794
punktweise Messung P 484
Punktzahl für die durchschnittliche Meinung M 266
Punktziel P 492
Punkt-zu-Fläche-Dienst P 494
Punkt-zu-Fläche-Verbindung P 493
Punkt-zu-Mehrpunkt-... P 495
Punkt-zu-Mehrpunkt-Betrieb P 497
Punkt-zu-Mehrpunkt-Übertragung P 498
Punkt-zu-Mehrpunkt-Verbindung P 496
Punkt-zu-Punkt-Linie P 500
Punkt-zu-Punkt-Übertragung P 502
Punkt-zu-Punkt-Verbindung P 499
Punkt-zu-Punkt-Verkehr P 501
Pupinisieren C 735
pupinisiertes Kabel P 981
Pupinisierung P 983
Pupin-Kabel P 981
Pupin-Spule P 982
PVC P 542
PVC-isoliertes Kabel P 1000
PVC-ummantelt P 1001
Pyramidenhorn P 1002

Q

Q Q 2
QAM Q 13
QAM mit mehreren Kennzuständen M 737
QAM mit n Kennzuständen N 24
QG S 1376
QGDF T 565
QGU S 1377
QS Q 28
Quad-in-line-Gehäuse Q 6
Quadrantantenne Q 10
quadratische Abweichung R 757
quadratische Demodulation S 1035
quadratische Kennlinie Q 11
quadratischer Demodulator S 1036
quadratischer Detektor S 1036
quadratischer Hohlleiter S 1041
quadratischer Mittelwert R 769, R 771
quadratische Verzerrung Q 12
Quadratur-Amplitudenmodulation Q 13
Quadratur-Amplitudenmodulation mit Differenzcodierung D 413
Quadratur-Amplitudenmodulation mit mehreren Kennzuständen M 737
Quadraturmodulation Q 17
Quadraturmodulator Q 18
Quadratur-Phasenumtastung Q 19
Quadraturspiegelfilter Q 16
Quadraturverzerrung Q 15
Quadratwurzelkennlinie S 1038
Quadrierung S 1043
Quadrophonie Q 20
Quadruplexverfahren Q 24
Qualifikationstest Q 25
Qualitätsbewertung Q 27
Qualitätsdaten Q 32
Qualitätsindex Q 33
Qualitätskontrolle Q 29
Qualitätskriterium Q 31
Qualitätsmerkmal Q 31
Qualitätssicherung Q 28
Quantenelektronik Q 54
Quantenmulde Q 58
Quantenphysik Q 56
Quantenrauschen Q 55
Quantentheorie Q 57
quantisierbar Q 35
quantisieren Q 39
Quantisieren Q 48
quantisierer Q 47
quantisiert Q 40
quantisierte Form Q 43
quantisierter Abtastwert Q 44
quantisierte Rückkopplung Q 41
quantisierter Wert Q 46
quantisiertes Signal Q 45
Quantisierung Q 48
Quantisierungsbereich Q 53
Quantisierungsfehler Q 50
Quantisierungsgeräusch Q 52
Quantisierungsintervall Q 51
Quantisierungskennlinie E 248
Quantisierungspegel Q 37
Quantisierungsrauschen Q 52
Quantisierungsschaltung Q 47
Quantisierungsschwelle Q 36
Quantisierungsstufe Q 38
Quantisierungsverzerrung Q 49
Quartärgruppe S 1376
Quartärgruppenabschnitt S 1380
Quartärgruppendurchschaltefilter T 565
Quartärgruppendurchschaltepunkt T 564
Quartärgruppenpilot S 1379
Quartärgruppenumsetzer S 1377
Quartärgruppenverbindung S 1378
Quartett Q 67
Quarz C 1221
Quarzalterung C 1222
Quarzfilter C 1226
quarzgesteuert C 1224
quarzgesteuerter Oszillator C 1225
Quarzkristall Q 68
Quarzoszillator C 1231
quarzstabilisiert C 1233
Quarzsteuerung C 1223
Quarzthermostat C 1232
Quasar Q 79
quasiassoziierte Betriebsweise der Zeichengabe Q 71
quasiassoziierter Modus Q 71
quasiassoziierter Modus der Zeichengabe Q 71
quasiassoziierte Signalisierung Q 72
quasiassoziierte Zeichengabe Q 72
Quasi-Impulsstörung Q 73
quasioptisch Q 74
quasioptische Ausbreitung Q 75
quasioptische Richtfunkverbindung L 223
Quasispitzengleichrichter Q 76
Quasispitzenspannung Q 77
quasistationär Q 78
quasiternäre Codierung P 863
quaternär Q 80
quaternäre Verbindung Q 81
Quecksilberkontakt M 344
Quecksilberrelais M 346
Quecksilberverzögerungsleitung M 345
Quelle S 857
Quelladresse S 858
quellencodierte Daten S 859
Quellencodierung S 864
Quellendecodierung S 863
Quellenkonfiguration S 860
Quellenkontrolle S 865
Quellensignal S 867
Quellensystem S 869
Quelle/Senke-Beziehung S 868
Querableitung S 489
Querdichte der Aufzeichnung T 917
Querimpedanz S 489
Querparität V 67
Querparitätsprüfung V 71
Querprüfung V 71
Querstrahler B 488
quersymmetrischer Vierpol B 62
quersymmetrisches π-Glied O 98

quersymmetrisches Halbglied C 642
Querunsymmetrie C 226
Querverbindungsleitung I 595
Querverbindung zwischen Nebenstellenanlagen P 755
Querweg H 217
Quetschverbindung C 1186
Quetschwerkzeug C 1185
QUIL-Gehäuse Q 6
Quinärgruppe J 34
QUIP Q 6
Quittung A 81
Quittungsbetrieb H 59
Quittungsbit A 82
Quittungsschema A 83
Quittungszeichen A 84

R

Radar R 90
Radarabfragefunkfeuer R 7
Radarabsorber R 3
Radaraufklärung R 33
Radarbake R 7
Radarbedeckung R 11
Radarbeobachtung R 30
Radarbild R 21
Radarbildschirm R 15, R 35
Radarbildübertragung R 22, R 26
Radarbildübertragungsstrecke R 26
Radardaten R 13
Radardiplexer R 14
Radarecho R 16
Radarecholotung R 40
Radarempfänger R 32
Radarerfassung R 24
Radarerfassungsbereich R 11
Radarerkennung R 20
Radarfunkfeuer R 7
Radar für den fernen Weltraum D 205
Radargerät R 18
Radargleichung R 17
Radargruppenantenne R 5
Radarhöhenmesser R 4
Radarhorizont R 19
Radaridentifikation R 20
Radarkarte R 27
Radarkette R 9
Radarkontakt R 10
Radarlotung R 40
Radarmessung R 28
Radar mit elektronischer Strahlauslenkung E 181
Radar mit synthetischer Apertur S 1549
Radarnavigation R 29
Radarreflektor R 34
Radarreichweite R 31
Radarrückstreuung R 6
Radarschatten R 36
Radarsichtgerät R 23
Radarsignal R 37
Radarsignalverarbeitung R 38
Radarsimulator R 39
Radarstation R 25
Radarstrahl R 8
Radartrainingsgerät R 39
Radarziel R 41
Radio R 68
Radioamateur R 72
Radioastronomie R 73
Radioempfänger R 320
Radiofrequenz R 101

Radiofrequenzbandbreite R 103
Radiofrequenzbereich R 116
Radiofrequenzkanal R 105
Radiohorizont R 125
Radiokompaß A 858, R 86
Radiometeorologie R 134
Radiometrie R 58
Radioquelle R 166
Radiosonde R 164
Radiosondenbeobachtung R 165
Radiotelefonie R 192
Radiotelefon mit Frequenzdekade S 1546
Radiotelegramm R 172
Radioteleskop R 198
Radioversorgung B 468
Radiowelle R 208
Radom R 212
Rahmen F 380, F 381, L 452, P 919
Rahmenantenne L 454
Rahmenaufbau F 399
Rahmenausrichtungsfehler L 453
Rahmenbegrenzung F 241
Rahmenbegrenzungsfolge F 242
Rahmenbit F 402
Rahmendauer F 391
Rahmenerkennung F 384
Rahmenerkennungssignal F 388
Rahmenerkennungswort B 519
Rahmenerkennungszeitkanal F 389
Rahmenfolgefrequenz F 394
Rahmenfrequenz F 394
Rahmengestell R 1
Rahmengleichlauf F 384
Rahmengleichlaufverlust F 385, L 479
Rahmengleichlaufwiederherstellung F 386
Rahmeninformation F 395
Rahmenkennungssignal F 388
Rahmenlänge F 396
Rahmenpeiler R 791
Rahmenprüfzeichenfolge F 390
Rahmenstehlen F 398
Rahmenstruktur F 399
Rahmensynchronisation F 384
Rahmensynchronisationsbit F 400
Rahmensynchronisationsverlust F 385
Rahmensynchronisierung F 384
Rahmensynchronismus F 384
Rahmensynchronsignal F 388
Rahmensynchronverlust F 385
Rahmensynchronwort B 519
Rahmenverdrahtung C 41
RAM R 228
RAM-Speicher R 224
Randaussendung O 319
Randbedingungen B 393
Randgebiet F 563
randomisieren R 233
Randschicht B 112
Randstrahl M 160
Rangfolge P 748
Rangierschnur P 150
Raster G 115, G 121, R 255
Rasterfeinheit S 99
Rasterfrequenz F 393
Rasterstörung durch Überlappung O 398

Rasterstörung

Rasterstörung durch Zeilenabstand U 60
Rastfrequenz P 697
Rate/mit hoher H 193
Ratenanpassung D 81
Rauhreifablagerung H 225
Raum S 870
Raumakustik R 764
Raumamplitudenverteilung N 187
Raumbedarf S 896
Raumbedeckung V 257
Raumbeleuchtung A 409
Raumdiversity S 883
Raumdiversity-Abstand D 769
Raumdiversity-Antenne S 884
Raumdiversity-Empfang S 886
Raumdiversity-Kanal S 885
Raumfähre S 901
Raumfahrtelektronik S 889
Raumfahrzeug S 875
Raumfahrzeugantenne S 876
Raumfahrzeugfunkstelle S 903
Raumfahrzeugradar S 872
Raumfahrzeugstation S 903
Raumfilterung S 922
Raumforschung S 897
Raumfunksystem S 904
Raumgeräusch R 766
raumgeteilte Vermittlung S 880, S 881
raumgeteilte Vermittlungsanlage S 880
raumgeteilte Vermittlungseinrichtung S 880
Raumladung S 874
räumliche Auflösung S 923
räumliche Feldverteilung S 921
räumliche Filterung S 922
räumliche Kohärenz S 920
räumlicher Winkel S 810
räumliche Überdeckung V 257
räumlich-zeitliche Filterung S 924
räumlich-zeitliche Kohärenz S 908
Raummultiplex S 879
Raumschiff S 875, S 900
Raumschutz I 617
Raumschutzmeldungsgeber I 618
Raumschutzsensor I 618
Raumsegment S 899
Raumsonde S 892
raumsparend S 888
Raumstation S 903
Raumstufe S 902
Raumsystem S 904
Raumteilung S 878
Raumteilungsmultiplex S 879
Raumtemperatur R 767
Raumvielfach S 879
Raumvielfachsystem S 882
Raumwelle I 660, S 736, S 910
Raumwellenausbreitung P 818
Raumwellenfehler I 651
Raumwellenfeldstärke S 737
Raumwellenreflexion I 655
Raumwellenübertragung I 661
Raumwinkel S 810
Raum-Zeit-Filterung S 924
Raum-Zeit-Modell S 909
Rauschabstand S 608, S 610
rauschähnliches Signal N 211
Rauschamplitude N 186
Rauschanalyse N 188
Rauschanstieg N 230

Rauschanteil N 197
rauscharmer Empfänger L 532
rauscharmer Kanal L 529
rauscharmer Verstärker L 528
rauscharme Schaltung L 530
Rauschband N 189
Rauschbandbreite N 190
rauschbefreites Signal N 207
Rauschbefreiung N 195
rauschbegrenzt N 212
rauschbegrenzte Empfindlichkeit N 213
Rauschbeitrag N 198
Rauschbewertung N 240
Rauschbewertungsfilter N 242
Rauschbewertungskurve N 241
Rauschburst N 192
Rauschdiode N 200
Rauscheigenschaften N 225
Rauschen N 185, R 235
Rauschen/mit N 243
Rauschen/ohne N 206
rauschend N 243
rauschender Kanal N 246
rauschender Träger N 245
rauschendes Bild N 248
rauschendes Netzwerk N 251
Rauschen im Funkspektrum R 139
Rauschersatzschaltbild N 201
Rauschersatzschaltung N 201
Rauschfaktor N 203
Rauschfestigkeit N 209
Rauschfilter N 205
rauschfrei N 206
Rauschgenerator N 208
Rauschkompensation N 196
Rauschleistung N 221
Rauschleistungsdichte N 222
Rauschmeßplatz N 217
Rauschmessung N 215
Rauschmeßverfahren N 216
Rauschmodulation N 218
Rauschparameter N 219
Rauschpegel N 210
Rauschquelle N 231
Rauschquellen-Ersatzschaltbild E 346
Rauschreduktion N 229
Rauschspannung N 239
Rauschspektrum N 232
Rauschsperre N 234
Rausch-Störabstand N 238
Rauschstrom N 199
Rauschtemperatur N 237
Rauschunterdrücker N 228
Rauschunterdrückung N 193
Rauschverhalten N 220
Rauschverminderung N 229
Rauschvierpol N 251
Rauschzahl N 203
Rauschzunahme N 230
Rayleigh-Fading N 266
Rayleigh-Fading-Kanal R 267
Rayleigh-Schwund R 266
RBD S 514
RC-Filter R 270
RC-Generator R 271
RC-Kopplung R 644
RC-Netzwerk R 272
RC-Oszillator R 271
RCTL R 650
RC-Zeitkonstante R 273
RDZ R 721
Reaktanz R 274
Reaktanzleitung A 235
Reaktanzvierpol R 275

reale Verbindung R 282
realisieren I 82
Realteil R 281
Realzeitbetrieb R 291
Realzeituhr R 284
Rechenverstärker O 165
Rechner C 910
rechnergesteuert C 925
rechnergesteuerte Fernsprechnebenstellenanlage C 927
rechnergesteuertes Vermittlungssystem S 1230
rechnergesteuerte Vermittlung S 1230
rechnergesteuerte Vermittlungsstelle S 925
rechnergestützt C 911
rechnergestützte Fertigung C 919
rechnergestützte Modellierung C 915
rechnergestützte Optimierung C 916
rechnergestützte Planung C 917
rechnergestützte Programmierung C 920
rechnergestützte Prüfung C 918
rechnergestützter Entwurf C 913
rechnergestützter Schaltungsentwurf C 912
rechnergestützte Rufnummernzuordnung C 922
rechnergestützte Schaltungsentwicklung C 912
rechnergestütztes Engineering C 914
rechnergestützte Simulation C 932
rechnergestützte Übersetzung C 921
Rechnernetz C 929
Rechnersimulation C 932
Rechnersimulation von Halbleiterelementen C 933
Rechnersteuerung mit gespeichertem Programm S 1228
rechnerunabhängig C 926
rechnerunterstützt C 911
Rechnerverbund C 929
Rechnerverbundnetz C 923
Rechnungsdaten B 253
Rechnungsnummer B 254
Rechteckhohlleiter R 392
rechteckige Gruppenantenne R 389
rechteckiger Querschnitt R 390
rechteckiger Schenkel R 391
Rechteckimpuls S 1037
Rechteckschwingung S 1039
Rechtecksignal S 1042
Rechteckwelle S 1039
Rechteckwellengenerator S 1040
Rechteckwellenleiter R 392
rechtsdrehende elliptische Polarisation R 723
rechtsdrehende elliptisch polarisierte Welle R 722
rechtsdrehende Polarisation R 723
rechtsdrehende zirkulare Polarisation R 721
rechtsdrehende Zirkularpolarisation R 721

rechtweisende Peilung T 976
rechtwinklig O 250
rechtwinklige Polarisation O 257
redundant R 410
redundanter Code R 412
redundanter Leitungscode R 414
redundantes Digitalsignal R 413
redundantes n-äres Signal R 415
redundantes n-wertiges Signal R 415
redundantes System R 416
redundantes Zeichen R 411
Redundanz R 407
Redundanz einer Nachricht M 362
Redundanzkontrolle R 408
Redundanzminderung R 409
Redundanzprüfung R 408
Redundanzreduktion R 409
Redundanzreduzierung R 409
Redundanzverminderung R 409
reduzierte Bitrate R 400
reduzierter Brechungsindex M 571
reduzierter Träger R 401
Reed-Relais D 870, R 417
Reed-Solomon-Code R 418
Referenzdiode R 423
Referenzkreis R 420
Referenzmodell R 427
Referenzsignal R 431
reflektierter Strahl R 434
reflektiertes Feld R 435
reflektiertes Signal R 436
reflektierte Welle R 437
reflektierte Welle/am Boden G 156
reflektierte Welle/vom Boden G 156
Reflektometer R 446
Reflektor R 447
Reflektorantenne R 448
Reflektorelement R 449
Reflektorsatellit R 438
Reflexion R 439
Reflexion an der Ionosphäre I 655
Reflexion an Nordlichterscheinungen A 820
Reflexionen an Gebäuden B 506
Reflexionsdämpfung R 444
Reflexionsdämpfung durch Unregelmäßigkeiten S 1254
Reflexionsdämpfungsmaß R 692
Reflexionseigenschaft R 445
Reflexionsfaktor R 441
reflexionsfrei N 327
reflexionsfreier Abschluß M 226, N 328
reflexionsfreier Raum A 501
Reflexionsgrad R 442
Reflexionsmesser R 446
Reflexionsverlust R 444
Reflexionsvermögen R 433
Reflexionsverstärker R 440
Reflexklystron R 451
Regel P 780
regelbare Verstärkung A 234
Regelbereich C 1075
Regelkreis C 1059
regelmäßige Instandhaltung R 805

regelmäßige Prüfung R 806
Regelschleife C 1059
Regelungsabschnitt R 476
Regelverstärker G 8
Regelweg N 362, P 724
Regelwiderstand V 24
Regendämpfung R 216
Regendepolarisation R 218
Regendichte R 221
Regenecho R 217
Regeneration R 461
Regenerationsverstärker R 462
Regenerativverstärker R 462
Regenerator R 466
Regeneratorabschnitt R 467
Regeneratorabstand R 468
Regeneratorfeld R 463, R 467
regenerieren R 460
Regenerieren R 461
Regenerierung R 461
Regenmesser R 219
Regenstreuung R 222
Register D 638, R 469
Registersystem R 470
Registerzeichen R 471
registrieren R 377
Registrierung R 381
Registrierung der letztgewählten Rufnummer S 1216
Registrierung des Aufenthaltsortes des Funkteilnehmers M 539
Regulär-Puls-Anregung R 474
Regulär-Puls-Erregung R 474
Reichweite C 1175, R 241
Reihe R 821
Reihen S 331
Reihenanlage I 390
Reihenentwicklung S 343
Reihenfolge S 328
Reihenimpedanz S 337
Reihenresonanz S 347
Reihenresonanzkreis S 348
Reihenschaltung S 342
Reimtest R 715
reine Nummernwahl A 337
reiner Spielraum N 102
reiner Ton P 986
reine Sinusschwingung P 985
Reinstraum C 589
Reißleine R 749
Rejection-Filter R 478
Rekombination R 368
Rekombinationsgeschwindigkeit R 369
rekonstruierter Abtastwert R 375
rekursives Digitalfilter R 396
rekursives Filter I 179
Relais R 493
Relais betätigt/durch R 496
relaisgesteuert R 496
Relaiskontakt R 495
Relais mit Schutzrohrkontakten D 870
Relais mit zwei Ruhelagen S 509
Relaissatellit R 499
Relaissatz R 500
Relaissender R 502
Relaisspule R 494
Relaisstation R 501
Relaisstelle R 501
Relais-Wählanlage A 356
Relaiswähler A 355
Relais-Wählsystem A 356
Relaiswählvermittlungsstelle A 354

relationale Datenbank R 480
relative Dämpfung R 483
relative Einschaltdauer D 917
relative Empfindlichkeit R 490
relative Feldstärke R 484
relative Feuchtigkeit R 487
relative Gebührenzeit einer Leitung P 56
relative Häufigkeit R 485
relative Impedanz N 358
relative Luftfeuchtigkeit R 487
relativer Gewinn R 486
relativer Grenzkontrast N 254
relativer Leistungspegel R 489
relativer Strompegel R 482
relativer Zeitintervallfehler R 491
Relaxationsoszillator S 1441
Relaxationsschwingung R 492
Rentabilitätsschwelle B 421
Reparatur R 559
Reparaturdienst R 564
Reparaturtechnik R 563
Reparaturzeit R 565
Reparaturzentrum R 562
reparierbar R 561
Reparierbarkeit R 560
reparieren R 371
Repeater R 569
Repeater/ohne N 330
Repeaterabstand R 575
Repeaterfehlerortungsgerät R 573
Repräsentativwert R 376
reproduzierbarer Ausfall R 593
Reproduzierbarkeit R 592
Reserve/mit B 8
Reserveader S 911
Reserveantenne S 914
Reservebatterie R 611
Reservebatterie/mit B 171
Reservedoppelader S 915
Reservekanal S 1088
Reservenetz S 1092
Reservepaar S 615
Reservesender S 1098
Reservestromversorgung E 222
Reservesystem S 1097
reservierter Dienst R 613
reservierter Telekommunikationsdienst R 614
Reset R 618
Resonanzeffekt R 655
Resonanzfrequenz R 656
Resonanzkreis R 659
Resonanzkurve R 654
Resonanzkurve mit zwei Höckern D 817
Resonanzlänge R 660
Resonanzspitze R 657
Resonanzüberhöhung R 658
Resonanzverstärker T 1007
Resonanzwiderstand D 921
Resonator R 661
Ressourcen R 664
Ressourcenverwaltung R 663
Restamplitudenmodulation R 626
Restart R 668
Restbitfehler R 627
Restbitfehlerrate R 628
Restdämpfung N 101
Restdämpfungsmaß N 101
Restechopegel R 633
Restfehler R 634
Restfehlerrate R 636
Restfehlerwahrscheinlichkeit R 635

Restjitter R 639
Restladung R 631
Restseitenband V 83
Restseitenbandmodulation V 84
Restseitenbandübertragung V 85
Restsignal R 640
Restspannung R 643
Reststrom R 632
Restträger R 629
Restträgerspannung R 630
Restverkehr R 641
Restwert R 642
Resynchronisation R 678
Resynchronisationszeit F 387
Rettungsgerät-Funkstelle S 1433
reversibler Wandler R 709
reziprok abhängiges Zeitrelais I 624
Reziprozität R 360
Reziprozitätsmethode R 361
Reziprozitätsprinzip R 362
Reziprozitätstheorem R 363
RF R 101
RF-Bandbreite R 103
RF-Bereich R 116
Rf-Dienst B 477
RF-Kanal R 105
Rf-Sender B 484
RGB-Signal R 713
R-Gespräch C 749
Rhombusantenne R 714
Rice-Fading R 718
Rice-Fadingkanal R 719
Rice-Schwund R 718
Richtantenne D 619
Richtcharakteristik D 621
Richtdiagramm D 621
Richtfaktor D 630, D 632
Richtfehler P 488
Richtfunk R 153
Richtfunkantenne M 435, R 131
Richtfunkfernsprechnetz M 462
Richtfunkkanal R 132
Richtfunklinie R 154
Richtfunknetz R 155
Richtfunkrelaisstelle M 461, R 156
Richtfunkstation R 157
Richtfunkstelle R 157
Richtfunkstrecke M 465
Richtfunkstrecke für Fernsehübertragung T 304
Richtfunkstrecke für Fernsprechübertragung T 213
Richtfunkstrecke mit Frequenzmultiplex F 463
Richtfunkstrecke mit langen Funkfeldern L 419
Richtfunk-Streckenanalysator M 450
Richtfunksystem R 158
Richtfunksystem mit mehreren Funkfeldern M 738
Richtfunksystem mit troposphärischer Streuausbreitung T 972
Richtfunktechnik R 159
Richtfunktelefonnetz M 462
Richtfunkturm R 160
Richtfunkübertragung M 464
Richtfunkübertragungsstrecke M 465
Richtfunkverbindung R 154

Richtfunkverbindung innerhalb der Radiosichtweite L 223
Richtfunkverbindung innerhalb des Funkhorizonts L 223
Richtfunkverbindung mit annähernder Radiosichtweite H 80a
Richtfunkverbindung mit einem Funkfeld S 683
Richtfunkverbindung mit optischer Sicht L 217
Richtfunkverbindung mit zwei Funkfeldern T 1053
Richtfunkzubringer M 439
Richtfunkzwischenstation M 461
Richtfunkzwischenverstärker M 461
Richtgewinn D 630
Richtkoppler D 620
Richtstrahlantenne B 188
Richtstrahlbildung B 194
Richtstrahler B 188, D 619
Richtstrahl für eine Stadt C 575
Richtung/in einer U 70
Richtung Erde–Weltraum E 44
richtungsabhängig D 618
Richtungsbetrieb O 101, O 104
Richtungscode D 314
richtungsempfindlich D 618
Richtungskoppler D 620
Richtungsleitung I 690
Richtungswahlstufe G 193
Richtverhältnis D 632
Richtvermögen D 632
Richtwirkung D 631
Rillenhohlleiter C 1139
Rillenhorn C 1138
Rillenwellenleiter C 1139
Ringbus R 728
Ringbusübertragung R 729
Ringdemodulator R 731
Ringgabel R 264
Ringhybrid R 264
Ringkern T 676
Ringkernspule T 675
Ringleitungskoppler R 264
Ringmodulator R 744
Ringnetz R 745
Ringresonator R 746
Ringspule T 675
Ringstruktur R 747
Ringzähler R 730
RKT A 777
RN S 1337
Roaming R 758
Robotertechnik R 759
rohe Funkseitenpeilung O 10
Rohrdüker S 710
Röhrenkabel C 951
Rohrpost P 49
Rohrschlitzantenne S 759
Rohrschlitzstrahler S 759
Rohrzug C 30
ROM R 276
Rotationsgeschwindigkeit R 794
Rotationsparabolantenne P 76
Rotationsparaboloid P 75
Rotationsphasenschieber R 780
rotierender Nummernschalter R 773
Routing R 807
Routing-Adresse R 814

Routing-Algorithmus

Routing-Algorithmus R 809
Routing-Steuerung R 812
RS C 164
RSA-System R 822
RSB-Modulation V 84
RS-Flipflop R 823
RST-Flipflop R 824
RT C 164
RTL R 651
Ruck J 5
Rückantwort R 588
Rückantwortgebühr R 590
Rückechopegel R 691
Rückflanke B 7
Rückflußdämpfung R 692,
   S 1254
Rückflußstrom R 690
Rückfrage E 301
Rückfragen C 105
rückführbare Änderung R 674
rückführungsloses Steuersystem O 133
rückführungslose Steuerung O 133
Rückführungssignal F 99
Rückgabebecher C 745
rückgestrahltes Signal R 603
rückgestreute Leistung B 18
rückgestreutes Signal B 21
Rückhörbezugsdämpfung S 514
rückhördämpfend A 633
rückhördämpfende Schaltung A 634
Rückhördämpfung S 511
Rückhördämpfungsschaltung A 634
Rückhören S 510
Rückhörlautstärkeindex S 512
Rückhörmaskierungsindex S 513
Rückkanal B 36
Rückkehr zu Null R 695
Rückkehr zu Null/ohne N 335
Rückkopplung F 93
Rückkopplungsempfänger R 464
Rückkopplungsfaktor F 98
Rückkopplungsoszillator F 96
Rückkopplungsschaltung F 94
Rückkopplungsschleife F 95
Rückkopplungssperre S 659
Rückkopplungswicklung F 100
Rücklauf H 244
Rücklaufzeit F 301
Rückleiter R 689
Rückleitung B 2
Rückmeldung A 81, R 588
Rückruf R 301, R 727
Rückruf bei Freiwerden des besetzten Anschlusses C 106
rückrufen R 726
Rückschaltung S 434
Rückschleifung L 455
rückseitig angeschlossen B 3
rückseitigem Anschluß/mit B 3
Rücksetzen B 27, R 618, R 619
Rücksetzimpuls R 622
Rücksetzkennzeichen R 621
rücksetzbarer Zähler R 625
rückstellen R 617
Rückstellimpuls R 622
Rückstellknopf R 620
Rückstellstapel P 991
Rückstelltaste R 620
Rückstellung R 618
Rückstrahlfläche E 62
Rückstrahlquerschnitt R 12

Rückstrahlung R 439, R 604
Rückstreumessung B 19
Rückstreusignal B 21
Rückstreuung B 17
Rückstreuvorgang B 20
Rückstrom I 621, R 690
Rücktaste B 26
Rückübertragung R 682
Rückumschaltung C 384
Rückumschaltungscode C 385
Rückwand B 12, B 14
Rückwandplatine B 14
Rückwandverdrahtung B 13
rückwärtige Ausfallanzeige U 140
rückwärtiger Anschlag B 29
rückwärtige Sperrung B 34
rückwärtiges Sperrzeichen B 35
Rückwärtsauslösung C 137, C 141
Rückwärtsdämpfung F 571
Rückwärts-Erdumlauf-Echo B 39
Rückwärtsfolgenummer B 40
Rückwärtsindikator B 38
Rückwärtsindikatorbit B 38
Rückwärtskennungsbit B 38
Rückwärtskennzeichen B 41
Rückwärtskeule B 11
Rückwärtsregelung B 33
Rückwärtsschlußzeichen C 590
Rückwärtsschritt B 24
Rückwärtsschrittzeichen B 25
Rückwärtssequenznummer B 40
rückwärtsstrahlende Gruppenantenne B 37
Rückwärtswellenoszillator B 43
Rückwärtszeichen B 41
Rückwärtszeichengabe B 42
Rückweg R 693
ruckweise Bewegung J 5
Rückweisquote R 479
Rückweiswahrscheinlichkeit P 776
Ruf C 97, C 98, R 733
Rufabschaltrelais R 743
Rufabweisung C 190
Ruf an alle Schiffe A 357
Rufanforderung C 198
Rufannahme C 100
Rufannahmekennzeichen C 101
Rufannahmezeichen C 101
Rufcode R 736
Rufdauer R 740, R 741
Rufempfänger P 47
rufen R 725
Rufen R 733
rufende Anschlußkennung C 166, C 167
rufende Endstelle C 184
rufende Nummer C 168
rufender Anschluß C 182
rufender Benutzer C 187
rufender Nutzer C 187
rufender Teilnehmer C 182
rufende Schiffsfunkstelle C 178
rufende Schiffsstation C 178
rufendes Endgerät C 184
Rufen mit Rufstrom P 630
Ruffolge C 177
Rufgenerator R 739
Rufkanal C 107

Rufkennung C 153
Rufkennzeichen C 154
Rufkontrollton A 777
Ruflampe C 165
Rufmaschine R 739
Rufnummer A 187, A 214, S 1337
Rufnummernänderung N 396
Rufnummernanzeige N 397
Rufnummernbereich N 399
Rufnummerngeber A 857
Rufnummer nicht erreichbar N 404
Rufnummernplan N 401
Rufnummernsystem N 407
Rufnummernwechsel N 396
Ruforgan R 738
Rufphase R 740
Rufrelais C 176
Rufrückweisung C 190
Rufsatz T 163
Rufschalter C 164
Rufschnur C 160
Rufsperre gehend D 284
Rufsperre kommend D 285
Rufstöpsel C 174
Rufstrom R 737
Rufstromgeber R 739
Rufstromgenerator R 739
Rufstromkreis R 735
Ruftaste C 164
Rufton C 185, R 742
Rufumleitung C 151, C 200
Ruf- und Sprechschalter T 9
Rufverzug P 572
Rufwegewahl C 202
Rufweglenkung C 202
Rufweiterleiten R 399
Rufweiterleitung A 841
Rufweiterschaltung A 841, C 209
Rufwiederholung R 566
Rufzeichen C 179/80, C 189, R 742
Rufzusammenstoß C 113
Ruhe/in I 14
Ruhe befindlich/in I 14
Ruhekontakt B 5, B 417, N 359
ruhend Q 97
Ruhesignal J 20
Ruhestellung N 361, O 57
Ruhestrombetrieb C 626
Ruhe vor dem Telefon D 783
Ruhewert Q 100
Ruhezeit U 115
Ruhezustand F 410, I 17, N 316
Ruhezustand/im Q 97
runder elektrischer Wellenleiter C 566
runder Wellenleiter C 571
Rundfunk R 78
Rundfunk... W 173
Rundfunkanstalt B 466
Rundfunkdienst B 477
Rundfunkdienst über Satelliten B 474
Rundfunkempfang B 472
Rundfunkempfänger B 481, S 829
Rundfunkgesellschaft B 470
Rundfunkkanal B 467
Rundfunknetz B 469
Rundfunkqualität B 471
Rundfunksatellit B 473
Rundfunksatellitendienst B 474
Rundfunksatellitensystem für Direktempfang D 591

Rundfunksatellitenübertragung R 79
Rundfunksendeanlage B 485
Rundfunksender B 478, B 484
Rundfunksendezeit B 479
Rundfunkstation B 478
Rundfunktonsignal S 830
Rundfunkübertragung B 483
Rundfunkübertragungsleitung P 812
Rundfunkübertragungsweg S 848
Rundfunkversorgung B 468
Rundhohlleiter C 571
Rundsenden M 680
Rundsichtgerät P 446
Rundsichtradar S 1431
Rundstrahlantenne O 83
Rundstrahlbake O 84
Rundstrahler O 83
Rundstrahlfunkfeuer O 84
Rundsuchen A 952
Rundsuchradar P 64
rund um die Uhr A 685
Rüstzeit S 406
RZ-Codierung R 696

S

Sachregister I 136
sägezahnförmig S 80
Sägezahngenerator S 78
Sägezahnoszillator S 79
Sägezahnsignal S 81
Sägezahnspannung S 82
Sägezahnwellenform S 83
Sammelanschluß P 129
Sammelleitung O 82
Sammelruf G 44
Sammelschiene B 539
Sammlerzelle S 1213
Sampling-Theorem S 30
Sandsturm S 32
Satellit S 33
Satellit auf der Umlaufbahn O 230
Satellit auf niedriger Umlaufbahn L 534
Satellit auf polarer Umlaufbahn P 527
Satellitenantriebssystem S 50
Satellitenbahn O 224
Satellitenbahnneigung S 48
Satellitenbordeinsatz S 47
Satellitenbordempfänger S 34
Satellitenempfänger S 51
Satellitenfernsehen S 59
Satellitenfunk S 38
Satellitenfunkverbindung S 44
Satelliten-Heimempfangssystem S 42
Satellitenhörrundfunk S 53
Satellitenhörrundfunkempfänger S 54
Satellitenkanal S 36
Satellitenkommunikation S 38
Satellitenkommunikationssystem S 39
Satelliten-Landtelefoniesystem R 832
Satellitenleitzentrum S 40
Satellitenmobilkommunikation M 535
Satellitennachrichtensystem S 39
Satellitennavigationsfunkdienst R 137

Satellitennetz S 46
Satellitennutzlast S 49
Satellitenortungsfunkdienst R 91
Satellitenrundfunk S 35
Satellitenrundfunkdienst B 474
Satellitenrundfunk-Raumstation B 475
Satellitenrundfunkübertragung B 476
Satelliten-Seefunkstelle S 441
Satelliten-Seefunksystem M 183
Satellitensender S 61
Satelliten-Spacing I 589
Satellitensprechkreis S 55
Satellitensystem S 56
Satellitentonrundfunkempfänger S 54
Satellitentransponder S 62
Satellitenübertragung S 60
Satellitenübertragungsweg S 37
Satellitenübertragung von Fernsehtext S 58
Satellitenverbindung S 44
Satellit in der Umlaufbahn S 43
satte Farbe S 63
Sättigung S 65
Sättigungsbereich S 71
Sättigungsfluß S 68
Sättigungsgebiet S 71, S 72
Sättigungsinduktivität S 69
Sättigungskennlinie S 66
Sättigungskurve S 66
Sättigungspunkt S 70
Sättigungsspannung S 73
Sättigungsstrom S 67
Saturationspunkt S 70
Satz R 378, S 395
Satzlänge R 384
Satzverständlichkeit S 323
Satzverständlichkeit unter vereinfachten Bedingungen I 55
Satz von Helmholtz T 496
Satz von H. F. Mayer N 364
Saugfähigkeit A 31
SAW-Filter S 76, S 1410
SAW-Oszillator S 1411
SAW-Resonator S 77
Scatterübertragung S 131
Scatterverbindung S 132
SC-Filter S 1447
Schaden D 206, F 70
schadhaft F 88
schädliche Funkstörung H 76
schädliche Störung H 76
Schallanalysegerät S 826
Schallaufzeichnung S 850
Schalldämmung S 836
Schalldruck S 845
Schalldruckpegel S 846
Schallerzeugung S 835
Schallgeschwindigkeit S 855
Schallisolation S 836
schallisolierter Raum A 89
schallisoliertes Gehäuse A 89
Schallpegel S 839
Schallpegelmesser S 840
Schallschwingung S 844
Schallsignal S 852
schalltoter Raum A 501
Schallwand A 88
Schallwandler E 133
Schallwelle S 856
Schaltader J 36

Schaltalgebra B 379, S 1461
Schaltdiode S 1466
Schaltdraht J 35, J 36
schalten O 144
schalten/in Vielfach M 752
Schalten S 1460
Schalter B 560, C 1281
Schalter für Übertragungsgeschwindigkeit D 92
Schalter-Kondensator-Filter S 1447
Schalter-Kondensator-Interpolator S 1448
Schalter-Kondensator-Netzwerk S 1449
Schalter mit magnetischer Blasung M 8
Schalter mit rückseitigem Anschluß B 4
Schaltgeschwindigkeit S 1478
Schaltkennzeichen S 519
Schaltkennzeichengabe mit gemeinsamem Zeichenkanal C 815
Schaltklinke P 161
Schaltkreis-Layout-System I 331
Schaltkreis mit mittlerem Integrationsgrad M 311
Schaltkreis mit sehr hohem Integrationsgrad V 79
Schaltkreissockel I 4
Schaltlogik S 1461
Schaltnetzteil S 1454
Schaltplan C 545, C 978, W 185
Schaltpult S 1459
Schaltschema W 185
Schaltstange O 155
Schaltteilliste P 126
Schalttransistor S 1484
Schaltung C 535, S 1460
Schaltung mit konzentrierten Elementen L 555
Schaltung mit verteilten Elementen D 731
Schaltungsanalyse C 537
Schaltungsaufwand C 542
Schaltungsdichte C 543
Schaltungsentwurf C 544
Schaltungskomplexität C 542
Schaltungskonzeption C 544
Schaltungsoptimierung C 550
Schaltungssimulierung C 552
Schaltungssynthese C 564
Schaltverhalten S 1464
Schaltvorrichtung S 1465
Schaltzeichen G 111
Schaltzeit S 1483
scharfer Knick S 421
Schattenphase E 76
Schätzer E 426
Schätzfehler E 425
Schätzfunktion E 426
Schätzung E 422, E 424, E 439
Schätzwert E 422
Schauzeichen I 141, V 168
Scheibe P 451
Scheibenkonusantenne D 664
Scheibenresonator D 675
scheinbare Höhe V 148
Scheinleistung A 645
Scheinleitwert A 247
Scheinwiderstand I 66
Scheinwiderstandsanpassung I 71
Scheinwiderstandsfehlanpassung I 76

Scheinwiderstandsmeßbrücke I 67
Scheinwiderstandsmesser I 75
Scheinwiderstandsverhältnis I 77
Scheitel P 187
Scheitelpunktspeisung V 53
Scheitelspeisung V 53
Scheitelwert P 187, P 210
Schelle B 222
schematisch darstellen D 355
Schema zeichnen/als D 355
Schenkel L 91
Schenkel eines Magnetkerns L 91
Scherschwingungen S 422
Schicht L 47
Schichtarchitektur L 48
Schichtdicke L 54
Schichten-Management L 52
Schichthöhe L 51
Schichtprotokoll L 50
Schichtschaltung H 301
Schichtstruktur L 48, L 53
schicken D 694, S 295
Schieberegister S 437
schiefer Strahl S 730
Schielen S 1044
Schielwinkel S 1045
Schiffahrtswarnsignal N 48
Schiffsantenne S 438
Schiffsbodenstation S 441
Schiff-Schiff-Frequenz I 593
Schiffserdefunkstelle S 441
Schiffsfunk M 172
Schiffsfunker S 442
Schiffsfunkgespräch M 162
Schiffsfunk-Satellitensystem M 179
Schiffsfunkstation S 445
Schiffsfunkstelle S 445
Schiffsnotsender S 440
Schiffsradar S 439
Schiffsstation S 445
Schild S 427
Schirm S 144, S 427
Schirmantenne U 29
Schirmbildaufnahme O 275
Schirmung S 148
Schirmwirkung S 431
Schlagbiegeversuch I 62
Schlaufendetektor L 459
Schlechtquittung N 87
Schleife L 452
Schleifendetektor L 459
Schleifenfilter L 462
Schleifenimpuls L 465
Schleifenimpulsgabe L 465
Schleifennetz L 463
Schleifenprüfung L 468
Schleifenschließung L 456
Schleifenschluß L 456
Schleifenstrom L 457
Schleifenstruktur L 467
Schleifentest L 468
Schleifenverzögerung L 458
Schleifenwahl L 460/1
Schleifenwiderstand L 466
Schleifer W 161
Schleife schalten/in L 451
Schleiffeder W 161
Schleifkontakt S 743
Schließungsimpuls M 102
Schlitz S 751
Schlitzantenne S 752
Schlitzgruppenantenne S 753
Schlitzgruppenstrahler S 753
Schlitzleitung S 754

Schlitzstrahler S 756
Schlupf S 746
schlupffreier Umschalter H 224
Schlupfrate S 748
Schlußbestätigungssignal C 593
Schlüssel K 4
schlüsselfertig T 1032
Schlüsselfolge C 533
Schlüsselgerät C 531
Schlüsselschalter K 27
Schlüsselverwaltung K 26
Schlußsignal C 599
Schlußzeichen C 590, C 599, F 185, O 112
Schlußzeichenbestätigung C 593
Schmalband FM N 12
Schmalbanddatenverbindung N 10
Schmalbandempfänger N 16
Schmalbandfilter N 11
Schmalband-Frequenzmodulation N 12
schmalbandig N 6
schmalbandiges Filter N 11
Schmalbandinformation N 13
Schmalbandkanal N 7
Schmalbandkommunikation N 8
Schmalband-Kommunikationssystem N 9
Schmalband-Phasenumtastung N 15
Schmalbandrauschen N 14
Schmalbandsignal N 17
Schmalband-Übertragungssystem N 9
schmales Band N 5
schmales Frequenzband N 20
schmales Strahlenbündel N 18
schmale Strahlungskeule N 18
Schmelzdraht F 622
Schmelzschicht M 338
Schmelzsicherung F 618
Schmelzsicherung mit Signalgabe A 320
Schmetterlingsantenne B 180, S 138
Schmitt-Trigger S 136
schnellaufender Wähler H 208
Schnellausschalter Q 96
Schnelldrucker H 206
schnelle Datenübertragung H 154
schnelle Fourier-Transformation F 61
schnelle Paketvermittlung F 62
schneller Schwund F 60
schnelles Fading F 60
schnelle Treiberschaltung H 202
Schnellrelais H 207
Schnellschalter Q 96
Schnellschaltrelais H 207
Schnellsicherung Q 95
Schnellspeicher H 204
Schnelltelegrafie H 209
Schnellverbindung F 65
Schnellverbindungsannahme F 64
Schnellverfahren R 253
Schnellverkehr D 268, R 253
Schnellzugriffsspeicher H 204
Schnittstelle I 419
Schnittstellenanpassung I 420
Schnittstellenbaugruppe I 421

Schnittstellengerät

Schnittstellengerät I 426
Schnittstellenkarte I 422
Schnittstellenleitung I 385, I 423
Schnittstellenmodul I 425
Schnittstellensteckverbinder I 424
Schnittstellenstromkreis I 423
schnurloser Fernsprecher C 1117
schnurloses Fernsprechen C 1118
schnurloses Telefon C 1117
Schnurpaar D 809
Schnurstromkreis C 1116
Schottky-Diode S 137
schräg einfallende Welle W 43
schräge Näherung O 3
Schrägentfernung S 738
schräger Einfall O 4
schräger Schlitz I 104
Schräglauf S 728
Schräglot O 8
Schräglotung O 6
Schräglotung der Ionosphäre O 6
Schrägspiegler O 65
Schrägspuraufzeichnung H 110
Schrank C 1
Schrankherbeiruf O 183
Schraubenanpassungselement S 149
Schraubkern T 514
Schraubklemme B 283, S 150
Schraubklemmleiste S 151
Schreibbefehl W 209
Schreibdichte P 42
schreiben P 460
Schreiben W 214
Schreiber P 462
Schreibfleck S 109
Schreibgeschwindigkeit W 217
Schreibimpuls W 212
Schreibkommando W 209
Schreibkopf W 216
Schreib-Lese-Kopf W 213
Schreib-Lese-Speicher R 228, R 278
Schreib-Lese-Speicher mit wahlfreiem Zugriff R 224
Schreiblineal W 215
Schreibmarke C 1251
Schreiboperation W 210
Schreibruhezustand I 16
Schreibschneide W 215
Schreibschutz W 211
Schreibspirale H 116
Schrift W 214
Schriftzeichen C 452, G 103
Schriftzeichengrundvorrat B 148
Schriftzeichenteilvorrat G 110
Schriftzeichenvorrat G 104
Schritt P 292, S 531
Schrittantwort S 1177
Schrittcode E 329
Schrittfehlerrate E 203
Schrittgeschwindigkeit L 187, M 603, S 1495
Schrittkombination C 474
Schrittpuls C 619
schrittschaltender Verbindungsaufbau S 1165
Schrittschaltmagnet S 1173
Schrittschaltwähler S 1166

Schrittschalt-Wähleramt S 1164
Schrittschalt-Wählersystem S 1169
Schrittschaltwerk S 1167
Schrittspannung P 2
Schrittverzerrung T 105
Schrittwähler S 1166, S 1167, S 1175
Schrittwählervermittlung S 1168
schrittweise S 1162
schrittweise automatische Ausrichtung S 1163
schrittweise Nachführung S 1180
schrittweises Absuchen S 1178
schrittweise Verfolgung S 1180
Schrotrauschen S 482
schrumpfbar H 102
schrumpfbares Schutzröhrchen S 483
Schrumpfschlauch H 103
Schulfernsehen E 84
Schutzabstand G 202, G 204, P 837
Schutzband G 202
Schutzbereich P 836
Schutzdrossel L 180
Schutzdrosselspule L 180
Schutzerde P 842
Schutzerdung P 842
Schutzgaskontakt S 155
Schutzhaube C 1173
Schutzhülle S 423
Schutzkanal P 835, S 1088
Schutzleiter E 46
Schutzmaßnahme P 843
Schutzrelais P 844
Schutzring G 205
Schutzschalter C 540
Schutzschicht P 840
Schutzüberzug P 840
Schutzumhüllung S 423
Schutzverzögerung G 203
Schutzvorrichtung P 841
schwach angekoppelt W 102
schwacher Störer W 101
schwacher Verkehr L 133
schwache Störung W 100
Schwachstrom W 97
Schwachstromkabel W 98
Schwächung W 99
Schwallöten W 90
Schwankung F 298
Schwarzabhebung S 405
schwarzer Körper B 333
schwarzer Strahler B 333
schwarzes Phasensignal P 300
Schwarzkompression B 334
Schwarzpegel B 336
Schwärzungsdichte D 282, O 197
Schwarz-Weiß-Bild M 624
Schwarz-Weiß-Empfang B 332
Schwarz-Weiß-Faksimileübertragung B 331
Schwarz-Weiß-Fernsehempfänger M 626
Schwarz-Weiß-Fernsehen M 625
Schwarz-Weiß-Fernseher M 626
Schwarz-Weiß-Monitor M 623
Schwarz-Weiß-Testbild M 627
Schwarz-Weiß-Wiedergabe B 332

Schwarzwert B 336
Schwarzwerthaltung B 337
Schwebung B 214, B 217
Schwebungsfrequenz B 215
Schwebungsnull Z 10
Schwebungsoszillator B 216
Schwebungston B 218
Schwebungsvorgang B 217
Schwelle T 536
Schwelle/oberhalb der A 8
Schwellendetektor T 540
Schwellenempfindlichkeit T 546
Schwellenspannung T 548
Schwellenspannungsstreuung T 549
Schwellenstrom T 538
Schwellenwert T 536
Schwellwert T 547
Schwellwertbegrenzer C 606
Schwellwertcodierung T 537
Schwellwertdecoder T 539
Schwellwertdetektor T 540
Schwellwertelement T 541
Schwellwertquantisierung T 545
schwer erreichbar H 70
Schwerhörigen-Fernhörer I 63
Schwerhörigen-Handapparat I 63
schwimmende Befestigung F 289
Schwingkreis O 270, R 659, T 1009
Schwingkreis hoher Güte H 191
Schwingquarz C 1221, Q 68, Q 69
Schwingspule M 670
Schwingung O 262
Schwingungsamplitude A 452
Schwingungsbauch L 464
Schwingungsenergie O 264
Schwingungserzeugung G 52
Schwingungsfrequenz O 265
Schwingungsprüfung V 93
Schwingungstypumformer mit Querstab B 100
Schwingungsübergang V 91
Schwingungszahl F 423
Schwingungszustand V 90
Schwingweite A 428
Schwund F 18
Schwunddauer D 913
Schwund durch Mehrwegeausbreitung M 747
Schwund durch Mehrwegeausbreitung von zwei Strahlen T 1060
Schwundfreiheit N 289
schwundmindernde Antenne A 622
Schwundperioden P 250
Schwundreserve F 16
Schwundstatistik F 17
Schwundtiefe F 20
Schwundtiefenverteilung F 14
Schwungradschaltung F 302
SCPC S 662
SCPC-System S 664
SCPC-System mit bedarfsorientierter Zuteilung D 263
SCR S 628
Scrambler S 141
Scrambler-Descrambler S 142
SDKZ S 938
SDLC-Verfahren S 1525
SDL-Programmiersprache S 153

SE P 842
SECAM-Signal S 162
SECAM-System S 163
Sechzehnerleitung Q 22
Seeerprobung S 161
Seefernmeldekabel S 1287, S 1289
Seefunk M 172
Seefunk-Datenübertragungssystem über Satelliten M 181
Seefunkdienst M 175
Seefunkgespräch M 162
Seefunksatellit M 177
Seefunksatellitendienst M 182
Seefunksatellitensystem M 183
Seefunk-Satellitenübertragungsweg M 178
Seefunkstelle M 176, S 445
Seefunkvermittlungsstelle M 184
Seegangsecho S 154
Seekabel O 20, S 1284
Seekabelmorsecode C 59
Seekabelrepeater S 1285
Seekabelsystem S 1286
Seekabelübertragung S 1290
Seekabelverbindung S 1288
Seele C 1119
Seenavigationsfunkdienst M 174
Seenavigationsfunkdienst über Satelliten M 173
Seenotfrequenz D 723
Seenotruf D 722
Seenotsender D 726
Seenotsender kleiner Leistung L 536
Seenotwelle D 727
Seenotwellenlänge D 727
Seetelegrafenkabel S 1291
Segment S 202
Segmentantenne P 410
Segment-Codierungskennlinie S 204
segmentieren P 124
segmentierte Codierungskennlinie S 204
segmentierte Kennlinie S 203
segmentiertes Ringnetz S 205
Segmentierung S 206
sehr hochkanaliges Übertragungssystem V 77
sehr hohe Integrationsdichte V 76
sehr hoher Integrationsgrad V 76
sehr niedrige Datenrate V 80
Sehweite V 152
Seitenband S 493
Seitenbandfrequenz S 494
Seitenbandgeräusch S 495
Seitenband in Kehrlage I 629
Seitenband in Regellage E 357
Seitenbestimmung S 310
Seitenbestimmungsantenne S 309
Seitenfrequenz S 498
Seitengruppe P 48
Seitenpeilung R 481
Seitenschneider S 497
Seitensichtradar S 517
Seitenteilkreis A 951
Seitenverhältnis A 705
Seitenzipfel S 500
Sektorabsuchen S 198
Sektorhorn S 197
Sekundärbündel S 178

Signalisierung

Sekundärdiagramm S 173
Sekundärelement S 165/6, S 174
Sekundäremission S 168
Sekundärflugsicherungsradar S 177
Sekundärgruppe S 1366
Sekundärgruppenabschnitt S 1371
Sekundärgruppendurchschaltefilter T 563
Sekundärgruppendurchschaltepunkt T 562
Sekundärgruppenpilot S 1370
Sekundärgruppenumsetzer S 1369
Sekundärgruppenverbindung S 1368
Sekundärgruppenverteiler S 1367
Sekundärkreis S 167
Sekundärmultiplex S 170
Sekundärradar S 171
Sekundärspannung S 179
Sekundärstrahler S 174
Sekundärstrahlung S 172
Sekundärstrahlungsdiagramm S 173
Sekundärstromkreis S 167
Sekundärweg S 175
Sekundärwelle S 180
Sekundärwicklung S 181
selbständiger Betrieb L 345
selbständiges System S 1056
Selbstanregung S 244
Selbstanschlußnebenstelle P 753
selbstausrichtende Gruppenantenne S 256
Selbstentladung S 243
selbsterhaltende Schwingung S 262
selbsterregt S 245
selbsterregter Oszillator S 246
Selbsterregung S 244
selbstfokalisierend S 248
selbstheilender Kondensator S 249
Selbstheilung von Kondensatoren S 241
Selbstinduktion S 250
Selbstinduktionsmeßbrücke I 160
selbstkontrollierender Code S 237
selbstkorrigierender Code S 240
selbstprüfender Code S 237
Selbstprüfung S 264
Selbstprüfungsprogramm S 265
selbstreinigender Kontakt S 238
Selbstschutzstruktur S 253
selbstschwingender Antennenmast M 204
selbstschwingender Sender S 247
selbsttätige Helligkeitsregelung A 837
selbsttätiger Ruf K 25
selbsttätige Wegleitung S 254
selbsttätig wiederholter Ruf I 581
Selbsttest S 264
Selbsttestprogramm S 265
selbsttragende Antenne S 258
selbsttragender Dipol S 260

selbsttragender Mast S 261
selbsttragendes Luftkabel S 257
Selbstwahl D 610
Selbstwählferndienst D 614
Selbstwählferngespräch S 1318
Selbstwählfernnetz D 613
Selbstwählfernsprechverkehr A 895
Selbstwählfernverkehr A 902
Selbstwählgespräch S 1317
Selbstwählnebenstelle P 753
Selbstwählsystem D 379
Selektion S 214
Selektionskurve S 227
selektiv S 217
selektiver Empfangsaufruf S 219
selektiver Schwund S 222
selektiver Verstärker S 218
selektives Voltmeter S 225
Selektivfading S 222
Selektivität S 226
Selektivitätskurve S 227
Selektivruf S 219, S 224
Selektivrufnummer S 221
Selektivrufsystem S 220
Selektivschwund S 222
Selektivschwund-Funkkanal S 223
Selengleichrichter S 234
Semiduplex H 8
Semikundenanwendung S 285
Semikundenapplikation S 285
Semikundenschaltkreis S 286
semipermanente Verbindung S 292
Sendeanlage T 890, T 892
Sendeantenne T 885
Sendeantennenanlage T 886
Sendeart C 584
Sendeaufforderungszeichen P 785
Sendeaufruf P 533
Sendeausgangsleistung T 881
Sendebeginnsignal S 1119
Sendebereich T 887
sendebereit C 604
Sendebezugsdämpfung S 306
Sendebezugsdämpfungsmaß S 306
Sendediplexer T 866
Sendeeingang T 868
Sendeeinheit T 894
Sende-Empfangs-Entkopplung T 870
Sende-Empfangs-Gerät S 305, T 752
Sende-Empfangs-Umschalter S 304
Sende-Empfangs-Weiche D 903
Sendefilter T 843
Sendefrequenz T 877
Sendefrequenzgang S 300
Sendekanal G 89, S 296
Sendelautstärkeindex S 302
Sendeleistung T 891
Sendemodul T 880
senden S 295, T 864
Senden S 298, T 884
Senden mit unterdrücktem Träger S 1402
Senden mit vermindertem Träger R 403
Sendepegel S 301

Sender S 297, T 873
Senderanlage T 890
Senderausgangsleistung T 881
Senderegister S 297
Sendereingang T 878
Sender-Empfänger T 882
Sender Erde–Weltraum G 163
Senderfrequenz T 877
Senderichtung T 867
Sender mit kleiner Leistung L 537
Sender mit Solarstromversorgung S 803
Sender mit Sonnenenergieversorgung S 803
Sender mit Windenergieversorgung W 158
Sendermodul T 880
Senderseite T 888
senderseitig T 876
Senderweiche C 797
Sendeschlußsignal A 194
Sendeschlußzeichen S 299
Sendeschrittakt T 883
Sendeseite T 888
Sendesignal T 872
Sendespeicher T 833
Sendestation T 893
Sendestelle T 892
Sendestoppsignal S 1210
Sendestrahl T 865
Sendetaste K 4
Sendeteil T 871
Sendeteil einschalten R 602
Sende-Übergabe S 1295
Sendeüberwachungsgerät R 135
Sendeverstärker T 874
Sendeweg T 869
Sendezeit A 310
Sendezeitdauer des Kennzeichentransferteils M 373
Sendung M 353, P 811, S 298, T 884
Sendung mit unterdrücktem Träger S 1402
Sendungsvermittlung M 366
senkrechter Einfall N 356
Senkrechtlotung V 61
Sensor S 320
Sensorgruppe S 321
Separator S 326, S 1541
Septum S 327
Sequentialisieren S 331
sequentiell S 332
sequentieller Zugriff S 333
sequentielle Schaltung S 334
Sequenz S 328
Serie L 144
serielle Datenschnittstelle S 336
serieller Bus S 335
serieller Zugriff S 333
serielle Schnittstelle S 338
serielle Übertragung S 341
seriengespeist T 344
Serien-Parallel-Typ S 345
Serien-Parallelumsetzer S 340
Serien-Parallel-Umsetzung S 339
Serien-Parallelwandler S 340
Serienproduktion M 202
Serienresonanz S 347
Serienresonanzkreis S 348
Serienschwingkreis R 659
Serienübergabe S 341
Serienübertragung S 341
Serienzugriff S 333

Service A 272, M 81, M 91
Service-Bits S 368
Service-Indikator S 372
Servicetechniker M 85
Servicevertrag M 83
Session S 389
setzen/außer Betrieb D 141
Setzen von Parametern S 396
SG S 1366
SGDFi T 563
Shannon S 418
Shunt S 485
shunten S 484
sichere Übertragung von Mitteilungen S 199
Sicherheitsabstand S 1 '
Sicherheitsanforderung S 201
Sicherheitsband G 202
Sicherheitsfaktor S 2
Sicherheitsforderung S 201
Sicherheitsnorm S 4
Sicherung F 618
Sicherungshalter F 620
Sicherungspatrone S 311
Sicherungsschicht D 64
Sicherungstafel F 619
Sichtanzeige D 701, V 165
Sichtausbreitung L 221
Sicht des Anwenders U 170
Sichtfunkpeiler C 327
Sichtgerät D 706
Sichtgerät mit Festzeichenunterdrückung M 675
Sichtlinie L 216
Sichtminderung V 154
Sichtpeiler C 327
Sichtrichtfunkverbindung L 217
Sichtverbindung L 218
Sichtweite V 152
Siebdrossel F 173
Siebdruck S 639
Siebenschichtenmodell S 407
Siebensegmentanzeige S 408
Siebschaltung F 174
Sigma-Delta-Modulation S 518
Signal S 519
signalabhängig S 529
Signalakquisition S 520
Signalamplitude S 521
signalangepaßtes Filter M 224
Signalanpassung S 589
Signalart T 1081
Signalausfall D 862
Signaldämpfung S 522
Signal-Echo-Abstand S 605
Signalelement S 531
Signalerfassung S 520
Signalflußdiagramm S 532
Signalform S 600
Signalgemisch C 903
Signalgenerator S 533
Signal-Geräusch-Verhältnis S 608
Signalgewinnung S 520
Signalisierbündel S 556
Signalisiereinheit S 582
Signalisieren S 538
Signalisierlink S 548
Signalisierlink-Auswahlfeld S 555
Signalisierlink-Code S 550
Signalisierpunkt S 570
Signalisiertransferpunkt S 587
Signalisierung S 538
Signalisierung im gemeinsamen Kanal C 815

Signalisierungskanal

Signalisierungskanal S 539, S 543
Signalisierungsnachricht S 558
Signalisierungsnetzsteuerung S 568
Signalisierungsprotokoll S 572
Signalisierungsstrecke S 548
Signalisierungssystem S 581
Signalisierungsverfahren S 565
Signalisierung über gemeinsamen Kanal C 815
Signalisierverbindungssteuerung S 540
Signalisierweg S 575
Signalisierwegleitung S 579
Signal-Jitterrauschverhältnis S 607
Signallampe A 322, I 144, S 536
Signallaufzeit S 528
Signal mit konstanter Einhüllender C 998
Signal mit konstanter Hüllkurve C 998
Signal mit unterdrücktem Träger S 1404
Signal ohne Jitter J 14
Signalparameter S 591
Signalpegel S 537
Signalprozessor S 595
Signal-Quantisierungsrauschverhältnis S 609
Signalraum S 601
Signal-Rausch-Verhältnis S 608, S 610
Signalregenerierung S 598
Signalrekonstruktion S 597
Signalsatz S 580, S 599
Signaltheorie S 602
Signalton C 185
Signalübertragung S 611
Signalumformung S 525
Signalumsetzer S 527
Signalumsetzung S 526
Signalverarbeitung S 594
Signalverarbeitung in Echtzeit R 292
Signalverzerrung S 530
Signalverzögerung S 528
Signalverzögerungszeit P 823
Signalvorverarbeitung S 593
Signalwegenetz S 566
Signifikanz S 616
Silbenkompandierung S 1489
Silbenverständlichkeit S 1490
Silbenverständlichkeitstest S 1491
Silicium S 625
Silicium auf Saphir S 633
Siliciumchip S 626
Silicium-Compiler S 627
Siliciumdiode S 629
Siliciumgleichrichter S 637
Silicium-Isolator-Technologie S 632
Siliciumnitrid S 631
Siliciumphotodiode S 634
Siliciumphotodioden-Bildaufnahmematrix S 635
Siliciumplanartransistor S 636
Siliciumtransistor S 638
Silicon-Compiler S 627
Silizium S 625
Silizium auf Saphir S 633
Siliziumchip S 626
Silizium-Compiler S 627
Siliziumdiode S 629
Siliziumgleichrichter S 637

Silizium-Isolator-Technologie S 632
Siliziumnitrid S 631
Siliziumphotodiode S 634
Siliziumphotodioden-Bildaufnahmematrix S 635
Siliziumplanartransistor S 636
Siliziumtransistor S 638
Silospeicher F 215
Simplex S 642
Simplex auf zwei Kanälen D 799
Simplexbetrieb S 645
Simplexkanal S 643
Simplexübertragung S 646
Simplexverbindung S 644
Simulation S 648
Simulationsstudie S 649
Simulator S 650
simulierter Verkehr S 647
Simultanbetrieb C 941
Simultantelegrafie E 33
Simultanverarbeitung C 941
Single-In-Line-Gehäuse S 684
$\sin^2$-Impuls S 653
Sinnverständlichkeit I 358
Sinterprozeß S 712
Sinterverfahren S 712
sinusförmiger Störer S 715
sinusförmiges Modulationssignal S 716
sinusförmige Spannung S 720
sinusförmige Störung S 714
Sinusgenerator S 655
Sinushalbwelle H 20
Sinuskurve S 713
Sinusoszillator S 718
Sinusquadratimpuls S 653
Sinusschwingung S 717
Sinussignal S 719
Sinusspannung S 720
Sinuswelle S 654
$\dfrac{\sin x}{x}$-Korrektur S 721
SIP-Gehäuse S 684
SIS-Übertragung S 837
Sitzung S 389, S 390
Sitzungsschicht S 392
Sitzungssynchronisation S 391
Sitzungsverbindung S 390
skalare Größe S 86
skalare Näherung S 84
Skalarprodukt S 85
Skalarquantisierung S 87
Skalenbeleuchtung D 359
Skalieren S 89
Skineffekt S 731
SK-Netzwerk S 1449
Slant-Transformation S 739
SLIC S 1334
Slip S 746
„slope over load" S 750
Slotted-ALOHA-Zugriffssystem S 758
Slow-Scan-Television S 765
S-Matrix S 126
SMD-Baugruppe S 1417
Smith-Diagramm S 779
SN M 174
Sockel B 113
Sofortruf I 57
Sofortverkehr D 268
Sofortwahl I 56
Software S 785
Softwarearchitektur S 786
Softwareaufbau S 786
Software-Decodierung S 789

Software-Entwicklungssystem S 790
softwaregestützt S 787
softwarekompatibel S 788
Software-Paket S 793
Software-Technik S 791
Software-Verwaltungssystem S 792
Software-Werkzeug S 794
Solargenerator S 800
Solarkonstante S 798
Solarzelle S 796
Solarzellenausleger S 802
Solenoid S 809
Sollfrequenz A 340, N 255
Sonderdienst S 935
Sonderdienstkennzahl S 938
Sonderdienstleitung S 936
Sonderdiensttelefonistin S 937
Sonderhinweiston S 933
Sondernetz D 197
Sonderrufton S 934
Sonderwählton S 932
Sonnenaktivität S 795
Sonnenbatterie S 796
Sonnenenergie S 799
Sonnenkollektor S 797
Sonnenpaddel S 802
Sonnenrauschen S 801
Sonnenstrahlung S 804
Sonnentätigkeit S 795
Sonnenwind S 805
sonstige Zeit I 100
SOS S 633
SOS-Signal S 825
Source S 857
Sourcestrom S 861
Space-Segment S 899
Spaltenparität S 127
Spaltentreiber C 788
Spaltung S 1015
Spanne M 158
Spannseil B 28
Spannung P 580, S 1240, V 222
Spannung/unter A 334
Spannung gegen Erde V 250
Spannung in Durchlaßrichtung F 354/5
Spannungsabfall V 230
Spannungsanstieg V 235
Spannungsbauch A 627, V 225
Spannungsbegrenzung V 237
Spannungsbereich V 242
Spannungseinstellung V 226
spannungsempfindlich V 246
Spannungserhöhung V 235
spannungsfeste integrierte Schaltung H 218
spannungsfester Transistor H 219
Spannungsgegenkopplung V 232
spannungsgesteuerter Oszillator V 227
spannungsgesteuerter Tuner V 240
Spannungsgleichhalter V 247
Spannungsknoten N 181, V 239
Spannungskonstanthalter V 247
Spannungspegel V 236
Spannungsregelung V 226
Spannungsregler V 244
Spannungsrelais V 245
Spannungsschwankung V 233
Spannungsspeisung V 231
Spannungsspitze V 241

Spannungssprung V 249
Spannungsstabilisator V 247
Spannungssteuerung V 226
Spannungsstoß V 249
Spannungsteiler V 228
Spannungsübersetzung V 243
Spannungsverdoppler V 229
Spannungsverdopplerschaltung V 229
Spannungsverhältnis V 243
Spannungsverstärker V 224
Spannungsverstärkung V 223, V 234
Spannungsverstärkungsfaktor V 234
Spannungsvervielfacher V 238
Spannungswandler V 251
S-Parameter S 913
Sparschaltung S 75
SP-Code S 571
SPC-Vermittlungsstelle S 925, S 1229
Speicher M 323, R 469
Speicherbaugruppe M 325
Speicherbedarf M 336
Speicherchip M 329
Speicherelement S 1214
Speicher-Flipflop L 36
Speicherinhalt M 331
Speicherkapazität M 326
Speicherkarte M 327
Speichermedium D 82
Speicher mit direktem Zugriff R 224
Speicher mit schnellem Zugriff H 204
Speicher mit wahlfreiem Zugriff R 224, R 228
speichern A 74, S 1220
Speichern der zuletzt gewählten Rufnummer S 1216
Speicheroszilloskop S 1217
Speicherplatte T 37
Speicherplatz M 334
Speicherprogramm S 1227
speicherprogrammierbare Steuerung S 1228
speicherprogrammierte Steuerung S 1228
speicherprogrammierte Vermittlung S 1231
Speicherröhre M 337
Speicherschaltkreis M 330
Speicherschaltung M 330
Speichertastatur S 1215
Speicherung S 1212
Speicherung und Wiederaussendung S 1221
Speichervermittlung S 1223
Speichervermittlungsstelle M 367
Speicherverwaltung M 335
Speicherzelle M 328, S 1213
Speicherzugriff M 324
Speisebrücke F 107, T 832
Speiseelement F 101
Speiseimpedanz der Antenne A 581
Speisekabel F 103, S 1396
Speiseleitung F 102
Speisen F 106
speisende Verstärkerstufe P 605
Speisenetz F 108
Speisepunkt F 109
Speisespannung S 1398
Speisestrom S 1397
Speisestromweiche P 633

Speisung F 106
Speisung von hinten R 297
Spektralamplitude S 954
Spektralanalyse S 946
Spektralantwort S 952
Spektralbereich S 948
Spektralbreite S 953
Spektraldichte S 947
spektrale Dichte S 947
spektrale Geräuschleistungsdichte N 224
spektrale Leistungsdichte S 951
spektrale Leistungsdichteverteilung S 950
spektraler Belegungsgrad S 950
Spektrumanalysator S 955
Spektrumausnutzung S 949
Spektrumbelegung S 950
Spektrumeffizienz S 949
Sperransprechzeit S 1408
Sperraufhebungszeichen U 54
Sperrbereich S 1205
Sperrbestätigungskennzeichen B 365
Sperrbestätigungszeichen B 365
Sperrdämpfung S 1206
Sperre W 94
sperren D 656, I 210, L 372
Sperren B 364, I 211
Sperrfilter R 478, W 94
Sperrichtung R 706
Sperrimpuls I 213
Sperrkennlinie R 701
Sperrkennzeichen B 369
Sperrklinke P 161
Sperrkreis W 94
Sperrnachwirkzeit S 1406
Sperrschicht B 112, D 291
Sperrschicht-Feldeffekttransistor J 44/5
Sperrschichtkapazität J 41
Sperrschichttemperatur J 53
Sperrschritt S 1211
Sperrschwinger B 367
Sperrsignal B 369, D 658
Sperrspannung I 625
Sperrstrom I 621
Sperrung B 364, L 375
Sperrung einer Zeichengabeleitung S 549
Sperrvorspannung C 1275
Sperrwiderstand B 16
Sperrzeichen B 369
Sperrzustand O 74
Spezifikations- und Beschreibungssprache S 941
spezifische Ausstrahlung R 44
spezifische Dämpfung A 752
spezifische Lichtausstrahlung R 44
spezifischer Widerstand R 649
Spezifizierung S 940
sphärische Wellenfront S 999
Spiegel M 503, R 447
Spiegelantenne R 448
Spiegelbildantenne I 30
Spiegelfrequenz I 37
Spiegelfrequenzdämpfung I 38
Spiegelfrequenzsicherheit I 38
Spiegelselektion I 38
Spiegelwellendämpfung I 38
Spielraum M 158
Spielraum eines synchronen Empfängers M 161
Spieltheorie G 18

Spiralabsuchen S 1004
Spiralantenne S 1002
Spiralinduktivität S 1003
Spitze P 187
Spitzenamplitude P 188
Spitzenauswerter B 137
Spitzenbegrenzer C 606
Spitzenbegrenzung P 197
Spitzenbelastung P 198
Spitzenbelastungszeit des Netzes N 112
Spitzendiode P 485
Spitzenerzeugnis T 670
Spitzengerät T 673
Spitzengleichrichter P 204
Spitzenhub P 190
Spitzenkontaktdiode P 485
Spitzenlast P 198
Spitzenleistung P 199
Spitzenleistungsbegrenzung P 200
Spitzenpegel P 196
Spitzenspannung P 211
Spitzenspannungsmesser P 212
Spitzensperrspannung P 205
Spitzenstrom P 189
Spitzentechnik H 184
Spitzenverkehr P 209
Spitzenwert P 187, P 210
Spitzenwertbegrenzer C 606
Spitzenwert der Sprechleistung P 206
Spitzenzeit P 194
Spitze-Spitze P 207
Spitze-Spitze-Wert P 208
Spitze zu Spitze/von P 207
spitziger Verkehr P 192
Spitzigkeitsfaktor P 191
Spleiß S 1006
Spleißbehälter S 1008
spleißen S 1005
Spleißer S 1010
Spleißmuffe S 1011
Spleißstelle S 1007
Spleißumhüllung S 1009
Spleißummantelung S 1009
Spleißung S 1012
Spline-Interpolation S 1013
Spontanbetrieb A 725
Spoolbetrieb S 1019
sporadische E-Schicht S 1020
sporadische Ionisation S 1021
Sprachabtaster S 982
Sprachabtastung S 983
Sprachabtastwert S 981
Sprachanalyse S 956
Sprachausgabe V 211
Sprachband V 184
Sprachbandaufteilung S 957
Sprachband-Codec V 185
Sprachband-Modem V 187
Sprachbeschneidung S 960
Sprachcodec S 961
Sprachcodierer S 962
Sprachcodierung S 963
Sprachcodierung mit mittlerer Bitrate M 306
Sprachcodierung mit niedriger Bitrate L 506
Sprachcodierungssystem S 964
Sprach-Daten-Integration V 192
Sprach-Daten-Paketintegration P 39
Sprachdienste V 214
Sprachdigitalisierung D 553

Sprache T 7, V 180
Sprachecho V 196
Spracheingabe S 971
Sprachentschlüsselung S 968
Spracherkennung S 979
Spracherkennungssystem S 980
Sprache verschlüsseln E 252
Sprachformant S 972
Sprachfrequenz T 192, V 197
Sprachfrequenzband V 198
sprachgesteuert V 208
sprachgesteuerter Schalter V 209
sprachgesteuerter Sende-Empfangs-Umschalter V 210
Sprachgütemessung S 978
Sprachkanal S 958, T 714
Sprachkennziffer L 15
Sprachkommunikation S 965
Sprachkompression S 966
Sprachlautstärke S 993
Sprachmitteilungsdienst V 207
Sprachmodell L 16
Sprachmodellierung M 565
Sprachmultiplexer S 974
Sprachpegelmesser E 125
Sprachprobe S 981
Sprachqualität S 977
Sprachsignal S 986
Sprachsignalübertragung V 218
Sprachsignalverarbeitung S 987
Sprachspektrum V 215
Sprachsteuerung V 190
Sprachsynthese S 988
Sprachsynthesegerät S 989
Sprachsynthetisator S 989
Sprachterminal V 216
Sprachübertragung S 990
Sprachübertragungsgüte S 992
Sprachübertragungskapazität S 991
Sprach- und Datenkommunikation V 182
Sprachverarbeitung S 976
Sprachverbindung V 205
Sprachverkehr V 217
Sprachverschleierer S 984
Sprachverschleierung S 985
Sprachverschleierung durch Vertauschung P 276
Sprachverschleierungsgerät S 984
Sprachverschleierungsgerät mit Frequenzumkehrung F 492
Sprachverschlüsselung S 969
Sprachverschlüsselungstechnik S 970
Sprachverständlichkeit A 691, S 973
Sprachvolumen S 993
Spread-Spektrum-Mehrfachzugriff S 1025
Spread-Spektrum-Phasenumtastung S 1026
Spread-Spektrum-System S 1027
Sprechabstand S 931
Sprechader S 994
Sprechaktivitätsdetektor V 181
Sprechbetrieb P 365
Sprechen T 7
Sprechererkennung S 927
sprecherunabhängig S 926
Sprechfrequenz T 192

Sprechfunk R 192
Sprechfunkalarmzeichen R 182
Sprechfunker R 188
Sprechfunkerzeugnis R 189
Sprechfunknetz R 194
Sprechfunknotfrequenz R 193
Sprechfunknotsignal R 185
Sprechfunknotzeichen R 185
Sprechfunkstelle R 190
Sprechfunkstelle des Flugfunkdienstes A 264
Sprechfunkverbindung R 184
Sprechgarnitur H 94
Sprechkanal S 928, W 198
sprechkanalfreier Verbindungsaufbau O 33
Sprechkanal Schiff-Schiff I 592
Sprechkapsel T 875
Sprechkopf R 382
Sprechkreis C 535, S 929, S 959, T 174
Sprechkreisadresse L 1
Sprechkreisbündel C 546
Sprechkreiscode C 548
Sprechkreisfreischaltezeichen R 621
Sprechkreiskennungscode C 548
Sprechkreisüberwachung C 553
Sprechkreisverfügbarkeit C 538
Sprechleistung A 103
Sprechleitung V 189
Sprechpause S 623
Sprechpausendetektor S 622
Sprechschalter T 8
Sprechschaltung C 1088
Sprechstelle T 225
Sprechstellendichte S 1145
Sprechstromkreis T 174
Sprechtaste P 997
Sprechtext R 380
Sprechverbindung S 967, V 205
Sprechverkehr P 365, V 217
Sprechweg S 959, S 975, V 189, V 212
Sprechweg Schiff-Schiff I 592
Sprechzeug H 94
Spreizmodulation S 1024
Spreizmodulationssystem S 1027
Spreizmodulationstechnik S 1028
Sprung H 255
Sprungantwort S 1177
Sprungausfall S 1357
Sprungentfernung S 735
Sprungfunktion S 1172
Sprungtemperatur T 814
Sprungzone S 734
SPS S 1228
Spule I 159, I 161
Spulenabstand L 305
Spulenbelastung P 983
Spulenfeld L 307
Spulenkapazität C 734
Spulenkasten L 304
Spulenkörper W 152
Spulenpunkt L 306
Spur T 692
Spurbildung T 702
Sputtern S 1034
SPV S 292
SR S 297
SRAM S 1138
SSI S 772

Staatsfernschreibverbindung

Staatsfernschreibverbindung G 94
Staatsgespräch G 92
Staatstelegramm G 93
Stabantenne R 760
Staberder E 34
stabilisierte Polarisationsspannung S 1048
stabilisierte Vorspannung S 1048
Stabilisierungswiderstand B 66
Stabilität S 1046
Stabilitätskriterium S 1047
Stachelradvorschub P 427
Stadtbereich U 141
Stadtgebiet U 141
städtisches Mobilfunknetz U 143
Staffel G 99
Staffeln G 99
Staffelsystem E 48
Stahlbewehrungsdraht S 1157
Stahlgittermast S 1158
Stamm S 496
Stammdatei H 223, M 207
Stammkabel M 58
Stammkreis S 496
Stammleitung S 496
Stammverstärker D 744
Standardabweichung S 1061
Standardbauelement S 1060
Standardfehler S 1062
Standard-IC S 1076
standardisierte Dienste S 1073
standardisiertes Testbild S 1074
Standardisierung S 1071
Standardlänge S 1075
Standardprofilauswahl S 1077
Standardradioatmosphäre S 1080
Standardradiohorizont S 1081
Standardschaltkreis S 1076
Standardschnittstelle S 1070
Standardzelle S 1058
Standardzellenbibliothek S 1059
Standbild S 1196
Standbildfernsehen S 1199
Standbildfernsprechen S 1202
Standbildkompression S 1198
Standbild-Übertragungssystem S 1200
ständig besetzt C 1033
Standleitung P 766
Standlinie L 215
Standort P 555, S 722
Standortbestimmung P 557
Standortbestimmung von Fahrzeugen M 541
Standortdiversity S 724
Standortplanung S 727
Standort unbemannter Nachrichtenanlagen U 40
Standverbindung P 766
Stanzabfall C 381
stanzen P 237
Stapel L 119
Stapelbetrieb B 169
stapeln B 167
Stapeln B 168
Stapelspeicher L 34
Stapelverarbeitung B 169
starker Verkehr H 106
stark fehlerbehaftete Sekunde S 409
Starkstromleitung E 131, P 615
Starkstromzuführung P 613
starrer Hohlleiter R 724
Start S 1110
Startbit S 1111
Startlage S 1112
Startmarke S 1113
Startpolarität S 1121
Startsignal S 1122
Start-Stopp-Apparat S 1123
Start-Stopp-Betrieb S 1127
Start-Stopp-Datenendeinrichtung S 1124
Start-Stopp-Dienst S 1130
Start-Stopp-Maschine S 1126
Start-Stopp-Tastung S 1128
Start-Stopp-Übertragung S 1129
Start-Stopp-Verzerrung S 1125
Start-Stopp-Verzerrungsgrad D 226
Startzeichen S 1122
stationär S 1139
stationärer Fernsprechapparat S 1141
stationärer Satellit S 1140
stationärer Satellitendienst F 235
Stationsaufforderung E 300
Station zur Netzkoordinierung N 119
statische Aufladung S 1137
statische Entscheidungstheorie S 1146
statische Kennlinie S 1136
statistischer Multiplexer S 1147
statischer Schreib-Lese-Speicher S 1138
statischer Speicher S 1138
Statusabfrage S 1155
Statusbit S 1149
Statusinformation S 1153
Statusmeldung S 1154
staubdicht D 915
Staubsturm D 916
steckbar P 467
Steckbaugruppe P 468
Steckbuchse J 1, S 781
Steckdose O 309, P 625, R 353, W 15
Steckeinheit P 475
Stecker C 985, P 464
Steckerkabel P 150
steckerkompatibel C 986
Steckerleiste E 80
Steckerschnur P 465
Steckerstift P 422
Steckkarte P 472
Steckkarte montiert/auf B 371
Steckmodul P 468
Stecksockelrelais P 473
Stecktafel P 149
Steckverbinder C 985
Steghohlleiter R 720
Stegwellenleiter R 720
stehendes Bild S 1196
stehende Welle S 1142
Stehspannung W 186
Stehwellenmeßinstrument S 1100
Stehwellenverhältnis S 1101
Steigleitung R 754
Steigung P 433, S 749
steile Triode H 215
Steilheit S 749, T 754
Steilstrahlung H 145
Stelle P 555
Stelle eines Codeelementes D 562
Stellenwertigkeit S 616
Stellglied A 141
Stellung P 555
Stellwerksfernsprecheinrichtung S 523
Step-recovery-Diode S 1176
Stereocodierer S 1185
Stereodecoder S 1183, S 1188
Stereodemodulator S 1184
Stereomultiplexsignal S 1189
stereophoner Sender S 1192
stereophoner Ton S 1190
stereophone Übertragung S 1191
Stereophonie S 1193
Stereorundfunk S 1186
Stereorundfunksendung S 1187
Stereosender S 1192
stereoskopisches Videosignal S 1194
Stereoton S 1190
Stereo-Videosignal S 1194
Sternbus S 1102
Sternbusübertragung S 1103
Sternkonfiguration S 1104
Sternnetz S 1106
Sternnetz mit Mehrfachzugriff S 1105
Sternpunktleiter N 158
Sternstruktur S 1109
Sternvierer S 1107
Sternviererkabel S 1107, S 1108
stetig einstellbar C 1036
stetig geregelt C 1034
Stetigkeitsprüfung C 1023
Steuerbefehl C 1061
Steuerbit C 1055
Steuerbus C 1056
Steuereinheit C 1082
Steuerfeld C 1065
Steuerfunktion C 1066
Steuerfunktionsvorrat C 1067
Steuergerät C 1082
Steuergitter C 1068
Steuerkreis C 1060
Steuerleistung C 127
Steuerlogik C 1072
steuernder Taktgeber M 206
Steueroszillator M 216
Steuerprozedur C 1074
Steuerpult C 1062
Steuersender D 857
Steuersignal C 1076
Steuerspur C 1081
Steuerstromkreis C 1060
Steuersystem C 1080
Steuertaste C 1069
Steuerteil für Zeichengabeverbindungen S 541
Steuerung C 1054, D 859
Steuerung mit Quantisierung der Amplitude A 456
Steuerung mit zeitlicher Quantisierung T 614
Steuerung ohne Rückführung O 133
Steuerungsaufruf R 694
Steuerungsfunktion C 1066
Steuerungsrichtung C 1063
Steuerungsverfahren C 1074
Steuerwerk C 1082
Steuerzeichen C 119, C 1058
Steuerzeichengabe C 1077
Steuerzeichengabecode C 1078
Stichkabel B 402
Stichleitung B 409, S 1256
Stichprobe S 6
Stichprobenentnahme S 17
Stichprobenprüfung S 19
Stichprobentest S 29
Stift P 422
Stimme V 180
stimmhaft V 191
stimmhafte Sprache V 194
Stimmhaftigkeit V 219
stimmlos U 116
stochastisch R 225
stochastische Anregung S 1204
stopfbarer Zeitabschnitt J 57
Stopfbit J 63, P 45
Stopfen J 58
Stopfgeschwindigkeit J 60
Stopfinformationsbit J 62
Stopfjitter J 59
Stopfrate J 60, J 61
Stopfverhältnis J 61
Stoppbit S 1207, S 1208
Stoppolarität S 1209
Stoppschritt S 1208
Stoppsignal S 1211
Stöpsel P 464
Stöpselsicherung P 466
Störabstand S 604, S 606
Störaussendung U 117
Störausstrahlung P 99
Störbegrenzer N 214
Störbegrenzung N 236
Störbeseitigung D 148
Störecho C 637
Störechounterdrückung C 638
Störeinfluß D 759
störende Mischprodukte S 1031
störende Richtfunkverbindung I 447
störende Richtverbindung I 447
störender Sender I 449
störendes Signal I 439
Störer I 443
Störfeld D 760
Störfeldstärke I 432, N 204
Störfestigkeit I 60
Störfrequenz D 761, I 445, S 1030
Störfrequenzmodulation I 99
Störgebiet I 429
Störgeräusch A 99, N 185
Störgeräusch durch Kraftfahrzeuge A 908
Störgröße D 753
Störimpuls I 88, N 226
Störmodenunterdrückung P 101
Störmodulation U 119
Störmuster I 437
Störpegel I 446
Störquelle I 448
Störresonanz S 1032
Störschall A 99
Störschutzfilter A 625
Störsender J 3
Störsicherheit I 434, N 209
Störsignal I 439
Störspannung I 442, N 239
Störspektrum I 440
Störsperre I 441
Störspitze N 233
Störstelle D 673
Störstrahlung I 444, P 99, S 1029
Störung D 753, F 70, I 428, J 4, M 104

Störung der Zeichengabeleitung S 551
Störung durch Alterung A 279
Störung durch Fehlbedienung M 511
Störung durch Fertigungsfehler M 154
Störung durch Impulse P 910
Störung durch Überreichweiten O 419
Störung durch Verschleiß A 279
Störung innerhalb des Systems I 610
Störungsanalyse F 71
Störungsanzeige T 974
störungsarme Antenne A 624
störungsbegrenzt I 435
Störungsbeseitigung F 73, F 75
Störungsdauer F 84, M 106
Störungsdienst F 74
Störungseingrenzung F 80, L 333
Störungserkennung F 77, F 82
Störungsgebiet I 429
Störungsmeldung M 105
störungsmindernde Antenne I 438
Störungsquelle I 448
Störungsunterdrückung I 430
Störungszeichen N 405, O 324
Störungszeit M 106
Störunterdrückung I 430
Stoßanregung S 447
Stoßdämpfung R 444
Stoßerregung I 86, S 447
stoßfreie Drucktechnik N 295
Stoßfrequenz C 759
Stoßgewinn R 443
Stoßprüfung I 91
Stoßstelle D 672
Stoßstrom T 785
Stoßverstärkung R 443
Stoßzahl C 759
Strahlablenkung B 191
Strahlachse B 189
Strahlausrichtungsfehler B 197
Strahlbreite B 204
Strahldichte R 44
Strahldivergenz B 193
Strahlenbündel B 186
Strahlendarstellung R 269
Strahlenweg R 268
Strahlenwellenleiter B 201
Strahler R 66
Strahleröffnung A 638
Strahlformernetzwerk B 195
Strahlformung B 198
Strahlstärke R 47
Strahlsteuerung B 200
Strahlstrom B 190
Strahlteiler B 199
Strahlung R 50
Strahlungsbeständigkeit R 56
Strahlungscharakteristik R 52
Strahlungsdetektor R 53
Strahlungsdiagramm R 59
Strahlungsdichte R 47
Strahlungsenergie R 45
Strahlungsfeld R 54
strahlungsfest R 63
strahlungsfester IC R 55
strahlungsfester integrierter Schaltkreis R 55
Strahlungsfluß R 46
Strahlungsgebiet R 65
strahlungsgekoppelte Antenne S 174
Strahlungskeule L 311
Strahlungsleistung R 48
Strahlungsmaximum R 61
Strahlungsmessung R 58
Strahlungsquelle R 64
Strahlungsrichtung D 629
Strahlungsverluste R 57
Strahlungswiderstand R 62
Strahlungswinkel R 51
Strahlung unter kleinem Höhenwinkel L 503
Strahlverbreiterung B 193
Strahlwellenleiter B 201
Strahlwellenleiterspeisung B 203
Strahlwinkel B 187
Strecke P 152, R 242, R 798
Strecke Erde–Weltraum E 37
Strecke mit geringer Verkehrsdichte L 512
Strecke mit optischer Sicht L 220
Strecke mit unbehinderter Sicht L 220
Streckenberechnung R 799
Streckendämpfung P 153
Streckendiversity P 154
Streckenlänge P 156
Streckenplanung R 799
Streckenprofil P 158
streichen C 215, D 246
Streichung C 217
Streichung einer Gesprächsanmeldung C 218
streifender Einfall G 116
Streifendrucker T 26
Streifenleiter S 1245, S 1250
Streifenleitung S 1245
Streifenleitungsantenne M 425
Streifenleitungsfilter S 1247
Streifenleitungskomponente S 1246
Streifenleitungsschlitzantenne S 755
Streifenlesekopf T 29
Streifenlocher T 25
Streifenschreiber T 32
Streifenwellenleiter S 1250
Streuausbreitung S 131
Streubereich S 1023
Streudämpfung S 125
Streudiagramm S 117
streuend D 698
streuendes Objekt S 120
streuende Teilchen S 129
Streufaktor S 123
Streukapazität S 1236
Streukoeffizient S 123
Streumatrix S 126
Streumedium S 127
Streuparameter S 128
Streuquerschnitt S 124
Streustelle S 120
Streustrahlung S 119
Streustrahlungsübertragung S 131
Streustrom L 73
Streuung S 116, S 1023
Streuung an Aerosolen A 270
Streuung an Hindernis O 11
Streuung an Hydrometeoren H 307
Streuung an Niederschlägen P 651
Streuungsverlust S 125
Streuungswinkel A 509
Streuverlust S 125
Streuvermögen S 130
Streuwinkel S 121
Streuzentrum S 122
Strich D 9
strichpunktierte Linie D 791
Strichraster G 115
Strichsignal D 10
Strom S 1238
Stromaufnahme/mit hoher P 612
Stromausfall M 71, P 603
Strombauch A 627
Strombegrenzer C 1247
Strombegrenzung C 1246
Strombegrenzungstransistor C 1248
Stromdichte C 1239
stromfressend P 612
stromführend A 334
stromgegengekoppelter Verstärker C 1243
Stromgegenkopplung C 1242
Strom in Flußrichtung F 341
Stromknoten N 181
Stromkonstanthalter C 1249
Stromkreis C 535
Stromkreis mit Erdrückleitung E 30
Stromlaufplan C 545
Stromregelwiderstand B 66
Stromrichtung C 1240
Stromschiene B 539
Strom-Schritt M 186
Strom-Spannungs-Kennlinie C 1250
Stromspitze durch Blitzschlag L 129
Stromstabilisator C 1249
Stromstoßgabe I 92, P 970
Stromstoßrelais L 37
Strömung S 1238
Stromverbrauch C 1238
Stromversorgung P 588, P 637
Stromversorgungsbaustein P 639
Stromversorgungseinheit P 588
Stromversorgungssystem P 640
Stromverstärkung C 1244
Stromverstärkungsfaktor C 1245
Stromverteilerkasten P 597
Stromverteilertafel P 598
Stromverteilung C 1241, P 595
Strowger-Wähler S 1252
Struktur B 1
strukturierte Programmierung S 1255
Strukturparameter S 1253
Stückliste P 126
Studioanlage S 1257
Studioausrüstung S 1257
Studionorm S 1258
stufenförmige Stoßstelle S 1170
Stufenlinse Z 27
stufenlos einstellbar C 1036
Stufenrelais T 1063
Stufenschalter S 1175, S 1179
Stufenverstärkung S 1050
stufenweise einstellbares Dämpfungsglied S 1161
Stuffing-Bit J 63
Stuffing-Position J 57
Stuffing-Rate J 61
Stuffing-Signalisationsbit J 62
Stuffing-Zeichen J 63
Stummabstimmung M 838
Stumpf S 1256
stündlicher Medianwert H 281
Stütze P 422
Stützenisolator P 426
Stützisolator B 136
Subadresse S 1261
Sub-Adressierung S 1262
Submikrometer-VLSI-Schaltkreis S 1292
Submillimeterwellenempfänger S 1293
Submillimeterwellenlänge S 1294
Sub-Nyquist-Abtastung S 1298
suboptimal S 1299
Suboptimalempfänger S 1300
Sub-Rahmen S 1278
Subreflektor A 916, S 1302
Subrefraktion S 1303
Substitution S 1348
Substrat S 1349
subsynchron S 1350
Subsystem S 1351
Suchbaum A 70
suchen L 369
Sucher F 190
Suchgerät L 370
Suchgeschwindigkeit S 158
Suchradar S 157
Suchschalter F 190
Suchspule S 156
Suffix S 1359
Summenabrechnung B 516
Summenbitrate A 282
Summenerfassung B 518
Summensignal A 283
Summentaxierung B 516
Summenverteilung C 1236
Summer B 562
Summerton B 563
Superchip S 1362
Supergewinnantenne S 1365
Superheterempfänger S 1373
Super-Nyquist-Abtastung S 1381
Superphantomleitung D 818
Superpositionsprinzip S 1384
Superturnstile-Antenne S 1388
Supra-Fernsprechfrequenz S 1386
Supraleiter S 1363
Suspended-Substrate-Leitung S 1454
SWFD D 614
SWFV A 902
Symbol C 705, S 1492
Symbolfehlerrate S 1494
Symbolfehlerwahrscheinlichkeit S 1493
Symbolgeschwindigkeit S 1495
Symbolrate S 1495
Symbolvorrat S 397
Symmetrierglied B 61
symmetriert B 45
Symmetrierübertrager B 61
Symmetriezustand B 49
symmetrisch B 45
symmetrische Ausgangsimpedanz O 330
symmetrische Doppelader B 56
symmetrische Leitung B 47, B 51
symmetrischer Ausgang B 54
symmetrischer Binärcode S 1496
symmetrischer Code B 48
symmetrischer Eingang B 50

symmetrischer

symmetrischer Kanal S 1498
symmetrischer Mischer B 52
symmetrischer Streifenleiter B 58
symmetrischer Verstärker B 46
symmetrischer Verzweiger S 1497
symmetrischer Vierpol B 62, S 1501
symmetrisches Adernpaar S 1503
symmetrisches Ausgangssignal B 54
symmetrische Schaltung B 47
symmetrisches Eingangssignal B 50
symmetrisches π-Glied O 98
symmetrisches Halbglied C 642
symmetrisches Kabel S 1502
symmetrische Speiseleitung B 55
symmetrisches Sternviererkabel S 1500
symmetrische Staffelung S 1499
symmetrische Streifenleitung B 58, T 956
symmetrisch gegen Masse B 60
synchron S 1523
Synchronausfallzeit O 322
Synchronbetrieb S 1533
Synchrondetektor S 1528
synchrone Demodulation S 1527
synchroner Spielraum S 1535
synchroner Start-Stopp-Spielraum S 1535
synchrones ALOHA-Netz S 757
synchrones Datennetz S 1526
synchrones Datenübertragungsverfahren S 1525
synchrones Netz S 1532
synchrone Übertragung S 1538
Synchrongenerator S 1529
Synchronimpuls S 1514
Synchronisation S 1506, S 1530
Synchronisation digitaler Netze D 488
Synchronisation durch das Netz N 148
Synchronisationsbit S 1507
Synchronisationsbyte S 1508
Synchronisationsinformation S 1509
Synchronisationsknoten S 1513
Synchronisationsnetz S 1512
Synchronisationstechnik S 1515
Synchronisationsverbindung S 1510
Synchronisationsverlust L 479
Synchronisationszeichen S 1530
Synchronisation von Sprachpaketen P 40
Synchronisator S 1520
Synchronisierbarkeit S 1505
Synchronisierbit F 402
synchronisieren L 372, L 374
Synchronisieren S 1506
synchronisierter Multivibrator S 1517
synchronisierter Satellit S 1519

synchronisiertes Netz S 1518
Synchronisierung S 1506, S 1530
Synchronisierung des Trägers C 298
Synchronisierungssignal S 1522
Synchronisierungstechnik S 1515
Synchronismus S 1504
Synchronmodus S 1531
Synchronoszillator S 1534
Synchronsatellit G 66
Synchronsignal S 1522
Synchronsystem S 1536
Synchrontelegrafiesystem S 1537
Synchronübertragung S 1538
Synchronverfahren S 1531, S 1533
Synchronverlust S 1511
Synchronwert S 1540
Synchronwort S 1516
Synchronzähler S 1524
Syndrom S 1542
Syndromdecodierer S 1543
Syndromdecodierung S 1544
Syndrom-Decodierungstechnik S 1545
synthetische Apertur S 1548
synthetisch erzeugte Apertur S 1548
synthetische Sprache S 1550
System N 104
systematischer Ausfall S 1553
systematischer Code S 1551
systematischer Fehler S 1552
systematischer Jitter S 1554
Systemberechnung S 1555
Systemdämpfung S 1559, T 680
Systemdämpfungsmaß T 847
systemeigen S 1564
Systemfehler S 912
Systemführung S 1563
Systemintegration S 1558
Systemkonzeption S 1556
Systemmanagement S 1563
System mit automatischer Wiederholanforderung A 881
System mit Entscheidungsrückmeldung D 170
System mit Ersatzschaltung S 1097
System mit optischer Sicht L 226
System mit Registersteuerung R 470
System mit verteilter Vermittlung D 741
Systemorganisation S 1560
Systemreserve S 3
Systemsimulator S 1562
Systemspanne S 1557
systemspezifisch S 1564
Systemtheorie S 1565
Systemwert S 1566
Systemzuverlässigkeit S 1561
systolisch S 1567
Szintillation S 139
Szintillationsschwund S 140

T

tabellarische Übersicht C 498
Tabellensuchverfahren T 1
TACAN-Navigationssystem T 3
Tafel C 498
Tagesausbreitung D 125
Tagesgang D 763
Tagesgebühr D 126
Tagesschwankung D 763
tägliche Schwankung D 127
Takt B 214, C 619, T 634
Taktableitung T 638
Taktableitungsschaltung C 616
Taktbaugruppe C 618
Taktextraktion T 638
Taktfehler T 635
Taktfrequenz C 620
Taktgeber C 608, T 617
Taktgeber mit hoher Stabilität H 211
Taktgenerator C 608, C 611, C 617
taktgesteuert C 612
Taktgewinnung T 638
Taktimpuls C 619
Taktinformation T 636
Taktjitter T 637
Taktmodul C 618
Taktregenerierung R 680
Taktrückgewinnung T 638
Taktschaltung C 611
Taktsignal C 621
Taktspur C 623
Taktsynchronisierung C 622
Taktunbestimmtheit T 639
Takt- und Tonmodul C 610
Taktversorgung C 617
Taktverstärker C 609
Taktverteilung C 614
Taktzyklus C 613
Tandemzentrale T 13
Tangentialstrahl T 14
Tannenbaumantenne P 425
Tantalchipkondensator T 16
Tantalelektrolytkondensator T 17
Tantalelektrolytkondensator mit Sinteranode S 711
Tantaleko T 17
Tantalkondensator T 15
T-Antenne T 18
Taper T 27, T 28
Taperwellenleiter T 30
Target-Code T 39
Tarifsystem T 42
Taschenempfänger P 482
TASI-Endeinrichtung T 45
TASI-Kanal T 43
TASI-Konzentrator T 44
TASI-Verfahren T 576
Tastatur K 6
Tastatur/mit K 7
Tastaturanordnung K 9
Tastatureingabe K 8, K 22
Tastatur mit Zwischenspeicher S 1215
Tastatursender K 12
Tastatursperre K 10
Tastaturwahl P 989
Tastbildschirm T 688
Taste B 560, K 4, P 988
Tastenanordnung K 9
tastenbetätigt K 5
Tastenfeld D 358, K 6, T 198
Tastengeber K 12
tastengesteuert K 5
Tastensperre K 10

Tastenwahl P 989
Taster K 4
Tastfilter K 21
Tastgeschwindigkeit K 24
Tastgrad D 919, P 916
Tastklick K 14
Tastklickfilter K 21
Tastleitung K 20
Tastrelais K 23
Tastung K 19
Tastverhältnis D 918, D 919, P 916
Tastwahl P 989
Tastwahlapparat K 28
Tastwahlfernsprecher K 28
Tastwahlfernsprechsystem K 29
Tastwahlsystem P 990
Tastwahltelefon K 28
Tastwahlverfahren P 989
tatsächliche Betriebsbedingungen A 138
tatsächlicher Leitweg C 201
Tauchkernrelais P 476
Tauchspulenmikrophon M 671
Tauchspulmikrophon D 923, M 671
Täuschecho D 191
Täuschziel D 191
Taxdaten T 47
Taxierung M 398
Taxierung im Ortsverkehr L 344
Taxierungssystem C 497
Taximpuls C 488
Taxzähler C 109
T-Bus T 48
TDMA T 595
technische Daten S 942
technische Forschung T 52
technische Frequenz I 173
technische Funktionsdaten F 600
technische Kundenberatung C 1258
technischer Spitzenstand S 1133
technischer Stand S 1132
technische Unterstützung T 51
technisch-ökonomische Bewertung T 53
Technologietransfer T 54
Teilamt D 289
Teilausfall P 115
Teilband S 1266
Teilbandcodierer S 1267
Teilbandcodierung S 1268
Teilbandfilterung S 1270
Teilbandsprachcodierer S 1271
teilberechtigter Nebenstellenapparat P 169
Teilbereich S 1301
Teilbild F 382, S 1280
Teiler D 772
Teiler mit variablem Teilerverhältnis V 23
Teilerverhältnis S 1018
Teilgruppe G 100
Teilgruppentrennung U 90
Teilmenge S 1346
Teilnehmer S 1306, T 229
Teilnehmerabfrageklinke L 336
Teilnehmer abwesend A 11
Teilnehmeranlage S 1322
Teilnehmeranschluß S 1315, S 1329, T 230
Teilnehmeranschlußeinheit S 1314

388

Temperaturkompensation

Teilnehmeranschlußleitung E 488, L 338, S 1332
Teilnehmeranschlußnetz L 339
Teilnehmerapparat S 1341, S 1346
Teilnehmerbesetztton B 558, S 1309
Teilnehmerbesetztzeichen S 1308
Teilnehmerbesetztzustand S 1307
Teilnehmerbetriebsklasse C 630
Teilnehmerbetriebsklasse mit abgehendem Zugang C 631
Teilnehmerbetriebsklasse mit abgehendem Zugang zu anderen Klassen C 631
Teilnehmerdichte S 1316
Teilnehmerdienste S 1328
teilnehmereigenes Gerät C 1261
Teilnehmereinrichtung S 1333, T 225
Teilnehmerendgerät C 1264
Teilnehmer-Fernwahl T 1343
Teilnehmer-frei-Kennung S 1321
Teilnehmergebühr S 1313
Teilnehmergerät C 1259
Teilnehmer-Hauptanschluß S 1336
Teilnehmer-Hauptstelle S 1336
Teilnehmer-Hausnetz S 1338
Teilnehmerkabel S 1326
Teilnehmerkanal S 1326
Teilnehmerkategorie S 1311
Teilnehmerklinke A 544
Teilnehmerleitung L 452, S 1332
Teilnehmerleitungsschnittstelle S 1334
Teilnehmer-Nebenstelle S 1330
Teilnehmernetz S 1325
Teilnehmernummer S 1337
Teilnehmerrechenbetrieb T 623
Teilnehmerrufnummer S 1337
Teilnehmersatz L 204
Teilnehmerschaltung L 181
Teilnehmerschnittstelle S 1323
Teilnehmersprechstelle S 1340
Teilnehmer-Teilnehmer-Verbindung S 1342
Teilnehmerträgersystem C 280, S 1310
Teilnehmerverbinder L 245
Teilnehmerverbindung S 1335
Teilnehmervermittlung P 754
Teilnehmervermittlung für Handbetrieb M 131
Teilnehmervermittlungsanlage P 754, P 761
Teilnehmerwahlstufe S 1339
Teilnehmerzeichengabe C 1263
Teilnetz S 1296
Teilrahmen S 1278
Teilschicht S 1281
Teilsperre R 677
Teilstörung P 116
Teilstreckennetz S 1222
Teilstreckenprinzip S 1224
Teilstreckentechnik S 1224
Teilstreckenübermittlung R 681
Teilstreckenvermittlung S 1223

Teilsystem S 1351
Teilung P 433
Teilvermittlungsstelle D 289, S 41
teilweise gemeinsame Abnehmerleitung P 114
teilweiser Ausfall P 115
teilweise Störung P 116
Telearbeit T 315
Teleautograph T 316
Telebox M 49
Teledienst T 267
Telefax F 3, T 88
Telefon T 219
Telefonabonnement T 231
Telefonabonnent T 229
Telefonabrechnung T 154
Telefonanlage T 210
Telefonanruf T 168
Telefonanrufbeantworter T 159
Telefonanrufhäufigkeit T 169
Telefonanschluß T 178, T 230
Telefonanwenderteil T 243
Telefonapparat T 219
Telefonapparat mit Tastenfeld K 28
Telefonapparat mit Wählscheibe R 775
Telefonat C 1087
Telefonauskunft D 642
Telefonbeamtin T 209
Telefonbuch T 183
Telefonbuchhalter D 643
Telefonbuchterminal E 168a
Telefondraht T 244
Telefonfreileitung O 143
Telefon für Wählbetrieb D 380
Telefongebühr T 172
Telefongebührenfreiheit T 191
Telefongesellschaft T 177
Telefongespräch C 97, T 180
Telefonhäuschen T 164
Telefonhörer T 215
telefonieren P 364
Telefonieren T 246
telefonisch T 153, T 245
telefonisch durchgesagtes Telegramm T 186
telefonische Mitteilung T 201
telefonische Zeitansage S 930
telefonisch übermittelte Nachricht T 185
Telefonist O 179
Telefonistin O 179, T 209
Telefonistinnenplatz O 186
Telefonkabel T 165
Telefonkabine T 164
Telefonkarte C 157
Telefonklingel T 163
Telefon-Landeskennzahl C 1152
Telefonleitung T 174, T 199
Telefonleitung auf Masten T 212
Telefonmast T 211
Telefon mit Handapparat H 53
Telefon mit Steckerschnur P 474
Telefonnetz T 204
Telefonnummer D 646
Telefonrelais T 216
Telefonschnur T 181
Telefonsignalisierung T 222
Telefonteilnehmer T 229
Telefonverbindung T 168, T 176, T 200
Telefonverbindung über Satellit S 57

Telefonverkehr T 234
Telefonverkehrsprognose T 282
Telefonvermittlung T 189, T 227
Telefonzelle T 164
Telegraf T 90
Telegrafenalphabet T 91
Telegrafenamt T 118
Telegrafenbetriebssaal T 110
Telegrafencode T 98
Telegrafendienst T 125
Telegrafendraht T 136
Telegrafengebühr T 96
Telegrafengleichung T 109
Telegrafenkabel T 92
Telegrafenkanal T 94, T 97
Telegrafenklappenschrank T 130
Telegrafenleitung T 97, T 111
Telegrafenlinie T 111
Telegrafennetz T 116
Telegrafenrelais T 122
Telegrafenstelle T 93, T 129
Telegrafenstromweg L 78
Telegrafensystem T 116
Telegrafentechnik T 107
Telegrafenübertrager T 123
Telegrafenverbindung T 99
Telegrafie T 137
Telegrafiebetrieb T 119
Telegrafiedemodulator T 102
Telegrafiediskriminator T 104
Telegrafiedrucker für Spezialcodes D 649
Telegrafie durch Ein-Austastung des Trägers I 580
Telegrafieentzerrer R 465
Telegrafiefunker R 174
Telegrafiefunkerzeugnis R 175
Telegrafiefunkkonverter T 121
Telegrafie im Sprachband I 605
Telegrafiekanal T 94
Telegrafiemodem T 113
Telegrafiemodulation T 114
Telegrafiemodulator T 115
Telegrafiercode T 98
telegrafieren C 3
Telegrafierfehler O 185
Telegrafiergeräusch T 117
Telegrafiergeschwindigkeit T 128
Telegrafiersignal T 126
Telegrafierstrom T 101
Telegrafierweg T 124
Telegrafierzeichen T 126
Telegrafierzeichenelement T 127
Telegrafiesender T 134
Telegrafiesignal T 126
Telegrafie tönend I 580, K 16
Telegrafieübertragungsweg T 97
Telegrafieumsetzer T 100
Telegrafieverkehr T 133
Telegrafievermittlung T 131
Telegrafievermittlungsamt T 132
Telegrafievermittlungsstelle T 108, T 132
Telegrafieverstärker T 112
Telegrafieverzerrung T 105
Telegrafiewählvermittlungsstelle T 103
Telegrafiezeichen T 95
Telegrafist T 120
Telegramm T 89

Telegrammadresse C 6
Telegrammannahme- und Durchsageplatz P 369
Telegrammaufnahme-Stelle P 369
Telegrammaufnahme- und Zusprech-Stelle P 369
Telegrammzustellung D 253
Teleinformatik C 909, R 541
Telekommunikation T 58
Telekommunikationsanlage T 66
Telekommunikationsdienst T 77
Telekommunikationsnetz T 69
Telekommunikationssystem T 84
Telekonferenz T 85
Telemarketing T 140
Telematik C 909, T 141
Telematikdienste T 142
Telematikendgerät T 143
Telematikterminal T 143
Telemetrie R 246, T 148
Teleschreiben T 317
Teleshopping T 268
Teleskript T 317
Telesoftware T 269
Teletex T 271
Teletexdienst T 276
Teletexdokument T 274
Teletexendgerät T 279
Teletexgerät T 279
Teletexseite T 275
Teletext B 486, T 277
Teletextdienst T 280
Teletextkanal T 278
Teletextsystem T 281
Teletexverbindung T 272
Teletexzeichenvorrat T 273
Television T 287
Telex T 285, T 319
Telexadresse T 320
Telexanschluß T 321
Telexbetrieb T 330
Telexdienst T 332
Telexendgerät T 337
Telexgebühr T 331
Telexhandvermittlung M 148
Telexleitung T 324
Telexmaschine T 326
Telexnetz T 327
Telexnetzkennzahl T 322
Telexnumerierungsplan T 329
Telexnummer T 328
Telexselbstwähldienst T 323
Telexteilnehmer T 334
Telexverbindung T 321, T 325
Telexverbindung über Funk R 200
Telexverkehr T 338
Telexvermittlung T 336
Telexvermittlungsstelle T 335
Telex-Zeichengabe T 333
TE-Modus T 339
temperaturabhängige Lebensdauerprüfung T 347
Temperaturabhängigkeit T 346
Temperaturbereich T 351
Temperaturdämpfungsausgleich L 247
temperaturempfindlich S 312
Temperaturentzerrer L 247
Temperaturgradient T 348
Temperaturinversion T 349
Temperaturkoeffizient T 342
Temperaturkompensation T 344

temperaturkompensiert T 476
temperaturkompensierter
 Oszillator T 477
Temperaturparameter T 350
Temperaturregelung durch
 Peltier-Element T 352
Temperatursturz T 484
Temperaturumkehr T 349
Temperaturumkehrung T 349
Temperaturverhalten T 340/1
TEM-Welle T 356a
Terminal T 360
Terminaladapter T 361
Terminal mit alphanumerischer Anzeige A 378
ternär T 389
ternäres Digitalsignal T 391
ternäre Verbindung T 390
Ternärsignal T 393
terrestrische Funkverbindung T 401
terrestrischer Funk T 401
terrestrischer Funkdienst T 401
terrestrischer Funkkanal T 400
terrestrischer hypothetischer Bezugskreis T 397
terrestrische Richtfunkverbindung T 402
terrestrischer Kanal T 396
terrestrischer Richtfunk T 403
terrestrisches Richtfunksystem T 403
terrestrische Strecke T 399
terrestrische Verbindung T 398
Tertiärgruppe M 208
Tertiärgruppenabschnitt M 213
Tertiärgruppenbetrieb M 215
Tertiärgruppendurchschaltefilter T 559
Tertiärgruppendurchschaltepunkt T 558
Tertiärgruppenpilot M 212
Tertiärgruppenträgerversorgung M 209
Tertiärgruppenumsetzer M 214
Tertiärgruppenverbindung M 211
Tertiärgruppenverteiler M 210
Terzfilter O 97
Test T 406
Testbericht T 442
Testbild T 435
Testbildgeber T 436
Testdaten T 414
testen T 405
Testergebnis T 445
Testfrequenz T 419
Test im Betrieb I 280
Testlauf T 446
Test mit subjektiven Bewertungsnoten O 187
Test mit Zeitraffung A 34
Testobjekt T 433
Testprogrammgenerierung T 440
Testschleife T 430
Testschnittstelle T 425
Testsignal T 450
Testsignal für Schwarz A 695
Testsignal für Weiß A 704
Testzugang T 409
Testzuverlässigkeit T 441
tetradischer Code T 455
TE-Typ T 339

TE-Welle T 456
Text T 457
textabhängig T 462
Textanfang S 1120
Textbildformat T 463
Textblock T 459
Texteinheit T 466
Textende E 274
Textendezeichen E 275
Textfeld I 190
Textkommunikation T 460
Textkommunikationsterminal T 461
Textverarbeitung T 465
Textverarbeitungsformat T 464
Textzone T 458
TF C 264
TF-Bespulung C 273
TF-Fernsprechkanal T 170
TF-Gerät C 261
TF-Grundleitung C 271
TF-Kabel C 253
TF-Koaxialkabelsystem C 653
TF-Leitungsverstärker C 292
T-Flipflop T 467
TFM T 11
TF-Multiplexeinrichtung C 274
TF-System C 299
TF-System auf Kabelleitungen C 16
TF-System für symmetrische Kabel B 57
TF-System für symmetrische Leitungen B 57
TF-Telefonie C 258
TF-Übertragung C 305
TF-Übertragungssystem C 306
TF-Verbindung C 272
TF-Vierer C 285
TG M 208
TGDFI T 559
T-Glied T 643, T 646
Tg-Netz T 116
TGU M 214
theoretische Grundlagen T 468
theoretischer Spielraum T 469
thermisch beschleunigte Alterung T 474
thermisch beschleunigte Lebensdauerprüfung T 475
thermische Beanspruchung T 486
thermischer Auslöser T 472
thermischer Ausschalter T 472
thermisches Rauschen T 478
thermische Stabilität T 485
Thermistor T 489
Thermistorbrücke T 490/1
Thermoauslöser T 487
Thermodrucker T 479
thermoelektrischer Kühler T 493
thermoelektrisches Kühlelement T 493
Thermoelement T 494
Thermokompressionsbonden T 492
Thermokontakt T 471
Thermorelais E 198, T 481
Thermoschalter T 487
Thermostat T 345
thermostatgeregelter Lüfter T 495
thermostatgeregelter Oszillator O 360
thermostatstabilisierter Quarz O 359

Thyristor S 628
Tickerzeichen I 619
Ticket T 569
tiefer Schwund D 200
tiefes Fading D 200
Tiefpaß L 535
Tiefpaßfilter L 535
Tiefseefernsprechkabel D 203
Tiefseekabel D 202
Tiefseetelefonkabel D 203
Tiefseezwischenverstärker D 201
TIF T 463
Time-sharing T 623
Tintenstrahldrucker I 228
Tischapparat D 311
Tischgerät T 2
Titel T 640
TK-Kondensator T 343
T-Koppler T 49
T^2L T 806
T-Leitung T 111
TM-Modus T 644
TM-Typ T 644
TM-Welle T 645
TN S 1306
TNA S 1315
TNL S 1332
TNN S 1337
TNS L 204
Tochterbaugruppe D 124
Token T 647
Token-Access T 648
Token-Access-Netz T 652
Token-Bus T 649
Token-Netz T 650
Token-Passing T 651
Token-Passing-Verfahren T 653
Token-Ring T 654
Token-Ringsystem T 655
Token-Zugriff T 648
Token-Zugriffsnetz T 652
Toleranzprüfung M 159
Ton T 662
Tonanschlußleitung S 847
Tonarm T 663
Tonaufnahme P 393, S 850
Tonaufzeichnung S 850
Tonblende T 664
Tonfalle S 854
tonfrequentes Signal A 799
Tonfrequenz A 784
Tonfrequenzband A 785
Tonfrequenzbandbreite A 786
Tonfrequenzbereich A 797
Tonfrequenzcodierung A 782
Tonfrequenzentastwahl V 200
Tonfrequenzgenerator A 790
Tonfrequenzkanal A 787
Tonfrequenzpegel A 792
Tonfrequenzsignal A 799
Tonfrequenzspektrum A 802
Tonfrequenztastwahl V 200
Tonfrequenzverstärker A 781
Tonfrequenzwahl M 716
Tonfrequenzzeichengabe V 201
Tongenerator T 666
Tonhöhe P 433
Tonhinfilter P 434
Ton-im-Bild-Übertragung S 843
Tonkanal S 833
Tonkopf R 587
Tonleitung S 847
Tonmischung A 805
Tonmodulation S 841

Tonmodulationskanal S 842
tonmodulierte Telegrafie K 16
Tonqualität S 849
Tonradmaschine P 367
Tonsender S 853
Tonsignal S 852
Tonspur A 807
Tonträger S 831
Tonträgerfrequenz S 832
Tonträgersperre S 854
Tonwecker T 668
Tonwertblende T 665
Tonwertskala T 669
Tonwiedergabe S 851
Tonwirkung S 834
Ton-ZF-Stufe S 838
Ton-Zwischenfrequenzstufe S 838
Topfkern P 579
Topfkreis C 338
Topologie T 674
topozentrischer Winkel T 672
Tor G 27, G 29, P 544
Torschaltung G 27
Torsionsfestigkeit T 1045
Torsionshohlleiter T 1040
Torusantenne T 678
Totalausfall T 679
totaler Frequenzhub F 548
tote Leitung D 143
Totem-Pole-Ausgang T 684
Totem-Pole-Stufe T 685
toter Winkel C 607, D 144
tote Zone S 624
Totzeit D 145, I 21
tragbar P 546
tragbare Ausführung P 552
tragbarer Fernsprechapparat P 549
tragbarer optischer Fernsprecher P 548
tragbares Endgerät P 550
tragbares Gerät P 547
tragbares Sende-Empfangsgerät P 551
Tragbarkeit P 545
Tragegriff H 43
Träger C 252
Trägerabfragesignal C 294
Trägerableitung C 289
Trägerabstand C 267
Trägerabtastsignal C 294
Trägerausfall C 275
Trägerausgangsleistung C 279
Trägerdienst B 206
Trägerfilter C 263
trägerfrequenter Fernsprechübertragungsweg C 300
trägerfrequente Telefonleitung C 300
trägerfrequente Übertragung C 268
Trägerfrequenz C 264
Trägerfrequenzfernsprechen C 258
Trägerfrequenz-Fernsprechkanal T 170
Trägerfrequenzgerät C 261
Trägerfrequenzgrundleitung C 271
Trägerfrequenzkabel C 253
Trägerfrequenzkanal C 254
Trägerfrequenzleitung C 255
Trägerfrequenzoffset C 266
Trägerfrequenzstromkreis C 255
Trägerfrequenzsystem C 299

Trägerfrequenzsystem auf Freileitungen O 138
Trägerfrequenzsystem auf Kabelleitungen C 16
Trägerfrequenzsystem für symmetrische Kabel B 57
Trägerfrequenzsystem für symmetrische Leitungen B 57
Trägerfrequenztelegrafie C 257
Trägerfrequenzübertragung C 305
Trägerfrequenzübertragungssystem C 306
Trägerfrequenzumtastung C 295
Trägerfrequenzverbindung C 272
Trägerfrequenzversatz C 266
Trägerfrequenzversorgungsgerät C 296
Träger-Geräuschabstand C 303
trägergesteuerte Geräuschsperre C 277
trägergesteuertes Relais C 278
Trägerhub C 259
Träger im gleichen Kanal C 664
Träger-Intermodulationsgeräuschabstand C 302
Trägerkanal B 205, I 183
Trägerkörper S 1349
Trägerleistung C 283
Trägerpegel C 270
Trägerphase C 281
Trägerphasenableitung C 282
Trägerphasenwinkel C 281
Träger-Rauschverhältnis C 303
Trägerreduzierung C 288
Trägerrest C 269, R 629
Trägerrückgewinnung C 286
Trägerrückgewinnungsschaltung C 287
Trägerschwebung C 265
Trägerschwingung C 307
Trägersperrfilter C 291
Träger-Störabstand C 301
Trägerstrom C 256
Trägersystem C 299
Trägerübertragung C 305
Trägerumtastung C 295
Trägerunterbrechung C 275
Trägerunterdrückung C 297
Trägerverfolgung C 304
Trägerversatz C 276
Trägerversorgung C 296
Trägerverwischung C 260
Trägerwelle C 307
Trägerzusatz C 290
Trainingssignal T 747
Transaktion T 748
Transcoder T 753
Transient T 782
Transientenanalysator T 784
Transientenanalyse T 783
Transimpedanz T 792
Transimpedanzverstärker T 793
Transistor T 795
Transistorempfänger T 805
transistorisieren T 799
transistorisierter Mikrowellenverstärker T 802
transistorisierter Verstärker T 800
transistorisiertes Gerät T 801

Transistorisierung T 798
Transistorkühlkörper T 797
Transistormodell T 803
Transistoroszillator T 804
Transistor-Transistor-Logik T 806
Transistorverstärker T 796
Transitamt T 809
Transitbetrieb T 823
Transitland T 808
Transitnetz T 815
Transitnetzerkennung T 816/7
Transitnetzerkennung T 816/7
Transitverbindung T 807
Transitverbindungsindikator T 810
Transitverkehr T 822
Transitvermittlung T 819
Transitvermittlungsstelle T 809
Transitwegleitung T 818
Transitzentrale T 809
Transfer T 757
Transfer eingeschränkt T 767
Transfererlaubnis T 758
Transfergeschwindigkeit D 108, T 765
Transfersystemteil M 370
Transferverbot T 764
Transferzeit T 768
Transferzeit des Datenbenutzerteils D 119
Transformationsbildcodierung T 774
Transformationscodierung T 770
Transformationsglied I 73
Transformationsmatrix T 775
Transformator T 771
Transformatorkopplung T 773
Transformator mit Anzapfungen T 35
Transformatorverstärker T 772
Transhorizontausbreitung T 777
transkontinentale Richtfunkverbindung C 1198
Transmultiplexer T 895
transparent T 897
transparente Daten T 898
transparente Datentransferphase T 899
transparente Phase der Datenübermittlung T 899
transparente Phase des Datenverkehrs T 899
transparenter Modus T 900
transparente Videosignalaufzeichnung T 901
Transparentmodus T 900
Transparenz D 543, T 896
Transponder T 902
Transponderfrequenz T 904
Transponderkanal T 903
Transportdienst B 206, T 909
Transportdienstanwender T 910
Transportfaktor T 906
Transportloch C 376
Transportprotokoll T 905
Transportschicht T 907
Transportschichtprotokoll T 908
Transportteil M 371
Transposition T 912
transversale Gyrofrequenz T 915
Transversalfilter T 914
Transversalwelle T 918

Trapezimpuls T 921
TRAPPAT-Diode T 919
Trassenauswahl R 803
Trassenplanung R 801
Trassierung R 808
Treiber D 856
Treiberschaltung D 856, D 860
Treiberstufe D 858
Trellis T 934
Trelliscode T 935
Trelliscodierung T 936
trennbare Richtungen S 324
Trenneinrichtung S 1017
trennen D 665
trennen/eine Verbindung D 667
Trennen C 596, D 666, D 670
Trenner D 669
Trennklinke B 424, C 1278
Trennkontakt B 417
Trennrelais C 1280
Trennschalter B 428, C 540, D 669
trennscharf S 217
Trennschärfe S 226
Trennschritt M 186, M 191
Trennschutzschalter D 669
Trennstufe B 498, S 326
Trenntaste C 1276
Trenntransformator I 687
Trennübertrager I 687
Trennung C 596, C 1274, D 670, I 584, S 1015
Trennvermögen S 226
Trennverstärker I 688
Trennweiche D 580
Trennzeichen D 249
Treppengenerator S 1052
Treppensignal S 1053
Treppenspannungsgenerator S 1054
Triac T 939
Tribit T 941
Trichterantenne H 269
Trichterlautsprecher H 273
Triftröhre V 50
Triggerimpuls T 946
triggern T 943
Triggerschaltung T 944
Triggersignal T 947
Triggerspannung T 948
trimmen T 951
Trimmen T 954
Trimmer T 953
Trimmerkondensator T 953
Triode T 955
Triplate-Leitung T 956
Triplexsystem T 958
Tri-State-Ausgang T 960
Tri-State-Logik T 959
trivalenter Kabelcode T 519
Trockenelement B 170
Trockengleichrichter D 869
Trommel D 863
Trommeldrehzahl D 866
Trommelfaktor D 865
Trommelgerät D 864
Trommelspeicher D 867
tropische Niederschläge T 961
Tropopause T 962
Troposcatter-Richtfunksystem T 972
Troposphäre T 963
troposphärische Ausbreitung T 967
troposphärische Duktausbreitung T 964
troposphärische Reflexion T 969

troposphärischer Funkkanal T 968
troposphärischer Wellenleiter T 968
troposphärischer Wellenmodus T 966
troposphärisches Medium T 965
troposphärische Streuausbreitung T 971
troposphärische Streuung T 970
troposphärische Welle T 973
T-Schaltung T 646
Tschebyscheff-Filter C 500
Tschebyscheffsche Näherung C 499
TTL T 806
Ttx T 271
Tuner C 437
Tunneldiode T 1023
Tunneldiodenverstärker T 1024
Tunneleffekt T 1025
Tunnelstrom T 1027
Tunnelung T 1026
Tunnelvorgang T 1026
turbulente Atmosphäre T 1028
Turbulenzskala S 88
Turnstileantenne T 1034
TV L 245, T 287, T 819
TVA P 761
TV-Direktsatellit D 590
T-Verzweigung T 643
TVL T 295
TV-Telefon V 119
TVU T 305
Twinplex T 1039
twistbarer Hohlleiter T 1041
TW-Vermittlungsstelle T 103
Tx T 285
Typenraddrucker D 1
Typenraddruckwerk D 1

U

U-Adcock-Peiler U 173
UART U 95
überabtasten O 413
Überabtastung O 414
überbestimmt R 410
überbrücktes T-Glied B 433
Überbrückungsdraht J 35
Überbrückungskondensator B 565
überdeckter Bereich C 1179
Überdeckung B 339, C 1174
überdimensioniert O 421
Übereinstimmung C 1086
Übereinstimmung der Oktettfolge O 29
Übereinstimmung der Zeichenfolge D 565
Übererregung O 378
Übergabeleitung I 573
Übergang C 387, G 32, J 37, T 782
Übergangsfunktion T 782
Übergangsstange J 52
Übergangsstrom T 785
Übergangsverlust T 811
Übergangswahrscheinlichkeit T 812
Übergangszeit S 403
Übergangszustand T 813
übergehen S 733
übergreifende Transferzeit C 1208

Übergruppe 392

Übergruppe S 1366
Übergruppenumsetzer S 1369
Übergruppenverteiler S 1367
überhöhter Kosinus R 223
überholen O 388
Überhorizont ... T 776
Überhorizontausbreitung T 777
Überhorizontfunksystem T 781
Überhorizontfunkverbindung T 779
Überhorizontradar O 423
Überhorizontrichtfunksystem T 780
Überkapazität E 448
Überkompensation O 377
Überkompensieren O 377
Überkreuzung C 1209
Überladung O 374
überlagertes Netz O 402
überlagerte Verbindung S 1382
Überlagerung S 1383
Überlagerungsbereich O 401
Überlagerungsempfang S 1372
Überlagerungsempfänger S 1373
Überlagerungsfrequenz H 126
Überlagerungsgesetz S 1384
Überlagerungskanal S 1361
Überlagerungsnetz O 402
Überlagerungsstromkreis S 1382
Überlagerungstelegrafie S 1387
überlappen O 397
überlappen/sich teilweise O 397
Überlappen O 398
überlappende Kanäle O 400
Überlappung O 398
Überlappungsgrad D 225
überlassener Übertragungsweg P 766
Überlast C 962, O 407
Überlastabwehr F 294
Überlastbarkeit O 406
überlasten O 404
Überlastgrenze O 409
Überlastung C 962, O 407
Überlastungsgrenze O 409
Überlastungsmöglichkeit O 405
Überlastungsschutz O 410
Überlauf O 379
Überlaufanzeiger O 381
Überlaufbetrieb O 382
Überlaufbündel H 216, O 380
Überlaufregister O 383
Überlaufsystem O 385
Überlaufverkehr O 386
Überlaufverkehrsmeßeinrichtung T 732
Überlaufverkehrssystem O 387
Überlaufwahrscheinlichkeit P 775
Überlaufweg O 384
Überlebensfähigkeit S 1432
Überleitung T 757
Überleitungsstelle G 34
Übermitteln C 833
übermittelnde Funkstelle T 892
Übermittlung C 833, P 846
Übermittlungsdauer T 768
Übermittlungsschicht D 64
Übermittlungsteil M 371
Übermittlungsvorschrift C 1074, P 845

übermodierter Hohlleiter O 411
Übermodulation O 412
übernächster Kanal S 164
Übernahme der Gebühren R 703
übernommene Gebühr C 750
Über-Normalbrechung S 1385
überprüfbar T 408
Überquerung C 1202
Überrahmen S 1364
Überreichweite O 418
Überreichweitenausbreitung O 420
Überreichweitenecho S 184
Überschlag D 661
Überschlagspannung A 673
überschreiben O 428
überschreiten O 417
Überschreitungswahrscheinlichkeit E 453
Überschußkapazität E 448
überschwingen O 417
Überschwingen O 418, O 422
Überseefernsprechdienst O 416
Überseegespräch O 415
Überseeselbstwahl D 612
Übersetzer T 825
Übersetzungsverhältnis T 769
Übersicht O 424
Übersichtsplan C 837
Übersichtsschaltplan B 361
Überspannung E 455
Überspannungsableiter S 1429
Überspannungsauslöser O 427
Überspannungsrelais O 426
Überspannungsschutz O 425, S 1429
Übersprechen S 516
überspringen S 733
Übersteuerung O 378
Übersteuerungspunkt L 297
überstrichener Bereich C 1179
Überstrom E 449
Überstromfestigkeit S 1430
Überstromschutz O 376
Überstruktur S 1375
übertragbare Bandbreite T 826
Übertragbarkeit P 545
übertragen T 864
übertragen/durch Fernsehen T 286
Übertragen T 827
Übertrager T 771
übertragergekoppelter Verstärker T 772
Übertragerkopplung T 773
Übertrager mit Anzapfungen T 35
Übertragung T 827, T 884
Übertragung auf Kabelleitungen C 83
Übertragung auf Kabeln C 83
Übertragung bei schrägem Einfall O 7
Übertragung Erde–Weltraum E 39
Übertragung handschriftlicher Texte H 61
Übertragung in einer Richtung U 73
Übertragung innerhalb der optischen Sicht L 227
Übertragung mit asymmetrischen Seitenbändern A 717
Übertragung mit Geheimhaltung S 200

Übertragung mit hoher Bitrate H 149
Übertragung mit höheren Bitraten T 829
Übertragung mit hoher Geschwindigkeit H 210
Übertragung mit niedrigen Bitraten T 830
Übertragung mit Pulscodemodulation P 186
Übertragung mit reduziertem Träger R 404
Übertragung mit unabhängigen Seitenbändern I 133
Übertragung mit vermindertem Träger R 404
Übertragungsabschnitt T 846
Übertragungsabschnittsebene L 273
Übertragungsart T 848
Übertragungsbandbreite T 831
Übertragungsbereit R 279
Übertragungscharakteristik T 836
Übertragungscode L 182, T 838
Übertragungsdämpfung P 157, T 847
Übertragungsdämpfungsmaß B 157
Übertragungseigenschaften T 836, T 856
Übertragungseinrichtung T 842
Übertragungsentfernung T 858
Übertragungsfaktor F 11
Übertragungsfunktion T 761
Übertragungsgeschwindigkeit D 91, T 765, T 861
Übertragungsgüte T 857
Übertragungskanal C 393, T 835
Übertragungskapazität T 834
Übertragungskennwert T 859
Übertragungskosten T 841
Übertragungsleitweg T 845
Übertragungsmaß P 820
Übertragungsmedium T 889
Übertragungsnetz T 849
Übertragungsrate D 91, T 861
Übertragungsreichweite T 858
Übertragungsschema T 860
Übertragungssicherungsverfahren E 376
Übertragungssteuerung T 839
Übertragungssteuerungsprotokoll L 266
Übertragungssteuerungsverfahren L 270
Übertragungssteuerzeichen T 840
Übertragungsstrecke ohne Zwischenverstärkung N 333
Übertragungssystem T 862
Übertragungssystem mit sehr hoher Kanalzahl V 77
Übertragungstechnik T 863
Übertragungsverfahren T 863
Übertragungsverhalten T 836, T 857
Übertragungsverhältnis T 766
Übertragungsverlust T 847
Übertragungsweg C 535, C 536, T 837, T 853
Übertragungsweg mit Erdrückleitung E 30
Übertragungsweg mit Verstärkern R 570

Übertragungsweg ohne Diversity N 284
Übertragungsweg ohne Verstärker N 331
Übertragungsweg über die Polarlichtzone A 818
Übertragung unterhalb des Basisbandes B 229
Übertragung von Kurzmittellungen S 462
über Vermittlung hergestellte Verbindung S 1450
Überwachung M 618, S 1389
Überwachungsgerät M 620
Überwachungsinformation M 617
Überwachungsradar S 1431
Überwachungsrichtung M 619
Überwachungssystem S 1393
Überwachungszentrale C 369
Überweisung T 757
Überweisungsleitung R 379
ÜGU S 1369
UHF U 2, U 13
UHF-Ausbreitung U 5
UHF-Band U 3
UHF-Bereich U 6, U 13
UHF-Fading U 4
UHF-Schwund U 4
Uhrenquarz Q 70
Uhrzeigersinn/im C 624
UKW V 75
UKW-Bereich V 89
UKW-Empfänger V 87
ULSI U 14
Ultrabreitbandverstärker U 10
ultrahohe Frequenz U 2
ultrakurz U 19
Ultrakurzwelle U 20
Ultrakurzwellen V 75
Ultrakurzwellenempfänger V 87
ultralinear U 15
Ultralinearverstärker U 16
Ultraniederfrequenzwelle U 17
Ultraschall U 28
Ultraschallakustik U 25
Ultraschalldetektor U 22
Ultraschalldrahtbonden U 27
Ultraschallfrequenz U 23
Ultraschallgenerator U 24
Ultraschallotung U 26
Ultraschallverzögerungsleitung U 21
ultraschnell U 11
ultraschnelle Elektronik U 12
ultraschwarz B 335
umbenennen R 556
umcodieren R 364
Umcodierung C 681
Umformer P 590
Umgebung E 313
umgebungsbedingte Beanspruchung E 317
Umgebungsbedingungen E 315
Umgebungseinfluß E 316
Umgebungsgeräusch A 410
Umgebungsgrundgeräusch E 314
Umgebungslicht A 409
Umgebungstemperatur A 411
umgekehrte Bildschirmdarstellung R 707
umgekehrter Zustand A 251
umgekehrte V-Antenne I 630
umgelenkter Verkehr R 606
umkehrbare Änderung R 708

Umkehrungssatz R 363
Umkehrzustand A 251
Umlaufbahn O 224
Umlaufbahnebene O 231
Umlaufbahnexzentrizität O 226
Umlaufbahnhöhe O 229
umlaufender Unterbrecher R 777
Umlaufzeit P 249
Umlaufzeit eines Satelliten P 249
Umlegen C 208
Umlegung A 911
Umlegung eines Gesprächs in Nebenstellenanlagen A 911
Umleitung A 394, D 765, R 607
Umleitungsadresse R 398
Umlenkanordnung P 140
Umlenkreflektor P 139
Umlenkspiegel P 139
Umnumerierung N 396
Umpolung P 528
umschaltbar S 1488
umschaltbare Bandbreite S 1444
Umschaltekontakt C 388, T 759
umschalten S 1487
Umschalter C 390
Umschaltfolge E 419
Umschaltkontakt C 388
Umschaltkontakt mit Unterbrechung B 416
Umschaltstange D 840
Umschaltung C 387, E 417, H 46, S 433
Umschaltung auf Auftragsdienst S 375
Umschaltung des Strahlungsdiagramms R 60
Umschaltzeit C 391, E 418, I 628, S 1483
Umschlagzeit C 391
umsetzen C 1096
Umsetzer C 1097, T 824, T 825
Umsetzung C 1090
Umstellung D 383
Umtastung S 435
Umwandlungsdämpfung C 1094
Umweglenkung R 607
Umwegschaltung A 394
Umwegverkehr R 606
Umwelt E 313
Umweltbedingungen E 315
Umwelteinfluß E 316
Umwerter T 825
unabgeschirmt U 109
unabgestimmte Antenne A 636
unabhängiges Seitenband I 132
unabhängige Veränderliche I 134
unabhängig vom Sprecher S 926
unaufbereitete Daten R 265
unbeantworteter Ruf N 334
unbedeutende Störung M 500
unbedrahteter Chip-Carrier L 70
unbedrahtetes Bauelement L 71
unbefugter Anwender U 43
unbefugter Nutzer U 43
unbelastet N 310
unbemannt U 36
unbemannter Betrieb U 41
unbemanntes Amt U 37

unbemannte Station U 38
unbesetzt I 14
unbespult N 310
unbespultes Kabel N 311
unbestückte Karte B 103
unbestückte Leiterplatte B 103
unbewertet U 122
unbewertetes Geräusch U 123
unbewertetes Rauschen U 123
UND-Gatter A 499
UND-Glied A 499
UND-NICHT-Schaltung A 500
UND-Schaltung A 498
uneingeschränkter Dienst U 108
unempfindlich gegen I 271
Unempfindlichkeit I 58
Unempfindlichkeit gegenüber elektromagnetischen Störungen I 270
Unempfindlichkeit gegenüber Rauschen N 209
unerwünschte Aussendung U 117
unerwünschte Ausstrahlung U 117
unerwünschte Frequenz S 1030
unerwünschte Frequenzmodulation I 99
unerwünschte Mischprodukte S 1031
unerwünscher Empfang U 120
Unfallmeldedienst E 217
ungedämpfte Schwingung S 1435
ungedämpfte Welle C 1047
ungerade Parität O 31
ungeradzahlige Harmonische O 30
ungeradzahlige Oberwelle O 30
ungeregelte Stromversorgung N 329
ungerichtetes Funkfeuer N 283
ungerichtetes Mikrophon N 282
ungeschirmt U 109
ungesteuerter Schlupf U 55
ungesteuerter Slip U 55
ungestörte Umlaufbahn U 104
ungestörte Umlaufbahn eines Satelliten U 104
ungetasteter Träger U 100
ungewichtet U 122
Ungleichförmigkeit J 33
Ungleichgewicht U 46
Ungleichgewichtseigenschaft N 287
ungültige Adresse I 620
Ungültigkeitszeichen I 23
ungünstige Ausbreitungsbedingungen A 250
ungünstigster Fall W 204
ungünstigster Monat W 206
ungünstigstes Jahr W 207
unhörbar H 42
unidirektional U 70
unidirektionales lokales Kommunikationsnetz U 72
unidirektionale Übertragung U 73
Unijunction-Transistor U 77
unipolar U 81
Unipolartransistor U 82
Universal ... G 47
Universalgestell M 505
universelle Funktion U 97
universeller asynchroner Empfänger/Sender U 95

Univibrator M 640
Unkostendeckungspunkt B 421
unmittelbare internationale Verbindung D 617
unmittelbare Verbindung D 592
unmoduliert U 101
unmodulierter Träger U 102
unmontiert U 103
Unpaarigkeit M 512
unperiodisch N 318
unpolarisiert N 320
unpolarisiertes Relais N 321
unregelmäßige Umlaufgeschwindigkeit J 33
unregelmäßige Verzerrung F 337, I 667
unselektiv N 337
unstabil U 111
unstetig D 676
Unsymmetrie U 46
Unsymmetrie-Dämpfungsmaß C 826
Unsymmetrie gegen Erde U 47
unsymmetrische Staffel U 114
unsymmetrische Streifenleitung U 48
untätig I 14
Unterabtastung S 1305
Unteradresse S 1261
Unteramt D 289
Unterband L 516, L 519
unterbrechen H 34, I 577
unterbrechen/Verbindung D 665
Unterbrecher C 1281, I 582
Unterbrechung C 1274, I 584
Unterbrechung durch Regen R 220
Unterbrechungsdauer O 280
Unterbrechungsfunke B 427
unterbrechungsloser Umschaltkontakt M 100
unterbrechungslose Stromversorgung U 80
Unterbrechungsschalter B 428
Unterbrechungstaste C 1276
Unterbrechungsverzug I 585
Unterbrechungswahrscheinlichkeit O 279
Unterbrechungszeit D 846, O 280
unterbringen A 72
unterdrücken E 207
unterdrückter Träger S 1400
unterdrückte Trägerfrequenz S 1403
Unterdrückung R 477
Unterdrückung der Grundschwingung F 616
Unterdrückung des unerwünschten Seitenbandes U 121
Unterdrückungsfaktor R 477
Unterdrückung unerwünschter Frequenzen U 118
Unterdrückung von Nebenempfangsstellen S 1033
untere Atmosphäre L 515
untere Empfindlichkeitsschwelle T 543
untere Frequenzgrenze L 518
untere Grenze L 520
untereinander austauschbar I 383
unterer Kanal L 517
unteres Band L 516
unteres Halbband L 519

unteres Seitenband L 521
Unterflurverstärker U 59
Unterflurzwischenverstärker U 59
untergeordnetes System S 1351
Untergrenze L 520
Untergruppe S 1263
Untergruppentrennung R 385
Unterhaltbarkeit M 78
unterhalten M 77
Unterhalten M 81
unterirdisch U 56
unterirdischer Behälter B 526
unterirdischer Kabelkanal U 58
Unterkanal S 1276
Unterlagerungskanal S 1264
Unterlagerungstelegrafie S 1353
Unterlastung D 297
Unterlastungsfaktor D 298
Unternormalbrechung S 1303
Unterprogramm S 1304
Unterputzverlegung C 937
Unterrahmen S 1278
Unterscheidungskennzeichen I 142
Unterscheidung von Radarzielen R 42
Untersee ... S 1282
unterseeisch S 1282
Unterspannung U 61
Unterspannungserkennung U 62
Unterstation S 1347
Untersuchung durch Simulation S 649
unterteilter Mast S 193
Unterteilung in Teilbänder B 87
Untervermittlungsstelle D 289
Unterwasserakustik S 1283
unverlierbare Schraube C 237
unverschlüsselte Sprache C 602
unverschränktes Kontaktvielfach S 1233
unverschränktes Kontaktvielfeld S 1233
unverständliches Nebensprechen U 79
unverzerrt U 64
unverzögerte automatische Verstärkungsregelung I 298
unvollkommene Erreichbarkeit L 136
unvollkommenes Bündel L 137
unvorhergesehene Unterbrechungen U 76
unwirksam machen D 656
unzulässige Störung I 603
unzulässige Zeichen I 25
Unzustellbarkeit N 277
Unzustellbarkeitsanzeige N 278
unzuverlässiges Bauelement U 106
Üp C 837
Ureichkreis M 220
Urladen I 224
Ursprung S 857
Ursprungsadresse O 246
Ursprungscode O 247
Ursprungsdaten S 862
Ursprungsland C 1154
Ursprungs-PDN U 244
Ursprungspunkt O 245
Ursprungspunktadresse O 246

Ursprungspunktcode O 246
Ursprungsverkehr O 247
Ursprungsvermittlungsstelle O 243
UT U 99

V

V V 221
Valenzband V 2
Valenzelektron V 3
Validierung V 4
V-Antenne V 12
Varaktordiode V 13
variable Bitrate V 17
variable Erreichbarkeit V 16
variable Wortlänge V 27
Varianz V 28
Variation der digitalen Summe D 521
Variometer V 33
Variooptik Z 30
Varistor V 34
VAZ P 679
Vektor V 37
Vektorcodierung V 38
Vektorfeld V 39
Vektorquantisierer V 41
Vektorquantisierung V 40
Vektorskop V 42
Vektorsumme V 43
Ventilatorkühlung F 45
verallgemeinerte „gezähmte" Frequenzmodulation G 46
veränderbarer Widerstand V 24
veränderbares Ausleuchtgebiet R 373
veränderliche Bitrate V 17
Verarbeitbarkeit P 788
verarbeiten P 786
Verarbeitung P 789
Verarbeitung optischer Signale O 207
Verarbeitungseinheit P 792
Verarbeitungsinstanz A 647
Verarbeitungsmöglichkeit P 788
Verarbeitungsrechner H 276
Verarmungsschicht D 291
Verarmungstypus D 293
verbinden J 25, L 262
verbinden/mit Kabel C 3
verbinden mit I 427
Verbindung C 97, C 98, C 535, C 834, C 974, C 975, L 263
Verbindung Erde–Weltraum E 45
Verbindung Fahrzeug–Basisstation V 45
Verbindung hergestellt C 116
Verbindung-hergestellt-Zeichen C 117
Verbindung herstellen J 25
Verbindung im Aufbau C 979
Verbindung lösen D 665
Verbindung mit einem Funkfeld O 94
Verbindung mit n Funkfeldern N 168
Verbindung mit optischer Sicht L 219
Verbindung offener Systeme O 137
Verbindungsanforderung C 198

Verbindungsaufbau C 145, C 203, S 400
Verbindungsaufbaudauer S 402
Verbindungsaufbausteuerung C 118
Verbindungsaufbauverzug S 402
Verbindungsaufforderung C 198
Verbindungsaufforderungszeichen C 199
Verbindungsaufnahme E 421
Verbindungsaufspaltung S 1016
Verbindungsauslösedauer C 112
Verbindungsauslöseverzug C 112
Verbindungsauslösungsdauer C 196
Verbindungsdaten C 123
Verbindungsdatenregistrierung C 124
Verbindungsdiagramm J 42
Verbindungsdose C 970
Verbindungsdraht J 35, J 36
Verbindungselement J 397
Verbindungserkennung C 153
Verbindungsherstellung C 145
Verbindungsherstellungsdauer S 402
Verbindungshülse J 29
Verbindungskabel C 971, J 39
Verbindungskennung C 153
Verbindungsleitung J 37, J 48, T 981, T 985
Verbindungsleitungsbündel J 47
Verbindungsleitungsprüfung T 1000
Verbindungsleitungssucher J 46
Verbindungsliste C 984
Verbindungsmuffe J 27
Verbindungsnetzwerk I 394
Verbindungspunkt C 981, J 51
Verbindungssammlung R 370
Verbindungsschema C 978
Verbindungsschicht L 272
Verbindungsschnur C 160, F 273
Verbindungsstelle J 51
Verbindungssteuerung C 118
Verbindungssteuerungsverfahren C 120
Verbindungssteuerungszeichen C 119
Verbindungssteuerzeichen C 121
Verbindungsstöpsel C 174
Verbindungsstörung C 146
Verbindungsstromkreis C 972
Verbindungsstufe C 973
Verbindungstechnik I 401
Verbindungsumschaltung H 46, I 376
Verbindungsversuch C 103
Verbindungsvorrichtung I 397
Verbindungswunsch C 188
Verbindungszusammenstoß C 113, H 93
Verbindung über Draht W 167
Verbindung über Kabel C 23
Verbindung über mehrere Satelliten M 814
Verbindung zwischen Satelliten I 587

Verbindung zwischen Studio und Sender S 1259
Verbindung zwischen zwei Teilnehmern eines Gemeinschaftsanschlusses R 710
verbotenes Band E 289, F 319
verbreiten B 463
verbreiten/durch Rundfunk B 463
verbreiteter Impuls S 1244
Verbreitung B 465
Verbunden-Kennzeichen C 117, C 987
Verbunden-Signal C 117
Verdan-Verfahren V 52
verdeckte Leitungsführung C 937
verdeckte Numerierung C 629
verdeckter Fehler C 936
Verdoppler D 822
verdrahtete Logik W 170
verdrahtetes ODER W 171
verdrahtetes UND W 168
Verdrahtung W 183
Verdrahtungskapazität W 184
Verdrahtungsnetz I 394
Verdrahtungsnetzwerk I 394
Verdrahtungsplan W 185
Verdrahtungsplatine B 14
Verdrahtungsrückwand B 14
Verdrahtungsschema W 185
verdrehbarer Hohlleiter T 1041
Verdrehungsfestigkeit T 1045
verdrillte Doppelleitung T 1042
verdrillte Leitung T 1042
verdrillter Hohlleiter T 1040
verdrilltes Leitungspaar T 1043
verdrilltes Paar T 1042
Vereinbarkeit C 870
vereinfachte Ausführung D 842
Verfahren P 780, P 787
Verfahrensgewinn P 790
Verfalldatum P 987
verflochten I 455
verfolgen T 691
Verfolgung T 693
Verfolgung, Fernmessung und Fernsteuerung T 701
Verfolgungsfilter T 697
Verfolgungsgenauigkeit T 694
Verfolgungsradar T 698
Verfolgungssystem T 700
verfügbar T 706
verfügbare Leistung A 922
verfügbare Trägerleistung A 921
Verfügbarkeit A 918
Verfügbarkeit des Dienstes S 355
Verfügbarkeit eines Kommunikationsnetzes C 842
Verfügbarkeit eines Nachrichtennetzes C 842
Verfügbarkeitstest A 919
Vergießen E 243
vergleichen M 222
Vergleicher C 868
Vergleichsoberfläche R 432
Vergleichsschaltung C 869
vergrabbarer Behälter C 317
vergraben B 523
vergrabene Schicht B 528
verkabelte Fernsprechleitung T 175
verkabelte Leitung C 53

verkabelte Stadt W 169
verkabelte Telefonleitung T 175
Verkabelung C 26, C 88
Verkappung E 243
Verkehr T 706
Verkehr abwickeln/den C 308
Verkehrsabwicklung T 719
Verkehrsanalyse T 709
Verkehrsangebot T 731
verkehrsarme Stunde N 266
verkehrsarme Zeit N 267
Verkehrsart T 728
Verkehrsaufkommen T 708
Verkehrsaufteilung T 718
Verkehrsausgleich T 710
Verkehrsausscheidungszahl P 679
Verkehrsausscheidungszahl im internationalen Verkehr I 540
Verkehrsausscheidungszahl im nationalen Bereich T 994
Verkehrsausscheidungsziffer P 679
Verkehrsbelastung T 712
Verkehrsbeobachtung T 730
Verkehrsbeziehung T 736
Verkehrsdaten T 716
Verkehrsdichte T 717
Verkehrseinheit T 744
Verkehrsempfänger C 845
Verkehrsfluß T 719
Verkehrsflußsteuerung T 720
Verkehrsgüte G 97
Verkehrskanal T 714
Verkehrsklasse C 587
Verkehrsklassenzeichen C 588
Verkehrslast T 723
Verkehrsleistung T 707, T 711, T 713
Verkehrslenkung T 738
Verkehrslenkungsalgorithmus R 809
Verkehrslenkungscode R 811
Verkehrslenkungspolitik R 818
Verkehrslenkungsverfahren R 815
Verkehrsmatrix T 724
Verkehrsmenge T 745
Verkehrsmeßeinrichtung T 726
Verkehrsmessung T 725
Verkehrsmodell T 729
Verkehrsquelle T 740
Verkehrsradar T 735
Verkehrsrückschaltung C 384
verkehrsschwache Stunde L 546
verkehrsschwache Zeit O 56
Verkehrssenke T 739
Verkehrssinke T 739
Verkehrsspitze T 733
Verkehrsstrom T 741
Verkehrstheorie T 743
Verkehrsumlenkung R 607
Verkehrsumschaltung C 387
Verkehrsumschaltungszeichen C 389
Verkehrsuntersuchung T 742
Verkehrsverteilung T 718
Verkehrsverwaltung S 586
Verkehrsvoraussage T 734
Verkehrsweg T 737
Verkehrswert T 712, T 722
Verkehrszähler T 715
Verkehrszunahme T 721
Verkehrszurückschaltung C 384

verketten L 262
Verketten C 935
verketteter Code C 934
verkettete Spannung I 460, L 259
Verkettung C 935
Verkleidung C 1173
verknüpfen L 262
Verknüpfungsschaltung G 27
verlangte Nummer C 134
verlangter Teilnehmer C 139
verlangte Rufnummer D 316
Verlauf des Leistungsdichtespektrums P 634
verlaufend/zwischen den Ämtern I 565
verlegen L 46
Verlegen S 433
Verlegeschiff C 13
verlegt/in Kabelkanälen L 5
verlegt/in Rohrzügen L 5
Verlegung im Kabelkanal D 895
Verletzung der AMI-Regel A 388
Verletzungsrate V 143
Verlust L 469
verlustarm L 527
verlustbehaftet L 481
verlustbehafteter Kanal L 482
verlustbehafteter Wellenleiter L 486
verlustbehaftete Schicht L 483
verlustbehaftetes Medium L 484
verlustbehaftete Substanz L 484
verlustbehaftete Übertragungsleitung L 485
Verlustbetrieb L 477
Verlust der Phasensynchronisation L 478
Verlusten/mit L 481
Verlustfaktor D 708, L 473
verlustfrei L 475
Verlustfreiheit L 476
Verlustleistung D 707
verlustlose Leitung Z 17
Verluststrom L 73
Verlustsystem L 489
Verlustverkehr L 491
Verlustwahrscheinlichkeit P 774
Verlustwiderstand L 480
Verlustwinkel L 470
Verlustzeit I 21, L 490
vermaschtes Netz L 489
Vermaschung I 490
vermindern L 514
vermindertem Träger/mit R 402
verminderter Träger R 401
Verminderung der Übertragungsgüte T 844
Vermitteln S 1460
vermittelte Leitung D 383
vermittelter Funkfernschreibdienst R 199
vermittelter Verkehr S 1458
vermitteltes Fernschreibnetz S 1457
vermitteltes Fernsprechnetz S 1456
vermitteltes Netz S 1455
vermittelte Verbindung S 1450
Vermittlung E 456, S 1460
Vermittlung mit Zentralsteuerung C 820

Vermittlungsablauf C 193
Vermittlungsamt E 456
Vermittlungsanlage S 1468
Vermittlungsarchitektur S 1462
Vermittlungseinrichtung S 1459, S 1468
Vermittlungsinstanzenverbindung S 1297
Vermittlungsknoten S 1473
Vermittlungskonzentrator E 458
Vermittlungsnetz S 1455
Vermittlungsplatz O 186
Vermittlungsrechner S 1476
Vermittlungsschicht N 132
Vermittlungsschrank S 1445
Vermittlungsstelle E 456, S 1463
Vermittlungsstelle/innerhalb der I 609
Vermittlungsstelle für Mobildienste M 552
Vermittlungsstelle in Gestellbauweise R 2
Vermittlungsstelle mit Drehwählern R 782
Vermittlungsstelle mit gemeinsamem Zeichenkanal C 813
Vermittlungsstelle mit Handbetrieb M 126
Vermittlungsstelle mit Wählbetrieb A 860
Vermittlungsstelle mit ZB-Betrieb C 808
Vermittlungsstelle mit Zeitteilung T 630
Vermittlungsstelle mit Zentralkanalzeichengabe C 813
Vermittlungsstellen-Durchgangsprüfung C 1207
Vermittlungssystem S 1480
Vermittlungssystem mittlerer Kapazität M 308
Vermittlungstechnik S 1481
Vermittlungstheorie S 1482
Vermittlungsverfahren S 1481
Vermittlungsverteiler E 459
Vermittlungszentrale S 1463
Vernehmbarkeit A 772
Vernetzung I 395
verrauschter Träger N 245
verrauschtes Bild N 248
verrauschte Sprache N 252
verrauschtes Schwarz N 244
verrichten P 241
verriegeln L 372
Verriegelung I 461, L 375
Verriegelungssystem I 462
verringerte Bitrate R 400
Versagen B 419, F 70, M 104
Versandlänge S 443
Versandtrommel S 444
Versatzkanal O 63
verschachteln I 454
verschachtelt I 455
verschachtelte Blocks I 458
verschachtelte Wicklung B 97
Verschachtelung I 459
verschieben R 531
Verschieben S 433
Verschiebungsstrom D 699
Verschleiß A 10
Verschleißausfall A 278, W 103
Verschleißausfallperiode W 104
Verschleißausfallphase W 104
verschleißfest W 105

verschlüsseln C 528
verschlüsselte Mitteilung E 245
verschlüsselte Nachricht E 245
verschlüsselter Datenfluß E 244
verschlüsselte Sprache E 249
verschlüsselte Übertragung C 530
Verschlüsselung E 250
Verschlüsselung mit vollständiger Geheimhaltung P 235
Verschlüsselungsgerät C 531
Verschlüsselungsprotokoll E 251
Verschlüsselungssystem C 1220
Verschlüsselungstechnik C 1218
verschränktes Kontaktvielfach S 747
verschränktes Kontaktvielfachfeld S 747
versehen/mit Index I 135
Verseilung C 51
versenkte Antenne S 1399
Versetzen in den bisherigen Stand R 670
versetzt O 59
versetzt abgestimmte Kreise S 1051
Versetzung D 690, O 58
Versetzungsdichte D 691
versetzungsfreier Kristall D 692
Versorgung C 1175
Versorgung mit Gleichstrom D 604
Versorgung mit Wechselstrom A 392
Versorgungsbereich S 353
Versorgungsgebiet S 353
Versorgungsspannung S 1398
Versorgungsstrom S 1397
Verspannung G 218
verständliches Nebensprechen I 360
Verständlichkeit A 691, I 358
Verständlichkeitsäquivalent A 693
Verständlichkeitsbeeinträchtigung A 692
Verständlichkeitsschwelle T 544
Verstärker A 422, R 569
Verstärkeramt I 487, R 576
Verstärkerfeld A 421
Verstärkerfeldlänge R 575
Verstärker hoher Leistung H 185
Verstärkerklystron A 427
Verstärker mit geradem Frequenzgang F 255
Verstärker mit hoher Leistung H 185
Verstärker mit hoher Verstärkung H 176
Verstärker mit linearem Frequenzgang F 255
Verstärker mit Stromgegenkopplung C 1243
Verstärkerprüfgestell R 577
Verstärkerrauschen A 424
Verstärkerstelle R 576
Verstärkerstufe A 426
Verstärkervoltmeter A 425
Verstärkung A 419, G 3
Verstärkungsabfall G 12

Verstärkungsabschnitt E 199
Verstärkungs-Bandbreite-Produkt G 5
verstärkungsbegrenzte Empfindlichkeit E 11
Verstärkungseinstellung G 4
Verstärkungs-Empfindlichkeits-Produkt G 13
Verstärkungsfaktor A 420, G 3
Verstärkungsgeräusch A 424
Verstärkungsgrad G 3
Verstärkungskurve G 6
Verstärkungsregelung G 4
Verstärkungsschwankung G 14
Verstärkungssteilheit S 1159
Verstärkungs- und Frequenzgang G 9
Verstärkungsverlauf G 6
verstimmen M 521
Verstimmen D 337
Verstimmung D 337
verstümmelte Mitteilung M 836
verstümmelte Nachricht M 836
verstümmeltes Zeichen M 835
Verstümmelung M 837
Versuch T 406
Versuch im Betrieb I 280
Versuchsaufbau T 424
Versuchslauf T 446
Versuchsmodell T 432
Versuchssendung T 453
Versuchssystem E 478
vertauschen I 382
Vertauschung T 912
Verteildienst B 482
Verteiler D 747, S 1014
Verteilerkasten D 745
Verteilerliste M 53
Verteilernetz D 749
Verteilkommunikation B 465
Verteilliste D 748, M 53
Verteilnetz B 480, D 749
verteilt D 728
verteilte Datenverarbeitung D 733
verteilte Intelligenz D 735
verteilter Parameter D 738
verteilter Verstärker D 729
verteiltes Bürokommunikationssystem D 737
verteiltes Rahmensynchronsignal D 734
verteiltes System D 742
verteilte Steuerung D 732
verteilte Verkehrslenkung D 739
verteilte Vermittlung D 740
verteilte Verstärkung D 730
Verteilung A 344, D 743
Verteilungsdose D 745
Verteilungsfaktor D 746
Verteilungsnetz D 749
Verteilungsplan A 342
Verteilung über Kabel C 26
Vertikalablenkung V 58
Vertikalablenkverstärker Y 3
Vertikalantenne mit Gegengewicht G 152
Vertikalauflösung V 57
Vertikalaustastlücke V 54
Vertikalbauweise V 51
Vertikaldiagramm V 68
Vertikaldrahtantenne V 74
vertikale Parität V 67
vertikale Polarisation V 69

vertikales 396

vertikales Richtdiagramm V 59
vertikales Strahlungsdiagramm V 70
vertikales Zittern T 916
Vertikalfrequenz F 393
Vertikalpolarisation V 69
vertikal polarisiert V 64
vertikal polarisierte Welle V 65
Vertikalrichtdiagramm V 59
Vertikalrücklauf F 392
Vertikalstrahlungsdiagramm V 70
Vertikalsynchronimpuls V 72
Vertikaltabulator V 73
verträglich C 871
Verträglichkeit C 870
Vertrauensgrenze C 957
Vertrauensintervall C 956
Vertraulichkeit der Übermittlung C 838
Verunreinigung C 1020
Vervielfacher M 797
Vervielfachung M 793
Vervielfachungsfaktor M 794
Vervierfacher Q 23
verwählen/sich M 507
Verwählen D 365
Verwaltung des Frequenzspektrums R 111
Verwaltung des Funkspektrums R 111
Verwürfler S 141
Verzahnung I 459
verzerrtes Signal D 714
Verzerrung D 715
verzerrungsbegrenzter Betrieb D 718
verzerrungsfrei U 64
verzerrungsfreie Verstärkung D 717
Verzerrungsmesser D 719
Verzerrungsprodukte D 720
verzögern D 230
verzögerte Auslieferung D 211
verzögerte automatische Verstärkungsregelung D 236
verzögerter Austausch D 240
verzögerter Ersatz D 240
verzögerter Rückkopplung D 239
verzögertes Relais T 587
verzögerter Weitersendung D 237
Verzögerung D 231
Verzögerungsleitung D 243
Verzögerungszeit D 232, D 245
Verzonung Z 29
Verzug der Auslösebestätigung C 592
Verzug der Auslösung der Verbindung C 196
Verzug der Auslösungsanforderung C 601
Verzug des Zuganges A 56
Verzug nach der Wahl P 572
Verzweiger J 38
Verzweigung B 401
Verzweigungsfilter B 403
Verzweigungskabel B 402
Verzweigungskoppler C 1158
Verzweigungsmuffe M 765
Verzweigungsnetzwerk B 404
Verzweigungspunkt B 405, N 182
Verzweigungstechnik B 406
VF V 110

VfL O 186
V-Frequenz F 393
VHF-Drehfunkfeuer V 86
VHF/UHF-Bereich V 89
Vibrationsfestigkeit V 92
Vibrationsrelais T 135
Videoaufzeichnung V 122
Videoaufzeichnungsband V 129
Videoausgang V 117
Videoband V 96, V 129
Videobandaufzeichnung V 131
Videobandbreite V 97
Videobandbreitenkompressor V 98
Videobandgerät V 130
Videocodec V 102
Videocodierung V 103
Videodigitalisiergerät V 108
Videoeinzelbild S 1201
Videofrequenz V 110
Videofrequenzband V 111
Videografie V 112
Videokanal V 101
Videokassette V 99
Videokassettenrecorder V 100
Videokonferenz V 105, V 120
Videokonferenzsystem V 107
Videokonferenzterminal V 106
Videokopf V 113
Videomagnetband V 129
Videomodulator V 115
Videopaket V 118
Videoquellencodierung V 127
Videorecorder V 130
Videoschaltverteilung V 128
Videosignal V 123, V 159
Videosignalcodec V 102
Videosignalcodierung V 124
Videosignalkompression V 104
Videosignalprozessor V 126
Videosignalverarbeitung V 125
Videospur V 138
Videotelefon V 119
Videoterminal V 133
Videotex V 134
Videotex-Darstellung V 135
Videotex-Display V 135
Videotext B 486
Videotex-Telefon V 136
Videotex-Terminal V 137
Videoübertragung V 139
Videoverbindungspunkt V 114
Videoverstärker V 95
Vidikon V 140
Vidikon-Kamera V 141
vieladriges Kabel M 761
Vieldeutigkeit A 412
Vielfach M 753, M 778
Vielfachfeld M 753
Vielfachinstrument M 741
Vielfachleitung H 220
Vielfachmeßgerät M 741
vielfachschalten M 752
Vielfach schalten/in M 752
Vielfachzugang nach Bedarf D 262
Vielfachzugriff M 754
Vielfachzugriff in der Frequenzebene F 459
Vielfachzugriff in der Zeitebene T 595
Vielfachzugriff mit Frequenzsprungmodulation F 486
Vielfachzugriffsprotokoll M 756
Vielfachzugriffsystem M 757
Vielkammermagnetron M 689

vielpaarig M 767
vielpaariges Kabel M 743
vielstufige Codierung M 732
vielstufige Modulation M 735
vielstufiges Digitalsignal M 733
Vielzweckterminal O 85
Vierdraht... F 365
Vierdrahtbetrieb F 371
Vierdrahtdoppelstrom F 372
Vierdrahtdurchschaltung F 374
Vierdrahtgabel F 375, F 376
vierdrähtig F 365
Vierdrahtkette F 367
Vierdrahtleitung F 368, F 370
Vierdrahtübertragung F 377
Vierdrahtübertragungsweg F 378
Vierdrahtverbindung F 369
Vierdrahtvermittlung F 374
Vierdrahtverstärker F 373
Vierdrahtweg F 378
Vierer C 65, P 285, Q 3
Viererbetrieb P 286
Viererbildung P 288
Vierergruppe P 287
Viererleitung P 285
Vierersimultantelegrafie E 32
Viererstromkreis für Telegrafie P 289
Viererstromkreis mit Erdrückleitung E 24
Vierertelegrafie P 290
viererverseiltes Kabel Q 4
Vierfachbetrieb Q 24
Vierfachdiversity V 21
Vierfachwendelantenne Q 5
Vierfrequenz-Diplex-Telegrafie F 357
Vierphasenumtastung Q 83
Vierphasenumtastung mit geglättetem Phasenverlauf P 350
Vierpol F 362
Vierpoldämpfung I 32
Vierpoldämpfungsmaß I 32
Vierpolparameter F 363
Vierpolschaltung F 362
Vierpolübertragungsmaß I 53
Vierpolwinkelmaß I 41
Viertelkreisfehler Q 9
Viertelkreisfehlerkomponente Q 8
Viertelwellenanpassungsglied Q 63
Viertelwellenantenne Q 60
Viertelwellenantenne mit Gegengewicht G 152
Viertelwellendipol Q 61
Viertelwellenfeld Q 62
Viertelwellenpeitschenantenne Q 66
Viertorverzweigungsschaltung F 364
vierwertige Phasenmodulation F 360
vierwertige Phasenumtastung F 360
vierwertiger Code F 356
virtuelle Adresse V 144
virtuelle Leitung V 146
virtueller Entscheidungswert V 147
virtueller Schwellwert V 147
virtueller Speicher V 149
virtueller Vermittlungspunkt V 150
virtuelles Privatnetz P 765

virtuelle Verbindung V 145, V 146, V 151
Visierlinie L 216
Viterbi-Algorithmus V 169
Viterbi-Decoder V 170
Viterbi-Decodierer V 170
Viterbi-Decodierung V 171
Viterbi-Detektor V 172
Viterbi-Empfänger V 174
Viterbi-Entzerrer V 173
VLSI V 78
VLSI-Chip V 175
VLSI-Design-System V 176
VLSI-Entwurfssystem V 176
VLSI-Kundenchip C 1272
VLSI-Kundenschaltkreis für die Telekommunikation C 1271
VLSI-Schaltkreis V 79
VLSI-Schaltkreisherstellung V 177
VMOS-Feldeffekttransistor V 66
VMOSFET V 66
Vocoder V 178
Vocoder mit linearer Prädiktionscodierung L 169
Vocodertechnik V 179
Voice Mail V 206
Volladdierer F 573
Vollamt M 62
vollamtsberechtigte Nebenstelle V 107
Vollast F 583
Vollastbündel H 216
Vollausfall C 888
vollautomatischer Betrieb F 590
vollautomatischer Dienst F 592
vollautomatische Relaisstelle F 591
vollautomatischer Lochstreifensender C 1156
Vollautomatisierung F 574
Vollbild F 383
volldigital A 335
volldigitales Netz A 336
Volldraht S 823
Vollechosperre F 582
volle Erreichbarkeit F 575
vollelektronische Fernsprechvermittlungsstelle F 594
vollelektronische Telefonvermittlung F 594
vollem Träger/mit F 578
voller Träger F 577
volle Rückerstattung F 584
vollhalbleiterbestückt A 358
vollhalbleiterbestücktes Gerät A 359
vollkommenes Bündel F 576
vollkommenes Zeichen P 236
vollkommene Tastung P 233
vollkommene Wiedergabe P 234
Vollkundenschaltkreis F 579
Vollkunststoffisolation S 817
vollständiger Code P 231
vollständige Rückerstattung F 584
vollständiges Bildsignal C 903
vollständige Überdeckung C 885
volltransistoriert A 360
Vollvermittlungsstelle M 62
voll vernetzt F 593
Vollweggleichrichter F 588
Volt V 221
Volterra-Kern V 252

Volumeneffekt B 517
Volumenmesser V 255
vorabgestimmte Frequenz P 703
Vorabinformation A 665
Voraltern P 646
Voralterung P 646
VOR-Anlage V 86
Voranmeldungsgespräch P 281
Vorausberechnung der Ausfallrate F 33
Voraussage der Betriebsunterbrechungen O 278
voraussichtliche Lebensdauer L 113
Vorbereitungsphase P 685
Vorbereitungszeit S 406
vorbeugende Instandhaltung P 706
vorbeugender Unterhalt P 706
vorbeugende Wartung P 706
Vorcodierung P 655
vordere Austastschulter F 570
Vorderflanke L 64
voreilen L 59
Voreinflugzeichen O 284
voreingestellte Frequenz P 697
voreinstellen P 696
Vorentzerrung P 656, P 673
Vorfilter P 676
Vorfilterung P 677
Vorgang P 787, T 748
Vorgangsdatei T 749
vorgegebener Schwellwert G 76
vorgegebener Wert G 77
vorgeschriebenes Zeitverhalten S 945
vorgespannt/in Sperrichtung R 700
Vorgruppe S 1279
vorhergehender Probenwert P 147
Vorimpuls P 689
Vorlicht A 409
Vormagnetisierungsstrom B 242
Vormodulationsfilter P 683
Vormodulationsfilterung P 684
Vorprozessor F 567, P 687
Vorrangdienst P 752
vorrätig A 920
Vorratsader S 911
Vorratsadernpaar S 915
Vorratsdoppelader S 915
Vorratskatode R 616
Vorrechner F 567
Vorrichtung E 331
Vor-Rück-Verhältnis F 571
Vor-Rückwärtsverhältnis F 571
Vor-Rückwärtszähler U 129
vorsätzliche Beschädigung M 110
vorsätzliche Störung J 4
vorschriftsmäßige Abkürzung S 351
Vorschub S 105
Vorschub in Abtastrichtung S 112
Vorselektion P 690
Vorselektionsfilter P 691
Vorselektionsstufe P 692, P 693
Vorserienmuster P 688
vorsorgliche zyklische Wiederholung P 704
Vorspann L 1

vorspannen B 240
Vorspannung B 241, B 244
Vorspannung/ohne U 50
Vorstufe F 564
Vorteiler P 670
Vorverarbeitung P 686
Vorverarbeitungsprozessor F 567
vorverdrahtet P 707
Vorverdrahtung P 708
vorverkabelt P 707
Vorverkabelung P 708
Vorverstärker P 648
Vorverstärkung P 647
Vorverzerrer P 667
Vorverzerrung P 656, P 668, P 671
Vorverzerrungstechnik P 669
Vorwahl P 690
vorwählen P 696
Vorwähler P 692
Vorwählergestell L 244
Vorwärtsauslösesignal C 595
Vorwärtsauslösezeichen C 595
Vorwärtsauslösung C 172
Vorwärts-Erdumlauf-Echo F 349
Vorwärtsfehlerkorrektur F 344
Vorwärtsfolgenummer F 351
Vorwärtsindikator F 346
Vorwärtsindikatorbit F 346
Vorwärtskanal F 339
Vorwärtskennungsbit F 346
Vorwärtskorrektur F 105
Vorwärtsnachruf F 347
Vorwärtsrichtung F 342
Vorwärts-Rückwärtszähler U 129
Vorwärtssequenznummer F 351
Vorwärtsspannung F 354/5
vorwärtsstrahlende Gruppenantenne F 345
Vorwärtsstreuung F 350
Vorwärtsstrom F 341
Vorwärts-Transfer-Kennzeichen F 353
Vorwärts-Transfer-Signal F 353
Vorwärtszähler U 126
Vorwärtszeichen F 352
Vorwiderstand S 346
Vorzeichenbetragsdarstellung V 11
Vorzeichenbit S 615
vorzeitige Auslösung P 682
vorzeitige Trennung P 681
Vorzimmeranlage S 188
Vorzugsmaße P 674
Vorzugsrichtung P 675
VRC-Prüfung V 71
VS R 576
VSAT-Station V 82
VSAT-System V 258
VSt E 456
VSt Hand M 126
VStTW T 103
VStW A 860
VW P 692

W

Wachempfänger W 28
Wachstumsrate G 200
Wafer W 1
Wagenrücklauf C 251
Wahl D 363, N 398, S 214
Wählamt A 860

Wahlaufforderung P 782
Wählaufforderung P 782
Wahlaufforderungston P 784
Wahlaufforderungszeichen P 783
Wählautomat A 857, A 869
wählbare ZF-Bandbreite S 211
Wahlbeginn S 1118
Wahlbeginnverzögerung P 657
Wahlbeginnzeichen S 1119
Wahl bei aufliegendem Handapparat O 110
Wählbetrieb D 375
Wähldauer D 369
Wahl durch Schleifenimpulsgabe L 460/1
wählen D 357
Wählen D 363, N 398, S 214
Wählen am Handapparat H 50
Wahlende E 260, E 270
Wahlendesignal E 269, E 271
Wahlendezeichen E 269, E 271
Wählendezeichen E 271
Wähler S 228
Wähleramt A 860
Wählergestell S 230
Wählerrelais S 1174
Wählersaal S 1470
Wählerscheibe D 358
Wählerschiene S 229
Wählerstufe S 231
Wählervermittlungsstelle A 860
Wahlfehler D 365
wahlfrei O 219
wahlfreier Zugriff R 226
wahlfreies Nutzerleistungsmerkmal O 220
Wählgeschwindigkeit D 376
Wählimpuls D 372
Wählimpulsgeber D 373
Wählinformation A 214
Wählinformation unvollständig A 201
Wählinformation-unvollständig-Zeichen A 202
Wählinformation-vollständig-Nachricht A 193
Wählinformation-vollständig-Zeichen A 195
Wählinformation-vollständig-Zeichen/gebührenfrei A 198
Wählinformation-vollständig-Zeichen/gebührenpflichtig A 196
Wählinformation-vollständig-Zeichen/Münzer A 197
Wahl mit Schleifenimpulsgabe L 460
Wählnebenstellenanlage P 753
Wählnetz S 1455
Wählschalter S 232
Wählschaltung D 364
Wählscheibe D 358, N 400
Wählschlußsignal E 271
Wählsterneinrichtung C 938, L 183
Wahlstufe S 216
Wahltastatur T 198
Wahltasten S 238, T 198
Wählton D 381
Wähltonverzug D 382
Wählverbindung D 360, S 1450
Wählverfahren D 368
Wählvermittlung D 377
Wählvermittlungseinrichtung A 891, D 378

Wählvermittlungsstelle A 860
Wählvermittlungssystem A 861
wahlweise O 219
Wahlwiederholung R 397
Wahlwiederholung der gespeicherten Rufnummer S 1226
Wahlwiederholungstaste A 846
Wählzeichen D 381, P 783, P 971, S 215
Wählzeichenfolge S 215
Wählzeit D 369
wahrnehmbares Signal P 229
Wahrnehmbarkeitsschwelle P 228
Wahrscheinlichkeit P 768
Wahrscheinlichkeit der Wartezeitüberschreitung P 772
Wahrscheinlichkeitsdichte D 283
Wahrscheinlichkeitsdichtefunktion P 769
Wahrscheinlichkeitsverteilung D 751
Walsh-Funktion W 17
Walze D 863
Walzenschalter D 868
Walzenvorschub R 761
Wandapparat W 13
Wand befestigt/an der W 12
Wandbefestigung/mit W 12
Wanddurchführung W 11
Wander W 19
Wanderfeldmagnetfeldröhre T 926
Wanderfeldmagnetron T 926
Wanderfeldmaser T 927
Wanderfeldröhre T 928
Wanderfeldröhrenverstärker T 929
wandern W 18
Wandern S 433
Wanderwelle T 791, T 924
Wanderwellenantenne T 925
Wandfernsprecher W 13
Wandkonsole W 10
Wandler T 755
Wandlerempfindlichkeit T 756
Wandmontage W 14
Wandsteckdose W 15
Wandtelefon W 13
Wärmeabfuhr H 100
Wärmeableiter H 104
Wärmeableitung H 100
Wärmeausdehnung T 473
Wärmebehandlung H 105
Wärmefluß H 101
Wärmeleiter T 470
Wärmerauschen T 478
Wärmeschutz T 480
Wärmesenke H 104
Wärmespannung T 486
Wärmeübergang T 488
wärmeundurchlässig A 733
Wärmewiderstand T 482
Warnanlage W 26
Warnton W 27
Warnzeichen W 27
Wartbarkeit M 78
Warteansage G 88
Wartebedingung Q 90
Wartebelastung W 7
Wartebetrieb D 244
Warteerlaubnis W 2
Wartefeld Q 86
Warteliste W 4
warten M 77
Warteorbit P 111

Warteplatz Q 89
Warteschlange Q 86
Warteschlange mit einer Bedieneinheit S 692
Warteschlange mit Priorität P 751
Warteschlangenbetrieb Q 91
Warteschlangenlänge Q 87
Warteschlangennetz N 139
Warteschlangensystem Q 92
Wartesignal W 5
Wartesystem C 195, Q 92
Wartetextansage Q 88
Warteton C 799
Warteverkehr W 7
Wartezeichen W 5
Wartezeit D 231, Q 94, W 6
Wartezustand D 668, S 1096
Wartung M 81
Wartung an Ort und Stelle O 119
Wartung im Betrieb F 609
Wartung mit Betriebsunterbrechung F 610
Wartung mit Funktionsbeeinträchtigung F 606
Wartungsanleitung M 87
Wartungsaufgabe M 94
Wartungsdienst M 91
wartungsfrei M 86
Wartungsgebühr M 82
Wartungskosten M 84
Wartungspersonal M 92
Wartungsplan M 90
Wartungssystem M 93
Wartungstechniker M 85
Wartungsvertrag M 83
Wartungszeit M 95
Wartung vor Ort O 119
Wasserdampfdruck W 37
wasserdicht W 32
wasserdichter Behälter W 35
wasserdichtes Kabel W 36
Wasserdichtmachen W 33/4
Wasserkühlung W 29
Wasserlast W 31
Wassertropfenaerosol W 30
wasserundurchlässig W 32
wattlos W 39
Wattmeter P 620, W 41
Wattstundenzähler W 38
Wechselbetrieb H 13, T 1066
Wechseleinschub I 384
Wechselkontakt C 388
Wechselrichter D 131
wechselseitig B 385, T 1067
wechselseitig betriebene Verbindungsleitung B 386
wechselseitiger Betrieb B 389
wechselseitig gerichteter Betrieb B 387
Wechselspannung A 142
Wechselspannungsquelle A 143
Wechselspannungsverstärker A 32
Wechselstrom A 390
Wechselstromspeisung A 392
Wechselstromtelegrafie V 204
Wechselstromtelegrafiekanal V 202
Wechselstromtelegrafiesystem V 203
Wechselstromwahl A 391
Wechselstromzeichengabe A 114
Wechselwirkungsdämpfungsmaß I 363

Wechselwirkung zwischen Welle und Teilchen W 84
Weckanlage A 318
Weckdienst W 8
Wecker T 163
Weckerausschalter B 224
Weckerlautstärkeregelung B 228
Wecker mit Selbstunterbrechung T 937
Weckerumschalter R 734
Weg P 152
Weg der Bildelemente P 217
Wegebesetztzustand C 962
Wegediversity W 7
Wegeführung R 807
Wegesuche P 155, R 807
Weg in Gegenrichtung R 693
Weglänge P 156
Weglaufen der Frequenz F 472
Wegleitung R 807
Wegleitungsfehler R 813
Wegsuche P 159
Weibull-Verteilung W 108
Weiche S 1014
weiche Entscheidung S 782
Weichenfilter B 403
weicher Begrenzer S 784
Weichferrit S 783
weißes Gaußsches Rauschen W 122
weißes Phasensignal P 360
weißes Rauschen W 124
Weißpegel W 123
Weißspitze P 213
Weißwert W 123
weit R 532
weiterführen/eine Leitung E 486
Weiterprüfsignal R 679
Weiterprüfzeichen R 679
Weiterreichen H 47
Weiterschalttaste T 763
Weitersendung R 681
Weiterübermittlung R 681
weitspannende Sprechkreisdurchgangsprüfung E 281
Weitstreckenfunknavigation L 431/2
Weitstreckenübertragungssystem L 434
Weitverkehr L 416
Weitverkehrsfunktelegrafie L 408
Weitverkehrsfunkverbindung L 407
Weitverkehrsleitung L 414
Weitverkehrsleitungseinrichtung L 429
Weitverkehrsnetz L 412
Weitverkehrsübertragung L 417
Weitverkehrsübertragungssystem L 418
Weitverkehrsverbindung L 403, L 415
Welle W 42
Wellenabschattungseffekte W 89
Wellenantenne B 239
Wellenausbreitung W 86
Wellenausbreitungsgeschwindigkeit W 95
Wellenbauch W 79
Wellenbereich W 87
Wellenbereichsschalter R 251
Wellenbewegung W 81
Wellendämpfungsmaß I 32

Wellendigitalfilter W 45
Wellenfalle W 94
Wellenfeld W 47
Wellenfilter M 562
Wellenform M 558, W 48
Wellenformcodierung W 49
Wellenformwandler W 44
Wellenfront W 50
Wellenführung W 71
Wellengleichung W 46
Wellengruppe W 93
Wellenimpedanz C 464
Welleninterferenz W 73
Wellenlänge W 75
Wellenlänge im freien Raum F 421
Wellenlängenabhängigkeit W 76
Wellenlängenbereich W 78
Wellenlängenmultiplex W 77
Wellenleiter W 51
Wellenleiterausbreitungsmodus T 922
Wellenleiterdämpfung W 63
Wellenleiterdicke D 898
Wellenleiterdiskontinuität W 56
Wellenleiterfilter W 58
Wellenleiterhöhe D 893
Wellenleiterkoppler W 54
Wellenleiterkopplung W 55
Wellenleitermode W 64
Wellenleitermodus W 64
Wellenleiterstoßstelle W 56
Wellenleiterstruktur W 68
Wellenleiterverzweigung W 52
Wellenleitung W 71
Wellenmesser W 80
Wellenneigung W 92
Wellenparameter W 83
Wellenparameterfilter I 40
Wellenpolarisation W 85
Wellenreflexion W 88
Wellenspektrum W 91
Wellentransformator M 568
Wellentypwandler M 568
Wellentypwandler mit Querstab B 100
Wellenübertragungsmaß I 53
Wellenumwandlung M 560
Wellenwiderstand C 464, I 39, I 700
Wellenwiderstand des freien Raumes F 420
Wellenwinkelmaß I 41
Wellenzug W 93
Welligkeit R 750, V 248
Welligkeitsfaktor S 1101, V 248
Welligkeitsfrequenz R 752
Welligkeitsspannung R 753
Welligkeitsmesser S 1100
Weltfernmeldenetz W 202
Weltnumerierungszone W 203
Weltraumbetrieb S 891
Weltraumforschung S 897
Weltraumforschungsfunkdienst S 898
Weltraumfunk S 893
Weltraumfunkdienst S 895
Weltraumfunksystem S 894
Weltraumfunkverkehr S 893
Weltraumnachrichtendienst S 906
Weltraumnachrichtensystem S 907
Weltraumnachrichtentechnik S 905

Weltraumtelekommunikation S 905
Weltraumverbindung S 890
weltumspannendes Ortungssystem G 81
weltweite Abdeckung E 11
weltweite Ausleuchtung E 11
Weltzeit U 99
Wendelabsuchen H 113
Wendelantenne H 109
Wendelhohlkabel H 114
Wendelhohlleiter H 114
Wendelresonator H 111
Wendelresonatorfilter H 112
Werklänge von Kabeln C 37
Werksabnahme F 12
Werkstoff mit geringer Wärmeausdehnung L 542
werksverdrahtet S 448
wertdiskretes Signal V 9
werthöchstes Bit M 659
Wertkartenfernsprecher C 503
Wertkartentelefon C 503
wertkontinuierliches Signal V 8
wertniedrigstes Bit L 80
wertquantisiertes Signal V 10
Wetterfunkdienst über Satelliten M 395
Wetterkartenübertragung W 106
Wetterradar W 107
Wettersatellit M 394
WGR W 122
Wheatstonesche Brücke W 120a
Wichten W 115
Wichtung W 115
Wickelfenster W 150
Wickelkondensator P 67
Wickelkörper W 152
Wickelraum W 151
Wickelschritt W 149
Wickelverbindung W 208
Wicklung W 147
Wicklungsraum W 151
Wicklungsschritt W 149
Wicklungsträger W 152
Wicklungsverhältnis T 1033
Widerhall E 50
Widerstand der Fernspeiseschleife P 618
Widerstand-Kondensator-Transistor-Logik R 650
Widerstandsanpassung R 647
Widerstandsdiagramm I 70
Widerstandsmatrix I 74
Widerstandsmeßgerät O 78
Widerstandspaste R 648
Widerstands-Transistor-Logik R 651
Wiederanlauf R 668
Wiederanlauf nach Netzausfall P 604
Wiederanlaufpunkt R 669
Wiederantwortzeichen R 296
Wiedereinsetzen R 586
Wiedereinstellbarkeit R 624
wiedererzeugen R 460
Wiedergabe P 455, R 557
Wiedergabeelement R 673
Wiedergabegerät R 594
Wiedergabegeschwindigkeit P 456
Wiedergabegüte F 129
Wiedergabegüte der TF-Bänder B 68
Wiedergabekopf R 587, R 595

Wiedergabenatürlichkeit F 129
Wiedergabetreue F 129
Wiedergabeverzögerung R 672
Wiedergewinnung R 684
wiederhergestellter Träger R 386
Wiederherstellung R 670, R 671
Wiederherstellung der Gleichstromkomponente D 139
Wiederherstellung des Dienstes S 380
Wiederherstellung einer Zeichengabeleitung S 553
Wiederherstellungsverfahren R 387
Wiederholspeicher R 683
Wiederholtaste R 579, R 582
wiederholte Anrufversuche R 568
wiederholter Anruf R 566
wiederholtes Leiten C 200
Wiederholung R 608
Wiederholungslauf R 608
Wiederholungstaste R 582
wiederzusammenbauen R 299
wiederzusammenfügen R 299
Wiederzuteilung R 300
Wiederzuweisung R 300
Wigner-Ville-Transformation W 145
wilde Schwingungen P 103
willkürlich verteilt A 666, R 234
Windbelastung W 153
Windenergie E 290
Windfestigkeit W 160
Windgenerator W 146
windgetriebener Generator W 146
Windkraftanlage W 159
windschiefe Position S 729
Windung T 1029
Windungskapazität W 148
Windungsverhältnis T 1033
Windungszahl N 403
Windungszahlverhältnis T 1033
Windwiderstand W 160
Winkelabweichung A 516
Winkelauflösung A 517
Winkelauflösungsvermögen A 521
Winkelbereich R 248
Winkeldiversity A 518
Winkelentkopplung A 515
Winkelfrequenz A 519
Winkelgeschwindigkeit A 522
Winkelkonstante A 523
Winkelmaß P 303
Winkelmessung A 503
Winkelmodulation A 505
Winkelmodulation mit kleinem Modulationsindex L 526
Winkelmodulator A 506
winkelmoduliert A 504
Winkelreflektor C 1124
Winkelreflektorantenne C 1123
Winkelstange A 514
Winkelstellung A 520
Wired-AND W 168
Wired-OR W 171
Wirkanteil A 120
Wirkdämpfung N 323
Wirkfläche E 86
Wirklast A 137

Wirkleistung A 128
Wirkleitwert C 943
wirkliche Verbindung R 282
wirksame Antennenhöhe E 90
wirksame Antennenlänge E 91
wirksame Strahlungsleistung E 96
Wirksamkeit der Abschirmung S 432
wirksam machen A 116
Wirkungsgrad C 1093
Wirkverbrauchszähler W 38
Wirkwiderstand N 324
wirtschaftliche Losgröße E 77
wirtschaftliche Serie E 77
Wischkontakt S 743
Wissensbank K 34
wissensbasiert K 35
wissenschaftliche Forschung S 138
Wobbelbereich S 1442
Wobbelfrequenz S 1439, W 189
Wobbelgenerator S 1441, W 192
Wobbelgeschwindigkeit S 1443
Wobbelhub S 1442
Wobbelmodulation W 187
wobbeln W 190
Wobbeln W 188
Wobbelsender S 1440
Wobbelton W 24
Wobbler S 1438, W 192
Worst-Case-Methode W 205
Wort C 710, W 194
Worterkennungssystem W 197
Wortgenerator W 195
Wortlänge W 196
Wortverständlichkeit D 682
Wortvorrat S 398
WSI-Speicher W 220
WSI-Technik W 1a
WT V 204
WT-Kanal V 202
WT-System V 203
Würgeverbindung T 1044
Wurzelortskurven R 768

X

X-Ablenkung H 261
X-Achse T 579
xerografisches Druckwerk X 2
X-Glied L 45
XOR-Schaltung E 468
XP-Gespräch P 281
X-Verstärker X 1
XY-Schreiber X 3, X 4

Y

Yagi-Antenne Y 1
Yagi-Antennenzelle Y 1
Yagi-Uda-Antenne Y 2
YIG-Dünnschichtfilter Y 11
YIG-FET-Oszillator Y 10
Y-Matrix Y 13
Yttrium-Aluminium-Granat Y 15
Yttrium-Eisen-Granat Y 16
Y-Verbindung Y 7, Y 12
Y-Verstärker Y 3
Y-Verzweiger Y 5
Y-Verzweigerstruktur Y 6
Y-Verzweigung Y 5

Z

Zähler C 1148
Zählimpuls C 488, M 399
Zählimpulsgeber M 400
Zahlton P 167
Zählung M 398
Zählwert C 1148, R 469
Zählwert C 1147
ZB C 353
ZB-Fernsprecher C 810
ZB-System C 356
ZB-Zentrale C 808
Z-Diode Z 4
ZE C 360
Zeichen C 452, M 186, M 191, S 519
Zeichen/s C 475
Zeichenabtastung M 194
Zeichenbildung C 453
Zeichencode C 524
zeichencodierter Text C 457
Zeichen der Verbindungssteuerung C 119
Zeicheneinheit S 613
Zeicheneinheit für Nachrichten M 364
Zeichenelement S 531
Zeichenempfänger S 596
Zeichenerkennung C 468
Zeichenerkennungssystem C 469
Zeichenfehlerrate C 460
Zeichenfehlerwahrscheinlichkeit C 459
Zeichenfeld C 455
Zeichenfolge C 471, D 564
Zeichen für besetztes Fernsprechbündel C 547
Zeichen für besetzt im internationalen Netz I 521
Zeichen für besetzt im nationalen Netz N 35
Zeichen für besetzt in einem internationalen Fernsprechbündel I 520
Zeichen für besetzt in einer nationalen Vermittlungsstelle N 34
Zeichen für negative Rückmeldung N 88
Zeichen für nicht erfolgreiche Durchgangsprüfung C 147
Zeichen für nicht zugeteilte Rufnummer U 33
Zeichen für Störung beim Verbindungsaufbau C 147
Zeichengabe S 538
Zeichengabeabschnitt S 548
Zeichengabe-Abschnittsverwaltung S 552
Zeichengabe außerhalb des Bandes O 320
Zeichengabebeziehung S 574
Zeichengabedauer S 544
Zeichengabeeinheit S 588
Zeichengabeimpuls S 573
Zeichengabeinformation S 547
Zeichengabeinformationsfeld S 547
Zeichengabe innerhalb des Bandes I 97
Zeichengabekanal S 539, S 543
Zeichengabeleitung S 548
Zeichengabeleitungsbündel S 556
Zeichengabeleitweg S 575

Zeichengabe-Leitwegverwaltung S 576
Zeichengabe mit gemeinsamem Zeichenkanal C 815
Zeichengabe mit getrenntem Zeichenkanal O 320
Zeichengabe mit Zuordnung nach Bedarf D 267
Zeichengabenachricht S 558
Zeichengabenachrichtenleitweg S 563
Zeichengabe-Nachrichtenweglenkung S 564
Zeichengabenachrichtenunterscheidung S 560
Zeichengabenachrichtenverteilung S 561
Zeichengabenetz S 566
Zeichengabenetzfunktionen S 567
Zeichengabenetzmanagement S 568
Zeichengabenetz mit zentralem Zeichenkanal C 816
Zeichengabeprotokoll S 572
Zeichengabepunkt S 570
Zeichengabepunktcode S 571
Zeichengabestelle S 570
Zeichengabestrecke S 548
Zeichengabestreckenausfall S 551
Zeichengabestreckenauswahl S 554
Zeichengabestreckenauswahlfeld S 555
Zeichengabestreckenbündel S 556
Zeichengabestreckencode S 550
Zeichengabestreckenkennung S 550
Zeichengabestreckenmanagement S 552
Zeichengabesystem S 581
Zeichengabesystem zwischen Vermittlungsstellen I 417
Zeichengabetransferpunkt S 587
Zeichengabetransferstelle S 587
Zeichengabeübertragungsstrecke S 543
Zeichengabeursprungspunkt S 569
Zeichengabeverbindungssteuerung S 540
Zeichengabeverfahren S 565
Zeichengabeverkehr S 584
Zeichengabe-Verkehrsflußsteuerung S 585
Zeichengabeverkehrsmanagement S 586
Zeichengabeverkehrsverwaltung S 586
Zeichengabevermittlungsstelle S 587
Zeichengabeweg S 575
Zeichengabewegebündel S 577
Zeichengabewegemanagement S 576
Zeichengabewegeprüfung S 578
Zeichengabewegleitung S 579
Zeichengabezielpunkt S 545
Zeichengebung M 191
Zeichengenerator C 461
Zeichengerät P 462

Zeichengeschwindigkeit

Zeichengeschwindigkeit C 467
Zeichengrundlinie C 454
Zeichenintervall D 566
Zeichen je Sekunde C 475
Zeichenkanal S 539
Zeichenkette C 476
Zeichenmultiplexer S 590
zeichenorientierte Übertragungssteuerung B 153
Zeichenpegel S 537
Zeichenpolarität S 592
Zeichenposition D 562
Zeichen pro Sekunde C 475
Zeichenprüfung C 456
Zeichenrate C 467, D 563
Zeichensatz C 473
Zeichenschritt S 870
Zeichensender S 612
Zeichen „Sende-Sonderhinweiston" S 307
zeichenserielle Übertragung C 472
Zeichensignal C 474
Zeichensynchronisierung C 453
Zeichentransfergeschwindigkeit C 467, C 477
Zeichenübertragungsgeschwindigkeit D 563
Zeichenumsetzer S 527
Zeichenumsetzung S 526
Zeichenverzerrung S 530
Zeichenverzögerung S 528
Zeichenvorrat C 470, C 473
Zeichenwandler S 527
Zeichenwandlung S 526
Zeichenweg C 466
zeichenweise Serienübertragung C 472
Zeichenzählvorrichtung C 458
Zeichen zum Aufheben einer Sperre U 254
Zeiger C 1251, P 486
Zeile L 144, R 821
Zeilenablenkung H 261
Zeilenabtastfrequenz L 198
Zeilenabtastung L 237
Zeilenabtastzeit S 104 a
Zeilenamplitude L 149
Zeilenaustastimpuls L 175
Zeilenaustastpegel L 174
Zeilenaustastsignal L 176
Zeilenaustastung L 173
Zeilendauer L 189
Zeilendrucker L 230
Zeilenende E 265
Zeilenfrequenz L 198
Zeilengenerator L 199
Zeilennummer L 212
Zeilenquincunxstruktur L 231
Zeilenraster S 99
Zeilenreißen T 50
Zeilenrücklauf L 197
Zeilensprungabtastung I 456
Zeilensprungfaktor I 457
Zeilensprungverfahren I 456
Zeilensprungverhältnis I 457
Zeilensynchronimpuls L 246
Zeilentransformator L 251
Zeilenvorschub L 193
Zeilenvorschubkennzeichen L 195
Zeilenvorschubzeichen L 194
zeilenweise Abtastung L 172, L 237
Zeilenwobbelung S 1022
Zeilenzahl N 402
zeitabhängiger Leistungsfluß T 589

Zeitablenkgeschwindigkeit S 1443
Zeitablenkung S 1436
Zeitabschnitt P 247
Zeitabstand T 607
Zeitansage S 930
Zeitanteil F 379
Zeitbasis T 579
Zeitbasisgenerator T 580
Zeitbereich T 602
Zeitbereichsentzerrung T 604
Zeitdemultiplexer T 588
Zeit der Leitungsbelegung O 14
zeitdiskretes Signal D 680
Zeitdiversity T 591
Zeitdiversityempfang T 592
Zeitgeber T 616
zeitgemittelt T 578
zeitgeteilte Vermittlung T 599
zeitgeteilte Vermittlungsanlage T 600
zeitgeteilte Vermittlungseinrichtung T 600
zeitgeteilte Vermittlungsstelle T 630
Zeitgetrenntlageverfahren T 1068
Zeithub T 590
Zeitintervall T 607, T 626
Zeitintervall des Rahmensynchronsignals F 389
Zeitintervallfehler T 608
Zeitkanal T 626
Zeitkanal des Rahmensynchronsignals F 389
Zeitkonstante T 584
zeitkontinuierliches Filter T 585
zeitkontinuierliches Signal T 586
zeitliche Änderung V 32
zeitliche Auflösung T 619
zeitliche Kohärenz T 353
zeitlicher Mittelwert T 577
zeitlicher Wirkungsgrad E 101
zeitlich festgelegte Hauptverkehrsstunde T 582
Zeitmarke T 609
Zeitmarkengeber T 610
Zeitmaßdifferenz T 621
Zeitmehrfachzugriff T 595
Zeitmultiplex T 597
Zeitmultiplex auf Verbindungsebene T 594
Zeitmultiplexer T 611
Zeitmultiplexleitung H 220
Zeitmultiplexsignal T 598
Zeitmultiplexsystem T 612
Zeitmultiplex-Übertragungseinrichtung T 596
Zeitmultiplexverfahren T 597
Zeitmultiplexvermittlung T 599
Zeitmultiplexzugriff T 595
Zeitnormal T 629
zeitquantisiertes Signal T 615
zeitraffende Prüfung A 34
Zeitraum mit ermäßigter Gebühr R 406
Zeit-Raum-Zeit ... T 627
Zeitschlitz S 751, T 626
Zeitschlitz des Rahmensynchronsignals F 389
zeitselektiver Schwund T 622
zeitselektives Fading T 622
Zeitsprung T 606
Zeitstufe T 628
Zeittakt T 634

Zeitteilung T 593, T 623
Zeitüberwachung T 613
zeitvariabler Kanal T 631
zeitvariables Signal T 633
zeitvariante Filterung T 632
Zeitvergleich T 581
Zeitverhalten T 620
Zeitverschiebung T 624
Zeitvielfachsystem T 601
Zeitvielfachvermittlungstechnik T 599
Zeitvielfachzugriff T 595
zeitweilige Fernsprechleitung T 356
zeitweiliger Fehler I 491
zeitweise bemannte Station S 266
zeitweiser Fehler I 492
zeitweise Sperrung T 354
zeitweise vermietete Leitung P 127
Zeitzählung T 634
Zeitzeichen S 1085
Zeitzeichenfunkdienst über Satelliten T 625
Zeitzeichensatellitendienst T 625
Zeitzeichensendung S 1086
Zeitzonenzählung T 575
Zellbündel C 636
Zelle C 343
Zellenbibliothek C 346
Zellenkonfiguration C 348
Zellenlogik C 347
Zellgrenze C 344
Zellgrenzendetektion C 345
Zellgrenzenübergang B 394
Zellgrenzüberquerung B 394
zellulares Funknetz C 349
zellulares Funktelefon C 351
Zellularfunknetz C 349
Zellularfunksystem C 350
Zellularsystem C 352
Zener-Diode Z 4
Zener-Durchbruch Z 3
Zener-Spannung Z 5
Zentimeterwellen S 1374
Zentralbatterie C 353
Zentralbatteriespeisung C 355
Zentralbatteriesystem C 356
Zentralbatteriesystem mit Handbetrieb C 809
zentrale Gebührenerfassung C 361
Zentraleinheit C 371
zentrale Lebensdauer M 302
zentraler Bedienungsplatz C 358
zentraler Erdpunkt C 360
zentraler Erdungspunkt C 360
zentraler Grenzwertsatz C 368
zentraler Taktgenerator C 357
zentraler Überwachungsplatz C 369
zentraler Zeichengabekanal C 829
zentraler Zeichenkanal C 829
zentrale Signalisierung C 363
zentrale Speisung C 367
zentrale Steuereinheit C 359
zentrale Steuerung C 362
zentrale Zeichengabe C 363
zentrale Zugentlastung C 373
zentrale Überwachungsplatz Mehrpunktbetrieb C 365
zentralgesteuerte Vermittlung C 820
zentralisierter Mehrpunktbetrieb C 365

zentralisiertes Netz C 366
Zentralkanalzeichengabe C 363, C 815
Zentralprozessor C 372
Zentralrechner M 60
zentral synchronisiertes Netz D 312
Zentralzeichenkanalsystem C 818
Zeppelinantenne Z 6
Zerhacker V 94
zerlegbare Antenne S 194
zerlegen D 660
zerlegen in B 429
Zerlegung in Teilbänder S 1269
Zerreißen T 50
Zerreißfestigkeit B 423
zerstörendes Lesen D 322
zerstörungsfreie Prüfung N 281
zerstörungsfreies Auslesen N 279/80
zerstörungsfreies Lesen N 279/80
Zerstörungskennlinie D 321
Zerstörungsschwelle D 2
zerstreuend D 698
Zerstreuung D 429
Zetteldrucker T 571
ZF I 470
ZF-Ausgang I 477
ZF-Bandbreite I 473
ZF-Bandfilter I 472
ZF-Bandpaß I 472
ZF-Charakteristik I 474
ZF-Durchlaßband I 478
ZF-Durchschlagfestigkeit I 479
ZF-Filter I 476
ZF-Kreis I 475
ZF-Selektion I 480
ZF-Sicherheit I 479
ZF-Signal I 481
ZF-Stufe I 482
ZGE C 361
ZGS S 581
Zickzackantenne Z 20
Zickzackschaltung Z 21
Zickzackverbindung Z 21
Ziehbereich P 893
Zieheffekt T 5
Ziehschlauch C 40
Ziehstrumpf C 40
Ziel T 37
Zieladresse D 313, D 320
Zielamt D 317
Zielanflug R 123
Zielcode D 314, D 320
Zielerfassung A 109, T 38
Zielerkennung T 41
Zielhöhenwinkel A 510
Zielidentifizierung T 41
Zielinformation D 313
Ziel jenseits des Horizonts T 778
Ziel jenseits des Radarhorizonts T 778
Zielland C 1153, D 315
Ziel-PDN D 318
Zielpunkt D 319
Zielpunktadresse D 320
Zielpunktcode D 320
Zielunterscheidung T 40
Zielvermittlungsstelle T 383
Zielzentrale T 383
Ziffer C 529, D 432
Ziffernanzeige T 459
Ziffernauswertung D 551
Ziffernerkennung N 406

Ziffernfolgeerkennung C 969
Ziffernstelle D 561
Ziffernumschaltung F 154
Ziffer zur Kennzeichnung der Nationalität N 33
Zigarrenantenne C 527
Zimmerantenne R 765
Zinkoxydvaristor Z 22
Zirkularpolarisation C 568
zirkular polarisierte Welle C 567
Zirkulator C 572
Z-Komponente Z 1
Zobelsches m-Halbglied M 256
zonal Z 23
Zone N 399
Zonencodierung Z 24
Zonenlinse Z 27
Zonenquantisierung Z 25
Zonenzeit Z 28
Zoom Z 30
Z-Parameter Z 31
Zubehör A 61, A 230
Zubehörteile A 61
Zubringer I 127
Zubringerbündel I 129
Zubringerleitung I 127
Zubringerrichtfunkstrecke M 439
Zubringerteilgruppe G 100
Zubringerverbindung F 104
zufällig R 225
zufälliger Fehler R 230
Zufalls ... R 225
Zufallsausfall R 231
Zufallsfehler R 230
Zufallsfolge R 237
Zufallsfolgengenerator R 238
Zufallsprozeß R 236
Zufallsschwankung R 232
Zufallssignal R 239
Zufallsvariable R 240
Zufallsverkehr P 984
zufallsverteilt R 234
zufallsverteilt anordnen R 233
Zufallszugriff R 227
Zuführungskabel F 103, L 63
Zugang A 49, P 544
Zugänglichkeit A 50
Zugang nicht verfügbar A 51
Zugangsbeschränkung A 66
Zugangseinheit A 71
Zugangskanal A 52
Zugangskennzahl A 54, P 678
Zugangskonflikt A 55
Zugangskonkurrenz A 55
Zugangskoppelfeld A 68
Zugangsleitung A 53, A 57
Zugangsnetz A 50
Zugangsprotokoll A 65
Zugangspunkt A 64, P 544
Zugangsstromkreis A 53
Zugangsverzug A 56
Zugangsweg A 63
Zugangszahl A 54
Zugang verhindert A 51
Zugang zu den Sonderdiensten S 939
zugeführte Antennenleistung A 588
zugeführte Leistung A 658, I 239
Zugelement S 1239
Zugentlastung S 1239
Zugentlastungselement S 1239
zugesprochenes Telegramm P 368

zugeteilte Frequenz A 340
zugeteiltes Frequenzband A 711
zugewiesenes Band A 710
Zugfestigkeit T 358
Zugfestigkeitsprüfung T 357
Zugfestigkeitstest T 357
Zugfunkfernsprechverbindung T 705
Zugfunksystem T 704
Zugfunkverbindung T 703
zugreifen A 48
Zugriff A 49
Zugriff auf Amtsleitungen D 588
Zugriff haben A 48
Zugriffsart A 59
Zugriffsbeschränkung A 66
Zugriffsmethode A 58
Zugriffsmodus A 59
Zugriffsmöglichkeit A 50
Zugriffsprotokoll A 65
Zugriffspunkt A 64
Zugriffsschaltung A 53
Zugriffsstrategie A 67
Zugriffsverfahren A 58
Zugriffswartezeit L 38
Zugriffszeit A 69
Zugseil D 849
Zugtest T 357, T 359
zulässige Außerbandleistung P 271
zulässige Dämpfung A 244
zulässige Geräuschleistung A 347
zulässige Grenzleistung O 408
zulässige Laufzeitverzerrung A 345
zulässige Leistung A 245
zulässige Regeneratorfeldlänge A 246
zulässiger Grenzwert M 249
zulässiger Krümmungsradius P 273
zulässiges Außerbandspektrum P 272
zulässige Störung P 270
zulässige Unterbrechungswahrscheinlichkeit A 346
zulässige Windgeschwindigkeit P 274
Zuleitung F 102
Zuleitungskabel L 63, S 1396
Zuleitungsschnur F 273
Zündstörgeräusch I 22
Zündstörung I 22
Zuordner T 825
Zuordnung A 341
Zuordnung einer Zeicheneinheit S 614
Zuordnung nach Bedarf D 264
Zuordnungsliste C 984
Zuordnungssymbol A 343
zurückgebildeter Abtastwert R 375
zurückgestellte Empfangsbestätigung D 210
zurückgestellter Zugang D 209
zurückgewiesener Anruf R 459
zurückgewiesener Verbindungswunsch L 487
zurückgewiesener Verkehr L 491
zurückgewiesene Verbindung L 487, R 459
zurücksetzen B 23, R 617
Zurücksetzen B 27
zurückspulen R 711

zurückstellen R 617
Zurückweisungswahrscheinlichkeit P 776
zurückwerfen E 49
Zusammenarbeit I 600
Zusammenarbeit zwischen Netzen I 601
Zusammenbruch B 418
zusammenpassen M 222
zusammenschalten J 25, P 148
Zusammenschaltung I 395
Zusammenschaltung im Basisband B 120
Zusammenschaltung von lokalen Netzen I 399
Zusammenschaltung von Netzen I 400
Zusammenstoß C 756
Zusammenwirken I 600
Zusatzanfangskennsatz A 184
Zusatzbits O 390
Zusatzdämpfung E 447
Zusatzdienst A 178
Zusatzeinrichtung A 915
Zusatzentzerrer A 174, L 234
Zusatzgebühr E 502
Zusatzgerät A 62, A 497
Zusatzhörer A 177
zusätzlich A 172
zusätzliche Gebühr E 502
zusätzliche Leitung A 175
zusätzliche erforderliche Leistung P 627
zusätzlicher Verkehr E 510
Zusatzrauschen E 451
Zusatzrauschfaktor E 452
Zusatzspannung B 383
Zusatzspeicher A 917
Zusatzstromversorgung A 176
Zusatzstromversorgungsteil A 176
Zusatzteile A 185
Zusatztonträger S 1394
Zusatzverkehr E 510
Zusatzverlust E 450
Zusatzverstärker B 382
Zuschauerverhalten V 142
Zuschlag E 502
Zuschreiben von Gebühren C 494
zustandegekommene Verbindung S 1355
Zustandsbit S 1149
Zustandsbyte S 1150
Zustandsdiagramm S 1131
Zustandsfeld S 1151
Zustandsgröße S 1135
Zustandsinformation S 1153
Zustandskennung S 1152
Zustandsmeldung S 1154
Zustandsraum S 1134
Zustandsvariable S 1135
Zustandsveränderliche S 1135
Zustandszeicheneinheit L 276
Zustellbestätigung D 251
Zustellung per Post P 385
zuteilen A 339
Zuteilschalter T 763
Zuteilung A 341, A 344
Zuteilung der Frequenzressourcen R 662
Zuteilung der verfügbaren Frequenzen R 662
zuverlässig R 528
Zuverlässigkeit D 287, R 514
Zuverlässigkeitsangaben R 520
Zuverlässigkeitsdaten R 520
Zuverlässigkeitserhöhung R 522

Zuverlässigkeitsingenieur R 521
Zuverlässigkeitskenngrößen R 518
Zuverlässigkeitskriterium R 519
Zuverlässigkeitsmodell R 524
Zuverlässigkeitsparameter R 526
Zuverlässigkeitsprogramm R 516
Zuverlässigkeitsprüfung R 527
Zuverlässigkeitssicherung R 515
Zuverlässigkeitssicherungsprogramm R 516
Zuverlässigkeitssicherungsstrategie R 517
Zuverlässigkeitsverbesserung R 523
Zuverlässigkeitszielstellung R 525
zuverlässig machen M 103
zuweisen A 339
Zuweisung A 344
Zuweisungswert R 376
ZV P 984
Zwangsauslösung F 322
Zwangskühlung F 321
Zwangslaufverfahren C 875
zwangssynchronisiertes Netz D 312
Zwangstrennung F 322
zweiadriges Kabel T 1038
Zweibasisdiode D 797
zweidimensionale Bildtransformation T 1051
zweidimensionale Codierung T 1049
zweidimensionale Maskierung T 1050
Zweidraht ... T 1072
Zweidrahtbetrieb T 1076
Zweidraht-Durchschaltung T 1078
Zweidraht-Getrenntlagesystem E 343
zweidrähtig T 1072
Zweidrahtleitung T 1073, T 1075
Zweidrahtübertragungsweg T 1079
Zweidrahtverbindung T 1074
Zweidrahtverstärker T 1077
Zweieranschluß T 1054, T 1055
Zweieranschlußfernsprecher T 1056
Zweieranschlußleitung T 1054
Zweieranschlußtelefon T 1056
Zweieranschluß-Trägersystem C 280
Zweierapparat T 1056
Zweiereinrichtung T 1055
Zweierfernsprechanschluß T 1056
Zweier-GA T 1054
Zweiergemeinschaftsanschluß T 1054
Zweierkomplement A 173
zweiflächiger Reflektor D 568
zweiflächiger Winkelreflektor D 567
Zweig B 400
Zweiganschluß E 489
zwei Geschwindigkeiten D 888
Zweigeschwindigkeits .../mit D 888

Zweikanal ...

Zweikanal ... D 876
Zweikanal-Einseitenbandverfahren I 133
Zweikanalempfänger T 1046
zweikanalig D 876
Zweikanal-Sichtfunkpeiler T 1036
Zweikanal-Sichtfunkpeilung D 877
Zweikanal-Sichtpeiler T 1036
Zweinormenempfänger D 889
zweiohrig B 282
Zweiphasencode B 286
Zweiphasenumtastung B 276
zweiphasig Q 59
Zweipol T 1064
zweipolig B 289, D 820
zweipoliger Schalter D 821
Zweipolröhre D 572
Zweipunkt-Kontrollmethode T 1048
Zweirichtungs ... B 248
Zweirichtungsthyristor T 939
Zweirichtungsverkehr B 249
Zweischnur-Klappenschrank D 801
Zweiseitenband D 825
Zweiseitenbandbetrieb D 827
Zweiseitenbandempfänger D 829
Zweiseitenbandfunksprechen D 828
Zweiseitenbandmodulation D 826
Zweiseitenbandmodulation mit unterdrücktem Träger D 830
Zweiseitenband-Radiotelefonie D 828
Zweiseitenbandsender D 833
Zweiseitenbandübertragung D 832
Zweiseitenbandverkehr D 831
zweiseitige Steuerung B 252
zweiseitig gerichtete Synchronisation D 810
zwei Spitzen/mit D 816
Zweistrahlmodell T 1059
Zweistrahloszilloskop D 890
Zweistufencodec T 1065
zweistufiges Relais T 1063
zweistufiges Schaltnetzwerk T 1061
Zweitbereitsteller S 187
zweite Harmonische S 185
zweite Leitwege S 176
zweiter Durchbruch S 182
zweiter Überlagerer B 216
Zweitlieferant S 187
Zweitor T 1057
Zweitoradapter T 1058
Zweiwegdämpfung R 797
Zweitwege S 176
Zweiweggleichrichter F 588
zweiwertige Modulation B 274
zweiwertige Phasenmodulation B 287
zweiwertige Phasenumtastung B 288
Zwillingskontakt T 1037
Zwischenamt I 484
Zwischenbandtelegrafie I 372
Zwischenbezugssystem I 585
Zwischenbildcodierung I 453
Zwischenechosperre I 468
Zwischeneinrichtung I 469
Zwischenfrequenz I 470
Zwischenfrequenzausgang I 477
Zwischenfrequenzbandbreite I 473
Zwischenfrequenzbandfilter I 472
Zwischenfrequenzdurchlaßband I 478
Zwischenfrequenzdurchlaßkurve I 474
Zwischenfrequenz-Durchschlagfestigkeit I 479
Zwischenfrequenzfilter I 476
Zwischenfrequenzkreis I 475
Zwischenfrequenzselektion I 480
Zwischenfrequenzsignal I 481
Zwischenfrequenzstufe I 482
Zwischenfrequenzverstärker I 471
Zwischenhalbbildcodierung I 452
Zwischenleitung L 264
Zwischenleitungsanordnung L 277
Zwischenleitungsführung L 267
Zwischenraum S 870, S 873
Zwischenregenerator R 465
zwischenschalten I 272
Zwischenschicht I 419, I 483
Zwischenspeicher B 499, L 36, T 355
Zwischenspeichern B 497
zwischenstädtisch I 389
Zwischenstation I 488, R 501
Zwischenstelle I 488, R 501
Zwischenträgerfrequenzmodulation S 1274
Zwischenübertragungsstelle I 487
Zwischenverstärker I 486, R 466, R 569
Zwischenverstärker/ohne N 330
Zwischenverstärkerabstand R 575
Zwischenverstärker-Fehlerortungsgerät R 573
Zwischenverstärker mit Gruppentausch R 578
Zwischenverstärkung I 463
Zwischenverteiler I 467
Zwischenzeichen I 465
ZWR R 465
zyklische Blockprüfung C 1289
zyklischer Code C 1287
zyklische Redundanzprüfung C 1289
zyklische Verzerrung C 1288
zyklische Wiederholung ohne Aufforderung P 704
Zyklusdauer C 1286
Zykluszeit C 1286
Zylinder D 863
Zylinderdipol C 1290
Zylindergruppenantenne C 1291
Zylinderparabolantenne C 1292
Zylinderparabolspiegel C 1294
Zylinderspule S 809
zylindrischer Wellenleiter C 1293
zymomotorische Kraft C 1295
zymomotorische Kraft einer Antenne in einer gegebenen Richtung C 1295
ZZK C 829
ZZK-System C 818
ZZK-Zustandszeicheneinheit L 276
Z-Zustand Z 2
ZZZ T 575

Französisches Register

A

AA C 100
A-A A 466
AAMT A 899
abaisser L 514
abaque de Smith S 779
aberration A 7
aberration chromatique C 521
abonné C 144, S 1306
abonné A C 182
abonné absent A 11
abonné appelant C 182
abonné appelé C 139
abonné au téléphone T 229
abonné B C 136, C 139
abonné de boîte aux lettres M 51
abonné de ligne collective M 744
abonné demandé C 139
abonné demandeur C 182
abonné de réseau du service fixe F 228
abonné du service mobile M 551
abonné du service mobile terrestre L 13
abonné du téléphone T 229
abonné interurbain L 411
abonné local L 355
abonnement au téléphone T 231
abonnement téléphonique T 231
abonné mobile M 551
abonné rattaché à un central manuel M 144
abonné rural R 833
abonné télex T 334
abonné urbain L 355
abrasion A 10
abréviation mnémonique M 530
abréviation réglementaire S 351
abri à climatisation A 292
absence de bruit/en N 206
absence de perte L 476
absence d'évanouissements N 289
absorbeur A 19
absorbeur radar R 3
absorptance A 31
absorption A 22
absorption atmosphérique A 734
absorption aurorale A 814
absorption d'énergie E 287
absorption ionosphérique I 640
absorption par le sol G 139
absorptivité A 31
accéder à A 48
acceptance A 38
acceptation A 38
acceptation d'appel C 99, C 100
acceptation de la sélection rapide F 64
acceptation de la taxation à l'arrivée R 703
accepteur A 46, A 47
accès A 49, F 126, P 544
accès aléatoire R 227
accès au RNIS I 669
accès aux essais T 409
accès aux services spéciaux S 939

accès de base B 141
accès de base au RNIS I 670
accès d'entrée/sortie I 255
accès des usagers U 155
accès des usagers au RNIS I 678
accès différé D 209
accès direct D 587, R 226
accès direct en mémoire D 636
accès en bande de base B 115
accès en parallèle S 652
accès entrant I 109
accès extérieur O 287
accès hiérarchique H 137
accès interdit A 51
accès libre F 408
accès mémoire M 324
accès multiple M 754
accès multiple à la demande D 262
accès multiple à répartition dans le temps T 595
accès multiple à répartition en fréquence F 459
accès multiple avec assignation à la demande D 265
accès multiple avec écoute de la porteuse C 293
accès multiple avec modulation par saut de fréquence F 486
accès multiple dans le temps T 595
accès multiple en fréquence F 459
accès multiple par étalement du spectres S 1025
accès multiple par interrogation P 534
accès multiple par interrogation préalable P 534
accès multiple par répartition dans le temps T 595
accès multiple par répartition en code C 688
accès multiple par répartition en fréquence F 459
accès multiple par répartition temporelle T 595
accès multiple temporel T 595
accès multipoint M 798/9
accès parallèle S 652
accès par jeton T 648, T 653
accès sans fil W 174
accès sélectif R 226
accès séquentiel S 333
accessibilité A 50, A 918
accessibilité constante C 992
accessibilité partielle L 136
accessibilité totale F 575
accessibilité variable V 16
accessoires A 61
accessoires de câble C 5
accès sortant O 287
accès utilisateur U 155
accommodation de signal S 589
accompagnement C 1008
accomplissement d'appels vers abonné occupé C 890
accord T 1012
accordable T 1003
accord concernant les télécommunications T 60
accord d'antenne A 619
accord de fréquence F 556, T 1012

accordé T 1006
accord électronique E 185
accord en fréquence F 556
accord mécanique M 301
accord par réluctance P 266
accord précis F 195
accrochage A 108, C 238
accueillir A 72
accumulateur A 76, B 170
accumulation de la gigue J 8
accumuler A 74
accusé de réception A 81
accusé de réception de déblocage U 52
accusé de réception différé D 210
accusé de réception négatif N 87
accusé de réception positif P 559
accuser réception A 80
acheminement D 695, R 807
acheminement adaptatif A 165
acheminement de messages M 363
acheminement des appels C 202
acheminement de secours A 394
acheminement de signalisation S 579
acheminement de signalisation de secours A 395
acheminement des lignes interurbaines T 996
acheminement des messages de signalisation S 564
acheminement des paquets P 15
acheminement par interrogation tion P 534
acheminement détourné A 394
acheminement de trafic T 738
acheminement en transit T 818
acheminement hiérarchique H 141
acheminement manuel M 140
acheminement multirouté M 771
acheminement non hiérarchique N 293
acheminement normal N 363
acheminement optimal O 211
acheminement par voie détournée A 394
acheminement réparti D 739
acheminement téléphonique T 217
acheminer D 694
ACK A 81
ACO A 193
acoustique architecturale A 670
acoustique des salles R 764
acoustique sous-marine S 1283
acoustique ultra-sonore U 25
acoustoélectrique A 105
ACP A 197
acquisition A 108, A 109
acquisition de cible T 38
acquisition de code C 675
acquisition de données D 13
acquisition du signal S 520
acquittement A 81
ACS A 198
ACT A 196
actionner A 116, A 140, O 144
actionneur A 141
action tunnel T 1026
activement couplé A 125

activer A 116
activité/en O 164
activité solaire S 795
actualiser U 127
AD D 264
adaptabilité A 144
adaptateur A 146
adaptateur à vis S 149
adaptateur biporte T 1058
adaptateur de jonctions I 420
adaptateur demi-onde H 27
adaptateur de terminal T 361
adaptateur de terminal RNIS I 676
adaptateur d'impédance A 593, I 72, I 73
adaptateur d'interface I 420
adaptateur d'interface périphérique P 254
adaptateur d'interface programmable P 806
adaptateur panoramique P 65
adaptation A 145
adaptation à la gigue J 7
adaptation à large bande B 453
adaptation de phase P 340
adaptation des débits de données D 81
adaptation d'impédance I 68, I 71
adaptation du débit binaire B 317
adaptation résistive R 647
adaptativité A 144
adapté M 223
adapté à l'utilisateur U 156
adapté aux besoins de l'utilisateur C 1267
adapter M 222
addeur complet F 573
addeur-subtracteur A 171
additionner A 169
additionneur A 170
additionneur complet F 573
additionneur-soustracteur A 171
ADF A 858
ADI A 202
administration des télécommunications T 59
admittance A 247
admittance acoustique A 87
admittance [d'entrée] d'antenne A 580
admittance en circuit ouvert O 123
admittance en circuit ouvert d'un quadripôle O 123
admittance en court-circuit S 451
ADP P 8
adressable A 188
adressage A 204
adressage d'afficheurs à cristaux liquides L 281
adressage général B 464
adressage matriciel M 235
adressage matriciel/à M 233
adresse A 187
adresse absolue A 12
adresse de destination D 313
adresse de lancement E 304
adresse de l'émetteur S 858
adresse de nœud de destination D 313
adresse de point d'accès à des services (N) N 379

adresse

adresse de réacheminement R 398
adresse de station émettrice S 858
adresse de voie C 394
adresse du destinataire D 313
adresse générique G 53
adresse initiale I 217
adresse (N) N 1
adresse non valable I 620
adresser S 295
adresse raccourcie A 3
adresse réseau N 106
adresses multiples M 680
adresse télégraphique C 6
adresse téléphonique T 156
adresse télex T 320
adresse virtuelle V 144
AELM S 513
AEN A 693, E 334
aéroporté A 285
aérosol A 269
aérosol de gouttes d'eau W 30
AF A 784
AFB L 528
affaiblir D 3
affaiblissement A 750, L 469, R 762, W 99
affaiblissement admissible A 244
affaiblissement à l'aller O 103
affaiblissement à l'aller et au retour R 797
affaiblissement à la réception R 315
affaiblissement apériodique A 637
affaiblissement atmosphérique A 735
affaiblissement composite O 370
affaiblissement constant F 248
affaiblissement d'absorption A 28
affaiblissement d'adaptation M 227, R 692
affaiblissement dans la bande d'arrêt S 1206
affaiblissement dans la bande passante P 131
affaiblissement dans le bond P 157
affaiblissement dans le cas d'un récepteur S 1033
affaiblissement dans le mode commun C 825
affaiblissement dans un seul sens O 103
affaiblissement de blocage B 366, S 1407
affaiblissement de bruit N 236
affaiblissement de câble C 11
affaiblissement d'écho E 63
affaiblissement de conversion C 1094
affaiblissement de couplage C 1161
affaiblissement de diffusion S 125
affaiblissement de distorsion harmonique H 80
affaiblissement d'effet local par la méthode de masquage S 513
affaiblissement de filtrage F 178/9
affaiblissement de la ligne L 208
affaiblissement de la porteuse C 297
affaiblissement de l'effet local S 511
affaiblissement de l'intensité sonore L 495
affaiblissement de l'onde de sol G 165
affaiblissement d'emplacement S 723
affaiblissement de perditance L 72
affaiblissement de propagation B 157, P 153, P 826
affaiblissement d'équilibrage B 63, R 692
affaiblissement de réflexion R 692
affaiblissement de régularité R 473, S 1254
affaiblissement des courants d'écho E 63
affaiblissement des courants réfléchis R 692
affaiblissement de signal S 522
affaiblissement des lobes latéraux (secondaires) S 501
affaiblissement d'espace libre F 418, F 419
affaiblissement de transformateur différentiel H 302
affaiblissement de transmission T 847
affaiblissement de transmission de référence B 157
affaiblissement de transmission en espace libre F 419
affaiblissement diaphonique C 1214
affaiblissement diaphonique de couplage C 1215
affaiblissement d'insertion I 276
affaiblissement d'interaction I 363
affaiblissement dû à la pénétration dans les bâtiments B 505
affaiblissement dû à la pluie R 216
affaiblissement dû au pointage P 490
affaiblissement du deuxième canal adjacent S 183
affaiblissement du guide d'onde W 63
affaiblissement du système S 1559
affaiblissement en fonction de la distance D 710
affaiblissement entre bornes d'antennes S 1559
affaiblissement équivalent pour la netteté A 693, E 334
affaiblissement global T 680
affaiblissement hors bande O 312
affaiblissement idéal de propagation B 157
affaiblissement idéal en espace libre F 418
affaiblissement induit par la pluie R 216
affaiblissement itératif I 699
affaiblissement linéique A 752
affaiblissement moyen de ligne A 937
affaiblissement net N 101
affaiblissement net de commutation N 103
affaiblissement non réactif N 323
affaiblissement paradiaphonique N 71
affaiblissement par diffraction D 426
affaiblissement par la grêle A 760
affaiblissement par la pluie R 216
affaiblissement passif d'équilibrage P 135
affaiblissement pour la sonie de l'effet local S 512
affaiblissement propre I 207
affaiblissement réduit/à L 527
affaiblissement réel N 323
affaiblissement sélectif en fréquence F 531
affaiblissement supplémentaire E 447
affaiblissement sur des trajets de propagation P 153
affaiblissement sur la fréquence conjuguée (d'un récepteur, image) I 38
affaiblissement sur la fréquence intermédiaire I 479
affaiblissement sur la fréquence parasite S 1033
affaiblissement sur images I 32
affaiblissement sur un trajet P 157
affaiblissement télédiaphonique F 54
affaiblisseur A 765, P 43
affaiblisseur à absorption A 30
affaiblisseur à ferrite F 113
affaiblisseur à piston P 432
affaiblisseur fixe P 43
affaiblisseur non réciproque I 690
affaiblisseur unidirectionnel I 690
affaiblisseur variable V 15
affaiblisseur variable par bonds S 1161
affectation A 341, A 344
affectation à la demande D 264
affectation de bits B 304
affectation de capacité C 231
affectation des canaux C 396
affectation des ressources R 662
affectation de voie C 398
affectation dynamique adaptable des voies A 151
affecté à demeure D 195
affecter A 339
affichage D 701, V 165
affichage à cristaux liquides L 280
affichage à DEL L 86
affichage alphanumérique A 377
affichage alphanumérique à DEL A 380
affichage couleur C 773
affichage de menu M 341
affichage de numéro N 397
affichage de vidéotex V 135
affichage d'information I 188
affichage d'intensité de champ F 146
affichage du niveau de champ radioélectrique F 146
affichage du numéro composé D 362
affichage du numéro de l'appelant C 169
affichage électroluminescent E 141
affichage en couleur C 773
affichage graphique G 106
affichage non émissif N 286
affichage numérique D 459, N 416
affichage par décharge dans un gaz G 23
affichage plat F 252
affichage polychrome C 773
affichage sept segments S 408
afficher D 700
afficheur à cristaux liquides L 280
afficheur à cristaux liquides adressé par une matrice M 234
afficheur d'intensité de champ F 147
afficheur numérique N 416
afficheur par décharge dans un gaz G 23
agent de transfert de messages M 370
agilité de fréquence F 424
agitation marginale E 79
agrandir E 485
aide à la conception D 306
aide à la navigation N 46
aide à la programmation P 810
aides-radio[électriques] à la navigation R 70
aiguillage B 403
aiguillage alimentation-signal P 633
aiguillage vidéo V 128
aiguilleur S 1459
aiguilleur de ligne L 239
aire d'appel C 102
aire de captation E 86
aire de diffusion S 124
aire de diffusion arrière E 62
aire de rétrodiffusion E 62
aire effective (équivalente) E 86
aisance de manipulation (manœuvre) E 47
ajouter A 169
ajustable A 231
ajustage A 239
ajustage/sans T 952
ajustage d'appoint T 954
alarme d'interruption de porteuse C 262
alarme externe E 492
alarme sonore A 774
aléatoire R 225
aléatoirement R 234
alerte en cas de détresse D 721
algèbre de Boole B 379
algorithme A 326
algorithme à clé publique P 876
algorithme d'acheminement R 809
algorithme de codage C 711
algorithme de prédiction P 661
algorithme de Viterbi V 169
alignement A 331, T 1012
alignement de caractères C 453

alignement des trames sémaphores S 614
alignement d'octet O 28
alignement initial I 220
alignement normal N 354
aligner T 691
aligneur A 330
alimentation F 106
alimentation à découpage S 1454
alimentation axiale V 53
alimentation batterie B 178
alimentation batterie et secteur M 69
alimentation centralisée C 367
alimentation commune C 827
alimentation de secours E 222
alimentation électrique P 637
alimentation électrique des appareils (installations, matériels) de télécommunication P 638
alimentation en batterie centrale C 355
alimentation en courant P 637
alimentation en courant alternatif A 392
alimentation en courant continu D 604
alimentation en courant électrique P 637
alimentation en énergie des systèmes de télécommunication P 638
alimentation en énergie électrique P 637
alimentation en énergie permanente U 80
alimentation en tension V 231
alimentation hors service P 622
alimentation ininterrompue U 80
alimentation latérale F 568
alimentation non réglée N 329
alimentation par batterie[s] B 178
alimentation par le réseau M 73
alimentation périscopique B 203
alimentation secteur A 115, M 73
alimentation traversière R 297
alimenté A 334
alimenté en série S 344
alimenter sur circuit fantôme P 284
allocation A 341
allocation de fréquence F 425
allocation de numéro d'abonné assistée par ordinateur C 922
allocation dynamique de mémoire D 930
allocation dynamique des ressources D 929
allocation NA assistée par ordinateur C 922
allotissement des fréquences F 427
allouer A 339
allure d'une courbe C 465
Aln° 5 I 513
alphabet A 363
alphabet de code C 676
alphabet de données D 15

alphabet international n° 5 I 513
alphabet télégraphique T 91
alphabet télégraphique international I 553
alphamosaïque A 371
alphanumérique A 373
altimètre A 397
altimètre radar R 4
altitude de l'apogée A 398
altitude d'orbite O 229
altitude du périgée A 399
alumine A 400
alvéole S 751
AMAD D 265
ambiance E 313
ambiguïté A 412
âme C 24, C 1119
amélioration de fiabilité R 523
amélioration du minimum M 488
amélioration du rendement de fabrication Y 9
amélioration du zéro M 488
AMES S 1025
amorçage A 671, S 656
amorçage des oscillations O 263
amortir D 3
amortissement D 152
amortissement apériodique A 637
amovible D 324, R 585
ampèremètre A 414
amplificateur A 422
amplificateur à bande ultralarge U 10
amplificateur accordé T 1007
amplificateur à contre-réaction N 90
amplificateur à courant alternatif A 32
amplificateur à courant continu D 601
amplificateur à diode tunnel T 1024
amplificateur à faible bruit L 528
amplificateur à fréquence intermédiaire I 471
amplificateur à gain plat F 255
amplificateur à gain variable G 8
amplificateur à grande puissance H 185
amplificateur à grand gain H 176
amplificateur à haute fréquence R 102
amplificateur à impédance transversale T 793
amplificateur à large bande B 442
amplificateur à moyenne fréquence I 471
amplificateur apériodique A 635
amplificateur à plusieurs étages M 823
amplificateur à réflexion R 440
amplificateur à répartition D 729
amplificateur à réponse logarithmique L 380
amplificateur à résonance T 1007
amplificateur à rétroaction de courant C 1243

amplificateur à structure répartie D 729
amplificateur à transformateur T 772
amplificateur à transistor[s] T 796
amplificateur à tube à ondes progressives T 929
amplificateur audio A 781
amplificateur audiofréquence A 781
amplificateur avec cathode à la masse G 146
amplificateur avec grille à la masse G 147
amplificateur basse fréquence A 781
amplificateur BF A 781
amplificateur classe A C 579
amplificateur classe B C 581
amplificateur classe C C 582
amplificateur d'antenne A 582
amplificateur de balayage S 1437
amplificateur de bande de base B 116
amplificateur de distribution D 744
amplificateur d'égalisation A 423
amplificateur de ligne I 486, L 148, L 188
amplificateur d'émission T 874
amplificateur d'entrée F 565
amplificateur de puissance P 587
amplificateur de puissance à l'état solide S 822
amplificateur de puissance linéaire L 167
amplificateur de réception R 339
amplificateur de sortie F 183, O 329
amplificateur de tension V 224
amplificateur d'horloge C 609
amplificateur différentiel D 402
amplificateur d'impulsions P 895
amplificateur direct S 1235
amplificateur distributeur D 744
amplificateur-égaliseur A 423
amplificateur en hyperfréquence M 434
amplificateur FI I 471
amplificateur final F 183
amplificateur haute fréquence R 102
amplificateur horizontal X 1
amplificateur hyperfréquence M 434
amplificateur hyperfréquence à transistors T 802
amplificateur intégrateur I 347
amplificateur limiteur L 140
amplificateur linéaire L 147
amplificateur logarithmique L 380
amplificateur MF I 471
amplificateur micro-ondes M 434
amplificateur monolithique M 629
amplificateur monolithique micro-ondes M 452
amplificateur moyenne fréquence I 471

amplificateur multiétage M 823
amplificateur opérationnel O 165
amplificateur opérationnel en technologie CMOS C 641
amplificateur paramétrique P 94
amplificateur push-pull P 993
amplificateur push-pull classe A C 580
amplificateur push-pull classe B C 580
amplificateur push-pull classe C C 580
amplificateur radioélectrique R 102
amplificateur régénérateur R 462
amplificateur réglé G 8
amplificateur réparti D 729
amplificateur sélectif S 218
amplificateur séparateur I 688
amplificateur symétrique B 46, P 993
amplificateur tampon I 688
amplificateur télégraphique T 112
amplificateur téléphonique T 157, T 197
amplificateur transimpédance T 793
amplificateur transistorisé T 800
amplificateur ultralinéaire U 16
amplificateur VF V 95
amplificateur vertical Y 3
amplificateur vidéo[fréquence] V 95
amplification A 419, G 3
amplification avec régulation de gain G 7
amplification de courant C 1244
amplification directe S 1232
amplification en puissance P 586
amplification en tension V 223
amplification intermédiaire I 463
amplification linéaire L 146
amplification non linéaire N 298
amplification paramétrique P 93
amplification préalable P 647
amplification push-pull P 992
amplification répartie D 730
amplification totale O 368
amplitude A 428
amplitude de bruit N 186
amplitude d'échantillon P 777
amplitude de crête P 188
amplitude de décision D 167, D 175
amplitude de gigue J 9
amplitude de ligne L 149
amplitude de sous-porteuse S 1272
amplitude des signaux S 521
amplitude de suroscillation O 418
amplitude de tension de grille G 136
amplitude de vibration A 452
amplitude d'impulsion P 896
amplitude d'oscillation A 452

amplitude

amplitude du signal S 521
amplitude du spectre S 954
amplitude instantanée I 297
amplitude maximale de l'œil M 241
amplitude quantifiée Q 46
amplitude virtuelle de décision V 147
AMRC C 688
AMRF F 459
AMRT T 595
A/N A 474
A-N A 474
analogique A 465
analogique-analogique A 466
analogique/numérique, analogique-numérique A 474
analyse S 95
analyse dans le domaine fréquentiel F 467
analyse dans le domaine temporel T 603
analyse de bruit N 188
analyse de chiffres D 551
analyse de circuits C 537
analyse de contraintes S 1241
analyse de l'acheminement R 810
analyse de la gigue J 10
analyse de la parole S 956
analyse de réseaux N 107
analyse d'erreur E 366
analyse des dérangements F 71
analyse des pannes F 71
analyse de trafic T 709
analyse du profit B 235
analyse en régime de signal faible S 774
analyse en régime signal fort L 22
analyser S 93
analyse spectrale S 946
analyse transitoire T 783
analyseur A 496, S 94
analyseur de débordement A 495
analyseur de diapositives S 742
analyseur de distorsion D 716
analyseur de fréquence F 429
analyseur de liaison [hertzienne] M 450
analyseur de réseau[x] N 108
analyseur de son S 826
analyseur de spectre S 955
analyseur de transitoire T 784
analyseur d'image I 47, I 51
analyseur logique L 391
analyseur numérique de diapositives D 512
angle d'arrivée I 98
angle d'azimut A 946, A 947
angle de Brewster B 430
angle d'éclairement I 29
angle de départ A 508
angle de diffraction D 425
angle de diffusion S 121
angle de divergence A 509
angle de lacet Y 4
angle d'élévation A 510
angle d'émission à mi-puissance E 227
angle de nutation N 420
angle de pertes [diélectriques] L 470
angle de phase P 297

angle de phase de porteuse C 281
angle de polarisation A 512
angle de rayonnement B 187, R 51
angle de réfraction A 513
angle de site A 510
angle de strabisme S 1045
angle de tir A 510
angle d'incidence I 98
angle d'inclinaison A 511
angle d'ouverture A 507
angle d'ouverture à moitié de puissance H 4, H 18
angle exocentrique E 469
angle géocentrique G 62
angle solide (spatial) S 810
angle topocentrique T 672
anisochrone A 523
anisotrope A 526
anisotropie A 527
anneau à [accès par] jeton T 654
anneau de Cambridge C 212
anneau de garde G 205
anneau différentiel (hybride) R 264
année la plus défavorable W 207
annonce automatique des numéros d'appel changés A 848
annonce enregistrée A 528, R 380
annonce parlée R 380, V 183
annoncer/s' A 536
annonciateur d'appel D 861
annuaire électronique E 168
annuaire téléphonique T 183
annulation C 217
annulation d'écho[s] E 52
annulation de la gigue J 11
annulation de lobes latéraux S 502
annulation des brouillages I 430
annulation de sortie O 332
annulation du bruit N 193
annulation d'une demande de communication C 218
annuler C 215, D 246, E 352
annuleur de bruit N 234
annuleur d'écho E 53
annuleur d'écho numérique D 462
anode A 531, P 451
antémémoire B 499
antenne A 551
antenne à accord multiple M 774
antenne à alimentation périscopique P 256
antenne à balayage S 97
antenne à capacité terminale T 671
antenne accordée T 1008
antenne à champ tournant R 789
antenne active A 118
antenne adaptative A 148
antenne Adcock A 167
antenne à double polarisation D 883
antenne à double réflecteur D 886
antenne à faisceau B 188
antenne à faisceau-crayon P 222

antenne à faisceau en pinceau P 222
antenne à faisceau étroit N 19
antenne à faisceau orientable S 1160
antenne à faisceaux multiples M 760
antenne à faisceaux multiples reconfigurables R 374
antenne à fil W 163
antenne à fil vertical V 74
antenne à grande ouverture L 19
antenne à large bande B 443
antenne à lentille L 96
antenne Alexanderson M 774
antenne à lobes latéraux atténués L 540
antenne à long fil L 450
antenne à longs fils L 450
antenne à noyau de ferrite F 118
antenne antiévanouissement (antifading) A 622
antenne anti-parasite A 624
antenne à onde de surface S 1428
antenne à onde progressive T 925
antenne à onde stationnaire S 1099
antenne à périodicité logarithmique L 401
antenne apériodique A 636
antenne à petite longueur électrique E 123
antenne à plan de sol G 152
antenne à quatre hélices Q 5
antenne à rayonnement directionnel B 188
antenne à rayonnement latéral réduit L 540
antenne à rayonnement longitudinal E 254
antenne à rayonnement transversal B 488
antenne à rayonnement zénithal réduit A 622
antenne à réduction de brouillage I 438
antenne à réflecteur R 448
antenne à réflecteur décalée O 60
antenne à réseau à commande de phase P 314
antenne à source décalée O 60
antenne à source excentrée O 67
antenne à superdirectivité S 1365
antenne à supergain S 1365
antenne à tige diélectrique D 397
antenne auto-adaptable A 148
antenne autoportée S 258
antenne au sol E 7
antenne avec alimentation excentrée O 60
antenne azimut-élévation A 949
antenne Beverage B 239
antenne biconique B 245
antenne cadre L 454
antenne-cadre orientable R 790
antenne Cassegrain C 321
antenne Cassegrain à alimentation périscopique B 202

antenne Cassegrain excentrée O 62
antenne cierge D 398
antenne-cigare C 527
antenne coaxiale C 650
antenne collective C 855
antenne commune d'émission et de réception C 830
antenne conique C 965
antenne cornet H 269
antenne cornet à large bande B 448
antenne couvrant toute la bande W 125
antenne cylindre parabolique C 1292
antenne d'Adcock A 167
antenne d'appartement R 765
antenne de faisceau hertzien M 435, R 131
antenne de lever de doute S 309
antenne demi-onde H 25
antenne d'émission T 885
antenne d'émission à ondes courtes S 480
antenne démontable S 194
antenne de mesure M 279
antenne de navire S 438
antenne déployable U 65
antenne de poursuite T 695
antenne de réception R 340
antenne de secours E 215, S 914
antenne d'essai T 410
antenne de station mobile V 44
antenne de télécommunication T 61
antenne de télévision T 288
antenne de toit R 763
antenne de type lentille L 96
antenne de véhicule spatial S 876
antenne doublet D 583, D 836
antenne doublet en circuit imprimé P 737
antenne doublet imprimée P 737
antenne diélectrique D 388
antenne dipole à panneau réflecteur R 450
antenne directionnelle B 188
antenne directive B 188, D 619
antenne directive orientable en azimut R 788
antenne disque[-cône] D 664
antenne diyagi D 839
antenne embarquée sur véhicule spatial S 871
antenne émettrice T 885
antenne émettrice en ondes métriques (moyennes) M 316
antenne en arête de poisson F 218
antenne encastrée S 1399
antenne en cornet H 269
antenne en cornet bicone B 246
antenne en cornet pyramidal P 1002
antenne en cosécante-carré C 989
antenne en D P 410
antenne en demi-onde H 25
antenne en dents de scie Z 20
antenne en dièdre C 1123

antenne en diversité d'espace S 884
antenne en éventail F 43
antenne en ferrite F 112
antenne en H H 62
antenne en harpe F 43
antenne en hélice H 109
antenne en L L 17
antenne en losange R 714
antenne en L renversé L 17
antenne en microruban M 425
antenne en microruban à fentes S 755
antenne en nappe F 267
antenne en ondes décamétriques H 133
antenne en ondes hectométriques M 314
antenne en papillon B 180
antenne en parapluie U 29
antenne en réseau A 688
antenne en réseau à balayage fréquentiel F 528
antenne en réseau à commande de phase P 314
antenne en réseau à commande de phase en microruban M 429
antenne en réseau adaptative A 149
antenne en réseau à rayonnement vers l'arrière B 37
antenne en réseau à rayonnement vers l'avant F 345
antenne en réseau circulaire C 565
antenne en réseau cylindrique C 1291
antenne en réseau de doublets A 568
antenne en réseau de fentes S 753
antenne en réseau de radar R 5
antenne en réseau réceptrice R 341
antenne en réseau rectangulaire R 389
antenne en spirale logarithmique L 383
antenne en supertourniquet S 1388
antenne en T T 18
antenne enterrée E 7
antenne en tore T 678
antenne en tourniquet T 1034
antenne en trèfle C 634
antenne en V V 12
antenne en V renversé I 630
antenne équidirective O 83
antenne excentrée O 60
antenne extérieure O 282
antenne fendue (fente) S 752
antenne fictive D 899
antenne filaire W 163
antenne fixe F 219
antenne-fouet W 121
antenne-fouet quart d'onde Q 66
antenne Franklin F 404
antenne gonflable A 305
antenne Gouriaud A 325
antenne guide à fente[s] S 760
antenne harmonique H 78
antenne hélicoïdale H 109
antenne hyperfréquence M 435
antenne illuminée du foyer F 310

antenne image I 30
antenna imprimée P 730
antenne incorporée (intégrée) B 508
antenne intérieure I 281
antenne isotrope I 694
antenne log-périodique L 401
antenne longue L 450
antenne Luneberg L 558
antenne microfente M 423
antenne microruban M 425
antenne mobile V 44
antenne monocône C 965
antenne multibande M 681/2, M 713
antenne multifaisceau M 760
antenne multifréquence M 713
antenne MUSA M 776
antenne omnidirective O 83
antenne orientable R 787
antenne parabolique P 73
antenne parabolique à cornet H 274
antenne périscopique P 256
antenne pill-box P 410
antenne plaquée S 1399
antenne pylône M 204
antenne quadrant Q 10
antenne quart d'onde Q 60
antenne réseau active A 119
antenne réseau à fente S 753
antenne réseau circulaire C 565
antenne réseau cylindrique C 1291
antenne réceptrice R 340
antenne réseau plan[aire] P 437
antenne réseau rectiligne L 151
antenne rhombique R 714
antenne-rideau A 565
antenne spirale S 1002
antenne supertourniquet S 1388
antenne terrienne G 140
antenne tige R 760
antenne torique T 678
antenne trombone F 315
antenne unipolaire U 83
antenne véhiculaire V 44
antenne Yagi Y 1
antenne Yagi-Uda Y 2
antenne Zeppelin Z 6
anti-brouillage A 626
anti-choc A 632
antidéflagrant E 481
antilocal A 633
antiparasitage N 235
antiparasitage radioélectrique R 128
antirebond D 146
apogée A 643
appareil S 395
appareil à cylindre D 864
appareil à encaissement [automatique] P 165
appareil à l'alternat H 9
appareil arythmique S 1123
appareil automatique de contrôle T 420
appareil automatique de mesure de la transmission A 899
appareil d'abonné S 1346
appareil de contrôle M 616
appareil de mesure M 294, T 449

appareil de mesure du débordement de trafic T 732
appareil de mesure du trafic T 726
appareil de numérotation automatique A 869
appareil de référence pour le bruit modulé M 578
appareil d'essai T 449
appareil de surveillance M 616
appareil de table T 2
appareil émetteur – récepteur S 305
appareil fonctionnant à l'alternat H 9
appareillage E 331, I 308
appareil phototélégraphique P 382
appareil pour conversation «mains libres» H 58
appareil radioélectrique de correction auditive à champ d'induction I 164
appareil radiotéléphonique à modulation de fréquence F 306
appareils industriels, scientifiques et médicaux I 176
appareil téléphonique T 219
appareil téléphonique à batterie centrale C 810
appareil téléphonique à cadran R 775
appareil téléphonique à clavier K 28
appareil téléphonique à poussoirs lumineux I 27
appareil téléphonique avec combiné H 53
appareil téléphonique de couleur C 779
appareil téléphonique de voiture C 309
appareil téléphonique d'opératrice H 94
appareil téléphonique enfichable P 474
appareil téléphonique pour milieux bruyants N 250
appareil terminal sur réseau N 151
appel C 97, F 126, I 633, M 353, P 533, R 733, T 168
appel abusif M 107
appel à carte de crédit C 1184
appel à émettre P 533
appel à émettre automatique A 909
appel à heure fixe F 238
appel à l'assistance annuaire D 641
appel à l'heure fixe F 238
appel annulé C 219
appelant C 144, C 182
appel à préavis A 661
appel à recevoir sélectif S 219
appel à tarif fixe F 262
appel à tous les navires A 357
appel au cadran N 398
appel automatique A 842, A 843, A 844, K 25
appel automatique interne I 139
appel cadencé I 581
appel d'arrivée I 110
appel d'arrivée interdit D 285
appel de base de données F 163

appel de départ O 288
appel de départ interdit D 284
appel de détresse D 722
appel de fichier F 163
appel de groupe G 174
appel de secours E 216
appel de service ordinaire O 238
appel d'essai T 411
appel de transit T 807
appel direct D 593, D 610
appel d'urgence E 216
appelé C 136, C 139
appel échoué A 1
appel efficace S 1355
appel égaré F 39
appel en attente P 110
appel en instance P 110, W 3
appel en PCV C 749
appel entrant I 110
appel entre coabonnés R 710
appeler F 125, I 634, P 532, P 364, R 725
appel erroné F 39
appeleur automatique A 855
appel général G 44
appel gratuit F 409
appel immédiat I 57
appel importun M 107
appel inefficace I 178
appel infructueux I 178, U 112
appel intempestif F 39
appel interne I 504
appel interurbain T 983
appel interurbain entrant I 128
appel interurbain sortant O 306
appellation T 640
appellation globale G 82
appellation locale L 364
appel local L 326
appel malveillant M 107
appel manuel M 123, M 139
appel n'ayant pas abouti L 487
appel non accepté C 190
appel ordinaire O 236
appel outre-mer O 415
appel par cadran D 363
appel par courant alternatif P 630
appel perdu L 487
appel permanent P 257
appel privé ordinaire O 237
appel radiotéléphonique R 183
appel refusé R 459
appel répété R 197, R 566
appels acheminés H 44
appel sélectif S 219
appel sélectif numérique D 507
appel sortant O 288
appel tarifé (taxé) C 480
appel téléphonique T 168
appel téléphonique d'Etat G 92
application A 646
application à bord O 86
application à bord des satellites S 47
application à la demande C 1254
application à vitesse élevée H 200
application client C 1254
application personnalisée C 1254
applications à durée de vie élevée L 427

application semi-personnalisée S 285
appliquer A 660
apport de bruit N 198
apport de bruit minime L 531
approximation A 664
approximation au sens de la convergence uniforme C 499
approximation de Tchébychev C 499
approximation scalaire S 84
appui double D 819
appui en A A 644
aptitude à la maintenance M 78
aptitude à survivre S 1432
aptitude à une fabrication en série S 91
ARBM M 578
arbre de décision D 174
arbre de panne F 87
arbre de recherche A 70
architecture de commutation S 1462
architecture de document D 774
architecture de logiciel S 786
architecture de réseau N 109
architecture des réseaux locaux L 316
architecture de systèmes ouverts O 136
architecture du protocole P 846
architecture en couches L 48
architecture logicielle S 786
architecture pipeline P 431
arête E 78
armature A 681, C 8
armature fixe Y 14
armeuse C 9
armoire C 1
armoire normalisée S 1057
armure C 8, S 427
armure/sans N 261
armure en fils légers L 135
armure externe C 8
arrangement relatif au marché M 189
arrêt P 621
arrêt automatique d'appel A 884
arrêt de réception O 332
arrêt d'un bloc B 355
arrêter C 501, H 34
arrivée/d' I 108
artère H 220, L 144, R 798, T 737
artère à faible densité de trafic L 512
artère à fort trafic H 217
artère de câble C 68
artère principale M 58
artère télégraphique T 124
article I 696
articulé sur logiciel S 787
ASEL S 512
ASN D 507
assécheur d'air A 302
assemblage à montage en surface S 1417
assemblage de paquets P 7
assemblage-désassemblage de paquets P 8
assembler L 262
assembleur A 706
assembleur-désassembleur de paquets P 6

asservir L 372
assignation des fréquences F 430
assignation en fonction de la demande D 264
assistance technique T 51
assistance technique à la clientèle C 1258
assisté par ordinateur C 911
assortiment A 145
assurance de fiabilité R 515
assurance de qualité Q 28
assurer la liaison J 25
assurer la maintenance M 77
assurer l'entretien M 77
asymétrie U 46
asynchrone A 719, N 342
athermane A 733
ATI I 553
atmosphère fondamentale de référence B 160
atmosphère radioélectrique normale S 1080
atmosphère turbulente T 1028
atmosphériques A 739
ATOP T 929
attache-câble C 19
attaque D 859, E 428
attaque chimique E 428
attaquer E 427
attente après numérotation P 572
atténuateur A 765, P 43
atténuateur à absorption A 30
atténuateur à piston P 432
atténuateur fixe P 43
atténuateur optique O 188
atténuateur unidirectionnel I 690
atténuateur variable V 15
atténuateur variable par bonds S 1161
atténuation A 750, L 469, W 99
atténuation constante F 248
atténuation de diaphonie C 1214
attribuer A 339
attribut A 771
attribut de service S 354
attribution A 341, A 344
attribution des bits B 304
attribution des fréquences F 425
audibilité A 772
audioconférence A 783
audiofréquence A 784
audio-messagerie V 206
auditif A 809
augmentation E 487
augmentation de l'affaiblissement L 474
augmenter E 485
authenticité A 823
authentification A 821
auto-accord A 903
autoacheminement S 254
autobrouillage S 251
autocanalisation S 236
auto-cicatrisation de condensateurs S 241
autocommutateur D 378, S 1459
autocommutateur « crossbar » C 1193
autocommutateur numérique D 526
autocommutateur privé P 753
autocommutateur privé électronique E 177

autocommutateur privé numérique D 492
autocommutateur télégraphique T 103
autocommutateur téléphonique du type crossbar C 1197
autocommutateur téléphonique privé commandé par ordinateur C 927
autocommutateur temporel T 600
autocommutation D 377
autocorrélateur A 829
autocorrélation A 826
autodécharge S 243
autodiagnostic S 242, S 264
autodiagnostic intégré B 512
auto-excitation S 244
auto-excité S 245
autofocalisant S 248
auto-induction S 250
automation A 906
automatique international I 524
automatisable A 830
automatisation A 906
automatisation complète F 574
automatisation de la conception D 309
automatisation intégrale F 574
automodulation S 252
autonome S 239
auto-oscillateur S 246
auto-oscillateur à blocage B 367
autostabilisation S 255
auto-synchronisation S 263
autotest S 264
avancement de la bande T 24
avancement d'un interligne L 193
avance papier P 68
avantage du compresseur-extenseur C 865
avant-garde/d' A 248
avertissement de l'appelé P 110
avis d'appel A 661
avis de service S 352
avis de service taxé P 54
avis de taxation C 494
axe de faisceau B 189
axe du faisceau principal/en dehors de l' O 75
axe optique O 189
azimut A 946
azimut du grand arc L 430
azimut du petit arc S 464

B

baffle A 88
baie de chercheurs F 191
baie de mesures de station de répéteurs R 577
baie de modulateurs de groupe primaire B 183
baie normalisée S 1079
baie pour appareils divers M 505
baie standard S 1079
balai W 161
balayage S 95, S 96, S 1436
balayage circulaire C 570
balayage continu C 1043
balayage de fréquence F 547
balayage de ligne L 237

balayage de secteur S 198
balayage des lignes L 237
balayage électronique E 180
balayage en azimut A 952
balayage en site E 206
balayage en spirale S 1004
balayage entrelacé I 456
balayage hélicoïdal H 113
balayage par faisceau électronique E 154
balayage pas à pas S 1178
balayeur S 93
balayeur S 94
balisage nocturne O.A.C.I. D 268
balise de radiodétection R 7
balise directrice M 64
balise éloignée O 284
balise radar R 7
balise répondeuse R 665
banc de condensateurs C 229
banc de filtrage F 172
banc de filtres F 172
banc de mesure M 282
banc de mesure de bruit N 217
banc d'ionisation L 87
bancs de broches alignés S 1233
bancs de broches décalés S 747
bande affaiblie S 1205
bande allouée A 710
bande à revêtement de poudre métallique P 585
bande attribuée A 710, S 356
bande attribuée à la télévision T 289
bande attribuée en exclusivité E 465
bande banalisée C 573
bande basse fréquence A 785
bande BF A 785
bande CB C 573
bande d'accord T 1020
bande d'appel C 156
bande d'arrêt S 1205
bande d'arrêt de filtre passe-bande B 80
bande de base B 114
bande de base téléphonique T 248
bande de bruit N 189
bande de conduction C 946
bande de désignation D 308
bande d'émission T 887
bande de fréquence allouée (assigné) A 711
bande de fréquence attribuée S 356
bande de fréquence attribuée à la télévision T 289
bande de fréquence étroite N 20
bande de fréquences F 431
bande de fréquences banalisée (publique) C 573
bande de fréquences télévisuelles T 298
bande de fréquences vidéo V 111
bande de garde G 202
bande de radiodiffusion en ondes courtes (décamétriques) H 162
bande de réception R 343
bande des fréquences acoustiques V 198

bande des fréquences de groupe primaire de base B 150
bande des fréquences téléphoniques (vocales) V 198
bande des ondes courtes S 472
bande des ondes décamétriques D 150, H 170
bande de valence V 2
bande de vidéofréquences V 111
bande directe E 356
bande d'ondes décamétriques S 472
bande d'ondes décimétriques U 3
bande-étiquette D 308
bande étroite N 5
bande étroite/à N 6
bande inférieure L 516
bande interdite E 289, F 319
bande inversée R 704
bande large W 129
bande latérale S 493
bande latérale directe E 357
bande latérale indépendante I 132
bande latérale inférieure L 521
bande latérale inversée I 629
bande latérale résiduelle V 83
bande latérale supérieure U 139
bande latérale unique S 694
bandelettes [métallisées] antiradar C 382
bande limitée/à B 72
bande magnétique M 36
bande magnétoscopique V 129
bande morse M 649
bande occupée O 16
bande papier P 72
bande passante B 90, P 130
bande passante aux fréquences intermédiaires I 478
bande passante de filtre F 171
bande passante MF I 473
bande passante MF sélectable S 211
bande passante moyenne fréquence I 473
bande passante totale O 363
bande perforée P 979
bande permise A 348
bande publique C 573
bande sans chevauchement N 317
bande supérieure U 133
bande téléphonique T 247, V 184
bande UHF U 3
bande vidéo V 96, V 129
bande vocale V 184
banque de données D 16
barre B 99
barre d'alimentation B 539
barre de couleur C 763
barre de dédoublement D 840
barre de distribution d'énergie B 539
barre de mise à la terre E 8
barre de ronflement H 292
barre de sélection S 229
barre omnibus B 539
barre sélectrice S 229
barrette CCD C 340
barrette de raccordement à vis S 151

barrette détectrice à transfert de charges C 342
barrière de potentiel P 581
barrière d'humidité M 614
basculateur bistable F 282
bascule F 282, M 831
bascule bistable F 282
bascule D D 875
bascule de Schmitt S 136
bascule instable M 831
bascule maître-esclave M 218
bascule monostable O 96
bascule JK J 22
bascule JK maître-esclave J 23
bascule RS R 823
bascule RST R 824
bascule T T 467
bas débit L 505
base B 113
base de connaissances K 34
base de connaissances/à K 35
base de données D 17
base de données relationnelles R 480
base de temps T 579
base de temps pour les multiplets B 571
bases théoriques T 468
basé sur des connaissances K 35
basse atmosphère L 515
basse fréquence A 784
basses fréquences L 522a
bâti F 380, R 1
bâti de baie B 182
bâti de commutateurs de ligne L 244
bâti d'équilibreurs B 65
bâti de sélecteurs S 230
bâti de transformateurs de ligne L 252
bâtiment de télécommunication T 73
bâti pour têtes de câbles C 66
bâtonnet d'antenne en ferrite F 118
battement B 214, B 217
battement de la porteuse C 265
battements nul (zéro) Z 10
batterie B 170
batterie/sans B 176
batterie centrale C 353
batterie d'accumulateurs de secours R 611
batterie de condensateurs C 229
batterie de secours B 31, R 611
batterie locale L 318
batterie tampon B 496
baud B 181
BBAG A 183
Bd B 181
BDR R 480
besoin de l'utilisateur U 165
besoins en canaux C 432
BF A 784, L 522a
BFO B 216
BIA F 346
biais d'estimation E 425
bibliothèque de cellules C 346
bibliothèque de cellules standard S 1059
bicanal D 876
bidirectif B 248
bidirectionnel B 248, B 385
bidirectionnel à l'alternat H 8, T 1067

bidirectionnel simultané T 1070
bifurcation B 401
bifurcation de guide d'onde W 52
bilame B 256
bilan de bruit N 191
bilan de liaison L 471
bilan de puissance d'une liaison L 275
bilatéral B 248
binaire B 257
binaural B 282
binons d'information I 184
binons supplémentaires O 390
bip B 220
bipolaire B 289
biporte T 1057
BIR B 38
bistabilité B 296
bistable B 297
bit B 266, B 303
bit/pouce B 322
bit/s[econde] B 324
bit clé C 502
bit d'accusé de réception A 82
bit d'arrêt S 1207
bit de bourrage J 63, P 45
bit de commande C 1055
bit de contrôle C 502
bit de départ S 1111
bit de fonction F 604
bit de moindre poids L 80
bit de parité P 106
bit de plus fort poids M 659
bit de poids faible L 80
bit de poids fort M 659
bit de remplissage F 167
bit de signe S 615
bit de synchronisation S 1507
bit d'état S 1149
bit de verrouillage de trame F 400, F 402
bit erroné E 362
bit indicateur I 143
bit indicateur vers l'arrière B 38
bit indicateur vers l'avant F 346
bit le moins significatif L 80
bit le plus significatif M 659
bits d'en-tête O 390
bits de service S 368
bits d'information I 184
bits parallèles B 314
bits supplémentaires O 390
bits utiles I 184
bivitesse D 888
BLA B 365
blanc artificiel A 703
BLI I 132
blindage S 144, S 148, S 427, S 431
blindage électrostatique E 197
blindage en aluminium A 403
blinder S 426
BLinf L 521
BLO B 369
bloc B 354, F 381, M 613
blocage B 364, L 375, L 376
blocage automatique M 838
blocage de bout en bout E 280
blocage de clavier K 10
blocage de réseau N 111
blocage d'un canal sémaphore S 549

blocage externe E 493
blocage interne I 503
blocage nodal N 178
blocage réseau N 111
blocage sur erreur E 398
blocage vers l'arrière B 34
bloc d'alimentation P 588
bloc de connexion C 976
bloc de données D 20
bloc de raccordement C 976
bloc de tête H 91
bloc de texte T 459
bloc de touches numériques N 417
bloc enfichable P 468, P 475
bloc erroné E 363
bloc fin de transmission E 277
bloc fonctionnel B 500, F 596
bloc numérique D 441, N 417
bloc perturbé D 754
bloc primaire P 718
blocs imbriqués I 458
bloquer I 210, L 372
BLR V 83
BLsup U 139
BLU S 694
BMU B 152
bobinage W 147
bobinage à couches entrelacées B 97
bobinage bifilaire B 251
bobine I 159
bobine à air A 297
bobine à noyau de fer I 664
bobine d'accord T 1015
bobine d'amortissement Q 84
bobine d'antenne A 560
bobine d'arrêt C 519, L 180, R 107
bobine de charge P 982
bobine de charge d'antenne A 590
bobine de choc C 519
bobine de couplage C 1165
bobine de déviation D 216
bobine de filtrage R 173
bobine déflectrice D 216
bobine de prolongement d'antenne A 590
bobine de Pupin (pupinisation) P 982
bobine de relais R 494
bobine d'expédition S 444
bobine d'exploration S 156
bobine d'extinction d'arc A 676
bobine d'inductance I 161
bobine d'induction I 159, I 161, I 162
bobine exploratrice G 90, S 156
bobine magnétique M 13
bobine mobile M 670
bobine thermique H 99
bobine toroïdale T 675
boîte B 396
boîte à échos E 51
boîte aux lettres M 49
boîte de câble C 14
boîte de caisse C 736
boîte de charge L 304
boîte de dérivation D 745, J 38
boîte de jonction J 27, J 38
boîte de raccordement C 14, C 970
boîte d'extrémité de câble C 79
boîte en T B 413

boîte

boîte Pupin L 304
boîtier B 396, C 1, C 316, H 284, P 3, R 353
boîtier/en B 397
boîtier à deux rangées de connexions D 881
boîtier à double rangée de connexions D 881
boîtier a quatre rangées de connexions Q 6
boîtier à sortie alignée D 881
boîtier à une rangée de connexions S 684
boîtier de connexion C 977
boîtier d'épissure S 1008
boîtier DIL (dual-in-line) D 881
boîtier flat-pack F 256/7
boîtier hermétique/dans un H 120
boîtier [pour montage à] plat F 256/7
boîtier QUIL Q 6
bond H 255, R 124
bond de fréquence F 480
bond de régénération R 463
bond hertzien R 124
bond radioélectrique R 124
bonds multiples/à M 763
bonds pouvant atteindre 60 km H 258
booléen B 378
bord/de A 285
bord avant L 64
borne J 51, T 21
borne à vis S 150
borne de dérivation B 414
borne d'émetteur E 235
borne d'entrée I 261
borne de raccordement à vis B 283
borne de repérage de cable C 58
borne de sortie O 351
borne d'essai T 423
borne positive P 568
bouche artificielle A 701
bouchon I 273
bouclage L 455
bouclage local L 455
boucle P 9
boucle L 452
boucle à verrouillage de phase P 336
boucle à verrouillage de phase analogique A 480
boucle à verrouillage de phase numérique D 490
boucle d'asservissement de phase P 236
boucle de commande ouverte O 127
boucle de Costas C 1144
boucle de couplage C 1168
boucle de réaction F 95
boucle de régulation C 1059
boucle de réserve S 1091
boucle d'essai T 430
boucle de téléalimentation P 616
boucle d'hystérésis H 318
boucle d'induction I 167
boucle d'induction magnétique M 26
boucler L 451
bouée émettrice R 75, R 80
bouée radio R 80
bourrage P 44
bouton B 560, K 2

bouton à retour automatique N 314
bouton d'alarme A 317
bouton d'annulation C 216
bouton de conversation P 997
bouton de coupure C 1276
bouton de libération R 509
bouton de réglage A 241
bouton de réinitialisation R 620
bouton-poussoir K 4, P 988
bouton-pression P 988
branche B 400, B 401
branche commune C 811
branchement B 401, B 408, J 37, J 51, T 21
branchement d'abonné S 685, S 1320, S 1329
branchement en parallèle P 78
branchement en série S 342
brancher B 410, T 19
branche réceptrice R 313
brancher en dérivation (parallèle) S 484
bras de lecture T 663
bras de réactance S 1256
brassage M 528
brevetabilité P 151
bride C 985, F 243
bride à piège C 520
bride de raccordement C 985, F 243
brillance B 437
broche P 422
broche de guidage G 211
broches/sans L 69
broches compatibles/à P 423
brouillage I 428, R 110
brouillage admissible P 270
brouillage à l'intérieur du système I 610
brouillage antiradar R 25
brouillage artificiel I 174
brouillage cofréquence C 719
brouillage dans la même voie C 666
brouillage dans la voie adjacente A 217
brouillage dans le canal adjacent A 217
brouillage dans le même canal C 666
brouillage dans une même voie C 666
brouillage dans un même canal C 666
brouillage de (dû à) la voie adjacente A 217
brouillage dû à une bande latérale S 495
brouillage du canal adjacent A 217
brouillage en radiofréquence R 127
brouillage entre services I 591
brouillage entre symboles I 597
brouillage extérieur E 496
brouillage hors bande O 316
brouillage intentionnel J 4
brouillage intersymbole I 596, I 597
brouillage intolérable I 603
brouillage mutuel entre satellites I 586
brouillage nuisible H 76
brouillage par conduction C 944

brouillage par impulsions P 910
brouillage par portée exceptionnelle O 419
brouillage par propagation anormale (supernormale) O 419
brouillage peu intense W 100
brouillage préjudiciable H 76
brouillage quasi impulsif Q 73
brouillage radioélectrique R 110, R 127
brouillage sinusoïdal S 714
brouillage sur la voie commune C 666
brouillage volontaire J 4
brouilleur I 443, I 449, S 141
brouilleur-débrouilleur S 142
brouilleur de la voix S 984
brouilleur intentionnel J 3
brouilleur sinusoïdal S 715
brouilleur sur la voie commune C 667
broutage J 33
broutage transversal T 916
bruit N 185
bruit/exempt de N 206
bruit/sans N 206
bruit à bande étroite N 14
bruit à basse fréquence L 525
bruit acoustique A 99
bruit additif A 182
bruit à largeur de bande limitée B 75
bruit aléatoire R 235
bruit ambiant N 14
bruit à répartition uniforme W 124
bruit artificiel M 118
bruit à spectre continu uniforme W 124
bruit atmosphérique A 739
bruit blanc W 124
bruit blanc additif gaussien A 183
bruit blanc gaussien W 122
bruit continu C 1038
bruit cosmique C 1142
bruit d'agitation thermique T 478
bruit d'alimentation H 289
bruit d'allumage I 22
bruit d'amplificateur A 424
bruit d'antenne A 597
bruit d'avalanche A 929
bruit d'échantillonnage S 21
bruit de circuit C 549
bruit de contact C 1011
bruit de fond B 9, B 155
bruit de fond de l'environnement E 314
bruit de fond interne (propre) d'un récepteur R 329
bruit de friture C 1011
bruit de grenaille S 482
bruit de ligne L 211
bruit de microphone F 572
bruit de modulation M 600
bruit de phase P 345
bruit de quantification Q 52
bruit de référence R 428
bruit de salle R 766
bruit de scintillation F 278
bruit de télégraphe T 117
bruit d'intermodulation I 500
bruit d'oscillateur O 268
bruit dû aux automobiles A 908

bruit du milieu environnant E 314
bruit du récepteur R 329
bruité N 243
bruit en excès E 451
bruit erratique R 235
bruit erratique à spectre uniforme W 124
bruit extérieur E 499
bruit extra-terrestre C 1142, E 509
bruit galactique G 15
bruit gaussien G 42
bruit gaussien blanc additif A 183
bruit global T 681
bruit hors bande O 317
bruit impulsif I 88, I 94
bruit multiplicatif M 796
bruit non pondéré U 123
bruit paramétrique P 96
bruit propre B 155
bruit propre du récepteur I 208
bruit quantique Q 55
bruit radioélectrique R 139
bruit solaire S 801
bruit thermique T 478
bruit ultra faible/à U 18
brusque perturbation ionosphérique R 99
bruyant N 243
BS B 24
buffer B 494
bureau central de zone Z 26
bureau central télégraphique C 374
bureau de télécommunication T 70
bureau d'origine O 50
bureau télégraphique T 118
bureautique O 42
bus B 538, H 220
bus à configuration en T T 48
bus à haute vitesse H 201
bus à jeton T 649
bus d'adresse A 190
bus de commande C 1056
bus de données D 21, D 56
bus de paquets P 9
bus en anneau R 728
bus en étoile S 1102
bus MIC P 172
bus série S 335
butée arrière B 29
butée de repos B 29
BVPA A 480
BVPN D 490

C

CA A 390
cabine téléphonique P 870, T 164
cabine téléphonique ouverte T 224
câblage C 41, C 51, C 88, W 183
câblage automatique A 905
câblage de bâtiment B 502
câblage de central O 52
câblage de la station S 1143
câblage d'immeuble B 502
câblage imprimé P 738
câblage imprimé souple F 274
câblage intérieur I 157, I 282
câblage multicouche M 731

câblage sur panneau arrière B 13
câble C 4
câble à charge continue K 36
câble à conducteurs métalliques M 383
câble à conducteurs multiples M 761
câble à courant faible W 98
câble à courants porteurs C 253
câble à deux conducteurs T 1038
câble à diélectrique plein S 816
câble à double armure D 796
câble aérien A 252, O 391
câble aérien autoporteur S 257
câble à étanchéité longitudinale W 36
câble à fibres optiques O 200
câble à fréquences vocales V 199
câble à isolant (isolation) papier P 70
câble à isolant (isolation) PCV P 1000
câble à paires N 322, P 58
câble à paires câblées en étoile Q 7
câble à paires multiples M 743
câble à paires symétriques S 1502
câble à pression [gazeuse] G 25
câble à quartes Q 4, Q 7
câble à quartes à paires combinables M 775
câble à quartes DM M 775
câble à quartes en étoile S 1108
câble à quartes étoile S 1107, S 1108
câble à revêtement en matière plastique P 450
câble à [structure] ruban R 716
câble bifilaire T 1038
câble chargé L 300
câble chargé de bobines P 981
câble coaxial C 651
câble coaxial large bande B 445
câble coaxial multipaire M 828
câble composite C 900
câble d'abonné S 1326
câble d'alimentation F 103, S 1396
câble d'amenée L 63
câble d'amorce L 63
câble d'antenne A 557
câble d'appartement I 154
câble d'arrivée L 63
câble d'ascension R 754
câble de campagne F 230
câble de central O 43
câble de connexion C 971
câble de dérivation B 402
câble de distribution D 746
câble de distribution secondaire L 325
câble de grande capacité [de transmission] H 150
câble de grande contenance H 150
câble de grand fond D 202
câble de jonction J 39, L 368, T 982

câble de jonction entre centraux I 418
câble de jonction local L 337
câble de jonction urbaine L 337, L 368, T 982
câble de ligne L 179
câble de masse aérien O 394/5
câble de mesure M 285
câble d'entrée L 63
câble d'entrée de poste L 63
câble de petit fond S 417
câble de prise de terre E 10
câble de télécommunication C 835
câble de télécommunications sousmarin S 1289
câble de télévision T 291
câble de tirage D 849
câble de transport F 103, M 58
câble d'installation I 154
câble d'intérieur I 154
câble en canalisation C 951
câble en paires N 322, P 58
câble en quartes Q 4
câble enterré B 524
câblé en usine S 448
câble extérieur O 356
câble flexible F 272
câble fluvial S 1277
câble interurbain T 658, T 982
câble interurbain à fréquence vocale T 658
câble interurbain blindé S 430
câble isolé au caoutchouc R 825
câble isolé au polyéthylène P 537
câble krarupisé K 36
câble mixte C 795, C 900
câble multiconducteur M 701, M 761
câble multipaire M 743
câble non armé U 35
câble non chargé N 311
câble non pupinisé N 311
câble optique O 200
câble plat F 250, F 264
câble pour courant faible W 98
câble pour radiofréquences H 163
câble pressurisé G 25
câble principal M 58
câble pupinisé L 300, P 981
câbler C 3
câblerie C 36, C 57
câble-ruban R 716
câble sans armure U 35
câble sous enveloppe S 424
câble sous-fluvial S 1277
câble sous gaine S 424
câble sous gaine de plomb L 61
câble sous-marin O 20, S 1284
câble sous-marin de grand fond D 202
câble sous-marin de télécommunication S 1284
câble sous-marin de télécommunications S 1287
câble sous papier P 70
câble sous plomb L 60, L 61
câble sous plomb à isolation papier P 71
câble sous pression G 25

câble sous pression d'air P 701
câble sous pression gazeuse G 25
câble souterrain U 57
câble symétrique S 1502
câble symétrique à quartes en étoile S 1500
câble télégraphique T 92
câble télégraphique sous-marin S 1291
câble téléphonique T 165
câble téléphonique de grande capacité L 20
câble téléphonique de grand fond D 203
câble tendeur B 28
câble tiré en conduite C 43
câble tracteur D 849
câble transocéanique O 20, S 1284
câblier C 13, C 56
câblodistribution C 25, C 26
cache F 168a
cadence F 423
cadence de récurrence des impulsions P 943
cadran D 358, N 400, R 773
cadran d'appel D 358, N 400, R 773
cadre F 380, L 452, L 454
cadre blindé S 429
cadre d'utilisation E 313
cadre mobile R 790
cadre orientable R 790
cadre tournant R 790
CAF A 862
CAG A 863
cahier des charges S 942
CAIM M 811
caisse C 736
caisson étanche à l'eau W 35
calage C 576
calculateur de poche programmable P 808
calcul de champs F 131
calcul de système S 1555
calcul en virgule fixe F 232
calcul en virgule flottante F 288
calendrier de maintenance M 90
caméra de télévision T 293
caméra de télévision couleur C 781
caméra vidicon V 141
camouflage antiradar A 630
CAN A 491, I 23
canal C 393, H 220
canal à bande étroite N 7
canal adjacent A 216
canal à large bande B 444
canal aller G 89
canal à multiplexage dans le temps H 220
canal auxiliaire A 912
canal bruité N 246
canal d'accès A 52
canal d'aller G 89
canal d'arrivée I 112
canal décalé [en fréquence] O 63
canal de communication T 835
canal de données D 23
canal de faisceaux hertziens à large bande W 137
canal de fréquence à bande étroite N 7

canal de fréquences F 437
canal de largeur de bande moyenne M 305
canal d'émission G 89, S 296
canal de propagation P 819
canal de protection P 835
canal de radiodiffusion B 467
canal de recherche de personnes P 51
canal de réception R 304, R 688
canal de répéteur T 903
canal de réserve S 1088
canal de secours P 835, S 1088
canal de signalisation S 539
canal de signalisation centralisé C 829
canal de signalisation sur voie commune C 829
canal de télévision T 294
canal de transmission T 835
canal de transmission de données D 23
canal de transmission hertzienne R 132
canal d'organisation C 1057
canal hertzien R 81, R 132
canal ionosphérique I 641
canal n N 52
canal numérique D 444
canal prioritaire P 749
canal radio[électrique] R 81
canal radioélectrique adjacent A 228
canal radioélectrique à évanouissements sélectifs S 223
canal radioélectrique terrestre T 400
canal radiofréquence R 105
canal radiotéléphonique R 207
canal retour B 36
canal RF R 81, R 105
canal sémaphore C 829, S 548
canal sémaphore [à l'état] actif A 134
canal sémaphore [à l'état] inactif I 96
canal télévisuel T 294
canal vidéo V 101
canaux partiellement superposés O 400
caniveau à passage multiple L 214
caniveau de câble C 30
CAO C 913
capacité C 220, C 221, C 230, T 560
capacité base–collecteur B 131
capacité d'accumulateur B 172
capacité de batterie B 172
capacité de bobine C 734
capacité de charge L 296, L 297
capacité de correction des paquets d'erreur B 533
capacité de couplage C 1162
capacité d'écoulement du trafic T 707, T 713
capacité de fuite P 98
capacité de jonction J 41
capacité de mémoire M 326
capacité de modulation M 589
capacité des interconnexions W 184
capacité de surcharge O 406

capacité de trafic T 711, T 713
capacité de transmission C 402, T 834
capacité de transmission de la parole S 991
capacité de voie de transmission C 402
capacité d'une entité C 220
capacité en circuits C 541
capacité en excès E 448
capacité entre spires W 148
capacité en voies C 402
capacité grille/anode G 133
capacité parallèle S 486
capacité parasite P 98, S 1236
capacité terminale C 234
capacitif C 223
capillaire C 236
capot C 1173
capot d'insonorisation A 92
capsule d'écouteur E 4
capsule de microphone T 875
capsule microphonique T 875
captation C 238
capter S 308
capteur S 320
capteur actif A 133
capteur de détection d'intrusion I 618
capteur de puissance P 632
capteur infrarouge I 205
capteur linéaire à couplage de charges C 342
capteur passif P 142
capture C 238
caractère C 452
caractère accusé de réception négatif N 88
caractère alphabétique A 364
caractère alphanumérique A 374
caractère blanc I 15
caractère d'annulation I 23
caractère de catégorie d'usager U 158
caractère de changement de code E 418
caractère de changement de ligne L 194
caractère de commande C 1058
caractère de commande d'appel C 119
caractère de contrôle C 504, C 1058
caractère de contrôle de bloc B 356
caractère de contrôle d'erreurs E 373
caractère de contrôle de transmission T 840
caractère d'écriture C 452
caractère d'édition F 335
caractère de mise en page F 331/2
caractère de remplissage F 166
caractère de retour arrière B 25
caractère d'espacement arrière B 25
caractère de substitution S 1348
caractère de suppression D 248, I 23
caractère de synchronisation S 1530
caractère d'extension de code C 695

caractère d'interligne L 194
caractère d'invitation à recevoir A 206
caractère d'omission I 23
caractère espace S 873
caractère final F 185
caractère fin de support E 267
caractère fin de texte E 275
caractère graphique G 103
caractère graphique mosaïque P 397
caractère inactif I 95
caractère interdit I 25
caractère intermédiaire I 465
caractère le moins significatif L 81
caractère le plus significatif M 660
caractère mutilé M 835
caractère nul N 393
caractère numérique N 411
caractère redondant R 411
caractère séparateur I 196
caractères par seconde C 475
caractère télégraphique T 95
caractéristique C 462, S 940
caractéristique à court terme S 467
caractéristique à déphasage minimal M 494
caractéristique affaiblissement-fréquence A 756
caractéristique à long terme L 441
caractéristique amplitude-fréquence A 438
caractéristique à pente négative F 35
caractéristique aux fréquences intermédiaires I 474
caractéristique capacité–tension C 222
caractéristique courant-tension C 1250
caractéristique d'accrochage A 110
caractéristique d'affaiblissement A 751
caractéristique d'atténuation A 751
caractéristique de bruit N 220
caractéristique de déphasage P 326
caractéristique de destruction D 321
caractéristique de la densité d'énergie spectrale P 634
caractéristique de modulation M 590
caractéristique déphasage-fréquence P 326
caractéristique de polarisation P 511
caractéristique de radiation R 52
caractéristique de rayonnement R 59
caractéristique de réponse amplitude-amplitude A 429
caractéristique de réponse amplitude-fréquence A 440
caractéristique de saturation S 66
caractéristique de sélection S 227
caractéristique de sensibilité auditive E 4

caractéristique de temps de propagation de groupe G 179
caractéristique de transmission T 836
caractéristique du discriminateur D 685
caractéristique du réseau N 143
caractéristique en bande passante P 132
caractéristique en sens direct F 340
caractéristique en sens inverse R 701
caractéristique fréquentielle F 438
caractéristique niveau/fréquence L 108
caractéristique non linéaire N 299
caractéristique phase-fréquence P 326
caractéristique quadratique Q 11
caractéristiques S 943
caractéristiques de bruit N 225
caractéristiques de commutation S 1464
caractéristiques de fiabilité R 518
caractéristiques de la gigue J 12
caractéristiques de la voie de transmission C 405
caractéristiques de modulation M 591
caractéristiques de polarisation P 510
caractéristiques des erreurs E 371
caractéristiques des interruptions O 277
caractéristiques de transmission du RNIS T 854
caractéristiques de vieillissement A 276
caractéristiques dynamiques D 920
caractéristiques en fréquence F 439
caractéristique statique S 1136
caractéristique tombante F 35
carcasse W 152
carcinotron B 43
carré Gouriaud A 325
carte C 244, C 498, M 613, P 736
carte à circuit imprimé P 736
carte à circuits imprimés interconnectés I 392
carte à composants pour montage en surface S 1419
carte à mémoire C 512, M 327
carte à microcircuit C 512
carte à puce C 512
carte CMS S 1419
carte codec C 680
carte d'adaptation A 147
carte de câblages imprimés P 733
carte de câblages imprimés à plusieurs couches M 729
carte de champ F 149
carte de circuit de ligne analogique A 477
carte de circuit imprimé C 244, P 733, P 736

carte de crédit C 1183
carte de paiement P 163
carte de paiement électronique E 176
carte de terminaison de bus B 548
carte de voie C 430
carte de voie de service S 364
carte d'expansion E 475
carte d'extension E 475
carte d'interface I 421, I 422
carte enfichable P 468, P 472
carte-fille D 124
carte imprimée double face D 834
carte imprimée multicouche M 729
carte ionosphérique TU U 172
carte magnétique M 10
carte mémoire M 325
carte mère M 57
carte multicouche M 725
carte nue B 103
carte perforée P 978
carte processeur P 793
carte-programme P 800
carte radar R 27
carter C 1173, H 284
carter d'insonorisation A 92
carte télécom C 157
cartouche M 37
cartouche à boucle sans fin E 255
cas d'urgence E 214
case de caractère C 455
cas le plus défavorable W 204
casque H 94
casque d'écoute E 4
casque téléphonique H 94, T 194
cassette M 37
cassure de fatigue F 68
catégorie d'abonnés S 1311
catégorie d'appel C 158
catégorie de service G 97
catégorie d'usagers U 157
catégorie d'usagers du service U 160
cathode C 324
cathode à chauffage indirect I 148
cathode à réservoir R 616
cause de défaillance F 27
cavalier de court-circuit S 459
cavité C 336
cavité couplée C 1155
cavité résonnante C 338
CC C 116
CCDMS M 180
CCIR I 541
CCITT I 554
CCM M 184, M 552
CCM de rattachement H 241
CCN C 1026
cécité de balayage B 350
cellule C 343, S 190
cellule binaire B 258
cellule de filtr[ag]e F 181
cellule de mémoire M 328
cellule de mémoire MOS M 656
cellule mémoire M 328
cellule normalisée S 1058
cellule photoélectrique P 370
cellule précaractérisée S 1058
cellule solaire S 796
CEM E 142, O 171
CEMGR O 177

central E 456, S 1463
central à batterie centrale C 808
central à commande par programme enregistré S 925, S 1229
central à commutation temporelle T 630
central à exploitation manuelle M 126
central à sélecteurs rotatifs R 782
central automatique A 860
central automatique à quatre fils F 366
central automatique rural R 830
central automatique tout à relais A 354
central concentrateur R 553
central d'abonné P 754
central d'abonné à exploitation manuelle M 131
central d'abonné RNIS I 673
central d'arrivée D 317
central de départ C 171, O 243, O 295
central demandé C 131
central de raccordement L 331
central de raccordement d'abonné O 243
central de rattachement P 104
central de secours E 219
central de sortie O 295
central de télécommunication d'abonné P 761
central de téléphonie mobile M 553
central de transit T 809
central d'extrémité E 261
central électronique E 160
central en bâti R 2
central extrémité E 261
central gentex G 55
central international I 527
central interurbain T 989
central local E 261, L 331
central manuel M 126, M 134
central manuel à batterie locale L 319
central nodal T 13
central numérique D 464
central pas à pas S 1164
central principal M 62, M 80
central privé P 754, P 762
central privé à exploitation manuelle M 131
central privé RNIS I 673
central rural R 831
central satellite S 41
central tandem T 13
central télégraphique T 108, T 118, T 257
central télégraphique automatique T 103
central télégraphique manuel M 147
central téléphonique E 456, T 189, T 207
central téléphonique automatique A 893
central téléphonique d'abonné S 1331
central téléphonique entièrement électronique F 594
central téléphonique local L 358
central téléphonique manuel M 145
central téléphonique mobile M 553
central téléphonique numérique D 531
central téléphonique principal M 80
central téléphonique privé P 762, P 763
central terminal T 365
central urbain L 331
centre à système de signalisation par canal sémaphore C 813
centre d'arrivée T 383
centre de bande M 467
centre de commande de satellite S 40
centre de commutation E 456, S 1463
centre de commutation de données D 100
centre de commutation de données maritime par satellite M 180
centre de commutation de groupement G 196
centre de commutation de transit T 820
centre de commutation du service mobile M 552
centre de commutation maritime M 184
centre de commutation numérique D 523
centre de commutation pour les services mobiles de rattachement H 241
centre de commutation télégraphique T 132
centre de commutation téléphonique T 228
centre de contrôle régional A 678
centre de contrôle de réseau N 117
centre d'écoute I 377, R 151
centre de diffusion S 122
centre de gestion de réseau N 135
centre d'émission B 485
centre d'émission de radiodiffusion B 485
centre de phase P 301
centre de renseignements téléphoniques D 642
centre de réparation R 562
centre de signalisation de défauts F 72
centre de taxation C 493
centre de transit T 809, Z 26
centre d'exploitation O 166
centre d'exploitation, de maintenance et de gestion du réseau O 177
centre d'exploitation et de maintenance O 171
centre d'extrémité T 365
centre émetteur T 890
centre intermédiaire I 464, I 484, I 488
centre international G 32, I 527
centre international d'arrivée I 118
centre international de commutation de données I 523
centre international de départ O 296
centre international de transit I 561
centre interurbain T 989
centre interurbain d'extrémité T 380
centre interurbain terminal T 380
centre local E 261, L 327, L 331
centre local secondaire D 289
centre national de commutation de données N 28
centre non [télé]surveillé U 37
centre principal M 80
centre radiophonique international I 544
centre radiophonique national N 39
centre récepteur R 344
centre satellite S 41
centres de transit/entre I 598
centre télégraphique T 93
centre téléphonique E 456, T 189
centre télésurveillé U 37
Centre Télévisuel International I 557
centre terminal T 365, T 383
centre tête de ligne G 33, T 365
centre utilisant un système de signalisation sur voie commune C 813
centre zonal Z 26
cepstre C 379
céramique piezoélectrique P 406
cercle gradué en azimut A 951
cercle hybride R 264
cercle unité U 85
certificat de radiotélégraphiste R 175
certificat de radiotéléphoniste R 189
CFR H 313, H 314
chaîne à quatre fils F 367
chaîne de caractères C 476
chaîne de connexion C 975
chaîne Decca D 154
chaîne de Markov M 192
chaîne de production P 796
chaîne de radar R 9
chaîne d'isolateurs I 325
chaîne numérique D 443
chaîne unitaire U 93
chaîne vide N 394
chaînon de voie T 846
chambre anéchoïque A 501
chambre de câbles C 47
chambre de concentration C 17
chambre de répartition C 17, C 47
chambre multibande M 821
chambre sourde A 501
champ à courte distance N 66
champ brouilleur D 760
champ dans l'ouverture A 641
champ de données D 47
champ de l'onde de sol G 167
champ de l'onde ionosphérique S 737
champ de longueur L 93
champ de rayonnement R 54
champ d'induction I 163, N 73
champ d'information I 190
champ d'ondes W 47
champ d'ondes planes P 444
champ électrique E 128
champ électromagnétique E 143
champ en l'absence d'absorption U 30
champ évanescent E 441
champ exploré S 101
champ hyperfréquence M 441
champ lointain F 55
champ magnétique M 21
champ magnétique terrestre E 21
champ minimal M 491
champ parasite D 760
champ perturbateur D 760
champ perturbateur magnétique P 282
champ proche N 73
champ protégé P 834
champ rayonné R 54
champ reçu R 306
champ réfléchi R 435
champ utilisable U 148
champ vectoriel V 39
changement brusque S 1356
changement d'échelle S 89
changement de code E 417
changement de fréquence F 436
changement de ligne L 193
changement de page F 336
changeur abaisseur de fréquence D 841
changeur de fréquence F 442
changeur élévateur de fréquence U 125
charge C 479, C 735, L 295
chargé L 299
charge adaptée M 226
charge coaxiale C 661
charge continue C 1031, C 1032
charge de la voie C 425
charge de maintien F 284
charge d'entretien F 284
charge de pointe P 198
charge d'espace S 874
charge de trafic T 723
charge d'une ligne P 983
charge électrostatique E 193
charge fictive A 700
charge inductive I 169
charge liquide W 31
chargement L 295
charge nominale R 259
charge non réactive A 137
charge par le vent W 153
charge partielle L 122
charger C 478, L 294
charge réelle A 137
charge résiduelle R 631
charge résistive R 646
charge statique S 1137
chargeur B 173, C 489
chargeur de batterie B 173
charge utile P 162
charge utile d'un satellite S 49
chariot à câbles C 82
charrue enfouisseuse C 48, C 50
charrue rigoleuse C 50
châssis R 1
chauffage de l'ionosphère I 649
chauffage diélectrique D 392
chauffage par induction I 166
chaussette de pose C 40
chemin P 152
chemin d'accès A 63
chemin de câble C 30

chemin de câbles C 85, C 86
chemin de contre-réaction F 97
chemin de données D 75
chercheur F 190
chercheur d'appel C 148
chercheur de circuit de jonction J 46
chercheur de ligne [appelante] F 190
chercheur de ligne libre H 294
chercheur radiogoniométrique G 90, R 121
chevauchement O 398
chevauchement de fréquences F 515
chevaucher O 397
cheville de guide d'ondes W 66
chiffrage de données D 42
chiffre C 529, D 432
chiffre binaire B 266, B 273
chiffre clé C 505
chiffre de commande de justification J 62
chiffre de contrôle C 505
chiffre de discrimination D 683
chiffre de langue L 15
chiffre d'identification de nationalité N 33
chiffre le moins significatif L 82
chiffre le plus significatif M 661
chiffrement E 250
chiffrement avec un secret parfait P 235
chiffrement de données D 42
chiffrement de la parole S 969
chiffrement numérique D 445
chiffre octal O 22
chiffrer C 528
chiffreur C 531
chip-carrier C 513
choc acoustique A 101, A 102
choc thermique T 484
choix de fréquences F 529
choix du profil normalisé S 1077
choix du tracé R 803
chromaticité C 522
chrominance C 524
chronométrage T 634
chute de tension V 230
chute de tension directe F 354/5
C/I C 301
CI à la demande C 1256
cible T 37
cible de radar R 41
cible ponctuelle P 492
cible radar R 41
cible [radar] transhorizon T 778
CIC C 548
CI multifonctionnel M 719
cinémomètre T 735
cintreuse C 12
circonscription principale M 62
circonscription téléphonique T 184
circonscription voisine A 225
circuit C 535, C 536, L 144, L 452, N 104, T 981
circuit accordable T 1004

circuit accordé T 1009
circuit à coefficient de qualité élevé H 190
circuit à comparaison de phase P 307
circuit à couche épaisse T 498
circuit à couche[s] mince[s] T 506
circuit à courants porteurs C 255
circuit à déclenchement T 944
circuit à deux fils T 1073
circuit à éléments localisés L 555
circuit à éléments répartis D 731
circuit à embranchement à quatre accès F 364
circuit à faible bruit L 530
circuit à faible coefficient de qualité L 539
circuit à faible Q L 539
circuit à fréquence intermédiaire I 475
circuit à grande distance L 414
circuit à inertie F 302
circuit à la demande [du client] C 1256
circuit à l'état solide S 819
circuit À L'EXCEPTION DE A 500
circuit analogique A 468
circuit anti-effet local A 634
circuit antirésonnant A 631
circuit à pastilles multiples M 696
circuit approprié E 24, E 33
circuit approprié de combiné (fantôme) E 32
circuit à Q élevé H 190
circuit à quatre fils F 368
circuit à répéteurs R 570
circuit à retour par la terre E 30
circuit à semiconducteurs S 819
circuit assimilé à un circuit à deux fils T 1079
circuit assimilé à un circuit à quatre fils F 378
circuit à très haut niveau d'intégration V 79
circuit au repos I 16
circuit auxiliaire A 913
circuit basse fréquence A 788
circuit BF A 788
circuit bifilaire T 1073
circuit binaire B 259
circuit bipolaire à intégration à très grande échelle B 294
circuit bipolaire intégré en silicium S 630
circuit bipolaire VLSI B 294
circuit bistable B 299
circuit bouchon A 631, W 94
circuit client C 1256
circuit CMOS C 640
circuit combinant S 496
circuit combinatoire C 794, G 27
circuit combiné P 285
circuit combiné double D 818
circuit combiné quadruple Q 22
circuit comparateur C 869
circuit conformateur d'impulsion P 951

circuit d'abonné analogique A 485
circuit d'accès A 53
circuit d'accord T 1014
circuit d'addition A 170
circuit d'affichage à cristal liquide L 282
circuit d'affichage à cristal liquide avec adressage au moyen de transistors en couche mince T 511/2
circuit d'alignement C 577
circuit d'antenne A 559
circuit d'antivalence E 468
circuit d'appel R 735
circuit d'arrivée I 113, I 127
circuit d'attaque D 856
circuit de blocage H 228
circuit d'échantillonnage et de maintien S 7
circuit de charge fictif A 700
circuit décodeur D 179
circuit de coïncidence C 740
circuit de commande C 1060
circuit de commande à grande vitesse H 202
circuit de commande de colonnes C 788
circuit de compensation C 876, C 877
circuit de compensation de charge A 20
circuit de conférence C 952
circuit de connexion C 972
circuit de contre-réaction F 94
circuit de conversation C 1060, C 1088, S 929, S 959
circuit de conversation par satellite S 55
circuit de courant d'appel R 735
circuit de décision D 168
circuit de départ O 291, O 305
circuit de différentiation D 423
circuit de données D 25
circuit d'égalisation E 327
circuit de filtrage F 174
circuit de jonction J 37, T 985
circuit de liaison I 385
circuit de ligne L 181
circuit de ligne analogique A 477
circuit de ligne d'abonné L 204
circuit de limitation en courant C 1247
circuit de maintien H 228
circuit de manipulation K 20
circuit de mise en forme d'impulsions P 951
circuit de multiplexage M 780
circuit de neutrodynage (neutrodynation) N 161
circuit d'enregistrement R 379
circuit d'entrée I 241
circuit de parole S 959
circuit de prédistorsion P 667
circuit de radiocommunication R 82
circuit de reconstitution de la porteuse C 287
circuit de récupération de rythme C 616
circuit de récupération d'horloge C 616
circuit de référence R 420
circuit de réglage C 1059

circuit de retour B 2
circuit de retour par la terre E 30
circuit de secours R 612
circuit de service E 296, O 234
circuit d'essai T 412
circuit de sonnerie R 735
circuit de sortie O 333
circuit de téléalimentation P 616
circuit de télécommunication T 63
circuit de télécommunication numérique D 528
circuit de télédictée D 386
circuit de téléimprimeur T 252
circuit de transit direct D 654
circuit de transmission T 837
circuit de transmission de données D 25
circuit deux fils T 1073
circuit de verrouillage C 577
circuit d'excitation D 860
circuit d'horloge C 608, C 611
circuit différentiateur D 423
circuit digilogue D 431
circuit d'intégration I 354
circuit d'interception I 378
circuit d'interface C 423
circuit d'interface de ligne d'abonné S 1334
circuit direct D 594
circuit disponible F 410
circuit duplex D 901
circuit économiseur S 75
circuit égaliseur E 327
circuit en duplex D 901
circuit en ondes millimétriques M 473
circuit en technologie MOS complémentaire C 640
circuit entièrement à la demande F 579
circuit entièrement personnalisé F 579
circuit entrant I 113, I 127
circuit entre centres locaux I 566
circuit équilibré B 47
circuit équivalent au bruit E 346
circuit ET A 498
circuit ET-NON A 500
circuit exploité en alternat B 386
circuit fantôme P 285
circuit fantôme à (avec) retour par la terre E 24
circuit fantôme double D 818
circuit fantôme quadruple Q 22
circuit fictif de référence H 313
circuit fictif de référence pour système de Terre T 397
circuit 4 fils F 368
circuit fonctionnant à plein temps F 586
circuit frontal F 566
circuit hybride H 301
circuit hybride à (en) couche épaisse T 500
circuit hyperfréquence M 436
circuit imprimé P 732
circuit imprimé double face D 835
circuit intégrateur I 354
circuit intégré I 330

circuit intégré à couche[s] épaisse[s] T 501
circuit intégré à couche[s] mince[s] T 507
circuit intégré à grande échelle L 549
circuit intégré à haute tension H 218
circuit intégré à large échelle L 549
circuit intégré à moyenne échelle M 311
circuit intégré analogique A 476
circuit intégré à protection renforcée contre les rayonnements R 55
circuit intégré à tension élevée H 218
circuit intégré à très grande échelle V 79
circuit intégré de répéteur R 574
circuit intégré d'interface de ligne d'abonné avec sonnerie I 335
circuit intégré en microruban M 427
circuit intégré GaAs G 1
circuit intégré hybride H 301
circuit intégré hyperfréquence M 447
circuit intégré hyperfréquence monolithique M 453, M 635
circuit intégré linéaire L 158
circuit intégré monolithique M 633
circuit intégré non affecté S 1076
circuit intégré optoélectronique O 221
circuit intégré propre à une application A 656
circuit intégré pour microondes M 447
circuit intégré semi-personnalisé S 287
circuit intégré spécifique d'une application A 656
circuit intégré sur arséniure de gallium G 1
circuit intercontinental I 406
circuit international I 519
circuit international loué I 532
circuit interurbain T 985
circuit inverseur I 631
circuit libre F 410
circuit linéaire L 152
circuit logique L 393
circuit LSI L 549
circuit LSI à la demande C 1270
circuit LSI personnalisé C 1270
circuit local L 367
circuit loué P 766
circuit loué à temps partiel P 127
circuit loué en permanence P 766
circuit maître-esclave M 217
circuit maritime local M 164
circuit maritime par satellite M 178
circuit maritime terrestre M 185
circuit mémoire M 330
circuit métallique M 381

circuit microélectronique M 407
circuit micro-ondes monolithique M 453
circuit mixte B 386
circuit monolithique M 631
circuit monophasé S 687
circuit MOS personnalisé M 654
circuit MSI M 311
circuit multijoncteur M 724
circuit multiple M 753
circuit multiplex M 780
circuit multipoint simple S 640
circuit multipuce M 696
circuit multivibrateur M 832
circuit national de prolongement N 31
circuit NI N 353
circuit NON I 631
circuit non combinable N 319
circuit NON-ET N 3
circuit non linéaire N 300
circuit NON-OU N 353
circuit NON-OU exclusif E 467
circuit numérique D 528
circuit omnibus O 82
circuit oscillant O 270
circuit OU O 242
circuit OU exclusif E 468
circuit OU-NON O 248
circuit ouvert O 122
circuit par satellite S 37
circuit personnalisé C 1256
circuit primaire P 711
circuit radio[électrique] R 82
circuit radiophonique P 812, S 847
circuit radiophonique international I 545
circuit radiotéléphonique semi-duplex S 288
circuit réel S 496
circuit résonnant R 659
circuit résonnant à Q élevé H 191
circuit résonnant série S 348
circuits à commande unique G 21
circuit sans perte Z 17
circuit sans répéteurs N 331
circuits de commande C 1064
circuits de numérotation D 364
circuits de sortie O 334
circuit secondaire S 167
circuit sélectif en fréquence F 532
circuit semi-duplex H 11
circuit semi-personnalisé S 286
circuit semi-spécial A 656
circuit séquentiel S 334
circuit simplex S 644
circuits MOS dynamiques D 924
circuit sortant O 291, O 305
circuits prédiffusés G 30
circuit stabilisateur de courant C 1249
circuit stabilisateur de tension V 247
circuit standard S 1076
circuit superfantôme D 818
circuit superfantôme à retour par la terre E 31
circuit superposé S 1382
circuit supplémentaire S 1382

circuit support intercontinental I 405
circuit sur mesure C 1256
circuit sur voie support B 205
circuit symétrique B 47
circuit synthétiseur de fréquence à intégration à grande échelle F 552
circuit télégraphique T 97
circuit télégraphique fantôme P 289
circuit télégraphique fantôme à retour par la terre E 24
circuit télégraphique fantôme avec retour par la terre E 24, E 33
circuit télégraphique international I 555
circuit télégraphique loué L 78
circuit télégraphique superfantôme avec retour par la terre E 32
circuit téléphonique T 174, V 189
circuit téléphonique à courants porteurs C 300
circuit téléphonique en câble T 175
circuit téléphonique international I 556
circuit télévisuel T 295
circuit télévisuel international à destinations multiples I 536
circuit terrestre du système maritime M 185
circuit tridimensionnel T 523
circuit unidirectionnel O 100
circuit virtuel V 1382, V 146
circuit virtuel permanent P 264
circuit VLSI V 79
circuit VLSI submicrométrique S 1292
circuit VLSI sur mesure pour les télécommunications C 1271
circulateur C 572
circulateur à ferrite F 114
circulateur de Faraday F 49
circulateur microruban M 426
circulation de jeton T 651
CIRD D 72
CIRP P 758
CI semi-personnalisé S 287
claquage B 418
claquage par avalanche A 923
claquage par effet Zener Z 3
claquement de manipulation K 14
classe de débit T 561
classe de document D 775
classe d'émission C 584
classe de service C 585
classe de trafic C 587
classe d'utilisateurs U 157
classement O 233
clause de conformité C 960
clavier D 358, K 6, T 198
clavier/à K 7
clavier à boutons B 561
clavier à enregistreur S 1215
clavier alphanumérique A 379
clavier de numérotation T 198
clavier lumineux B 10
clavier numérique D 560
clavier perforateur avec impression P 741

clavier téléphonique T 198
clé K 3, K 4, T 4
clé à retour automatique N 314
clé d'appel C 164
clé d'appel et de conversation T 9
clé d'authentification A 822
clé de chiffrage C 532
clé de conversation P 997, T 8
clé de coupure C 1276
clé d'écoute L 291
clé de la libération R 509
clé de parité P 106
clé de renvoi T 763
clé de transfert T 763
clé publique P 875
clé secrète S 189
clés en main T 1032
clignotant F 246
clignotement B 353
clignoter B 352, F 245
cliquet P 161
cluster C 635
CMS S 1416, S 1418
CN N 409
C/N C 303
CNC D 513
CNE R 543
coabonné M 744
coaxial C 649
coaxial colinéaire C 654
COC S 550
cocanal C 663
cocanal orthogonal O 251
codage E 247
codage actionné par impulsions multiples M 811
codage adap[ta]tif A 155
codage à débit binaire variable V 18
codage à la source S 864
codage à l'intérieur d'une trame I 608
codage à longueur variable V 22
codage alphabétique A 367
codage à niveaux multiples M 732
codage à pseudobruit P 857
codage à réponse partielle P 119
codage à seuil T 537
codage bidimensionnel T 1049
codage canal C 407
codage composite C 902
codage convolutif C 1098
codage couleur C 770
codage dans la trame I 607
codage de données D 41
codage de [la] forme d'onde W 49
codage de la parole S 963
codage de la parole à bas débit L 506
codage de la parole à moyen débit M 306
codage de la voix S 963
codage de parole à bas débit L 506
codage de parole à moyen débit M 306
codage de signal W 49
codage de signaux audio A 782
codage de signaux vidéo V 124

codage

codage de source S 864
codage de source vidéo V 127
codage de sous-bande S 1268
codage de voie[s] C 407
codage différentiel D 404
codage d'image I 33
codage d'image par transformation T 774
codage d'images I 33
codage du canal C 407
codage en blocs B 360
codage en sous-bandes S 1268
codage en treillis T 936
codage entre trames I 453
codage hiérarchique H 138
codage hybride H 297
codage hybride dans le domaine fréquentiel H 300
codage interimage I 452
codage intertrame I 453
codage monodimensionnel O 91
codage multiniveau M 732
codage non uniforme N 343
codage NRZ N 336
codage numérique D 449, N 414
codage paramétrique P 95
codage par blocs B 360
codage par composante C 895
codage par longueur de plage R 826
codage par plages R 826
codage par prédiction adaptatif A 160
codage par prédiction linéaire L 168
codage par prédiction linéaire actionné par les résidus R 638
codage par prédiction linéaire à excitation par des impulsions régulières R 475
codage par transformation (transformée) T 770
codage par zone Z 24
codage PL L 168
codage prédictif P 662
codage prédictif adaptatif A 160
codage prédictif linéaire L 168
codage pseudo-ternaire P 863
codage RZ R 696
codage trivalent T 528
codage uniforme U 75
codage vectoriel V 38
codage vidéo V 103
code C 674
code/en S 434
code à détection d'erreurs E 385
code à disparité compensée P 59
codeur à fréquences vocales LPC L 169
codeur à impulsions multiples M 809
code à largeur de bande minimale M 487
code alphabétique A 366
code alphanumérique A 376
code alternant P 59
code à moments E 329
code à n moments N 418
code à rapport fixe W 110
code à réponse partielle P 118
code à somme bornée B 48
code autocontrôlé S 237

code autocorrecteur S 240
code autodétecteur d'erreurs E 385
code autovérificateur S 237
code à vérification d'erreurs E 374
code BCH B 185
code binaire B 260
code binaire correcteur (détecteur) d'erreurs B 271
code binaire MIC P 171
code binaire supplémentaire A 173
code binaire symétrique S 1496, V 11
code biphase B 286, D 579
code bipolaire [alternant] A 386
code bipolaire alternant modifié M 570
code bipolaire strict A 386
code biquinaire B 295
code bivalent pour câble T 1047
codec C 679
codec à correction d'erreurs E 379
codec à deux étages T 1065
codec à une seule voie S 660
codec à voie unique S 660
codec de signal vidéo V 102
codec en une seule puce O 90
code CMI C 639
codec MIC P 174
codec monovoie S 660
code complet B 359, P 231
code concaténé C 934
code convolutif C 1099
code correcteur d'erreurs E 378
codec vidéo V 102
code cyclique C 1287
code d'accès A 54, P 145
code d'acheminement R 811
code d'autorisation A 824
code de câble C 20
code de câble trivalent C 59, T 519
code de canal sémaphore S 550
code décimal binaire B 262
code de commande C 801
code de contrôle d'erreurs E 374
code de convolution C 1099
code de couleur C 769
code de destination D 314
code de détection d'erreurs E 385
code de diagnostic D 351
code de groupe G 177
code de Hamming H 35
code de modulation d'impulsions P 904
code d'épellation international I 549
code de pseudobruit P 856
code de Reed-Solomon R 418
code de remplissage F 168
code de retour sur canal sémaphore normal E 385
code de signalisation S 524
code de signalisation de commande C 1078
code de sonnerie R 736
code détecteur d'erreurs E 385
code de téléimprimeur T 253

code de transmission L 182, T 838
code de voie C 406
code d'exécution T 39
code d'identification de circuit C 548
code d'identification de réseau pour données D 72
code d'identification de réseau privé pour données P 758
code d'impulsions I 85, P 904
code d'un point sémaphore S 571
code du point de destination D 320
code du point d'origine O 246
code en bloc[s] B 359
code en ligne L 182
code en ligne en bande de base B 122
code en ligne redondant R 414
code en ligne ternaire T 392
code en treillis T 935
code haute densité binaire d'ordre 3 H 90
code HDB3 H 90
code indépendant du système utilisé C 699
code linéaire L 153
code météorologique international I 534
code mnémonique M 531
code morse M 644
code morse international I 535
code multifréquence M 714
code national de destination N 29
code numérique D 448, N 413
code octal O 21
code opération C 801, O 173
code optimal O 214
codé par corrélation C 1137
code « plus trois » E 454
code pondéré W 110
code postal C 701
code pour câble C 20
code préfixe P 680
code quadrivalent F 356
coder C 673
code redondant R 412
code RS R 418
code spécial S 436
code systématique S 1551
codet C 693
code télégraphique T 98
code télex T 253
code télex de destination T 322
code tétradique T 455
code transparent C 708
codeur E 246
codeur à fréquences vocales V 178
codeur arborescent T 930
codeur-décodeur C 679
codeur-décodeur de parole S 961
codeur-décodeur en bande vocale V 185
codeur-décodeur en unique circuit intégré monolithique O 90
codeur de parole S 962
codeur de parole en sous-bandes S 1271
codeur en sous-bande S 1267

codeur MIC P 176
codeur par prédiction linéaire excité par des impulsions multiples M 812
codeur par prédiction linéaire excité par un code C 678
codeur par prédiction linéaire excité par une table de codage C 678
codeur stéréophonique S 1185
codirectionnel C 716
coefficient cepstral C 378
coefficient d'absorption A 23
coefficient d'amplification A 420, G 3
coefficient de chevauchement D 225
coefficient de coopération F 11
coefficient de corrélation C 1132
coefficient de couplage C 1164
coefficient de courants réfléchis R 441
coefficient de diffusion S 123
coefficient de dilatation C 718
coefficient de directivité D 632
coefficient de directivité d'antenne A 571
coefficient de distorsion différentielle I 497
coefficient de modulation M 596
coefficient de multiplication M 794
coefficient de multiplication d'erreurs E 403
coefficient de réduction de charge D 298
coefficient de réflexion R 441
coefficient de réjection R 477
coefficient de sensibilité S 314
coefficient de surtension Q 2
coefficient de température T 342
coefficient d'induction I 159
coefficient d'insertion I 279
coefficient d'intermodulation I 497, I 498
coefficient d'occupation O 14
coefficient d'occupation des voies C 413
coefficient d'utilisation D 917
coefficients du filtre F 175
cœur C 1119
coffret B 396, C 1, C 316
coffret/en B 397
coffret d'alimentation supplémentaire A 176
coffret de commande d'un téléimprimeur T 256
coffret de distribution électrique P 597
cofréquence C 663
cohérence C 720
cohérence de fréquence C 723
cohérence de phase C 724
cohérence entre impulsions I 574
cohérence partielle P 113
cohérence spatiale S 920
cohérence spatio-temporelle S 908
cohérence temporelle T 353
collecte de données D 13, D 27

collecteur C 751
collecteur de données D 94
collecteur de données (N) N 59
collecteur de trafic T 739
collecteur d'information I 197
collecteur solaire S 797
collecteur solaire déployé U 66
collision C 756
collision d'appel C 113
collision frontale H 93
colloque de reconnaissance H 59
combinaison binaire B 306
combinaison des circuits P 288
combiné H 60, R 320
combiné à bouton (poussoir) de conversation P 998
combiné décroché H 51
combiné d'opératrice H 94
combiné pour endroits bruyants N 249
combiné pour malentendant I 63
combiné raccroché H 52, O 108
combiner par une porte OU O 223
combineur C 797, S 330
combineur de diversité D 766
Comité consultatif international des radiocommunications I 541
Comité consultatif international télégraphique et téléphonique I 554
Comité international d'enregistrement des fréquences I 530
commande C 800, C 1054, C 1061, D 859
commande à distance R 536, T 57
commandé à la voix V 208
commande à main H 39
commande à quantification d'amplitude A 456
commande à quantification temporelle T 614
commande automatique A 851
commande automatique d'amplitude A 833
commande automatique de fréquence A 862
commande automatique de gain A 863
commande automatique de gain à seuil D 236
commande automatique de gain instantanée I 298
commande automatique de la puissance d'émission A 900
commande automatique de luminance A 837
commande automatique de niveau A 864
commande bilatérale B 252
commande centralisée C 362
commande d'acheminement R 812
commande d'appel C 118
commande décentralisée D 156
commande de connexions sémaphores S 540

commande de contraste C 1053
commande d'écriture W 209
commande d'édition F 330
commande de flux F 294
commande de fréquence F 440
commande de grille G 124
commande de luminosité B 438
commande de mode fondamental B 153
commande de niveau L 101
commande de phase P 310
commande de réseau N 116
commande de sensibilité S 315
commande des suppresseurs d'écho E 73
commande de tonalité T 664
commande de transmission binaire-synchrone B 280
commande de volume de sonnerie B 228
commande directe D 596
commande dispositif D 344
commande distante T 57
commande distribuée D 732
commande d'orientation A 767
commande d'orientation de faisceau B 200
commande en boucle ouverte O 133
commande en temps réel R 285
commande extérieure E 495
commande indirecte I 147
commande manuelle H 39
commande mécanique/à M 297
commande numérique D 453, N 409
commandé par clavier K 5
commandé par horloge C 612
commandé par impulsion P 913
commandé par la voix V 208
commandé par micro-ordinateur M 409
commandé par micro-ordinateur/à M 409
commandé par microprocesseur M 418
commandé par microprocesseur/à M 418
commandé par ordinateur C 925
commandé par programme P 801
commande par programme enregistré S 1228
commande par quartz C 1223
commandé par relais R 496
commande par tension V 226
commandé par touche K 5
commande prioritaire P 750
commander A 140
commande répartie D 732
commande unilatérale U 78
commande vocale V 208
commande vocale/à V 208
commentaire C 803
commodité d'utilisation U 163
communication C 97, C 98, C 833, C 834, M 353, R 733, T 168
communication à bande étroite N 8

communication affichée P 573
communication air-sol A 304, A 312
communication à sens unique U 71
communication avec avis d'appel A 661
communication avec délai d'attente D 234
communication avec préavis A 661, P 281
communication avec un navire M 162
communication bifurquée F 326
communication bilatérale à l'alternat (N) N 386
communication bilatérale simultanée (N) N 387
communication conférence C 953
communication d'affaires B 541
communication d'arrivée I 110
communication de départ O 288
communication de données D 29, D 35, N 58
communication de données en temps réel R 286
communication de jonction J 40
communication de l'écrit T 460
communication de régime international I 517
communication de régime national N 26
communication des données en BSC B 280
communication de service S 359, S 365
communication de service urgente U 147
communication de texte T 460
communication de transit T 807
communication d'images fixes S 1197
communication directe D 592
communication du service mobile par satellite M 535
communication échelonnée E 48
communication écrite T 460
communication en cours d'établissement C 979
communication en phonie S 967
communication en service automatique D 360, S 1317
communication en service manuel M 129
communication entre abonnés S 1342
communication entre deux postes reliés à une même ligne partagée R 710
communication entre navires I 594
communication établie C 116
communication fictive de référence H 314
communication gratuite F 409
communication homme-machine M 115
communication inefficace I 178

communication intégrée à bande large I 329
communication internationale I 522
communication internationale de transit I 560
communication internationale directe D 617
communication interne I 505
communication interurbaine L 403, T 983
communication interurbaine en service manuel M 150
communication large bande B 446
communication locale L 326
communications non taxée N 268
communication optique O 192
communication orale S 965
communication outre-mer O 415
communication par abonnement S 1344
communication par image V 162
communication par la parole S 965
communication par l'interurbain automatique S 1318
communication par radiotéléimprimeur R 196
communication par satellite du service mobile S 45
communication par téléimprimeur T 254
communication point à multipoint P 496
communication point à point P 499
communication point à zone P 493
communication radioélectrique R 83
communication radiomaritime M 162
communication radiophonique internationale I 546
communication radiotéléphonique R 183, R 184
communications de bureau O 44
communications entre ordinateurs personnels P 279
communications navales N 45
communications non vocales N 345
communication sur carte de crédit C 1184
communication télégraphique T 99
communication téléphonique T 168, T 176, T 178
communication téléphonique interurbaine T 241
communication télétex T 272
communication télex T 321
communication télex de service S 386
communication télex d'Etat G 94
communication Terre–espace E 36
communication unidirectionnelle O 101
communication unilatérale U 71
communication unilatérale (N) N 288

communication

communication urgente U 146
communication virtuelle
  V 145, V 151
communication virtuelle commutée V 145
communication visuelle V 162
communication voix-données
  V 182
commutable S 1488
commutateur C 390, E 456,
  S 228, S 232, S 1459, S 1468
commutateur à barres croisées C 1194
commutateur à bascule T 567
commutateur à contacts en
  métal précieux P 650
commutateur à diodes D 577
commutateur à gradins S 1179
commutateur à grande vitesse
  H 208
commutateur antenne-terre
  A 574
commutateur à répartition spatiale S 880
commutateur à tambour D 868
commutateur à trois positions
  T 535
commutateur automatique
  A 891
commutateur commandé par
  la voix V 209
commutateur commandé par
  signaux vocaux V 210
commutateur crossbar C 1194
commutateur d'accès A 68
commutateur d'antennes
  A 558
commutateur de gamme
  [d'ondes] R 251
commutateur de groupe G 195
commutateur de lignes L 243
commutateur de messages
  M 367
commutateur de service mobile M 552
commutateur de sonnerie
  R 734
commutateur de transit numérique D 537
commutateur émission–réception S 304
commutateur interurbain
  T 989, T 997
commutateur manuel S 1445
commutateur manuel à dicordes D 801
commutateur manuel télégraphique T 130
commutateur marche-arrêt
  P 641
commutateur numérique
  D 464
commutateur pas à pas S 1167
commutateur réception R 338
commutateur RNIS I 672
commutateur rotatif R 784
commutateur rotatif à moteur
  M 664
commutateur sans à-coups
  H 224
commutateur séquentiel S 330
commutateur spatial S 880
commutateur télégraphique
  T 257
commutateur télex T 335
commutation C 387, H 47,
  S 1460
commutation à commande
  centrale C 820
commutation à commande par
  programme enregistré
  S 1230
commutation à deux fils
  T 1078
commutation analogique A 487
commutation à programme enregistré S 1231
commutation à quatre fils
  F 374
commutation à sélecteurs rotatifs R 785
commutation automatique
  D 377
commutation automatique normal/secours A 874, P 838
commutation avec enregistrement et retransmission
  S 1223
commutation de circuit[s]
  C 563
commutation de communications en cours H 46
commutation de données D 99
commutation de l'information
  I 199
commutation de messages
  M 366, S 1223
commutation de paquets P 34
commutation de paquets de
  type datagramme D 54
commutation de salves B 535
commutation de secours en
  bande de base B 125
commutation des voies entre
  cellules I 376
commutation de transit T 819
commutation du diagramme
  de rayonnement R 60
commutation électronique
  E 182
commutation en bande de
  base B 125
commutation en large bande
  W 140
commutation en transit T 819
commutation 2 fils T 1078
commutation 4 fils F 374
commutation interurbaine
  T 998
commutation large bande
  W 140
commutation locale L 357
commutation manuelle M 142
commutation optoélectronique
  O 222
commutation numérique D 522
commutation par paquets
  P 26, P 34
commutation par répartition
  en fréquence F 465
commutation pas à pas S 1168
commutation rapide de paquets F 62
commutation répartie D 740
commutation semi-automatique S 268
commutation spatiale S 881
commutation sur secours
  P 838
commutation télégraphique
  T 131
commutation téléphonique
  T 227
commutation télex T 336
commutation télex manuelle
  M 148
commutation temporelle T 599
commutation utilisant les principes d'enregistrement et
  retransmission S 1223
commutation vidéo V 128
commuter S 1487
compacité C 861
compagnie de téléphone
  T 177
comparaison bit à bit B 305
comparaison d'adresse A 192
comparaison de phase P 306
comparaison de temps T 581
comparateur C 868
comparateur de phase P 305
compatibilité C 870
compatibilité électromagnétique E 142
compatible C 871
compatible au plan logiciel
  S 788
compensateur E 326
compensateur d'affaiblissement A 436, A 757
compensateur d'affaiblissement résiduel L 234
compensateur d'écho E 53
compensateur de la distorsion
  de phase P 324
compensateur de phase P 324
compensateur de température
  en ligne L 247
compensateur de temps de
  propagation D 241, G 180
compensation E 325, Z 12
compensation de phase P 308
compensation de radiogoniomètre Z 12
compensation du bruit N 196
compensation du mouvement/
  à M 663
compensation thermique
  T 344
compensation thermique/à
  T 476
compensé en température
  T 476
compilateur C 880
compilateur de silicium S 627
compiler C 879
complément A 230, C 881
complément à neuf N 171
complément de ligne B 504
complément de longueur
  B 504
complexe S 824
complexité C 891
complexité de circuit C 542
comportement asymptotique
  d'erreur A 718
comportement bistable B 298
comportement chaotique
  C 451
comportement des auditeurs
  L 288
comportement du spectateur
  V 142
comportement en acquisition
  A 110
comportement en commutation S 1464
comportement en durée L 441
comportement en fonction de
  la température T 340/1
comportement en fonction du
  temps T 620
comportement en présence de
  bruit N 220
comportement en signaux
  forts L 23
comportement lors du vieillissement A 275
comportement prédéterminé
  en fonction du temps S 945
composant C 893, C 894
composant à couche épaisse
  T 499
composant à hyperfréquences
  M 437
composant à microruban
  S 1246
composant à ondes millimétriques M 474
composant à semi-conducteur
  S 276
composant à sorties radiales
  R 43
composant coaxial C 655
composant déwatté W 40
composante active A 120
composante à fréquence
  basse L 523
composante à polarisation orthogonale O 255
composante continue D 602
composante de bruit N 197
composante de Fourier F 358
composante de réseau N 113
composante d'ordre supérieur
  H 181
composante électrique E 126
composante en quadrature
  Q 14
composante fondamentale
  F 612
composante hors bande O 313
composant électrique E 126
composant électronique E 163
composante magnéto-ionique
  M 41
composante moyenne de
  l'image A 938
composante numérique D 450
composante réelle A 120
composantes en phase et en
  quadrature I 237
composante sinusoïdale octantale de l'erreur d'installation
  d'un radiogoniomètre O 24
composante sinusoïdale quadrantale de l'erreur d'installation d'un radiogoniomètre
  Q 8
composante sinusoïdale semicirculaire de l'erreur d'installation d'un radiogoniomètre S 270
composante Z Z 1
composant hyperfréquence
  M 437
composant miniaturisé M 482
composant montable sur la
  surface S 1416
composant monté en surface
  S 1418
composant non fiable U 106
composant normalisé S 1060
composant passif P 136
composant pour montage en
  surface S 1416
composant réactif W 40
composant réglable A 232
composants analogiques multiplexés M 781
composant sans fil L 71
composants de coût modéré
  C 1146
composants discrets D 677

composant standard S 1060
composé quaternaire Q 81
composer un numéro D 357
composé semi-conducteur S 273
composé ternaire T 390
composeur automatique de numéros A 855, A 857
composeur de numéros A 855
composition C 958
composition d'un numéro D 363
compresseur C 908, V 253
compresseur de largeur de bande B 92
compresseur de largeur de bande d'un signal d'image V 98
compresseur-expanseur C 864
compresseur-extenseur C 864
compresseur-extenseur d'amplitude A 432
compresseur-extenseur instantané I 299
compression C 905
compression de données d'image I 35
compression de [la gamme] dynamique D 928
compression de la largeur de bande B 91
compression des données D 33
compression de signal vidéo V 104
compression des luminances [en téléopie] C 906
compression d'image I 34
compression d'images fixes S 1198
compression d'impulsion[s] P 906
compression du noir B 334
compression du signal de parole S 966
compression-expansion C 866
compression-extension C 866
compression-extension instantanée I 300
compression-extension syllabique S 1489
comptabilité automatique des appels A 865
comptabilité téléphonique T 154
comptage M 398
comptage à la distance et à la durée T 575
comptage d'appels C 191
comptage de prises P 215
comptage détaillé D 327
comptage global B 518
comptage multiple M 742
comptage simple S 681
compteur C 1148, R 469, U 126
compteur à décades D 149
compteur asynchrone A 721
compteur avec remise à zéro R 625
compteur binaire B 265
compteur d'abonné S 1324
compteur DCB B 184
compteur de bits B 307
compteur décimal D 160
compteur-décompteur U 129
compteur de durée taxable C 482

compteur de fréquences F 445
compteur de prises P 216
compteur des heures de service R 827
compteur de signes C 458
compteur de surcharge O 383
compteur de taxe C 109
compteur de taxes à domicile S 1327
compteur de trafic T 715
compteur d'impulsions P 907
compteur électronique E 164
compteur en anneau R 730
compteur en avant U 126
compteur en avant et en arrière U 129
compteur synchrone S 1524
concaténation C 935
concentrateur C 938, L 183
concentrateur à liaisons radioélectriques R 87
concentrateur analogique A 470
concentrateur autonome S 1055
concentrateur d'abonnés C 938, L 183
concentrateur de central E 458
concentrateur de données D 34
concentrateur de lignes C 938, L 183, R 535
concentrateur de lignes d'abonné C 938, L 183
concentrateur éloigné R 546
concentrateur numérique éloigné R 543
concentrateur TASI T 44
concentration des électrons E 155
concentration numérique de la parole D 513
concept de réseau N 114
concepteur D 310
conception assistée par ordinateur C 913
conception d'antenne A 566
conception de circuits assistée par ordinateur C 912
conception de filtres F 176
conception de l'implantation L 56
conception de réseau N 120
conception de routes R 799
conception des câbles C 27
conception des circuits C 544
conception de système S 1556
conception du layout L 56
conception du récepteur R 322
conception ergonomique E 359
conçu pour l'utilisateur H 291
condensateur C 228
condensateur à compensation thermique T 343
condensateur à isolant (isolation) papier P 67
condensateur ajustable T 953
condensateur au mica M 404
condensateur au polyester P 536
condensateur au tantale T 15

condensateur autorégénérateur S 249
condensateur céramique C 380
condensateur chimique E 138
condensateur d'accord T 1013
condensateur de couplage C 1163
condensateur de découplage B 565, D 187
condensateur de grille G 123
condensateur de passage F 110
condensateur de raccourcissement d'antenne A 611
condensateur de traversée F 110
condensateur électrolytique E 138
condensateur électrolytique au tantale T 17
condensateur électrolytique au tantale à anode frittée S 711
condensateur en couches minces T 505
condensateur en dérivation S 487
condensateur en puce multicouche M 726
condensateur en tantale sur une pastille T 16
condensateur fixe F 221
condensateur interdigité I 415
condensateur métal-isolant-semiconducteur M 504
condensateur MIS M 504
condensateur monolithique M 630
condensateur multiple à commande unique G 20
condensateur parallèle S 487
condensateur shunt S 487
condensateur variable V 20
condition aux limites B 392
condition d'équilibrage B 49
condition de symétrie B 49
condition de test T 413
condition d'exploitation O 168
condition limite d'utilisation M 251
conditionnement P 4
conditionnement de signal S 525
conditions ambiantes E 315
conditions aux limites B 393
conditions d'ambiance E 315
conditions d'ambiance sévères H 67
conditions de mesure C 942
conditions d'environnement E 315
conditions de propagation P 821
conditions de propagation défavorables A 250
conditions ionosphériques I 642
conditions réelles d'exploitation A 138
conditions sur chantier F 133
conductance C 943
conducteur C 21, C 949, I 396
conducteur central I 233
conducteur central en cuivre S 813
conducteur d'alimentation P 613

conducteur d'aluminium A 401
conducteur de cuivre C 1110
conducteur de phase P 309
conducteur de protection E 46
conducteur de retour R 689
conducteur de retour commun C 828
conducteur en faisceau B 521
conducteur extérieur O 283
conducteur filiforme W 166
conducteur intérieur I 233
conducteur isolé I 315
conducteur massif S 812
conducteur métallique M 382
conducteur neutre N 158
conducteur nu B 105
conducteur plein S 812
conducteur souple F 273
conducteur souple de raccordement F 273
conducteur thermique T 470
conducteur unique S 671
conductibilité de surface S 1412
conductibilité électrique E 113
conduction de type n N 388
conduction de type p P 868
conduction du son par la substance S 811
conduction du son par le corps S 811
conduction intrinsèque I 611
conduction par trous H 231
conductivité C 948
conductivité au sol G 144
conduit D 891
conduit à plusieurs passages L 214
conduit au sol G 141
conduit de câble C 22, C 30
conduit de ligne numérique D 473, D 474
conduit de surface G 141, S 1414
conduite C 1054
conduite de câble C 30
conduite de projet P 815
conduit élevé E 204
conduit hertzien numérique D 497
conduit numérique D 540
conduit près du sol S 1414
conduit radioélectrique numérique D 495
conduit souterrain U 58
conduit troposphérique [radioélectrique] T 968
conférence additive A 186
Conférence Administrative des Radiocommunications A 243
conférence à trois A 186, T 530
conférence téléphonique A 783, C 953
conférence visiophonique V 120
confetti C 381
confidentialité de la transmission C 838
configuration C 958
configuration bus B 540
configuration binaire B 315
configuration cellulaire C 348
configuration de la source S 860
configuration des erreurs E 406
configuration des reseaux N 115

configuration

configuration du champ F 134
configuration du matériel H 72
configuration du réseau N 115
configuration en étoile S 1104
configuration installation véhicule C 249
configuration matérielle H 72
configuration portable P 552
configuration type bus B 540
confirmation A 81
confirmation d'appel C 114
confirmation de libération C 591
confirmation de message M 354
confirmation de remise D 251
confirmation de remise de datagramme D 52
conflit d'accès A 55
conformateur d'impulsions P 951
conformation du faisceau B 194
connaissance a priori A 665
connecté O 113
connecter L 262, P 148
connecteur C 981, C 985, F 193
connecteur à câble ruban F 251
connecteur coaxial C 656
connecteur de jonction I 424
connecteur de ligne L 184
connecteur encartable P 734
connecteur étanche T 573
connecteur plat E 80
connecteur pour carte de circuits imprimés P 734
connecteur pour cartes imprimées P 734
connectique I 401
connectivité multifournisseur M 830
connexion B 408, C 974, C 975, J 51
connexion commutée S 1450
connexion commutée en mode circuit C 554
connexion de session S 390
connexion de sous-réseau S 1297
connexion détachable D 325
connexion enroulée W 208
connexion en U U 7
connexion étoile Y 7
connexion en parallèle P 78
connexion en série S 342
connexion multipoint centralisée C 364
connexion (N) N 55
connexion non commutée N 339
connexion numérique D 452
connexion RNIS I 671
connexion semi-permanente S 292
connexion sur puce de circuits intégrés F 281
connexion transversale T 551
connexion triangle D 255
connexion volante J 35
connexion zigzag Z 21
conservation de la polarisation P 512
conserver S 1220
consignation L 385
consignation des erreurs E 399
consigne d'exploitation O 152

consigner L 379
console C 991
console d'affichage D 706
console de mélange audionumérique D 438
console de visualisation D 706
console de visualisation alphanumérique A 377
console opérateur O 184
consommation P 589
consommation de courant C 1238
consommation d'énergie réduite/à P 631
consommation élevée/à P 612
constante d'affaiblissement A 752
constante de Boltzmann B 374
constante de déphasage P 303
constante de propagation P 820
constante de temps T 584
constante de temps RC R 273
constante diélectrique P 275
constante du réseau L 42
constante équivalente du sol E 89
constante solaire S 798
constitution d'un câble C 27
constructeur C 1004
construction d'un câble C 27
construction modulaire M 572
construction par blocs fonctionnels M 572
construction verticale V 55
consultation I 266, Q 85
contact C 1007, P 422
contact/sans C 1009
contact à came C 213
contact à chevauchement M 100
contact à double fermeture D 814
contact à double rupture D 798
contact à faible capacité L 507
contact à la terre E 17
contact à mercure M 344
contact à permutation C 388
contact arrière B 5
contact autonettoyant S 238
contact auxiliaire A 914
contact de coupure A 672
contact de fermeture M 101
contact de fourchette C 1181
contact de métal précieux N 176
contact de relais R 495
contact de repos B 5, N 359
contact de repos-travail B 416
contact de rupture B 417
contact de travail M 101, N 360
contact d'ouverture B 417
contact glissant S 743
contact inverseur C 388, T 759
contact normalement fermé N 359
contact normalement ouvert N 360
contact ohmique O 76
contact ohmique à faible résistance [électrique] L 533
contact radar R 10
contact repos N 359
contact rupture avant fermeture B 416

contact scellé S 155
contacts de circuit imprimés P 735
contacts doublés (jumelés) T 1037
contact thermique T 471
contact travail N 360
contact travail-repos M 100
contamination C 1020
contenu binaire équivalent E 335
contenu [de] mémoire M 331
continûment accordable C 1035
continûment réglable (variable) C 1036
contour de coordination C 1101
contour d'image I 36
contradirectionnel C 1051
contrainte S 1240
contrainte d'environnement E 317
contrainte fonctionnelle F 601
contrainte mécanique M 300
contrainte mécanique sévère S 410
contrainte thermique T 486
contrainte thermique interne I 511
contrapolarisation C 1211
contraste accentué A 37
contrat de maintenance M 83
contre-mesures électroniques E 165
contrepoids C 1151
contre-réaction F 93, N 89
contre-réaction en tension V 232
contrôle C 506, C 1054, M 618
contrôle à distance T 152
contrôle automatique de fréquence A 862
contrôle automatique de gain A 863
contrôle d'acheminement R 812
contrôle de cohérence C 990
contrôle de continuité C 1023
contrôle de continuité à travers un commutateur C 1207
contrôle de continuité dans un central C 1207
contrôle de déroulement F 294
contrôle de flux F 294
contrôle de flux de trafic T 720
contrôle de flux de trafic sémaphore S 585
contrôle de fonctionnement F 602
contrôle de monnaie C 737
contrôle de parité E 445, P 107
contrôle de parité transversale V 71
contrôle de qualité Q 29
contrôle de redondance V 71
contrôle de redondance cyclique C 1289
contrôle des erreurs E 372
contrôle des cartes de câblages imprimés C 539
contrôle des erreurs E 376
contrôle des tolérances M 159
contrôle de validité V 5
contrôle de vraisemblance R 298

contrôle d'imparité O 32
contrôle effectué par prélèvement S 19
contrôle longitudinal de redondance L 424
contrôle non destructif N 281
contrôle par bloc B 357
contrôle par caractère C 456
contrôle par écho E 54
contrôle par prélèvement S 19
contrôle par redondance R 408
contrôle par retour de l'information E 54
contrôler C 501
contrôleur de communication C 839
contrôleur de données D 68
contrôleur d'émission R 135
contrôleur de transmission C 839
contrôleur de visualisation D 702
contrôle vertical V 71
convergence C 1086
conversation C 97, C 1087
conversation d'État G 92
conversation en clair C 602
conversation locale L 29
conversation mains libres H 57
conversation payable à l'arrivée C 749
conversation téléphonique T 180
conversion C 1090
conversion A/N A 490
conversion analogique – numérique A 490
conversion binaire décimale B 281
conversion D/A D 534
conversion décimale/binaire D 161
conversion de code C 681
conversion de fréquence F 441
conversion de mode M 560
conversion de polarisation P 512
conversion de protocole P 847
conversion de signal (signaux) S 526
conversion d'impédance I 68
conversion du débit binaire B 318
conversion du taux d'échantillonnage S 26
conversion en numérique D 552
conversion MA – MP A 463
conversion numérique – analogique D 534
conversion parallèle-série P 85
conversion série-parallèle S 339
convertir C 1096
convertisseur C 1097
convertisseur abaisseur de fréquence D 841
convertisseur abaisseur numérique D 461
convertisseur A–N A 491
convertisseur analogique – numérique A 491
convertisseur asynchrone/synchrone A 727
convertisseur continu-continu D 132

convertisseur d'alimentation P 590
convertisseur de code T 753
convertisseur de fréquence F 442
convertisseur de mode M 561
convertisseur d'énergie éolienne W 159
convertisseur de normes S 1083
convertisseur de protocole P 848
convertisseur de signalisation S 542
convertisseur de signaux S 527
convertisseur de signaux radiotélégraphiques T 121
convertisseur d'impédance I 69
convertisseur d'impédance négative N 91
convertisseur élévateur [de fréquence] U 125
convertisseur-élévateur numérique D 545
convertisseur numérique – analogique D 535
convertisseur parallèle/série P 86
convertisseur série-parallèle S 340
convertisseur simple courant/double courant N 162
coordination des fréquences F 444
coordination entre réseaux I 563
coordonnée de chromaticité C 523
coordonnées sphériques S 997
coordonnée trichromatique C 523
copie papier P 746
coplanaire C 1104
coprocesseur C 1115
cordon à fiche P 465
cordon arrière B 6
cordon d'alimentation P 591
cordon d'appel C 160
cordon de combiné H 49
cordon de connexion C 1116, P 150
cordon de raccordement P 150
cordon de réponse B 6
cordon enfichable P 465
cordon flexible F 273
cordon secteur A 107, P 591
cordon souple F 273
cordon téléphonique T 181
cornet H 269
cornet à correction de phase P 311
cornet à large bande B 448
cornet annelé C 1138
cornet conique C 966
cornet parabolique H 226
cornet pyramidal P 1002
cornet réflecteur H 275
cornet sectoriel S 197
cornet sectoriel E E 322
cornet sectoriel H H 286
corps du message IP B 373
corps noir B 333
correcteur B B 372
correcteur d'affaiblissement A 436, A 757, E 326

correcteur d'affaiblissement résiduel L 234
correcteur d'amplitude A 436, A 757
correcteur de Bode B 372
correcteur de phase P 324
correcteur de temps de groupe D 241, G 180
correcteur de température L 247
correcteur de temps de propagation de groupe D 180, D 241
correcteur réglable (variable) A 233
correction aval F 105
correction de distorsion E 325
correction de panne F 75
correction de phase P 312
correction de relèvement B 209
correction d'erreur avec retransmission cyclique préventive P 705
correction d'erreur RCP P 705
correction d'erreurs E 381
correction d'erreurs avec circuit de retour A 880
correction d'erreurs avec demande de répétition A 880
correction d'erreurs sans voie de retour F 344
correction des erreurs par répétition automatique E 382
correction des non-linéarités N 303
correction directe d'erreurs F 344
correction par répétition C 1130
correction $\frac{\sin x}{x}$ S 721
corrélation C 1131
corrélation entre échantillons S 14
correspondance entre filtre passe-bas et filtre passe-bande B 81
correspondance entre filtre passe-haut et filtre à élimination de bande B 89
correspondance téléphonique T 234
corriger P 148
corrosion électrochimique E 135
corrosion électrolytique E 139
corrosion sous contrainte S 1242
cosinus surélevé R 223
cosse à souder S 807
COT C 587
côté central O 51
côté chaud H 197
couche L 47
couche à appauvrissement D 291
couche à enrichissement E 297
couche barrière B 112
couche D D 773
couche d'adhérence A 215
couche d'application A 648
couche d'appauvrissement D 291
couche de barrage B 112, D 291
couche de fusion M 338
couche de liaison L 272

couche d'enrichissement E 297
couche de surface S 1415
couche diélectrique D 393
couche d'inversion I 627
couche dissipative L 483
couche E E 109
couche enfouie B 528
couche E normale E 109
couche épaisse T 497
couche Es S 1020
couche E sporadique S 1020
couche F [normale] F 271
couche guidante G 212
couche intermédiaire L 483
couche ionosphérique I 650
couche isolante I 318
couche liaison de données D 64, L 272
couche limite nocturne N 177
couche magnétique M 12
couche (N) N 174
couche physique P 388
couche présentation P 694
couche protectrice P 840
couche réseau N 132
couche session S 392
couche transport T 907
coude B 230, K 30
coude binômial B 284
coude brusque S 421
couleur saturée S 63
couloir à monnaie C 739
couloir d'aération A 315
couloir de remboursement C 746
couloir de restitution de pièces C 746
coupe-circuit C 540
coupe-circuit fusible à signalisation A 320
coupe-bande B 84
coupe-batterie B 174
couper D 665
couper une communication D 667
coupe-sonnerie B 224
couplage C 1159, L 267
couplage acoustique A 91
couplage acoustique interactif A 97
couplage capacitif C 224
couplage conductif D 599
couplage critique C 1188
couplage d'antenne A 562
couplage de charge C 485
couplage de guide d'onde W 55
couplage direct D 599
couplage en continu D 599
couplage étroit T 574
couplage fort/à S 1251
couplage inductif M 841
couplage lâche W 96
couplage optique/à O 205
couplage par impédance commune C 824
couplage par inductance mutuelle M 841
couplage par l'émetteur E 232
couplage par l'émetteur/à E 230
couplage par résistance-capacité R 644
couplage par transformateur T 773
couplage R-C R 644
couple galvanique G 17
coupleur C 1157

coupleur à 3 dB T 521
coupleur acoustique A 93
coupleur à raccord progressif T 28
coupleur automatique d'antenne A 836
coupleur 3 dB T 521
coupleur directif D 620
coupleur d'émission C 797
coupleur de mesure M 286
coupleur-dérivateur C 1158
coupleur en guide d'onde W 54
coupleur en T T 49
coupleur en T actif A 135
coupleur hybride H 296, H 299
coupleur optique O 196
coupleur réception S 1014
coupure C 1274, D 666, I 584, S 1015, T 979
coupure d'alimentation M 71
coupure de porteuse C 275
coupure d'un service I 584
coupure secteur M 71
courant S 1238
courant à la base de l'antenne A 555
courant alternatif A 390
courant anodique A 532
courant base – collecteur B 140
courant collecteur C 753
courant constant C 993
courant coupé B 422
courant d'alimentation S 1397
courant d'anode A 532
courant d'antenne A 564
courant d'appel R 737
courant d'appel non cadencé P 263
courant d'application I 268
courant d'arc A 668
courant d'attraction O 145
courant débité O 335
courant de boucle L 457
courant de bruit N 199
courant de chauffage F 156
courant de commande O 145
courant de conduction C 947
courant de court-circuit S 452
courant de crête P 189
courant de décharge D 662
courant de défaut à la terre E 20
courant de déplacement D 699
courant de drain D 848
courant de faisceau B 190
courant d'effet tunnel T 1027
courant d'effluve G 83
courant de filament F 156
courant de fonctionnement O 148
courant de foudre L 125
courant de fuite E 13, L 73
courant de grille G 31, G 125
courant de libération R 506
courant de ligne L 186, L 457
courant de maintien H 227
courant d'émission E 228
courant de non-fonctionnement N 315
courant d'entrée I 242
courant de prémagnétisation B 242
courant de relâchement (retombée) R 505
courant de saturation S 67
courant de seuil T 538

courant

courant de sortie O 335
courant de source S 861
courant de surcharge E 449
courant de surface S 1413
courant de téléalimentation L 255
courant de terre E 13
courant de trafic T 741
courant de travail O 148
courant d'excitation O 145
courant direct F 341
courant d'obscurité D 7
courant d'ondulation R 751
courant émetteur-base E 236
courant faible W 97
courant filament F 156
courant grille G 125
courant inactif N 315
courant inverse I 621
courant minimal de commande (fonctionnement) M 492
courant nominal R 256
courant perturbateur équivalent E 341
courant plaque A 532
courant porteur C 256
courant primaire P 713
courant réfléchi R 690
courant résiduel F 317, R 632
courant superficiel S 1413
courant télégraphique T 101
courant transitoire T 785
courant triphasé T 531
courant tunnel T 1027
courbe affaiblissement-fréquence A 756
courbe à sommet plat F 268
courbe caractéristique C 462
courbe continue S 814
courbe d'affaiblissement A 753
courbe d'aimantation M 40
courbe d'apprentissage L 76
courbe de charge L 298
courbe d'écho E 56
courbe de correction [radiogoniométrique] C 1129
courbe de décharge D 663
courbe de directivité D 621
courbe de fatigue F 67
courbe de fréquence F 524
courbe de fréquence du temps de propagation F 525
courbe de gain G 6
courbe de lieux L 377
courbes de Lissajous L 287
courbe de modulation M 590
courbe d'enveloppe E 305, E 307
courbe d'enveloppe de modulation M 595
courbe de phase P 313
courbe de pondération de bruit N 241
courbe de propagation P 822
courbe de répartition de l'amplitude de bruit N 187
courbe de répartition normalisée N 357
courbe de réponse R 667
courbe de réponse d'un filtre passe-bande B 83
courbe de réponse en phase P 326
courbe de réponse horizontale F 268
courbe de résonance R 654
courbe de résonance à deux bosses D 817

courbe d'erreur E 384
courbe de saturation S 66
courbe de sélectivité S 227
courbe d'étalonnage C 92
courbe d'évaluation de bruit N 227
courbe d'hystérésis H 317
courbe en cloche B 225
courbe en pointillés B 489
courbe enveloppante E 305
courbe exponentielle E 483
courbe gaussienne G 36
courbe isophase I 691
courbe sinusoïdale S 713
courbure B 231
courrier électronique E 171
court-circuit S 450
court-circuiter S 449
court-circuit mobile A 235, S 460
courte distance S 457
courte distance/à S 457
co-usager J 30
couteau à dénuder S 732
couteau d'impression W 215
coûts de transmission T 841
couvercle C 1173
couverture A 679, C 1174, C 1175, C 1176
couverture d'une zone A 679
couverture du radar R 11
couverture en radiodiffusion B 468
couverture hémisphérique H 119
couverture mondiale E 11
couverture par l'onde de sol G 166
couverture radio R 88
couverture radioélectrique R 88
couverture radiophonique B 468
couverture reconfigurable R 373
couverture télévisuelle T 296
couverture totale C 885
COV C 389
covariance C 1172
CPA A 160
CPD D 320
CPL L 168
CPO O 246
CPS C 475
crampon en U U 1
crayon lumineux L 131
création de nouveaux marchés M 190
créneau S 751
créneau temporel T 626
créneau temporel de synchronisation (verrouillage) de trame F 329
créneau temporel de voie C 443
créneau temporel élémentaire D 566
crête P 187
crête à crête P 207
crête de résonance R 657
crête de tension V 241
crête du blanc P 213
CRI I 544
cristal de quartz Q 68
cristal exempt de dislocations D 692
cristallin C 1228
cristal liquide L 278

cristal liquide nématique N 96
cristal piézoélectrique P 407
cristal semi-conducteur S 274
critère de fiabilité R 519
critère de qualité Q 31
critère de stabilité S 1047
critère d'optimisation C 1187
critères de défaillance F 28
critères en régime de signal fort L 24
CRN N 39
crochet H 254
crochet commutateur R 332
croisement C 1202
croisement de deux lignes C 1209
croissance de la fiabilité R 522
croissance de la gigue J 15
croissance du trafic T 721
cross-modulation C 1206
CRP F 62
CRT C 502
cryptage de la voix S 969
crypter la parole E 252
cryptographie C 1219
CS B 535, C 815, S 548
CSB S 1268
CT T 809
CTI I 557
CTPG G 180
CtRa L 331
culasse Y 14
culot B 113
curseur C 1251
cycle de vieillissement A 277
cycle machine M 1
cylindre D 863
cylindre à fente[s] S 759

D

DAR A 879
datagramme D 51
date d'expiration P 987
datex D 121
dB D 158
DBA U 53
DBL D 825
dBm D 128
dBW D 130
DC D 344
DCB B 261
DCC C 484
DCFL D 597
DCTL D 598
débit C 402, C 702, D 105, T 560, T 765
débit binaire B 316, D 91
débit binaire brut G 137
débit binaire composite A 282
débit binaire élevé H 148
débit binaire équivalent E 337
débit binaire net N 99
débit binaire réduit R 400
débit binaire sériel B 278
débit binaire variable V 17
débit de données D 80
débit de données élevé H 153
débit de données intermédiaire I 466
débit de justification J 60
débit de Nyquist N 421
débit des éléments C 515
débit des symboles S 1495
débit de transfert de données D 105, D 108
débit de transmission T 861

débit d'information D 80, I 193
débit d'usager U 161
débit effectif du transfert des données E 88
débit élevé/à H 193
débit en ligne L 187
débit en caractères C 477
débit maximal de justification M 242
débit net de données N 100
débit nominal de justification N 256
débit numérique B 316, D 563
débit numérique en ligne L 187
déblocage U 51
déblocage d'un canal sémaphore S 557
débloquer R 503
débogage D 148
déboguer D 147
débordement O 379
débranchement D 670
débrancher D 665
débrouilleur D 304
débruitage N 193, N 195
début de bande B 221
début de bloc S 1115
début d'en-tête S 1117
début de numérotation S 1118
début de texte S 1120
décalage O 58, S 433
décalage dans le temps T 624
décalage de fréquence F 514
décalage de phase P 351
décalage de porteuse C 276
décalage des fréquences porteuses C 266
décalage Doppler D 789
décalé O 59
décalé en fréquence F 538
déceler D 328
décentralisation D 743
décentralisé D 728
décharge D 661
décharge atmosphérique A 738
décharge de la foudre L 126
décharge de l'éclair L 126
décharge luminescente G 84
décharger R 529
déchiffrement D 166
déchiffrement de la parole S 968
déchiffrement numérique D 456
déchiffrer D 165
déchirure T 50
décibel D 158
décibelmètre D 129, D 159
décimale codée binaire B 261
décimateur D 163
décimation D 162
décineper D 164
décision ferme H 66
décision fine S 782
décision pondérée W 111
décision souple S 782
décision stricte H 66
décision voisé/non voisé V 195
déclenché par front d'impulsion E 81
déclenché par interruption I 579
déclenché par la lumière L 120
déclencher A 116, A 140, T 943

déclencheur à maximum de tension O 427
décodage D 178
décodage à vraisemblance maximale M 243
décodage canal C 408
décodage de source S 863
décodage de Viterbi V 171
décodage de voie C 408
décodage en syndrôme S 1544
décodage microprogrammé S 789
décodage numérique D 457
décodage pondéré W 112
décodage selon le maximum de vraisemblance M 243
décodage Viterbi V 171
décoder D 176
décodeur D 177
décodeur à filtre-peigne C 791
décodeur à seuil T 539
décodeur couleur C 771
décodeur de syndrome S 1543
décodeur de Viterbi V 170
décodeur stéréo S 1188
décodeur stéréophonique S 1183, S 1188
décollement du niveau du noir S 405
décomposer en B 429
décomposition S 1015
décomposition en sous-bandes S 1269
déconnecter D 656, D 665
déconnexion D 666, D 670
déconnexion prématurée P 681
déconvolution D 180
décorrélation D 182
découpage P 125
découpage de bande B 87
découpage en canaux (voies) C 422
découper P 124
découper en canaux (voies) C 421
découplage D 186
découplage acoustique A 94
découplage angulaire A 515
découplage de polarisation P 513
découplage émission-réception T 870
découpler D 185
décrément D 194
décrémenter D 193
décrément logarithmique L 381
décrochage R 554
décroché O 40
décrocher D 39
décrocher le combiné R 555
décroissance R 762
décryptage D 166
décryptage de la parole S 968
décrypter D 165
dédoublement magnéto-ionique M 42
défaillance B 419, F 26, M 104, O 150
défaillance aléatoire (au hazard) R 231
défaillance de dérive D 852
défaillance de fabrication M 153
défaillance de voie C 417
défaillance d'un canal sémaphore S 551
défaillance du réseau N 124, N 125

défaillance par fausse manœuvre M 510
défaillance partielle P 115
défaillance par usure A 278, W 103
défaillance par vieillissement A 278, W 103
défaillance prématurée E 2
défaillance progressive D 852
défaillance reproductible R 593
défaillance secondaire S 169
défaillance soudaine S 1357
défaillance systématique S 1553
défaillance totale C 888, T 679
défaut D 206
défaut à la terre E 17
défaut d'accord M 522
défaut d'adaptation d'impédance I 76
défaut de câble C 38
défaut de construction C 1002
défaut de fabrication M 151
défaut de téléalimentation P 617
défaut d'isolement I 323
défaut du matériel M 229
défaut d'une mise au point répétée R 624
défaut intermittent I 492
défaut mineur M 498
défectueux D 207, O 323
défectueux mineur M 499
défichage P 470
défilement S 152
définition D 213, R 652
définition de canal C 409
définition de fichier F 159
définition en direction A 948
définition en distance R 244
définition horizontale H 260
définition verticale V 57
déflecteur D 216
déflexion D 215
déflexion de faisceau (rayon) B 191
déflexion électrostatique E 194
déflexion horizontale H 261
déflexion magnétique M 15
défocalisation ionosphérique I 644
déformation d'impulsions P 911
DEG G 48
dégagement de la première zone de Fresnel F 213
dégagement d'intervalle de suppression de trame B 343
dégagement d'obstacles de la première zone de Fresnel F 213
dégainement du câble S 1248
dégaseur G 72
dégivreur D 227
dégradation D 218, D 852, I 64
dégradation de la netteté A 692
dégradation lente S 761
degré conventionel de distorsion C 1084
degré de couplage A 418
degré de distorsion arythmique D 226
degré de distorsion arythmique global D 221
degré de distorsion en service D 219
degré de distorsion individuelle D 222

degré de distorsion isochrone D 224
degré de distorsion propre D 223
degré de liberté D 220
degré d'occupation spectrale S 950
DEL D 247, L 121
délai D 231
délai d'attente W 6
délai d'attente après numérotation P 572
délai d'attente avant numérotation P 657
délai d'attente moyen A 933
délai de garde G 203
délai de prise en charge d'une interruption I 585
délai de réponse A 539, A 540
délai de restitution R 672
délai de traversée du central T 552
délimitation active des fautes A 122
délimiteur de début de trame S 1113
délimiteur de fin de trame E 253
démagnétiser D 260
demande E 300, R 598
demandé C 136, C 139
demande automatique de répétition A 879
demande d'abonnement N 163
demande d'appel C 198
demande de communication B 377, C 198
demande de libération C 600
demande de libération émise par l'ETTD D 872
demande de renseignement E 300
demande de service complémentaire F 2
demande d'état S 1155
demande de transfert de données R 599
demande d'identification I 575
demande en circuits téléphoniques T 242
demande pour émettre R 602
demander R 597
demander une communication B 376
demandeur C 144, C 182, R 601
démarrage S 1110
demi-addeur H 1
demi-additionneur H 1
demi-alternance H 7
demi-bande H 5
demi-bande basse L 519
demi-bande haute U 137
demi-cellule en L à K constant P 852
demi-collier C 18, C 73
demi-espace H 21
demi-onde H 24
demi-onde sinusoïdale H 20
demi-période H 7
demi-suppresseur H 16
demi-suppresseur d'écho H 16
demi-teinte H 22
demi-voie H 6
démodulateur D 276
démodulateur à boucle de Costas C 1145
démodulateur à filtre-peigne C 792

démodulateur d'amplitude A 433
démodulateur de données D 37
démodulateur de fréquence F 304, F 447
démodulateur de fréquence à boucle asservie en phase P 337
démodulateur de phase P 317
démodulateur en anneau R 731
démodulateur stéréo S 1184
démodulateur télégraphique T 102
démodulation D 274
démodulation à bande latérale unique S 696
démodulation cohérente C 725
démodulation de fréquence F 446
démodulation de phase P 316
démodulation de porteuses multiples M 686
démodulation différentielle D 406
démodulation d'impulsions modulées en amplitude P 897
démodulation multiporteuse M 686
démodulation non cohérente N 270
démodulation synchrone S 1527
démoduler D 273
démontable D 278
démonter D 660
démultiplexage D 281
démultiplexer D 279
démultiplexeur D 280
démultiplexeur à porteuses multiples M 687
démultiplexeur numérique D 458
démultiplexeur temporel T 588
démux D 280
densité D 282
densité d'abonnés S 1316
densité d'assemblage P 41
densité de circuits C 543
densité de courant C 1239
densité de dislocations C 691
densité d'énergie E 288
densité d'enregistrement P 42
densité d'enregistrement linéaire L 171
densité d'enregistrement transversale T 917
densité de flux F 300
densité de flux magnétique M 24
densité de postes téléphoniques S 1145
densité de probabilité D 283, P 769
densité de puissance P 592, P 608
densité de puissance de bruit N 222
densité de puissance spectrale P 593
densité des trous H 232
densité de trafic T 717
densité d'intégration I 350
densité électronique E 156/7
densité optique O 197
densité spectrale S 947

densité spectrale de la puissance de bruit N 224
densité spectrale de puissance S 951
densité surfacique de puissance P 592, P 608
densité téléphonique T 182
dents de scie/en S 80
dénuder B 101
dépannage R 559, T 975
dépaqueter D 286
départ S 1110
départ/de O 286
dépassement O 418
dépasser O 417
dépendance de la longueur d'onde W 76
dépendance du texte/à T 462
dépendant de l'exploitation O 174
dépendant de l'installation I 288
dépendant du code C 683
dépendant du signal S 529
déphasage P 297, P 298, P 302, P 351
déphasage d'insertion I 278
déphasage d'une impulsion P 318
déphasage en arrière P 333
déphasage en avant P 334
déphasage en retard P 333
déphasage itératif I 701
déphasage linéique P 303
déphasage sur images I 41
déphasé P 352
déphaseur P 353
déphaseur à ferrite F 116
déphaseur à microruban M 430
déphaseur non réciproque N 325
déphaseur rotatif (tournant) R 780
dépistage d'appel C 207
dépistage d'erreurs T 975
déplacé en fréquence F 538
déplacement O 58, S 433
déplacement de fenêtre S 152
déplacement de fréquence F 536, F 537
déplacement de phase P 351
déplacement de porteuse C 295
déplacement Doppler D 789
déplacer R 531
dépolarisation D 294
dépolarisation atmosphérique A 737
dépolarisation due à la pluie R 218
déport D 215
déport des informations radar R 26
déport hertzien M 439
déport radar R 26
déposer un télégramme H 42
dépôt S 1295
dépôt chimique en phase vapeur à partir de composés organométalliques M 386
dépôt chimique en phase vapeur avec des organométalliques M 386
dépôt conducteur L 7
dépôt de givre H 225
dépôt par pulvérisation S 1034
dérangement B 419, D 753, F 26, F 70, M 150, O 150

dérangement/en D 207, F 88, O 323
dérangement de canal C 417
dérangement de ligne L 177
dérangement en ligne L 192
dérapage W 19
derating D 297
déréglementation D 299
dérivable D 300
dérivation B 401, J 37, S 485
dérivation de voies C 412
dérivation par autocorrélation A 828
dérive D 851, S 433
dérive de fréquence F 472
dérive de fréquence d'horloge C 615
dérive des bits B 323
dérivée D 301, D 302
dériver W 18
dérive temporelle T 608
dérive temporelle relative R 491
déroulement U 105
dérouleur de bande T 23
désaccentuation D 198
désaccord D 337
désaccorder M 521
désadaptation M 512
désadaptation d'impédance I 76
désadapté M 513
désaimanter D 260
désaligné O 310
désassemblage de paquets P 12
désassembleur de paquets P 11
désaturation D 303
descente d'antenne D 843, L 62
descripteur D 305
descripteur de document D 776
description fonctionnelle F 598
désemphasage P 198
désembrouilleur D 304
déséquilibre U 46
déséquilibre de capacité C 226
désérialiseur S 340
déshydrateur A 302
désigner D 307, I 13
desserte [d'appels] S 388
desservi U 36
dessouder U 110
destinataire A 199, R 359
désynchronisation des entrées-sorties S 1019
détachable D 324
détectabilité D 329
détecter D 328, S 308
détecteur D 336, S 320
détecteur actif A 133
détecteur à diode D 573
détecteur à réponse quadratique S 1036
détecteur à seuil T 540
détecteur à ultrasons U 22
détecteur cohérent C 726
détecteur d'activité de la parole V 181
détecteur de boucle L 459
détecteur de corrélation C 1133
détecteur de lumière P 374
détecteur de mouvements M 669

détecteur de moyenne A 934
détecteur d'enveloppe E 309
détecteur de phase P 319
détecteur de quasi-crête Q 76
détecteur de rayonnement R 53
détecteur de seuil T 540
détecteur de signaux radiotélégraphiques T 121
détecteur de Viterbi V 172
détecteur différentiel D 407
détecteur d'inactivité de la parole S 622
détecteur infrarouge I 205
détecteur localement optimal L 341
détecteur passif P 142
détecteur quadratique S 1036
détecteur quasi-crête Q 76
détecteur semi-conducteur S 275
détecteur synchrone S 1528
détection D 330
détection de cibles mobiles M 673
détection de collision (conflits) C 757
détection de la frontière entre deux cellules C 345
détection de la qualité du signal de données D 93
détection d'enveloppe E 308
détection de panne F 77, F 82
détection de pannes T 975
détection d'erreurs E 387
détection de son interporteuse I 374
détection de sous-tension U 62
détection d'intrusion I 617
détection directe D 608
détection et correction d'erreurs E 388
détection grille G 126
détection hétérodyne H 125
détection homodyne H 248
détection linéaire L 155
détection non cohérente N 270
détection optimale O 215
détection parabolique S 1035
détection par discriminateur D 686
détection par radar R 24
détection quadratique S 1035
détection voisé/non voisé V 219
détectivité D 335
détérioration mal intentionnée M 110
détermination de la durée de vie L 116
détermination radioélectrique de position R 146
détournement A 394, D 765, R 607
deux canaux/à D 876
deux fils T 1072
deuxième canal adjacent S 164
deuxième harmonique S 185
deux vitesses/à D 888
devancer L 59
développement D 338
développement à long terme L 437
développement en série S 343
développer E 438

déverminage B 530
déverminer B 529
déverrouillage de phase L 478
déverrouillé O 310
déviateur d'appels C 126
déviation A 394, D 341
déviation automatique d'appels A 841
déviation d'appel en cas de non-réponse C 150
déviation d'appel en cas d'occupation C 149
déviation d'appels C 151
déviation de faisceau B 191
déviation de fréquence F 448, F 449
déviation de fréquence de crête à crête F 548
déviation de phase P 320
déviation de temps T 590
déviation horizontale H 261
déviation latérale L 40
déviation nominale de fréquence R 257
déviation normale S 1061
déviation verticale V 58
dewatté W 39
diac D 348
diagnosticable D 350
diagnostic à la mise sous tension P 624
diagnostic de défaut (fautes) F 78
diagnostic de panne F 78
diagramme C 498, D 356
diagramme cardioïde C 246
diagramme circulaire C 534
diagramme contrapolaire C 1212
diagramme copolaire C 1108
diagramme d'antenne A 602
diagramme de cercle C 534
diagramme de communication C 837
diagramme de couverture C 1178
diagramme de diffusion S 117
diagramme de directivité D 621
diagramme de directivité d'antenne A 570
diagramme de directivité horizontal H 263
diagramme de directivité vertical V 59
diagramme de dispersion S 117
diagramme de flux F 296
diagramme de flux de signal S 532
diagramme de gain d'antenne A 602
diagramme de la densité d'énergie spectrale P 634
diagramme de jonction J 42, T 991
diagramme de niveau L 105
diagramme de phase P 321
diagramme de rayonnement R 59
diagramme de rayonnement en champ lointain F 57
diagramme de rayonnement en champ proche N 78
diagramme de rayonnement primaire P 717
diagramme de rayonnement secondaire S 173

diagramme de rayonnement vertical V 70
diagramme des lieux L 378
diagramme des lobes latéraux S 505
diagramme de Smith S 779
diagramme d'état S 1131
diagramme d'impédance I 70
diagramme d'interférence I 436
diagramme directionnel de rayonnement R 59
diagramme en azimut H 262
diagramme en cardioïde C 246
diagramme en champ proche N 78
diagramme en cosécante-carré C 1141
diagramme en huit F 152
diagramme en œil E 514
diagramme en polarisation croisée C 1212
diagramme en polarisation directe C 1108
diagramme en site V 68
diagramme oscilloscopique en œil O 274
diagramme polaire P 506
diagramme synoptique B 361
dialogue C 1087, D 370
dialogué I 364
dialogue/de I 364
dialogue commandé par menu M 340
diamètre d'antenne A 567
diaphonie C 1213
diaphonie directe D 600
diaphonie due à des effets linéaires L 154
diaphonie entre antennes A 563
diaphonie entre réel et phantôme S 515
diaphonie entre réel et réel S 516
diaphonie globale O 364
diaphonie inintelligible I 360, U 79
diaphonie non linéaire N 301
diaphonie radioélectrique C 670
diaphragme W 60
diaphragme de teintes T 665
diascope S 742
dibit D 384
dicorde C 1116, D 809
dictaphone D 385
dictée à distance R 542
dictionnaire C 677
diélectrique D 423
diélectrique à air A 301
diélectrique artificiel A 696
diélectrique d'air A 301
diélectrique plein S 815
diélectriques à stratification L 49
différé O 53
différé/en O 53
différence de fréquence F 450
différence de phase P 298
différence de potentiel P 582
différence entre échelles de temps T 621
différentiateur D 423
différentiel H 298, T 388
différer D 230
difficulté d'accès H 69, H 70
diffraction D 424

diffraction de Fresnel F 559
diffraction par obstacle O 11
diffuser B 463
diffuseur S 120
diffusion D 429, S 116
diffusion arrière B 17
diffusion avant F 350
diffusion des ondes radioélectriques R 211
diffusion d'information B 465
diffusion électromagnétique E 147
diffusion en champ lointain F 59
diffusion ionosphérique I 656
diffusion météorique M 396
diffusion multiple M 772
diffusion par des hydrométéores H 307
diffusion par la pluie R 222
diffusion par les aérosols A 270
diffusion par les précipitations P 651
diffusion par voie radioélectrique R 78
diffusion sur les météores M 396
diffusion sur les précipitations P 651
diffusion télévisuelle par satellite S 59
diffusion troposphérique T 970
diffusion vers l'arrière B 17
dilatation thermique T 473
dimension fréquentielle F 466
dimension mécanique M 295
dimensionnement D 569
dimensionnement de réseau N 122
dimensions préférentielles P 674
dimension temporelle T 602
diminuer D 193
diminution D 194
diminution de gain G 12
diminution du brouillage par un canal adjacent A 221
diode D 572
diode à avalanche A 924
diode à avalanche et temps de transit I 61
diode à barrière de Schottky S 137
diode à capacité variable V 19
diode à contact ponctuel P 485
diode à couche intrinsèque P 428
diode à double base D 797
diode à effet Zener Z 4
diode à hétérojonction H 129
diode à jonction J 43
diode à pointe P 485
diode à porteur chaud H 278
diode à récupération en échelon S 1176
diode à semi-conducteur S 277
diode ATT I 61
diode au germanium G 69
diode au silicium S 629
diode BARRITT B 111
diode d'accord T 1017
diode d'accord à capacité variable V 14
diode de blocage C 578
diode de bruit N 200
diode de commutation S 1466
diode de Gunn G 214

diode de puissance P 594
diode de redressement R 395
diode de référence R 423
diode électroluminescente L 121
diode Gunn G 214
diode Gunn à l'indium phosphure I 150
diode Gunn InP I 150
diode hyperfréquence M 438
diode lambda L 6
diode mélangeuse M 526
diode mésa M 348
diode MIS M 508
diode PIN P 428
diode planaire P 438
diode redresseuse à semi-conducteur S 282
diode Schottky S 137
diode TRAPATT T 919
diode tunnel T 1023
diode varacteur (varactor) V 13
diode varactor d'accord V 14
diode Zener Z 4
diphasé Q 59
diplexeur D 580
diplexeur d'émission T 866
diplexeur de radar R 14
diplexeur de réception R 307
diplexeur en pont B 432
dipolaire T 820
dipôle D 583, H 122, T 1064
dipôle à demi-onde H 26
dipôle auto-porteur S 260
dipôle électrique H 122
dipôle magnétique M 18
dipôle quart d'onde Q 61
dipôle replié F 314
direct/en O 113
directement connectable C 986
directeur D 638
directif D 618
direction C 1054
direction d'arrivée D 626
direction de courant C 1240
direction de la commande C 1063
direction de la surveillance M 619
direction de polarisation D 627
direction de propagation D 628
direction de radiation principale M 56
direction de rayonnement D 629
direction des équisignaux E 333
direction d'incidence D 626
direction du flux D 625
direction inverse R 706
direction préférée P 675
direction principale de rayonnement M 56
directions séparables S 324
directives de maintenance M 87
directivité D 630, D 631, D 632
directivité d'antenne A 569
directivité des haut-parleurs L 499
diriger V 36
discontinu D 676
discontinuité D 672, D 673
discontinuité de guide d'onde W 56

discontinuité en échelon S 1170
discontinuités périodiques P 248
discordance M 512
discret D 676
discrétion de la parole V 213
discriminateur D 684
discriminateur d'amplitude A 434
discriminateur de fréquence F 453
discriminateur de phase P 322/3
discriminateur MF F 453
discriminateur télégraphique T 104
discrimination angulaire A 517
discrimination de cibles T 40
discrimination de cibles de radar R 42
discrimination de messages M 355
discrimination de polarisation P 514
discrimination des messages M 356
discrimination des messages de signalisation M 356, S 560
discrimination en direction A 948
discrimination en distance R 244
disjoncteur B 428, C 540
disjoncteur à air comprimé A 284
disjoncteur à huile O 80
disjoncteur à soufflage d'air A 284
disjoncteur à soufflage magnétique M 8
disjoncteur thermique T 472
disjonction D 689
dislocation D 690
disparité D 693
dispersif D 698
dispersion D 697, S 116, S 1023
dispersion d'énergie de porteuse C 260
dispersion des valeurs des tensions de seuil T 549
dispersion du trafic T 718
disponibilité A 918
disponibilité de service S 355
disponibilité d'un circuit C 538
disponibilité d'un réseau de communication C 842
disponibilité totale O 362
disponible A 920
dispositif à couplage de charge C 484
dispositif à couplage de charge à canal enfoui (enterré) B 527
dispositif actif A 121
dispositif à déclenchement T 944
dispositif à effet Gunn G 213
dispositif à ferrite en hyperfréquence M 440
dispositif à l'état solide S 820
dispositif anti-choc A 632
dispositif anti-local A 634
dispositif antiparasite I 441
dispositif à saut de fréquence F 483

dispositif

dispositif à semiconducteurs S 820
dispositif à transfert de charge C 490
dispositif BCCD B 527
dispositif d'accès à lignes réseau D 588
dispositif d'accès au réseau D 588
dispositif d'accord C 437
dispositif d'accord à commande par tension V 240
dispositif d'accord commandé par tension V 240
dispositif d'adaptation A 146
dispositif d'alarme A 319, W 26
dispositif d'appel automatique A 845, A 847
dispositif d'appel unilatéral P 47
dispositif de commutation S 1465
dispositif de contact C 1017
dispositif de contact à permutation C 388
dispositif de contact de fermeture M 101
dispositif de contact de fermeture avant rupture M 100
dispositif de coupure S 1017
dispositif d'écoute M 620
dispositif de protection contre les erreurs E 377
dispositif de protection contre les surintensités O 376
dispositif de réacheminement d'appels C 129
dispositif de réception R 348
dispositif de renvoi d'appels C 129
dispositif de repérage L 370
dispositif de repérage de câbles C 55
dispositif de réponse automatique A 835
dispositif de secret par inversion de fréquence F 492
dispositif de sécurité P 841
dispositif d'essai T 417
dispositif de suppression de bruit actionné par porteuse C 277
dispositif de transfert à la chaîne B 492
dispositif d'intercommunication T 10
dispositif d'interconnexion I 397
dispositif Gunn G 213
dispositif mains libres H 54
dispositif mains libres incorporé (intégré) M 509
dispositif radioélectrique d'appel unilatéral R 144
dispositifs bipolaires B 290
dispositifs semiconducteurs formés de composés quaternaires Q 82
disposition applicable L 55
disposition de clavier K 9
disposition des canaux C 397
disposition des canaux radioélectriques R 106
disposition des directeurs D 639
disposition des éléments L 55
disposition des voies C 397

disque à cames C 214
disque magnétique M 16
disque optique O 198
disque souple F 292
disquette F 292
disque vidéo V 109
disque vidéo à laser L 31/2
dissipateur de chaleur H 104
dissipateur thermique H 104
dissipatif L 481
dissipation D 707
dissipation anodique P 452
dissipation thermique H 100
dissymétrie U 46
dissymétrie par rapport à la terre U 47
dissymétrique par rapport à la terre U 49
distance R 242
distance/à R 532
distance autorisée entre répéteurs A 246
distance à vol d'oiseau A 307
distance critique C 1189
distance de conversation S 931
distance de coordination C 671, C 1102
distance de détection D 334
distance entre répéteurs R 575
distance de Hamming H 36
distance de réutilisation des fréquences dans une même voie C 671
distance de saut S 735
distance de sécurité S 1
distance de transmission T 858
distance de visibilité directe L 224
distance de vision V 152
distance du bond H 256
distance en ligne droite A 307
distance euclidienne E 429
distance maximale entre répéteurs M 253
distance minimale M 490
distance moyenne entre émetteurs dans le même canal A 932
distance oblique S 738
distance-temps S 738
distance-temps au sol G 154
distorsiomètre D 716, D 719
distorsion D 715
distorsion/sans U 64
distorsion accidentelle F 337
distorsion admissible de temps de propagation A 345
distorsion amplitude-amplitude A 430
distorsion amplitude-fréquence A 439
distorsion arythmique S 1125
distorsion biaise A 716, B 243
distorsion caractéristique C 463
distorsion cumulative C 1235
distorsion cyclique C 1288
distorsion d'affaiblissement A 754
distorsion d'amplitude A 435
distorsion de cadrage F 403
distorsion d'écho E 58
distorsion de la durée de propagation de groupe D 242
distorsion de modulation M 593
distorsion de mutation F 316

distorsion de non-linéarité N 302
distorsion de phase P 327
distorsion de phase différentielle D 416
distorsion de propagation P 824
distorsion de quadrature Q 15
distorsion de quantification Q 49
distorsion de repliement A 327
distorsion de retard de groupe D 242
distorsion de signal S 530
distorsion de temps de propagation D 235
distorsion de temps de propagation de groupe D 242
distorsion d'exploration A 639
distorsion d'intermodulation I 496
distorsion dissymétrique A 716
distorsion d'ouverture A 639
distorsion fortuite F 337
distorsion harmonique H 79
distorsion irrégulière I 667
distorsion isochrone I 681
distorsion linéaire L 156
distorsion non linéaire N 302
distorsion phase-amplitude P 296
distorsion phase-fréquence P 327
distorsion préalable P 668
distorsion propre I 206
distorsion quadratique Q 12
distorsion télégraphique T 105
distorsion totale O 366
distorsion transitoire T 786
distribué arbitrairement A 666
distributeur D 752
distributeur d'appels C 128
distributeur terminal de câble T 364
distribution D 695, D 743
distribution automatique d'appels dans le réseau N 110
distribution binômiale B 285
distribution cumulative C 1236
distribution d'affaiblissement A 755
distribution d'amplitude de bruit N 187
distribution d'appels C 127
distribution d'appels automatique A 840
distribution de courant C 1241
distribution de la profondeur des évanouissements F 14
distribution de messages M 357
distribution de Poisson P 503
distribution de probabilité D 751
distribution de probabilité des amplitudes A 455
distribution de puissance P 596
distribution des fréquences F 454
distribution de signaux horloge C 614
distribution des messages de signalisation S 561
distribution des pôles et zéros P 530
distribution de Weibull W 108
distribution d'intensité D 750

distribution du champ F 135
distribution électrique P 595
distribution gamma G 19
distribution gaussienne G 37
distribution gaussienne des erreurs G 38
distribution normale N 355
divergence de faisceau B 193
diversité d'acheminement R 800
diversité d'angle A 518
diversité d'antenne A 573
diversité de fréquence F 455
diversité de l'angle d'incidence A 518
diversité d'emplacement S 724
diversité de polarisation P 515
diversité de site S 724
diversité d'espace S 883
diversité de trajet P 154
diversité d'ordre 4 Q 21
diversité par l'angle d'arrivée A 518
diversité spatiale S 883
diversité temporelle T 591
diviser P 124
diviseur D 772
diviseur à coefficient variable V 23
diviseur audiofréquence A 806
diviseur de fréquence F 457
diviseur de puissance P 599
diviseur de tension V 228
diviseur programmable P 805
diviseur réglable sur une valeur choisie S 212
division binaire B 268
division de la bande vocale S 957
division de recherche-développement R 610
division des recherches et du développement R 610
DL C 600
DLE D 63
DME D 712
dN D 164
document de bureau O 46
document télétex T 274
domaine R 243
domaine angulaire R 248
domaine d'accrochage P 893
domaine d'application F 141
domaine de l'appellation T 641
domaine de recherche A 680
domaine de sélection du canal sémaphore S 555
domaine des événements E 446
domaine d'état S 1151
domaine d'identification I 9
domaine d'information de signalisation S 547
domaine dynamique étendu W 144
domaine ferromagnétique F 124
domaine fréquentiel F 466
domaine spectral S 948
domaine temporel T 602
donnée élémentaire D 59
données D 11
données auxiliaires E 312
données brutes R 265
données codées à la source S 859
données d'appel C 123
données de base S 862

428

données d'échantillonnage S 9
données de conversation C 123
données de facturation B 253
données de fiabilité R 520
données de l'interface (N) N 172
données de mesure M 287
données d'entrée I 246
données de qualité Q 32
données de radiodétection R 13
données de référence R 422
données des éphémérides E 320
données de sortie O 336
données d'essai T 414
données de taxation C 494, T 47
données de trafic T 716
données numériques D 454, N 415
données numérisées D 480
données transparentes T 898
doublage de fréquence F 471
double-appel E 301
double armure D 795
double balayage D 823
double bande latérale D 825
double chien D 807
double contact repos D 798
double contact travail D 814
double courant D 802
double courant à quatre fils F 372
double crête/à D 816
double modulation D 815
double parole D 837
double polarisation D 882
double prise D 824, D 887, H 93
double rangée de connexions D 880
double réflecteur D 885
double réflecteur à grille D 879
double sens/à B 385
doublet D 583, D 836
doublet cylindrique C 1290
doublet demi-onde H 26
doublet électrique H 122
doublet en demi-onde H 26
doublet en onde entière F 587
doublet imprimé P 737
doublet magnétique M 18
doublet onde entière F 587
doublet parasite de demi-longueur d'onde P 100
doublet replié F 315
doublet replié multiple M 762
doublet replié simple F 314
doubleur D 822
doubleur de fréquence F 470
doubleur de tension V 229
douille S 781
DPA A 455
DPE R 602
drain D 847
drainage électrique E 127
DRAM D 925
drapeau F 241
drapeau d'erreur E 391
dropout D 862
DTC C 490
duoplex à quatre fréquences T 1039
duplex bilatéral simultané D 900

duplexeur D 903
duplexeur de polarisation P 516
durée à mi-amplitude H 2
durée à mi-crête [d'une impulsion] F 581
durée d'arc A 669
durée d'attente W 6
durée d'attente de tonalité D 382
durée de dérangement M 106
durée de descente F 37
durée de fonctionnement O 153
durée de fonctionnement prévue S 135
durée de la conversation D 912
durée de la dernière communication D 914
durée de la sonnerie R 741
durée de ligne L 189
durée de maintenance M 95
durée de montée d'[une] impulsion P 946
durée de numérotation D 369
durée de panne F 84
durée de perte du verrouillage de trame O 322
durée de retard D 245
durée de réverbération R 698
durée de sonnerie R 741
durée des temps de coupure O 281
durée de suppression d'une impulsion P 909
durée d'essai T 416
durée des trames F 391
durée d'établissement R 755, S 401, S 402
durée d'établissement de communication S 402
durée de trame F 136, F 391
durée de trames F 391
durée d'évanouissement D 913
durée de vie L 115
durée de vie des porteurs minoritaires M 502
durée de vie d'utilisation O 153
durée de vie médiane M 302
durée de vie moyenne M 264
durée de vie nominale M 258
durée de vie prévisionnelle E 508
durée de vie prévue L 113
durée de vie utile U 151
durée d'impulsion P 914
durée d'impulsion à mi-amplitude H 3
durée d'interruption D 846
durée d'interruption du service S 378
durée d'occupation H 229
durée d'occupation moyenne M 263
durée d'ouverture B 426
durée du cycle C 1286
durée d'un bit B 328
durée du palier H 257
durée d'utilisation U 151
durée moyenne de conversation A 931
durée moyenne de disponibilité M 275
durée moyenne de fonctionnement avant défaillance M 271

durée moyenne de fonctionnement avant la première défaillance M 272
durée moyenne de panne M 273
durée moyenne des évanouissements A 936
durée moyenne d'occupation M 263
durée moyenne entre maintenance M 270
durée non taxable N 269
durée taxable (taxée) C 481
durée totale des interruptions T 682
dureté Brinell B 440
dynamique D 927

E

EAROM E 116
EBF E 512
écart D 341
écart angulaire A 516
écart d'affaiblissement L 472
écart de fréquence F 448, I 302
écart de phase P 320
écart de phase d'une impulsion P 318
écart diaphonique S 603
écart entre porteuses C 267
écart entre puces I 388
écart entre signal et bruit S 608
écart équivalent E 349
écart paradiaphonique N 72
écart quadratique moyen R 757
écart télédiaphonique F 54
écart-type S 1061
ECH C 147
échange bidirectionnel à l'alternat T 1066
échange bidirectionnel simultané T 1069
échange de données D 58
échanger I 382
échange unidirectionnel O 101
échantillon S 6
échantillon du signal vocal S 981
échantillonnage S 15/6, S 23
échantillonnage au-dessous de la fréquence (limite) de Nyquist S 1298
échantillonnage au-dessus de la fréquence de Nyquist S 1381
échantillonnage de la parole S 983
échantillonnage de voie C 433
échantillonnage par impulsions P 947
échantillonnage super-Nyquist S 1381
échantillonner S 5
échantillonneur S 13
échantillonneur-bloqueur S 8
échantillonneur de la parole S 982
échantillon précédent P 147
échantillon quantifié Q 44
échantillon reconstitué R 375
échantillon vocal S 981
échappement E 417

échappement en transmission D 63
échec de l'appel C 146
échelle de fréquence F 527
échelle de gris G 119
échelle des nuances T 669
échelle de turbulence S 88
échelle d'intégration I 351
échelon de quantification Q 38
échelonnement G 99
échelon-unité U 91
écho D 813, E 50
écho arrière tour de terre B 39
écho à temps de propagation élevé L 402
écho avant tour de terre F 349
écho de pluie R 217
écho de radar R 16
écho de sol G 159
écho de vagues S 154
écho-fantôme G 73
écho fixe F 223
échomètre à impulsions P 917
écho-mirage A 502
écho parasite C 637
écho parasite de mer S 154
échos couplés P 60
écho sur la mer S 154
écho tour de terre R 796
écho vocal V 196
éclairage de cadran D 359
éclairement de l'ouverture A 642
éclatement S 1016
éclateur L 124
éclateur à cornes H 272
économie du spectre B 93
économique L 510
écoulement du trafic T 719
écoulement manuel M 140
écouler le trafic C 308
écoute L 289, M 618
écoute clandestine I 380
écoute combiné raccroché O 111
écouter clandestinement T 20
écoute téléphonique W 180
écouteur E 4
écouteur à embout I 274
écouteur double D 812
écouteur interne I 275
écouteur supplémentaire A 177
écouteur téléphonique T 215
écran S 144, S 145, S 427
écran/sans U 109
écran acoustique A 88
écran à cristal liquide L 285
écran à cristaux liquides L 280
écran antiéblouissant A 623, N 290
écran cathodique plat F 259
écran d'affichage V 167
écran de contrôle M 616, T 299
écran de contrôle en noir et blanc M 623
écran de visualisation S 145, V 167
écran électromagnétique E 148
écran électrostatique E 197
écran magnétique M 32
écran matriciel M 236
écran plat F 252, F 265
écran radar R 35

écran tactile T 688
écran-témoin M 616
écrêtage A 431, P 197
écrêtage de la parole S 960
écrêteur C 606
écrêteur antiparasite N 214
écrêteur automatique de bruit A 867
écrêteur de bruits N 214
écriture W 210, W 214
éditer F 328
éditeur E 83
éditeur de texte E 83
édition E 82, F 334
EEC S 1469
EEROM E 119
EFC C 547
effaçable E 350
effacement B 341, E 355
effacer B 338, E 352
effet couronne C 1125
effet d'accrochage C 239
effet d'antenne A 575
effet d'avalanche A 926
effet de champ F 137
effet d'écho D 813, E 60
effet d'écran S 431
effet d'écran des vagues W 89
effet Dellinger R 99
effet de mer S 154
effet de nuit N 169
effet de peau S 731
effet de résonance R 655
effet de surface S 731
effet d'occultation S 411
effet Doppler D 785
effet en volume B 517
effet Faraday F 50
effet Joule J 32
effet local S 510
effet Luxembourg I 643
effet microphonique M 416
effet multipactor M 742a
effet pelliculaire S 731
effet Peltier P 220
effet sonore S 834
effet tunnel T 1025
efficacité E 94
efficacité dans le champ acoustique libre F 144
efficacité de blindage S 432
efficacité de couplage C 1166
efficacité de l'emploi du spectre S 949
efficacité de modulation M 594
efficacité d'utilisation du spectre S 949
efficacité en pression P 700
efficacité spectrale S 949
efficacité transductique T 756
efficience spectrale S 949
effluve G 84
effort S 1240
effort mécanique par le vent W 153
égalisateur E 326
égalisateur complémentaire A 174
égalisation E 325, L 254, L 261
égalisation adaptative A 156
égalisation à décision réfléchie D 169, Q 41
égalisation à rétroaction quantifiée Q 42
égalisation avec rétroaction de décision D 169
égalisation dans le domaine fréquentiel F 468

égalisation dans le domaine temporel T 604
égalisation de la distorsion de repliement A 328
égalisation des niveaux L 106
égalisation de voie C 414
égalisation du potentiel P 583
égaliseur E 326
égaliseur adaptatif A 157
égaliseur autoadaptatif S 235
égaliseur automatique A 859, S 235
égaliseur automatique adaptatif A 157, S 235
égaliseur d'affaiblissement A 436, A 757
égaliseur d'affaiblissement résiduel L 234
égaliseur de Bode B 372
égaliseur de câble C 34
égaliseur de ligne L 190
égaliseur de Viterbi V 173
égaliseur de voie C 415
égaliseur en bande de base B 119
égaliseur réglable (variable) A 233
EGS O 371
élaboration D 338
élaboré S 824
élargissement d'impulsion[s] P 902
élargissement d'une impulsion P 902
élargissement du spectre fréquentiel F 434
élasticité acoustique A 90
électret E 110
électriquement court E 121
électriquement petit E 122
électroacoustique E 134
électro-aimant d'ascension S 1173
électro-aimant de libération R 510
électro-aimant de rotation R 779
électro d'ascension S 1173
électrode E 136
électrode de déviation D 214
électrode d'émetteur E 233
électro de libération R 510
électro de rotation R 779
électroluminescence E 140
électrolyte E 137
électron de valence V 3
électronique E 159, E 179
électronique automobile A 907
électronique de puissance P 601
électronique distante R 544
électronique industrielle I 171
électronique médicale M 303
électronique quantique Q 54
électronique spatiale S 889
électronique ultrarapide U 12
électron-volt E 191
électro-optique E 192
électro télégraphique T 106
élément C 343, C 509
élément à chapelets B 492
élément actif A 121, P 723
élément à seuil T 541
élément binaire B 269, B 303
élément binaire de contrôle C 502
élément binaire erroné E 362
élément constitutif C 1001

élément d'accumulateur S 1213
élément d'alimentation F 101
élément d'antenne A 577
élément d'arrêt S 1208
élément de code C 693
élément de contact C 1007
élément de données D 40
élément de force contre-électromotrice C 1150
élément de mémoire S 1213
élément de restitution R 673
élément de sélection de ligne L 238
élément de service d'application A 653
élément de signal S 531
élément de signal télégraphique T 127
élément de stockage S 1214
élément de tirage S 1239
élément d'image P 398
élément d'image mutant C 392
élément d'information I 696
élément directeur D 638, D 640
élément exploré P 398
élément fini F 197
élément fonctionnel F 603
élément fusible F 621
élément graphique G 108
élément localisé L 556
élément logique L 395
élément non alimenté S 174
élément numérique D 432
élément numérique de justification J 63
élément numérique de service S 357
élément OU O 241
élément passif P 134, S 174
élément Peltier P 219
élément porteur S 1239
élément primaire [d'antenne] P 723
élément rayonnant A 577, R 66
élément réflecteur R 447, R 449
élément secondaire P 134, S 174
élément secondaire d'antenne S 174
éléments numériques de service S 368
éléments petit signal S 777
élément unitaire U 86
élévation de tension V 235
élimination d'échos fixes M 674
élimination des brouillages I 430
éliminer D 246, E 207
ellipsoïde de Fresnel F 560
ellipticité E 212/3
ELN H 240
éloigné R 532
ELV V 161
EM E 266
embarqué A 285
embase B 138
embase d'antenne A 604
embout I 273
embranchement B 401
embranchement en Y Y 5
embranchement symétrique S 1497
embrochable P 467
embrouillage de la parole S 985

embrouillage de la parole par permutation P 276
embrouilleur S 141
embrouilleur de parole S 984
embrouilleur-désembrouilleur S 142
émetteur E 229, S 297, T 873, T 890
émetteur à bande latérale unique S 704
émetteur à clavier K 12
émetteur à double bande latérale D 833
émetteur à faible puissance L 537
émetteur à fréquence fixe F 226
émetteur à large bande B 462
émetteur alimenté par une source éolienne W 158
émetteur alimenté par une source solaire S 803
émetteur à modulation d'amplitude A 447
émetteur à modulation de fréquence F 510
émetteur à montage asservi E 234
émetteur à numérotation automatique [des messages] A 870
émetteur à numéroteur automatique A 870
émetteur à ondes courtes S 479
émetteur à ondes longues L 449
émetteur à ondes moyennes M 315
émetteur autocommandé (automatique) A 901
émetteur automatique à commande par impulsions A 883
émetteur automatique d'indicatif A 537
émetteur auto-oscillateur S 247
émetteur brouilleur I 449
émetteur d'appel automatique A 845
émetteur de brouillage J 3
émetteur de détresse D 726
émetteur de détresse de faible puissance L 536
émetteur de grande puissance H 188
émetteur de même canal C 672
émetteur de radiodiffusion B 484
émetteur de radiodiffusion de grande puissance H 186
émetteur de satellite S 61
émetteur de secours E 225, S 1098
émetteur de secours de navire S 440
émetteur de signaux S 612
émetteur de son S 853
émetteur de télévision T 314
émetteur d'image V 160
émetteur d'impulsions O 327, P 967
émetteur d'information I 198
émetteur en impulsions P 967
émetteur local L 366
émetteur MF F 510
émetteur piloté D 855

émetteur pilote D 857
émetteur radioélectrique R 205
émetteur radioélectrique à fréquence fixe F 226
émetteur-récepteur S 305, T 882
émetteur-récepteur à bande latérale unique S 702
émetteur-récepteur asynchrone universel U 95
émetteur-récepteur combiné T 752
émetteur-récepteur de radiotéléphonie R 202
émetteur-récepteur mobile M 557
émetteur-récepteur portatif H 38, P 551
émetteur-récepteur radiotéléphonique R 202
émetteur-récepteur tenant dans la main H 38
émetteur relais R 502
émetteur stéréophonique S 1192
émetteur télégraphique T 134
émetteur Terre-espace G 163
émetteur vision V 160
émettre S 295, S 303, T 864
émettre par radio R 67
éminceur S 741
éminceur de signal S 741
émission E 226, P 811, S 298, T 884
émission à bande latérale résiduelle V 85
émission à bande latérale unique S 703
émission à bandes latérales indépendantes I 133
émission à double bande latérale D 832
émission à porteuse réduite R 403
émission à porteuse supprimée S 1402
émission au clavier de signaux à fréquences vocales V 200
émission brouilleuse U 117
émission couleur C 768
émission de fréquences étalon S 1064
émission de signaux horaires S 1086
émission des impulsions I 92
émission d'essai T 453
émission des signaux horaires S 1086
émission de télévision T 297, T 313
émission d'impulsions P 970
émission d'impulsions décimales D 374
émission hors bande O 314
émission manuelle en morse M 133
émission secondaire S 168
émission stéréophonique de radiodiffusion S 1187
émission télévisuelle T 297
émission utile W 21
émittance énergétique R 44
empêcher I 210
emplacement S 722
emplacement mémoire M 334
émulateur E 239
émulation E 238

encapsulage E 243
encapsulation plastique/à P 448
encapsulé en plastique P 448
encapsulé hermétiquement H 120
enceinte acoustique L 497
enceinte d'insonorisation A 89
enchaînement L 267
enchaîner L 262
encoche S 751
encombrement C 962, F 291, O 379, S 896
encombrement de l'équipement de commutation S 1469
encombrement en mémoire M 336
encrypteur C 531
énergie d'activation A 117
énergie de vibration O 264
énergie d'excitation E 462
énergie d'oscillation O 264
énergie électrique E 124
énergie éolienne E 290
énergie fournie à l'antenne A 588
énergie radiative (rayonnante) R 45
énergie solaire S 799
enfichable P 467
enfichage P 469
enficher P 471
enfoui B 523
enfouissement par charrue d'un câble P 463
engin spatial S 875
engin spatial à stabilisation axiale A 945
engin spatial habité M 121
enlever la gaine du câble S 1249
ENQ E 300
en-queue T 746
enregistrement L 385, R 378, R 381, W 214
enregistrement analogique du son A 467
enregistrement à trois niveaux T 950
enregistrement audionumérique D 439
enregistrement de la durée de conversation C 130
enregistrement de la durée d'une communication C 130
enregistrement de la position de la station mobile M 539
enregistrement des données d'appels C 124
enregistrement des erreurs E 399
enregistrement des fréquences R 472
enregistrement d'image P 401
enregistrement du dernier numéro composé S 1216
enregistrement du son S 850
enregistrement en composantes R 383
enregistrement et retransmission S 1221
enregistrement magnétique M 30
enregistrement magnétique de l'image M 29
enregistrement magnétique de télévision V 131

enregistrement magnétoscopique V 131
enregistrement numérique de télévision D 547
enregistrement numérique du son D 439
enregistrement numérique vidéo D 548
enregistrement optique numérique D 489
enregistrement par défilement hélicoïdal H 110
enregistrement sur bande magnétique M 38
enregistrement sur magnétoscope numérique D 548
enregistrement vidéo V 122
enregistrement vidéonumérique D 547, D 548
enregistrement vidéotransparent T 901
enregistrer L 379, R 377, S 1220
enregistrer sur bande T 22
enregistreur D 638, R 469
enregistreur à bascule F 283
enregistreur à cassette C 322
enregistreur à décalage S 437
enregistreur d'arrivée I 124
enregistreur de cassettes vidéo V 100
enregistreur de départ O 302, S 297
enregistreur de localisation nominal H 240
enregistreur de localisation visité V 161
enregistreur de niveau L 111
enregistreur entrant I 124
enregistreur local L 354
enregistreur morse à bande M 650
enregistreur sortant O 302
enregistreur X–Y X 4
enrobage E 243
enroulement W 147
enroulement de contre-réaction F 100
enroulement d'entrée I 265
enroulement de sortie O 355
enroulement intérieur I 234
enroulement primaire P 727
enroulement secondaire S 181
ensemble P 3, S 395
ensemble de données D 87
ensemble d'éléments réflecteurs R 447
ensemble d'émission T 871
ensemble de pages P 48
ensemble de réception R 348
ensemble émetteur radioélectrique R 206
ensemble émetteur-récepteur T 752
ensemble terminal L 330
enterré B 523
en-tête H 92
en-tête de message M 360
en-tête de sortie O 339
entièrement numérique A 335
entièrement transistorisé A 360
entité I 697
entité d'application A 647
entité (N) N 97

entités homologues P 214
entraînement à picot P 427
entraînement à rouleau R 761
entraînement de fréquence F 519
entraînement du papier P 68
entrance F 47
entrant I 108
entrée I 239
entrée/d' I 108
entrée à basse fréquence A 791
entrée analogique A 475
entrée audiofréquence A 791
entrée BF A 791
entrée d'antenne A 587, L 62
entrée de câble C 33
entrée de données D 45
entrée de modulateur M 612
entrée différentielle D 411
entrée d'un récepteur R 326
entrée émetteur T 878
entrée émission T 868
entrée en communication S 621
entrée en ligne I 615
entrée en tiers C 1273
entrée et sortie parallèles P 79
entrée réception R 311
entrée/sortie I 250
entrée sous forme vocale S 971
entrée symétrique B 50
entrée vocale S 971
entrefer A 303
entrelacé I 455
entrelacement I 459
entrelacement de bits B 311
entrelacement de fréquences F 490
entrelacement d'impulsions P 923
entrelacer I 454
entreprise en participation J 31
entrer I 238, L 294
entretenir M 77
entretien M 81
entretien/sans M 86
entretien préventif P 706
entropie E 303
enveloppe E 305, E 306
enveloppe constante C 995
enveloppe de câble C 45
enveloppe de modulation M 595
enveloppe des lobes latéraux S 503
enveloppement d'épissure S 1009
enveloppe PCV/à P 1001
environnement E 313
environnement bruité N 247
envoi d'impulsions P 970
envoi du courant d'appel R 733
envoyer par télétype (télex) T 318
envoyeur S 295, S 297
EOT E 276
épaisseur de couche L 54
épaisseur du conduit D 898
éphémérides E 319
épiteur B 137
épissage S 1012
épisser S 1005
épisseur S 1010
épissurage S 1012

épissure S 1006, S 1007, S 1012
épissure de câble C 46
épissure de dérivation B 412
épitaxie E 321
épitaxie en phase liquide L 286
épitaxie en phase vapeur aux organométalliques M 387/8
EPROM E 120
E2PROM E 117/8
EQM R 770
équation de semi-conducteur S 278
équation de télégraphistes T 109
équation d'onde W 46
équation radar R 17
équidistribué E 324
équilibrage de trafic T 710
équilibré B 45
équilibre à zéro Z 9
équilibre chromatique (colorimétrique) C 762
équilibreur B 44, B 504, E 326, I 78
équilibromètre I 80
équipement E 331
équipement alimenté par batterie B 177
équipement appartenant à l'abonné C 1261
équipement automatique de test A 896
équipement d'abonné C 161, C 1264, S 1333
équipement d'accès multiple avec affectation à la demande D 266
équipement de base B 146
équipement de bureau O 47
équipement de central téléphonique E 460
équipement de chiffrement de données D 43
équipement de climatisation A 293
équipement de commutation S 1468
équipement de commutation automatique A 891
équipement de commutation d'abonné RNIS I 673
équipement de commutation de protection P 839
équipement de commutation sur secours P 839
équipement de conversion de signaux S 527
équipement de dérivation E 504
équipement de génération de fréquences porteuses C 296
équipement de ligne L 191
équipement de localisation des fautes de répéteur R 573
équipement de mesure de distance D 712
équipement de modulation T 824
équipement de modulation de groupe primaire G 197
équipement de modulation de voie C 444
équipement de multiplexage MIC P 183
équipement de multiplexage numérique D 484
équipement de multiplexage temporel T 596
équipement d'enfouissement de câble C 48
équipement de réponse A 543
équipement de reproduction R 594
équipement de sources C 296
équipement d'essai T 417
équipement de studio S 1257
équipement de télécommunication T 64
équipement de télécopie F 6
équipement de terminaison de circuit de données D 87
équipement de terminaison de réseau N 150
équipement de terminaison du circuit de données D 26
équipement de test intégré B 514
équipement de transmission T 842
équipement de transmission de données D 26
équipement de transposition de groupe primaire G 197
équipement de transposition de voie C 444
équipement de voie C 438
équipement d'extrémité T 360
équipement [en] haut de gamme T 673
équipement intermédiaire I 469
équipement MIC primaire P 719
équipement multiplex M 782
équipement neutralisé E 332
équipement périphérique P 252
équipement portatif P 547
équipement radar R 18
équipement téléphonique T 188, T 210
équipement téléphonique de poste d'aiguillage S 523
équipement téléphonique des postes de triage M 195
équipement terminal T 360
équipement terminal à n voies N 53
équipement terminal de données D 103
équipement terminal de ligne L 248
équipement terminal de ligne pour concentrateur analogique A 471
équipement terminal demandé C 142
équipement terminal demandeur C 184
équipement terminal de traitement de données D 103
équipement terminal de traitement de données arythmique S 1124
équipement terminal de transmission de données D 103
équipement terminal télétex T 279
équipement unifié d'alimentation [en énergie électrique] U 74
équiréparti E 324
équivalent N 101
équivalent de référence R 424
équivalent de référence à la réception R 324
équivalent de référence à l'émission S 306
équivalent de référence corrigé C 1127
équivalent de référence de l'effet local S 514
équivalent de référence total O 373
équivalent de transmission N 101
équivalent d'un circuit N 101
équivalent global pour la sonie O 371
équivalent pour la sonie L 496
équivalent pour la sonie à la réception R 316
équivalent pour la sonie à l'émission S 302
équivalent pour la sonie pour la ligne de jonction J 49
équivalent relatif R 483
élément de (en) guide d'onde W 53
ERC C 1127
ERE S 306
ère de l'information I 182
ergonomie P 223
ergot P 422
erlang E 360
ERN N 35
ERR R 324
erreur E 365
erreur/exempt d' E 392
erreur/sans E 392
erreur aléatoire R 230
erreur binaire B 270
erreur d'acheminement M 517, R 813
erreur d'alignement A 240
erreur d'arrondi R 795
erreur de calage L 453
erreur d'échantillonnage S 18
erreur de diagnostic M 506
erreur de directivité S 1045
erreur de mesure M 288
erreur de numéro W 218, W 219
erreur de numérotation D 365
erreur de parité P 108
erreur de phase P 325
erreur de pointage P 488, P 489
erreur de pointage du faisceau B 197
erreur de polarisation P 517
erreur de poursuite T 696
erreur de première espèce E 404
erreur de propagation P 825
erreur de propagation ionosphérique I 651
erreur de quantification Q 50
erreur de réglage A 240
erreur de relèvement E 396
erreur de repliement A 329
erreur de rythme T 635
erreur de seconde espèce E 405
erreur d'espacement S 912
erreur d'étalonnage C 93
erreur de trajets multiples W 74
erreur de troncature T 980
erreur d'opératrice O 185
erreur double D 811
erreur en paquet B 532
erreur héritée I 209
erreur identifiable R 366
erreur instrumentale I 307
erreur intermittente I 491
erreur locale S 726
erreur masquée C 936
erreur non détectée U 63
erreur non identifiable N 326
erreur numérique B 308, D 463
erreur octantale O 25
erreur quadrantale Q 9
erreur quadratique moyenne R 770
erreur résiduelle R 634
erreur résiduelle sur les bits R 627
erreur semi-circulaire S 271
erreur sporadique I 491
erreurs quadratiques minimales L 79
erreur sur la voie C 416
erreur sur les bits B 308
erreur systématique S 1552
erreur triple T 957
erreur type S 1062
erreur type de polarisation S 1087
ERT O 373
E/S I 250
ESC E 417
ESE S 302
ESJ J 49
espace S 870, S 873
espace des signaux S 601
espace d'état S 1134
espace interbloc I 373
espace interélectrode I 416
espace libre F 417
espace lointain D 204
espacement angulaire A 516
espacement arrière B 24
espacement d'antenne A 612
espacement de canaux C 441
espacement de diversité D 769
espacement des canaux C 441
espacement des fréquences F 534
espacement des fréquences porteuses C 267
espacement des orifices de masque S 415
espacement des répéteurs R 575
espacement des voies C 441
espacement d'impulsions P 957
espacement entre canaux C 441
espacement entre canaux adjacents A 224
espacement entre impulsions P 957
espacement entre répéteurs R 575
espacement entre satellites I 589
espace proche de la Terre N 68
espérance de vie L 113
espérance mathématique d'une variable aléatoire E 477
ESR R 316
essai T 406
essai accéléré A 34
essai à chocs de flexion I 62
essai au sol O 107

essai automatique A 832
essai avec notes d'apprécia-
  tion subjective O 187
essai d'accessibilité A 919
essai de câble C 80
essai de choc I 91
essai de conformité C 961
essai de continuité C 1023
essai de continuité de bout en
  bout E 281
essai de continuité négatif
  C 1025
essai de continuité section par
  section L 268
essai de durée de vie L 114
essai de durée de vie accélérée
  thermiquement T 475
essai de fatigue F 69
essai de fiabilité R 527
essai de fonctionnement
  P 245, P 853
essai de jonction T 1000
essai de laboratoire L 2
essai de longue durée L 444
essai d'endurance E 285
essai de netteté des syllabes
  S 1491
essai de réception (recette)
  A 42
essai de résistance à la trac-
  tion T 357
essai de sensibilité S 318
essai des matériaux M 230
essai destructif D 323
essai de vibration V 93
essai de vieillissement A 281
essai d'exploitation O 169
essai d'isolement I 689
essai en boucle L 468
essai en exploitation O 169
essai en fonction de la tempé-
  rature de durée de vie
  T 347
essai en mer S 161
essai en place F 139, F 150
essai en service T 280
essai en usine F 13
essai fonctionnel F 602
essai manuel M 149
essai non destructif N 281
essai par échantillonnage S 29
essai pilote P 419
essai pratique F 150
essai sous conditions d'am-
  biance E 318
essai sur le terrain F 150
essai sur site F 139
essai systématique R 806
essai vocal R 715
essayer T 405, T 434
esthétique industrielle S 1260
estimateur E 426
estimateur de vraisemblance
  maximale M 245
estimation E 422, E 424
estimation de distance R 245
estimation de la séquence à
  vraisemblance maximale
  M 246
estimation de relèvements
  B 210
estimation de suites avec vrai-
  semblance maximale M 246
estimation par la méthode de
  vraisemblance maximale
  M 244
estompage S 778
ESVM M 246

établir E 420
établir la liaison J 25
établissement S 400, S 404
établissement de connexion
  C 145
établissement de la communi-
  cation E 421
établissement de l'appel C 145
établissement de réseaux
  N 129
établissement des communica-
  tions C 203
établissement de tickets T 570
établissement d'une communi-
  cation C 203, S 400
établissement d'une
  connexion sans émission
  O 33
établissement d'une liaison
  H 59
étage/à un S 705
étage à fréquence intermé-
  diaire I 482
étage amplificateur A 426
étage convertisseur de fré-
  quence F 443
étage de commutation S 1479
étage de commutation
  d'abonnés S 1339
étage de concentration C 939
étage de connexion C 973
étage de démodulation D 275
étage de modulation M 608
étage d'entrée I 260
étage de présélection P 693
étage de sélecteur de groupe
  G 193
étage de sélecteurs S 231
étage de sélection S 216,
  S 231
étage de sortie O 350
étage d'excitation D 858
étage final F 189
étage limiteur L 139
étage mélangeur M 527
étage moyenne fréquence
  I 482
étage push-pull P 995
étage radiofréquence H 172
étage séparateur B 498
étage son à fréquence inter-
  médiaire S 838
étage spatial S 902
étage temporel T 628
étage totem-pole T 685
étalement de bande B 88
étalement de (en) fréquence
  F 542
étalon de fréquence F 546
étalon de fréquence atomique
  A 744
étalon de temps T 629
étalonnage C 91
étalonnage absolu A 13
étalonnage en fréquence
  F 435
étalonner C 90
étalon NOSFER N 367
étanche à la poussière D 915
étanche à l'air H 121
étanche à l'eau W 32
état A A 86
état bloqué O 74
état d'attente D 668, S 1096
état de dérangement F 34
état de disponibilité F 410
état défavorable A 251
état de la technique S 1132

état de repos I 16, I 17, N 316
état de repos/à l' Q 97
état de repos d'un circuit I 16
état de transition T 813
état de vibration V 90
état d'occupation B 551
état d'occupation de l'abonné
  S 1307
état H H 144
état L L 502
état libre F 422
état métastable M 391
état prêt R 280
état propre E 103
état significatif S 617
état solide S 818
état vacant F 422
état vibronique V 90
état Z Z 2
ETB E 277
ETC S 1151
ET câblé W 168
ETCD D 26, D 87, D 103
ETCD non prêt automatique
  D 136
ETCD non prêt commandé
  D 134
ETD D 103
étendre E 485
étendue R 241
étendue d'accord T 1020
étendue de capture P 893
étendue de fréquence F 520
étendue de mesure M 281
étendue de tenue H 230
étendue du faisceau B 204
étendue dynamique D 926
étiquette K 3, L 1, T 4
étiquette d'acheminement
  R 814
étouffeur d'étincelles S 917
être en panne B 236
étrier U 7
ETTD occupé D 871
ETTD non prêt automatique
  D 874
ETTD non prêt commandé
  D 873
étude de cas C 318
étude de faisabilité F 92
étude de l'aménagement
  S 727
étude des locaux S 727
étude de trafic T 742
étude par simulation S 649
ETX E 274
évaluation E 439
évaluation de la qualité Q 27
évaluation d'un relèvement
  B 211
évaluation par similitude S 89
évaluation technique-économi-
  que T 53
évalué S 824
évaluer E 438
évanouissement F 18
évanouissement à distribution
  de Rayleigh R 266
évanouissement à faible dis-
  tance S 465
évanouissement à long terme
  L 438
évanouissement auroral A 817
évanouissement brusque R 99
évanouissement de courte du-
  rée S 466
évanouissement de longue du-
  rée L 438

évanouissement de Rayleigh
  R 266
évanouissement de Rice R 718
évanouissement des ondes
  UHF U 4
évanouissement dû à des tra-
  jets multiples à deux rayons
  T 1060
évanouissement dû à l'absorp-
  tion A 25
évanouissement dû à la polari-
  sation P 518
évanouissement dû à la propa-
  gation par trajets multiples
  M 747
évanouissement dû à l'extinc-
  tion E 501
évanouissement dû aux scintil-
  lations S 140
évanouissement dû aux trajets
  multiples M 747
évanouissement gaussien G 39
évanouissement lent S 762
évanouissement par interfé-
  rence I 431
évanouissement par occulta-
  tion S 413
évanouissement profond
  D 200
évanouissement rapide F 60
évanouissement sélectif S 222
évanouissement sélectif dans
  le temps T 622
évanouissement sélectif en
  fréquence F 533
évanouissement sur ondes
  courtes S 475
événement d'erreurs E 390
événement discret D 678
évolué A 248
évolutif O 128
exactitude de réglage A 77
excentricité de l'orbite O 226
excitateur D 857, E 464
excitateur d'antenne E 464
excitation D 859, E 461
excitation à impulsions multi-
  ples M 810
excitation du type multi-impul-
  sionnel M 810
excitation multi-impulsionnelle
  M 810
excitation par choc I 86, S 447
excitation par [des] impulsions
  régulières R 474
excitation stochastique S 1204
excité S 1203
excursiomètre MF F 305
excursion de fréquence F 449,
  F 548
excursion de fréquence maxi-
  male P 193
excursion de fréquence de
  porteuse C 259
excursion logique L 397
excursion maximale P 190
excursion relative D 342
exécuter P 241, P 786
exempt de cristallisation
  C 1230
exempt de gigue J 13
exigence de sécurité S 201
exigence d'essai T 443/4
exigence en capacité C 233
exigences de comportement
  P 244
expanseur E 472
expansion E 473

expansion   434

expansion dans un étage de commutation E 476
expédier D 694
expédition D 695
expérience pratique (sur le terrain) F 139
expérimentation en place F 139
expérimentation opérationnelle F 150
expertise E 479
exploitant du réseau N 141
exploitation O 163
exploitation/en O 164
exploitation à batterie locale L 324
exploitation à porteuses distinctes S 877
exploitation asynchrone A 724
exploitation automatique A 871
exploitation automatique intégrale F 590
exploitation automatique intercontinentale I 403
exploitation automatique interurbaine A 902
exploitation avec attente D 244
exploitation avec indicateur de numéro demandé C 155
exploitation avec mise en file des appels C 195, Q 91
exploitation avec permutation des fréquences R 705
exploitation bidirectionnelle B 388
exploitation cocanal O 252
exploitation dans les deux sens B 387, B 389
exploitation dans un seul sens O 104
exploitation de bout en bout E 282
exploitation diplex D 581
exploitation d'un réseau N 140
exploitation duplex D 905
exploitation du réseau téléphonique T 205
exploitation en automatique A 871
exploitation en autonome O 54
exploitation en boîte aux lettres M 50
exploitation en deux fils T 1076
exploitation en double bande latérale D 827
exploitation en double courant P 505
exploitation en double polarisation D 884
exploitation en duplex D 905
exploitation en groupes tertiaires M 215
exploitation en ligne O 114
exploitation en multiplex M 790
exploitation en mode paquet P 26
exploitation en parallèle P 84
exploitation en quatre fils F 371
exploitation en semi-duplex H 13
exploitation en simplex S 645
exploitation en simultanéité C 941

exploitation en temps réel R 291
exploitation entièrement automatique F 590
exploitation en transit T 823
exploitation et maintenance O 170
exploitation gentex G 58
exploitation intercontinentale I 408
exploitation manuelle M 135
exploitation multipoint M 802
exploitation multiservice M 818
exploitation par simple courant S 675
exploitation plésiochrone P 459
exploitation point-multipoint P 497
exploitation radiotéléphonique R 187
exploitation sans attente D 268
exploitation sans surveillance (télésurveillée) U 41
exploitation semi-automatique O 180, S 269
exploitation simplex S 645
exploitation spatiale S 891
exploitation sur antenne commune C 806
exploitation sur deux fréquences T 1052
exploitation sur fréquence porteuse commune C 823
exploitation sur porteuse décalée O 61
exploitation sur une fréquence S 682
exploitation sur une même voie C 668
exploitation sur voie unique S 661
exploitation synchrone S 1533
exploitation télégraphique T 119
exploitation téléphonique T 208
exploitation téléphonique automatique A 894
exploitation téléphonique manuelle M 146
exploitation télex T 330
exploitation unidirectionnelle O 104
exploiter O 144
explorateur S 94
explorateur à plat F 249
exploration S 95
exploration conique C 967
exploration de ligne L 237
exploration par lignes L 172
exploration sectorielle S 198
explorer S 93
exposant E 482
exposant d'affaiblissement sur images I 32
exposant de transfert sur images I 53
exposant itératif de transfert I 703
exposant linéique de propagation P 820
extenseur E 472
extensibilité E 470, U 130
extensible O 128
extension E 473, E 487
extension à d'autres gammes de fréquence E 490

extension de code C 694
extension de la gamme de fréquence E 490
extension d'en-tête A 184
extension des luminances [en télécopie] E 474
extinction d'arc A 675
extinction des étincelles S 918
extracteur de carte P 731
extraction F 126, R 684
extraction de l'information I 194
extraction de voie de service S 361
extraction de voies C 412
extraction du rythme T 638
extraction du signal de rythme T 638
extraction du signal d'horloge T 638
extraire E 503, F 125
extrêmement basse fréquence E 512
extrémité de câble C 31
extrémité de connexion (N) N 56
extrémité de ligne L 250
extrémité de section S 196
extrémité émission T 888
extrémité émission/à l' T 876
extrémité non réfléchissante N 328
extrémité réception R 345
extrémité réception/à l' R 325

F

fabricant de câbles C 56
fabrication assistée par ordinateur C 919
fabrication continue C 1030
fabrication de circuits VLSI V 177
fabrication de masques M 200
fabrication en continu C 1030
fabrication en série M 202
fabriquant de CI (circuits intégrés) I 2
fabriquant de composants C 897
facile à utiliser U 156
facilité d'accès A 50
facilité de maintenance M 78
facilité (N) N 65
facilité offerte aux usagers U 162
fac-similé F 3
fac-similé météorologique W 106
facteur d'accélération A 35
facteur d'amplification en courant C 1245
facteur de bruit N 203
facteur de bruit global O 372
facteur de charge L 303
facteur de code C 702
facteur de conversion C 1091
facteur de couplage C 1164
facteur de cylindre D 865
facteur de décorrélation D 183
facteur de densité des constructions B 503
facteur de déviation D 342
facteur de diffraction [par la terre] S 412
facteur de dissipation D 708
facteur de divergence D 764

facteur de durée P 916
facteur de durée d'impulsions D 919, P 916
facteur d'efficacité dans le temps E 101
facteur de fréquence maximale utilisable M 255
facteur de mérite F 153
facteur de multiplication M 794
facteur de perméance P 268
facteur de perte L 473
facteur de proportionnalité P 833
facteur de puissance P 602
facteur de qualité Q 2
facteur de réflexion R 441, R 442
facteur de remplissage F 169
facteur de sécurité S 2
facteur de surtension Q 2
facteur d'excès de bruit E 452
facteur d'illumination A 640
facteur d'irrégularité P 191
facteur d'ombre F 212
facteur d'utilisation L 303
facteurs d'environnement E 316
facteurs humains H 290
facteur téléphonique de forme T 193
facteur TIF T 196
facturation automatique des taxes A 865
facturation détaillée D 326
facturation globale B 516
facturer C 478
facultatif O 219
faible affaiblissement/à L 527
faible capacité de transmission/à L 508
faible diaphonie/à L 511
faible écart S 771
faible encombrement C 861
faible encombrement/de S 888
faiblement couplé W 102
faible perte/à L 527
faible trafic L 133, L 544
faire de l'écoute clandestine T 20
faire écho E 49
faire erreur de numéro M 507
faire fonctionner O 144
faire reculer B 23
faire regresser D 193
faire un appel [téléphonique] P 364
faire un espacement arrière B 23
faisabilité F 91
faisceau B 186, C 546
faisceau à cosécante carrée C 1140
faisceau conformé S 419
faisceau crayon P 221
faisceau d'analyse S 98
faisceau débordant H 216
faisceau de câbles C 41
faisceau de canaux sémaphores S 556
faisceau de circuits C 546
faisceau de circuits d'arrivée I 129
faisceau de circuits de débordement O 380
faisceau de circuits de jonction J 47
faisceau de circuits départ O 307

faisceau de circuits directs D 595
faisceau de circuits entrants I 129
faisceau de circuits sortants O 307
faisceau de débordement O 380
faisceau d'électrons E 152
faisceau de liaisons de signalisation S 556
faisceau d'émission T 865
faisceau de premier choix F 208, P 725
faisceau de réception R 303
faisceau de routes sémaphores R 804, S 577
faisceau de second choix S 178
faisceau diffusé S 118
faisceau échelonné E 48
faisceau en éventail F 44
faisceau en queue de castor B 219
faisceau étroit N 18
faisceau explorateur S 98
faisceau final F 186
faisceau focalisé F 311
faisceau hertzien R 153, R 158
faisceau hertzien à capacité de transmission élevée H 151
faisceau hertzien à diffusion troposphérique T 972
faisceau hertzien à faible capacité de transmission L 509
faisceau hertzien à grande capacité H 151
faisceau hertzien à large bande W 138
faisceau hertzien à longues sections L 419
faisceau hertzien à multiplexage par répartition en fréquence F 463
faisceau hertzien analogique A 481
faisceau hertzien à plusieurs bonds M 738
faisceau hertzien de télévision T 304
faisceau hertzien hyperfréquence à faible capacité de transmission L 509
faisceau hertzien numérique D 498, D 499
faisceau hertzien perturbant I 447
faisceau hertzien perturbé D 756
faisceau hertzien s'approchant de la visibilité directe N 80a
faisceau hertzien terrestre T 403
faisceau hertzien transhorizon T 780, T 972
faisceau modelé S 419
faisceau plat F 44
faisceau plat horizontal B 219
faisceau ponctuel P 221
faisceau pour une ville C 575
faisceau principal M 55
faisceau radar R 8
faisceau réfléchi R 434
famille L 144
famille de circuits logiques L 394
famille des ECL E 75

FAMOS F 285
fan-in F 47
fanion F 241
fanion de fin (queue) T 746
fan-out F 48
fantôme E 50
FAO C 919
fatigue F 66
fatigue mécanique M 296
fausse adresse I 620
fausse alarme E 361
fausse manœuvre M 509, O 185
fausse sélection F 89
faux numéro W 219
faux signal d'appel F 41
faux signal de libération F 42
fcém C 1149
FEC F 344
feeder F 102
fém E 151
fenêtrage W 156
fenêtre W 154
fenêtre d'accusé de réception A 85
fenêtre de bobinage W 150
fenêtre de couplage C 1160
fenêtre de Hamming H 37
fenêtre de parole F 397
fenêtre glissante S 745
fente S 751
fente à monnaie C 742
fente d'introduction de pièces C 742
fente inclinée I 104
fente rayonnante S 756
fermeture de boucle L 456
ferrite F 111
ferrite doux S 783
ferroélectrique F 120
ferromagnétique F 122
FF F 336
FI I 470
fiabilisation R 515
fiabiliser M 103
fiabiliste R 521
fiabilité D 287, R 514
fiabilité d'exploitation O 157
fiabilité du système R 1561
fiabilité en essai T 441
fiable R 528
fibre de verre G 78
fibre optique O 199
fiche C 985, J 1, P 464
fiche/à P 467
fiche coaxiale C 659
fiche d'appel C 174
fiche de conversation T 569
fiche de réponse A 545
fiche de test T 438
fiche d'étrier U 7
fiche secteur P 628
fiche signalétique (technique) D 89
fiche tripolaire T 532
fichier F 158
fichier d'archives H 223
fichier de détail T 749
fichier historique H 223
fichier permanent M 207
fidélité [de reproduction] F 129
fil W 162
fil/sans W 173
fil à deux conducteurs D 838
fil aérien O 132
filament F 155
fil B B 564

fil blindé S 147
fil C C 1284
fil conducteur C 945
fil cuivre-acier C 1112
fil d'abonné S 1320, S 1329
fil d'alimentation P 613
fil d'aluminium renforcé d'acier A 402
fil d'armure A 684
fil d'armure en acier S 1157
fil de conversation S 994
fil de déchirement R 749
fil de hauban G 216
fil de lecture S 311
fil de ligne L 260
fil de masse M 46
fil de masse aérien O 394/5
fil d'entrée L 68
fil de prise de terre E 46
fil de réserve S 911
fil de terre E 46
fil d'interconnexion J 36
file d'attente Q 86
file d'attente à un seul serveur S 692
file d'attente avec priorité P 751
file d'attente orientée vers une tâche T 46
fil faradisé S 147
fil fusible F 622
fil gainé S 425
fil isolé I 317
fil jarretière J 35, J 36
fil magnétique M 39
fil massif S 812
fil neutre N 158
fil nu B 106, B 107, O 132
fil nu aérien O 132
fil plein S 823
2 fils T 1072
4 fils T 1072
fils des haubans des tours T 689
fils dissimulés C 937
fils groupés B 520
fils intérieurs I 282
fil télégraphique T 136
fil téléphonique T 244
filtrage F 177, S 214
filtrage après détection P 571
filtrage avant modulation P 684
filtrage à variation temporelle T 632
filtrage de postdétection P 571
filtrage en sous-bandes S 1270
filtrage numérique D 468
filtrage postérieur P 574
filtrage spatial S 922
filtrage spatio-temporel S 924
filtrage variable dans le temps T 632
filtre à affaiblissement d'insertion prédéterminé I 277
filtre à bande étroite N 11
filtre absorbant A 21
filtre à capacités commutées S 1447
filtre à cavité[s] C 337
filtre à couche mince de grenat de fer et d'yttrium Y 11
filtre actif A 123
filtre adaptatif A 158
filtre adapté M 224
filtre à élimination de bande B 84
filtre à guide d'onde W 58

filtre à K constant C 999
filtre à large bande B 447
filtre alimentation-signal P 633
filtre à magnétostriction M 44
filtre à mémoire finie F 200
filtre antibrouillage W 94
filtre antiparasites A 625
filtre antirepliement A 620
filtre à N voies N 372
filtre à ondes acoustiques de surface S 76, S 1410
filtre à phase minimale M 493
filtre à quartz C 1226
filtre à réponse impulsionnelle finie F 200
filtre à réponse impulsionnelle infinie I 179
filtre à résistances et à condensateurs actif A 129
filtre à résistances et condensateurs R 270
filtre à résonateur hélicoïdal H 112
filtre à RIF F 200
filtre à ruban S 1247
filtre à temps continu T 585
filtre autorégressif A 910
filtre conformateur d'impulsions P 953
filtre continu T 585
filtre correcteur L 190
filtre coupe-bande B 84
filtre d'aiguillage B 403
filtre d'aiguillage alimentation-signal P 633
filtre d'annulation de bruit N 194
filtre d'antiparasitage A 625
filtre d'arrêt B 84
filtre de bande B 79
filtre de bandes I 40
filtre de boucle L 462
filtre de branchement B 403, C 401
filtre de bruit N 205
filtre de Butterworth B 559
filtre de canal C 418
filtre de décorrélation D 181
filtre de découplage D 189
filtre de dérivation B 403
filtre de désaccentuation D 199
filtre de fréquence F 475
filtre de hauteur [du son] P 434
filtre de ligne L 196
filtre de manipulation K 21
filtre de mise en forme [d'impulsions] P 953
filtre d'émission T 843
filtre de mode M 562
filtre d'entrée I 243
filtre de pondération W 116
filtre de pondération de bruit N 242
filtre de porteuse C 263
filtre de poursuite T 697
filtre de préaccentuation P 672
filtre de prémodulation P 683
filtre de réception R 346
filtre de rejet de bande B 84
filtre de réjection N 370
filtre dérivé en M à demi-cellule en L M 256
filtre de suppression de porteuse C 291
filtre de Tchébychev C 500
filtre de transfert T 553

filtre 436

filtre de transfert de groupe [primaire] T 556
filtre de transfert de groupe quaternaire T 565
filtre de transfert de groupe secondaire T 563
filtre de transfert de groupe tertiaire T 559
filtre de type Cauer C 334
filtre de voie C 418
filtre d'harmoniques H 81
filtre diviseur de bande B 69
filtre d'octave O 26
filtre d'onde numérique W 45
filtre éliminateur de brouillage W 94
filtre émission T 843
filtre en échelle L 3
filtre en éventail F 46
filtre en fréquence intermédiaire I 476
filtre en hyperfréquence M 442
filtre en peigne C 790
filtre en treillis L 43
filtre gaussien G 40
filtre IIR I 179
filtre limiteur S 741
filtre limiteur de bande B 77
filtre miroir en quadrature Q 16
filtre monolithique M 632
filtre multicanal M 691
filtre multicellulaire M 815
filtre multiplexeur M 786
filtre multiplexeur d'entrée I 249
filtre multiplexeur de sortie O 346
filtre numérique D 467
filtre numérique récursif R 396
filtre optimal O 216
filtre orthogonal O 253
filtre passe-bande B 79
filtre passe-bande de fréquence intermédiaire I 472
filtre passe-bande FI I 472
filtre passe-bas L 535
filtre passe-bas tout-pôle A 351
filtre passe-haut H 182
filtre passe-tout A 349
filtre-peigne C 790
filtre prédicteur (prédictif) P 663
filtre présélecteur P 691
filtrer M 197
filtre RC R 270
filtre RC actif A 129
filtre réception R 346
filtre réjecteur N 370, R 478
filtre réjecteur de bande B 84
filtre suppresseur d'harmoniques de manipulation K 21
filtre tiers d'octave O 97
filtre transversal T 914
fil volant J 35, J 36
fin R 504
FIN C 595
fin d'adresse E 256
fin de bande E 272
fin de bloc E 257
fin de communication E 259
fin de fichier E 262
fin de ligne E 265
fin de message E 268
fin de numérotation E 260
fin de sélection E 270

fin de support E 266
fin de texte E 274
fin de trame T 746
fin de transmission E 276
fin de volume E 278
finesse d'exploration S 99
fixation du niveau du noir B 337
fixe S 1139
fixé au mur W 12
flanc arrière de l'impulsion P 962
flanc arrière d'impulsion P 962
flanc avant L 64
flanc avant de l'impulsion P 926
flanc avant d'impulsion P 926
flanc de Nyquist N 422
flanc d'impulsion P 918
flexion B 231
flot de données D 48
flot de données chiffrées E 244
fluctuation F 298
fluctuation aléatoire R 232
fluctuation d'amplitude A 437
fluctuation de fréquence F 476
fluctuation de niveau L 107
fluctuation de puissance P 607
fluctuation de tension V 233
fluctuation d'intensité I 361
fluctuation du niveau de sortie O 343
flux de chaleur H 101
flux de données D 48
flux de données chiffrées E 244
flux de données transfrontière T 751
flux de puissance P 606
flux de puissance dépendant du temps T 589
flux de rayonnement R 46
flux de saturation S 68
flux de trafic T 719
flux informationnel I 191
flux lumineux L 554
flux transfrontière de données T 751
focalisant F 313
focalisation F 312
focalisation ionosphérique I 647
fonction à bande limitée B 74
fonction à sens unique O 102
fonction booléenne B 380
fonction caractéristique A 689
fonction d'ambiguïté A 413
fonction d'autocorrélation A 827
fonction de Bessel B 238
fonction de Cauer C 335
fonction de commande C 1066
fonction de distribution exponentielle E 484
fonction de gain G 10
fonction de gain indépendante de la fréquence F 488
fonction delta de Dirac D 585
fonction de menu M 342
fonction densité de probabilité P 769
fonction de parité P 109
fonction de persévérance P 277
fonction de réseau N 126
fonction de transfert T 761

fonction de transfert complexe C 892
fonction de transfert de gigue J 21
fonction de transfert en bande de base B 127
fonction de Walsh W 17
fonction d'illumination A 642, I 28
fonction échelon S 1172
fonction échelon unité U 92
fonction logique L 388
fonction (N) N 166
fonctionnant sous des impulsions P 932
fonctionnement O 163
fonctionnement à main libre H 56
fonctionnement asynchrone A 732
fonctionnement au-dessus du seuil A 9
fonctionnement à une seule fréquence S 682
fonctionnement avec chevauchement O 399
fonctionnement avec circuit fantôme P 286
fonctionnement avec surveillance A 747
fonctionnement continu C 1039
fonctionnement d'un réseau N 140
fonctionnement en bouclage local B 30
fonctionnement en continu C 1048
fonctionnement en duplex D 905
fonctionnement en mode dégradé D 218
fonctionnement en mode entretenue C 1048
fonctionnement en semi-duplex H 13
fonctionnement en temps réel R 291
fonctionnement entièrement automatique F 590
fonctionnement 24 heures sur 24 A 686
fonctionnement impulsionnel P 912
fonctionnement limité par la distorsion D 718
fonctionnement limité par la largeur de bande B 95
fonctionnement mains libres H 56
fonctionnement parallèle P 81
fonctionnement pas à pas S 1165
fonctionnement sans surveillance U 41
fonctionnement secouru S 1093
fonctionnement simultané C 941
fonctionnement sur porteuses décalées O 61
fonctionnement synchrone S 1533
fonctionner O 144
fonction sac à dos K 32
fonction saut S 1172
fonctions des couches supérieures H 160

fonctions d'orientation des messages de signalisation S 562
fonctions du réseau sémaphore S 567
fonction universelle U 97
fondation d'antenne A 613
fond de caractères C 470
fond de panier B 14, C 245, M 662
fond de symboles [de code] S 397
fonds de mots [de code] S 398
force contre-électromotrice C 1149
force cymomotrice [d'une antenne dans une direction donnée] C 1295
force cymomotrice spécifique dans une direction donnée S 944
force électromotrice E 151
force électromotrice longitudinale L 421
force magnétique M 23
formant de la parole S 972
format F 329
format d'échange I 386
format de paquet P 14
format de texte traitable T 464
format de transport T 906
format d'image de texte T 463
formateur F 333
formation de blocs B 364
formation de conduit D 892
formation de files d'attente Q 90
formation d'image par micro-ondes M 446
formation sur le tas O 121
forme d'antenne A 610
forme de signal S 600
forme d'impulsion P 950
forme d'onde W 48
forme octale O 23
forme quantifiée Q 43
formule d'itération de Newton N 165
fort trafic H 106
FOT O 218
fouillis d'écho C 637
fouillis de sol G 150
four à induction I 165
four à induction à haute fréquence H 167
fourchette C 1180, H 254
fourchette d'erreur E 410
fourreau W 11
FPB B 79
fraction du temps F 379
frais C 479
frais de communication locale L 343
frais de maintenance M 84
frais d'entretien M 84
frais de raccordement au réseau S 367
frais d'exploitation O 149
frame D 747
franchissement de frontière entre cellules B 394
franchissement d'une frontière entre deux cellules B 394
frange couleur C 774
franges d'interférence I 433
fréquence F 423, R 485
fréquence acoustique A 784
fréquence allouée A 340

fréquence angulaire A 519
fréquence basse A 784
fréquence centrale C 375
fréquence centrale de canal C 404
fréquence circulaire A 519
fréquence critique C 1190
fréquence d'appel C 162
fréquence d'appel téléphonique T 169
fréquence de balayage S 740, S 1439
fréquence de balayage de ligne L 198
fréquence de base B 135, C 620
fréquence de battement B 215
fréquence d'échantillonnage S 25
fréquence d'échantillonnage des voies C 434
fréquence d'échantillonnage élevée H 196
fréquence de chocs C 759
fréquence de collisions C 759
fréquence de combinaison C 793
fréquence de communication entre navires I 593
fréquence de coupure B 110, C 1277
fréquence de coupure d'un mode de propagation ionosphérique B 110
fréquence de détresse D 723
fréquence de détresse en radiotéléphonie R 193
fréquence de fonctionnement O 151
fréquence de fonctionnement optimale O 217
fréquence de groupe G 183
fréquence de la liaison descendante D 845
fréquence de la liaison montante U 132
fréquence de mesure L 198, M 289, S 104, T 419
fréquence de milieu C 375
fréquence d'émission T 877
fréquence d'émission commune C 831
fréquence de modulation M 598
fréquence de modulation maximale M 247
fréquence de Nyquist N 421
fréquence de passage par un niveau L 103
fréquence de points D 792
fréquence de porteuse image V 156
fréquence de réception R 355
fréquence de récurrence P 943
fréquence de réglage L 256
fréquence de relaxation S 1439
fréquence de répéteur T 904
fréquence de répétition R 583
fréquence de répétition des impulsions P 943
fréquence de répétition des impulsions P 943
fréquence de réseau M 72
fréquence de résonance R 656
fréquence d'erreurs E 394
fréquence de rythme C 620

fréquence des défaillances F 29
fréquence de sous-porteuse S 1273
fréquence d'essai T 419
fréquence de trame F 393, F 394
fréquence de vibrations O 265
fréquence de vobulation S 1439, W 189
fréquence d'exploration S 102
fréquence d'exploration horizontale L 198
fréquence d'hétérodyne H 126
fréquence différentielle D 401
fréquence d'image F 393, P 399
fréquence d'occultation B 340
fréquence d'ondulation R 752
fréquence Doppler D 786
fréquence d'oscillation O 265
fréquence d'urgence E 220
fréquence du secteur M 72
fréquence émise T 877
fréquence étalon C 94, S 1063
fréquence fixe F 224
fréquence fondamentale F 613, P 433
fréquence générale d'appel G 45
fréquence gyromagnétique G 222
fréquence harmonique H 82
fréquence hors bande O 315
fréquence image I 37
fréquence industrielle I 173
fréquence infra-acoustique S 1265
fréquence infra-téléphonique S 1352
fréquence instantanée I 301
fréquence intermédiaire I 470
fréquence internationale d'appel I 518
fréquence internationale de détresse I 526
fréquence latérale S 494, S 498
fréquence limite d'absorption A 26
fréquence maximale utilisable M 254
fréquence médiane de la bande M 468
fréquencemètre F 497
fréquencemètre à décades F 496
fréquence mi-bande M 468
fréquence minimale utilisable L 522
fréquence nominale N 255
fréquence non essentielle S 1030
fréquence nulle Z 14
fréquence optimale de trafic O 218
fréquence optique O 203
fréquence oscillatrice O 267
fréquence parasite I 445, S 1030
fréquence perturbatrice D 761
fréquence pilote P 413
fréquence pilote de groupe primaire G 188
fréquence porteuse C 264
fréquence porteuse d'image V 156
fréquence porteuse son S 832

fréquence porteuse supprimée S 1403
fréquence préréglée P 697, P 703
fréquence primaire P 715
fréquence propre N 42
fréquence radioélectrique R 101
fréquence significative S 618
fréquence statistique R 485
fréquence supra-téléphonique S 1386
fréquence sur la liaison descendante D 845
fréquence sur la liaison montante U 132
fréquence téléphonique T 191, T 192
fréquence ultra-sonore U 23
fréquence vidéo V 110
fréquence vobulée W 191
fréquence vocale T 192, V 197
fréquence voisine A 226
FRI P 943
frontal F 567
front arrière B 7
front arrière de l'impulsion P 962
front arrière d'impulsion P 962
front avant L 64
front avant de l'impulsion P 926
front avant d'impulsion P 926
front descendant F 36
front d'impulsion P 926
front d'onde W 50
front d'onde sphérique S 999
frontière d'une cellule C 344
front montant R 756
frotteur W 161
fuite à la terre E 17
fusible F 618
fusible à bouchon P 466
fusible cartouche C 311
fusible d'alarme A 320
fusible en fil fin F 196
fusible instantané Q 95
fusionner M 347

G

gabarit de tolérance à la gigue J 20
gâchette G 29
gain G 3
gain absolu d'une antenne P 611
gainage C 45, S 423
gain à la réception R 347
gain basse fréquence A 789
gain BF A 789
gain commandable A 234
gain dans l'axe principal [d'antenne] M 54
gain d'antenne A 583
gain d'antenne en dehors de l'axe O 34
gain d'avalanche A 927
gain de codage C 712
gain de directivité D 630
gain de directivité d'antenne A 572
gain de diversité D 767
gain de diversité de site S 725
gain de prédiction P 664
gain de traitement P 790
gain différentiel D 409

gain d'insertion I 275
gain d'obstacle O 12
gain dû à la compression-expansion C 865
gain dû à la compression-extension C 865
gain dû à la diversité D 767
gain dû à la proportion compression-expansion C 865
gain dû à la proportion compression-extension C 865
gain dû aux réflexions R 443
gain du système S 1557
gaine C 45
gaine de câble C 45
gaine de polyéthylène (polythène) P 538
gaine d'étanchéité O 285
gaine d'aluminium soudé W 120
gaine extérieure O 285
gain élevé H 175
gaine élevé/à H 175
gaine métallique M 380
gain en courant C 1244
gain en petit signal S 776
gain en puissance P 609
gain en puissance d'une antenne A 583
gain en tension V 234
gaine polyéthylène P 538
gain interne I 506
gain isotrope I 693
gain isotrope d'une antenne P 611
gain par étage S 1050
gain par surélévation H 108
gain plat F 254
gain relatif R 486
gain relatif d'une antenne P 610
gain sans distorsion D 717
gain total O 368
gain variable A 234
gamme R 243
gamme audible A 776, A 797
gamme couverte C 1179
gamme d'accord R 343, T 1020
gamme d'accrochage P 893
gamme d'amplitudes A 458
gamme de fonctionnement Q 53
gamme de fréquence F 431, F 520
gamme de longueurs d'onde W 78
gamme de mesure M 281
gamme de réglage C 1075
gamme des audiofréquences A 797
gamme des demi-teintes T 669
gamme de sensibilité S 317
gamme des fréquences acoustiques A 797
gamme des fréquences radioélectriques R 116
gamme des fréquences vocales A 797
gamme des grandes ondes L 447
gamme des hyperfréquences (micro-ondes) M 456
gamme des ondes millimétriques M 470
gamme de température R 249
gamme de travail O 156
gamme d'ondes W 87

gamme d'utilisation R 249
gamme dynamique D 927
gamme micro-ondes M 456
gamme millimétrique M 471
gamme OC (ondes courtes) H 170
garde multiple B 490
gaz d'électrons E 158
gaz rare R 254
générateur à circuits RC R 271
générateur à commande par quartz C 1225
générateur à effet Hall H 32
générateur à haute fréquence H 166
générateur à ondes carrées S 1040
générateur à résistance-capacité R 271
générateur avec pilotage par quartz C 1225
générateur d'audiofréquences A 790
générateur de balayage S 1438, S 1440
générateur de barres B 108
générateur de barres de couleur C 764
générateur de base de temps T 580
générateur de bruit N 208
générateur de caractères C 461
générateur déclenché T 945
générateur de courant constant C 994
générateur de courants porteurs C 296
générateur de dents de scie S 78
générateur d'effacement E 353
générateur de fonctions F 607
générateur de fréquence F 479
générateur de fréquences étalon S 1065
générateur de fréquences vocales T 666
générateur de lignes L 199
générateur de marquage M 188
générateur de mire [pour télévision] T 436
générateur de mots W 195
générateur de pilotes P 414
générateur de porteurs C 296
générateur de programmes P 802
générateur de puissance radioélectrique (radiofréquence) R 113
générateur de rampe S 78
générateur de relaxation S 1441
générateur de repère de calibrage C 96
générateur de rythme C 611, C 617
générateur des audiofréquences A 790
générateur de signal standard S 1084
générateur de signaux S 533, S 534
générateur de signaux en escalier S 1054
générateur de signaux radiofréquence R 118

générateur de sonnerie R 739
générateur de sous-porteuse S 1275
générateur de suites aléatoires R 238
générateur de synchronisation S 1529
générateur d'étalonnage C 95
générateur de tension constante C 1000
générateur de tension en dents de scie S 78
générateur de tension en escalier S 1052
générateur de tonalité T 666
générateur d'harmoniques H 84
générateur d'hyperfréquence M 444
générateur d'impulsions P 922
générateur d'impulsions de comptage M 400
générateur d'impulsions de numérotation D 373
générateur d'ondes rectangulaires S 1040
générateur d'ondes sinusoïdales S 655
générateur d'oscillations de relaxation S 1441
générateur d'ultra-sons U 24
générateur en dents de scie S 78
générateur H.F. H 166
générateur RC R 271
générateur solaire S 800
générateur vobulé W 192
génération G 51
génération de fréquences F 478
génération de programme d'essai T 440
génération de programme de test T 440
génération d'harmoniques H 83
génération d'impulsions P 921
génération d'oscillations G 52
génération du deuxième (second) harmonique S 186
génération du son S 835
génération harmonique H 83
génératrice de secours S 1090
génératrice éolienne W 146
générer G 50
gentex G 54
gestion d'application A 649
gestion de base de données D 18
gestion de couche L 52
gestion de fichiers F 161
gestion de mémoire M 335
gestion de réseau N 134
gestion des canaux sémaphores S 552
gestion des clés K 26
gestion des données D 65
gestion des fréquences radioélectriques R 111
gestion des ressources R 663
gestion des routes sémaphores 576
gestion de systèmes S 1563
gestion de transmission T 839
gestion du réseau N 134
gestion du réseau de signalisation S 568
gestion du réseau sémaphore S 568

gestion du spectre des fréquences [radioélectriques] F 494
gestion du spectre radioélectrique R 111
gestion du trafic sémaphore S 586
gestion mémoire M 335
GFD D 49
GFS S 532
gigacycle G 74
gigahertz G 74
gigue J 6
gigue de justification J 59
gigue de phase P 331
gigue de rythme T 637
gigue résiduelle R 639
gigue systématique S 1554
gisement R 481
glissement S 746
glissement commandé C 1070
glissement de phase P 351
glissement des bits B 323
glissement non commandé U 55
glissière S 744
goniomètre Adcock A 168
goniométrie D 623
gourmand en courant P 612
gouttière à monnaie C 739
gradient de température T 348
grand axe M 97
grandes ondes L 448
grandeur A 428
grandeur de champ F 145
grandeur mesurée M 277
grandeur scalaire S 86
grand pouvoir de résolution angulaire H 146
graphe de fluence de données D 49
graphe de fluence de signal S 532
graphique D 356
grappe C 635
graticule G 115
graver E 427
gravure E 428
grenat G 22
grenat d'yttrium-aluminium Y 15
grenat d'yttrium et de fer Y 16
grille G 28, G 120, G 121, R 255
grille de commande C 1068
grip de câble (tirage) C 40
groupage B 168
groupage de messages en paquets M 361
groupage par paquets P 16
groupe C 635
groupe à accessibilité L 137
groupe à accessibilité totale F 576
groupe-capteur S 322
groupe combinable P 287
groupe d'abonnés éloigné R 533
groupe de cellules C 636
groupe de jonctions à accessibilité totale F 576
groupe de lignes G 100
groupe de raccordement L 249
groupe fermé d'abonnés (d'usagers) C 630
groupe fermé d'usagers avec accès sortant C 631

groupe fermé d'utilisateurs C 630
groupement d'utilisateurs U 169
groupe numérique n-aire N 21
groupe numérique primaire P 714
groupe primaire G 173
groupe primaire de base B 149
groupe primaire MIC P 718
groupe quaternaire S 1376
groupe quaternaire de base B 164
groupe quinaire J 34
grouper B 167
groupe secondaire S 1366
groupe secondaire de base B 163
groupe tertiaire M 208
groupe tertiaire de base B 151
G/T F 153
guerre électronique E 186
guidage [de l'usager] P 816
guidage de l'utilisateur P 816
guidage d'onde W 71
guidage d'opérateur P 816
guide à faces parallèles P 82
guide à faisceaux B 201
guide à fente[s] S 760
guide à lames (plans) parallèles P 82
guide à revêtement diélectrique D 390
guide à rubans S 1245
guide de bande S 1250
guide de Goubau G 91
guide diélectrique D 391
guide d'onde H 234, W 51
guide d'onde à canal C 448
guide d'onde à extrémité ouverte O 130
guide d'onde à moulure R 720
guide d'onde annelé C 1139
guide d'onde à pertes L 486
guide d'onde à raccord progressif T 30
guide d'onde à ruban S 1250
guide d'onde circulaire C 571
guide d'onde coplanaire C 1107
guide d'onde coudé (courbe) C 1253
guide d'onde creux H 234
guide d'onde cylindrique C 1293
guide d'onde déformable S 290
guide d'onde de réglage en phase P 295
guide d'onde diélectrique D 400
guide d'onde diélectrique circulaire C 566
guide d'onde elliptique E 211
guide d'onde flexible F 275
guide d'onde hélicoïdal H 114
guide d'onde métallique M 384
guide d'onde optique O 199
guide d'onde ouvert à une extrémité O 130
guide d'onde pressurisé P 702
guide d'onde rectangulaire R 392
guide d'onde rigide R 724
guide d'ondes D 891, W 51

guide d'ondes de précision P 654
guide d'onde semi-rigide S 290
guide d'onde souple F 275
guide d'ondes quadratique S 1041
guide d'onde tridimensionnel T 526
guide en hélice H 114
guide en mode contraint O 411
guide en torsade T 1040
guide optique O 199
guide-papier P 69
guide surdimensionné O 411
guide torsadé T 1040
guide tortile T 1041
guiper T 22
gyrateur G 220
gyrofréquence G 221
gyrofréquence longitudinale L 422
gyrofréquence transversale T 915
gyrotron G 224

H

halo H 33
harmonique H 77
harmonique d'ordre impair O 30
harmonique d'ordre pair E 443
harmonique élevé H 159
harmonique fondamental F 614
harmonique impair O 30
harmonique pair E 443
harmoniques H 88
harmoniques/exempt d' F 411
harmonique supérieur H 159
hauban G 216
haubanage G 218
haubanage d'antenne A 584
hauban-fil G 219
haut de casse U 134
haute fréquence H 161
haute performance/à H 183
haute technologie H 213
haute technologie/à H 212
hauteur P 433
hauteur de rayonnement [d'une antenne d'émission] E 85
hauteur d'inversion I 626
hauteur du conduit D 893
hauteur d'une couche [ionosphérique] L 51
hauteur effective d'antenne E 85, E 90
hauteur efficace d'antenne E 90
hauteur électrique E 114
hauteur équivalente E 85
hauteur hors sol G 143
hauteur libre G 143
hauteur libre au-dessous des fils L 200
hauteur virtuelle [d'ionosphère] V 148
haut-parleur à bobine mobile D 922
haut-parleur à condensateur E 195
haut-parleur à conducteur mobile D 922
haut-parleur à pavillon H 273

haut-parleur électrostatique E 195
HC B 553
hélice d'impression (d'inscription) H 116
hémisphère H 118
hermétique H 121
hétérochrone H 124, N 342
hétérojonction H 128
hétérostructure H 130
heure chargée B 553, B 557
heure chargée du réseau N 112
heure chargée moyenne M 258, T 582
heure creuse N 266
heure de faible trafic L 546
heure d'émission A 310
heure de pointe B 557, P 194
heure de pointe du réseau N 112
heure d'établissement C 982
heure du fuseau Z 28
heure fixe T 583
heure non chargée N 266
heures creuses O 56
heures de pointe/en dehors des O 55
heures non chargées O 56
24 heures sur 24 A 685
hexadécimal H 131
HF H 161
hiérarchie de multiplexage M 784
hiérarchie de multiplexage numérique D 486
hiérarchie MIC P 180
histogramme H 222
hologramme H 235
holographie H 236
homochrome H 246
homochrone H 247
homogène H 249
horaire variable F 276
horizon radar R 19
horizon radioélectrique R 125
horizon radioélectrique normal S 1081
horloge C 608, T 616
horloge atomique A 743
horloge centrale C 357
horloge de grande stabilité H 211
horloge de référence R 421
horloge maîtresse M 206
horloge numérique D 447
horloge parlante S 930
horloge temps réel R 284
hors bande O 311
hors-code S 436
hors plan O 325
hors service I 14
hors tension P 621
HT H 268
humidité relative R 487
hurleur H 285
hybride circulaire R 264
hydrofuge W 32
hydrométéore H 306
hydrophone H 308
hyperfréquence M 433
hypsogramme L 105
hypsographe L 111
hypsomètre L 109, L 110
hystérèse H 316
hystérésis H 316

I

IAM I 218
IAO C 914
iconoscope I 3
IDA U 140
identificateur I 12
identificateur de communication C 153
identificateur de connexion pour le service (N) N 380
identificateur d'extrémité de connexion (N) N 57
identificateur du protocole (N) N 375
identification I 8
identification ami-ennemi F 562
identification automatique de numéro [de l'appelant] A 868
identification d'appels malveillants M 108
identification de cible T 41
identification de la ligne appelante C 166, C 167
identification de la ligne appelée C 132, C 133
identification de la ligne du demandé C 132
identification de la ligne du demandeur C 166, C 167
identification de réseau de transit T 816/7
identification de réseau pour données D 71
identification de service S 370
identification du groupe G 184
identification d'un dérangement F 82
identification du numéro appelant C 170
identification du numéro appelé C 135
identification du réseau de transit T 816/7
identification d'usager de réseau N 157
identification radar R 20
identifier I 13
identité de la station de navire S 446
IEMN N 390
IFRB I 530
IL L 94
I²L I 337
illumination I 28
ILS I 309
image F 383
image animée M 672
image bruyante N 248
image codée en MIC P 175
image complète F 383
image couleur C 775
image de télévision T 300
image en demi-teintes H 23
image en noir et blanc M 624
image fantôme D 813, E 61
image fixe S 1196
image fixe couleur S 1195
image fixe vidéo S 1201
image mire T 435
image monochrome M 624
image numérisée D 491, D 555
image radar R 15, R 21
imagerie I 49
imagerie numérique D 471

image sans contraste F 260
image télévisuelle T 300
imagette S 1280
imageur I 47
imageur à transfert de charges C 341
imageur constitué par un réseau de photodiodes en silicium S 635
imageur en réseau I 48
imageur linéaire L 157
image vidéo T 300
imbriquer I 454
immunité au brouillage I 434
immunité au bruit I 60, N 209
immunité contre le bruit N 209
immunité contre les parasites I 60
imparité O 31
impédance I 66
impédance acoustique A 98
impédance adaptée M 225
impédance à l'antirésonance D 921
impédance à vide O 124
impédance caractéristique C 464
impédance d'antenne A 581, A 585
impédance de ligne L 201
impédance d'entrée I 245
impédance d'entrée d'antenne A 581, A 589
impédance d'entrée de la ligne L 202
impédance de référence R 425
impédance de réseau N 127
impédance de sortie O 340
impédance de sortie symétrique O 330
impédance d'espace libre F 420
impédance de terminaison T 384
impédance de transfert T 762
impédance d'onde W 72
impédance en circuit fermé S 454
impédance en circuit ouvert [d'un quadripôle] O 124
impédance en court-circuit S 454
impédance en dérivation S 489
impédance en série S 337
impédance image I 39
impédance inverse I 623
impédance itérative I 700
impédancemètre I 75
impédance mutuelle M 839
impédance normalisée N 358
impédance réciproque I 623
impédances [imaginaires] conjuguées C 968
impédance terminale T 367
imperméabilisation W 33/4
impiètement S 1023
implantation L 55
implantation d'ions I 635
implanter I 286
implémentation I 83
imprécision de mesure M 291
imprimante P 739
imprimante à aiguilles N 84
imprimante à bande T 26
imprimante à grande vitesse H 206

imprimante

imprimante à jet d'encre I 228
imprimante à laser L 29
imprimante à la volée O 120
imprimante alphanumérique A 381
imprimante à marguerite D 1
imprimante cathodique C 332
imprimante laser L 29
imprimante matricielle M 237
imprimante par ligne L 230
imprimante par page P 46
imprimante par points M 237
imprimante rapide H 206
imprimante sans clavier R 318
imprimante silencieuse Q 101
imprimante sur bande T 26
imprimante thermique T 479
imprimante xérographique X 2
imprimé P 746
imprimer P 728, P 745
imprimeur de tickets T 571
impulsion I 84
impulsion de blocage I 213
impulsion d'échantillonnage S 24
impulsion d'écho E 67
impulsion décimale D 372
impulsion de comptage M 399
impulsion d'écriture W 212
impulsion de déclenchement T 946
impulsion de Dirac D 586
impulsion de fermeture M 102
impulsion d'égalisation E 328
impulsion de lecture R 277
impulsion de l'ordre de la picoseconde P 395
impulsion d'enclenchement T 946
impulsion d'entrée I 257
impulsion de numérotation D 372
impulsion de pompage P 976
impulsion de remise à zéro R 622, R 623
impulsion de signalisation S 573
impulsion de sortie O 347
impulsion de suppression B 345
impulsion de suppression de ligne L 175
impulsion de synchronisation C 619, S 1514
impulsion de synchronisation de ligne L 246
impulsion de synchronisation de trame F 401
impulsion de taxation C 488
impulsion de tension V 249
impulsion d'horloge C 619
impulsion d'ouverture B 427
impulsion du cadran [d'appel] D 372
impulsion échantillon S 12
impulsion élargie S 1244
impulsion électromagnétique E 145
impulsion électromagnétique d'origine nucléaire N 390
impulsion en sinus carré S 653
impulsion en sinus carré modulée M 581
impulsion gaussienne G 43
impulsion parasite N 226
impulsion positive P 562
impulsion rectangulaire S 1037

impulsion sinusoïdale C 284
impulsions par seconde P 959
impulsion sur boucle L 465
impulsion trapezoïdale T 921
impulsion unique M 638
impulsion unité U 89
inactif I 14
inaudible U 42
incertitude sur la fréquence F 557
incertitude sur la synchronisation T 639
incidence normale N 356
incidence oblique O 4
incidence rasante G 116
inclinaison de l'onde de sol W 92
inclinaison de l'orbite O 227
inclinaison d'une orbite de satellite S 48
inclinaison du palier P 960
incohérence I 106
incohérent I 107
indépendance de la séquence des bits B 321
indépendance du code utilisé C 707
indépendant de la distance D 711
indépendant de la fréquence F 487
indépendant de la polarisation P 519
indépendant de l'installation I 289
indépendant du code C 697
indépendant du locuteur S 926
indépendant du réseau N 128
index I 136
indexation I 137
indexer I 135
indicateur F 241, I 141, I 142, P 415, P 486
indicateur abonné libre S 1321
indicateur d'altitude et de distance R 247
indicateur d'antenne R 23
indicateur d'appel C 154
indicateur d'appel de transit T 810
indicateur de catégorie du demandeur C 173
indicateur de catégorie d'usager U 159
indicateur de cibles mobiles M 675
indicateur de débordement O 381
indicateur de la catégorie du demandeur C 173
indicateur de la nature du circuit N 44
indicateur de longueur L 94
indicateur de service S 372
indicateur des positions en projection P 446
indicateur de volume E 125, V 255
indicateur national N 32
indicateur panoramique P 446
indicateur radar R 23
indicateur radar avec indication du mouvement absolu T 977
indicatif d'accès A 54
indicatif d'appel C 189, C 205
indicatif de pays C 1152
indicatif de pays pour la transmission de données D 36

indicatif de zone océanique O 19
indicatif interurbain T 986
indication I 140
indication d'accord T 1018
indication de défaillance en amont U 140
indication de dérangement T 974
indication de libération par l'ETCD D 133
indication de non-remise N 278
indication de non-remise de datagramme D 53
indication de passage à la verticale d'un radiophare O 389
indication de service S 371
indication de service taxée P 55
indication des positions en projection P 445
indication d'état S 1152
indication d'une cible en mouvement M 674
indice de l'intensité sonore L 496
indice de masque de l'effet local S 513
indice de modulation M 599
indice de qualité Q 33
indice de qualité de transmission téléphonique T 238
indice de réfraction R 456
indice de réfraction modifié M 571
indice de transmission T 859
indiquer I 369
indisponibilité U 44
indisponibilité annuelle U 45
indisponibilité moyenne M 274
individu I 697
inductance I 159
inductance à air A 298
inductance d'antenne A 586
inductance de découplage D 188
inductance de relèvement P 195
inductance de saturation S 69
inductance spirale S 1003
inductif I 168
inductivité mutuelle M 840
induire I 158
industrie câblière C 44
industrie des équipements de télécommunication T 76
industrie du téléphone T 195
INF S 547
influence sur la largeur de bande D 288
influence perturbatrice D 759
influence sur la largeur de bande D 288
information I 181
information à bande étroite N 13
information à large bande B 449
information d'adresse A 203
information d'adresse émise vers l'avant F 338
information d'entrée I 246
information de rythme T 636
information de service H 282

information de signalisation S 546, S 547
information de sortie O 341
information de surveillance M 617
information de synchronisation S 1509, S 1521
information d'état S 1153
information de téléconduite T 87
information de trame F 395
information d'horloge T 636
information latérale S 499
informations de contrôle de fenêtre W 155
information textuelle T 457
informatique C 930, D 77, I 192
informatique répartie D 733
infranoir B 335
infraréfraction S 1303
infrarouge I 203
infrastructure des télécommunications T 78
ingénierie assistée par ordinateur C 914
ingénierie du logiciel S 791
ingénierie des télécommunications T 75
ingénieur d'études D 339
inhiber D 656
initialisation I 221
initialiser I 222
injecter A 660
injection I 227
injection de voies C 420
inoccupé I 14
INS S 372
inscription à l'annuaire D 645
inscription des fréquences F 521
inscrire une demande de communication B 376
insensibilité I 58
insensibilité au brouillage I 60
insensibilité au bruit N 209
insensibilité aux dérangements F 85
insensibilité aux parasites électromagnétiques I 59
insensibilité aux perturbations électromagnétiques I 270
insensible à I 271
insensible aux défaillances F 86
insérer I 272
insertion F 15, I 273
insertion de voie de service S 362
inspection d'entrée I 117
inspection de recette I 117
instabilité I 285
instabilité à long terme L 440
instabilité de fréquence F 489
instabilité de phase P 328
instable U 111
installation E 331, I 287, I 295
installation automatique de réveil A 866
installation d'abonné S 1322, S 1333
installation d'antenne A 605
installation d'antenne commune C 856
installation d'antennes émettrices T 886
installation d'appel automatique A 847

installation de câbles C 63
installation de câbles téléphoniques T 167
installation de chef-secrétaire S 188
installation de communication d'abonné P 761
installation de filtrage S 188
installation d'émission T 890
installation de réveil A 318
installation de secrétaire de direction S 188
installation de télécommunication T 66
installation échelonnée E 48
installation expérimentale T 424
installation manuelle d'abonnés avec postes supplémentaires P 759
installation privée manuelle P 759
installation radioélectrique R 126
installation téléphonique T 162, T 210
installation téléphonique intérieure P 764
installation terminale T 368
installation terminale pour transmission de données T 369
installer E 420, I 272, I 286
installé sur le terrain F 140
instant d'échantillonnage S 31
instant de décision D 171
instant de décision d'un signal numérique D 171
instant idéal I 6
instant significatif S 619
instant significatif cohérent C 732
instant significatif d'un signal numérique S 619
instruction C 1061
instruction de service O 152
instrument de mesure M 292
intégrable I 327
intégrateur I 348, I 353, I 354
intégration I 349
intégration à grande échelle L 21
intégration à l'échelle de la tranche W 1a
intégration à l'échelle d'une tranche W 1a
intégration à moyenne échelle M 312
intégration à petite échelle S 772
intégration à très grande échelle V 76, V 78
intégration à ultra grande échelle U 14
intégration de différents systèmes I 1558
intégration de la parole et des données V 192
intégration de la parole et des données par paquets P 39
intégration de services S 383
intégration de systèmes S 1558
intégration monolithique M 634
intégration sur microplaquette (tranche entière) W 1a
intégration tridimensionnelle T 524

intégré I 328
intégré monolithiquement M 628
intégrité de données D 57
intégrité de la suite des éléments numériques D 565
intégrité de la suite des octets O 29
intelligence répartie D 735
intelligibilité I 358, S 973
intelligibilité de consonnes I 359
intelligibilité de la parole S 973
intensité de champ F 145
intensité de champ électrique E 129
intensité de champ magnétique M 23
intensité de champ perturbateur N 204
intensité de précipitation R 221
intensité de rayonnement R 47
intensité de son L 493
intensité de trafic T 712, T 722
intensité de trafic téléphonique T 235
intensité du champ brouilleur I 432
intensité en champ proche N 75
intensité moyenne du trafic A 940
intensité radiative R 47
intensité sonore L 493
intention d'appel C 188
interactif I 364
interaction onde – particule W 84
interactions physiques P 386
interbande de voies I 387
intercaler I 272
intercentraux I 565
interception I 379
interception des demandes de numéros d'abonnés transférés A 848
interchangeable I 383
intercorrélateur C 1200
intercorrélation C 1199
interconnexion I 393, I 395, I 396, W 183
interconnexion aux fréquences de la bande de base B 120
interconnexion dans la bande de base B 120
interconnexion de réseaux I 400
interconnexion de réseaux locaux [d'entreprises] I 399
interconnexion de[s] systèmes ouverts O 137
interconnexion intégrale/à F 593
interdiction I 211
interdiction d'accès F 127
interdiction d'écriture W 211
interdiction des appels à l'arrivée I 111
interdiction des appels de départ O 289
interdire I 210
intérêt économique C 1143
interface I 419, I 426, J 37
interface codirectionnelle C 717

interface contradirectionnelle C 1052
interface d'abonné S 1323
interface de communication C 848
interface de données série S 336
interface de ligne L 203
interface de ligne d'abonné S 1334
interface de réseau N 131
interface d'essai T 425
interface de terminal interactif I 370
interface de test T 425
interface entrée/sortie I 254
interface ETCD/ETTD D 135
interface homme – machine M 116
interface multiplex M 788
interface normalisée S 1070, S 1072
interface numérique – analogique D 436
interface périphérique P 253
interface physique P 387
interfacer à I 427
interface radio A 306
interface réception R 312
interface réseau N 131
interface série S 338
interface série asynchrone A 726
interface sur le trajet radioélectrique A 306
interface usager-réseau U 166
interface utilisateur C 1260, U 164
interférence B 214, I 428
interférence cofréquence C 719
interférence d'ondes W 73
interféromètre I 450
interférométrie I 451
interfonctionnement I 600
interfonctionnement de service S 376
interfonctionnement en temps réel R 289
interfonctionnement entre réseaux I 601
interfonctionnement entre systèmes I 567
interlignage U 60
intermodulation C 1206, I 495
intermodulation dans l'émetteur T 879
intermodulation dans le récepteur R 327
interphone I 570
interphone de résidence H 238
interpolateur I 572
interpolateur à capacités commutées S 1448
interpolation de la parole par assignation de temps S 576
interpolation de signaux de conversation par affectation au temps S 576
interpolation numérique D 472
interpolation par des fonctions spline S 1013
interréseau[x] I 562
interrogateur I 576
interrogation E 300, I 266, I 575, P 533, Q 85
interrogation automatique A 909

interroger P 532
interrompre H 34, I 577
interrupteur B 428, B 560, C 1281, I 582
interrupteur à bascule T 567
interrupteur à clé K 27
interrupteur à contacts arrières B 4
interrupteur à raccordement arrière B 4
interrupteur à rupture brusque Q 96
interrupteur bipolaire D 821
interrupteur de fin de course L 142
interrupteur général M 76
interrupteur limiteur L 142
interrupteur marche-arrêt P 641
interrupteur rotatif R 777, R 784
interrupteur thermique T 487
interrupteur tripolaire T 533
interruption D 862, I 578, I 584
interruption de la porteuse C 275
interruption de service S 358
interruption due à la pluie R 220
interruptions imprévisibles U 68
interurbain I 389, L 410
interurbain automatique A 902, S 1343, T 987
interurbain en automatique S 1318
interurbain semi-automatique O 181
intervalle P 247
intervalle angulaire R 248
intervalle d'air A 303
intervalle d'échantillonnage S 20
intervalle de confiance C 956
intervalle de garde G 204
intervalle de post-sélection P 578
intervalle de quantification Q 51
intervalle de suppression B 342
intervalle de suppression de trame V 54
intervalle de suppression de ligne H 259
intervalle de temps T 607, T 626
intervalle de temps d'élément numérique justifiable J 57
intervalle de temps de signalisation S 583
intervalle de temps de voie C 443
intervalle de temps élémentaire D 566
intervalle entre répéteurs R 575
intervalle sans garde U 69
intervalle significatif S 620
intervalle unitaire S 531, U 88
intervention C 1273
interversion T 912
intracentral I 609
intra-urbain I 606
introducteur I 613
introduction de pièces C 741
introduction par clavier K 22
introduire I 238, I 272

introduire par clavier K 8, K 18
intrusion O 36
invalider D 656, I 210
inverseur I 631
inverseur à rupture B 424
inverseur d'impulsions P 925
inverseuse I 631
inversion N 86, S 433
inversion chiffres F 154, U 134
inversion de batterie B 179
inversion de fréquence F 491
inversion de la phase P 329
inversion de polarité P 528
inversion de population P 543
inversion de température T 349
inversion lettres L 97
inversion partielle des nuances P 122
inversion unique S 693
invitation à émettre P 533
invitation à numéroter P 782
invitation à recevoir A 205
invitation d'émettre automatique A 909
inviter à émettre P 532
invocation I 633
ionisation I 636
ionisation sporadique S 1021
ionogramme I 637
ionosphère I 639
IOP F 353
IPD D 36
IPMS I 569
IR I 203
iris W 60
iris capacitif C 227
iris inductif I 170
irradiation I 665
irrégularité localisée L 334
irréparable I 666
IS I 196
ISM I 176
ISO O 137
isochrone I 680
isolant I 322
isolant en verre G 79
isolateur I 690
isolateur à effet Faraday F 51
isolateur à tige P 426
isolateur capot et tige C 235
isolateur de base B 136
isolateur de Faraday F 51
isolateur de traversée L 67
isolateur rigide P 426
isolation I 322
isolation acoustique S 836
isolation au polypropylène P 540
isolation ballon B 67
isolation phonique S 836
isolation plastique massif (plein) S 817
isolation polyéthylène haute densité H 156
isolation polypropylène P 540
isolation polythène haute densité H 156
isolement I 322
isoler I 314
IT T 626
itération I 698
itinéraire P 152
itinéraire de télécommunications T 71

J

jack J 1
jack appelant C 163
jack à rupture B 424
jack de branchement B 407
jack de coupure C 1278
jack d'écoute L 290
jack de dérivation B 407
jack de réponse A 544
jack d'essai T 426
jack local L 336
jambe [d'un noyau magnétique] L 91
jambe rectangulaire R 391
jarretière J 35
jeton T 647
jeu S 395
jeu de caractères C 473
jeu de caractères alphabétique (alphanumérique) A 365
jeu de caractères codés C 682
jeu de caractères graphiques G 105
jeu de caractères numériques N 412
jeu de l'armature A 683
jeu de relais R 500
jeu de signaux S 599
joggle J 5
joint C 46, S 1007
joint à bride F 244
joint à torsade T 1044
joint de guide d'onde W 59
joint tournant R 778
joncteur J 56
joncteur d'abonné L 204, S 1334
joncteur de départ O 298
joncteur d'essai T 428
joncteur pour concentrateur analogique A 471
jonction I 419, J 26, J 37, T 981
jonction commune C 832
jonction d'arrivée I 119
jonction de câble C 46
jonction de départ O 297, O 298
jonction de guide d'onde W 61
jonction démontable D 325
jonction en guide d'onde W 61
jonction en T (té) T 643
jonction entrante I 119
jonction en Y Y 5, Y 12
jonction épissée S 1007
jonction fixe P 262
jonction hybride H 299
jonction individuelle I 153
jonction mixte B 386
jonction multiplex interne H 220
jonction numérique D 544
jonction partiellement commune P 114
jonction pn (p-n) P 480
jonction sortante O 297
justification J 58
justification négative N 92
justification positive P 563
justification positive/nulle/négative P 569

K

k B 374
kit de montage M 666
klystron K 31
klystron à cavités multiples M 688
klystron amplificateur A 427
klystron à réflex[ion] R 451
klystron multicavité M 688
klystron refroidi par air A 295
klystron tout métal A 338
krarupisation C 1032

L

label K 3, L 1
label de fin de fichier E 263
label de fin de volume E 279
lame bimétallique B 256
lame de contact C 1010
lame demi-onde H 28
lame d'impression W 215
lame porte-contact C 1010
lame quart d'onde Q 64
lampe à effluves G 85
lampe d'alarme A 322
lampe d'appel C 165, L 205
lampe de signalisation I 144
lampe d'innocupation F 413
lampe d'occupation B 556
lampe luminescente G 85
lampe témoin I 144, P 415
lancement S 1110
lancer T 943
lancer un appel radio R 67
langage articulé A 690
langage assembleur (d'assemblage) A 708
langage de commande C 802
langage de description de données D 38
langage de description de matériel H 73
langage de description et de spécification S 941
langage de programmation P 813
langage de programmation évolué H 180
langage évolué H 179
langage LDS S 153
langage machine C 928
langage orienté vers le problème P 778
large bande B 441
large bande/à B 441
large des côtes/au O 72
largeur à mi-crête F 581, F 589
largeur à mi-hauteur F 589
largeur angulaire à mi-puissance H 18
largeur de balayage S 115
largeur de bande B 90
largeur de bande à 3 dB T 520
largeur de bande à n dB N 62
largeur de bande basse fréquence A 786
largeur de bande commutable S 1444
largeur de bande de bruit N 190
largeur de bande de canal C 400
largeur de bande de cohérence C 721
largeur de bande de fréquences F 433
largeur de bande de modulation M 588
largeur de bande de phase P 299
largeur de bande des fréquences radioélectriques R 103
largeur de bande de signaux vidéo V 97
largeur de bande de transmission T 831
largeur de bande de voie C 400
largeur de bande effective E 87
largeur de bande en audiofréquence A 786
largeur de bande en fréquence intermédiaire I 473
largeur de bande en moyenne fréquence I 473
largeur de bande interdite B 70
largeur de bande limitée/à B 94
largeur de bande minimale M 486
largeur de bande moyenne M 304
largeur de bande nécessaire N 83
largeur de bande occupée O 17
largeur de bande restreinte R 675
largeur de bande totale O 363
largeur de bande transmissible T 826
largeur de bande vidéo V 97
largeur de canal C 449
largeur de faisceau B 204
largeur de la bande de base B 117
largeur de voie C 449
largeur d'impulsion P 968
largeur nominale N 260
largeur spectrale S 953
laryngophone T 550
larynx artificiel A 698
laser à semi-conducteur S 279
layout L 55
LDS S 941
lecteur T 663
lecteur de bande P 980, T 29
lecteur de bande perforée P 980
lecteur de cartes C 248
lecteur imprimeur T 26
lecteur optique O 206
lecture P 455
lecture de caractères O 191
lecture destructive D 322
lecture non destructive N 279/80
lecture graphique M 194
lecture magnétique de caractères M 11
lecture optique O 191
lecture sans effacement N 279/80
lentille à échelons Z 27
lentille à guide d'onde W 62
lentille à lames métalliques (parallèles) M 389
lentille à plaque-guides métalliques M 389
lentille à zones Z 27
lentille de Luneberg L 559
lentille diélectrique D 394

lentille électronique E 188
lésion de l'oreille H 96
leurre D 191
lever d'ambiguïté S 310
lever du doute S 310
LHS L 228
liaison C 535, C 834, L 144, L 263
liaison à courants porteurs C 272
liaison à grande distance L 415
liaison à n bonds N 168
liaison à propagation par diffusion S 132
liaison ascendante U 131
liaison à un seul bond O 94
liaison commutée C 554
liaison d'abonné S 1335
liaison de connexion F 104
liaison de courte distance S 455
liaison de données D 62
liaison de données à bande étroite N 10
liaison de données à commutation de circuits C 555
liaison de données de signalisation S 543
liaison de ligne numérique D 473
liaison descendante D 844
liaison de service S 377
liaison de signalisation S 548
liaison de synchronisation S 1510
liaison de télécommunication T 68
liaison de télécommunication optique O 193
liaison de télémesure T 145
liaison de transmission L 263, T 846
liaison de transmission de données D 62, D 111
liaison de transmission numérique D 478, D 540
liaison deux fils T 1074
liaison directe D 616
liaison duplex[ée] D 902
liaison duplex par téléimprimeur D 910
liaison en duplex D 902
liaison en groupe primaire G 185
liaison en groupe quaternaire S 1378
liaison en groupe secondaire S 1368
liaison en groupe tertiaire M 211
liaison en ligne L 206
liaison en ligne [à courants porteurs] C 271
liaison en ondes décamétriques S 476
liaison entre base et véhicule V 45
liaison entre studio et émetteur S 1259
liaison en visibilité directe L 218, L 219
liaison fictive de référence H 315
liaison filaire W 165, W 167
liaison hertzienne R 154
liaison hertzienne à courte distance S 458

liaison hertzienne en visibilité directe L 217, L 223
liaison hertzienne perturbée D 756
liaison hertzienne téléphonique T 213
liaison hertzienne terrestre T 402
liaison hertzienne transcontinentale C 1198
liaison hyperfréquence en visibilité directe L 217, M 449
liaison informatique D 62
liaison interactive I 366
liaison intercentraux I 566
liaison intercontinentale I 407
liaison internationale I 533
liaison intersatellite I 587
liaison locale L 340
liaison MIC P 181
liaison montante E 45, U 131
liaison multiplex M 789
liaison multipoint M 801
liaison multisatellite M 814
liaison numérique D 478
liaison numérique par satellite D 504
liaison par câble C 23
liaison par faisceau hertzien R 154
liaison par faisceau hertzien à bond unique S 683
liaison par faisceau hertzien à deux bonds T 1053
liaison par fil W 167
liaison par satellite S 44
liaison par téléimprimeur T 254, T 255, T 258
liaison phonie V 205
liaison phonie numérisée D 558
liaison point à point P 500
liaison quatre fils F 369
liaison radioélectrique R 81, R 130, W 175
liaison radioélectrique à grande distance L 407
liaison radioélectrique à vue directe L 222
liaison radioélectrique en ondes décamétriques H 168
liaison radioélectrique numérique D 495
liaison radioélectrique Terre – espace E 38
liaison radioélectrique transhorizon T 779
liaison radiophonique internationale I 547
liaison radio sol-train T 703
liaison radiotéléphonique R 184
liaison radiotéléphonique sol-train T 705
liaison réelle R 282
liaisons multipoint centralisées C 365
liaison sol-air G 161
liaison sol-sol G 162
liaison sous-marine S 1288
liaison spatiale S 890
liaison spécialisée P 766
liaison téléphonique T 176, T 178, T 200
liaison téléphonique par câble T 166
liaison téléphonique par satellite S 57

liaison télex T 321, T 325
liaison télex radioélectrique R 200
liaison Terre – espace E 45
liaison Terre – satellite E 43
liaison terrestre T 398
liaison urbaine J 48
libération C 596, C 597, D 666, R 504
libération au raccrochage du demandé C 141
libération au raccrochage du demandeur C 172
libération de garde R 507
libération de ligne L 207
libération en avant C 594
libération forcée F 322
libération par l'abonné demandé C 137
libération par l'abonné demandeur C 172
libération par le demandeur C 172
libération par le dernier abonné L 35
libération par le premier abonné F 217
libération prématurée P 682
libérer R 503, R 529
libre I 14
libre parcours moyen M 262
lidar L 112
lieu d'installation S 722
lieux de racines R 768
LIG R 508
ligne C 535, L 144, L 452
ligne/en O 113
ligne à ailettes F 203
ligne à bandes S 1245
ligne à courant fort P 615
ligne active numérique D 435
ligne à deux abonnés T 1054
ligne aérienne O 139, O 395
ligne aérienne de communication O 393
ligne aérienne en câble A 253
ligne à fente S 754
ligne à fils parallèles P 89
ligne à grande distance L 405
ligne aller-retour G 87
ligne à méandres M 259
ligne à microfente M 424
ligne à quatre abonnés F 361
ligne à quatre fils F 370
ligne à répéteurs R 571
ligne à retard D 243
ligne à retard acoustique A 95
ligne à retard à magnétostriction M 46
ligne à retard au mercure M 345
ligne à retard ultra-sonique U 21
ligne artificielle A 699
ligne à ruban S 1245
ligne à ruban dissymétrique U 48
ligne à ruban équilibré B 58, T 956
ligne à un abonné S 685
ligne bifilaire T 1075
ligne chargée L 301
ligne coaxiale C 657
ligne coaxiale à extrémité ouverte O 129
ligne collective M 745, P 128
ligne commune C 832, M 745, P 128
ligne commutée D 383, S 1453

ligne concédée P 766
ligne conductrice I 396
ligne coplanaire C 1105
ligne d'abonné A 57, S 1332
ligne d'abonné analogique A 484
ligne d'abonné à transmission numérique D 517
ligne d'abonné numérique D 517
ligne d'accès A 57
ligne d'affaiblissement A 765
ligne d'alimentation F 102
ligne d'alimentation d'antenne A 579
ligne d'alimentation électrique E 131
ligne d'alimentation en guide d'ondes W 57
ligne d'alimentation radioélectrique R 109
ligne d'alimentation symétrique B 55
ligne d'annotatrice R 379
ligne d'arrivée I 120
ligne de base des caractères C 454
ligne de balayage S 103
ligne de branchement B 409
ligne de central PBX P 168
ligne de départ O 299
ligne de données D 61
ligne de flux F 297
ligne de Goubau G 91
ligne de jonction I 595, J 37
ligne de jonction de PBX P 755
ligne de Lecher L 84
ligne d'énergie E 131
ligne de position L 215
ligne de produit[s] P 798
ligne de raccordement L 452
ligne de rattachement S 1332
ligne de retard D 243
ligne de retard à prises T 33
ligne de retard comportant des prises T 33
ligne de service O 234
ligne de services spéciaux S 936
ligne de télécommande R 537
ligne de télécommunication T 67
ligne de transfert T 557
ligne de transmission T 845
ligne de transmission active A 124
ligne de transmission à fil W 182
ligne de transmission avec perte L 485
ligne de transmission avec transpositions T 911
ligne de transmission de données D 61
ligne de transmission dissipative L 485
ligne de transmission hertzienne M 465
ligne de transmission sans répéteurs N 333
ligne deux fils T 1075
ligne d'exploration S 103
ligne d'intercommunication entre positions I 573
ligne d'interconnexion I 396
ligne d'interconnexion croisée C 1203
ligne directe D 633, H 279
ligne électrique E 131, P 615

ligne

ligne en câble C 53
ligne en court-circuit S 453
ligne en fils aériens O 395
ligne en fils nus O 139, O 395
ligne en fils nus aériens O 139, O 395
ligne en microruban M 428
ligne en pointillés B 489
ligne en quart d'onde Q 62, Q 63
ligne en ruban S 1245
ligne en ruban suspendue S 1434
ligne entrante I 120
ligne en triplaque T 956
ligne équilibrée B 51
ligne G G 91
ligne hors circonscription F 324
ligne hors service L 228
ligne individuelle E 466, I 153
ligne interne E 489
ligne interstandard I 595
ligne interurbaine L 405, T 660, T 992
ligne irrégulière I 668
ligne libre F 412, I 18, R 507
ligne louée P 766
ligne louée pour données D 196
ligne microbande M 328
ligne microbande dissymétrique U 48
ligne microfente M 424
ligne microruban dissymétrique U 48
ligne non alimentée D 143
ligne non partagée E 466
ligne numérique équipée de régénérateurs D 503
ligne occupée L 178
ligne omnibus B 538
ligne partagée M 745, P 128, P 129
ligne partagée à courants porteurs C 280
ligne partagée à deux directions (postes) T 1054
ligne principale E 466
ligne principale d'abonné S 1332
ligne principale d'affaires collective B 544
ligne principale individuelle I 151
ligne principale individuelle d'affaires B 542
ligne privée D 633, I 595
ligne pupinisée P 301
ligne quart d'onde Q 62, Q 63
ligne réseau C 370, T 981
ligne sans répéteurs N 332
lignes d'interconnexion à couches multiples M 728
lignes d'interconnexion multicouche M 728
lignes isophase I 692
ligne sortante O 298, O 299
ligne spécialisée I 595
lignes se croisant C 1204
ligne supplémentaire A 175, E 489
ligne symétrique B 51
ligne télégraphique T 111
ligne téléphonique T 199
ligne téléphonique aérienne O 143
ligne téléphonique écoutée T 34

ligne téléphonique en fils nus aériens O 143
ligne téléphonique locale L 359
ligne téléphonique provisoire T 65
ligne téléphonique sur poteaux T 212
ligne télex T 324
ligne triplaque T 956
ligne triplaque à Q élevé H 192
limitation de bande B 76
limitation de la durée de conversation C 1089
limitation de la puissance de crête P 200
limitation des parasites N 236
limitation du courant C 1246
limitation par le brouillage/à I 435
limite de capacité C 232
limite de confiance C 957
limite de détection D 331
limite de surcharge O 409
limite de tension V 237
limité en largeur de bande B 94
limite inférieure L 520
limite inférieure de fréquence L 518
limité par l'affaiblissement A 758
limité par la largeur de bande B 94
limité par le bruit N 212
limiter la (une) bande B 71
limite supérieure U 138
limite supérieure de fréquence U 136
limiteur L 138
limiteur à décision ferme H 68
limiteur à décision fine S 784
limiteur à décision souple S 784
limiteur automatique de parasites A 867
limiteur d'amplitude A 442
limiteur de parasites A 867, N 214
limiteur strict H 68
linéarisateur L 161
linéarisation L 159
linéariser L 160
linéarité en fréquence F 493
linéarité globale O 369
lire F 125, S 308
listage L 292
liste L 292
liste d'attente W 4
liste de diffusion D 748
liste de distribution D 748, M 53
liste des erreurs E 397
liste d'interconnexions C 984
liste internationale des fréquences I 528
liste inversée (refoulée) L 119
lithographie au (par) faisceau électronique E 153
lobe L 310, L 311
lobe arrière B 11
lobe d'émission L 311
lobe de rayonnement L 311
lobe latéral S 500
lobe principal M 63
lobe principal d'antenne A 591
lobe principal d'émission M 63

lobe secondaire S 500
local Z 23
local contenant des équipements de télécommunication T 65
localisation D 330, L 332, P 557
localisation automatique des véhicules A 904
localisation d'appel C 207
localisation de défauts (panne) F 80
localisation des dérangements F 80, L 333
localisation des fautes F 80
localisation des fautes dans les répéteurs R 572
localisation des mobiles V 46
localisation de source S 865
localisation des répéteurs en panne R 572
localisation d'un défaut F 80
localisation sommaire des dérangements B 487
localiser L 369, S 191
localiser une défaillance S 192
local professionnel B 545
logatome L 384
loger A 72
logiciel S 785
logiciel d'application A 654
logiciel de diagnostic D 353
logiciel de dimensionnement D 571
logiciel de gestion de réseau N 130
logiciel de télécommunication T 80
logique L 386
logique à diodes D 574
logique à émetteur couplé E 231
logique à émetteurs couplés E 231
logique à implantation d'ions I 24
logique à TEC à couplage direct D 597
logique à transistors à couplage direct D 598
logique à trois états T 534, T 959
logique câblée W 170
logique cellulaire C 347
logique de commutation S 1461
logique DCTL D 598
logique de commande C 1072
logique DTL D 578
logique ECL E 231
logique intégrée à injection I 337
logique majoritaire M 99
logique négative N 93
logique positive P 564
logique RCTL R 650
logique RTL R 651
logique transistor transistor T 806
logique TTL T 806
logique TTL Schottky à faible consommation L 538
loi de codage E 248
loi de codage à segments S 204
loi de codage segmenté S 204
loi de compression-extension C 867

loi de quantification E 248
loi de quantification à segments S 204
loi de réfraction R 454
loi d'Ohm O 79
loi en racine carrée S 1038
loi segmentée S 203
longue distance L 413
longue distance/à L 413
longue durée L 426
longueur à l'expédition S 443
longueur critique C 1191
longueur d'adresse A 208
longueur d'arc de grand cercle G 117
longueur de bloc B 370
longueur de bond H 256
longueur de câble C 52
longueur de code C 700
longueur de cohérence C 722
longueur de fabrication M 155
longueur de fabrication des câbles C 37
longueur de file d'attente Q 87
longueur de livraison D 252
longueur de mot finie F 202
longueur d'enregistrement R 384
longueur de paquet P 20
longueur d'erreur en paquet E 369
longueur des blocs B 370
longueur des mots W 196
longueur de trajet P 156
longueur de trame F 396
longueur d'onde W 75
longueur d'onde critique C 1192
longueur d'onde de coupure C 1282
longueur d'onde d'espace libre F 421
longueur d'onde fondamentale F 617
longueur d'onde optique O 210
longueur d'onde submillimétrique S 1294
longueur du canal C 423
longueur du trajet P 156
longueur effective (efficace) d'antenne E 91
longueur en milles M 469
longueur fixe [des mots] F 240
longueur résonnante R 660
longueur standard S 1075
longueur variable des mots V 27
LOP P 778
loquet L 36
LSI L 21
LUF L 522
lumière ambiante A 409
luminance L 551
luminance énergétique R 44
luminescence L 553
luminosité B 437

M

M F 153
MΔ D 258
MΔΣ S 518
MΦ P 343
MΩ M 321
MA A 449

machine arythmique S 1126
machine à dicter D 385
machine automatique de placement A 873
machine automatique «Pick and Place» P 392
machine comptable B 543
machine de placement automatique A 873
machine de tirage de câble C 64
machine parlante numérique D 437
machine Pick and Place P 392
machine saisie-placement P 392
machine télex T 326
macrocellule M 4
macro-instruction M 5
magnétiquement accordable M 7
magnétoscope V 130
magnétoscope à cassette C 312
magnétoscope numérique D 549
magnétoscopie V 131
magnétron M 48
magnétron à cavités M 689
magnétron à ondes progressives T 926
magnétron multicavité M 689
mailgram M 52
maillage I 490
maille M 349
maille cristalline C 1227
maille de grille G 130
maillon L 264
maintenabilité M 78
maintenance M 81
maintenance affectant les fonctions F 595
maintenance-arrêt F 610
maintenance dégradant les fonctions F 606
maintenance empêchant l'accomplissement des fonctions F 610
maintenance en exploitation (fonctionnement) F 609
maintenance périodique S 134
maintenance préventive P 706
maintenance programmée S 134
maintenance sur le site O 119
maintenance sur place O 119
maintenance systématique R 805
maintien/sans N 312
maintien en séquence S 331
maître-oscillateur M 216
majuscules U 134
mal numéroter M 507
MAN D 518
manchon J 29
manchon de distribution M 765
manchon d'épissure S 1011
manchon en matière plastique P 449
manchon isolant I 320, I 321
manchon thermorétractable H 103
mandrin W 152
manette H 43
manipulateur K 4, M 647
manipulateur morse M 647
manipulation K 19, M 114, M 587

manipulation d'amplitude A 441
manipulation dans la grille G 128
manipulation de double courant D 803
manipulation de simple courant S 674
manipulation manuelle M 127
manipulation par déplacement de fréquence non cohérente N 271
manipulation par déplacement de phase à bande étroite N 15
manipulation par déplacement de phase différentielle en fréquence F 451
manipulation par tout ou rien O 116
manipuler M 113
manœuvre O 163
MAQ Q 13
MAQ à plusieurs niveaux M 737
MAQ avec codage différentiel D 413
MAQ-n N 24, N 383
MAQ n-aire N 24
maquette opérationnelle O 167
maquette probatoire T 432
MAR I 674
marche P 623
marche à vide N 253
marge M 158
marge au synchronisme S 1535
marge d'amorçage S 657
marge de réception R 349
marge de service C 607
marge d'évanouissement F 16
marge d'un récepteur synchrone M 161
marge du système S 3
marge effective E 92
marge nette N 102
marge nominale N 258
marge théorique T 469
marier M 222
marquage M 191
marque M 186
marque de fin de bande E 273
marque de fin de fichier E 264
marqueur M 187
marqueur de ligne L 209
marqueur de temps T 610
marteau de sonnerie B 223
maser M 196
maser à onde progressive T 927
masquage M 199
masquage bidimensionnel T 1050
masquage d'erreur E 375
masquage monodimensionnel O 92
masquage tridimensionnel T 525
masque M 198
masquer M 197
mât M 203
mât d'antenne A 592
mât d'antenne haubané G 217
mât d'antenne non haubané S 259
mât en treillis métallique S 1158
matériau à faible dilatation thermique L 542

matériau ferroélectrique F 121
matériel E 331, H 71, I 287
matériel à courants-porteurs C 261
matériel alimenté par batterie B 177
matériel annexe A 62, A 497, A 915
matériel complémentaire A 62
matériel d'abonné C 1259, L 181
matériel d'alimentation de secours E 222
matériel de base B 146
matériel de commutation automatique D 378
matériel de commutation automatique normal/secours A 875
matériel de ligne L 181
matériel de ligne à grande distance L 429
matériel de modulation de groupe primaire G 197
matériel de modulation de groupe quaternaire S 1377
matériel de modulation de groupe tertiaire M 214
matériel de modulation de voie C 444
matériel de montage I 291
matériel de multiplexage à courants porteurs C 274
matériel de multiplexage MIC P 183
matériel de radiocommunication R 98
matériel de réserve (secours) S 1089
matériel de surveillance M 620
matériel de télécommunication T 64
matériel de traitement de l'information H 71
matériel de transmission T 842
matériel de transmission radioélectrique R 204
matériel de transposition de groupe primaire G 197
matériel de transposition de voie C 444
matériel embarqué A 288
matériel entièrement transistorisé A 359
matériel intermédiaire de ligne L 191
matériel périphérique de sortie O 338
matériel périphérique distant R 549
matériel portatif P 547
matériel radioélectrique R 98
matériels compatibles C 872
matériels complémentaires (supplémentaires) A 185
matériel téléphonique T 188
matériel transistorisé T 801
matière isolante I 313
matrice M 232
matrice à diodes D 575
matrice codée binaire B 264
matrice de commutation S 1471
matrice de connexion S 1471
matrice de diffusion S 126
matrice de points D 793
matrice de répartition S 126

matrice des impédances I 74
matrice de trafic T 724
matrice de transformation T 775
matrice programmable P 807
matrice S S 126
matrice Y Y 13
mauvais fonctionnement M 104
maximalement plat M 238
maximum M 239, P 187
maximum de rayonnement R 61
maximum d'intensité I 362
Mbit/s M 317
MCB B 264
Md M 255
MDA A 153, A 460
MDAP A 453
MDF F 539
MDF non cohérente N 271
MDM M 496
MDM à filtrage gaussien G 41
MDM différentielle D 414
MDMG G 41
MDP P 354
MDP-4 Q 83
MDPB B 276
MDP bivalente B 288
MDPC C 729
MDPCD D 405
MDP cohérente différentielle D 405
MDPCV C 1037
MDPD D 417
MDP-4 décalée O 70
MDP-n M 768
MDPO O 69
MDPQ Q 19, Q 83
MDPQ avec mise en forme de phase P 350
MDP sans discontinuité de phase C 1040
mécaniquement accordable M 298
mécanisme d'alignement A 332
mécanisme de défaillance F 30
mécanisme d'entraînement D 854
mécanismes de durée de vie L 117
médiane horaire H 281
médiane mensuelle M 643
mégabit/seconde M 317
mégacycle M 318
mégacycles par seconde M 318
mégaflop M 319
mégahertz M 318
mégamot M 320
mégohm M 321
mégohmmètre M 322
mélange M 528
mélange additif A 181
mélange audio A 805
mélange de fréquences F 499
mélange multiplicatif M 795
mélange sonore A 805
mélanger I 494, M 523
mélangeur M 525
mélangeur additif A 180
mélangeur à diode D 576
mélangeur de réception R 317
mélangeur d'image V 158
mélangeur d'image numérique D 546

mélangeur-élévateur

mélangeur-élévateur S 1181
mélangeur équilibré B 52
mélangeur hyperfréquence M 451
mélangeur symétrique B 52
mémoire M 323
mémoire/sans M 332
mémoire à accès aléatoire (direct, libre) R 224
mémoire à bulle magnétique M 9
mémoire à disques M 17
mémoire à disques flexibles F 293
mémoire adressable A 189
mémoire à semi-conducteur S 280
mémoire à tambour D 867, M 20
mémoire à tores magnétiques C 1121
mémoire auxiliaire A 917
mémoire bipolaire B 291
mémoire de données D 66
mémoire de données d'appels C 125
mémoire de masse M 201
mémoire de 1 Mbit O 95
mémoire de travail M 200
mémoire de type dernier entré premier sorti L 34
mémoire de type premier arrivé premier servi F 215
mémoire effaçable E 351
mémoire électriquement effaçable programmable pour lecture seule E 117/8
mémoire externe E 497
mémoire intermédiaire B 499, T 355
mémoire interne I 507
mémoire magnétique M 27, M 34
mémoire morte R 276
mémoire morte programmable P 809
mémoire morte programmable effaçable électriquement E 117/8
mémoire morte programmable électriquement E 120
mémoire non volatile N 349
mémoire non volatile électriquement effaçable E 119
mémoire non volatile électriquement programmable E 120
mémoire non volatile électriquement reprogrammable E 116
mémoire permanente R 276
mémoire pour lecture seule R 276
mémoire principale W 200
mémoire programmable pour lecture seule P 809
mémoire PROM P 809
mémoire rapide H 204
mémoire tampon B 499, E 108
mémoire tampon d'entrée I 240
mémoire tranche entière W 220
mémoire virtuelle V 149
mémoire vive R 228, R 278
mémoire vive dynamique D 925
mémoire vive statique S 1138

mémoire volatile V 220
mémoriser S 1220
menu M 339
mésochrone M 351
message M 353
message chiffré E 245
message conservé S 74
message court S 461
message d'adresse A 209
message d'adresse initial I 218
message d'adresse subséquent S 1345
message de continuité C 1027
message de demande R 600
message de demande général G 48
message de file d'attente Q 88
message de numéro complet A 193
message d'erreur E 400
message de service A 242
message de signalisation S 558, S 559
message de sortie O 344
message d'état S 1154
message de taxation C 495
message d'urgence U 144
message enregistré A 528, R 380
message initial d'adresse I 218
message initial d'adresse avec information supplémentaire I 219
message initial de demande I 225
message mailgram M 52
message mutilé M 836
messagerie électronique E 171, E 174
messagerie interpersonnelle I 568
messagerie vocale V 207
message subséquent d'adresse S 1345
message téléphoné T 185
message téléphonique T 201
message tronqué M 836
mesure M 278
mesure angulaire A 503
mesure à partir d'un hélicoptère du diagramme de rayonnement H 115
mesure avec un hélicoptère du diagramme de rayonnement H 115
mesure dans le domaine fréquentiel F 469
mesure dans le domaine temporel T 605
mesure de bruit N 215
mesure de champ lointain F 56
mesure de comptage C 1147
mesure de corrélation C 1134
mesure de la diaphonie C 1216
mesure de l'affaiblissement A 759
mesure de la longueur d'onde de coupure C 1283
mesure de la réponse en phase P 349
mesure de la résistivité du sol G 158
mesure de maintenance M 88
mesure de propagation P 827
mesure de qualité de la parole S 978

mesure des bruits N 215
mesure de sécurité P 843
mesure des rayonnements R 58
mesure de télétrafic T 727
mesure de trafic T 725
mesure d'intermodulation I 499
mesure du déphasage P 349
mesure du mât T 690
mesure du rayonnement en champ proche N 76
mesure échométrique E 64
mesure en champ proche N 77
mesure en champ proche sur des antennes N 74
mesure in situ I 283
mesure instantanée I 305
mesure intégrée I 338
mesure par points P 484
mesure par radar R 28
mesure par rétrodiffusion B 19
mesure sur les antennes en champ proche N 74
mesure sur une antenne A 594
mesureur de champ F 148
mesureur de niveau L 110
mesureur de niveau large bande B 452
mesureur d'ondes stationnaires S 1100
métal-isolant-semi-conducteur M 377
méthode alphagéométrique A 370
méthode alphamosaïque A 372
méthode alphaphotographique A 383
méthode auditive de zéro A 812
méthode d'accès A 58
méthode d'accès à jeton T 653
méthode d'accès CSMA C 293
méthode d'acquisition A 111
méthode d'analyse S 110
méthode d'annulation d'écho E 55
méthode DAR A 687
méthode de balayage S 110
méthode de codage C 714
méthode de commutation S 1481
méthode de comptage par impulsions P 908
méthode de correction d'erreur de base B 147
méthode de cryptographie C 1218
méthode de décodage de syndrome S 1545
méthode de demande automatique de répétition A 687
méthode de dimensionnement D 570
méthode de fabrication F 1
méthode de la recherche dans une table [de codage] T 1
méthode de mesure du bruit N 216
méthode de modulation M 601
méthode de Monte-Carlo M 642
méthode de protection contre les erreurs E 409
méthode de réciprocité R 361
méthode de réglage L 258
méthode des deux points directeurs T 1048

méthode des éléments finis F 198
méthode de signalisation S 565
méthode des moindres carrés L 83
méthode des moments M 401
méthode d'essai T 431
méthode d'évaluation E 440
méthode du cas pire W 205
méthode du jeton T 653
méthode empirique T 940
méthode interporteuse I 375
méthode par contention C 1021
méthode par mesure de la résistivité du terrain G 158
mètre-ampère M 402
métrologie des fréquences F 498
mettre à jour U 127
mettre à la terre G 138
mettre à niveau R 685
mettre au point D 147
mettre en activité A 116
mettre en application I 82
mettre en dérivation B 410
mettre en état de prise S 207
mettre en fonction S 1486
mettre en forme F 328
mettre en œuvre I 82
mettre en paquets P 17
mettre en phase P 291
mettre en place I 272
mettre en service A 116, S 1486
mettre hors circuit D 656
mettre hors fonction S 1485
mettre hors service D 141, I 210, S 1485
mettre hors tension S 1485
mettre sous forme aléatoire R 233
mettre sous tension S 1486
MEV R 278
MF F 507, I 470
MFA T 11
MFBE N 12, N 15
MFC M 714
MFGL W 131
Mflop M 319
MGS S 1369
MHS M 358
MHT C 610
MHz M 318
MIA I 218, P 899
MIC P 905
MICD D 418
MICDA A 154
MIC différentielle avec interpolation I 571
microboîtier sans fil L 70
microcellule M 405
microcircuit M 407
microcircuit de série S 1076
microcircuit hybride H 303
microcircuit hyperfréquence M 447
microélectronique M 412
microélectronique hybride H 304
microguide d'onde M 445
microligne à ruban dissymétrique U 48
microminiaturisation M 414
micro-onde M 433

micro-ordinateur M 408
micro-ordinateur à n bit N 51
microphone M 415, T 240
microphone à bobine mobile D 923, M 671
microphone à charbon C 241
microphone à condensateur E 196
microphone à cristal P 408
microphone à électret E 111
microphone à gradient G 98
microphone à gradient de pression P 698
microphone à magnétostriction M 45
microphone à main H 40
microphone antibruit A 628
microphone à perche B 381
microphone à pression P 699
microphone de proximité C 632
microphone électrostatique E 196
microphone incorporé B 510
microphone omnidirectionnel N 282
microphone piézoélectrique P 408
microphone téléphonique T 202
microprocesseur M 417
microprocesseur personnalisé C 1268
microprogrammable M 421
microprogrammation F 204, M 422
microprogramme F 204, M 420
microruban en boîtier B 398
microstation terrienne V 82
microtel H 48
microtéléphone H 60
MID P 915, P 969
MIF P 920
milieu E 313
milieu de bande [passante] M 467
milieu de propagation M 310
milieu de transmission T 889
milieu diffusant S 127
milieu dissipatif L 484
milieu hétérogène I 215
milieu industriel I 172
milieu troposphérique T 965
million d'échantillons par seconde M 677
million d'instructions par seconde M 478
miniaturisation M 480
miniaturiser M 481
minidisque F 292
minimalisation M 484
minimaliser M 485
minimum de relèvement B 212
mini-ordinateur M 483
mini-ordinateur personnel S 709
minutage T 634
MIP P 936
Mips M 478
mire T 435
mire à barres de couleur C 765
mire de barres B 109
mire de couleur C 784
mire électronique E 184
mire en noir et blanc M 627
mire normalisée S 1074

miroir [hertzien] M 503
miroir parabolique P 74
MIS I 219, M 377
mis à la masse (terre) G 145
mise à jour U 128
mise à jour de fichier F 160
mise à la masse (terre) E 18
mise à la terre du neutre N 159
mise à niveau R 686
mise au point A 239, D 148, T 1012
mise au repos D 862
mise à zéro R 618
mise en action E 241
mise en boîtier P 4
mise en circuit S 1475
mise en correspondance d'adresse (N) N 2
mise en fonction T 1031
mise en forme F 334
mise en forme de faisceau B 198
mise en forme d'impulsions P 952
mise en garde C 152
mise en garde pour l'appel intérieur E 301
mise en liaison S 400
mise en mémoire tampon B 497
mise en œuvre I 83, S 404
mise en œuvre de réseaux N 129
mise en œuvre en temps réel R 288
mise en paquet P 16
mise en phase P 361
mise en phase sur blanc P 360
mise en phase sur noir P 300
mise en place I 295, S 404
mise en route S 1110
mise en service P 999, T 1031
mise en valeur R 557
mise hors circuit C 1274, S 1474
mise hors fonction D 657, T 1030
mise hors service D 142, T 1030
mise hors tension S 1474, T 1030
mise sous boîtier P 4
mise sous tension S 1475, T 1031
MIT P 961
mixage M 528
mixte B 385
MJR I 677
mobile M 532
mobilité des électrons E 189
mobilité des trous H 233
mode M 558, M 559
mode analogique A 472
mode analogique linéaire L 150
mode de polarisation rectiligne L 162
mode à quantification d'amplitude A 456
mode à quantification temporelle T 614
mode associé A 712
mode asynchrone A 722, A 724
mode autonome L 345
mode conversationnel I 367
mode d'accès A 59

mode d'addition A 179
mode d'affichage D 703
mode de codage C 713
mode de commande analogique A 472
mode de construction C 1003
mode de défaillance (dérangement) F 31
mode de fonctionnement O 175
mode de fonctionnement du terminal T 373
mode dégénéré D 217
mode de passage P 144
mode de propagation P 828
mode de propagation guidée T 922
mode de signalisation S 565
mode de signalisation associé A 712
mode de signalisation quasi associé Q 71
mode de trafic T 728
mode de transfert asynchrone A 728
mode de transfert de documents D 780
mode de transmission T 848, T 863
mode de visualisation D 703
mode d'exploitation O 175
mode d'exploitation avec attente D 244
mode d'exploitation avec débordement O 382
mode d'exploitation avec perte L 477
mode d'exploitation mixte M 524
mode dialogué I 367
mode dissocié D 709
mode du guide d'onde W 64
mode échoplex E 66
mode interactif I 367
modèle à deux rayons T 1059
modèle à sept couches S 407
modèle de canal C 426
modèle de contraintes S 1243
modèle de dimensionnement du réseau N 123
modèle de fiabilité R 524
modèle de langage L 16
modèle de présérie P 688
modèle de propagation P 829
modèle de référence R 427
modèle de référence de protocoles P 850
modèle de trafic T 729
modèle de transistor T 803
modèle de voie C 426
modèle en régime de signal fort L 25
modèle fondamental B 154
modèle mathématique M 231
modèle physique P 390
modèle prédictif P 665
modèle temps-espace S 909
modélisation M 564
modélisation assistée par ordinateur C 915
modélisation de la parole M 565
modélisation de matériel H 74
modélisation d'un processus P 791
modélisation empirique E 237
modélisation en régime de signal fort L 26

mode local L 345
mode LP L 162
modem D 87, M 563
modem à débit variable V 25
mode mains libres H 56
modem à large bande W 135
modem asynchrone A 723
modem de groupe primaire G 186
modem de téléimprimeur T 259
modem duplex D 904
modem en bande de base B 123
modem en bande vocale V 187
modem monopuce S 668
mode monovoie S 661
modem pour données D 67
modem pour exploitation duplex D 904
modem prêt D 88
modem semi-duplex H 12
modem sur une seule puce S 668
modem télégraphique T 113
mode non associé N 262
mode paquet P 25
mode par salve B 534
mode pipeline P 429
mode propre N 43
mode quasi associé Q 71
mode rafale B 534
moderne A 248
modernisation R 686
modernisation d'un réseau N 137
modernisation du réseau de télécommunications M 566
moderniser R 685
modes guidés G 206
mode synchrone S 1531
mode TE T 339
mode TM T 644
mode transparent T 900
mode troposphérique T 966
mode unidirectionnel S 646
modification C 383, M 569
modification remédiable R 674
modification réversible R 708
modulable M 574
modularité M 573
modulat M 582
modulateur M 611
modulateur à diode PIN P 424
modulateur angulaire A 506
modulateur d'amplitude A 451
modulateur d'amplitude à suppression de porteuse B 53
modulateur d'amplitude équilibré B 53
modulateur de fréquence F 511
modulateur de groupe primaire G 197
modulateur de groupe secondaire S 1369
modulateur delta D 259
modulateur-démodulateur M 563
modulateur de phase P 344
modulateur de voie C 427
modulateur d'impulsions I 87, P 930
modulateur d'impulsions en amplitude P 900
modulateur d'impulsions en position P 937

modulateur

modulateur en anneau R 744
modulateur en quadrature Q 18
modulateur équilibré B 53
modulateur linéaire L 164
modulateur MF F 511
modulateur numérique D 483
modulateur optique L 123
modulateur télégraphique T 115
modulateur vidéo V 115
modulation K 19, M 587
modulation à amplitude constante C 997
modulation à bande latérale résiduelle V 84
modulation à bande latérale unique S 697
modulation à bande latérale unique à porteuse supprimée S 1405
modulation à bande latérale unique avec compression-extension C 863
modulation à bande latérale unique compatible C 874
modulation à débit élevée H 205
modulation à déphasage minimal différentielle D 414
modulation à déplacement minimal avec filtrage gaussien G 41
modulation à double bande latérale D 826
modulation à double bande latérale avec suppression de porteuse D 830
modulation à étalement de spectre S 1024
modulation à enveloppe constante C 997
modulation à interruption de porteuse Q 98
modulation à large bande W 136
modulation analogique A 478
modulation angulaire A 505
modulation angulaire/à A 504
modulation angulaire de faible indice L 526
modulation à niveaux multiples M 735
modulation à nombre élevé d'états M 735
modulation à phase continue C 1041
modulation à réponse complète F 585
modulation à réponse partielle P 120
modulation arythmique S 1128
modulation à saut de fréquence F 485
modulation à sauts de fréquence lents S 763
modulation bivalente B 274
modulation BLR V 84
modulation BLU S 697
modulation BLU à porteuse supprimée S 1405
modulation cohérente C 727
modulation d'amplitude A 441, A 449
modulation d'amplitude à bande latérale unique S 695
modulation d'amplitude à porteuse supprimée S 1401

modulation d'amplitude en quadrature Q 13
modulation d'amplitude en quadrature à n états N 383
modulation d'amplitude en quadrature avec codage différentiel D 413
modulation d'amplitude résiduelle R 626
modulation d'angle A 505
modulation de code d'adresse A 191
modulation de fréquence F 507
modulation de fréquence à bande étroite N 12
modulation de fréquence à caractéristique de phase imposée T 11
modulation de fréquence asservie T 11
modulation de fréquence asservie généralisée G 46
modulation de fréquence à bande large W 131
modulation de fréquence écrêtée T 11
modulation de fréquence fortuite I 99
modulation delta D 258
modulation delta à codage retardé D 238
modulation delta adaptative A 153
modulation delta à pente continûment variable C 1037
modulation delta avec compression et extension C 862
modulation delta sigma S 518
modulation d'enveloppe E 310
modulation de phase P 343
modulation de phase à deux états B 287
modulation de phase à 4 états Q 19
modulation de phase bivalente B 287
modulation de phase cohérente à codage différentiel D 412
modulation de phase octovalente E 107
modulation de phase quadrivalente F 360
modulation des intervalles entre impulsions P 924
modulation de vitesse V 49
modulation de voie C 445
modulation d'impulsions P 929
modulation d'impulsions dans le temps P 961
modulation d'impulsions en amplitude P 899
modulation d'impulsions en durée P 915, P 927/8, P 969
modulation d'impulsions en espacement P 924
modulation d'impulsions en fréquence P 920
modulation d'impulsions en largeur P 969
modulation d'impulsions en position P 936
modulation directe D 637
modulation directe/d D 634
modulation en bande de base B 124

modulation en delta sigma S 518
modulation en fréquence de sous-porteuse S 1274
modulation en quadrature Q 17
modulation en temps réel R 290
modulation extérieure E 498
modulation fragmentée C 1237
modulation incorrecte (infidèle) I 130
modulation isochrone I 682
modulation large bande W 136
modulation multiniveau M 735
modulation multiple M 766
modulation négative N 94
modulation non désirée U 119
modulation numérique à enveloppe constante C 996
modulation n-valente N 54
modulation par absorption A 29
modulation par bruit N 218
modulation par déphasage minimal M 496
modulation par déphasage minimal avec filtrage gaussien G 41
modulation par déplacement S 435
modulation par déplacement audiofréquence A 798
modulation par déplacement d'amplitude A 460
modulation par déplacement d'amplitude et de phase A 453
modulation par déplacement de fréquence F 539
modulation par déplacement de fréquence à phase continue C 1040
modulation par déplacement de phase P 354
modulation par déplacement de phase à étalement du spectre S 1026
modulation par déplacement de phase à n états M 768
modulation par déplacement de phase à plusieurs états M 736
modulation par déplacement de phase à quatre états Q 83
modulation par déplacement de phase bivalente B 276, B 288
modulation par déplacement de phase cohérente C 729
modulation par déplacement de phase cohérente différentielle D 405
modulation par déplacement de phase décalée O 69
modulation par déplacement de phase différentielle D 417
modulation par déplacement de phase différentielle avec décalage O 64
modulation par déplacement de phase différentielle en fréquence F 451
modulation par déplacement de phase en quadrature Q 19

modulation par déplacement de phase en quadrature avec décalage O 70
modulation par déplacement de phase quadrivalente Q 83
modulation par déplacement d'impulsions P 936
modulation par déplacement minimal M 496
modulation par déviation de phase P 354
modulation parfaite P 233
modulation par impulsions P 929
modulation par impulsions de durée variable P 915
modulation par impulsions et codage P 905
modulation par impulsions et codage différentiel D 418
modulation par impulsions et codage différentiel adaptatif A 154
modulation par inversion de phase P 330
modulation par la grille G 131
modulation par mutation de fréquences F 473
modulation par nombre d'impulsions P 931
modulation par quadrature de phase Q 83
modulation par tout ou rien O 117
modulation par une seule tonalité S 708
modulation positive P 565
modulation sans discontinuité de phase C 1041
modulation sonore S 841
modulation télégraphique T 114
modulation télégraphique d'amplitude A 441
modulats M 602
module B 500, M 613, P 3
module d'abonné analogique A 486
module d'abonné numérique D 518
module d'abonné RNIS I 674
module d'affichage à cristaux liquides L 283
module d'affichage du numéro composé D 362
module d'alimentation P 639
module de canaux sémaphores C 814
module de coopération I 138
module de jonction I 425
module de jonction analogique A 494
module de jonction paquet P 37
module de jonction RNIS I 677
module d'entrée I 248
module de réfraction R 457
module de remise différée D 212
module de sortie O 345
module d'hélice d'exploration I 138
module d'horloge C 618
module d'horloge et de tonalités C 610
module d'interface I 425
module d'interface d'opératrice O 182

module d'usagers du service synchrone S 1539
module d'utilisateur mode paquet P 38
module d'utilisateurs synchrones S 1539
module émetteur T 880
modulé en amplitude A 443
module enfichable P 468
modulé en fréquence F 500
module fictif B 348
module interface I 425
module multipuce M 697
module porteur de puces C 513
module pour pastilles multiples M 697
module principal M 65
module processeur P 794
module récepteur R 328
module thermoélectrique à effet Peltier T 493
modulomètre M 597, P 202
moirage I 437
mois le plus défavorable W 206
molette T 568
molette de réglage A 241
monaural M 615
moniteur M 616
moniteur de données D 68
moniteur d'image T 299
moniteur intelligent I 355
moniteur vidéo T 299
monochrome M 622
monocorde S 678
monocristal S 672
mono-impulsion S 690
monophasé S 686
monophonie M 637
monophonique M 636
monopole U 83
monopuce M 667
monostable M 640
monovibrateur M 640
... monovoie S 662
montage I 295, M 665, S 404
montage à base commune C 807
montage à coïncidence C 740
montage à collecteur à la masse C 819
montage à collecteur commun C 819
montage à émetteur à la masse C 821
montage à émetteur commun C 821
montage avec base à la masse C 807
montage bistable B 299
montage cascode C 315
montage cathodyne C 325
montage d'antenne A 595
montage Darlington D 8
montage d'entrée I 241
montage différentiel D 403
montage doubleur de tension V 229
montage en cascade C 313
montage en parallèle P 78
montage en pont B 431
montage en série S 342
montage en voiture V 47
montage équilibré B 47
montage étoile Y 7
montage expérimental B 415
montage final F 184
montage flottant F 289

montage intégrateur I 348, I 354
montage mural W 14
montage push-pull P 994
montage sur le chantier (site, terrain) I 292
montage sur table B 415
montage symétrique B 47, P 994
montage triangle D 255
montage zigzag Z 21
montée de bruit N 230
monter I 272
monté sur carte B 371
monture M 665
monture azimut-élévation A 384, A 950
monture d'antenne A 595
monture de test T 418
monture x-y D 808
MOS à grille flottante et à injection par avalanche F 285
MOSFET à double grille (porte) D 878
mot C 710, W 194
mot alphabétique A 369
mot d'adresse de voie C 395
mot de code C 710
mot de passe C 1182, P 145
mot de synchronisation S 1516
mot d'état de canal C 442
mot de verrouillage de trame B 519
motif C 636
mot machine M 3
mot taxable (taxé) C 483
mouillage de la soudure S 808
mouvement T 748
mouvement ondulatoire W 81
moyen de transmission T 889
moyennage A 941
moyennage d'erreur E 367
moyenne annuelle A 529
moyenne capacité M 307
moyenné dans le temps T 578
moyenne des temps de bon fonctionnement M 269
moyenne des temps entre défaillances M 269
moyenne des temps pour la tâche de réparation M 273
moyenne d'une variable aléatoire M 265
moyenne fréquence I 470
moyenne pondérée W 113
moyenne quadratique R 769
moyennes fréquences M 309
moyenne temporelle T 577
moyens de production M 152
moyen temps de bon fonctionnement M 269
MP P 343
MPC C 1041
MR R 317
MRC C 689
MRF F 460, F 462
MRL W 77
MRT T 597
MSA S 1345
MSI M 312
MT M 369
MTA M 370
MTBF M 269
MTS M 374
MTTR M 273
MUF M 254
muldex M 678
multibloc M 684

multicanal M 690
multicouche d'interconnexion M 728
multicoupler M 703
multicoupleur d'antenne M 703
multidimensionnel M 703/4
multifaisceau M 759
multifonctionnel M 718
multifréquence M 712
multijoncteur M 723
multimètre M 741
multipaire M 767
multiplage M 753
multiplage échelonné G 95
multiplage partiel G 99
multiplage partiel asymétrique U 114
multiplage partiel symétrique S 1499
multiplier M 752
multiplet B 566
multiplet de synchronisation S 1508
multiplet d'état S 1150
multiplet-série B 568
multiplex M 778
multiplexage M 785
multiplexage à répartition dans le temps T 597
multiplexage à répartition en fréquence F 460
multiplexage au niveau des liaisons L 274
multiplexage en fréquence F 460
multiplexage fréquentiel F 460
multiplexage par répartition dans l'espace S 879
multiplexage par répartition dans le temps T 597
multiplexage par répartition en code C 689
multiplexage par répartition en fréquence F 460
multiplexage par répartition en longueur d'onde W 77
multiplexage spatial S 879
multiplexage temporel T 597
multiplexage temporel au niveau des liaisons T 594
multiplex à répartition en fréquence F 460
multiplex à répartition spatiale S 879
multiplex en fréquence F 460
multiplexer M 777
multiplexeur M 783
multiplexeur analogique A 479
multiplexeur à répartition en fréquence F 462
multiplexeur d'abonné S 1310
multiplexeur de données D 69
multiplexeur de données du premier ordre F 210
multiplexeur de ligne L 210
multiplexeur-démultiplexeur M 678
multiplexeur d'entrée I 249
multiplexeur de parole S 974
multiplexeur de paroles et de données intégré I 345
multiplexeur de signaux S 590
multiplexeur de sortie O 346
multiplexeur en fréquence F 462
multiplexeur numérique D 485
multiplexeur primaire P 716

multiplexeur statistique S 1147
multiplexeur temporel T 611
multiplex hétérogène H 127
multiplex homogène H 250
multiplex MIC P 182
multiplex numérique D 485
multiplex par partage de fréquences F 460
multiplex par partage du temps T 597
multiplex par répartition en fréquence F 460
multiplex secondaire S 170
multiplex spatial S 879
multiplicateur M 797
multiplicateur de fréquence F 512, F 513
multiplicateur de fréquence à diode avalanche A 925
multiplicateur de tension V 238
multiplication M 793
multiplication d'erreurs E 402
multiplication par impact A 928
multiprocesseur M 806
multiprogrammation M 808
multipuce M 695
multitrame M 707
multivibrateur M 831
multivibrateur asservi [en fréquence] S 1517
multivibrateur bistable B 300
multivibrateur coup par coup M 640
multivibrateur instable A 714
multivibrateur monostable M 640
multivibrateur synchronisé S 1517
multivoie M 690
mural W 12
mutilation M 837

N

NA S 1337
N–A D 535
nanoseconde N 4
NATEL C M 556
navette spatiale S 901
navigation au radar R 29
navire câblier C 13
NCE E 348
négation N 86
ne nécessitant pas d'entretien M 86
néper N 98
népermètre L 109, L 110
NET E 436
netteté A 691
netteté de l'image de télévision T 1035
netteté de réception imparfaite I 81
netteté des phrases S 323
netteté d'image D 213
netteté idéale I 5
netteté phonétique A 691
netteté pour les bandes B 68
netteté pour les mots D 682
netteté pour les sons S 827
netteté syllabique S 1490
neutralisation D 657, I 211
neutralisation de ligne L 207
neutraliser I 210
neutre N 158

neutrodynage

neutrodynage N 160
n'exigeant aucune maintenance M 86
nitrure de silicium S 631
niveau L 99
niveau absolu A 14
niveau absolu de puissance A 15
niveau absolu de puissance apparente (réelle) A 15
niveau absolu de tension A 18
niveau à la réception R 314
niveau à l'émission S 301
niveau aux fréquences basses L 524
niveau composite T 429
niveau composite adapté T 382
niveau de bande de base B 121
niveau de brouillage I 446
niveau de bruit N 210
niveau d'écho résiduel R 633
niveau de confiance C 955
niveau de crête P 196
niveau de crête équivalent E 348
niveau de fonctionnement O 146
niveau de gris G 118
niveau de la liaison L 273
niveau de l'intensité sonore L 494
niveau d'émission S 301
niveau d'entrée I 247
niveau de pompage P 974
niveau de porteur (porteuse) C 270
niveau de pression acoustique S 846
niveau de pression acoustique pondéré W 114
niveau de protocole P 849
niveau de puissance P 614
niveau de quantification Q 37
niveau de réception de la porteuse R 305
niveau de référence R 426
niveau de réseau N 133
niveau de retour d'écho R 691
niveau de signal S 537
niveau des lobes latéraux S 504
niveau de sortie O 342
niveau d'essai T 429
niveau de suppression B 344
niveau de suppression de ligne L 174
niveau de surcharge O 408, O 409
niveau de synchro S 1540
niveau de tension V 236
niveau d'intégration I 351
niveau d'interconnexion I 398
niveau du blanc W 123
niveau du noir B 336
niveau du signal reçu R 337
niveau en audiofréquence A 792
niveau en continu D 137
niveau hiérarchique H 139
niveau logique L 396
niveau paquet P 22
niveau physique P 389
niveau pilote P 416
niveau relatif de puissance apparente (réelle) R 489
niveau relatif d'intensité de courant R 482

niveau sonore L 494, S 839
niveau sonore de référence R 419
niveau zéro Z 15
NMO M 266
NNU U 33
nœud B 411, N 179, N 181, N 182
nœud de réseau N 138
nœud de synchronisation S 1513
nœud de tension V 239
nœud d'un réseau de communication C 843
noir artificiel A 694
noir nominal N 254
noir perturbé N 244
nombre d'appels C 122
nombre de lignes N 402
nombre d'erreurs E 383
nombre de spires N 403
nombre d'onde W 82
nombre entier I 326
nombre hexadécimal H 132
nom de domaine d'appellation T 642
nomenclature P 126
nomenclature des bandes de fréquences C 583
non armé U 34
non blindé U 34, U 109
non bloquant N 265
non chargé N 310
non-conducteur N 274
non conducteur N 273
non dissipatif L 475
non homogène I 214
non-juxtaposition U 60
non linéaire N 297
non-linéarité N 304
non modulé U 101
non monté U 103
non périodique N 318
non polarisé N 320, U 50
non pondéré U 122
non pupinisé N 310
non réfléchissant N 327
non-remise N 277
non-réponse N 334
non sélectif N 337
non stationnaire N 338
non surveillé U 36
non synchrone A 719, N 342
non synchronisé A 719, O 310
non tributaire d'un ordinateur en particulier C 926
non tributaire du type d'unité D 346
non vieilli U 31
non-vieillissant R 645
non voisé U 116
normalisation S 1071
norme de chiffrement de données D 44
norme de sécurité S 4
norme de studio S 1258
norme de télévision en couleur C 782
Norme Européenne de Télécommunication E 436
NOSFER N 365
notation N 369
note de battement B 218
note moyenne d'opinion M 266
notification des fréquences N 371

nouveau système fondamental pour la détermination des équivalents de référence N 365
nouveaux services N 164
nouvelle installation N 163
nouvelle tentative R 687
noyau C 1119, K 2
noyau à vis T 514
noyau d'accord T 1022
noyau de fer I 663
noyau de Volterra V 252
noyau en ferrite F 115
noyau en pot P 579
noyau ferromagnétique F 123
noyau magnétique M 14
noyau saturé S 64
noyau toroïdal T 676
Np N 98
NRP R 295
NSA F 351
nsec N 4
NSR B 40
nu B 102
nuance H 288
nul N 391, N 393
NUL N 391, N 393
numération N 369
numération décimale codée binaire B 263
numérique D 434, N 408
numérisation D 552
numérisation du réseau N 121
numérisation de la parole D 553
numériser D 554
numériseur D 559
numériseur vidéo V 108
numéro abrégé A 6
numéro appelant C 168, C 183
numéro appelé C 134
numéro composé D 361
numéro confidentiel N 309
numéro d'abonné S 1337
numéro d'accès direct D 609
numéro d'annuaire D 646
numéro d'appel S 1337
numéro d'appel demandé D 316
numéro d'appel intérieur I 510
numéro d'appel international I 525
numéro d'appel national N 30
numéro d'appel sélectif S 221
numéro de facturation B 254
numéro de la liste rouge N 309
numéro de l'appelé C 140
numéro de ligne L 212
numéro demandé C 134
numéro demandeur C 168
numéro de raccordement T 372
numéro de séquence S 329
numéro de séquence vers l'arrière B 40
numéro de séquence vers l'avant F 351
numéro de tâche (travail) J 24
numéro du demandé C 140
numéro du demandeur C 183
numéro d'urgence E 221
numéro enregistré S 1225
numéro gentex G 57
numéro hors service N 351
numéro inaccessible N 404
numéro incomplet A 201
numéro international I 538

numéro local L 347
numéro local d'abonné L 356
numéro mémorisé S 1225
numéro national N 36
numéro national significatif N 38
numéro non attribué U 32
numéro non inscrit N 309
numérotage N 398
numérotage de ligne L 213
numérotage fermé C 629
numérotation D 363, N 398, P 970
numérotation abrégée A 4
numérotation à cadran R 774
numérotation au cadran D 374, R 774
numérotation au clavier P 989
numérotation automatique A 856
numérotation clavier P 989
numérotation combiné raccroché O 110
numérotation depuis le (un) combiné H 50
numérotation directe D 610, I 139, S 1319
numérotation directe au cadran (clavier) D 610
numérotation directe de postes supplémentaires P 1
numérotation directe de poste supplémentaire I 139
numérotation directe par l'opératrice O 180
numérotation en boucle L 460/1
numérotation en courant alternatif A 391
numérotation immédiate I 56
numérotation manuelle M 125
numérotation ouverte O 134
numérotation par ouverture de boucle L 460/1
numérotation téléphonique T 206
numérotation tout chiffres A 337
numéro télex T 328
numéroter D 357, N 395
numéroteur A 857
numéroteur automatique A 870
numéro universel U 98
numéro universel de service secours U 96
numéro vert F 414
nutation N 419

O

objectif à focale variable Z 30
objectif de fiabilité R 525
objectif radar R 41
objet de base B 156
objet de mesure T 433
objet de présentation L 57
objet d'essai T 433
objet logique L 389
obliquité S 728
observation au radar R 30
observation de trafic T 730
obstacle O 13
OCC S 1308
occultation B 339, S 414
occulter B 338
occupation O 14

occupation des bords raides E 79
occupation des canaux C 428
occupation du spectre S 950
occupation en mémoire M 336
occupé B 550
OCT V 227
octet B 566, O 27
octet de service S 373, S 374
octet ne comportant que des zéros A 362
octets par pouce B 570
octets série B 568
œillet L 7
OF M 156
offre O 36
ohm international I 539
ohmmètre O 78
OL L 349
ombre [de] radar R 36
onde W 42, W 48
onde acoustique S 856
onde acoustique de surface S 1409
onde acoustique en volume B 515
onde à incidence oblique W 43
onde amortie D 5
onde à polarisation orthogonale O 256
onde à polarisation plane (rectiligne) L 163
onde atténuée D 5
onde carrée S 1039
onde continue C 1047
onde d'écho E 74
onde de détresse D 727
onde de flexion B 234
onde de fonctionnement O 162
onde de sol G 164
onde d'espace S 910
onde de surface S 1427
onde de surface guidée G 209
onde de travail O 162
onde directe D 655
onde électromagnétique E 150
onde électromagnétique plane P 441
onde électromagnétique polarisée elliptiquement E 208
onde électromagnétique polarisée rectilignement L 163
onde électromagnétique transverse T 356a
onde en créneaux S 1039
onde en dents de scie S 83
onde entretenue C 1047
onde entretenue interrompue I 580
onde évanescente E 442
onde extraordinaire E 507
onde guidée G 210
onde harmonique H 89
onde hertzienne R 208
onde incidente I 102
onde incidente plane I 101
onde ionosphérique I 660, S 736
onde longitudinale L 425
onde longue L 445
onde lumineuse L 134
onde magnétostatique M 43
ondemètre W 80
onde millimétrique M 472
onde modulante M 586
onde modulée M 582
onde modulée manipulée K 16
onde ordinaire O 239
onde pilote P 420, P 421
onde pilote de groupe primaire G 187, G 189
onde pilote de groupe quaternaire S 1379
onde pilote de groupe tertiaire M 212
onde pilote de régulation de ligne L 232
onde plane P 443
onde polarisée circulairement C 567
onde polarisée elliptiquement E 208
onde polarisée elliptiquement dextrorsum R 722
onde polarisée elliptiquement sinistrorsum L 89
onde polarisée horizontalement H 265
onde polarisée rectilignement L 163
onde polarisée verticalement V 65
onde porteuse C 307
onde porteuse complète F 577
onde porteuse modulée en fréquence F 508
onde porteuse non manipulée U 100
onde porteuse réduite R 401
onde porteuse supprimée S 1400
onde progressive O 308, T 924
onde progressive plane T 923
onde radio[électrique] R 208
onde rectangulaire S 1039
onde réfléchie R 437
onde réfléchie par le sol G 156
ondes centimétriques S 1374
ondes courtes S 478
ondes décamétriques D 151, H 161, S 478
ondes décimétriques U 13, V 89
ondes hectométriques M 309
ondes hertziennes H 123
onde sinusoïdale S 654
ondes kilométriques (longues) L 448
ondes longues/à L 446
ondes métriques V 75
ondes millimétriques E 511
ondes moyennes M 309
ondes myriamétriques M 845, V 81
onde secondaire S 180
onde sonore S 856
onde sous incidence oblique W 43
onde sphérique S 998
ondes radioélectriques R 210
ondes stationnaires S 1142
onde TE T 456
onde TEM T 356a
onde TM T 645
onde transitoire T 791
onde transversale L 425, T 918
onde troposphérique T 973
onde UBF U 17
onde ultra-basse fréquence U 17
onde ultra-courte U 20
ondulation R 750
onduleur D 131
OOR B 43
OP P 278
opérateur O 179
opérateur de bord S 442
opérateur des radiocommunications R 140
opérateur radio R 140
opération O 163
opération mixte A 720
opération spontanée A 725
opératrice O 179, T 209
opératrice de départ O 300
opératrice de l'interurbain T 661
opératrice des services spéciaux S 937
opératrice de téléimprimeur T 283
opératrice translatrice I 121
opposition de phase A 629, P 346
optimalisation O 212
optimaliser O 213
optimisation O 212
optimisation assistée par ordinateur C 916
optimisation d'acheminement R 816
optimisation de réseau N 142
optimisation des circuits C 550
optimisation finie F 201
optimiser O 213
option/en (sur) O 219
optionnel O 219
optocoupleur O 196
orage de poussière D 916
orage de sable S 32
orage géomagnétique G 64
orage magnétique M 35
orbite O 224
orbite d'attente P 111
orbite des satellites géostationnaires G 67
orbite elliptique E 209
orbite équatoriale synchrone E 330
orbite géostationnaire G 65
orbite inclinée I 103
orbite non perturbée [d'un satellite] U 104
orbite polaire P 526
orbite proche de la Terre N 67
orbite synchrone inclinée I 105
ordinateur C 910, D 78
ordinateur analogique A 469
ordinateur central H 276, M 60
ordinateur de place de travail P 278
ordinateur de transmission D 31
ordinateur frontal F 567
ordinateur nodal N 183
ordinateur numérique D 451
ordinateur personnel P 278
ordinateur principal H 276, M 60
ordinatique C 931
ordinogramme F 296
ordonnée O 240
ordre/du 1er F 216
ordre de fabrication M 156
ordre d'un harmonique H 85
oreille artificielle A 697
organe F 603
organe d'appel R 738
organe de commutation S 1467
organe de jonction I 426
organe explorateur S 100
organigramme F 296
organisation du système S 1560
organiser S 133
organisme de radiodiffusion B 466, B 470
orientation A 766
orientation automatique pas à pas S 1163
orientation d'antenne A 599
orientation de faisceau A 556
orientation du faisceau d'antenne A 556
orientation privilégiée P 767
orientation triaxiale T 515
orienté objet O 1
orienté sur l'application A 650
orifice de couplage C 1167
origine S 857
orthicon O 249
orthogonal O 250
orthogonalité O 254
oscillateur O 266
oscillateur à accord électronique E 162
oscillateur à accord par la tension V 227
oscillateur à accrochage de phase P 338
oscillateur à auto-excitation S 246
oscillateur à battements B 216
oscillateur à blocage B 367
oscillateur accordable T 1005
oscillateur à commande par tension V 227
oscillateur à compensation thermique T 477
oscillateur à contre-réaction F 96
oscillateur à diode ATT I 65
oscillateur à diode à avalanche et temps de transit I 65
oscillateur à fréquence fixe F 229
oscillateur à fréquence variable V 21
oscillateur à onde acoustique de surface S 1411
oscillateur à onde rétrograde B 43
oscillateur à ondes rétrogrades B 43
oscillateur à quartz C 1225, C 1231
oscillateur à quartz compensé en température numérique D 533
oscillateur à relaxation S 1441
oscillateur à résistance-capacité R 271
oscillateur à transistor T 804
oscillateur ATT I 65
oscillateur à verrouillage de phase P 338
oscillateur blocking B 367
oscillateur cohérent C 728
oscillateur commandé par tension V 227
oscillateur de base de temps T 580
oscillateur de battement B 216
oscillateur déclenché B 367

oscillateur 452

oscillateur d'effacement E 353
oscillateur de Gunn G 215
oscillateur de relaxation S 1441
oscillateur en dents de scie S 79
oscillateur entraîné L 373
oscillateur fixe F 229
oscillateur hétérodyne L 349
oscillateur libre F 416
oscillateur local [de réception] L 349
oscillateur local final B 216
oscillateur pilote M 216
oscillateur RC R 271
oscillateur sinusoïdal S 718
oscillateur stable S 1049
oscillateur synchrone S 1534
oscillateur thermostaté O 360
oscillateur YIG-TEC Y 10
oscillation O 262
oscillation acoustique S 844
oscillation amortie D 4, R 732
oscillation auto-entretenue S 262
oscillation de relaxation R 492
oscillation entretenue S 1435
oscillation fondamentale F 614
oscillation harmonique H 86
oscillation modulante M 586
oscillation modulée M 582
oscillation naturelle N 43
oscillation paramétrique P 97
oscillation parasite P 102
oscillation porteuse C 307
oscillation propre N 43
oscillation sinusoïdale S 717
oscillation sinusoïdale modulante M 584
oscillation sinusoïdale pure P 985
oscillations parasites P 103
oscillation transitoire R 732
oscillogramme O 271
oscillographe O 272
oscilloscope O 273
oscilloscope à mémoire (mémorisation) S 1217
oscilloscope cathodique C 328
oscilloscope double trace D 890
OSG G 67
OSI O 137
ostéophone B 375
OU câblé W 171
outil interactif I 371
outil logiciel S 794
ouvert O 128
ouverture A 638
ouverture à mi-puissance H 17
ouverture à mi-puissance du faisceau H 18
ouverture angulaire A 507, B 204
ouverture angulaire à mi-puissance H 18
ouverture d'antenne A 552
ouverture de faisceau B 204
ouverture de l'œil E 513
ouverture de session S 621
ouverture du diagramme à mi-puissance H 17
ouverture synthétique S 1548
OWC O 101
oxydation anodique A 534

P

PABX électronique E 177
PABX numérique D 492
page télétex T 275
paiement électronique E 175
paillette C 509
paillettes C 382
pairage P 61
paire C 61, P 62
paire attribuable S 915
paire blindée S 146
paire coaxiale C 658
paire coaxiale unique S 670
paire concentrique C 658
paire de bornes T 374
paire de conducteurs P 62
paire de cuivre C 1113
paire de fils aériens O 140
paire de fréquences F 516
paire de ligne torsadée T 1043
paire de réserve S 915
paire de service O 235
paire en câble C 61
paire en fil de cuivre C 1113
paire équilibrée blindée S 428
paire réservée R 615
paires/à P 57
paires multiples/à M 767
paire sous écran S 146
paire symétrique B 56, S 1503
paire téléphonique T 1042
paire torsadée T 1042, T 1043
PAL L 266
palette A 681
palier H 257
palier arrière B 15
palier avant F 570
palier d'armature A 682
panne B 419, F 26, F 70
panne/en F 88, O 323
panneau à affichage à plasma P 447
panneau arrière B 12, B 14
panneau d'affichage à cristaux liquides L 284
panneau d'affichage alphanumérique à cristal liquide L 279
panneau de commutation J 2
panneau de connexion P 149
panneau de fusibles F 619
panneau de jacks J 2
panneau de jacks d'essai T 427
panneau de raccordement P 149
panneau d'étriers U 8
panneau indicateur I 145
panneau plat F 258
panneau solaire [déployable] S 802
panneau solaire déployé U 67
panne d'antenne A 600
panne de courant P 603
panne de fabrication M 154
panne franche P 260
panne intermittente I 492
panne latente L 39
panne mineure M 500
panne par fausse manœuvre M 511
panne partielle P 116
panne par usure (vieillissement) A 279
panne permanente P 261
panne réseau (secteur) M 71
panne temporaire I 492

panorama O 424
PAO C 920
papillotement F 277
paquet B 531, P 5
paquet de données D 74
paquet d'erreurs E 368
paquet-programme P 3
paquet vidéo V 118
p.a.r. E 96
paraboloïde de révolution (rotation) P 75
paradiaphonie N 70
parafoudre L 124, S 1429
parafoudre à charbon C 240
parafoudre à gaz G 24
parallèle par bit/en P 77
parallélisme P 80
paramètre P 90
paramètre de fiabilité R 526
paramètre de quadripôle F 363
paramètre de structure S 1253
paramètre de température T 350
paramètre d'onde W 83
paramètre du signal S 591
paramètre lié au terrain T 395
paramètre S S 913
paramètres de bruit N 219
paramètres de répartition S 128
paramètres petit signal S 777
paramètres répartis D 738
paramètre Z Z 31
paramétrique P 92
parasite N 185, R 108
parasite industriel M 118
parasite radioélectrique R 108
parasites atmosphériques A 739
parasites impulsifs I 88
parasites industriels I 174
parasurtension O 425
parcage P 110
parcours P 152, R 798
parcours de câble C 62
pare-étincelles S 917
parfaitement conducteur (conductrice) P 232
parité E 444, P 105
parité longitudinale L 423
parité par colonne C 789
parité transversale V 67
parole T 7, V 194
parole bruitée N 252
parole codée C 691
parole codée en MIC P 177
parole de qualité téléphonique T 223
parole numérisée D 556
parole synthétique S 1550
parole voisée V 194
partage T 990
partage d'appels C 204
partage de fonctions F 611
partage de la bande des fréquences F 432
partage de la charge L 309
partage des bandes B 86
partage des fréquences F 535
partage de temps T 623
particules diffusantes S 129
partie adresse A 210
partie du trafic en service manuel M 136
partie émetteur T 871
partie émission T 888
partie imaginaire I 54
partie non linéaire N 307

partie qualificative Q 26
partie récepteur R 351
partie réception R 345, R 351
partie réelle R 281
partie transfert de messages M 371
p.a.r.v. E 93
pas P 433, S 870
pas à pas S 1162
pas d'amplification R 575
pas de bobinage W 149
pas de câblage C 51
pas d'enroulement W 149
pas de pupinisation L 305
pas de quantification Q 38
pas de régénération R 467, R 468, R 575
pas de rotation R 783
pas des répéteurs R 575
pas des spires W 149
pas d'exploration S 105, S 114
pas d'une bobine W 149
pas entre répéteurs R 575
passage H 47
passage à zéro Z 13
passage de jeton T 651
passage d'essai T 446
passage d'urgence sur canal sémaphore de secours E 218
passage par un niveau L 102
passage sous contrainte sur route de secours F 323
passage sur canal sémaphore de secours C 387
passage sur liaison de réserve (secours) C 387
passage sur une autre liaison H 46
passe-bande B 79
passerelle G 32, I 564
passerelle interréseau I 564
passe-tout A 350
passivation P 133
passivation chimique C 508
passivation de la surface S 1421
pastille C 509
pastille de silicium S 626
pastille en technologie NMOS N 175
pastille microphonique T 875
pastille NMOS N 175
pâte conductrice C 950
pâte diélectrique D 395
pâte isolante I 319
pâte résistive R 648
pause de diction S 623
pavé capacitif C 511
pavé résistif C 516
pavillon E 1
pavillon d'écouteur E 1
pavillon de récepteur E 1
pays d'arrivée I 114
pays de départ O 292
pays de destination C 1153, D 315
pays de transit T 808
pays d'origine C 1154
pays du tiers monde T 513
PBX électronique E 177
PBX numérique D 492
PCTN D 533
PCV P 542
PEB N 202
peigne C 39
pénalité de puissance P 627
pente R 762, S 749

pente aux frontières A 762
pente aux frontières de la bande passante A 763
pente de conversion C 1092
pente de flanc d'impulsion P 956
pente de gain S 1159
pente de la caractéristique de modulation M 606
pente de phase P 356
pente élevée H 198
pente Nyquist N 422
percement B 418
perception auditive A 811
perception du son P 230
perche isolante O 155
perditance L 75
perforateur P 240
perforateur à clavier K 11
perforateur de bande P 240, T 25
perforateur imprimeur P 742
perforateur imprimeur à clavier P 741
perforation P 239
perforation d'entraînement C 376
perforatrice P 240
perforatrice de bande P 240, T 25
perforer P 237
performant H 183
périgée P 246
période P 247
période chargée B 557
période d'échantillonnage S 22
période de défaillance par usure W 104
période de défaillance par vieillissement W 104
période de facturation B 255
période de faible trafic N 267
période de fort trafic B 557
période de ligne S 104a
période de réglage L 257
période de révolution [d'un satellite] P 249
période de [taxation à] tarif réduit R 406
période d'extinction D 153
période d'occultation E 76
période initiale de défaillance E 3
période non chargée N 267, O 56
période préparatoire P 685
périodes d'évanouissement P 250
période transitoire T 790
période transitoire finale D 153
période vacante I 21
périphérique P 251, P 252
périphérique d'entrée I 263
périphérique de sortie O 337
permanence de l'alimentation U 80
permanence de personnel/à C 1033
perméabilité P 265
perméabilité initiale I 223
perméance P 267
perminvar P 269
permittivité P 275
permittivité relative R 488
permutation de fréquence F 477

permuter I 382
persistance A 271
personnalisation C 1266
personnalisé C 1265, C 1267
personne appelant de l'extérieur E 494
personnel/sans U 36
personnel de maintenance M 92
personnel de télécommunications T 82
personnel d'exploitation O 154
personnel spécialisé O 15
perte L 469
perte/sans L 475
perte accidentelle D 862
perte au couplage C 1161
perte dans le cuivre C 1111
perte dans le fer C 1120
perte dans le noyau C 1120
perte de charge C 486/7
perte de couplage C 1161
perte de diffusion S 125
perte d'énergie P 619
perte de paquet P 24
perte de puissance P 619
perte de réflexion R 444
perte de sensibilité S 316
perte de synchronisation L 479, S 1511
perte de transition T 811
perte de transmission T 847
perte de verrouillage de multitrame M 709
perte de verrouillage de trame F 385, L 479
perte de visibilité V 154
perte d'insertion I 276
perte due aux réflexions R 444
perte en excès P 450
perte en ligne L 208
perte en puissance apparente due à une dérivation T 36
perte en puissance apparente par dérivation T 36
perte par désadaptation M 514
perte par diffusion S 125
perte par hystérésis H 319
perte par le couplage entre l'antenne et le milieu A 616
perte par réflexion R 444
pertes/à L 481
pertes par collision C 760
pertes ohmiques O 77
pertes par effet Joule O 77
pertes par rayonnement R 57
perturbateur I 443
perturbation D 753, I 428
perturbation atmosphérique A 740
perturbation due aux échos E 59
perturbation électromagnétique E 144
perturbation géomagnétique G 63
perturbation industrielle M 118
perturbation ionosphérique I 645
perturbation ionosphérique à début brusque S 1358
perturbation magnétique M 28
perturbation par bruits impulsifs I 89
perturbation radioélectrique R 108
perturbations aurorales A 816

perturbations dues aux aurores boréales A 816
PES S 1493
petit angle de site L 513
petites et moyennes entreprises S 766
petites ondes M 309
petite station terrienne S 770
ph P 363
phase P 292, P 309
phase/en I 236, P 293
phase cohérente/à P 304
phase d'appel R 740
phase de commande du réseau N 118
phase de données D 76
phase de transfert transparent de données T 899
phase de transmission de données D 76
phase différentielle D 415
phase instantanée I 303
phasemètre P 341
phénomène d'évanouissement par dépolarisation D 295
phénomène transitoire T 787
phone P 363
phonogramme P 368
photoconducteur P 371
photocourant P 372
photodétecteur P 374
photodétection P 373
photodiode P 375
photodiode au silicium S 634
photographie d'image oscilloscopique O 275
photographie multibande M 822
photolithographie P 377
photon P 378
photorécepteur P 374
photosensible P 380
phototélégramme P 381
phototélégraphie F 8, P 383
phototransistor P 384
phototransistor au germanium G 70
physique de l'état solide S 821
physique du corps solide S 821
physique quantique Q 56
pic de rayonnement R 61
pico-ordinateur P 278
picoseconde P 394
pictogramme P 396
PIDB S 1358
pièce de rechange S 916
pièce hors tension N 276
pièce rapportée I 273
pied d'antenne A 554
pied de pylône M 205
pile B 170, P 991
pile charbon-zinc C 243
pile primaire P 710
pile rechargeable R 358
pile secondaire S 165/6
pile solaire S 796
pilotage extérieur E 495
pilote compensé en température numérique D 533
pilote de groupe primaire G 187
pilote de groupe secondaire S 1370
piloté par micro-ordinateur M 409
piloté par microprocesseur M 418

piloté par microprogramme F 205
piloté par programme P 801
piloté par quartz C 1224
pince à sertir C 1185
pince coupante de côté S 497
piquet de terre E 34
PIRE E 96, E 344
pistage T 702
piste T 692
piste d'asservissement C 1081
piste d'envol d'aéroport A 309
piste d'horloge C 623
piste d'interconnexion I 396
piste son[ore] A 807
piste sonore magnétique M 33/4
piste vidéo V 138
piston à contact C 1012
piston à piège N 275
piston de court-circuit A 235, S 460
piston plongeur S 460
piston quart d'onde [à contact] B 493
pitch P 433
pixe P 398
placement P 435
place vacante de réseau V 1
plage L 7, R 243
plage couverte C 1179
plage d'accord T 1020
plage de fonctionnement (quantification) Q 53
plage de réglage (régulation) C 1075
plage de relèvement N 392
plage des ondes décimétriques U 6
plage des tensions V 242
plage de température T 351
plage de température d'emmagasinage S 1219
plage dynamique D 927
plage UHF U 6
plan d'acheminement R 817
plan d'acheminement international I 542
plan d'affaiblissement A 761
plan d'aménagement F 290, I 290
plan d'attribution A 342
plan d'attribution des fréquences F 426
plan de câbles C 69
plan d'échantillonnage S 27
plan de clavier K 9
plan de disposition des voies C 429
plan de fréquences F 517
plan de fréquences international I 529
plan de montage A 707
plan de multiplexage M 787
plan de numérotage N 401
plan de numérotage fermé C 627
plan de numérotage local L 348
plan de numérotage national N 37
plan de numérotage ouvert O 131
plan de numérotage télex T 329
plan de polarisation P 520
plan de transmission T 855, T 860

plan

plan d'incidence P 442
plan d'orbite O 231
planification assistée par ordinateur C 917
planification de la production P 797
planification de routes R 799
planification des fréquences F 518
planification des investissements I 632
planification des réseaux N 144
planification de trajet R 799, R 801
planifier S 133
plan orbital O 231
plaque A 531, P 451
plaque à bornes T 362
plaque à circuits imprimés P 733
plaque arrière B 14
plaque d'assise B 138
plaque de circuit imprimé double face D 834
plaque de raccordement arrière B 14
plaque de refroidissement H 104
plaque de terre E 25
plaque positive P 566
plaquette C 244
plaquette de circuit imprimé P 733
plaquette de circuits imprimés P 736
PLAR R 637, R 638
plateforme d'extraction de pétrole en haute mer O 73
plateforme élévatrice E 205
platine de magnétophone à cassettes C 323
platitude maximale/à M 238
pleine charge F 583
plésiochrone P 457
pliage B 231
plongeur A 235, S 460
plot J 1, P 461
pluviomètre R 219
PMBX P 759
PME S 766
P-MP P 495
poids linéique W 119
poignée H 43
pointage automatique pas à pas S 1163
pointage de l'antenne A 606
point à mi-puissance H 19
point à multipoint P 495
point central de mise à la terre C 360
point d'accès A 64, P 544
point d'accès à des services (N) N 378
point d'accès à la ligne L 145
point d'alimentation F 109
point d'amorçage S 658
point d'attache T 572
point de bifurcation B 405
point de charge L 306
point de commutation C 1210
point de connexion C 981, C 1210, P 544
point de croisement C 1205, C 1210
point de départ O 245
point de dérivation B 405
point de destination D 319

point de fonctionnement Q 99
point de jonction vidéo V 114
point de mesure M 280, T 409, T 439
point de mise à la terre G 149
point d'entrée E 304
point de pupinisation L 306
point de raccordement C 981
point de référence R 429
point de référence bouche M 667
point de référence oreille E 5
point de repère C 507, D 123
point de reprise R 669
point de saturation S 70
point d'essai T 409
point de surcharge L 297
point de transfert T 554
point de transfert de groupe primaire T 555
point de transfert de groupe quaternaire T 564
point de transfert de groupe secondaire T 562
point de transfert de groupe tertiaire T 558
point de transfert sémaphore S 587
point de vue de l'utilisateur U 170
point d'exploration S 113
point directeur C 1073
point d'origine O 245
pointe P 187
pointe de test T 437
pointe de trafic T 733
pointe parasite N 233
pointer P 483
pointeur P 486
point fixe F 230
point limite C 1279
point morse M 646
point nodal N 179
point nodal de commutation S 1473
point nodal [de commutation] numérique D 525
point sémaphore S 570
point sémaphore de destination S 545
point sémaphore d'origine S 569
points sémaphores adjacents A 229
point virtuel de commutation V 150
polarisabilité P 508
polarisation B 241, P 509
polarisation base–émetteur B 133
polarisation circulaire C 568
polarisation circulaire droite R 721
polarisation circulaire gauche L 88
polarisation de base B 130
polarisation de blocage (coupure) C 1275
polarisation de grille G 122
polarisation dextrogyre (dextrorsum) R 723
polarisation d'onde W 85
polarisation elliptique E 210
polarisation fixe F 220
polarisation horizontale H 266
polarisation lévogyre L 90
polarisation linéaire L 166
polarisation nulle/à U 50

polarisation orthogonale C 1211, O 257
polarisation positive P 560
polarisation propre E 102
polarisation rectiligne L 166
polarisation sinistrorsum L 90
polarisation stabilisée S 1048
polarisation verticale V 69
polarisé en inverse R 700
polarisé horizontalement H 264
polariser B 240
polariseur P 525
polarisé verticalement V 64
polarité P 507, S 1209
polarité A S 1121
polarité d'arrêt S 1209
polarité de départ S 1121
polarité de signal S 592
pôle P 529
politique d'acheminement R 818
polychlorure de vinyle P 542
polycristallin P 535
polyphasé P 539
polyvalent G 47
pompage P 972
pondération W 115
pondération de bruit N 240
pondération d'un mot de code binaire W 118
pondération psophométrique P 867
pondération uniforme F 270
pondéré W 109
pondéré en fréquence F 558
pont à thermistances T 490/1
pont d'alimentation F 107
pont de Graetz G 101
pont de mesure M 284
pont de transmission T 832
pont de Wheatstone W 120a
pont d'impédance I 67
pont d'inductance I 160
port P 544
portabilité P 545
portable P 546
portatif P 546
porte G 27
porte-annuaire D 643
porte-balai B 491
porte d'accès P 544
porte de canal C 419
porte d'entrée I 244
portée R 241
portée de balayage S 1442
portée de détection D 334
portée de la vue V 152
portée de l'onde de sol G 168
portée de l'usager/à la U 156
portée de radar R 31
portée des téléalimentations L 95
portée de transmission T 858
portée optique L 216, V 152
portée radar R 31
portée visuelle V 152
porte ET A 499
porte-fusible F 620
porte logique G 27
porte logique ET-NON A 500
porte logique OU O 242
porte logique OU-NON O 248
porte NI N 353
porte NON-OU N 353
porte OU O 242
porte OU exclusif E 468
porteur C 252, S 1239

porteur central C 373
porteur de charge majoritaire M 98
porteur de groupe primaire G 175
porteur de voie C 403
porteur minoritaire M 501
porteuse C 252, C 307
porteuse bruitée N 245
porteuse commune C 812
porteuse complète F 577
porteuse complète/à F 578
porteuse dans le (un) même canal C 664
porteuse décalée [en fréquence] O 38
porteuse de données D 22
porteuse image V 155
porteuse manipulée K 15
porteuse modulée M 575
porteuse modulée en fréquence F 508
porteuse non modulée U 102
porteuse numérique D 440
porteuse pilote P 411
porteuse principale M 59
porteuse radioélectrique R 104
porteuse récupérée R 386
porteuse réduite R 401
porteuse réduite/à R 402
porteuse résiduelle R 629
porteuse son S 831
porteuse son de télévision T 309
porteuse son modulée en amplitude A 446
porteuse son modulée en fréquence F 504
porteuse son séparée S 325
porteuse son supplémentaire S 1394
portion de contenu C 1022
pose I 295
posé dans des conduites L 5
pose de câble[s] C 49
pose en conduite D 895, D 897
poser I 286, L 46
position P 555
position active A 127
position angulaire A 520
position B B 399
position d'annotatrice T 995
position d'arrêt O 57
position d'arrivée I 122
position d'attente S 1094
position de commutation manuelle M 143
position de début d'écran H 242
position de départ O 301, S 1112
position de file Q 89
position de marche O 118
position de renseignements [et réclamations] I 267
position de repos H 242, N 361, O 57
position d'essais et de mesures T 421
position des télégrammes téléphonés P 369
position de surveillance (surveillant) S 1391
position de téléphoniste O 186
position de travail O 118
position de veille S 1094
position d'impulsion P 934

454

position d'inscription T 995
position d'opérateur O 186
position d'opératrice O 186
position d'opératrice du service manuel M 143
position d'un défaut P 558
position d'un élément de signal D 561, D 562
position d'un élément numérique D 562
position initiale H 242
position interurbaine T 993
position locale L 351
position mémoire M 334
positionnement P 556, P 557, S 396
positionnement de mobiles M 541
positionner I 135, P 554
position nominale sur orbite N 259
position normale N 361
position oblique S 729
position réceptrice R 350
position sur l'orbite O 228
position urbaine L 351
possibilité C 220
possibilité d'accès A 50
possibilité d'accord T 1002
possibilité d'adaptation A 144
possibilité de modulation M 589
possibilité de surcharge O 405
possibilité de synchronisation S 1505
possibilité de traitement P 788
possibilité d'extension E 470, U 130
possibilité d'installation I 293
possibilité d'interfonctionnement I 602
postamplification P 570
poste P 555, S 395
poste à clavier K 28
poste à encaissement automatique P 165
poste à haut-parleur L 501
poste appelé C 138
poste d'abonné S 1340
poste d'abonné mains-libres H 58
poste d'appel C 181
poste d'appel d'urgence E 224
poste central A 746
poste central de commande C 358
poste central de contrôle C 369
poste chef B 384
poste de filtrage S 188
poste de PBX P 170
poste de PBX à service restreint P 169
poste de table D 311
poste de télévision en couleur C 786
poste de travail pour CAO C 89
poste d'intercommunication I 391
poste d'interphone I 391
poste directeur-secrétaire S 188
poste dirigeur A 746
poste distant R 552
postégalisation P 146
poste éloigné O 358
poste émetteur-récepteur T 752

poste extérieur O 358
poste mains-libres H 58
poste mobile D 311
poste mural W 13
poste numérique D 530
poste principal M 74
poste privé C 889
poste radiotéléphonique R 181
poste récepteur R 352
poste secondaire E 491
poste secrétaire S 188
poste supplémentaire E 487, E 491, T 190
poste supplémentaire à prise directe du réseau public U 107
poste supplémentaire avec prise contrôlée du réseau public P 117
poste supplémentaire avec prise directe du réseau public U 107
poste télégraphique T 129
poste téléphonique S 1340, T 219, T 225
poste téléphonique à batterie locale L 323
poste téléphonique à cadran d'appel D 380
poste téléphonique à clavier K 28
poste téléphonique à combiné H 53
poste téléphonique à commande par effleurement T 686
poste téléphonique à haut-parleur L 500, L 501
poste téléphonique à paiement sur réponse P 164
poste téléphonique à péage (prépaiement) P 165
poste téléphonique automatique D 380
poste téléphonique d'abonné S 1341
poste téléphonique d'affaires B 546
poste téléphonique fixe S 1141
poste téléphonique installé T 225
poste téléphonique mains-libres H 58
poste téléphonique mural W 13
poste téléphonique optique portatif P 548
poste téléphonique portatif P 549
poste téléphonique pour handicapés T 220
poste téléphonique principal S 1336
poste téléphonique public P 870
poste téléphonique public à prépaiement P 889
poste téléphonique sans cordon C 1117
poste téléphonique supplémentaire S 1330
postfiltrage P 574
postprocesseur P 576
postsélecteur P 577
post-traitement P 575
pot C 316
pot d'épissurage S 1008
pot de pupinisation L 304

poteau M 203
poteau d'angle A 514
poteau de jonction J 52
poteau en bois W 193
poteau téléphonique T 211
poteaux jumelés D 819
potentiel C 220, P 580
potentiel de contact C 1013
potentiel de terre E 26
potentiel entre base et collecteur B 132
potentiel positif P 567
potentiel zéro Z 18
potentiomètre P 584
pot étanche pour pose en pleine terre C 317
pot Pupin L 304
pot souterrain B 526
pourcentage de disponibilité P 225
pourcentage des demandes satisfaites P 227
pourcentage de secondes sans erreur P 226
poursuite T 693
poursuite automatique A 897
poursuite de la porteuse C 304
poursuite des appels malveillants M 109
poursuite pas à pas S 1180
poursuite, télémesure et télécommande T 701
poussoir A 141, P 988
poussoir de réinitialisation R 620
pouvoir absorbant A 31
pouvoir de coupure I 583
pouvoir de diffusion S 130
pouvoir de résolution D 213
pouvoir de résolution angulaire A 521
pouvoir diffusant S 130
pouvoir séparateur R 653
pouvoir séparateur en fréquence F 523
pouvoir séparateur radial R 250
PRB M 667
préaccentuation P 671
préamplificateur P 648
préamplificateur-correcteur A 423
préamplification P 647
précâblage P 708
précâblé P 707
précipitations tropicales T 961
précision de mesure A 78
précision de pointage P 487
précision de poursuite P 694
précision de réglage A 77
précodage P 655
précorrection P 656
prédéterminer P 696
prédicteur P 666
prédicteur à court terme S 469
prédicteur adaptatif A 161
prédicteur à long terme L 443
prédicteur à pôles et zéros P 531
prédicteur tout pôle A 352
prédiction P 660
prédiction à long terme L 442
prédiction linéaire à excitation par les résidus R 637
prédistorsion P 668
prédistorsion adaptative A 162

prédistorsion en amplitude A 454
préiviseur P 670
préégalisation P 673
préfiltrage P 677
préfiltre P 676
préfixe P 678, P 679
préfixe de service spécial S 938
préfixe international I 540
préfixe interurbain T 994
prélèvement d'échantillons S 17
premier arrivé/premier sorti F 214
premier ellipsoïde de Fresnel F 211
premier entré/premier sorti F 214
première tentative d'appel F 207
première zone de Fresnel F 212
premier ordre/du F 216
prendre T 19
prendre en charge A 72
prendre les relèvements T 6
prépositionner P 696
préprocesseur F 567, P 687
prépulse P 689
prérégler P 696
présélecteur P 691, P 692
présélection P 690
présentation de posters P 573
presser le bouton pour parler P 996
pression de contact C 1014
pression intérieure (interne) I 508
pression sonore S 845
prestation S 350
prêt à émettre C 604
prêt à recevoir R 323
prêt pour la transmission de données R 279
prétraitement P 686
prétraitement d'image I 44
prévision de durée de vie L 118
prévision des interruptions de service O 278
prévision du taux de défaillance F 33
prévision du trafic T 734
prévision du trafic téléphonique T 282
prévision ionosphérique I 648, I 652
prévoir S 133
primaire P 727
primitive [de service] S 379
principe d'acheminement R 819
principe de construction modulaire (par blocs fonctionnels) B 501
principe de réciprocité R 362
principe fondamental B 158
priorité P 748
prise C 985, J 1, P 628, R 353, S 208, T 21
prise d'appel C 192
prise de contact H 59
prise de courant O 309, P 625
prise de son P 393
prise de terre E 14, E 41
prise de test T 426

prise

prise de vue I 42
prise directe du réseau D 647
prise double D 824
prise en charge S 388
prise femelle S 781
prise mâle P 464
prise multiple M 773
prise murale W 15, W 16
prise secteur A 106
prise simultanée D 824, D 887
PRO E 5
probabilité P 768
probabilité d'acceptation P 770
probabilité d'acheminement erroné M 518
probabilité de blocage B 368
probabilité de collision C 761
probabilité de débordement P 775
probabilité de défaillance P 773
probabilité de dépassement E 453
probabilité de dépassement d'un temps d'attente P 772
probabilité de détection D 333
probabilité de fausse alarme (détection) F 38
probabilité d'encombrement P 771
probabilité de perte P 774
probabilité de rejet P 776
probabilité d'erreur E 407
probabilité d'erreur de numérotation D 367
probabilité d'erreur résiduelle R 635
probabilité d'erreur sur les bits B 309
probabilité d'erreur sur les blocs B 362
probabilité d'erreur sur les caractères C 459
probabilité d'erreur sur les éléments E 202
probabilité d'erreur sur les paquets P 13
probabilité d'erreur sur les symboles S 1493
probabilité de transition T 812
probabilité d'interruption O 279
probabilité d'interruption admissible A 346
problème de valeurs aux limites B 395
procédé d'acheminement R 815
procédé de détection D 332
procédé de frittage S 712
procédé itératif I 702
procédure P 780
procédure d'accès à la liaison L 265
procédure de chargement initial I 224
procédure de commande C 1074
procédure de commande d'appel C 120
procédure de commande de liaison L 270
procédure de contrôle par bloc B 357
procédure de dialogue D 371
procédure de liaison L 270
procédure de liaison de données synchrones S 1525

procédure de libération C 598
procédure de ligne L 185
procédure d'entrée en communication L 400, S 621
procédure de numérotation D 368
procédure de test T 431
procédure HDLC H 178
procédure SDLC S 1525
processeur P 792
processeur central C 372, H 277
processeur de communication C 844
processeur de communication des données D 31
processeur de commutation S 1476
processeur de coordination C 1103
processeur de signaux S 595
processeur de signaux vidéo V 126
processeur de traitement numérique du signal D 511
processeur d'image à structure pipeline I 43
processeur d'image en temps réel R 287
processeur d'images I 46
processeur du réseau de signalisation par canal sémaphore C 817
processeur embarqué O 88
processeur frontal F 567
processeur hors service P 795
processeur monolithique S 669
processeur nodal N 184
processeur numérique du signal D 511
processeur pipeline P 430
processeur principal H 277
processus P 787
processus aléatoire R 236
processus d'application A 651
processus de rétrodiffusion B 20
processus markovien M 193
processus stochastique R 236
procès-verbal de réception A 40
prodiffusion F 350
producteur de porteur de groupe primaire G 176
producteur de porteur de groupe tertiaire M 209
producteur de porteurs C 296
production G 51
production de masse V 256
production de télévision T 302
production d'harmonique H 83
produire G 50
produit d'intermodulation I 502
produit d'intermodulation passif P 137
produit gain/largeur de bande G 5
produit gain/sensibilité G 13
produit haut de gamme T 670
produit mètres × ampères M 402
produit non harmonique N 291
produit scalaire S 85
produits complémentaires A 185

produits de distorsion D 720
produits de modulation M 602
produits non essentiels de conversion de fréquence S 1031
produits supplémentaires A 185
profil du document D 779
profil de la liaison P 158
profil des impulsions P 938
profil du bond P 158
profondeur de modulation M 592
profondeur de pénétration D 296
profondeur d'évanouissement F 20
progiciel P 3, S 793
programmabilité P 803
programmable P 804
programmable par l'utilisateur F 142
programmation assistée par ordinateur C 920
programmation structurée S 1255
programme P 811
programme à segments de recouvrement O 403
programme d'autodiagnostic S 265
programme de commande de canal C 431
programme de diagnostic D 352
programme de fiabilisation R 516
programme de maintenance M 89
programme de mise en forme de texte E 83
programme de mise en marche S 1114
programme de recouvrement O 403
programme de télévision T 303
programme d'impression P 747
programme enregistré S 1227
programme mémorisé S 1227
programme utilisateur U 167
projet pilote P 417
prolonger un circuit E 486
propagation P 817
propagation anormale A 535
propagation dans l'atmosphère A 741
propagation de la gigue J 16
propagation des erreurs E 408
propagation des impulsions P 939
propagation des ondes à hyperfréquences M 455
propagation des ondes décimétriques U 5
propagation des ondes millimétriques M 475
propagation des ondes radioélectriques R 209
propagation des ondes UHF U 5
propagation d'impulsions P 939
propagation d'information B 465
propagation diurne D 125
propagation d'onde W 86

propagation en bande décamétrique S 477
propagation en espace libre F 415
propagation en hyperfréquence M 455
propagation en onde millimétrique M 475
propagation en ondes courtes S 477
propagation en visibilité [directe] L 221
propagation guidée G 207
propagation ionosphérique I 653, P 818
propagation libre F 415
propagation normale S 1078
propagation par bond multiple M 764
propagation par conduit D 896
propagation par conduit ionosphérique I 646
propagation par conduit troposphérique T 964
propagation par diffusion S 131
propagation par diffusion ionosphérique I 657
propagation par diffusion météorique M 393
propagation par diffusion sur les précipitations P 652
propagation par diffusion troposphérique T 971
propagation par réflexion ionosphérique P 818
propagation par trajets multiples M 748
propagation quasi optique Q 75
propagation radioélectrique R 148, R 209
propagation radioélectrique à l'intérieur d'immeubles I 156
propagation supernormale O 420
propagation transhorizon T 777
propagation transionosphérique T 794
propagation troposphérique T 967
propagation troposphérique guidée D 894
propre à un appareil D 347
propre à une application A 655
propre à un matériel D 347
propre au système S 1564
propriété de réflexion R 445
propriété hors équilibre N 287
propriétés de transmission T 836, T 856
protecteur S 1429
protection cathodique C 333
protection contre la foudre L 127
protection contre les erreurs E 376
protection contre les erreurs avec circuit de retour A 880
protection contre les erreurs avec demande de répétition A 880
protection contre les réponses parasites S 1033
protection contre les surcharges O 410

protection contre les surtensions O 425
protection contre les surtensions dues à la foudre L 130
protection de données D 79
protection sur le canal adjacent A 219
protection thermique T 480
protégé contre défaillances F 24
protégé par batterie B 171
prothèse auditive H 95
protocole L 185, P 845
protocole d'accès A 65, C 849
protocole d'accès à la liaison L 266
protocole d'accès multiple M 756
protocole d'échange de documents D 778
protocole de chiffrement E 251
protocôle de communication C 849, L 270
protocole de couche transport T 908
protocole de niveau paquet P 23
protocole de session S 393
protocole de signalisation S 572
protocole de transport T 905
protocole d'usager à usager U 171
protocole en couche L 50
protocole (N) N 373
protocole niveau bit B 313
protocole niveau octet B 567
protocole sans collision C 758
prototype P 851
PS S 570, S 1255
pseudo-aléatoire P 860
pseudo-incidence brewstérienne P 854
psophomètre P 864
PTS S 587
PTT T 701
publiphone P 165, P 870
publiphone à carte C 247, C 503
publiphone interurbain C 747
puce C 509
puce/sur une C 510
puce à protubérances F 280
puce de silicium S 626
puce laser L 28
puce LSI L 548
puce LSI conçue à la demande C 1269
puce LSI personnalisée C 1269
puce mémoire M 329
puce nue B 104
puce personnalisée C 1255
puce unique/sur S 667
puce VLSI V 175
puce VLSI sur mesure C 1272
puissance absorbée P 589
puissance active A 128
puissance active maximale disponible A 922
puissance admissible A 245
puissance apparente A 645
puissance apparente rayonnée E 96
puissance apparente rayonnée sur [une] antenne verticale courte E 93
puissance appliquée A 658

puissance consommée P 589
puissance continue d'émission C 1042
puissance continue émise C 1042
puissance d'antenne A 607
puissance d'attaque de grille G 127
puissance débitée D 250
puissance de bruit N 221
puissance de bruit admissible A 347
puissance de bruit radioélectrique R 112
puissance de crête P 199
puissance de crête d'impulsion P 203
puissance de la porteuse C 283
puissance d'entrée I 239, I 256
puissance de pompage P 975
puissance de porteuse utile W 20
puissance de radiation (rayonnement) R 48
puissance de réception R 309
puissance de résolution R 653
puissance de sortie P 626
puissance de sortie de crête P 201
puissance de sortie de l'onde porteuse C 279
puissance de sortie d'émetteur T 881
puissance de sortie nominale R 261
puissance déwattée I 19
puissance disponible A 922
puissance disponible d'une porteuse A 921
puissance dissipée D 707
puissance d'onde porteuse C 283
puissance du bruit d'intermodulation I 501
puissance électrique E 124
puissance émise R 49, T 891
puissance en crête P 199
puissance en entrée A 658
puissance en régime permanent C 1049
puissance équivalente au (de) bruit N 202
puissance fournie D 250
puissance hors bande O 318
puissance hors bande admissible P 271
puissance installée I 294
puissance instantanée I 304
puissance isotrope rayonnée équivalente E 96, E 344
puissance limite admissible O 408, O 409
puissance maximale disponible A 922
puissance moyenne A 939, M 267
puissance nécessaire P 629
puissance nominale R 260
puissance porteuse C 283
puissance psophométrique P 865
puissance rayonnante R 48
puissance rayonnée R 49
puissance réactive I 19
puissance reçue R 309
puissance réelle disponible A 922

puissance rétrodiffusée B 18
puissance surfacique en dehors du lobe O 35
puissance surfacique utilisable U 149
puissance utile U 152
puissance vocale A 103
puissance vocale de crête P 206
puissance vocale instantanée I 296
puits à câbles C 47
puits d'accès M 112
puits de chaleur H 104
puits de données D 94
puits de jonction C 47
puits quantique Q 58
pulsation A 519, P 894
pupinisation C 735, P 983
pupinisation pour câble à courants porteurs C 273
pupinisé L 299
pupitre C 991
pupitre d'aiguillage S 1459
pupitre de commande C 1062
pupitre de commutation S 1459
pupitre de mélange M 529
pupitre téléphonique T 179
pylône M 203
pylône auto-porté S 261
pylône d'ancrage T 371
pylône d'antenne A 617
pylone en treillis L 44
pylône fractionné S 193
pylône haubané G 217
pylône hertzien R 160
pylône non haubané S 261
pylône rayonnant M 204

Q

Q Q 2
quadration S 1043
quadripôle F 362
quadripôle à accès symétriques B 62
quadripôle de réactance R 275
quadripôle de retard D 243
quadripôle symétrique S 1501
quadrophonie Q 20
quadrupleur Q 23
qualificatif Q 26
qualité acoustique S 849
qualité à la livraison D 254
qualité d'écoulement du trafic G 97
qualité de parole S 977
qualité de service G 96, G 97, Q 34
qualité de transmission T 857
qualité de transmission de la parole S 992
qualité de transmission téléphonique T 237
qualité d'exploitation G 96
qualité d'image P 400
qualité du son S 849
qualité du son perçu P 224
qualité radiodiffusion B 471
qualité sonore S 849
qualiticien[ne] Q 30
quantifiable Q 35
quantificateur Q 47
quantificateur adaptatif A 163
quantificateur de phase P 347
quantificateur multiple M 813

quantificateur vectoriel V 41
quantification Q 48
quantification adaptative A 164
quantification à seuil T 545
quantification d'amplitude A 457
quantification non uniforme N 344
quantification par zone Z 25
quantification pseudo-aléatoire P 858
quantification scalaire S 87
quantification uniforme U 76
quantification vectorielle V 40
quantification vectorielle adaptative A 166
quantification vectorielle à étages multiples M 825
quantifié Q 40
quantifier Q 39
quarte C 65, Q 3
quarte à courants porteurs C 285
quarte de câble C 65
quarte de cuivre C 1114
quarte en étoile S 1107
quarte en fil de cuivre C 1114
quartet Q 67
quartz C 1221
quartz de montre Q 70
quartz thermostaté O 359
quasar Q 79
quasi optique Q 74
quasi stationnaire Q 78
quaternaire Q 80
quatre fils F 365
queue de composant C 896
quittance reçue A 81

R

RAAS S 1549
RAC C 590
raccordement A 49, C 974, L 338
raccordement arrière/à B 3
raccordement collectif P 129
raccordement d'abonné S 1315
raccordement d'abonné au téléphone T 230
raccordement de base B 145
raccordement de câble C 23, C 79
raccordement de service S 377
raccordement de téléimprimeur T 255
raccordement direct C 988
raccordement en cascade C 314
raccordement individuel I 151
raccordement serti C 1186
raccordement téléphonique T 178
raccordement télex T 321
raccord en U U 7
raccorder P 148
raccord progressif T 27
raccord tournant R 778
raccrochage R 504
raccrochage du demandé C 141
raccroché O 108
racon R 7
radar R 90
radar à antenne synthétique S 1549

radar à balayage électronique E 181
radar aéroporté A 289
radar aéroporté à observation latérale S 517
radar à impulsions P 940
radar anticollision A 621
radar à observation latérale S 517
radar à ondes continues C 1050
radar à ondes entretenues C 1050, C 1285
radar à ondes millimétriques M 476
radar à synthèse d'ouverture S 1549
radar à visée (vision) latérale S 517
radar bistatique B 301
radar continu C 1050
radar côtier C 643
radar d'aérodrome T 375
radar d'aéroport T 375
radar d'approche A 662
radar d'approche de précision P 653
radar d'autopoursuite A 898
radar d'avion A 289
radar de balayage S 106
radar de bateau S 439
radar de conduite des fusées M 519
radar de contrôle S 1431
radar de contrôle de [la] circulation aérienne A 313
radar de contrôle de trafic aérien A 313
radar de guidage d'engin M 519
radar de navigation N 47
radar de navire S 439
radar de poursuite T 698
radar de recherche S 157
radar de site H 107
radar de surveillance S 1431
radar de surveillance d'aéroport A 308
radar de surveillance du sol G 160
radar de surveillance secondaire R 177
radar d'évitement d'obstacles T 394
radar Doppler D 788
radargraphie R 21
radar marin S 439
radar météorologique W 107
radar météorologique aéroporté (de bord) A 290
radar modulé en fréquence F 501
radar monopulsé M 639
radar monostatique M 641
radar multistatique M 827
radar optique L 112
radar panoramique P 64
radar portuaire P 553
radar pour l'espace lointain D 205
radar primaire P 720
radar secondaire S 171
radar spatial S 872
radar terrestre G 142
radar transhorizon O 423
radiateur H 104, R 66
radiateur de transistor T 797
radiation primaire P 722

radiation secondaire S 172
radiation totale T 683
radio R 68, W 173
radio... R 69
radioalignement de descente du système d'atterrissage aux instruments I 310
radioalignement de piste du système d'atterrissage aux instruments I 311
radioaltimètre R 71
radioamateur R 72
radioastronomie R 73
radiobalise R 75
radiobalise à ondes hectométriques (kilométriques) L 371
radiobalise d'atterrissage L 8
radiobalise en éventail R 100
radiocanal R 81, R 105
radiocommunication R 83
radiocommunication air-air A 311
radiocommunication A 404
radiocommunication de Terre T 401
radiocommunication en ondes décamétriques H 134
radiocommunication mobile M 543
radiocommunication par canal banalisé C 574
radiocommunications CB C 339
radiocommunications de service mobile terrestre public L 9
radiocommunications maritimes M 172
radiocommunications numériques du service mobile M 537
radiocommunications par canal banalisé C 339
radiocommunications par paquets P 29
radiocommunication spatiale S 893
radiocommunication terrestre T 401
radiocommunication terrestre du service mobile L 12
radiocompas R 86
radiodétecteur R 90
radiodétection primaire P 721
radiodétection secondaire S 171
radiodiffuser B 463
radiodiffusion B 483, R 78
radiodiffusion à modulation de fréquence F 303
radiodiffusion de télévision T 290
radiodiffusion directe par satellite S 35
radiodiffusion en bande décamétrique S 473
radiodiffusion en ondes courtes (décamétriques) S 473
radiodiffusion numérique D 493
radiodiffusion par satellite S 35
radiodiffusion sonore S 828
radiodiffusion sonore en ondes décamétriques H 171
radiodiffusion sonore numérique par satellite D 505

radiodiffusion sonore par satellite S 53
radiodiffusion stéréophonique S 1186
radiodiffusion sur fréquence commune C 822
radiodiffusion transfrontière T 750
radiodiffusion visuelle T 290
radioélectricité R 68
radioélectrique R 69
radiofréquence H 161, R 101
radiogoniomètre R 94
radiogoniomètre à antennes commutées C 860
radiogoniomètre à cadre mobile R 791
radiogoniomètre à cadres croisés C 1201
radiogoniomètre Adcock A 168
radiogoniomètre Adcock en H H 287
radiogoniomètre Adcock en U U 173
radiogoniomètre aéroporté A 286/7
radiogoniomètre à grande ouverture W 126
radiogoniomètre à indication visuelle V 166
radiogoniomètre à large base W 126
radiogoniomètre à lecture directe D 651
radiogoniomètre à petite base S 767
radiogoniomètre à tube cathodique C 327
radiogoniomètre automatique A 858
radiogoniomètre cathodique C 327
radiogoniomètre d'avion A 858, R 86
radiogoniomètre Doppler D 784
radiogoniomètre large base W 126
radiogoniomètre petite base S 767
radiogoniomètre Watson-Watt T 1036
radiogoniométrie R 95
radiogoniométrie à indication auditive A 96
radiogoniométrie à petite base S 768
radiogoniométrie à repérage acoustique A 96, A 810
radiogoniométrie visuelle à deux canaux de réception D 877
radioguidage R 122
radiolocalisation R 133
radiolocalisation hyperbolique H 309
radiomesure R 180
radiométéorologie R 134
radiomètre R 58
radionavigation R 136
radionavigation aéronautique A 261
radionavigation à longue distance L 431/2
radionavigation hyperbolique H 310
radionavigation sur balises R 76

radiophare R 75
radiophare à diagramme circulaire N 283
radiophare aéronautique A 260
radiophare à rayonnement circulaire R 75
radiophare au sol G 153
radiophare circulaire N 283
radiophare d'alignement C 1171
radiophare d'alignement de descente G 80
radiophare d'approche H 245
radiophare d'atterrissage L 8
radiophare Doppler omnidirectionnel D 790
radiophare non directionnel N 283
radiophare omnidirectif à ondes métriques V 86
radiophare omnidirectionnel O 84
radiophare tournant R 792
radiophare VHF omnidirectionnel V 86
radioralliement R 123
radiorécepteur R 150
radiorecherche de personnne[s] R 141
radiorepérage R 133
radiosilence R 163
radiosondage R 165
radiosonde R 164
radiosource R 166
radiosource extra-galactique E 506
radiostation R 169
radiosurveillance I 381
radiotechnicien R 170
radiotechnique R 97
radiotélécommande R 171
radiotélégramme R 172
radiotélégraphie R 179, W 177
radiotélégraphie à grande distance L 408
radiotélégraphie Van Duuren T 263
radiotélégraphique R 173
radiotélégraphiste R 174
radiotéléimprimeur R 195
radiotélémesure R 180
radiotélémétrie R 149
radiotéléphone R 145, R 181
radiotéléphone à bande latérale unique S 698
radiotéléphone à synthèse de fréquence S 1546
radiotéléphone automobile C 309
radiotéléphone cellulaire C 351
radiotéléphone minier M 479
radiotéléphone pour le service mobile M 546
radiotéléphone tenant dans la main H 41
radiotéléphonie R 192
radiotéléphonie à double bande latérale D 828
radiotéléphonie à modulation d'amplitude A 444
radiotéléphonie duplex D 906
radiotéléphonie du service mobile M 547
radiotéléphoniste R 188
radiotélescope R 198
radiotéléscripteur R 195

radiotélétype R 195
radiotrafic R 201
radiotransmission R 203
radome, radôme R 212
rafale B 531
rafale d'erreurs E 368
raideur acoustique A 104
raie d'absorption A 27
RAM R 224, R 228
RAM dynamique D 925
ramener en arrière B 23
RAM non volatile N 350
RAM statique S 1138
rangée R 821
rapidité de manipulation K 24
rapidité de modulation L 187, M 603, T 128
rapidité de transfert de caractères C 467
rapidité de transfert de données D 108
rapidité de transfert des caractères C 477
rapidité de transmission T 861
rapidité de transmission effective E 99
rappel R 301, R 727
rappel arrière B 24
rappel automatique A 838, C 105, R 727
rappel automatique sur occupation A 839
rappel de l'opératrice O 183
rappel en avant R 605
rappeler R 726
rapport avant-arrière F 571
rapport AV/AR F 571
rapport axial A 944
rapport bruit/brouillage N 238
rapport cyclique D 918
rapport de compression C 907
rapport de déviation D 342
rapport de division S 1018
rapport d'élimination dans le mode commun C 826
rapport d'entrelacement I 457
rapport de protection P 837
rapport de protection aux fréquences radioélectriques dans un canal adjacent A 220
rapport de protection contre les émissions faites dans un canal adjacent A 219
rapport de protection contre les émissions faites dans une voie adjacente A 219
rapport de protection dans le (un) même canal C 669
rapport de protection en audiofréquence A 796, A 800
rapport de protection en radiofréquence R 114
rapport de puissance porteuse utile/porteuse brouilleuse W 22
rapport de réception A 41
rapport de reproduction R 596
rapport d'erreurs E 414
rapport d'erreurs sur les bits B 310
rapport des dimensions A 705
rapport des enroulements T 1033
rapport des rayonnements avant et arrière F 571
rapport de tensions V 243
rapport de test T 442
rapport de transfert T 766
rapport de transformation T 769
rapport d'image I 50
rapport d'impédance I 77
rapport d'impulsions B 425
rapport d'incident M 105
rapport d'onde[s] stationnaire[s] S 1101
rapport G/T G 201
rapport impulsionnel I 93
rapport largeur/hauteur A 705
rapport performance/coût P 242
rapport porteuse/brouillage C 301
rapport porteuse/bruit C 303
rapport porteuse/densité de bruit d'intermodulation C 302
rapport prix/performance P 709
rapport puissance/poids P 645
rapport puissance à bruit N 223
rapport signal à bruit de quantification S 609
rapport signal/brouillage S 606
rapport signal/brouillage en audiofréquence A 800
rapport signal/brouilleur en radiofréquence R 120
rapport signal/bruit S 608
rapport signal/bruit erratique S 610
rapport signal/perturbation S 604
rapport signal sur bruit S 608
rapport signal sur bruit de gigue S 607
rapport signal sur bruit en audiofréquence A 801
rapport signal-sur-écho S 605
rapport signal sur signal brouilleur S 608
rapport signal utile/signal brouilleur W 23
rapport signal utile sur bruit S 608
rapport signal utile sur signal brouilleur S 608
rapport S/N S 608
rapport trafic de l'heure chargée/trafic journalier B 555
rapprochement oblique O 3
RAT A 548
rattachement d'abonné S 1315, S 1329
rattacher L 262
rattrapage R 686
rattrapage de synchronisation T 638
rayon cathodique C 326
rayon d'action O 156
rayon de courbure B 232
rayon de courbure admissible P 273
rayon de courbure minimum M 489
rayon direct D 650, L 504
rayon dirigé D 615
rayon guidé G 208
rayon incident I 123
rayon marginal M 160
rayonnement R 50
rayonnement auroral A 819
rayonnement brouilleur I 444
rayonnement dans les lobes latéraux S 506
rayonnement diffusé S 119
rayonnement d'oscillateur O 269
rayonnement d'oscillateur local L 350
rayonnement d'un récepteur R 331
rayonnement électromagnétique E 146
rayonnement harmonique H 87
rayonnement hors bande O 319
rayonnement infrarouge I 204
rayonnement maximum R 61
rayonnement non essentiel S 1029
rayonnement non ionisant N 296
rayonnement parasite P 99, S 1029
rayonnement par le coffret C 2
rayonnement primaire P 722
rayonnement radioélectrique R 50, R 115
rayonnement secondaire S 172
rayonnements non désirés U 117
rayonnement solaire S 804
rayonnement sous petit angle L 503
rayonnement sous un grand angle H 145
rayonnement total T 683
rayon non méridien S 730
rayon oblique S 730
rayon réfléchi R 434
rayon tangent T 14
rayon terrestre effectif E 97
RC C 251, P 129
RCP P 704
RDCP P 31
réacheminement R 607
réacheminement d'appel C 200
réacheminement des appels R 399
réactance R 274
réactance acoustique A 100
réactance capacitive C 225
réactif W 39
réaction F 93, P 561
réaction inverse (négative) N 89
réaction positive P 561
réaction retardatrice D 239
réaffectation R 300
réajustage du rythme R 680
réalisation D 338, I 83
réaliser I 82
réaliser une inversion N 85
réassembler R 299
rebaptiser R 556
rebobiner R 711
rebondissement B 390, K 13, O 418
rebondissement de contact C 1006
recâblage R 712
récepteur R 150, R 320, R 321
récepteur à amplification directe T 1011
récepteur à bande étroite N 16
récepteur à bande latérale unique S 699
récepteur à BLU S 699
récepteur à 2 canaux T 1046
récepteur à changement de fréquence S 1373
récepteur à conduction osseuse B 375
récepteur à conversion de fréquence S 1373
récepteur à corrélation C 1135
récepteur à double bande latérale D 829
récepteur à double changement de fréquence D 800
récepteur à double diversité D 806
récepteur à double norme D 889
récepteur à faible bruit L 532
récepteur à fréquence fixe F 225
récepteur à fréquences vocales T 667
récepteur à large bande W 139
récepteur à modulation de fréquence F 307
récepteur à ondes courtes H 135
récepteur à ondes ultra-courtes V 87
récepteur à réaction R 464
récepteur à simple changement de fréquence S 707
récepteur à transistors T 805
récepteur auto-alarme A 825
récepteur automatique d'alarme A 825
récepteur autoradio C 250
récepteur à variation continue C 1046
récepteur BLU S 699
récepteur communautaire C 857
récepteur d'appel [de personnes] P 47
récepteur d'autoradio C 250
récepteur de code C 703
récepteur de communication C 845
récepteur de contrôle M 616, M 621, T 299
récepteur de poche P 482
récepteur de poursuite T 699
récepteur de radiodiffusion B 481
récepteur de radiodiffusion sonore S 829
récepteur de radiodiffusion sonore par satellite S 54
récepteur de radiotélégraphie R 176
récepteur de recherche de personnes P 47
récepteur de retransmission D 648
récepteur de satellite S 51
récepteur de signaux S 596
récepteur de téléappel R 142
récepteur de télécommunication C 845
récepteur de télémesure T 146
récepteur de télévision T 306
récepteur de télévision en couleur C 786

récepteur

récepteur de trafic C 845
récepteur de veille W 28
récepteur de Viterbi V 174
récepteur de voiture C 250
récepteur d'information I 197
récepteur direct T 1011
récepteur domestique de radiodiffusion par satellite S 42
récepteur d'ondes submillimétriques S 1293
récepteur embarqué O 89
récepteur embarqué d'un satellite S 34
récepteur en ondes décamétriques H 135
récepteur homodyne Z 11
récepteur linéaire L 170
récepteur MF F 307
récepteur moniteur M 621
récepteur monochrome M 626
récepteur multinorme M 826
récepteur noir et blanc M 626
récepteur O.C. H 135
récepteur panoramique P 66
récepteur-perforateur R 581
récepteur-perforateur imprimeur P 743
récepteur pilote P 418
récepteur pour hyperfréquences M 457
récepteur professionnel C 804
récepteur radar R 32
récepteur radio(électrique] R 150, R 320
récepteur relais R 497
récepteur sous-optimal S 1300
récepteur superhétérodyne S 1373
récepteur superhétérodyne double D 800
récepteur téléphonique R 321, T 215
récepteur toutes ondes A 361
récepteur traducteur imprimeur D 649
récepteur trichrome C 786
récepteur TV T 306
récepteur Viterbi V 174
réception A 38, A 39, F 12, R 345, R 354
réception à amplification directe S 1234
réception à bande latérale unique S 700
réception à grande portée L 433
réception auditive A 813
réception automatique A 876
réception cohérente C 730
réception communautaire C 858
réception de radiodiffusion B 472
réception des émissions télévisuelles T 307
réception des radiocommunications R 152
réception de télévision T 307
réception directe S 1234
réception en diversité D 768
réception en diversité à commutation d'antennes S 1452
réception en diversité de fréquence F 456
réception en diversité d'espace S 886
réception en diversité temporelle T 592

réception en noir et blanc B 332
réception en usine F 12
réception hétérodyne H 125
réception individuelle I 152
réception locale L 353
réception manuelle M 137
réception MF F 308
réception mobile M 548
réception non cohérente N 272
réception optimale O 215
réception par onde de sol G 169
réception par relais-satellite R 498
réception par trajets multiples M 749
réception relais R 498
réception sans diversité N 285
réception superhétérodyne S 1372
recette A 39, F 12
recette en usine F 12
recevoir R 302
recharge R 530
rechargeable R 357
rechargement R 530
recharger C 478
recherche à simple niveau R 776
recherche de ligne H 295
recherche de ligne appelante F 192
recherche de ligne libre H 295
recherche de personne P 50
recherche de personnes par radio R 141
recherche d'itinéraire P 159
recherche d'itinéraires P 155
recherche d'une ligne appelante F 192
recherche et développement R 609
recherche et études R 609
recherche et études pour les télécommunications T 79
recherche opérationnelle O 178
rechercher L 369
recherche scientifique S 138
recherche spatiale S 897
recherche technique T 52
réciprocité R 360
recoder R 364
recombinaison R 368, R 370
recombinaison en surface S 1422
recombinaison superficielle S 1422
recomposition automatique du dernier numéro R 580
recomposition automatique du numéro en mémoire S 1226
reconnaissance automatique de caractères A 849
reconnaissance automatique de la parole A 889
reconnaissance de caractères C 468
reconnaissance de chiffres N 406
reconnaissance de la parole S 979
reconnaissance de la parole continue C 1045
reconnaissance de mots isolés I 686

reconnaissance des formes P 160
reconnaissance de symboles manuscrits R 365
reconnaissance d'objets O 2
reconnaissance du locuteur S 927
reconnaissance d'une suite de chiffres C 969
reconnaissance d'une suite de mots connnectés C 1029
reconnaissance optique de caractères O 190
reconnaissance radar R 33
reconstruction d'un signal S 597
recouvert de cuivre C 1109
recouvrement O 398
recouvrement de fréquences F 515
recréer R 460
recueil de données D 13
récupération R 684
récupération conjointe de la porteuse et de l'horloge J 28
récupération de la phase de la porteuse C 282
récupération de la porteuse C 286
récupération de la synchronisation T 638
récupération de verrouillage de multitrame M 710
récupération de verrouillage de trame F 386
récupération du rythme T 638
redémarrage R 668
redémarrage après coupure d'alimentation P 604
redevance de location R 558
redondance R 407
redondance active A 130
redondance d'un message M 362
redondance en attente (secours) S 1095
redondance passive S 1095
redondant R 410
redressement R 393
redressement d'une seule alternance H 29
redresseur R 394
redresseur à deux alternances F 588
redresseur à semi-conducteur S 281
redresseur à thyristors S 628
redresseur à une alternance H 30
redresseur au sélénium S 234
redresseur au silicium S 637
redresseur de crête P 204
redresseur double alternance F 588
redresseur en pont B 435
redresseur sec D 869
redresseur simple alternance H 30
réducteur de bruit N 228
réducteur de bruit adaptatif A 159
réduction d'échelle S 90
réduction de données D 83
réduction de la charge D 297
réduction de la durée de vie D 192
réduction de la gigue J 17

réduction de la largeur de bande B 96
réduction de l'amortissement D 6
réduction de la vitesse de groupe G 190
réduction de porteuse C 288
réduction de qualité de transmission T 844
réduction de redondance R 409
réduction de scintillation F 279
réduction des lobes latéraux S 507
réduction du bruit N 229
réduction du débit binaire B 319
réduire L 514
réémetteur à bande perforée P 238
réémetteur à bande perforée à lecture complète C 1156
réémetteur de télévision T 305
réémetteur FRXD C 1156
réémetteur télégraphique A 882
réexpédition R 681
référence de base de la session B 162
référence élargie de la session E 471
réflectance R 433
réflecteur R 447, R 449
réflecteur à lentille de Luneberg L 560
réflecteur à mailles M 350
réflecteur auxiliaire A 916, S 1302
réflecteur conformé S 420
réflecteur cylindre parabolique C 1294
réflecteur d'antenne A 608
réflecteur déviateur P 139
réflecteur dièdre D 568
réflecteur en coin C 1124
réflecteur en coin dièdre D 567
réflecteur en cornet H 275
réflecteur excentré O 65
réflecteur gonflable I 180
réflecteur parabolique P 74
réflecteur parabolique à sources multiples M 706
réflecteur parabolique à source unique S 680
réflecteur parabolique excentré O 68
réflecteur parabolique offset O 68
réflecteur paraboloïdal P 74, P 76
réflecteur passif P 139
réflecteur principal M 66
réflecteur radar R 34
réflecteur secondaire A 916, S 1302
réflectivité R 433
réflectomètre R 446
réflexion R 439
réflexion aurorale A 820
réflexion diffuse D 428
réflexion d'onde W 88
réflexion en M M 676
réflexion ionosphérique I 655
réflexion multiple M 770
réflexions par trajets multiples M 751
réflexions sur des bâtiments B 506

réflexion sur la surface de la mer S 160
réflexion sur le sol E 27
réflexion sur l'ionosphère I 655
réflexion troposphérique T 969
reformatage R 452
réfraction R 453
réfraction côtière C 645
réfraction d'ondes radioélectriques R 455
réfraction normale S 1082
refroidi par air A 294
refroidi par effet Peltier P 218
refroidissement à air forcé F 320
refroidissement forcé F 321
refroidissement par air soufflé F 45
refroidissement par circulation d'air A 291
refroidissement par convection C 1083
refroidissement par eau W 29
refroidissement par l'air A 296
régénérateur R 465, R 466
régénérateur de données D 84
régénérateur d'impulsions P 942
régénérateur intégré I 341
régénérateur-répéteur R 465
régénération R 461
régénération de porteuse C 289
régénération de signal S 598
régénération d'impulsions P 941
régénérer R 458, R 460
régie d'abonné N 152
régime continu C 1039, C 1048
régime de signal fort L 27
régime de tarification T 42
régime de tarification téléphonique T 214
régime d'impulsions P 912
régime impulsionnel P 912
régime multifréquentiel M 715
régime permanent S 1156
régime pulsé P 912
régime pulsé/en P 932
régime transitoire T 789
région à faible trafic L 545
régional Z 183
région D D 850
région de champ lointain F 58
région de champ proche N 79
région de diffraction D 427
région de Fraunhofer F 406
région de Fresnel F 561
région de saturation S 72
région de visibilité directe L 225
région d'induction N 79
région E E 358
région F F 407
registre M 323, R 469
registre accumulateur A 75
registre à décalage S 437
registre à deux états T 1062
registre d'adresse A 211
registre d'attribution des câbles C 10
réglage A 239, A 331, L 254, L 261
réglage automatique de chrominance A 850

réglage automatique de niveau A 864
réglage automatique de sensibilité A 886
réglage à zéro Z 8
réglage d'accord T 1016
réglage de gain G 4
réglage de ligne d'affaiblissement P 44
réglage de niveau L 101
réglage de niveau de voie C 424
réglage de tension V 226
réglage du niveau L 100
réglage du volume au combiné M 432
réglage du volume sonore V 254
réglage en phase P 294
réglage fin T 954
réglage silencieux M 838
réglé continûment C 1034
règle de conversion C 1095
régler avec précision T 951
règlette à bornes T 362, T 379
règlette à broches T 379
règlette de raccordement T 362
régulateur à réaction B 33
régulateur de tension V 244
régulateur shunt S 490
régulation automatique de fréquence A 862
régulation automatique de gain A 863
régulation de niveau L 101
réinitialisation R 619
réinitialiser R 617
réinsertion de porteuse C 290
réinstallation R 586
réjecteur N 370
réjecteur de son S 854
réjection R 477
réjection de fréquences indésirables U 118
réjection de la bande latérale non désirée U 121
réjection de la fondamentale F 616
réjection des modes parasites P 101
relâchement D 862, R 504
relâcher R 503
relais R 493
relais/à R 496
relais à contacts mouillés au mercure M 346
relais à contact sous ampoule scellée D 870
relais à dérivation magnétique S 488
relais à deux positions stables S 509
relais à deux temps T 1063
relais à enclenchement L 37
relais à lames souples R 417
relais à maximum de tension O 426
relais à maximums O 375
relais à position préférentielle centrale C 377
relais à relâchement différé S 764
relais à retard inverse I 624
relais à shunt magnétique S 488
relais à solénoïde P 476
relais à verrouillage L 37
relais basculant T 566

relais coaxial C 660
relais commandé par porteuse C 278
relais d'appel C 176, L 233
relais d'arrêt d'appel R 743
relais de coupure C 1280
relais de ligne L 233
relais de manipulation K 23
relais de mise à la terre G 157
relais d'encaissement C 743
relais de prise S 209
relais de protection P 844
relais de surtension O 426
relais de surveillance S 1392
relais de tension V 245
relais de terre G 157
relais différentiel D 419
relais d'occupation S 209
relais électronique E 178
relais électrothermique E 198
relais enfichable P 473
relais (N) N 376
relais non polarisé N 321
relais pas à pas S 1174
relais passif P 140
relais plat F 269
relais polarisé P 524
relais rapide H 207
relais reed R 417
relais retardé S 764
relais télégraphique T 122
relais téléphonique T 216
relais temporisé T 587
relais thermique T 481
relais vibrateur télégraphique T 135
relance R 668
relation de phase P 348
relation de trafic T 736
relation sémaphore S 574
relation source/collecteur S 868
relevé centralisé des taxes C 361
relève des dérangements F 73
relèvement B 207, R 481
relèvement corrigé C 1126
relèvement radiogoniométrique O 10, R 77
relèvement radiogoniométrique corrigé C 1126
relèvement vrai T 976
relié à la masse (terre) G 145
relier J 25, L 262
relier à I 427
relier à la terre G 138
rémanence A 271
remboursement C 744
remboursement complet F 584
remettre à zéro R 617
remettre en état O 388, R 371
remise à l'état initial R 617, R 618
remise de télégramme D 253
remise différée D 211, D 237
remise en état R 372
remise postale P 385
remorque C 82
remplaçable R 585
remplacement R 586
remplacement retardé D 240
remplacer R 584
remplissage P 44
remplissage numérique D 466
rémunération à forfait F 261
rémunération forfaitaire F 261
rendement d'antenne A 576
rendement de conversion C 1093

rendement de couplage C 1166
rendement de fabrication Y 8
rendement d'ouverture A 640
rendement d'une antenne A 576
rendement du pompage P 973
rendement élevé H 157, H 221
rendement global O 367
rendement horaire d'un circuit P 56
rendre actif A 116
renoncé d'appel A 1
renseignements I 181
rénumération R 396
rénumérotation R 397
renvoi D 765
renvoi automatique [d'appel] C 151
renvoi automatique d'appel sur occupation C 149
renvoi automatique sur non-réponse C 150
renvoi des lignes pour le service de nuit N 170
renvoi sur position de renseignement S 375
renvoyer E 49
réparabilité R 560
réparable R 561
réparation R 559
réparer R 371
réparti D 728
répartiteur D 747, L 498, S 1014
répartiteur de central E 459
répartiteur de groupe primaire G 182
répartiteur de groupe secondaire S 1367
répartiteur de groupe tertiaire M 210
répartiteur d'enceinte acoustique L 498
répartiteur d'entrée I 115, M 61
répartiteur de puissance P 599
répartiteur de sortie O 293
répartiteur de transfert T 760
répartiteur de voies C 411
répartiteur intermédiaire I 467
répartiteur mixte C 796
répartiteur numérique M 460
répartiteur principal M 61
répartition D 743
répartition automatique des appels A 840
répartition d'amplitude de bruit N 187
répartition dans l'espace S 878
répartition dans le temps T 593
répartition de la charge L 309
répartition des canaux (voies) C 410
répartition des voies téléphoniques T 249
répartition du champ F 135, I 28
répartition en code C 687
répartition en fréquence F 458
répartition en zones Z 29
répartition fréquentielle F 458
répartition spatiale S 878
répartition spatiale de champ S 921
répartition temporelle T 593
repérage L 261, L 332

repérage

repérage automatique des déplacements A 885
repérage coloré C 769
repérage des câbles C 54
repère M 186
repère de fréquence F 495
repère de temps T 609
reperforateur imprimeur P 743
reperforateur-transmetteur P 238
reperforatrice R 581
répertoire I 136
répertoire de caractères C 470
répertoire des caractères graphiques G 104
répertoire des caractères graphiques de base B 148
répertoire des caractères télétex T 273
répertoire des fonctions de commande C 1067
répertoire électronique E 168
répertoire (N) N 63
répertoire téléphonique T 183
répertoire téléphonique électronique E 183
répéteur R 569, T 157, T 902
répéteur à courants porteurs C 292
répéteur analogique A 482
répéteur de câble sous-marin S 1285
répéteur de faisceau hertzien M 461, R 156
répéteur de grand fond D 201
répéteur de ligne I 486, L 148
répéteur de satellite T 902
répéteur de transposition R 578
répéteur deux fils T 1077
répéteur d'extrémité T 376
répéteur 4 fils F 373
répéteur hertzien M 461, R 156
répéteur intermédiaire I 486
répéteur pour circuit à quatre fils F 373
répéteur pour circuit deux fils T 1077
répéteur régénérateur R 465
répéteurs/sans N 330
répéteur souterrain U 59
répéteur téléalimenté R 545
répéteur télégraphique T 123
répéteur téléphonique T 157, T 197
répéteur terminal T 376
répétition I 698, R 681
répétition automatique V 52
répétition automatique de numérotation A 877
répétition automatique détentative A 878
répétition d'appel C 197
répondeur T 159, T 902
répondeur automatique A 835
répondeur automatique d'appel T 159
répondeur de satellite S 62
répondeur téléphonique T 159
répondre A 536
réponse A 541, A 542, B 41, R 588, R 666, R 667
réponse à l'échelon S 1177
réponse amplitude-fréquence constante (uniforme) F 253
réponse automatique A 834
réponse d'appel A 541

réponse d'écho E 68
réponse de ligne L 236
réponse de modulation M 604
réponse de modulation non linéaire N 305
réponse en amplitude A 459
réponse en bande de base B 126
réponse en fonction de la pression P 700
réponse en fréquence F 524
réponse en fréquence à l'émission S 300
réponse en phase P 326
réponse gain-fréquence G 9
réponse globale amplitude/fréquence O 361
réponse impulsionnelle P 945
réponse impulsionnelle finie F 199
réponse indicielle T 788
réponse linéaire à amplitude constante F 247
réponse manuelle M 122, M 138
réponse passe-bande B 82
réponse payée R 589
réponse percussionnelle P 945
réponse relative R 490
réponse spectrale S 952
réponse temporelle T 620
réponse transitoire S 1177, T 788
repos M 186, M 191, S 870
repos/au I 14
représentation en fréquence F 522
représentation en temps T 618
représentation fréquentielle F 522
représentation par des rayons R 269
représentation temporelle T 618
représenter R 591
représenter schématiquement D 355
représenter sous forme graphique G 102
reprise R 608, R 668
reprise de transmission R 608
reprise de verrouillage de trame R 678
reprise d'un appel lorsqu'une installation terminale occupée redevient libre C 106
reproductibilité R 592
reproduction P 455
reproduction du son S 851
rerayonnement R 604
reroutage R 607
réseau B 1, L 41, M 68, N 104
réseau à accès aléatoire R 229
réseau à accès multiples M 805
réseau à accords décalés S 1051
réseau à batterie locale L 320
réseau à capacités commutées S 1449
réseau à commutation automatique A 892
réseau à commutation de circuits C 562
réseau à commutation de circuits et de paquets C 551
réseau à commutation de paquets P 28, P 35

réseau à commutation manuelle M 132
réseau actif A 126
réseau adaptateur I 72
réseau à débit binaire variable V 35
réseau à déphasage P 355
réseau à déphasage minimal M 495
réseau à diffusion B 480
réseau aérien O 396
réseau à exploitation manuelle M 130
réseau à file d'attente N 139
réseau à grande distance L 412
réseau à intégration de services S 382
réseau à intégration de services à large bande W 133
réseau à jeton passant T 650, T 652
réseau à large bande B 455
réseau ALOHA crénelé S 757
réseau à mode de transfert asynchrone A 729
réseau à neutre isolé I 685
réseau annulaire R 745
réseau antennaire A 553, A 688
réseau arborescent T 933
réseau à satellite S 46
réseau à structure en arbre T 932
réseau à synchronisation despotique D 312
réseau à synchronisation hiérarchisée H 140
réseau à synchronisation mutuelle M 842
réseau à synchronisation mutuelle démocratique D 271
réseau à synchronisation oligarchique O 81
réseau à valeur ajoutée V 6
réseau avec enregistrement et retransmission S 1222
réseau bancaire B 98
réseau bruyant N 251
réseau carré O 98
réseau cellulaire de radiotéléphonie C 349
réseau centralisé C 366
réseau commuté P 887, S 1455
réseau commuté public P 886
réseau complément de longueur B 504
réseau conformateur de faisceau B 195
réseau correcteur A 757, E 326
réseau correcteur de temps de propagation de groupe D 241
réseau cristallin C 1227
réseau cylindrique d'antennes C 1291
réseau d'abonnés S 1325
réseau d'accès A 60
réseau d'adaptation à large bande B 454
réseau d'adaptation d'impédance I 72
réseau d'alimentation F 108
réseau d'antennes A 553
réseau d'antennes à commutation électronique de faisceaux E 161

réseau d'antennes auto-orientable S 256
réseau d'antennes doublets A 568
réseau de câble aériens O 392
réseau de câbles C 60, C 63
réseau de capteurs S 321
réseau décentralisé D 736
réseau de centraux automatiques A 861
réseau de communication C 841
réseau de communication de données D 30
réseau de communication de données à commutation de (par) paquets P 31
réseau de communication entre ordinateurs C 929
réseau de communication local L 313
réseau de communication local unidirectif U 72
réseau de communication pour données à commutation de (par) paquets P 31
réseau de communications entre ordinateurs C 923
réseau de commutation à étages multiples M 824
réseau de commutation à un étage S 706
réseau de commutation numérique D 524
réseau de commutation par paquets P 35
réseau de compensation C 876, C 877
réseau de connexion C 980, S 1472
réseau de connexion à deux étages T 1061
réseau de connexion à large bande B 458
réseau de correction E 326
réseau de couplage C 1169
réseau de découplage D 189
réseau de dérivation B 404
réseau dédicacé D 197
réseau de distribution D 749
réseau de distribution à large bande W 130
réseau de distribution par câble C 28, C 29
réseau de données D 70
réseau de données à commutation de circuits C 557
réseau de données à commutation de (par) paquets P 31
réseau de données avec commutation de circuits C 557
réseau de données commuté S 1451
réseau de données public à (avec) commutation de circuits C 560
réseau de doublets A 568
réseau de files d'attente N 139
réseau de fils W 172
réseau de lignes aériennes O 396
réseau démocratique D 272
réseau de paquets P 28
réseau déphaseur P 355
réseau de pondération de bruit N 242
réseau de prises de terre G 151
réseau d'équilibrage I 78

réseau de raccordement C 980
réseau de radiocommunication R 138
réseau de radiocommunication à bonds multiples M 722
réseau de radiocommunication à commutation par paquets P 30
réseau de radiocommunication numérique D 496
réseau de radiocommunication par paquets P 30
réseau de radiodiffusion B 469
réseau de radiogoniométrie D 624
réseau de radiotéléimprimeurs R 197
réseau de radiotéléphones mobiles M 554
réseau de répartition D 749
réseau de résistances en couche mince T 509
réseau de secours S 1092
réseau de signalisation S 566
réseau de signalisation par canal sémaphore C 816
réseau despotique D 312
réseau de superposition O 402
réseau de synchronisation S 1512
réseau de télécommunication C 841, T 69
réseau de télécommunication à grande distance L 412
réseau de télécommunication par satellite rural R 832
réseau de télécopie F 4
réseau de télédistribution C 78, T 292
réseau de télédistribution à câble coaxial C 652
réseau de téléimprimeurs T 260
réseau de téléimprimeurs commuté S 1457
réseau de téléimprimeurs exploité en commutation S 1457
réseau de téléimprimeurs sur liaisons radiotélégraphiques R 197
réseau de télétraitement T 285
réseau de télévision par câble C 78
réseau de transit T 815
réseau de transmission T 849
réseau de transmission à large bande B 455
réseau de transmission de données D 112
réseau de transport T 849
réseau différentiateur D 423
réseau d'immeuble d'abonné S 1338
réseau d'information de bureaux O 48
réseau d'ordinateurs C 929
réseau d'ordinateurs personnels P 280
réseau du service fixe F 227
réseau du service mobile M 540
réseau électrique M 68, P 642
réseau en Δ N 105
réseau en π N 105
réseau en anneau R 745

réseau en anneau segmenté S 205
réseau en arbre T 933
réseau en boucle L 463, R 745
réseau en C C 642
réseau en câbles enterrés B 525
réseau en échelle L 4
réseau en étoile S 1106
réseau en étoile avec accès multiple S 1105
réseau en L L 293
réseau en O O 98
réseau en pont B 434, L 45
réseau en T T 646
réseau entièrement numérique A 336
réseau en T ponté B 433
réseau en treillis G 132, L 45
réseau équilibreur I 78
réseau équivalent E 339, E 345
réseau étoilé S 1106
réseau européen de communication avec les mobiles E 434
réseau filtrant W 117
réseau gentex G 56
réseau hertzien R 155
réseau hiérarchique (hiérarchisé) H 140
réseau hiérarchisé à synchronisation mutuelle H 143
réseau informatique C 929
réseau intégrant paroles (téléphonie) et données I 346
réseau intégré I 339
réseau intégré de voix et de données I 344
réseau intelligent I 356
réseau interconnecté I 394
réseau intérieur I 229
réseau international I 537
réseau interurbain J 50, L 406
réseau interurbain automatique D 613
réseau linéaire L 165
réseau local L 315, L 346
réseau local à grande largeur de bande H 147
réseau local à grande (haute) vitesse H 203
réseau local à large bande W 134
réseau local à topologie de bus B 547
réseau local à voies multiples M 692
réseau local de communication de données D 60
réseau local de lignes L 339
réseau local d'entreprise L 315
réseau local de petite taille S 773
réseau local de taille moyenne M 313
réseau local de taille réduite S 773
réseau local domestique H 237
réseau local d'ordinateurs L 329
réseau local en anneau (boucle) R 748
réseau local intégrant parole et données L 317
réseau localisé L 335
réseau local pour l'habitation H 239

réseau logique L 392
réseau logique programmable P 807
réseau longue portée L 412
réseau maillé I 489, L 45
réseau manuel à batterie centrale C 809
réseau mésochrone M 352
réseau microcellulaire M 406
réseau mobile terrestre public P 878
réseau mondial de télécommunications W 202
réseau MTA A 729
réseau multimédia M 740
réseau multiservice M 817
réseau national N 34
réseau national de radiotéléphonie mobile N 27
réseau non commuté N 340
réseau non hiérarchique N 292
réseau non linéaire N 306
réseau non synchronisé N 341
réseau numérique D 487
réseau numérique à intégration de services I 342
réseau numérique à intégration de services à large bande B 450
réseau numérique de télécommunication D 529
réseau numérique intégré I 333
réseau oligarchique O 81
réseau passe-tout A 350
réseau passif P 138
réseau PC P 280
réseau plan (plat) P 437
réseau plat d'antennes P 437
réseau plésiochrone P 458
réseau pondérateur W 117
réseau pour données à commutation de circuits C 557
réseau pour données à commutation de (par) paquets P 31
réseau pour données synchrones S 1526
réseau prédiffusé G 30
réseau privé P 760
réseau privé pour données P 757
réseau public P 883
réseau public à commutation de paquets P 884
réseau public de communication de données à commutation de circuits C 560
réseau public de communication de données à commutation de paquets P 33
réseau public de données P 871
réseau public de radiocommunication du service mobile P 878
réseau public de transmission de données P 871
réseau public pour données P 871
réseau radial S 1106
réseau radio R 138
réseau radiogoniométrique D 624
réseau radiotéléphonique R 186, R 194
réseau RC R 272

réseau sémaphore S 566
réseau spécialisé D 197
réseau superdirectif S 1365
réseau superposé O 402
réseau sur fils nus aériens O 141
réseau synchrone S 1532
réseau synchrone [de transmission] de données S 1526
réseau synchronisé S 1518
réseau télégraphique T 116
réseau téléinformatique C 929
réseau téléphonique T 204
réseau téléphonique analogique A 489
réseau téléphonique commuté S 1456
réseau téléphonique général avec commutation G 49
réseau téléphonique hertzien M 462
réseau téléphonique intercontinental I 410
réseau téléphonique international à commutation automatique I 515
réseau téléphonique local L 360
réseau téléphonique national N 41
réseau téléphonique public P 887, P 890
réseau téléphonique public commuté P 887
réseau téléphonique rural R 834
réseau téléphonique rural à faible densité S 919
réseau télex T 327
réseau télex public P 891
réseau urbain de radiocommunications avec les mobiles U 143
réseau virtuel privé P 765
réseau voix-données V 193
réseaux de Pétri P 283
réserve passive C 748
réserve permanente H 280
réserve soumise à maintenance M 79
résidu de porteur C 269
résine époxy[de] E 323
résine photosensible P 379
résistance à la compression C 1217
résistance à la rupture B 423
résistance à la torsion T 1045
résistance à la traction T 358
résistance à l'usure W 105
résistance au carbone C 242
résistance au vent W 160
résistance au vieillissement A 280
résistance aux surintensités de courant S 1430
résistance aux vibrations V 92
résistance ballast B 66
résistance bobinée fixe F 239
résistance bobinée variable V 26
résistance chutrice B 66
résistance d'antenne A 609
résistance de boucle L 466
résistance de boucle de téléalimentation P 618
résistance de cathode C 331
résistance de charge B 66, L 308

résistance

résistance de découplage D 190
résistance de fuite B 349, L 74
résistance de fuite de grille G 129, G 135
résistance de ligne L 235
résistance de perte L 480
résistance de rayonnement [d'une antenne] R 62
résistance de stabilisation B 66
résistance de surface S 1423
résistance de terminaison T 385
résistance de terre E 28
résistance différentielle D 420
résistance directe F 348
résistance d'isolation (d'isolement) I 324
résistance élevée H 194
résistance élevée / à H 195
résistance en continu D 138
résistance en couche épaisse T 502
résistance en couche mince T 508
résistance en dérivation S 491
résistance en série S 346
résistance fixe F 234
résistance interne I 509
résistance inverse B 16
résistance limite de tension U 9
résistance mécanique M 299
résistance négative N 95
résistance non linéaire N 308
résistance non réactive N 324
résistance superficielle S 1423
résistance thermique T 482
résistance thermique jonction boîtier T 483
résistance variable V 24
résistant aux insectes I 269
résistant aux radiations R 63
résistivité R 649
résistivité de contact C 1015
résolution R 652
résolution angulaire A 517
résolution de problèmes P 779
résolution spatiale S 923
résolution temporelle T 619
résonance gyromagnétique G 223
résonance parasite S 1032
résonance série S 347
résonateur R 661
résonateur à cavité C 338
résonateur à disque D 675
résonateur à ferrite F 117
résonateur annulaire R 746
résonateur à ondes acoustiques de surface S 77
résonateur à quartz Q 69
résonateur circulaire C 569
résonateur coplanaire C 1106
résonateur diélectrique D 396
résonateur en anneau R 746
résonateur hélicoïdal H 111
résonateur hyperfréquence M 458
résonateur microruban M 431
ressort porte-contact C 1010
ressources R 664
restauration d'un signal S 598
restitution R 387, R 671
restitution de composante continue D 139
restitution de pièces C 744
restitution incorrecte I 131

restitution infidèle D 208, I 131
restitution isochrone I 683
restitution parfaite P 234
restriction d'accès A 66
résultat de mesure M 293
résultat d'essai T 445
résultat d'essai en place F 151
résultat d'essai sur site réel F 151
résultats O 336
resynchronisation R 678, R 680
rétablissement R 670
rétablissement de composante continue D 139
rétablissement d'un canal sémaphore S 553
rétablissement du rythme R 680
rétablissement du rythme binaire B 330
rétablissement du service S 380
retard D 231, D 232, D 233, L 38
retard de paquets P 10
retard de phase P 333
retard de raccrochage O 109
retard de tonalité D 382
retard du signal S 528
retard du temps de transit d'une impulsion P 966
retarder D 230
retard total O 365
retentative R 687
réticule G 115
retour à la commande R 694
retour à la ligne L 193
retour arrière B 24, B 27
retour au repos H 244
retour à zéro R 695
retour à zéro/sans N 335
retour chariot C 251
retour d'appel A 777, R 742
retour de chariot C 251
retour de ligne L 197
retour de trame B 342
retour d'image F 392
retour en position de commande R 694
retour par la terre E 29, G 159
retour sous contrôle sur route normale C 384
retour sur canal sémaphore normal C 384
retour sur liaison normale C 384
retrait D 688
retransmetteur automatique A 882
retransmission R 681, R 682
retransmission cyclique préventive P 704
rétroaction F 93
rétroaction de courant C 1242
rétroaction quantifiée Q 41
rétro-appel C 105
rétro-appel courtier B 490
rétrodiffusion B 17
rétrodiffusion atmosphérique A 736
rétrodiffusion directe D 589
rétrodiffusion indirecte I 146
rétrodiffusion radar R 6
rétrodiffusion sur la mer S 154
réutilisation de fréquence F 526
réverbération R 697
revêtement C 648, P 840

revêtement diélectrique / à D 389
revêtement métallique M 376
revêtement mince T 504
réviser O 388
RF R 101
rhéostat V 24
rideau d'antennes A 565
rideau d'antennes doublets D 584
rideau de dipôles D 584
rideau de doublets P 425
RIF F 199
Rin I 537
RITD I 346
RLD H 237
RLE L 315
RLE pour données D 60
RMTP P 878
RN N 87
RNI I 333
RNIS I 342
RNIS [à] large bande B 450/1
RNIS-LB B 450/1
RO O 178
roaming R 758
robot d'appel A 845
robot de montage A 709
robot industriel I 175
ROC O 190
ROM R 276
rompre D 665
rompre une communication D 667
ronflement B 563, H 289
ronflement du secteur H 289
ronfleur B 562
ROS S 1101
rotateur de Faraday F 52
rotation de la polarisation R 793
rotation d'image P 402
rotor inductif S 156
roue phonique P 367
routage R 807, R 808
routage distribué D 739
route de dernier choix L 33
route de message de signalisation S 563
route sémaphore S 575
RPB N 223
RPD P 871
RPDCC C 560
RPDCP P 33
RPD de destination D 318
RPD d'origine O 244
RSCS C 816
RSO S 1549
RST A 549
RTC S 1456
RTPC P 887
rugosité de la surface S 1424
rupture B 418, C 1274, D 670
rupture de câble C 15
rupture de fatigue F 68
RVA V 6
RVL S 517
rythme B 214, C 613, T 634
rythme binaire B 329
rythme des éléments de signal à la réception R 335
rythme des éléments de signal à l'émission R 335
rythmeur C 608, T 616
RZ R 695
RZC R 621

S

saisie de données D 13, D 27, D 45
salle anéchoïde A 501
salle blanche C 589
salle contenant des commutateurs S 1470
salle de commutation S 1470
salle des appareils télégraphiques T 110
salle d'exploitation O 158
salve B 531
salve chrominance C 767
salve de bruit N 192
salve de synchronisation de couleur C 767
SAM S 1345
satellite R 532, S 33
satellite à commande d'orientation A 770
satellite actif A 132
satellite aéronautique A 265
satellite artificiel M 120
satellite à stabilisation gyroscopique S 1001
satellite d'amateur A 405
satellite de collecte de données D 28
satellite de navigation N 49
satellite de radiodiffusion B 473
satellite de radiodiffusion directe D 590
satellite de service aéronautique A 265
satellite de télécommunication C 846
satellite de télédiffusion directe D 590
satellite d'exploration de la Terre E 15
satellite d'observation O 9
satellite d'observation de la Terre E 23
satellite en orbite S 43
satellite en phase S 1519
satellite européen de télécommunications E 432
satellite géostationnaire G 66
satellite géosynchrone G 68
satellite maintenu en position S 1144
satellite maritime [de télécommunications] M 177
satellite météorologique M 394
satellite multifaisceau M 683
satellite passif P 141
satellite réflecteur P 141, R 438
satellite relais R 499
satellite stabilisé en orientation A 770
satellite stabilisé sur les trois axes T 517
satellite stationnaire S 1140
satellite sur orbite O 230
satellite sur orbite à basse altitude L 534
satellite sur orbite polaire P 527
satellite synchrone G 66
satellite synchronisé S 1519
satisfaction de l'usager U 168
saturation S 65
saturation couleur C 778
saut H 255

saut de fréquence F 480, F 484
saut de phase P 332, P 351
saut de tension V 249
sauter S 733
sautillement F 299, J 6
saut temporel T 606
saut-unité U 91
savoir-faire K 33
SB B 139
scannage S 96
scanner S 92
scanner de graphiques G 109
schéma bloc B 361
schéma d'accusé de réception A 83
schéma de câblage C 978, W 185
schéma de connexion C 545
schéma de montage C 978, W 185
schéma de principe B 142, B 361
schéma en bloc B 361
schéma équivalent E 340
schéma équivalent à éléments localisés L 557
schéma équivalent de bruit N 201
schéma équivalent petit signal S 775
schéma fonctionnel B 361, F 597, F 599
scintillation S 139
scintillement F 277, F 299
scintiller S 662
SCPC S 662
SCR N 119
SDA D 611
SDM M 800
SE E 389, O 159
séance S 389
sébile de remboursement (restitution de pièces) C 745
secondaire S 181
seconde avec erreur E 389
seconde d'arc A 674
seconde disruption S 182
seconde entachée d'erreurs E 389
seconde gravement entachée d'erreurs S 409
seconde sans erreur E 393
seconde source [d'approvisionnement] S 187
secours immédiat H 280
secours sous tension H 280
secouru B 8
secousse J 5
secret de la parole V 213
secret des communications (conversations) V 213
secteur M 68, S 202
secteur de raccordement E 457
secteur de trame S 1278
secteur local L 342
secteur mort C 607, D 144
secteur rural R 829
secteur spatial S 899
secteur terrien E 35
section S 190
section chargée L 302
section d'amplification A 421
section de câble C 70
section de commutation S 1477
section de groupe primaire G 191

section de groupe quaternaire S 1380
section de groupe secondaire S 1371
section de groupe tertiaire M 213
section de ligne S 195
section de ligne numérique D 475
section de modulation M 605
section de pupinisation L 307
section de régénération R 467
section de régulation de ligne R 476
section d'essai T 447
section efficace de radiodétection (rétrodiffusion) R 12
section efficace du diagramme de gain R 12
section efficace en radar R 12
section élémentaire amplifiée E 201
section élémentaire de câble E 199
section élémentaire régénérée E 200
section hertzienne numérique D 500
section homogène H 251
section internationale I 543
section locale E 488
sectionneur D 669
sectionneur de terre E 19
section numérique D 506
section principale M 70
section pupinisée L 302
section radioélectrique numérique D 800
section rectangulaire R 390
sections consécutives A 227
section terminale T 377
sécurité de l'information D 85, I 195
sécurité des données D 85
sécurité des télécommunications T 74
sécurité informatique D 85
segment S 202
segmentation P 125, S 206
segmenter P 124
segment erroné E 364
segment spatial S 899
segment terrien E 35
sélecteur S 228, S 232
sélecteur absorbant (absorbeur) D 433
sélecteur à contacts en métal précieux P 649
sélecteur à double mouvement L 1252
sélecteur à relais A 355
sélecteur d'amplitude A 434
sélecteur de canal C 436, C 437
sélecteur de débit binaire D 92
sélecteur de départ O 303
sélecteur de groupe G 192
sélecteur de groupe de ligne F 187
sélecteur de groupe international I 531
sélecteur de lignes L 243
sélecteur de mode M 567
sélecteur de pièces C 738
sélecteur de voie C 436
sélecteur final C 985, F 193

sélecteur pas à pas S 1166, S 1175
sélecteur pas à pas à deux mouvements S 1252
sélecteur rotatif R 781
sélecteur sortant O 303
sélecteur Strowger S 1252
sélecteur unidirectionnel M 664
sélectif S 217
sélectif en fréquence F 530
sélection S 214
sélection abrégée A 4
sélection à cadran R 774
sélection à l'arrivée D 366
sélection automatique interurbaine D 614
sélection d'acheminement R 802
sélection d'adresse A 212
sélection de canaux C 435
sélection de circuit C 517
sélection de fréquence F 452
sélection de l'espacement horizontal S 213
sélection de l'espacement vertical S 233
sélection de l'itinéraire R 803
sélection de longueur des paquets P 21
sélection de voies C 435
sélection directe I 139
sélection directe à l'arrivée D 611, I 139
sélection du canal sémaphore S 554
sélection incorrecte F 89
sélection multifréquence M 716
sélection, négociation et indication des paramètres de contrôle de flux pour service de communication virtuelle F 295
sélection numérique N 410
sélection par cadran R 774
sélection par fréquences vocales M 716
sélection par impulsions P 948
sélection rapide F 65
sélectivité S 226
sélectivité aux fréquences intermédiaires I 480
sélectivité dans une voie adjacente A 222
sélectivité d'un récepteur R 333
self I 161
self de filtrage C 519
semi-automatique S 267
semi-conducteur S 272
semi-conducteur amorphe A 415
semi-conducteur de type n N 389
semi-conducteur intrinsèque I 612
semi-conducteur n N 389
semi-conducteurs/à A 358
semi-duplex H 8
semi-empirique S 289
semi-réfléchissant S 293
semi-transparent S 294
sens conducteur F 342
sens de courant C 1240
sens d'émission T 867
sens des aiguilles de la montre/dans le C 624

sens direct F 342
sens émission T 867
senseur S 320
sensibilité S 313
sensibilité absolue A 16
sensibilité à l'accélération A 36
sensibilité au champ magnétique M 22
sensibilité de déviation D 343
sensibilité d'entrée I 258
sensibilité de référence R 430, Z 16
sensibilité de seuil T 546
sensibilité d'excursion D 343
sensibilité différentielle D 421
sensibilité d'un récepteur R 334
sensibilité du récepteur R 334
sensibilité limitée par l'amplification G 11
sensibilité limitée par le bruit N 213
sensibilité relative R 490
sensible à la température S 312
sensible à la tension V 246
sens inverse R 706
sens longitudinal L 420
sens passant F 342
sens réception R 308
sens Terre – espace E 44
sens unique/à O 99
séparateur D 249, D 580, S 326, S 1014
séparateur d'adresse A 213
séparateur de faisceau B 199
séparateur de fichiers F 164
séparateur de groupe G 194
séparateur d'enregistrements R 385
séparateur de polarisation P 522
séparateur de sous-article U 90
séparateur de synchro S 1541
séparateur d'information I 196
séparation S 1015
séparation des bandes B 85
séparation des canaux adjacents A 218
septum S 327
séquence F 381, S 328
séquence binaire B 277
séquence d'appel C 177
séquence de caractères C 471
séquence de changement de code E 419
séquence d'échappement E 419
séquence de chiffrement C 533
séquence de contrôle de trame F 390
séquence de contrôle par bloc B 358
séquence de délimitation de trame F 242
séquence des bits B 320
séquence de sélection S 215
séquence des éléments numériques D 564
séquence de test T 448
séquence d'image I 52
séquence drapeau F 242
séquence orthogonale O 258
séquence pseudo-aléatoire P 861

séquentiel S 332
SER R 12, S 374
série L 144
série d'impulsions P 964
série économique E 77
sérigraphie S 639
serre-câble C 18
serveur S 349
serveur unique S 691
service S 350
service/hors O 326
service à la clientèle C 1262
service à la demande D 269
service à large bande B 456
service après-vente A 272
service à tarif fixe F 263
service automatique A 887, D 375
service automatique de cartes de crédit A 852
service automatique international I 551
service automatique interurbain A 902
service avec transmission arythmique S 1130
service complémentaire d'attente autorisée W 2
service complémentaire des enquêtes I 189
service complémentaire des renseignements I 189
service complémentaire facultatif offert aux usagers O 220
service continu C 1039
service d'amateur A 407
service d'amateur par satellite A 406
service d'annonce par téléphone T 158
service d'appel de personnes P 52
service d'appels d'urgence E 217
service d'application A 652
service datagramme D 55
service datel D 120
service datex D 122
service de base B 161
service de bout en bout E 283
service de circuit de télécommunications permanent P 259
service de circuit de télécommunications réservé R 614
service de circuit permanent P 258
service de circuit réservé R 613
service de communication C 850
service de communication de données à (avec) commutation de circuits C 556
service de comptabilité téléphonique T 155
service de conférence C 954
service de datagramme D 55
service de gestion D 696
service de maintenance M 91
service de messagerie électronique E 174
service de messagerie interpersonnelle I 569
service de météorologie par satellite M 395
service de numéros universels U 94

service de numérotation abrégée A 5
service de priorité P 752
service de radioamateur A 407
service de radioastronomie R 74
service de radiocommunication mobile publique P 879
service de radiocommunications R 161
service de radiocommunications spatiales S 895
service de radiodiffusion B 477
service de radiodiffusion en bande décamétrique S 474
service de radiodiffusion en ondes courtes S 474
service de radiodiffusion par satellite B 474
service de radionavigation aéronautique A 263
service de radionavigation aéronautique par satellite A 262
service de radionavigation maritime M 174
service de radionavigation maritime par satellite M 173
service de radionavigation par satellite R 137
service de radiorecherche de personnes R 143
service de radiorepérage R 92
service de radiorepérage par satellite R 91
service de radiotéléimprimeurs avec commutation R 199
service de recherche spatiale S 898
service de renseignements I 189
service de renseignements concernant les listes d'abonnés D 644
service de réparation R 564
service de réponse A 546
service de réseau N 146
service des abonnés absents T 160
service des dérangements F 74
service de session S 394
service des fréquences étalon S 1067
service des fréquences étalon par satellite S 1066
service des réparations R 564
service des signaux horaires par satellite T 625
service des télégrammes-lettres L 98
service de téléappel R 143
service de télécommunication C 850, T 77
service de télécommunications à la demande D 270
service de télécommunications spatiales S 906
service de télécopie F 7
service de télétexte T 280
service de transmission de données à commutation de circuits C 556, C 558
service de transmission de données à commutation par paquets P 32

service de transmission de données avec commutation de circuits C 556
service de transport T 909
service de transport de données par réseau local L 314
service d'exploration de la Terre par satellite E 16
service diffusion B 482
service d'informations multimédia M 739
service du réveil W 8
service entièrement automatique F 592
service entre point fixe et zone P 494
service «facturation alternative» A 385
service fixe F 236
service fixe aéronautique A 255
service fixe par satellite F 235
service gentex G 59
service interactif I 368
service intérieur I 230
service intermittent I 493
service intersatellite I 588
service interurbain L 410
service «libre-appel» F 414
service manuel M 135, M 141
service maritime M 175
service maritime par satellite M 182
service mobile aéronautique A 258
service mobile aéronautique par satellite A 259
service mobile à satellite M 549
service mobile de radiocommunications M 545
service mobile maritime M 170
service mobile maritime par satellite M 167
service mobile maritime radiotélégraphique M 165
service mobile maritime radiotéléphonique M 166
service mobile par satellite M 549
service mobile terrestre L 12
service mobile terrestre par satellite L 11
service (N) N 377
service national I 230
service «ne pas déranger» D 783
service non téléphonique N 346
service outre-mer automatique D 612
service par standardiste M 141
service public des télégrammes P 888
service public de télécopie P 873
service public de transmission de données P 872
service radio R 161
service radioaérien A 299
service radioélectrique R 161
service radioélectrique d'appel [unilatéral] R 143
service radioélectrique de recherche spatiale S 898
service radiomaritime M 175

service radiotélégraphique R 177
service radiotéléphonique en ondes décamétriques H 169
service radiotéléphonique intercontinental I 409
service radiotéléphonique mobile public P 881, P 882
service rapide D 268, D 269, R 253
service rapide manuel D 268
service restreint R 677
services abonnés S 1328
service sans restriction U 108
services à valeur ajoutée V 7
services compatibles C 873
services d'appel en instance C 210
services de données D 86
services de phonie V 214
services de télécopie T 142
service semi-automatique O 180
services normalisés S 1073
service spécial S 935
services télématiques T 142
service supplémentaire A 178
service support B 206
service télégraphique T 125
service téléphonique T 218
service téléphonique aéronautique A 267
service téléphonique à l'intérieur d'une zone déterminée W 128
service téléphonique international à commutation automatique I 516
service téléphonique mobile maritime en ondes métriques/décimétriques V 88
service téléphonique mobile maritime par satellite M 169
service téléphonique supplémentaire S 1395
service téléphonique transocéanique O 416
service télex T 276
service télex T 332
service télex automatique T 323
service télex européen E 437
servocommande A 141
session S 389
seuil T 536
seuil/au-dessus du A 8
seuil auditif H 97/8
seuil bas L 543
seuil d'acquisition A 112
seuil d'affaiblissement A 764
seuil d'audibilité A 773, T 542
seuil de décision D 173
seuil de détection T 543
seuil de détérioration D 2
seuil de perceptibilité P 228
seuil de quantification Q 36
seuil de réception R 356
seuil de rentabilité B 421
seuil de sensibilité S 319
seuil d'intelligibilité T 544
seuil donné G 76
seuil réglable A 237
seule puce/à une S 667
seule puce/sur une S 667
seule voie par porteuse/à une S 662
SFERT M 220

SGBD D 19
SGE S 409
shannon S 418
SHS S 213
shunt S 485
shunter S 484
SI S 434
SIA A 321
SIG M 111
signal S 519, W 42, W 48
signal à bande étroite N 17
signal à bande latérale unique S 701
signal abonné occupé S 1308
signal à composants multiples M 699
signal acoustique A 778
signal à enveloppe constante C 998
signal à enveloppe constante modulé M 576
signal à fréquence intermédiaire I 481
signal à fréquence vocale A 799
signal à grande largeur de bande W 143
signal à large bande W 143
signal aléatoire R 239
signal alphabétique A 368
signal à manipulation par tout ou rien O 115
signal à modulation de phase P 342
signal à modulation en delta D 257
signal à modulation tout ou rien O 115
signal analogique A 483
signal à porteuse supprimée S 1404
signal à réponse partielle P 121
signal à saut de fréquence F 482
signal à trois composantes T 518
signal audible A 778, A 779
signal audiofréquence A 799
signal à valeurs continues V 8
signal à valeurs discrètes V 9
signal à valeurs quantifiées V 10
signal à variation temporelle T 633
signal basse fréquence A 799
signal BF A 799
signal binaire B 269, B 279
signal binaire équivalent E 336
signal bipolaire B 292
signal bipolaire alternant (strict) A 387
signal brouillé D 757
signal brouilleur I 439
signal brouilleur modulé M 577
signal carré S 1042
signal chrominance C 525
signal clignotant F 246
signal clignotant d'occupation B 552
signal codé C 690
signal composite A 283, C 903
signal continu C 1044
signal d'acceptation d'appel C 101
signal d'accusé de réception A 84

signal d'accusé de réception de blocage B 365
signal d'accusé de réception de déblocage U 53
signal d'adressage A 207
signal d'adresse A 214
signal d'adresse complète A 194, A 195
signal d'alarme radiotéléphonique R 182
signal d'appel C 179/80, C 205, L 240
signal d'appel de ligne réseau T 984
signal d'appel en attente W 5
signal d'appel interurbain T 984
signal d'arrêt S 1211
signal d'arrêt d'émission S 1210
signal d'attente W 5
signal d'autorisation de transfert T 758
signal d'avis aux navigateurs N 48
signal de barre de couleur C 766
signal de blanc artificiel A 704
signal de blocage B 369
signal de blocage émis dans le sens en arrière B 35
signal de blocage vers l'arrière B 35
signal de brillance B 439
signal de brouillage I 439
signal de débruité N 207
signal de caractère C 474
signal de catégorie C 586
signal de changement de ligne L 195
signal d'échec de l'appel C 147
signal d'écho E 69
signal de chrominance C 525
signal de classe de trafic C 588
signal de code C 704
signal de code morse M 648
signal de commande C 1076
signal de communication établie C 117
signal de commutation sur liaison de réserve C 389
signal de conditionnement T 747
signal de confirmation C 959
signal de confirmation d'appel C 115
signal de confirmation de libération C 593
signal de connexion C 117
signal de connexion au service S 366
signal de continuité C 1028
signal de contre-vérification R 679
signal de contrôle d'erreurs E 373
signal de correction C 1128
signal de couleur primaire P 712
signal de couleur RVB R 713
signal de déblocage U 54
signal de début S 1122
signal de début de bloc S 1116
signal de début de numérotation S 1119

signal de déclenchement T 947
signal de décrochage O 41
signal de demande d'appel C 199
signal de départ S 1122
signal de dérangement O 324
signal de détection de porteuse C 772
signal de détresse D 725
signal de différence de couleur C 294
signal de données D 90
signal de fin C 595, S 1211
signal de fin de bloc E 258
signal de fin de communication D 671, R 511
signal de fin de numérotation E 269
signal de fin d'envoi S 299
signal de fin de sélection E 271
signal de fréquence étalon S 1068
signal de libération C 599, R 511
signal de libération de garde R 508
signal de libération en arrière C 590
signal de libération en avant C 595
signal de ligne L 240
signal de ligne hors service L 229
signal de ligne libre R 508
signal de luminance B 439, L 552
signal de mesure M 283, T 450
signal de mise en marche S 1122
signal de mise en occupation vers l'arrière B 35
signal de mise en phase P 362
signal de mise en phase sur blanc P 360
signal de mise en phase sur noir P 300
signal d'émission T 872
signal de modulation sinusoïdal S 716
signal de multiplexage temporel T 598
signal de musique M 834
signal de nature continue dans le temps T 586
signal de nature discrète dans le temps D 680
signal de nature quantifiée dans le temps T 615
signal d'encombrement C 963
signal d'encombrement de faisceau de circuits internationaux I 520
signal d'encombrement du faisceau de circuit C 547
signal d'encombrement d'un équipement de commutation national N 40
signal d'encombrement du réseau international I 521
signal d'encombrement du réseau national N 35
signal de neutralisation D 658
signal de noir artificiel A 695
signal de nouvelle réponse R 295

signal d'enregistreur R 471
signal d'entrée I 259
signal de numéro complet A 194, A 195
signal de numéro complet/ avec taxation A 196
signal de numéro complet/ poste à prépaiement A 197
signal de numéro complet/ sans taxation A 198
signal de numéro incomplet A 202
signal de numéro inutilisé (non utilisé) U 33
signal de numérotation P 954, P 971
signal de parole échantillonné S 11
signal de prise C 987, S 210
signal de progression de l'appel C 194
signal de pseudobruit P 859
signal de raccrochage C 590, O 112
signal de radiodétection R 37
signal de radiodiffusion sonore S 830
signal de rappel sur supervision F 246
signal de rappel vers l'avant F 347, F 353
signal de réaction F 99
signal de réception R 310
signal de référence R 431
signal de référence d'intervalle vertical V 62
signal de réglage A 333
signal de réinitialisation du circuit R 621
signal de réponse A 547, B 41, O 41
signal de réponse/avec taxation A 548
signal de réponse/sans taxation A 549
signal de repos I 20
signal de retour d'appel A 777, R 742
signal d'erreur E 415
signal de rythme C 621
signal de service S 381
signal désiré U 153
signal de sonnerie B 226
signal de sortie O 348
signal d'essai T 450
signal d'essai de continuité négatif C 1026
signal d'essai d'intervalle vertical V 63
signal d'essai impulsion et barre P 901
signal de suppression B 346
signal de suppression de ligne L 176
signal de synchronisation C 621, S 1522
signal de taxation C 496
signal de télécommande R 539
signal de téléimprimeur T 261
signal de télémesure T 150
signal de télévision T 308
signal de télévision à modulation d'amplitude avec bande latérale atténuée A 450
signal de télévision en couleur C 787
signal de télévision en couleur dans le système normalisé NTSC N 385

signal

signal de télévision en couleur NTSC N 385
signal de télévision MA-BLA A 450
signal de télévision modulé en fréquence F 505
signal de verrouillage de trame F 388
signal de verrouillage de trame concentré B 519
signal de verrouillage de trame distribué (réparti) D 734
signal de vibration D 762
signal de visiophonie V 121
signal d'horloge C 621
signal d'identification I 11
signal d'image P 403, V 159
signal d'image-couleur composite C 901
signal d'impulsions modulées en amplitude P 898
signal d'indication d'alarme A 321
signal d'information à large bande W 132
signal d'innocupation F 413
signal d'interdiction I 212
signal d'interdiction de transfert T 764
signal d'interruption de procédure P 781
signal d'intervention F 353, I 599
signal d'intrusion O 37
signal d'inversion I 628
signal d'invitation à numéroter P 783
signal d'invitation à transmettre P 785
signal discret D 680, D 681
signal distordu D 714
signal d'occupation E 293
signal d'occupation de l'abonné S 1308
signal d'offre O 37
signal du radar R 37
signal d'urgence U 145
signal échantillonné S 10
signal en composantes C 898
signal en créneaux S 1042
signal en dents de scie S 81
signal en escalier S 1053
signal en fréquence intermédiaire I 481
signal entrant I 125
signal «envoyez la tonalité spéciale d'information» S 307
signaleur S 580
signal exempt de gigue J 14
signal horaire S 1085
signal hyperfréquence M 459
signal image couleur C 776
signal impulsionnel P 954
signalisation S 538
signalisation à courant alternatif A 114
signalisation à fréquences vocales V 201
signalisation asservie C 875
signalisation associé A 713
signalisation avec affectation à la demande D 267
signalisation avec assignation en fonction de la demande D 267
signalisation d'abonné C 1263
signalisation dans la bande I 97

signalisation dans la bande avec codage C 686
signalisation dans le créneau temporel I 284
signalisation dans l'intervalle de temps I 284
signalisation de bout en bout E 284
signalisation de commande C 1077
signalisation de commande centralisée C 363
signalisation de commande décentralisée D 157
signalisation de défauts F 79
signalisation discontinue D 674
signalisation «en bloc» E 242
signalisation gentex G 60
signalisation hors bande O 320
signalisation hors créneau temporel O 357
signalisation hors intervalle de temps O 357
signalisation intrabande I 97
signalisation multifréquence M 717
signalisation non associée N 263
signalisation numérique D 509
signalisation par canal sémaphore C 815
signalisation par courant continu D 603
signalisation par impulsions P 955
signalisation par mutation de fréquences F 474
signalisation quasi associée Q 72
signalisation section par section L 269
signalisation semi-continue S 284
signalisation sur voie commune C 815
signalisation téléphonique T 222
signalisation télex T 333
signalisation vers l'arrière B 42
signalisation voie par voie C 399
signal manipulé K 17
signal MIC P 184
signal modulant M 583, M 586
signal modulé M 580
signal modulé en amplitude A 445
signal modulé en fréquence F 502
signal modulé par position d'impulsions P 935
signal multiplex M 791
signal multiplex à entrelacement de bits B 312
signal multiplex bit à bit B 312
signal multiplex stéréophonique S 1189
signal multiplex téléphonique T 203
signal n-aire redondant R 415, N 25
signal non vocal N 347
signal numérique D 508
signal numérique binaire B 267
signal numérique multiniveau M 733
signal numérique n-aire N 22
signal numérique redondant R 413

signal numérique ternaire T 391
signal numérique transmis dans le (un) même canal C 665
signal parasite I 439
signal parfait P 236
signal par impulsion P 954
signal perceptible P 229
signal perturbateur I 439
signal perturbé D 757
signal pilote P 420
signal pilote audiofréquence A 795
signal point D 794
signal porteur d'information I 186
signal pseudo-aléatoire P 862
signal pseudo n-aire P 855
signal quantifié Q 45
signal quelconque A 667
signal radar R 37
signal radio R 162
signal radioélectrique R 117, R 162
signal radioélectrique modulé M 579
signal radiotéléphonique de détresse R 185
signal rectangulaire S 1042
signal réfléchi R 436, R 603
signal résiduel R 640
signal ressemblant à bruit N 211
signal rétrodiffusé B 21
signal RVB R 713
signal SECAM S 162
signal second S 184
signal simple S 641
signal sinusoïdal S 719
signal son S 852
signal sonore A 778, A 779, S 852, T 662
signal SOS S 825
signal source S 867
signal stop S 1211
signal symétrique d'entrée B 50
signal symétrique de sortie B 54
signal synchro S 1522
signal télégraphique T 126
signal téléphonique T 221
signal téléphonique conventionnel C 1085
signal télévisuel d'essai T 311
signal télévisuel MF (modulé en fréquence) F 505
signal temporel discret D 680
signal ternaire T 393
signal trait D 10
signal transmis par l'onde de sol G 171
signal trivalent T 529
signal TV T 308
signal utile U 153
signal vers l'arrière B 41
signal vers l'avant F 352
signal vidéo V 123, V 159
signal vidéo à large bande W 142
signal vidéo codé C 692
signal vidéo composite C 904
signal vidéo en bande de base B 129
signal vidéofréquence V 123
signal vidéo stéréoscopique S 1194

signal vision V 159
signal vocal S 986
signal vocal chiffré E 249
signal vocal numérisé D 556, D 557
signaux anisochrones A 524
signaux cohérents C 731
signaux de commande des appels C 121
signaux de nouvelle réponse R 296
signaux de sélection S 215
signaux de sélection du réseau N 145
signaux d'un canal adjacent A 223
signaux d'une voie adjacente A 223
signaux isochrones I 684
signaux orthogonaux O 259
signe T 647
signe diacritique D 349
significance S 616
silencieux de bruit N 234
silice amorphe A 416
silicium S 625
silicium amorphe A 417
silicium polycristallin P 541
silicium sur saphir S 633
simple courant S 673
simple précision S 689
simplex S 642
simplex sur deux voies D 799
simplex sur voie unique S 665
simulateur S 650
simulateur de câble A 699
simulateur de canal C 440
simulateur d'émetteur d'indicatif A 538
simulateur de réception par trajets multiples M 750
simulateur de système S 1562
simulateur d'évanouissement F 22
simulateur radar R 39
simulation S 648
simulation de canal C 439
simulation de fautes F 83
simulation des circuits C 552
simulation en temps réel R 293
simulation sur calculateur de dispositifs semi-conducteurs C 933
simulation sur ordinateur C 932
simultané/en C 941
simultanéité entre évanouissements profonds S 651
simultanément C 940
siphon S 710
SIR I 485
site S 722
site de télécommunication sans personnel U 40
situation présente S 1148
SLIC S 1334
SM M 550
SNCR D 494
société de conseil C 1005
société de services S 369
société d'exploitation privée reconnue R 367
société d'ingénierie E 295
société prestataire de services S 369
socle B 113
SOH S 1117
sol/au E 9

solénoïde S 809
solliciter A 48, I 634
solution analytique complète C 628
somme modulo 2 S 1360
somme numérique D 520
sommet B 411, N 182
sommet d'impulsion P 933
somme vectorielle V 43
son audible A 780
son avertisseur W 27
son d'accompagnement A 73
sondage ionosphérique I 658
sondage ionosphérique [à incidence] oblique O 6
sondage ionosphérique par ondes décamétriques H 136
sondage ionosphérique par rétrodiffusion B 22
sondage ionosphérique vertical V 61
sondage par écho E 71
sondage par radar R 40
sondage par ultra-sons U 26
sonde à effet Hall H 31
sonde oblique O 8
sonde spatiale S 892
sondeur ionosphérique I 638, I 654
sondeur ionosphérique oblique O 5
sondeur ionosphérique vertical V 60
sondeur par écho E 70
sondeur vertical V 60
sonie L 492
sonner R 725
sonnerie B 222, T 163
sonnerie automatique K 25
sonnerie cadencée I 581
sonnerie codée S 224
sonnerie d'alarme A 316
sonnerie immédiate I 57
sonnerie machine P 630
sonnerie manuelle M 139
sonnerie par tonalité T 668
sonnerie sélective S 224
sonnerie trembleuse T 937
son numérisé D 481
sonomètre S 840
son pur P 986
son stéréophonique S 1190
sortance F 48
sortant O 286
sortie O 309, O 328
sortie/de O 286
sortie à basse fréquence A 793
sortie à fréquence intermédiaire I 477
sortie à trois états T 960
sortie audiofréquence A 793
sortie d'antenne A 601
sortie de démodulateur D 277
sortie de discriminateur D 687
sortie de données D 73
sortie de voie de service S 363
sortie d'un récepteur R 330
sortie imprimée P 746
sorties axiales/à A 942
sortie sur guide d'onde W 65
sortie sur support en papier H 64
sortie symétrique B 54
sortie totem-pole T 684
sortie vidéo V 117
sortie vocale V 211

sortie vocale automatique A 888
sortie voie de service S 363
sortir du système L 399
soubresaut J 33
soudabilité S 806
soudage par thermocompression T 492
soudage par ultrason de fils U 27
soudure à la vague W 90
souffle N 185
souffle d'amplificateur A 424
source S 857
source à large bande B 457
source à semi-conducteur S 283
source d'alimentation électrique E 132
source d'antenne A 578
source de brouillage I 448
source de brouillage peu intense W 101
source de bruit N 231
source de bruit artificielle (industrielle) M 119
source de courant alternatif A 143
source de courant constant C 994
source de données D 95
source de données (N) N 60
source de lumière L 132
source d'énergie S 866
source d'énergie de secours B 32
source de pompage P 977
source de rayonnement R 64
source de téléalimentation R 551
source de tension constante C 1000
source de trafic T 740
source d'excitation E 463
source d'illumination A 578
source d'illumination en cornet H 270
source d'information I 198
source d'ondes millimétriques M 477
source isotrope I 694
source isotropique I 695
source lumineuse (optique) L 132
source ponctuelle P 491
source primaire P 723
source primaire décalée O 66
source primaire d'illumination P 723
source primaire type cornet H 271
source secondaire S 174
sous-adressage S 1262
sous-adresse S 1261
sous-bande S 1266
sous-canal S 1276
sous-couche S 1281
sous-échantillonnage S 1305
sous-ensemble S 1263, S 1346
sous-gamme S 1301
sous-groupe S 1279
sous-marin S 1282
sous-optimal S 1299
sous-porteuse [de] chrominance C 526
sous-porteuse MF (modulée en fréquence) F 509
sous-programme S 1304

sous-réflecteur S 1302
sous-répertoire de caractères graphiques G 110
sous-réseau S 1296
sous-station S 1347
sous-synchrone S 1350
sous-système S 1351
sous-système application, exploitation et maintenance O 176
sous-système application mobile M 371
sous-système de commande de connexions sémaphores S 541
sous-système d'utilisateur exploitation et maintenance O 172
sous-système (N) N 384
sous-système transport de messages M 371
sous-système utilisateur données D 118
sous-système utilisateur RNIS I 343
sous-système utilisateur téléphonie T 243
sous-tension U 61
sous-trame S 1278
souterrain U 56
SP S 873
spationef S 875, S 900
SPC S 1228
spécification S 940
spécification de réception A 43
spécification de test T 451
spécifications fonctionnelles (techniques) F 600
spécifique au système S 1564
spectre basse fréquence A 802
spectre BF A 802
spectre continu F 266
spectre d'aéronef A 461
spectre de brouillage I 440
spectre de bruit N 231
spectre de corrélation C 1136
spectre de fréquences F 541
spectre de la gigue J 18
spectre de modulation M 607
spectre de parole V 215
spectre de puissance P 635
spectre des audiofréquences A 802
spectre des fréquences radioélectriques R 119
spectre d'ondes W 91
spectre d'une impulsion P 958
spectre électromagnétique E 149
spectre énergétique E 291
spectre en sortie O 349
spectre hors bande O 321
spectre hors bande admissible P 272
spectre radioélectrique R 167
spectre uniforme F 266
spinelle hyperfréquence M 460
spirale logarithmique L 382
spire L 47, T 1029
spire de couplage C 1168
spot analyseur (de balayage) S 109
spot d'exploration S 109
spot synthétiseur S 109
SRAM S 1138

SRF F 615
SSAEM O 176
SSB S 1308
SSE E 393
SSI S 772
SSTM M 371
SSUD D 118
SSURNIS I 343
SSUT T 243
stabilisateur de tension V 247
stabilisation de fréquence F 544
stabilisation de la puissance P 636
stabilisation d'orientation A 769
stabilisation gyroscopique S 1000
stabilisation propre S 255
stabilisation triaxiale T 516
stabilisé en fréquence F 545
stabilisé par quartz C 1233
stabilité S 1046
stabilité à court terme S 470
stabilité à court terme de la phase S 468
stabilité de fréquence F 543
stabilité de phase P 357
stabilité en ligne L 242
stabilité thermale T 485
standard interurbain T 657
standardiste T 209
standard privé P 754
standard privé manuel P 759
station aéronautique A 266
station appelante C 181
station appelée C 138
station au sol E 40
station au sol aéronautique A 257
station autocommandée A 890
station côtière C 647
station d'aéronef A 300
station d'alimentation de répéteurs P 605
station d'amateur A 408
station d'amplification [intermédiaire] R 576
station d'appel C 181
station de base B 139
station de bouée B 522
station de coordination du réseau N 119
station de données D 96
station de faisceau hertzien R 157
station de fréquence étalon S 1069
station demandée C 138
station d'émission B 485, T 892
station d'émission à ondes courtes O 349
station d'émission de radiodiffusion B 485
station de navire S 445
station de navire appelante C 178
station d'engin de sauvetage S 1433
station de radiodiffusion B 478
station de radiodiffusion de grande puissance H 186
station de radiorepérage R 93
station de réception R 151, R 352
station de répéteurs R 576
station de répéteurs à alimentation indépendante D 635

station 470

station de répéteurs autoalimentée D 635
station de répéteurs intermédiaires I 487
station de répéteurs téléalimentée D 290
station de retransmission R 501
station de retransmission entièrement automatique F 591
station desservie A 748
station de téléimprimeur T 262
station de télévision T 310
station de Terre T 404
station de transmission T 892
station directrice C 1079
station du service mobile maritime M 171
station éloignée R 552
station émettrice B 485, T 890, T 892
station en conteneur C 1019
station fixe F 237
station fixe aéronautique A 256
station hertzienne R 157
station intermédiaire I 488
station mobile M 550, V 48
station mobile de radionavigation M 544
stationnaire S 1139
stationnarité à court terme S 471
station non surveillée U 38
station participante P 123
station passerelle G 34
station principale de répéteurs M 67
station principale terminale M 96
station radio R 169
station radio de grande puissance H 187
station radioélectrique côtière C 644
station radioélectrique de grande puissance H 187
station radio[électrique] fixe F 233
station radiogoniométrique R 96
station radiogoniométrique maritime M 163
station radio maritime M 176
station radiotéléphonique R 190
station radiotéléphonique aéronautiques A 264
station réceptrice R 352
station réceptrice terrienne G 155
station réémettrice de télévision T 305
station relais R 501
station semi-surveillée S 266
station spatiale S 903
station spatiale de radiodiffusion par satellite B 475
station spatiale proche de la Terre N 69
station surveillée A 748
station télécommandée R 538, R 547
station télésurveillée U 38
station terminale T 378
station terminale à usages multiples O 85
station terminale de trafic international G 32

station terrestre L 14
station terrienne E 40
station terrienne aéronautique A 257
station terrienne aérotransportable A 314
station terrienne côtière C 646
station terrienne de navire S 441
station terrienne de réception G 155
station terrienne mobile M 538
statistique d'évanouissements F 17
statistiques sur les télécommunications T 81
statistique téléphonique T 226
stator inductif F 132
STC C 646
stéréophonie S 1193
stéréophonie multivoie M 693
stimulé S 1203
STN S 441
stochastique R 225
stockage S 1212
stockage de données D 97
stockage de messages M 365
stockage d'images P 404
stocker S 1220
strabisme S 1044
stratégie d'accès A 67
stratégie d'assurance de la fiabilité R 517
stratégie de protection contre les erreurs E 409
stratégie d'introduction 614
structuration F 334
structure B 1, T 674
structure à autoprotection S 253
structure à couches multiples M 727
structure arborescente T 931
structure à retard D 243
structure à rubans R 717
structure à trois couches T 949
structure à trois guides T 527
structure cristalline C 1229, C 1234
structure d'antenne A 561
structure de bifurcation en Y Y 6
structure d'échantillonnage S 28
structure de données D 50, D 98
structure de filtrage numérique D 469
structure d'enveloppe E 311
structure d'enveloppe à n bits N 50
structure de paquet P 14
structure de présentation L 58
structure de récepteur R 336
structure de réseau N 147
structure d'erreur en paquets E 370
structure de trame F 399
structure en anneau R 747
structure en boucle L 467
structure en étoile S 1109
structure en guide d'onde W 68
structure en méandre M 260
structure en nid d'abeille H 253
structure fine F 194

structure homogène H 252
structure logique L 390
structure matérielle H 75
structure métal-isolant-semi-conducteur M 379
structure microprogrammée F 206
structure MIS M 379
structure multicouche M 727
structure multitrame M 711
structure nodale N 180
structure orthogonale O 260
structure pipeline P 431
structure propre E 104
structure quinconce ligne L 231
structure quinconce trame F 143
structurer F 328
structure ruban R 717
structure stratifiée L 53
STSA A 257
STX S 1120
stylet pointeur L 131
stylique S 1260
SU S 588
SUB S 1348
subdivision en fréquence F 458
subimage S 1280
subréflecteur A 916
substitution F 586
substrat S 1349
substrat de ferrite F 119
substrat de type P P 869
substrat diélectrique D 399
substrat en oxyde de béryllium B 237
substrat multicouche M 730
substrat semi-isolant S 291
SUD D 118
suffixe S 1359
suite S 1238
suite aléatoire R 237
suite d'impulsions P 949
suite d'impulsions porteuses P 903
suite pseudo-aléatoire P 861
suivi F 318
suivre T 691
superposer partiellement/se O 397
superposer une écriture O 428
superposition S 1383
superpuce S 1362
superréfraction S 1385
superréseau S 1375
supertrame S 1364
supplémentaire A 172
supplément d'affaiblissement E 447
support C 252, C 1180, S 781, S 1349
support commutateur R 332
support d'antenne A 596
support de câbles C 66, C 74
support de CI I 4
support de données D 22
support d'enregistrement D 82
support d'enroulement W 152
support de présentation P 695
support de puces C 513
support de transmission T 889
support d'information D 22, D 82, I 185
support intermédiaire C 513
support métallisé P 453
support mural W 10

suppresseur d'écho E 54
suppresseur d'écho à intervention [auto-]adaptable A 150
suppresseur d'écho à intervention partielle P 112
suppresseur d'écho complet F 582
suppresseur d'écho d'arrivée I 116
suppresseur d'écho de départ O 294
suppresseur d'écho différentiel D 408
suppresseur d'écho intermédiaire I 468
suppresseur d'écho terminal T 366
suppresseur de réaction S 659
suppresseur d'étincelles S 917
suppression B 341, C 217, D 247, R 477
suppression adaptative des signaux parasites A 152
suppression d'écho E 72
suppression de la bande latérale non désirée U 121
suppression de la porteuse C 297
suppression de ligne L 173
suppression de lobes latéraux S 508
suppression de ronflement H 293
suppression des appels avec déviation D 783
suppression des brouillages I 430
suppression des étincelles S 918
suppression des lobes secondaires S 508
suppression des zéros Z 19
suppression du bruit N 193
suppression du fouillis d'écho C 638
supprimer C 215, D 246, E 207
supprimer la gigue D 229
supraconducteur S 1363
suramplificateur B 382
surcharge O 374, O 379, O 407
surcharge de pente S 750
surcharger O 404
surcompensation O 377
surdimensionné E 421
suréchantillonnage O 414, S 1381
suréchantillonner O 413
sûreté de fonctionnement D 287, P 243
sûreté intégrée/à F 24
surexcitation O 378
surface de captation A 24, E 86
surface de contact C 1016
surface de référence R 432
surface d'onde W 50
surface effective A 24, E 86
surface équivalente E 86
surface terrestre fictive H 312
surintensité E 449
surmodulation O 412
suroscillation O 418, O 422
surtaxe S 502
surtension B 383, E 455, V 249
surtension de résonance R 658
surveillance L 128, L 129, M 618, S 1389

système

surveillance/sans U 36
surveillance automatique U 39
surveillance de circuit C 553
surveillance de la surface des aérodromes A 254
surveillance d'erreurs E 401
surveillance des appels C 206
surveillance des communications C 206
surveillance du taux d'erreurs E 411
surveillance en exploitation I 235
surveillant[e] S 1390
suspension T 354
suspension par cardan G 75
SVS S 233
symbole C 705, S 1492
symbole d'allocation A 343
symbole de code C 705
symbole graphique G 111
symbole logique L 398
symétrie axiale/à A 943
symétrie par rapport à la terre B 64
symétrique B 45
symétrique par rapport à la masse B 60
symétrique par rapport à la terre B 59
symétriseur B 61
symétriseur à écran coaxial Q 65
symétriseur à manchon Q 65
SYN S 1530
synchrone S 1523
synchronisateur S 1520
synchronisation S 1506, S 1530
synchronisation analogique A 472
synchronisation analogique linéaire L 150
synchronisation bilatérale B 252, D 810
synchronisation de connexion de session S 391
synchronisation de fréquence F 549
synchronisation de paquets de parole P 40
synchronisation de porteuse C 298
synchronisation de réseau N 148
synchronisation de réseaux numériques D 488
synchronisation des bits B 327
synchronisation de trame F 384
synchronisation d'horloges C 622
synchronisation échantillonnée T 614
synchronisation locale S 679
synchronisation locale et distante D 810
synchronisation maître-esclave M 219
synchronisation mutuelle M 843
synchronisation mutuelle à commande unilatérale M 844
synchronisation quantifiée A 456
synchronisation unilatérale S 679, U 78
synchroniser L 372, L 374

synchroniseur S 1520
synchronisme S 1504
syndrome S 1542
synthèse d'antenne A 603
synthèse de circuit C 564
synthèse de fréquences F 550
synthèse de la parole S 988
synthèse de réseaux N 149
synthèse vocale S 988
synthétiseur de fréquence F 551
synthétiseur de parole S 989
syntonisateur MF F 309
syntonisation T 1012
syntonisation en cours de fonctionnement T 1019
système I 287, N 104
système à accès multiple M 757
système à air conditionné A 293
système à antennes multiples M 758
système à appels perdus L 489
système à attente Q 92
système à base de menu M 343
système à cellules C 352
système à clé publique P 877
système à commande par enregistreurs R 470
système à courants porteurs C 299, C 306
système à courants porteurs en (sur) câbles C 16
système à courants porteurs sur ligne[s] aérienne[s] O 138
système à courants porteurs sur paires coaxiales en câble C 653
système à courants porteurs sur paires symétriques en câble B 57
système à courte distance S 456
système à couverture globale (universelle) C 886
système à demande de répétition automatique A 881
système à déphasage minimal M 497
système à dérivations multiples M 685
système à deux abonnés sur paire unique T 1055
système à diversité orbitale O 225
système à entraînement mécanique P 600
système à file d'attente Q 92
système à guides d'onde multiples M 833
système à l'intérieur d'un bâtiment I 216
système ALOHA crénelé S 758
système à magnéto M 47
système à mailles L 277
système à microstation terrienne V 258
système à modulation avec étalement du spectre S 1027
système à multiplexage dans le temps T 612
système à multiplexage spatial S 882
système à multiplexage temporel T 612

système à ondes porteuses pour abonnés C 280, S 1310
système à petites cellules S 769
système à relais A 356
système à répartition dans l'espace S 882
système à répartition dans le temps T 601
système à réserve S 1097
système à satellite S 56
système à sécurité intégrée F 25
système à spectre étalé S 1027
système à une seule voie S 666
système à une seule voie par porteuse S 664
système automatique D 379
système automatique à commutateurs rotatifs R 786
système automatique «crossbar» C 1196
système automatique tout à relais A 356
système autonome S 1056
système avec débordement O 385
système avec magnéto M 47
système avec perte L 489
système avec rétroaction de décision D 170
système cellulaire C 352
système courte distance S 456
système cryptographique C 1220
système d'alarme A 324
système d'alarme contre les intrusions I 616
système d'alimentation électrique P 640
système d'alimentation incorporé B 511
système d'antenne A 614
système d'antenne collective C 856
système d'appareils à clavier (poussoirs) P 990
système d'appel sélectif S 220
système d'appel unilatéral à fréquence radioélectrique R 144
système d'application A 657
système d'atterrissage aux instruments I 309
système d'atterrissage en hyperfréquence M 448
système de base B 165
système de bureautique O 45
système Decca Navigator D 155
système de climatisation A 293
système de codage de la correction d'erreurs sans voie de retour F 343
système de codage de parole S 964
système de commande C 1080
système de commande à boucle ouverte O 133
système de commande d'orientation A 768
système de communication C 851
système de communication à bande étroite N 9
système de communication d'abonné à fibre optique F 128

système de communication de bureau O 45
système de communication de bureau réparti D 737
système de communication de données D 32
système de communication local L 328
système de communication maritime par satellite M 179
système de communication par diffusion météorique M 392
système de communication par satellite avec une porteuse par voie S 52
système de communications visuelles V 163
système de commutation S 1480
système de commutation à commande par programme enregistré S 1230
système de commutation à mailles L 277
système de commutation à moyenne capacité M 308
système de commutation «crossbar» C 1195
système de commutation de circuit C 563
système de commutation de données D 101
système de commutation de messages M 368
système de commutation de RNIS I 675
système de commutation électronique E 182
système de commutation manuel S 1446
système de commutation numérique D 526
système de commutation numérique local D 479
système de commutation pas à pas S 1169
système de commutation réparti D 741
système de conception de circuits VLSI V 176
système de conception VLSI V 176
système de conducteurs multiples M 702
système de correction d'erreurs E 380
système de correction d'erreurs sans voie de retour F 343
système de courrier électronique E 172
système de cryptographie C 1220
système de dégivrage D 228
système de détresse radioélectrique D 724
système de développement D 340
système de développement de logiciel S 790
système de développement de microprocesseur M 419
système de développement du micro-ordinateur M 410
système de disposition des éléments pour CI I 331
système de distribution multipoint M 800

système

système de gestion de base de données D 19
système de gestion de fichier F 162
système de gestion de logiciel S 792
système de gestion de réseau N 136
système de ligne numérique D 476
système de lignes aériennes O 396
système de maintenance M 93
système de messagerie M 358
système de messagerie électronique E 173
système de mise à la terre E 41
système de navigation TACAN T 3
système de numération N 407
système de numération binaire B 275
système de placement automatique A 873
système de pointage automatique A 872
système de positionnement mondial G 81
système de positionnement radioélectrique R 147
système de poursuite T 700
système de poursuite d'antenne A 618
système de programmation P 814
système de propulsion de satellite S 50
système de radar primaire P 721
système de radiocommunication R 84
système de radiocommunication cellulaire C 350
système de radiocommunication numérique D 501
système de radiocommunications de données R 89
système de radiocommunication sol-train T 704
système de radiocommunications spatiales S 894
système de radiodétection R 90
système de radiodétection pour l'espace lointain D 205
système de radiodiffusion directe par satellite D 591
système de radiodiffusion numérique D 442
système de radionavigation hyperbolique H 311
système de radiotéléphonie pour trains R 214
système de réception en diversité D 770
système de recherche de personnes P 53
système de reconnaissance de la parole S 980
système de reconnaissance de mots W 197
système de reconnaissance des caractères C 469
système de référence fondamental F 615
système de référence intermédiaire I 485

système de signalisation S 581
système de signalisation entre centraux I 417
système de signalisation par canal sémaphore C 818
système de signalisation sur voie commune C 818
système desservant des zones étendues W 127
système de stockage numérique d'images fixes D 516
système de supervision S 1393
système de surveillance par pression gazeuse G 26
système de tarification T 42
système de taxation C 497
système détecteur d'erreurs E 386
système de téléalimentation R 550
système de télécommunication T 84
système de télécommunication espace – Terre S 887
système de télécommunication optique O 195
système de télécommunication par satellite S 39
système de télécommunication pour les sociétés de chemin de fer R 213
système de télécommunications C 851
système de télécommunications ferroviaires R 213
système de télécommunications par satellite C 847
système de télécommunications spatiales S 907
système de télécommunication visuelle V 163
système de télécopie F 5
système de télégraphie harmonique V 203
système de télégraphie synchrone S 1537
système de télémesure T 151
système de téléphone à touches K 29
système de téléphone de voiture C 310
système de téléphonie mobile M 555
système de télétraitement T 266
système de trafic avec débordement O 387
système de transfert de messages M 374
système de transmission T 862
système de transmission à grande capacité H 152
système de transmission à grande distance L 418
système de transmission à longue portée L 434
système de transmission à très forte capacité V 77
système de transmission de données D 32, D 114
système de transmission de données maritime par satellite M 181
système de transmission de paroles et de données par paquet P 18
système de transmission d'images fixes S 1200

système de transmission non synchrone A 731
système de transmission numérique D 542
système de transmission numérique d'ordre n N 23
système de transmission numérique du n-ième ordre N 23
système de transmission numérique pour ligne d'abonné D 519
système de transmission sur câble C 84
système de transmission sur câble sous-marin S 1286
système de type N+N E 343
système de verrouillage I 462
système de vidéocommunication V 163
système de visioconférence V 107
système de visioconférence multipoint M 804
système d'exploitation O 159
système d'exploitation du micro-ordinateur M 411
système d'exploitation et de maintenance O 147
système d'identification ami ou ennemi I 10
système d'information en bureautique O 49
système d'information intégrée I 336
système d'intercommunication I 390
système d'interconnexion multicouche M 734
système distribué D 742
système Doppler de localisation D 787
système d'orientation automatique A 872
système duplex D 907
système électronique de commutation de données E 167
système électronique de transfert de fonds E 170
système émetteur NOSFER N 368
système en boucle à jeton T 655
système en câble C 75
système en temps réel R 294
système entièrement transistorisé A 359
système en visibilité directe L 226
système étalon de travail W 199
système européen de communication avec les mobiles E 435
système expérimental E 478
système expert E 480
système fondamental européen de référence pour la transmission téléphonique M 220
système Hell H 117
système hertzien numérique D 501
système informatique de communication C 924
système intégré de gestion M 111
système intégré de transmission par paquets I 340

système interactif d'affichage I 365
système intercarrier I 375
système interne I 216
système intersatellite I 590
système large bande B 459
système Lecher L 85
système lié au code utilisé C 685
système maritime à satellites M 183
système MES S 1027
système mobile maritime à satellites M 168
système mobile public de radiocommunication P 880
système multiconducteur M 702
système multifonction M 721
système multifréquence de numérotation au clavier M 403
système multiordinateur M 700
système multiplex M 792
système multiprocesseur M 807
système multiservice M 819
système multiutilisateur M 829
système multivoie M 694
système national de radiotéléphones mobiles C M 556
système national de télécommunication par satellite D 782
système nordique de radiotéléphones mobiles N 352
système numérique à concentration radioélectrique D 494
système numérique de chiffrement D 446
système ouvert O 135
système PAL P 63
système passerelle B 436
système piloté par menu M 343
système privé I 216
système privé de télécommunication P 756
système public d'appel unilatéral P 885
système quadruplex Q 24
système radioélectrique d'appel R 144
système radioélectrique d'appel unilatéral sans transmission de parole R 144
système radioélectrique numérique D 501
système radioélectrique trans-horizon T 781
système radiogoniométrique en ondes décamétriques H 165
système radiotéléphonique des chemins de fer R 214
système radiotéléphonique numérique D 502
système récepteur NOSFER N 366
système redondant R 416
système réparti D 742
système RQ automatique A 881
système RSA R 822
systèmes à partage de plusieurs canaux T 988
système SCPC avec affectation à la demande D 263

système SECAM S 163
système séparateur de porteuses I 375
systèmes et services de traitement de messages M 359
systèmes non homogènes N 294
système source S 869
système spatial S 904
système sur fils aériens O 396
système sur fils nus aériens O 141
système sur lignes aériennes (en fils nus aériens) O 141
système synchrone S 1536
système télégraphique T 116
système téléphonique commercial C 805
système téléphonique manuel M 146
système télétexte T 281
système temporel T 601
système tout à relais A 356
système tout pôle A 353
système triplex T 958
système Verdan V 52
systolique S 1567

T

tableau commutateur à batterie locale L 321
tableau commutateur interurbain T 997
tableau de code C 706
tableau de code de base B 143
tableau de connexion P 149
tableau de connexions T 362
tableau de distribution des batteries B 175
tableau de distribution électrique P 598
tableau des alarmes A 323
tableau indicateur I 145
tableau interurbain T 657, T 997
tableau synoptique C 498
table de codage C 677, C 706
table de fluence F 296
table d'essai T 415
table traçante P 462
tabulation horizontale H 268
tabulation verticale V 73
tâche de maintenance M 94
TAHC B 554
TAI I 514
taille de fenêtre W 157
tambour D 863
tambour magnétique M 19
tampon B 494
tampon d'émission T 833
tampon d'entrée I 240
tampon d'entrée/sortie I 251/2
tampon de retransmission R 683
tampon de sortie O 331
TAO T 758
tapis de sol E 22
tarage [d'un radiogoniomètre] B 208
tarif de base B 159
tarif de jour D 126
tarif des télécommunications T 62
tarif fixe F 222, F 261
tarif forfaitaire F 222, F 261
tarif interurbain L 409

tarif réduit R 405
tarif téléphonique T 232
taux d'accroissement G 200
taux d'appel C 175
taux d'appels intempestifs F 40
taux de balayage S 740
taux d'échantillonnage S 25
taux de compréhension immédiate I 55
taux de croissance G 200
taux de défaillance F 32
taux de défaillance à long terme L 439
taux de dérangement F 32
taux de distorsion [harmonique] H 79
taux de glissement S 748
taux de justification J 61
taux d'ellipticité E 212/3
taux de modulation M 596
taux de précipitation R 221
taux de puces bonnes C 518
taux de réaction F 98
taux de rebut R 479
taux de réjection MA A 464
taux de rejet R 479
taux de remplissage F 169
taux de répétition des impulsions P 944
taux d'erreurs E 414
taux d'erreurs à long terme sur les bits L 436
taux d'erreurs binaires B 310
taux d'erreurs binaires résiduelles R 628
taux d'erreurs de bits B 310
taux d'erreurs d'une manipulation E 412
taux d'erreurs d'une traduction E 413
taux d'erreurs moyen A 935
taux d'erreurs résiduelles R 636
taux d'erreurs sur les bits B 310
taux d'erreurs sur les blocs B 363
taux d'erreurs sur les caractères C 460
taux d'erreurs sur les éléments E 203
taux d'erreurs sur les éléments unitaires U 87
taux d'erreurs sur les symboles S 1494
taux de violations V 143
taux d'harmoniques H 79
taux d'impulsions D 919, P 916
taux d'information I 193
taux d'onde[s] stationnaire[s] S 1101
taux d'ondes stationnaires de tension V 248
taux nominal de justification N 257
TAX C 495
taxation C 491, M 398
taxation à l'arrivée R 702
taxation au demandé C 749
taxation des appels C 111
taxation en service manuel M 124
taxation locale L 344
taxation téléphonique T 173
taxe C 479
taxe d'abonnement S 1313
taxe d'appel C 108
taxe de location R 558

taxe de maintenance M 82
taxe de perception C 750
taxe de réponse payée R 590
taxe d'interurbain T 659
taxe journalière D 126
taxe locale L 352
taxer C 478
taxe télégraphique T 96
taxe téléphonique T 172, T 232
taxe télex T 331
taxe terminale T 363
taxe unitaire U 84
TBF V 81
TC C 360
TD D 77
TDP D 104
TdT T 465
TEB B 310
TEC F 138
TEC à grille isolée I 316
TEC à jonction J 44/5
TEC à métal-isolant-semiconducteur M 378
TEC à mode d'appauvrissement D 292
TEC à mode d'enrichissement E 298
TEC AsGa G 16
TEC à structure MNOS M 385
technicien de maintenance C 1257, M 85
technicien d'entretien M 85
technique analogique A 488
technique d'assemblage à pastilles multiples M 698
technique de champ proche N 80
technique de chiffrement de la parole S 970
technique de commutation S 1481
technique de dérivation B 406
technique de diagnostic D 354
technique de distorsion préalable P 669
technique de l'alternat T 1068
technique de la transmission téléphonique T 239
technique de mesure de distance R 252
technique de modulation numérique D 482
technique de montage en surface S 1420
technique d'enregistrement et retransmission S 1224
technique de radioélectricité R 97
technique de réparation R 563
technique des affichages D 704
technique des câbles C 32
technique des radiocommunications R 85, R 97
technique d'essai T 422
technique des télécommunications C 840
technique de synchronisation S 1515
technique d'étalement du spectre S 1028
technique de transmission T 863
technique de transmission de composantes C 899
technique d'exploitation à distance R 548

technique d'impression P 744
technique d'impression sans percussion N 295
technique d'interconnexion I 401
technique du double balayage D 823
technique hertzienne R 159
technique métal-céramique M 375
technique multipuce M 698
technique numérique D 527
technique radio R 97
technique télégraphique T 107
technique téléphonique T 187
technique vocodeur V 179
technologie CMOS C 883
technologie de fabrication M 157
technologie de fabrication d'interconnexions I 402
technologie de pointe H 184, S 1133
technologie de pointe des semi-conducteurs A 249
technologie du montage en surface [des composants] S 1420
technologie LSI L 550
technologie métal-oxyde-semiconducteur M 657
technologie MOS M 657
technologie MOS à canal P P 478
technologie MOS complémentaire C 882, C 883
technologie planaire P 439
technologie pour circuits intégrés I 332
technologie robotique R 759
technologie silicium sur isolant S 632
TEC MES M 390
TEC MES en GaAs G 2
TEC métal-semi-conducteur M 390
TECMIS M 378
TECMOS M 655
TEC MOS à canal P P 477
TEC sensible aux ions I 662
teinte H 288
téléachat T 268
téléalarme R 534
téléalimentation R 551
téléautographe T 56, T 316
téléavertisseur P 47
télécarte C 157
télécommande R 536, T 57, T 86
télécommande d'interrupteur T 270
télécommande par radio R 171, W 176
télécommande sans fil W 176
télécommunication T 58
télécommunication optique O 194
télécommunication par fibres optiques O 201
télécommunications T 72
télécommunications à large bande intégrées I 329
télécommunications ferroviaires R 215
télécommunications à grande distance L 403

télécommunication

télécommunication sous-marine S 1290
télécommunications par satellite S 38
télécommunications publiques internationales P 874
télécommunications spatiales S 905
téléconduite A 783, T 85, T 86
télécopie T 88
télécopie contrastée B 332, D 777
télécopie noir sur blanc B 332
télécopieur F 6, F 9, R 540
télédiaphonie F 53
télédictée R 542
télédiffusion T 290, W 164
télédistribution C 25, C 26, C 77, W 164
télédistribution multiservice M 816
téléécriture T 317
télé-enseignement E 84
télégramme T 89
télégramme de service S 384
télégramme d'Etat G 93
télégramme mal acheminé M 515
télégramme téléphoné P 368, T 186
télégraphe T 90
télégraphe morse M 651
télégraphe optique O 208
télégraphie T 137
télégraphie à déplacement de fréquence F 540
télégraphie à fréquences vocales V 204
télégraphie à grande vitesse H 209
télégraphie à mosaïque M 653
télégraphie diplex D 582
télégraphie diplex (duoplex) à quatre fréquences F 357
télégraphie en ondes décamétriques H 173
télégraphie et téléphonie simultanées I 605
télégraphie fac-similé F 8
télégraphie fantôme P 290
télégraphie harmonique V 204
télégraphie harmonique à modulation d'amplitude A 448
télégraphie harmonique à modulation de fréquence F 506
télégraphie Hell H 117
télégraphie infra-téléphonique S 1353
télégraphie interbande I 372
télégraphie intrabande I 605
télégraphie morse M 652
télégraphie par courant continu D 605
télégraphie par courants porteurs C 257
télégraphie par décomposition de signes M 653
télégraphie par double courant D 804
télégraphie par impulsions I 90
télégraphie par simple courant S 676
télégraphie pneumatique P 479
télégraphie sans fil W 177
télégraphie supra-acoustique S 1387

télégraphie supra-téléphonique S 1387
télégraphie sur lignes aériennes O 142
télégraphiste T 120
téléguidage T 138
téléimpression T 285
téléimprimeur T 250
téléimprimeur à bande T 26, T 32
téléimprimeur à impression sur bande T 32
téléimprimeur à impression sur page P 49
téléimprimeur à page P 49
téléimprimeur sans clavier R 318
téléinformatique C 909, R 541
télélogiciel T 269
télémarketing T 140
télématique C 909, T 141
télémesure T 147
télémesurer T 144
télémétrie R 246, T 148
télémétrie hertzienne R 149
télépaiement E 169
téléphone T 219
téléphone/par T 153
téléphone à deux abonnés T 1056
téléphone à haut-parleur L 501
téléphone à prépaiement P 165
téléphone de service S 385
téléphone de voiture C 309
téléphone en propriété O 429
téléphone privé H 283
téléphoner P 364
téléphone sans cordon C 1117
téléphone sans numéraire C 320
téléphone supplémentaire E 487
téléphone-vidéotex V 136
téléphonie T 246
téléphonie à batterie centrale C 356
téléphonie à batterie centrale limitée à la signalisation C 354
téléphonie à batterie locale L 322
téléphonie à multiplexage en fréquence F 464
téléphonie automatique intercontinentale T 404
téléphonie automatique pour les mobiles M 534
téléphonie/données à l'alternat A 389
téléphonie en duplex D 908
téléphonie intercontinentale I 412
téléphonie locale L 363
téléphonie par câble C 76
téléphonie par courants porteurs C 258
téléphonie sans cordon C 1118
téléphonique T 245
téléphoniste O 179, T 209
télépositionnement T 55
téléréunion C 953
téléscripteur T 250
téléservice T 267
télésignalisation T 139
télésurveillance T 152
télétex T 271
télétexte B 486, T 277

télétrafic C 853, T 83, T 234
télétrafic téléphonique T 234
télétraitement R 541, T 264
télétraitement de données R 541
télétravail T 315
télétype T 250
télétypiste T 283
téléviser T 286
télévision T 287
télévision à accès conditionnel P 166
télévision à balayage lent S 765
télévision à exploration lente S 765
télévision à haute définition H 155
télévision à images fixes S 1199
télévision à péage P 166
télévision communautaire C 859
télévision éducative E 84
télévision en circuit fermé C 625
télévision en couleur C 780
télévision en noir et blanc M 625
télévision industrielle I 177
télévision monochrome M 625
télévision numérique D 532
télévision par abonnement P 166
télévision par câbles C 77
télévision satellitaire S 59
télex T 285, T 319
télexer T 318
télexiste T 283
TEM T 833
té magique M 6
température ambiante A 411, R 767
température de bruit N 237
température de bruit de l'antenne A 598
température de couleur C 783
température de jonction J 53
température de régime W 201
température de service maximale admissible M 240
température de stockage S 1218
température de transition T 814
température du boîtier C 319
température du bruit N 237
température d'utilisation W 201
température en fonctionnement W 201
température équivalente de bruit E 347
température limite L 143
température ordinaire R 767
température régulée par module thermoélectrique T 352
tempête ionosphérique I 659
temporel-spatial-temporel T 627
temporisateur T 616, T 617
temporisation D 231, T 613
temps astronomique A 715
temps atomique international I 514
temps d'accès A 56, A 69
temps d'acquisition A 113
temps d'acquisition du régime stable d'un synthétiseur S 1547
temps d'antenne B 479
temps d'arrêt D 846, F 84
temps d'arrêt moyen M 261
temps d'attente L 38, W 6
temps d'attente après numérotation P 52
temps d'attente moyen A 933
temps de commutation S 1483
temps de confirmation de libération C 592
temps de correction de panne F 76
temps de coupure D 846
temps de décorrélation D 184
temps de décroissance F 37
temps de demande de libération C 601
temps de démarrage R 828
temps de descente F 37
temps de descente de l'impulsion P 909
temps de descente d'une impulsion P 909
temps de fonctionnement O 160
temps de fonctionnement pour le blocage S 1408
temps de libération C 112, C 196, R 512
temps de libération d'une communication C 196
temps de localisation de panne F 81
temps de maintenance corrective active A 131
temps de maintien pour le blocage S 1406
temps de mise en attente Q 94
temps de mise en service R 828
temps d'émission A 310
temps d'émission du sous-système transport de messages M 373
temps de montée B 507, R 755
temps de montée bref F 63
temps de montée d'impulsion L 65
temps de montée équivalent E 338
temps d'entretien M 95
temps de panne D 846
temps de passage C 391
temps de permutation C 391
temps de préchauffage W 25
temps de préparation S 406
temps de propagation D 231, D 245, P 823, P 832, T 821
temps de propagation dans la boucle L 458
temps de propagation dans un sens O 105
temps de propagation d'écho E 57
temps de propagation de groupe G 178
temps de propagation de groupe différentiel D 410
temps de propagation de phase P 315
temps de propagation sur le réseau N 156
temps de rebondissement B 391
temps de réception du sous-système transport de messages M 372

texte

temps de relâchement R 512, R 513
temps de réparation R 565
temps de réparation active A 131
temps de reprise [du verrouillage de trame] F 387
temps de rétablissement R 388
temps de retard D 245
temps de retour F 301, R 388
temps de réverbération R 699
temps de sélection P 578
temps de service S 387
temps de signalisation S 544
temps de silence I 21
temps de stabilisation W 25
temps de suppression D 153
temps de suppression d'une impulsion P 909
temps d'établissement A 745, B 507, C 982, R 755, S 402, S 403
temps d'établissement de communication S 402
temps d'établissement d'une communication C 983
temps de traitement H 45
temps de traitement pour le sous-système utilisateur données D 119
temps de transfert T 768
temps de transit D 245, T 821
temps de transit estimé E 423
temps de traversée d'un commutateur C 1208
temps d'indisponibilité D 846
temps d'inoccupation I 21
temps d'intégration I 352
temps d'interruption O 280
temps d'inutilisation U 115
temps divers I 100
temps d'occupation H 229
temps d'utilisation C 982
temps libre F 422a
temps machine M 2
temps mort D 145, F 21, W 6
temps moyen de disponibilité M 275
temps moyen de réparation M 268
temps perdu L 490
temps réel R 283
temps universel U 99
temps utile E 98
tendance T 938
tendance à l'accrochage N 81
tendance à l'amorçage N 81
tendance de développement T 938
tension S 1240, V 222
tension/sous A 334, P 623
tension alternative A 142
tension alternative d'entrée A 79
tension anodique A 533
tension appliquée A 659
tension audiofréquence A 804
tension aux bornes T 381
tension à vide O 125
tension base-émetteur B 134
tension basse fréquence A 804
tension collecteur C 755
tension collecteur-base C 752
tension collecteur-émetteur C 754
tension continue D 607
tension d'alimentation S 1398

tension d'amorçage A 673, B 420
tension d'arc A 677
tension d'avalanche A 930
tension de bruit N 239
tension de bruit non pondéré U 124
tension de chauffage F 157
tension de claquage B 420
tension de crête P 211
tension de déclenchement T 948
tension d'effluve G 86
tension de filament F 157
tension de fonctionnement O 161
tension de grille G 134
tension de la ligne L 259
tension de modulation M 585
tension d'entrée I 264
tension de pas P 2
tension de perturbation I 442
tension de polarisation B 241, B 244, P 523
tension de quasi-crête Q 77
tension de régime W 186
tension de saturation S 73
tension de service O 161
tension de seuil T 548
tension de sortie O 353
tension de sortie AF (basse fréquence, BF) A 794
tension d'essai T 454
tension de suppression O 71
tension de vapeur d'eau W 37
tension de Zener Z 5
tension directe F 354/5
tension d'ondulation R 753
tension effective de bruit E 95
tension efficace E 100
tension en circuit ouvert O 125
tension en dents de scie S 82
tension entre phases I 460
tension filament F 157
tension grille G 134
tension haute-fréquence H 174
tension instantanée I 306
tension inverse I 625
tension inverse de crête P 205
tension maximale M 250
tension nominale R 263
tension par rapport à la terre V 250
tension perturbatrice équivalente E 342
tension peu élevée/à L 547
tension plaque A 533
tension primaire P 726
tension psophométrique P 866
tension radiofréquence H 174
tension résiduelle R 643
tension résiduelle du courant porteur R 630
tension secondaire S 179
tension secteur L 259, M 75
tension sinusoïdale S 720
tension superficielle S 1425
tentative d'appel C 103
tentative d'appel abandonnée A 2
tentative d'appel acheminée S 1354
tentative d'appel ayant abouti C 887
tentative d'appel efficace C 887
tentative d'appel infructueuse U 113

tentative d'appel perdue L 32, L 488
tentative d'appel répétée R 567
tentative de prise B 247
tentative infructueuse U 113
tentatives d'appel à l'heure chargée B 554
tentatives d'appel répétées R 568
tentatives de prise par seconde C 104
tenue à la traction T 358
tenue au vent W 160
tenue aux rayonnements R 56
tenue de fichier F 160
tenue en flexion B 233
tenue en torsion T 1045
té parallèle (plan H) S 492
terminaison T 387
terminaison adaptée M 226
terminaison à quatre fils F 376
terminaison de bus B 549
terminaison de câble C 79
terminaison de ligne L 250
terminaison 4 fils F 376
terminal T 360
terminal à écran C 330, D 705
terminal à écran de visualisation D 705
terminal à imprimante H 65
terminal alphanumérique A 382
terminal annuaire E 168a
terminal à usages multiples M 769
terminal d'abonné C 1264
terminal d'acceptation A 45
terminal d'acquisition de données D 14
terminal de communication de textes T 461
terminal de communication d'images V 164
terminal de dialogue I 369
terminal de données D 102
terminal de données mobile M 536
terminal de données prêt D 104
terminal de ligne L 248
terminal d'entrée de données D 46
terminal de signalisation S 582
terminal de télécommunication C 852
terminal de télécopie F 9
terminal de téléimprimeur T 284
terminal de télématique T 143
terminal de transmission de données D 102
terminal de visioconférence V 106
terminal de visualisation C 330, D 705
terminal de visualisation à écran G 112
terminal de visualisation alphanumérique A 378
terminal distant D 713
terminal domestique H 243
terminal émetteur T 893
terminal en mode paquet P 27
terminal graphique G 112
terminal homme-machine M 117
terminal informatique D 102

terminal intelligent I 357
terminal interactif I 369
terminal multi-applications M 769
terminal multifonction M 720
terminal multiservice M 820
terminal non téléphonique N 348
terminal portatif P 550
terminal TASI T 45
terminal téléphonique T 233
terminal téléphonique de confort C 798
terminal télex T 337
terminal vidéo V 133
terminal vidéotex V 137
terminal virtuel V 151
terminal vocal V 216
termineur F 375, T 388
termineur deux fils/quatre fils F 375
termineur 2-fils/4-fils T 388
ternaire T 389
terrain d'essais d'antenne A 615
terre centrale C 360
terre de protection P 842
terre de signalisation S 535
Terre-satellite E 42
testabilité T 407
testable T 408
test assisté par ordinateur C 918
test automatique B 513
test automatique de diagnostic A 854
test de bouclage L 468
test de plausibilité R 298
test d'épreuve à l'allongement T 359
test de qualification Q 25
test de recette A 42
test de résistance mécanique T 359
test de rimes R 715
test de routes sémaphores S 578
tester T 405, T 434
test intégré B 513, S 264
test manuel M 149
tête à haute fréquence F 564
tête de câble C 42, C 79
tête d'écriture W 216
tête d'écriture-lecture W 213
tête de démagnétisation D 261
tête d'effacement E 354
tête de lecture R 587, R 595
tête de lecture de bande T 29
tête de mesure M 290
tête d'enregistrement R 382
tête d'enregistrement magnétique M 31
tête de placement P 436
tête de désaimantation D 261
tête de saisie-placement P 391
tête d'impression P 740
tête magnétique M 25
tête radioélectrique accordée T 1010
tête radiofréquence F 564
tête vidéo V 113
tétrapôle F 362
texte T 457
texte clair C 603
texte en [langage] clair C 603
texte utilisant un codage de caractères C 457

texte utilisant un codage photographique P 376
TFR F 61
théorème d'échantillonnage S 30
théorème de compensation C 878
théorème de la limite centrale C 368
théorème de Norton N 364
théorème de réciprocité R 363
théorème de superposition S 1384
théorème de Thévenin T 496
théorie de codage C 715
théorie de la commutation S 1482
théorie de la décision D 172
théorie de la décision statistique S 1146
théorie de l'apprentissage L 77
théorie de la propagation P 831
théorie de l'information I 200
théorie des automates A 831
théorie des ensembles S 399
théorie des files d'attente Q 93
théorie des filtres F 182
théorie des graphes G 114
théorie des jeux G 18
théorie des lignes E 115
théorie des réseaux N 153/4
théorie des systèmes S 1565
théorie du signal S 602
théorie du télétrafic C 854
théorie du trafic T 743
théorie quantique Q 57
thermistance T 489
thermoélément T 494
thermorétractable H 102
thermostat T 345
thermostat à quartz C 1232
THF V 75
thyristor S 628
ticket de communication T 569
tige P 422
tige de butée réglable A 236
TIO T 764
tirage en conduite D 897
tire-câble C 40
tirer P 892
tiroir enfichable P 475
tiroir interchangeable I 384
TMD M 275
TMS S 1420
tolérance à la gigue J 19
tolérance aux pannes F 85
tolérance de fréquence F 553
tolérance de réception A 44
tolérance en vitesse S 996
tolérance étroite C 633
tolérance sur le gabarit de filtre F 180
tolérant aux fautes (pannes) F 86
tomber en panne F 23
tonalité T 662
tonalité bip B 220
tonalité d'appel C 185
tonalité d'appel en attente C 211
tonalité d'avertissement W 37
tonalité de file d'attente C 799
tonalité de manœuvre D 381
tonalité de mesure T 452

tonalité d'encombrement C 964
tonalité de neutralisation D 659
tonalité de numéro non accessible N 405
tonalité de numérotation D 381
tonalité de paiement P 167
tonalité de réponse A 550
tonalité de retour d'appel A 777, R 742
tonalité d'essai T 452
tonalité d'essai de continuité C 1024
tonalité d'information I 201
tonalité d'intervention I 619
tonalité d'intrusion I 619
tonalité d'invitation à numéroter P 784
tonalité d'occupation A 775, B 558, E 293
tonalité d'occupation de l'abonné S 1309
tonalité étrangère F 325
tonalité modulée W 24
tonalité spéciale de numérotation S 932
tonalité spéciale de retour d'appel S 934
tonalité spéciale d'information S 933
ton modulé en fréquence F 503
TOP T 928
top de synchronisation S 1514
top de synchronisation horizontale H 267
top de synchronisation verticale V 72
topologie T 674
topologie du réseau N 155
topologie en anneau R 747
TOR T 263
tore de ferrite T 677
tore magnétique M 14
toron [élémentaire] B 166
toronneuse C 72
TOS S 1101
touche B 560, K 4
touche à effleurement T 687
touche d'appel A 749, C 164
touche à retour automatique N 313, N 314
touche de commande C 1069
touche de fonction F 608
touche de libération R 509
touche de rappel arrière B 26
touche de répétition R 579, R 582
touche de répétition de la numérotation A 846
touche de service F 608
touche de validation E 302
touche éclairée (lumineuse) I 26
touche mains libres H 55
touche muette B 347
touche répétition R 579
touche tactile T 641
tour T 1029
tour d'antenne A 617
tour de télévision T 312
tour en treillis L 44
touret D 863
touret de câble C 67
tour hertzienne R 160
tourniquet T 1034

tout numérique A 335
TPF T 464
TPG G 178
tracé des racines R 768
tracer P 460
traceur P 462
traceur de courbes G 113, X 3
traducteur T 825
traducteur fréquence/amplitude F 428
traduction assistée par ordinateur C 921
trafic T 706
traficabilité T 707
trafic à commutation de circuits C 561
trafic à grande distance L 416
trafic à large bande W 141
trafic artificiel S 647
trafic automatique téléphonique A 895
trafic bilatéral B 249
trafic commuté S 1458
trafic d'arrivée T 386
trafic de débordement O 386
trafic de départ O 247, O 304
trafic de dépassement O 386
trafic de données D 106
trafic de jonction J 54
trafic de parole V 217
trafic de pointe P 209
trafic de pure hasard P 984
trafic de télécommunications T 83
trafic de transit T 822
trafic de transit frauduleux F 405
trafic direct D 653
trafic d'origine O 247
trafic écoulé H 44, T 712
trafic écoulé par opératrices M 124
trafic en instance W 7
trafic en réception I 126
trafic entrant I 126
trafic externe E 500
trafic extra-européen E 505
trafic frontalier F 569
trafic gentex G 61
trafic intercontinental de transit I 413
trafic intérieur I 231
trafic international I 559
trafic interne I 512
trafic interurbain T 1001
trafic local L 365
trafic mal acheminé M 516
trafic multipoint M 803
trafic offert T 731
trafic par rafales B 536
trafic perdu L 491
trafic point à point P 501
trafic poissonnien P 504
trafic radioélectrique R 201
trafic radiotélégraphique R 178
trafic radiotéléphonique R 191
trafic réacheminé R 606
trafic régularisé S 780
trafic résiduel R 641
trafic restreint R 676
trafic sémaphore S 584
trafic semi-duplex H 14
trafic simulé S 647
trafic sortant O 304
trafic supplémentaire E 510
trafic sur double bande latérale D 831

trafic survariant P 192
trafic télégraphique T 133
trafic téléphonique T 234
trafic téléphonique intercontinental I 411
trafic téléphonique local L 362
trafic télex T 338
trafic vocal V 217
train S 1238
traînage S 1237, T 5
train des bits B 326
train d'impulsions P 963, P 964
train d'ondes W 93
train numérique D 536
trait D 9
traitement P 789
traitement à bord O 87
traitement anodique A 534
traitement automatique de l'information A 853
traitement d'appel C 193
traitement de données D 77
traitement de la parole S 976
traitement de l'information I 192
traitement de passivation P 133
traitement d'erreurs 395
traitement de signal radar R 38
traitement de signaux optiques O 207
traitement de signaux vidéo V 125
traitement de signaux vocaux S 987
traitement de surface S 1426
traitement de texte T 465
traitement différé B 169
traitement d'image[s] I 45
traitement du signal S 594
traitement du signal en temps réel R 292
traitement électronique de l'information E 166
traitement électronique des données E 166
traitement en parallèle P 83
traitement en pipeline P 429
traitement groupé B 169
traitement laser L 30
traitement numérique de la parole D 514
traitement numérique d'images D 470
traitement numérique du signal D 510
traitement optique de l'information O 204
traitement optique de signaux O 207
traitement par lots (trains) B 169
traitement pipeline P 429
traitement préalable des signaux S 593
traitement séquentiel B 169
traitement thermique H 105
traiter P 786
trait mixte D 791
trait morse M 645
trajectoire courbe C 1252
trajectoire de phase P 358
trajet P 152

trajet auroral A 818
trajet court S 463
trajet de câble C 62
trajet d'écho E 65
trajet de conversation S 975, V 212
trajet de propagation P 830
trajet des caractères C 466
trajet des éléments d'image P 217
trajet des rayons R 268
trajet de transmission T 853
trajet en visibilité directe L 220
trajet radioélectrique de conversation R 168
trajet sans diversité N 284
trajet sol–sol G 148
trajet Terre – espace E 37
trajet terrestre T 399
trame F 381, F 382, P 919, R 255
trame de codage C 696
trame d'impulsions P 919
trame MIC P 178
trame sémaphore S 613
trame sémaphore de message M 364
trame sémaphore de remplissage F 170
trame sémaphore d'état du canal [sémaphore] L 276
tranche S 202, W 1
transaction T 748
transcodage C 681
transcodeur T 753
transcodeur de normes numérique D 515
transconductance T 754
transconductance élevée H 214
transcription phonétique P 366
transducteur T 755
transducteur actif A 136
transducteur à électret E 112
transducteur électroacoustique E 133
transducteur idéal I 7
transducteur interdigital I 414
transducteur parfait I 7
transducteur passif P 143
transducteur piézoélectrique P 409
transducteur réversible R 709
transférabilité P 545
transférer R 531
transfert A 911, C 208, C 387, T 757
transfert d'appel C 208
transfert d'appels C 151
transfert d'appel sur occupation C 209
transfert de données D 107
transfert de fichiers F 165
transfert de messages M 369
transfert d'énergie E 292
transfert des communications réseau A 911
transfert d'information D 107
transfert électronique de fonds E 169
transfert restreint T 767
transfert sûr de messages S 199
transfert technologique T 54
transformateur T 771
transformateur-abaisseur S 1171
transformateur à barre transversale B 100
transformateur adaptateur M 228
transformateur à large bande B 460
transformateur à noyau C 1122
transformateur à prises T 35
transformateur à tige et barre B 100
transformateur basse fréquence A 808
transformateur BF A 808
transformateur de couplage C 1170
transformateur de guide d'onde W 44
transformateur de guide d'ondes W 70
transformateur de ligne L 251
transformateur de mesure I 312
transformateur de mode M 568
transformateur de puissance P 643
transformateur de sonnerie B 227
transformateur de tension V 251
transformateur différentiel D 422, H 298, T 388
transformateur différentiel équilibré H 298
transformateur d'impulsions P 965
transformateur d'isolement I 687
transformateur-élévateur S 1182
transformateur [en] quart d'onde Q 63
transformateur symétrique/asymétrique B 61
transformateur symétriseur B 61
transformation de Fourier F 359
transformation de Fourier discrète D 679
transformation de Fourier rapide F 61
transformation de Karhunen-Loeve K 1
transformation de Laplace L 18
transformation de Wigner-Ville W 145
transformation d'image P 405
transformation d'image bidimensionnelle T 1051
transformation d'image unidimensionnelle O 93
transformation d'impédance I 79
transformation KL K 1
transformation oblique S 739
transformation orthogonale O 261
transformer C 1096
transhorizon T 776
transimpédance T 792
transistor T 795
transistor à champ accélérateur D 853
transistor à conducteurs poutres B 196
transistor à couche mince T 510
transistor à dérive D 853
transistor à effet de champ F 138
transistor à effet de champ à barrière de Schottky M 390
transistor à effet de champ à enrichissement E 298
transistor à effet de champ à grille isolée I 316
transistor à effet de champ à jonction J 44/5
transistor à effet de champ en arséniure de gallium G 16
transistor à effet de champ MOS M 655
transistor à jonction J 55
transistor à mobilité des électrons élevée H 158
transistor à mobilité électronique élevée H 158
transistor à mobilité électronique élevée à structure inversée I 622
transistor à tension élevée H 219
transistor au germanium G 71
transistor au silicium S 638
transistor beam-lead B 196
transistor bipolaire B 293
transistor CMOS C 884
transistor de commutation S 1484
transistor de limitation en courant C 1248
transistor d'entrée I 262
transistor de puissance P 644
transistor drift D 853
transistor en couche mince T 510
transistor hyperfréquence M 463
transistor hyperfréquence de puissance M 454
transistorisation T 798
transistorisé A 358
transistoriser T 799
transistor MIS M 520
transistor MNOS M 385
transistor MOS M 658
transistor MOS à grille flottante F 286
transistor MOS complémentaire C 884
transistor planaire P 440
transistor planaire au silicium S 636
transistor PNP P 481
transistor unijonction U 77
transistor unipolaire 82
transistor VMOS V 66
transition coaxiale-guide C 662
transition guide-coaxiale W 69
transition progressive (rétrécie) T 27
transition thermique T 488
transition vibronique V 91
transitoire T 782
translateur télégraphique T 123
translation convertisseuse télégraphique T 100
translation de fréquence F 441
translation d'exploration S 107, S 111, S 112
translation régénératrice R 465
transmetteur de ligne L 188
transmettre T 864
transmission C 834, T 827
transmission à bandes latérales indépendantes I 133
transmission à débit binaire élevé H 149
transmission à débits modérés T 830
transmission à grande distance L 417
transmission à grande (haute) vitesse H 210
transmission à l'alternat S 646, T 1068
transmission à large bande B 461
transmission à longue distance L 417
transmission analogique A 492
transmission analogique de canaux de télévision A 493
transmission anisochrone A 525
transmission à plus forts débits T 829
transmission à porteuse réduite R 404
transmission arythmique S 1127, S 1129
transmission asynchrone A 730
transmission avec bandes latérales asymétriques A 717
transmission basse fréquence A 803
transmission BF A 803
transmission bidirectionnelle simultanée T 1071
transmission bilatérale B 250
transmission bisynchrone B 302
transmission BLI I 133
transmission caractère-série C 472
transmission chiffrée C 530
transmission cohérente C 733
transmission de documents D 781
transmission de données D 109
transmission de données à commutation de circuits C 559
transmission de données à débit élevé H 154
transmission de données à grande distance L 404
transmission de données à grande vitesse H 154
transmission de données à vitesse élevée H 154
transmission de données dans la bande vocale V 186
transmission de données infravocale D 117
transmission de données (N) N 61
transmission de données supravocale D 12
transmission défectueuse F 90
transmission de la couleur C 785
transmission de la parole S 990
transmission de messages courts S 462
transmission de point à point P 502
transmission de radiodiffusion B 483
transmission de signaux S 611

transmission

transmission de signaux de parole V 218
transmission de télécopie F 10
transmission de télévision T 313
transmission de textes manuscrits H 61
transmission d'image T 850
transmission d'images animées T 852
transmission d'images radar R 22
transmission d'information I 202, T 851
transmission directionnelle (dirigée) D 622
transmission d'un point vers des points multiples P 498
transmission duplex D 911
transmission duplex (N) N 64
transmission en bande de base B 128
transmission en-dessous de la bande de base B 229
transmission en diversité D 771
transmission en duplex D 911
transmission en modulation par impulsions et codage P 186
transmission en parallèle P 87
transmission en semi-duplex H 15
transmission en série S 341
transmission en simplex S 646
transmission en visibilité directe L 227
transmission et commutation d'information T 828
transmission et commutation numériques intégrées I 334
transmission fac-similé noir sur blanc B 331
transmission 4 fils F 377
transmission hydroacoustique de signaux H 305
transmission isochrone S 1538
transmission MIC P 186
transmission multiplet-série B 569
transmission numérique D 538
transmission numérique des signaux de radiodiffusion sonore D 541
transmission numérique de télécopie D 465
transmission optique O 209
transmission parallèle P 87
transmission parallèle d'images P 88
transmission par bus en anneau R 729
transmission par bus en étoile S 1103
transmission par câble C 83, L 253
transmission par conduit D 896
transmission par courant continu D 606
transmission par courants porteurs C 268, C 305
transmission par double courant D 805
transmission par envoi de courant O 126
transmission par faisceaux hertziens M 464
transmission par fermeture de circuit O 126
transmission par fibres optiques O 202
transmission par fil W 181
transmission par ligne L 253
transmission par ondes de sol G 172
transmission par ondes ionosphériques I 661
transmission par ouverture de circuit C 626
transmission par paquets P 36
transmission par radio R 203
transmission par rafales B 537
transmission par rupture de circuit C 626
transmission par satellite S 60
transmission par satellite de radiodiffusion B 476, R 79
transmission par satellite de télétexte S 58
transmission par simple courant S 677
transmission par trajets multiples M 748
transmission perturbée D 758
transmission phonie S 990
transmission point à multipoint P 498
transmission protégée S 200
transmission radioélectrique R 203
transmission radiophonique internationale I 548
transmission sans fil W 178
transmission semi-duplex (N) N 167
transmission série S 341
transmission simplex (N) N 382
transmission simultanée du son et de l'image S 843
transmission son dans synchro S 837
transmission sous incidence oblique O 7
transmission stéréophonique S 1191
transmission sur câbles C 83
transmission synchrone S 1538
transmission téléphonique T 236
transmission télévisuelle T 313
transmission télévisuelle internationale I 558
transmission Terre – espace E 39
transmission unilatérale U 73
transmission vidéo V 139
transmission vocale S 990
transmission vocale en mode paquet P 19
transmodulation C 1206
transmodulation ionosphérique I 643
transmultiplexeur T 895
transmultiplexeur hiérarchique H 142
transparence D 543, T 896
transparence en code C 707
transparence numérique D 543
transparent T 897
transparent à la modulation M 609
transparent au code C 708
transparent aux données D 115
transpolarisation C 1211
transpondeur T 902
transport de données D 116
transposition T 912
transposition de fréquence F 441, F 477
transposition de groupe primaire G 198
transposition de voie C 445
transposition en fréquence F 441, F 554
transposition par croisement T 913
trappe T 920
travail M 186, M 191, O 163, S 870
travail en phonie P 365
travaux de normalisation internationale I 550
travaux d'ingénierie E 294
traversée C 1202
traversée murale W 11
traverse en départ C 35
TRC C 329
treillis T 934
très basses fréquences V 81
très faible débit de données V 80
très hautes fréquences V 75
treuil de câble C 87
triac T 939
tribit T 941
tributaire du type d'unité D 345
tridimensionnel T 522
trimmer T 953
triode T 955
triode à forte pente H 215
triplaque à Q élevé H 192
tripleur de fréquence F 555
troncature T 979
tronçon S 190, S 1256
tronçon de câble C 71
tronçon de guide d'onde W 67
tronçon de ligne S 195
tronquer T 978
tropopause T 962
troposphère T 963
trou de couplage C 1167
trou d'homme C 47, M 112
trou métallisé P 454
TRT R 683
TS S 613
TSE L 276
TSI S 307
TSM M 364
TSR F 170
TTL Schottky à consommation d'énergie réduite L 538
tube à chauffage indirect I 149
tube à faisceau électronique B 192
tube à longue durée de vie L 428
tube à masque S 416
tube à mémoire M 337
tube à modulation de vitesse V 50
tube à ondes progressives T 928
tube à rayons cathodiques C 329
tube capillaire C 236
tube cathodique C 329, O 276
tube [cathodique] couleur C 777
tube d'affichage de données D 39
tube de protection autorétractile (rétractable) S 483
tube de renforcement rétractable S 483
tube de TV couleur C 777
tube électronique E 190
tube hyperfréquence M 466
tube-image T 301
tube image en ligne pour télévision en couleurs I 232
tube nixie N 173
tube thermoélectronique E 190
tube vidicon V 140
tuner C 437
turbulence atmosphérique A 742
tuyau placé en lit de canal S 710
TV T 287
TVHD H 155
TWA T 1066, T 1067
TWS T 1069
TWV W 145
type à appauvrissement D 293
type à enrichissement E 299
type d'émission C 584
type de modulation M 610
type de signal T 1081
type de voie de transmission T 1080
type série-parallèle S 345

U

UC C 371, U 158
UER E 431
UHF U 2, U 13
UIT I 552
ULSI U 14
ultra-court U 19
ultra-haute fréquence U 2
ultra-hautes fréquences U 13
ultralinéaire U 15
ultrarapide U 11
ultrason, ultra-son U 28
unidirectif U 70
unidirectionnel O 99, U 70
unilatéral U 70
Union Européenne de Radiodiffusion E 431
Union Internationale des Télécommunications I 552
unipolaire S 688, U 81
unité C 110
unité centrale C 371
unité centrale de commande C 359
unité centrale de traitement C 371
unité d'accès A 71
unité d'affichage D 706
unité d'affichage graphique G 107
unité d'appel C 186
unité d'appel automatique A 845, A 847
unité de chiffrement C 531, D 43
unité de chiffrement de données D 43
unité de commande C 1082
unité de contrôle de transmission C 839
unité de données de protocole (N) N 374
unité de données de service (N) N 381

unité de ligne numérique D 477
unité de mesure de base B 152
unité d'émission T 894
unité de raccordement T 370
unité de raccordement d'abonné S 1314
unité de sélection de groupe T 999
unité de sélection de ligne L 245
unité de signalisation S 588, S 613
unité de sortie O 352
unité de taxe C 110
unité de texte T 466
unité de trafic T 744
unité de traitement de signaux S 595
unité de visualisation D 706
unité de visualisation graphique G 107
unité d'interface I 426
unité d'interface de liaison L 271
unité enfichable P 468, P 475
unité fonctionnelle F 603
unité périphérique P 255
unité périphérique d'entrée/sortie I 253
unité pilote M 221
usage général/à G 47
usage professionnel P 799
usager U 154
usager final E 286
usure A 10
usure de contact C 1018
usure par frottement A 10
UT U 99
utilisateur U 154
utilisateur accepteur A 46
utilisateur appelant C 187
utilisateur appelé C 143
utilisateur demandeur R 601
utilisateur du service de transport T 910
utilisateur final E 286
utilisateur non autorisé U 43
utilisation de la voie C 446
utilisation des fréquences U 150
utilisation mains libres H 56
utilisé dans les deux sens B 385

V

V V 221
vacillement J 6
va-et-vient B 490
valeur absolue A 17
valeur à ne pas dépasser L 141, M 249
valeur annuelle moyenne M 257
valeur approchée (approximative) A 663
valeur de crête P 210
valeur de crête à crête P 208
valeur de décision D 175
valeur de l'écart de niveau L 104
valeur de paramètre P 91
valeur de pointe P 210
valeur de prédiction P 659
valeur de prédiction du signal P 658
valeur de référence R 422
valeur de repos Q 100
valeur de seuil T 547
valeur donnée G 77
valeur du système S 1566
valeur efficace R 771
valeur initiale I 226
valeur instantanée I 305
valeur limite L 141
valeur mesurée M 278
valeur moyenne M 276
valeur nominale R 262
valeur prédictive P 659
valeur prédictive du signal P 658
valeur propre E 105
valeur quadratique moyenne R 771
valeur quantifiée Q 46
valeur reconstituée R 376
valeur réelle A 139
valeur relative du champ R 484
valeur résiduelle R 642
valeurs à ne pas dépasser M 252
valeurs d'exposition maximale permise M 248
valeur virtuelle de décision V 147
validation E 240, V 4
validation de circuit C 514
varacteur d'accord V 14
variable aléatoire R 240
variable d'état S 1135
variable indépendante I 134
variance V 28
variation annuelle A 530
variation avec la longueur L 92
variation avec la température T 346
variation brusque S 1356
variation brusque de phase P 332
variation d'amplitude A 462
variation dans le temps V 32
variation d'atténuation V 29
variation de fréquence F 436, F 476
variation de gain G 14
variation de gain en fonction de la fréquence G 9
variation de la somme numérique D 521
variation de niveau C 386
variation de tension V 233
variation de tension de sortie O 354
variation d'intensité de champ V 30
variation diurne D 763
variation du temps [de propagation] de groupe G 181
variation en fonction de la fréquence V 31
variation en fonction de la longueur L 92
variation journalière D 127
variation saisonnière S 159
variomètre V 33
varistance V 34
varistance à oxyde de zinc Z 22
vecteur V 37
vecteur champ électrique E 130
vecteur de code C 709
vecteur propre E 106
vecteurscope V 42
véhicule spatial S 875
ventilateur thermostatique T 495
ventre A 627, W 79
ventre de tension V 225
ventre d'oscillation L 464
vent solaire S 805
vérifiable T 408
vérificateur de câble C 81
vérification C 506
vérification de circuit T 1000
vérification de données D 24
vérification de fonctionnement F 605
vérification de la conformité C 961
vérifier C 501, T 405
verrouillage I 461, L 375, L 376
verrouillage de clavier K 10
verrouillage de multitrame M 708
verrouillage de phase P 339
verrouillage de phase/à P 335
verrouillage de trame F 384
verrouillage de trame MIC P 179
verrouillage normal N 354
verrouillé en phase P 335
verrouiller L 372, L 374
version de base B 144
version réduite D 842
VF V 110
vibrateur V 94
vibration B 214
vibrations de cisaillement S 422
vibrations de cisaillement d'épaisseur T 503
vibreur B 562, V 94
vidéocassette V 99
vidéocommunication M 668, V 162
vidéoconférence V 105
vidéofréquence V 110
vidéographie V 112
vidéographie diffusée B 486
vidéographie interactive V 134
vidéo invers[é]e R 707
vidéophone V 119
vidéophonie V 132
vidéotex V 134
vidéotex diffusé T 277
vieillir A 273
vieillissement A 274
vieillissement accéléré A 33
vieillissement à long terme L 435
vieillissement des câbles C 7
vieillissement des quartz C 1222
vieillissement long terme L 435
vieillissement préalable P 646
vieillissement sous contraintes sévères H 63
vieillissement thermo-accéléré T 474
vie utile U 151
ville câblée W 169
violation de bipolarité A 388
virgule fixe F 231
virgule flottante F 287
vis assujettie C 237
vis d'accord T 1021
vis d'ajustage A 238
vis de réglage T 1021
visée L 261
visibilité directe L 216
visibilité par temps de brouillard V 153
visioconférence V 105, V 120
visioconférence multipoint V 116
visionneuse D 706
visionneuse de microfiches M 413
visiophone V 119
visiophonie V 132
visiophonie à images fixes S 1202
visu D 706
visualisateur D 706
visualisation D 701, V 165
visualiser D 700
visualiseur D 706
visuel C 330, D 706
vitesse angulaire A 522
vitesse d'aveuglement B 351
vitesse de balayage S 108, S 1443
vitesse de commutation S 1478
vitesse de défilement T 31
vitesse de frappe K 24
vitesse de groupe G 199
vitesse de [la] lumière V 51
vitesse de manipulation K 24
vitesse de numérotation D 376
vitesse de phase P 359
vitesse de propagation S 995
vitesse de propagation d'onde W 95
vitesse de recherche S 158
vitesse de recombinaison R 369
vitesse de réponse S 740
vitesse de reproduction P 456
vitesse de révolution orbitale O 232
vitesse de rotation R 794
vitesse de rotation du cylindre (tambour) D 866
vitesse de transfert T 765
vitesse de transmission T 861
vitesse de transmission de données D 113
vitesse de vent admissible P 274
vitesse d'exploration S 108, W 217
vitesse d'exploration à la réception W 217
vitesse du son S 855
vitesse élevée à H 199
vitesse télégraphique M 603, T 128
VLSI V 78
vobulateur S 1438, S 1440, S 1441, W 192
vobulation W 187, W 188
vobulation du spot S 1022
vobuler W 190
vocation multiple/à G 47
vocodeur V 178
vocodeur à canaux C 447
vocodeur à codage prédictif linéaire L 169
vocodeur à formant F 327
voie C 393, R 798, T 835
voie à accès multiple M 679, M 755
voie à bande étroite N 7

voie

voie à courants porteurs C 254
voie à diversité spatiale S 885
voie adjacente A 216
voie à faible bruit L 529
voie affectée par des brouillages intersymboles I 679
voie affectée par des évanouissements F 19
voie affectée par des évanouissements de Rayleigh R 267
voie affectée par des évanouissements de Rice R 719
voie affectée par des trajets multiples M 746
voie à fréquences vocales V 188
voie à large bande B 444
voie à largeur de bande limitée B 73
voie aller G 88
voie à saut de fréquence F 481
voie à trajets multiples M 746
voie audio [fréquence] A 787
voie auxiliaire A 912
voie avec mémoire C 450
voie avec pertes L 482
voie balise C 1057
voie basse L 517
voie basse fréquence A 787
voie bruyante N 246
voie d'abonné S 1312
voie d'accès A 52, A 63
voie d'acheminement R 798, R 820
voie d'acheminement d'appel C 201
voie d'acheminement de dernier choix L 33
voie d'acheminement de premier choix F 209
voie d'acheminement de secours E 223
voie d'acheminement détournée A 393
voie d'acheminement de trafic T 737
voie d'acheminement de trafic détournée A 396
voie d'aller F 339, G 88
voie dans la bande de base B 118
voie d'appel C 107, C 159
voie de communication C 535
voie de communication télégraphique T 97
voie de conversation S 928, S 958, S 975
voie de conversation à multiplexage en fréquence F 461
voie de débordement O 384
voie de dernier choix F 188
voie de données D 23
voie de données analogique A 473
voie de données numérique D 455
voie d'émission T 869
voie de modulation sonore S 842
voie de multiplexage M 779
voie de parole S 975
voie dépendant du code C 684
voie de premier choix F 209
voie de propagation par diffusion sur des traînées météoriques M 397

voie de radiocommunication R 129
voie de radiocommunication du service mobile M 542
voie de radiocommunication du service mobile affectée par des évanouissements F 21
voie de radiocommunication en ondes décamétriques H 164
voie de réception R 319
voie de réserve S 1088
voie de retour B 36, R 693
voie de satellite S 36
voie de satellite du service mobile terrestre L 10
voie de secours E 223, S 1088
voie de service O 234, S 360
voie de service à codage delta D 256
voie de signalisation C 1057, S 539
voie de signalisation non associée N 264
voie de télécommunication C 836
voie de télégraphie harmonique V 909
voie de téléimprimeur T 251
voie de téléimprimeur duplex D 909
voie de télémesure T 149
voie de télétexte T 278
voie détournée A 393
voie de trafic T 714, W 198
voie de transfert des informations I 187
voie de transmission C 393, T 835, T 853
voie de transmission à courant porteur C 254
voie de transmission de données D 110
voie de transmission infra-acoustique S 1264
voie de transmission intra-bande I 604
voie de transmission numérique D 444, D 539
voie de transmission par satellite S 36
voie de transmission radiophonique S 848
voie de transmission supra-acoustique S 1361
voie de transmission télégraphique T 94
voie de transmission unidirectionnelle O 106
voie de veille C 1057
voie digilogue D 430
voie d'image V 157
voie directe D 652
voie duplex F 580
voie émission S 296
voie en ondes décamétriques H 164
voie en phase I 1
voie en quadrature Q 1
voie évanouissante F 19
voie fil W 179
voie gaussienne G 35
voie haute U 135
voie hertzienne R 132
voie indépendante du code C 698
voie logique L 387

voie MIC P 173
voie multiplex[ée] M 779
voie navire-navire I 592
voie normale [d'acheminement] N 362
voie numérique D 444
voie omnibus de données D 21
voie passe-bande B 78
voie perturbée D 755
voie porteuse B 205
voie porteuse de l'information I 183
voie première P 724
voie primaire P 724
voie prioritaire P 749
voie radio R 81
voie radio à l'intérieur de bâtiments I 155
voie radio du service mobile en zone urbaine U 142
voie radioélectrique R 81
voie radioélectrique à l'intérieur d'immeubles I 155
voie réception R 304
voie retour B 36, R 693
voie sans mémoire M 333
voie secondaire S 175
voie secondaires S 176
voie semi-duplex H 10
voie simplex S 643
voie son S 833
voie son MIC P 185
voie sonore S 833
voie sortante O 290
voie soumise à des évanouissements F 19
voie symétrique S 1498
voie TASI T 43
voie téléphonique T 171, V 188
voie téléphonique à courants porteurs T 170
voie témoin P 412
voie temporelle T 626
voie terrestre T 396
voie tributaire T 942
voie unique par porteuse S 663
voie variable dans le temps T 631
voie vidéo V 101
voisé V 191
voix V 180
voix artificielle A 702
vol de bit B 325
vol de trame F 398
volt V 221
voltmètre à haute impédance d'entrée H 177
voltmètre amplificateur A 425
voltmètre continu D 140
voltmètre de crête P 212
voltmètre efficace P 772
voltmètre numérique D 550
voltmètre sélectif S 225
volume bobinable W 151
volume de couverture V 257
volume des sons vocaux S 993
volume de trafic T 708, T 745
volumètre E 125, V 255
VOR V 86
voyant I 141, V 144, V 168
voyant d'alarme A 322
voyant d'appel L 205
voyant d'occupation B 556
voyant lumineux I 144, S 536
VP P 91
VT V 73
vue d'ensemble O 424

vue par les utilisateurs U 170
vulnérabilité aux erreurs E 416
vumètre, VU mètre V 255

W

walkie-talkie W 9
watt-heuremètre W 38
wattmètre P 620, W 41

Z

zéro Z 7
zéro de détermination d'un relèvement B 213
zéro en tête L 66
zone à faible densité d'abonnés L 541
zone aurorale A 815
zone climatique C 605
zone d'adresse A 200
zone de brouillage I 429
zone de commande C 1065
zone de coordination C 1100
zone de couverture C 1176, C 1177
zone de couverture sur la Terre E 12
zone de couverture verticale V 56
zone de desserte S 353
zone de desserte d'un central tandem T 12
zone de desserte locale L 361
zone de diffusion S 353
zone de données D 47
zone de Fresnel F 561
zone de numérotage N 399
zone de numérotage mondial W 203
zone de protection P 836
zone de rattachement E 457
zone de rayonnement R 65
zone de réception R 342
zone de recouvrement O 401
zone de saturation S 71
zone de service S 353
zone de service par onde de sol G 170
zone de service par onde directe G 170
zone de silence S 624
zone desservie C 1176
zone desservie par un central tandem T 12
zone de taxation C 492
zone de texte T 458
zone de travail S 143
zone d'image I 31
zone d'impiètement S 1023
zone européenne de radiodiffusion 430
zone imprimable P 729
zone interurbaine T 656
zone locale E 457, L 312
zone maritime européenne E 433
zone océanique O 18
zone périphérique F 563
zone rapprochée N 82
zone sautée S 734
zone tampon B 495
zone téléphonique T 161
zone urbaine E 457, L 312, U 141
zoom Z 30
zoom électronique E 187